I0828354

Oración del pobre

Sidur Kabbalístico de Shabat

es.kabbalah.com

Kabbalah Centre Publishing es una unidad de negocio registrada de
Kabbalah Centre International, Inc.

The Kabbalah Centre
155 E. 48th St., New York, NY 10017
1062 S. Robertson Blvd., Los Ángeles, CA 90035
es.kabbalah.com

Impreso en Canadá, mayo 2017

ISBN: 978-1-57189-905-7

Tabla de Contenido

Tabla de Contenido

A la grandeza del valor de la fuente Ashurit

Y entonces debes abrir tu boca con sabiduría y decir *Kriat Shemá* con intención. Esto quiere decir que debes entender las palabras que estás diciendo y que, cuando recites las palabras de *Kriat Shemá* (del libro de rezos), debes visualizar la forma de cada palabra y sus letras. Por ejemplo, cuando dices la palabra "*Shemá*", debes visualizar las letras *Shin*, *Mem* y *Ayin* frente a tus ojos en la forma que están escritas en la fuente *Ashurit*. Luego debes visualizar cada palabra de la misma manera hasta el final. Debes visualizar las vocales y las entonaciones que están sobre cada letra en la misma forma que están en este libro de rezos y, al hacerlo, merecerás que cada palabra se eleve en su forma a los Mundos Celestiales y cada letra irá a su lugar y a su raíz, para activar acciones milagrosas y *tikunim* (correcciones) relacionadas contigo. Y hacer esto (escanear la fuente *Ashurit*) de manera diaria, te permitirá (y esto ha sido demostrado) eliminar todos los pensamientos negativos y tonterías que interfieren con la pureza de tu pensamiento e intención durante las oraciones. Cuanto más escaneo de la fuente *Ashurit* haga una persona con el *Kriat Shemá* y cualquier otra parte de la oración, más pureza será añadida a sus pensamientos durante la oración. Esta meditación es una acción sencilla y se te garantizará un aprendizaje exitoso con tu oración y todo será deseado por Dios al igual que el buen aroma. Amén, que así sea.

(*Séder HaYom* por Rav Yosef Jayim, el Ben Ish-Jai).

"Cuando vas a dormir, debes visualizar el Nombre del Tetragrámaton (יְהֹוָה), bendito sea Él, como si estuviera escrito en letra *Ashurit* mayúscula. Los ojos siempre deben volverse a Dios y Dios lo protegerá de caer en alguna trampa".

(*Tsiporen Shamir*, par. 68 v. 121 por Rav Jayim Yosef David Azulai – El Jidá 1724-1806)

Guía general

De acuerdo con Rav Yitsjak Luria (el Arí) y Rav Shalom Sharabi (el Rashash), todas las palabras de intención, nombres sagrados y nombres de ángeles que están escritos en este libro, aunque formen parte del texto, no deben ser pronunciados. Cuando llegues a una palabra de este tipo, debes escanearla y no pronunciarla.

PRÓLOGO

Es con gran honor y apreciación que escribo esta introducción al *Sidur Kabbalístico Transliterado.*

Fue exactamente hace 20 años que el Rav me pidió ocuparme del proyecto de completar el *Sidur Kabbalístico* en hebreo, mi primer proyecto para el Centro. El mismo fue completado un año después.

Tomó muchos años y muchos esfuerzos producir un *Sidur* igual de extenso en inglés, lo que me dice que la Luz que éste revela debe representar una revolución.

Las oraciones en este *Sidur* incluyen todas las meditaciones que se encuentran en el *Zóhar* y en *Las Puertas de la Meditación* de Rav Yitsjak Luria (el Arí), así como el conocimiento que me fue dado por mi padre, el Rav, quien lo recibió de su maestro, Rav Brandwein, quien a su vez lo recibió de su maestro, Rav Áshlag.

Lo hemos nombrado *Tefilá LeAní* (La Oración del Pobre) porque así como el *Zóhar* nos enseña en *Balak* 14:187:

> Hay tres que pueden ser consideradas una oración: "Una oración de Moshé, hombre de Dios…" (Salmos 90:1). "Una oración de David…" (Salmos 86:1) y "Una oración del pobre…" (Salmos 102:1). ¿Cuál es la más importante? Uno dice: "Una oración del pobre"; esta oración es prioritaria a la oración de Moshé, está antes de la oración de David y se adelanta a todas las otras oraciones del mundo.
>
> El *Zóhar* pregunta: ¿Cuál es la razón? y responde: Porque el pobre tiene el corazón roto, y está escrito: "Cerca está el Señor de quienes tienen el corazón roto…" (Salmos 34:19).
>
> El *Zóhar* continúa: Tan pronto como el pobre dice su oración, el Santísimo, bendito sea Él, abre todas las ventanas del Firmamento, y todo el resto de las oraciones elevándose son desplazadas por ese hombre desvalido, con el corazón quebrantado. No existe otra oración a la que el Santísimo, bendito sea Él, dé Su atención inmediata como a la plegaria del pobre.
>
> Por lo tanto, la persona que dice sus oraciones, debe hacerse pobre, para que sus plegarias sean merecedoras de entrar entre las oraciones de todos los pobres. Ninguno de los guardianes de las puertas admiten que todas las oraciones del mundo entren sencillamente como permiten a la plegaria del pobre, ya que ésta entra sin permiso. Si una persona se hace a sí misma pobre y desea estar constantemente pobre, su plegaria asciende y se reúne con las plegarias de los pobres. Se une a ellas y se eleva junto con ellas, y entra combinada con las de los pobres. Y es recibida de buen grado delante del Santo Rey (ver *Balak* 187:192).

PRÓLOGO

Este *Sidur* representa tanto la culminación de tres generaciones de estudio como las revelaciones hechas por una serie sucesiva de maestros que estuvieron antes que nosotros, quienes sufrieron gran daño personal para hacer que esta tecnología creada para tener una vida plena esté disponible para nosotros, de modo que, con el poder de este conocimiento, podamos ser la generación que genere la transformación de este mundo y la eliminación del caos eternamente.

Me faltan palabras para describir mi gratitud por permitirme ser parte de este regalo a la humanidad.

Introducción
por el Rav Berg

Cuando apareció el primer *Sidur Kabbalístico* hace unos 12 años, estábamos conscientes de que la mayoría de la gente del mundo está buscando una herramienta significativa para conectarse con Dios. Si bien los *Sidurim* estuvieron siempre disponibles, la historia es testigo del hecho de que, en su mayor parte, las oraciones de la humanidad no han sido respondidas. Esto puede atribuirse al hecho de que nunca antes en la historia ha habido un libro de oraciones que incluyera las meditaciones necesarias. Nuestro propósito al presentar este *Sidur* es que cada persona pueda ahora comenzar a eliminar el caos de su vida.

El *Sidur* fue establecido por los Sabios de la Gran Asamblea, después de la destrucción del Segundo Templo, para reemplazar los sacrificios que ya no se estaban realizando porque el Templo había sido destruido. El propósito del *Sidur* era llenar el vacío que se creó debido a la ausencia de los sacrificios. Sin embargo, lo que parece haberse malinterpretado en primer lugar es el propósito de los sacrificios.

Algunos dicen que los sacrificios eran llevados al Templo con el único propósito de agradecer a Dios por Su benevolencia con nosotros. Otros enseñan que los sacrificios eran empleados para apaciguar o calmar la ira de Dios. Y, para algunos, los sacrificios contaban como expiación, por medio de la cual el perpetrador de alguna violación podía eliminar su pecado.

Kabbalísticamente hablando, todo lo que se mencionó anteriormente ni siquiera roza la esencia del objetivo de los sacrificios o del *Sidur*. Tampoco el *Sidur* tendrá el mismo papel en el intento del hombre de alcanzar una vida libre de caos.

La palabra hebrea para sacrificio, *korbán* קָרְבָּן, está derivada de la palabra *krav* קְרָב, que significa "guerra". No obstante, apaciguar o agradecer a Dios no parece tener ninguna relación con la palabra "guerra". ¿Con quién está en guerra el devoto? Además, el concepto de que el propósito del *Sidur* es para la oración no corresponde con la definición de la palabra *Sidur*. *Sidur* סִידּוּר significa "orden" סֵדֶר. ¿Cómo la expiación o la gratitud se relacionan con el orden? De hecho, incluso el concepto de la oración es confuso. La Torá es muy clara acerca de cómo Dios se relaciona con nuestra devoción a Él.

En el momento de la división del Mar Rojo, los israelitas se encontraron cara a cara con la muerte: podían ser víctimas de los egipcios, quienes insistían en aniquilarlos, o seguirían hacia el mar y se ahogarían. Naturalmente, ellos acudieron al Creador en busca de ayuda, una solicitud a la cual el Señor contestó: "¿Por qué clamas a Mí?" (Éxodo 14:15), que es una respuesta extraña de parte de un Creador compasivo, sensible y amoroso.

El *Zóhar* formula la evidente pregunta respecto a la respuesta de Dios a los israelitas: ¿A quién le podrían rezar los israelitas en tiempos difíciles si no a Dios?

Los religiosos siempre han contestado tales preguntas con comentarios como: "Dios, en Sus caminos misteriosos, sabe lo que hace". ¿Qué tenían en la cabeza los religiosos durante los tres últimos milenios? ¿Que la razón para el caos de este mundo es un misterio que sólo

Introducción
por el Rav Berg

¿Dios conoce? El *Zóhar* rechaza esta clase de inferencias de parte de los religiosos, afirmando que Dios nunca crearía el caos en nuestro universo porque Dios es bueno. Si esto fuese cierto —y lo es—, ¿dónde se originó el caos?

El *Zóhar* señala que la respuesta puede encontrarse en el principio kabbalístico conocido como Pan de la Vergüenza. En pocas palabras, esto significa que la humanidad exigió que el Creador cesara su flujo ininterrumpido de benevolencia hacia nosotros, que nosotros no podíamos aceptar la Luz compartida por Dios sin primero haber ganado el derecho a recibir Su abundancia. Esta fue la razón por la cual la humanidad fue situada en este universo: para escoger entre el bien y el mal, para restringirse de cualquier actividad que resultara en tratar a los demás sin dignidad.

Por lo tanto, nunca ha sido Dios obrando de forma misteriosa, complaciéndose con el caos que aflige a la humanidad. En lugar de ello, Él siempre ha observado con compasión, sabiendo que somos nosotros quienes le hemos atado Sus manos.

Aproximadamente 2.200 años después del pecado de Adam, Dios vio que la humanidad no era capaz de eliminar el Pan de la Vergüenza, por lo que nos asistió con la Revelación que ocurrió en el Monte Sinaí. Mediante esta Revelación, Dios reveló las herramientas y la metodología por medio de las cuales la humanidad tendría una oportunidad de lograr su objetivo principal. Esta fue la primera oportunidad, después de que Adam fracasara, para que la humanidad eliminara el caos del panorama del comportamiento humano.

La manera en la que el *Zóhar* interpretó el evento en el Monte Sinaí fue olvidada y reemplazada con una malinterpretación que introdujo el concepto de que, sin la intervención de una autoridad eclesiástica, el caos no podría ser eliminado de nuestro alrededor. Como consecuencia, cuando el caos no pudo ser eliminado, la culpa fue adjudicada a Dios; asumiendo que Dios sabía mejor que nadie. Y, debido a que no entendemos a Dios, Él aflige este universo con caos, dolor y sufrimiento.

En Éxodo 14:15, Dios dijo: "¿Por qué clamas a Mí?" cuando los israelitas le rezaron a orillas del Mar Rojo. Lo que el Creador le dijo a Moshé fue aún más increíble. Dios dijo: "*Va isaú*", lo que significa literalmente: "Salten al mar". No hace falta que uno sea un erudito para darse cuenta de cuán dañina es esta respuesta para todo el concepto de lo que es la religión.

El *Zóhar* explica que, justo antes de que los israelitas llegaran al Mar Rojo, se les había entregado instrucciones completas para eliminar el caos. Esta tecnología proveyó a los israelitas —y a todo el mundo— con el poder de la mente sobre la materia. Esta tecnología puede encontrarse en Éxodo 14:19-21. La clave es que cada uno de estos tres versículos contiene exactamente 72 letras. Había leído estos versículos cientos de veces y, aun así, no había notado esta peculiaridad hasta que encontré el *Zóhar*. El *Zóhar* descifra el incomprensible instrumento y compendio conocido como la Biblia, y deduce de ésta las verdades acerca de la Revelación en el Monte Sinaí. El propósito de la Revelación de la Biblia en el Monte Sinaí era proporcionar a la humanidad la metodología, las instrucciones y las herramientas para eliminar la fuente del caos —el Satán y su ejército de destructores— y, al hacer esto, remover el dolor y el sufrimiento de todo el universo como consecuencia.

Esta fue la razón para la pregunta de Dios: "¿Por qué clamas a Mí?". Dios estaba diciéndole a Moshé: "Escucho las oraciones de los israelitas, y Me duele tener que restringir el compartir Mi abundancia y la eliminación del caos que enfrentan los israelitas más que el dolor que los israelitas mismos están sintiendo debido a su desastre inminente. ¿Por qué los israelitas no hacen memoria y emplean la tecnología que ya se les suministró?".

Cuando los israelitas estuvieron ante el Mar Rojo, se les proporcionó la tecnología de la mente sobre la materia —la capacidad de influir en el cosmos— aunque el dominio absoluto sobre el universo físico tendría que esperar hasta la Revelación en el Monte Sinaí. Con el poder de la mente sobre la materia, los israelitas pudieron dividir el Mar Rojo y caminar entre sus aguas. Sin embargo, había un requisito previo para el uso de esta tecnología: los israelitas debían ejercer la certeza. Si la conciencia de los israelitas contenía algún rastro de duda acerca de si, efectivamente, podían dividir el Mar Rojo, no habrían tenido éxito. Se nos cuenta que un hombre, Najshón ben Aminadav, al escuchar las palabras "Salten al mar", hizo precisamente eso. Para la sorpresa de los otros israelitas, las aguas no se dividieron, y comenzaron a gimotear: "¡¿Ya ven?! ¡No funciona! ¡El mar no se está dividendo!".

La incertidumbre de parte de los demás israelitas no desvió a Najshón de su certeza. Él continuó caminando hacia el mar hasta que el agua le llegó a las fosas nasales. Sólo entonces fue que las aguas se dividieron. Este milagro, claramente, hizo entender a los israelitas que la certeza tiene un papel sumamente importante en alcanzar la conciencia excelsa de mente sobre materia, aliviando así al universo de su dolor y sufrimiento. Sin la certeza, la humanidad, que ya estaba privilegiada con la tecnología para controlar la materia, no puede hacer que esta tecnología se manifieste en el ámbito de la realidad física.

El *Zóhar* contiene la sabiduría de la conciencia de la mente sobre la materia pero, por razones que sólo los autores del *Zóhar* conocen, el tiempo de esta revelación sólo ocurriría en la presente Era de Acuario.

La Revelación en el Monte Sinaí le proporcionó al pueblo el poder de recapturar el control de su destino, erradicando así el caos de sus vidas. El pecado de Adam había eliminado la información y tecnología que había provisto a la humanidad con la capacidad de controlar su propio destino y los años que precedieron el Éxodo de Egipto y la Revelación en el Monte Sinaí estarían llenos con el conocido panorama de dolor y sufrimiento.

El incidente del Becerro de Oro, el cual fue el resultado de la caída de los israelitas de una conciencia de certeza a una de incertidumbre, echó a la humanidad en un abismo de caos. Cuando Moshé no regresaba de su encuentro con Dios, los israelitas asumieron que él estaría muerto. En ese momento, ellos olvidaron que lo que había sucedido anteriormente en el Monte Sinaí era su propia fortificación personal y que Moshé ya no sería su intermediario con Dios.

Moshé debía regresar después de 40 días. Los israelitas calcularon mal el tiempo que él no estuvo y pensaron que habían pasado 40 días cuando sólo habían pasado 39 días y 18 horas. Sintiéndose abandonados, ellos decidieron que necesitaban otro intermediario. Estas seis horas de mal cálculo fue todo lo que el Satán necesitaba para crear la duda. En su conciencia de incertidumbre, los israelitas olvidaron por un momento el mensaje del Monte Sinaí y escogieron al Becerro de Oro (una especie de computador moderno) como su intermediario y ya no eran el pueblo fortalecido.

Lo que nos dice el *Zóhar* es que restaurar el orden y eliminar el caos es exactamente lo que significa el término *Sidur.* Esta restauración del orden era el propósito de los sacrificios presentados durante la época de los Templos. La palabra "sacrificio" describe el propósito real de un devoto que lleva sacrificios al Templo. El objetivo del sacrificio no era agradecer, apaciguar, alabar o calmar al Creador. La persona que presentaba un animal en el Templo estaba haciendo uso de una herramienta, proporcionada por la Torá, para hacer la guerra contra la negatividad que el individuo había creado. El propósito del sacrificio era restaurar el orden y el equilibrio en la vida del perpetuador al eliminar la violación. Esta necesidad de restaurar el orden es la razón por la cual este compendio, conocido tradicionalmente como el *Sidur* (libro de oraciones), fue establecido como reemplazo a los sacrificios.

Cuando los israelitas llegaron al Mar Rojo, Moshé compartió con ellos la sabiduría contenida en nuestro *Sidur*, la cual evitó el caos que estaba a punto de ocurrirles y permitió la manifestación de la mente sobre la materia, de conciencia sobre fisicalidad.

El *Zóhar* deja muy claro que el *Sidur* que fue diseñado por los Sabios de la Gran Asamblea debe contener las meditaciones prescritas en el *Zóhar* y en *Las puertas de la meditación* del Kabbalista medieval Rabí Yitsjak Luria (el Arí). Además, continúa el *Zóhar*, una compilación de oraciones que no incluya las meditaciones para eliminar el caos de nuestra vida hace que dichas oraciones sean inútiles y sin valor. Esta es una afirmación extrema y revolucionaria.

¿Qué debemos pensar acerca del *Sidur* de los últimos dos milenios? Según el *Zóhar*, fue inservible para el esfuerzo del devoto, con sus buenas intenciones, de eliminar el caos, dolor y sufrimiento de su vida. Debo admitir que cuando leí estas palabras en el *Zóhar* me parecieron demasiado duras de aceptar.

Sin embargo, una vez que entendemos la intención de los Sabios de la Gran Asamblea de compilar un libro de rezos, podemos suspirar de alivio y agradecer al Creador que se le otorgó el permiso al Centro de Kabbalah de producir y compartir con la gente este libro de conexión, este *Sidur.* El hecho de que por primera vez el hombre común puede acceder al poder del Creador mismo, evitando las trampas, el dolor y el sufrimiento que ha creado escombros en la autopista de la historia humana, debe considerarse como una bendición y no debe tomarse a la ligera. Que nosotros, en el siglo XXI, seamos lo suficientemente privilegiados de tener una oportunidad de eliminar el caos usual que se ha convertido en una característica típica de la humanidad debería despertar en nosotros la necesidad de compartir esta obra excepcional con tanta gente como sea posible. En efecto, uno de los requisitos necesarios que vienen con esta bendición es el concepto de que no debemos considerarnos como una clase privilegiada y que nos corresponde ayudar a tanta gente desafortunada a nuestro alrededor como sea posible con esta oportunidad sin precedentes de erradicar el caos de nuestro entorno.

La noción de que teníamos que aceptar el infortunio que nos es infligido porque Dios, en Sus caminos misteriosos, sabe precisamente qué está haciendo, es contraria y opuesta a la verdadera esencia y carácter de Dios. Hoy en día, ya no tenemos que aceptar esta y otras ideas contradictorias acerca de nuestro Señor. Dios es bueno. Su esencia y carácter son de compartir. El aspecto de la negatividad sencillamente no se aplica ni puede estar asociada con la conciencia de un Deseo de Compartir.

En este punto, me gustaría abordar la pregunta que estoy seguro que muchos lectores de esta introducción se han hecho: ¿Cómo puedo beneficiarme con el *Sidur* si no sé leer hebreo?

Las letras hebreas no son sólo un vehículo mediante el cual se expresan ideas y se estableció un idioma. El relato bíblico de la Torre de Babel afirma que "tenía toda la Tierra una sola lengua y unión" (Génesis 11:1). El idioma fue formado unos 2.000 años antes de la creación de Adam, dice el *Zóhar*. Los cimientos de este idioma fueron las 22 letras del *Álef-Bet* hebreo proporcionado por el texto bíblico. El propósito de este idioma era proporcionar un medio de comunicación con el subconsciente de cada forma de vida. El *Álef-Bet* y los mundos estructurados por éste proveen un vocabulario ilimitado. Estas letras y palabras trascienden la realidad limitada de nuestra conciencia, y pueden esclarecer y expresar con mayor precisión nuestros pensamientos y el mundo visible a nuestro alrededor.

La idea de que el idioma hebreo es exclusivo del pueblo israelí es, desde un punto de vista *Zohárico*, un concepto equivocado del propósito inherente del idioma. El objetivo del hebreo es darle a nuestro pensamiento-conciencia una oportunidad de revelarse a sí mismo. El *Zóhar* describe cómo nuestros pensamientos finalmente se manifiestan en la palabra hablada, convirtiéndose instantáneamente en manifestaciones vocales. Este proceso parece ser completamente robótico. Está fuera de duda que los hablantes no emplean un pensamiento consciente en cada palabra que sale de su boca. Realmente nunca piensan acerca de qué palabra usar o cuál será la siguiente palabra. Entonces, ¿de dónde provienen estas palabras? Parecen ser de un texto o un casete preparado, el cual ha sido instalado en nuestra computadora mental.

Considerar el idioma hebreo como exclusivo de Israel es una corrupción absoluta y debe considerarse como una artimaña del Satán para evitar el flujo de asombroso poder de la Fuerza de Luz de Dios. Sólo cuando empleamos el idioma hebreo podemos garantizar una conexión apropiada con la Fuerza de Luz de la Realidad del Árbol de la Vida.

Todos conocemos los códigos de barras. Cuando se escanean, los códigos de barras proporcionan una gran cantidad de información, la cual el escáner procesa en segundos. El escáner evita los errores en los precios de los productos, ahorra tiempo, esfuerzo y dinero. De manera similar, el *Zóhar* está repleto con ejemplos donde escanear con el ojo humano ha mejorado nuestra capacidad mental para ver las cosas a nuestro alrededor como en realidad son. Si un objeto inanimado como un escáner de códigos de barras puede producir tal actividad, imagina cuánto puede hacer la mente humana. El escáner en la tienda por departamentos ciertamente no tiene el potencial o la capacidad de comprender y entender los abundantes aspectos que la mente humana puede procesar a través del escaneo del *Sidur*.

Introducción
por el Rav Berg

El ojo es el vehículo más poderoso a través del cual podemos adquirir una comprensión de todo lo que nos rodea. Cuando escaneamos, nuestros ojos, más que nuestra conciencia racional, hacen la conexión absoluta, permitiéndonos así acceder al asombroso Universo Perfecto del Árbol de la Vida.

Desde el momento que abrimos las puertas del estudio de la Kabbalah al hombre común sin ningún antecedente en el estudio del idioma hebreo, sabíamos que el puente más difícil que cruzaríamos sería el puente de la complacencia. Debido a que la humanidad ha estado viviendo dentro de cierta estructura por muchos milenios, hacer cualquier cambio requiere un esfuerzo monumental de nuestra parte para explicarles una idea nueva a los pueblos del mundo. Dado que la naturaleza humana se opone al cambio incluso a nivel de la realidad física, imagina cuán mayor sería la dificultad de promover un cambio en un nivel que los cinco sentidos no podrían sobrellevar; no por falta de inteligencia o educación, sino simplemente porque adentrarse y penetrar en el reino inmaterial es un ejercicio con el cual, desafortunadamente, no estamos familiarizados.

La dificultad que las personas que lean y escaneen el *Sidur* pueden tener es: ¿Cómo ajustarse a la idea de que, aunque no podamos entender el contenido de lo que está escrito o no tengamos las herramientas educativas para comenzar a entender dicho contenido, podemos adentrarnos y aceptar —basados solamente en la fe— que el *Sidur* es la máxima respuesta a la eliminación del caos en nuestra vida?

El cosmos contiene una vasta cantidad de positividad y negatividad que constantemente bombardea nuestro cerebro y nos confunde. El hebreo es el idioma que mejor nos ayudará a superar esta interferencia. Cuando la persona que lee o escanea el *Sidur* medita con un deseo de estar conectado con la Realidad del Árbol de la Vida, hay muchas cosas que ocurren entre el ámbito terrestre lleno de confusión y la Realidad del Árbol de la Vida libre de caos. Por ende, lo que es necesario es un cable o un canal que sea inmune a las influencias externas cuando nuestro pensamiento-conciencia desea conectar con el Universo Perfecto del Árbol de la Vida. Este cable o canal es el *Álef-Bet* hebreo.

El hebreo es desconocido para la gran mayoría de los habitantes de la Tierra y, por lo tanto, el uso del *Sidur* creará una experiencia incómoda para la persona que lo escanee. No obstante, una vez que hayamos entendido que no tenemos otra opción en nuestra labor de eliminar el caos del universo, aceptaremos la premisa de que aun escanear establece una conexión con la Realidad del Árbol de la Vida. Cuando una persona comienza a conectarse con esta formidable Fuerza de Luz de Dios, experimentará de forma instantánea la sensación de estar rodeado por la calidez de la Fuerza de Luz.

No nos rehusamos a usar el teléfono simplemente porque no tenemos idea de cómo funciona el dispositivo. No dudamos en tomar algún medicamento si el médico nos asegura que será de ayuda. Si los practicantes de la Kabbalah permiten que la Fuerza de Luz entre en la esencia de su propio ser, las recompensas de las que hemos hablado antes serán parte de la humanidad.

El propósito de este libro de conexiones en particular, este *Sidur*, es sencillamente eliminar el caos, dolor y sufrimiento; recargar nuestras baterías cuando nos sentimos agotados o revigorizar nuestro cuerpo exhausto. Para aquellos de nosotros que realmente creemos en el proceso de la inmortalidad, este *Sidur* nos ayudará en nuestro esfuerzo de regenerar nuestro cuerpo. El *Sidur Kabbalístico* se opone a cualquier idea de que cuando alcanzamos los 20 años nuestro cuerpo entra en el portal de la degeneración, el proceso de envejecimiento impera y enfrentamos la inevitable ruina de una decadencia física.

Debemos estar conscientes de que este panorama conocido de degeneración humana no es uno de los hechos de la vida. La ciencia ha confirmado que la degeneración y el proceso de envejecimiento es una realidad. Sin embargo, debemos entender que la ciencia jamás ha probado la veracidad o la causa de algún factor de envejecimiento con algo más que la observación a simple vista de un proceso que parece semejarse al envejecimiento en el cuerpo humano.

Desde una perspectiva kabbalística, esta es precisamente la razón por la cual, hasta la actualidad, no hemos sido capaces de revertir el proceso de envejecimiento. Como resultado de nuestra observación, hemos determinado que cada ser humano y cada criatura dentro de los reinos animal, vegetal o inanimado deben pasar por el envejecimiento de manera inevitable. El concepto de "lo creeré cuando lo vea" contribuye a la idea de que todo lo que podemos observar es el deterioro de cualquier organismo viviente. No obstante, si cambiáramos nuestra conciencia y consideráramos el proceso de envejecimiento como algo temporal e ilusorio y que el envejecimiento o degeneración no son una verdad absoluta, entonces habremos entrado en una nueva dimensión en la historia humana. Este es el nuevo camino del pensamiento kabbalístico y se convertirá en la conciencia del siglo XXI: que la "materia" y cualquier otro material físico es gobernado y determinado por nuestra conciencia, que mientras nosotros "queremos que así sea, así será". En lugar de "lo creeré cuando lo vea", el estado de conciencia kabbalístico y su significado revertirán este proceso y declararán "eso que yo creo, lo veré".

Estoy muy al tanto de las dificultades que la humanidad tendrá con esta idea revolucionaria de la mente sobre la materia en general o, en particular, acerca de la degeneración y el envejecimiento. A nuestra mente racional, la cual ha sido programada por los últimos cinco milenios con una perspectiva de la realidad basada en "lo creeré cuando lo vea", obviamente le será muy difícil lidiar con una idea tan radical como la de revertir muchas de las leyes y principios "irrevocables e irreversibles" con los cuales estamos tan familiarizados. Todo a nuestro alrededor ha de pasar por una remodelación total en términos de nuestra percepción.

Este paso agónico de cruzar el umbral de una nueva dimensión no afectará menos al practicante que cuando la gente fue forzada a cambiar del concepto de recaudación y procesamiento de información manualmente a hacer lo mismo con un computador. No obstante, hay una gran diferencia entre estas dos situaciones. Hay individuos que, sencillamente, no se ajustarán a un computador a pesar de todos sus beneficios, dependiendo así de los demás para hacer las tareas concernientes a la información. Sin embargo, cuando estamos involucrados en un paso drástico hacia la modificación total de nuestro camino predestinado en la vida —un paso que incluye la eliminación del caos de nuestra vida— no tenemos otra opción. No podemos eliminar el dolor y el sufrimiento de nuestro panorama sin una participación personal e individual.

Introducción
por el Rav Berg

Para lograr el objetivo de revertir el proceso de envejecimiento, la humanidad será obligada a revertir y cambiar por completo su manera de pensar. En términos kabbalísticos, y con la ciencia ascendiendo lenta pero seguramente y cerrando la brecha con la Kabbalah, estamos compuestos únicamente de nuestra conciencia. Nuestra conciencia racional, la cual está conectada con el cuerpo, y depende completamente de él, tiene un papel menor en la forma que pensamos o nos comportamos. Esto puede sonar muy extraño para un principiante.

El escaneo del *Sidur* ha probado repetidas veces su fiabilidad en alcanzar un estado elevado de nuestra conciencia. La ciencia también ha reconocido las limitaciones de nuestra conciencia racional y ha afirmado que no nos damos cuenta de la totalidad de nuestra conciencia potencial. La lectura o el escaneo del *Sidur* serán extremadamente beneficiosos para el segmento mayor, aunque no utilizado, de nuestra conciencia.

Tanto para el kabbalista como para el científico moderno la conciencia racional conectada a los cinco sentidos está totalmente limitada en su función. Para alcanzar una sociedad libre de caos, debemos trascender este medio superficial de pensamiento e iniciar el proceso de elevar nuestra conciencia a un conocimiento más profundo de las cosas que nos rodean.

Lo que la Kabbalah pide es que, para eliminar el caos de nuestras vidas y nuestro medio ambiente, no tenemos otra opción más que añadirle más a nuestra conciencia racional. En efecto, lo que esto significa es que debemos hacer un esfuerzo determinado para revelar y manifestar los segmentos hasta ahora sin uso de nuestra conciencia —el 99 por ciento de nuestra conciencia potencial— de modo que dichos segmentos se vuelvan tan completamente operativos como nuestra conocida conciencia racional del 1 por ciento.

Por consiguiente, esta introducción sirve para enfatizar la capacidad limitada de nuestra mente. Sin expandir nuestra conciencia cognitiva, los habitantes de la Tierra tienen pocas esperanzas de que se pueda interrumpir el patrón histórico del caos. La relevancia de nuestra conciencia ha sido tan menospreciada con relación a nuestras actividades diarias que considero que este obstáculo es el principal factor (si no el único factor) que evita que la humanidad supere y elimine el caos de nuestro mundo.

Lamentablemente, nuestra conciencia es más estimulada por nuestro comportamiento reactivo, el cual entra en escena cuando nuestro ego es tocado o lastimado por los demás. Respondemos de inmediato a esta influencia o estimulación externa, usualmente de forma negativa, poniéndonos a la defensiva. Aparte de esta situación, raramente nos familiarizamos con la noción de que no estamos funcionando con nuestro potencial total, más allá de nuestra conciencia racional limitada.

Esta capacidad limitada, aunque ha sido conocida por la ciencia por mucho tiempo, simplemente no ha sido entendida por la mayoría de la gente. La razón, según mi opinión, es que la ciencia no ha podido tratar esta falta de conciencia debido a la falta de herramientas disponibles para expandir nuestra conciencia racional para que ocupe un mayor porcentaje de la totalidad de nuestra mente. Si bien hay muchas disciplinas "nuevas" que intentan mejorar o aumentar la capacidad de nuestra conciencia, se les puede atribuir muy poca credibilidad a estos nuevos métodos porque no han sobrevivido la prueba de milenios de obstrucción. El contenido del *Sidur* y sus diferentes meditaciones han estado con nosotros por casi cuatro milenios. El simple hecho de que este libro haya perdurado indica que tiene vida propia; una vida que ha resistido el caos y la destrucción que ha sepultado a todas las demás disciplinas del pasado.

De acuerdo con la disciplina de la Kabbalah, elevar el nivel de nuestra conciencia activa del nivel de la conciencia racional del 1 por ciento al 99 por ciento de nuestra conciencia disponible sólo puede lograrse cuando hemos hecho una conexión con la Realidad del Árbol de la Vida, el Universo Perfecto mencionado en Génesis.

Este *Sidur* proporciona precisamente esa conexión con la Realidad del Árbol de la Vida. Sí, cada uno de nosotros tendrá que dedicar tiempo y esfuerzo para hacer uso de esta herramienta; y ya puedo escuchar los comentarios de los practicantes cuando tengan que enfrentar llegar tarde a una cita o estén presionados por el tiempo. ¿Qué puede pasar si omito hacer una conexión por esta vez? ¿El no poder conectarme con la Realidad del Árbol de la Vida realmente hace diferencia en sólo un día? El Satán nos bombardea constantemente con estos pensamientos ya que, como hemos dicho antes, somos sujetos al ataque de muchos otros pensamientos negativos las 24 horas del día, sobre los que no tenemos control y no podemos evitar que entren en nuestra mente.

¿Cuán importante es para nosotros recobrar el control de nuestra mente? Esta es la pregunta que deberíamos hacernos todos y cada uno de nuestros días. Si consideráramos la cantidad de tiempo que desperdiciamos cada día debido a la conexión con nuestra conciencia racional del 1 por ciento, nos daríamos cuenta de que el total excede por mucho la minúscula cantidad de tiempo que debemos dedicar en lograr el mínimo control sobre nuestra mente.

Los resultados de nuestros esfuerzos en conectar con la Realidad del Árbol de la Vida son, sin cuestionamiento alguno, absolutos. De esto no tengo ninguna duda. La mayor dificultad que todos tenemos en cuanto al control de nuestro destino y de nuestras actividades diarias es la interferencia del Satán con nuestra capacidad de aceptar la idea de que estamos bajo su asedio constantemente. El Satán está presente en nuestra conciencia durante todas las 24 horas de nuestro día: sí, incluso mientras estamos dormidos. Nuestra incapacidad de estar constantemente alertas de esta amenaza y peligro es el arma más poderosa del Satán. El Satán puede abastecernos con más razones de las que podamos pensar acerca de cómo él *no* está involucrado. Su arsenal de distracciones y métodos para desviar nuestra atención de la Realidad del Árbol de la Vida va más allá de lo que podamos imaginar.

El caos, dolor o sufrimiento verdaderos no requieren ni involucran la atención personal del Satán. Administrar y ejecutar el caos en cualquiera de sus presentaciones es dejado a su ejército, el cual está lleno de un número infinito de guerreros. El Satán sabe muy bien que el factor crucial y decisivo —el factor que inflige caos en cada aspecto del universo— está en la conciencia de todos los seres humanos. Si el Satán puede solamente infiltrar dentro de nuestra conciencia la idea de incertidumbre, buena suerte o mala suerte, que todo lo bueno debe tener un final o, al menos, alguna forma de corrección o interrupción, entonces ya es seguro el éxito de su esfuerzo en dejar el panorama de este universo lleno de escombros.

Consideremos el papel de nuestra conciencia en determinar si subiremos o bajaremos la mano. La mano física, una parte vital de nuestro cuerpo, no tiene ninguna participación en esta decisión. De la misma manera, cada manifestación física que resulta depende del estado de nuestra conciencia. Debemos estar completamente al tanto de la relevancia que nuestra conciencia tiene en determinar el producto de cualquier decisión que tomamos respecto a cualquier actividad o manifestación física. Es precisamente en esta área en la cual el Satán ha estado, desde la Creación, en control absoluto. Su influencia en nuestra incapacidad de estar constantemente alertas de la relevancia de nuestra conciencia y en la falta de uso de la capacidad total de nuestra mente es donde el caos, dolor y sufrimiento tienen su origen.

Olvidamos la importancia que la conciencia tiene en el resultado final de cualquiera de nuestras acciones y actividades. En su mayoría, hemos adaptado nuestra conciencia racional para aceptar que, una vez que el contacto físico o emocional cesa a nivel material, ya no ejercemos ningún tipo de control sobre las etapas siguientes de la acción hasta su conclusión.

Esto es precisamente lo que el Satán quiere que creamos. Él hace cualquier intento para desvincular la realidad física y material de la realidad metafísica e inmaterial. De esto se trata el principio de "lo creeré cuando lo vea". En efecto, esto significa que la conciencia no tiene ningún papel en nuestra realidad. Nuestra realidad se presenta como algo muy físico o, sencillamente, no existe. La conciencia, esa fuerza inmaterial, queda completamente ignorada y rara vez asume su lugar adecuado en la manifestación de toda la existencia física.

Por lo tanto, cuando decidimos conscientemente crear algo, en el momento en que esta conciencia cruza a la realidad física, creemos que, por más que queramos e intentemos, nuestra conciencia original ya no tiene participación en ningún desarrollo y resultado futuro. Esto es exactamente lo que el Satán quiere que creamos, a pesar de que, en términos kabbalísticos, no hay nada más alejado de la verdad.

Como resultado, mantenemos a una sociedad que está gobernada por el Principio de Incertidumbre establecido por la ciencia. Esto, lógicamente, implica que cualquier cosa que sea determinada por nuestra conciencia, cualquier cosa que hagamos, cualquier decisión que tomemos mantendrá esta energía de incertidumbre. En cuanto a nuestra participación futura en cualquier asunto, esta conciencia de incertidumbre tiene el papel más importante en el proceso de desarrollo. Por lo tanto, el caos debe existir en cualquier situación dada si consideramos que la energía de nuestra incertidumbre no cesa cuando hemos dejado de pensar en el proceso o dejamos de participar en el mismo. Si bien pareciera que nuestra participación física no continúa, aun así la energía original de incertidumbre continúa más allá del aparente "muéstrame la relación física". Nuestro estado de incertidumbre de la conciencia dictamina que lo que no vemos no existe. Y esto es precisamente lo que el Satán quiere que creamos.

Para dar varios ejemplos de lo que los kabbalistas quieren decir acerca de la conciencia, examinemos las referencias bíblicas concernientes a este asunto.

Después de haber pasado más de tres milenios explorando la interrelación del hombre y su cosmos, los kabbalistas son los únicos entre los investigadores celestiales en proporcionar una descripción unificada de la Creación. Desde la Edad de Oro de Safed, hace unos cuatro siglos, los kabbalistas han tenido un modelo metafísico del universo completamente detallado. ¿Cómo lograron desarrollar una visión del universo de forma tan radical y asombrosamente clara?

El verdadero Mundo del 99 Por Ciento está oculto por velos de negatividad, síntomas y apariencias. No obstante, como los kabbalistas que le antecedieron y que le precedieron, el Arí encontró la respuesta, al menos en parte, en el anteproyecto que se nos entregó mediante el código cósmico conocido como la Biblia.

"Cuando hayan entrado en la tierra de Canaán... y Yo mando una plaga de lepra sobre alguna casa de la tierra de su posesión..." (Levítico 14:34).

Los cananeos tenían una conciencia negativa y maligna. Cuando erigían una edificación, ellos empleaban y conectaban con fuerzas malignas que rondan arbitrariamente en el universo, causando así que estas fuerzas oscuras se expresaran en la edificación. La energía negativa de estas fuerzas se manifestaba como la lepra que es descrita en la cita presentada previamente.

Los kabbalistas dicen que cuando una persona comienza a erigir una edificación, debe declarar que la está construyendo para el servicio de la Fuerza de Luz. El *Zóhar* afirma que cuando las mujeres llevaban artículos al Tabernáculo, ellas solían "especificar para qué era cada parte... Y todas las mujeres cuyo corazón las impulsó en sabiduría..." (Éxodo 35:26). Las mujeres con sabiduría entendían el poder de la mente y la actividad humana. Ellas fueron impulsadas en sabiduría y cada artículo se conectaba con la Fuerza de Luz.

Lo que parece emerger del relato bíblico es la relación directa que existe entre la realidad inanimada y su constante interacción en los niveles más sutiles. El kabbalista sabe que todos los eventos a nivel físico son dirigidos por una energía-fuerza de inteligencia interna, la cual evoluciona en todo lo que podemos observar en forma manifestada.

Aquí se encuentra la diferencia esencial entre la cosmovisión del kabbalista y la del científico. Para el kabbalista, todos y todo, incluyendo una piedra o una mesa, tiene un nivel de inteligencia y conciencia. Una mesa habla, e igualmente lo hacen los alimentos. Una persona que toma asiento en un restaurante donde la persona que estaba sentada antes arrojó una enorme cantidad de vibraciones negativas puede que se sienta muy incómoda durante la comida y nunca sepa por qué. Una casa con vibraciones negativas habla y puede que haga sentir agitado al nuevo comprador o inquilino (Rav Berg, *Kabbalah for the Layman*, Vol. III, 140-142). La mesa y la casa poseen inteligencia.

Ya sea que entendamos o no el lenguaje de los habitantes inanimados de nuestro universo, o seamos conscientes de su lenguaje intrínseco, éstos revelan mucho de lo que está ocurriendo a nuestro alrededor. El kabbalista o estudiante de Kabbalah sabe perfectamente bien que una casa, apartamento o negocio que ha sido corrompido por la conciencia negativa y maligna de seres humanos es un lugar del cual debe uno mantenerse alejado. El kabbalista captará la inteligencia de estas entidades inanimadas y actuará apropiadamente.

Cada vasija de una estructura inanimada tiene cierta nota que hace que reverbere más fuertemente que en cualquier otra frecuencia. Rodea suavemente el borde de una copa de vino con el dedo húmedo para conocer la armonía resonante de esa vasija. El truco de un cantante capaz de quebrar copas se logra al cantar en un tono en particular y con suficiente volumen para hacer que el vidrio estalle debido a la fuerza de sus propias vibraciones.

Otro ejemplo para aquellos de nosotros familiarizados con el juego de tenis es la idea del seguimiento después de golpear la pelota. Todos los profesionales del tenis concuerdan que cuando la raqueta ha golpeado la pelota y ya no hay contacto físico entre la pelota y la raqueta, el jugador aún debe impulsar la raqueta después del contacto inicial. Podríamos preguntarnos por qué es necesario continuar impulsando la raqueta hasta el final del movimiento cuando la misma tan sólo entra en contacto con el aire. Estoy seguro que desde el punto de vista del jugador profesional de tenis y del científico, este seguimiento influye en la velocidad, la rotación y la dirección de la pelota. Y el movimiento de la raqueta después del punto de impacto mejora e influye el comportamiento de la pelota más allá del golpe. Sin embargo, la pregunta respecto a por qué la conciencia del jugador se extiende más allá del impacto no es tomada en consideración.

Por lo tanto, si nuestra conciencia es una de incertidumbre al principio de cualquier actividad, debemos entender que esto tendrá un efecto material en el resultado. De manera similar, si mantenemos una actitud positiva de certeza, entonces esta conciencia también continuará más allá del punto de nuestra participación física. Entonces, si pudiéramos conectar nuestra mente sin control y sin certeza al reino de la Realidad del Árbol de la Vida e infundir nuestra mente con la energía de esta realidad perfecta, entonces esta conciencia positiva es lo que permearía y se extendería a través de nuestras actividades físicas y más allá.

EL PROPÓSITO DEL SIDUR

Tenemos la opción de ser influenciados por la prevaleciente atmósfera de incertidumbre y el caos que resulta de ésta o de conectarnos mediante el *Sidur Kabbalístico* con la Realidad del Árbol de la Vida, lo cual sin duda limpiará el aire de todas las interferencias negativas e incertidumbre. Y de la misma manera que sembrar una semilla gobierna todo lo que emergerá subsecuentemente de esa semilla, nuestra conciencia es la semilla de todas las actividades futuras. Cómo y de qué consistirá esta conciencia, y cómo esta conciencia se comportará, depende completamente de nuestro esfuerzo y participación en nuestra conciencia actual.

Iniciar actividades sin una conexión con el Árbol de la Vida es, literalmente, buscar el caos latente. La historia, con su evidencia de caos ininterrumpido, es testigo de la incapacidad humana de poner fin al caos desenfrenado que afecta a toda la humanidad. En el pasado, el ser humano siempre buscó soluciones fuera de sí mismo. Con el advenimiento de la Era de

Acuario, todo esto tendrá fin. La perspectiva kabbalística de cómo el caos llega a su fin incluye primero y principalmente la participación del mismo ser humano. Las herramientas y la metodología para eliminar una sociedad caótica de una vez por todas están ahora disponibles para toda la humanidad. Sin duda alguna, la conciencia programada en los últimos cinco milenios todavía tendrá una función importante en la aceptación de este nuevo papel que ubica a la humanidad en el centro de toda actividad.

Con la introducción del primer *Sidur Kabbalístico Transliterado*, la humanidad, por primera vez en la historia, se encuentra en posición de convertirse en el dueño de su destino y el capitán de su barco. No obstante, la eliminación del caos individual y ambiental ahora se vuelve una responsabilidad personal. Eludir esta tremenda carga sólo puede invitar a la continuidad del caos a nuestra vida. Efectivamente, la idea de que ya no podemos ni tenemos que buscar en otro lugar parecerá muy revolucionaria y extraña para muchos, pero esta es la Era de Acuario, y con la misma viene el enorme apoyo de la Fuerza de Luz para asistirnos en este cambio novedoso y radical respecto al problema del caos. El Satán nos proporcionará una cantidad infinita y suficiente de razones, en cada paso de este nuevo camino espiritual, para hacernos creer que no somos capaces de asumir una tarea de proporciones tan monumentales. El concepto de que todos los días requieren nuestro tiempo, esfuerzo y participación a fin de eliminar el caos en nuestra vida ciertamente puede crear un pequeño caos en nuestros planes y hábitos.

Para aquellos de nosotros que nos tomamos el tiempo y el esfuerzo para restaurar nuestra conciencia a una de certeza y positividad, la observación de los cambios que inevitablemente ocurrirán en nuestra vida será anonadante.

El *Sidur Kabbalístico* considera las influencias cósmicas de cada día de la semana. Estas diferencias son tomadas en cuenta y se proveen las metodologías que conectan con la energía positiva de cada día en particular. El Arí, en su libro *Las Puertas de la Meditación*, también afirma que el apoyo y asistencia de los ángeles tienen una función intrínseca en la garantía del bienestar del ser humano. Además, los ángeles son designados con el único propósito de aumentar la protección del caos y la incertidumbre, y uno o más ángeles que ministran sobre un día no ministran sobre otro. Por consiguiente, en este *Sidur* se incluye la meditación apropiada que garantizará la presencia de los ángeles durante cada día.

Los nuevos milagros, que ocurren cuando menos los esperamos, servirán para reforzar nuestra convicción y entendimiento acerca de por qué el caos siempre ha sido un "amigo" que nos ha acompañado y ha estado atado a nosotros por los últimos cinco milenios. El *Sidur Kabbalístico* se convertirá en la herramienta que nos permita desvincular exitosamente al Satán de nuestra presencia y disfrutar el derecho dado por Dios de un Universo Perfecto libre de las vidas caóticas que fuimos forzados a vivir en el pasado.

VIERNES - LA NOCHE DE SHABAT

Rabí Yitsjak Luria (el Arí) explica que el viernes se considera como el día de preparación para *Shabat*, basado en el versículo: "Y sucederá que en el sexto día, cuando preparen lo que traerán..." (Éxodo 16:5). Deben hacerse muchos preparativos el viernes para *Shabat*, y debes tomar en cuenta el comprar todos los artículos necesarios para *Shabat* el viernes (y no el jueves, como se explicó anteriormente), dado que aprendimos de los sabios: "Ravá salaba *shibuta* (un tipo de pescado) para *Shabat*..." (Tratado de Shabat, pág. 119:a). Debes decir *Lijvod Shabat* (por el honor de *Shabat*) sobre todo lo que compres mientras estás pagando por ello, porque recibirás de los Cielos el doble del dinero que gastas para *Shabat*. Debes dar importancia a comprar pescado para las comidas de *Shabat*. La transpiración por hacer un gran esfuerzo y sudar con alegría mientras haces los preparativos para *Shabat* borra los pecados y hace expiación por ellos.

El tiempo de *Minjá* en la noche de *Shabat* (desde el mediodía del viernes hasta el atardecer) es un período peligroso para los desacuerdos entre cónyuges y las demás personas en la casa. El otro lado hace un enorme esfuerzo para crear discusiones y desacuerdos. Cualquier persona que sea espiritual debe controlar su naturaleza y no alentar desacuerdos ni rigurosidad; al contrario: debe buscar la paz. También se debe ser cuidadoso al preparar las velas para *Shabat*, aunque el encendido de las velas es un precepto para la mujer dado que ella es la anfitriona.

LAS COSTUMBRES DEL ARÍ

Después de terminar *Shajarit* del viernes, el Arí iba inmediatamente a su lugar de estudio y si había un rollo de Torá válido, él lo sacaba y leía la porción dos veces en hebreo y una vez en arameo. Él leía del pergamino y su estudiante leía el arameo, y el Arí repetía las palabras después de él (él hacía esto por cada versículo hasta que completaba toda la porción). El Arí solía leer un versículo en hebreo y después en arameo, luego repetía este versículo en hebreo; no como otros que leen toda la porción de una vez. También hacía un esfuerzo para leer esta porción el viernes como parte de los preparativos para *Shabat*. Si había una emergencia y no podía leer esta porción el viernes, la leía después de *Shajarit* de *Shabat* antes de la segunda comida y no en pleno *Shajarit*. Después de leer la porción, iba a hacer *mikve* (está dicho en el *Zóhar* que Rav Hamnuná Saba se sumergía en el río cada viernes antes de *Shabat*). El Arí decía que una vez que la persona había leído la porción, ésta tenía la fuerza para recibir la Santidad adicional de *Shabat* y, por lo tanto, él no iba a la *mikve* antes de la lectura de la porción salvo que hubiese una emergencia. Aun en ese caso, él no iba a la *mikve* sino hasta el comienzo de la quinta hora (a partir del amanecer) del viernes. Asimismo, él decía que toda la Santidad adicional de *Shabat* se revelaba en la frente de la persona justo después de la *mikve* (la parte principal de la revelación ocurriría sólo después del mediodía y sólo si la persona había meditado en eliminar las *klipot* mundanas, las cuales son conocidas como la vestimenta cotidiana del *Néfesh* de un individuo, mientras estaba en la *mikve*). Cuanto más nos acercamos al *Shabat*, más fuerzas adicionales de *Shabat* se revelan.

LA INMERSIÓN EN LA MIKVE SEGÚN EL ARÍ (INTENCIÓN GENERAL)

La pureza conlleva a la santidad de una persona. Dado que la pureza del cuerpo causa la pureza del alma, un individuo debe hacer un esfuerzo en purificar su cuerpo para que, con esta acción, se fortalezca con Torá y con temor reverencial, amor, felicidad y verdadero trabajo espiritual incondicional. Vale la pena que haga el mayor esfuerzo posible y gaste tanto dinero como sea necesario para lograr la pureza del cuerpo, porque a través de la purificación del cuerpo recibirá asistencia adicional en su trabajo espiritual. Por lo tanto, se debe hacer el esfuerzo necesario para sumergirse en una *mikve* con tanta frecuencia como se pueda, para arrepentirse y purificarse de la impureza de nuestras acciones negativas generales, especialmente si causamos impureza por alguna acción específica. Se debe tener cuidado de rezar sólo si se está purificado, porque la recompensa es duplicada cuando se hace el trabajo espiritual con pureza. Se sabe que la impureza que proviene del cuerpo es muy severa y, por ende, debemos sumergirnos en la *mikve* por *kerí* (eyaculación masculina) después de tener relaciones sexuales en la noche, y más aún si el *kerí* no fue intencional. Es importante ser cuidadoso, así que no se debe postergar la inmersión en la *mikve* para así poder tener paz a largo plazo.

Los estudiantes del Arí escribieron que la Misericordia descendía sobre un individuo y eliminaba el *mazik* (entidad negativa) que fue creado a partir de ese *kerí*, de alguien que había experimentado un *kerí* accidental (el Cielo no lo permita), si él se sumergía en la *mikve* ese día y se arrepentía. Asimismo, quien tenga pena en su corazón debe correr a sumergirse en la *mikve*. Cualquiera que tenga temor reverencial y admiración por el Creador debe procurar no mencionar los Nombres Sagrados de Dios mientras está impuro, pues está escrito: "porque Yo honro a los que me honran" (I Samuel 2:30).

Los sabios solían sumergirse en la *mikve* cada día antes de sus oraciones, no como una obligación sino como una herramienta espiritual importante, de modo que estuvieran limpios de cualquier impureza. El Arí escribió que hay algunos casos en los que una persona puede volverse impura sin estar al tanto de ello (basado en el *Tratado Nidá*, pág. 13b). Respecto a la esencia de la pureza de la *mikve*, uno de los estudiantes del Arí mencionó también: "El que es cauteloso con la inmersión (*Tevilá*, טבילה) conecta con Dios para volverse uno con Él (sumergirse טבל en el Nombre de Dios יה) y alabado es él".

MEDITACIÓN DE LA INMERSIÓN EN LA MIKVE LA VÍSPERA DE SHABAT

Después que entras en el agua del océano, el río o la *mikve*, y antes de que te sumerjas, medita que la *mikve* es el secreto de Nombre Sagrado: אלף הה יוד הה que da un total de 151, como la palabra *mikve*. Todos los Nombres אהיה superiores se reúnen en la *mikve* porque *mikve* representa el *Najal* נחל (arroyo) Superior.

יהוה - יוד הי ויו הי   יהוה - יוד הי ואו הי

יהוה - יוד הא ואו הא   יהוה - יוד הה וו הה

אה'יה - אלף הי יוד הי   אה'יה - אלף הא יוד הא   אה'יה - אלף הה יוד הה

יה

נחל

מים

Cuando los Nombres (יהוה y אהיה) son sencillos, hay siete letras *Yud* (una en cada uno como está ilustrado anteriormente). Estos siete Nombres son el secreto de los siete Nombres de *Shabat*, en el secreto de las siete letras אהי"ה יה"ו que son mencionadas en el *Zóhar*. Debes meditar en las siete *Yud* de los Nombres sencillos junto con la letra *Yud* del Nombre י"ה (el Secreto de *Shabat*), lo cual nos da ocho *Yud*, que suman un total de 80 y son igual a las letras נ"ל de la palabra *Najal*. Y junto con la generalidad de las ocho *Yud* (8), el total es el valor numérico de *Najal* נח"ל (88). Luego suma la generalidad de las *Yud* mismas con su generalidad (2), que da un total de 90 y es el valor numérico de la palabra "agua" מים. Después medita en que el agua es atraída a la *mikve*.

Posteriormente, debes meditar en que todo esto debe ser por el Honor del *Shabat* לכבוד שבת. Porque en los Nombres mencionados anteriormente (cuatro veces יהוה, tres veces אהיה y una vez י"ה) hay 30 letras que son el valor numérico de la letra *Lámed* ל de la palabra *Lijvod*. Cuando sumas la generalidad de las *Yud* dará un total de 32, que es el valor numérico de la palabra *cavod*. El valor numérico de todos los ocho Nombres anteriores es el mismo de la palabra *Shabat* (702). Cuando emerges de la *mikve*, debes decir:

אִם־ im יוהך, מ"א אותיות דפשוט, דמילוי ודמילוי דמילוי דאהיה ע"ה

תָּשִׁיב tashiv מִשַּׁבָּת miShabat רַגְלֶךָ ragleja:

MEDITACIÓN DE LA SEGUNDA MIKVE

Debes sumergirte dos veces, una vez tras otra. La primera inmersión es para eliminar la vestimenta mundana del *Néfesh*, y la segunda es por el Honor del *Shabat*, para recibir la Santidad adicional de *Shabat*. En la primera inmersión, debes meditar en el Nombre אלף הה יוד הה que da un total de 151, que es el valor numérico de *mikve*. En la segunda inmersión, debes meditar en los dos Nombres: אהיה יהו, y los siete Nombres a continuación que emergen de ellos:

יְהוָה. יֱהוִה. מצפץ. יה אדנ"י. אל. מצפץ. אלהים.

Todos estos Nombres son el secreto de la Santidad de *Shabat*. Estos Nombres tienen cinco *Yud*, que suman 50 y, junto con el valor numérico de los dos Nombres principales אהיה יהו (42), esto da un total de 92 במים que significa "en el agua".

Cuando emerges después de la segunda inmersión, medita en los Nombres:

יוד הי ויו הי   יוד הי ואו הי   יוד הא ואו הא   יוד הה וו הה

אלף הי יוד הי   אלף הא יוד הא   אלף הה יוד הה

יה

que juntos dan un total de 702, el valor numérico de la palabra *Shabat*. Dado que el secreto de *Shabat* es la elevación de *Zeir* y *Nukvá* hacia *Aba* e *Ima*, que es el secreto del Nombre: י"ה, (cuando emerjas de la *mikve*, no te seques con una toalla porque el cuerpo necesita absorber el agua de la *mikve* de *Shabat*).

MEDITACIÓN DE LA TERCERA MIKVE

Debes meditar en que la *mikve* (151) es la Vasija: אלף הה יוד הה (151).
Este es el secreto de la Vasija y la vestimenta para los Nombres:

יוד הי ויו הי   יוד הי ואו הי   יוד הא ואו הא   יוד הה וו הה

porque incluyen nueve *Yud* que suman 90 como el valor numérico de מים (agua). Y dado que estos cuatro Nombres son el secreto del agua, su raíz está en el Nombre: יוד הי ויו הי (72) que es *Jojmá*, como está escrito: "Todo lo que hiciste en *Jojmá* (sabiduría)". Además, la esencia del agua es el atributo de *Jésed*, que también es igual a 72. Por lo tanto, la medida mínima de agua para la *mikve* es 40 *seá* (que corresponde a las cuatro *Yud* en יוד הי ויו הי) porque este Nombre es el primario. También debes meditar en eliminar y desvestir a la antigua *Rúaj* (que estaba residiendo en tu cuerpo durante lo mundano) y una nueva *Rúaj* del mundo de *Briá* debe morar en ti por el Nombre: אלף הה יוד הה (el valor numérico de *mikve*). También debes meditar en estos dos Nombres: אהיה יהו (que su secreto está en el Mundo de *Briá*), y los siete Nombres (*Marguelán*) que emergen de:

יְהוָה. יֱהוִה. מצפץ. יה אדנ"י. אל. מצפץ. אלהים.

Como se explicó anteriormente, todos los Nombres juntos suman 849 y junto con los 151 del Nombre: אלף הה יוד הה dan un total de 1000, que es el secreto de los 1000 mundos de Luces que emergen de *Biná* y brillan hacia el mundo inferior, y con eso debes pensar en recibir esta Luz también.

MEDITACIÓN PARA LA MIKVE SEGÚN EL RAMJAL

El día viernes, después del mediodía, debes prepararte para *Shabat* e ir, sumergirte y purificarte de la suciedad de lo mundano, y meditar en: אלף הה יוד הה = מקוה (151), ya que este Nombre es atraído desde *Ima* hacia *Zeir Anpín* y, cuando te sumerges, te purificas de todos los defectos (este Nombre es la fuente de los otros tres אהיה).

Debes meditar en que el valor numérico de מים (agua) es igual a las nueve *Yud* (90) de: יוד הי ויו הי   יוד הי ואו הי   יוד הא ואו הא   יוד הה וו הה y después sumérgete tantas veces como desees. Es bueno que alguien que esté en un proceso de cambio espiritual (*Baal Teshuvá*) se sumerja 15 veces: la primera es para purificarte de la suciedad de los pecados. Las otras 12 son por las doce letras de los tres Nombres: יהוה, אהיה, אדני. La decimocuarta es para combinar los tres Nombres (יאאההדויהנהי), y la última inmersión es para recibir la Santidad de *Shabat*.

M MEDITACIÓN PARA LA MIKVE SEGÚN EL BAAL SHEM TOV (EL BESHT)

Primeramente, debes meditar en el secreto, como se menciona en la *Mishná*, que hay seis escalones (también se traducen como "virtudes" o "niveles") en la *mikve*:

יהו וחסד (*Jésed*), יוה נצח (*Nétsaj*),

הוי גבורה (*Guevurá*), היו הוד (*Hod*),

ויה ת"ת (*Tiféret*), והי יסוד (*Yesod*)

Y el agua en la *mikve* son nueve *Yud* de los cuatro Nombres:

יוד הי ויו הי   יוד הי ואו הי   יוד הא ואו הא   יוד הה וו הה

que es el valor numérico de agua מים. Y todos esos son atraídos de יוד הי ויו הי, el primero, que es *Jésed* (72) y es la esencia de agua. Por lo tanto, hay 40 *seá* (medida para líquidos) de agua en la *mikve*, que corresponden a las cuatro *Yud* en este Nombre. También la palabra *mikve* suma 151, que es el valor numérico de אלף הה יוד הה que es el secreto de *Biná*, la Vasija para los Nombres: אלף הי יוד הי y אלף הא יוד הא. Y aquí aprendemos que la construcción del cuerpo (Vasija) es mediante el Nombre אלף הה יוד הה (151), y el cuerpo es igual que una vasija de barro que no puede purificarse mediante una *mikve* (como está dicho en el *Talmud*: "una vasija de barro sólo se purifica cuando se hace trizas").

Por lo tanto, antes de entrar en la *mikve*: debes abrir tu corazón y aceptar *Ol Maljut Shamáyim* (la yema Celestial) y comprometerte a abandonar tus costumbres negativas y, a partir de este punto, comprometerte en un cambio espiritual, transformación y reconexión con la Luz del Creador con AMOR **(*Jésed*)**, TEMOR REVERENCIAL **(*Guevurá*)** y ejercer RESTRICCIÓN para que Dios se enorgullezca de ti **(*Tiféret*)**. Debes abandonar todo y, de este modo, SUPERAR **(*Nétsaj*)** tu inclinación negativa. Y con la certeza de que todas las chispas perdidas serán reunidas, debes tener APRECIACIÓN **(*Hod*)** por la protección de la Luz y no ser atrapado por la *klipá* llamada: *Metsulut Yam*. Y, de esta manera, él será conectado a la energía de los JUSTOS **(*Yesod*)** —צדיק יסוד עולם— y establecer DOMINIO **(*Maljut*)** para que la Luz esté sobre la oscuridad perpetuamente.

<u>Cuando estés entrando en la *mikve*</u>, debes pedir asistencia de parte del Creador para purificar y limpiar tus pensamientos, voz y habla. Con las meditaciones previas, a pesar de que hayas revertido siete niveles, el Creador te sanará y hará un nuevo pacto inquebrantable contigo y la Luz brillará sobre tu alma, y alcanzarás un nuevo nivel espiritual (*Komá* en hebreo, que tiene las mismas letras de la palabra *mikve*).

<u>Mientras estás de pie dentro de la *mikve*</u>, debes meditar en el Nombre **אדני**, que corresponde a *Maljut*, el piso de la *mikve* y el canal para el HABLA positiva. Luego medita en el Nombre **יהוה**, que corresponde a *Zeir Anpín*, las paredes de la *mikve* y el canal para la VOZ positiva. Después medita en el Nombre **אהיה**, que corresponde a *Biná*, el techo de la *mikve* y el canal para el PENSAMIENTO positivo. Los tres nombres juntos dan un total de 112, que es el mismo valor numérico del Nombre Sagrado **יב"ק** (el acrónimo de Unificación-**יחוד**, Bendición-**ברכה** y Santidad-**קדושה**).

La medida para el volumen del agua en la *mikve* se llama *seá* **סאה** (en la *mikve* tenemos 40 *seá*). En cada *seá* hay seis *kav*, y en cada *kav* hay cuatro *log*). El valor numérico de la palabra *seá* es 66, que es el mismo valor numérico del Nombre **אדני** (65) más uno que es el valor de la letra **א**. La forma de la **א** está constituida por las letras **י** (la parte superior), **ו** (la diagonal) y **ד** (la parte inferior). La letra **י** representa la *Sefirá* de *Jojmá* (la primera letra de **יהוה**). La letra **ו** corresponde a los seis escalones de la *mikve* y también a los seis *kav* (102) (mencionados anteriormente) que conectan con las secuencias: **הי ויו הי, הי ואו הי, הא ואו הא** (102). Seis veces 102 da un total de 612, que es el valor numérico de la palabra *brit*-**ברית** (pacto), y debes meditar en corregir toda la negatividad conectada con los órganos sexuales. La letra **ד** corresponde a los cuatro log (39), así que medita en la secuencia **יוד הא ואו** (39). Después debes decir este verso:

מִקְוֵה mikve **יִשְׂרָאֵל** Yisrael **מוֹשִׁיעוֹ** moshío **בְּעֵת** beet **צָרָה** Tsará אלהים ההין

Y debes meditar en el acrónimo de las palabras *Mikve Yisrael* **מ"י**, que es *Biná*, y en el acrónimo de las palabras *Yisrael Moshió* **י"מ** que es la *Shejiná*, la raíz del Juicio en nuestro mundo, para endulzar su juicio al elevarlas desde su raíz (la *Shejiná*), la cual es el cimiento (*Yesod*) de la construcción. Ahí estamos endulzando el juicio al meditar en el Nombre **אלף הה יוד הה** (151) y con el agua de la *mikve* (las nueve *Yud* de los cuatro Nombres y cuatro *Yud* del primer Nombre) revelamos el secreto del nuevo nacimiento (como un embrión en el vientre).

También medita en que la revelación de las *Guevurot* (juicios) sea con el Nombre **אגלא** (35), es decir: cuando las cinco *Guevurot* (que son la raíz del juicio) son reveladas en la *Shejiná* inferior, usualmente ocurre mediante el secreto del Nombre **אדני**; <u>pero ahora</u>, al elevar las *Guevurot* a su fuente —que es **מ"י**—, a *Biná*, son endulzadas en el secreto del nuevo nacimiento como es indicado por el Nombre Sagrado **אלד** (35), que tiene el mismo valor numérico del Nombre mencionado anteriormente (**אגלא**). Por lo tanto, cuando te sumerges en el agua, combinas los Nombres **אהי"ה** y **אל"ד** de esta manera: **אאהלידה**.

<u>Por último</u>, debes meditar en estos cuatro Nombres: **אלד אדני יהוה אהיה**:
א es el *Kéter* Superior; la letra *Álef* suena como *élef* (mil) y también como *pele* (maravilla),
ל es el Sistema de Tres Columnas; *Jojmá-Jésed-Nétsaj*, *Biná-Guevurá-Hod*, *Dáat-Tiféret-Yesod* y
ד es *Maljut*, el secreto de **אדני**.

MEDITACIÓN PARA COCINAR PARA SHABAT

Es de importancia probar toda la comida que se prepara para *Shabat* como alguien que está preparando una comida para el rey y prueba a ver si está buena o si le falta alguna especia, de modo que pueda arreglar la comida o cocinar algo más. Hacer esto demuestra que recibes al invitado (el *Shabat*) con felicidad y calidez. Este es el secreto del versículo: "*Toameha jayim zajú* (el que prueba el *Shabat*, merece la vida)". Debes preocuparte de tener siempre pan caliente (*Jalá*) para *Shabat*, dado que este es uno de los placeres de *Shabat*.

Sé cuidadoso de remover 1/48 de la masa —*Hafrashat Jalá*— y meditar en el secreto de *Jalá*, que es el valor numérico interno Nombre ס"ג de *Jojmá* de la *Nukvá* de *Zeir Anpín*: יוד הי ואו (דס"ג גימ' מ"ו). También medita en el Nombre Sagrado: לההו (las mismas letras de *Jalá*).

MEDITACIÓN PARA LA LIMPIEZA CORPORAL ANTES DE SHABAT

Después de la *mikve*, el Arí lavaba su rostro con agua caliente, seguido de sus manos, y luego las secaba. Después lavaba sus pies con agua tibia, dado que está mencionado en el *Zóhar* que en la tarde del viernes el lado negativo quiere succionar energía del mundo de *Atsilut*. Asimismo, al lavarnos las piernas con agua tibia antes de *Shabat*, ayudamos a que la *Shejiná* se eleve por encima de las *klipot*. Durante los días de la semana, la *Shejiná* está en un estado de "*regleha yordot mávet* (Los pies de Ella descienden a la muerte)" y ahora la *Shejiná* lava Sus pies que son *Nétsaj*, *Hod*, *Yesod* y, a través de esto, ellos ascienden a *Jésed*, *Guevurá*, *Tiféret* (lo mismo ocurre con todos los otros mundos en el secreto de "*rajatsti et reglai eijajá atenfem?* (He lavado mis pies, ¿por qué habría de ensuciarlos nuevamente?)".

MEDITACIÓN PARA USAR LA VESTIMENTA DE SHABAT

Luego debes vestir el atuendo de *Shabat*. El Arí dice que la ropa mundana no debe usarse en *Shabat* y viceversa; incluso el albornoz de *Shabat* no debe usarse en los días de la semana.

Mientras vistes el albornoz de *Shabat* debes meditar en el Nombre Sagrado:

זהריא"ל

Dado que éste es el albornoz del Creador (mencionado en "*Pirkei Heijalot*" de Rabí Yishmael), y esta meditación es muy útil para atraer la Santidad de *Shabat*.

Es necesario usar ropa blanca y no de otros colores. El Arí dice que los colores y las tonalidades de la ropa que se usa en *Shabat* en el mundo físico es la manera en que la persona estará vestida en el Mundo por Venir después de abandonar este mundo. El Arí le contó a Rav Jayim Vital acerca de un sabio que había fallecido y se le apareció usando vestimenta negra. El sabio le dijo al Arí que debido a que vistió de negro en *Shabat*, fue castigado y obligado a usar la misma vestimenta negra cada día, aun en *Shabat*, después de su muerte.

Debes usar cuatro prendas de vestir blancas que son: la prenda superior, la prenda inferior, el ceñidor (cinto) sobre la prenda inferior y el chaleco sobre la piel. Rav Jayim Vital dice del Arí: "Durante los días de invierno, vi a mi maestro usar una prenda adicional color borgoña bajo la prenda superior para protegerse del frío en *Shabat*. Él no se preocupaba siempre y cuando él tuviera cuatro prendas blancas, como se explicó anteriormente". Las cuatro prendas de vestir corresponden a las cuatro letras de יהוה (como está dicho en el *Zóhar*: las cuatro prendas doradas del *Cohén* corresponden al Nombre אדני, y las cuatro prendas blancas al Nombre יהוה). Asimismo, estas prendas son el secreto de la vestidura del mundo de *Briá*, como se menciona en la introducción de *Tikunei HaZóhar*. Y estas prendas además contienen el aspecto de la Luz Circundante externa y también el secreto de *Malbush*.

MEDITACIÓN PARA LA PREPARACIÓN DE LAS VELAS DE SHABAT

Es bueno tener dos velas de aceite de oliva y no de cera, dado que son el secreto de *Nétsaj* y *Hod* de *Aba* (que es llamado "aceite") dentro de *Nétsaj* y *Hod* de *Ima* (que es llamada "oliva") que las recibe. En *Tikunei HaZóhar* hay otra explicación: *cli* (Vasija) es el Ángel מטטרון **(no pronunciar)**, la mecha es *Nukvá* de *Zeir Anpín* y la Luz es la abundancia de *Yesod*.

Por lo tanto, debes meditar en que la vela, (*ner*) 250, es igual a los 248 órganos de *Maljut* con los dos brazos del Rey y, entonces, es llamada *Ner Shabat Jová* (lit.: el encendido de la vela de *Shabat* es un deber) y corresponde a *Biná* (el Nombre Sagrado: אהיה que es *Biná* y es igual al valor numérico de la palabra *Jová*, 21). Dado que la esencia de la vela de *Shabat* es *Ima* unificada con *Aba* en tres lugares, lo cual crea tres *Yijudim*:

En ***Kéter*** – יאהדויהה

En ***Jojmá, Biná, Dáat*** – יאהלוהים

En ***Zayin Tajtonot*** (siete *Sefirot* Inferiores) – יאהדונהי

Los tres *Yijudim* tienen el valor numérico de *ner*, vela.

Los tres *Yijudim* mencionados también se refieren a la *Nukvá* porque, cuando Ella asciende, obtiene un Nombre nuevo: אלף למד אדני (antes Ella tenía el Nombre: אל אדני) para la unificación, que también da un total de 250. Por ende, necesitas encender otra vela para *Maljut*, que es la iluminación de la *Ima* Celestial en *Nukvá*. Asimismo, el valor numérico del deletreado del Nombre שדי (ין לת וד, el *Yesod* donde ocurren todos los *Yijudim* mencionados) es 500, que es igual a dos veces "vela" (*ner*).

MEDITACIÓN PARA EL ENCENDIDO DE LAS VELAS DE SHABAT

Mientras enciendes las velas, debes meditar en que hay cuatro llamas que corresponden a las cuatro letras del Nombre: יהוה. En efecto, las dos llamas que están más cerca de la mecha y pueden verse con nuestro sentido de la vista representan las letras *Vav* y *Hei* (ו"ה). No obstante, las dos superiores están ocultas de nosotros y no vistas, y son insinuadas por las letras *Mem* y *Tsadi* (מ"צ) de la palabra מצוה (*mitsvá* —"precepto", pero también "conexión" y "unidad"— ya que las letras מ"צ en *AtBash* son reemplazadas por las letras *Yud* y *Hei*, י"ה). Luego medita en extinguir las dos velas del Otro Lado (*Aba* e *Ima*, *Zeir* y *Nukvá* de la *klipá* que es llamada *Shabtái* – **no pronunciar**) de modo que no controlen la energía de *Shabat*. ¿De qué manera?

Ner (vela) suma 250. Cuando eliminas los dos *colel* (2) para el *Néfesh* (נפש) y *Rúaj* (רוח) (el acrónimo de la palabra *Ner* נ"ר), y también eliminas las tres *Álef* (3) de los Nombres: אהיה אלהים אדני [los cuales son parte de los tres *Yijudim* anteriores, y dado que ellas (las tres *Álef*) son la raíz, las *klipot* están aferradas a éstas], del aspecto de *Nukvá*, nos queda 245. Las dos velas suman 490, que es igual a: ת"ץ (lit.: hecho trizas) de אבגית"ץ. Y mediante este Nombre ת"ץ la *klipá* será hecha trizas. También medita en que la *klipá* mencionada anteriormente se desvanezca como humo a través del Nombre יוד הי ואו הי con sus diez letras (73), ya que es el valor numérico de la palabra "*ga*".

ENCENDIDO DE LAS VELAS DE SHABAT

Encendemos las velas de *Shabat* para atraer Luz espiritual en nuestra vida personal. Cada acción física en nuestro mundo inicia una reacción correspondiente en los Mundos Superiores. Al encender las velas físicas de *Shabat* con la conciencia y la intención de conectarse con la energía de *Shabat* en los Mundos Superiores, despertamos y traemos Luz espiritual hacia nuestro mundo físico.

Un secreto de las velas se puede encontrar en su valor numérico de 250. Cuando encendemos dos velas, su valor es 250 x 2 = 500. El hombre tiene 248 segmentos óseos y tendones, mientras que la mujer tiene 252. Juntos, 248 + 252 = 500, el mismo valor numérico de las dos velas. Esto significa el poder de una sola alma, la unidad entre un hombre y una mujer.

Todas las almas en los Mundos Superiores están compuestas de masculino y femenino en mitades iguales. Cuando un alma en particular viene a este mundo de *Maljut*, es dividida en dos: masculino y femenino por separado. Si dos personas son almas gemelas, pero están en partes opuestas del planeta, la acción de la mujer de encender las velas ayuda a juntar estas dos mitades de un alma. Por virtud de esta sencilla acción del encendido de las velas, pueden encontrarse y reunirse como una sola alma.

Cuando una mujer enciende las velas de *Shabat*, también está ayudando a corregir el pecado de *Eva*, que fue el *Deseo de Recibir para Sí Mismo*. La acción de encender las velas se convierte en un acto de compartir. Debido a que el esposo y los hijos son los más cercanos a la mujer, ellos reciben los beneficios de esta acción.

LESHEM YIJUD

לְשֵׁם leShem יִחוּד yijud קוּדְשָׁא Kudshá בְּרִיךְ Berij הוּא Hu

וּשְׁכִינְתֵּיהּ uShjintei (יאהדונהי) בִּדְחִילוּ bidjilu וּרְחִימוּ urjimu

(יאהדויהה), וּרְחִימוּ urjimu וּדְחִילוּ udjilu (איההיוהה),

לְיַחֲדָא leyajdá שֵׁם Shem יוּ"ד Yud קֵ"י Kei בְּוָא"ו beVav קֵ"י Kei

בְּיִחוּדָא beyijudá שְׁלִים shelim (יהוה) בְּשֵׁם beshem כָּל col ילי

יִשְׂרָאֵל Yisrael, הֲרֵינִי hareini בָּאָה vaa לְקַיֵּם lekayem

מִצְוַת mitsvat עֲשֵׂה asé שֶׁל shel הַצְּדָקָה hatsedaká ע"ה ריבוע אלהים

ENCENDIDO DE LAS VELAS DE SHABAT
LESHEM YIJUD

Por el bien de la unificación entre el Santísimo, Bendito sea Él, y Su Shejiná,
con temor y amor y con amor y temor, para unificar el Nombre Yud-Kei y Vav-Kei en perfecta unidad, y en el nombre de Israel, yo estoy lista y dispuesta a cumplir el precepto obligatorio de Tsedaká,

וַהֲרֵינִי vahareini נוֹתֶנֶת noténet שְׁתֵּי shtei פְּרוּטוֹת perutot
לִצְדָקָה litsdaká ע"ה ריבוע אלהים וְעוֹד veod הֲרֵינִי hareini נוֹתֶנֶת noténet
פְּרוּטָה perutá אַחַת ajat לִצְדָקָה litsdaká ע"ה ריבוע אלהים לְתַקֵּן letakén
אֶת et שֹׁרֶשׁ shóresh מִצְוָה mitsvá זוֹ zo וְכָל vejol ילי תַּרְיָ"ג taryag
מִצְווֹת mitsvot הַכְּלוּלוֹת haclulot בָּהּ ba בְּמָקוֹם bemakom עֶלְיוֹן elyón.

Es bueno que una mujer dé tres monedas en caridad antes del encendido de las velas y prosiga a decir:

וַהֲרֵינִי vahareini בָּאָה vaa לְקַיֵּם lekayem מִצְוַת mitsvat עֲשֵׂה asé
דְּרַבָּנָן derabanán לְהַדְלִיק lehadlik שְׁנֵי shnei נֵרוֹת nerot לִכְבוֹד lijvod
שַׁבָּת Shabat. אֶחָד ejad אהבה, דאגה כְּנֶגֶד quenégued מזבח, זן, אל יהוה
זָכוֹר zajor ע"ב קס"א, יהי אור ע"ה (סוד המשכת השפע מן ד' שמות ליסוד הנקרא זכור)
וְאֶחָד veejad אהבה, דאגה כְּנֶגֶד quenégued מזבח, זן, אל יהוה שָׁמוֹר shamor
(si enciende siete velas: וְעוֹד veod הֲרֵינִי hareini מַדְלֶקֶת madléket
וַחֲמִישָּׁה jamishá נֵרוֹת nerot. כְּדֵי quedei שֶׁיִּהְיֶה sheyihyé יייי סַךְ saj
הַכֹּל hacol ילי שִׁבְעָה shivá שֶׁהֵם shehem מִנְיַן minyán הָעוֹלִים haolim
לְסֵפֶר leséfer תּוֹרָה Torá) לְתַקֵּן letakén שֹׁרֶשׁ shóresh מִצְוָה mitsvá זוֹ zo
בְּמָקוֹם bemakom עֶלְיוֹן elyón. וִיהִי vihí נֹעַם nóam אֲדֹנָי Adonai ללה
אֱלֹהֵינוּ Eloheinu ילה עָלֵינוּ aleinu וּמַעֲשֵׂה umaasé יָדֵינוּ yadeinu
כּוֹנְנָה conená עָלֵינוּ aleinu וּמַעֲשֵׂה umaasé יָדֵינוּ yadeinu כּוֹנְנֵהוּ conenehu:

---

y por lo tanto estoy dando dos monedas como Tsedaká y una más en Tsedaká para corregir la raíz del precepto de Tsedaká con todos los otros 613 preceptos que están incluidos en él, en el Lugar Celestial, (Es bueno que una mujer dé tres monedas en caridad antes del encendido de las velas y prosiga a decir). *Yo estoy preparada para cumplir el precepto obligatorio de los sabios del encendido de las velas en honor del Shabat: una corresponde a Zajor y una corresponde a Shamor (y yo además voy a encender 5 velas de modo que sumen siete velas que correspondan al número de personas que suben a la Torá) para corregir la raíz del precepto en el Lugar Celestial. "Y sea la gracia del Señor, nuestro Dios, sobre nosotros y pueda Él establecer en nosotros la obra de nuestras manos y que la obra de nuestras manos pueda establecerlo a Él" (Salmos 90:17).*

Luego la mujer enciende las velas, cierra sus ojos una vez que todas las velas están encendidas y recita la siguiente bendición:

בָּרוּךְ Baruj אַתָּה Atá יְהֹוָאדנָיאהדונהי Adonai
אֱלֹהֵינוּ Eloheinu ילה מֶלֶךְ Mélej הָעוֹלָם haolam אֲשֶׁר asher
קִדְּשָׁנוּ kideshanu בְּמִצְוֹתָיו bemitsvotav וְצִוָּנוּ vetsivanu לְהַדְלִיק lehadlik
נֵר ner יהוה אהיה יהוה אלהים יהוה אדני שֶׁל shel שַׁבָּת Shabat:

YEHÍ RATSÓN

A través de esta bendición se nos da el poder de tener hijos justos y de tener un esposo justo. La mayor oportunidad que tiene una mujer de compartir es con su familia, que es lo que está más cerca de ella en su vida diaria. La definición de compartir con nuestro hijo o cónyuge toma todo un nuevo significado cuando se entiende desde el punto de vista kabbalístico. Para ayudarnos a entender lo que de verdad significa compartir, debemos primero comprender lo que *no* es compartir. El Kabbalista Rav Berg explica que cuando los padres crían a sus hijos, la mayoría de los actos de compartir están considerados como parte de nuestro deber como padres amorosos. En otras palabras, cuando compartimos con nuestros seres queridos, no se generan "puntos meritorios" en los Mundos Superiores. El verdadero compartir sólo ocurre cuando nos es **difícil** dar, cuando nos salimos de nosotros mismos y nos salimos de nuestras zonas de confort. Comúnmente jugamos con nuestros hijos o les damos a nuestros hijos cuando esto nos satisface. Obtenemos tanto placer como ellos mismos. Sin embargo, si podemos aprender a compartir y a darles nuestro tiempo y atención cuando nos es difícil, obtendremos mayores beneficios. El encender las velas de *Shabat* se considera un verdadero acto de compartir con nuestra familia.

יְהִי yehí רָצוֹן ratsón מהש ע״ה, ע״ב בריבוע קס״א ע״ה, אל שדי ע״ה
מִלְּפָנֶיךָ milfaneja ס״ג מ״ה ב״ן יְהֹוָאדנָיאהדונהי Adonai אֱלֹהַי Elohai
מילוי דע״ב, דמב ; ילה וֵאלֹהֵי veElohei לכב ; מילוי דע״ב, דמ״ב ; ילה אֲבוֹתַי avotai
שֶׁתָּחוּס shetajús וּתְרַחֵם uterajem ג״פ רי״ו ; וח״פ אל, רי״ו ול״ב נתיבות החכמה,
רמ״ח (אברים), עסמ״ב וט״ז אותיות פשוטות עָלַי alai, וְתַגְדִּיל vetagdil חַסְדְּךָ jasdejá
עִמָּדִי imadí לָתֵת latet לִי li זֶרַע zera אֲנָשִׁים anashim עוֹשֵׂי osei
רְצוֹנֶךָ retsoneja• וְעוֹסְקִים veoskim בְּתוֹרָתְךָ beToratjá לִשְׁמָהּ lishmá•

Bendito eres Tú, Señor, nuestro Dios, Rey del universo,
que nos has santificado con Tus mandamientos y nos has ordenado encender las velas de Shabat.

YEHÍ RATSÓN

Sea agradable ante Ti, Señor, mi Dios, y Dios de mis ancestros,
que tengas piedad y seas misericordioso conmigo, y puedas Tú aumentar Tu compasión hacia mí al concederme como prole aquellos que cumplan Tus órdenes y que se ocupen de Tu Torá por el bien de Ésta.

וְיִהְיוּ veyihyú אל (ייא״י דס״ג) מְאִירִים meirim בַּתּוֹרָה baTorá

בִּזְכוּת bizjut נֵרוֹת nerot שַׁבָּת Shabat הַלָּלוּ halalu,

כְּמוֹ quemó שֶׁנֶּאֱמַר sheneemar:

כִּי qui נֵר ner מִצְוָה mitsvá וְתוֹרָה veTorá אוֹר or ,רז, א״ס

וְגַם vegam תָּחוּס tajós וּתְרַחֵם uterajem

ג״פ רי״ו ; וז״פ אל, רי״ו ל״ב נתיבות החכמה, רמ״ח (אברים), עסמ״ב ט״ז אותיות פשוטות

עַל al בַּעְלִי baalí

(La mujer debe mencionar aquí el nombre de su esposo y el nombre del padre de él)

וְתִתֵּן vetitén ב״פ כהת לוֹ lo אֹרֶךְ órej יָמִים yamim נלך

וּשְׁנוֹת ushnot חַיִּים jayim אהיה אהיה יהוה, בינה ע״ה

עִם im בְּרָכָה brajá וְהַצְלָחָה vehatslajá, וּתְסַיְּעֵהוּ utesayehu

לַעֲשׂוֹת laasot רְצוֹנְךָ retsonjá בִּשְׁלֵמוּת bishlemut. כֵּן quen יְהִי yehí

רָצוֹן ratsón מהש ע״ה, ע״ב בריבוע קס״א ע״ה, אל שדי ע״ה אָמֵן Amén יאהדונהי.

(מ״ב אותיות בפסוק)

יִהְיוּ yihyú אל (ייא״י דס״ג) לְרָצוֹן leratsón מהש ע״ה, ע״ב בריבוע וקס״א ע״ה, אל שדי ע״ה

אִמְרֵי־ imrei פִי fi ר״ת אֱלֶף = אלף למד שין דלת יוד ע״ה וְהֶגְיוֹן vehegyón לִבִּי libí

לְפָנֶיךָ lefaneja ס״ג מ״ה ב״ן יְהֹוָ‍ה‍ Adonai אדני‍יאהדונהי צוּרִי tsurí וְגֹאֲלִי vegoalí:

Puedan ellos ser resplandecientes en la Torá gracias a estas velas, como fue dicho:
"Porque el mandamiento es una vela y la Torá es Luz" (Proverbios 6:23). *Tengas también piedad y seas misericordioso hacia mi esposo* (la mujer debe mencionar aquí el nombre de su esposo y el nombre del padre de él) *y le otorgues Tú largos días y años de vida, llenos de bendiciones y éxitos, y puedas Tú ayudarlo a cumplir Tus órdenes, de manera perfecta. Sea ese Tu deseo, Amén. "Sean agradables los dichos de mi boca y los pensamientos de mi corazón ante Ti, Dios, mi fortaleza y mi redentor"* (Salmos 19:15).

Minjá de Érev Shabat

El propósito de la oración de *Minjá* no es sólo hacer una conexión con la Luz del Creador, sino también aquietar la energía de juicio en el mundo. El mejor momento para hacer esto es cuando la energía de juicio aparece en su mayor magnitud e intensidad. El Kabbalista Rav Yitsjak Luria (el Arí) sólo recitaba la *Minjá* cuando el Sol se estaba poniendo. Él tenía conocimiento de que el valor numérico de la palabra *Minjá* (103) también es el número de los submundos (dentro de los cinco mundos principales), controlados por la energía de juicio de la Columna Izquierda.

El pecado del becerro de oro ocurrió durante la hora de *Minjá*, convirtiéndose entonces en la semilla que ayudaría a infundir el mundo con juicio al final de la tarde. Yitsjak el Patriarca es nuestro canal para superar el juicio. Yitsjak vino a este mundo para crear un camino que nos llevaría a suavizar el juicio en nuestra vida. Podemos escoger entre seguir creando caminos difíciles para nosotros o podemos seguir el camino de endulzamiento del juicio que pavimentó Yitsjak.

Luego del mediodía y hasta la puesta del Sol es un tiempo de juicio severo.
Por esta razón traemos *menujá* (descanso) al juicio con la oración de *Minjá*.

Recibir la energía de Shabat desde el momento de Minjá de Érev Shabat

Conocer este asunto —atraer la Santidad de *Shabat* a partir del momento de *Minjá* antes de *Shabat*— es de gran importancia. Y, por lo tanto, el Baal Shem Tov solía hacer con antelación la oración de *Minjá* del viernes.

El Arí dice que, durante el tiempo de *Minjá* de *Érev Shabat*, *Maljut* (de *Atsilut*) comienza a ser elevada al lugar original en el cual Ella estaba antes del *Kitrug HaLevaná* (los celos de la Luna que causaron que *Maljut* de *Atsilut* cayera en el Mundo de *Briá*) y, por ende, debes meditar en la elevación de los Mundos según se indica a continuación (debes saber también que a partir del tiempo de *Minjá* los Mundos comienzan a elevarse y a incluirse uno dentro del otro, a pesar de que hayan varias fases de fusión entre los Mundos y cada una de ellas tenga muchos niveles):

Eleva el Mundo de *Asiyá*, el Nombre ב"ן – יוד הה וו הה, la letra 'ה y tu *Néfesh* (incluida con todas las *Nefashot* de *Asiyá*) hacia *Yetsirá* mediante el Nombre: מ"ה – יוד הא ואו הא. Eleva el Mundo de *Yetsirá*, el Nombre מ"ה – יוד הא ואו הא, la letra 'ו y tu *Rúaj* (incluida con todas las *Rujot* de *Yetsirá*) hacia *Briá* mediante el Nombre: ס"ג – יוד הי ואו הי. Eleva el Mundo de *Briá*, el Nombre ס"ג – יוד הי ואו הי, la letra 'ה y tu *Neshamá* (incluida con todas las *Neshamot* de *Briá*) hacia *Atsilut* mediante el Nombre: ע"ב – יוד הי ויו הי.

Debes meditar en que los tres aspectos inferiores de los *Mojín* Circundantes de la letra *Lámed* (ל) del *Tsélem* (צל"ם) de *Aba* e *Ima* están entrando en *Zeir Anpín* (mientras la cabeza de *Zeir Anpín* se expande).

Durante el tiempo de *Minjá*, los *Mojín* Circundantes van de *Ima* a *Zeir Anpín*.
Y durante el tiempo de *Kabbalat Shabat*, los *Mojín* Circundantes van de *Aba* a *Zeir Anpín*.

LESHEM YIJUD

לְשֵׁם leShem יִחוּד yijud קוּדְשָׁא Kudshá בְּרִיךְ Berij הוּא Hu

וּשְׁכִינְתֵּיהּ uShjintei (יאהדונהי), בִּדְחִילוּ bidjilu וּרְחִימוּ urjimu

(יאההויהה), וּרְחִימוּ urjimu וּדְחִילוּ udjilu (איההיוהה), לְיַחֲדָא leyajdá

שֵׁם Shem יו"ד Yud קֵ"י Kei בְּוָא"ו beVav קֵ"י Kei בְּיִחוּדָא beyijudá

שְׁלִים shelim (יהוה) בְּשֵׁם beshem כָּל col ילי יִשְׂרָאֵל Yisrael,

הִנֵּה hiné אֲנַחְנוּ anajnu בָּאִים baim לְהִתְפַּלֵּל lehitpalel תְּפִלַּת tefilat

מִנְחָה minjá ע"ה ב"פ ב"ן שֶׁל shel עֶרֶב érev שַׁבָּת Shabat קוֹדֶשׁ kódesh

שֶׁתִּקֵּן shetikén יִצְחָק Yitsjak ד"פ ב"ן אָבִינוּ avinu עָלָיו alav

הַשָּׁלוֹם hashalom עִם im כָּל col ילי הַמִּצְוֹת hamitsvot

הַכְּלוּלוֹת haclulot בָּהּ ba, לְתַקֵּן letakén אֶת et שָׁרְשָׁהּ shorshá

בִּמְקוֹם bemakom עֶלְיוֹן elyón לַעֲשׂוֹת laasot נַחַת־ nájat רוּחַ rúaj

לְיוֹצְרֵנוּ leyotsrenu, וְלַעֲשׂוֹת velaasot רְצוֹן retsón מהש ע"ה, ע"ב בריבוע וקס"א ע"ה,

אל שדי ע"ה בּוֹרְאֵנוּ borenu. וִיהִי vihí נֹעַם nóam אֲדֹנָי Adonai ללה

אֱלֹהֵינוּ Eloheinu ילה עָלֵינוּ aleinu וּמַעֲשֵׂה umaasé יָדֵינוּ yadeinu

כּוֹנְנָה conená עָלֵינוּ aleinu וּמַעֲשֵׂה umaasé יָדֵינוּ yadeinu כּוֹנְנֵהוּ conenehu:

MINJÁ DE ÉREV SHABAT
LESHEM YIJUD

Por el bien de la unificación del Santísimo, bendito sea Él, y Su Shejiná, con temor y amor y con amor y temor, para unificar e Nombre Yud-Kei y Vav-Kei en perfecta unidad, y en el nombre de Israel, hemos venido por este medio a recitar la oración de Minjá establecida por Yitsjak, nuestro ancestro, sea la paz con él con todos sus preceptos, para corregir su raíz en el Lugar Celestial, para llevar satisfacción a nuestro Hacedor, y para satisfacer el deseo de nuestro Creador. "Y sea la gracia del Señor, nuestro Dios, sobre nosotros y pueda Él establecer en nosotros la obra de nuestras manos y que la obra de nuestras manos pueda establecerlo a Él" (Salmos 90:17).

LOS SACRIFICIOS – KORBANOT - EL TAMID – OFRENDA (DIARIA)

וַיְדַבֵּר vaydaber ראה יְהֹוָה יאהדונהי Adonai אֶל־ el מֹשֶׁה Moshé

לֵּאמֹר׃ lemor מהש, ע״ב בריבוע וקס״א, אל שדי צַו tsav פוי, אל אדני אֶת־ et בְּנֵי bnei

יִשְׂרָאֵל Yisrael וְאָמַרְתָּ veamarta אֲלֵהֶם alehem אֶת־ et קָרְבָּנִי korbaní

לַחְמִי lajmí לְאִשַּׁי leishai רֵיחַ réaj נִיחֹחִי nijojí תִּשְׁמְרוּ tishmerú

לְהַקְרִיב lehakriv לִי li בְּמוֹעֲדוֹ׃ bemoadó וְאָמַרְתָּ veamarta לָהֶם lahem

זֶה ze הָאִשֶּׁה haishé אֲשֶׁר asher תַּקְרִיבוּ takrivu לַיהֹוָה יאהדונהי laAdonai

כְּבָשִׂים quevasim בְּנֵי־ bnei שָׁנָה shaná תְמִימִם temimim שְׁנַיִם shnáyim

לַיּוֹם layom ע״ה נגד, מזבח, זן, אל יהוה עֹלָה olá ר״ת ע״של תָּמִיד tamid ע״ה קס״א קנ״א קמ״ג׃

אֶת־ et הַכֶּבֶשׂ haqueves אֶחָד ejad אהבה, דאגה תַּעֲשֶׂה taasé בַבֹּקֶר vabóker

וְאֵת veet הַכֶּבֶשׂ haqueves הַשֵּׁנִי hashení תַּעֲשֶׂה taasé בֵּין bein

הָעַרְבָּיִם׃ haarbáyim וַעֲשִׂירִית vaasirit הָאֵיפָה haeifá סֹלֶת sólet

לְמִנְחָה leminjá ע״ה ב״פ ב״ן בְּלוּלָה belulá בְּשֶׁמֶן beshemen

כָּתִית catit רְבִיעִת reviit הַהִין׃ hahín עֹלַת olat ושר, אבגיתץ

(Aquí meditar en doblegar la *klipá* llamada *Tolá* usando el Nombre: אבגיתץ)

תָּמִיד tamid ע״ה קס״א קנ״א קמ״ג הָעֲשֻׂיָה haasuyá

בְּהַר beHar סִינַי Sinai נמם ה׳ הויות (ה׳ גבורות) לְרֵיחַ leréaj נִיחֹחַ nijóaj

אִשֶּׁה ishé לַיהֹוָה יאהדונהי laAdonai׃ וְנִסְכּוֹ veniscó רְבִיעִת reviit

הַהִין hahín לַכֶּבֶשׂ laqueves הָאֶחָד haejad אהבה, דאגה בַּקֹּדֶשׁ bakódesh

הַסֵּךְ hasej נֶסֶךְ nésej שֵׁכָר shejar י״פ ב״ן לַיהֹוָה יאהדונהי laAdonai׃

LOS SACRIFICIOS – KORBANOT - EL TAMID – OFRENDA (DIARIA)

"Y habló Dios a Moshé y dijo: Ordena a los Hijos de Israel y diles: Mi ofrenda, el pan para ofrenda por fuego, Mi agradable fragancia, guardarán para entregar en sacrificio a Mí en el momento especificado. Y les dirás: Esta es la ofrenda por fuego que ofrecerán a Dios: cordero de un año sin defecto, dos diarios, como una ofrenda diaria regular; un cordero ofrecerán en la mañana y el segundo cordero ofrecerán al final de la tarde. Y una décima de efá de harina fina, para la ofrenda de harina, mezclada con un cuarto de hin de aceite. Una ofrenda quemada permanente hecha en el Monte Sinaí para fragancia adorable y una ofrenda por fuego ante Dios. Su libación es un cuarto de hin para el cordero en el Santuario, vierte una libación de vino superior ante Dios.

וְאֵת veet הַכֶּבֶשׂ haqueves הַשֵּׁנִי hashení תַּעֲשֶׂה taasé בֵּין bein
הָעַרְבָּיִם haarbáyim כְּמִנְחַת queminjat הַבֹּקֶר habóker וּכְנִסְכּוֹ ujeniscó
תַּעֲשֶׂה taasé אִשֵּׁה ishé (elevación a *Yetsirá*) רֵיחַ réaj (elevación a *Briá*)
נִיחֹחַ nijóaj (elevación a *Atsilut*) לַיהוָה יאהדונהי laAdonai ; (elevación al Mundo Infinito) ⁞

El incienso

Estos versículos de la Torá y del *Talmud* hablan sobre las 11 hierbas y especias que fueron usadas en el Templo. Estas hierbas y especias fueron usadas con un solo propósito: Para ayudarnos a eliminar la fuerza de la muerte de cada área de nuestra vida. Esta es una de las pocas oraciones cuyo único propósito es la erradicación de la muerte. El *Zóhar* nos enseña que todo aquel que tenga juicio persiguiéndole, necesita conectarse con este incienso. Estas 11 hierbas y especias se conectan con las 11 Luces que sostienen a las *klipot* (cáscaras de negatividad). Cuando arrancamos las 11 Luces que sostienen a las *klipot* a través del poder del incienso, las *klipot* pierden su fuerza vital y mueren. Además de llevar las 11 especias al Templo, la gente llevaba resina, vino y otros elementos con propiedades metafísicas para ayudar a combatir al Ángel de la Muerte.

Está escrito en el *Zóhar*: "Ven y ve: Quien es perseguido por el juicio necesita incienso y debe arrepentirse ante su Señor, ya que el incienso ayuda a desaparecer el juicio de él". Las 11 hierbas y especias corresponden a las 11 Iluminaciones Santas que reviven a la *klipá*. Al elevarlas, la *klipá* muere. Mediante estas 11 hierbas, las *klipot* son alejadas y se elimina la fuerza energética que les daba vida. Y debido a que el Lado Puro y su sustento desaparecen, las *klipot* quedan sin vida. Por lo tanto, el secreto del incienso es que éste limpia la fuerza de la plaga y la cancela. El incienso destruye al Ángel de la Muerte y le quita su poder de asesinar.

אַתָּה Atá הוּא Hu יְהוָה יאהדונהי Adonai אֱלֹהֵינוּ Eloheinu ילה
שֶׁהִקְטִירוּ shehiktiru אֲבוֹתֵינוּ avoteinu לְפָנֶיךָ lefaneja ס״ג מ״ה ב״ן
אֶת et קְטֹרֶת któret י״א פעמים אדני (הנבררים מהקליפות ע״י י״א הסממנים) ;
קטרת – הק׳ באתב״ש ד׳ = תרי״ג (מצוות) הַסַּמִּים hasamim ע״ה קנ״א, אדני אלהים
בִּזְמַן bizmán שֶׁבֵּית shebeit ב״פ ראה הַמִּקְדָּשׁ hamikdash קַיָּם kayam
כַּאֲשֶׁר caasher צִוִּיתָ tsivita אוֹתָם otam עַל־ al יַד yad מֹשֶׁה Moshé מהש,
ע״ב בריבוע וקס״א, אל שדי נְבִיאָךְ neviaj כַּכָּתוּב cacatuv בְּתוֹרָתָךְ beTorataj ⁞

Ofrecerás el segundo cordero en la tarde como la ofrenda de la mañana; su libación ofrecerás como ofrenda por fuego de una fragancia agradable a Dios" (*Números 28:1-8*).

El incienso

Eres Tú, Señor, nuestro Dios, ante quien nuestros antepasados quemaron las especias del incienso. Durante el tiempo en el que existía el Sagrado Templo, como habías ordenado a través de Moshé, Tu Profeta, y como está escrito en Tu Torá:

LA PORCIÓN DEL INCIENSO

Para elevar las *Sefirot* de todas las *Noga* de *Atsilut, Briá, Yetsirá* y *Asiyá.*

Moshé מֹשֶׁה el אֶל־ Adonai יְהֹוָאדנהי vayómer וַיֹּאמֶר

(***Tiféret, Nétsaj***) samim סַמִּים lejá לְךָ kaj קַח־ מהש, ע״ב בריבוע וקס״א, אל שדי

vejelbená וְחֶלְבְּנָה (***Yesod***) ushjélet וּשְׁחֵלֶת (***Hod***) | nataf נָטָף ע״ה קנ״א, אדני אלהים

(***Kéter, Jojmá, Biná, Jésed, Guevurá***) samim סַמִּים אדני אל ,פוי ,ע״ה (***Maljut***)

bevad בְּבַד bad בַּד (**Luz Circundante**) zacá זַכָּה ulevoná וּלְבֹנָה ע״ה קנ״א, אדני אלהים

(הנבררים אדני פעמים י״א któret קְטֹרֶת otá אֹתָהּ veasita וְעָשִׂיתָ **:** ייי yihyé יִהְיֶה

maasé מַעֲשֵׂה rókaj רֹקֵחַ (מצוות) תרי״ג = ד׳ באתב״ש הק׳ - קטרת ;(הסממנים י״א ע״י מהקליפות

kódesh קֹדֶשׁ אכא י״פ tahor טָהוֹר memulaj מְמֻלָּח שדי rokéaj רוֹקֵחַ

mimena מִמֶּנָּה veshajakta וְשָׁחַקְתָּ **:**לזכירה ויועיל החיצונים לגרש בכוונה רוחש ס״ת

haedut הָעֵדֻת lifnei לִפְנֵי mimena מִמֶּנָּה venatata וְנָתַתָּה hadek הָדֵק

shama שָׁמָּה lejá לְךָ ivaed אִוָּעֵד asher אֲשֶׁר moed מוֹעֵד beóhel בְּאֹהֶל

:veneemar וְנֶאֱמַר **.**lajem לָכֶם tihyé תִּהְיֶה kodashim קָדָשִׁים kódesh קֹדֶשׁ

אדני פעמים י״א któret קְטֹרֶת Aharón אַהֲרֹן alav עָלָיו vehiktir וְהִקְטִיר

samim סַמִּים (מצוות) תרי״ג = ד׳ באתב״ש הק׳ - קטרת ;(הסממנים י״א ע״י מהקליפות הנבררים)

beheitivo בְּהֵיטִיבוֹ babóker בַּבֹּקֶר babóker בַּבֹּקֶר ע״ה קנ״א, אדני אלהים

uvehaalot וּבְהַעֲלֹת **:**yaktirena יַקְטִירֶנָּה hanerot הַנֵּרֹת et אֶת־

haarbáyim הָעַרְבַּיִם bein בֵּין hanerot הַנֵּרֹת et אֶת־ Aharón אַהֲרֹן

אדני פעמים י״א któret קְטֹרֶת yaktirena יַקְטִירֶנָּה ר״ת אהבה, דאגה, אוזד

tamid תָּמִיד (מצוות) תרי״ג = ד׳ באתב״ש הק׳ - קטרת ;(הסממנים י״א ע״י מהקליפות הנבררים)

:ledoroteijem לְדֹרֹתֵיכֶם Adonai יְהֹוָאדנהי lifnei לִפְנֵי ע״ה קס״א קנ״א קמ״ג

LA PORCIÓN DEL INCIENSO

"Y Dios dijo a Moshé: Toma especias de bálsamo, uña aromática, gálbano y olíbano puro, de todo en igual peso. Y deberás preparar una mezcla de incienso: la obra de un perfumador, bien combinada, pura y santa. Molerás de ella pulverizándola y la colocarás delante del Testimonio en el Tabernáculo de Reunión, en donde Yo me encontraré contigo. Será el Santo de los Santos para ti" (Éxodo 30:34-36). *Y Dios también dijo: "Aharón quemará sobre el Altar especies de incienso cada mañana cuando prepare las velas. Y cuando Aharón encienda las velas a la caída del Sol, él deberá quemar especias de incienso como una ofrenda de incienso permanente ante Dios, por todas sus generaciones"* (Éxodo 30:7-8).

Las funciones del incienso

El relleno del incienso tiene dos propósitos: primero, remover las *klipot* para evitar que éstas acompañen la elevación de los Mundos y, segundo, atraer Luz hacia *Asiyá*. Por lo tanto, medita en elevar las chispas de Luz de todas las *Noga* de *Atsilut*, *Briá*, *Yetsirá* y *Asiyá*.

Cuenta el incienso uno por uno usando tu mano derecha y no te saltes ni uno, porque está escrito: "Si uno omite uno de los ingredientes, es probable que reciba la pena de muerte". Y, por lo tanto, debes tener cuidado de no saltarte ninguno, porque recitar este párrafo es un sustituto de la verdadera quema del incienso.

תָּנוּ tanú רַבָּנָן rabanán פִּטּוּם pitum הַקְּטֹרֶת haktóret י״א פעמים אדני
(הנבררים מהקליפות ע״י י״א הסממנים) ; קטרת - הק׳ באתב״ש ד׳ = תרי״ג (מצוות);
פטום הקטרת = יְהוָה יֱהֹוִה מצפצ יה אדני אל אלהים מצפצ (ז׳ מרגלאין דשבת):
כֵּיצַד •queitsad שְׁלֹשׁ shlosh מֵאוֹת meot המספר = ש׳ אלהים דיודין
וְשִׁשִּׁים veshishim המספר = מילוי הש׳ (ין) וּשְׁמוֹנָה ushmoná מָנִים manim הָיוּ hayú
בָהּ •va שְׁלֹשׁ shlosh מֵאוֹת meot המספר = ש׳ אלהים דיודין וְשִׁשִּׁים veshishim
המספר = מילוי הש׳ (ין) וַחֲמִשָּׁה vajamishá כְּמִנְיַן queminyán יְמוֹת yemot
הַחַמָּה hajamá מָנֶה mané ע״ה פוי, אל אדני בְּכָל־ bejol ב״ן, לכב
יוֹם yom ע״ה נגד, מזבח, זן, אל יהוה• מַחֲצִיתוֹ majatsitó בַּבֹּקֶר babóker
וּמַחֲצִיתוֹ umajatsitó בָּעֶרֶב •baérev וּשְׁלֹשָׁה ushloshá מָנִים manim
יְתֵרִים yeterim קס״א, קנ״א וקמ״ג שֶׁמֵּהֶם shemehem מַכְנִיס majnís כֹּהֵן cohén מלה
גָּדוֹל gadol להח ; עם ד׳ אותיות = מבה, יזל, אום וְנוֹטֵל venotel מֵהֶם mehem
מְלֹא meló חָפְנָיו jofnav בְּיוֹם beyom ע״ה נגד, מזבח, זן, אל יהוה הַכִּפּוּרִים haKipurim
מַחֲזִירָן majazirán לַמַּכְתֶּשֶׁת lamajtéshet בְּעֶרֶב beérev
יוֹם Yom ע״ה נגד, מזבח, זן, אל יהוה הַכִּפּוּרִים haKipurim כְּדֵי quedei לְקַיֵּם lekayem
מִצְוַת mitsvat דַּקָּה daká מִן min הַדַּקָּה •hadaká וְאַחַד veajad אהבה, דאגה
עָשָׂר asar סַמָּנִים samanim הָיוּ hayú בָהּ •va וְאֵלּוּ veelu הֵן hen:

Las funciones del incienso

Nuestros Sabios han enseñado: ¿Cómo se hacía la composición del incienso? Trescientas sesenta y ocho porciones estaban contenidas allí. Trescientas sesenta y cinco correspondían al número de días en el año solar, una porción para cada día: La mitad de ella en la mañana y la otra mitad a la caída del Sol. Y las tres porciones restantes, el Sumo Sacerdote (Cohén Hagadol), en Yom Kipur, se llenaba ambas manos con ellas. En la Víspera de Yom Kipur, él las llevaba de regreso al mortero para cumplir el requerimientode que debían estar muy finamente molidas. Cada porción contenía once especias:

1) הַצֳּרִי haTsorí (*Kéter*) במצפצ, אלהים דיודין, י"פ ייי. 2) וְהַצִּפֹּרֶן vehaTsiporén (*Yesod*)
יהוה אדני אהיה שדי. 3) וְהַחֶלְבְּנָה vehaJelbená (*Maljut*) ע"ה פוי, אל אדני.
4) וְהַלְּבוֹנָה vehaLevoná (**Luz Circundante** - שהוא אור לבן והוא יוזידי הנקרא אדון יוזיד)
מִשְׁקַל mishkal שִׁבְעִים shivim שִׁבְעִים shivim מָנֶה mané ע"ה פוי, אל אדני.
5) מוֹר Mor (*Jésed*). 6) וּקְצִיעָה uKetsía רהע (*Guevurá* - "כי מצפון תפתח הרעה",
והגבורה סוד רווז צפון). 7) וְשִׁבֹּלֶת veShibólet נֵרְדְּ nerd (*Tiféret*).
8) וְכַרְכֹּם veJarcom (*Nétsaj*) בוזחר, סנדלפון, ערי. מִשְׁקַל mishkal שִׁשָּׁה shishá
עָשָׂר asar שִׁשָּׁה shishá עָשָׂר asar מָנֶה mané ע"ה פוי, אל אדני. 9) קֹשְׁטְ Kosht
(*Jojmá*) שְׁנֵים shnéim עָשָׂר asar. 10) קִלּוּפָה Kilufá (*Biná*) שְׁלשָׁה shloshá.
11) קִנָּמוֹן Kinamón (*Hod*) ר"ת ג"פ ק' (בסוד קדוש קדוש קדוש). תִּשְׁעָה tishá.
בּוֹרִית borit כַּרְשִׁינָה carshiná תִּשְׁעָה tishá קַבִּין kabín. יֵין yein מיכ, י"פ האא
קַפְרִיסִין kafrisín סְאִין seín תְּלַת telat וְקַבִּין vekabín תְּלָתָא telatá אהיה קבין
וְאִם veim יוהך, מ"א אותיות דפשוט, דמילוי ודמילוי דמילוי דאהיה ע"ה לֹא lo מָצָא matsá
יֵין yein מיכ, י"פ האא קַפְרִיסִין kafrisín מֵבִיא meví חֲמַר jamar חִוָּר jivar
עַתִּיק atik. מֶלַח mélaj סְדוֹמִית sdomit רוֹבַע rova. מַעֲלֶה maalé
עָשָׁן ashán כָּל col ילי שֶׁהוּא shehú. רִבִּי Ribí נָתָן Natán הַבַּבְלִי haBavlí
אוֹמֵר omer אַף af מִכִּפַּת miquipat הַיַּרְדֵּן haYardén י' הויות וד' אותיות כָּל col ילי
שֶׁהִיא shehí. אִם im יוהך, מ"א אותיות דפשוט, דמילוי ודמילוי דמילוי דאהיה ע"ה נָתַן natán
בָּהּ ba דְּבַשׁ devash שו' (דשופר) וי"ד (האוזז) = ש"ך דינין דגדלות פְּסָלָהּ pesalá.
וְאִם veim יוהך, מ"א אותיות דפשוט, דמילוי ודמילוי דמילוי דאהיה ע"ה חִסֵּר jiser
אַחַת ajat מִכָּל־ micol ילי סַמְמָנֶיהָ samemaneha חַיָּב jayav מִיתָה mitá:

---

1) Bálsamo 2) Uña aromática 3) Gálbano 4) Olíbano; el peso de setenta porciones cada una. 5) Mirra 6) Acacia 7) Nardo 8) Y Azafrán; el peso de dieciséis porciones cada una. 9) Doce porciones de Costo 10) Tres de Corteza aromática 11) Nueve de Canela. Asimismo, nueve kabín de Lejía de Carsina. Y tres kabín y tres seín de Vino de Chipre. Y si uno no encontrase vino de Chipre, él deberá traer vino blanco añejo. Y un cuarto de la sal de Sodoma. Y una pequeña medida de una hierba generadora de humo. Rabí Natán, el Babilonio, también aconsejaba una pequeña cantidad de ámbar de Jordania. Si se le añadía miel, se hacía defectuoso. Si omite aunque sea una de todas las hierbas, era merecedor de la muerte.

רַבָּן Rabán שִׁמְעוֹן Shimón בֶּן ben גַּמְלִיאֵל Gamliel אוֹמֵר omer:
הַצֳּרִי haTsorí מצפ״צ, אלהים דיודין, י״פ ייי אֵינוֹ einó אֶלָּא ela שְׂרָף seraf
הַנּוֹטֵף hanotef מֵעֲצֵי meatsei הַקְּטָף haketaf. בּוֹרִית borit
כַּרְשִׁינָא carshiná לְמָה lemá הִיא hi בָאָה vaá כְּדֵי quedei
לְשַׁפּוֹת leshapot בָּהּ ba אֶת et הַצִּפּוֹרֶן haTsiporén יהוה אדני אהיה שדי
כְּדֵי quedei שֶׁתְּהֵא shetehé נָאָה naá. יֵין yein ע׳ (כנגד ע׳ אומות העולם התלויים בסמאל)
מ״כ, י״פ האא קַפְרִיסִין Kafrisín לְמָה lemá הוּא hu בָא va כְּדֵי quedei
לִשְׁרוֹת lishrot בּוֹ bo אֶת et הַצִּפּוֹרֶן haTsiporén יהוה אדני אהיה שדי
כְּדֵי quedei שֶׁתְּהֵא shetehé עַזָּה azá. וַהֲלֹא vahaló מֵי mei יל״י רַגְלַיִם ragláyim
יָפִין yafín לָהּ la אֶלָּא ela שֶׁאֵין sheéin מַכְנִיסִין majnisín מֵי mei יל״י
רַגְלַיִם ragláyim בַּמִּקְדָּשׁ bamikdash מִפְּנֵי mipnei הַכָּבוֹד hacavod לא״ו:
תַּנְיָא tanyá רִבִּי Ribí נָתָן Natán אוֹמֵר omer כְּשֶׁהוּא queshehú
שׁוֹחֵק shojek אוֹמֵר omer הָדֵק hadek הֵיטֵב heitev. הֵיטֵב heitev
הָדֵק hadek. מִפְּנֵי mipnei שֶׁהַקּוֹל shehakol יָפֶה yafé לַבְּשָׂמִים labesamim.
פִּטְּמָהּ pitemá לַחֲצָאִין lajatsaín כְּשֵׁרָה quesherá. לִשְׁלִישׁ leshalish
וּלְרְבִיעַ uleravía לֹא lo שָׁמַעְנוּ shamanu. אָמַר amar רִבִּי Ribí
יְהוּדָה Yehudá זֶה ze הַכְּלָל haclal אִם im יוה״ך, מ״א אותיות דפשוט, דמילוי
ודמילוי דמילוי דאהיה ע״ה כְּמִדָּתָהּ quemidatá כְּשֵׁרָה quesherá לַחֲצָאִין lajatsaín.
וְאִם veim יוה״ך, מ״א אותיות דפשוט, דמילוי ודמילוי דמילוי דאהיה ע״ה וְחִסַּר jiser
אַחַת ajat מִכָּל־ micol יל״י סַמָּמָנֶיהָ samemaneha חַיָּב jayav מִיתָה mitá:

Rabán Shimón ben Gamliel dice: El bálsamo era sólo una savia que rezumaba de los árboles de bálsamo. ¿Para qué se añadía la lejía de Carsina? Para frotar la uña aromática con ella y hacerlo agradable a la vista. ¿Cuál era el propósito de añadir vino de Chipre? Para remojarlo con la uña aromática. Orina es lo más apropiado para esto, pero no se lleva orina al Templo Sagrado por respeto. Se enseñaba que Rabí Natán decía: Cuando él molía, él decía: "Muélela finamente, muélela finamente". Esto es porque la voz es beneficiosa para las especias. Si combina la mitad de la cantidad es todavía válido, pero con relación a un tercio o un cuarto no poseemos información. Rabí Yehuda decía: Esta es la regla general: Si está en las proporciones correctas, la mitad es válida. Pero si él omite una de las especias, es merecedor de la muerte.

תָּנֵי tanei בַּר Var קַפָּרָא Kapará: אַחַת ajat לְשִׁשִּׁים leshishim אוֹ o
לְשִׁבְעִים leshivim שָׁנָה shaná הָיְתָה haytá בָּאָה vaá שֶׁל shel
שִׁירַיִם shiráyim לַחֲצָאִין lajatsaín. וְעוֹד veod תָּנֵי tanei בַּר Var
קַפָּרָא Kapará אִלּוּ ilu הָיָה hayá יהה נוֹתֵן notén אבגיתץ, ושר בָּהּ ba
קָרְטוֹב kartov שֶׁל shel דְּבַשׁ devash שו׳ (דשופר) וי״ד (האוזז) = ש״ך דינין דגדלות
אֵין ein אָדָם adam מ״ה יָכוֹל yajol לַעֲמוֹד laamod מִפְּנֵי mipnei
רֵיחָהּ reijá. וְלָמָּה velama אֵין ein מְעָרְבִין mearvín בָּהּ ba דְּבַשׁ devash
שו׳ (דשופר) וי״ד (האוזז) = ש״ך דינין דגדלות מִפְּנֵי mipnei שֶׁהַתּוֹרָה shehaTorá
אָמְרָה amrá: כִּי qui כָל־ jol ילי שְׂאֹר seor ג׳ מוזין דאלהים דקטנות
(ש׳ = אלהים דיודין ; א׳ כללות שם אלהים ; ר׳ = ריבוע אלהים) וְכָל־ vejol ילי דְּבַשׁ devash
שו׳ (דשופר) וי״ד (האוזז) = ש״ך דינין דגדלות לֹא־ lo תַקְטִירוּ taktiru מִמֶּנּוּ mimenu
שכן הם בחינת דינין דקטנות ודגדלות לכן נאסרה הקרבתן אִשֶּׁה ishé לַיהֹוָהאדנייאהדונהי laAdonai:

Derecha

יְהֹוָהאדנייאהדונהי Adonai צְבָאוֹת Tsevaot פני שכינה עִמָּנוּ imanu
ריבוע דס״ג, קס״א ע״ה וד׳ אותיות מִשְׂגָּב־ misgav משה, מהש, ע״ב בריבוע קס״א, אל שדי,
ד״פ אלהים ע״ה לָנוּ lanu אלהים, אהיה אדני אֱלֹהֵי Elohei מילוי ע״ב, דמב ; ילה
יַעֲקֹב Yaakov ז׳ הויות, יאהדונהי אידהנויה סֶלָה sela:

Izquierda

יְהֹוָהאדנייאהדונהי Adonai צְבָאוֹת Tsevaot פני שכינה אַשְׁרֵי ashrei
אָדָם adam מ״ה ; יהוה צבאות אשרי אדם = תפארת בֹּטֵחַ botéaj
בָּךְ baj אדם בוטח בך = אמן (יאהדונהי) ע״ה ; בוטח בך = מילוי ע״ב ע״ה:

Bar Kapara enseñaba que una vez cada sesenta o setenta años, las sobras se acumularían hasta llegar a la mitad de la medida. Bar Kapara también enseñaba que si se le añadía un kortov de miel, ningún hombre soportaría su olor. ¿Por qué no se mezcla miel con ella? Porque la Torá ha estipulado: Porque cualquier levadura o miel, no debes quemar en una ofrenda por fuego a Dios (Kritut 6; Yerushalmi, Yomá: cap. 4). (Derecha) *"El Señor de los Ejércitos está con nosotros, nuestra fuerza es el Dios de Yaakov, Sela"* (Salmos 46:12). (Izquierda) *"El Señor de los Ejércitos, dichoso es aquel que confía en Ti"* (Salmos 84:13).

Central

יְהֹוָהאדניאהדונהי Adonai הוֹשִׁיעָה hoshía יהוה וש״ע נהורין הַמֶּלֶךְ haMélej ר״ת יהה

יַעֲנֵנוּ yaanenu בְיוֹם veyom ע״ה נגד, מזבח, זן, אל יהוה

קָרְאֵנוּ korenu ר״ת יב״ק, אלהים יהוה, אהיה אדני יהוה ; ס״ת = ב״ן ועם כף דהמלך = ע״ב:

וְעָרְבָה vearvá לַיהֹוָהאדניאהדונהי laAdonai

מִנְחַת minjat יְהוּדָה Yehudá וִירוּשָׁלָםִ virushaláim

כִּימֵי quimei עוֹלָם olam וּכְשָׁנִים ujeshanim קַדְמֹנִיּוֹת kadmoniyot:

ANÁ BEJÓAJ (para saber más sobre el *Aná Bejóaj*, ir a la pág. 79)

El *Aná Bejóaj* probablemente sea la oración más poderosa en todo el universo. El kabbalista del siglo II Rav Najunyá ben HaKaná fue el primer sabio en revelar esta combinación de 42 letras, la cual contiene el poder de la Creación.

Jésed, domingo *(Álef Bet Guímel Yud Tav Tsadi)* אבג יתץ

אָנָּא aná בְּכֹחַ bejóaj• גְּדֻלַּת guedulat יְמִינְךָ yemineja•

תַּתִּיר tatir צְרוּרָה tserurá:

Guevurá, lunes *(Kof Resh Ayin Sin Tet Nun)* קרע שטן

קַבֵּל kabel רִנַּת rinat• עַמְּךָ ameja שַׂגְּבֵנוּ sagvenu•

טַהֲרֵנוּ taharenu נוֹרָא norá:

(Central) *"Señor, sálvanos. El Rey nos responderá el día que lo invoquemos"* (Salmos 20:10). *"Que el Señor encuentre la ofrenda de Yehuda y Jerusalén agradable como siempre y como en los tiempos antiguos"* (Malaquías 3:4).

ANÁ BEJÓAJ

Jésed, domingo אבג יתץ

Te suplicamos, con el gran poder de Tu diestra, pon en libertad a los cautivos.

Guevurá, lunes קרע שטן

Acepta el canto de Tu Nación. Fortifícanos y purifícanos, Oh Reverenciado.

Tiféret, martes (*Nun Guímel Dálet Yud Caf Shin*) נגד יכש

•yijudeja יִחוּדְךָ dorshei דּוֹרְשֵׁי •guibor גִּבּוֹר na נָא

:shamrem שָׁמְרֵם quevavat כְּבָבַת

Nétsaj, miércoles (*Bet Tet Resh Tsadi Tav Guímel*) בטר צתג

•tsidkateja צִדְקָתְךָ rajamei רַחֲמֵי •taharem טַהֲרֵם barjem בָּרְכֵם

:gomlem גָּמְלֵם tamid תָּמִיד

Hod, jueves (*Jet Kof Bet Tet Nun Ayin*) חקב טנע

•tuvjá טוּבְךָ berov בְּרוֹב •kadosh קָדוֹשׁ jasín חֲסִין

:adateja עֲדָתֶךָ nahel נַהֵל

Yesod, viernes (*Yud Guímel Lámed Pei Zayin Kof*) יגל פזק

•pené פְּנֵה leamjá לְעַמְּךָ •gueé גֵּאֶה yajid יָחִיד

:kedushateja קְדוּשָּׁתֶךָ zojrei זוֹכְרֵי

Maljut, sábado (*Shin Kof Vav Tsadi Yud Tav*) שקו צית

•tsaakatenu צַעֲקָתֵנוּ ushmá וּשְׁמַע •kabel קַבֵּל shavatenu שַׁוְעָתֵנוּ

:taalumot תַּעֲלוּמוֹת yodea יוֹדֵעַ

BARUJ SHEM QUEVOD

Susurrar este verso final atrae toda la Luz de los Mundos Superiores hacia nuestra existencia física.

maljutó מַלְכוּתוֹ quevod כְּבוֹד Shem שֵׁם Baruj בָּרוּךְ יוד אותיות :(Susurra)

:vaed וָעֶד ריבוע ס״ג וי׳ אותיות דס״ג leolam לְעוֹלָם

Tiféret, martes נגד יכש

Por favor, Todopoderoso, a los que buscan Tu unidad, cuídalos como a la pupila de los ojos.

Nétsaj, miércoles בטר צתג

Bendícelos. Purifícalos. Otórgales siempre Tu fidelidad compasiva.

Hod, jueves חקב טנע

Invencible y Todopoderoso, con la abundancia de Tu bondad, guía a Tu congregación.

Yesod, viernes יגל פזק

Oh exaltado y orgulloso, vuélvete a Tu pueblo, aquellos que recuerdan Tu santidad.

Maljut, sábado שקו צית

Acepta nuestra plegaria y escucha nuestro clamor, Tú que conoces todo lo oculto.

BARUJ SHEM QUEVOD

"Bendito es el Nombre de la Gloria. Su Reino es para siempre y para la eternidad" (*Pesajim 56a*).

EL ASHREI

De las veintidós letras del alfabeto arameo, veintiuna de ellas están codificadas en el *Ashrei* en el orden correcto, de la *Álef* a la *Tav*. El Rey David, el autor, dejó a la letra aramea *Nun* fuera de esta oración, ya que la *Nun* es la primera letra de la palabra aramea *nefilá*, que significa "caída". Caída se refiere a un descenso espiritual, caer en la *klipá*. Los sentimientos de duda, depresión, preocupación e incertidumbre son consecuencias de la caída espiritual. Debido a que las letras arameas son los verdaderos instrumentos de la Creación, esta oración ayuda a inyectar el orden y la fuerza de la Creación en nuestra vida, sin la energía de la caída.

En este Salmo está escrito diez veces el Nombre: יהוה por las Diez *Sefirot*. Este Salmo está escrito según el orden del *Álef Bet*, pero la letra *Nun* es omitida para evitar la caída.

אַשְׁרֵי ashrei (סוד הכתר) יוֹשְׁבֵי yoshvei בֵיתֶךָ veiteja ב"פ ראה

עוֹד od יְהַלְלוּךָ yehaleluja סֶּלָה sela: אַשְׁרֵי ashrei הָעָם haam

שֶׁכָּכָה shecaja מהש, משה, ע"ב בריבוע וקס"א, אל שדי, ד"פ אלהים ע"ה לוֹ lo

אַשְׁרֵי ashrei הָעָם haam ר"ת לאה שֶׁיְהֹוָהאדהנויאהדונהי sheAdonai (*Kéter*)

אֱלֹהָיו Elohav ילה: תְּהִלָּה tehilá ע"ה אמת, אהיה פעמים אהיה, ז"פ ס"ג לְדָוִד leDavid

אֲרוֹמִמְךָ aromimjá אֱלוֹהַי Elohai הַמֶּלֶךְ haMélej וַאֲבָרְכָה vaavarjá

שִׁמְךָ Shimjá לְעוֹלָם leolam ריבוע ד"ס"ג וי' אותיות ד"ס"ג וָעֶד vaed:

בְּכָל־ bejol ב"ן, לכב יוֹם yom ע"ה נגד, מזבח, זן, אל יהוה

אֲבָרְכֶךָּ avarjecá וַאֲהַלְלָה vaahalelá מ"ה יהוה שִׁמְךָ Shimjá

לְעוֹלָם leolam ריבוע ד"ס"ג וי' אותיות ד"ס"ג וָעֶד vaed:

גָּדוֹל gadol להח ; עם ד' אותיות = מבה, יזל, אום

יְהֹוָהאדהנויאהדונהי Adonai (*Jojmá*) וּמְהֻלָּל umehulal אדני, ללה

מְאֹד meod וְלִגְדֻלָּתוֹ veligdulató והו אֵין ein וְזֶכֶר jéker:

EL ASHREI

"Dichosos aquellos que moran en Tu casa, ellos Te alabarán, Sela" (Salmos 84:5). *"Dichosa es la nación que así es para ella y dichosa la nación de la que el Señor es su Dios"* (Salmos 144:15). *"Una alabanza de David:*

א *Yo te exaltaré a Ti, mi Dios, el Rey, y yo bendeciré Tu Nombre por siempre y por la eternidad.*

ב *Te bendeciré cada día y alabaré Tu Nombre por siempre y por la eternidad.*

ג *El Señor es grande y extremadamente alabado. Su grandeza es inescrutable.*

דּוֹר dor לְדוֹר ledor יְשַׁבַּח yeshabaj מַעֲשֶׂיךָ maaseja ר"ת דלים

וּגְבוּרֹתֶיךָ ugvuroteja יַגִּידוּ yaguidu ייז = כ"ב אותיות פשוטות (=אכא) וה' אותיות סופיות מנצפ"ך:

הֲדַר hadar כְּבוֹד quevod הוֹדֶךָ hodeja וְדִבְרֵי vedivrei

נִפְלְאוֹתֶיךָ nifleoteja ר"ת אלהים, אהיה אדני

אָשִׂיחָה asija ר"ת הפסוק = פ"ז (בסוד כתם טהור פז):

וֶעֱזוּז veezuz נוֹרְאוֹתֶיךָ noroteja יֹאמֵרוּ yomeru וּגְדוּלָּתְךָ ugdulatjá

(כתיב: וגדלותיך) ר"ת = ע"ב, ריבוע יהוה אֲסַפְּרֶנָּה asaprena ס"ת = "יא" (מילוי דס"ג):

זֵכֶר zéjer רַב־ rav טוּבְךָ tuvjá לאו יַבִּיעוּ yabíu

וְצִדְקָתְךָ vetsidkatjá יְרַנֵּנוּ yeranenu ס"ת = ב"ן, יבמ, לכב ; ר"ת הפסוק = רי"ו יהוה:

חַנּוּן janún וְרַחוּם verajum יְהֹוָהאדנייאהדונהי Adonai (*Biná*)

חנון ורחום יהוה = עש"ל אֶרֶךְ érej ס"ת = ס"ג ב"ן אַפַּיִם apáyim ר"ת = יהוה

וּגְדָל־ ugdal (כתיב: וגדול) וָחֶסֶד jásed ע"ב, ריבוע יהוה:

טוֹב־ tov והו יְהֹוָהאדנייאהדונהי Adonai (*Jésed*) לַכֹּל lacol

יה אדני ; ס"ת ל"ו (מילוי דס"ג) וְרַחֲמָיו verajamav עַל־ al

כָּל col ילי ; עמם ; ר"ת ריבוע ב"ן ע"ה מַעֲשָׂיו maasav ס"ת ע"ב, ריבוע יהוה:

ד *Una generación y la próxima alabarán Tus obras y narrarán Tus proezas.*
ה *Yo hablaré de la luminosidad de Tu espléndida gloria y de la maravilla de Tus actos.*
ו *Ellos proclamarán el asombroso poder de Tus actos y yo hablaré de Tu grandeza.*
ז *Ellos expresarán el recuerdo de Tu abundante bondad y proclamarán dichosos Tu justicia.*
ח *El Señor es misericordioso y compasivo, lento para la ira y grande en misericordia.*
ט *El Señor es bueno para con todos, Su compasión se extiende sobre todos Sus actos.*

יוֹדוּךָ yoduja יְהֹוָהאדניאהדונהי Adonai (*Guevurá*) כָּל־ col ילי מַעֲשֶׂיךָ maaseja

וַחֲסִידֶיךָ vajasideja ר"ת אלהים, אהיה אדני יְבָרְכוּכָה yevarjuja ס"ת = מ"ה:

כְּבוֹד quevod מַלְכוּתְךָ maljutjá יֹאמֵרוּ yomeru וּגְבוּרָתְךָ ugvuratjá

יְדַבֵּרוּ yedaberu ר"ת הפסוק = אלהים, אהיה אדני ; ס"ת = ב"ן, יבמ, לכב:

לְהוֹדִיעַ lehodía לִבְנֵי livnei הָאָדָם haadam ר"ת ללה, אדני

גְּבוּרֹתָיו guevurotav וּכְבוֹד ujvod הֲדַר hadar

מַלְכוּתוֹ maljutó ר"ת מ"ה וס"ת רי"ו ; ר"ת הפסוק ע"ה = ק"כ צירופי אלהים:

מַלְכוּתְךָ maljutjá מַלְכוּת maljut כָּל־ col ילי עֹלָמִים olamim

וּמֶמְשַׁלְתְּךָ umemshaltejá בְּכָל־ bejol ב"ן, לכב דּוֹר dor וָדֹר vador רי"ו:

סוֹמֵךְ somej ריבוע אדני יְהֹוָהאדניאהדונהי Adonai (*Tiféret*)

לְכָל־ lejol יה אדני ; סומך אדני לכל ר"ת סאל, אמן (יאהדונהי) הַנֹּפְלִים hanoflim

וְזוֹקֵף vezokef לְכָל־ lejol יה אדני הַכְּפוּפִים hacfufim נמם:

עֵינֵי־ einei ריבוע דמ"ה כֹל jol ילי אֵלֶיךָ eleja יְשַׂבֵּרוּ yesaberu וְאַתָּה veAtá

נוֹתֵן־ notén אבגיתץ, ושר לָהֶם lahem אֶת־ et אָכְלָם ajlam בְּעִתּוֹ beitó:

י *Todas Tus obras te agradecerán, Señor, y Tus fieles devotos te bendicen.*
כ *Ellos dirán de la gloria de Tu Reino y hablarán de Tus poderosos actos.*
ל *Él hace que el hombre conozca Sus proezas y la gloria de Su espléndido Reino.*
מ *Tuyo es el Reino de todos los mundos y Tu dominio se extiende a toda y cada generación.*
ס *El Señor sostiene a todos aquellos que caen y endereza a los doblegados.*
ע *Los ojos de todos ven con esperanza hacia Ti, y Tú les das su alimento al momento apropiado.*

Potéaj et Yadeja

Conectamos con las letras *Pei*, *Álef* y *Yud* al abrir nuestras manos con las palmas hacia arriba. Nuestra conciencia está enfocada en recibir el sustento y la prosperidad financiera de parte de la Luz a través de nuestras acciones del diezmo y compartir; nuestro *Deseo de Recibir para Dar y Compartir.* Al hacer esto, también reconocemos que el sustento que recibimos proviene de una fuente superior y no de nuestras acciones. Según los sabios, si no meditamos en esta idea en este punto, debemos repetir la oración.

פתוז (שע"ז נהורין למ"ה ולס"ה)

יוד הי ויו הי יוד הי ויו הי (וז' וזיוורתי) — פותוז את ידך ר"ת פאי
אלף למד אלף למד (ש"ע) — גימ' יאהדונהי זו"ן
יוד הא ואו הא (לז"א) — וזכמה דז"א ו"ק
אדני (ולנוקבא) — יסוד דנוק'

פּוֹתֵחַ potéaj אֶת et יָדֶךָ yadeja ר"ת פאי וס"ת וזתך עם ג' אותיות = דִיקַרְנוֹסָא

ובאתב"ש הוא סאל, פאי, אמן, יאהדונהי ; ועוד יכוין שם וזתך בשילוב יהוה – יְוָהֳתָוְכָהָ

אלף למד הי יוד מם אלף למד הי יוד מם מווזין דפנים דאווזר אלהים אלהים
להמשיך פ"ו אורות לכל מילוי דכל

אווזר דפרצופי נה"י ווזג"ת — וזתך — ואווזר דפרצופי נה"י ווזג"ת
דפרצוף ווזג"ת דיצירה דז"א — דיצירה דרוזל הנקראת לאה
לף מד י וד ם — לף מד י וד ם
אלף למד הי יוד מם — סאל יאהדונהי — אלף למד הי יוד מם

וּמַשְׂבִּיעַ umasbía וזתך עם ג' אותיות = דִיקַרְנוֹסָא

ובא"ת ב"ש הוא סאל, אמן, יאהדונהי ; ועוד יכוין שם וזתך בשילוב יהוה – יְוָהֳתָוְכָהָ

אלף למד הי יוד מם אלף למד הי יוד מם מווזין דפנים דאווזר אלהים אלהים
להמשיך פ"ו אורות לכל מילוי דכל

אווזר דפרצופי נה"י ווזג"ת — וזתך — ואווזר דפרצופי נה"י ווזג"ת
דפרצוף נה"י דיצירה דז"א — דיצירה דרוזל הנקראת לאה
לף מד י וד ם — לף מד י וד ם
אלף למד הי יוד מם — אלף למד הי יוד מם

לְכָל־ lejol יה אדני (להמשיך מווזין ד–יה אל הנוקבא שהיא אדני)

חַי jai כל וזי = אהיה אהיה יהוה, בינה ע"ה, וזיים

רָצוֹן ratsón מהש ע"ה, ע"ב בריבוע וקס"א ע"ה, אל שדי ע"ה ; ר"ת רוזל שהיא המלכות הצריכה לשפע

יוד יוד הי יוד הי ויו יוד הי ויו הי יסוד דאבא
אלף הי יוד הי יסוד דאימא
להמתיק רוזל וב' דמעין שך פר

También debemos meditar en atraer abundancia, sustento y bendiciones a todos los mundos desde el *ratsón* mencionado anteriormente. Debemos meditar y enfocarnos en este versículo porque es la esencia de la prosperidad, y meditar en que Dios esté interviniendo, sustentando y apoyando a toda la Creación.

Potéaj et Yadeja

פ *Abre Tus Manos y satisface el deseo de todo ser viviente.*

צַדִּיק tsadik יְהֹוָה יאהדונהי Adonai (*Yesod*) בְּכָל bejol ב״ן, לכב

דְּרָכָיו derajav וְחָסִיד vejasid בְּכָל bejol ב״ן, לכב מַעֲשָׂיו maasav יבמ, ב״ן:

קָרוֹב karov יְהֹוָה יאהדונהי Adonai (*Maljut*) לְכָל־ lejol יה אדני

קֹרְאָיו korav לְכֹל lejol יה אדני אֲשֶׁר asher

יִקְרָאֻהוּ yikraúhu בֶאֱמֶת veemet אהיה פעמים אהיה, ז״פ ס״ג:

רְצוֹן retsón מהש ע״ה, ע״ב בריבוע וקס״א ע״ה, אל שדי ע״ה יְרֵאָיו yereav יַעֲשֶׂה yaasé

ר״ת רי״ וְאֶת־ veet שַׁוְעָתָם shavatam יִשְׁמַע yishmá וְיוֹשִׁיעֵם veyoshiem:

שׁוֹמֵר shomer כ״א הויות שבתפילין יְהֹוָה יאהדונהי Adonai (*Nétsaj*)

אֶת־ et כָּל־ col ילי אֹהֲבָיו ohavav ר״ת אכא

וְאֵת veet כָּל־ col ילי הָרְשָׁעִים hareshaim יַשְׁמִיד yashmid:

תְּהִלַּת tehilat יְהֹוָה יאהדונהי Adonai (*Hod*) יְדַבֶּר yedaber ראה פִּי pi

וִיבָרֵךְ vivarej ע״ב ס״ג מ״ה ב״ן, הברכה (למתק את ז׳ המלכים שמתו) כָּל col ילי

בָּשָׂר basar שֵׁם Shem קָדְשׁוֹ kodshó לְעוֹלָם leolam ריבוע ס״ג וי׳ אותיות דס״ג

וָעֶד vaed: וַאֲנַחְנוּ vaanajnu נְבָרֵךְ nevarej יָהּ Yah מֵעַתָּה meatá

וְעַד־ vead עוֹלָם olam הַלְלוּיָהּ haleluyá אלהים, אהיה אדני ; ללה:

צ *El Señor es justo en todos Sus caminos y virtuoso en todas Sus obras.*
ק *El Señor está cerca de todos los que lo llaman, de todos aquellos que lo llaman sinceramente.*
ר *Él cumplirá la voluntad de aquellos que le temen; Él escucha sus clamores y los salva.*
ש *El Señor protege a todos los que lo aman y destruye a los impíos.*
ת *Mis labios proclamarán la alabanza al Señor y toda criatura bendecirá Su Santo Nombre, por siempre y por la eternidad"* (Salmos 145). *"Y bendeciremos a Dios por siempre y por la eternidad. ¡Aleluya!"* (Salmos 115:18).

ר"ת הפסוק = נפש רוח נשמה חיה יחידה ע"ה

תִּכּוֹן ticón תְּפִלָּתִי tefilatí קְטֹרֶת któret י"א פעמים אדני לְפָנֶיךָ lefaneja ס"ג מ"ה ב"ן

מַשְׂאַת masat כַּפַּי capai מִנְחַת־ minjat עָרֶב árev: הַקְשִׁיבָה hakshiva

לְקוֹל lekol שַׁוְעִי shaví מַלְכִּי malquí וֵאלֹהָי veElohai לכב ; מילוי ע"ב, דמ"ב ; ילה

כִּי־ qui אֵלֶיךָ eleja אֶתְפַּלָּל etpalal:

MEDIO KADISH

יִתְגַּדַּל yitgadal וְיִתְקַדַּשׁ veyitkadash שדי ומילוי שדי ; י"א אותיות כמנין ו"ה

שְׁמֵיהּ Shmei (שם י"ה דע"ב) רַבָּא rabá קנ"א ב"ן, יהוה אלהים יהוה אדני,

מילוי קס"א וס"ג, מ"ה ברבוע וע"ב ע"ה ; ר"ת = ו"פ אלהים ; ס"ת = ג"פ יב"ק: אָמֵן Amén אידהנויה.

בְּעָלְמָא bealmá דִּי di בְרָא verá כִרְעוּתֵיהּ quirutei.

וְיַמְלִיךְ veyamlij מַלְכוּתֵיהּ maljutei. וְיַצְמַח veyatsmaj

פֻּרְקָנֵיהּ purkanei. וִיקָרֵב vikarev מְשִׁיחֵיהּ Meshijei: אָמֵן Amén אידהנויה.

בְּחַיֵּיכוֹן bejayeijón וּבְיוֹמֵיכוֹן uveyomeijón וּבְחַיֵּי uvejayei

דְּכָל dejol ילי בֵּית beit ב"פ ראה יִשְׂרָאֵל Yisrael בַּעֲגָלָא baagalá

וּבִזְמַן uvizmán קָרִיב kariv וְאִמְרוּ veimrú אָמֵן Amén: אָמֵן Amén אידהנויה.

La congregación y el *jazán* dicen lo siguiente:

28 palabras (hasta *bealmá*) medita en: מילוי דמילוי דע"ב (יוד ויו דלת הי יוד ויו יוד ויו הי יוד)
28 letras (hasta *almayá*) medita en: מילוי דמילוי דע"ב (יוד ויו דלת הי יוד ויו יוד ויו הי יוד)

יְהֵא yehé שְׁמֵיהּ Shmei (שם י"ה דס"ג) רַבָּא rabá קנ"א ב"ן,

יהוה אלהים יהוה אדני, מילוי קס"א וס"ג, מ"ה ברבוע וע"ב ע"ה מְבָרַךְ mevaraj,

לְעָלַם lealam לְעָלְמֵי lealmei עָלְמַיָּא almayá. יִתְבָּרַךְ yitbaraj.

"Que mi oración se pose ante Ti como la ofrenda de incienso, la elevación de mi mano como la ofrenda de harina de la tarde" (Salmos 141:2). *"Escucha el sonido de mi clamor, mi Rey, mi Dios, porque es a Ti a quien yo oro"* (Salmos 5:3).

MEDIO KADISH

¡Glorificado y santificado sea su Gran Nombre! (Amén).

En el mundo que Él creó de acuerdo a Su voluntad y pueda Su Reino reinar. Y pueda Él hacer que su Redención florezca y pueda Él acercar el Mesías (Amén). *En tus vidas y en tus días y en la vida de la Casa de Israel, prontamente y en el futuro cercano, y dígase: Amén* (Amén). *Que Su gran Nombre sea bendito por siempre y para toda la eternidad, y bendito*

Siete palabras con seis letras cada una (שם בן מ"ב) medita en:
יהוה + יוד הי ויו הי + מילוי דמילוי דע"ב (יוד ויו דלת הי יוד ויו יוד ויו הי יוד)
También, siete veces la letra Vav (שם בן מ"ב) medita en:
יהוה + יוד הי ויו הי + מילוי דמילוי דע"ב (יוד ויו דלת הי יוד ויו יוד ויו הי יוד).

וְיִשְׁתַּבַּח veyishtabaj י"פ ע"ב יהוה אל אבג יתץ.

וְיִתְפָּאַר veyitpaar הי נו יה קרע שטן. וְיִתְרוֹמַם veyitromam וה כוזו נגד יכש.

וְיִתְנַשֵּׂא veyitnasé במוכסז בטר צתג. וְיִתְהַדָּר veyithadar כוזו יה וזקב טנע.

וְיִתְעַלֶּה veyitalé וה יוד ה יגל פזק. וְיִתְהַלָּל veyithalal א ואו הא שקו צית.

שְׁמֵיהּ Shmei (שם י"ה דמ"ה) דְּקוּדְשָׁא deKudshá בְּרִיךְ Verij הוּא Hu:

אָמֵן Amén אידהנויה.

לְעֵלָּא leelá מִן min כָּל col ילי בִּרְכָתָא birjatá. שִׁירָתָא shiratá.

תֻּשְׁבְּחָתָא tishbejatá וְנֶחֱמָתָא venejamatá. דַּאֲמִירָן daamirán

בְּעָלְמָא bealmá וְאִמְרוּ veimrú אָמֵן Amén: אָמֵן Amén אידהנויה.

La Amidá

Cuando comenzamos la conexión, damos tres pasos hacia atrás que significan que estamos dejando este mundo físico. Después damos tres pasos hacia delante para comenzar la *Amidá*. Los tres pasos son:

1. Entrar a la tierra de Israel; para entrar en el primer círculo espiritual.
2. Entrar en la ciudad de Jerusalén; para entrar en el segundo círculo espiritual.
3. Entrar en el Sancta Sanctórum; para entrar en el círculo más interno.

Antes de recitar el primer verso de la *Amidá*, pedimos: "*Dios, abre mis labios y permite que mi boca hable*", estamos pidiendo a la Luz que hable por nosotros para que podamos recibir lo que necesitamos y no sólo lo que queremos. Con mucha frecuencia, lo que queremos de la vida no es necesariamente el deseo del alma, que es lo que verdaderamente necesitamos para estar satisfechos. Al pedirle a la Luz que hable a través de nosotros, nos aseguramos de que nuestra conexión nos traiga realización genuina y oportunidades para el crecimiento espiritual y el cambio.

---

alabado, y glorificado y exaltado, y ensalzado y honrado,
y adorado y loado, sea el Nombre del Santísimo, bendito sea Él (Amén). Más allá de todas las bendiciones, himnos, alabanzas y palabras de consolación que deben decirse en el mundo, y dígase: Amén (Amén).

Debes meditar en elevar *Néfesh* de *Asiyá* por el Nombre: (ב"ן) יוד הה וו הה, y después a *Rúaj* del mundo de *Yetsirá* por el Nombre: (מ"ה) יוד הא ואו הא, y después a *Neshamá* de *Briá* por el Nombre: (ס"ג) יוד הי ואו הי, y después elevar todo lo mencionado anteriormente a *Néfesh* de *Atsilut*: (ע"ב) יוד הי ויו הי.

אֲדֹנָי Adonai ללה (pausa aquí) שְׂפָתַי sfatai תִּפְתָּח tiftaj וּפִי ufí יַגִּיד yaguid

ייז (כ"ב אותיות פשוטות [=אכא] וה' אותיות סופיות מנצפך) תְּהִלָּתֶךָ tehilateja ס"ת = בוכו:

LA PRIMERA BENDICIÓN – INVOCA AL ESCUDO DE AVRAHAM

Avraham es el canal de la energía de la Columna Derecha de positividad, compartir y misericordia. Las acciones dadoras pueden protegernos de todas las formas de negatividad.

Jésed que se convierte en *Jojmá*

En esta sección hay 42 palabras, el secreto del Nombre de Dios de 42 letras y, por lo tanto, comienza con la letra *Bet* (2) y termina con la letra *Mem* (40).

Flexiona tus rodillas en "*Baruj*", inclínate en "*Atá*" y enderézate en "*Adonai*".

א בָּרוּךְ Baruj ב אַתָּה Atá א-ת (אותיות הא"ב המסמלות את השפע המגיע) לה' המלכות

Mientras te inclinas, debes meditar en el Nombre: אלף הי יוד הי para bajar la *Neshamá* del mundo de *Atsilut* para que sea *Mayin Nukvín* para elevar a la *Shejiná*. Y **mientras te enderezas**, debes meditar en el Nombre: יוד הי ויו הי para elevar la *Shejiná* y preparar el Mundo de *Atsilut* para que pueda recibir el mundo de *Briá*.

ג יְהֹוָ‍ֽאדהֹנָי‍ה Adonai (יא) י אֱלֹהֵינוּ Eloheinu ילה

ת וֵאלֹהֵי veElohei לכב ; מילוי ע"ב, דמב ; ילה צ אֲבוֹתֵינוּ avoteinu•

ק אֱלֹהֵי Elohei מילוי ע"ב, דמב ; ילה ר אַבְרָהָם Avraham (*Jojmá*)

וז"פ אל, רי"ו ול"ב נתיבות החכמה, רמ"ח (אברים), עסמ"ב וט"ז אותיות פשוטות

LA AMIDÁ

"Mi Señor, abre mis labios y mi boca declarará Tu alabanza" (*Salmos 51:17*).

LA PRIMERA BENDICIÓN

Bendito eres, Señor, nuestro Dios y Dios de nuestros ancestros: el Dios de Avraham,

ע ש
אֱלֹהֵי Elohei מילוי ע״ב, דמב ; ילה יִצְחָק Yitsjak (*Biná*) ד״פ ב״ן

ט נ
וֵאלֹהֵי veElohei לכב ; מילוי ע״ב, דמב ; ילה יַעֲקֹב Yaakov (*Dáat*) ו׳ הויות, יאהדונהי אידהנויה

נ ג
הָאֵל haEl לאה ; ייא״י (מילוי דס״ג) הַגָּדוֹל hagadol האל הגדול = סיט ; גדול = להח

ד י
עם ד׳ אותיות = מבה, יזל, אום הַגִּבּוֹר haguibor ר״ת ההה וְהַנּוֹרָא vehanorá.

כ ש
אֵל El ייא״י (מילוי דס״ג) ; ר״ת ע״ב, ריבוע יהוה עֶלְיוֹן elyón.

ב ט ר צ ת
גּוֹמֵל gomel חֲסָדִים jasadim טוֹבִים tovim. קוֹנֵה koné הַכֹּל hacol

ג ח ק ב
וְזוֹכֵר vezojer חַסְדֵי jasdei אָבוֹת avot. וּמֵבִיא umeví

ט נ ע י
גּוֹאֵל goel לִבְנֵי livnei בְנֵיהֶם veneihem לְמַעַן lemaan

ג ל
שְׁמוֹ Shemó מהש ע״ה, ע״ב בריבוע וקס״א ע״ה, אל שדי ע״ה בְּאַהֲבָה beahavá אחד, דאגה:

Cuando digas la palabra "*beahavá*" debes meditar en dedicar tu alma a santificar el Nombre Sagrado y aceptar sobre ti mismo las cuatro formas de muerte.

---

el Dios de Yitsjak
y el Dios de Yaakov.
El Dios grande, poderoso y reverenciado.
El Dios Celestial, El que otorga benevolencia y crea todas las cosas. El que recuerda las buenas acciones de nuestros ancestros y El que trae un Redentor a los hijos de sus hijos por el bien de Su Nombre, con amor.

Durante los días entre *Rosh Hashaná* y *Yom Kipur* decimos la oración de "*zojrenu*":

זָכְרֵנוּ zojrenu לְחַיִּים lejayim אהיה אהיה יהוה, בינה ע״ה.

מֶלֶךְ Mélej חָפֵץ jafets בַּחַיִּים bajayim אהיה אהיה יהוה, בינה ע״ה.

כָּתְבֵנוּ cotvenu בְּסֵפֶר beséfer חַיִּים jayim אהיה אהיה יהוה, בינה ע״ה.

לְמַעַנְךָ lemaanaj אֱלֹהִים Elohim אהיה אדני ; ילה חַיִּים jayim אהיה אהיה יהוה, בינה ע״ה.

Si olvidas decir "*zojrenu*" y te das cuenta de esto antes de terminar la bendición ("*Baruj Atá Adonai*"), debes regresar y decir "*zojrenu*" y continuar normalmente. Pero si te das cuenta de esto después del final de la bendición, debes continuar y puedes agregar "*zojrenu*" en "*shomea tefilá*" o al final de "*Elohai netsor*".

פ מֶלֶךְ Mélej — ז עוֹזֵר ozer — ק וּמוֹשִׁיעַ umoshía — ש וּמָגֵן umaguén

ג״פ אל (ייא״י מילוי דס״ג) ; ר״ת מיכאל גבריאל נוריאל:

Flexiona tus rodillas en "*Baruj*", inclínate en "*Atá*" y enderézate en "*Adonai*".

ק בָּרוּךְ Baruj — ו אַתָּה Atá

Mientras flexionas las rodillas, debes meditar en: אלף הי יוד הי, a fin de bajar la *Neshamá* de *Briá*, para que sea como *Mayin Nukvín* y así elevar a la *Shejiná*. Y **mientras te enderezas**, debes meditar en: יוד הי ואו הי, para elevar a la *Shejiná* y preparar el Mundo de *Briá* para que sea elevado a *Atsilut* y pueda recibir a *Yetsirá*.

צ יְהֹוָאדֲנָי(יְהֹוָאדֶנָי)יאהדונהי Adonai (הד)

(**Durante las tres semanas de *Bein HaMetsarim*** medita en el Nombre Sagrado: טדהד)

י מָגֵן maguén ג״פ אל (ייא״י מילוי דס״ג) ; ר״ת מיכאל גבריאל נוריאל — ת אַבְרָהָם Avraham

ח״פ אל, רי״ו ול״ב נתיבות החכמה, רמ״ח (אברים), עסמ״ב וט״ז אותיות פשוטות:

Durante los días entre *Rosh Hashaná* y *Yom Kipur*:
Recuérdanos para la vida, Rey, quien desea la vida, e inscríbenos en el Libro de la Vida, por Ti, Dios Vivo.

Rey, Asistente, Salvador y Escudo. Bendito seas Tú, Señor, Escudo de Avraham.

LA SEGUNDA BENDICIÓN

LA ENERGÍA DE YITSJAK ENCIENDE EL PODER DE LA RESURRECCIÓN DE LOS MUERTOS

Mientras que Avraham representa el poder de compartir, Yitsjak representa a la Columna Izquierda, energía de Juicio. El Juicio acorta el proceso de *tikún* y prepara la vía para nuestra resurrección final.

Guevurá que se convierte en _Biná_

En esta sección hay 49 palabras que corresponden a las 49 Puertas del Sistema Puro en *Biná*.

אַתָּה Atá גִּבּוֹר guibor לְעוֹלָם leolam ריבוע ס"ג וי' אותיות דס"ג אֲדֹנָי Adonai ללה

(ר"ת אַגְלָא והוא שם גדול ואמיץ, ובו היה יהודה מתגבר על אויביו. ע"ה אלד, בוכו).

מְחַיֵּה mejayé ס"ג מֵתִים metim אַתָּה Atá. רַב rav לְהוֹשִׁיעַ lehoshía.

Durante el invierno (a partir de *Simjat Torá*):

מַשִּׁיב mashiv הָרוּחַ harúaj ר"ת מ"ה

וּמוֹרִיד umorid הַגֶּשֶׁם haguéshem

שביל [י"ש (= י"פ אל) ול"ב נתיבות החכמה] ע"ה:

Si por error dices "*Morid hatal*" y te das cuenta de ello antes del final de la bendición ("*Baruj Atá Adonai*"), debes regresar al comienzo de la bendición ("*Atá guibor*") y continuar normalmente. Pero si sólo te das cuenta de ello después del final de la bendición, debes continuar sin regresar.

Durante el verano (a partir de *Pésaj*):

מוֹרִיד morid הַטָּל hatal

יוד הא ואו, כוזו, מספר אותיות דמילואי עסמ"ב ;

ר"ת מ"ה (יוד הא ואו הא):

Si por error dices "*Mashiv harúaj*" y te das cuenta de ello antes del final de la bendición ("*Baruj Atá Adonai*"), debes regresar al comienzo de la bendición ("*Atá guibor*") y continuar normalmente. Pero si sólo te das cuenta de ello después del final de la bendición, debes iniciar la *Amidá* desde el principio.

מְכַלְכֵּל mejalquel חַיִּים jayim אהיה יהוה, בינה ע"ה בְּחֶסֶד bejésed

ע"ב, ריבוע יהוה. מְחַיֵּה mejayé ס"ג מֵתִים metim בְּרַחֲמִים berajamim

(במוכסז) מצפצ, אלהים דההין, י"פ ייי רַבִּים rabim (טלא דעתיק). סוֹמֵךְ somej

(אכדטם) כוק, ריבוע אדני נוֹפְלִים noflim (זו"ן). וְרוֹפֵא verofé חוֹלִים jolim

חולה = מ"ה וד' אותיות. וּמַתִּיר umatir אֲסוּרִים asurim. וּמְקַיֵּם umekayem

אֱמוּנָתוֹ emunató לִישֵׁנֵי lishenei עָפָר afar. מִי mi ילי כָּמוֹךָ jamoja

גְּבוּרוֹת guevurot בַּעַל báal (debes pronunciar la letra *Ayin* en la palabra "*Báal*")

וּמִי umí ילי דּוֹמֶה domé לָּךְ laj. מֶלֶךְ Mélej מֵמִית memit

וּמְחַיֶּה umejayé ס"ג (יוד הי ואו הי) וּמַצְמִיחַ umatsmíaj יְשׁוּעָה yeshuá:

LA SEGUNDA BENDICIÓN

Tú, Señor, eres poderoso por siempre. Tú revives a los muertos y eres muy capaz de redimir.

Durante el invierno:

El que hace soplar el viento y caer la lluvia.

Durante el verano:

El que hace caer el rocío.

Tú sostienes a los vivientes con bondad y revives a los muertos con gran compasión. Tú sostienes a los caídos, curas a los enfermos, pones en libertad a los cautivos y cumples Tu promesa con los que duermen en el polvo. ¿Quién es como Tú, Señor de fortaleza, y quién puede compararse contigo, Rey, que causas la muerte, das vida y haces crecer la salvación?

Durante los días entre *Rosh Hashaná* y *Yom Kipur* decimos la oración de "*mi jamoja*":

מִי mi ילי כָמוֹךָ jamoja אָב av הָרַחֲמָן harajmán זוֹכֵר zojer

יְצוּרָיו yetsurav בְּרַחֲמִים berajamim מצפצ, אלהים דיודין, י"פ ייי

לְחַיִּים lejayim אהיה אהיה יהוה, בינה ע"ה.

Si olvidas decir "*mi jamoja*" y te das cuenta de esto antes del final de la bendición ("*Baruj Atá Adonai*"), debes regresar y decir "*mi jamoja*" y continuar normalmente. Pero si sólo te das cuenta de esto al final de la bendición, debes continuar normalmente.

וְנֶאֱמָן veneeman אַתָּה Atá לְהַחֲיוֹת lehajayot מֵתִים metim:

בָּרוּךְ Baruj אַתָּה Atá יְהֹוָאדהֵי(יְהֹוָאדִנָי)אהדונהי Adonai

(**Durante las tres semanas de *Bein HaMetsarim*** medita en el Nombre Sagrado: כוזו)

מְחַיֵּה mejayé ס"ג (יוד הי ואו הי) הַמֵּתִים hametim ר"ת מ"ה וס"ת מ"ה:

NAKDISHAJ – LA KEDUSHÁ

Toda la congregación recita esta oración.

Levantar un cofre pesado lleno de vastos tesoros es imposible si usas un simple hilo. El hilo se rompe porque es muy débil. Sin embargo, si nos unimos y combinamos numerosos hilos, finalmente construiremos una soga. Una soga puede fácilmente levantar el cofre con los tesoros. Al combinar y unir las oraciones de la congregación, nos transformamos en una fuerza unida, capaz de halar los tesoros espirituales más valiosos. Más aún, esta unidad ayuda a las personas que no están bien versadas o no conocen bien las conexiones. Al unirnos y meditar como una sola alma, todos recibimos los beneficios debido al poder de la unidad, sin importar nuestro conocimiento y entendimiento. Esta oración tiene lugar entre la segunda y la tercera bendición. Representa a la Columna Central que une las Columnas Izquierda y Derecha.

En esta oración, los ángeles hablan entre ellos, diciendo: "*Kadosh, Kadosh, Kadosh*" ("Santo, Santo, Santo"). Cuando recitamos estas tres palabras, nuestros pies están juntos como si fuesen uno solo. Cada vez que pronunciamos *Kadosh*, saltamos un poco más alto en el aire. Saltar es un acto de restricción y de desafío a la fuerza de la gravedad. Espiritualmente hablando, la gravedad contiene la energía del Deseo de Recibir para Sí Mismo. Es la fuerza reactiva de nuestro planeta, siempre atrae todo para sí.

Mientras decimos la *Kedushá* (Santidad) meditamos en traer la Santidad del Creador entre nosotros. Como está escrito: "*Venikdashti betoj Bnei Yisrael*" (Dios es santificado entre los hijos de Israel). Debes meditar en las letras *Álef* א y *Bet* ב del Nombre: אבגיתץ (las iniciales del primer verso del *Aná Bejóaj*), las cuales ayudan fortalecer la memoria espiritual.

Durante los días entre *Rosh Hashaná* y *Yom Kipur*:
¿Quién es como Tú, Padre Misericordioso, quien recuerda a Sus criaturas con misericordia para la vida?

Y eres fiel para resucitar a los muertos. Bendito eres Tú, Señor, que resucitas a los muertos.

נַקְדִּישָׁךְ nakdishaj וְנַעֲרִיצָךְ venaaritsaj•

כְּנֹעַם quenóam שִׂיחַ síaj סוֹד sod מיכ, י״פ האא שַׂרְפֵי sarfei

קֹדֶשׁ kódesh הַמְשַׁלְּשִׁים hameshaleshim לְךָ lejá קְדֻשָּׁה kedushá•

וְכֵן vején כָּתוּב catuv עַל al יַד yad נְבִיאָךְ neviaj• וְקָרָא vekará

זֶה ze אֶל el זֶה ze י״ב פרקין דיעקב מאירים ל״ב פרקין דרוח״ל וְאָמַר veamar:

קָדוֹשׁ Kadosh | קָדוֹשׁ Kadosh קָדוֹשׁ Kadosh (סוד ג׳ רישין דעתיקא קדישא)

יְהֹוָה‎אדניאהדונהי Adonai צְבָאוֹת Tsevaot פני שכינה מְלֹא meló כָל jol ילי

הָאָרֶץ haárets אלהים דההין ע״ה כְּבוֹדוֹ quevodó:

לְעֻמָּתָם leumatam מְשַׁבְּחִים meshabjim וְאוֹמְרִים veomrim:

(אר״א) בָּרוּךְ Baruj כְּבוֹד Quevod יְהֹוָה‎אדניאהדונהי Adonai ; כבוד ה׳ = יוד הי ואו הה

מִמְּקוֹמוֹ mimekomó עסמ״ב, הברכה (למתק את ז׳ המלכים שמתו) ; ר״ת ע״ב, ריבוע יהוה ; ר״ת מיכ:

וּבְדִבְרֵי uvedivrei קָדְשְׁךָ kodshaj כָּתוּב catuv לֵאמֹר lemor:

(זו״ן) יִמְלֹךְ yimloj קדוש ברוך ימלך ר״ת יב״ק, אלהים יהוה, אהיה אדני יהוה

יְהֹוָה‎אדניאהדונהי Adonai לְעוֹלָם leolam ריבוע ס״ג וי׳ אותיות דס״ג אֱלֹהַיִךְ Eloháyij ילה

צִיּוֹן Tsiyón יוסף, ו׳ הויות, קנאה לְדֹר ledor וָדֹר vador ר״ו ר״ת אצלו (מלכות אצל ז״א – ו׳)

הַלְלוּיָהּ haleluyá אלהים, אהיה אדני ; ללה:

LA TERCERA BENDICIÓN

Esta bendición nos conecta con Yaakov, la Columna Central, el poder de la restricción. Yaakov es nuestro canal para conectar la Misericordia con el Juicio. Al restringir nuestro comportamiento reactivo, estamos deteniendo nuestro Deseo de Recibir para Nosotros Mismos. Yaakov también nos da el poder para equilibrar nuestros actos de Misericordia y Juicio hacia otras personas en nuestra vida.

NAKDISHAJ – LA KEDUSHÁ

Te santificamos y te honramos,

según las palabras agradables de los Ángeles Santos, que recitan 'Santo' ante Ti tres veces, como está escrito por Tu Profeta: "Y cada uno llamó al otro y dijo: Santo, Santo, Santo es el Señor de los Ejércitos, todo el mundo está lleno de Su gloria" (Isaías 6:3). Frente a ellos alaban y dicen: "Bendita sea la gloria del Señor desde Su Lugar" (Ezequiel 3:12). Y en Tus santas Palabras, está escrito como sigue: "El Señor, tu Dios, reinará por siempre, para toda y cada generación. ¡Sión, alaben al Señor!" (Salmos 146:10).

Tiféret **que se convierte en** ***Dáat*** (14 palabras).

אַתָּה Atá קָדוֹשׁ kadosh וְשִׁמְךָ veShimjá קָדוֹשׁ kadosh ר״ת = אור, רז, אין סוף.
וּקְדוֹשִׁים ukdoshim בְּכָל־ bejol ב״ן, לכב יוֹם yom ע״ה נגד, מזבח, זן, אל יהוה
יְהַלְלוּךָ yehaleluja סֶּלָה sela:
בָּרוּךְ Baruj אַתָּה Atá יְהֹוָאדהֵי(יְהֹוָאדֹנָי)יאהדונהי Adonai

(**Durante los días de** ***Bein HaMetsarim*** medita en el Nombre Sagrado: **מצפצ**)

הָאֵל haEl לאה ; ייא״י (מילוי דס״ג) הַקָּדוֹשׁ hakadosh י״פ מ״ה (יוד הא ואו הא):

Medita aquí en el Nombre: **יאהדונהי**, ya que éste puede ayudar a eliminar la rabia.

> **Durante los días de** ***Rosh Hashaná*** **y** ***Yom Kipur*** en lugar de decir "*haEl hakadosh*" decimos:
>
> הַמֶּלֶךְ haMélej הַקָּדוֹשׁ hakadosh:
>
> Si por error dijiste "*haEl hakadosh*" y te das cuenta de esto en tres segundos, debes decir inmediatamente "*hamélej hakadosh*" y continuar como siempre. Pero si ya empezaste la bendición siguiente, debes empezar la *Amidá* desde el principio.

LAS TRECE BENDICIONES DEL MEDIO

Hay trece bendiciones en el medio de la *Amidá* que nos conectan a los Trece Atributos.

LA PRIMERA (CUARTA) BENDICIÓN

Esta bendición nos ayuda a transformar la información en conocimiento al ayudarnos a internalizar todo lo que aprendemos.

Jojmá

En esta bendición hay 17 palabras, el mismo valor numérico de la palabra *Tov* (bueno) en el secreto de *Ets HaDáat Tov vaRá*, (Árbol de Conocimiento del Bien y el Mal), donde conectamos solamente con el *Tov*.

אַתָּה Atá חוֹנֵן jonén לְאָדָם leadam מ״ה דַּעַת dáat.
וּמְלַמֵּד umelamed לֶאֱנוֹשׁ leenosh בִּינָה biná ע״ה אהיה אהיה יהוה, חיים.
וְחָנֵּנוּ vejonenú מֵאִתְּךָ meiteja חָכְמָה Jojmá במילוי = תרי״ג (מצוות)
בִּינָה Biná ע״ה אהיה אהיה יהוה, חיים וָדָעַת vaDáat ר״ת חבו:
בָּרוּךְ Baruj אַתָּה Atá יְהֹוָאדהֵייאהדונהי Adonai חוֹנֵן jonén הַדָּעַת hadáat:

LA TERCERA BENDICIÓN

Tú eres Santo y Santo es Tu Nombre, y los Seres Santos te alaban día a día, porque Tú eres Dios, el Rey Santo, Sela. Bendito eres Tú, Señor, el Santo Dios.

> Durante los días entre *Rosh Hashaná* y *Yom Kipur*: *El Santo Rey.*

LAS TRECE BENDICIONES DEL MEDIO - LA PRIMERA (CUARTA) BENDICIÓN

Tú graciosamente le otorgas conocimiento al hombre y entendimiento a la humanidad. Concédenos con gracia, de Ti, sabiduría, comprensión y conocimiento. ¡Bendito eres Tú, Señor, que con gracia concedes conocimiento!

LA SEGUNDA (QUINTA) BENDICIÓN

Esta bendición nos mantiene en la Luz. Todos nosotros, en algún momento u otro, sucumbimos a las dudas y a la incertidumbre que el Satán constantemente nos implanta. Si cometemos el desafortunado error de retroceder y alejarnos de la Luz, no queremos que el Creador imite nuestras acciones y se aleje de nosotros. En lugar de eso, queremos que Él nos atrape. En el recuadro inferior hay algunas líneas que podemos recitar y sobre las que podemos meditar para el beneficio de otros que pudiesen estar alejándose. La guerra contra el Satán es la guerra más antigua que conoce el hombre. Y la única manera de vencer al Satán es uniéndonos, compartiendo, ayudando y meditando unos por otros.

Biná

En esta bendición hay 15 palabras, al igual que la poderosa acción de la *teshuvá* (arrepentimiento) que eleva 15 niveles en el camino hacia el *Quisé HaCavod* (el Trono de Honor). Éste pasa por siete *Rekiim* (Firmamentos), siete *Avirim* (Aires), y otro Firmamento en la parte superior de los Animales Santos (juntos suman 15). Además, hay 15 palabras en los dos versículos principales del Profeta Yeshayahu y del Rey David que hablan sobre la *teshuvá (Isaías 55:7; Salmos 32:5)*. El número 15 también es el secreto del Nombre: יה.

השיבנו hashivenu אבינו avinu לתורתך letorateja (ווסד שבה – יהוה יאהדונהי).
והקרבנו vekarvenu מלכנו malquenu לעבודתך laavodateja.
והחזירנו vehajazirenu בתשובה bitshuvá שלמה shelemá
לפניך lefaneja ס״ג מ״ה ב״ן:

Si quieres meditar por otra persona y ayudarla en su proceso espiritual, recita:

יהי yehí רצון ratsón מהש ע״ה, ע״ב בריבוע וקס״א ע״ה, אל שדי ע״ה
מלפניך milfaneja ס״ג מ״ה ב״ן יהוה יאהדונהי Adonai אלהי Elohai מילוי ע״ב, דמב ; ילה
ואלהי veElohei לכב ; מילוי ע״ב, דמב ; ילה אבותי avotai שתחתור shetajtor
חתירה jatirá מתחת mitájat כסא quisé כבודך quevodeja ותקבל utekabel
בתשובה bitshuvá את et (el nombre de la persona y el nombre de su padre) כי qui ימינך yeminjá
יהוה יאהדונהי Adonai פשוטה peshutá לקבל lekabel שבים shavim.

ברוך Baruj אתה Atá יהוה יאהדונהי Adonai
הרוצה harotsé בתשובה bitshuvá:

LA SEGUNDA (QUINTA) BENDICIÓN

Regrésanos, Padre nuestro, a Tu Torá
y acércanos, Rey nuestro, a Tu servicio, y haznos retornar ante Ti en perfecto arrepentimiento.

Que sea agradable ante Ti, Señor, mi Dios y Dios de mis ancestros, que Tú seas generoso en el Trono de Tu Gloria y aceptes como arrepentido a (el nombre de la persona y el nombre su padre) *porque Tu Mano Derecha, Señor, se extiende hacia fuera para recibir a aquellos que se arrepienten.*

¡Bendito eres Tú, Señor, que desea arrepentimiento!

La tercera (sexta) bendición

Esta bendición nos ayuda a alcanzar el perdón verdadero. Tenemos el poder de limpiarnos de nuestro comportamiento negativo y acciones hirientes hacia los demás a través del perdón. Esta bendición no significa que al rogar por el perdón ya nuestra pizarra quedará limpia. El perdón se refiere a la metodología para eliminar los residuos que provienen de nuestras injusticias. Hay dos formas de eliminar los residuos: física y espiritual. Acumulamos residuo físico cuando no aceptamos nuestras faltas y las leyes de causa y efecto. Nos limpiamos a nosotros mismos cuando experimentamos cualquier tipo de dolor, bien sea financiero, emocional o físico. Si decidimos limpiarnos espiritualmente, prescindimos de la limpieza física. Hacemos esto generando en nosotros el dolor que les causamos a los demás. Sentimos a la otra persona y, con un corazón sincero, recitamos esta oración mientras experimentamos la herida y el dolor que infligimos a los demás. Esta forma de limpieza espiritual evita que tengamos que pasar por una limpieza física.

Jésed

En esta bendición hay 21 palabras, el cual es el valor numérico del Nombre Sagrado: אהיה.

סְלַח selaj יהוה ע״ב לָנוּ lanu אלהים, אהיה אדני אָבִינוּ avinu ר״ת סאל, אמן, (יאהדונהי)

כִּי qui וְחָטָאנוּ jatanu• מְחוֹל mejol לָנוּ lanu אלהים, אהיה אדני ; מחול לנו ע״ה =

מַלְכֵּנוּ malquenu קס״א וי׳ אותיות כִּי qui פָשָׁעְנוּ fashanu• כִּי qui אֵל El ״יאי״ (מילוי דס״ג)

טוֹב tov והו וְסַלָּח vesalaj יהוה ע״ב אָתָּה Atá: בָּרוּךְ Baruj אַתָּה Atá

יְהֹוָאֲדֹנָיאהדונהי Adonai חַנּוּן janún הַמַּרְבֶּה hamarbé לִסְלוֹחַ lislóaj:

La cuarta (séptima) bendición

Esta bendición nos ayuda a alcanzar la redención después que somos limpiados espiritualmente.

Guevurá

רְאֵה reé ראה נָא na בְעָנְיֵנוּ veanyenu ר״ת רנ״ב (אברים באשה, כנגד הגבורה)

וְרִיבָה verivá רִיבֵנוּ rivenu• וּמַהֵר umaher לִגְאָלֵנוּ legaolenu

גְאֻלָּה gueulá מ״ה שְׁלֵמָה shelemá לְמַעַן lemaan שְׁמֶךָ Shmeja

כִּי qui אֵל El ״יאי״ (מילוי דס״ג) גּוֹאֵל goel וְחָזָק jazak פהל אָתָּה Atá:

בָּרוּךְ Baruj אַתָּה Atá יְהֹוָאֲדֹנָיאהדונהי Adonai גּוֹאֵל goel יִשְׂרָאֵל Yisrael:

La tercera (sexta) bendición

Perdónanos, Padre nuestro,
porque hemos transgredido. Perdónanos, Rey nuestro, porque hemos pecado, porque Tú eres un Dios bueno y que perdona. ¡Bendito eres Tú, Señor, que eres bondadoso y perdonas de manera magnánima!

La cuarta (séptima) bendición

Mira nuestra aflicción y defiende nuestra causa; por Tu Nombre redímenos prontamente, pues Tú eres un Dios poderoso y redentor. ¡Bendito eres Tú, Señor, que redimes a Israel!

LA BENDICIÓN PARA UN DÍA DE AYUNO

Esta bendición es recitada por el *jazán* en días de ayuno, durante la repetición de la *Amidá*. Si el *jazán* olvida decir esto aquí y se da cuenta antes del final de la siguiente bendición (*"Baruj Atá Adonai"*), él debe regresar y decir *"anenu avinu"* y continuar normalmente. Pero si el *jazán* sólo se da cuenta luego del final de la siguiente bendición, debe continuar y puede agregar esta bendición en *"shomea tefilá"*.

עֲנֵנוּ anenu אָבִינוּ avinu עֲנֵנוּ anenu בְּיוֹם beyom ע"ה נגד, מזבח, זן, אל יהוה צוֹם tsom
הַתַּעֲנִית hataanit הַזֶּה hazé והו כִּי qui בְצָרָה vetsará אלהים דההין
גְדוֹלָה guedolá אֲנַחְנוּ anajnu. אַל־ al תֵּפֶן tefén לְרִשְׁעֵנוּ lerishenu
וְאַל־ veal תִּתְעַלַּם titalam מַלְכֵּנוּ malquenu מִבַּקָּשָׁתֵנוּ mibakashatenu.
הֱיֵה heyé יהה נָא na קָרוֹב karov לְשַׁוְעָתֵנוּ leshavatenu. טֶרֶם térem
נִקְרָא nikrá אֵלֶיךָ eleja אַתָּה Atá תַעֲנֶה taané. נְדַבֵּר nedaber ראה
וְאַתָּה veAtá תִשְׁמַע tishmá כַּדָּבָר cadavar ראה שֶׁנֶּאֱמַר sheneemar:
וְהָיָה vehayá יהה ; יהוה טֶרֶם־ térem יִקְרָאוּ yikraú וַאֲנִי vaaní אני אֶעֱנֶה eené
עוֹד od הֵם hem מְדַבְּרִים medabrim וַאֲנִי vaaní אני אֶשְׁמָע eshmá:
כִּי qui אַתָּה Atá יְהֹוָהאדהיאהדונהי Adonai פּוֹדֶה podé וּמַצִּיל umatsil וְעוֹנֶה veoné
וּמְרַחֵם umerajem אברהם, וז"פ אל, רי"ו ול"ב נתיבות החכמה, רמ"ח (אברים),
עסמ"ב וט"ז אותיות פשוטות בְּכָל bejol ב"ן, לכב עֵת et צָרָה tsará אלהים דההין
וְצוּקָה vetsuká: בָּרוּךְ Baruj אַתָּה Atá יְהֹוָהאדהיאהדונהי Adonai הָעוֹנֶה haoné
לְעַמּוֹ leamó יִשְׂרָאֵל Yisrael בְּעֵת beet צָרָה tsará: (continúa "*refaenu*")

LA QUINTA (OCTAVA) BENDICIÓN

Esta bendición nos da el poder de sanar cada parte de nuestro cuerpo. Toda sanación se origina en la Luz del Creador. El aceptar y entender esta verdad nos da la abertura para recibir esta Luz. También debemos pensar en compartir esta energía de sanación con otros.

LA BENDICIÓN PARA UN DÍA DE AYUNO

Contéstanos, Padre nuestro,

contéstanos en este día de ayuno porque estamos muy afligidos. No prestes atención a nuestra iniquidad, Rey nuestro, no ignores nuestra súplica. Por favor, acércate a nuestros llantos y respóndenos incluso antes de que clamemos a Ti. Hablaremos y Tú nos escucharás, como está dicho: "Antes que clamen, Yo responderé; mientras aún estén hablando, Yo habré oído" (Isaías 65:24). Porque Tú, Señor, redimes, salvas, respondes y muestras compasión en cada momento de tribulación y aflicción. Bendito eres Tú, Señor, que responde a Su pueblo Israel en tiempo de aflicción.

Tiféret

רְפָאֵנוּ refaenu יְהֹוָה(אדני אהדונהי) Adonai וְנֵרָפֵא venerafé ר"ת רי"ו.

הוֹשִׁיעֵנוּ hoshienu וְנִוָּשֵׁעָה venivashea כִּי qui תְהִלָּתֵנוּ tehilatenu

אַתָּה Atá ר"ת = ב"פ רי"ו. וְהַעֲלֵה vehaalé אֲרוּכָה arujá וּמַרְפֵּא umarpé

לְכָל־ lejol יה אדני תַּחֲלוּאֵינוּ tajalueinu. וּלְכָל־ ulejol יה אדני

מַכְאוֹבֵינוּ majoveinu וּלְכָל־ ulejol יה אדני מַכּוֹתֵינוּ macoteinu.

Para meditar por sanación para ti mismo u otras personas, agrega lo siguiente; y en los paréntesis a continuación, incluye los nombres:

יְהִי yehí רָצוֹן ratsón מהש ע"ה, ע"ב בריבוע וקס"א ע"ה, אל שדי ע"ה

מִלְּפָנֶיךָ milfaneja ס"ג מ"ה ב"ן יְהֹוָה(אדני אהדונהי) Adonai אֱלֹהַי Elohai מילוי ע"ב, דמב ; ילה

וֵאלֹהֵי veElohei לכב ; מילוי ע"ב, דמב ; ילה אֲבוֹתַי avotai שֶׁתְּרַפְּאֵנִי shetirpaeni

(וְתְרַפֵּא vetirpá (incluye el nombre de la persona) בֶּן ben (Mujeres: בַּת bat) (incluye el nombre de su madre))

רְפוּאָה refuá שְׁלֵמָה shlemá רְפוּאַת refuat הַנֶּפֶשׁ hanéfesh

וּרְפוּאַת urefuat הַגּוּף haguf, כְּדֵי quedei שֶׁאֶהְיֶה sheehyé חָזָק jazak פהל

(Mujeres: וְחֲזָקָה jazaká פהל) בִּבְרִיאוּת bivriut, וְאַמִּיץ veamits

(Mujeres: וְאַמִּיצַת veamitsat) כֹּחַ cóaj, בְּמָאתַיִם bematáyim וְאַרְבָּעִים vearbaim

וּשְׁמוֹנָה ushmoná רמ"ח (אברים), אברהם, ח"פ אל, רי"ו ול"ב נתיבות החכמה, עסמ"ב וט"ז אותיות פשוטות

(Mujeres: בְּמָאתַיִם bematáyim וַחֲמִשִּׁים vejamishim וּשְׁנַיִם ushnáyim)

אֵבָרִים evarim וּשְׁלֹשׁ ushlosh מֵאוֹת meot המספר = ש = אלהים דיודין

וְשִׁשִּׁים veshishim המספר = מילוי דשע (ין) וַחֲמִשָּׁה vajamishá גִּידִים guidim שֶׁל shel

נִשְׁמָתִי nishmatí וְגוּפִי vegufí, לְקִיּוּם lekiyum תּוֹרָתְךָ toratjá הַקְּדוֹשָׁה hakedoshá.

כִּי qui אֵל El יא"י (מילוי דס"ג) רוֹפֵא rofé רַחֲמָן rajmán וְנֶאֱמָן veneemán

אַתָּה Atá: בָּרוּךְ Baruj אַתָּה Atá יְהֹוָה(אדני אהדונהי) Adonai רוֹפֵא rofé

חוֹלֵי jolei חולה = מ"ה (יוד הא ואו הא) וד' אותיות עַמּוֹ amó יִשְׂרָאֵל Yisrael

ר"ת רפ"ח (להעלות הניצוצות שנפלו לקליפה דמשם באים התחלואים):

LA QUINTA (OCTAVA) BENDICIÓN

Cúranos, Señor, y seremos curados. Sálvanos y seremos salvados. Porque Tú eres nuestro orgullo. Trae curación y sanación a todas nuestras dolencias, a todos nuestros dolores, a todas nuestras heridas.

Sea agradable ante Ti, Señor, mi Dios y Dios de mis ancestros, que Tú me sanes completamente (y el nombre de la persona y el nombre de su madre) *con la sanación del espíritu y la sanación del cuerpo, para que sea fuerte en salud y vigoroso en mi fortaleza en todos mis 248 (*la mujer dice*: 252) órganos y los 365 tendones de mi alma y mi cuerpo, para que yo sea capaz de guardar Tu Santa Torá.*

Porque Tú eres un Dios sanador, compasivo y leal.
¡Bendito eres Tú, Señor, que sanas a los enfermos de Tu Pueblo, Israel!

LA SEXTA (NOVENA) BENDICIÓN

Esta bendición trae sustento y prosperidad para todo el planeta y nos provee sustento personal. Quisiéramos que todos nuestros años estuviesen llenos de rocío y lluvia, que son la corriente vital que sostiene nuestro mundo.

Nétsaj

Durante el verano (a partir del primer día *Pésaj*) **se dice lo siguiente:**

Si por error dices "*Barej alenu*" en lugar de "*Barjenu*" y te das cuenta de ello antes del final de la *Amidá* ("*yihyú leratsón*", el segundo), entonces debes regresar y decir "*Barjenu*" y continuar normalmente. Si te das cuenta de ello después, debes comenzar la *Amidá* desde el principio.

בָּרְכֵנוּ barjenu יְהֹוָואדניאהדונהי Adonai אֱלֹהֵינוּ Eloheinu ילה בְּכָל־ bejol
ב״ן, לכב מַעֲשֵׂי maasei יָדֵינוּ yadeinu• וּבָרֵךְ uvarej שְׁנָתֵנוּ shenatenu
בְּטַלְלֵי betalelei רָצוֹן ratsón מהש ע״ה, ע״ב בריבוע וקס״א ע״ה, אל שדי ע״ה
בְּרָכָה brajá וּנְדָבָה unedavá בינה (וע״ה אהיה אהיה יהוה, וחיים)• וּתְהִי utehí
אַחֲרִיתָהּ ajaritá וְחַיִּים jayim אהיה אהיה יהוה, בינה ע״ה וְשָׂבָע vesavá
וְשָׁלוֹם veshalom כַּשָּׁנִים cashanim הַטּוֹבוֹת hatovot לִבְרָכָה livrajá•

Si quieres meditar por sustento, agrega lo siguiente:

יְהִי yehí רָצוֹן ratsón מהש ע״ה, ע״ב בריבוע וקס״א ע״ה, אל שדי ע״ה מִלְּפָנֶיךָ milfaneja
ס״ג מ״ה ב״ן יְהֹוָואדניאהדונהי Adonai אֱלֹהֵינוּ Eloheinu ילה וֵאלֹהֵי veElohei
לכב ; מילוי ע״ב, דמב ; ילה אֲבוֹתֵינוּ avoteinu שֶׁתִּתֵּן shetitén ב״פ כהת לִי li
וּלְכָל ulejol יה אדני הַסְּמוּכִים hasemujim עַל al שׁוּלְחָנִי shuljaní, הַיּוֹם hayom
ע״ה נגד, מזבח, זן, אל יהוה וּבְכָל uvejol ב״ן, לכב יוֹם yom ע״ה נגד, מזבח, זן, אל יהוה
מְזוֹנוֹתַי mezonotai וּמְזוֹנוֹתֵיהֶם umezonoteihem בְּכָבוֹד bejavod בוכו וְלֹא veló
בְּבִזּוּי bevizui בְּהֶיתֵּר beheiter וְלֹא veló בְּאִיסּוּר beisur בִּזְכוּת bizjut
שִׁמְךָ Shimjá הַגָּדוֹל hagadol להח ; עם ד׳ אותיות = מבה, יזל, אום
(No pronunciar este nombre: דִּיקַרְנוֹסָא וחתך עם ג׳ אותיות - ובאתב״ש סאל, אמן, יאהדונהי)

LA SEXTA (NOVENA) BENDICIÓN

Durante el verano:

Bendícenos, Señor, nuestro Dios, en todos nuestros esfuerzos, y bendice nuestros años con el rocío de la buena voluntad, bendiciones y benevolencia. Que su conclusión sea vida, satisfacción y paz, así como otros años de bendiciones,

Sea agradable ante Ti,
Señor, mi Dios y Dios de mis ancestros, que Tú me proveas a mí y a mi hogar, hoy y todos los días, mi alimento y el de ellos, con dignidad y no con vergüenza, de forma permisible y no prohibida, en virtud de Tu gran Nombre

lajem לָכֶם vaharikoti וַהֲרִיקֹתִי :mipasuk מִפָּסוּק hayotsé הַיּוֹצֵא
nesá נְסָה :umipasuk וּמִפָּסוּק dai דָי bli בְּלִי־ ad עַד־ brajá בְּרָכָה
Adonai יְהֹוָהאדניאהדונהי מ"ה ב"ן ס"ג paneja פָּנֶיךָ רז, אין סוף or אוֹר aleinu עָלֵינוּ
basar בָּשָׂר matenot מַתְּנוֹת lidei לִידֵי tatsrijenu תַצְרִיכֵנוּ veal וְאַל
ע"ה דמילואו ומילוי מילואו בפשוטו אהיה אותיות מ"א יוהך, im אִם qui כִּי ,vadam וָדָם
jinam וְחִנָּם matnat מַתְּנַת umeotsar וּמֵאוֹצָר hameleá הַמְּלֵאָה miyadjá מִיָּדְךָ
.sela סֶלָה יאהדונהי Amén אָמֵן ,vetashpieni וְתַשְׁפִּיעֵנִי tejalquelni תְּכַלְכְּלֵנִי

umetiv וּמֵטִיב והו tov טוֹב (מילוי ד"ס"ג) יא"י El אֵל qui כִּי
Baruj בָּרוּךְ :hashanim הַשָּׁנִים umevarej וּמְבָרֵךְ Atá אַתָּה
:hashanim הַשָּׁנִים mevarej מְבָרֵךְ Adonai יְהֹוָהאדניאהדונהי Atá אַתָּה

Durante el invierno (a partir del 7 de *Jeshván*, dos semanas después de *Sucot*) **decimos lo siguiente:**
Si por error dices "*barjenu*" en lugar de "*barej aleinu*", y te das cuenta de esto antes del final de la bendición ("*Baruj Atá Adonai*"), debes volver y decir "*barej aleinu*" y continuar como siempre Si sólo te das cuenta después, debes decir "*vetén tal umatar livrajá*" en "*shomea tefilá*". Si sólo te das cuenta después de empezar el "*retsé*", debes empezar la *Amidá* desde el principio.

ילה Eloheinu אֱלֹהֵינוּ Adonai יְהֹוָהאדניאהדונהי aleinu עָלֵינוּ barej בָּרֵךְ
ילי col כָּל־ veet וְאֶת .hazot הַזֹּאת hashaná הַשָּׁנָה et אֶת
vetén וְתֵן .אכא letová לְטוֹבָה tevuatá תְּבוּאָתָהּ minei מִינֵי
עמם ; ילי col כָּל־ al עַל livrajá לִבְרָכָה umatar וּמָטָר כוזו, יוד הא ואו tal טַל
וחכמה בינה penei פְּנֵי veravé וְרַוֵּה .haadamá הָאֲדָמָה וחכמה בינה penei פְּנֵי
haolam הָעוֹלָם et אֶת vesabá וְשַׂבַּע רי"ו ב"פ tevel תֵּבֵל
yadeinu יָדֵינוּ umalé וּמַלֵּא .לאו mituvaj מִטּוּבָךְ culó כֻּלּוֹ
.yadeja יָדֶיךָ matenot מַתְּנוֹת umeósher וּמֵעֹשֶׁר mibirjoteja מִבִּרְכוֹתֶיךָ

---

que proviene del versículo: "derramar bendiciones sobre ti hasta que no haya espacio suficiente para éstas" (Malaquías 3:10) y del versículo: "Eleva sobre nosotros la Luz de Tu rostro, Señor" (Salmos 4:7), y no necesitaremos los regalos de carne y sangre, sino sólo de tu mano, la cual está llena, y del tesoro del regalo gratuito Tú me sostendrás y me alimentarás. Amén. Sela.

porque Tú eres un Dios bueno y benefactor y Tú bendices los años.
¡Bendito eres Tú, Oh Dios, que bendices los años!

Durante el invierno:

Bendice, Señor, nuestro Dios, este año y todas sus clases de cosechas para bien. Y da rocío y lluvia como bendición sobre toda la faz de la Tierra. Sacia la sed de la faz de la Tierra y sacia a todo el mundo de tu dadivosidad. Llena nuestras manos con Tus bendiciones y de la riqueza de los regalos de Tus Manos.

Si quieres meditar por sustento, puedes agregar lo siguiente:

יהי yehí רצון ratsón מהש ע"ה, ע"ב בריבוע וקס"א ע"ה, אל שדי ע"ה מלפניך milfaneja
ס"ג מ"ה ב"ן יהוהאדני יאהדונהי Adonai אלהינו Eloheinu ילה ואלהי veElohei
לכב ; מילוי ע"ב, דמב ; ילה אבותינו avoteinu שתתן shetitén ב"פ כהת לי li
ולכל ulejol יה אדני הסמוכים hasemujim על al שולחני shuljaní, היום hayom
ע"ה נגד, מזבח, זן, אל יהוה ובכל uvejol ב"ן, לכב יום yom ע"ה נגד, מזבח, זן, אל יהוה
מזונותי mezonotai ומזונותיהם umezonoteihem בכבוד bejavod בוכו ולא veló
בבזוי bevizui בהיתר beheiter ולא veló באיסור beisur בזכות bizjut
שמך Shimjá הגדול hagadol להח ; עם ד' אותיות = מבה, יזל, אום
(No pronunciar este nombre: דיקרנוסא וזהך עם ג' אותיות - ובאתב"ש סאל, אמן, יאהדונהי)
היוצא hayotsé מפסוק mipasuk: והריקתי vaharikoti לכם lajem
ברכה brajá עד ad בלי bli די dai ומפסוק umipasuk: נסה nesá
עלינו aleinu אור or רז, אין סוף פניך paneja ס"ג מ"ה ב"ן יהוהאדני יאהדונהי Adonai
ואל veal תצריכנו tatsrijenu לידי lidei מתנות matenot בשר basar
ודם vadam, כי qui אם im יוהך, מ"א אותיות אהיה בפשוטו מילואו ומילוי דמילואו ע"ה
מידך miyadjá המלאה hameleá ומאוצר umeotsar מתנת matnat וחנם jinam
תכלכלני tejalquelni ותשפיעני vetashpieni, אמן Amén יאהדונהי סלה sela.

שמרה shomrá והצילה vehatsilá שנה shaná זו zo מכל micol ילי דבר davar
ראה רע ra. ומכל umicol ילי מיני minei משחית mashjit ומכל umicol ילי
מיני minei פורענות puranut. ועשה vaasé לה la תקוה tikvá
טובה tová אכא ואחרית veajarit שלום shalom. וחוס jus ורחם verajem
אברהם, וז"פ אל, רי"ו ול"ב נתיבות החכמה, רמ"ח (אברים), עסמ"ב וט"ז אותיות פשוטות עליה aleha פהל
ועל veal כל col ילי ; עמם תבואתה tevuatá ופירותיה ufeiroteha.

Sea agradable ante Ti, Señor, mi Dios y Dios de mis antepasados, que Tú me proveas a mí y a mi hogar, hoy y todos los días, mi alimento y el de ellos, con dignidad y no con vergüenza, de forma permisible y no prohibida, en virtud de Tu gran Nombre que proviene del versículo: "derramar bendiciones sobre ti hasta que no haya espacio suficiente para éstas" (Malaquías 3:10) *y del versículo: "Eleva sobre nosotros la Luz de Tu rostro, Señor"* (Salmos 4:7)*, y no necesitaremos los regalos de carne y sangre, sino sólo de Tu mano, la cual está llena, y del tesoro del regalo gratuito Tú me sostendrás y me alimentarás. Amén. Sela.*

Protege y guarda este año de todo mal y de toda forma de destrucción y de toda forma de tribulación. Haz que éste tenga buena esperanza y un final pacífico. Ten piedad y ten misericordia sobre éste y sobre todas sus cosechas y frutos;

וּבָרְכָהּ uvarjá בְּגִשְׁמֵי beguishmei רָצוֹן ratsón מהש ע"ה, ע"ב בריבוע וקס"א ע"ה,

אל שדי ע"ה בְּרָכָה brajá וּנְדָבָה unedavá בינה (וע"ה אהיה אהיה יהוה, וזיים)

וּתְהִי utehí אַחֲרִיתָהּ ajaritá וְחַיִּים jayim אהיה אהיה יהוה, בינה ע"ה

וְשָׂבָע vesavá וְשָׁלוֹם veshalom• כַּשָּׁנִים cashanim הַטּוֹבוֹת hatovot

לִבְרָכָה livrajá• כִּי qui אֵל El יי"א" (מילוי דס"ג) טוֹב tov והו וּמֵטִיב umetiv

אַתָּה Atá וּמְבָרֵךְ umevarej הַשָּׁנִים hashanim: בָּרוּךְ Baruj

אַתָּה Atá יְהֹוָאדָהנָיאהדונהי Adonai מְבָרֵךְ mevarej הַשָּׁנִים hashanim:

LA SÉPTIMA (DÉCIMA) BENDICIÓN

Esta bendición nos da el poder de influir de manera positiva sobre toda la humanidad. La Kabbalah enseña que cada individuo afecta la totalidad. Nosotros tenemos un efecto sobre el mundo y el resto del mundo tiene un efecto sobre nosotros, aunque no podamos percibir esta relación con nuestros cinco sentidos. Llamamos a esta relación conciencia cuántica.

Hod

תְּקַע teká ב"פ כוזו במוכסז וי' אותיות בְּשׁוֹפָר beshofar גָּדוֹל gadol להוו ; עם ד' אותיות =

מבה, יזל, אום לְחֵרוּתֵנוּ lejerutenu• וְשָׂא vesá נֵס nes מ"ה אדני לְקַבֵּץ lekabets

גָּלֻיּוֹתֵינוּ galuyoteinu• וְקַבְּצֵנוּ vekabetsenu יַחַד yájad מֵאַרְבַּע mearbá

כַּנְפוֹת canfot וזבו (בסגולתו להוציא ניצוצות מן הקליפות) ויכוין וַזֶּבֶו עם נקודותיו = ע"ב, ריבוע יהוה

הָאָרֶץ haárets אלהים דההין ע"ה ; ר"ת = אדני לְאַרְצֵנוּ leartsenu:

Lo siguiente se recita durante todo el año, especialmente durante la época de los *Shovavim*:

Las seis porciones del Libro de Éxodo —***Sh**emot*, ***V**aerá*, ***B**o*, ***B**eshalaj*, ***Y**itró*, ***M**ishpatim*, (***T**rumá **T**etsavé*) — nos relatan la historia del Éxodo de los Israelitas de Egipto y simbolizan el inicio de una abertura cósmica única que dura seis semanas (8 semanas en año bisiesto) cada año. La palabra *shovavim* significa "irresponsables", como en el versículo: "'Retornen, hijos irresponsables', dice el Señor" (Jeremías 3:14) y es un acrónimo compuesto de la primera inicial de cada una de las seis porciones semanales. Los kabbalistas nos enseñan que la historia de Éxodo es un código y que durante estas seis/ocho semanas hay una ventana cósmica para la redención personal. El Arí explica que la caída de Adam corrompió casi todo en nuestro mundo físico, lo cual resultó en el dolor y el sufrimiento humano. Durante el tiempo del Éxodo, Moshé y los israelitas corrigieron los aspectos más importantes de esta corrupción. La siguiente meditación nos ayuda a liberar y redimir todas las chispas restantes de Luz que hemos perdido mediante nuestras acciones irresponsables (especialmente el comportamiento sexual irresponsable):

---

bendícelo con lluvias de bondad, bendición y benevolencia. Y que su final sea vida, satisfacción y paz, porque Tú eres un Dios bueno y benévolo, y Tú bendices los años. Bendito eres Tú, Señor, quien bendice los años.

LA SÉPTIMA (DÉCIMA) BENDICIÓN

Suena un gran Shofar para nuestra libertad y levanta un estandarte para reunir a nuestros exiliados, y reúnenos prontamente de los cuatro confines de la Tierra en nuestra tierra.

יְהִי yehí רָצוֹן ratsón מהש ע"ה, ע"ב בריבוע וקס"א ע"ה, אל שדי ע"ה מִלְּפָנֶיךָ milfaneja
ס"ג מ"ה ב"ן יְהֹוָאדהנויאהדונהי Adonai אֱלֹהַי Elohai מילוי ע"ב, דמב ; ילה
וֵאלֹהֵי veElohei לכב ; מילוי ע"ב, דמב ; ילה אֲבוֹתַי avotai שֶׁכֹּל shecol ילי טִיפָּה tipá
וְטִיפָּה vetipá שֶׁל shel קֶרִי kerí שֶׁיָּצָא sheyatsá מִמֶּנִּי mimeni לְבַטָּלָה levatalá
וּמִכֹּל umicol ילי יִשְׂרָאֵל Yisrael בִּכְלָל bijlal וּבִפְרַט uvifrat שֶׁלֹּא sheló
בִּמְקוֹם bimkom מִצְוָה mitsvá בֵּין bein בְּאוֹנֶס beones בֵּין bein בְּרָצוֹן beratsón
מהש ע"ה, ע"ב בריבוע וקס"א ע"ה, אל שדי ע"ה בֵּין bein בְּשׁוֹגֵג beshogueg בֵּין bein
בְּמֵזִיד bemezid, בֵּין bein בְּהִרְהוּר behirhur וּבֵין uvein בְּמַעֲשֶׂה bemaasé,
בֵּין bein בְּגִלְגּוּל beguilgul זֶה ze בֵּין bein בְּגִלְגּוּל beguilgul אַחֵר ajer
וְנִבְלַע venivlá בַּקְּלִיפּוֹת baklipot, שֶׁתָּקִיא shetakí הַקְּלִיפּוֹת hakelipot
הַנִּיצוֹצוֹת hanitsotsot קֶרִי kerí שֶׁנִּבְלְעוּ shenivleú בָּהּ ba, בִּזְכוּת bizejut
שִׁמְךָ Shimjá הַגָּדוֹל hagadol להחו ; עם ד' אותיות = מבה, יזל, אום הַיּוֹצֵא hayotsé
מִפָּסוּק mipasuk: חַיִל jáyil ומב בָּלַע balá וַיְקִאֶנּוּ vayekienu ר"ת וזבו ו- ילי
מִבִּטְנוֹ mibitnó יֹרִשֶׁנּוּ yorishenu אֵל El ייא"י (מילוי דס"ג) ; ס"ת וול וּבִזְכוּת uvizejut
שִׁמְךָ Shimjá הַגָּדוֹל hagadol להחו; עם ד' אותיות = מבה, יזל, אום יְוֹזְהֲבֻוִּהֹ
(**durante los** ***Shovavim*****:** יְוֹזְהֲבֻוִּהֹ) שֶׁתַּחֲזִירֵם shetajazirem לִמְקוֹם limkom
קְדוּשָּׁה kedushá וְהַטּוֹב vehatov והו בְּעֵינֶיךָ beeineja קס"א ע"ה ; ריבוע מ"ה עֲשֵׂה asé.

Debes meditar en corregir el pensamiento que provocó la pérdida de las chispas de Luz. También medita en los Nombres que controlan nuestros pensamientos para cada uno de los seis días de la semana como está a continuación:

Día	Nombre		
Domingo	יְהֹוָה	על צבא כף ואו זין ואו טפטפיה א מן אהיה דמרגלא ושם:	*.Briá*
Lunes	יְהֹוִה	על מגן כף ואו זין ואו טפטפיה ה מן אהיה דמרגלא ושם:	*.Yetsirá*
Martes	מצפץ	צוה פוזד כף ואו זין ואו טפטפיה י מן אהיה דמרגלא ושם:	*.Asiyá*
Miércoles	אל	צוה פוזד כף ואו זין ואו טפטפיה י מן יהו דמרגלא ושם:	*.Asiyá*
Jueves	אלהים	על מגן כף ואו זין ואו טפטפיה ה מן יהו דמרגלא ושם:	*.Yetsirá*
Viernes	מצפץ	על צבא כף ואו זין ואו טפטפיה ו מן יהו דמרגלא ושם:	*.Briá*

Cada uno de estos Nombres (על צבא, כף ואו זין ואו, טפטפיה) tienen una suma total de 193, que es el mismo valor numérico de la palabra *zokef* (elevar). Estos Nombres elevan la Chispa Sagrada de los *Jitsoniyim*. Asimismo, cuando digas las palabras "*mekabets nidjei*" (en la continuación de la bendición), que tiene una suma total de 304, el mismo valor numérico de *Shin*, *Dálet* (demonio), medita en reunir todas las chispas perdidas y anular el poder de las fuerzas negativas.

Sea agradable ante Ti, Señor, mi Dios y Dios de mis ancestros, que cada una de las gotas de kerí que salieron de mí en vano, y de todo Israel en general, y especialmente no a causa de un precepto, si fue obligado o voluntariamente, con o sin intención, debido a pensamiento o acción, en esta vida o en vidas anteriores, y si fue devorado por la klipá, que ésta vomite todas las chispas de kerí en virtud de Tu gran Nombre que proviene del versículo: "Él devoró riqueza y la vomitó, y de su estómago Dios la extrajo" (Job 20:15), y en virtud de Tu gran Nombre las regresarás al Lugar Santo, y harás lo que es bueno ante Tus ojos.

בָּרוּךְ Baruj אַתָּה Atá יְהֹוָהאדהיאהדונהי Adonai ; יכוין חבו בשילוב יהוה כוזו: יְוֹהֱבֵוּה

מְקַבֵּץ mekabets ע"ב ס"ג מ"ה ב"ן, הברכה (למתקן את ז' המלכים שמתו)

נִדְחֵי nidjei ע"ב, ריבוע יהוה עַמּוֹ amó ווּבו יִשְׂרָאֵל Yisrael:

LA OCTAVA (UNDÉCIMA) BENDICIÓN

Esta bendición nos ayuda a equilibrar el juicio con misericordia. Debido a que la misericordia es tiempo, podemos emplearlo en cambiarnos a nosotros mismos antes que el juicio ocurra.

Yesod

הָשִׁיבָה hashiva שׁוֹפְטֵינוּ shoftenu כְּבָרִאשׁוֹנָה quevarishoná.

וְיוֹעֲצֵינוּ veyoatsenu כְּבַתְּחִלָּה quevatjilá ר"ת שכ"ה (דינים זכרים שביסוד) ויהוה (הממתקם).

וְהָסֵר vehaser מִמֶּנּוּ mimenu יָגוֹן yagón (סמאל) וַאֲנָחָה vaanajá (לילית).

וּמְלוֹךְ umloj עָלֵינוּ aleinu מְהֵרָה meherá אַתָּה Atá

יְהֹוָהאדהיאהדונהי Adonai לְבַדְּךָ levadeja. בְּחֶסֶד bejésed ע"ב, ריבוע יהוה

וּבְרַחֲמִים uverajamim מצפצ, אלהים דיודין, י"פ ייי ; להמתיק ברחמים דיני צדק ומשפט

בְּצֶדֶק betsédek וּבְמִשְׁפָּט uvemishpat ע"ה = ה"פ אלהים: בָּרוּךְ Baruj אַתָּה Atá

יְהֹוָהאדהיאהדונהי Adonai מֶלֶךְ Mélej אוֹהֵב ohev ממתיק דיני

צְדָקָה tsedaká ע"ה ריבוע אלהים וּמִשְׁפָּט umishpat ע"ה ה"פ אלהים:

> **Durante los días entre *Rosh Hashaná* y *Yom Kipur*** en lugar de "*mélej ohev tsedaká umishpat*" *decimos*:
>
> הַמֶּלֶךְ haMélej הַמִּשְׁפָּט hamishpat ע"ה ה"פ אלהים:
>
> Si por error dices "*mélej ohev...*" y te das cuenta en tres segundos, debes decir "*hamélej hamishpat*" y continuar normalmente. Pero si ya empezaste la siguiente bendición no debes regresar

LA NOVENA (DUODÉCIMA) BENDICIÓN

Esta bendición nos ayuda eliminar todas las formas de negatividad, ya sea que provengan de personas, situaciones o, inclusive, de la energía negativa del Ángel de la Muerte [(**no pronunciar estos nombres**) *Sa-ma-el* (aspecto masculino) y *Li-lit* (aspecto femenino), los cuales están codificados aquí], al usar el Nombre Sagrado: *Shadai* שדי, el cual está codificado matemáticamente en las últimas cuatro palabras de esta bendición y también se encuentra dentro de la *Mezuzá* con el mismo propósito.

¡Bendito eres Tú, Señor, que reúnes a los dispersos de Su Nación, Israel!

LA OCTAVA (UNDÉCIMA) BENDICIÓN

Restaura nuestros jueces, como al principio, y a nuestros consejeros, como al principio. Aparta de nosotros el pesar y los lamentos. Reina sobre nosotros pronto, Tú solo, Señor, con bondad y compasión, con rectitud y justicia. ¡Bendito eres Tú, Dios, el Rey que ama la rectitud y la justicia!

> Durante los días entre *Rosh Hashaná* y *Yom Kipur*: *El Rey del juicio.*

Kéter

לַמַּלְשִׁינִים laminim וְלַמַּלְשִׁינִים velamalshinim אַל al תְּהִי tehí תִקְוָה tikvá

וְכָל vejol ילי הַזֵּדִים hazedim כְּרֶגַע querega ג״פ אלהים עם ט״ו אותיות פשוטות

יֹאבֵדוּ yovedu• וְכָל־ vejol ילי אוֹיְבֶיךָ oyveja (סמאל)

וְכָל־ vejol ילי שׂוֹנְאֶיךָ soneja (לילית) מְהֵרָה meherá יִכָּרֵתוּ yicaretu•

וּמַלְכוּת umaljut הָרִשְׁעָה harishá מְהֵרָה meherá תְעַקֵּר teaker

וּתְשַׁבֵּר uteshaber וּתְכַלֵּם utejalem וְתַכְנִיעֵם vetajniem בִּמְהֵרָה bimherá

בְיָמֵינוּ veyamenu: בָּרוּךְ Baruj אַתָּה Atá יְהֹוָהאדני(יהואדני)יאהדונהי Adonai

שׁוֹבֵר shover אוֹיְבִים oyvim וּמַכְנִיעַ umajnía זֵדִים zedim ר״ת = שדי:

LA DÉCIMA (DECIMOTERCERA) BENDICIÓN

Esta bendición nos rodea con absoluta positividad para ayudarnos a estar siempre en el lugar correcto en el momento correcto. También nos ayuda a atraer sólo personas positivas a nuestra vida.

Yesod

עַל al הַצַּדִּיקִים hatsadikim צדיק יסוד עולם וְעַל veal הַחֲסִידִים hajasidim

וְעַל veal שְׁאֵרִית sheerit עַמְּךָ amjá בֵּית beit ב״פ ראה יִשְׂרָאֵל Yisrael•

וְעַל veal פְּלֵיטַת pleitat בֵּית beit ב״פ ראה סוֹפְרֵיהֶם sofreihem•

וְעַל veal גֵּרֵי guerei הַצֶּדֶק hatsédek וְעָלֵינוּ vealeinu• יֶהֱמוּ yehemú

נָא na רַחֲמֶיךָ rajameja יְהֹוָהאדניאהדונהי Adonai אֱלֹהֵינוּ Eloheinu ילה

וְתֵן vetén שָׂכָר sajar י״פ ב״ן טוֹב tov והו לְכָל־ lejol יה אדני

הַבּוֹטְחִים habotjim בְּשִׁמְךָ beShimjá בֶּאֱמֶת beemet אהיה פעמים אהיה, ו״פ ס״ג•

LA NOVENA (DUODÉCIMA) BENDICIÓN

Para los herejes y los difamadores, que no haya esperanza. Que los impíos perezcan en un instante. Y que todos Tus enemigos y los que te odian sean pronto arrasados. Y en el caso del gobierno dañino, puedas Tú rápidamente desarraigarlo y aplastarlo, y puedas Tú destruirlo y humillarlo, con rapidez en nuestros días. ¡Bendito eres Tú, Señor, que aplastas a los enemigos y humillas a los malvados!

LA DÉCIMA (DECIMOTERCERA) BENDICIÓN

Sobre los justos, sobre los piadosos, sobre los demás de la Casa de Israel, sobre los remanentes de las academias de sus escritores, sobre los conversos sinceros y sobre nosotros, que se encienda Tu compasión, Señor, nuestro Dios. Otorga buena recompensa a todos los que verdaderamente confían en Tu Nombre.

וְשִׂים vesim וְחֶלְקֵנוּ jelkenu עִמָּהֶם imahem וּלְעוֹלָם uleolam ריבוע ס"ג ו' אותיות דס"ג

לֹא lo נֵבוֹשׁ nevosh כִּי qui בְךָ vejá בָטָחְנוּ batajnu

וְעַל veal חַסְדְּךָ jasdejá הַגָּדוֹל hagadol להח ; עם ד' אותיות = מבה, יזל, אום

בֶּאֱמֶת beemet אהיה פעמים אהיה, ז"פ ס"ג נִשְׁעָנְנוּ nishanenu:

בָּרוּךְ Baruj אַתָּה Atá יְהֹוָהאדניאהדונהי Adonai מִשְׁעָן mishán

וּמִבְטָח umivtaj לַצַּדִּיקִים latsadikim ר"ת ימול (כל מי שנימול נקרא צדיק):

LA UNDÉCIMA (DECIMOCUARTA) BENDICIÓN

Esta bendición nos conecta con la energía de Jerusalén, con la construcción del Templo y con la preparación para el *Mashíaj*.

Hod

תִּשְׁכּוֹן tishcón בְּתוֹךְ betoj יְרוּשָׁלַיִם Yerushaláyim עִירְךָ irjá

כַּאֲשֶׁר caasher דִּבַּרְתָּ dibarta ראה וְכִסֵּא vejisé דָּוִד David

עַבְדְּךָ avdejá פוי, אל אדני מְהֵרָה meherá בְּתוֹכָהּ vetojá תָּכִין tajín

Meditar aquí en que el *Mashíaj Ben Yosef* no sea asesinado por el malvado *Armilos* **(no pronunciar)**.

וּבְנֵה uvné אוֹתָהּ otá בִּנְיַן binyán עוֹלָם olam בִּמְהֵרָה bimherá

בְּיָמֵינוּ veyameinu: בָּרוּךְ Baruj אַתָּה Atá יְהֹוָהאדניאהדונהי Adonai

בּוֹנֵה boné ס"ג יְרוּשָׁלָיִם Yerushaláyim:

LA DUODÉCIMA (DECIMOQUINTA) BENDICIÓN

Esta bendición nos ayuda a lograr un estado personal de *Mashíaj* al transformar nuestra naturaleza reactiva en proactiva. Así como hay un *Mashíaj* global, cada uno de nosotros tiene dentro un *Mashíaj* personal. Cuando suficientes personas alcancen su transformación, se preparará el camino para la aparición del *Mashíaj* global.

---

y coloca nuestra suerte junto a la de ellos. Que nunca nos avergoncemos, porque es en Ti en quien colocamos nuestra confianza; es en Tu gran compasión en la que nos apoyamos.
¡Bendito eres Tú, Señor, que eres sostén y refugio de los justos!

LA UNDÉCIMA (DECIMOCUARTA) BENDICIÓN

Puedas Tú morar en Jerusalén, Tu Ciudad, como lo has prometido. Y puedas Tú establecer el trono de David, Tu servidor, rápidamente dentro de ella y construirlo como una estructura eterna, pronto en nuestros días.
¡Bendito eres Tú, Señor, que construye Jerusalén!

Nétsaj

Esta bendición contiene 20 palabras, que es el mismo número de palabras en el versículo "*Qui nijam Adonai Tsiyón nijam col jorvotea...*" (*Isaías 51:3*), un versículo que habla sobre la Redención Final.

אֶת et צֶמַח tsémaj יהוה אהיה יהוה אדני דָּוִד David

עַבְדְּךָ avdejá פוי, אל אדני מְהֵרָה meherá תַצְמִיחַ tatsmíaj וְקַרְנוֹ vekarnó

תָּרוּם tarum בִּישׁוּעָתֶךָ bishuateja. כִּי qui לִישׁוּעָתְךָ lishuatjá

קִוִּינוּ kivinu כָּל־ col ילי הַיּוֹם hayom ע״ה נגד, מזבח, זן, אל יהוה

Aquí debes meditar y pedir por que la Redención Final ocurra ahora mismo.

בָּרוּךְ Baruj אַתָּה Atá יְהֹוָהאדניאהדונהי Adonai

מַצְמִיחַ matsmíaj קֶרֶן keren יְשׁוּעָה yeshuá:

LA DECIMOTERCERA (DECIMOSEXTA) BENDICIÓN

Esta bendición es la más importante de todas las bendiciones, porque aquí reconocemos todos nuestros comportamientos reactivos. Hacemos referencia a comportamientos errados en general, y también especificamos algún incidente en particular. La sección dentro del recuadro nos ofrece una oportunidad para pedirle a la Luz sustento personal. El Arí afirma que a través de esta oración, inclusive en los días de ayuno, tenemos un ángel personal acompañándonos. Si meditamos en este ángel, todas nuestras oraciones deberán ser respondidas. La decimotercera bendición es uno por encima de los doce signos del Zodíaco y nos eleva más allá de la influencia de las estrellas y los planetas.

Tiféret

שְׁמַע shemá קוֹלֵנוּ kolenu יְהֹוָהאדניאהדונהי Adonai (יוד הה וו הה)

אֱלֹהֵינוּ Eloheinu ילה (אבג יתץ). אָב av הָרַחֲמָן harajamán רַחֵם rajem

אברהם, וז״פ אל, רי״ו ול״ב נתיבות החכמה, רמ״ח (אברים), עסמ״ב וט״ז אותיות פשוטות עָלֵינוּ aleinu

(קרע שטן). וְקַבֵּל vekabel בְּרַחֲמִים berajamim מצפצ, אלהים דיודין, י״פ ייי

וּבְרָצוֹן uveratsón מהש ע״ה, ע״ב בריבוע וקס״א ע״ה, אל שדי ע״ה אֶת et

תְּפִלָּתֵנוּ tefilatenu (נגד יכש). כִּי qui אֵל El ייא״י (מילוי דס״ג)

שׁוֹמֵעַ shomea תְּפִלּוֹת tefilot וְתַחֲנוּנִים vetajanunim אָתָּה Atá (בטר צתג).

LA DUODÉCIMA (DECIMOQUINTA) BENDICIÓN

La progenie de David, Tu servidor, puedas Tú rápidamente hacer florecer. Y puedas Tú exaltar su gloria con Tu salvación, porque es por Tu salvación que esperamos todo el día. ¡Bendito eres Tú, Señor, que haces florecer la salvación!

LA DECIMOTERCERA (DECIMOSEXTA) BENDICIÓN

Escucha nuestra voz, Señor, nuestro Dios, Padre misericordioso, ten piedad de nosotros. Acepta nuestra oración con compasión y favor, porque Tú eres Dios, que escuchas oraciones y súplicas.

Es bueno que estés al tanto, reconozcas y confieses tus acciones negativas del pasado y que pidas por tu sustento aquí:

רִבּוֹנוֹ Ribonó שֶׁל shel עוֹלָם Olam, וְחָטָאתִי jatati עָוִיתִי aviti
וּפָשַׁעְתִּי ufashati לְפָנֶיךָ lefaneja ס"ג מ"ה ב"ן יְהִי yehí רָצוֹן ratsón מהש ע"ה,
ע"ב בריבוע וקס"א ע"ה, אל שדי ע"ה מִלְּפָנֶיךָ milfaneja ס"ג מ"ה ב"ן שֶׁתִּמְחוֹל shetimjol
וְתִסְלַח vetislaj יהוה ע"ב וּתְכַפֵּר utejaper לִי li עַל al כָּל col ילי ; עמם
מַה ma מ"ה שֶׁחָטָאתִי shejatati וְשֶׁעָוִיתִי vesheaviti וְשֶׁפָּשַׁעְתִּי veshepashati
לְפָנֶיךָ lefaneja ס"ג מ"ה ב"ן מִיּוֹם miyom ע"ה נגד, מזבח, זן, אל יהוה
שֶׁנִּבְרֵאתִי shenivreti עַד ad הַיּוֹם hayom ע"ה נגד, מזבח, זן, אל יהוה הַזֶּה hazé והו
וּבִפְרַט uvifrat (menciona aquí alguna acción negativa o comportamiento por el cual te gustaría pedir perdón)
וִיהִי vihí רָצוֹן ratsón מהש ע"ה, ע"ב בריבוע וקס"א ע"ה, אל שדי ע"ה
מִלְּפָנֶיךָ milfaneja ס"ג מ"ה ב"ן יְהֹוָאדהנויאהדונהי Adonai אֱלֹהֵינוּ Eloheinu ילה
וֵאלֹהֵי veElohei לכב ; מילוי ע"ב, דמב ; ילה אֲבוֹתֵינוּ avoteinu שֶׁתַּזְמִין shetazmín
פַּרְנָסָתֵנוּ parnasatenu וּמְזוֹנוֹתֵינוּ umezonoteinu לִי li וּלְכָל ulejol יה אדני
אַנְשֵׁי anshei בֵּיתִי veití ב"פ ראה הַיּוֹם hayom ע"ה נגד, מזבח, זן, אל יהוה
וּבְכָל uvejol ב"ן, לכב יוֹם yom ע"ה נגד, מזבח, זן, אל יהוה
וָיוֹם vayom ע"ה נגד, מזבח, זן, אל יהוה בְּרֵיוַח bereivaj וְלֹא veló
בְּצִמְצוּם vetsimtsum, בְּכָבוֹד bejavod בוכו וְלֹא veló בְּבִזּוּי bevizui,
בְּנַחַת benájat וְלֹא veló בְּצַעַר vetsáar, וְלֹא veló אֶצְטָרֵךְ etstarej
לְמַתְּנוֹת lematenot בָּשָׂר basar וָדָם vadam וְלֹא veló לְהַלְוָאָתָם lehalvaatam,
אֶלָּא ela מִיָּדְךָ miyadjá הָרְוָחָה harjavá וְהַפְּתוּחָה vehapetujá
וְהַמְּלֵאָה vehameleá וּבִזְכוּת uvizjut שִׁמְךָ Shimjá הַגָּדוֹל hagadol
להוו; עם ד' אותיות = מבה, יזל, אום (No pronunciar este Nombre: דִּיקַרְנוֹסָא וחתך עם ג' אותיות
- ובאתב"ש = סאל, אמן, יאהדונהי) הַמְּמוּנֶּה hamemuné עַל al הַפַּרְנָסָה haparnasá:

¡Señor del Mundo!
He transgredido. He cometido iniquidades y he pecado frente a Ti. Sea Tu voluntad que me perdones y olvides y expíes por todo aquello que he transgredido, y por todas las iniquidades que he cometido y por todo lo que he pecado ante Ti, desde el día en que he sido creado y hasta este día (y en especial: menciona aquí alguna acción negativa específica o comportamiento por el cual te gustaría pedir perdón*). Sea agradable ante Ti, Señor, nuestro Dios y el Dios de mis ancestros, que Tú me proveas de vitalidad y sustento a mí y a toda mi familia, hoy y todos y cada día, con abundancia y no con escasez; con dignidad y no con vergüenza; con comodidad y no con sufrimiento; y que yo no requiera los regalos de la carne y la sangre, ni sus préstamos, sino sólo de Tu Mano que es generosa, abierta y llena y por virtud de Tu gran Nombre, que es responsable del sustento.*

וּמִלְּפָנֶיךָ umilfaneja ס"ג מ"ה ב"ן מַלְכֵּנוּ malquenu
רֵיקָם reikam אַל־ al תְּשִׁיבֵנוּ teshivenu (וזקב טנע)
וְחָנֵּנוּ jonenu וַעֲנֵנוּ vaanenu וּשְׁמַע ushmá תְּפִלָּתֵנוּ tefilatenu:

LA BENDICIÓN PARA UN DÍA DE AYUNO

Esta bendición es recitada en días de ayuno personales durante la *Amidá* silenciosa.

עֲנֵנוּ anenu אָבִינוּ avinu עֲנֵנוּ anenu בְּיוֹם beyom ע"ה נגד, מזבח, זן, אל יהוה צוֹם tsom
הַתַּעֲנִית hataanit הַזֶּה hazé והו כִּי qui בְּצָרָה vetsará אלהים דההין גְּדוֹלָה guedolá
אֲנַחְנוּ anajnu. אַל־ al תֵּפֶן tefén לְרִשְׁעֵנוּ lerishenu
וְאַל־ veal תִּתְעַלַּם titalam מַלְכֵּנוּ malquenu מִבַּקָּשָׁתֵנוּ mibakashatenu.
הֱיֵה heyé ייהה נָא na קָרוֹב karov לְשַׁוְעָתֵנוּ leshavatenu.
טֶרֶם térem נִקְרָא nikrá אֵלֶיךָ eleja אַתָּה Atá תַּעֲנֶה taané.
נְדַבֵּר nedaber ראה וְאַתָּה veAtá תִּשְׁמַע tishmá כַּדָּבָר cadavar ראה
שֶׁנֶּאֱמַר sheneemar: וְהָיָה vehayá יהה ; יהוה טֶרֶם־ térem יִקְרָאוּ yikraú
וַאֲנִי vaAní אני אֶעֱנֶה eené עוֹד od הֵם hem מְדַבְּרִים medabrim
וַאֲנִי vaAní אני אֶשְׁמָע eshmá: כִּי qui אַתָּה Atá יְהֹוָהאדניאהדונהי Adonai
פּוֹדֶה podé וּמַצִּיל umatsil וְעוֹנֶה veoné וּמְרַחֵם umerajem אברהם,
וז"פ אל, רי"ו ול"ב נתיבות החכמה, רמ"ח (אברים), עסמ"ב וט"ז אותיות פשוטות
בְּכָל bejol ב"ן, לכב עֵת et צָרָה tsará אלהים דההין וְצוּקָה vetsuká: (continúa "*qui Atá*")

כִּי qui אַתָּה Atá שׁוֹמֵעַ shomea תְּפִלַּת tefilat כָּל־ col יכי פֶּה pe
(פה ד"א) מילה ; וע"ה אלהים, אהיה אדני (יגל פזק)
בָּרוּךְ Baruj אַתָּה Atá יְהֹוָהאדניה(יהואדניה)יאהדונהי Adonai

En este punto debes meditar en el Nombre Sagrado: אראריתא
Rav Jayim Vital dice: "He encontrado en los libros de los kabbalistas que la oración de un individuo que medite en este Nombre, en la bendición *shomea tefilá*, siempre será respondida".

שׁוֹמֵעַ shomea תְּפִלָּה tefilá (שקו צית) אתב"ש אֻכְצָ, ב"ן אדני וניקודה ע"ה = יוד הי וו הה:

Y de Tu presencia,
nuestro Rey, no nos devuelvas con manos vacías, sino sé amable, responde y escucha nuestra oración.

LA BENDICIÓN PARA UN DÍA DE AYUNO

Contéstanos, Padre nuestro, contéstanos en este día de ayuno porque estamos muy afligidos. No prestes atención a nuestra iniquidad, Rey nuestro, no ignores nuestra súplica. Por favor, acércate a nuestros llantos y respóndenos incluso antes de que clamemos a Ti. Hablaremos y Tú nos escucharás, como está dicho: "Antes que clamen, Yo responderé; mientras aún estén hablando, Yo habré oído" (Isaías 65:24). Porque Tú, Señor, redimes, salvas, respondes y muestras compasión en cada momento de tribulación y aflicción.

Porque Tú escuchas la oración de cada boca. Bendito eres Tú, Señor, que escuchas las oraciones.

LAS TRES BENDICIONES FINALES

A través del mérito de Moshé, Aharón y Yosef, quienes son nuestros canales para las últimas tres bendiciones, somos capaces de hacer descender toda la energía espiritual que despertamos con nuestras oraciones y bendiciones.

LA DECIMOSÉPTIMA BENDICIÓN

Durante esta bendición, que se refiere a Moshé, siempre debemos meditar en tratar de saber exactamente qué quiere Dios de nosotros en nuestra vida, como lo indica la frase: "Que sea la voluntad de Dios". Estamos pidiéndole a Dios que nos guíe hacia el trabajo que vinimos a hacer en esta Tierra. El Creador no puede aceptar sólo el trabajo que queremos hacer, debemos llevar a cabo el trabajo que estamos destinados a hacer.

Nétsaj

Has hecho peticiones (de necesidades diarias) a Dios. Ahora, después de pedir que tus necesidades sean cumplidas, debes alabar al Creador en las últimas tres bendiciones. Esto es como una persona que haya recibido lo que necesita de su Señor y se aparte de Él. Debes decir "*retsé*" y meditaren el Deseo Celestial (*Kéter*) que es llamado *Métsaj Haratsón* (la Frente del Deseo).

רְצֵה retsé אלף למד הה יוד מם

Aquí meditar en transformar el infortunio y la tragedia (צרה) en deseo y aceptación (רצה).

(**Durante las tres semanas de *Bein HaMetsarim*,** medita aquí en estos Nombres Sagrados: אלהים דההין אדני, שין ע״ה, טדהד כוזו מצפצ – con estos Nombres transformamos צרה en רצה).

יְהֹוָאדהֹנָהי יאהדונהי Adonai אֱלֹהֵינוּ Eloheinu ילה בְּעַמְּךָ beameja יִשְׂרָאֵל Yisrael

וְלִתְפִלָּתָם velitfilatam שְׁעֵה sheé• וְהָשֵׁב vehashev הָעֲבוֹדָה haavodá

לִדְבִיר lidvir רי״ו בֵּיתֶךָ beiteja ב״פ ראה• וְאִשֵּׁי veishei יִשְׂרָאֵל Yisrael

וּתְפִלָּתָם utfilatam מְהֵרָה meherá בְּאַהֲבָה beahavá אחד, דאגה

תְקַבֵּל tekabel בְּרָצוֹן beratsón מהש ע״ה, ע״ב בריבוע וקס״א ע״ה, אל שדי ע״ה•

וּתְהִי utehí לְרָצוֹן leratsón מהש ע״ה, ע״ב בריבוע וקס״א ע״ה, אל שדי ע״ה

תָמִיד tamid ע״ה קס״א קנ״א קמ״ג עֲבוֹדַת avodat יִשְׂרָאֵל Yisrael עַמֶּךָ ameja:

LAS TRES BENDICIONES FINALES
LA DECIMOSÉPTIMA BENDICIÓN

Encuentra gracia, Señor, nuestro Dios, en Tu Pueblo, Israel, y oye su oración. Restaura el culto en el santuario interno de Tu Templo. Acepta las ofrendas de Israel y sus oraciones con complacencia, prontamente y con amor. Que siempre sea agradable a Ti, el servicio de Israel, Tu Nación.

PARA ROSH JÓDESH, PÉSAJ, Y SUCOT:

Durante estos eventos, hay una oleada de energía espiritual extra en nuestro medio. Estas bendiciones adicionales son nuestra antena para atraer esta fuerza extra a nuestra vida.

Si por error olvidaste decir "*yaalé veyavó*" y te das cuenta antes del final de la bendición ("*Baruj Atá Adonai*") debes volver y decir "*yaalé veyavó*" y continuar como siempre. Si sólo te das cuenta luego del final de la bendición ("*hamajazir Shejinató leTsiyón*") pero antes de empezar la bendición siguiente ("*modim*"), debes decir "*yaalé veyavó*" en ese momento y continuar normalmente. Si te das cuenta de ello luego de haber empezado la siguiente bendición ("*modim*") pero antes del segundo "*yihyú leratsón*" (en la pág. 66) debes volver a "*retsé*" (pág. 56) y continuar desde allí. Si te cuenta de ello después (el segundo "*yihyú leratsón*"), debes empezar la *Amidá* desde el principio.

אֱלֹהֵינוּ Eloheinu ילה וֵאלֹהֵי veElohei לכב ; מילוי ע״ב, = דמב ; ילה אֲבוֹתֵינוּ avoteinu

יַעֲלֶה yaalé וְיָבֹא veyavó וְיַגִּיעַ veyaguía וְיֵרָאֶה veyeraé רי״ו וְיֵרָצֶה veyeratsé

וְיִשָּׁמַע veyishamá וְיִפָּקֵד veyipaked וְיִזָּכֵר veyizajer ר״ת מ״ב (ז״פ ו׳)

זִכְרוֹנֵנוּ zijronenu וְזִכְרוֹן vezijrón ע״ב קס״א ונש״ב אֲבוֹתֵינוּ avoteinu.

זִכְרוֹן zijrón ע״ב קס״א ונש״ב יְרוּשָׁלַיִם Yerushaláyim עִירָךְ iraj.

וְזִכְרוֹן vezijrón ע״ב קס״א ונש״ב מָשִׁיחַ Mashíaj בֶּן ben דָּוִד David

עַבְדָּךְ avdaj ע״ה כהת ; בן דוד = אדני ע״ה פוי, אל אדני. וְזִכְרוֹן vezijrón ע״ב קס״א ונש״ב

כָּל col ילי עַמְּךָ ameja בֵּית beit ב״פ ראה יִשְׂרָאֵל Yisrael

לְפָנֶיךָ lefaneja ס״ג מ״ה ב״ן לִפְלֵיטָה lifleitá לְטוֹבָה letová אכא.

לְחֵן lején מילוי דמ״ה בריבוע, מוזי לְחֶסֶד lejésed ע״ב, ריבוע יהוה

וּלְרַחֲמִים ulerajamim. לְחַיִּים lejayim אהיה אהיה יהוה, בינה ע״ה.

טוֹבִים tovim וּלְשָׁלוֹם uleshalom. בְּיוֹם beyom ע״ה נגד, מזבח, זן, אל יהוה:

PARA ROSH JÓDESH, PÉSAJ, Y SUCOT:

Nuestro Dios y el Dios de nuestros padres, pueda levantarse y venir y llegar y aparecer y encontrar el favor y ser oído y ser considerado y ser recordado, nuestra remembranza y la remembranza de nuestros padres, la remembranza de Jerusalén, Tu ciudad, y la remembranza del Mesías Ben David, Tu sirviente, y la remembranza de toda Tu Nación, la Casa de Israel, ante Ti, para aceptación, para bien, para gracia, amabilidad y compasión, para una buena vida y para paz en este Día de:

En *Rosh Jódesh*:

רֹאשׁ Rosh ריבוע אלהים ואלהים דיודין ע"ה

הַחֹדֶשׁ haJódesh י"ב הויות, קס"א קנ"א ; ראש חדש ע"ה = שין דלת יוד הַזֶּה haze והו.

En los días intermedios *(Jol Hamoed)* de *Pésaj*:

וְחַג jag הַמַּצּוֹת haMatsot הַזֶּה hazé והו

בְּיוֹם beyom ע"ה נגד, מזבח, זן, אל יהוה מִקְרָא mikrá קֹדֶשׁ kódesh הַזֶּה hazé והו.

En los días intermedios *(Jol Hamoed)* de *Sucot*:

וְחַג jag הַסֻּכּוֹת haSucot הַזֶּה hazé והו

בְּיוֹם beyom ע"ה נגד, מזבח, זן, אל יהוה מִקְרָא mikrá קֹדֶשׁ kódesh הַזֶּה hazé והו.

לְרַחֵם lerajem אברהם, ח"פ אל, רי"ו ול"ב נתיבות החכמה, רמ"ח (אברים),
עסמ"ב וט"ז אותיות פשוטות בּוֹ bo עָלֵינוּ aleinu וּלְהוֹשִׁיעֵנוּ ulehoshienu.
זָכְרֵנוּ zojrenu יְהֹוָהאדניאהדונהי Adonai אֱלֹהֵינוּ Eloheinu ילה בּוֹ bo
לְטוֹבָה letová אכא. וּפָקְדֵנוּ ufokdenu בוֹ vo לִבְרָכָה livrajá.
וְהוֹשִׁיעֵנוּ vehoshienu בוֹ vo לְחַיִּים lejayim אהיה אהיה יהוה, בינה ע"ה
טוֹבִים tovim. בִּדְבַר bidvar ראה יְשׁוּעָה yeshuá וְרַחֲמִים verajamim.
חוּס jus וְחָנֵּנוּ vejonenu וַחֲמוֹל vajamol וְרַחֵם verajem אברהם, ח"פ אל,
רי"ו ול"ב נתיבות החכמה, רמ"ח (אברים), עסמ"ב וט"ז אותיות פשוטות עָלֵינוּ aleinu.
וְהוֹשִׁיעֵנוּ vehoshienu כִּי qui אֵלֶיךָ eleja עֵינֵינוּ eineinu ריבוע מ"ה. כִּי qui
אֵל El יי"א (מילוי דס"ג) מֶלֶךְ Mélej חַנּוּן janún וְרַחוּם verajum אָתָּה Atá:

וְאַתָּה veAtá בְּרַחֲמֶיךָ verajameja הָרַבִּים harabim. תַּחְפֹּץ tajpots
בָּנוּ banu וְתִרְצֵנוּ vetirtsenu וְתֶחֱזֶינָה vetejezena עֵינֵינוּ eineinu ריבוע מ"ה
בְּשׁוּבְךָ beshuvjá לְצִיּוֹן leTsiyón יוסף, ו' הויות, קנאה בְּרַחֲמִים berajamim
מצפצ, אלהים דיודין, י"פ ייי: בָּרוּךְ Baruj אַתָּה Atá יְהֹוָהאדניאהדונהי Adonai
הַמַּחֲזִיר hamajazir שְׁכִינָתוֹ Shejinató לְצִיּוֹן leTsiyón יוסף, ו' הויות, קנאה:

En Rosh Jódesh: *Este Rosh Jódesh.*
En los días intermedios de Pésaj: *Este festival de las Matsot, en este buen día de Convocación Santa.*
En los días intermedios de Sucot: *Este festival de Sucot, en este buen día de Convocación Santa.*
Para tener misericordia de nosotros y para salvarnos.

Recuérdanos, Señor, nuestro Dios, para bien y considéranos en ello para la bendición y entréganosla para una buena vida con las palabras de entrega y misericordia. Ten piedad y sé amable con nosotros y ten misericordia y sé compasivo con nosotros y sálvanos, porque nuestros ojos van hacia Ti, porque Tú eres Dios, Rey que es amable y compasivo.

Y Tú, en Tu gran compasión, te deleites en nosotros y estés complacido con nosotros. Puedan nuestros ojos contemplar Tu retorno a Sión con compasión. ¡Bendito eres Tú, Señor, que devuelve Su Shejiná a Sión!

LA DECIMOCTAVA BENDICIÓN

Esta bendición es nuestro agradecimiento. Kabbalísticamente, el mayor agradecimiento que le podemos dar a nuestro Creador es hacer exactamente lo que necesitamos hacer en cuanto a nuestro trabajo espiritual.

Hod

Inclina todo tu cuerpo en "*modim*" y endérezate en "*Adonai*".

מוֹדִים modim מאה ברכות שתיקן דוד לאמרם כל יום

Mientras te inclinas debes meditar en: אלף הא יוד הא, con el fin de bajar a *Rúaj* de *Yetsirá*, para ser como *Mayin Nukvín* de modo de elevar la *Shejiná*. Y **mientras te enderezas** debes meditar en: יוד הא ואו הא, para elevar la *Shejiná* y para preparer el Mundo de *Yetsirá* para que sea elevado a *Briá* y ser capaz de recibir *Asiyá*.

אֲנַחְנוּ anajnu **לָךְ** laj **שָׁאַתָּה** sheAtá **הוּא** Hu **יְהֹוָהאדניאהדונהי** Adonai (ון)
אֱלֹהֵינוּ Eloheinu ילה **וֵאלֹהֵי** veElohei לכב ; מילוי ע"ב, דמב ; ילה **אֲבוֹתֵינוּ** avoteinu
לְעוֹלָם leolam ריבוע ס"ג ו' אותיות דס"ג **וָעֶד** vaed. **צוּרֵנוּ** tsurenu
צוּר tsur אלהים דההין ע"ה **וְחַיֵּינוּ** jayeinu **וּמָגֵן** umaguén ג"פ אל (ייא" מילוי דס"ג) ;
ר"ת מיכאל גבריאל נוריאל **יִשְׁעֵנוּ** yishenu **אַתָּה** Atá **הוּא** Hu.
לְדוֹר ledor **וָדוֹר** vador רי"ו **נוֹדֶה** nodé **לְּךָ** lejá **וּנְסַפֵּר** unesaper
תְּהִלָּתֶךָ tehilateja. **עַל־** al **חַיֵּינוּ** jayeinu **הַמְּסוּרִים** hamesurim
בְּיָדֶךָ beyadeja. **וְעַל** veal **נִשְׁמוֹתֵינוּ** nishmoteinu **הַפְּקוּדוֹת** hapekudot
לָךְ laj. **וְעַל־** veal **נִסֶּיךָ** niseja **שֶׁבְּכָל** shebejol ב"ן, לכב
יוֹם yom ע"ה נגד, מזבח, זן, אל יהוה **עִמָּנוּ** imanu ריבוע ס"ג, קס"א ע"ה וד' אותיות **וְעַל** veal
נִפְלְאוֹתֶיךָ nifleoteja **וְטוֹבוֹתֶיךָ** vetovoteja **שֶׁבְּכָל** shebejol ב"ן, לכב
עֵת et. **עֶרֶב** érev **וָבֹקֶר** vavóker **וְצָהֳרָיִם** vetsahoráyim. **הַטּוֹב** hatov והו
כִּי־ qui **לֹא־** lo **כָלוּ** jalu **רַחֲמֶיךָ** rajameja. **הַמְרַחֵם** hamerajem
אברהם, וז"פ אל, רי"ו ול"ב נתיבות החכמה, רמ"ח (אברים), עסמ"ב וט"ז אותיות פשוטות **כִּי־** qui **לֹא** lo
תַמּוּ tamu **חֲסָדֶיךָ** jasadeja **כִּי** qui **מֵעוֹלָם** meolam **קִוִּינוּ** kivinu **לָךְ** laj:

LA DECIMOCTAVA BENDICIÓN

Nosotros te damos gracias a Ti, porque eres Tú, Señor, quien es nuestro Dios y el Dios de nuestros padres, por siempre y por toda la eternidad. Tú eres nuestra Fortaleza, la Fortaleza de nuestras vidas y el Escudo de nuestra salvación. De una generación a otra, te daremos gracias a Ti y cantaremos Tu alabanza. Por nuestras vidas que están en Tus Manos, por nuestras almas que están a Tu cuidado, por Tus milagros que están con nosotros todos los días y por Tus maravillas y Tus favores que están con nosotros en todo momento: de noche, de mañana y de tarde. Tú eres bueno, porque Tu compasión nunca se ha acabado. Tú eres el misericordioso, porque Tu bondad nunca ha cesado, porque siempre hemos puesto nuestras esperanzas en Ti.

MODIM DERABANÁN

Esta oración es recitada por la congregación en la repetición cuando el *jazán* dice "*modim*".

En esta sección hay 44 palabras, que es el mismo valor numérico del Nombre: ריבוע אהי (א אה אהי אהיה)

מוֹדִים modim מאה ברכות שתיקן דוד לאמרם כל יום אֲנַחְנוּ anajnu לָךְ laj
שָׁאַתָּה sheAtá הוּא Hu יְהֹוָאדהיאהדונהי Adonai אֱלֹהֵינוּ Eloheinu ילה
וֵאלֹהֵי veElohei לכב ; מילוי ע"ב, דמב ; ילה אֲבוֹתֵינוּ avoteinu
אֱלֹהֵי Elohei מילוי ע"ב, דמב ; ילה כָּל jol ילי בָּשָׂר basar. יוֹצְרֵנוּ yotsrenu
יוֹצֵר yotser בְּרֵאשִׁית bereshit. בְּרָכוֹת brajot וְהוֹדָאוֹת vehodaot
לְשִׁמְךָ leShimjá הַגָּדוֹל hagadol להח ; עם ד' אותיות = מבה, יזל, אום
וְהַקָּדוֹשׁ vehakadosh עַל al שֶׁהֶחֱיִיתָנוּ shehejeyitanu וְקִיַּמְתָּנוּ vekiyamtanu.
כֵּן quen תְּחַיֵּינוּ tejayeinu וּתְחָנֵּנוּ utejonenu. וְתֶאֱסוֹף veteesof
גָּלֻיּוֹתֵינוּ galuyoteinu לְחַצְרוֹת lejatsrot קָדְשֶׁךָ kodshejá. לִשְׁמוֹר lishmor
חֻקֶּיךָ jukeja וְלַעֲשׂוֹת velaasot רְצוֹנֶךָ retsoneja. וּלְעָבְדְךָ uleovdejá
פוי, אל אדני בְּלֵבָב belevav בוכו שָׁלֵם shalem. עַל al שֶׁאֲנַחְנוּ sheanajnu
מוֹדִים modim לָךְ laj. בָּרוּךְ Baruj אֵל El ייא"י (מילוי דס"ג) הַהוֹדָאוֹת hahodaot:

PARA JANUCÁ Y PURIM

Janucá y *Purim* generan una dimensión adicional de energía de Milagros. Esta bendición nos ayuda a aprovechar esta energía, atrayendo milagros a nuestra vida cuando realmente los necesitamos.

וְעַל veal הַנִּסִּים hanisim וְעַל veal הַפֻּרְקָן hapurkán.
וְעַל veal הַגְּבוּרוֹת haguevurot. וְעַל veal הַתְּשׁוּעוֹת hateshuot
וְעַל veal הַנִּפְלָאוֹת haniflaot וְעַל veal הַנֶּחָמוֹת hanejamot
שֶׁעָשִׂיתָ sheasita לַאֲבוֹתֵינוּ laavoteinu בַּיָּמִים bayamim נלך הָהֵם hahem
בַּזְּמַן bazemán הַזֶּה hazé והו:

MODIM DERABANÁN

Nosotros te damos gracias a Ti, porque eres Tú, Señor, quien es nuestro Dios y el Dios de nuestros ancestros, el Dios de toda la humanidad, nuestro Hacedor y el Creador de toda la Creación. Bendiciones y gracias a Tu gran y Santo Nombre por darnos vida y por preservarnos. Que puedas Tú continuar dándonos vida, sé amable con nosotros y reúne nuestros exiliados en las Cortes de Tu Santuario, para que podamos cumplir Tus leyes, hacer Tu voluntad y servir a Ti con todo el corazón. Por esto Te agradecemos. ¡Bendito sea el Dios de los agradecimientos!

PARA JANUCÁ Y PURIM

Y también por los milagros, la liberación, los hechos poderosos, la salvación, las maravillas, y actos de consolación que Tú realizaste para nuestros antepasados en aquellos días y en este momento.

PARA JANUCÁ:

בִּימֵי bimei מַתִּתְיָה Matityá בֶּן ven יוֹחָנָן Yojanán כֹּהֵן Cohén מלה
גָּדוֹל Gadol להוו ; עם ד' אותיות = מכבה, יזל, אום וְחַשְׁמוֹנָאִי Jashmonaí וּבָנָיו uvanav
כְּשֶׁעָמְדָה quesheamdá מַלְכוּת maljut יָוָן Yaván הָרְשָׁעָה harshaá עַל al
עַמְּךָ ameja יִשְׂרָאֵל Yisrael לְשַׁכְּחָם leshaquejam תּוֹרָתָךְ torataj
וּלְהַעֲבִירָם ulehaaviram מֵחֻקֵּי mejukei רְצוֹנָךְ •retsonaj וְאַתָּה veAtá
בְּרַחֲמֶיךָ verajameja הָרַבִּים harabim עָמַדְתָּ amadta לָהֶם lahem בְּעֵת beet
צָרָתָם •tsaratam רַבְתָּ ravta אֶת et רִיבָם •rivam דַּנְתָּ danta
אֶת et דִּינָם •dinam נָקַמְתָּ nakamta מנק אֶת et נִקְמָתָם nikmatam •מנק
מָסַרְתָּ masarta גִּבּוֹרִים guiborim בְּיַד beyad חַלָּשִׁים •jalashim וְרַבִּים verabim
בְּיַד beyad מְעַטִּים •meatim וּרְשָׁעִים ureshaím בְּיַד beyad צַדִּיקִים •tsadikim
וּטְמֵאִים utmeím בְּיַד beyad טְהוֹרִים •tehorim וְזֵדִים vezedim בְּיַד beyad
עוֹסְקֵי oskei תוֹרָתֶךָ •torateja לְךָ lejá עָשִׂיתָ asita שֵׁם Shem
גָּדוֹל gadol להוו ; עם ד' אותיות = מכבה, יזל, אום וְקָדוֹשׁ vekadosh בְּעוֹלָמָךְ •beolamaj
וּלְעַמְּךָ uleameja יִשְׂרָאֵל Yisrael עָשִׂיתָ asita תְּשׁוּעָה teshuá גְדוֹלָה guedolá
וּפֻרְקָן ufurkán כְּהַיּוֹם quehayom ע"ה נגד, מזבח, זן, אל יהוה הַזֶּה hazé והו•
וְאַחַר veajar כָּךְ caj בָּאוּ bau בָנֶיךָ vaneja לִדְבִיר lidvir רי"ו
בֵּיתָךְ beiteja ב"פ ראה וּפִנּוּ ufinú אֶת־ et הֵיכָלָךְ •heijaleja וְטִהֲרוּ vetiharú
אֶת et מִקְדָּשָׁךְ •mikdasheja וְהִדְלִיקוּ vehidliku נֵרוֹת nerot
בְּחַצְרוֹת bejatsrot קָדְשָׁךְ •kodshejá וְקָבְעוּ vekavú שְׁמוֹנַת shmonat יְמֵי yemei
חֲנֻכָּה Janucá אֵלּוּ elu בְּהַלֵּל behalel אדני, ללה וּבְהוֹדָאָה •uvehodaá
וְעָשִׂיתָ veasita עִמָּהֶם imahem נִסִּים nisim וְנִפְלָאוֹת veniflaot וְנוֹדֶה venodé
לְשִׁמְךָ leShimjá הַגָּדוֹל hagadol להוו ; עם ד' אותיות = מכבה, יזל, אום סֶלָה :sela

---

PARA JANUCÁ

En los días de Matityá, hijo de Yojanán, el Sumo Sacerdote, el jasmoneo, y sus hijos, cuando el maligno Imperio Griego se sublevó en contra de Tu Nación, Israel, para obligarlos a olvidar Tu Torá y obligarlos a alejarse de las leyes de Tu deseo, con Tu compasión estuviste con ellos en tiempos turbulentos. Tú luchaste sus batallas, buscaste justicia para ellos, los vindicaste y entregaste a los fuertes en manos de los débiles, a los numerosos en manos de los pocos, a los perversos en manos de los justos, a los contaminados en manos de los puros y a los tiranos en manos de aquellos que se ocupaban con Tu Torá. Hiciste un Santo Nombre para Ti en Tu mundo y para Tu pueblo, Israel, realizaste una gran salvación y liberación en este día. Entonces Tus hijos vinieron al Santuario de Tu Casa, limpiaron Tu Palacio, purificaron Tu Templo, encendieron velas en los jardines de Tu Santo Dominio, y establecieron estos ocho días de Janucá para alabanza y acción de gracias. Y Tú realizaste milagros y maravillas para ellos. Por ello estamos agradecidos a Tu Gran Nombre. Sela.

Para Purim:

בִּימֵי bimei מָרְדְּכַי Mordejai וְאֶסְתֵּר veEster עִם האותיות = מילוי אדני
בְּשׁוּשַׁן beShushán הַבִּירָה habirá. כְּשֶׁעָמַד quesheamad עֲלֵיהֶם aleihem
הָמָן Hamán הָרָשָׁע harashá. בִּקֵּשׁ bikesh לְהַשְׁמִיד lehashmid לַהֲרוֹג laharog
וּלְאַבֵּד uleabed אֶת et כָּל col ילי הַיְּהוּדִים hayehudim מִנַּעַר mináar וְעַד vead
זָקֵן zakén טַף taf וְנָשִׁים venashim בְּיוֹם beyom ע״ה נגד, מזבח, זן, אל יהוה
אֶחָד ejad אהבה, דאגה בִּשְׁלֹשָׁה bishloshá עָשָׂר asar לְחֹדֶשׁ lejódesh
י״ב הויות, קס״א קנ״א שְׁנֵים shneim עָשָׂר asar הוּא hu חֹדֶשׁ jódesh י״ב הויות, קס״א קנ״א
אֲדָר Adar וּשְׁלָלָם ushlalam לָבוֹז lavoz. וְאַתָּה veAtá בְּרַחֲמֶיךָ verajameja
הָרַבִּים harabim הֵפַרְתָּ hefarta אֶת et עֲצָתוֹ atsató וְקִלְקַלְתָּ vekilkalta
אֶת et מַחֲשַׁבְתּוֹ majashavtó. וַהֲשֵׁבוֹתָ vahashevota לּוֹ lo גְּמוּלוֹ guemuló
בְּרֹאשׁוֹ beroshó. וְתָלוּ vetalú אוֹתוֹ otó וְאֶת veet בָּנָיו banav עַל al הָעֵץ haets.
וְעָשִׂיתָ veasita עִמָּהֶם imahem נִסִּים nisim וְנִפְלָאוֹת veniflaot וְנוֹדֶה venodé
לְשִׁמְךָ leShimjá הַגָּדוֹל hagadol להח ; עם ד׳ אותיות = מבה, יזל, אום סֶלָה sela:

וְעַל veal כֻּלָּם culam יִתְבָּרַךְ yitbaraj וְיִתְרוֹמָם veyitromam
וְיִתְנַשֵּׂא veyitnasé תָּמִיד tamid ע״ה קס״א קנ״א קמ״ג שִׁמְךָ Shimjá
מַלְכֵּנוּ malquenu לְעוֹלָם leolam ריבוע ס״ג ו׳ אותיות דס״ג וָעֶד vaed.
וְכָל־ vejol ילי הַחַיִּים hajayim אהיה אהיה יהוה, בינה ע״ה יוֹדוּךָ yoduja סֶּלָה sela:

Durante los días entre *Rosh Hashaná* y *Yom Kipur* recitamos la oración de "*ujtov*":

וּכְתוֹב ujtov לְחַיִּים lejayim אהיה אהיה יהוה, בינה ע״ה טוֹבִים tovim
כָּל־ col ילי בְּנֵי bnei בְרִיתֶךָ vriteja:

Si olvidaste decir "*ujtov*" y te das cuenta antes del final de la bendición ("*Baruj Atá Adonai*") debes volver y decir "*ujtov*" y continuar normalmente. Pero si te das cuenta sólo después del final de la bendición, debes continuar y puede agregar "*ujtov*" al final de "*Elohai Netsor*".

Para Purim:

En los días de Mordejái y Ester, en Shushán, la capital, cuando el malvado Hamán se sublevó contra ellos, él busco destruir, asesinar y aniquilar a todos los judíos, jóvenes y viejos, niños y mujeres, en un día, el decimotercer día del duodécimo mes, el cual es el mes de Adar, y tomar su botín. Pero Tú, en Tu gran compasión, arruinaste su plan, frustraste su diseño y dirigiste su cometido hacia su propia cabeza. Lo colgaron a él y a sus hijos en la horca. Y Tú realizaste milagros y maravillas para ellos (Israel). Damos gracias a Tu gran Nombre. Sela.

Y por todas estas cosas, que Tu Nombre sea siempre bendecido, exaltado y ensalzado, por siempre, nuestro Rey, por siempre y para siempre, y todos los vivientes Te agradecen, Sela.

Durante los días entre *Rosh Hashaná* y *Yom Kipur*:
E inscribe para una buena vida a todos los miembros de Tu Pacto.

וִיהַלְלוּ vihalelú וִיבָרְכוּ vivarjú יהוה ריבוע יהוה ריבוע מ״ה אֶת־ et
שִׁמְךָ Shimjá הַגָּדוֹל hagadol להח ; עם ד׳ אותיות = מבה, יזל, אום בֶּאֱמֶת beemet
אהיה פעמים אהיה, ז״פ ס״ג לְעוֹלָם leolam ריבוע ס״ג וי׳ אותיות דס״ג כִּי qui טוֹב tov והו ;
כי טוב = יהוה אהיה, אום, מבה, יזל. הָאֵל haEl לאה ; ייא״י (מילוי דס״ג) יְשׁוּעָתֵנוּ yeshuatenu
וְעֶזְרָתֵנוּ veezratenu סֶלָה sela. הָאֵל haEl לאה ; ייא״י (מילוי דס״ג) הַטּוֹב hatov והו:

Flexiona tus rodillas en "*Baruj*", inclínate en "*Atá*" y enderézate en "*Adonai*".

בָּרוּךְ Baruj אַתָּה Atá

Mientras te inclinas debes meditar: אלף הה יוד הה, para bajar el *Néfesh* de *Asiyá*, y que como *Mayin Nukvín* para elevar la *Shejiná*. Y **mientras te enderezas** medita: יוד הה וו הה, para elevar la *Shejiná* y para preparar a *Asiyá* para ser elevado a *Yetsirá*.

יְהֹוָהאדניאהדונהי Adonai (הי) הַטּוֹב hatov והו שִׁמְךָ Shimjá
וּלְךָ uLejá נָאֶה naé לְהוֹדוֹת lehodot ס״ת, כהת, משיח בן דוד ע״ה:

En días de ayuno decimos aquí la "bendición de los *Cohanim*" (ver pág. 371).

LA BENDICIÓN FINAL

Estamos emanando la energía de paz para el mundo entero. También nos proponemos utilizar nuestra boca sólo para el bien. Kabbalísticamente, el poder de las palabras y del habla es inimaginable. Esperamos usar este poder sabiamente, lo que tal vez sea una de las tareas más difíciles de llevar a cabo.

Yesod

שִׂים sim שָׁלוֹם shalom

(**Durante las tres semanas de *Bein HaMetsarim*,** medita aquí en estos Nombres Sagrados:
שין ראשונה (ע״ה = טדהד כוזו מצפצ) ממתקת את השין השניה (= אלהים דההין אדני) ;
וכן שים שלום ע״ה = ו׳ השמות (טדהד כוזו מצפצ אלהים אדני יהוה) אדני טדהד כוזו מצפצ ואלהים דההין)

טוֹבָה tová אכא וּבְרָכָה uvrajá וְחַיִּים jayim אהיה אהיה יהוה, בינה ע״ה וְחֵן jen
וָחֶסֶד vajésed מילוי דמ״ה בריבוע, מוזי ע״ב, ריבוע יהוה צְדָקָה tsedaká ע״ה ריבוע אלהים
וְרַחֲמִים verajamim עָלֵינוּ aleinu וְעַל־ veal כָּל־ col ילי ; עמם
יִשְׂרָאֵל Yisrael עַמֶּךָ ameja וּבָרְכֵנוּ uvarjenu אָבִינוּ avinu כֻּלָּנוּ culanu
כְּאֶחָד queejad אהבה, דאגה בְּאוֹר beor רז, א״ס פָּנֶיךָ paneja ס״ג מ״ה ב״ן

Y ellos te alabarán y bendecirán Tu gran Nombre, sinceramente y para siempre, porque es bueno, el Dios de nuestra salvación y nuestra ayuda, Sela, el buen Dios. Bendito eres Tú, Señor, cuyo Nombre es bueno. Y a Ti es propio dar gracias.

LA BENDICIÓN FINAL

Otorga paz, bondad, bendiciones, vida, gracia, amabilidad, justicia y misericordia a nosotros y a todo Israel, Tu Pueblo. Bendícenos a todos como uno solo, Padre nuestro, con la Luz de Tu Rostro,

כִּי qui בְּאוֹר veor רז, א"ס פָּנֶיךָ paneja ס"ג מ"ה ב"ן נָתַתָּ natata לָנוּ lanu
אלהים, אהיה אדני יְהֹוָהאדנייאהדונהי Adonai אֱלֹהֵינוּ Eloheinu ילה תּוֹרָה Torá
וְחַיִּים vejayim אהיה אהיה יהוה, בינה ע"ה. אַהֲבָה ahavá אחד, דאגה וָחֶסֶד vajésed
ע"ב, ריבוע יהוה. צְדָקָה tsedaká ע"ה ריבוע אלהים וְרַחֲמִים verajamim.
בְּרָכָה brajá וְשָׁלוֹם veshalom. וְטוֹב vetov והו בְּעֵינֶיךָ beeineja
ע"ה קס"א ריבוע מ"ה ; לְבָרְכֵנוּ levarjenu וּלְבָרֵךְ ulevarej אֶת et כָּל col ילי
עַמְּךָ ameja יִשְׂרָאֵל Yisrael בְּרוֹב berov י"פ אהיה עֹז oz וְשָׁלוֹם veshalom:

Durante los días entre *Rosh Hashaná* y *Yom Kipur* decimos la oración "*uveséfer jayim*":

וּבְסֵפֶר uveséfer חַיִּים jayim אהיה אהיה יהוה, בינה ע"ה
בְּרָכָה brajá וְשָׁלוֹם veshalom וּפַרְנָסָה ufarnasá טוֹבָה tová אכא
וִישׁוּעָה vishuá וְנֶחָמָה venejamá וּגְזֵרוֹת ugzerot טוֹבוֹת tovot.
נִזָּכֵר nizajer וְנִכָּתֵב venicatev לְפָנֶיךָ lefaneja ס"ג מ"ה ב"ן
אֲנַחְנוּ anajnu וְכָל vejol ילי עַמְּךָ ameja יִשְׂרָאֵל Yisrael
לְחַיִּים lejayim אהיה אהיה יהוה, בינה ע"ה טוֹבִים tovim וּלְשָׁלוֹם uleshalom:

Si olvidaste decir "*uveséfer jayim*" y te das cuenta de esto antes del final de la bendición ("*Baruj Atá Adonai*"), debes regresar y decir "*uveséfer jayim*" y continuar normalmente. Pero si te das cuenta de esto sólo al final de la bendición, debes continuar y puedes agregar "*uveséfer jayim*" al final de "*Elohai Netsor*".

בָּרוּךְ Baruj אַתָּה Atá יְהֹוָהאדנייאהדונהי Adonai
הַמְבָרֵךְ hamevarej אֶת et עַמּוֹ amó יִשְׂרָאֵל Yisrael
ר"ת = אלהים (אילההויהם = יב"ק) בַּשָּׁלוֹם bashalom. אָמֵן Amén יאהדונהי.

Medita aquí para elevar el Nombre: יהוה, de la siguiente manera:
La letra ה y el Nombre ב"ן a la letra ו y al Nombre מ"ה.
La letra ו y el Nombre מ"ה a la letra ה y al Nombre ס"ג.
La letra ה y el Nombre ס"ג a la letra י y al Nombre ע"ב.

---

porque es con la Luz de Tu rostro que Tú, Señor, nuestro Dios, nos has dado la Torá y vida, amor y amabilidad, justicia y misericordia, bendición y paz. Que sea grato a Tus Ojos bendecirnos y bendecir a Tu Nación, Israel, con abundante poder y con paz.

Durante los días entre *Rosh Hashaná* y *Yom Kipur*:
Y que en el Libro de la Vida, todos seamos recordados e inscritos ante Ti; para bendición, paz, buen sustento, salvación, consuelo, y buenos decretos. Nosotros y toda Tu Nación, Israel, para una buena vida y para paz.

¡Bendito eres Tú, Señor, que bendice a Su Pueblo, Israel, con paz, Amén!

Yihyú Leratsón

Hay 42 letras en el versículpto en el secreto del *Aná Bejóaj*.

יִהְיוּ yihyú אל (ייא״י מילוי דס״ג) לְרָצוֹן leratsón מהש ע״ה, ע״ב בריבוע וקס״א ע״ה, אל שדי ע״ה

אִמְרֵי־ imrei פִי fi ר״ת אֶלֶף = אלף למד שין דלת יוד ע״ה וְהֶגְיוֹן vehegyón לִבִּי libí

לְפָנֶיךָ lefaneja ס״ג מ״ה ב״ן יְהֹוָהאדהנויאהדונהי Adonai צוּרִי tsurí וְגֹאֲלִי vegoalí:

Elohai Netsor

אֱלֹהַי Elohai מילוי ע״ב, דמב ; ילה נְצוֹר netsor לְשׁוֹנִי leshoní מֵרָע merá.

וּשְׂפָתוֹתַי vesiftotai מִדַּבֵּר midaber ראה מִרְמָה mirmá. וְלִמְקַלְלַי velimkalelai

נַפְשִׁי nafshí תִדּוֹם tidom. וְנַפְשִׁי venafshí כֶּעָפָר queafar

לַכֹּל lacol יה אדני תִּהְיֶה tihyé. פְּתַח petaj לִבִּי libí בְּתוֹרָתֶךָ betorateja.

וְאַחֲרֵי veajarei מִצְוֹתֶיךָ mitsvoteja תִּרְדּוֹף tirdof נַפְשִׁי nafshí.

וְכָל־ vejol ילי הַקָּמִים hakamim עָלַי alai לְרָעָה leraá רהע . מְהֵרָה meherá

הָפֵר hafer עֲצָתָם atsatam וְקַלְקֵל vekalkel מַחֲשְׁבוֹתָם majshevotam.

עֲשֵׂה asé לְמַעַן lemaan שְׁמָךְ Shmaj. עֲשֵׂה asé לְמַעַן lemaan

יְמִינָךְ yeminaj. עֲשֵׂה asé לְמַעַן lemaan תּוֹרָתָךְ torataj. עֲשֵׂה asé

לְמַעַן lemaan קְדֻשָּׁתָךְ kedushataj. ר״ת הפסוק = מ״ה יהוה לְמַעַן lemaan

יֵחָלְצוּן yejaltsún יְדִידֶיךָ yedideja ר״ת ילי הוֹשִׁיעָה hoshía יהוה וש״ע נהורין

יְמִינְךָ yeminjá וַעֲנֵנִי vaaneni (כתיב: ועננו) ר״ת אל (ייא״י מילוי דס״ג):

Antes de que recitemos el próximo verso ("*Yihyú leratsón*") tenemos una oportunidad para fortalecer la conexión con nuestra alma usando nuestro nombre. Cada persona tiene un versículo en la Torá que lo conecta con su nombre. O bien su nombre está en el versículo, o la primera y última letra del nombre corresponden a la primera y última letra de un versículo. Por ejemplo, el nombre Yehuda comienza con una *Yud* y termina con una *Hei*. Antes de terminar la *Amidá*, declaramos que nuestro nombre sea siempre recordado cuando nuestra alma abandone este mundo.

Yihyú Leratsón

"Que los dichos de mi boca y los pensamientos de mi corazón sean gratos ante Ti, Señor, mi Fortaleza y mi Redentor" (Salmos 19:15).

Elohai Netsor

Mi Dios, cuida mi lengua del mal y mis labios de decir falsedad. Que mi alma permanezca en silencio ante aquellos que me maldicen y permite que mi espíritu sea humilde ante todos, como el polvo. Abre mi corazón a Tu Torá y permite que mi corazón siga Tus mandamientos. Prontamente frustra los planes y daña los pensamientos de todos aquellos que se levantan contra mí para hacerme daño. Hazlo por la gloria de Tu Nombre. Haz esto por el bien de Tu Diestra. Haz esto por el mérito de Tu Torá. Haz esto por Tu Santidad, "Que Tus amados sean rescatados. Sálvalos con Tu Diestra y contéstame" (Salmos 60:7).

Yihyú Leratsón (el segundo)

Hay 42 letras en el versículo en el secreto del *Ená Bejóaj*.

יִהְיוּ yihyú אל (ייא״ מילוי דס״ג) לְרָצוֹן leratsón מהש ע״ה, ע״ב בריבוע וקס״א ע״ה, אל שדי ע״ה

אִמְרֵי־ imrei פִי fi ר״ת אֱלֶף = אלף למד שין דלת יוד ע״ה וְהֶגְיוֹן vehegyón לִבִּי libí

לְפָנֶיךָ lefaneja ס״ג מ״ה ב״ן יְהֹוָאדנָי יאהדונהי Adonai צוּרִי tsurí וְגֹאֲלִי vegoalí:

Osé Shalom

Ahora damos tres pasos hacia atrás para atraer la Luz de los Mundos Superiores a nuestra vida. Nos inclinamos a la derecha, a la izquierda y al centro, y debemos meditar en que, al dar estos tres pasos hacia atrás, se construya nuevamente el Templo Sagrado que fue destruido.

Da tres pasos hacia atrás;

עוֹשֶׂה osé שָׁלוֹם shalom

(**Durante los días entre** ***Rosh Hashaná*** **y** ***Yom Kipur*** en lugar de "*shalom*" decimos:

Izquierda
Te vuelves a la izquierda y dices:

הַשָּׁלוֹם hashalom ספריאל המלאך הממונה על החיים)

בִּמְרוֹמָיו bimromav ר״ת ע״ב, ריבוע יהוה

Derecha
Te vuelves a la derecha y dices:

הוּא Hu בְּרַחֲמָיו verajamav יַעֲשֶׂה yaasé

שָׁלוֹם shalom עָלֵינוּ aleinu ר״ת ש״ע נהורין

Centro
Te alineas al centro y dices:

וְעַל veal כָּל־ col ילי ; עמם עַמּוֹ amó יִשְׂרָאֵל Yisrael

וְאִמְרוּ veimrú אָמֵן Amén יאהדונהי:

יְהִי yehí רָצוֹן ratsón מהש ע״ה, ע״ב בריבוע וקס״א ע״ה, אל שדי ע״ה

מִלְּפָנֶיךָ milfaneja ס״ג מ״ה ב״ן יְהֹוָאדנָי יאהדונהי Adonai אֱלֹהֵינוּ Eloheinu ילה

וֵאלֹהֵי veElohei לכב ; מילוי ע״ב, דמב ; ילה אֲבוֹתֵינוּ avoteinu, שֶׁתִּבְנֶה shetivné

בֵּית beit ב״פ ראה הַמִּקְדָּשׁ hamikdash בִּמְהֵרָה bimherá בְּיָמֵינוּ veyameinu

וְתֵן vetén חֶלְקֵנוּ jelkenu בְּתוֹרָתֶךָ vetorataj לַעֲשׂוֹת laasot חֻקֵּי jukei

רְצוֹנָךְ retsonaj וּלְעָבְדָךְ uleovdaj פוי, אל אדני בְּלֵבָב belevav בוכו שָׁלֵם shalem.

Da tres pasos hacia delante.

Yihyú Leratsón (el segundo)

"Que los dichos de mi boca y los pensamientos de mi corazón sean gratos ante Ti, Señor, mi Fortaleza y mi Redentor" (Salmos 19:15).

Osé Shalom

Él, que establece paz (Durante los días entre Rosh Hashaná y Yom Kipur: *la paz*) *en Sus altos lugares, Él, en Su compasión, hará que la paz esté entre nosotros y sobre Su pueblo entero, Israel, y dirán: Amén.*

Sea agradable ante Ti, Señor, nuestro Dios y Dios de nuestros antepasados, que puedas reconstruir rápidamente el Templo, en nuestros días, y otórganos participación en Tu Torá, para que podamos cumplir las leyes de Tu deseo y servirte con todo el corazón.

YEHÍ SHEM

יְהִי yehí שֵׁם shem יְהֹוָהאדניאהדונהי Adonai מְבֹרָךְ mevoraj ר"ת ריבוע ע"ב וריבוע ס"ג

יהוה מברך = רפ"ח (להעלות רפ"ח ניצוצות שנפלו לקליפה דמשם באים התחלואים) מֵעַתָּה meatá

וְעַד־ vead עוֹלָם olam ילי: מִמִּזְרַח־ mimizraj שֶׁמֶשׁ shémesh עַד־ ad

ר"ת קדוש מְבוֹאוֹ mevoó מְהֻלָּל mehulal שֵׁם shem יְהֹוָהאדניאהדונהי Adonai:

רָם ram עַל־ al כָּל־ col ילי ; עמם גּוֹיִם goyim יְהֹוָהאדניאהדונהי Adonai עַל al

הַשָּׁמַיִם hashamáyim י"פ טל, י"פ כוזו ; ר"ת וזשמל כְּבוֹדוֹ quevodó:

יְהֹוָהאדניאהדונהי Adonai אֲדֹנֵינוּ adoneinu מָה־ ma מ"ה אַדִּיר adir הרי

שִׁמְךָ Shimjá בְּכָל־ bejol ב"ן, לכב ; ומב הָאָרֶץ haárets אלהים דההין ע"ה:

KADISH TITKABAL

יִתְגַּדַּל yitgadal וְיִתְקַדַּשׁ veyitkadash שדי ומילוי שדי ; י"א אותיות כמנין ו"ה

שְׁמֵיהּ Shmei (שם י"ה דע"ב) רַבָּא rabá קנ"א ב"ן, יהוה אלהים יהוה אדני,

מילוי קס"א וס"ג, מ"ה ברבוע וע"ב ע"ה ; ר"ת = ו"פ אלהים ; ס"ת = ג"פ יב"ק: אָמֵן Amén אידהנויה.

בְּעָלְמָא bealmá דִּי di בְרָא verá כִרְעוּתֵיהּ quirutei.

וְיַמְלִיךְ veyamlij מַלְכוּתֵיהּ maljutei. וְיַצְמַח veyatsmaj

פּוּרְקָנֵיהּ purkanei. וִיקָרֵב vikarev מְשִׁיחֵיהּ Meshijei: אָמֵן Amén אידהנויה.

בְּחַיֵּיכוֹן bejayeijón וּבְיוֹמֵיכוֹן uveyomeijón וּבְחַיֵּי uvejayei

דְכָל dejol ילי בֵּית beit ב"פ ראה יִשְׂרָאֵל Yisrael בַּעֲגָלָא baagalá

וּבִזְמַן uvizmán קָרִיב kariv וְאִמְרוּ veimrú אָמֵן Amén: אָמֵן Amén אידהנויה.

YEHÍ SHEM

"Que el Nombre del Señor sea bendecido desde ahora hasta toda la eternidad. Desde la salida del Sol hasta su caída, que el Nombre del Señor sea alabado y elevado. Sobre todas las naciones está el Señor. Su gloria está sobre los Cielos" (Salmos 113:2-4). "Dios, nuestro Señor, cuán tremendo es Tu Nombre en toda la Tierra" (Salmos 8:10).

KADISH TITKABAL

Glorificado y santificado sea Su gran Nombre (Amén).

En el mundo que Él creó de acuerdo a Su voluntad, y pueda Su Reino reinar. Y pueda Él hacer que Su redención florezca y pueda Él acercar al Mesías (Amén). En tus vidas y en tus días y en la vida de toda la Casa de Israel, prontamente y en el futuro cercano, y dígase: Amén (Amén).

La congregación y el *jazán* dicen lo siguiente:

28 palabras (hasta *bealmá*) – meditar en:
מילוי דמילוי דע"ב (יוד ויו דלת הי יוד ויו יוד ויו הי יוד)
28 letras (hasta *almayá*) - meditar en:
מילוי דמילוי דע"ב (יוד ויו דלת הי יוד ויו יוד ויו הי יוד)

יְהֵא yehé שְׁמֵיהּ Shmei (שם י"ה דס"ג) רַבָּא rabá קנ"א ב"ן,
מְבָרַךְ mevaraj יהוה אלהים יהוה אדני, מילוי קס"א וס"ג, מ"ה ברבוע וע"ב ע"ה,
לְעָלַם lealam לְעָלְמֵי lealmei עָלְמַיָּא almayá• יִתְבָּרַךְ yitbaraj•

Siete palabras con seis letras cada una (שם בן מ"ב) – meditar en:
יהוה ▪ יוד הי ויו הי ▪ מילוי דמילוי דע"ב (יוד ויו דלת הי יוד ויו יוד ויו הי יוד)
También, siete veces la letra Vav (שם בן מ"ב) – meditar en:
יהוה ▪ יוד הי ויו הי ▪ מילוי דמילוי דע"ב (יוד ויו דלת הי יוד ויו יוד ויו הי יוד).

וְיִשְׁתַּבַּח veyishtabaj י"פ ע"ב יהוה אל אבג יתץ•

וְיִתְפָּאַר veyitpaar הי נו יה קרע שטן• וְיִתְרוֹמַם veyitromam וה כוזו נגד יכש•

וְיִתְנַשֵּׂא veyitnasé במוכסז בטר צתג• וְיִתְהַדָּר veyihadar כוזו יה וזקב טנע•

וְיִתְעַלֶּה veyitalé וה יוד ה יגל פזק• וְיִתְהַלָּל veyithalal א ואו הא שקו צית•

שְׁמֵיהּ Shmei (שם י"ה דמ"ה) דְּקוּדְשָׁא deKudshá בְּרִיךְ Verij הוּא Hu:

אָמֵן Amén אידהנויה •

לְעֵלָּא leelá מִן min כָּל col ילי בִּרְכָתָא birjatá• שִׁירָתָא shiratá•
תֻּשְׁבְּחָתָא tishbejatá וְנֶחֱמָתָא venejamatá• דַּאֲמִירָן daamirán
בְּעָלְמָא bealmá וְאִמְרוּ veimrú אָמֵן Amén: אָמֵן Amén אידהנויה.

תִּתְקַבַּל titkabal צְלוֹתָנָא tselotaná וּבָעוּתָנָא uvautaná
עִם im צְלוֹתְהוֹן tselothón וּבָעוּתְהוֹן uvautehón דְּכָל dejol ילי
בֵּית beit ב"פ ראה יִשְׂרָאֵל Yisrael קֳדָם kadam אֲבוּנָא avuná
דְּבִשְׁמַיָּא devishmayá וְאִמְרוּ veimrú אָמֵן Amén: אָמֵן Amén אידהנויה.•

Que Su gran Nombre sea bendito por siempre y por toda la eternidad. Bendito y alabado, y glorificado y exaltado, y ensalzado y honrado, y adorado y loado sea el Nombre del Santísimo, bendito sea Él (Amén). Más allá de todas las bendiciones, himnos, alabanzas y palabras de consolación que jamás se dijeran en el mundo, y dígase: Amén (Amén). Sean aceptadas nuestras oraciones y súplicas, junto con las oraciones y las súplicas de toda la Casa de Israel, ante nuestro Padre en los Cielos, y dígase: Amén (Amén).

יְהֵא yehé שְׁלָמָא shlamá רַבָּא rabá קנ"א ב"ן, יהוה אלהים יהוה אדני, מילוי קס"א וס"ג,

מ"ה ברבוע וע"ב ע"ה מִן min שְׁמַיָּא shmayá• וְחַיִּים jayim אהיה אהיה יהוה, בינה ע"ה

וְשָׂבָע vesavá וִישׁוּעָה vishuá וְנֶחָמָה venejamá וְשֵׁיזָבָא vesheizavá

וּרְפוּאָה urefuá וּגְאֻלָּה ugueulá וּסְלִיחָה uslijá וְכַפָּרָה vejapará

וְרֵיוַח vereivaj וְהַצָּלָה vehatsalá• לָנוּ lanu אלהים, אהיה אדני וּלְכָל ulejol יה אדני

עַמּוֹ amó יִשְׂרָאֵל Yisrael וְאִמְרוּ veimrú אָמֵן Amén: אָמֵן Amén אידהנויה.

Da tres pasos para atrás y di:

עוֹשֶׂה osé שָׁלוֹם shalom

(**Durante los días entre *Rosh Hashaná* y *Yom Kipur*** en lugar de "*shalom*" decimos:

הַשָּׁלוֹם hashalom ספריאל המלאך החותם לחיים)

בִּמְרוֹמָיו bimromav ע"ב, ריבוע יהוה• הוּא Hu בְּרַחֲמָיו berajamav

יַעֲשֶׂה yaasé שָׁלוֹם shalom עָלֵינוּ aleinu ר"ת ש"ע נהורין•

וְעַל veal כָּל col ילי ; עמם עַמּוֹ amó יִשְׂרָאֵל Yisrael וְאִמְרוּ veimrú אָמֵן Amén:

אָמֵן Amén אידהנויה•

ADONAI MALAJ

יְהֹוָהאדניאהדונהי Adonai מָלָךְ malaj גֵּאוּת gueut לָבֵשׁ lavesh לָבֵשׁ lavesh

יְהֹוָהאדניאהדונהי Adonai עֹז oz הִתְאַזָּר hitazar אַף־ af ר"ת = אלהים, אהיה אדני

תִּכּוֹן ticón תֵּבֵל tevel ב"פ רי"ו בַּל־ bal תִּמּוֹט timot: נָכוֹן najón כִּסְאֲךָ quisajá

מֵאָז meaz ומב מֵעוֹלָם meolam אָתָּה Atá ר"ת הפסוק קנ"א, אדני אלהים:

נָשְׂאוּ nasú נְהָרוֹת neharot יְהֹוָהאדניאהדונהי Adonai נָשְׂאוּ nasú ר"ת = קין

נְהָרוֹת neharot קוֹלָם kolam יִשְׂאוּ yisú נְהָרוֹת neharot דָּכְיָם dojyam ר"ת דני:

Que haya paz abundante del Cielo. Vida, satisfacción, salvación, consuelo, entrega, sanación, redención, perdón, expiación, comodidad y alivio para nosotros y para toda Su nación, Israel y dígase: Amén (Amén). *Él, que establece paz* (Durante los días entre Rosh Hashaná *y* Yom Kipur: *la paz*) *en Sus altos lugares, Él, en Su compasión, hará la paz sobre nosotros y sobre toda Su nación, Israel. Y dígase: Amén* (Amén).

ADONAI MALAJ

"El Señor reinó, de magnificencia se vistió, se vistió el Señor, con fortaleza se ciñó; Él afirma el mundo, para que no se desplome. Establecido está Tu Trono desde entonces: Siempre estarás Tú. Alzaron los ríos; Señor, alzaron los ríos su voz. Los ríos elevarán sus poderosas olas.

מִקֹּלוֹת mikolot מַיִם máyim רַבִּים rabim אַדִּירִים adirim הרי

מִשְׁבְּרֵי־ mishberei יָם yam ילי ; ר"ת אבוי אַדִּיר adir הרי

בַּמָּרוֹם bamarom יְהֹוָהאדניאההדונהי Adonai ; ר"ת אבי: עֵדֹתֶיךָ edoteja

נֶאֶמְנוּ neemnú מְאֹד meod ר"ת = קין לְבֵיתְךָ leveitjá ב"פ ראה

נַאֲוָה־ naavá קֹדֶשׁ kódesh יְהֹוָהאדניאההדונהי Adonai לְאֹרֶךְ: leórej

יָמִים yamim נלך ; ר"ת ילי ; ס"ת = אדני ; יהוה לאורך ימים = ש"ע נהורין עם י"ג אותיות:

KADISH YEHÉ SHLAMÁ

יִתְגַּדַּל yitgadal וְיִתְקַדַּשׁ veyitkadash שדי ומילוי שדי; י"א אותיות כמנין ו"ה

שְׁמֵיהּ Shmei (שם י"ה דע"ב) רַבָּא rabá קנ"א ב"ן, יהוה אלהים יהוה אדני,

מילוי קס"א וס"ג, מ"ה ברבוע וע"ב ע"ה ; ר"ת = ו"פ אלהים ; ס"ת = ג"פ יב"ק: אָמֵן Amén אידהנויה.

בְּעָלְמָא bealmá דִּי di בְרָא verá כִּרְעוּתֵיהּ quirutei.

וְיַמְלִיךְ veyamlij מַלְכוּתֵיהּ maljutei. וְיַצְמַח veyatsmaj

פּוּרְקָנֵיהּ purkanei. וִיקָרֵב vikarev מְשִׁיחֵיהּ Meshijei: אָמֵן Amén אידהנויה.

בְּחַיֵּיכוֹן bejayeijón וּבְיוֹמֵיכוֹן uveyomeijón וּבְחַיֵּי uvejayei

דְכָל dejol ילי בֵּית beit ב"פ ראה יִשְׂרָאֵל Yisrael בַּעֲגָלָא baagalá

וּבִזְמַן uvizmán קָרִיב kariv וְאִמְרוּ veimrú אָמֵן Amén: אָמֵן Amén אידהנויה.

Más que el estruendo de muchas aguas,
que las recias olas del mar. Eres magnífico en Tus alturas, Señor. Tus decretos son muy seguros. Tu casa es el Sancta Sanctórum, el Señor será por los siglos y para siempre" (Salmos 93).

KADISH YEHÉ SHLAMÁ

Glorificado y santificado sea Su gran Nombre (Amén).

En el mundo que Él creó de acuerdo a Su voluntad, y pueda Su Reino reinar. Y pueda Él hacer que Su redención florezca y acercar al Mesías (Amén). *En tus vidas y en tus días y en la vida de toda la Casa de Israel, prontamente y en el futuro cercano, y dígase: Amén* (Amén).

La congregación y el *jazán* dicen lo siguiente:

28 palabras (hasta *bealmá*) – meditar en:
מילוי דמילוי דס"ג (יוד ויו דלת הי יוד ואו אלף ואו הי יוד)
28 letras (hasta *almayá*)- meditar en:
מילוי דמילוי דמ"ה (יוד ואו דלת הא אלף ואו אלף ואו הא אלף).

יְהֵא yehé שְׁמֵיהּ Shmei (שם י"ה דס"ג) רַבָּא rabá קנ"א ב"ן,

יהוה אלהים יהוה אדני, מילוי קס"א וס"ג, מ"ה ברבוע וע"ב ע"ה מְבָרַךְ mevaraj,

לְעָלַם lealam לְעָלְמֵי lealmei עָלְמַיָּא almayá. יִתְבָּרַךְ yitbaraj.

Siete palabras con seis letras cada una (שם בן מ"ב) – meditar en:
יהוה + יוד הי ואו הי + מילוי דמילוי דס"ג (יוד ויו דלת הי יוד ואו אלף ואו הי יוד);
También, siete veces la letra Vav (שם בן מ"ב) – meditar en:
יהוה + יוד הא ואו הא + מילוי דמילוי דמ"ה (יוד ואו דלת הא אלף ואו אלף ואו הא אלף).

וְיִשְׁתַּבַּח veyishtabaj י"פ ע"ב יהוה אל אבג יתץ.

וְיִתְפָּאַר veyitpaar הי נו יה קרע שטן. וְיִתְרוֹמַם veyitromam וה כוזו נגד יכש.

וְיִתְנַשֵּׂא veyitnasé במוכסז בטר צתג. וְיִתְהַדָּר veyihadar כוזו יה וזקב טנע.

וְיִתְעַלֶּה veyitalé וה יוד ה יגל פזק. וְיִתְהַלָּל veyithalal א ואו הא שקו צית.

שְׁמֵיהּ Shmei (שם י"ה דמ"ה) דְּקֻדְשָׁא deKudshá בְּרִיךְ Verij הוּא Hu.

אָמֵן Amén אידהנויה.

לְעֵלָּא leelá מִן min כָּל col ילי בִּרְכָתָא birjatá. שִׁירָתָא shiratá.

תֻּשְׁבְּחָתָא tishbejatá וְנֶחֱמָתָא venejamatá. דַּאֲמִירָן daamirán

בְּעָלְמָא bealmá וְאִמְרוּ veimrú אָמֵן Amén: אָמֵן Amén אידהנויה.

Que Su gran Nombre sea bendito por siempre y por toda la eternidad. Bendito y alabado, y glorificado y exaltado, y ensalzado y honrado, y adorado y loado, sea el Nombre del Santísimo, Bendito sea Él (Amén). Más allá de todas las bendiciones, himnos, alabanzas y palabras de consolación que jamás se dijeran en el mundo, y dígase: Amén (Amén).

יְהֵא yehé שְׁלָמָא shlamá רַבָּא rabá קנ"א ב"ן, יהוה אלהים יהוה אדני, מילוי קס"א וס"ג,

מ"ה ברבוע וע"ב ע"ה מִן min שְׁמַיָּא shmayá. וְחַיִּים jayim אהיה אהיה יהוה, בינה ע"ה

וְשָׂבָע vesavá וִישׁוּעָה vishuá וְנֶחָמָה venejamá וְשֵׁיזָבָא vesheizavá

וּרְפוּאָה urefuá וּגְאֻלָּה ugueulá וּסְלִיחָה uslijá וְכַפָּרָה vejapará

וְרֵיוַח vereivaj וְהַצָּלָה vehatsalá. לָנוּ lanu אלהים, אהיה אדני וּלְכָל ulejol יה אדני

עַמּוֹ amó יִשְׂרָאֵל Yisrael וְאִמְרוּ veimrú אָמֵן Amén: אָמֵן Amén אידהנויה.

Da tres pasos para atrás y di:

עוֹשֶׂה osé שָׁלוֹם shalom בִּמְרוֹמָיו bimromav ע"ב, ריבוע יהוה. הוּא Hu

בְּרַחֲמָיו berajamav יַעֲשֶׂה yaasé שָׁלוֹם shalom עָלֵינוּ aleinu ר"ת ש"ע נהורין.

וְעַל veal כָּל col ילי ; עמם עַמּוֹ amó יִשְׂרָאֵל Yisrael וְאִמְרוּ veimrú אָמֵן Amén:

אָמֵן Amén אידהנויה.

ALEINU

Aleinu es un agente sellador cósmico. Cementa y asegura todas nuestras oraciones, protegiéndolas de cualquier fuerza negativa tales como las *klipot*. Todas las oraciones anteriores a *Aleinu* atrajeron lo que los kabbalistas llaman Luz Interna. Sin embargo, *Aleinu* atrae Luz Circundante, la cual envuelve nuestras oraciones con un campo de fuerza protectora para bloquear a las *klipot*.

Atrayendo Luz Circundante para ser protegido de las *klipot* (la inclinación negativa).

עָלֵינוּ aleinu ריבוע דס"ג לְשַׁבֵּחַ leshabéaj עלינו לשבח = אבג יתץ, ושר

לַאֲדוֹן laAdón אני ; ס"ת ס"ג ע"ה הַכֹּל hacol ר"ת ללה, אדני

לָתֵת latet גְּדֻלָּה guedulá לְיוֹצֵר leyotser בְּרֵאשִׁית bereshit ר"ת גל"ב (באך ב"י יג"ל).

שֶׁלֹּא sheló עָשָׂנוּ asanu כְּגוֹיֵי quegoyei הָאֲרָצוֹת haaratsot

וְלֹא veló שָׂמָנוּ samanu כְּמִשְׁפְּחוֹת quemishpejot הָאֲדָמָה haadamá

Que haya paz abundante del Cielo. Vida, satisfacción, salvación, consuelo, entrega, sanación, redención, perdón, expiación, comodidad y alivio para nosotros y para toda Su nación, Israel, y dirán: Amén (Amén). Él, que establece la paz en Sus Alturas, Él, en Su compasión, hará la paz sobre nosotros y sobre toda Su nación, Israel. Y dirán: Amén (Amén).

ALEINU

Es nuestro deber alabar al Soberano de todo y atribuir grandeza al Moldeador de la Creación, que no nos ha hecho como los pueblos del mundo. Él no nos colocó como las familias de la Tierra.

שֶׁלֹּא sheló שָׂם sam וְחֶלְקֵנוּ jelkenu כָּהֶם cahem וְגוֹרָלֵנוּ vegoralenu

כְּכָל quejol הֲמוֹנָם •hamonam שֶׁהֵם shehem מִשְׁתַּחֲוִים mishtajavim

לָהֶבֶל lahével וָרִיק varik וּמִתְפַּלְּלִים umitpalelim אֶל el אֵל el

לֹא lo יוֹשִׁיעַ •yoshía (haz una pausa aquí, y cuando digas "*vaanajnu mishtajavim*" inclina todo tu cuerpo)

וַאֲנַחְנוּ vaanajnu מִשְׁתַּחֲוִים mishtajavim לִפְנֵי lifnei מֶלֶךְ Mélej

מַלְכֵי maljei הַמְּלָכִים hamlajim הַקָּדוֹשׁ haKadosh בָּרוּךְ Baruj

הוּא •Hu שֶׁהוּא sheHú נוֹטֶה noté שָׁמַיִם shamáyim י"פ טל, י"פ כוזו ; ר"ת = י"פ אדני

עֹבִי' ספירות של נוקבא ד"א וְיוֹסֵד veyosed אָרֶץ •árets וּמוֹשַׁב umoshav

יְקָרוֹ yekaró בַּשָּׁמַיִם bashamáyim י"פ טל, י"פ כוזו מִמַּעַל mimáal עלם•

וּשְׁכִינַת ushjinat עֻזּוֹ uzó בְּגָבְהֵי begavhei מְרוֹמִים •meromim

הוּא Hu אֱלֹהֵינוּ Eloheinu ילה וְאֵין veéin עוֹד od אַחֵר •ajer

אֱמֶת emet אהיה פעמים אהיה, ז"פ ס"ג מַלְכֵּנוּ malquenu וְאֶפֶס veéfes

זוּלָתוֹ •zulató כַּכָּתוּב cacatuv בַּתּוֹרָה :baTorá וְיָדַעְתָּ veyadata

הַיּוֹם hayom ע"ה נגד, מזבח, זן, אל יהוה וַהֲשֵׁבֹתָ vahashevota אֶל־ el

לְבָבֶךָ levaveja ר"ת לאו כִּי qui יְהֹוָהאדניאהדונהי Adonai הוּא Hu

הָאֱלֹהִים haElohim אהיה אדני ; ילה ; ר"ת יהה וכן עולה למנין ענו ע"ג

בַּשָּׁמַיִם bashamáyim י"פ טל, י"פ כוזו מִמַּעַל mimáal עלם ;

רמז לאור פנימי המתוז"ל מלמעלה וְעַל־ veal הָאָרֶץ haárets אלהים דההין ע"ה

מִתָּחַת mitájat רמז לאור מקיף המתוז"ל מלמטה אֵין ein עוֹד :od

---

Él no hizo nuestra suerte como la de ellos ni nuestro destino como el de sus multitudes, ya que ellos se inclinan ante la futilidad y el vacío, y rezan a una deidad que no ayuda. Nosotros nos inclinamos ante el Supremo Rey de Reyes, el Santísimo, Bendito sea Él. Él es quien extiende los Cielos y funda la Tierra. La Sede de Su gloria está arriba en el Cielo y la Presencia Divina de Su poder está en las alturas excelsas. Él es nuestro Dios y no hay ningún otro. Nuestro Rey es verdadero y no hay nadie excepto Él. Como está escrito en la Torá: "Aprende hoy y grábalo en tu corazón que el Señor es Dios arriba en los Cielos y abajo sobre la Tierra, y no hay otro" (Deuteronomio 4:39).

עַל al כֵּן quen נְקַוֶּה nekavé לְּךָ laj יְהֹוָה יאהדונהי Adonai אֱלֹהֵינוּ Eloheinu

ילה לִרְאוֹת lirot מְהֵרָה meherá בְּתִפְאֶרֶת betiféret עֻזָּךְ: uzaj ס"ת כהת, משיח

בן דוד ע"ה לְהַעֲבִיר lehaavir גִּלּוּלִים guilulim מִן min הָאָרֶץ haárets אלהים דההין

ע"ה וְהָאֱלִילִים vehaelilim כָּרוֹת carot יִכָּרֵתוּן yicaretún. לְתַקֵּן letakén

עוֹלָם olam בְּמַלְכוּת bemaljut שַׁדַּי Shadai. וְכָל vejol ילי בְּנֵי bnei

בָשָׂר vasar יִקְרְאוּ yikreú בִשְׁמֶךָ vishmeja לְהַפְנוֹת lehafnot אֵלֶיךָ eleja

כָּל col ילי רִשְׁעֵי rishei אָרֶץ árets. יַכִּירוּ yaquiru וְיֵדְעוּ veyedú כָּל col ילי

יוֹשְׁבֵי yoshvei תֵבֵל tevel ב"פ רי"ו. כִּי qui לְךָ lejá תִּכְרַע tijrá כָּל־ col ילי

בֶּרֶךְ bérej תִּשָּׁבַע tishavá כָּל col ילי לָשׁוֹן lashón. לְפָנֶיךָ lefaneja ס"ג מ"ה ב"ן

יְהֹוָה יאהדונהי Adonai אֱלֹהֵינוּ Eloheinu ילה יִכְרְעוּ yijreú וְיִפֹּלוּ veyipolu

וְלִכְבוֹד velijvod שִׁמְךָ Shimjá יְקָר yekar יִתֵּנוּ yitenu. וִיקַבְּלוּ vikablú

כֻלָּם julam אֶת et עוֹל־ ol מַלְכוּתֶךָ maljuteja. וְתִמְלוֹךְ vetimloj

עֲלֵיהֶם aleihem מְהֵרָה meherá לְעוֹלָם leolam ריבוע ס"ג וי' אותיות דס"ג וָעֶד vaed.

כִּי qui הַמַּלְכוּת hamaljut שֶׁלְּךָ sheljá הִיא hi. וּלְעוֹלְמֵי uleolmei

עַד ad תִּמְלוֹךְ timloj בְּכָבוֹד bejavod בוכו. כַּכָּתוּב cacatuv

בְּתוֹרָתָךְ beTorataj: יְהֹוָה יאהדונהי Adonai | יִמְלֹךְ yimloj לְעֹלָם leolam

ריבוע ס"ג וי' אותיות דס"ג ; ר"ת ייל וָעֶד vaed. וְנֶאֱמַר veneemar: וְהָיָה vehayá יהוה ; יהה

יְהֹוָה יאהדונהי Adonai לְמֶלֶךְ leMélej עַל־ al כָּל־ col ילי ; עמם

הָאָרֶץ haárets אלהים דההין ע"ה בַּיּוֹם bayom ע"ה נגד, מזבח, זן, אל יהוה

הַהוּא hahú יִהְיֶה yihyé ייי יְהֹוָה יאהדונהי Adonai אֶחָד Ejad אהבה, דאגה

וּשְׁמוֹ uShmó מהש ע"ה, ע"ב בריבוע וקס"א ע"ה, אל שדי ע"ה אֶחָד Ejad אהבה, דאגה:

Por eso, Señor, nuestro Dios, esperamos contemplar pronto la gloria majestuosa de Tu poder, cuando elimines los ídolos de la Tierra y los falsos dioses hayan sido completamente destruidos, para perfeccionar al mundo con el Reino del Todopoderoso. Y la humanidad entera invocará Tu Nombre y todos los malvados de la Tierra se dirigirán a Ti. Entonces todos los habitantes del mundo reconocerán y sabrán que, por Ti, toda rodilla se dobla y toda lengua se colma. Que ante Ti, Señor, nuestro Dios, se arrodillen y se prosternen y honren Tu glorioso Nombre. Y todos aceptarán el yugo de Tu Reino y Tú reinarás sobre ellos para siempre jamás. Pues el Reino es Tuyo. Y para siempre y por la eternidad, Tú reinarás en gloria. Como está escrito en la Torá: "El Señor reinará por los siglos de los siglos" (Éxodo 15:18) y también está dicho: "El Señor será Rey sobre toda la Tierra y, en aquel día, el Señor será Uno y Uno su Nombre" (Zacarías 14:9).

KABALAT SHABAT

Debes salir al campo y, de no ser posible, es bueno que salgas a un jardín o un lugar que esté solo y despejado. Y debes ubicarte en un lugar elevado y volverte hacia el Oeste. En el momento de la puesta de Sol, cierra los ojos y pon las manos sobre tu pecho, la mano derecha sobre la izquierda, y párate con sobrecogimiento y temor como si estuvieras parado ante el Rey para recibir la Santidad del *Shabat*.

Debes meditar en que *Jakal* חק"ל (campo), el cual tiene el valor numérico de 138, es igual a: הויה אהיה הויה אדני (יאהההויהה + יאהדונהי). También tiene el valor numérico del *Milui* de los cuatro Nombres (וד י יו י + וד י או י + וד א או א + וד ה ו ה) con las diez letras. Y también (יוד הי ואו הי) ס"ג con sus diez letras y el Nombre אדני tienen el valor numérico de 138.

Ahora en el campo (*Sadé* שדה) meditar en que sea considerado como la parte externa de los Cuatro Mundos, y nuestra meta durante *Kabalat Shabat* en el campo es elevar esta parte externa (la elevación es el secreto de la Luz Interna de lo externo).

Debes visualizar los Cuatro Mundos en el orden siguiente y meditar en elevarlos mientras *Jojmá*, *Biná*, *Dáat* del Mundo Inferior pasa a *Nétsaj*, *Hod*, *Yesod* del Mundo Superior. Y posteriormente, mientras digas la palabra "*havú*" en el Salmo 29, medita en la elevación de los tres Niveles Superiores de *Asiyá* hacia *Nétsaj*, *Hod*, *Yesod* de *Yetsirá*.

Atsilut יוד הי ויו הי

Briá יוד הי ואו הי

Yetsirá יוד הא ואו הא

Asiyá יוד הה וו הה

Recita lo siguiente con toda tu energía, todas tus fuerzas, y con felicidad:

לְשֵׁם leShem יִחוּד yijud קוּדְשָׁא Kudshá בְּרִיךְ Berij הוּא Hu

וּשְׁכִינְתֵּיהּ uShjintei (יאהדונהי) בִּדְחִילוּ bidjilu וּרְחִימוּ urjimu

(יאהההויהה), וּרְחִימוּ urjimu וּדְחִילוּ udjilu (איההויהה), לְיַחֲדָא leyajdá

שֵׁם Shem יוּ"ד Yud קֵ"י Kei בְּוָא"ו beVav קֵ"י Kei בְּיִחוּדָא beyijudá

שְׁלִים shelim (יהוה) בְּשֵׁם beshem כָּל col ילי יִשְׂרָאֵל Yisrael,

בּוֹאוּ bóu וְנֵצֵא venetsé לִקְרַאת likrat שַׁבָּת Shabat מַלְכְּתָא malquetá,

לַחֲקַל lajakal תַּפּוּחִין tapujín קַדִּישִׁין kadishín.

KABALAT SHABAT
LESHEM YIJUD

Por el bien de la unificación del Santo, Bendito sea y Su Shejiná, con temor y amor y con amor y temor, para unificar El Nombre Yud-Kei y Vav-Kei en perfecta unidad, y en el nombre de Israel, salgamos a recibir a la Reina Shabat al campo de las manzanas sagradas.

MIZMOR LEDAVID

En este Salmo, la palabra *Kol* קוֹל, que significa "voz", aparece siete veces. La voz es la del Creador, *Kol Adonai*. Estas sietes voces representan siete dimensiones de la Luz. Estas siete dimensiones se expresan a sí mismas a través de los siete versos del *Aná Bejóaj*, el Nombre de Dios de 42 Letras. Cada vez que hacemos una conexión con el Nombre de Dios de 42 Letras, estamos accediendo a la fuerza primordial de la Creación. Este tipo de energía proporciona vida nueva, rejuvenecimiento y positividad absoluta a nuestra vida. Esto ayuda a despertarnos para recibir la Luz de *Shabat*.

En este Salmo también encontramos el Nombre: יהוה dieciocho veces. Dieciocho es el mismo valor numérico de la palabra aramea *Jai* חי que quiere decir "vida". En consecuencia, tenemos 72 letras (4 x 18). Esto equivale al valor numérico de la palabra aramea *Jésed* חסד. *Jésed* representa la energía de misericordia. La razón detrás de la estructura de esta oración es darnos la capacidad de envolvernos con la energía de misericordia que ahora está fluyendo hacia nuestro mundo durante *Shabat*. Usualmente, en este momento del día (atardecer), el universo está lleno de energía de juicio. No obstante, en *Shabat* estamos sólo conectando con misericordia, ya que *Shabat* es una realidad sin juicio. Pero hay un prerrequisito: Tenemos que tener cuidado de no juzgar a los demás durante el período justo antes de *Shabat*. En este momento, el Satán intenta instigar a hostilidades y discusiones entre cónyuges, familiares y amigos. Si el Satán gana y actuamos con juicio, no podemos conectar con la Luz de misericordia. Debemos ubicarnos en un marco de felicidad total.

En este Salmo aparece 18 veces יהוה que tienen 72 letras, que es el valor numérico de *Jésed*, por la misericordia que desciende del Mundo Superior. Hay 11 versículos, los cuales tienen el mismo valor numérico que ו"ה y 91 palabras, que es el valor numérico de *Amén* אמן. Meditar en que las tres partes inferiores de la letra ל de *Tsélem* de *Aba* e *Ima* están entrando a *Zeir Anpín*.

מִזְמוֹר mizmor לְדָוִד leDavid

הָבוּ havú אוזד, אהבה, דאגה

Debes meditar en atraer tres veces ב"ן de los Trece *Tikunéi Dikná* de *Asiyá*
hacia *Dáat* de *Asiyá* para poder elevarla a *Yesod* de *Yetsirá*.

לַיהֹוָהאדניאהדונהי laAdonai בְּנֵי bnei ר"ת הבל

Debes meditar que tu alma sea elevada con el alma de *Hével* (esp. Abel) durante la noche.

אֵלִים elim הבו יהוה בני אלים = יעקב

הָבוּ havú אוזד, אהבה, דאגה

Debes meditar en atraer tres veces מ"ה de los Trece *Tikunéi Dikná* de *Yetsirá*
hacia *Biná* de *Asiyá* para poder elevarla a *Hod* de *Yetsirá*.

לַיהֹוָהאדניאהדונהי laAdonai כָּבוֹד cavod ר"ת כלה (ב"ן ג' ספירות) וָעֹז vaoz:

MIZMOR LEDAVID

"Un Salmo de David:
¡Aclamen al Señor, hijos de los poderosos, aclamen la gloria y el poder del Señor!

הָבוּ havú אוזר, אהבה, דאגה

Debes meditar en atraer tres veces ס"ג de los Trece *Tikunéi Dikná* de *Briá* hacia *Jojmá* de *Asiyá* para poder elevarla hacia *Nétsaj* de *Yetsirá*. También, tres veces הבו equivale a יוד הא ואו הא (39), donde el último הא (*Nukvá*) recibió de él.

לַיהוָהאדניאהדונהי laAdonai כָּבוֹד quevod ר"ת כלה (ב"ן וג' ספירות) שְׁמוֹ Shmó

ע"ב בריבוע וקס"א ע"ה, אל שדי ע"ה, מהש ע"ה ; הבו יהוה כבוד שמו = אדם דוד משיח

הִשְׁתַּחֲווּ hishtajavú

Debes meditar en atraer tres veces ע"ב de los Trece *Tikunei Dikná* de *Atsilut* hacia *Jojmá* de *Asiyá* para que ס"ג vaya hacia *Biná* y מ"ה y ב"ן vayan hacia *Dáat*, ya que este es Su lugar en el secreto de *Jasadim* y *Guevurot* como se conoce.

לַיהוָהאדניאהדונהי laAdonai בְּהַדְרַת־ behadrat ר"ת הבל

Debes meditar que tu alma sea elevada con el alma de Hével durante la noche.

קֹדֶשׁ kódesh ר"ת למפרע קבלה (שביום שבת צריך ללמוד קבלה):

Siete voces – ז' קולות

קוֹל kol (*Jésed*) יְהֹוָהאדניאהדונהי Adonai (אֶבְּגִיתֶץ - ו)

עַל־ al הַמָּיִם hamáyim ר"ת = אלף למד (וחסד - ואל שני רמוזי במילה בהמשך)

אֵל־ El ייא"י (מילוי דס"ג) הַכָּבוֹד hacavod לאו הִרְעִים hirim

ה"פ אדני (להמתיק שכ"ה דינים) יְהֹוָהאדניאהדונהי Adonai עַל־ al מַיִם máyim

רַבִּים rabim ר"ת הרעים (שכ"ה דינים - ושני השכ"ה דינים נמתקים ע"י שני שמות א"ל הרמוזים לעיל):

קוֹל־ kol (*Guevurá*) יְהֹוָהאדניאהדונהי Adonai (קְרַעְשָׂטָן - ד)

בַּכֹּחַ bacóaj ר"ת יב"ק, אלהים, יהוה, אהיה אדני יהוה

קוֹל kol (*Tiféret*) יְהֹוָהאדניאהדונהי Adonai (נְגַדִיכַשׁ - א)

בֶּהָדָר behadar ר"ת יב"ק, אלהים, יהוה, אהיה אדני יהוה:

¡Den al Señor honores apropiados para Su Nombre, póstrense ante el Señor en la gloria de Su Santidad! ¡La voz del Señor sobre las aguas! El Dios de la gloria hace oír su trueno: el Señor está sobre las aguas torrenciales. ¡La voz del Señor es potente, la voz del Señor es majestuosa!

קוֹל kol (*Nétsaj*) יְהֹוָֹהיאהדונהי Adonai (בְּטְרְצְתְגְ - א) שֹׁבֵר shover

אֲרָזִים arazim וַיְשַׁבֵּר vayshaber יְהֹוָֹהיאהדונהי Adonai אֶת־ et אַרְזֵי arzei

הַלְּבָנוֹן haLevanón ר"ת האא: וַיַּרְקִידֵם vayarkidem כְּמוֹ־ quemó עֵגֶל éguel

לְבָנוֹן Levanón וְשִׂרְיוֹן veSiryón כְּמוֹ quemó בֶן־ ven רְאֵמִים reemim:

קוֹל־ kol (*Hod*) יְהֹוָֹהיאהדונהי Adonai (וְזַקְבְּטְנַע - ו) חֹצֵב jotsev

ס"ת הב"ל (כי עתה עולים בקדושה כל ניצוצות קין והבל שירדו בקליפות) לַהֲבוֹת lahavot אֵשׁ esh:

קוֹל kol (*Yesod*) יוהוווואדנייאהדונהי Adonai (יוגולפזוקו - א)

יָחִיל yajil ס"ת ללה, אדני מִדְבָּר midbar יָחִיל yajil יְהֹוָֹהיאהדונהי Adonai

מִדְבַּר midbar קָדֵשׁ kadesh ר"ת קין: קוֹל kol (*Maljut*) יְהֹוָֹהיאהדונהי Adonai

(שְׁקֻוצִית ויכוין לכלול בו כל שישה השמות האחרים - ודאאוא)

יְחוֹלֵל yejolel אַיָּלוֹת ayalot וַיֶּחֱשֹׂף vayejesof יְעָרוֹת yearot

וּבְהֵיכָלוֹ uveheijaló כֻּלּוֹ culó אֹמֵר omer כָּבוֹד cavod:

יְהֹוָֹהיאהדונהי Adonai לַמַּבּוּל lamabul יָשָׁב yashav ר"ת יל"י וס"ת הבל

וַיֵּשֶׁב vayeshev יְהֹוָֹהיאהדונהי Adonai מֶלֶךְ Mélej לְעוֹלָם leolam

ריבוע ס"ג י' אותיות דס"ג: יְהֹוָֹהיאהדונהי Adonai עֹז oz לְעַמּוֹ leamó יִתֵּן yitén

יְהֹוָֹהיאהדונהי Adonai יְבָרֵךְ yevarej עסמ"ב, הברכה (למתק את ז' המלכים שמתו) אֶת־ et

עַמּוֹ amó בַשָּׁלוֹם vashalom ר"ת ע"ב, ריבוע יהוה:

Meditar en elevar a *Jésed*, *Guevurá*, *Tiféret* al lugar de *Jojmá*, *Biná*, *Dáat* y luego en elevar a *Nétsaj*, *Hod*, *Yesod* al lugar de *Jésed*, *Guevurá*, *Tiféret* y después en elevar *Maljut* al lugar de *Nétsaj*, *Hod*, *Yesod* por las siete voces (*kol*) y los siete יהוה.

La voz del Señor parte los cedros, el Señor parte los cedros del Líbano; hace saltar al Líbano como a un novillo y al Sirión como a un toro salvaje. La voz del Señor talla llamas de fuego; la voz del Señor hace temblar el desierto, el Señor hace temblar el desierto de Cadés. La voz del Señor retuerce las encinas, el Señor arrasa las selvas. En Su Templo, todos dicen: '¡Gloria!'. El Señor tiene Su Trono sobre las aguas celestiales, el Señor se sienta en Su Trono de Rey Eterno. El Señor fortalece a Su pueblo, Él bendice a Su pueblo con la paz" (Salmos 29).

ANÁ BEJÓAJ

El *Aná Bejóaj* probablemente sea la oración más poderosa en todo el universo. El Kabbalista del siglo II Rav Najunyá ben HaKaná fue el primer sabio en revelar esta combinación de 42 letras, la cual contiene el poder de la Creación.

El *Aná Bejóaj* es una fórmula única, compuesta por 42 letras distribuidas en siete frases que nos proporciona la capacidad de trascender este mundo físico con todas sus limitaciones. Se conoce como el Nombre de Dios de 42 letras. El *Aná Bejóaj* puede eliminar literalmente todas las fricciones, barreras y obstáculos asociados con nuestra existencia física. Inyecta orden en el caos, elimina la influencia del Satán de nuestra naturaleza, genera sustento financiero, crea unidad y amor con los demás, y proporciona energía sanadora al cuerpo y la mente. Recitamos o escaneamos el *Aná Bejóaj* cada día, tantas veces como queramos.

Cuando utilizamos el *Aná Bejóaj* nos estamos conectando a estos cuatro elementos:

1) **SIETE FRASES:** Las siete frases corresponden a las siete *Sefirot*, desde *Jésed* hasta *Maljut*. Aunque hay diez *Sefirot* en total, sólo las Siete Inferiores ejercen influencia en nuestro mundo físico. Al conectarnos a estas siete, obtenemos el control sobre este mundo físico.

2) **LETRAS DEL MES:** Avraham el Patriarca reveló los secretos astrológicos de las letras arameas y de los signos del Zodíaco en su tratado kabbalístico *El libro de la formación* (*Séfer Yetsirá*). Cada mes del año está gobernado por un planeta, y cada planeta tiene un verso correspondiente en el *Aná Bejóaj*; por lo tanto, también meditamos en el planeta y la letra aramea que creó tanto el planeta como el signo del Zodíaco de ese mes. (Ver tabla en la pág. 81). Al hacer esto, nos conectamos con la energía positiva de cada planeta y no con su influencia negativa. Por ejemplo, la letra aramea *Ayin* creó el signo de Capricornio, *Tevet*. Capricornio está gobernado por el planeta Saturno. La letra aramea que dio nacimiento a Saturno es *Bet*, por lo tanto, cada día durante el mes de *Tevet* meditamos en las letras *Ayin* y *Bet* después de recitar y meditar en el primer verso del *Aná Bejóaj*.

3) **CORRECCIÓN DEL ALMA – TIKÚN HANÉFESH:** A lo largo de la historia, los kabbalistas han utilizado esta meditación sanadora dos veces al día, siete días a la semana, para regenerar y revitalizar todos los órganos del cuerpo. Cuando llegamos a la frase del *Aná Bejóaj* que gobierna el mes en el cual nos encontramos, nos detenemos y meditamos en las letras del mes, y luego hacemos el *Tikún HaNéfesh*. (Ver pág. 665). Utilizando la tabla como guía, coloca tu mano derecha sobre la parte del cuerpo en particular a la que estás canalizando energía. Mira la combinación de letras arameas para esa área específica del cuerpo y permite que la Luz penetre a través de tu mano derecha en esa parte del cuerpo.

4) **LOS ÁNGELES DEL DÍA:** Los ángeles son paquetes diferenciados de energía espiritual que actúan como un sistema de transporte para nuestras oraciones. Ellos llevan nuestras palabras y pensamientos hacia los Mundos Superiores. Hay una línea del *Aná Bejóaj* para cada día de la semana y hay ángeles únicos que gobiernan cada día. **En *Shabat***, a medida que ascendemos a los Mundos Superiores a través de nuestras oraciones, podemos conectar con los ángeles del viernes en la noche (en *Kabalat Shabat*, ver pág. 81), sábado en la mañana (en *Shajarit*, ver pág. 236) y sábado en la tarde (en *Minjá*, ver pág. 488).

Jésed, domingo (*Álef Bet Guímel Yud Tav Tsadi*) אבג יתץ

אָנָּא aná · בְּכֹחַ bejóaj • גְּדוּלַּת guedulat · יְמִינְךָ yemineja •

תַּתִּיר tatir · צְרוּרָה tserurá :

Guevurá, lunes (*Kof Resh Ayin Sin Tet Nun*) קרע שטן

קַבֵּל kabel · רִנַּת rinat • עַמְּךָ ameja · שַׂגְּבֵנוּ sagvenu •

טַהֲרֵנוּ taharenu · נוֹרָא norá :

Tiféret, martes (*Nun Guímel Dálet Yud Caf Shin*) נגד יכש

נָא na · גִּבּוֹר guibor • דּוֹרְשֵׁי dorshei · יִחוּדֶךָ yijudeja •

כְּבָבַת quevavat · שָׁמְרֵם shamrem :

Nétsaj, miércoles (*Bet Tet Resh Tsadi Tav Guímel*) בטר צתג

בָּרְכֵם barjem · טַהֲרֵם taharem • רַחֲמֵי rajamei · צִדְקָתֶךָ tsidkateja •

תָּמִיד tamid · גָּמְלֵם gomlem :

Hod, jueves (*Jet Kof Bet Tet Nun Ayin*) חקב טנע

חֲסִין jasín · קָדוֹשׁ kadosh • בְּרוֹב berov · טוּבְךָ tuvjá •

נַהֵל nahel · עֲדָתֶךָ adateja :

Yesod, viernes (*Yud Guímel Lámed Pei Zayin Kof*) יגל פזק

יָחִיד yajid · גֵּאֶה gueé • לְעַמְּךָ leamjá · פְּנֵה pené •

זוֹכְרֵי zojrei · קְדֻשָּׁתֶךָ kedushateja :

Maljut, sábado (*Shin Kof Vav Tsadi Yud Tav*) שקו צית

שַׁוְעָתֵנוּ shavatenu · קַבֵּל kabel • וּשְׁמַע ushmá · צַעֲקָתֵנוּ tsaakatenu •

יוֹדֵעַ yodea · תַּעֲלֻמוֹת taalumot :

BARUJ SHEM QUEVOD

Susurrar esta frase final trae toda la Luz de los Mundos Superiores a nuestra existencia física.

(Susurrar) : יוד אותיות בָּרוּךְ Baruj שֵׁם Shem כְּבוֹד quevod מַלְכוּתוֹ maljutó

לְעוֹלָם leolam ריבוע ס"ג וי' אותיות דס"ג וָעֶד vaed :

El mes y las letras		El signo astrológico y la letra		El planeta y la letra		Meditación del Aná Bejóaj
Tevet	עב	Capricornio	ע	Saturno	ב	אבג יתץ
Shvat	צב	Acuario	צ	Saturno	ב	אבג יתץ
Kislev	סג	Sagitario	ס	Júpiter	ג	קרע שטן
Adar	קג	Piscis	ק	Júpiter	ג	קרע שטן
Nisán	הד	Aries	ה	Marte	ד	נגד יכש
Jeshván	נד	Escorpio	נ	Marte	ד	נגד יכש
Av	טכ	Leo	ט	Sol	כ	בטר צתג
Iyar	פו	Tauro	ו	Venus	פ	חקב טנע
Tishrei	פל	Libra	ל	Venus	פ	חקב טנע
Siván	רז	Géminis	ז	Mercurio	ר	יגל פזק
Elul	רי	Virgo	י	Mercurio	ר	יגל פזק
Tamuz	חת	Cáncer	ח	Luna	ת	שקו צית

Ángeles del viernes por la noche

יוד הי ואו הי   שועתנו קבל ושמע צעקתנו יודע תעלומות

שקוצית יהוה יהוה יהוה

שמעיאל ברכיאל אהניאל ר״ת שוא

סמטוריה גזריאל ועאנאל למואל ר״ת סגול   צוריאל רזיאל יופיאל ר״ת צירי

ANÁ BEJÓAJ

Jésed, domingo אבג יתץ

Te suplicamos, con el gran poder de Tu diestra, pon en libertad a los cautivos.

Guevurá, lunes קרע שטן

Acepta el canto de Tu Nación. Fortifícanos y purifícanos, Oh Reverenciado.

Tiféret, martes נגד יכש

Por favor, oh Todopoderoso, a los que buscan Tu unidad, cuídalos como a la pupila de los ojos.

Nétsaj, miércoles בטר צתג

Bendícelos. Purifícalos. Otórgales siempre Tu fidelidad compasiva.

Hod, jueves חקב טנע

Invencible y Todopoderoso, con la abundancia de Tu bondad, guía a Tu congregación.

Yesod, viernes יגל פזק

Oh exaltado y orgulloso, vuélvete a Tu pueblo, aquellos que recuerdan Tu santidad.

Maljut, sábado שקו צית

Acepta nuestra plegaria y escucha nuestro clamor, Tú que conoces todo lo oculto.

BARUJ SHEM QUEVOD

"Bendito es el Nombre de la Gloria. Su Reino es para siempre y para la eternidad" (Pesajim 56a).

LEJÁ DODÍ

Esta oración fue escrita por el Kabbalista Rav Shlomó Elkabets, y contiene diez versos que nos conectan con todas las Diez *Sefirot*, los transmisores por los cuales la Luz de Dios da vida a nuestro universo, incluyendo a nuestra alma. Durante la semana, nos encontramos con muchos desafíos y oportunidades que pueden perturbar y desalinear estas diez fuerzas de energía tanto a nivel personal como universal. El nivel de perturbación está basado en nuestras acciones individuales y colectivas. Como consecuencia, los niveles de energía en el mundo y en nuestras almas podrían estar desordenados y confusos. A nivel personal, esto puede manifestarse en reacciones exageradas y enojo ante situaciones en las cuales normalmente responderíamos con restricción y paciencia. Cada uno de los diez versos en el *Lejá Dodí* ajusta cada nivel de las Diez *Sefirot*, reacomodándolas en su correcta posición en el universo. Además realinea cada *Sefirá* dentro de nuestro cuerpo, poniéndonos en un apropiado equilibrio emocional, físico y espiritual.

La intención del *Lejá Dodí* es elevar las Diez *Sefirot* de *Yetsirá* al Mundo Superior (*Briá*).

Kéter

לְכָה lejá דוֹדִי dodí לִקְרַאת likrat כַּלָּה calá•

פְּנֵי penei חכמה בינה שַׁבָּת Shabat נְקַבְּלָה nekablá:

Jojmá

שָׁמוֹר shamor וְזָכוֹר vezajor ע״ב קס״א, יהי אור ע״ה

(סוד המשכת השפע מן ד׳ שמות ליסוד הנקרא זכור) בְּדִבּוּר bedibur אֶחָד ejad אהבה, דאגה•

הִשְׁמִיעָנוּ hishmianu אֵל El יא״י (מילוי דס״ג) הַמְּיוּחָד hameyujad•

יְהֹוָהאדניאהדונהי Adonai אֶחָד ejad אהבה, דאגה וּשְׁמוֹ uShmó ע״ב בריבוע קס״א ע״ה,

אל שדי ע״ה, מהש ע״ה אֶחָד Ejad אהבה, דאגה• לְשֵׁם leshem

וּלְתִפְאֶרֶת uletiféret וְלִתְהִלָּה velitehilá ע״ה אמת, אהיה פעמים אהיה, ז״פ ס״ג: *Lejá*

Biná

לִקְרַאת likrat שַׁבָּת Shabat לְכוּ leju וְנֵלְכָה venelja•

כִּי qui הִיא hi מְקוֹר mekor הַבְּרָכָה habrajá•

מֵרֹאשׁ merosh ריבוע אלהים אלהים דיודין ע״ה מִקֶּדֶם mikédem נְסוּכָה nesuja•

סוֹף sof מַעֲשֶׂה maasé בְּמַחֲשָׁבָה bemajashavá תְּחִלָּה tjilá: *Lejá*

LEJÁ DODÍ

Kéter *¡Ven amado mío al encuentro de la novia; a recibir la presencia del Shabat!*

Jojmá *Guarden y recuerden al unísono en una sola frase. El Dios único nos hizo escuchar. Dios es el Eterno, es Uno y Su nombre es Uno, para honra, gloria y alabanza.*

Biná *Vengan, vamos al encuentro de Shabat, que es fuente de bendiciones. Desde el principio, desde la antigüedad, fue consagrado. El final de la acción ya estaba primero en el pensamiento.*

Jésed

מִקְדַּשׁ mikdash מֶלֶךְ mélej עִיר ir בוזוך, סנדלפון, ערי מְלוּכָה ♦melujá

קוּמִי kumi צְאִי tséi מִתּוֹךְ mitoj הַהֲפֵכָה ♦hahafejá

רַב rav לָךְ laj שֶׁבֶת shévet בְּעֵמֶק beémek הַבָּכָא ♦habajá

וְהוּא vehú יַחֲמוֹל yajmol עָלַיִךְ aláyij חֶמְלָה ♦jemlá *Lejá*

Guevurá

הִתְנַעֲרִי hitnaarí מֵעָפָר meafar קוּמִי ♦kumi לִבְשִׁי livshí בִּגְדֵי bigdei

תִּפְאַרְתֵּךְ tifartej עַמִּי ♦amí עַל al יַד yad בֶּן ben יִשַׁי Yishai בֵּית beit

ב"פ ראה הַלַּחְמִי ♦halajmí קָרְבָה korvá אֶל el נַפְשִׁי nafshí גְּאָלָהּ ♦gueulá *Lejá*

Tiféret

הִתְעוֹרְרִי hitoreri הִתְעוֹרְרִי ♦hitoreri כִּי ♦qui בָא va אוֹרֵךְ órej קוּמִי kumi

אוֹרִי ori עוּרִי ♦uri עוּרִי uri שִׁיר shir דַּבֵּרִי daberi ראה♦ כְּבוֹד quevod

יְהֹוָה אדני אהדונהי Adonai ; כבוד יהוה = יוד הי ואו הה עָלַיִךְ aláyij נִגְלָה ♦niglá *Lejá*

Nétsaj

לֹא lo תֵבוֹשִׁי tevoshi וְלֹא veló תִכָּלְמִי ♦ticalmi

מַה ma מ"ה תִּשְׁתּוֹחֲחִי tishtojaji וּמַה umá מ"ה תֶּהֱמִי ♦tehemi

בָּךְ baj יֶחֱסוּ yejesú עֲנִיֵּי aniyei ריבוע מ"ה עַמִּי ♦amí

וְנִבְנְתָה venivnetá עִיר ir בוזוך, סנדלפון, ערי עַל al תִּלָּהּ ♦tilá *Lejá*

Jésed *Santuario del Rey, ciudad real, ¡levántate!, ¡sal de en medio de las ruinas!; demasiado has morado en el valle de las lágrimas y Él de ti se apiadará.*

Guevurá *¡Sacúdete del polvo! ¡Levántate! Vístete hermosas galas, pueblo mío, que por medio del hijo de Ishai de Bet Léjem se acerca tu redención.*

Tiféret *¡Despiértate! ¡Despiértate!, que ha llegado tu luz, ¡Levántate! ¡Resplandece! ¡Despierta! ¡Despierta! Entona una canción, que la Gloria del Dios te será revelada.*

Nétsaj *No te avergüences ni te humilles, ¿por qué tiemblas, por qué te conmueves? En ti buscarán refugio los pobres de mi pueblo y la ciudad se construirá sobre sus ruinas.*

Hod

ילי col כָּל verajakú וְרָחֲקוּ •shosáyij שֹׁוסָיִךְ limshisá לִמְשִׁסָּה vehayú וְהָיוּ

•ילה Eloháyij אֱלֹהָיִךְ aláyij עָלַיִךְ yasís יָשִׂישׂ •mevaláyij מְבַלְּעָיִךְ

Lejá :calá כַּלָּה al עַל jatán חָתָן quimsós כִּמְשׂוֹשׂ

Yesod

veet וְאֶת •tifrotsi תִּפְרוֹצִי usmol וּשְׂמֹאל yamín יָמִין

yad יַד al עַל •taaritsi תַּעֲרִיצִי Adonai יאהדונהי יְהֹוָה

Lejá :venaguilá וְנָגִילָה venismejá וְנִשְׂמְחָה •Partsi פַּרְצִי ben בֶּן ish אִישׁ

Maljut

•baalá בַּעְלָהּ atéret עֲטֶרֶת veshalom בְשָׁלוֹם boi בּוֹאִי

•uvetsahalá וּבְצָהֳלָה beriná בְּרִנָּה besimjá בְּשִׂמְחָה gam גַּם

:segulá סְגֻלָּה am עַם emunei אֱמוּנֵי toj תּוֹךְ

BOI CALÁ

Cuando pronunciamos las palabras *Boi Calá*, que quieren decir "acércate, Novia", recibimos un alma adicional que viene a nosotros cada *Shabat* para ayudarnos a capturar la energía adicional que es revelada. Por ejemplo, un vaso de ocho onzas no puede contener diez onzas de agua. El vaso tendría que ser agrandado. Cuando recibimos el alma adicional, esto agranda nuestra alma y, de este modo, incrementa su capacidad total de recibir la Luz adicional de *Shabat*. Esta es una oportunidad única para unir nuestras almas con la Luz del Creador mediante la Luz de *Shabat*,.

De este verso aprendemos que, para maximizar nuestra conexión, debemos tratar a la energía de *Shabat* como a una novia. Después de que un hombre ha estado casado por veinte años, usualmente no tiene el mismo sentimiento, pasión, anhelo y anticipación que tuvo inicialmente cuando su esposa aún era su novia, justo unos momentos antes de la ceremonia de matrimonio.

Hod *Y serán para despojo los que te despojaron y todos tus destructores de ti se alejarán. Contigo se alegrará tu Dios, como se alegra el novio con su amada.*

Yesod *A diestra y siniestra te extenderás y a Dios reverenciarás, de la mano de un hombre descendiente de Pérets y nos alegraremos y nos regocijaremos.*

Maljut *Ven en paz, corona de su esposo, con alegría, con canto y alborozo, entre los fieles del pueblo escogido.*

Debes meditar en elevar el Mundo de *Yetsirá* (lo que significa: *Maljut* es elevada a *Nétsaj*, *Hod*, *Yesod*, después *Nétsaj*, *Hod*, *Yesod* son elevadas a *Jésed*, *Guevurá*, *Tiféret*, luego *Jésed*, *Guevurá*, *Tiféret* son elevadas a *Jojmá*, *Biná*, *Dáat*, y después *Jojmá*, *Biná*, *Dáat* son elevadas a *Nétsaj*, *Hod*, *Yesod* de *Briá*). De hecho, las siete *Sefirot* inferiores de *Yetsirá* son elevadas por los siete *Marguelaín* y los Santos Nombres: **אהי"ה יה"ו**, que equivalen a 42:

א יְהֹוָה, ה אל, י יֱהֹוִה, ה אלהים, י יה אדני, ה מצפצ, ו מצפצ

Y las Tres *Sefirot* Superiores son elevadas por las tres repeticiones de la palabra *Boi*, que equivale a 13, como las palabras de amor, unidad y ocupación (**אחד, אהבה, דאגה**), y también equivale a **יאאא** (13).

Inclínate a la derecha
Jojmá – Habla

בּוֹאִי boi ג"פ באי = יוד הא ואו **כַּלָּה** calá
בואי כלה = אכדטם (כי על ידי זה נמתקו הדינים)

Inclínate a la izquierda
Biná – Acción

בּוֹאִי boi ג"פ באי = יוד הא ואו **כַּלָּה** calá
בואי כלה = אכדטם (כי על ידי זה נמתקו הדינים)

תּוֹךְ toj **אֱמוּנֵי** emunei **עַם** am **סְגֻלָּה** segula:

Meditar en recibir el alma adicional llamada: *Néfesh*

del aspecto de la noche de *Shabat*

El tercer "*boi calá*" debe decirse silenciosamente, ya que corresponde a *Dáat* (y *Dáat* no es parte de las Diez *Sefirot*).

Inclínate al centro
Dáat – Pensamiento

בּוֹאִי boi ג"פ באי = יוד הא ואו **כַּלָּה** calá
ג"פ באי כלה = צדיק ; בואי כלה = אכדטם (כי על ידי זה נמתקו הדינים)

שַׁבָּת Shabat **מַלְכְּתָא** malquetá:
לְכָה lejá **דוֹדִי** dodí **לִקְרַאת** likrat **כַּלָּה** calá•
פְּנֵי penei חכמה בינה **שַׁבָּת** Shabat **נְקַבְּלָה** nekablá:

MIZMOR SHIR LEYOM HASHABAT

Las iniciales son de: *LeMoshé* (para Moshé), las cuales nos conectan a la conciencia cuántica.

Después de que cantamos *Lejá Dodí*, recitamos dos párrafos que fueron recitados por Adam durante el primer *Shabat* en el Jardín de Edén. Adam representa a todas las almas de la humanidad. En el momento de la Creación, todas estas almas que existieron y existirán estaban unidas como una sola entidad a la que llamamos Adam. El Jardín de Edén es un sitio de pura Luz e inmortalidad. Las letras arameas que conforman este párrafo representan fuerzas específicas de energía que nutren y satisfacen a esta alma unificada llamada Adam. Las letras son una fórmula que actúa como una antena que atrae estas fuerzas hacia nuestra vida, dándonos por lo tanto una prueba del Jardín de Edén.

(nos inclinamos hacia la derecha) *¡Ven, Novia!* (nos inclinamos hacia la izquierda) *¡Ven, Novia!*
(nos inclinamos hacia el centro) *Entre los fieles del pueblo escogido, ¡ven, novia! ¡La Reina Shabat!*
¡Ven amado mío al encuentro de la novia; a recibir la presencia del Shabat!

מִזְמוֹר mizmor שִׁיר shir לְיוֹם leyom ע"ה נגד, מזבח, זן, אל יהוה הַשַּׁבָּת haShabat

Las iniciales de *LeMoshé* (למשה) – *Moshé* es un código para el mundo de *Atsilut*, el cual es donde ahora estamos elevando a *Briá*, que se ilumina de *Nétsaj*, *Hod*, *Yesod* de *Atsilut*. También es llamado *Moshé* porque ahora *Moshé* recibe 1.000 Iluminaciones (aquellas que él había perdido a causa del becerro de oro) y entonces nos regresa las que perdimos. También, *Moshé* junto a decenas de miles de almas justas están descendiendo para poder elevar todas las Chispas Sagradas y las almas que están en las profundidades de la *klipá* y todas las almas de los vivos y muertos que no se pueden elevar por sí mismas.

טוֹב tov והו לְהֹדוֹת lehodot ר"ת ט"ל (ג"פ באי וג"פ הבו דלעיל)

(טל = יוד הא ואו, שהם ג"ר (וזב"ד) דבריאה שיעלו כעת לאצילות)

Medita en elevar las Tres *Sefirot* Superiores de *Briá* a *Atsilut*.

לַיהוָֹהאדניאהדונהי laAdonai

Medita en el Nombre Sagrado: יוד הי ויו הי que es *Maljut* de *Atsilut*.
También medita en el Nombre de 42 Letras de *Mem Hei* de *Atsilut*:
יהוה, יוד הא ואו הא, יוד ואו דלת הא אלף ואו אלף ואו הא אלף
con este Nombre, las Siete *Sefirot* Inferiores de *Briá* van a ser elevadas a *Atsilut*.
También medita en el Nombre Sagrado: יוד הי ואו הי, el cual es el secreto del mundo de *Briá* (que ahora es elevado a *Atsilut* por el Nombre de 42 Letras mencionado anteriormente).

וּלְזַמֵּר ulezamer לְשִׁמְךָ leShimjá עֶלְיוֹן elyón: לְהַגִּיד lehaguid בַּבֹּקֶר babóker

חַסְדֶּךָ jasdejá וֶאֱמוּנָתְךָ veemunatjá בַּלֵּילוֹת baleilot: עֲלֵי־ alei עָשׂוֹר asor

וַעֲלֵי־ vaalei נָבֶל navel עֲלֵי alei הִגָּיוֹן higayón בְּכִנּוֹר bejinor: כִּי qui

שִׂמַּחְתַּנִי simajtani יְהוָֹהאדניאהדונהי Adonai בְּפָעֳלֶךָ befaoleja

בְּמַעֲשֵׂי bemaasei יָדֶיךָ yadeja אֲרַנֵּן aranén: מַה־ ma מ"ה גָּדְלוּ gadlú

מַעֲשֶׂיךָ maaseja יְהוָֹהאדניאהדונהי Adonai מְאֹד meod עָמְקוּ amkú

מַחְשְׁבֹ(וֹ)תֶיךָ majshevoteja **(*Kéter* Superior)** יוו: אִישׁ ish בַּעַר baar לֹא lo

יֵדָע yedá וּכְסִיל ujsil לֹא־ lo יָבִין yavín אֶת־ et זֹאת zot:

בִּפְרֹחַ bifróaj רְשָׁעִים reshaím כְּמוֹ quemó עֵשֶׂב ésev כוונות הקדושה (ע"ב שמות)

Las almas de los malvados son juzgadas ahora para ver si merecen ser elevadas de *Guehinom*.

MIZMOR SHIR LEYOM HASHABAT

"Salmo, ¡cántico para el día de Shabat! Es bueno darte las gracias a Ti, Señor, y cantar Tu Nombre, ¡Oh Enaltecido! y relatar Tu bondad en la mañana y Tu fidelidad en las noches, con un instrumento y un arpa, con música de la lira. Porque Tú me alegras, Señor, con Tu obra, con las obras de Tus manos, yo cantaré alegremente. Cuán grandes son Tus obras, Señor, y cuán profundos son Tus pensamientos. El necio no sabe, y el insensato no puede entender esto: Cuando brotan los impíos como la hierba

aven אָוֶן poalei פֹּעֲלֵי ילי col כָּל vayatsitsu וַיָּצִיצוּ

lehishamdam לְהִשָּׁמְדָם (la *klipá* que quiere ser elevada con la Santidad)

marom מָרוֹם veAtá וְאַתָּה :(pero no le es permitido subir) ad עַד adei עֲדֵי

hiné הִנֵּה qui כִּי :Adonai יְהֹוָה יאהדונהי ריבוע דס"ג י' אותיות דס"ג leolam לְעֹלָם

oyveja אֹיְבֶיךָ hiné הִנֵּה qui כִּי Adonai יְהֹוָה יאהדונהי oyveja אֹיְבֶיךָ

:(la *klipá*) aven אָוֶן poalei פֹּעֲלֵי ילי col כָּל yitpardú יִתְפָּרְדוּ yovedú יֹאבֵדוּ

balotí בַּלֹּתִי karní קַרְנִי quiréim כִּרְאֵים (la Santidad) vatarem וַתָּרֶם

ריבוע דמ"ה einí עֵינִי vatabet וַתַּבֵּט :raanán רַעֲנָן beshemen בְּשֶׁמֶן

mereim מְרֵעִים alai עָלַי bakamim בַּקָּמִים beshurai בְּשׁוּרָי

Las almas de los justos que son elevadas ahora :יוד הי ואו הה oznai אָזְנָי tishmaná תִּשְׁמַעְנָה

ס"ת קרח yifraj יִפְרָח catamar כַּתָּמָר ג"פ באי כלה דלעיל tsadik צַדִּיק

:yisgué יִשְׂגֶּה baLevanón בַּלְּבָנוֹן queérez כְּאֶרֶז (meditar en elevar el alma de *Kóraj*)

Adonai יְהֹוָה יאהדונהי ב"פ ראה beveit בְּבֵית shetulim שְׁתוּלִים

od עוֹד :yafriju יַפְרִיחוּ ילה Eloheinu אֱלֹהֵינוּ bejatsrot בְּחַצְרוֹת

veraananim וְרַעֲנַנִּים deshenim דְּשֵׁנִים beseivá בְּשֵׂיבָה yenuvún יְנוּבוּן

yashar יָשָׁר qui כִּי lehaguid לְהַגִּיד :(ייא"י מילוי דס"ג) אל yihyú יִהְיוּ

:bo בּוֹ (כתיב: עלתה) avlatá עַוְלָתָה veló וְלֹא tsurí צוּרִי Adonai יְהֹוָה יאהדונהי

ADONAI MALAJ

En este Salmo tenemos 45 palabras que corresponden al Nombre Sagrado: (מ"ה (יוד הא ואו הא

gueut גֵּאוּת malaj מָלָךְ (*Zeir Anpín*) Adonai יְהֹוָה יאהדונהי

(410 cordones de *Arij Anpín*, donde *Zeir Anpín* es elevado en *Shabat* y Él los viste).

hitazar הִתְאַזָּר oz עֹז Adonai יְהֹוָה יאהדונהי lavesh לָבֵשׁ lavesh לָבֵשׁ

---

y todos los que cometen injusticias florecen, es para ser destruidos para siempre. Y Tú serás enaltecido para siempre, Señor. ¡Porque he aquí Tus enemigos, Señor! Porque he aquí que Tus enemigos perecerán y todos los que cometen iniquidad serán dispersados. Y Tú elevarás mi mérito como un buey y yo seré ungido con aceite fresco. Y mis ojos mirarán sobre mis enemigos y mis oídos oirán a aquellos que se levanten para perjudicarme. El justo como la palma florecerá: Como el cedro en el Líbano crecerá. Plantados en la casa del Señor, en los atrios de nuestro Dios florecerán. Aún fructificarán en la vejez; vigorosos y reverdecidos serán. Declararán que el Señor es justo, que es mi Fortaleza, y que no hay injusticias en Él" (Salmos 92).

ADONAI MALAJ

"El Señor reinó, de magnificencia se vistió; el Señor se vistió y ciñó con fortaleza.

אַף־ af = ר"ת = אלהים, אהיה אדני תִּכּוֹן ticón תֵּבֵל tevel ב"פ רי"ו

בַּל־ bal תִּמּוֹט: timot נָכוֹן najón כִּסְאֲךָ quisajá מֵאָז meaz ומב

מֵעוֹלָם meolam אָתָּה Atá ר"ת = קנ"א, אדני אלהים: נָשְׂאוּ nasú נְהָרוֹת neharot

(410 cordones de *Arij Anpín*,
los cuales atraen Luz desde el mar de *Jojmá* —מוחא סתימא דא"א— en *Shabat* hasta *Zeir Anpín*).

יְהֹוָאדני־אהדונהי Adonai

נָשְׂאוּ nasú ר"ת = קין נְהָרוֹת neharot קוֹלָם kolam יִשְׂאוּ yisú

(Las iniciales forman el nombre *Kayín*, porque cuando *Briá* es elevado, sus chispas son corregidas).

נְהָרוֹת neharot דָּכְיָם dojyam ר"ת דני:

Meditar en que estamos ahora en el Mundo de *Atsilut*, y con el Nombre de 42 Letras (las siete voces) que proviene de *Aba* e *Ima*, estamos elevándonos al Mundo de *Briá*.

מִקֹּלוֹת mikolot (410 cuerdas) מַיִם máyim רַבִּים rabim ר"ת = מן־ךְ, סנדלפון, ערי

(**Ima** - לעשות בה מן שהם ה"ג) אַדִּירִים adirim הרי מִשְׁבְּרֵי־ mishberei יָם yam ילי

Arij Anpín [tiene 221 *Ribo* (decenas de miles) Iluminaciones],
Él está dando 150 *Ribo* (decenas de miles) iluminaciones a *Zeir Anpín*.
Las iniciales de **אמי** (mi madre) porque *Zeir Anpín* primero sube y toma *Mojín* de *Ima* (madre).

אַדִּיר adir הרי בַּמָּרוֹם bamarom יְהֹוָאדני־אהדונהי Adonai

Las iniciales de **אבי** (mi padre) porque *Zeir Anpín* después sube y toma *Mojín* de *Aba* (padre).

עֵדֹתֶיךָ edoteja נֶאֶמְנוּ neemnú מְאֹד meod ר"ת = קין לְבֵיתְךָ leveitjá

ב"פ ראה נַאֲוָה naavá קֹּדֶשׁ kódesh יְהֹוָאדני־אהדונהי Adonai לְאֹרֶךְ: leórej

יָמִים yamim נלך ; ר"ת ילי ; ס"ת אדני ; ה' לאורך ימים = ש"ע נהורים עם האותיות:

Meditar en el Nombre **ילי** para elevar el Nombre: **אדני** y las chispas de las almas de *Briá* que son capturadas por la *klipá* y no pueden ser elevadas por el Nombre de 42 Letras mencionado anteriormente. Después meditar en el Nombre: יוּד הֵי וָיו הֵי, el cual es el *Atsilut* (donde todo está siendo elevado).

Él afirma el mundo, para que no se desplome. Establecido está Tu Trono desde entonces: Siempre estarás Tú. Alzaron los ríos; Señor, alzaron los ríos su voz. Los ríos elevarán sus poderosas olas. Más que el estruendo de muchas aguas, que las recias olas del mar. Eres magnífico en Tus alturas, Señor. Tus decretos son muy seguros. Tu casa es el Santo Santuario, el Señor será por los siglos y para siempre" (Salmos 93).

BAR YOJAI

A lo largo de la historia, los kabbalistas han afirmado que el ser humano no puede superar la fuerza de la negatividad por sí solo, sin las enseñanzas y sabiduría del *Zóhar* y la tecnología de la Kabbalah. ¿Por qué, cuando sabemos que algo es dañino para nosotros, persistimos en ello? ¿Por qué, cuando sabemos que algo es bueno para nosotros, nos abstenemos o lo postergamos? ¿Por qué nueve veces de cada diez renunciamos a actividades positivas a favor de actividades negativas? La razón, según la Kabbalah, es que constantemente luchamos contra un oponente en el Juego de la Vida. Este oponente es llamado Satán. Él activa todos nuestros pensamientos y acciones reactivas negativas. Durante 5.000 años nos ha ganado en este juego que se desenvuelve en el angosto margen entre la vida y la muerte, dolor y sufrimiento, el bien y el mal. La perspectiva kabbalística sobre por qué el oponente ha tenido tanto éxito es porque el Satán convence a la humanidad de que él ni siquiera existe. A través de la Luz del *Zóhar*, el Satán queda expuesto y, una vez que sabemos quién es el oponente realmente, tenemos una oportunidad de derrotarlo. El *Zóhar* no sólo expone e identifica al verdadero enemigo, sino que también nos da el poder de superarlo y derrotarlo.

Nos es conveniente conectar con la semilla y el origen del *Zóhar* mismo; su autor, Rav Shimón bar Yojai. Por lo tanto, en cada *Shabat*, cantamos la canción *Bar Yojai* para hacer esta conexión tan vital.

בַּר Bar יוֹחָאי Yojai נִמְשַׁחְתָּ nimshajta אַשְׁרֶיךָ ashreja
שֶׁמֶן shemen שָׂשׂוֹן sasón מֵחֲבֵרֶיךָ mejavereja:

Maljut

בַּר Bar יוֹחָאי Yojai שֶׁמֶן shemen מִשְׁחַת mishjat קֹדֶשׁ kódesh,
נִמְשַׁחְתָּ nimshajta מִמִּדַּת mimidat הַקֹּדֶשׁ hakódesh
נָשָׂאתָ nasatá צִיץ tsits מנק נֵזֶר nézer הַקֹּדֶשׁ hakódesh,
חָבוּשׁ javush עַל al רֹאשְׁךָ roshjá פְּאֵרֶךָ peereja: ***Bar Yojai***

Yesod

בַּר Bar יוֹחָאי Yojai מוֹשַׁב moshav טוֹב tov והו יָשַׁבְתָּ yashavta,
יוֹם yom ע״ה נגד, מזבח, זן, אל יהוה נַסְתָּ nasta
יוֹם yom ע״ה נגד, מזבח, זן, אל יהוה אֲשֶׁר asher בָּרַחְתָּ barajta,
בִּמְעָרַת bimearat צוּרִים tsurim שֶׁעָמַדְתָּ sheamadta,
קָנִיתָ kanita הוֹדְךָ hodeja וַהֲדָרֶךָ vahadareja: ***Bar Yojai***

BAR YOJAI

¡Bar Yojai, estás ungido para tu felicidad con el aceite del júbilo de tus compañeros!

Maljut *Bar Yojai, aceite Sagrado te es ungido desde el tributo Sagrado. Tú llevas la Tiara de la Corona Sagrada en tu cabeza para tu belleza.*

Yesod *Bar Yojai, te asentaste en un buen lugar el día que corriste y escapaste. En la cueva de la roca te detuviste, para obtener tu majestuosidad y gloria.*

Nétsaj Hod

,omdim עוֹמְדִים shitim שִׁטִּים atsei עֲצֵי Yojai יוֹחָאי Bar בַּר

א"ס ,רז or אוֹר .lomdim לוֹמְדִים hem הֵם Adonai יאהדונהי יְהֹוָה limudei לִמּוּדֵי

,yokdim יוֹקְדִים hem הֵם haykod הַיְּקוֹד א"ס ,רז or אוֹר muflá מֻפְלָא

Bar Yojai :moreja מוֹרֶךָ yoruja יוֹרוּךָ hema הֵמָּה haló הֲלֹא

Tiféret

,tapujim תַּפּוּחִים velisdé וְלִשְׂדֵה Yojai יוֹחָאי Bar בַּר

.merkajim מֶרְקָחִים vo בּוֹ lilkot לִלְקוֹט alita עָלִיתָ

,ufrajim וּפְרָחִים quetsitsim כְּצִיצִים Torá תּוֹרָה האא י"פ ,מ"כ sod סוֹד

Bar Yojai :baavureja בַּעֲבוּרֶךָ neemar נֶאֱמַר adam אָדָם naasé נַעֲשֶׂה

Guevurá

רי"ו bigvurá בִּגְבוּרָה neezarta נֶאֱזַרְתָּ Yojai יוֹחָאי Bar בַּר

.hashara הַשַּׁעְרָה dat דָּת esh אֵשׁ uvemiljémet וּבְמִלְחֶמֶת

,mitara מִתַּעְרָהּ hotseta הוֹצֵאתָ רי"ו vejérev וְחֶרֶב

Bar Yojai :tsorereja צוֹרְרֶיךָ יהוה אל ,זן ,מוכו"ם négued נֶגֶד shalafta שָׁלַפְתָּ

Jesed

,sháyish שַׁיִשׁ avnei אַבְנֵי limkom לִמְקוֹם Yojai יוֹחָאי Bar בַּר

.láyish לַיִשׁ aryé אַרְיֵה בינה וחכמה lifnei לִפְנֵי higata הִגַּעְתָּ

,áyish עַיִשׁ al עַל cotéret כּוֹתֶרֶת gulat גֻּלַּת gam גַּם

Bar Yojai :yeshureja יְשׁוּרֶךָ ילי umí וּמִי tashuri תְּשׁוּרִי

Nétsaj Hod *Bar Yojai, la madera de acacia se para por ti para estudiar las enseñanzas de Dios. Una maravillosa Luz brillante es un resplandor, como tus maestros te enseñaron.*

Tiféret *Bar Yojai, viniste a un campo de manzanas para cosechar brebajes. El secreto de la Torá es como los brotes y las flores, "Vamos a crear al hombre" fue dicho contigo en la mente.*

Guevurá *Bar Yojai, tomas valor con vigor, y luchas con fuego. Sacaste una espada de su funda contra tu oponente.*

Jésed *Bar Yojai, al lugar de las piedras de mármol, llegaste con la cara de un león. Veremos también las cabezas de los leones, pero ¿quién te verá a ti?*

Biná

בַּר Bar יוֹחָאי Yojai בְּקֹדֶשׁ bekódesh הַקֳּדָשִׁים hakodashim,

קַו kav יָרוֹק yarok מְחַדֵּשׁ mejadesh י״ב הויות, קס״א קנ״א חֳדָשִׁים jodashim.

שֶׁבַע sheva שַׁבָּתוֹת Shabatot סוֹד sod מ״כ, י״פ האא חֲמִשִּׁים jamishim,

קָשַׁרְתָּ kasharta קִשְׁרֵי kishrei שִׁי״ן shin קְשָׁרֶיךָ keshareja: *Bar Yojai*

Jojmá

בַּר Bar יוֹחָאי Yojai יו״ד Yud חָכְמָה Jojmá במילוי = תרי״ג (מצוות)

קְדוּמָה kedumá, הִשְׁקַפְתָּ hishkafta לִכְבוֹדוֹ lijvodó פְּנִימָה penima.

ל״ב lev נְתִיבוֹת netivot רֵאשִׁית reshit תְּרוּמָה teruma,

אַתְּ at כְּרוּב queruv מִמְשַׁח mimshaj זִיו ziv אוֹרֶךָ oreja: *Bar Yojai*

Kéter

בַּר Bar יוֹחָאי Yojai אוֹר or רז, א״ס מֻפְלָא muflá רוּם rom מַעְלָה mala,

יָרֵאתָ yareta מִלְּהַבִּיט milhabit כִּי qui רַב rav לָהּ la,

תַּעֲלוּמָה taalumá וְאַיִן veáyin קוֹרֵא koré לָהּ la,

נַמְתָּ namta עַיִן ayin ריבוע דמ״ה לֹא lo תְשׁוּרֶךָ teshureja: *Bar Yojai*

בַּר Bar יוֹחָאי Yojai אַשְׁרֵי ashrei יוֹלַדְתֶּךָ yoladeteja,

אַשְׁרֵי ashrei הָעָם haam הֵם hem לוֹמְדֶךָ lomdeja.

וְאַשְׁרֵי veashrei הָעוֹמְדִים haomdim עַל al סוֹדֶךָ sodeja מ״כ, י״פ האא

לְבוּשֵׁי levushei חֹשֶׁן joshen תֻּמֶּיךָ tumeja וְאוּרֶךָ veureja: *Bar Yojai*

בַּר Bar יוֹחָאי Yojai נִמְשַׁחְתָּ nimshajta אַשְׁרֶיךָ ashreja,

שֶׁמֶן shemen שָׂשׂוֹן sasón מֵחֲבֵרֶיךָ mejavereija:

Biná *Bar Yojai, en el Sancta Sanctorum, una línea verde renovará los meses. Siete Shabatot son el secreto de cincuenta, la letra Shin es para tu propia conexión.*

Jojmá *Bar Yojai, la antigua Yud de Jojmá, tú observaste su honor interior. 32 caminos son el comienzo de la ofrenda, tú eres el Querubín del cual una Luz brillante se unge.*

Kéter *Bar Yojai, una Luz maravillosa de elevada magnitud, temes al ver su grandeza. Un misterio que nadie puede leer, duermes y ningún ojo puede verte.*

Bar Yojai, ¡alabados quienes te dieron la vida! Alabada es la gente que estudia tus escrituras. Y alabada es la gente que puede entender tu secreto, vestido con armadura de tu peto y con tu Urim VeTunim.

¡Bar Yojai, estás ungido para tu felicidad con el aceite del júbilo de tus compañeros!

QUEGAVNÁ

Quegavná es un pasaje del *Zóhar* que los sabios nos recomiendan leer después de la canción de *Bar Yojai*, porque ésta revela un secreto de *Shabat*. *Quegavná* ayuda a sacarnos de este mundo físico, actuando como un cohete que nos ayuda a escapar de la "fuerza de gravedad" de nuestro planeta.

כְּגַוְנָא quegavná דְּאִנּוּן deinún מִתְיַחֲדִין mityajadín לְעֵילָּא leeilá

בְּאֶחָד beejad אהבה, דאגה אוּף of הָכִי hají אִיהִי ihí, אִתְיַחֲדַת ityajadat

לְתַתָּא letatá בְּרָזָא berazá רו, א״ס דְּאֶחָד deejad אהבה, דאגה לְמֶהֱוֵי lemehevei

עִמְּהוֹן imehón לְעֵילָּא leeilá חַד jad לָקֳבֵל lakovel חַד jad,

קוּדְשָׁא Kudshá בְּרִיךְ Berij הוּא Hu אֶחָד ejad אהבה, דאגה

לְעֵילָּא leeilá לָא la יָתִיב yativ עַל al כּוּרְסַיָּא cursayá דִּיקָרֵיהּ dikarei,

עַד ad דְּאִיהִי deihí אִתְעֲבִידַת itavidat בְּרָזָא berazá רו, א״ס

דְּאֶחָד deejad אהבה, דאגה כְּגַוְנָא quegavná דִּילֵיהּ dilei, לְמֶהֱוֵי lemehevei

אֶחָד ejad אהבה, דאגה בְּאֶחָד beejad אהבה, דאגה וְהָא vehá אוּקִימְנָא ukimná

רָזָא razá רו, א״ס דַּיְהֹוָהאדנייאהדונהי daAdonai אֶחָד ejad אהבה, דאגה

וּשְׁמוֹ uShmó מהש ע״ה, ע״ב בריבוע קס״א ע״ה, אל שדי ע״ה אֶחָד Ejad אהבה, דאגה:

רָזָא razá רו, א״ס דְּשַׁבָּת deShabat, אִיהִי ihí שַׁבָּת Shabat,

דְּאִתְאַחֲדָא deitajadá בְּרָזָא berazá רו, א״ס דְּאֶחָד deejad אהבה, דאגה

לְמִשְׁרֵי lemishrei עֲלָהּ alá רָזָא razá רו, א״ס דְּאֶחָד deejad אהבה, דאגה

צְלוֹתָא tselotá דְּמַעֲלֵי demaalei שַׁבְּתָא shabtá, דְּהָא dehá

אִתְאַחֲדַת itajadat כּוּרְסַיָּא cursayá יַקִּירָא yakirá קַדִּישָׁא kadishá,

בְּרָזָא verazá רו, א״ס דְּאֶחָד deejad אהבה, דאגה וְאִתְתַּקְּנַת veitetakanat

לְמִשְׁרֵי lemishrei עֲלָהּ alá מַלְכָּא malcá קַדִּישָׁא kadishá עִלָּאָה ilaá.

QUEGAVNÁ

Ella se reunirá con ellos arriba en unidad. El Santo, Bendito sea Él, es Uno, arriba Él no se sienta en Su precioso Trono de Gloria hasta que Ella también sea como el secreto del uno como Él, para que Ella sea Uno dentro de Uno. Y esté establecido el secreto de: El Señor es Uno y Su Nombre es Uno. El secreto del Shabat: Ella es llamada Shabat cuando Ella está unida en el Secreto del Uno, de manera que Él, siendo el Secreto del Uno, descansa sobre Ella. Esta es la oración de la noche de Shabat, porque entonces, el Santo Trono de Gloria es unificado en el Secreto del Uno y es preparado para que el Santo Rey Supremo descanse en él.

כַּד cad עַיִּל áyil שַׁבְּתָא shabtá, אִיהִי ihí אִתְיַיחֲדַת ityajadat
וְאִתְפַּרְשַׁת veitparshat מִסִּטְרָא misitrá אָחֳרָא ajorá,
וְכָל vejol ילי דִּינִין dinín מִתְעַבְּרִין mitabrín מִנָּהּ miná,
וְאִיהִי veihí אִשְׁתְּאָרַת ishtearat בְּיִחוּדָא beyijudá דִּנְהִירוּ dinhirú
קַדִּישָׁא kadishá, וְאִתְעַטְּרַת veitatrat בְּכַמָּה bejamá עִטְּרִין itrín
לְגַבֵּי legabei מַלְכָּא malcá קַדִּישָׁא kadishá, וְכָל vejol ילי שׁוּלְטָנֵי shultanei
רוּגְזִין rugzín וּמָארֵי umarei דְדִינָא dediná כֻּלְּהוּ culhú עַרְקִין arkín,
וְלֵית veleit שׁוּלְטָנָא shultaná אָחֳרָא ajorá בְּכֻלְּהוּ bejulhú עָלְמִין almín.
וְאַנְפָּהָא veanpahá נְהִירִין nehirín בִּנְהִירוּ binhiru עִלָּאָה ilaá,
וְאִתְעַטְּרַת veitatrat לְתַתָּא letatá בְּעַמָּא beamá קַדִּישָׁא kadishá,
וְכֻלְּהוּ vejulhú מִתְעַטְּרִין mitatrín בְּנִשְׁמָתִין benishmatín חַדְתִּין jadetín.
כְּדֵין quedéin שֵׁירוּתָא sheirutá דִצְלוֹתָא ditselotá, לְבָרְכָא levarjá
לָהּ la בְּחֶדְוָה bejedvá, בִּנְהִירוּ binhirú דְאַנְפִּין deanpín.

CONEXIÓN CON LAS VELAS DE SHABAT

Observa las velas y medita:

Aba* e *Ima
Por la primera vela:
Los tres *Yijudim* de *Aba* e *Ima*
que suman 250, que es el valor
numérico de *Ner* (vela).

יאההויהה
יאהלוההים
יאהדונהי

Zeir* y *Nukvá
Por la segunda vela:
Los tres *Yijudim* de *Zeir* y *Nukvá*
que suman 250, que es el valor
numérico de *Ner* (vela).

יאההויהה
יאהלוההים
יאהדונהי

Cuando se unen arriba al Uno, así Ella está unida abajo en el Secreto del Uno, de manera que al llegar el Shabat Ella se unifica y se despoja del otro lado y todo el juicio es eliminado de Ella, y Ella permanece en la unidad de la Luz Santa, Ella se corona a Sí misma con muchas coronas para el Rey Sagrado. Y todos los dominios iracundos y los portadores de agravios huyen juntos. Y no hay otro poder más que Ella en todos los mundos. Y Su rostro brilla con Luz Celestial y Ella se corona a Sí misma con su Nación Santa abajo mientras que todos ellos se coronan con nuevas almas. Luego ellos empiezan bendiciéndola con alegría y con semblantes radiantes.

En la conexión vespertina de *Arvit*, conectamos con Yaakov el Patriarca, quien es el canal para la energía de la Columna Central. Él nos ayuda a conectar la energía de Juicio y de Misericordia de forma equilibrada. Se dice que todo el mundo fue creado sólo para Yaakov, quien es la personificación de la verdad: "Dale verdad a Yaakov" (Miqueas 7:20). Para activar el poder de nuestra oración, y específicamente el poder de la oración de *Arvit*, debemos ser sinceros con los demás y, sobre todo, con nosotros mismos.

Debes meditar que las tres partes del medio del *Mojín* Circundante de la letra *Lámed* (ל) del *Tsélem* (צל"ם) de *Ima* están entrando en *Zeir Anpin* (mientras la cabeza de *Zeir Anpin* se expande). Y también, prepárate para recibir el alma adicional de *Shabat*: *Rúaj* del tiempo de la noche.

LESHEM YIJUD

לְשֵׁם leShem יִחוּד yijud קוּדְשָׁא Kudshá בְּרִיךְ Berij הוּא Hu

וּשְׁכִינְתֵּיהּ uShjintei (יאהדונהי), בִּדְחִילוּ bidjilu וּרְחִימוּ urjimu

(יאהההויהה), וּרְחִימוּ urjimu וּדְחִילוּ udjilu (איההיוהה), לְיַחֲדָא leyajdá

שֵׁם Shem יו"ד Yud קֵ"י Kei בְּוָא"ו beVav קֵ"י Kei בְּיִחוּדָא beyijudá

שְׁלִים shlim (יהוה) בְּשֵׁם beshem כָּל col ילי יִשְׂרָאֵל Yisrael,

הִנֵּה hiné אֲנַחְנוּ anajnu בָּאִים baim לְהִתְפַּלֵּל lehitpalel תְּפִלַּת tefilat

עַרְבִית arvit שֶׁל shel שַׁבַּת Shabat קוֹדֶשׁ kódesh שֶׁתִּקֵּן shetikén

יַעֲקֹב Yaakov ד' הויות, יאהדונהי אידהנויה אָבִינוּ avinu עָלָיו alav הַשָּׁלוֹם hashalom

עִם im כָּל col ילי הַמִּצְווֹת hamitsvot הַכְּלוּלוֹת haclulot בָּהּ ba

לְתַקֵּן letakén אֶת et שׁוֹרְשָׁהּ shorshá בְּמָקוֹם bemakom עֶלְיוֹן elyón

לַעֲשׂוֹת laasot נַחַת nájat רוּחַ rúaj לְיוֹצְרֵנוּ leyotsrenu

וְלַעֲשׂוֹת velaasot רְצוֹן retsón מהש ע"ה, ע"ב בריבוע וקס"א ע"ה, אל שדי ע"ה

בּוֹרְאֵינוּ boreinu. וִיהִי vihí נֹעַם nóam אֲדֹנָי Adonai ללה

אֱלֹהֵינוּ Eloheinu ילה עָלֵינוּ aleinu וּמַעֲשֵׂה umaasé יָדֵינוּ yadeinu

כּוֹנְנָה conená עָלֵינוּ aleinu וּמַעֲשֵׂה umaasé יָדֵינוּ yadeinu כּוֹנְנֵהוּ conenehu:

ARVIT DE SHABAT - LESHEM YIJUD

Para la unificación del Santísimo, Bendito sea Él, y Su Shejiná, con temor y amor y con amor y temor, para unificar el Nombre Yud-Kei y Vav-Kei en perfecta unidad, y en el nombre de Israel, hemos venido aquí a recitar la oración del Arvit del Santo Shabat, establecido por Yaakov nuestro ancestro, sea la paz sobre él, con todos sus mandamientos, para corregir sus raíces en el Lugar Celestial, para llevar satisfacción a nuestro Hacedor, y para satisfacer el deseo de nuestro Creador. "Y sea la Gracia del Señor, nuestro Dios, sobre nosotros y Él establezca el trabajo de nuestras manos sobre nosotros y pueda el trabajo de nuestras manos establecerlo a Él" (Salmos 90:17).

שַׁוְעָתֵנוּ shavatenu קַבֵּל kabel• וּשְׁמַע ushmá צַעֲקָתֵנוּ tsaakatenu•

יוֹדֵעַ yodea תַּעֲלוּמוֹת taalumot:

שקו צית (*Shin Kof Vav Tsadi Yud Tav*)

Debes meditar en atraer Iluminaciones Celestiales de los Mundos Superiores al Mundo inferior a él.

יָוָדָ הָיָ וָיָוָ הָיָ	A *Atsilut*	וזהו	דגש	רפה
יֵוֵדֵ הֵיֵ וֵאֵוֵ הֵיֵ	A *Briá*	וזהו	שבא	געיא
יוּוּדוּ הוּאוּ וּוּאוּוּ הוּאוּ	A *Yetsirá*	וזהו	ו׳	שורק
יָ֑וָ֑דָ֑ הָ֑הָ֑ וָ֑וָ֑ הָ֑הָ֑	A *Asiyá*	וזהו	שבא	קמץ

MEDIO KADISH

יִתְגַּדַּל yitgadal וְיִתְקַדַּשׁ veyitkadash שדי ומילוי שדי ; י״א אותיות כמנין ו״ה

שְׁמֵיהּ Shmei (שם י״ה דע״ב) רַבָּא rabá קנ״א ב״ן, יהוה אלהים יהוה אדני,

מילוי קס״א וס״ג, מ״ה ברבוע וע״ב ע״ה ; ר״ת = ו״פ אלהים ; ס״ת = ג״פ יב״ק: אָמֵן Amén אידהנויה•

בְּעָלְמָא bealmá דִּי di בְרָא verá כִּרְעוּתֵיהּ quirutei•

וְיַמְלִיךְ veyamlij מַלְכוּתֵיהּ maljutei• וְיַצְמַח veyatsmaj

פּוּרְקָנֵיהּ purkanei• וִיקָרֵב vikarev מְשִׁיחֵיהּ Meshijei: אָמֵן Amén אידהנויה•

בְּחַיֵּיכוֹן bejayeijón וּבְיוֹמֵיכוֹן uveyomeijón וּבְחַיֵּי uvejayei

דְכָל dejol ילי בֵּית beit ב״פ ראה יִשְׂרָאֵל Yisrael בַּעֲגָלָא baagalá

וּבִזְמַן uvizmán קָרִיב kariv וְאִמְרוּ veimrú אָמֵן Amén: אָמֵן Amén אידהנויה•

La congregación y el *jazán* dicen lo siguiente:

28 palabras (hasta *bealmá*) 28 letras (hasta *almayá*)

אלף יהוה · הה יהוה · יוד מצפצ

יְהֵא yehé שְׁמֵיהּ Shmei (שם י״ה דס״ג) רַבָּא rabá קנ״א ב״ן,

הה יה אדני

יהוה אלהים יהוה אדני, מילוי קס״א וס״ג, מ״ה ברבוע וע״ב ע״ה מְבָרַךְ mevaraj

יוד אל · הה אלהים · וו מצפצ

לְעָלַם lealam לְעָלְמֵי lealmei עָלְמַיָּא almayá• יִתְבָּרַךְ yitbaraj•

MEDIO KADISH

¡Glorificado y santificado sea su Gran Nombre! (Amén). En el mundo que Él creó de acuerdo a Su voluntad y pueda Su Reino reinar. Y pueda Él hacer que su Redención florezca y pueda Él acercar al Mesías (Amén). En tus vidas y en tus días y en la vida de la Casa de Israel, prontamente y en el futuro cercano, y dígase: Amén (Amén). Que Su gran Nombre sea bendito por siempre y para toda la eternidad, y bendito

Siete palabras con seis letras cada una (שם בן מ"ב) y también, siete veces la letra Vav (שם בן מ"ב)
אהיה יהו = מ"ב, וכן, אהיה יהו דההין (אלף הה יוד הה יוד הה וו) = טפטפיה (שם המוזשבה)

וְיִשְׁתַּבַּח veyishtabaj י"פ ע"ב יהוה אל אבג יתץ.

וְיִתְפָּאַר veyitpaar הי נו יהקרע שטן. וְיִתְרוֹמַם veyitromam וה כוזו נגד יכש.

וְיִתְנַשֵּׂא veyitnasé במוכסז בטר צתג. וְיִתְהַדָּר veyithadar כוזו יה וזקב טנע.

וְיִתְעַלֶּה veyitalé וה יוד ה יגל פזק. וְיִתְהַלָּל veyithalal א ואו הא שקו צית.

שְׁמֵיהּ Shmei (שם י"ה דמ"ה) דְּקוּדְשָׁא deKudshá בְּרִיךְ Verij הוּא Hu:

אָמֵן Amén אידהנויה.

לְעֵלָּא leelá מִן min כָּל col ילי בִּרְכָתָא birjatá. שִׁירָתָא shiratá.
תֻּשְׁבְּחָתָא tishbejatá וְנֶחֱמָתָא venejamatá. דַּאֲמִירָן daamirán
בְּעָלְמָא bealmá וְאִמְרוּ veimrú אָמֵן Amén: אָמֵן Amén אידהנויה.

BARJÚ

El *jazán* dice:

בָּרְכוּ barjú יהוה ריבוע יהוה ריבוע מ"ה אֶת et יְהֹוָהאדנייאהדונהי Adonai

הַמְבֹורָךְ hamevoraj ס"ת כהת, משיח בן דוד ע"ה:

Medita en recibir el alma adicional llamada: *Rúaj*

del aspecto de la noche de *Shabat*

Primero la congregación responde con lo siguiente y después el *jazán* lo repite:

Néfesh — *Rúaj* — *Neshamá*

בָּרוּךְ Baruj יְהֹוָהאדנייאהדונהי Adonai הַמְבֹורָךְ hamevoraj

Jayá — *Yejidá*

לְעוֹלָם leolam ריבוע ס"ג וי' אותיות דס"ג וָעֶד vaed:

---

y alabado, y glorificado y exaltado, y ensalzado y honrado, y adorado y loado, sea el Nombre del Santo Bendito Sea (Amén). Más allá de todas las bendiciones, himnos, alabanzas y palabras de consolación que deben decirse en el mundo, y dígase: Amén (Amén).

BARJÚ

¡Bendigan a Dios, el Bendito!
Bendito es el Señor, el Bendito, por siempre y para siempre.

HAMAARIV ARAVIM – LA PRIMERA CÁMARA – LIVNAT HASAPIR

Al momento del *Arvit*, tenemos una oportunidad de conectar con cuatro "Cámaras" diferentes en la Casa del Rey: La Cámara de Zafiro (*Livnat Hasapir*), la Cámara del Amor (*Ahavá*), la Cámara del Deseo (*Ratsón*) y la Cámara del Sancta Sanctórum (*Kódesh HaKadoshim*). Cada Cámara nos conecta con otro nivel en el plano espiritual. La bendición que nos conecta con la Primera Cámara, *Livnat Hasapir*, contiene 53 palabras, que también es la numerología de la palabra *gan* גן, que quiere decir "jardín"; por lo tanto, nos conecta con el Jardín de Edén de nuestro mundo.

Heijal Livnat Hasapir (la Cámara de Zafiro) de *Nukvá* en *Briá*.

בָּרוּךְ Baruj אַתָּה Atá יְהֹוָה יאהדונהי Adonai אֱלֹהֵינוּ Eloheinu ילה

מֶלֶךְ Mélej הָעוֹלָם haolam אֲשֶׁר asher בִּדְבָרוֹ bidvaró מַעֲרִיב maariv

עֲרָבִים aravim בְּחָכְמָה bejojmá (***Atsilut***) במילוי = תרי״ג (מצוות)•

פּוֹתֵחַ potéaj שְׁעָרִים shearim כתר בִּתְבוּנָה bitvuná (***Briá***)•

מְשַׁנֶּה meshané עִתִּים itim (***Yetsirá***) וּמַחֲלִיף umajalif אֶת et

הַזְּמַנִּים hazmanim (***Asiyá***) וּמְסַדֵּר umesader אֶת et הַכּוֹכָבִים hacojavim

•(***Los siete planetas***) בְּמִשְׁמְרוֹתֵיהֶם bemishmeroteihem בָּרָקִיעַ barakía

כִּרְצוֹנוֹ quirtsonó• בּוֹרֵא boré יוֹמָם yomam וָלָיְלָה valayla מלה• גּוֹלֵל golel

אוֹר or רז, אין סוף מִפְּנֵי mipenei חֹשֶׁךְ jóshej שך נצוצות של וז׳ המלכים

וְחֹשֶׁךְ vejóshej שך נצוצות של וז׳ המלכים מִפְּנֵי mipenei אוֹר or רז, אין סוף•

הַמַּעֲבִיר hamaavir יוֹם yom ע״ה נגד, מזבח, זן, אל יהוה וּמֵבִיא umeví לַיְלָה layla

מלה• וּמַבְדִּיל umavdil בֵּין bein יוֹם yom ע״ה נגד, מזבח, זן, אל יהוה וּבֵין uvein

לָיְלָה layla מלה• יְהֹוָה יאהדונהי Adonai צְבָאוֹת Tsevaot פני שכינה שְׁמוֹ Shemó

מהש ע״ה, ע״ב בריבוע וקס״א ע״ה, אל שדי ע״ה יְהֹוָה יאהדונהי Adonai• בָּרוּךְ Baruj

אַתָּה Atá יְהֹוָה יאהדונהי Adonai הַמַּעֲרִיב hamaariv עֲרָבִים aravim:

HAMAARIV ARAVIM – PRIMERA CÁMARA – LIVNAT HASAPIR

Bendito eres Tú, Señor, nuestro Dios, Rey del universo, que con Sus palabras trae con sabiduría las noches. Él abre las puertas con discernimiento. Él cambia las estaciones y varía los tiempos y organiza las estrellas en sus constelaciones en el cielo, de acuerdo a Su voluntad. Él crea el día y la noche y aparta la Luz de la oscuridad, y la oscuridad de la Luz. Él es quien causa que el día suceda y trae la noche, y separa el día de la noche. Señor de los Ejércitos, Su nombre es el Señor. Bendito eres Tú, Señor, quien trae las noches.

AHAVAT OLAM – LA SEGUNDA CÁMARA – AMOR

Esta bendición nos conecta con la Segunda Cámara, *Ahavá* (Amor), y su propósito es inspirarnos con un amor renovado por los demás y por el mundo.

Heijal Ahavá (la Cámara del Amor) de *Nukvá* en *Briá*.
El siguiente párrafo tiene 50 palabras que corresponden a las 50 Puertas de *Biná*.

אַהֲבַת ahavat עוֹלָם olam בֵּית beit ב"פ ראה יִשְׂרָאֵל Yisrael עַמְּךָ amjá

אַהֲבְתָּ •ahavta תּוֹרָה Torá (*Atsilut*) וּמִצְוֹת umitsvot (*Briá*) וְחֻקִּים jukim

(*Yetsirá*) וּמִשְׁפָּטִים umishpatim (*Asiyá*) אוֹתָנוּ otanu לִמַּדְתָּ •limadta

עַל al כֵּן quen יְהֹוָהאדניאהדונהי Adonai אֱלֹהֵינוּ Eloheinu ילה

בְּשָׁכְבֵנוּ beshojvenu וּבְקוּמֵנוּ uvekumenu נָשִׂיחַ nasíaj בְּחֻקֶּיךָ bejukeja

וְנִשְׂמַח venismaj וְנַעֲלֹז venaaloz בְּדִבְרֵי bedivrei תַלְמוּד talmud

תּוֹרָתֶךָ torateja וּמִצְוֹתֶיךָ umitsvoteja וְחֻקּוֹתֶיךָ vejukoteja

לְעוֹלָם leolam ריבוע דס"ג וי' אותיות דס"ג וָעֶד •vaed כִּי qui הֵם hem

וְחַיֵּינוּ jayeinu וְאֹרֶךְ veórej יָמֵינוּ yameinu וּבָהֶם uvahem נֶהְגֶּה nehgué

יוֹמָם yomam וָלַיְלָה valayla •מלה וְאַהֲבָתְךָ veahavatjá לֹא lo תָסוּר tasur

מִמֶּנּוּ mimenu לְעוֹלָמִים •leolamim בָּרוּךְ Baruj אַתָּה Atá

יְהֹוָהאדניאהדונהי Adonai אוֹהֵב ohev אֶת et עַמּוֹ amó יִשְׂרָאֵל :Yisrael

EL SHEMÁ (para saber más sobre el *Shemá*, ve a la pág. 340)

El *Shemá* es una de las herramientas más poderosas para atraer energía sanadora a nuestra vida. El verdadero poder del *Shemá* es liberado cuando recitamos esta oración mientras meditamos en otras personas que necesiten energía de sanación.

1) Para poder recibir la Luz del *Shemá*, debes aceptar el precepto de: "Ama a tu prójimo como a ti mismo", y verte a ti mismo unido con todas las almas que componen el Adam Original.

2) Necesitas meditar en conectarte al precepto de Recitar el *Shemá* dos veces al día.

3) Antes de recitar el *Shemá*, debes cubrir tus ojos con la mano derecha y luego decir las palabras "*Shemá Yisrael ... leolam vaed*". Y debes decir el *Shemá* con una meditación profunda, cantándolo con las entonaciones. Es necesario ser cuidadoso con la pronunciación de todas las letras.

(Según el Ramjal, la elevación de los *Mojín* es como en el *Shemá* de la mañana de *Shabat* en la pág. 341).

AHAVAT OLAM – SEGUNDA CÁMARA – AMOR

Con eterno amor Tú has amado a Tu Nación, la Casa de Israel. Tú nos has enseñado Torá, mandamientos, estatutos y leyes. Por lo tanto, Señor, nuestro Dios, cuando nos acostemos y cuando nos levantemos, discutiremos Tus estatutos y nos regocijaremos y exultaremos en las palabras de las enseñanzas de Tu Torá, Tus mandamientos y Tus estatutos, por siempre y para siempre. Ellos son nuestras vidas y la longitud de nuestros días; con ellos nos dirigiremos día y noche. Y Tu amor nunca apartarás de nosotros. Bendito eres Tú, Señor, que amas a Tu Nación, Israel.

Primero, medita en general, en el primer *Yijud* de los cuatro *Yijudim* del Nombre: יהוה y, en particular, para despertar a la letra ה, y luego para conectarla con la letra ו. Entonces conecta la letra י y la letra ה juntas en el orden siguiente: *Hei* (ה), *Hei-Vav* (ה"ו), luego *Yud-Hei* (י"ה), lo que suma 31, el secreto de "א"י" del Nombre ס"ג. Es bueno meditar en este *Yijud* antes de recitar cualquier *Shemá* porque actúa como un reemplazo por las veces que quizás no hayas recitado el *Shemá*. Este *Yijud* tiene la capacidad de crear una conexión Celestial igual que la lectura del *Shemá*: elevar a *Zeir* y a *Nukvá* juntos para el *Zivug* de *Aba* e *Ima*.

Shemá – שְׁמַע

Meditación general: שם ע – para atraer la energía desde las siete *Sefirot* inferiores de *Ima* hacia la *Nukvá*, la cual permite a la *Nukvá* elevar las *Mayin Nukvín* (despertar desde Abajo).
Meditación particular: שם = יהוה + שדי y cinco veces las letras י y ד de ב"ן = ע [La letra *Hei* (ה) es formada por las letras *Dálet* (ד) y *Yud* (י), por lo tanto en ב"ן tenemos cuatro veces la letra ה más otra vez las letras י y ד de יוד de ב"ן]. También las tres letras ו (18) que quedan de ב"ן, más ב"ן mismo (52) equivale a ע (70).

Yisrael – יִשְׂרָאֵל

Meditación general: שי"ר אל – para atraer energía desde *Jésed* y *Guevurá* de *Aba* hacia *Zeir Anpín*, para hacer su acción en el secreto de *Mayin Dujrín* (despertar desde Arriba).
Meditación particular: (las letras reordenadas de la palabra *Yisrael*): שר אלי
אלהים דיודין (אלף למד הי יוד מם) = ש',
רבוע אלהים (א אל אלה אלהי אלהים) = ר',
מ"א אותיות רבוע אלהים במילואו (אלף אלף למד אלף למד הי אלף למד הי יוד אלף למד הי יוד מם) = אל"י.
También medita en atraer el *Mojín* Interno de *Aba* de *Katnut* hacia *Zeir Anpín*.

Adonai Eloheinu Adonai - יהוה אלהינו יהוה

También medita en atraer el *Mojín* Interno de *Aba* de *Katnut* hacia *Zeir Anpín*.
Meditación particular: ע"ב (יוד הי ויו הי) קס"א (אלף הי יוד הי) ע"ב (יוד הי וי הי).

Ejad – אֶחָד

(El secreto del completo *Yijud-Unificación*)

Las letras *Álef* א y *Jet* ח de *Ejad* אחד son *Zeir Anpín* y la letra *Dálet* ד es *Nukvá*. **Debes medita** en dedicar tu alma a la santificación del Nombre Sagrado, elevando de este modo a tu *Néfesh*, *Rúaj*, *Neshamá* y *Neshamá* de *Neshamá* con *Zeir Anpín* y *Nukvá* (usando los Nombres: ע"ב y ס"ג) hacia *Aba* e *Ima* como en el secreto de *Mayin Nukvín*, y por esa energía, *Aba* e *Ima* serán unificados en el secreto del Nombre: יאהדונה"י. **También medita** en traer los Seis Bordes Internos de *Gadlut* de *Ima* hacia *Zeir Anpín*. La Gota, que es ע"ב, es sacada desde lo externo de *Arij Anpín*, y desciende hacia *Yesod* de *Ima*, donde se convierte en: ע"ב ס"ג מ"ה ב"ן, y las cuatro אהיה deletreadas (אלף הי יוד הי, אלף הי יוד הי, אלף הא יוד הא, אלף הה יוד הה) se convierten en Su vestimenta.
Como resultado, *Zeir Anpín* tiene cuatro יה"ו deletreadas (יוד הי ויו, יוד הי ואו, יוד הא ואו, יוד הה וו), cuatro אה"י deletreadas (אלף הי יוד, אלף הי יוד, אלף הא יוד, אלף הה יוד) y los Seis Bordes Internos de *Gadlut* de *Ima*. **También medita en el Nombre:** אל"ף ה"י וי"ו ה"י, que es el *Mojín* entero en el secreto de *Dáat*. **Y también medita** (según el Ramjal) en las cuatro *Álef* deletreadas (אלף = 111) del Nombre: אהי"ה que es igual a la palabra *Midat* (444), haciendo el *Kéter* para *Leá*.

Baruj Shem - בָּרוּךְ שֵׁם כְּבוֹד מַלְכוּתוֹ לְעוֹלָם וָעֶד

Baruj Shem Quevod – *Jojmá*, *Biná*, *Dáat* de *Leá*;
Maljutó – Su *Kéter*; **Leolam** – el resto de Su *Partsuf*;
Vaed – los cuatro היה (4 veces 20 es igual a *Vaed* = 80) harán el *Kéter* para *Rajel*.
Y las cuatro היה deletreadas (הי יוד הי, הי יוד הי, הא יוד הא, הה יוד הה) harán el resto de Su cuerpo.

שְׁמַע Shemá ע׳ רבתי יִשְׂרָאֵל Yisrael יְהֹוָה יאהדונהי Adonai

אֱלֹהֵינוּ Eloheinu ילה יְהֹוָה יאהדונהי Adonai | אֶחָד ejad ד׳ רבתי ; אהבה, ראגה:

(: Susurrar) יוזו אותיות בָּרוּךְ Baruj שֵׁם shem כְּבוֹד quevod מַלְכוּתוֹ maljutó,

לְעוֹלָם leolam ריבוע דס״ג וי׳ אותיות דס״ג וָעֶד vaed:

Yud, Jojmá, cabeza – 42 palabras que corresponden al Nombre Sagrado de Dios de 42 Letras

א ב

וְאָהַבְתָּ veahavtá ב״פ אור, ב״פ רז, ב״פ אין סוף ; (יכוין לקיים מ״ע של אהבת ה׳) אֵת et

ג י

יְהֹוָה יאהדונהי Adonai אֱלֹהֶיךָ Eloheja ילה ; ס״ת כהת, משיח בן דוד ע״ה

ת ץ ק ר

בְּכָל־ bejol ב״ן, לכב לְבָבְךָ levavjá וּבְכָל־ uvejol ב״ן, לכב נַפְשְׁךָ nafshejá

ע ש ט נ

וּבְכָל־ uvejol ב״ן, לכב מְאֹדֶךָ meodeja: וְהָיוּ vehayú הַדְּבָרִים hadevarim

נ ג ד י כ

הָאֵלֶּה haele אֲשֶׁר asher אָנֹכִי anojí מְצַוְּךָ metsaveja הַיּוֹם hayom

ש ב ט

ע״ה נגד, מזבח, זן, אל יהוה (pausa aquí) עַל al לְבָבֶךָ levaveja: וְשִׁנַּנְתָּם veshinantam

ר צ ת ג

לְבָנֶיךָ levaneja וְדִבַּרְתָּ vedibarta בָּם bam מ״ב בְּשִׁבְתְּךָ beshivtejá

ח ק ב

בְּבֵיתֶךָ beveiteja ב״פ ראה וּבְלֶכְתְּךָ uvelejtejá בַדֶּרֶךְ vadérej

ט נ

ב״פ יב״ק, ס״ג קס״א וּבְשָׁכְבְּךָ uveshojbejá וּבְקוּמֶךָ uvkumeja:

ע י ג ל

וּקְשַׁרְתָּם ukshartam לְאוֹת leot עַל־ al יָדֶךָ yadeja

EL SHEMÁ

"Escucha, Israel, el Señor nuestro Dios. El Señor es Uno" (Deuteronomio 6:4).

"Bendito es el glorioso Nombre, Su Reino es por siempre y para la eternidad" (Pésajim 56a).

"Y amarás al Señor, tu Dios, con todo tu corazón y con toda tu alma y con todo lo que posees. Deja que estas palabras que te ordeno hoy descansen sobre tu corazón. Y las enseñarás a tus hijos y hablarás de ellas mientras estés sentado en tu hogar y mientras caminas por el sendero y cuando te acuestas y cuando te levantas. Las atarás como una señal sobre tu mano

וְהָיוּ vehayú לְטֹטָפֹת letotafot בֵּין bein עֵינֶיךָ eineja

ע"ה קס"א ; ריבוע מ"ה: וּכְתַבְתָּם ujtavtam עַל־ al

מְזֻזוֹת mezuzot נ"ת (זו מות) בֵּיתֶךָ beiteja ב"פ ראה וּבִשְׁעָרֶיךָ :uvisheareja

VEHAYÁ IM SHAMOA

***Hei, Biná*, brazos y cuerpo** – 72 palabras que corresponden a los 72 Nombres de Dios.

והו וְהָיָה vehayá יהוה ; יהה ילי אִם־ im יוה"ך, מ"א אותיות דפשוט, דמילוי ודמילוי דמילוי דאהיה ע"ה

סיט שָׁמֹעַ shamoa עלם תִּשְׁמְעוּ tishmeú מהש אֶל־ el ללה מִצְוֺתַי mitsvotai אכא אֲשֶׁר asher

כהת אָנֹכִי anojí הזי מְצַוֶּה metsavé אלד אֶתְכֶם etjem לאו הַיּוֹם hayom ע"ה נגד, מזבח, זן, אל יהוה

(haz una pausa aquí) ההע לְאַהֲבָה leahavá אוזה, דאגה יזל אֶת־ et מבה יְהֹוָאדה אהדונהי Adonai

הרי אֱלֹהֵיכֶם Eloheijem ילה (pronuncia la letra *Ayin* en la palabra "*uleavdó*") הקם וּלְעָבְדוֹ uleavdó

לאו בְּכָל bejol ב"ן, לכב כלי לְבַבְכֶם levavjem לוו וּבְכָל־ uvejol ב"ן, לכב

פהל נַפְשְׁכֶם :nafshejem נלך וְנָתַתִּי venatati ייי מְטַר־ metar מלה אַרְצְכֶם artsejem

והו בְּעִתּוֹ beitó נתה יוֹרֶה yoré האא וּמַלְקוֹשׁ umalkosh ירת וְאָסַפְתָּ veasafta שאה דְגָנֶךָ deganeja

ריי וְתִירֹשְׁךָ vetiroshjá אום וְיִצְהָרֶךָ :veyitzhareja לכב וְנָתַתִּי venatati ושר עֵשֶׂב ésev ע"ב שמות

---

y serán como filacterias entre tus ojos.
Y las escribirás en los umbrales de tu casa y en tus puertas" (Deuteronomio 6:5-9).

VEHAYÁ IM SHAMOA

"Y sucederá que si escuchan Mis mandamientos
que les estoy ordenando hoy de amar al Señor, su Dios, y servirle con todo su corazón y con toda su alma, entonces enviaré lluvias sobre su tierra en el momento apropiado, tanto lluvias tempranas como lluvias tardías. Y recogerás tus granos y tu vino y tu aceite. Y te daré hierba

יוזו להוו כוק מנד

בְּשָׂדְךָ besadeja לִבְהֶמְתֶּךָ livhemteja וְאָכַלְתָּ veajalta וְשָׂבָעְתָּ vesavata:

אני ווֹעם רהע ייי ההה

הִשָּׁמְרוּ hishamrú לָכֶם lajem פֶּן־ pen יִפְתֶּה yifté לְבַבְכֶם levavjem

מיכ וול ילה סאל

וְסַרְתֶּם vesartem וַעֲבַדְתֶּם vaavadtem אֱלֹהִים elohim אֲחֵרִים ajerim

ערי עשל

משה (העומד נגד הקליפות) וְהִשְׁתַּחֲוִיתֶם vehishtajavitem לָהֶם lahem:

מיה והו דני הוש

וְחָרָה vejará (haz una pausa aquí) אַף־ af יְהֹוָהאדניאהדונהי Adonai בָּכֶם bajem

עמם ננא נית מבה

וְעָצַר veatsar אֶת־ et הַשָּׁמַיִם hashamáyim י״פ טל, י״פ כוזו וְלֹא־ veló

פוי נמם ייל הרוו מצר

יִהְיֶה yihyé ייי מָטָר matar וְהָאֲדָמָה vehaadamá לֹא lo תִתֵּן titén ב״פ כהת

ומב יהה ענו מוזי דמב

אֶת־ et יְבוּלָהּ yevulá וַאֲבַדְתֶּם vaavadetem מְהֵרָה meherá מֵעַל meal עלם

מנק איע וזבו

הָאָרֶץ haárets אלהים דההין ע״ה הַטֹּבָה hatová אֲשֶׁר asher

ראה יבמ היי

יְהֹוָהאדניאהדונהי Adonai נֹתֵן notén אבג יתץ, ושר לָכֶם lajem: **Vav, Zeir Anpín**

מום

וְשַׂמְתֶּם vesamtem **estómago** — 50 palabras que corresponden a las 50 Puertas of *Biná*

א ה י ה א

אֶת־ et דְּבָרַי devarai ראה אֵלֶּה ele עַל־ al לְבַבְכֶם levavjem

ה י ה א

וְעַל־ veal נַפְשְׁכֶם nafshejem וּקְשַׁרְתֶּם ukshartem אֹתָם otam

---

en tu campo para tu ganado. Y comerás y quedarás saciado. Pero cuiden que su corazón no sea seducido y se alejen para servir a deidades foráneas y se postren ante ellas. Y la ira del Señor caerá sobre ustedes y Él detendrá los Cielos y no habrá más lluvia y la tierra no brindará su cosecha. Y rápidamente perecerán de la buena tierra que el Señor les ha dado. Y pondrán estas palabras Mías sobre su corazón y sobre su alma y las atarán

לְאוֹת leot ר"ת לאו עַל־ al יֶדְכֶם yedjem וְהָיוּ vehayú

לְטוֹטָפֹת letotafot בֵּין bein עֵינֵיכֶם eineijem ריבוע מ"ה:

וְלִמַּדְתֶּם velimadtem אֹתָם otam אֶת־ et בְּנֵיכֶם beneijem

לְדַבֵּר ledaber ראה בָּם bam שם בן מ"ב בְּשִׁבְתְּךָ beshivtejá

בְּבֵיתֶךָ beveiteja ב"פ ראה וּבְלֶכְתְּךָ uvelejtejá בַדֶּרֶךְ vadérej ב"פ יב"ק, ס"ג קס"א

וּבְשָׁכְבְּךָ uveshojbejá וּבְקוּמֶךָ uvkumeja: וּכְתַבְתָּם ujtavtam עַל־ al

מְזוּזוֹת mezuzot בֵּיתֶךָ beiteja ב"פ ראה וּבִשְׁעָרֶיךָ uvisheareja: לְמַעַן lemaan

יִרְבּוּ yirbú יְמֵיכֶם yemeijem ר"ת יי"ל וִימֵי vimei בְנֵיכֶם veneijem

עַל al הָאֲדָמָה haadamá אֲשֶׁר asher (pronuncia la letra *Ayin* en la palabra "*nishbá*")

נִשְׁבַּע nishbá יכוין לשבועת המבול יְהֹוָהאדניאהדונהי Adonai

לַאֲבֹתֵיכֶם laavoteijem לָתֵת latet לָהֶם lahem כִּימֵי quimei

הַשָּׁמַיִם hashamáyim י"פ טל, י"פ כוזו עַל־ al הָאָרֶץ haárets אלהים דההין ע"ה:

---

como una señal sobre sus manos y serán como filacterias entre sus ojos. Y las enseñarán a sus hijos hablando de ellas mientras estés sentado en tu hogar y mientras caminas por el sendero y cuando te acuestas y cuando te levantas. Y las escribirás en los umbrales de tu casa y sobre tus puertas. Esto es para que sus días sean numerosos y también los días de sus hijos sobre la Tierra que el Señor ha prometido a sus padres darles como los días de los Cielos sobre la Tierra" (Deuteronomio 11:13-21).

VAYÓMER

Hei, _Maljut_, piernas y órganos reproductores,

72 palabras que corresponden a los 72 Nombres de Dios en orden directo (según el Ramjal).

ווו ייי סבט עאם

וַיֹּאמֶר vayómer יְהֹוָ‍ה‍אדהנויה Adonai אֶל־ el מֹשֶׁה Moshé

מבש ליה אנא

מהש, ע״ב בריבוע וקס״א, אל שדי, ד״פ אלהים ע״ה לֵּאמֹר lemor: דַּבֵּר daber ראה אֶל־ el

כמת הוזי אנד להו המע

בְּנֵי bnei יִשְׂרָאֵל Yisrael וְאָמַרְתָּ veamarta אֲלֵהֶם alehem וְעָשׂוּ veasú

יצל מרה היי המם לוו

לָהֶם lahem צִיצִת tsitsit עַל־ al כַּנְפֵי canfei בִגְדֵיהֶם vigdeihem

כבי ליו פנל נמך

לְדֹרֹתָם ledorotam וְנָתְנוּ venatnú עַל־ al צִיצִת tsitsit

יוזי מנה וזהו

הַכָּנָף hacanaf ע״ה קנ״א, אדני אלהים פְּתִיל petil י״פ ב״ן תְּכֵלֶת tejélet:

ניה השא ירת שאה רלי

וְהָיָה vehayá יהוה ; יהה לָכֶם lajem לְצִיצִת letsitsit וּרְאִיתֶם ureitem אֹתוֹ otó

אום ליב והר ייו להח

וּזְכַרְתֶּם uzjartem אֶת־ et כָּל־ col ילי מִצְוֹת mitsvot יְהֹוָ‍ה‍אדהנויה Adonai

כעק מנד אני ווום רהע

וַעֲשִׂיתֶם vaasitem אֹתָם otam וְלֹא־ veló תָתוּרוּ taturu אַחֲרֵי ajarei

יוזז השה מככ

לְבַבְכֶם levavjem וְאַחֲרֵי veajarei עֵינֵיכֶם eineijem ריבוע מ״ה

Debes meditar en el precepto: "No seguirás los pensamientos sexuales negativos del corazón ni las miradas de los ojos que buscan prostitución".

VAYÓMER

"Y el Señor le habló a Moshé y dijo: Habla a los Hijos de Israel y diles que deben hacer para sí mismos Tsitsit, en las esquinas de sus vestimentas, a lo largo de todas sus generaciones. Y deben colocar sobre el Tsitsit de cada esquina un filamento azul. Y esto será para ustedes como un Tsitsit; lo verán y recordarán los mandamientos del Señor y los cumplirán. Y no se dejen llevar en pos de su corazón y de sus ojos,

Debes meditar en recordar el éxodo de *Mitsráyim* (Egipto).

Está atento de completar este párrafo junto con el *jazán* y la congregación, y de decir la palabra "*emet*" en voz alta. El *jazán* debe decir la palabra "*emet*" susurrando.

אֱמֶת emet אהיה פעמים אהיה, ז"פ ס"ג.

La congregación debe estar en silencio, escuchar y oír las palabras "*Adonai Eloheijem emet*" dichas por el *jazán*. Si no completaste el párrafo junto al *jazán*, debes repetir las últimas tres palabras por cuenta propia. Con estas tres palabras el *Shemá* es concluido.

יְהֹוָה Adonai אֱלֹהֵיכֶם Eloheijem ילה:

אֱמֶת emet אהיה פעמים אהיה, ז"פ ס"ג.

---

porque de acuerdo con ellos irás por mal camino. Para que se acuerden y hagan todos Mis mandamientos y de este modo serán santos ante su Dios. Yo soy el Señor, su Dios, quien los sacó de la tierra de Egipto para ser su Dios. Yo, el Señor, su Dios, es verdad" (Números 15:37-41). El Señor, su Dios, ¡es verdad!

VEEMUNÁ – LA TERCERA CÁMARA – RATSÓN

Veemuná nos conecta con la Tercera Cámara en la Casa del Rey: *Ratsón*, o deseo. Antes de que podamos conectar con cualquier forma de energía espiritual, tenemos que sentir un anhelo o deseo. El deseo es la vasija que atrae a la Luz espiritual. Un deseo pequeño atrae poca cantidad de Luz. Un gran deseo atrae una gran cantidad.

Heijal Ratsón (la Cámara del Deseo) de *Nukvá* en *Briá*.

ואמונה veemuná (בגימטריא לילה) כל col ילי זאת zot וקים vekayam עלינו aleinu,
כי qui הוא Hu יהוהאדניאהדונהי Adonai אלהינו Eloheinu ילה ואין veéin
זולתו zulató. ואנחנו vaanajnu ישראל Yisrael עמו amó.
הפודנו hapodenu מיד miyad מלכים melajim. הגואלנו hagoalenu
מלכנו Malquenu מכף micaf כל col ילי עריצים aritsim.
האל haEl לאה ; ייא" (מילוי דס"ג) הנפרע hanifrá לנו lanu אלהים, אהיה אדני
מצרינו mitsareinu. המשלם hameshalem גמול guemul לכל lejol יה אדני
אויבי oyvei נפשנו nafshenu: השם hasam נפשנו nafshenu
בחיים bajayim אהיה אהיה יהוה, בינה ע"ה ולא veló נתן natán למוט lamot
רגלנו raglenu. המדריכנו hamadrijenu על al במות bamot
אויבינו oyveinu. וירם vayarem קרננו karnenu על al כל col ילי ; עמם
שונאינו soneinu. האל haEl לאה ; ייא" (מילוי דס"ג) העושה haosé
לנו lanu אלהים, אהיה אדני נסים nisim ונקמה unekamá בפרעה beFaró.
באותות beotot ובמופתים uvemoftim באדמת beadmat בני bnei
חם jam. המכה hamaqué בעברתו veevrató כל col ילי
בכורי bejorei מצרים Mitsráyim מצר. ויוציא vayotsí את et
עמו amó ישראל Yisrael מתוכם mitojam לחרות lejerut עולם olam.

VEEMUNÁ –TERCERA CÁMARA-RATSÓN

Y fidedigno. Todo eso y Él está sobre nosotros porque Él es el Señor, nuestro Dios, y no hay ningún otro. Y nosotros somos Israel, Su Nación. Él nos redime de las manos de reyes. Él es nuestro Rey, que nos libera del alcance de los tiranos; el Dios, que nos venga contra nuestros enemigos. Él paga a nuestros enemigos mortales su deuda. Él, que nos mantiene vivos y no permite que nuestros pies resbalen. Él, que nos ha guiado sobre las llanuras de nuestros enemigos y Él, que eleva nuestro poder sobre todos los que nos odian. Él es Dios, que hizo por nosotros milagros y acciones contra el Faraón, con señales y maravillas, en la tierra de los hijos de Jam. Él que con Su ira azotó a los primogénitos de Egipto y sacó a Su Nación, Israel, de entre ellos a una libertad eterna.

המעביר hamaavir בניו banav

בין bein גזרי guizrei ים yam ילי סוף Suf. ואת veet רודפיהם rodfeihem
ואת veet שונאיהם soneihem בתהומות bitehomot טבע tibá. ראו raú
בנים vanim את et גבורתו guevurató שבחו shibjú והודו vehodú אהיה
לשמו liShmó מהש ע"ה, ע"ב בריבוע וקס"א ע"ה, אל שדי ע"ה. ומלכותו umaljutó
ברצון beratsón מהש ע"ה, ע"ב בריבוע וקס"א ע"ה, אל שדי ע"ה קבלו kiblú
עליהם aleihem. משה Moshé מהש, ע"ב בריבוע קס"א, אל שדי, ד"פ אלהים ע"ה
ובני uvnei ישראל Yisrael ר"ת ע"ה נגד, מזבח, זן, אל יהוה לך lejá ענו anú
שירה shirá בשמחה besimjá רבה rabá ואמרו veamrú כלם julam:
מי mi ילי כמכה jamoja באלם baelim יהואדניאהדונהי Adonai
ר"ת ע"ב, ריבוע יהוה ; ס"ת מ"ה מי mi ילי כמכה camoja נאדר needar
בקדש bakódesh ר"ת יב"ק, אלהים יהוה, אהיה אדני יהוה נורא norá תהלת tehilot
עשה osé פלא fele: מלכותך maljutjá יהואדניאהדונהי Adonai
אלהינו Eloheinu ילה ראו raú בניך vaneja על al הים hayam ילי
יחד yájad כלם culam הודו hodú אהיה והמליכו vehimliju
ואמרו veamrú: יהואדניאהדונהי Adonai | ימלך yimloj לעלם leolam
ריבוע ס"ג וי' אותיות דס"ג ; ר"ת יי"ל ועד vaed. ונאמר veneemar: כי qui פדה fadá
יהואדניאהדונהי Adonai את et יעקב Yaakov ו' הויות, יאהדונהי אידהנויה
וגאלו uguealó מיד miyad חזק jazak פהל ממנו mimenu: ברוך Baruj
אתה Atá יהואדניאהדונהי Adonai גאל gaal באתב"ש כתר ישראל Yisrael:

Él, que hizo pasar a Sus Hijos entre las secciones del Mar Rojo mientras ahogó en las profundidades a sus perseguidores y sus enemigos. Los Hijos contemplaron Su poder y lo alabaron y dieron gracias a Su Nombre; aceptaron Su soberanía sobre ellos con deseo. Moshé y los Hijos de Israel elevaron sus voces en canto a Él, con gran alegría y dijeron todos: "¿Quién es como Tú entre los dioses, Señor? ¿Quién es como Tú, poderoso en santidad, impresionante en alabanza y que hace maravillas?" (Éxodo 15:11). Nuestros Hijos vieron Tu Reino, Señor, nuestro Dios, sobre el mar y todos al unísono te dan las gracias y aceptan Tu soberanía y dicen: "El Señor reinará por siempre y para siempre" (Éxodo 15:18). Y está dicho: "Porque el Señor ha liberado a Yaakov y lo ha rescatado de la mano de uno más fuerte que él" (Jeremías 31:10). Bendito eres Tú, Señor, quien redimió a Israel.

HASHKIVENU – LA CUARTA CÁMARA – EL SANCTA SANCTÓRUM

La Cuarta Cámara es *Kódesh HaKadoshim*, el Sancta Sanctórum, el cual es nuestro vínculo al siguiente nivel que alcanzamos mediante la *Amidá*.

Heijal Kódesh HaKadoshim (la Cámara del Sancta Sanctórum) de *Nukvá* en *Briá*.

הַשְׁכִּיבֵנוּ hashquivenu אָבִינוּ avinu לְשָׁלוֹם leshalom ר״ת לאה

וְהַעֲמִידֵנוּ vehaamidenu מַלְכֵּנוּ malquenu לְחַיִּים lejayim אהיה אהיה יהוה, בינה ע״ה

טוֹבִים tovim וּלְשָׁלוֹם uleshalom וּפְרוֹשׂ ufrós עָלֵינוּ aleinu

סֻכַּת sucat סוכה = סאל = אמן (יאהדונהי) שְׁלוֹמֶךָ shlomeja וְתַקְּנֵנוּ vetaknenu

מַלְכֵּנוּ malquenu בְּעֵצָה beetsá טוֹבָה tová אכא מִלְּפָנֶיךָ milfaneja ס״ג מ״ה ב״ן

וְהוֹשִׁיעֵנוּ vehoshienu מְהֵרָה meherá לְמַעַן lemaan שְׁמֶךָ Shemeja

(no pedimos por protección, ya que no hace falta protección de la *klipá* en *Shabat* — וְהָגֵן בַּעֲדֵנוּ)

Medita en incluir *Heijal Kódesh HaKodashim* de *Briá* en *Atsilut* para que sea como *Atsilut* mismo.

Debes meditar que las tres partes del medio del *Mojín* Circundante de la letra *Lámed* (ל) del *Tsélem* (צל״ם) de *Aba* están entrando en *Zeir Anpin* (mientras la cabeza de *Zeir Anpin* se expande).

Medita en recibir el alma adicional llamada: *Neshamá*

del aspecto de la noche de *Shabat*

וּפְרוֹשׂ ufrós particiones de *Yesod* en *Ima* עָלֵינוּ aleinu sobre *Yaakov* y *Rajel* וְעַל veal

יְרוּשָׁלַיִם Yerushaláyim עִירָךְ iraj סֻכַּת sucat סוכה = סאל = אמן (יאהדונהי)

שָׁלוֹם shalom• בָּרוּךְ Baruj אַתָּה Atá יְהֹוָהאדני יאהדונהי Adonai

הַפּוֹרֵשׂ haporés סֻכַּת sucat סוכה = סאל = אמן (יאהדונהי) ; ר״ת = אדני שָׁלוֹם shalom

Y las particiones deben ser como el techo de la *Sucá* a fin de hacer espacio (dentro de *Zeir Anpín*) para que las *Guevurot* se expandan sin salir hacia *Yaakov* y *Rajel*. Ahora Ellas reciben Luz de los *Jasadim* que fueron demorados de Su ascenso.

עָלֵינוּ aleinu ר״ת ש״ע נהורין וְעַל veal כָּל col ילי ; עמם עַמּוֹ amó יִשְׂרָאֵל Yisrael

וְעַל veal יְרוּשָׁלַיִם Yerushaláyim: אָמֵן Amén אידהנויה

HASHKIVENU – LA CUARTA CÁMARA – EL SANCTA SANCTÓRUM

Otórganos, Padre, que descansemos en paz y que nuevamente, Rey nuestro, nos levantemos a la buena vida y a la paz. Extiende sobre nosotros Tu protección de paz. Guíanos, Rey nuestro, con Tu buen consejo y sálvanos rápidamente por el bien de Tu Nombre. Y extiende sobre nosotros y sobre Jerusalén, Tu ciudad, un refugio de misericordia y paz. ¡Bendito eres Tú, Señor, que extiendes el refugio de paz sobre nosotros y sobre toda Su Nación, Israel, y sobre Jerusalén, Amén!

VESHAMRÚ

Tenemos la capacidad de unir el Cielo y la Tierra mediante el poder del *Álef-Hei-Vav-Hei* אהיה. Nuestro objetivo es imbuir nuestro ámbito físico y caótico con los diferentes atributos espirituales del Cielo (los Mundos Superiores), que es una realidad sin tiempo, espacio o movimiento. En nuestra realidad, el tiempo y el espacio crean una distancia, una brecha que permite que ocurra un proceso. Cuando nos proponemos alcanzar una meta, se requiere de tiempo; por lo tanto, un proceso siempre está involucrado. El caos y los obstáculos se manifiestan y viven en este proceso. La energía de los Mundos Superiores nos ayuda a eliminar de nuestra vida la influencia del tiempo y el espacio. Podemos acortar los procesos de la vida, reduciendo así la cantidad de caos que enfrentamos.

וְשָׁמְרוּ veshamrú בְנֵי־ venei יִשְׂרָאֵל Yisrael אֶת־ et הַשַּׁבָּת haShabat

ר"ת ביאה לַעֲשׂוֹת laasot אֶת־ et הַשַּׁבָּת haShabat לְדֹרֹתָם ledorotam

ר"ת אהל (זו אשתו, למשוך נשמה קדושה ולא מסט"א) בְּרִית berit עוֹלָם olam: בֵּינִי beiní

וּבֵין uvein בְּנֵי bnei יִשְׂרָאֵל Yisrael אוֹת ot הִוא hi ר"ת ביאה

לְעֹלָם leolam ריבוע דס"ג ו' אותיות דס"ג כִּי־ qui שֵׁשֶׁת shéshet יָמִים yamim נלך

עָשָׂה asá יְהֹוָהאדניאהדונהי Adonai אֶת־ et הַשָּׁמַיִם hashamáyim י"פ טל, י"פ כוזו

וְאֶת־ veet הָאָרֶץ haárets אלהים דההין ע"ה וּבַיּוֹם uvayom ע"ה נגד, מזבח, זן, אל יהוה

הַשְּׁבִיעִי hashevií שָׁבַת shavat וַיִּנָּפַשׁ vayinafash:

MEDIO KADISH

יִתְגַּדַּל yitgadal וְיִתְקַדַּשׁ veyitkadash שדי ומילוי שדי ; י"א אותיות כמנין ו"ה

שְׁמֵיהּ Shmei (שם י"ה דע"ב) רַבָּא rabá קנ"א ב"ן, יהוה אלהים יהוה אדני,

מילוי קס"א וס"ג, מ"ה ברבוע וע"ב ע"ה ; ר"ת = ו"פ אלהים ; ס"ת = ג"פ יב"ק: אָמֵן Amén אידהנויה.

בְּעָלְמָא bealmá דִּי di בְרָא verá כִּרְעוּתֵיהּ quirutei.

וְיַמְלִיךְ veyamlij מַלְכוּתֵיהּ maljutei. וְיַצְמַח veyatsmaj

פּוּרְקָנֵיהּ purkanei. וִיקָרֵב vikarev מְשִׁיחֵיהּ Meshijei: אָמֵן Amén אידהנויה.

VESHAMRÚ

"Observarán los Hijos de Israel el Shabat, para hacer el Shabat un convenio eterno para todas las generaciones. Será entre los Hijos de Israel y Yo una señal eterna de que en seis días el Señor creó los Cielos y la Tierra y, en el séptimo día, Él descansó" (Éxodo 31:16-17)

MEDIO KADISH

¡Glorificado y santificado sea Su Gran Nombre! (Amén).

En el mundo que Él creó de acuerdo a Su voluntad y pueda Su Reino reinar. Y pueda Él hacer que Su Redención florezca y pueda Él acercar al Mesías (Amén).

בְּחַיֵּיכוֹן bejayeijón וּבְיוֹמֵיכוֹן uveyomeijón וּבְחַיֵּי uvejayei

דְכָל dejol ילי בֵּית beit ב"פ ראה יִשְׂרָאֵל Yisrael בַּעֲגָלָא baagalá

וּבִזְמַן uvizmán קָרִיב kariv וְאִמְרוּ veimrú אָמֵן Amén: אָמֵן Amén אידהנויה.

La congregación y el *jazán* dicen lo siguiente:

28 palabras (hasta *bealmá*) y 28 letras (hasta *almayá*)

אלף יְהֹוָה הא יְהֹוָה יוד מצפצ

יְהֵא yehé שְׁמֵיהּ Shmei (שם י"ה ד"סג) רַבָּא rabá קנ"א ב"ן,

הא יה אדני

יהוה אלהים יהוה אדני, מילוי קס"א וס"ג, מ"ה ברבוע וע"ב ע"ה מְבָרַךְ mevaraj

יוד אל הא אלהים ואו מצפצ

לְעָלַם lealam לְעָלְמֵי lealmei עָלְמַיָּא almayá. יִתְבָּרַךְ yitbaraj.

Siete palabras con seis letras cada una (שם בן מ"ב) y también siete veces la letra Vav (שם בן מ"ב).

וכן, אהיה יהו = מ"ב,

וכן, אהיה יהו דאלפין (אלף הא יוד הא יוד הא ואו) = יעקב, ז"פ יהוה, יאהדונהי אידהנויה

וְיִשְׁתַּבַּח veyishtabaj י"פ ע"ב יהוה אל אבג יתץ.

וְיִתְפָּאַר veyitpaar הי נו יה קרע שטן. וְיִתְרוֹמַם veyitromam וה כוזו נגד יכש.

וְיִתְנַשֵּׂא veyitnasé במוכסז בטר צתג. וְיִתְהַדָּר veyithadar כוזו יה וזקב טנע.

וְיִתְעַלֶּה veyitalé וה יוד ה יגל פזק. וְיִתְהַלָּל veyithalal א ואו הא שקו צית.

שְׁמֵיהּ Shmei (שם י"ה דמ"ה) דְּקוּדְשָׁא deKudshá בְּרִיךְ Verij הוּא Hu:

אָמֵן Amén אידהנויה.

לְעֵלָּא leelá מִן min כָּל col ילי בִּרְכָתָא birjatá. שִׁירָתָא shiratá.

תֻּשְׁבְּחָתָא tishbejatá וְנֶחָמָתָא venejamatá. דַּאֲמִירָן daamirán

בְּעָלְמָא bealmá וְאִמְרוּ veimrú אָמֵן Amén: אָמֵן Amén אידהנויה.

En tus vidas y en tus días y en la vida de la Casa de Israel, prontamente y en el futuro cercano, y dígase: Amén (Amén). Que Su gran Nombre sea bendito por siempre y para toda la eternidad, y bendito y alabado, y glorificado y exaltado, y ensalzado y honrado, y adorado y loado, sea el Nombre del Santísimo, Bendito sea Él (Amén). Más allá de todas las bendiciones, himnos, alabanzas y palabras de consolación que deben decirse en el mundo, y dígase: Amén (Amén).

LA AMIDÁ - GENERAL

Cuando comenzamos la conexión, damos tres pasos hacia atrás que significan que estamos dejando este mundo físico. Después damos tres pasos hacia delante para comenzar la *Amidá*. Los tres pasos son:

1. Entrar a la tierra de Israel; para entrar en el primer círculo espiritual.
2. Entrar en la ciudad de Jerusalén; para entrar en el segundo círculo espiritual.
3. Entrar en el Sancta Sanctórum; para entrar en el círculo más interno.

Antes de recitar el primer verso de la *Amidá*, pedimos: "*Dios, abre mis labios y permite que mi boca hable*", estamos pidiendo a la Luz que hable por nosotros para que podamos recibir lo que necesitamos y no sólo lo que queremos. Con mucha frecuencia, lo que queremos de la vida no es necesariamente el deseo del alma, que es lo que verdaderamente necesitamos para estar satisfechos. Al pedirle a la Luz que hable a través de nosotros, nos aseguramos de que nuestra conexión nos traiga realización genuina y oportunidades para el crecimiento espiritual y el cambio.

LA AMIDÁ- SHABAT

Durante la semana, hay diecinueve bendiciones en la *Amidá*. Las tres primeras actúan como la llave que enciende los motores para nuestra elevación en los Mundos Superiores. Las tres últimas nos garantizan una reentrada segura en nuestra realidad física. Las trece bendiciones del medio abordan todas nuestras necesidades personales y carencias en la vida. En *Shabat* no hay carencia. Por lo tanto, solamente hay una bendición entre las tres primeras y las tres últimas.

El Formato de la Ascensión en *Arvit* de *Shabat*

Cuando digas "*Baruj*", medita en atraer *Nétsaj, Hod, Yesod* y *Jésed, Guevurá, Tiféret* de *Kéter, Jojmá, Biná, Dáat* de *Nétsaj, Hod, Yesod* de *Jésed, Guevurá, Tiféret* de lo Interno de *Tevuná* (que fueron atraídos durante la recitación del "*Shemá*" hacia *Kéter, Jojmá, Biná, Dáat*. Y *Jésed, Guevurá, Tiféret*) **hacia** *Jésed, Guevurá, Tiféret* y *Nétsaj, Hod, Yesod* de *Kéter, Jojmá, Biná, Dáat* de *Nétsaj, Hod, Yesod* y *Jésed, Guevurá, Tiféret* de *Biná* de lo Interno de *Zeir Anpín*.

Cuando digas "*Atá*", medita en atraer *Kéter, Jojmá, Biná* de *Kéter, Jojmá, Biná* de *Tevuná* **hacia** *Kéter, Jojmá, Biná* de *Zeir Anpín* e impulsar hacia abajo los Seis Bordes (de *Tevuná*) hacia los Seis Bordes de *Zeir Anpín*.

Cuando digas "*Adonai*" medita en atraer *Nétsaj, Hod, Yesod* y *Jésed, Guevurá, Tiféret* de *Kéter, Jojmá, Biná, Dáat* de *Nétsaj, Hod, Yesod* de *Jésed, Guevurá, Tiféret* de lo Interno de *Yisrael Saba* **hacia** *Jésed, Guevurá, Tiféret* y *Nétsaj, Hod, Yesod* de *Zeir Anpin* **y luego atraer** *Kéter, Jojmá, Biná* de *Yisrael Saba* a *Kéter, Jojmá, Biná* de *Zeir Anpín* y empujar hacia abajo los Seis Bordes (de *Yisrael Saba*) a los Seis Bordes de *Zeir Anpín*.

אֲדֹנָי Adonai ללה (pausa aquí) שְׂפָתַי sfatai תִּפְתָּח tiftaj וּפִי ufí יַגִּיד yaguid

ייז (כ״ב אותיות פשוטות [=אכא] וה׳ אותיות סופיות מנצפך) תְּהִלָּתֶךָ tehilateja ס״ת = בוכו׃

LA PRIMERA BENDICIÓN – INVOCA AL ESCUDO DE AVRAHAM

Avraham es el canal de la energía de la Columna Derecha de positividad, compartir y misericordia. Las acciones dadoras pueden protegernos de todas las formas de negatividad.

Jésed que se convierte en *Jojmá*

En esta sección hay 42 palabras, el secreto del Nombre de Dios de 42 letras y, por lo tanto, comienza con la letra *Bet* (2) y termina con la letra *Mem* (40).

Flexiona tus rodillas en "*Baruj*", inclínate en "*Atá*" y enderézate en "*Adonai*".

א בָּרוּךְ Baruj ב אַתָּה Atá א–ת (אותיות הא״ב המסמלות את השפע המגיע) לה׳ המלכות

ג יְהֹוָהאדניאהדונהי Adonai (יא״) י אֱלֹהֵינוּ Eloheinu ילה

ת וֵאלֹהֵי veElohei לכב ; מילוי ע״ב, דמב ;ילה צ אֲבוֹתֵינוּ avoteinu

ק אֱלֹהֵי Elohei מילוי ע״ב, דמב ; ילה ר אַבְרָהָם Avraham (*Jojmá*)

ח״פ אל, רי״ו ול״ב נתיבות החכמה, רמ״ח (אברים), עסמ״ב וט״ז אותיות פשוטות

ע אֱלֹהֵי Elohei מילוי ע״ב, דמב ; ילה ש יִצְחָק Yitsjak (*Biná*) ד״פ ב״ן

ט וֵאלֹהֵי veElohei לכב ;מילוי ע״ב, דמב ; ילה נ יַעֲקֹב Yaakov (*Dáat*) ז׳ הויות, יאהדונהי אידהנויה

נ הָאֵל haEl לאה ; ייא״ (מילוי דס״ג) ג הַגָּדוֹל hagadol האל הגדול = סיט ; גדול = להח

ד הַגִּבּוֹר haguibor עם ד׳ אותיות = מבה, יזל, אום ר״ת ההה י וְהַנּוֹרָא vehanorá

LA AMIDÁ

"Mi Señor, abre mis labios y mi boca declarará Tu alabanza" (*Salmos 51:17*).

LA PRIMERA BENDICIÓN

Bendito eres, Señor, nuestro Dios y Dios de nuestros ancestros: el Dios de Avraham, el Dios de Yitsjak y el Dios de Yaakov. El Dios grande, poderoso y reverenciado.

אֵל El ייא״י (מילוי דס״ג) ; ר״ת ע״ב, ריבוע יהוה עֶלְיוֹן elyón.

גּוֹמֵל gomel חֲסָדִים jasadim טוֹבִים tovim. קוֹנֵה koné הַכֹּל hacol ילי

וְזוֹכֵר vezojer חַסְדֵי jasdei אָבוֹת avot. וּמֵבִיא umeví

גּוֹאֵל goel לִבְנֵי livnei בְנֵיהֶם vneihem לְמַעַן lemaan

שְׁמוֹ Shemó מהש ע״ה, ע״ב בריבוע וקס״א ע״ה, אל שדי ע״ה בְּאַהֲבָה beahavá אחד, דאגה:

Cuando digas la palabra "*beahavá*" debes meditar en dedicar tu alma a santificar el Nombre Sagrado y aceptar sobre ti mismo las cuatro formas de muerte.

Durante los días entre *Rosh Hashaná* y *Yom Kipur* decimos la oración de "*zojrenu*":

זָכְרֵנוּ zojrenu לְחַיִּים lejayim אהיה אהיה יהוה, בינה ע״ה.

מֶלֶךְ Mélej חָפֵץ jafets בַּחַיִּים bajayim אהיה אהיה יהוה, בינה ע״ה.

כָּתְבֵנוּ cotvenu בְּסֵפֶר beséfer חַיִּים jayim אהיה אהיה יהוה, בינה ע״ה.

לְמַעֲנָךְ lemaanaj אֱלֹהִים Elohim אהיה אדני ; ילה חַיִּים jayim אהיה אהיה יהוה, בינה ע״ה.

Si olvidas decir "*zojrenu*" y te das cuenta de esto antes de terminar la bendición ("*Baruj Atá Adonai*"), debes regresar y decir "*zojrenu*" y continuar normalmente. Pero si te das cuenta de esto después del final de la bendición, debes continuar y puedes agregar "*zojrenu*" en "*shomea tefilá*" o al final de "*Elohai netsor*".

מֶלֶךְ Mélej עוֹזֵר ozer וּמוֹשִׁיעַ umoshía וּמָגֵן umaguén

ג״פ אל (ייא״י מילוי דס״ג) ; ר״ת מיכאל גבריאל נוריאל:

Flexiona tus rodillas en "*Baruj*", inclínate en "*Atá*" y enderézate en "*Adonai*".

בָּרוּךְ Baruj אַתָּה Atá יְהֹוָהאדֹנָי(יְהֹוָאדֹנָי)יאהדונהי Adonai (הד)

(**Durante las tres semanas de *Bein HaMetsarim*** medita en el Nombre Sagrado: טדהד)

מָגֵן maguén ג״פ אל (ייא״י מילוי דס״ג) ; ר״ת מיכאל גבריאל נוריאל אַבְרָהָם Avraham

ו״פ אל, רי״ו ול״ב נתיבות החכמה, רמ״ח (אברים), עסמ״ב וט״ז אותיות פשוטות:

El Dios Celestial. El que otorga benevolencia y crea todas las cosas. El que recuerda las buenas acciones de nuestros ancestros y El que trae un redentor a los hijos de sus hijos por el bien de Su Nombre, con amor.

Durante los días entre *Rosh Hashaná* y *Yom Kipur*:

Recuérdanos para la vida, Rey, quien desea la vida, e inscríbenos en el Libro de la Vida, por Ti, Dios Vivo.

Rey, Asistente, Salvador y Escudo. Bendito seas Tú, Señor, Escudo de Avraham.

LA SEGUNDA BENDICIÓN

LA ENERGÍA DE YITSJAK ENCIENDE EL PODER DE LA RESURRECCIÓN DE LOS MUERTOS

Mientras que Avraham representa el poder de compartir, Yitsjak representa a la Columna Izquierda, energía de Juicio. El Juicio acorta el proceso de *tikún* y prepara la vía para nuestra resurrección final.

Guevurá que se convierte en *Biná*

En esta sección hay 49 palabras que corresponden a las 49 Puertas del Sistema Puro en *Biná*.

אַתָּה Atá גִּבּוֹר guibor לְעוֹלָם leolam ריבוע ס״ג וי׳ אותיות דס״ג אֲדֹנָי Adonai ללה

(ר״ת אַגְלָא והוא שם גדול ואמיץ, ובו היה יהודה מתגבר על אויביו. ע״ה אלד, בוכו).

מְחַיֶּה mejayé ס״ג מֵתִים metim אַתָּה Atá. רַב rav לְהוֹשִׁיעַ lehoshía.

Durante el invierno (a partir de *Simjat Torá*)

מַשִּׁיב mashiv הָרוּחַ harúaj ר״ת מ״ה

וּמוֹרִיד umorid הַגֶּשֶׁם haguéshem

שביל [י״ש (= י״פ אל) ול״ב נתיבות החכמה] ע״ה:

Si por error dices "*Morid hatal*" y te das cuenta de ello antes del final de la bendición ("*Baruj Atá Adonai*"), debes regresar al comienzo de la bendición ("*Atá guibor*") y continuar normalmente. Pero si sólo te das cuenta de ello después del final de la bendición, debes continuar sin regresar.

Durante el verano (a partir de *Pésaj*)

מוֹרִיד morid הַטָּל hatal

יוד הא ואו, כוזו, מספר אותיות דמילואי עסמ״ב ;

ר״ת מ״ה (יוד הא ואו הא):

Si por error dices "*Mashiv harúaj*" y te das cuenta de ello antes del final de la bendición ("*Baruj Atá Adonai*"), debes regresar al comienzo de la bendición ("*Atá guibor*") y continuar normalmente. Pero si sólo te das cuenta de ello después del final de la bendición, debes iniciar la *Amidá* desde el principio.

מְכַלְכֵּל mejalquel חַיִּים jayim אהיה אהיה יהוה, בינה ע״ה בְּחֶסֶד bejésed

ע״ב, ריבוע יהוה. מְחַיֵּה mejayé ס״ג מֵתִים metim בְּרַחֲמִים berajamim

(במוכסז) מצפצ, אלהים דההין, י״פ ייי רַבִּים rabim (טלא דעתיק). סוֹמֵךְ somej

(אכדטם) כוק, ריבוע אדני נוֹפְלִים noflim (זו״ן). וְרוֹפֵא verofé חוֹלִים jolim

חולה = מ״ה וד׳ אותיות. וּמַתִּיר umatir אֲסוּרִים asurim. וּמְקַיֵּם umekayem

אֱמוּנָתוֹ emunató לִישֵׁנֵי lishenei עָפָר afar. מִי mi ילי כָּמוֹךָ jamoja

גְּבוּרוֹת guevurot בַּעַל báal (debes pronunciar la letra *Ayin* en la palabra *Báal*)

וּמִי umí ילי דּוֹמֶה domé לָךְ laj. מֶלֶךְ Mélej מֵמִית memit

וּמְחַיֶּה umjayé ס״ג (יוד הי ואו הי) וּמַצְמִיחַ umatsmíaj יְשׁוּעָה yeshuá:

LA SEGUNDA BENDICIÓN

Tú, Señor, eres poderoso por siempre. Tú revives a los muertos y eres muy capaz de redimir.

Durante el invierno: *El que hace soplar el viento y caer la lluvia.*

Durante el verano: *El que hace caer el rocío.*

Tú sostienes a los vivientes con bondad y revives a los muertos con gran compasión. Tú sostienes a los caídos, curas a los enfermos, pones en libertad a los cautivos y cumples Tu promesa con los que duermen en el polvo. ¿Quién es como Tú, Señor de fortaleza, y quién puede compararse contigo, Rey, que causas la muerte, das vida y haces crecer la salvación?

Durante los días entre *Rosh Hashaná* y *Yom Kipur* decimos la oración de "*mi jamoja*":

מִי mi ילי כָמוֹךָ jamoja אָב av הָרַחֲמָן harajmán זוֹכֵר zojer

יְצוּרָיו yetsurav בְּרַחֲמִים berajamim מצפצ, אלהים דיודין, י"פ ייי

לְחַיִּים lejayim אהיה אהיה יהוה, בינה ע"ה.

Si olvidas decir "*mi jamoja*" y te das cuenta de esto antes del final de la bendición "*Baruj Atá Adonai*", debes regresar y decir "*mi jamoja*" y continuar normalmente. Pero si sólo te das cuenta de esto al final de la bendición, debes continuar normalmente.

וְנֶאֱמָן veneemán אַתָּה Atá לְהַחֲיוֹת lehajayot מֵתִים metim:

אהיה יהו יְהֹוָה

בָּרוּךְ Baruj אַתָּה Atá יְהֹוָהאדנ׳י(יְהֹוָאדֹנָי)יאהדונהי Adonai

(**Durante las tres semanas de *Bein HaMetsarim*** medita en el Nombre Sagrado: כוזו)

מְחַיֵּה mejayé ס"ג (יוד הי ואו הי) הַמֵּתִים hametim ר"ת מ"ה וס"ת מ"ה:

LA TERCERA BENDICIÓN

Esta bendición nos conecta con Yaakov, la Columna Central, el poder de la restricción. Yaakov es nuestro canal para conectar la Misericordia con el Juicio. Al restringir nuestro comportamiento reactivo, estamos deteniendo nuestro Deseo de Recibir para Nosotros Mismos. Yaakov también nos da el poder para equilibrar nuestros actos de Misericordia y Juicio hacia otras personas en nuestra vida.

Tiféret* que se convierte en *Dáat (14 palabras).

אַתָּה Atá קָדוֹשׁ kadosh וְשִׁמְךָ veShimjá קָדוֹשׁ kadosh ר"ת = אור, רז, אין סוף.

וּקְדוֹשִׁים ukdoshim בְּכָל bejol ב"ן, לכב יוֹם yom ע"ה נגד, מזבח, זן, אל יהוה

יְהַלְלוּךָ yehaleluja סֶּלָה sela:

אהיה יהו מצפצ

בָּרוּךְ Baruj אַתָּה Atá יְהֹוָהאדנ׳י(יְהֹוָאדֹנָי)יאהדונהי Adonai

(**Durante los días de *Bein HaMetsarim*** medita en el Nombre Sagrado: מצפצ)

הָאֵל haEl לאה ; ייא"י (מילוי דס"ג) הַקָּדוֹשׁ hakadosh י"פ מ"ה (יוד הא ואו הא):

Medita aquí en el Nombre: יאהדונהי, esto puede ayudar a eliminar la ira.

Durante los días entre *Rosh Hashaná* y *Yom Kipur* en lugar de decir "*haEl hakadosh*" decimos:

הַמֶּלֶךְ haMélej הַקָּדוֹשׁ hakadosh:

Si por error dijiste "*haEl hakadosh*" y te das cuenta de esto en tres segundos, debes decir inmediatamente "*hamélej hakadosh*" y continuar como siempre. Pero si ya empezaste la bendición siguiente, debes empezar la *Amidá* desde el principio.

Durante los días entre *Rosh Hashaná* y *Yom Kipur*:
¿Quién es como Tú, Padre Misericordioso, que recuerda a Sus criaturas con misericordia para la vida?

Y eres fiel para resucitar a los muertos. Bendito eres Tú, Señor, que resucitas a los muertos.

LA TERCERA BENDICIÓN

Tú eres Santo y Santo es Tu Nombre, y los Seres Santos te alaban día a día, porque Tú eres Dios, el Rey Santo, Sela. Bendito eres Tú, Señor, el Santo Dios.

Durante los días entre *Rosh Hashaná* y *Yom Kipur*: *El Santo Rey.*

LA CUARTA BENDICIÓN

En la cuarta bendición, *Mekadesh haShabat* (santifica el *Shabat*), medita en atraer los *Mojín* de *Kéter* a *Nukvá* y este es el secreto del novio santificando (*Mekadesh*) a la novia (*Shabat*).

אַתָּה Atá קִדַּשְׁתָּ kidashta

אֶת et יוֹם yom ע"ה נגד, מזבח, זן, אל יהוה הַשְּׁבִיעִי hashevií לִשְׁמֶךָ liShmeja

Medita en el Nombre Sagrado: יוד הי ואו הי y luego haz una pausa por unos segundos.

תַּכְלִית tajlit מַעֲשֵׂה maasé שָׁמַיִם shamáyim י"פ טל, י"פ כוזו וָאָרֶץ vaárets.

וּבֵרַכְתּוֹ uverajtó מִכָּל micol ילי הַיָּמִים hayamim נלך.

וְקִדַּשְׁתּוֹ vekidashtó מִכָּל micol ילי הַזְּמַנִּים hazemanim וְכֵן vején

כָּתוּב catuv בְּתוֹרָתֶךָ betorataj:

VAYJULU

Estos versículos de la Torá nos conectan con el primer *Shabat* que tuvo lugar en el Jardín de Edén. Este *Shabat* fue la semilla de la creación de nuestro universo. Al conectarnos con la semilla original, capturamos la fuerza de Creación, trayendo rejuvenecimiento y renovación a nuestra vida.

Medita en la letra ש' del Nombre: שקוצית

וַיְכֻלּוּ vayjulu ע"ב, ריבוע יהוה (י יה יהו יהוה) הַשָּׁמַיִם hashamáyim י"פ טל, י"פ כוזו

וְהָאָרֶץ vehaárets אלהים דההין ע"ה ; ר"ת והו וְכָל־ vejol ילי צְבָאָם tsevaam ס"ת צלם:

וַיְכַל vayjal אֱלֹהִים Elohim אהיה אדני ; ילה בַּיּוֹם bayom ע"ה נגד, מזבח, זן, אל יהוה

הַשְּׁבִיעִי hashevií מְלַאכְתּוֹ melajtó אֲשֶׁר asher עָשָׂה asá

וַיִּשְׁבֹּת vayishbot בַּיּוֹם bayom ע"ה נגד, מזבח, זן, אל יהוה הַשְּׁבִיעִי hashevií

מִכָּל־ micol ילי מְלַאכְתּוֹ melajtó אֲשֶׁר asher עָשָׂה asá: וַיְבָרֶךְ vayvarej

עסמ"ב, הברכה (למתק את ז' המלכים שמתו) אֱלֹהִים Elohim אהיה אדני ; ילה אֶת־ et

יוֹם yom ע"ה נגד, מזבח, זן, אל יהוה הַשְּׁבִיעִי hashevií וַיְקַדֵּשׁ vaykadesh אֹתוֹ otó

LA CUARTA BENDICIÓN

Tú has santificado el séptimo día por amor a Tu Nombre.

Como conclusión de la creación de los Cielos y de la Tierra. Y Tú lo bendeciste por encima de todos los días, y Tú lo santificaste entre todas las estaciones, y así también está escrito en Tu Torá:

VAYJULU

"Y se concluyeron los Cielos y la Tierra

y todas sus huestes. Y completó Dios, en el séptimo día, la obra que Él había hecho. Y Él cesó, en el séptimo día, de toda Su obra que Él había hecho. Y bendijo Dios el séptimo día y Él lo santificó,

כִּי qui בוֹ vo שָׁבַת shavat מִכָּל־ micol ילי מְלַאכְתּוֹ melajtó אֲשֶׁר־ asher

בָּרָא bará קנ״א ב״ן, יהוה אלהים יהוה אדני, מילוי קס״א וס״ג, מ״ה ברבוע וע״ב ע״ה

אֱלֹהִים Elohim אהיה אדני ; ילה לַעֲשׂוֹת laasot:

YISMEJÚ

"*Zéjer Lemaasé Bereshit*" (remembranza de la obra de la Creación); este verso se refiere al *Shabat* original que ocurrió en el Jardín de Edén. Para activar el poder de nuestro *Shabat*, debemos reconocer que estamos conectándonos a la energía espiritual primordial que fue revelada durante el primer *Shabat*. Tanto Einstein como Moshé entendían que el tiempo es una ilusión. El tiempo es como una rueda giratoria. El mismo rayo de energía que surgió en el *Shabat* original regresa cada semana. Los eventos no pasan una sola vez como un tren de carga con un solo destino. Nos movemos a través de la rueda del tiempo, revisitando los mismos momentos cada año. Lo único que cambia es la "decoración del plató" para darnos la ilusión de un nuevo día, un nuevo año y una vida nueva.

Ahora *Maljut* es llamada: וזק״ל (campo) como el valor numérico de las siguientes combinaciones:
יאההויהה יאהדונהי que se incorporan en Ella ahora.
En "*yismejú*" hay 24 palabras, que corresponden a los 24 *kishutei calá* (adornos de la Novia).

יִשְׂמְחוּ yismejú בְמַלְכוּתְךָ vemaljutaj שׁוֹמְרֵי shomrei כ״א הויות שבתפילין

שַׁבָּת Shabat וְקוֹרְאֵי vekorei עֹנֶג óneg. עַם am מְקַדְּשֵׁי mekadshei

שְׁבִיעִי shevií. כֻּלָּם culam יִשְׂבְּעוּ yisbeú וְיִתְעַנְּגוּ veyitangú

מִטּוּבָךְ mituvaj לאו. וְהַשְּׁבִיעִי vehashevií רָצִיתָ ratsita בּוֹ bo

וְקִדַּשְׁתּוֹ vekidashtó. חֶמְדַּת jemdat יָמִים yamim נלך אוֹתוֹ otó קָרָאתָ karata

זֵכֶר zéjer לְמַעֲשֵׂה lemaasé בְרֵאשִׁית vereshit ר״ת מ״ב - שם בן מ״ב:

MEKADESH HASHABAT

"*Quien santifica el Shabat*", Durante la semana, nuestra batallla con las fuerzas negativas tiene un equilibrio de 50-50. En *Shabat*, sin embargo, el campo de juego se inclina a nuestro favor. Por lo tanto, podemos vencer al Satán en cada *Shabat*. Por esta razón, el *Shabat* se considera un regalo. En el Juego de la Vida, el *Shabat* es como nuestra movida ofensiva. Tenemos la ventaja de un jugador adicional.

אֱלֹהֵינוּ Eloheinu ילה וֵאלֹהֵי veElohei לכב ; מילוי דע״ב, רמב ; ילה

אֲבוֹתֵינוּ avoteinu רְצֵה retsé נָא na בִמְנוּחָתֵנוּ vimnujatenu.

---

porque en él descanso de toda Su obra creadora que Dios había hecho" (*Génesis* 2:1-3).

YISMEJÚ

Todos aquellos quienes observan el Shabat y lo llaman 'deleite'. La gente que santifica el séptimo (día). Ellos serán saciados y deleitados por Tu benevolencia. Y en el séptimo, Tú hallaste gracia y lo santificaste. El día más anhelado de todos lo has llamado, una remembranza de las obras de la Creación.

MEKADESH HASHABAT

Dios nuestro y Dios de nuestros antepasados, que Te plazca nuestro descanso, por favor.

jelkenu וְחֶלְקֵנוּ sim שִׂים •vemitsvoteja בְּמִצְוֹתֶיךָ kadeshenu קַדְּשֵׁנוּ
saméaj שַׂמֵּחַ •לאו mituvaj מִטּוּבָךְ sabenu שַׂבְּעֵנוּ vetorataj בְּתוֹרָתָךְ
libenu לִבֵּנוּ vetaher וְטַהֵר •bishuataj בִּישׁוּעָתָךְ nafshenu נַפְשֵׁנוּ
•ס״ג ז״פ ,אהיה פעמים אהיה veemet בֶּאֱמֶת אדני אל ,פוי leovdejá לְעָבְדְּךָ
ילה Eloheinu אֱלֹהֵינוּ Adonai יְהֹוָהאדניאהדונהי vehanjilenu וְהַנְחִילֵנוּ
,ע״ה וקס״א בריבוע ע״ב ,ע״ה מהש uveratsón וּבְרָצוֹן דאגה ,אחד beahavá בְּאַהֲבָה
va בָּה veyanuju וְיָנוּחוּ •kodshejá קָדְשֶׁךָ Shabat שַׁבַּת ע״ה שדי אל

La palabra "*va*" (בה) está en su forma femenina porque en la noche de *Shabat* la elevación principal y la ascensión es para la *Nukvá* (el aspecto femenino), dado que *Zeir Anpín* (el aspecto masculino) no tiene ascensión en la noche de *Shabat* (pero Su *Jésed*, *Guevurá*, *Tiféret* son expandidos e incluyen a Su *Jojmá*, *Biná*, *Dáat*, y su *Jojmá*, *Biná*, *Dáat* incluyen los *Mojín* Circundantes).

•Shemeja שְׁמֶךָ mekadshei מְקַדְּשֵׁי Yisrael יִשְׂרָאֵל ילי col כָּל
אהיה יהו יה אדני
Adonai יְהֹוָהאדניאהדונהי Atá אַתָּה Baruj בָּרוּךְ

Medita en los *Neshikín* (besos, la Unificación Superior),

desde las Diez *Sefirot* de *Jojmá* de *Kéter* de los cinco *Partsufim* de *Nétsaj*, *Hod*, *Yesod* de *Jésed*, *Guevurá*, *Tiféret* de *Jojmá* de *Zeir Anpín* **hasta** las Diez *Sefirot* de *Jojmá* de *Kéter* de los cinco *Partsufim* de *Nétsaj*, *Hod*, *Yesod* de *Jésed*, *Guevurá*, *Tiféret* de *Jojmá* de *Yaakov* y *Rajel*.

Jojmá	*Dáat*	*Biná*
א	י	ה
יהוה	מצפץ	יְהֹוִה
אהיה	אֹהֶיָה	אֶהֶיֶה
יְהוָה	יְהֹוָה	יֱהֱוֱהֱ

Medita en atraer iluminación **hacia** *Kéter* de *Yaakov* y *Rajel* (que ahora están de pie en *Nétsaj*, *Hod*, *Yesod* de *Zeir Anpín*) **desde** los tres *Mojín* (a la izquierda) —*Jojmá*, *Biná*, *Dáat*— del primer *Gadlut* envuelto por Nétsaj, *Hod*, *Yesod* y *Jésed*, *Guevurá*, *Tiféret* de *Yisrael Saba* y *Tevuná* (mientras los *Mojín* están ahora en *Jojmá*, *Biná*, *Dáat* de *Zeir Anpín*).

También atrae *Maljut* de *Kéter* de todos los cinco *Partsufim* de *Nétsaj*, *Hod*, *Yesod* de *Jésed*, *Guevurá*, *Tiféret* de *Biná* de lo Interno de *Zeir Anpín* **hacia** *Kéter* de todos los cinco *Partsufim* de *Nétsaj*, *Hod*, *Yesod* de *Jésed*, *Guevurá*, *Tiféret* de *Biná* de lo Interno de *Yaakov* y *Rajel*. **También atrae** *Maljut* de *Kéter* de todos los cinco *Partsufim* de *Jésed*, *Guevurá*, *Tiféret* de *Jésed*, *Guevurá*, *Tiféret* de *Biná* de lo Externo de *Zeir Anpín* **hacia** *Kéter* de los cinco *Partsufim* de Jésed, *Guevurá*, *Tiféret* de *Jésed*, *Guevurá*, *Tiféret* de *Biná* de lo Externo de *Yaakov* y *Rajel* (*Kéter* de *Yaakov* y *Rajel*, que están de pie en el Pecho de *Zeir Anpín*):

אֶהְיֶה יְהוָה
(a las tres Vasijas de *Kéter* de *Nukvá*)

י יה יהו יהוה   יוד יוד הא יוד הא ואו יוד הא ואו הה   יוד הא ואו הה

:haShabat הַשַּׁבָּת mekadesh מְקַדֵּשׁ

Santifícanos con Tus preceptos y otórganos participación en Tu Torá y sácianos de Tu bondad y alegra nuestros espíritus con Tu salvación y purifica nuestro corazón para que te sirvamos con verdad. Señor, Dios nuestro, con amor y gracia otórganos Tu santo Shabat como heredad; y que todo Israel, los santificadores de Tu Nombre, reposen en él. Bendito seas Tú, Señor, que santificas el Shabat.

LAS TRES BENDICIONES FINALES

A través del mérito de Moshé, Aharón y Yosef, quienes son nuestros canales para las últimas tres bendiciones, somos capaces de hacer descender toda la energía espiritual que despertamos con nuestras oraciones y bendiciones.

LA QUINTA BENDICIÓN

Durante esta bendición, que se refiere a Moshé, siempre debemos meditar en tratar de saber exactamente qué quiere Dios de nosotros en nuestra vida, como lo indica la frase: "Que sea la voluntad de Dios". Estamos pidiéndole a Dios que nos guíe hacia el trabajo que vinimos a hacer en la Tierra. El Creador no puede aceptar sólo el trabajo que queremos hacer, debemos llevar a cabo el trabajo que estamos destinados a hacer.

Nétsaj

Meditar por el Deseo Celestial (*Kéter*), que es llamado *Métsaj HaRatsón* (la Frente del Deseo).

רְצֵה retsé אלף למד הה יוד מם

Aquí meditar en transformar el infortunio y la tragedia (צרה) en deseo y aceptación (רצה).

(**Durante las tres semanas de *Bein HaMetsarim*,** medita aquí en los Nombres Sagrados: אלהים דההין אדני, שין ע"ה, טדהד כוזו מצפצ – con estos Nombres transformamos צרה en רצה).

יְהֹוָהאדניאהדונהי Adonai אֱלֹהֵינוּ Eloheinu ילה בְּעַמְּךָ beameja יִשְׂרָאֵל Yisrael

וְלִתְפִלָּתָם velitfilatam שְׁעֵה •sheé וְהָשֵׁב vehashev הָעֲבוֹדָה haavodá

לִדְבִיר lidvir רי"ו בֵּיתֶךָ beiteja ב"פ ראה• וְאִשֵּׁי veishei יִשְׂרָאֵל Yisrael

וּתְפִלָּתָם utfilatam מְהֵרָה meherá בְּאַהֲבָה beahavá אחד, דאגה

תְקַבֵּל tekabel בְּרָצוֹן beratsón מהש ע"ה, ע"ב בריבוע וקס"א ע"ה, אל שדי ע"ה•

וּתְהִי utehí לְרָצוֹן leratsón מהש ע"ה, ע"ב בריבוע וקס"א ע"ה, אל שדי ע"ה

תָּמִיד tamid ע"ה קס"א קנ"א קמ"ג עֲבוֹדַת avodat יִשְׂרָאֵל Yisrael עַמֶּךָ ameja:•

LAS TRES BENDICIONES FINALES
LA QUINTA BENDICIÓN

Encuentra gracia, Señor, nuestro Dios, en Tu Pueblo, Israel y oye su oración. Restaura el culto en el santuario interno de Tu Templo. Acepta las ofrendas de Israel y sus oraciones con complacencia, prontamente y con amor. Que siempre sea agradable a Ti, el servicio de Israel, Tu Nación.

PARA ROSH JÓDESH, PÉSAJ Y SUCOT :

Durante estos eventos, hay una oleada de energía espiritual extra en nuestro medio. Estas bendiciones adicionales son nuestra antena para atraer esta fuerza extra a nuestra vida.

Si por error olvidaste decir "*yaalé veyavó*" y te das cuenta antes del final de la bendición ("*Baruj Atá Adonai*"), debes volver y decir "*yaalé veyavó*" y continuar como siempre. Si sólo te das cuenta luego del final de la bendición ("*hamajazir Shejinató leTsiyón*") pero antes de empezar la bendición siguiente ("*modim*"), debes decir "*yaalé veyavó*" en ese momento y continuar normalmente. Si te das cuenta de ello luego de haber empezado la siguiente bendición ("*modim*") pero antes del segundo "*yihyú leratsón*" (en la pág. 129) debes volver a "*retsé*" (pág. 119) y continuar desde allí. Si te cuenta de ello después (del segundo "*yihyú leratsón*") debes empezar la *Amidá* desde el principio. **En *Érev* (noche de) *Rosh Jódesh*:** Si por error olvidaste decir "*yaalé veyavó*" y te das cuenta antes del final de la bendición ("*Baruj Atá Adonai*"), debes volver y decir "*yaalé veyavó*" y continuar como siempre. De otro modo, continúa con tu oración sin volver a atrás.

אֱלֹהֵינוּ Eloheinu ילה וֵאלֹהֵי veElohei לכב ; מילוי ע"ב, דמב ; ילה אֲבוֹתֵינוּ avoteinu

יַעֲלֶה yaalé וְיָבֹא veyavó וְיַגִּיעַ veyaguía וְיֵרָאֶה veyeraé רי"ו וְיֵרָצֶה veyeratsé

וְיִשָּׁמַע veyishamá וְיִפָּקֵד veyipaked וְיִזָּכֵר veyizajer ר"ת מ"ב (ז"פ ו')

זִכְרוֹנֵנוּ zijronenu וְזִכְרוֹן vezijrón ע"ב קס"א ונש"ב אֲבוֹתֵינוּ avoteinu. זִכְרוֹן zijrón

ע"ב קס"א ונש"ב יְרוּשָׁלַיִם Yerushaláyim עִירָךְ iraj.

וְזִכְרוֹן vezijrón ע"ב קס"א ונש"ב מָשִׁיחַ Mashíaj בֶּן ben דָּוִד David

ע"ה כהת ; בן דוד = אדני ע"ה עַבְדָּךְ avdaj פוי, אל אדני. וְזִכְרוֹן vezijrón ע"ב קס"א ונש"ב

כָּל col ילי עַמְּךָ ameja בֵּית beit ב"פ ראה יִשְׂרָאֵל Yisrael

לְפָנֶיךָ lefaneja ס"ג מ"ה ב"ן לִפְלֵיטָה lifleitá לְטוֹבָה letová אכא.

לְחֵן lején מילוי דמ"ה בריבוע, מוזי לְחֶסֶד lejésed ע"ב, ריבוע יהוה

וּלְרַחֲמִים ulerajamim. לְחַיִּים lejayim אהיה אהיה יהוה, בינה ע"ה.

טוֹבִים tovim וּלְשָׁלוֹם uleshalom. בְּיוֹם beyom ע"ה נגד, מזבח, זן, אל יהוה:

PARA ROSH JÓDESH, PÉSAJ Y SUCOT:

Nuestro Dios y el Dios de nuestros padres, pueda levantarse y venir y llegar y aparecer y encontrar gracia y ser oído y ser considerado y ser recordado, nuestra remembranza y la remembranza de nuestros padres: la remembranza de Jerusalén, Tu ciudad, y la remembranza del Mesías Ben David, Tu siervo, y la remembranza de toda Tu Nación, la Casa de Israel, ante Ti, para aceptación, para bien, para gracia, amabilidad y compasión, para una buena vida y para paz en este día de

En *Rosh Jódesh:*

רֹאשׁ Rosh ריבוע אלהים ואלהים דיודין ע״ה

הַחֹדֶשׁ haJódesh י״ב הויות, קס״א קנ״א ; ראש וחדש ע״ה = שין דלת יוד הַזֶּה hazé והו.

En los días intermedios (*Jol Hamoed*) de *Pésaj:*

וְחַג jag הַמַּצּוֹת haMatsot הַזֶּה hazé והו

בְּיוֹם beyom ע״ה נגד, מזבח, זן, אל יהוה מִקְרָא mikrá קֹדֶשׁ kódesh הַזֶּה hazé והו.

En los días intermedios (*Jol Hamoed*) de *Sucot:*

וְחַג jag הַסֻּכּוֹת haSucot הַזֶּה hazé והו

בְּיוֹם beyom ע״ה נגד, מזבח, זן, אל יהוה מִקְרָא mikrá קֹדֶשׁ kódesh הַזֶּה hazé והו.

לְרַחֵם lerajem אברהם, וח״פ אל, רי״ו ול״ב נתיבות החכמה, רמ״ח (אברים), עסמ״ב וט״ז אותיות פשוטות בּוֹ bo עָלֵינוּ aleinu וּלְהוֹשִׁיעֵנוּ ulehoshienu.

זָכְרֵנוּ zojrenu יְהֹוָהאדהניאהדונהי Adonai אֱלֹהֵינוּ Eloheinu ילה בּוֹ bo

לְטוֹבָה letová אכא. וּפָקְדֵנוּ ufokdenu בוֹ vo לִבְרָכָה livrajá.

וְהוֹשִׁיעֵנוּ vehoshienu בוֹ vo לְחַיִּים lejayim אהיה אהיה יהוה, בינה ע״ה טוֹבִים tovim.

בִּדְבַר bidvar ראה יְשׁוּעָה yeshuá וְרַחֲמִים verajamim.

חוּס jus וְחָנֵּנוּ vejonenu וַחֲמוֹל vajamol וְרַחֵם verajem אברהם, וח״פ אל,

רי״ו ול״ב נתיבות החכמה, רמ״ח (אברים), עסמ״ב וט״ז אותיות פשוטות עָלֵינוּ aleinu.

וְהוֹשִׁיעֵנוּ vehoshienu כִּי qui אֵלֶיךָ eleja עֵינֵינוּ eineinu ריבוע מ״ה. כִּי qui

אֵל El יא״י (מילוי דס״ג) מֶלֶךְ mélej חַנּוּן janún וְרַחוּם verajum אָתָּה Atá:

וְאַתָּה veAtá בְּרַחֲמֶיךָ verajameja הָרַבִּים harabim.

תַּחְפֹּץ tajpots בָּנוּ banu וְתִרְצֵנוּ vetirtsenu וְתֶחֱזֶינָה vetejezena עֵינֵינוּ eineinu

ריבוע מ״ה בְּשׁוּבְךָ beshuvjá לְצִיּוֹן leTsiyón יוסף, ו׳ הויות, קנאה

בְּרַחֲמִים berajamim מצפצ, אלהים דיודין, י״פ ייי:

אהיה יהו אל

בָּרוּךְ Baruj אַתָּה Atá יְהֹוָהאדהניאהדונהי Adonai

הַמַּחֲזִיר hamajazir שְׁכִינָתוֹ Shejinató לְצִיּוֹן leTsiyón יוסף, ו׳ הויות, קנאה:

En Rosh Jódesh: *Este Rosh Jódesh.*

En los días intermedios de Pésaj: *Este festival de las Matsot, en este buen día de Convocación Santa.*

En los días intermedios de Sucot: *Este festival de Sucot, en este buen día de Convocación Santa.*

Para tener misericordia de nosotros y para salvarnos.

Recuérdanos, Señor, nuestro Dios, para bien y considéranos en ello para la bendición y entréganosla para una buena vida con las palabras de entrega y misericordia. Ten piedad y sé amable con nosotros y ten misericordia y sé compasivo con nosotros y sálvanos, porque nuestros ojos van hacia Ti, porque Tú eres Dios, Rey que es amable y compasivo.

Y que Tú, en Tu gran compasión, te deleites en nosotros y estés complacido con nosotros. Puedan nuestros ojos contemplar Tu retorno a Sión con compasión. ¡Bendito eres Tú, Señor, que devuelve Su Shejiná a Sión!

La sexta bendición

Esta bendición es nuestro agradecimiento. Kabbalísticamente, el mayor agradecimiento que le podemos dar a nuestro Creador es hacer exactamente lo que debemos hacer en términos de nuestro trabajo espiritual.

Hod

Inclina todo tu cuerpo en "*modim*" y enderézate en "*Adonai*".

מוֹדִים modim מאה ברכות שתיקן דוד לאמרם כל יום אֲנַחְנוּ anajnu לָךְ laj

שָׁאַתָּה sheAtá הוּא Hu יְהֹוָהאדניאהדונהי Adonai (ונ) אֱלֹהֵינוּ Eloheinu ילה

וֵאלֹהֵי veElohei לכב ; מילוי ע״ב, דמב ; ילה אֲבוֹתֵינוּ avoteinu לְעוֹלָם leolam

ריבוע ס״ג וי׳ אותיות דס״ג וָעֶד vaed• צוּרֵנוּ tsurenu צוּר tsur אלהים דההין ע״ה

חַיֵּינוּ jayeinu וּמָגֵן umaguén ג״פ אל (ייא״י מילוי דס״ג) ; ר״ת מיכאל גבריאל נוריאל

יִשְׁעֵנוּ yishenu אַתָּה Atá הוּא Hu• לְדוֹר ledor וָדוֹר vador רי״ו נוֹדֶה nodé

לְךָ lejá וּנְסַפֵּר unesaper תְּהִלָּתֶךָ tehilateja• עַל־ al חַיֵּינוּ jayeinu

הַמְּסוּרִים hamesurim בְּיָדֶךָ beyadeja• וְעַל veal נִשְׁמוֹתֵינוּ nishmoteinu

הַפְּקוּדוֹת hapekudot לָךְ laj• וְעַל־ veal נִסֶּיךָ niseja שֶׁבְּכָל shebejol

ב״ן, לכב יוֹם yom ע״ה נגד, מזבח, זן, אל יהוה עִמָּנוּ imanu ריבוע ס״ג, קס״א ע״ה וד׳ אותיות

וְעַל veal נִפְלְאוֹתֶיךָ nifleoteja וְטוֹבוֹתֶיךָ vetovoteja שֶׁבְּכָל shebejol

ב״ן, לכב עֵת et• עֶרֶב érev וָבֹקֶר vavóker וְצָהֳרָיִם vetsahoráyim• הַטּוֹב hatov

והו כִּי־ qui לֹא־ lo כָלוּ jalú רַחֲמֶיךָ rajameja• הַמְרַחֵם hamerajem

אברהם, וז״פ אל, רי״ו ול״ב נתיבות החכמה, רמ״ח (אברים), עסמ״ב וט״ז אותיות פשוטות כִּי־ qui לֹא lo

תַמּוּ tamu חֲסָדֶיךָ jasadeja כִּי qui מֵעוֹלָם meolam קִוִּינוּ kivinu לָךְ laj:

La sexta bendición

Nosotros te damos gracias a Ti, porque eres Tú, Señor, quien es nuestro Dios y el Dios de nuestros padres, por siempre y por toda la eternidad. Tú eres nuestra Fortaleza, la Fortaleza de nuestras vidas y el Escudo de nuestra salvación. De una generación a otra, te daremos gracias a Ti y cantaremos Tu alabanza. Por nuestras vidas que están en Tus Manos, por nuestras almas que están a Tu cuidado, por Tus milagros que están con nosotros todos los días y por Tus maravillas y Tus favores que están con nosotros en todo momento: de noche, de mañana y de tarde. Tú eres bueno, porque Tu compasión nunca se ha acabado. Tú eres el misericordioso, porque Tu bondad nunca ha cesado, porque siempre hemos puesto nuestras esperanzas en Ti.

PARA JANUCÁ Y PURIM

Janucá y *Purim* generan una dimensión adicional de energía de Milagros. Esta bendición nos ayuda a aprovechar esta energía, atrayendo milagros en nuestra vida cuando realmente los necesitamos.

וְעַל veal הַנִּסִּים hanisim וְעַל veal הַפֻּרְקָן •hapurkán

וְעַל veal הַגְּבוּרוֹת •haguevurot וְעַל veal הַתְּשׁוּעוֹת hateshuot

וְעַל veal הַנִּפְלָאוֹת haniflaot וְעַל veal הַנֶּחָמוֹת hanejamot

שֶׁעָשִׂיתָ sheasita לַאֲבוֹתֵינוּ laavoteinu בַּיָּמִים bayamim נלך הָהֵם hahem

בִּזְמַן bazemán הַזֶּה hazé והו:

PARA JANUCÁ:

בִּימֵי bimei מַתִּתְיָה Matityá בֶּן ven יוֹחָנָן Yojanán כֹּהֵן Cohén מלה

גָּדוֹל Gadol להח ; עם ד' אותיות = מבה, יזל, הום חַשְׁמוֹנָאִי Jashmonaí וּבָנָיו uvanav

כְּשֶׁעָמְדָה quesheamdá מַלְכוּת maljut יָוָן Yaván הָרְשָׁעָה harshaá עַל al

עַמְּךָ ameja יִשְׂרָאֵל Yisrael לְשַׁכְּחָם leshaquejam תּוֹרָתָךְ torataj

וּלְהַעֲבִירָם ulehaaviram מֵחֻקֵּי mejukei רְצוֹנָךְ •retsonaj וְאַתָּה veAtá

בְּרַחֲמֶיךָ verajameja הָרַבִּים harabim עָמַדְתָּ amadta לָהֶם lahem בְּעֵת beet

צָרָתָם •tsaratam רַבְתָּ ravta אֶת et רִיבָם •rivam דַּנְתָּ danta

אֶת et דִּינָם •dinam נָקַמְתָּ nakamta מנק אֶת et נִקְמָתָם nikmatam מנק•

מָסַרְתָּ masarta גִּבּוֹרִים guiborim בְּיַד beyad חַלָּשִׁים •jalashim וְרַבִּים verabim

בְּיַד beyad מְעַטִּים •meatim וּרְשָׁעִים ureshaím בְּיַד beyad צַדִּיקִים •tsadikim

וּטְמֵאִים utmeím בְּיַד beyad טְהוֹרִים •tehorim וְזֵדִים vezedim בְּיַד beyad

עוֹסְקֵי oskei תוֹרָתֶךָ •torateja לְךָ lejá עָשִׂיתָ asita שֵׁם Shem

גָּדוֹל gadol להח ; עם ד' אותיות = מבה, יזל, הום וְקָדוֹשׁ vekadosh בְּעוֹלָמָךְ •beolamaj

וּלְעַמְּךָ uleameja יִשְׂרָאֵל Yisrael עָשִׂיתָ asita תְּשׁוּעָה teshuá גְּדוֹלָה guedolá

וּפֻרְקָן ufurkán כְּהַיּוֹם quehayom ע"ה נגד, מזבח, זן, אל יהוה הַזֶּה hazé והו•

PARA JANUCÁ Y PURIM

Y también por los milagros, la liberación, los hechos poderosos, la salvación, las maravillas, y actos de consolación que Tú realizaste para nuestros antepasados, en aquellos días, y en este momento.

PARA JANUCÁ

En los días de Matityá, hijo de Yojanán, el Sumo Sacerdote, el jasmoneo, y sus hijos, cuando el maligno Imperio Griego se sublevó en contra de Tu Nación, Israel, para obligarlos a olvidar Tu Torá y obligarlos a alejarse de las leyes de Tu deseo, con Tu compasión estuviste con ellos en tiempos turbulentos. Tú luchaste sus batallas, buscaste justicia para ellos, los vindicaste y entregaste a los fuertes en manos de los débiles, a los numerosos en manos de los pocos, a los perversos en manos de los justos, a los contaminados en manos de los puros y a los tiranos en manos de aquellos que se ocupaban con Tu Torá. Hiciste un Santo Nombre para Ti en Tu mundo y para Tu pueblo, Israel, realizaste una gran salvación y liberación en este día.

וְאַחַר veajar כָּךְ caj בָּאוּ bau בָנֶיךָ vaneja לִדְבִיר lidvir רי״ו בֵּיתֶךָ beiteja ב״פ
ראה וּפִנּוּ ufinú אֶת־ et הֵיכָלֶךָ heijaleja. וְטִהֲרוּ vetiharú אֶת et
מִקְדָּשֶׁךָ mikdasheja. וְהִדְלִיקוּ vehidliku נֵרוֹת nerot בְּחַצְרוֹת bejatsrot
קָדְשֶׁךָ kodsheja. וְקָבְעוּ vekavú שְׁמוֹנַת shmonat יְמֵי yemei חֲנֻכָּה Janucá
אֵלּוּ elu בְּהַלֵּל behalel אדנ״י, ללה וּבְהוֹדָאָה uvehodaá. וְעָשִׂיתָ veasita
עִמָּהֶם imahem נִסִּים nisim וְנִפְלָאוֹת veniflaot וְנוֹדֶה venodé לְשִׁמְךָ leShimjá
הַגָּדוֹל hagadol להח ; עם ד׳ אותיות = מבה, יזל, אום סֶלָה sela:

PARA PURIM:

בִּימֵי bimei מָרְדְּכַי Mordejai וְאֶסְתֵּר veEster עם האותיות = מילוי אדנ״י
בְּשׁוּשַׁן beShushán הַבִּירָה habirá. כְּשֶׁעָמַד quesheamad עֲלֵיהֶם aleihem
הָמָן Hamán הָרָשָׁע Harashá. בִּקֵּשׁ bikesh לְהַשְׁמִיד lehashmid לַהֲרוֹג laharog
וּלְאַבֵּד uleabed אֶת et כָּל col ילי הַיְּהוּדִים hayehudim מִנַּעַר mináar
וְעַד vead זָקֵן zakén טַף taf וְנָשִׁים venashim בְּיוֹם beyom ע״ה נגד, מזבח, זן, אל יהוה
אֶחָד ejad אהבה, דאגה בִּשְׁלֹשָׁה bishloshá עָשָׂר asar לְחֹדֶשׁ lejódesh
י״ב הויות, קס״א קנ״א שְׁנֵים shneim עָשָׂר asar הוּא hu חֹדֶשׁ jódesh י״ב הויות, קס״א קנ״א
אֲדָר Adar וּשְׁלָלָם ushlalam לָבוֹז lavoz. וְאַתָּה veAtá בְּרַחֲמֶיךָ verajameja
הָרַבִּים harabim הֵפַרְתָּ hefarta אֶת et עֲצָתוֹ atsató וְקִלְקַלְתָּ vekilkalta
אֶת et מַחֲשַׁבְתּוֹ majashavtó. וַהֲשֵׁבוֹתָ vahashevota לּוֹ lo גְּמוּלוֹ guemuló
בְּרֹאשׁוֹ beroshó. וְתָלוּ vetalú אוֹתוֹ otó וְאֶת veet בָּנָיו banav עַל al הָעֵץ haets.
וְעָשִׂיתָ veasita עִמָּהֶם imahem נִסִּים nisim וְנִפְלָאוֹת veniflaot וְנוֹדֶה venodé
לְשִׁמְךָ leShimjá הַגָּדוֹל hagadol להח ; עם ד׳ אותיות = מבה, יזל, אום סֶלָה sela:

Entonces Tus hijos vinieron al Santuario de Tu Casa, limpiaron Tu Palacio, purificaron Tu Templo, encendieron velas en los jardines de Tu Santo Dominio, y establecieron estos ocho días de Janucá para alabanza y acción de gracias. Y Tú realizaste milagros y maravillas para ellos. Por ello estamos agradecidos a Tu Gran Nombre. Sela.

PARA PURIM:

En los días de Mordejái y Ester, en Shushán, la capital, cuando el malvado Hamán se sublevó contra ellos, él busco destruir, asesinar y aniquilar a todos los judíos, jóvenes y viejos, niños y mujeres, en un día, el decimotercer día del duodécimo mes, el cual es el mes de Adar, y tomar su botín. Pero Tú, en Tu gran compasión, arruinaste su plan, frustraste su diseño y dirigiste su cometido hacia su propia cabeza. Lo colgaron a él y a sus hijos en la horca. Y Tú realizaste milagros y maravillas para ellos (Israel). Damos gracias a Tu gran Nombre. Sela.

וְעַל veal כֻּלָּם culam יִתְבָּרַךְ yitbaraj וְיִתְרוֹמַם veyitromam

וְיִתְנַשֵּׂא veyitnasé תָּמִיד tamid ע"ה קס"א קנ"א קמ"ג שִׁמְךָ Shimjá

מַלְכֵּנוּ malquenu לְעוֹלָם leolam ריבוע ס"ג וי' אותיות דס"ג וָעֶד vaed.

וְכָל־ vejol ילי הַחַיִּים hajayim אהיה אהיה יהוה, בינה ע"ה יוֹדוּךָ yoduja סֶּלָה sela:

Durante los días entre *Rosh Hashaná* y *Yom Kipur* recitamos la oración de "*ujtov*":

וּכְתוֹב ujtov לְחַיִּים lejayim אהיה אהיה יהוה, בינה ע"ה טוֹבִים tovim

כָּל־ col ילי בְּנֵי bnei בְרִיתֶךָ vriteja:

Si olvidaste decir "*ujtov*" y te das cuenta antes del final de la bendición ("*Baruj Atá Adonai*"), debes volver y decir "*ujtov*" y continuar normalmente. Pero si te das cuenta sólo después del final de la bendición, debes continuar y puedes agregar "*ujtov*" al final de "*Elohai Netsor*".

וִיהַלְלוּ vihalelú וִיבָרְכוּ vivarjú יהוה ריבוע יהוה ריבוע מ"ה אֶת־ et

שִׁמְךָ Shimjá הַגָּדוֹל hagadol להח ; עם ד' אותיות = מבה, יזל, אום בֶּאֱמֶת beemet אהיה

פעמים אהיה, ז"פ ס"ג לְעוֹלָם leolam ריבוע ס"ג וי' אותיות דס"ג כִּי qui טוֹב tov והו ;

כי טוב = יהוה אהיה, אום, מבה, יזל. הָאֵל haEl לאה ; ייא"י (מילוי דס"ג) יְשׁוּעָתֵנוּ yeshuatenu

וְעֶזְרָתֵנוּ veezratenu סֶלָה sela. הָאֵל haEl לאה ; ייא"י (מילוי דס"ג) הַטּוֹב hatov והו:

Flexiona tus rodillas en "*Baruj*", inclínate en "*Atá*" y enderézate en "*Adonai*".

אהיה יהו אלהים

בָּרוּךְ Baruj אַתָּה Atá יְהֹוָהאדניאהדונהי Adonai (הי) הַטּוֹב hatov והו

שִׁמְךָ Shimjá וּלְךָ uLejá נָאֶה naé לְהוֹדוֹת lehodot ס"ת כהת, משיח בן דוד ע"ה:

Y por todas estas cosas, que Tu Nombre sea siempre bendecido, exaltado y ensalzado, por siempre, nuestro Rey, por siempre y para siempre, y todos los vivientes te agradecen, Sela.

Durante los días entre *Rosh Hashaná* y *Yom Kipur*:
E inscribe para una buena vida a todos los miembros de Tu Pacto.

Y ellos te alabarán y bendecirán Tu gran Nombre,
sinceramente y para siempre, porque es bueno, el Dios de nuestra salvación y nuestra ayuda, Sela, el buen Dios. Bendito eres Tú, Señor, cuyo Nombre es bueno. Y a Ti es propio dar gracias.

LA BENDICIÓN FINAL

Estamos emanando la energía de paz para el mundo entero. También nos proponemos utilizar nuestra boca sólo para el bien. Kabbalísticamente, el poder de las palabras y del habla es inimaginable. Esperamos usar este poder sabiamente, lo que tal vez sea una de las tareas más difíciles de llevar a cabo.

Yesod

שִׂים sim שָׁלוֹם shalom

(**Durante las tres semanas de** ***Bein HaMetsarim,*** medita aquí en los Nombres Sagrados:
שין ראשונה (ע״ה = טדהד כוזו מצפצ) ממתקת את השין השניה (= אלהים דההין אדני) ;
וכן שים שלום ע״ה = ו׳ השמות (טדהד כוזו מצפצ אלהים אדני יהוה) אדני טדהד כוזו מצפצ ואלהים דההין)

טוֹבָה tová אכא וּבְרָכָה uvrajá אהיה אהיה יהוה, בינה ע״ה וְחַיִּים jayim חֵן jen

וָחֶסֶד vajésed מילוי דמ״ה בריבוע, מוזי ע״ב, ריבוע יהוה צְדָקָה tsedaká ע״ה ריבוע אלהים

וְרַחֲמִים verajamim עָלֵינוּ aleinu וְעַל־ veal כָּל־ col ילי ; עמם

יִשְׂרָאֵל Yisrael עַמֶּךָ ameja וּבָרְכֵנוּ uvarjenu אָבִינוּ avinu כֻּלָּנוּ culanu

כְּאֶחָד queejad אהבה, דאגה בְּאוֹר beor רז, א״ס פָּנֶיךָ paneja ס״ג מ״ה ב״ן כִּי qui

בְאוֹר veor רז, א״ס פָּנֶיךָ paneja ס״ג מ״ה ב״ן נָתַתָּ natata לָנוּ lanu אלהים, אהיה אדני

יְהֹוָהאדניאהדונהי Adonai אֱלֹהֵינוּ Eloheinu ילה תּוֹרָה Torá וְחַיִּים vejayim

אהיה אהיה יהוה, בינה ע״ה• אַהֲבָה ahavá אחד, דאגה וָחֶסֶד vajésed ע״ב, ריבוע יהוה•

צְדָקָה tsedaká ע״ה ריבוע אלהים וְרַחֲמִים verajamim• בְּרָכָה brajá

וְשָׁלוֹם veshalom• וְטוֹב vetov והו בְּעֵינֶיךָ־ beeineja ע״ה קס״א ; ריבוע מ״ה

לְבָרְכֵנוּ levarjenu וּלְבָרֵךְ ulevarej אֶת et כָּל־ col ילי עַמְּךָ ameja

יִשְׂרָאֵל Yisrael בְּרוֹב־ berov י״פ אהיה עֹז oz וְשָׁלוֹם veshalom:

LA BENDICIÓN FINAL

Otorga paz, bondad, bendiciones, vida, gracia, amabilidad, justicia y misericordia a nosotros y a todo Israel, Tu Pueblo. Bendícenos a todos como uno solo, Padre nuestro, con la Luz de Tu Rostro, porque es con la Luz de Tu rostro que Tú, Señor, nuestro Dios, nos has dado la Torá y vida, amor y amabilidad, justicia y misericordia, bendición y paz. Que sea grato a Tus Ojos bendecirnos y bendecir a Tu Nación, Israel, con abundante poder y con paz.

Durante los días entre *Rosh Hashaná* y *Yom Kipur* recitamos la oración de “*uvséfer jayim*”:

וּבְסֵפֶר uveséfer חַיִּים jayim אהיה אהיה יהוה, בינה ע״ה

בְּרָכָה brajá וְשָׁלוֹם veshalom וּפַרְנָסָה ufarnasá טוֹבָה tová אכא

וִישׁוּעָה vishuá וְנֶחָמָה venejamá וּגְזֵרוֹת ugzerot טוֹבוֹת tovot.

נִזָּכֵר nizajer וְנִכָּתֵב venicatev לְפָנֶיךָ lefaneja ס״ג מ״ה ב״ן

אֲנַחְנוּ anajnu וְכָל vejol ילי עַמְּךָ ameja יִשְׂרָאֵל Yisrael

לְחַיִּים lejayim אהיה אהיה יהוה, בינה ע״ה טוֹבִים tovim וּלְשָׁלוֹם uleshalom:

Si olvidaste decir “*uveséfer jayim*” y te das cuenta de esto antes del final de la bendición (“*Baruj Atá Adonai*”), debes regresar y decir “*uveséfer jayim*” y continuar normalmente. Pero si te das cuenta de esto sólo al final de la bendición, debes continuar y puedes agregar “*uveséfer jayim*” al final de “*Elohai netsor*”.

אהיה יהו מצפצ

בָּרוּךְ Baruj אַתָּה Atá יְהֹוָואדהנויאהדונהי Adonai

הַמְּבָרֵךְ hamevarej אֶת et עַמּוֹ amó יִשְׂרָאֵל Yisrael

ר״ת = אלהים (אילהיוהים = יב״ק) בַּשָּׁלוֹם bashalom. אָמֵן Amén יאהדונהי.

YIHYÚ LERATSÓN

Hay 42 letras en el versículo en el secreto del *Aná Bejóaj*.

יִהְיוּ yihyú אל (ייא״י מילוי דס״ג) לְרָצוֹן leratsón מהש ע״ה, ע״ב בריבוע וקס״א ע״ה, אל שדי ע״ה

אִמְרֵי־ imrei פִי fi ר״ת אֱלֶף = אלף למד שין דלת יוד ע״ה וְהֶגְיוֹן vehegyón לִבִּי libí

לְפָנֶיךָ lefaneja ס״ג מ״ה ב״ן יְהֹוָואדהנויאהדונהי Adonai צוּרִי tsurí וְגֹאֲלִי vegoalí:

Durante los días entre *Rosh Hashaná* y *Yom Kipur*:

Y que en el Libro de la Vida, todos seamos recordados e inscritos ante Ti; para bendición, paz, buen sustento, salvación, consuelo y buenos decretos. Nosotros y toda Tu Nación, Israel, para una buena vida y para paz.

¡Bendito eres Tú, Señor, que bendice a Su Pueblo, Israel, con paz, Amén!

YIHYÚ LERATSÓN

“Sean gratos ante Ti, Señor, mi Fortaleza y mi Redentor, los dichos de mi boca y los pensamientos de mi corazón” (*Salmos 19:15*).

ELOHAI NETSOR

אֱלֹהַי Elohai מילוי ע"ב, דמב ; ילה נְצוֹר netsor לְשׁוֹנִי leshoní מֵרָע merá•

וּשְׂפָתוֹתַי vesiftotai מִדַּבֵּר midaber ראה מִרְמָה mirmá• וְלִמְקַלְלַי velimkalelai

נַפְשִׁי nafshí תִדּוֹם tidom• וְנַפְשִׁי venafshí כֶּעָפָר queafar

לַכֹּל lacol יה אדני תִּהְיֶה tihyé• פְּתַח petaj לִבִּי libí בְּתוֹרָתֶךָ betorateja•

וְאַחֲרֵי veajarei מִצְוֹתֶיךָ mitsvoteja תִּרְדּוֹף tirdof נַפְשִׁי nafshí•

וְכָל־ vejol ילי הַקָּמִים hakamim עָלַי alai לְרָעָה leraá רהע• מְהֵרָה meherá

הָפֵר hafer עֲצָתָם atsatam וְקַלְקֵל vekalkel מַחְשְׁבוֹתָם majshevotam•

עֲשֵׂה asé לְמַעַן lemaan שְׁמָךְ Shemaj• עֲשֵׂה asé לְמַעַן lemaan

יְמִינָךְ yeminaj• עֲשֵׂה asé לְמַעַן lemaan תּוֹרָתָךְ torataj• עֲשֵׂה asé

לְמַעַן lemaan קְדֻשָּׁתָךְ kedushataj• ר"ת הפסוק = מ"ה יהוה לְמַעַן lemaan

יֵחָלְצוּן yejaltsún יְדִידֶיךָ yedideja ר"ת ילי הוֹשִׁיעָה hoshía יהוה וש"ע נהורין

יְמִינְךָ yeminjá וַעֲנֵנִי vaaneni (כתיב: ועננו) ר"ת אל ("ייא" מילוי דס"ג)•:

Antes de que recitemos el próximo verso ("*Yihyú leratsón*") tenemos una oportunidad de fortalecer la conexión con nuestra alma usando nuestro nombre. Cada persona tiene un versículo en la Torá que lo conecta con su nombre. O bien su nombre está en el versículo o la primera letra y última letra del nombre corresponden a la primera y última letra del versículo. Por ejemplo, el nombre Yehuda comienza con una *Yud* y termina con una *Hei*. Antes de terminar la *Amidá*, declaramos que nuestro nombre sea siempre recordado cuando nuestra alma abandone este mundo.

ELOHAI NETSOR

Mi Dios, cuida mi lengua del mal y mis labios de decir falsedad. Que mi alma permanezca en silencio ante aquellos que me maldicen y permite que mi espíritu sea humilde ante todos, como el polvo. Abre mi corazón a Tu Torá y permite que mi corazón siga Tus mandamientos. Prontamente frustra los planes y daña los pensamientos de todos aquellos que se levantan contra mí para hacerme daño. Hazlo por la gloria de Tu Nombre. Haz esto por el bien de Tu Diestra. Haz esto por el mérito de Tu Torá. Haz esto por Tu santidad, "Que Tus amados sean rescatados. Sálvalos con Tu Diestra y contéstame" (Salmos 60:7).

YIHYÚ LERATSÓN (EL SEGUNDO)

Hay 42 letras en el versículo en el secreto del *Ana Bejóaj*.

יִהְיוּ yihyú אל (ייא״ מילוי דס״ג) לְרָצוֹן leratsón מהש ע״ה, ע״ב בריבוע וקס״א ע״ה, אל שדי ע״ה
אִמְרֵי־ imrei פִי fi ר״ת אֶלֶף = אלף למד שין דלת יוד ע״ה וְהֶגְיוֹן vehegyón לִבִּי libí
לְפָנֶיךָ lefaneja ס״ג מ״ה ב״ן יְהֹוָהאדניאהדונהי Adonai צוּרִי tsurí וְגֹאֲלִי vegoalí:

OSÉ SHALOM

Da tres pasos hacia atrás;

עוֹשֶׂה osé שָׁלוֹם shalom

(**Durante los días entre *Rosh Hashaná* y *Yom Kipur*** en lugar de "*shalom*" decimos:
הַשָּׁלוֹם hashalom ספריאל המלאך הוותם לחיים)

Izquierda
Te vuelves a la izquierda y dices:

בִּמְרוֹמָיו bimromav ר״ת ע״ב, ריבוע יהוה

Derecha
Te vuelves a la derecha y dices:

הוּא Hu בְּרַחֲמָיו verajamav יַעֲשֶׂה yaasé
שָׁלוֹם shalom עָלֵינוּ aleinu ר״ת ש״ע נהורין

Centro
Te alineas al centro y dices:

וְעַל veal כָּל־ col ילי ; עמם עַמּוֹ amó יִשְׂרָאֵל Yisrael
וְאִמְרוּ veimrú אָמֵן Amén יאהדונהי:

יְהִי yehí רָצוֹן ratsón מהש ע״ה, ע״ב בריבוע וקס״א ע״ה, אל שדי ע״ה
מִלְּפָנֶיךָ milfaneja ס״ג מ״ה ב״ן יְהֹוָהאדניאהדונהי Adonai אֱלֹהֵינוּ Eloheinu ילה
וֵאלֹהֵי veElohei לכב ; מילוי ע״ב, דמב ; ילה אֲבוֹתֵינוּ avoteinu, שֶׁתִּבְנֶה shetivné
בֵּית beit ב״פ ראה הַמִּקְדָּשׁ hamikdash בִּמְהֵרָה bimherá בְיָמֵינוּ veyameinu
וְתֵן vetén חֶלְקֵנוּ jelkenu בְּתוֹרָתָךְ vetorataj לַעֲשׂוֹת laasot חֻקֵּי jukei
רְצוֹנָךְ retsonaj וּלְעָבְדָךְ uleovdaj פוי, אל אדני בְּלֵבָב belevav בוכו שָׁלֵם shalem.

Da tres pasos hacia delante.

Después de la *Amidá*, la congregación debe permanecer de pie y decir "*Vayjulu*" en voz alta. E incluso cuando rezas solo estás obligado a decirlo. Ya que hay un profundo secreto acerca de recitarlo tres veces la noche del viernes (en la *Amidá*, aquí, y más tarde en el *Kidush* sobre el vino). Por lo tanto, no debes saltarte ninguna de las tres.

YIHYÚ LERATSÓN (EL SEGUNDO)

"Que los dichos de mi boca y los pensamientos de mi corazón sean gratos ante Ti, Señor, mi Fortaleza y mi Redentor" (*Salmos 19:15*).

OSÉ SHALOM

Él, que establece paz (Durante los días entre *Rosh Hashaná y Yom Kipur: la paz*) *en Sus altos lugares, Él, en Su compasión, hará que la paz esté entre nosotros y sobre Su pueblo entero, Israel, y dirán: Amén.*

Sea agradable ante Ti, Señor, nuestro Dios y Dios de nuestros antepasados, que puedas reconstruir rápidamente el santo Templo, en nuestros días, y otórganos participación en Tu Torá, para que podamos cumplir las leyes de Tu deseo y servirte con todo el corazón.

No hables mientras la congregación dice "*Vayjulu*" y tampoco mientras *jazán* dice "*Bircat Meén Sheva*".

VAYJULU

Estos versículos de la Torá nos conectan con el primer *Shabat* que tuvo lugar en el Jardín de Edén. Este *Shabat* fue la semilla de la creación de nuestro universo. Al conectarnos con la semilla original, capturamos la fuerza de Creación, trayendo rejuvenecimiento y renovación a nuestra vida.

Medita en la letra קָ, del Nombre: שקוצית

También, medita en que las tres partes superiores de los *Mojín* Circundantes de la letra *Lámed* (ל) del *Tsélem* (צל"ם) de *Ima* están entrando en *Zeir Anpín* (a medida que la Cabeza de *Zeir Anpín* se expande). Los *Mojín* de *Aba* entrarán en *Zeir Anpín* después en el *Kidush*.

וַיְכֻלּוּ vayjulu ע״ב = ריבוע יהוה (י יה יהו יהוה) הַשָּׁמַיִם hashamáyim י״פ טל, י״פ כוזו

וְהָאָרֶץ vehaárets אלהים דההין ע״ה ; ר״ת והו וְכָל־ vejol צְבָאָם tsevaam ס״ת צלם׃

וַיְכַל vayjal אֱלֹהִים Elohim אהיה אדני ; ילה בַּיּוֹם bayom ע״ה נגד, מזבח, זן, אל יהוה

הַשְּׁבִיעִי hashevií מְלַאכְתּוֹ melajtó אֲשֶׁר asher עָשָׂה asá

וַיִּשְׁבֹּת vayishbot בַּיּוֹם bayom ע״ה נגד, מזבח, זן, אל יהוה

הַשְּׁבִיעִי hashevií מִכָּל־ micol ילי מְלַאכְתּוֹ melajtó אֲשֶׁר asher

עָשָׂה asá׃ וַיְבָרֶךְ vayvarej עסמ״ב, הברכה (למתק את ז׳ המלכים שמתו)

אֱלֹהִים Elohim אהיה אדני ; ילה אֶת־ et יוֹם yom ע״ה נגד, מזבח, זן, אל יהוה

הַשְּׁבִיעִי hashevií וַיְקַדֵּשׁ vaykadesh אֹתוֹ otó כִּי qui בוֹ vo

שָׁבַת shavat מִכָּל־ micol ילי מְלַאכְתּוֹ melajtó אֲשֶׁר־ asher

בָּרָא bará קנ״א ב״ן, יהוה אלהים יהוה אדני, מילוי קס״א וס״ג, מ״ה ברבוע וע״ב ע״ה

אֱלֹהִים Elohim אהיה אדני ; ילה לַעֲשׂוֹת laasot׃

BIRCAT MEÉN SHEVA

Estamos conectándonos con los Patriarcas fundadores: Avraham, Yitsjak y Yaakov. Esta conexión funciona como una mini oración de *Amidá* que sucede en *Shabat*. Usualmente no se repite la *Amidá* durante *Arvit* (la conexión vespertina), porque es de noche, un tiempo de oscuridad, lo que simboliza una carencia de Luz espiritual disponible. Pero en *Shabat*, la Luz inunda nuestro plano de existencia. La siguiente conexión es nuestra herramienta para capturar esta Luz adicional.

VAYJULU

"Y se concluyeron los Cielos y la Tierra y todas sus huestes. Y completó Dios, en el séptimo día, la obra que Él había hecho. Y Él cesó, en el séptimo día, de toda Su obra que Él había hecho. Y bendijo Dios el séptimo día y Él lo santificó, porque en él descanso de toda Su obra creadora que Dios había hecho"

(Génesis 2:1-3).

Según la Kabbalah, "*Bircat Meén Sheva*" tiene gran importancia, pues es el secreto de los Patriarcas —que significan *Jésed*, *Guevurá* y *Tiféret*— que iluminan desde Sus lugares a la *Nukvá* sin Ella tener que subir hacia Ellos. Es por ello que es llamada "*Meén Sheva*" (una bendición hecha a partir de siete) y no una repetición completa (para todas las siete bendiciones). Y, por lo tanto, la recitamos incluso cuando estemos rezando en un lugar sin un pergamino de Torá (como en la casa de un novio o la casa de un doliente).

בָּרוּךְ Baruj אַתָּה Atá א-ת

(אותיות הא"ב המסמלות את השפע המגיע) לה' המלכות

יְהֹוָהאדניאהדונהי Adonai אֱלֹהֵינוּ Eloheinu ילה

וֵאלֹהֵי veElohei לכב ; מילוי ע"ב, דמב ; ילה אֲבוֹתֵינוּ avoteinu•

אֱלֹהֵי Elohei מילוי ע"ב = דמב ; ילה אַבְרָהָם Avraham ח"פ אל, רי"ו ול"ב נתיבות החכמה,

רמ"ח, עסמ"ב וט"ז אותיות פשוטות. אֱלֹהֵי Elohei מילוי ע"ב, דמב ; ילה יִצְחָק Yitsjak ד"פ ב"ן

וֵאלֹהֵי veElohei לכב ; מילוי ע"ב, דמב ; ילה יַעֲקֹב Yaakov ז' הויות, יאהדונהי אידהנויה

הָאֵל haEl לאה ; ייא"י (מילוי דס"ג) הַגָּדוֹל hagadol האל הגדול = סיט ;

להח ; עם ד' אותיות = מבה, יזל, הע"ם הַגִּבּוֹר haguibor ר"ת ההה וְהַנּוֹרָא vehanorá•

אֵל El ייא"י (מילוי דס"ג) ; ר"ת ע"ב, ריבוע יהוה עֶלְיוֹן elyón•

קוֹנֵה koné בְּרַחֲמָיו verajamav שָׁמַיִם shamáyim י"פ טל, י"פ כוזו וָאָרֶץ vaárets•:

Si por error el *jazán* continúa la repetición como en los días de semana, debe detenerse y regresar a la bendición de *Shabat*.

La congregación dice junto al *jazán*:

מָגֵן maguén ג"פ אל (ייא"י מילוי דס"ג) ; ר"ת מיכאל גבריאל נוריאל

אָבוֹת avot בִּדְבָרוֹ bidvaró•

אהיה יהו יְהֹוָה

מְחַיֵּה mejayé ס"ג מֵתִים metim בְּמַאֲמָרוֹ bemaamaró•

אהיה יהו יֱהֹוִה

BIRCAT MEÉN SHEVA

Bendito eres Tú, Señor,

nuestro Dios y Dios de nuestros ancestros: el Dios de Avraham, el Dios de Yitsjak y el Dios de Yaakov. El Dios grande, poderoso y reverenciado, el Dios supremo, que creó con Su compasión los Cielos y la Tierra. Con Su palabra Él fue escudo de nuestros ancestros, y Su mandato resucitará a los muertos,

הָאֵל haEl לאה ; אל (ייא״י מילוי דס״ג)

(Durante los días entre *Rosh Hashaná* y *Yom Kipur* decimos: הַמֶּלֶךְ haMélej)

Si por error el *jazán* dice "*haEl haKadosh*" y se da cuenta de esto en tres segundos, debe decir "*haMélej haKadosh*" y continuar normalmente. Pero si él ya ha terminado la bendición ("*Mekadesh haShabat*"), debe comenzar desde el principio.

הַקָּדוֹשׁ hakadosh האל הקדוש = י״פ מ״ה שֶׁאֵין sheéin כָּמוֹהוּ camohu•

אהיה יהו מצפצ

הַמֵּנִיחַ hameníaj לְעַמּוֹ leamó בְּיוֹם beyom ע״ה נגד, מזבח, זן, אל יהוה

שַׁבַּת Shabat קָדְשׁוֹ kodshó•

אהיה יהו יה אדני

כִּי qui בָם vam מ״ב רָצָה ratsá לְהָנִיחַ lehaníaj לָהֶם lahem•

אהיה יהו אל

לְפָנָיו lefanav נַעֲבוֹד naavod בְּיִרְאָה beyirá רי״ו וָפַחַד vafájad•

וְנוֹדֶה venodé לִשְׁמוֹ liShmó מהש ע״ה, ע״ב בריבוע וקס״א ע״ה, אל שדי ע״ה

בְּכָל bejol ב״ן, לכב יוֹם yom ע״ה נגד, מזבח, זן, אל יהוה תָּמִיד tamid ע״ה קס״א קנ״א קמ״ג

מֵעֵין meéin הַבְּרָכוֹת habrajot וְהַהוֹדָאוֹת vehahodaot•

אהיה יהו אלהים

לַאֲדוֹן laAdón אני הַשָּׁלוֹם hashalom•

אהיה יהו מצפצ

מְקַדֵּשׁ mekadesh הַשַּׁבָּת haShabat וּמְבָרֵךְ umevarej הַשְּׁבִיעִי hashevií•

וּמֵנִיחַ umeníaj בִּקְדֻשָּׁה bikdushá לְעַם leam עלם מְדֻשְּׁנֵי medushnei

עֹנֶג óneg ר״ת עדן נהר גן זֵכֶר zéjer לְמַעֲשֵׂה lemaasé בְרֵאשִׁית vereshit ר״ת מ״ב:

El *jazán* continúa solo:

אֱלֹהֵינוּ Eloheinu ילה וֵאלֹהֵי veElohei לכב; מילוי דע״ב, דמב ילה אֲבוֹתֵינוּ avoteinu

רְצֵה retsé נָא na בִּמְנוּחָתֵנוּ vimnujatenu• קַדְּשֵׁנוּ kadshenu

בְּמִצְוֹתֶיךָ bemitsvoteja שִׂים sim וְחֶלְקֵנוּ jelkenu בְּתוֹרָתֶךָ betorataj•

El Dios (Durante los Diez Días de Arrepentimiento: *El Rey*) *Santo que no tiene igual, que le concede descanso a Su pueblo en Su Santo Shabat, porque le place otorgarle descanso. Ante Él, serviremos con devoción y reverencia y daremos gracias a Su Nombre cada día, constantemente, con las bendiciones y alabanzas apropiadas. Al Señor de la paz, que santifica el Shabat, bendice el séptimo día y da descanso con santidad a un pueblo colmado de alegría, en memoria de la obra de la Creación. Dios nuestro y Dios de nuestros ancestros, que nuestro descanso sea de Tu agrado, santifícanos con Tus mandamientos y concédenos participación en Tu Torá,*

שַׂבְּעֵנוּ sabenu מִטּוּבָךְ: mituvaj לאו• שַׂמֵּחַ saméaj נַפְשֵׁנוּ nafshenu

בִּישׁוּעָתָךְ: bishuataj• וְטַהֵר vetaher לִבֵּנוּ libenu לְעָבְדְּךָ leavdejá

בֶּאֱמֶת beemet פוי, אל אדני אהיה פעמים אהיה, ו״פ ס״ג• וְהַנְחִילֵנוּ vehanjilenu

יְהֹוָהאדניאהדונהי Adonai אֱלֹהֵינוּ Eloheinu ילה בְּאַהֲבָה beahavá אחד, דאגה

וּבְרָצוֹן uveratsón מהש ע״ה, ע״ב בריבוע וקס״א ע״ה, אל שדי ע״ה

שַׁבַּת Shabat קָדְשֶׁךָ kodsheja• וְיָנוּחוּ veyanuju בָהּ va כָּל col ילי

יִשְׂרָאֵל Yisrael מְקַדְּשֵׁי mekadshei שְׁמֶךָ Shemeja• בָּרוּךְ: Baruj

אַתָּה Atá יְהֹוָהאדניאהדונהי Adonai מְקַדֵּשׁ mekadesh הַשַּׁבָּת haShabat:

KADISH TITKABAL

יִתְגַּדַּל yitgadal וְיִתְקַדַּשׁ veyitkadash שדי ומילוי שדי ; י״א אותיות כמנין ו״ה

שְׁמֵיהּ Shmei (שם י״ה דע״ב) רַבָּא rabá קנ״א ב״ן, יהוה אלהים יהוה אדני,

מילוי קס״א וס״ג, מ״ה ברבוע וע״ב ע״ה ; ר״ת = ו״פ אלהים ; ס״ת = ג״פ יב״ק: אָמֵן Amén אידהנויה•

בְּעָלְמָא bealmá דִּי di בְרָא verá כִרְעוּתֵיהּ quirutei•

וְיַמְלִיךְ veyamlij מַלְכוּתֵיהּ maljutei• וְיַצְמַח veyatsmaj

פּוּרְקָנֵיהּ purkanei• וִיקָרֵב vikarev מְשִׁיחֵיהּ Meshijei: אָמֵן Amén אידהנויה•

בְּחַיֵּיכוֹן bejayeijón וּבְיוֹמֵיכוֹן uveyomeijón וּבְחַיֵּי uvejayei

דְכָל dejol ילי בֵּית beit ב״פ ראה יִשְׂרָאֵל Yisrael בַּעֲגָלָא baagalá

וּבִזְמַן uvizmán קָרִיב kariv וְאִמְרוּ veimrú אָמֵן Amén: אָמֵן Amén אידהנויה•

---

sácianos con Tu bondad, alegra nuestras almas con Tu salvación y purifica nuestro corazón para servirte sinceramente. Y concédenos, Señor, nuestro Dios, con amor y favor, Tu Santo Shabat como una herencia. Y que todo Israel, santificando Tu Nombre, descanse en él. Bendito eres Tú, Señor, que santificas el Shabat.

KADISH TITKABAL

Glorificado y santificado sea Su gran Nombre (Amén).

En el mundo que Él creó de acuerdo a Su voluntad, y pueda Su Reino reinar. Y pueda Él hacer que Su redención florezca y pueda Él acercar al Mesías (Amén). En tus vidas y en tus días y en la vida de toda la Casa de Israel, prontamente y en el futuro cercano, y dígase: Amén (Amén).

La congregación y el *jazán* dicen lo siguiente:

28 palabras (hasta *bealmá*) y 28 letras (hasta *almayá*)

אלף יהוה   הי יהוה   יוד מצפצ

יְהֵא yehé שְׁמֵיהּ Shmei (שם י"ה דס"ג) רַבָּא rabá קנ"א ב"ן,

הי יה אדני

יהוה אלהים יהוה אדני, מילוי קס"א וס"ג, מ"ה ברבוע וע"ב ע"ה מְבָרַךְ mevaraj

יוד אל   הי אלהים   ואו מצפצ

לְעָלַם lealam לְעָלְמֵי lealmei עָלְמַיָּא almayá. יִתְבָּרַךְ yitbaraj.

Siete palabras con seis letras cada una (שם בן מ"ב). También 7 veces la letra Vav (שם בן מ"ב)

וכן, אהיה יהו = מ"ב, וכן, אהיה יהו דיודין (אלף הי יוד הי יוד הי ואו) = יצחק = ד"פ ב"ן (יוד הה וו הה)

וְיִשְׁתַּבַּח veyishtabaj י"פ ע"ב יהוה אל אבג יתץ.

וְיִתְפָּאַר veyitpaar הי נו יה קרע שטן. וְיִתְרוֹמַם veyitromam וה כוזו נגד יכש.

וְיִתְנַשֵּׂא veyitnasé במוכסז בטר צתג. וְיִתְהַדָּר veyithadar כוזו יה וקכב טנע.

וְיִתְעַלֶּה veyitalé וה יוד ה יגל פזק. וְיִתְהַלָּל veyithalal א ואו הא שקו צית.

שְׁמֵיהּ Shmei (שם י"ה דמ"ה) דְּקוּדְשָׁא deKudshá בְּרִיךְ Verij הוּא Hu:

אָמֵן Amén אידהנויה.

לְעֵלָּא leelá מִן min כָּל col ילי בִּרְכָתָא birjatá. שִׁירָתָא shiratá.

תֻּשְׁבְּחָתָא tishbejatá וְנֶחָמָתָא venejamatá. דַּאֲמִירָן daamirán

בְּעָלְמָא bealmá וְאִמְרוּ veimrú אָמֵן Amén: אָמֵן Amén אידהנויה.

תִּתְקַבַּל titkabal צְלוֹתָנָא tselotaná וּבָעוּתָנָא uvautaná

עִם im צְלוֹתְהוֹן tselothón וּבָעוּתְהוֹן uvautehón דְּכָל dejol ילי

בֵּית beit ב"פ ראה יִשְׂרָאֵל Yisrael קֳדָם kadam אֲבוּנָא avuná

דְּבִשְׁמַיָּא devishmayá וְאִמְרוּ veimrú אָמֵן Amén: אָמֵן Amén אידהנויה.

Que Su gran Nombre sea bendito por siempre y por toda la eternidad. Bendito y alabado, y glorificado y exaltado, y ensalzado y honrado, y adorado y loado, sea el Nombre del Santísimo, Bendito sea Él (Amén). Más allá de todas las bendiciones, himnos, alabanzas y palabras de consolación que jamás se dijeran en el mundo, y dígase: Amén (Amén). Sean aceptadas nuestras oraciones y súplicas, junto con las oraciones y las súplicas de toda la Casa de Israel, ante nuestro Padre en los Cielos, y dígase: Amén (Amén).

יְהֵא yehé שְׁלָמָא shlamá רַבָּא rabá קנ"א ב"ן, יהוה אלהים יהוה אדני, מילוי קס"א וס"ג,
מ"ה ברבוע וע"ב ע"ה מִן min שְׁמַיָּא shmayá. וְחַיִּים jayim אהיה אהיה יהוה, בינה ע"ה
וְשָׂבָע vesavá וִישׁוּעָה vishuá וְנֶחָמָה venejamá וְשֵׁיזָבָא vesheizavá
וּרְפוּאָה urefuá וּגְאֻלָּה ugueulá וּסְלִיחָה uslijá וְכַפָּרָה vejapará
וְרֵיוַח vereivaj וְהַצָּלָה vehatsalá. לָנוּ lanu אלהים, אהיה אדני וּלְכָל ulejol יה אדני
עַמּוֹ amó יִשְׂרָאֵל Yisrael וְאִמְרוּ veimrú אָמֵן Amén: אָמֵן Amén אידהנויה.

Da tres pasos para atrás y di:

עוֹשֶׂה osé שָׁלוֹם shalom

(**Durante los días entre *Rosh Hashaná* y *Yom Kipur*** en lugar de "*shalom*" decimos:

הַשָּׁלוֹם hashalom (ספריאל המלאך החותם לחיים)

בִּמְרוֹמָיו bimromav ע"ב, ריבוע יהוה. הוּא Hu בְּרַחֲמָיו berajamav
יַעֲשֶׂה yaasé שָׁלוֹם shalom עָלֵינוּ aleinu ר"ת ש"ע נהורין.
וְעַל veal כָּל col ילי ; עמם עַמּוֹ amó יִשְׂרָאֵל Yisrael וְאִמְרוּ veimrú אָמֵן Amén:
אָמֵן Amén אידהנויה.

MIZMOR LEDAVID

En "*Mizmor LeDavid*" hay 57 palabras, que es el valor numérico de la palabra *Zan* זן (sustento). Recitarlo ayudará a prevenir carencias de sustento tanto espiritual como físico.

מִזְמוֹר mizmor לְדָוִד leDavid יְהֹוָאֲדֹנָי אהדונהי Adonai רֹעִי roí לֹא lo
אֶחְסָר ejsar: בִּנְאוֹת bineot דֶּשֶׁא deshé יַרְבִּיצֵנִי yarbitseni עַל־ al
מֵי mei ילי מְנֻחוֹת menujot ר"ת עמם יְנַהֲלֵנִי yenahaleni: נַפְשִׁי nafshí
יְשׁוֹבֵב yeshovev יַנְחֵנִי yanjeni בְמַעְגְּלֵי־ vemaglei צֶדֶק tsédek
לְמַעַן lemaan שְׁמוֹ Shemó מהש ע"ה, ע"ב בריבוע וקס"א ע"ה, אל שדי ע"ה:

Que haya paz abundante del Cielo; vida, satisfacción, salvación, consuelo, entrega, sanación, redención, perdón, expiación, comodidad y alivio para nosotros y para toda Su nación, Israel, y dígase: Amén (Amén). *Él, que establece paz* (Durante los días entre *Rosh Hashaná* y *Yom Kipur: la paz*) *en Sus Alturas, Él, en Su compasión, hará la paz sobre nosotros y sobre toda Su nación, Israel. Y dígase: Amén* (Amén).

MIZMOR LEDAVID

"Un Salmo de David:

El Señor es mi Pastor, nada me falta. En delicados pastos Él me hace yacer, por aguas tranquilas Él me guía. Él conforta mi alma. Él me conduce por senderos de justicia, por amor a Su Nombre.

גַּם gam כִּי־ qui אֵלֵךְ elej בְּגֵיא beguei צַלְמָוֶת tsalmávet לֹא־ lo אִירָא irá
רָע ra כִּי־ qui אַתָּה Atá עִמָּדִי imadí שִׁבְטְךָ shivtejá
וּמִשְׁעַנְתֶּךָ umishantejá הֵמָּה hema יְנַחֲמֻנִי yenajamuní: תַּעֲרֹךְ taaroj
לְפָנַי lefanai שֻׁלְחָן shulján נֶגֶד négued מזבח, זן, אל יהוה צֹרְרָי tsorerai
דִּשַּׁנְתָּ dishanta בַשֶּׁמֶן vashemen רֹאשִׁי roshí כּוֹסִי cosí רְוָיָה revayá:
אַךְ aj אהיה טוֹב tov והו וָחֶסֶד vajésed ע״ב, ריבוע יהוה (י יה יהו יהוה) ; ס״ת = יהוה
יִרְדְּפוּנִי yirdefuni ר״ת = יהוה כָּל־ col ילי יְמֵי yemei חַיָּי jayai
וְשַׁבְתִּי veshavti בְּבֵית beveit ב״פ ראה יְהוָֹה Adonai יאהדונהי לְאֹרֶךְ leórej
יָמִים yamim נלך ; ר״ת ילי ; ס״ת = אדני ; יהוה לאורך ימים = שע׳ נהורים עם י״ג אותיות:

KADISH YEHÉ SHLAMÁ

יִתְגַּדַּל yitgadal וְיִתְקַדַּשׁ veyitkadash שדי ומילוי שדי ; י״א אותיות כמנין ו״ה
שְׁמֵיהּ Shmei (שם י״ה דע״ב) רַבָּא rabá קנ״א ב״ן, יהוה אלהים יהוה אדני,
מילוי קס״א וס״ג, מ״ה ברבוע וע״ב ע״ה ; ר״ת = ו״פ אלהים ; ס״ת = ג״פ יב״ק: אָמֵן Amén אידהנויה.
בְּעָלְמָא bealmá דִּי di בְרָא verá כִרְעוּתֵיהּ quirutei.
וְיַמְלִיךְ veyamlij מַלְכוּתֵיהּ maljutei. וְיַצְמַח veyatsmaj
פּוּרְקָנֵיהּ purkanei. וִיקָרֵב vikarev מְשִׁיחֵיהּ Meshijei: אָמֵן Amén אידהנויה.
בְּחַיֵּיכוֹן bejayeijón וּבְיוֹמֵיכוֹן uveyomeijón וּבְחַיֵּי uvejayei
דְּכָל dejol ילי בֵּית beit ב״פ ראה יִשְׂרָאֵל Yisrael בַּעֲגָלָא baagalá
וּבִזְמַן uvizmán קָרִיב kariv וְאִמְרוּ veimrú אָמֵן Amén: אָמֵן Amén אידהנויה.

Aunque camine en el valle ensombrecido por la muerte, no temeré ningún daño porque Tú estás conmigo. Tu vara y Tu sostén me infunden ánimo. Tú preparas una mesa para mí a la vista de mis adversarios. Tú ungiste mi cabeza con aceite, mi copa se rebosa. La bondad y la misericordia me seguirán todos los días de mi vida y moraré en la Casa del Señor por largos días" (Salmos 23).

KADISH YEHÉ SHLAMÁ

Glorificado y santificado sea Su gran Nombre (Amén).

En el mundo que Él creó de acuerdo a Su voluntad, y pueda Su Reino reinar. Y pueda Él hacer que Su redención florezca y pueda Él acercar al Mesías (Amén). En tus vidas y en tus días y en la vida de toda la Casa de Israel, prontamente y en el futuro cercano, y dígase: Amén (Amén).

La congregación y el *jazán* dicen lo siguiente:

28 palabras (hasta *bealmá*) y 28 letras (hasta *almayá*)

אלף יְהוָה הי יְהוָה יוד מצפצ

יְהֵא yehé שְׁמֵיהּ Shmei (שׁם י״ה דס״ג) רַבָּא rabá קנ״א ב״ן,

הי יה אדני

יהוה אלהים יהוה אדני, מילוי קס״א וס״ג, מ״ה ברבוע וע״ב ע״ה מְבָרַךְ: mevaraj

יוד אל הי אלהים ואו מצפצ

לְעָלַם lealam לְעָלְמֵי lealmei עָלְמַיָּא almayá• יִתְבָּרַךְ: yitbaraj•

Siete palabras con seis letras cada una (שׁם בן מ״ב). También, 7 veces la letra Vav (שׁם בן מ״ב)

וכן, אהיה יהו = מ״ב,

אהיה יהו דיודין (אלף הי יוד הי יוד הי ויו) + ל׳ אותיות (ברכו את יהוה המבורך ברוך יהוה המבורך) =

אברהם (וז״פ אל, רי״ו ול״ב נתיבות הוזכמה, רמ״וז, עסמ״ב וט״ז אותיות)

וְיִשְׁתַּבַּח veyishtabaj י״פ ע״ב יהוה אל אבג יתץ•

וְיִתְפָּאַר veyitpaar הי נו יה קרע שטן• וְיִתְרוֹמַם veyitromam וה כוזו נגד יכש•

וְיִתְנַשֵּׂא veyitnasé במוכסז בטר צתג• וְיִתְהַדָּר veyithadar כוזו יה וזקב טנע•

וְיִתְעַלֶּה veyitalé וה יוד ה יגל פזק• וְיִתְהַלָּל veyithalal א ואו הא שקו צית•

שְׁמֵיהּ Shmei (שׁם י״ה דמ״ה) דְּקוּדְשָׁא deKudshá בְּרִיךְ: Verij הוּא Hu:

אָמֵן Amén אידהנויה•

לְעֵלָּא leelá מִן min כָּל col ילי בִּרְכָתָא birjatá• שִׁירָתָא shiratá•

תֻּשְׁבְּחָתָא tishbejatá וְנֶחָמָתָא venejamatá• דַּאֲמִירָן daamirán

בְּעָלְמָא bealmá וְאִמְרוּ veimrú אָמֵן Amén: אָמֵן Amén אידהנויה•

Que Su gran Nombre sea bendito

por siempre y por toda la eternidad. Bendito y alabado, y glorificado y exaltado, y ensalzado y honrado, y adorado y loado, sea el Nombre del Santísimo, Bendito sea Él (Amén)*. Más allá de todas las bendiciones, himnos, alabanzas y palabras de consolación que jamás se dijeran en el mundo, y dígase: Amén* (Amén)*.*

יְהֵא yehé שְׁלָמָא shlamá רַבָּא rabá קנ״א ב״ן, יהוה אלהים יהוה אדני, מילוי קס״א וס״ג,
מ״ה ברבוע וע״ב ע״ה מִן min שְׁמַיָּא shmayá. וְחַיִּים jayim אהיה אהיה יהוה, בינה ע״ה
וְשָׂבָע vesavá וִישׁוּעָה vishuá וְנֶחָמָה venejamá וְשֵׁיזָבָא vesheizavá
וּרְפוּאָה urefuá וּגְאֻלָּה ugueulá וּסְלִיחָה uslijá וְכַפָּרָה vejapará
וְרֵיוַח vereivaj וְהַצָּלָה vehatsalá. לָנוּ lanu אלהים, אהיה אדני וּלְכָל ulejol יה אדני
עַמּוֹ amó יִשְׂרָאֵל Yisrael וְאִמְרוּ veimrú אָמֵן Amén: אָמֵן Amén אידהנויה.

Da tres pasos para atrás y di:

עוֹשֶׂה osé שָׁלוֹם shalom בִּמְרוֹמָיו bimromav ע״ב, ריבוע יהוה. הוּא Hu
בְּרַחֲמָיו berajamav יַעֲשֶׂה yaasé שָׁלוֹם shalom עָלֵינוּ aleinu ר״ת ש״ע נהורין.
וְעַל veal כָּל col ילי ; עמם עַמּוֹ amó יִשְׂרָאֵל Yisrael וְאִמְרוּ veimrú אָמֵן Amén:
אָמֵן Amén אידהנויה.

BARJÚ

Si olvidaste meditar para recibir el alma adicional de *Shabat* (en el nivel de *Rúaj*, en el primer "*Barjú*"), medita aquí, mientras recitas el siguiente "*Barjú*", para recibir el alma adicional de *Shabat* en el nivel de *Rúaj* y en el nivel de *Neshamá*.

El *jazán* (o la persona que dice el *Kadish Yehé Shlamá*) dice:

רַבָּנָן rabanán: בָּרְכוּ barjú יהוה ריבוע יהוה ריבוע מ״ה אֶת et
יְהֹוָהאדניאהדונהי Adonai הַמְּבֹרָךְ hamevoraj ס״ת כהת, משיח בן דוד ע״ה:

Primero la congregación responde lo siguiente y después el *jazán* (o la persona que dice el *Kadish Yehé Shlamá*) lo repite:

Néfesh בָּרוּךְ Baruj *Rúaj* יְהֹוָהאדניאהדונהי Adonai *Neshamá* הַמְּבֹרָךְ hamevoraj
Jayá לְעוֹלָם leolam ריבוע ס״ג וי׳ אותיות דס״ג *Yejidá* וָעֶד vaed:

Que haya paz abundante del Cielo;
vida, satisfacción, salvación, consuelo, entrega, sanación, redención, perdón, expiación, comodidad y alivio para nosotros y para toda Su nación, Israel, y dígase: Amén (Amén). Él, que establece la paz en Sus Alturas, Él, en Su compasión, hará la paz sobre nosotros y sobre toda Su nación, Israel. Y dígase: Amén (Amén).

BARJÚ

¡Bendigan a Dios, el Bendito!
Bendito es el Señor, el Bendito, por siempre y para siempre.

ALEINU

Aleinu es un agente sellador cósmico. Cementa y asegura todas nuestras oraciones, protegiéndolas de cualquier fuerza negativa tales como las *klipot*. Todas las oraciones anteriores a *Aleinu* atrajeron lo que los kabbalistas llaman Luz Interna. Sin embargo, *Aleinu* atrae Luz Circundante, la cual envuelve nuestras oraciones con un campo de fuerza protectora para bloquear a las *klipot*.

Atraer Luz Circundante para ser protegido de las *klipot* (la inclinación negativa).

עָלֵינוּ aleinu ריבוע דס״ג לְשַׁבֵּחַ leshabéaj עלינו לשבח = אבג יתץ, ושר

לַאֲדוֹן laAdón אני ; ס״ת ס״ג ע״ה הַכֹּל hacol ר״ת ללה, אדני

לָתֵת latet גְּדֻלָּה guedulá לְיוֹצֵר leyotser בְּרֵאשִׁית bereshit ר״ת גל״ב (באך ב״י יג״ל)

שֶׁלֹּא sheló עָשָׂנוּ asanu כְּגוֹיֵי quegoyei הָאֲרָצוֹת haaratsot

וְלֹא veló שָׂמָנוּ samanu כְּמִשְׁפְּחוֹת quemishpejot הָאֲדָמָה haadamá

שֶׁלֹּא sheló שָׂם sam חֶלְקֵנוּ jelkenu כָּהֶם cahem וְגוֹרָלֵנוּ vegoralenu

כְּכָל quejol הֲמוֹנָם hamonam. שֶׁהֵם shehem מִשְׁתַּחֲוִים mishtajavim

לָהֶבֶל lahével וָרִיק varik וּמִתְפַּלְּלִים umitpalelim אֶל el אֵל el

לֹא lo יוֹשִׁיעַ yoshía. (haz una pausa aquí, y cuando digas "*vaanajnu mishtajavim*" inclina todo tu cuerpo)

וַאֲנַחְנוּ vaanajnu מִשְׁתַּחֲוִים mishtajavim לִפְנֵי lifnei מֶלֶךְ Mélej

מַלְכֵי maljei הַמְּלָכִים hamelajim הַקָּדוֹשׁ haKadosh בָּרוּךְ Baruj

הוּא Hu. שֶׁהוּא sheHú נוֹטֶה noté שָׁמַיִם shamáyim י״פ טל, י״פ כוזו ; ר״ת = י״פ אדני

שבי׳ ספירות של נוקבא דז״א וְיוֹסֵד veyosed אָרֶץ árets. וּמוֹשַׁב umoshav

יְקָרוֹ yekaró בַּשָּׁמַיִם bashamáyim י״פ טל, י״פ כוזו מִמַּעַל mimáal עלם.

וּשְׁכִינַת ushjinat עֻזּוֹ uzó בְּגָבְהֵי begavhei מְרוֹמִים meromim.

הוּא Hu אֱלֹהֵינוּ Eloheinu ילה וְאֵין veéin עוֹד od אַחֵר ajer.

ALEINU

Es nuestro deber alabar al Soberano de todo y atribuir grandeza al Moldeador de la Creación, que no nos ha hecho como los pueblos del mundo. Él no nos colocó como las familias de la Tierra. Él no hizo nuestra suerte como la de ellos ni nuestro destino como el de sus multitudes, ya que ellos se inclinan ante la futilidad y el vacío, y rezan a una deidad que no ayuda. Nosotros nos inclinamos ante el Supremo Rey de Reyes, el Santísimo, Bendito sea Él. Él es quien extiende los Cielos y funda la Tierra. La Sede de Su gloria está arriba en el Cielo y la Presencia Divina de Su poder está en las alturas excelsas. Él es nuestro Dios y no hay ningún otro.

אֱמֶת emet אהיה פעמים אהיה, ו"פ ס"ג מַלְכֵּנוּ malquenu וְאֶפֶס veéfes

זוּלָתוֹ •zulató כַּכָּתוּב cacatuv בַּתּוֹרָה :baTorá וְיָדַעְתָּ veyadata

הַיּוֹם hayom ע"ה נגד, מזבח, זן, אל יהוה וַהֲשֵׁבֹתָ vahashevota אֶל־ el

לְבָבֶךָ levaveja ר"ת לאו כִּי qui יְהוָֹה יאהדונהי Adonai הוּא Hu

הָאֱלֹהִים haElohim אהיה אדני ; ילה ; ר"ת יהה וכן עולה למנין ענו עג"כ

בַּשָּׁמַיִם bashamáyim י"פ טל, י"פ כוזו מִמַּעַל mimáal עלם ;

רמז לאור פנימי המתווזיל מלמעלה וְעַל־ veal הָאָרֶץ haárets אלהים דההין ע"ה

מִתָּחַת mitájat רמז לאור מקיף המתווזיל מלמטה אֵין ein עוֹד :od

עַל al כֵּן quen נְקַוֶּה nekavé לְּךָ laj יְהוָֹה יאהדונהי Adonai

אֱלֹהֵינוּ Eloheinu ילה לִרְאוֹת lirot מְהֵרָה meherá בְּתִפְאֶרֶת betiféret

עֻזָּךְ uzaj ס"ת כהת, משיוז בן דוד ע"ה לְהַעֲבִיר lehaavir גִּלּוּלִים guilulim מִן min

הָאָרֶץ haárets אלהים דההין ע"ה וְהָאֱלִילִים vehaelilim כָּרוֹת carot

יִכָּרֵתוּן •yicaretún לְתַקֵּן letakén עוֹלָם olam בְּמַלְכוּת bemaljut

שַׁדַּי •Shadai וְכָל vejol ילי בְּנֵי bnei בָשָׂר vasar יִקְרְאוּ yikreú

בִשְׁמֶךָ viShmeja לְהַפְנוֹת lehafnot אֵלֶיךָ eleja כָּל col ילי רִשְׁעֵי rishei

אֶרֶץ •árets יַכִּירוּ yaquiru וְיֵדְעוּ veyedú כָּל col ילי יוֹשְׁבֵי yoshvei

תֵּבֵל tevel ב"פ רי"ו• כִּי qui לְךָ lejá תִּכְרַע tijrá כָּל־ col ילי בֶּרֶךְ bérej

תִּשָּׁבַע tishavá כָּל col ילי לָשׁוֹן •lashón לְפָנֶיךָ lefaneja ס"ג מ"ה ב"ן

יְהוָֹה יאהדונהי Adonai אֱלֹהֵינוּ Eloheinu ילה יִכְרְעוּ yijreú וְיִפֹּלוּ veyipolu

וְלִכְבוֹד velijvod שִׁמְךָ Shimjá יְקָר yekar יִתֵּנוּ •yitenu

---

Nuestro Rey es verdadero y no hay nadie excepto Él. Como está escrito en la Torá: "Aprende hoy y grábalo en tu corazón que el Señor es Dios arriba en los Cielos y abajo sobre la Tierra, y no hay otro" (Deuteronomio 4:39). Por eso, Señor, nuestro Dios, esperamos contemplar pronto la gloria majestuosa de Tu poder, cuando elimines los ídolos de la Tierra y los falsos dioses hayan sido completamente destruidos, para perfeccionar al mundo con el Reino del Todopoderoso. Y la humanidad entera invocará Tu Nombre y todos los malvados de la Tierra se dirigirán a Ti. Entonces todos los habitantes del mundo reconocerán y sabrán que, por Ti, toda rodilla se dobla y toda lengua se colma. Que ante Ti, Señor, nuestro Dios, se arrodillen y se prosternen y honren Tu glorioso Nombre.

וִיקַבְּלוּ vikabelú כֻלָּם julam אֶת et עֹל ol מַלְכוּתֶךָ maljuteja.
וְתִמְלוֹךְ vetimloj עֲלֵיהֶם aleihem מְהֵרָה meherá לְעוֹלָם leolam
ריבוע ס"ג וי' אותיות דס"ג וָעֶד vaed. כִּי qui הַמַּלְכוּת hamaljut שֶׁלְּךָ sheljá
הִיא hi. וּלְעוֹלְמֵי uleolmei עַד ad תִּמְלוֹךְ timloj בְּכָבוֹד bejavod בוכו.
כַּכָּתוּב cacatuv: בְּתוֹרָתֶךָ beTorataj יְהֹוָהאדניאהדונהי Adonai | יִמְלֹךְ yimloj
לְעֹלָם leolam ריבוע ס"ג וי' אותיות דס"ג ; ר"ת יי"ל וָעֶד vaed: וְנֶאֱמַר veneemar:
וְהָיָה vehayá יהוה ; יהה יְהֹוָהאדניאהדונהי Adonai לְמֶלֶךְ leMélej עַל al כָּל col
ילי ; עמם הָאָרֶץ haárets אלהים דההין ע"ה בַּיּוֹם bayom ע"ה נגד, מזבח, זן, אל יהוה
הַהוּא hahú יִהְיֶה yihyé ייי יְהֹוָהאדניאהדונהי Adonai אֶחָד Ejad אהבה, דאגה
וּשְׁמוֹ uShmó מהש ע"ה, ע"ב בריבוע וקס"א ע"ה, אל שדי ע"ה אֶחָד Ejad אהבה, דאגה:

Si has estado rezando solo, recita lo siguiente antes de comenzar el *Arvit* y antes de "*Aleinu*" en lugar de "*Barjú*":

אָמַר amar רַבִּי Rabí עֲקִיבָא Akivá חַיָּה jayá אַחַת ajat עוֹמֶדֶת omédet
בָּרָקִיעַ barakía וּשְׁמָהּ ushmá יִשְׂרָאֵל Yisrael וְחָקוּק vejakuk עַל al
מִצְחָהּ mitsjá יִשְׂרָאֵל Yisrael. עוֹמֶדֶת omédet בְּאֶמְצַע beémtsa
הָרָקִיעַ harakía וְאוֹמֶרֶת veoméret: בָּרְכוּ barjú יהוה ריבוע יהוה ריבוע מ"ה אֶת et
יְהֹוָהאדניאהדונהי Adonai הַמְּבֹרָךְ hamevoraj ס"ת כהת, משיח בן דוד ע"ה וְכָל vejol
ילי גְּדוּדֵי guedudei מַעְלָה mala עוֹנִים onim: בָּרוּךְ Baruj יְהֹוָהאדניאהדונהי Adonai
הַמְּבֹרָךְ hamevoraj לְעוֹלָם leolam ריבוע ס"ג וי' אותיות דס"ג וָעֶד vaed.

BENDICIÓN PARA LOS HIJOS

Después del *Kidush*, los kabbalistas recomiendan que cada padre bendiga a sus hijos porque es un momento de gracia y las bendiciones son abundantes. Como los niños no pueden atraer bendiciones sobre sí mismos a través de sus acciones, que un adulto lo haga será muy efectivo. La Luz de abundancia baja desde Arriba para adherirse a los niños y acogerlos porque ellos aún no han pecado, y a través de ellos las bendiciones pueden difundirse mejor. (No obstante, incluso los hijos adultos pueden recibir bendiciones de sus padres).

Y todos aceptarán el yugo de Tu Reino y Tú reinarás sobre ellos para siempre jamás. Pues el Reino es Tuyo. Y para siempre y por la eternidad, Tú reinarás en gloria. Como está escrito en la Torá: "El Señor reinará por los siglos de los siglos" (Éxodo 15:18) y también está dicho: "El Señor será Rey sobre toda la Tierra y, en aquel día, el Señor será Uno y Uno su Nombre" (Zacarías 14:9).

Rabí Akivá dijo: Erguido en el Cielo, hay un animal llamado Israel, y Israel está grabada en su frente, y ella está de pie en el medio Cielo diciendo: Bendito sea el Señor, el Santísimo, Bendito sea Él, y todos los ejércitos del Cielo contestan: Bendito es el Señor, el Santísimo, Bendito sea Él, por siempre y para toda la eternidad.

Para un hijo:

יְשִׂימְךָ yesimjá אֱלֹהִים Elohim אהיה אדני ; ילה

כְּאֶפְרַיִם queEfráyim וְכִמְנַשֶּׁה vejiMenashé. Continúa con "*yevarejejá*"

Para una hija:

יְשִׂימֵךְ yesimej אֱלֹהִים Elohim אהיה אדני ; ילה

כְּשָׂרָה queSará רִבְקָה Rivká רָחֵל Rajel וְלֵאָה veLeá.

Derecha

יְבָרֶכְךָ yevarejejá יְהֹוָה יאהדונהי Adonai וְיִשְׁמְרֶךָ veyishmereja

ר"ת = יהוה ; וס"ת = מ"ה:

Izquierda

יָאֵר yaer כף ויו זין ויו יְהֹוָה יאהדונהי Adonai | פָּנָיו panav אֵלֶיךָ eleja

וִיחֻנֶּךָּ vijuneca מנד ; יהה אותיות בפסוק:

Central

יִשָּׂא yisá יְהֹוָה יאהדונהי Adonai | פָּנָיו panav אֵלֶיךָ eleja

וְיָשֵׂם veyasem לְךָ lejá שָׁלוֹם shalom האא תיבות בפסוק:

וְשָׂמוּ vesamu אֶת־ et שְׁמִי Shmí עַל־ al בְּנֵי bnei יִשְׂרָאֵל Yisrael

וַאֲנִי vaaní אני אֲבָרְכֵם avarjem:

הַמַּלְאָךְ hamalaj פוי, אל אדני הַגֹּאֵל hagoel אֹתִי otí מִכָּל־ micol ילי רָע ra

יְבָרֵךְ yevarej ע"סמ"ב, הברכה (למתק את ז' המלכים שמתו) אֶת־ et הַנְּעָרִים hanearim

וְיִקָּרֵא veyikaré עם ה' אותיות = ב"פ קס"א בָהֶם vahem שְׁמִי shmí וְשֵׁם veshem

אֲבֹתַי avotai אַבְרָהָם Avraham וז"פ אל, רי"ו ול"ב נתיבות החכמה, רמ"ח (אברים),

עסמ"ב וט"ז אותיות פשוטות וְיִצְחָק veYitsjak ד"פ ב"ן וְיִדְגּוּ veyidgú

לָרֹב larov בְּקֶרֶב bekérev הָאָרֶץ haárets אלהים דההין ע"ה:

בֵּן ben פֹּרָת porat יוֹסֵף Yosef ציון, ו' הויות, קנאה בֵּן ben פֹּרָת porat עֲלֵי־ alei

עָיִן ayin ריבוע מ"ה בָּנוֹת banot צָעֲדָה tsaadá עֲלֵי־ alei שׁוּר shur ושר:

BENDICIÓN PARA LOS HIJOS

Para un hijo: "*Quiera Dios bendecirte como a Efráyim y como Menashé*" (*Génesis 48:20*).

Para una hija: *Quiera Dios bendecirte como a Sará, Rivká, Rajel y como Leá.*

(Derecha) "*Que el Señor te bendiga y te proteja.*

(Izquierda) *Que el Señor haga brillar Su rostro sobre ti y te dé gracia.*

(Central) *Que el Señor eleve Su rostro hacia ti y te conceda paz.*

Y ellos pondrán Mi Nombre sobre los Hijos de Israel y Yo les bendeciré" (*Números 6:24-27*). "*El ángel que me redimió de todo mal bendiga a estos jóvenes, y pueda mi nombre y el nombre de mis padres, Avraham y Yitsjak, ser llamado sobre ellos. Y puedan crecer en multitudes en medio de la Tierra*" (*Génesis 48:16*). "*Una rama fructífera es Yosef. Una rama fructífera junto al pozo y cuyas ramas se extienden sobre el muro*" (*Génesis 49:22*).

EL ÓMER

Los 49 días entre *Pésaj* (el éxodo de los israelitas de Egipto) y *Shavuot* (el recibimiento de los Diez Enunciados en el Monte Sinaí) son conocidos como el *Ómer*. Las letras arameas que recitamos durante los 49 días que contamos el *Ómer* son las fuerzas de ADN con las que conectamos para corregir y prepararnos para la enorme revelación de Luz e inmortalidad en *Shavuot*.

Los sabios explican que las Diez Plagas que facilitaron la liberación de los israelitas del cautiverio (esclavitud) en Egipto fueron, en realidad, diez corrientes de Luz que destruyeron diez niveles de oscuridad y negatividad. El término "esclavitud" no describe la opresión de los egipcios a los israelitas sino, más bien, trata de la esclavitud de los israelitas por su propio Deseo de Recibir para Sí Mismos. A diferencia de cualquier otro caso de esclavitud física, a lo largo del Éxodo, los israelitas liberados se quejaban constantemente con Moshé para que les permitiera regresar a Egipto.

Esta clase de esclavitud existe hoy en día. Todos nosotros, en mayor o en menor medida, somos esclavos de nuestros deseos y egos. Preferiríamos quedarnos sumergidos en nuestro ego —Egipto— en lugar de doblegar nuestro orgullo en nombre de nuestro crecimiento espiritual. Los israelitas del Éxodo no estaban listos para revelar la enorme cantidad de Luz que los ayudó a liberarse. Estas diez corrientes de Luz fueron un regalo del Creador. Los 49 días que les llevó a los israelitas viajar desde Egipto al Monte Sinaí fue un tiempo para que ellos se ganaran esta Luz de libertad mediante la corrección interna y la limpieza espiritual. Actualmente, el proceso del Conteo del *Ómer* durante estos 49 días nos asiste en nuestro trabajo de transformación y corrección espiritual, preparándonos para la Luz de Inmortalidad que recibimos en *Shavuot*.

Cuando Dios infundió nuestro mundo con la Luz de Inmortalidad en el Monte Sinaí al entregar las dos Tablas, esta Luz fue tan poderosa que, literalmente, erradicó la negatividad, el deterioro e incluso la muerte; mucho más allá de los límites de nuestro entendimiento actual. Cuando los israelitas construyeron el Becerro de Oro —el instrumento que ellos usaron para recibir Luz sin ganársela mediante sus propios esfuerzos— su capacidad de recibir la totalidad de la Luz de Inmortalidad fue reducida. Como consecuencia, la Luz de Inmortalidad desapareció y la muerte fue reinstaurada.

Cada año, *Shavuot* es nuestra oportunidad de conectar y atraer la totalidad de la Luz de Inmortalidad revelada en el Monte Sinaí hace unos 3.400 años y causar la eliminación de la muerte de nuestro mundo para siempre. Cada año, mientras aumenta el número de personas que aplican la sabiduría y tecnología de la Kabbalah en sus vidas, más Luz de Inmortalidad es revelada en nuestro mundo. Extraordinariamente, la ciencia médica se está acercando a descubrir el potencial de la inmortalidad. Podemos acelerar en gran manera este proceso a través de la unidad, el compartir, teniendo una mayor conciencia de la Kabbalah y siendo un participante más activo en la conexión de *Shavuot*.

CHISPAS DE LUZ

La Kabbalah enseña que hay 50 Puertas de Impureza (Negatividad). Si alguna vez llegamos a la 50ma Puerta de Impureza, nuestra guerra individual contra el Satán estaría perdida. Cuando contamos el *Ómer*, elevamos las chispas de Luz que están atrapadas en nuestras 49 Puertas de Impureza personales.

Adam constaba de 613 partes. Cuando el alma de Adam estalló, estas 613 partes se fragmentaron en piezas innumerables: todas las almas que han pisado o pisarán en este planeta. La acción de elevar nuestras chispas personales de las Puertas de la Impureza no sólo nos afecta a nosotros de forma positiva, sino también a todas las personas que están conectadas a nuestra alma y al resto de la humanidad.

Nuestras acciones físicas y espirituales tienen un efecto dominó en toda la humanidad, y aumentar este efecto dominó con la Luz de Inmortalidad debería ser el motivo de nuestra meditación mientras hacemos el Conteo el *Ómer*.

SIETE SEMANAS (SEFIROT) POR SIETE DÍAS = 49 DÍAS DEL ÓMER

Los 49 días del *Ómer* son divididos en siete semanas. Cada una de las siete semanas corresponde a una de las siete *Sefirot* (de *Jésed* a *Maljut*) que influyen en nuestro mundo.

La primera semana del *Ómer* corresponde a *Jésed*. El primer día también corresponde a *Jésed*; por lo tanto, el primer día de la primera semana conecta con *Jésed* de *Jésed*. El segundo día de la primera semana sería *Guevurá* de *Jésed*. Durante la segunda semana, alcanzamos la *Sefirá* de *Guevurá*; por lo tanto, el primer día de la segunda semana sería *Jésed* de *Guevurá*, y así sucesivamente.

Según el calendario lunar, un día se mide de atarecer a atarecer. Así que, por ejemplo, si el 16 de *Nisán* (el primer día del *Ómer*) cae un domingo, comenzaremos a contar el *Ómer* la noche del sábado anterior. Entonces en la noche del domingo contaremos el segundo día del *Ómer*, y así sucesivamente.

Está escrito en la *Torá*: **"Desde el día antes del *Shabat*, el día que ofrecieron el haz de la ofrenda ondeada** (*Ómer hatefuná*)**, cuenten siete semanas enteras"** *(Levítico 23:15)*.

Y el *Zóhar* dice: "'**Deben contar... ustedes, por sí mismos**' como está escrito: '**Y ella debe contar, por sí sola, siete días...**' *(Levítico 15:28)*. De la misma manera que ella contó por sí misma, ustedes deben contar por sí mismos". El *Zóhar* explica el secreto del Conteo del *Ómer* con el secreto del conteo de siete semanas "limpias". Después que se detuvo la impureza, y el exilio en Egipto, las *klipot* estaban succionando energía del Sistema Puro/Santo y el Sistema Impuro controlaba a los Hijos de *Israel* tanto Arriba como Abajo. Y los Hijos de *Israel* estaban en la 49na Puerta de Impureza.

En el primer día de *Pésaj*, la impureza se detuvo y ellos tuvieron que contar siete semanas limpias (*nekiyim*). Y, por lo tanto, está escrito "ustedes", por ustedes mismos, y como dice el otro versículo: **"Ella contará, por sí sola, siete días"**. "Ella" significa por sí misma. También la salida de Egipto fue posible debido al despertar de Arriba (*Itarutá Dileelá*) y Dios quería que los hijos de *Israel* "trabajaran por sí mismos" desde el tiempo de la salida de Egipto hasta la entrega de la Torá, y construyeran su Vasija durante los 49 días de tal forma que hubiera un despertar desde Abajo (*Itarutá Diletatá*).

EL CONTEO DEL ÓMER
LESHEM YIJUD

Recitamos *LeShem Yijud* y aceptamos el precepto: "Amar a tu prójimo como a ti mismo." Según el Ari, esta acción crea unidad y nos conecta con todas la plegarias de todas las personas del planeta.

לְשֵׁם leShem יִחוּד yijud קוּדְשָׁא kudshá בְּרִיךְ berij הוּא hu
וּשְׁכִינְתֵּיהּ uShjintei (יאהדונהי) בִּדְחִילוּ bidjilu וּרְחִימוּ urjimu
(יאהדויהה), וּרְחִימוּ urjimu וּדְחִילוּ udjilu (איההיוהה), לְיַחֲדָא leyajdá
שֵׁם shem יו"ד yud קֵי kei בְּוא"ו bevav קֵי kei בְּיִחוּדָא beyijudá
שְׁלִים shelim (יהוה) בְּשֵׁם beshem כָּל col ילי יִשְׂרָאֵל Yisrael, הִנֵּה hiné
אֲנַחְנוּ anajnu בָּאִים baim לְקַיֵּם lekayem מִצְוַת mitsvat סְפִירַת sefirat
הָעוֹמֶר haómer ר"פ אל. לַעֲשׂוֹת laasot נַחַת־ nájat רוּחַ rúaj
לְיוֹצְרֵנוּ leyotsrenu וְלַעֲשׂוֹת velaasot רְצוֹן retsón מהש ע"ה, ע"ב בריבוע וקס"א ע"ה,
אל שדי ע"ה בּוֹרְאֵנוּ borenu. וִיהִי vihí נֹעַם nóam אֲדֹנָי Adonai ללה
אֱלֹהֵינוּ Eloheinu ילה עָלֵינוּ aleinu וּמַעֲשֵׂה umaasé יָדֵינוּ yadeinu
כּוֹנְנָה conená עָלֵינוּ aleinu וּמַעֲשֵׂה umaasé יָדֵינוּ yadeinu כּוֹנְנֵהוּ conenehu:

LUZ CIRCUNDANTE – OR MAKIF

Luz Circundante (*Or Makif*) es nuestra Luz potencial, es la fuerza que nos impulsa y motiva a explorar la espiritualidad y el significado de nuestra existencia. La Luz Circundante también se refiere a la cantidad de Luz que cada uno de nosotros vino a revelar. Cuanta más Luz Circundante revelemos, más ímpetu adquirimos para mayores acciones espirituales. También podemos acceder a la Luz Circundante a través de la recitación de bendiciones. Cada día del *Ómer*, escogemos la bendición apropiada que nos conecta con la Luz Circundante, seguido por la Luz Interna [*Or Pnimí*, nuestra Luz real (lee más en la pág. 414)], y ambas Luces juntas ayudan a materializar toda la Luz en nuestro mundo.

בָּרוּךְ Baruj אַתָּה Atá יְהֹוָאדנילאהדונהי Adonai (יוד הא ואו הא)
אֱלֹהֵינוּ Eloheinu ילה מֶלֶךְ Mélej הָעוֹלָם haolam אֲשֶׁר asher
קִדְּשָׁנוּ kideshanu בְּמִצְוֹתָיו bemitsvotav וְצִוָּנוּ vetsivanu עַל al
סְפִירַת sefirat הָעוֹמֶר haómer ר"פ אל ; ר"ת אדני:

CONTEO DEL ÓMER – LESHEM YIJUD

En aras de la unificación entre el Santísimo, Bendito sea Él, y Su Shejiná, con temor y amor y con amor y temor, a fin de unificar el Nombre de Yud-Kei y Vav-Kei en perfecta unidad, y en nombre de todo Israel, por este medio venimos a cumplir el mandamiento del conteo del Ómer. Para dar satisfacción a nuestro Hacedor y para cumplir el deseo de nuestro Creador. "Y que la gracia del Señor, nuestro Dios, esté con nosotros y que Él establezca la obra de nuestras manos y que la obra de nuestras manos lo establezcan a Él" (Salmos 90:17).

LUZ CIRCUNDANTE – OR MAKIF

Bendito eres Tú, Señor, nuestro Dios, Rey del mundo,
quien nos ha santificado con Sus mandamientos y nos ha obligado con el conteo del Ómer.

Jésed – Primera semana – שָׁבוּעַ א' - חסד

הַיּוֹם hayom ע"ה נגד, מזבח, זן, אל יהוה

<table>
<tr><th>יום
Fecha</th><th>ספירה
Sefirá</th><th>תיבה
Palabra</th><th>אות
Letra</th><th>מ"ב
Del Aná Bejóaj</th></tr>
<tr><td>ט"ז בניסן
16 de Nisán</td><td>חסד שבחסד
Jésed de Jésed</td><td>אלהים
Elohim</td><td>י
Yud</td><td>אנא
Aná</td></tr>
<tr><td colspan="5">יוֹם yom ע"ה נגד, מזבח, זן, אל יהוה אֶחָד ejad אהבה, דאגה לָעוֹמֶר laómer י"פ אל:</td></tr>
<tr><td>י"ז בניסן
17 de Nisán</td><td>גבורה שבחסד
Guevurá de Jésed</td><td>יחננו
yejonenu</td><td>ש
Shin</td><td>בכח
Bejóaj</td></tr>
<tr><td colspan="5">שְׁנֵי shnei יָמִים yamim נלך לָעוֹמֶר laómer י"פ אל:</td></tr>
<tr><td>י"ח בניסן
18 de Nisán</td><td>תפארת שבחסד
Tiferet de Jésed</td><td>ויברכנו
vivarjenu</td><td>מ
Mem</td><td>גדולת
Guedulat</td></tr>
<tr><td colspan="5">שְׁלֹשָׁה shloshá יָמִים yamim נלך לָעוֹמֶר laómer י"פ אל:</td></tr>
<tr><td>י"ט בניסן
19 de Nisán</td><td>נצח שבחסד
Nétsaj de Jésed</td><td>יאר
yaer</td><td>ח
Jet</td><td>ימינך
Yemineja</td></tr>
<tr><td colspan="5">אַרְבָּעָה arbaá יָמִים yamim נלך לָעוֹמֶר laómer י"פ אל:</td></tr>
<tr><td>כ' בניסן
20 de Nisán</td><td>הוד שבחסד
Hod de Jésed</td><td>פניו
panav</td><td>ו
Vav</td><td>תתיר
Tatir</td></tr>
<tr><td colspan="5">וַחֲמִישָּׁה jamishá יָמִים yamim נלך לָעוֹמֶר laómer י"פ אל:</td></tr>
<tr><td>כ"א בניסן
21 de Nisán</td><td>יסוד שבחסד
Yesod de Jésed</td><td>אתנו
itanu</td><td>ו
Vav</td><td>צרורה
Tserurá</td></tr>
<tr><td colspan="5">שִׁשָּׁה shishá יָמִים yamim נלך לָעוֹמֶר laómer י"פ אל:</td></tr>
<tr><td>כ"ב בניסן
22 de Nisán</td><td>מלכות שבחסד
Maljut de Jésed</td><td>סלה
sela</td><td>י
Yud</td><td>אבגיתץ
Álef Bet Guímel Yud Tav Tsadi</td></tr>
<tr><td colspan="5">שִׁבְעָה shivá יָמִים yamim נלך לָעוֹמֶר laómer י"פ אל
שֶׁהֵם shehem שָׁבוּעַ shavua אֶחָד ejad אהבה, דאגה:</td></tr>
</table>

Jésed – Primera semana

Hoy es un día del Ómer.
Hoy son dos días del Ómer.
Hoy son tres días del Ómer.
Hoy son cuatro días del Ómer.
Hoy son cinco días del Ómer.
Hoy son seis días del Ómer.
Hoy son siete días del Ómer, que son una semana.

Guevurá – Segunda semana – שבוע ב' – גבורה

הַיּוֹם hayom ע"ה נגד, מזבח, זן, אל יהוה

יום Fecha	ספירה Sefirá	תיבה Palabra	אות Letra	מ"ב Del Aná Bejóaj
כ"ג בניסן 23 de Nisán	חסד שבגבורה Jésed de Guevurá	לדעת ladáat	ר Resh	קבל Kabel

שְׁמוֹנָה shmoná יָמִים yamim נלך לָעוֹמֶר laómer י"פ אל
שֶׁהֵם shehem שָׁבוּעַ shavua אֶחָד ejad אהבה, דאגה
וְיוֹם veyom ע"ה נגד, מזבח, זן, אל יהוה אֶחָד ejad אהבה, דאגה:

כ"ד בניסן 24 de Nisán	גבורה שבגבורה Guevurá de Guevurá	בארץ baárets	נ Nun	רנת Rinat

תִּשְׁעָה tishá יָמִים yamim נלך לָעוֹמֶר laómer י"פ אל שֶׁהֵם shehem
שָׁבוּעַ shavua אֶחָד ejad אהבה, דאגה וּשְׁנֵי ushnei יָמִים yamim נלך:

כ"ה בניסן 25 de Nisán	תפארת שבגבורה Tiféret de Guevurá	דרכך darqueja	נ Nun	עמך Ameja

עֲשָׂרָה asará יָמִים yamim נלך לָעוֹמֶר laómer י"פ אל שֶׁהֵם shehem
שָׁבוּעַ shavua אֶחָד ejad אהבה, דאגה וּשְׁלֹשָׁה ushloshá יָמִים yamim נלך:

כ"ו בניסן 26 de Nisán	נצח שבגבורה Nétsaj de Guevurá	בכל bejol	ו Vav	שגבנו Sagvenu

אַחַד ajad אהבה, דאגה עָשָׂר asar יוֹם yom ע"ה נגד, מזבח, זן, אל יהוה
לָעוֹמֶר laómer י"פ אל שֶׁהֵם shehem שָׁבוּעַ shavua אֶחָד ejad אהבה, דאגה
וְאַרְבָּעָה vearbaá יָמִים yamim נלך:

כ"ז בניסן 27 de Nisán	הוד שבגבורה Hod de Guevurá	גוים goyim	ל Lámed	טהרנו Taharenu

שְׁנֵים shneim עָשָׂר asar יוֹם yom ע"ה נגד, מזבח, זן, אל יהוה
לָעוֹמֶר laómer י"פ אל שֶׁהֵם shehem שָׁבוּעַ shavua אֶחָד ejad אהבה, דאגה
וַחֲמִשָּׁה vajamishá יָמִים yamim נלך:

Guevurá - Segunda semana

Hoy son ocho días del Ómer que son una semana y un día.
Hoy son nueve días del Ómer que son una semana y dos días.
Hoy son diez días del Ómer que son una semana y tres días.
Hoy son once días del Ómer que son una semana y cuatro días.
Hoy son doce días del Ómer que son una semana y cinco días.

כ"ח בניסן	יסוד שבגבורה	ישועתך	א	נורא
28 de Nisán	Yesod de Guevurá	yeshuateja	Álef	Norá

שְׁלֹשָׁה shloshá עָשָׂר asar יוֹם yom ע"ה נגד, מזבח, זן, אל יהוה

לָעוֹמֶר laómer י"פ אל שֶׁהֵם shehem שָׁבוּעַ shavua אֶחָד ejad אהבה, דאגה

וְשִׁשָּׁה veshishá יָמִים yamim נלך:

כ"ט בניסן	מלכות שבגבורה	יודוך	מ	קרע שטן
29 de Nisán	Maljut de Guevurá	yoduja	Mem	Kof Resh Ayin Sin Tet Nun

אַרְבָּעָה arbaá עָשָׂר asar יוֹם yom ע"ה נגד, מזבח, זן, אל יהוה

לָעוֹמֶר laómer י"פ אל שֶׁהֵם shehem שְׁנֵי shnei שָׁבוּעוֹת shavuot:

Tiféret – Tercera semana - שבוע ג' – תפארת

הַיּוֹם hayom ע"ה נגד, מזבח, זן, אל יהוה

יום *Fecha*	ספירה *Sefirá*	תיבה *Palabra*	אות *Letra*	מ"ב *Del Aná Bejóaj*
ל' בניסן 30 de Nisán	חסד שבתפארת Jésed de Tiféret	עמים amim	י Yud	נא Na

וַחֲמִשָּׁה jamishá עָשָׂר asar יוֹם yom ע"ה נגד, מזבח, זן, אל יהוה

לָעוֹמֶר laómer י"פ אל שֶׁהֵם shehem שְׁנֵי shnei שָׁבוּעוֹת shavuot

וְיוֹם veyom ע"ה נגד, מזבח, זן, אל יהוה אֶחָד ejad אהבה, דאגה:

א' באייר	גבורה שבתפארת	אלהים	ם	גבור
1 de Iyar	Guevurá de Tiféret	Elohim	Mem	Guibor

שִׁשָּׁה shishá עָשָׂר asar יוֹם yom ע"ה נגד, מזבח, זן, אל יהוה

לָעוֹמֶר laómer י"פ אל שֶׁהֵם shehem שְׁנֵי shnei שָׁבוּעוֹת shavuot

וּשְׁנֵי ushnei יָמִים yamim נלך:

Hoy son trece días del Ómer que son una semana y seis días.
Hoy son catorce días del Ómer que son dos semanas.

Tiféret - Tercera semana

Hoy son quince días del Ómer que son dos semanas y un día.
Hoy son dieciseis días del Ómer que son dos semanas y dos días.

דורשי	כ	יודוך	תפארת שבתפארת	ב' באייר
Dorshei	Caf	yoduja	Tiféret de Tiféret	2 de Iyar

שִׁבְעָה shivá עָשָׂר asar יוֹם yom ע"ה נגד, מזבח, זן, אל יהוה
לָעוֹמֶר laómer י"פ אל שֶׁהֵם shehem שְׁנֵי shnei שָׁבוּעוֹת shavuot
וּשְׁלֹשָׁה ushloshá יָמִים yamim נלך:

יזודך	י	עמים	נצח שבתפארת	ג' באייר
Yijudeja	Yud	amim	Nétsaj de Tiféret	3 de Iyar

שְׁמוֹנָה shmoná עָשָׂר asar יוֹם yom ע"ה נגד, מזבח, זן, אל יהוה
לָעוֹמֶר laómer י"פ אל שֶׁהֵם shehem שְׁנֵי shnei שָׁבוּעוֹת shavuot
וְאַרְבָּעָה vearbaá יָמִים yamim נלך:

כבבת	ת	כלם	הוד שבתפארת	ד' באייר
Quevavat	Tav	culam	Hod de Tiféret	4 de Iyar

תִּשְׁעָה tishá עָשָׂר asar יוֹם yom ע"ה נגד, מזבח, זן, אל יהוה
לָעוֹמֶר laómer י"פ אל שֶׁהֵם shehem שְׁנֵי shnei שָׁבוּעוֹת shavuot
וַחֲמִשָּׁה vajamishá יָמִים yamim נלך:

שמרם	ש	ישמחו	יסוד שבתפארת	ה' באייר
Shomrem	Shin	yismejú	Yesod de Tiféret	5 de Iyar

עֶשְׂרִים esrim יוֹם yom ע"ה נגד, מזבח, זן, אל יהוה לָעוֹמֶר laómer י"פ אל
שֶׁהֵם shehem שְׁנֵי shnei שָׁבוּעוֹת shavuot וְשִׁשָּׁה veshishá יָמִים yamim נלך:

נגד יכש	פ	וירננו	מלכות שבתפארת	ו' באייר
Nun Guimel Dálet Yud Caf Shin	Pei	viranenú	Maljut de Tiféret	6 de Iyar

אֶחָד ejad אהבה, דאגה וְעֶשְׂרִים veesrim יוֹם yom ע"ה נגד, מזבח, זן, אל יהוה
לָעוֹמֶר laómer י"פ אל שֶׁהֵם shehem שְׁלֹשָׁה shloshá שָׁבוּעוֹת shavuot:

Hoy son diecisiete días del Ómer que son dos semanas y tres días.
Hoy son dieciocho días del Ómer que son dos semanas y cuatro días.
Hoy son diecinueve días del Ómer que son dos semanas y cinco días.
Hoy son veinte días del Ómer que son dos semanas y seis días.
Hoy son veintiún días del Ómer que son tres semanas.

Nétsaj – Cuarta semana - שבוע ד' - נצח

הַיּוֹם hayom ע"ה נגד, מזבח, זן, אל יהוה

יום *Fecha*	ספירה *Sefirá*	תיבה *Palabra*	אות *Letra*	מ"ב *Del Aná Bejóaj*
ז' באייר 7 de Iyar	חסד שבנצח Jésed de Nétsaj	לאמים leumim	ו Vav	ברכם Barjem

שְׁנַיִם shnáyim וְעֶשְׂרִים veesrim יוֹם yom ע"ה נגד, מזבח, זן, אל יהוה

לָעוֹמֶר laómer י"פ אל שֶׁהֵם shehem שְׁלֹשָׁה shloshá שָׁבוּעוֹת shavuot

וְיוֹם veyom ע"ה נגד, מזבח, זן, אל יהוה אֶחָד ejad אהבה, דאגה:

יום	ספירה	תיבה	אות	מ"ב
ח' באייר 8 de Iyar	גבורה שבנצח Guevurá de Nétsaj	כי qui	ט Tet	טהרם Taharem

שְׁלֹשָׁה shloshá וְעֶשְׂרִים veesrim יוֹם yom ע"ה נגד, מזבח, זן, אל יהוה

לָעוֹמֶר laómer י"פ אל שֶׁהֵם shehem שְׁלֹשָׁה shloshá שָׁבוּעוֹת shavuot

וּשְׁנֵי ushnei יָמִים yamim נלך:

יום	ספירה	תיבה	אות	מ"ב
ט' באייר 9 de Iyar	תפארת שבנצח Tiféret de Nétsaj	תשפוט tishpot	ע Ayin	רחמי Rajamei

אַרְבָּעָה arbaá וְעֶשְׂרִים veesrim יוֹם yom ע"ה נגד, מזבח, זן, אל יהוה

לָעוֹמֶר laómer י"פ אל שֶׁהֵם shehem שְׁלֹשָׁה shloshá שָׁבוּעוֹת shavuot

וּשְׁלֹשָׁה ushloshá יָמִים yamim נלך:

יום	ספירה	תיבה	אות	מ"ב
י' באייר 10 de Iyar	נצח שבנצח Nétsaj de Nétsaj	עמים amim	מ Mem	צדקתך Tsidkateja

וַחֲמִשָּׁה jamishá וְעֶשְׂרִים veesrim יוֹם yom ע"ה נגד, מזבח, זן, אל יהוה

לָעוֹמֶר laómer י"פ אל שֶׁהֵם shehem שְׁלֹשָׁה shloshá שָׁבוּעוֹת shavuot

וְאַרְבָּעָה vearbaá יָמִים yamim נלך:

NÉTSAJ - CUARTA SEMANA

Hoy son veintidos días del Ómer que son tres semanas y un día.
Hoy son veintitrés días del Ómer que son tres semanas y dos días.
Hoy son veinticuatro días del Ómer que son tres semanas y tres días.
Hoy son veinticinco días del Ómer que son tres semanas y cuatro días.

י"א באייר	הוד שבנצח	מישור	י	תמיד
11 de Iyar	Hod de Nétsaj	mishor	Yud	Tamid

שִׁשָּׁה shishá וְעֶשְׂרִים veesrim יוֹם yom ע"ה נגד, מזבח, זן, אל יהוה

לָעוֹמֶר laómer י"פ אל שֶׁהֵם shehem שְׁלֹשָׁה shloshá שָׁבוּעוֹת shavuot

וַחֲמִשָּׁה vajamishá יָמִים yamim נלך:

י"ב באייר	יסוד שבנצח	ולאמים	ם	גמלם
12 de Iyar	Yesod de Nétsaj	uleumim	Mem	Gomlem

שִׁבְעָה shivá וְעֶשְׂרִים veesrim יוֹם yom ע"ה נגד, מזבח, זן, אל יהוה

לָעוֹמֶר laómer י"פ אל שֶׁהֵם shehem שְׁלֹשָׁה shloshá שָׁבוּעוֹת shavuot

וְשִׁשָּׁה veshishá יָמִים yamim נלך:

י"ג באייר	מלכות שבנצח	בארץ	מ	בטר צתג
13 de Iyar	Maljut de Nétsaj	baárets	Mem	Bet Tet Resh Tsadi Tav Guímel

שְׁמוֹנָה shmoná וְעֶשְׂרִים veesrim יוֹם yom ע"ה נגד, מזבח, זן, אל יהוה

לָעוֹמֶר laómer י"פ אל שֶׁהֵם shehem אַרְבָּעָה arbaá שָׁבוּעוֹת shavuot:

Hod – Quinta semana - הוד - שבוע ה'

הַיּוֹם hayom ע"ה נגד, מזבח, זן, אל יהוה

Fecha יום	Sefirá ספירה	Palabra תיבה	Letra אות	Del Aná Bejóaj מ"ב
י"ד באייר 14 de Iyar	חסד שבהוד Jésed de Hod	תנחם tanjem	י Yud	חסין Jasín

תִּשְׁעָה tishá וְעֶשְׂרִים veesrim יוֹם yom ע"ה נגד, מזבח, זן, אל יהוה

לָעוֹמֶר laómer י"פ אל שֶׁהֵם shehem אַרְבָּעָה arbaá שָׁבוּעוֹת shavuot

וְיוֹם veyom ע"ה נגד, מזבח, זן, אל יהוה אֶחָד ejad אהבה, דאגה:

Hoy son veintiseis días del Ómer que son tres semanas y cinco días.
Hoy son veintisiete días del Ómer que son tres semanas y seis días.
Hoy son veintiocho días del Ómer que son cuatro semanas.

HOD - QUINTA SEMANA

Hoy son veintinueve días del Ómer que son cuatro semanas y un día.

ט"ו באייר	גבורה שבהוד	סלה	ש	קדוש
15 de Iyar	Guevurá de Hod	sela	Shin	Kadosh

שְׁלֹשִׁים shloshim יוֹם yom ע"ה נגד, מזבח, זן, אל יהוה

לָעוֹמֶר laómer י"פ אל שֶׁהֵם shehem אַרְבָּעָה arbaá שָׁבוּעוֹת shavuot

וּשְׁנֵי ushnei יָמִים yamim נלך:

ט"ז באייר	תפארת שבהוד	יודוך	ו	ברוב
16 de Iyar	Tiféret de Hod	yoduja	Vav	Berov

אֶחָד ejad אהבה, דאגה וּשְׁלֹשִׁים ushloshim יוֹם yom ע"ה נגד, מזבח, זן, אל יהוה

לָעוֹמֶר laómer י"פ אל שֶׁהֵם shehem אַרְבָּעָה arbaá שָׁבוּעוֹת shavuot

וּשְׁלֹשָׁה ushloshá יָמִים yamim נלך:

י"ז באייר	נצח שבהוד	עמים	ר	טובך
17 de Iyar	Nétsaj de Hod	amim	Resh	Tuvjá

שְׁנַיִם shnáyim וּשְׁלֹשִׁים ushloshim יוֹם yom ע"ה נגד, מזבח, זן, אל יהוה

לָעוֹמֶר laómer י"פ אל שֶׁהֵם shehem אַרְבָּעָה arbaá שָׁבוּעוֹת shavuot

וְאַרְבָּעָה vearbaá יָמִים yamim נלך:

י"ח באייר	הוד שבהוד	אלהים	ו	נהל
18 de Iyar	Hod de Hod	Elohim	Vav	Nahel

שְׁלֹשָׁה shloshá וּשְׁלֹשִׁים ushloshim יוֹם yom ע"ה נגד, מזבח, זן, אל יהוה

לָעוֹמֶר laómer י"פ אל שֶׁהֵם shehem אַרְבָּעָה arbaá שָׁבוּעוֹת shavuot

וַחֲמִשָּׁה vajamishá יָמִים yamim נלך:

י"ט באייר	יסוד שבהוד	יודוך	ל	עדתך
19 de Iyar	Yesod de Hod	yoduja	Lámed	Adateja

אַרְבָּעָה arbaá וּשְׁלֹשִׁים ushloshim יוֹם yom ע"ה נגד, מזבח, זן, אל יהוה

לָעוֹמֶר laómer י"פ אל שֶׁהֵם shehem אַרְבָּעָה arbaá שָׁבוּעוֹת shavuot

וְשִׁשָּׁה veshishá יָמִים yamim נלך:

Hoy son treinta días del Ómer que son cuatro semanas y dos días.
Hoy son treintiún días del Ómer que son cuatro semanas y tres días.
Hoy son treintidos días del Ómer que son cuatro semanas y cuatro días.
Hoy son treintitrés días del Ómer que son cuatro semanas y cinco días.
Hoy son treinticuatro días del Ómer que son cuatro semanas y seis días.

כ' באייר	מלכות שבהוד	עמים	א	חקב טנע
20 de Iyar	Maljut de Hod	amim	Álef	Jet Kof Bet Tet Nun Ayin

וַחֲמִשָּׁה jamishá וּשְׁלֹשִׁים ushloshim יוֹם yom ע"ה נגד, מזבח, זן, אל יהוה

לָעֹמֶר laómer י"פ אל שֶׁהֵם shehem וַחֲמִשָּׁה jamishá שָׁבוּעוֹת shavuot:

Yesod – Sexta semana - יסוד – שבוע ו'

הַיּוֹם hayom ע"ה נגד, מזבח, זן, אל יהוה

יום Fecha	ספירה Sefirá	תיבה Palabra	אות Letra	מ"ב Del Aná Bejóaj
כ"א באייר 21 de Iyar	חסד שביסוד Jésed de Yesod	כלם culam	מ Mem	יחיד Yajid

שִׁשָּׁה shishá וּשְׁלֹשִׁים ushloshim יוֹם yom ע"ה נגד, מזבח, זן, אל יהוה

לָעֹמֶר laómer י"פ אל שֶׁהֵם shehem וַחֲמִשָּׁה jamishá שָׁבוּעוֹת shavuot

וְיוֹם veyom ע"ה נגד, מזבח, זן, אל יהוה אֶחָד ejad אהבה, דאגה:

כ"ב באייר 22 de Iyar	גבורה שביסוד Guevurá de Yesod	ארץ érets	י Yud	גאה Gueé

שִׁבְעָה shivá וּשְׁלֹשִׁים ushloshim יוֹם yom ע"ה נגד, מזבח, זן, אל יהוה

לָעֹמֶר laómer י"פ אל שֶׁהֵם shehem וַחֲמִשָּׁה jamishá שָׁבוּעוֹת shavuot

וּשְׁנֵי ushnei יָמִים yamim נלך:

כ"ג באייר 23 de Iyar	תפארת שביסוד Tiféret de Yesod	נתנה natná	ם Mem	לעמך Leameja

שְׁמוֹנָה shmoná וּשְׁלֹשִׁים ushloshim יוֹם yom ע"ה נגד, מזבח, זן, אל יהוה

לָעֹמֶר laómer י"פ אל שֶׁהֵם shehem וַחֲמִשָּׁה jamishá שָׁבוּעוֹת shavuot

וּשְׁלֹשָׁה ushloshá יָמִים yamim נלך:

כ"ד באייר 24 de Iyar	נצח שביסוד Nétsaj de Yesod	יבולה yevulá	ב Bet	פנה Pené

תִּשְׁעָה tishá וּשְׁלֹשִׁים ushloshim יוֹם yom ע"ה נגד, מזבח, זן, אל יהוה

לָעֹמֶר laómer י"פ אל שֶׁהֵם shehem וַחֲמִשָּׁה jamishá שָׁבוּעוֹת shavuot

וְאַרְבָּעָה vearbaá יָמִים yamim נלך:

Hoy son treinticinco días del Ómer que son cinco semanas.

Yesod - Sexta semana

Hoy son treintiseis días del Ómer que son cinco semanas y un día.
Hoy son treintisiete días del Ómer que son cinco semanas y dos días.
Hoy son treintiocho días del Ómer que son cinco semanas y tres días.
Hoy son treintinueve días del Ómer que son cinco semanas y cuatro días.

כ"ה באייר 25 de Iyar	הוד שביסוד Hod de Yesod	יברכנו yevarjenu	א Álef	זוכרי Zojrei

אַרְבָּעִים arbaim יוֹם yom ע"ה נגד, מזבח, זן, אל יהוה

לָעוֹמֶר laómer י"פ אל שֶׁהֵם shehem וַחֲמִשָּׁה jamishá שָׁבוּעוֹת shavuot

וַחֲמִשָּׁה vajamishá יָמִים yamim נלך:

כ"ו באייר 26 de Iyar	יסוד שביסוד Yesod de Yesod	אלהים Elohim	ר Resh	קדושתך Kedushateja

אֶחָד ejad אהבה, דאגה וְאַרְבָּעִים vearbaim יוֹם yom ע"ה נגד, מזבח, זן, אל יהוה

לָעוֹמֶר laómer י"פ אל שֶׁהֵם shehem וַחֲמִשָּׁה jamishá שָׁבוּעוֹת shavuot

וְשִׁשָּׁה veshishá יָמִים yamim נלך:

כ"ז באייר 27 de Iyar	מלכות שביסוד Maljut de Yesod	אלהינו Eloheinu	צ Tsadi	יגל פזק Yud Guímel Lámed Pei Zayin Kof

שְׁנַיִם shnáyim וְאַרְבָּעִים vearbaim יוֹם yom ע"ה נגד, מזבח, זן, אל יהוה

לָעוֹמֶר laómer י"פ אל שֶׁהֵם shehem שִׁשָּׁה shishá שָׁבוּעוֹת shavuot:

Maljut – Séptima semana - מלכות – שבוע ז'

הַיּוֹם hayom ע"ה נגד, מזבח, זן, אל יהוה

יום *Fecha*	ספירה *Sefirá*	תיבה *Palabra*	אות *Letra*	מ"ב *Del Aná Bejóaj*
כ"ח באייר 28 de Iyar	חסד שבמלכות Jésed de Maljut	יברכנו yevarjenu	ת Tav	שועתנו Shavatenu

שְׁלֹשָׁה shloshá וְאַרְבָּעִים vearbaim יוֹם yom ע"ה נגד, מזבח, זן, אל יהוה

לָעוֹמֶר laómer י"פ אל שֶׁהֵם shehem שִׁשָּׁה shishá שָׁבוּעוֹת shavuot

וְיוֹם veyom ע"ה נגד, מזבח, זן, אל יהוה אֶחָד ejad אהבה, דאגה:

כ"ט באייר 29 de Iyar	גבורה שבמלכות Guevurá de Maljut	אלהים Elohim	נ Nun	קבל Kabel

אַרְבָּעָה arbaá וְאַרְבָּעִים vearbaim יוֹם yom ע"ה נגד, מזבח, זן, אל יהוה

לָעוֹמֶר laómer י"פ אל שֶׁהֵם shehem שִׁשָּׁה shishá שָׁבוּעוֹת shavuot

וּשְׁנֵי ushnei יָמִים yamim נלך:

Hoy son cuarenta días del Ómer que son cinco semanas y cinco días.
Hoy son cuarentiún días del Ómer que son cinco semanas y seis días.
Hoy son cuarentidos días del Ómer que son seis semanas.

MALJUT - SÉPTIMA SEMANA

Hoy son cuarentitrés días del Ómer que son seis semanas y un día.
Hoy son cuarenticuatro días del Ómer que son seis semanas y dos días.

א' בסיון	תפארת שבמלכות	וייראו	ח	ושמע
1 de Siván	Tiféret de Maljut	veyirú	Jet	Ushmá

וַחֲמִשָּׁה jamishá וְאַרְבָּעִים vearbaim יוֹם yom ע"ה נגד, מזבח, זן, אל יהוה
לָעוֹמֶר laómer י"פ אל שֶׁהֵם shehem שִׁשָּׁה shishá שָׁבוּעוֹת shavuot
וּשְׁלֹשָׁה ushloshá יָמִים yamim נלך:

ב' בסיון	נצח שבמלכות	אותו	ם	צעקתנו
2 de Siván	Nétsaj de Maljut	oto	Mem	Tsaakatenu

שִׁשָּׁה shishá וְאַרְבָּעִים vearbaim יוֹם yom ע"ה נגד, מזבח, זן, אל יהוה
לָעוֹמֶר laómer י"פ אל שֶׁהֵם shehem שִׁשָּׁה shishá שָׁבוּעוֹת shavuot
וְאַרְבָּעָה vearbá יָמִים yamim נלך:

ג' בסיון	הוד שבמלכות	כל	ס	יודע
3 de Siván	Hod de Maljut	kol	Sámej	Yodea

שִׁבְעָה shivá וְאַרְבָּעִים vearbaim יוֹם yom ע"ה נגד, מזבח, זן, אל יהוה
לָעוֹמֶר laómer י"פ אל שֶׁהֵם shehem שִׁשָּׁה shishá שָׁבוּעוֹת shavuot
וַחֲמִשָּׁה vajamishá יָמִים yamim נלך:

ד' בסיון	יסוד שבמלכות	אפסי	ל	תעלומות
4 de Siván	Yesod de Maljut	afsei	Lámed	Taalumot

שְׁמוֹנָה shmoná וְאַרְבָּעִים vearbaim יוֹם yom ע"ה נגד, מזבח, זן, אל יהוה
לָעוֹמֶר laómer י"פ אל שֶׁהֵם shehem שִׁשָּׁה shishá שָׁבוּעוֹת shavuot
וְשִׁשָּׁה veshishá יָמִים yamim נלך:

ה' בסיון	מלכות שבמלכות	ארץ	ה	שקו צית
5 de Siván	Maljut de Maljut	árets	Hei	Shin Kof Vav Tsadi Yud Tav

תִּשְׁעָה tishá וְאַרְבָּעִים vearbaim יוֹם yom ע"ה נגד, מזבח, זן, אל יהוה
לָעוֹמֶר laómer י"פ אל שֶׁהֵם shehem שִׁבְעָה shivá שָׁבוּעוֹת shavuot:

LUZ INTERNA – OR PNIMÍ

La Luz Interna se refiere a la fuerza de vida que nos infunde subsistencia. Es el combustible que nos sustenta y nos aviva. Por ejemplo: mientras la bendición del vino representa la Luz Circundante, la acción de tomar el vino nos conecta con Luz Interna.

Hoy son cuarenticinco días del Ómer que son seis semanas y tres días.
Hoy son cuarentiseis días del Ómer que son seis semanas y cuatro días.
Hoy son cuarentisiete días del Ómer que son seis semanas y cinco días.
Hoy son cuarentiocho días del Ómer que son seis semanas y seis días.
Hoy son cuarentinueve días del Ómer que son siete semanas.

הָרַחֲמָן harajamán

הוּא Hu יַחֲזִיר yajazir עֲבוֹדַת avodat בֵּית beit ב"פ ראה הַמִּקְדָּשׁ hamikdash

לִמְקוֹמָהּ limkomá בִּמְהֵרָה bimherá בְּיָמֵינוּ veyameinu אָמֵן Amén יאהדונהי:

LAMENATSÉAJ (para saber más sobre la *Menorah* ir a la pág. 39-40)

El Salmo de *Lamenatséaj* consta de 49 palabras, y el versículo del medio ("*Yismejú*") consta de 49 letras. Cada palabra y cada letra corresponden a un día del *Ómer*. Al meditar en la palabra y la letra relacionadas (ver las tablas en las págs. 420-426), conectamos con la Luz que nos ayudará a lograr la limpieza espiritual durante esta época.

לַמְנַצֵּחַ lamenatséaj בִּנְגִינֹת binguinot מִזְמוֹר mizmor שִׁיר :shir

אֱלֹהִים Elohim אהיה אדני ; ילה יְחָנֵּנוּ yejonenu וִיבָרְכֵנוּ vivarjenu

יָאֵר yaer כף ויו זין ויו פָּנָיו panav אִתָּנוּ itanu ר"ת פאי, אמן (יאהדונהי) סֶלָה :sela

לָדַעַת ladáat ר"ת סאל, אמן (יאהדונהי) בָּאָרֶץ baárets דַּרְכֶּךָ darquejá

בְּכָל bejol ב"ן, לכב גּוֹיִם goyim יְשׁוּעָתֶךָ :yeshuateja

יוֹדוּךָ yoduja עַמִּים amim אֱלֹהִים Elohim אהיה ; אדני ילה

יוֹדוּךָ yoduja עַמִּים amim כֻּלָּם :culam יִשְׂמְחוּ yismejú וִירַנְּנוּ viranenú

לְאֻמִּים leumim ר"ת ע"ה = איההויהה כִּי qui תִשְׁפֹּט tishpot עַמִּים amim

מִישֹׁר mishor וּלְאֻמִּים uleumim בָּאָרֶץ baárets תַּנְחֵם tanjem סֶלָה :sela

יוֹדוּךָ yoduja עַמִּים amim אֱלֹהִים Elohim אהיה אדני ; ילה יוֹדוּךָ yoduja

עַמִּים amim כֻּלָּם :culam ר"ת יודוך ישמחו יודוך ארץ = "יאי" (מילוי דס"ג)

ועם ר"ת אלהים לדעת יברכנו = ע"ב, ריבוע יהוה אֶרֶץ érets נָתְנָה natná נתה, קס"א קנ"א קמ"ג

יְבוּלָהּ yevulá ר"ת אני יְבָרְכֵנוּ yevarjenu אֱלֹהִים Elohim אהיה אדני ; ילה

אֱלֹהֵינוּ Eloheinu ילה: יְבָרְכֵנוּ yevarjenu אֱלֹהִים Elohim אהיה אדני ; ילה

וְיִירְאוּ veyirú אוֹתוֹ otó כָּל col ילי אַפְסֵי afsei אָרֶץ :árets

---

LUZ INTERNA – OR PNIMÍ

El Misericordioso, Él regresará el servicio del Templo a su lugar, prontamente y en nuestros días. Amén.

LAMENATSÉAJ

"Al músico principal, un Salmo melodioso y un cántico: Que Dios nos dé gracia y nos bendiga. Que resplandezca Su Rostro sobre nosotros, Sela. Para que Tus caminos sean conocidos en el mundo y Tu salvación entre las naciones. Las naciones darán gracias a Ti, Dios. Todas las naciones darán gracias a Ti. Los pueblos se regocijarán y cantarán porque Tú juzgas a las naciones con justicia, y Tú guías a los pueblos del mundo, Sela. Las naciones darán gracias a Ti, Dios. Todas las naciones darán gracias a Ti. La Tierra ha dado su fruto. Que el Señor, nuestro Dios, nos bendiga. Que Dios nos bendiga y que todos teman a Él desde los confines de la Tierra" (Salmos 67).

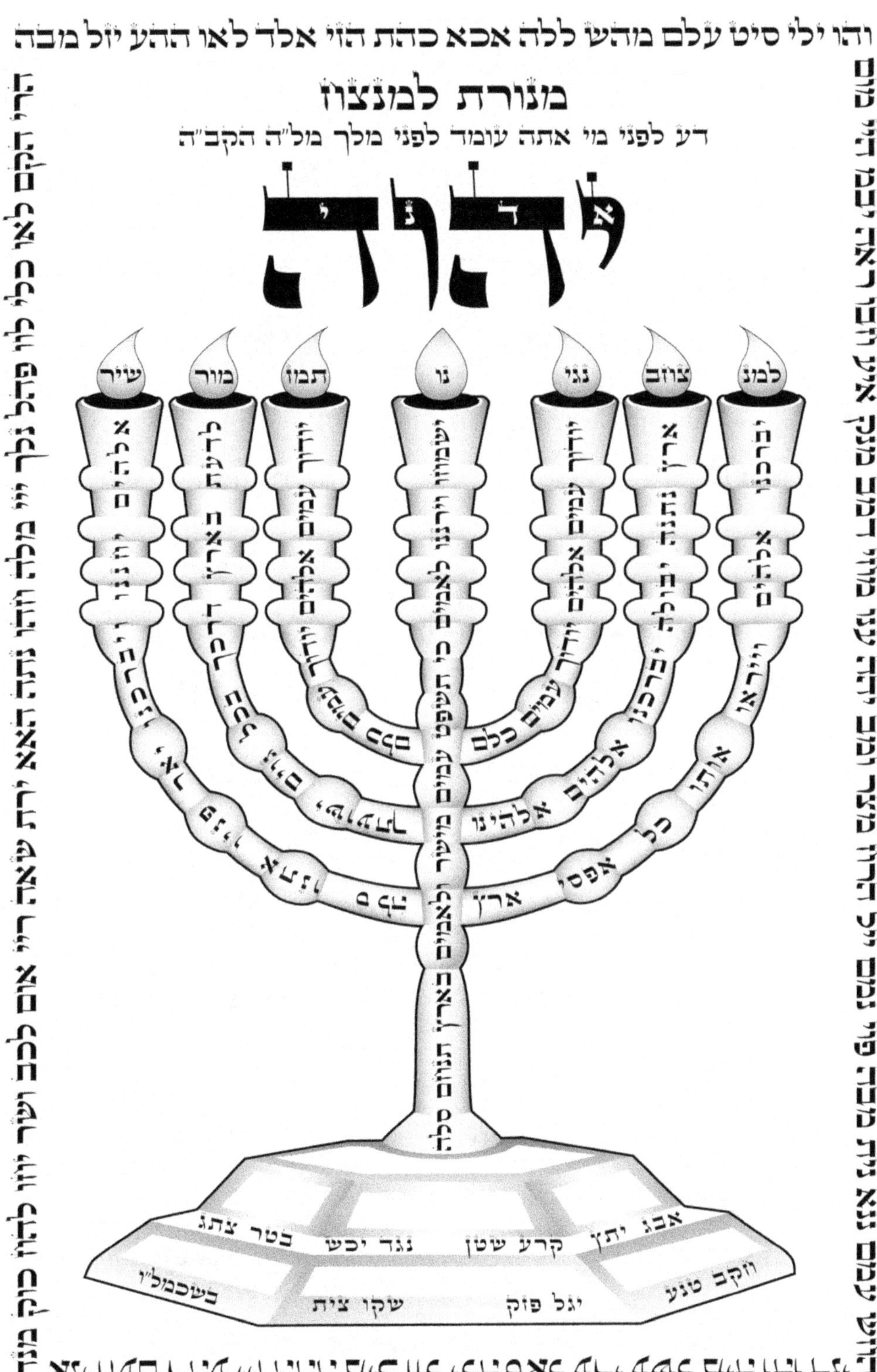
והו ילי סיט עלם מהש ללה אכא כהת הזי אלד לאו ההע יזל מבה
מנורת למנצח
דע לפני מי אתה עומד לפני מלך מל״ה הקב״ה
אבג יתץ קרע שטן נגד יכש בטר צתג
חקב טנע יגל פוק שקו צית בשכמל״ו

ANA BEJÓAJ (para saber más sobre el *Aná Bejóaj* ve a la pág. 106)

El *Aná Bejóaj* tal vez sea la oración más poderosa en todo el universo. El Kabbalista del siglo II Rav Najunyá ben HaKaná fue el primer sabio en revelar esta combinación de 42 letras, las cuales abarcan todo el poder de la Creación.

Jésed, domingo (***Álef Bet Guímel Yud Tav Tsadi***) אבג יתץ

אָנָּא aná · בְּכֹחַ •bejóaj · גְּדוּלַּת guedulat · יְמִינֶךָ •yemineja

תַּתִּיר tatir · צְרוּרָה :tserurá

Guevurá, lunes (***Kof Resh Ayin Sin Tet Nun***) קרע שטן

קַבֵּל kabel · רִנַּת •rinat · עַמֶּךָ ameja · שַׂגְּבֵנוּ •sagvenu

טַהֲרֵנוּ taharenu · נוֹרָא :norá

Tiféret, martes (***Nun Guímel Dálet Yud Caf Shin***) נגד יכש

נָא na · גִּבּוֹר •guibor · דּוֹרְשֵׁי dorshei · יִחוּדֶךָ •yijudeja

כְּבָבַת quevavat · שָׁמְרֵם :shamrem

Nétsaj, miércoles (***Bet Tet Resh Tsadi Tav Guímel***) בטר צתג

בָּרְכֵם barjem · טַהֲרֵם •taharem · רַחֲמֵי rajamei · צִדְקָתֶךָ •tsidkateja

תָּמִיד tamid · גָּמְלֵם :gomlem

ANÁ BEJÓAJ

Jésed, domingo אבג יתץ

Te suplicamos, con el gran poder de Tu diestra, pon en libertad a los cautivos.

Guevurá, lunes קרע שטן

Acepta el canto de Tu Nación. Fortifícanos y purifícanos, Oh Reverenciado.

Tiféret, martes נגד יכש

Por favor, oh Todopoderoso, a los que buscan Tu unidad, cuídalos como a la pupila de los ojos.

Nétsaj, miércoles בטר צתג

Bendícelos. Purifícalos. Otórgales siempre Tu fidelidad compasiva.

Hod, jueves (*Jet Kof Bet Tet Nun Ayin*) חקב טנע

וְחָסִין jasín קָדוֹשׁ kadosh· בְּרוֹב berov טוּבְךָ tuvjá·

נַהֵל nahel עֲדָתֶךָ adateja:

Yesod, viernes (*Yud Guímel Lámed Pei Zayin Kof*) יגל פזק

יָחִיד yajid גֵּאֶה gueé· לְעַמְּךָ leamjá פְּנֵה pené·

זוֹכְרֵי zojrei קְדוּשָּׁתֶךָ kedushateja:

Maljut, sábado (*Shin Kof Vav Tsadi Yud Tav*) שקו צית

שַׁוְעָתֵנוּ shavatenu קַבֵּל kabel· וּשְׁמַע ushmá צַעֲקָתֵנוּ tsaakatenu·

יוֹדֵעַ yodea תַּעֲלוּמוֹת taalumot:

BARUJ SHEM QUEVOD

Susurrar esta frase final trae toda la Luz de los Mundos Superiores a nuestra existencia física.

(Susurrar) : יאהדונהי אותיות בָּרוּךְ Baruj שֵׁם Shem כְּבוֹד quevod מַלְכוּתוֹ maljutó

לְעוֹלָם leolam ריבוע ס"ג וי' אותיות דס"ג וָעֶד vaed:

RIBONÓ SHEL OLAM

רִבּוֹנוֹ Ribonó שֶׁל shel עוֹלָם Olam· אַתָּה Atá צִוִּיתָנוּ tsivitanu עַל al

יְדֵי yedei מֹשֶׁה Moshé מהש, ע"ב בריבוע וקס"א, אל שדי, ד"פ אלהים ע"ה עַבְדֶּךָ avdejá

פוי, אל אדני לִסְפּוֹר lispor סְפִירַת sefirat הָעוֹמֶר haómer י"פ אל כְּדֵי quedei

לְטַהֲרֵנוּ letaharenu מִקְּלִפּוֹתֵינוּ miklipotenu וּמִטּוּמְאוֹתֵינוּ umitumateinu·

Hod, jueves חקב טנע

Invencible y Todopoderoso, con la abundancia de Tu bondad, guía a Tu congregación.

Yesod, viernes יגל פזק

Oh exaltado y orgulloso, vuélvete a Tu pueblo, aquellos que recuerdan Tu santidad.

Maljut, sábado שקו צית

Acepta nuestra plegaria y escucha nuestro clamor, Tú que conoces todo lo oculto.

BARUJ SHEM QUEVOD

"Bendito es el Nombre de la Gloria. Su Reino es para siempre y para la eternidad" (*Pesajim 56a*).

RIBONÓ SHEL OLAM

Señor del Mundo, Tú nos has mandado a través de Moshé,

Tu siervo, a enumerar el conteo del Ómer, para purificarnos de nuestras klipot y nuestra contaminación.

כמו quemó שכתבת shecatavta בתורתך: betorataj

וספרתם usfartem לכם lajem ממחרת mimajorat השבת haShabat

מיום miyom ע"ה נגד, מזבח, זן, אל יהוה הביאכם haviajem את־ et

עמר ómer י"פ אל התנופה hatenufá שבע sheva שבתות shabatot

תמימת temimot תהיינה: tihyena עד ad ממחרת mimajorat

השבת haShabat השביעת hasheviít תספרו tisperú חמשים jamishim

יום yom ע"ה נגד, מזבח, זן, אל יהוה כדי quedei שיטהרו sheyitaharú

נפשות nafshot עמך ameja ישראל Israel מזוהמתם mizohamatam •

ובכן uvjén ע"ב, ריבוע יהוה

יהי yehí רצון ratsón מהש ע"ה, ע"ב בריבוע וקס"א ע"ה, אל שדי ע"ה

מלפניך milefaneja ס"ג מ"ה ב"ן יהוהאדניאהדונהי Adonai אלהינו Eloheinu ילה

ואלהי veElohei לכב ; מילוי ע"ב, דמב ; ילה אבותינו avoteinu,

שבזכות shebizjut ספירת sefirat העומר haómer י"פ אל שספרתי shesafarti

היום hayom ע"ה נגד, מזבח, זן, אל יהוה יתקן yetukán

מה ma מ"ה (יוד הא ואו הא) שפגמתי shepagamti בספירה bisfirá

Debes mencionar el Nombre de la *Sefirá* de la noche y meditar en ella.
También debes escanear las meditaciones del Arí y el Rashash en las tablas de las páginas siguientes.

ואטהר veetaher ואתקדש veetkadesh בקדשה bikdushá

של shel מעלה maala אמן Amén יאהדונהי סלה: sela

Esto es como está escrito en Tu Torá: "Contarán por sí mismos, desde el día siguiente al Shabat hasta el día en el que ofrezcan la porción de su ofrenda ondeada, siete semanas completas hasta el día siguiente a la séptima semana. Contarán cincuenta días para que los espíritus de su Nación, Israel, sean purificados de su contaminación" (Levítico 23:15-16). Por lo tanto, que sea agradable a Ti, Señor, nuestro Dios y Dios de nuestros antepasados, que por virtud del conteo del Ómer que he contado el día de hoy la mancha que he creado en la Sefirá de (mencionar el nombre de la *Sefirá* que corresponde a esa noche) *sea corregida y que yo sea purificado y santificado con santidad celestial. Amén. Sela.*

1ra semana – Los *Mojín* están entrando en *Jojmá* de *Zeir Anpín*

שבוע ראשון - המוחין נכנסים לחכמה דז״א, חסד א׳ לז״א וגבורה א׳ לנוקבא - יְהֹוָה

Día del Ómer	Día de la semana	אהיה EHKH	מ״ה Mah	ב״ן Ban	מ״ב דמ״ה 42 de Mah	מ״ב דב״ן 42 de Ban	אנא בכח Aná Bejóaj	למנצח בנגינות La Menorá	פסוק ישמחו Verso central	ז׳ מלכים 7 Reyes	מוחין Los Mojín	המוחין באים מ: Mojín que vienen de:	אדם (מ״ה דס״ג) Adam (Mah de Sag)	הויה YKVK	כוונת המוחין Meditación de Mojín
1	1er	א	יוד	יוד	י	י	אנא	אלהים	י	בלע דבלע	Gadlut A Aba	Nétsaj interior de Yisrael Saba	יודהיוא000	יְהֹוָה	יוד הי ויו הי
2	2do	ה	הא	הה	ה	ה	בכח	יחננו	ש	יובב דבלע	Gadlut A Ima	Nétsaj interior de Tevuná	000דוייה00	יְהֹוָה	יוד הי ויו הי
3	3er	י	ואו	וו	ו	ו	גדולת	ויברכנו	מ	חשם דבלע	Katnut B Aba e Ima	Jésed exterior de Aba e Ima Celestiales	000000000יהואו100000000	יהוה	אכטד״ם
4	4to	ה	הא	הה	ה	ה	ימינך	יאר	וח	הדד דבלע	Gadlut B Ima	Jésed interior de Ima Celestial	0ודהיואוה0	יְהוָה	יוד הי ויו הי
5	5to	א	יוד	יוד	י	י	תתיר	פניו	ו	שמלה דבלע	Katnut A Aba e Ima	Nétsaj exterior de Yisrael Saba y Tevuná	0יהדוי000000000	יְהֹוָה	אלף למד הי יוד מם
6	6to	ה	הא	הה	ו	ו	צרורה	אתנו	ו	שאול דבלע	Reshimo de Gadlut B Aba	Jésed interior de Aba Celestial	00ויייהוא00000	יודהוודהו	יוד הי ויו הי
7	7mo	י	ואו	וו	יהו היו	יהו היו	אבג יתצ	סלה	י	בעל חנן דבלע	Gadlut B Aba	Jésed interior de Aba Celestial	יהואויה00	יְהוָה	יוד הי ויו הי

Cada noche —desde la primera noche hasta la sexta noche de la semana— debes meditar en elevar 45 chispas de un total de 320 chispas:

בשעת הלילות יכוין להעלות מ״ה ניצוצין מכל ש״ך:1) ס״ג 2) דו״ן 3) מ״ה 4) ל״ב נתיבות 5) שד״י 6) א״ל יהו״ה

En la séptima noche —de cada semana— debes meditar en elevar 50 chispas de un total de 320 chispas

ובלילה השביעי יכוין להעלות נ׳ ניצוצין מששה ש״ך הנ״ל

2da semana – Los *Mojín* están entrando en *Biná* de *Zeir Anpín*

שבוע שני - המוחין נכנסים לבינה דז"א, וחסד ב' לז"א וגבורה ב' לנוקבא - יְהֹוָה

Día del Ómer	Día de la semana	אהיה EHKH	מ"ה Mah	ב"ן Ban	מ"ב דמ"ה 42 de Mah	מ"ב דב"ן 42 de Ban	אנאבכח Aná Bejóaj	למנצח בנגינות La Menorá	פסוק ישמחו Verso central	ז' מלכים 7 Reyes	מוחין Los Mojín	המוחין באים מ: Mojín que vienen de:	אדם (מ"ה דס"ג) Adam (Mah de Sag)	הויה YKVK	כוונת המוחין Meditación de Mojín
8	1er	ה	הא	הה	ד	ד	קבל	לדעת	ר	בלע דיובב	Gadlut A Aba	Nétsaj interior de Yisrael Saba	000יודהיואא	יְהְוְהְ	יוד הי ואו הי
9	2do	א	יוד	יוד	ה	ה	רנת	בארץ	נ	יובב דיובב	Gadlut A Ima	Nétsaj interior de Tevuná	00הייודה000	יְהְוְהְ	יוד הי ואו הי
10	3er	ה	הא	הה	א	ה	עמך	דרכך	נ	חשם דיובב	Katnut B Aba e Ima	Jésed exterior de Aba e Ima Celestiales	000000000יואוהי00000000	יהוה	א"ם ג"ל
11	4to	י	ואו	וו	ו	ו	שגבנו	בכל	ו	הדד דיובב	Gadlut B Ima	Jésed interior de Ima Celestial	0ודהיואוה0	יְהְוְהְ	יוד הי ואו הי
12	5to	ה	הא	הה	א	ו	טהרנו	גוים	ל	שמלה דיובב	Katnut A Aba e Ima	Nétsaj exterior de Yisrael Saba y Tevuná	0יודהי000000000	יְהְוְהְ	אלף למד הה יוד מם
13	6to	א	יוד	יוד	ו	ה	נורא	ישועתך	א	שאול דיובב	Reshimo de Gadlut B Aba	Jésed interior de Aba Celestial	00הייואוא00000	יודהוווהו	יוד הי ואו הי
14	7mo	ה	הא	הה	דהא ואו	דהה והה	קרע שטן	יודוך	מ	בעל חנן דיובב	Gadlut B Aba	Jésed interior de Aba Celestial	יהואויה00	יְהֹוָה	יוד הי ואו הי

Cada noche —desde la primera noche hasta la sexta noche de la semana— debes meditar en elevar 45 chispas de un total de 320 chispas:

בששת הלילות יכוין להעלות מ"ה ניצוצין מכל ש"ך:1) ס"ג 2) די"ן 3) מ"ה 4) ל"ב נתיבות 5) שד"י 6) א"ל יהו"ה

En la séptima noche —de cada semana— debes meditar en elevar 50 chispas de un total de 320 chispas

ובלילה השביעי יכוין להעלות נ' ניצוצין משלשה ש"ך הנ"ל

Día del Ómer	Día de la semana	אהיה EHKH	מ"ה Mah	ב"ן Ban	מ"ב דמ"ה 42 de Mah	מ"ב דב"ן 42 de Ban	אנאבכח Aná Bejóaj	למנצח בנגינות La Menorá	פסוק ישמחו Verso central	ז' מלכים 7 Reyes	מוחין Los Mojín	המוחין באים מ: Mojín que vienen de:	אדם (מ"ה דס"ג) Adam (Mah de Sag)	הויה YKVK	כוונת המוחין Meditación de Mojín
3ra semana – Los *Mojín* están entrando en *Jasadim* de *Dáat* de *Zeir Anpín* שבוע שלישי - המוחין נכנסים לחסד דדעת דז"א, חסד ג' לז"א וגבורה ג' לנוקבא - יהוה															
15	1er	י	ואו	וו	ה	ה	נא	עמים	י	בלע דוחשם	Gadlut A Aba	Yesod Interior de Yisrael Saba	יודהיוא000	יהוה	יוד הא ואו הא
16	2do	ה	הא	הה	א	י	גבור	אלהים	ם	יובב דוחשם	Gadlut A Ima	Yesod interior de Tevuná	000הדוייה00	יהוה	יוד הא ואו הא
17	3er	א	יוד	יוד	י	ו	דורשי	יודוך	כ	חשם דוחשם	Katnut B Aba e Ima	Tiféret interior de Aba e Ima Celestial	00000000ואוהי000000000	יהוה	אכטד"ם (ע"ה)
18	4to	ה	הא	הה	ו	ד	יחודך	עמים	י	הדד דוחשם	Gadlut B Ima	Tiféret interior de Ima Celestial	0ודהיואוה0	יהוה	יוד הא ואו הא
19	5to	י	ואו	וו	ד	ו	כבבת	כלם	ת	שמלה דוחשם	Katnut A Aba e Ima	Yesod exterior de Yisrael Saba y Tevuná	000000000יודהי0	יהוה	אלף למד הא (יו"י) יוד מם
20	6to	ה	הא	הה	ו	ו	שמרם	ישמחו	ש	שאול דוחשם	Reshimo de Gadlut B Aba	Tiféret interior de Aba Celestial	00000אוהייו00	יוהוודה	יוד הא ואו הא
21	7mo	א	יוד	יוד	האי ודו	היו דוו	נגד יכש	וירננו	פ	בעל חנן דוחשם	Gadlut B Aba	Tiféret interior de Aba Celestial	00היואוהי	יהוה	יוד הא ואו הא

Cada noche —desde la primera noche hasta la sexta noche de la semana— debes meditar en elevar 45 chispas de un total de 320 chispas:

בשש הלילות יכוין להעלות מ"ה ניצוצין מכל ש"ך:1) ס"ג 2) די"ן 3) מ"ה 4) ל"ב נתיבות 5) שד"י 6) א"ל יהו"ה

En la séptima noche —de cada semana— debes meditar en elevar 50 chispas de un total de 320 chispas

ובלילה השביעי יכוין להעלות נ' ניצוצין משושה ש"ך הנ"ל

4ta semana – Los *Mojín* están entrando en *Guevurot* de *Dáat* de *Zeir Anpín*

שבוע רביעי - המוחין נכנסים לגבורה דדעת דז"א, וחסד ד' לז"א וגבורה ד' לנוקבא - יְהֹוָה

Día del Ómer	Día de la semana	אהיה EHKH	מ"ה Mah	ב"ן Ban	מ"ב דמ"ה 42 de Mah	מ"ב דב"ן 42 de Ban	אנאבכח Aná Bejóaj	למנצח בנגינות La Menorá	פסוק ישמחו Verso central	ז' מלכים 7 Reyes	מוחין Los Mojín	המוחין באים מ: Mojín que vienen de:	אדם (מ"ה דס"ג) Adam (Mah de Sag)	הויה YKVK	כוונת המוחין Meditación de Mojín
22	1er	ה	הא	הה	א	ד	ברכם	לאמים	ו	בלע הדדד	Gadlut A Aba	Yesod Interior de Yisrael Saba	000יודהויוא	יְהֹוָה	יוד הה וו הה
23	2do	י	ואו	וו	ו	ל	טהרם	כי	ט	יובב הדדד	Gadlut A Ima	Yesod Interior de Tevuná	00היויודה000	יְהֹוָה	יוד הה וו הה
24	3er	ה	הא	הה	ד	ת	רחמי	תשפוט	ע	חושם הדדד	Katnut B Aba e Ima	Tiféret exterior de Aba e Ima Celestial	000000000ואוהי100000000	יהוה	אכטד"ם (ע"ד)
25	4to	א	יוד	יוד	ל	ה	צדקתך	עמים	מ	הדד הדדד	Gadlut B Ima	Tiféret interior de Ima Celestial	0היויואוהו0	יְהֹוָה	יוד הה וו הה
26	5to	ה	הא	הה	ת	ה	תמיד	מישור	י	שמלה הדדד	Katnut A Aba e Ima	Yesod exterior de Yisrael Saba y Tevuná	0יודהי000000000	יְהֹוָה	אלף למד הא (יו"ד) יוד מם
27	6to	י	ואו	וו	ה	ה	גמלם	ולאמים	ם	שאול הדדד	Reshimo de Gadlut B Aba	Tiféret interior de Aba Celestial	00אוהייוו00000	יוהוווהו	יוד הה וו הה
28	7mo	ה	הא	הה	אור לתה	דלת ההה	בטר צתג	בארץ	מ	בעל חנן הדדד	Gadlut B Aba	Tiféret interior de Aba Celestial	00היואוהי	יְהֹוָה	יוד הה וו הה

Cada noche —desde la primera noche hasta la sexta noche de la semana— debes meditar en elevar 45 chispas de un total de 320 chispas:

בשׁשׁת הלילות יכוין להעלות מ"ה ניצוצין מכל ש"ך:1) ס"ג 2) די"ן 3) מ"ה 4) ל"ב נתיבות 5) שד"י 6) א"ל יהו"ה

En la séptima noche —de cada semana— debes meditar en elevar 50 chispas de un total de 320 chispas

ובלילה השביעי יכוין להעלות נ' ניצוצין משׁשׁה ש"ך הנ"ל

5ta semana – Los *Mojín* están entrando en *Jésed* de *Zeir Anpín*

שבוע וחמישי - המוחין נכנסים לחסד דז"א, וחסד ה' לז"א וגבורה ה' לנוקבא - יהוה

Día del Ómer	Día de la semana	אהיה EHKH	מ"ה Mah	ב"ן Ban	מ"ב דמ"ה 42 de Mah	מ"ב דב"ן 42 de Ban	אנאבכח Aná Bejóaj	למנצח בנגינות La Menorá	פסוק ישמחו Verso central	ז' מלכים 7 Reyes	מוחין Los Mojín	המוחין באים מ: Mojín que vienen de:	אדם (מ"ה דס"ג) Adam (Mah de Sag)	הויה YKVK	כוונת המוחין Meditación de Mojín
29	1er	א	יוד	יוד	א	ה	וסין	תנוחם	י	בלע דשמלה	Gadlut A Aba	Nétsaj interior de Yisrael Saba	יודהיוא000	יֶהֶוֶהֶ	יוד הי ויו הי
30	2do	ה	הא	הה	א	ו	קדוש	סלה	ש	יובב דשמלה	Gadlut A Ima	Nétsaj interior de Tevuná	00הייודה000	יְהְוְהְ	יוד הי ויו הי
31	3er	י	ואו	וו	ל	ו	ברוב	יודוך	ו	חושם דשמלה	Katnut B Aba e Ima	Jésed exterior deAba e Ima Celestial	000000000יאוהו00000000	יֹהֹוֹהֹ	אכטד"ם
32	4to	ה	הא	הה	ף	ו	טובך	עמים	ר	הדד דשמלה	Gadlut B Ima	Jésed interior de Ima Celestial	0ודהיואוה0	יִהִוִהִ	יוד הי ויו הי
33	5to	א	יוד	יוד	ו	ו	נהל	אלהים	ו	שמלה דשמלה	Katnut A Aba e Ima	Nétsaj exterior de Yisrael Saba y Tevuná	0יודהי000000000	יהוה	אלף למד הי יוד מם
34	6to	ה	הא	הה	א	ה	עדתך	יודוך	ל	שאול דשמלה	Reshimo de Gadlut B Aba	Jésed interior de Aba Celestial	00יוהייא00000	יוהוווהו	יוד הי ויו הי
35	7mo	י	ואו	וו	אאל חוא	הוו ווה	חקב טנע	עמים	א	בעל חנן דשמלה	Gadlut B Aba	Jésed interior de Aba Celestial	הדהיואוהי00	יָהְוָהְ	יוד הי ויו הי

Cada noche —desde la primera noche hasta la sexta noche de la semana— debes meditar en elevar 45 chispas de un total de 320 chispas:

בשׁשׁת הלילות יכוין להעלות מ"ה ניצוצין מכל ש"ך:1) ס"ג 2) ד"ין 3) מ"ה 4) ל"ב נתיבות 5) שד"י 6) א"ל יהו"ה

En la séptima noche —de cada semana— debes meditar en elevar 50 chispas de un total de 320 chispas

ובלילה השביעי יכוין להעלות נ' ניצוצין משׁשׁה ש"ך הנ"ל

6ta semana – Los *Mojín* están entrando en *Guevurá* de *Zeir Anpín*

שבוע שישי - המוחין נכנסים לגבורה דז"א, כללות החסדים לז"א וכללות הגבורות לנוקבא - יוהוווהו

Día del Ómer	Día de la semana	אהיה EHKH	מ"ה Mah	ב"ן Ban	מ"ב דמ"ה 42 de Mah	מ"ב דב"ן 42 de Ban	אנאבכח Aná Bejóaj	למנצח בנגינות La Menorá	פסוק ישמחו Verso central	ז' מלכים 7 Reyes	מוחין Los Mojín	המוחין באים מ: Mojín que vienen de:	אדם (מ"ה דס"ג) Adam (Mah de Sag)	הויה YKVK	כוונת המוחין Meditación de Mojín
36	1er	ה	הא	הה	ו	ה	יוזיד	כלם	מ	בלע דשאול	Gadlut A Aba	Hod interior de Yisrael Saba	000יודהיוא	יְהֹוָה	יוד הי ואו הי
37	2do	א	יוד	יוד	א	ה	גאה	ארץ	י	יובב דשאול	Gadlut A Ima	Hod interior de Tevuná	00הייודה000	יְהֹוָה	יוד הי ואו הי
38	3er	ה	הא	הה	ל	ה	לעמך	נתנה	ם	חושם דשאול	Katnut B Aba e Ima	Guevurá exterior de Aba e Ima Celestial	000000000יאוהי00000000	יהוה	א"ם ג"ל
39	4to	י	ואו	וו	ף	ו	פנה	יבולה	ב	הדד דשאול	Gadlut B Ima	Guevurá interior de Ima Celestial	0ודהיואוה0	יְהֹוָה	יוד הי ואו הי
40	5to	ה	הא	הה	ו	ו	זוכרי	יברכנו	א	שמלה דשאול	Katnut A Aba e Ima	Hod exterior de Yisrael Saba y Tevuná	0יודהי000000000	יְהֹוָה	אלף למד הה יוד מם
41	6to	אהיה	יוד הא ואו הא	יוד הה וו הה	א	ו	קדושתך	אלהים	ר	שאול דשאול	Reshimo de Gadlut B Aba	Guevurá interior de Aba Celestial	00ייאוהי00000	יוהוווהו	יוד הי ואו הי
42	7mo	אהיה	יוד הא ואו הא	יוד הה וו הה	ואל חוא	ההה ווו	יגל פזק	אלהינו	ץ	בעל חנן דשאול	Gadlut B Aba	Guevurá interior de Aba Celestial Aba	הייואוהי00	יְהֹוָה	יוד הי ואו הי

Cada noche —desde la primera noche hasta la sexta noche de la semana— debes meditar en elevar 45 chispas de un total de 320 chispas:

בשׁשׁת הלילות יכוין להעלות מ"ה ניצוצין מכל ש"ך:1) ס"ג 2) ד"ין 3) מ"ה 4) ל"ב נתיבות 5) שד"י 6) א"ל יהו"ה

En la séptima noche —de cada semana— debes meditar en elevar 50 chispas de un total de 320 chispas

ובלילה השביעי יכוין להעלות נ' ניצוצין משלשה ש"ך הנ"ל

7ma semana – Los *Mojín* están entrando en *Tiféret* y *Maljut* de *Zeir Anpín*

שבוע שביעי - המוחין נכנסים לתפארת ומלכות דז"א, כללות החסדים לז"א וכללות הגבורות לנוקבא - יְהֹוָה

Día del Ómer	Día de la semana	אהיה EHKH	מ"ה Mah	ב"ן Ban	מ"ב דמ"ה 42 de Mah	מ"ב דב"ן 42 de Ban	אנאבכח Aná Bejóaj	למנצח בנגינות La Menorá	פסוק ישמחו Verso central	ז' מלכים 7 Reyes	מוחין Los Mojín	המוחין באים מ: Mojín que vienen de:	אדם (מ"ה דס"ג) Adam (Mah de Sag)	הויה YKVK	כוונת המוחין Meditación de Mojín
43	1er	אהיה	יוד הא ואו הא	יוד הה וו הה	ו	ו	שועתנו	יברכנו	ת	בלע דבעל חנן	Gadlut A Aba	Hod interior de Yisrael Saba	000יודהיוא	יְהְוְהְ	יוד הא ואו הא יוד הה וו הה
44	2do	אהיה	יוד הא ואו הא	יוד הה וו הה	ה	ו	קבל	אלהים	נ	יובב דבעל חנן	Gadlut A Ima	Hod interior de Tevuná	00היוד000	יְהֹוָה	יוד הא ואו הא יוד הה וו הה
45	3er	אהיה	יוד הא ואו הא	יוד הה וו הה	א	ו	ושמע	וייראו	וז	חושם דבעל חנן	Katnut B Aba e Ima	Guevurá exterior de Aba e Ima Celestial	000000000יאוהי000000000	יהוה	אכטד"ם (ע"ה) אכטד"ם (ע"ד)
46	4to	אהיה	יוד הא ואו הא	יוד הה וו הה	א	ו	צעקתנו	אותו	ם	הדר דבעל חנן	Gadlut B Ima	Guevurá interior de Ima Celestial	0ודהיואוה0	יְהֹוָה	יוד הא ואו הא יוד הה וו הה
47	5to	אהיה	יוד הא ואו הא	יוד הה וו הה	ל	ו	יודע	כל	ס	שמלה דבעל חנן	Katnut A Aba e Ima	Hod exterior de Yisrael Saba y Tevuná	0יודהי000000000	יְהְוְהְ	אלף למד הא (יו"י) יוד מם אלף למד הא (יו"ד) יוד מם
48	6to	אהיה	יוד הא ואו הא	יוד הה וו הה	ף	ו	תעלומות	אפסי	ל	שאול דבעל חנן	Reshimo de Gadlut B Aba	Guevurá interior de Aba Celestial	00יוהיאו00000	יוהוודהי	יוד הא ואו הא יוד הה וו הה
49	7mo	אהיה	יוד הא ואו הא	יוד הה וו הה	והא אלף	ווו ווו	שקו צית	ארץ	ה	בעל חנן דבעל חנן	Gadlut B Aba	Guevurá interior De Aba Celestial	00היואוהי	יְהֹוָה	יוד הא ואו הא יוד הה וו הה

Cada noche —desde la primera noche hasta la sexta noche de la semana— debes meditar en elevar 45 chispas de un total de 320 chispas:

בשש הלילות יכוין להעלות מ"ה ניצוצין מכל ש"ך:1) ס"ג 2) ד"ן 3) מ"ה 4) ל"ב נתיבות 5) שד"י 6) א"ל יהו"ה

En la séptima noche —de cada semana— debes meditar en elevar 50 chispas de un total de 320

ובלילה השביעי יכוין להעלות נ' ניצוצין משש ש"ך הנ"ל

MEDITACIÓN ESPECIAL PARA LA MEMORIA ESPIRITUAL

Rav Jayim Vital escribe (*La puerta de la Inspiración Divina*, pág. 87): "Un *Yijud* (unificación) que aumenta la memoria de cada individuo es el secreto de los dos Nombres de *Yud* y *Hei* deletreados con *Yud* y con *Hei*. Sus letras están combinadas, una letra de cada una a la vez, de la siguiente manera:

ייוודדההיה ייוודדהההי

El momento para esta meditación es cada mañana al amanecer.

BENDICIONES DE LA MAÑANA

Debes recitar las bendiciones de la mañana a partir de la medianoche en adelante. Y debes procurar recitar todas las bendiciones tan pronto como despiertes después de la medianoche, y si no las recitas completamente al despertar después de la medianoche, estás evitando que la abundancia del Mundo Superior y los *Mojín* infunda a los *Partsufim* Superiores. Y también causas que las *klipot* permanezcan adheridas en los lugares celestiales. También que el poder de las *klipot* se esparza en tu *Néfesh*, *Rúaj*, *Neshamá*, *Jayá*, *Yejidá* y tus sentidos. Usar tus sentidos ahora, con las *klipot* adheridas, agotará tu energía en lugar de aprovechar la oportunidad de usar el poder de remover y cancelar a las *klipot*. Y ésta es una de las razones por la cual otros tipos de infortunios y caos ocurren en nuestra vida, Dios no lo permita, y por esta razón es importante decir todas las bendiciones de la mañana cuando despiertes a la medianoche, incluso si planeas irte a dormir después. Esto no aplica a dormir durante el día, debido a que no hay energía negativa adherida al sueño en el día. Cuando te despiertes después de la medianoche o no duermas en lo absoluto y comiences a estudiar, después de la medianoche, debes recitar las bendiciones de la mañana (a excepción de las bendiciones de la *Torá*, las cuales serán recitadas al amanecer). Como está escrito en el *Zóhar*, *Vayakel* 14-25: "Rav Elazar y Rav Yosi estuvieron estudiando desde el comienzo de la noche, cuando llegó la medianoche escucharon el canto de un gallo y recitaron las bendiciones de la mañana" (*Náhar Shalom*, pág. 88).

MODÉ ANÍ

Cada noche, cuando nuestras almas ascienden a los Mundos Superiores, una fuerza poderosa intenta impedir que nos despertemos y veamos la luz de un nuevo día. Esta fuerza reside dentro de cada uno de nosotros. Es nuestro lado negativo, o lo que los kabbalistas llaman nuestra "Inclinación al Mal", alimentado por nuestro comportamiento negativo del día anterior. No obstante, cada día el Creador nos da otra oportunidad para cambiar y revelar la Luz que no fuimos capaces de revelar el día anterior. La conexión de *Modé Aní* nos permite aprovechar esta oportunidad. Esta secuencia de letras arameas despierta nuestra apreciación por el regreso de nuestra alma a nuestro cuerpo. Este acto de apreciación ayuda a fortalecer y proteger todas las bendiciones que recibimos.

Cuando despiertes, aun cuando tus manos no estén limpias, puedes decir el verso "*modé aní*" puesto que no contiene ninguno de los Nombres Sagrados.

מוֹדֶה modé (Las mujeres dicen: מוֹדָה modá) אֲנִי aní אני לְפָנֶיךָ lefaneja ס״ג מ״ה ב״ן
מֶלֶךְ Mélej חַי jai וְקַיָּם vekayam שֶׁהֶחֱזַרְתָּ shehejezarta בִּי bi
נִשְׁמָתִי nishmatí בְּחֶמְלָה bejemlá. רַבָּה rabá אֱמוּנָתֶךָ emunateja:

BENDICIONES DE LA MAÑANA
MODÉ ANÍ

Doy gracias ante ti, Oh Rey vivo y eterno,
por haberme devuelto bondadosamente el alma; grande es Tu fidelidad (*Bereshit Rabá*, cap. 68).

EL LAVADO DE MANOS

Mientras dormimos en la noche, muchas fuerzas negativas se adhieren a nuestro cuerpo. Cuando nuestra alma regresa y se reconecta con nuestro cuerpo, elimina la mayor parte de esa negatividad, pero no de nuestras manos. Al lavar nuestras manos cada mañana al despertar, logramos tres objetivos importantes:
1) Limpiar y eliminar todas las fuerzas negativas que se adhirieron a nuestras manos durante la noche;
2) Conectarnos con la causa y el nivel de semilla de la realidad (proactivo) y no sólo el efecto (reactivo);
3) Desprendernos de la energía de *aní* (pobre) y conectarnos con la energía de *ashir* (rico).

Lava tus manos en el agua de *Jésed* (misericordia) para remover la suciedad de la *klipá* que está adherida a las cinco *Guevurot* (juicios) מנצפך que son revelados por los diez dedos de las manos de *Zeir Anpín* de *Asiyá*. **Primero**, sostén el recipiente de lavado en tu mano derecha y llénalo con agua, luego pásalo a la mano izquierda. **Después**, vierte el agua desde la izquierda sobre la derecha, y luego vierte agua desde la derecha sobre la izquierda. Este proceso debe ser repetido una segunda y una tercera vez. De manera que cada mano sea lavada tres veces. No debes lavar una mano tres veces seguidas, sino alternar entre derecha e izquierda y, al hacer esto, el espíritu impuro llamado "*Shivtá* **(no pronunciar este nombre)** la hija de un rey" salta de una mano a otra hasta que es removido completamente de las manos. Y si no sigues este orden, este espíritu impuro no es removido. Antes de la bendición, debes abrir las palmas de tus manos como alguien que quiere recibir algo, y meditar en elevar *Asiyá* mediante el Nombre de 42 Letras de *Yetsirá*, que tiene el valor numérico de tres manos:
Mano derecha (*HaGdolá*) יהוה אלהינו יהוה, el secreto de la primera mitad del Nombre יוד ואו דלת הא אלף
Mano izquierda (*HaJazaká*) כוזו במוכסז כוזו, el secreto de la última mitad del Nombre ואו אלף ואו הא אלף
Mano del medio (*Ramá*) יהוה יוד הא ואו הא Es la raíz del Nombre mismo y a partir de éste se extienden esas tres manos y, por lo tanto, está en el medio. Y mediante estas tres manos de *Yetsirá* elevamos a *Asiyá*.
El lavado de las manos es el *tikún* de la Luz Interna, su interior y exterior (*Nétsaj, Hod, Yesod*) de *Asiyá*. **La bendición** es el *tikún* de la Luz Circundante del exterior (*Nétsaj, Hod, Yesod*) de *Asiyá*. Las 13 palabras corresponden a los Trece Atributos de *Asiyá*.

Lava tus manos, ve al baño si es necesario, y luego lava tus manos nuevamente. La forma de lavar nuestras manos: Sujeta el recipiente en tu mano derecha y llénalo con agua, luego pásalo a tu mano izquierda. Después, vierte el agua desde la izquierda sobre la derecha y luego vierte agua desde la derecha sobre la izquierda. Ese proceso debe repetirse una segunda y una tercera vez. No debes lavarlas tres veces seguidas, sino alternando entre derecha e izquierda. Frota tus manos tres veces y elévalas al nivel de los ojos y recita la bendición antes de secarlas.

בָּרוּךְ Baruj (אל) אַתָּה Atá (רחום) יְהֹוָהאדניאהדונהי Adonai (וחנון)
אֱלֹהֵינוּ Eloheinu ילה (ארך) מֶלֶךְ Mélej (אפים) הָעוֹלָם haolam (ורב וחסד)
אֲשֶׁר asher (ואמת) קִדְּשָׁנוּ kideshanu (נצר חסד) בְּמִצְוֹתָיו bemitsvotav (לאלפים)
וְצִוָּנוּ vetsivanu (נשא עון) עַל al (ופשע) נְטִילַת netilat (וחטאה) יָדָיִם yadáyim (ונקה)

Las últimas tres palabras de esta bendición son *Al Netilat Yadáyim*: La primera letra de cada una de estas palabras forman la palabra *aní* עני, "persona pobre" en arameo, y tiene el valor numérico del Nombre Sagrado *Mem Hei* (יוד הא ואו הא). Las últimas dos letras de estas tres palabras, *Ayin Lámed* על, *Lámed Tav* לת, y *Yud Mem* ים, tienen el mismo valor numérico de la palabra *ashir* עשיר, que quiere decir "persona rica".

EL LAVADO DE MANOS

Bendito seas Tú, Señor, nuestro Dios, Rey del mundo,
quien nos ha santificado con Sus mandamientos y nos ha ordenado sobre el lavado de manos.

ASHER YATSAR

Recitar el *Asher Yatsar* después de cada vez que vamos al baño nos conecta con el ADN espiritual y el mapa original del ser humano. Podemos despertar en la mañana sintiéndonos vacíos de energía espiritual, deprimidos, asustados, irritables o, inclusive, llenos de temor por el día que está por venir. A través del poder del *Asher Yatsar*, inyectamos la Luz de la Creación en nuestro sistema inmunológico, fortaleciéndolo y potenciándolo para estar llenos de Luz y recargados espiritualmente para el resto del día.

En esta sección hay 45 palabras, las cuales equivalen al valor numérico de la palabra *Adam* (ser humano) y el mismo valor numérico del Nombre *Mem-Hei*, que fue creado por *Jojmá*. La palabra *Jojmá* está dividida en otras dos palabras que significan fuerza (*cóaj*) para *Mem-Hei*.
Debes meditar en el Nombre Sagrado *Mem-Hei*:
יוד הא ואו הא

La bendición es el *tikún* de la Luz Circundante del interior (*Nétsaj, Hod, Yesod*) de *Asiyá*.

(*Aba de Asiyá*) בָּרוּךְ Baruj אַתָּה Atá יְהֹוָואדניאהדונהי Adonai
אֱלֹהֵינוּ Eloheinu ילה מֶלֶךְ Mélej הָעוֹלָם haolam אֲשֶׁר asher יָצַר yatsar
אֶת et הָאָדָם haadam מ״ה בְּחָכְמָה bejojmá במילוי תרי״ג (מצוות)•
וּבָרָא uvará קנ״א ב״ן, יהוה אלהים יהוה אדני, מילוי קס״א וס״ג, מ״ה ברבוע וע״ב ע״ה
בוֹ vo נְקָבִים nekavim נְקָבִים nekavim• חֲלוּלִים jalulim
חֲלוּלִים jalulim אברהם, וח״פ אל, ר״י ול״ב נתיבות החכמה, רמ״ח (אברים), עסמ״ב וט״ז אותיות
פשוטות• גָּלוּי galui וְיָדוּעַ veyadúa לִפְנֵי lifnei כִסֵּא jisé כְבוֹדֶךָ jevodeja
ב״ן, לכב שֶׁאִם sheím יוהך, מ״א אותיות דפשוט, דמילוי ודמילוי דמילוי דאהיה ע״ה
יִסָּתֵם yisatem אֶחָד ejad אהבה, דאגה מֵהֶם mehem אוֹ o אִם im יוהך, מ״א
אותיות דפשוט, דמילוי ודמילוי דמילוי דאהיה ע״ה יִפָּתֵחַ yipatéaj אֶחָד ejad אהבה, דאגה
מֵהֶם mehem אִי ei אֶפְשָׁר efshar לְהִתְקַיֵּם lehitkayem אֲפִלּוּ afilu
שָׁעָה shaá אֶחָת ejat• בָּרוּךְ Baruj אַתָּה Atá יְהֹוָואדניאהדונהי Adonai
רוֹפֵא rofé כָל jol ילי בָשָׂר basar וּמַפְלִיא umaflí לַעֲשׂוֹת laasot:

ASHER YATSAR

Bendito seas Tú, Señor, nuestro Dios, el Rey del mundo, quien hizo al hombre con su sabiduría y creó en él muchas aberturas y muchas cavidades. Es obvio y sabido ante Tu Trono de Gloria que si cualquiera de ellas se bloquea o cualquiera de ellas se abre, entonces sería imposible permanecer vivo siquiera por una hora. Bendito seas Tú, Señor, el Sanador de toda la carne y quien asombra por lo que Él hace.

ELOHAI NESHAMÁ: CONECTAR CON NUESTRA ALMA

La Kabbalah nos enseña que hay cinco niveles principales en nuestra alma: *Néfesh, Rúaj, Neshamá, Jayá* y *Yejidá*. En nuestra vida cotidiana, la mayoría de nosotros no estamos totalmente conectados a estos cinco niveles. Una especie de cordón umbilical discurre constantemente entre los cinco niveles del alma, alimentándonos con la cantidad mínima de Luz que necesitamos para mantener el "piloto" encendido en nuestra alma. Recitamos *Elohai Neshamá* cada mañana para conectar nuestra mente consciente a los cinco niveles de nuestra alma, para que podamos despertar el verdadero propósito y significado de nuestra vida.

El nombre de una persona no es meramente una palabra, es también la conexión espiritual con su alma. Cada letra de un nombre es parte del alfabeto espiritual genético que infunde al alma con la forma de energía particular creada por ese nombre. El poder de esta bendición es que abre un túnel a través de los Mundos Superiores y crea una conexión con los cinco niveles de nuestra alma. Nuestra conexión con esta oración se vuelve más profunda si combinamos nuestro nombre hebreo con la palabra *Neshamá* (alma). **En Shabat:** Para combinar tu nombre con *Neshamá*, de derecha a izquierda, inserta la primera letra de *Neshamá*, seguida por la primera letra de tu nombre. Luego inserta la segunda letra de *Neshamá*, seguida por la segunda letra de tu nombre, y así sucesivamente. Medita en la secuencia completa de letras antes de conectar con la oración. Por ejemplo, con el nombre Yehuda, la combinación quedaría de la siguiente manera:

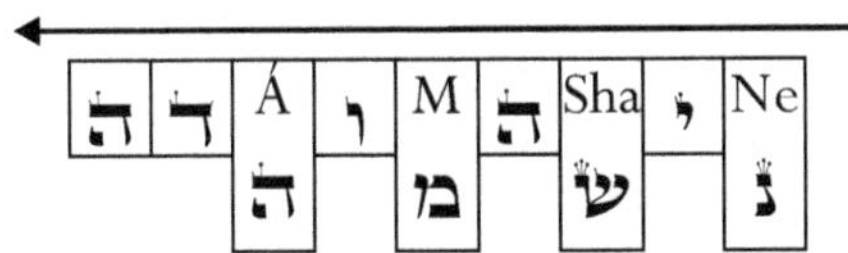

No todo individuo tiene el mérito de recibir la parte del alma llamada *Neshamá*, no obstante, todos aún tenemos una parte del alma de Adam (el primer hombre) que abarca a toda la Creación. En esta bendición hay 47 palabras, las cuales tienen el valor numérico de:

יאההויהה

(haz una pausa aquí) ילי ; דמב ,ע"ב מילוי Elohai אֱלֹהַי (*Ima* de *Asiyá*)

(cinco aspectos de *Atsilut, Briá, Yetsirá* y *Asiyá* colectivos) neshamá נְשָׁמָה

♦(*Jayá* desde *Atsilut*) tehorá טְהוֹרָה (en el alma de *Adam*) bi בִּי shenatata שֶׁנָּתַתָּ

Atá אַתָּה ♦(*Neshamá* desde *Briá*) verata בְרָאתָהּ Atá אַתָּה

nefajta נְפַחְתָּהּ Atá אַתָּה ♦(*Rúaj* desde *Yetsirá*) yetsarta יְצַרְתָּהּ

meshamerá מְשַׁמְּרָהּ veAtá וְאַתָּה ♦(*Néfesh* desde *Asiyá*) bi בִּי

litelá לִטְּלָהּ atid עָתִיד veAtá וְאַתָּה ♦שדי bekirbí בְּקִרְבִּי

♦lavó לָבֹא leatid לֶעָתִיד bi בִּי ulehajazirá וּלְהַחֲזִירָהּ mimeni מִמֶּנִּי

ELOHAI NESHAMÁ

Mi Dios, el alma que Tú has dado en mí es pura. Tú la has formado. Tú la has creado. Tú la has insuflado en mí y la preservas dentro de mí. Finalmente, Tú la retirarás de mí y, sin embargo, me la retornarás en un futuro venidero.

כָּל col ילי זְמַן zmán שֶׁהַנְּשָׁמָה shehaneshamá בְּקִרְבִּי vekirbí שדי

מוֹדֶה modé אֲנִי aní אני לְפָנֶיךָ lefaneja סג מ"ה ב"ן

יְהֹוָה‎אדני‎אהדונהי Adonai אֱלֹהַי Elohai מילוי ע"ב, דמב ; ילה וֵאלֹהֵי veElohei

לכב ; מילוי ע"ב, דמב ; ילה אֲבוֹתַי avotai רִבּוֹן ribón יהוה ע"ב ס"ג מ"ה ב"ן

כָּל col ילי הַמַּעֲשִׂים hamaasim. אֲדוֹן adón אני כָּל col ילי

הַנְּשָׁמוֹת haneshamot. בָּרוּךְ Baruj אַתָּה Atá יְהֹוָה‎אדני‎אהדונהי Adonai

הַמַּחֲזִיר hamajazir נְשָׁמוֹת neshamot לִפְגָרִים lifgarim מֵתִים metim:

LAS DIECIOCHO BENDICIONES

El propósito de las Dieciocho Bendiciones es reconectar a nuestra alma con nuestro cuerpo físico después de haber estado casi totalmente desconectada durante el sueño de la noche previa. Todos nosotros estamos bendecidos con diversos dones que, la mayor parte del tiempo, no apreciamos; como la conexión de nuestra alma a nuestro cuerpo. Lamentablemente, la mayoría de nosotros sólo empezamos a apreciar nuestros regalos cuando los hemos perdido. A través del poder de estas Dieciocho Bendiciones, podemos inyectar una fuerza de energía proactiva de apreciación, la cual, a su vez, protege y preserva todo lo que amamos.

Las Dieciocho Bendiciones corresponden a *Yesod* de *Asiyá*. Con estas bendiciones atraemos mucha abundancia y gran Iluminación hacia las tres *Sefirot* superiores de *Asiyá* y, por lo tanto, su parte externa es bendecida y recibe esta gran Luz, y lo externo se hace igual a lo interno.

LA PRIMERA BENDICIÓN – DISTINGUE ENTRE EL DÍA Y LA NOCHE

El mayor don que tenemos como seres humanos es el poder del libre albedrío. La frase "distingue entre el día y la noche" se refiere a la capacidad que tenemos para escoger la Luz del Creador en lugar de la oscuridad, o el bien en vez del mal. Al decir esta bendición, se nos otorga la claridad para ver estas dos fuerzas opuestas que suelen estar ocultas para nosotros.

La primera bendición está en los tres *Partsufim* de *Kéter*: externo, medio e interno de la Luz Directa del *Partsuf* medio de *Zeir Anpín* de *Asiyá* de *Atsilut*, y de *Asiyá* Inferior.

בָּרוּךְ Baruj אַתָּה Atá יְהֹוָה‎אדני‎אהדונהי Adonai אֱלֹהֵינוּ Eloheinu ילה

מֶלֶךְ Mélej הָעוֹלָם haolam הַנּוֹתֵן hanotén אבגיתץ, ושר

לַשֶּׂכְוִי lasejví שכוי ע"ה = מלאך גבריאל בִּינָה viná ע"ה וחיים, אהיה אהיה יהוה ;

ר"ת הבכל, מילוי ס"ג (endulzando el juicio de la noche) וס"ת = ללה, אדני לְהַבְחִין lehavjín

בֵּין bein יוֹם yom ע"ה נגד, מזבח, זן, אל יהוה וּבֵין uvein לָיְלָה layla מלה ; ר"ת = ג"פ יהוה:

Mientras el alma esté dentro de mí, yo estoy agradecido ante Ti, Señor, mi Dios y Dios de mis padres, el Gobernante de todas las acciones. El Dueño de todas las almas. Bendito seas Tú, Señor, quien regresa las almas a los cuerpos muertos.

LAS DIECIOCHO BENDICIONES - LA PRIMERA BENDICIÓN

Bendito seas Tú, Señor, nuestro Dios,
el Rey del mundo, quien le otorga al gallo el entendimiento para distinguir entre el día y la noche.

LA SEGUNDA BENDICIÓN – OTORGA LA VISTA A LOS CIEGOS

El Rey David dijo: "*Tenemos ojos, pero no vemos. Tenemos oídos, pero no escuchamos*". Con demasiada frecuencia, nos dejamos cegar por una oportunidad lucrativa o somos incapaces de anticipar el caos de una situación inminente. El verdadero poder de esta bendición es que nos ayuda a agudizar nuestros sentidos de percepción e intuición para que podamos ver las verdades que normalmente están ocultas para nosotros.

La Segunda Bendición está en los tres *Partsufim* de *Kéter*: externo, medio e interno de la Luz Retornante del *Partsuf* medio de *Zeir Anpín* de *Asiyá* de *Atsilut*, y de *Asiyá* Inferior.

בָּרוּךְ Baruj אַתָּה Atá יְהֹוָהאדנייאהדונהי Adonai אֱלֹהֵינוּ Eloheinu ילה

מֶלֶךְ Mélej הָעוֹלָם haolam פּוֹקֵחַ pokéaj עִוְרִים ivrim:

LA TERCERA BENDICIÓN – LIBERA A AQUELLOS QUE ESTÁN CAUTIVOS

A menudo nos volvemos prisioneros de nuestro trabajo, nuestros pagos de la hipoteca, nuestras relaciones, nuestras profesiones o, inclusive, de las percepciones que otras personas tienen de nosotros. En esencia, cada uno de nosotros, en mayor o menor grado, es un prisionero cautivo de su *Deseo de Recibir Sólo para Sí Mismo*. La energía que emana de esta bendición tiene el poder de liberarnos de las garras de este deseo tan poderoso y autodestructivo.

La Tercera Bendición está en los tres *Partsufim* de *Jojmá*: externo, medio e interno de la Luz Directa del *Partsuf* medio de *Zeir Anpín* de *Asiyá* de *Atsilut*, y de *Asiyá* Inferior.

בָּרוּךְ Baruj אַתָּה Atá יְהֹוָהאדנייאהדונהי Adonai אֱלֹהֵינוּ Eloheinu ילה

מֶלֶךְ Mélej הָעוֹלָם haolam מַתִּיר matir אֲסוּרִים asurim:

LA CUARTA BENDICIÓN – ENDEREZA A AQUELLOS QUE ESTÁN DOBLEGADOS

El significado profundo de esta bendición está relacionado con la visión a menudo tergiversada que tenemos del mundo y de las personas que nos rodean. Nuestro "yo" egocéntrico distorsiona nuestra percepción de la realidad hasta el punto en que todos los demás nos parecen doblegados, imperfectos y equivocados. Esta secuencia específica de letras arameas tiene el poder de imbuirnos con la aceptación y la comprensión necesaria para que podamos transformar esa parte negativa de nuestro carácter que percibe a los demás como torcidos.

La Cuarta Bendición está en los tres *Partsufim* de *Jojmá*: externo, medio e interno de la Luz Retornante del *Partsuf* medio de *Zeir Anpín* de *Asiyá* de *Atsilut*, y de *Asiyá* Inferior.

בָּרוּךְ Baruj אַתָּה Atá יְהֹוָהאדנייאהדונהי Adonai אֱלֹהֵינוּ Eloheinu ילה

מֶלֶךְ Mélej הָעוֹלָם haolam זוֹקֵף zokef כְּפוּפִים quefufim:

LA SEGUNDA BENDICIÓN

Bendito seas Tú, Señor, nuestro Dios, Rey del mundo, quien otorga la vista a los ciegos.

LA TERCERA BENDICIÓN

Bendito seas Tú, Señor, nuestro Dios, Rey del mundo, que libera a aquellos que están cautivos.

LA CUARTA BENDICIÓN

Bendito seas Señor, nuestro Dios, Rey del mundo, quien endereza a aquellos que están doblegados.

LA QUINTA BENDICIÓN – VISTE A LOS QUE ESTÁN DESNUDOS

La Kabbalah explica que el cuerpo es la vestimenta del alma. De igual forma que una persona negativa no puede cambiar su carácter vistiendo un traje costoso, nosotros no podemos crear un cambio personal ni la satisfacción duradera si no nos conectamos a un mundo que está más allá de la conciencia de nuestro cuerpo. La secuencia de letras en esta bendición nos otorga el poder de elevarnos por encima de nuestra conciencia corpórea y conectarnos con nuestra conciencia del alma.

La Quinta Bendición está en los tres *Partsufim* de *Biná*: externo, medio e interno de la Luz Directa del *Partsuf* medio de *Zeir Anpín* de *Asiyá* de *Atsilut*, y de *Asiyá* Inferior. Al final de la bendición, medita en atraer 378 Iluminaciones desde el Rostro de *Arij Anpín* hacia el Rostro de *Jashmal* de *Zeir* y *Nukvá* de *Atsilut*, que es el secreto de *malbush*. (*Malbush* significa vestimenta, palabra que tiene el mismo valor numérico de *Jashmal*, electricidad).

Baruj בָּרוּךְ Atá אַתָּה Adonai יְהֹוָהאדניאהדונהי Eloheinu אֱלֹהֵינוּ ילה
Mélej מֶלֶךְ haolam הָעוֹלָם malbish מַלְבִּישׁ arumim עֲרוּמִּים:

LA SEXTA BENDICIÓN – DA FUERZA AL FATIGADO

A menudo tratamos de efectuar cambios positivos dentro de nosotros mismos. Intentamos enfrentar nuestros miedos, deshacernos de la ira y vencer nuestros celos. Pero el Satán, una inteligencia negativa, lucha contra nosotros desde nuestro interior y puede evitar que estos cambios sucedan. La secuencia de letras en esta bendición nos brinda la ayuda adicional y la energía que necesitamos para vencer al Satán.

La Sexta Bendición está en los tres *Partsufim* de *Biná*: externo, medio e interno de la Luz Retornante del *Partsuf* medio de *Zeir Anpín* de *Asiyá* de *Atsilut*, y de *Asiyá* Inferior. Al final de la bendición, medita en atraer 378 Iluminaciones desde Rostro de *Arij Anpín* hacia el Rostro de *Jashmal* de *Zeir* y *Nukvá* de *Atsilut*, que es el secreto de *malbush*. (*Malbush* significa vestimenta, palabra que tiene el mismo valor numérico de *Jashmal*, electricidad).

Baruj בָּרוּךְ Atá אַתָּה Adonai יְהֹוָהאדניאהדונהי Eloheinu אֱלֹהֵינוּ ילה Mélej מֶלֶךְ
haolam הָעוֹלָם hanotén הַנּוֹתֵן אבגיתץ, ושר layaef לַיָּעֵף cóaj כֹּחַ נלך:

LA SÉPTIMA BENDICIÓN – EXTIENDE LA TIERRA SOBRE LAS AGUAS

Los kabbalistas enseñan que, antes de la creación del mundo, el agua llenaba toda la realidad y la existencia. El agua es una expresión física de la fuerza-energía de la misericordia y la Fuerza de Luz del Creador, también conocida como el *Deseo de Compartir*. La materia física posee la esencia inherente del *Deseo de Recibir*, representado por la creación de la tierra en nuestro planeta. Dios creó un delicado equilibrio entre el *Deseo de Compartir* y el *Deseo de Recibir*, el cual se manifiesta en el equilibrio existente entre el agua y la tierra. Esta bendición nos ayuda a lograr y mantener este equilibrio.

LA QUINTA BENDICIÓN

Bendito seas Tú, Señor, nuestro Dios, Rey del mundo, quien viste a los desnudos.

LA SEXTA BENDICIÓN

Bendito seas Tú, Señor, nuestro Dios, Rey del mundo, quien le da fortaleza a los fatigados.

La Séptima Bendición está en los tres *Partsufim* de *Jésed*: externo, medio e interno de la Luz Directa del *Partsuf* medio de *Zeir Anpín* de *Asiyá* de *Atsilut*, y de *Asiyá* Inferior.

בָּרוּךְ Baruj אַתָּה Atá יְהֹוָהאדניאהדונהי Adonai אֱלֹהֵינוּ Eloheinu ילה

מֶלֶךְ Mélej הָעוֹלָם haolam רוֹקַע roká הָאָרֶץ haárets אלהים דההין ע״ה

עַל al הַמָּיִם hamáyim:

LA OCTAVA BENDICIÓN – DIRIGE LOS PASOS DEL HOMBRE

Cuando una persona se embarca en un camino espiritual, inevitablemente enfrentará obstáculos y desafíos a lo largo del camino. Esta secuencia particular de letras arameas nos da el poder de la certeza, para saber que el camino espiritual en el que nos encontramos es el correcto, incluso cuando el sendero ante nosotros se torne temporalmente sombrío.

La Octava Bendición está en los tres *Partsufim* de *Jésed*: externo, medio e interno de la Luz Retornante del *Partsuf* medio de *Zeir Anpín* de *Asiyá* de *Atsilut*, y de *Asiyá* Inferior.

בָּרוּךְ Baruj אַתָּה Atá יְהֹוָהאדניאהדונהי Adonai אֱלֹהֵינוּ Eloheinu ילה

מֶלֶךְ Mélej הָעוֹלָם haolam הַמֵּכִין hamejín מִצְעֲדֵי mitsadei גָבֶר gaver:

LA NOVENA BENDICIÓN – SATISFACE TODAS MIS NECESIDADES

No decimos esta bendición en *Tishá BeAv* (9 de *Av*) ni en *Yom Kipur*

Esta antigua secuencia de letras garantiza que recibamos lo que nuestra alma verdaderamente desea y no lo que nuestros impulsos reactivos a corto plazo hacen que anhelemos.

La Novena Bendición está en los tres *Partsufim* de *Guevurá*: externo, medio e interno de la Luz Directa del *Partsuf* medio de *Zeir Anpín* de *Asiyá* de *Atsilut*, y de *Asiyá* Inferior.

בָּרוּךְ Baruj אַתָּה Atá יְהֹוָהאדניאהדונהי Adonai אֱלֹהֵינוּ Eloheinu ילה

מֶלֶךְ Mélej הָעוֹלָם haolam שֶׁעָשָׂה sheasá שֶׁעָ (ש״ע נהורין דפנים עליונים

להמתיק דינֵי ש״ה דלהלן) = אלף למד אלף למד [אל א׳ = יהוה ד׳ אותיות והכולל ואל ב׳ = ייא״י דס״ג]

שָׂה = אלהים דיודין וה׳ אותיות אלהים לִי li כָּל col ילי צָרְכִּי tsarquí:

LA SÉPTIMA BENDICIÓN

Bendito seas Tú, Señor, nuestro Dios, Rey del mundo, quien extiende la tierra sobre las aguas.

LA OCTAVA BENDICIÓN

Bendito seas Tú, Señor, nuestro Dios, Rey del mundo, quien dirige los pasos del hombre.

LA NOVENA BENDICIÓN

Bendito seas Tú, Señor, nuestro Dios, Rey del mundo, quien satisface todas mis necesidades.

LA DÉCIMA BENDICIÓN – FORTALECE A ISRAEL CON PODER

En arameo, la palabra para "fuerza" es *Guevurá*. *Guevurá* tiene el mismo valor numérico (216) que las secuencias de 3 letras de los 72 Nombres de Dios (72 x 3 = 216), las cuales nos ayudan a alcanzar el poder de la mente sobre la materia y a superar nuestra naturaleza reactiva. En las últimas tres palabras de la bendición se encuentra otro secreto. Las primeras tres letras de las últimas tres palabras (*Álef* א, *Yud* י y *Bet* ב) tienen el mismo valor numérico (13) que la palabra aramea *Ahavá* (אהבה), que significa "amor". Si tenemos amor en nuestra vida, siempre tendremos la capacidad de acceder al poder de los 72 Nombres de Dios.

La Décima Bendición está en los tres *Partsufim* de *Guevurá*: externo, medio e interno de la Luz Retornante del *Partsuf* medio de *Zeir Anpín* de *Asiyá* de *Atsilut*, y de *Asiyá* Inferior.

בָּרוּךְ Baruj אַתָּה Atá יְהֹוָאדהיאהדונהי Adonai אֱלֹהֵינוּ Eloheinu ילה

מֶלֶךְ Mélej הָעוֹלָם haolam אוֹזֵר ozer יִשְׂרָאֵל Yisrael

בִּגְבוּרָה bigvurá ריו ; ר״ת = אהבה, אחד, ראגה:

LA UNDÉCIMA BENDICIÓN – CORONA A ISRAEL CON ESPLENDOR

La palabra en arameo para "esplendor" es *tifará*, de la raíz *Tiféret*. *Tiféret* es la *Sefirá* o la dimensión específica que conecta los Mundos Superiores con nuestro mundo físico. La secuencia de letras que compone esta bendición nos da la capacidad de capturar y almacenar la Luz —como una batería portátil que puede alimentarnos— incluso después de haber cerrado el *Sidur*.

La Undécima Bendición está en los tres *Partsufim* de *Tiféret*: externo, medio e interno de la Luz Directa del *Partsuf* medio de *Zeir Anpín* de *Asiyá* de *Atsilut*, y de *Asiyá* Inferior.

בָּרוּךְ Baruj אַתָּה Atá יְהֹוָאדהיאהדונהי Adonai אֱלֹהֵינוּ Eloheinu ילה

מֶלֶךְ Mélej הָעוֹלָם haolam עוֹטֵר oter יִשְׂרָאֵל Yisrael בְּתִפְאָרָה betifará:

LA DUODÉCIMA BENDICIÓN – NO ME HIZO UN HOMBRE IDÓLATRA / UNA MUJER IDÓLATRA

En un nivel superficial, esta bendición parece ser discriminatoria. Kabbalísticamente, la palabra gentil no tiene nada que ver con la afiliación religiosa de una persona. Más bien es un código que representa a alguien que no tiene un *Deseo de Recibir* poderoso e intenso. Esta bendición enciende nuestro deseo de crecimiento espiritual, cambio interno y transformación positiva.

LA DÉCIMA BENDICIÓN

Bendito seas Tú, Señor, nuestro Dios, Rey del mundo, que fortalece a Israel con poder.

LA UNDÉCIMA BENDICIÓN

Bendito seas Tú, Señor, nuestro Dios, Rey del mundo, quien corona a Israel con esplendor.

La Duodécima Bendición está en los tres *Partsufim* de *Tiféret*: externo, medio e interno de la Luz Retornante del *Partsuf* medio de *Zeir Anpín* de *Asiyá* de *Atsilut*, y de *Asiyá* Inferior.

בָּרוּךְ Baruj אַתָּה Atá יְהֹוָהאדניאהדונהי Adonai אֱלֹהֵינוּ Eloheinu ילה

מֶלֶךְ Mélej הָעוֹלָם haolam שֶׁלֹּא sheló עָשַׂנִי asani גּוֹי :goy

Las mujeres dicen: בָּרוּךְ Baruj אַתָּה Atá יְהֹוָהאדניאהדונהי Adonai אֱלֹהֵינוּ Eloheinu ילה

מֶלֶךְ Mélej הָעוֹלָם haolam שֶׁלֹּא sheló עָשַׂנִי asani גּוֹיָה :goyá

LA DECIMOTERCERA BENDICIÓN – NO ME HIZO UN ESCLAVO / UNA ESCLAVA

Esta bendición nos brinda el apoyo que necesitamos para no ser gobernados ni encarcelados por nuestra naturaleza reactiva y el mundo material.

La Decimotercera Bendición está en los tres *Partsufim* de *Nétsaj*: externo, medio e interno de la Luz Directa del *Partsuf* medio de *Zeir Anpín* de *Asiyá* de *Atsilut*, y de *Asiyá* Inferior.

בָּרוּךְ Baruj אַתָּה Atá יְהֹוָהאדניאהדונהי Adonai אֱלֹהֵינוּ Eloheinu ילה

מֶלֶךְ Mélej הָעוֹלָם haolam שֶׁלֹּא sheló עָשַׂנִי asani עָבֶד :áved

Las mujeres dicen: בָּרוּךְ Baruj אַתָּה Atá יְהֹוָהאדניאהדונהי Adonai אֱלֹהֵינוּ Eloheinu ילה

מֶלֶךְ Mélej הָעוֹלָם haolam שֶׁלֹּא sheló עָשַׂנִי asani שִׁפְחָה :shifjá

LA DECIMOCUARTA BENDICIÓN – NO ME HIZO MUJER / ME HIZO ACORDE A SU VOLUNTAD

Aunque esta bendición parece machista, no lo es. Kabbalísticamente, la energía inherente a la dimensión de *Zeir Anpín* (que comprende las *Sefirot* de *Jésed* a *Yesod*) —el canal a través del cual fluye la Luz desde los Mundos Superiores hasta nuestro mundo— es masculina. *Maljut*, nuestro mundo, tiene una energía inherente femenina. Este rezo despierta apreciación por nuestra capacidad de generar Luz espiritual a través de las dos fuerzas de energía de lo masculino y lo femenino, y ayuda a que las dos mitades del alma —femenina y masculina— se unan.

La Decimocuarta Bendición está en los tres *Partsufim* de *Nétsaj*: externo, medio e interno de la Luz Retornante del *Partsuf* medio de *Zeir Anpín* de *Asiyá* de *Atsilut*, y de *Asiyá* Inferior.

בָּרוּךְ Baruj אַתָּה Atá יְהֹוָהאדניאהדונהי Adonai אֱלֹהֵינוּ Eloheinu ילה

מֶלֶךְ Mélej הָעוֹלָם haolam שֶׁלֹּא sheló עָשַׂנִי asani אִשָּׁה :ishá

Las mujeres dicen: בָּרוּךְ Baruj שֶׁעָשַׂנִי sheasani כִּרְצוֹנוֹ :quirtsonó

LA DUODÉCIMA BENDICIÓN

Bendito seas Tú, Señor, nuestro Dios, Rey del mundo,
que no me hizo un hombre idólatra / una mujer idólatra.

LA DECIMOTERCERA BENDICIÓN

Bendito seas Tú, Señor, nuestro Dios, Rey del mundo, que no me hizo un esclavo / una esclava.

LA DECIMOCUARTA BENDICIÓN

Bendito seas Tú, Señor, nuestro Dios, Rey del mundo, que no me hizo mujer.
Bendito quien me hizo acorde a Su Voluntad.

LA DECIMOQUINTA BENDICIÓN – ELIMINA DE MIS OJOS LAS ATADURAS DEL SUEÑO

Los kabbalistas han dicho que la humanidad ha estado dormida durante dos mil años. Desafortunadamente, algunas personas viven dormidas toda su vida. Nunca elevan su nivel de conciencia y no logran crear un verdadero cambio interno. Las letras arameas en esta bendición nos ayudan a despertarnos de ese estado de coma.

La Decimoquinta Bendición está en los tres *Partsufim* de *Hod*: externo, medio e interno de la Luz Directa del *Partsuf* medio de *Zeir Anpín* de *Asiyá* de *Atsilut*, y de *Asiyá* Inferior.

בָּרוּךְ Baruj אַתָּה Atá יְהֹוָאדהנויאהדונהי Adonai אֱלֹהֵינוּ Eloheinu ילה

מֶלֶךְ Mélej הָעוֹלָם haolam הַמַּעֲבִיר hamaavir חֶבְלֵי jevlei

שֵׁנָה shená מֵעֵינָי meeinai ריבוע מ״ה וּתְנוּמָה utnumá מֵעַפְעַפָּי meafapai:

Esta bendición no termina aquí, sino al final de la siguiente sección (“*gomel jasadim tovim leamó Yisrael*”), por ese motivo no respondemos *AMÉN* aquí.

VIHÍ RATSÓN

Esta oración nos ayuda a eliminar las fuerzas negativas que habitan en nuestro interior.

Vihí Ratsón elimina el control de los *jitsoniyim* (fuerzas negativas externas) del aspecto interno.

וִיהִי vihí רָצוֹן ratsón מהש ע״ה, ע״ב בריבוע וקס״א ע״ה, אל שדי ע״ה מִלְּפָנֶיךָ milfaneja

ס״ג מ״ה ב״ן יְהֹוָאדהנויאהדונהי Adonai אֱלֹהַי Elohai מילוי ע״ב, דמב ; ילה

וֵאלֹהֵי veElohei לכב ; מילוי ע״ב, דמב ; ילה אֲבוֹתַי avotai שֶׁתַּרְגִּילֵנִי shetarguileni

בְּתוֹרָתֶךָ betorateja♦ וְתַדְבִּיקֵנִי vetadbikeni בְּמִצְוֹתֶיךָ ♦bemitsvoteja

וְאַל veal תְּבִיאֵנִי tevieni לִידֵי lidei חֵטְא ♦jet וְלֹא veló לִידֵי lidei

עָוֹן ♦avón וְלֹא veló לִידֵי lidei נִסָּיוֹן ♦nisayón וְלֹא veló לִידֵי lidei

בִּזָּיוֹן ♦vizayón וְתַרְחִיקֵנִי vetarjikeni מִיֵּצֶר miyétser הָרָע ♦hará

וְתַדְבִּיקֵנִי vetadbikeni בְּיֵצֶר beyétser הַטּוֹב hatov והו♦ וְכוֹף vejof אֶת et

יִצְרִי yitsrí לְהִשְׁתַּעְבֶּד lehishtabed לָךְ ♦laj וּתְנֵנִי utnení הַיּוֹם hayom

ע״ה נגד, מזבח, זן, אל יהוה וּבְכָל uvejol ב״ן, לכב יוֹם yom ע״ה נגד, מזבח, זן, אל יהוה

LA DECIMOQUINTA BENDICIÓN

Bendito seas Tú, Señor, nuestro Dios, Rey del mundo,
quien elimina de mis ojos las ataduras del sueño y la pesadez de mis párpados.

VIHÍ RATSÓN

Y que sea Tu voluntad, Señor, nuestro Dios y Dios de nuestros padres, que Tú me acostumbres a Tu Torá y me hagas ser fiel a Tus preceptos, y no me lleves a las manos del pecado, la injusticia, la tentación ni la vergüenza. Y que hagas que me distancie a mí mismo de la Inclinación al Mal, y me adhieras a la Inclinación al Bien, y que fuerces mi voluntad para servirte a Ti. Concédeme en este día y todos los días

לְחֵן lején מוזי, מילוי מ״ה בריבוע וּלְחֶסֶד ulejésed ע״ב, ריבוע יהוה
וּלְרַחֲמִים ulerajamim בְּעֵינֶיךָ beeineja ע״ה קס״א ; ריבוע מ״ה
וּבְעֵינֵי uveinei ריבוע מ״ה כָל jol ילי רוֹאַי roái. וְגָמְלֵנִי vegamleni
חֲסָדִים jasadim טוֹבִים tovim. בָּרוּךְ Baruj אַתָּה Atá יְהֹוָאדהנהי Adonai
גּוֹמֵל gomel חֲסָדִים jasadim טוֹבִים tovim לְעַמּוֹ leamó יִשְׂרָאֵל Yisrael:

YEHÍ RATSÓN

Con mucha frecuencia atraemos personas negativas y situaciones desfavorables a nuestra vida. Nos encontramos en el lugar equivocado en el momento equivocado. Hacemos negocios con las personas equivocadas. Aquí obtenemos la capacidad de eliminar todos los sucesos negativos externos e impedir que interfieran en nuestra vida. También eliminamos once áreas distintas de negatividad que pueden invadir nuestro entorno.

Yehí Ratsón elimina el control de los *jitsoniyim* (fuerzas negativas externas) del aspecto externo. En esta sección mencionamos once aspectos que corresponden a los once inciensos del *Któret*.

יְהִי yehí רָצוֹן ratsón מהש ע״ה, ע״ב בריבוע וקס״א ע״ה, אל שדי ע״ה מִלְּפָנֶיךָ milfaneja
ס״ג מ״ה ב״ן יְהֹוָאדהנהי Adonai אֱלֹהַי Elohai מילוי ע״ב, דמב ; ילה וֵאלֹהֵי veElohei
לכב ; מילוי ע״ב, דמב ; ילה אֲבוֹתַי avotai שֶׁתַּצִּילֵנִי shetatsileni הַיּוֹם hayom
ע״ה נגד, מזבח, זן, אל יהוה וּבְכָל uvejol ב״ן, לכב יוֹם yom ע״ה נגד, מזבח, זן, אל יהוה
וָיוֹם vayom ע״ה נגד, מזבח, זן, אל יהוה מֵעַזֵּי meazei אלהים ע״ה, אהיה אדני ע״ה
פָּנִים fanim. וּמֵעַזּוּת umeazut פָּנִים panim. מֵאָדָם meadam רָע ra.
מִיֵּצֶר miyétser רָע ra. מֵחָבֵר mejaver רָע ra. מִשָּׁכֵן mishajén רָע ra.
מִפֶּגַע mipega רָע ra. מֵעַיִן meáyin ריבוע מ״ה הָרָע hará.
וּמִלָּשׁוֹן umilashón הָרָע hará. מִדִּין midín קָשֶׁה kashé.
וּמִבַּעַל umibáal דִּין din קָשֶׁה kashé. בֵּין bein שֶׁהוּא shehú
בֶּן ven בְּרִית brit. וּבֵין uvein שֶׁאֵינוֹ sheeinó בֶּן ven בְּרִית brit:

---

gracia, benevolencia y misericordia ante Ti y ante todos aquellos que me observan, y otórgame bondad amorosa. Bendito seas Tú, Señor, quien concede bondad amorosa a Su pueblo Israel.

YEHÍ RATSÓN

Que sea Tu voluntad, Señor nuestro Dios y Dios de nuestros antepasados, salvarme en este día y en todos los días del hombre arrogante y de la arrogancia, de un hombre malvado, de la Inclinación al Mal, de una compañía malvada, de un vecino malvado, de un suceso siniestro, del mal de ojo, de las palabras malignas, del juicio severo y de un oponente severo, ya sea un hijo de la alianza o no sea un hijo de la alianza.

BENDICIONES DE LA TORÁ

Las tres bendiciones siguientes se conocen como *Bircot haTorá* (Bendiciones de la *Torá*).

LA DECIMOSEXTA BENDICIÓN – LAS ENSEÑANZAS DE LA TORÁ

Los kabbalistas enseñan que sin una conexión con la Torá no tenemos ninguna posibilidad de crear un cambio positivo genuino en nuestra vida ni en el mundo que nos rodea. Según la Kabbalah, la referencia a la *Torá* hace alusión al trabajo espiritual, al estudio espiritual y al uso de herramientas espirituales. Esta bendición nos conecta con la esencia interna de la *Torá*, dándonos la energía y el combustible que necesitamos para activar todas las otras bendiciones que hemos recitado, y para imbuir nuestra vida de pasión y energía espiritual.

La Decimosexta Bendición posee dos aspectos:
1) El aspecto de la *Mitsvá* de *Ések* ("ocupación") de la *Torá*, que está en *Zeir Anpín* de *Atsilut*.
2) El aspecto que está en los tres *Partsufim* de *Hod*: externo, medio e interno de la Luz Retornante del *Partsuf* medio de *Zeir Anpín* de *Asiyá* de *Atsilut*, y de *Asiyá* Inferior (al igual que en las otras bendiciones). Mientras recitas esta bendición, debes meditar en ambos aspectos, y mientras digas las palabras "*asher kideshanu...*" también debes meditar en atraer los *Tselamim* hacia *Jojmá, Biná, Dáat* de *Zeir Anpín* de *Atsilut*, mientras meditamos en los otros preceptos de la *Torá*.

בָּרוּךְ Baruj אַתָּה Atá יְהֹוָהאדניאהדונהי Adonai אֱלֹהֵינוּ Eloheinu ילה
מֶלֶךְ Mélej הָעוֹלָם haolam אֲשֶׁר asher קִדְּשָׁנוּ kideshanu
בְּמִצְוֹתָיו bemitsvotav וְצִוָּנוּ vetsivanu עַל al דִּבְרֵי divrei ראה תוֹרָה Torá:

Según el Arí, respondemos *AMÉN* después de esta bendición, puesto que esta es una bendición separada de la siguiente.

LA DECIMOSÉPTIMA BENDICIÓN – ENSEÑA TORÁ A LA NACIÓN

Decimos esta bendición con la conciencia de ayudar a todo el mundo a hacer una conexión con la energía de la *Torá*. Esta es nuestra oportunidad de ocuparnos genuinamente por los demás y de compartir la Luz del Creador; una de las formas más poderosas de transformar nuestra naturaleza reactiva en una proactiva.

La Decimoséptima Bendición está en los tres *Partsufim* de *Yesod*: externo, medio e interno de la Luz Directa del *Partsuf* medio de *Zeir Anpín* de *Asiyá* de *Atsilut*, y de *Asiyá* Inferior.

וְהַעֲרֶב vehaarev נָא na יְהֹוָהאדניאהדונהי Adonai אֱלֹהֵינוּ Eloheinu ילה
אֶת et דִּבְרֵי divrei ראה תוֹרָתְךָ toratjá בְּפִינוּ befinu
וּבְפִיפִיּוֹת uvefifiyot עַמְּךָ ameja בֵּית beit ב״פ ראה יִשְׂרָאֵל Yisrael.

BENDICIONES DE LA TORÁ

LA DECIMOSEXTA BENDICIÓN

Bendito seas Tú, Señor, nuestro Dios, Rey del mundo,
quien nos ha santificado con Sus mandamientos y nos ha obligado con respecto a las enseñanzas de la Torá.

LA DECIMOSÉPTIMA BENDICIÓN

Y endulza para nosotros, Señor, nuestro Dios,
las palabras de Tu Torá en nuestra boca y en la boca de Tu Nación, la Casa de Israel.

venihyé וְנִהְיֶה anajnu אֲנַחְנוּ vetseetsaeinu וְצֶאֱצָאֵינוּ

(Debes meditar para que tus hijos sean justos y estén conectados a la *Torá* y a la Luz).

vetseetsaéi וְצֶאֱצָאֵי tseetsaeinu צֶאֱצָאֵינוּ vetseetsaéi וְצֶאֱצָאֵי

ameja עַמְּךָ beit בֵּית ב"פ ראה Yisrael יִשְׂרָאֵל culanu כֻּלָּנוּ

yodei יוֹדְעֵי Shemeja שְׁמֶךָ velomdei וְלוֹמְדֵי toratjá תוֹרָתֶךָ

lishmá לִשְׁמָהּ. Baruj בָּרוּךְ Atá אַתָּה Adonai יְהֹוָהאדניאהדונהי

hamelamed הַמְלַמֵּד Torá תּוֹרָה leamó לְעַמּוֹ Yisrael יִשְׂרָאֵל:

LA DECIMOCTAVA BENDICIÓN – DA LA TORÁ

La palabra aramea *jai* חי (vida) tiene el valor numérico de 18. Esta bendición nos conecta al Árbol de la Vida (*Ets HaJayim* - עץ החיים), la dimensión donde sólo existe realización, orden y felicidad eterna.

La Decimoctava Bendición está en los tres *Partsufim* de *Yesod*: externo, medio e interno de la Luz Retornante del *Partsuf* medio de *Zeir Anpín* de *Asiyá* de *Atsilut*, y de *Asiyá* Inferior.

Baruj בָּרוּךְ Atá אַתָּה Adonai יְהֹוָהאדניאהדונהי Eloheinu אֱלֹהֵינוּ ילה

Mélej מֶלֶךְ haolam הָעוֹלָם asher אֲשֶׁר bajar בָּחַר

banu בָּנוּ micol מִכָּל ילי haamim הָעַמִּים venatán וְנָתַן

lanu לָנוּ אלהים, אהיה אדני et אֶת Torató תּוֹרָתוֹ. Baruj בָּרוּךְ

Atá אַתָּה Adonai יְהֹוָהאדניאהדונהי notén נוֹתֵן אבגית"ץ, ושר haTorá הַתּוֹרָה:

LA BENDICIÓN DE LOS COHANIM

Al finalizar las Dieciocho Bendiciones, hacemos una conexión inmediata con la *Torá*. Los versos que recitamos son las bendiciones de los sacerdotes (*cohanim*). En tiempos ancestrales, cuando el *Cohén* bendecía a la congregación en el Templo, él usaba la fórmula *Yud, Yud, Yud* ייי, uno de los 72 Nombres de Dios. Cada una de las tres frases siguientes comienza con una *Yud*. Cuando recitamos esta oración, activamos y revelamos enormes poderes de sanación en nuestra vida.

Y sea que nosotros y nuestra descendencia, y la descendencia de nuestra descendencia, y la descendencia de toda Tu Nación, la Casa de Israel, todos nosotros, sepamos Tus Nombres y seamos aprendices de Tu Torá por el bien de sí misma. Bendito seas Tú, Señor, quien enseña la Torá a Su Nación, Israel.

LA DECIMOCTAVA BENDICIÓN

Bendito seas Tú, Señor, nuestro Dios, Rey del mundo, quien nos ha elegido de entre todas las naciones y nos ha otorgado Su Torá. Bendito seas, Señor, quien otorga la Torá.

וַיְדַבֵּר vaydaber ראה יְהֹוָהאדנײאהדונהי Adonai אֶל־ el מֹשֶׁה Moshé

מהש, ע"ב בריבוע וקס"א, אל שדי, ד"פ אלהים ע"ה לֵּאמֹר: lemor דַּבֵּר daber ראה

אֶל־ el אַהֲרֹן Aharón וְאֶל־ veel בָּנָיו banav לֵאמֹר lemor

כֹּה co היי תְבָרְכוּ tevarjú יהוה ריבוע יהוה ריבוע מ"ה

אֶת־ et בְּנֵי bnei יִשְׂרָאֵל Yisrael אָמוֹר amor לָהֶם lahem:

Las letras iniciales de los tres versos nos dan el Nombre Sagrado: ייי.
En esta sección hay 15 palabras, que equivalen al valor numérico del Nombre Sagrado: ההה.

(Derecha – *Jésed*)

יְבָרֶכְךָ yevarejejá יְהֹוָהאדנײאהדונהי Adonai וְיִשְׁמְרֶךָ veyishmereja

ר"ת = יהוה ; וס"ת = מ"ה:

(Izquierda – *Guevurá*)

יָאֵר yaer כף ויו זין ויו יְהֹוָהאדנײאהדונהי Adonai | פָּנָיו panav

אֵלֶיךָ eleja וִיחֻנֶּךָּ vijuneca מנד ; יהה אותיות בפסוק:

(Central – *Tiféret*)

יִשָּׂא yisá יְהֹוָהאדנײאהדונהי Adonai | פָּנָיו panav אֵלֶיךָ eleja

וְיָשֵׂם veyasem לְךָ lejá שָׁלוֹם shalom האא תיבות בפסוק:

(*Maljut*)

וְשָׂמוּ vesamu אֶת־ et שְׁמִי Shmí עַל־ al בְּנֵי bnei יִשְׂרָאֵל Yisrael

וַאֲנִי vaAní אני אֲבָרְכֵם avarjem:

La oración de *Shajarit* se encuentra en la página 195 y el orden del *Talit* en la página 201.

LA BENDICIÓN DE LOS COHANIM

"Y el Señor habló a Moshé y dijo: Habla a Aharón y a sus hijos diciendo:
Pues bendecirán a los Hijos de Israel, y les dirán:
Que el Señor te bendiga y te proteja.
Que el Señor haga brillar Su rostro sobre ti y te dé gracia.
Que el Señor eleve Su rostro hacia ti y te conceda paz.
Y ellos pondrán Mi Nombre sobre los Hijos de Israel y Yo les bendeciré" (*Números 6:22-27*).

AMAR RABÍ SHIMÓN

La esencia de este pasaje del *Zóhar, Nóaj,* 122-127, habla acerca de las manos. Debido a que las manos son las herramientas con las que llevamos a cabo las acciones de la vida, las fuerzas de la oscuridad se aferran a ellas con el propósito de influir en nuestras acciones. Podemos imbuir nuestras manos de energía positiva proveniente de los Mundos Superiores para que éstas provean bendiciones y buena fortuna a todas nuestras labores.

אֲמַר amar רַבִּי Rabí שִׁמְעוֹן Shimón אֲרֵימַת areimat יְדַאי yedai

בִּצְלוֹתִין bitslotín לְעֵילָא leeilá, דְּכַד dejad רְעוּתָא reutá עִלָּאָה ilaá,

לְעֵילָא leeilá לְעֵילָא leeilá, קָיְימָא kaymá עַל al הַהוּא hahú

רְעוּתָא reutá, דְּלָא delá אִתְיְדַע ityedá, וְלָא veló אִתְפַּס itpás

לְעָלְמִין lealmín, רֵישָׁא reishá דְּסָתִים desatim יַתִּיר yatir לְעֵילָא leeilá,

וְהַהוּא vehahú רֵישָׁא reishá אַפֵּיק apeik מַאי maí דְּאַפֵּיק deapeik, וְלָא velá

יְדִיעַ yediá, וְנָהֵיר venaher מַאי maí דְּנָהֵיר denaher, כֹּלָּא colá

בִּסְתִימוּ bistimu. רְעוּ reó דְּמַחֲשָׁבָה demajashavá עִלָּאָה ilaá

לְמִרְדַּף lemirdaf אֲבַתְרֵיהּ avatrei, וּלְאִתְנְהָרָא uleitnehará מִנֵּיהּ minei.

חַד jad פְּרִיסוּ prisú אִתְפְּרֵיס itpreis, וּמִגּוֹ umigó הַהוּא hahú

פְּרִיסָא prisá, בִּרְדִיפוּ birdifu דְּהַהִיא dehahí מַחֲשָׁבָה majashavá

עִלָּאָה ilaá, מָטֵי matei וְלָא velá מָטֵי matei. עַד ad

הַהוּא hahú פְּרִיסָא prisá, נָהֵיר naher מַה ma דְּנָהֵיר denaher.

וּכְדֵין ujdein אִיהוּ ihú מַחֲשָׁבָה majashavá עִלָּאָה ilaá,

נָהֵיר naher בִּנְהִירוּ binhirú סָתִים satim דְּלָא delá יְדִיעַ yediá,

וְהַהוּא vehahú מַחֲשָׁבָה majashavá לָא la יָדַע yadá.

AMAR RABÍ SHIMÓN

Rav Shimón dijo: "Elevo mis manos alto para orar. Cuando el Deseo Celestial en su punto más elevado Arriba es establecido sobre el eternamente desconocido e imperceptible deseo, se convierte en la Cabeza más oculta Arriba. Y esa Cabeza emana todo lo que Él emana y todo lo que es desconocido. Y Él ilumina todo lo que él ilumina de forma oculta. El deseo del Pensamiento Celestial corre tras de éste para ser iluminado por él. Pero un velo se despliega y, por extenderse y por correr tras éste, le es permitido alcanzar —y no alcanzar— a la Luz. La Luz brilla hacia arriba y hacia el velo. Por lo tanto, el Pensamiento Celestial brilla con Iluminación No Revelada y con Luz desconocida para la 'Mente (Móaj) de aire'. Y el Pensamiento mismo es considerado como desconocido.

כדין quedein בטש batash האי haí נהירו nehirú דמחשבה demajashavá

דלא delá אתיידע, ityedá בנהירו binhirú דפרסא defarsá

דקיימא, dekaymá דנהיר denaher ממה mimá דלא delá ידיע yediá

ולא velá אתיידע, ityedá ולא velá אתגלייא. itgalyá וכדין ujdein דא da

נהירו nehirú דמחשבה demajashavá דלא delá אתיידע ityedá

בטש batash בנהירו binhirú דפריסא, difrisá ונהרין venaharín

כחדא, cajadá ואתעבידו veitavidu תשע teshá היכלין. heijalín

והיכלין, veheijalín לאו lav אינון inún נהורין, nehorín ולאו velav

אינון inún רוחין, rujín ולאו velav אינון inún נשמתין nishmatín ולא velá

אית it מאן man דקיימא dekaymá בהו. behó רעותא, reutá דכל dejol

תשע teshá נהורין, nehorín דקיימי dekaymei כלהו colhó

במחשבה, bemajashavá דאיהו deihú חד jad מנייהו minayehu

בחושבנא bejushbená כלהו colhó למרדף lemirdaf בתרייהו, batrayehu

בשעתא beshaatá דקיימי dekaymei במחשבה bemajashavá ולא velá

מתדבקן mitdabkán ולא velá אתיידעו, ityedaú ואלין veilein לא la

קיימי kaymei לא la ברעותא, bireutá ולא velá במחשבה bemajashavá

עלאה ilaá תפסין tafsín בה ba ולא velá תפסין. tafsín

Entonces, la iluminación del Pensamiento Desconocido llega a la iluminación del velo que está erguido y brilla sobre lo que es desconocido, lo que no se conoce y lo que no es revelado. Así, la iluminación del Pensamiento que no es conocido llega a la iluminación del velo y brillan juntas. Y a partir de ellas se crean nueve Cámaras. Estas Cámaras no son Luz. Ellas tampoco son Rujot ni Neshamot, y nadie puede entender qué son. El deseo de todas las nueve Luces permanece en el Pensamiento y también es considerado como una de Ellas. Y todos desean perseguirlas mientras las nueve Luces están ubicadas en el Pensamiento. No obstante, las Cámaras no son alcanzadas y no son conocidas porque no están establecidas como un aspecto del deseo ni como un aspecto del Pensamiento Celestial. Ellas perciben y no perciben.

בְּאִלֵּין beilein קָיְימֵי kaymei כָּל col רָזֵי razei דִּמְהֵימְנוּתָא dimheimnutá,
וְכָל vejol אִינּוּן inún נְהוֹרִין nehorín מֵרָזָא merazá
דְּמַחֲשָׁבָה demajashavá עִלָּאָה ilaá כֻּלְּהוּ colhó אִקְרוּן ikrún אֵין ein
סוֹף sof. עַד ad הָכָא hajá מָטוֹ mató נְהוֹרִין nehorín וְלָא velá
מָטוֹן matón, וְלָא velá אִתְיְידָעוּ ityedaú, לָאו lav הָכָא hajá
רְעוּתָא reutá, וְלָא velá מַחֲשָׁבָה majashavá. כַּד cad נָהִיר naher
מַחֲשָׁבָה majashavá, וְלָא velá אִתְיְידַע ityedá מִמַּאן mimán
דְּנָהִיר denaher, כְּדֵין quedein אִתְלַבַּשׁ itlabesh וְאִסְתִּים veastim גּוֹ go
בִּינָה biná, וְנָהִיר venaher לְמַאן lemaan דְּנָהִיר denaher וְאָעִיל veaeil דָּא da
בְּדָא bedá, עַד ad דְּאִתְכְּלִילוּ deitclilú כֻּלְּהוּ colhó כַּחֲדָא cajadá.
וּבְרָזָא uverazá דְּקָרְבָּנָא dekarbaná כַּד cad סָלֵיק saleik, כֹּלָּא colá
אִתְקַשַּׁר itkashar דָּא da בְּדָא bedá, וְנָהִיר venaher דָּא da בְּדָא bedá,
כְּדֵין quedein קָיְימֵי kaymei כֻּלְּהוּ calhó בִּסְלִיקוּ bisliku,
וּמַחֲשָׁבָה umajashavá אִתְעַטַּר itatar בְּאֵין beéin סוֹף sof.
הַהוּא hahú נְהִירוּ nehirú דְּאִתְנְהִיר deitneheir מִנֵּיהּ minei
מַחֲשָׁבָה majashavá עִלָּאָה ilaá, אִקְרֵי ikrei אֵין ein סוֹף sof.
וּמִנֵּיהּ uminei אִשְׁתְּכַח ishtejaj וְקַיְּימָא vekaymá וְנָהִיר venaher
לְמַאן lemaan דְּנָהִיר denaheir, וְעַל veal דָּא da כֹּלָּא colá
קָאִים kaéim. זַכָּאָה zacaá חוּלָקֵיהוֹן julakeihón דְּצַדִּיקַיָּיא detsadikaya
בְּעָלְמָא bealmá דֵּין deín וּבְעָלְמָא uvealmá דְּאָתֵי deatei.

Con éstas se basan todos los secretos de la Fe. Y todas estas Luces provienen del secreto del Pensamiento Celestial y todas son llamadas Ein Sof. Porque las Luces alcanzan y no alcanzan, y no son conocidas, no hay ni deseo ni pensamiento en este punto. Cuando un Pensamiento Desconocido brilla desde su fuente, brilla sobre quien Ella brilla, y entran uno dentro de otro hasta que son uno. De regreso al secreto del sacrificio: Cuando es elevado, todos están enredados uno dentro de otro y brillan uno sobre otro. Ahora todas las etapas están en el secreto de la 'Ascención' y, cuando ésta asciende a la Cabeza Desconocida, el Pensamiento es coronado por el Ein Sof. Esta iluminación de donde brilla el Pensamiento Celestial es llamada Ein Sof. Y de ahí proviene. Es establecida y brilla sobre quien brilla. Y todo está basado en esto. ¡Felices son los justos en este mundo y en el Mundo por Venir!".

PETIJAT ELIYAHU HANAVÍ – LA APERTURA DE ELIYAHU EL PROFETA

Recitar estos párrafos puede ayudarte a abrir tu corazón a la sabiduría espiritual.

וִיהִי vihí נֹעַם nóam אֲדֹנָי Adonai ללה אֱלֹהֵינוּ Eloheinu ילה עָלֵינוּ aleinu
וּמַעֲשֵׂה umaasé יָדֵינוּ yadeinu כּוֹנְנָה conená עָלֵינוּ aleinu
וּמַעֲשֵׂה umaasé יָדֵינוּ yadeinu כּוֹנְנֵהוּ conenehu:

פָּתַח pataj אֵלִיָּהוּ Eliyahu לכב הַנָּבִיא Hanaví, זָכוּר zajur ע״ב קס״א, יהי אור ע״ה (סוד המשכת השפע מן ד׳ שמות ליסוד הנקרא זכור) לְטוֹב letov והו ; זכור לטוב = סןזוהך, סנדלפון, ערי ; אליהו הנביא זכור לטוב = ת׳ כנגד ת׳ כוויות הס״א וְאָמַר veamar:

רִבּוֹן Ribón יהוה ע״ב ס״ג מ״ה ב״ן עָלְמִין almín דְּאַנְתְּ deánt הוּא Hu וְחָד jad וְלָא velá בְחֻשְׁבָּן bejushbán, אַנְתְּ ant הוּא Hu עִלָּאָה ilaá עַל al כָּל col ילי ; עסמב עִלָּאִין ilaín, סְתִימָא stimá עַל al כָּל col ילי ; עסמב סְתִימִין stimín, לֵית leit מַחֲשָׁבָה majashavá תְּפִיסָא tefisá בָךְ baj כְּלָל clal. אַנְתְּ ant הוּא Hu דְאַפַּקְתְּ deapakt עֶשֶׂר éser תִּקּוּנִין tikunín, וְקָרֵינָן vekarenán לוֹן lon עֶשֶׂר éser סְפִירָן sfirán, לְאַנְהָגָא leanhagá בְהוֹן behón עָלְמִין almín סְתִימִין stimín דְּלָא delá אִתְגַּלְיָן itgalyán וְעָלְמִין vealmín דְאִתְגַּלְיָן deitgalyán. וּבְהוֹן uvehón אִתְכַּסִּיאַת itcasiat מִבְּנֵי mibnei נָשָׁא nashá. וְאַנְתְּ veánt הוּא Hu דְקָשִׁיר dekashir לוֹן lon וּמְיַחֵד umeyajed לוֹן lon. וּבְגִין uveguín דְּאַנְתְּ deánt מִלְּגָאו milegav כָּל col ילי מָאן man דְאַפְרִישׁ deafrish חַד jad מִן min חַבְרֵיהּ javrei מֵאִלֵּין meiléin עֶשֶׂר éser, אִתְחֲשִׁיב itjashiv לֵיהּ lei כְּאִלּוּ queílu אַפְרִישׁ afrish בָךְ baj.

PETIJAT ELIYAHU HANAVÍ

"Que la gracia del Señor, nuestro Dios, sea sobre nosotros y pueda Él establecer para nosotros el trabajo de nuestras manos y pueda el trabajo de nuestras manos establecerlo a Él" (Salmos 90:17). Eliyahu abrió, diciendo: Señor de los mundos, Tú eres Uno sin enumeración. Tú estás por encima de los más elevados, el más oculto de todos. Ningún pensamiento puede alcanzarte en absoluto. Tú eres Aquel que produjo las Diez Emanaciones. Y nosotros las nombramos Las Diez Sefirot, para conducir con ellas mundos oscuros que no están revelados y mundos revelados. Y a través de ellas, Tú estás oculto de los seres humanos. Y Tú eres El que las conecta y las une. Y puesto que Tú eres del interior, así, todo aquel que separa a estas Diez una de la otra, para dar dominio a esa sola, se considera como si él separara en Ti.

וְאִלֵּין veiléin עֶשֶׂר éser סְפִירָן sfirán אִינּוּן inún אַזְלִין azlín

כְּסִדְרָן quesidrán, חַד jad אֲרִיךְ arij, וְחַד vejad קָצַר katser,

וְחַד vejad בֵּינוֹנִי beinoní. וְאַנְתְּ veánt הוּא Hu דְּאַנְהִיג deanhig לוֹן lon,

וְלֵית veleit מָאן man דְּאַנְהִיג deanhig לָךְ laj. לָא la לְעֵילָּא leeilá,

וְלָא velá לְתַתָּא letatá, וְלָא velá מִכָּל micol ילי סִטְרָא sitrá.

לְבוּשִׁין levushín תַּקִּנְתְּ takant לוֹן lon, דְּמִנַּיְהוּ deminayhú פַּרְחִין farjín

נִשְׁמָתִין nishmatín לִבְנֵי livnei נָשָׁא nashá. וְכַמָּה vejamá גּוּפִין gufín

תַּקִּנְתְּ takant לוֹן lon, דְּאִתְקְרִיאוּ deitkriú גּוּפָא gufá לְגַבֵּי legabei

לְבוּשִׁין levushín דִּמְכַסְיָן dimjasyán עֲלֵיהוֹן aleihón. וְאִתְקְרִיאוּ veitkriú

בְּתִקּוּנָא betikuná דָּא da, חֶסֶד Jésed ע"ב, ריבוע יהוה דְּרוֹעָא deroá

יְמִינָא yeminá, גְּבוּרָה Guevurá רי"ו דְּרוֹעָא deroá שְׂמָאלָא smalá,

תִּפְאֶרֶת Tiféret גּוּפָא gufá, נֶצַח Nétsaj וְהוֹד veHod ההה תְּרֵין trein

שׁוֹקִין shokín, יְסוֹד Yesod ההע סִיּוּמָא siyumá דְּגוּפָא degufá אוֹת ot

בְּרִית brit קֹדֶשׁ kódesh. מַלְכוּת Maljut פֶּה pe מילה ; וע"ה אלהים, אהיה אדני.

תּוֹרָה Torá שֶׁבְּעַל shebeal פֶּה pe מילה ; וע"ה אלהים, אהיה אדני קָרֵינָן kareinán

לָהּ la. וְחָכְמָה Jojmá במילוי = תרי"ג (מצוות) מוֹחָא mojá, אִיהוּ ihú

מַחֲשָׁבָה majashavá מִלְּגָאו milegav, בִּינָה Biná ע"ה וזיים, אהיה אהיה יהוה

לִבָּא libá וּבָהּ uvá הַלֵּב halev מֵבִין mevín וְעַל veal אִלֵּין ilein תְּרֵין trein

כְּתִיב quetiv: הַנִּסְתָּרֹת hanistarot לַיהֹוָה laAdonai אֱלֹהֵינוּ Eloheinu ילה

Y estas Diez Sefirot siguen su orden, la una es larga y una es corta. Y la una es mediana. Y Tú las conduces, y no hay otro que te lidere a Ti, ni Arriba, ni Abajo, ni tampoco en ningún otro lado. Tú preparaste vestimentas, desde las cuales las Neshamot vuelan a los seres humanos, y preparaste varios cuerpos. Y éstos son llamados cuerpos en relación con la vestimenta, en la que están ataviados. Las Sefirot reciben su nombre por esta enmendación, siendo Jésed el brazo derecho, Guevurá siendo el brazo izquierdo. Tiféret significa el cuerpo. Nétsaj y Hod los dos muslos, Yesod la parte final del cuerpo, el signo de la Alianza Sagrada, Maljut, la boca, la llamamos la Torá Oral. Jojmá es el cerebro, el pensamiento interior. Biná es el corazón, y a través de ella el corazón entiende. Y acerca de estos dos, está escrito: "Las cosas secretas pertenecen al Señor, nuestro Dios" (Deuteronomio 29:29).

כֶּתֶר Kéter יהוה מלך יהוה מלך יהוה ימלוך לעולם ועד (באתב"ש גאל) עֶלְיוֹן elyón, אִיהוּ ihú
כֶּתֶר Kéter יהוה מלך יהוה מלך יהוה ימלוך לעולם ועד (באתב"ש גאל) מַלְכוּת Maljut.
וְעָלֵיהּ vealei פהל אִתְּמַר itmar: מַגִּיד maguid מֵרֵאשִׁית mereshit
אַחֲרִית ajarit. וְאִיהוּ veihú קַרְקַפְתָּא karkaftá דִּתְפִלֵּי ditfilei.
מִלְּגָאו milegav אִיהוּ ihú אוֹת ot יוּ"ד Yud וְאוֹת veot הֵ"א He וְאוֹת veot
וָא"ו Vav וְאוֹת veot הֵ"א He, דְּאִיהוּ deihú אֹרַח óraj אֲצִילוּת Atsilut,
אִיהוּ ihú שַׁקְיוּ shakyú דְּאִילָנָא deilaná בִּדְרוֹעוֹי bidroói וְעַנְפּוֹי veanpoi,
כְּמַיָּא quemayá דְּאַשְׁקֵי deashkei לְאִילָנָא leilaná וְאִתְרַבֵּי veitrabei
בְּהַהוּא behahú שַׁקְיוּ shakyú. רִבּוֹן ribón יהוה ע"ב ס"ג מ"ה ב"ן עָלְמִין almín,
אַנְתְּ ant הוּא Hu עִלַּת ilat הָעִלּוֹת hailot, וְסִבַּת vesibat הַסִּבּוֹת hasibot,
דְּאַשְׁקֵי deashkei לְאִילָנָא leilaná בְּהַהוּא behahú נְבִיעוּ neviú,
וְהַהוּא vehahú נְבִיעוּ neviú אִיהוּ ihú כְּנִשְׁמְתָא quenishmetá לְגוּפָא legufá,
דְּאִיהִי deihí חַיִּים jayim אהיה אהיה יהוה, בינה ע"ה לְגוּפָא legufá. וּבָךְ uvaj
לֵית leit דִּמְיוֹן dimyón, וְלֵית veleit דְּיוֹקְנָא diyukná, מִכָּל micol ילי
מַה ma מ"ה דִּלְגָאו dilgav וּלְבַר ulevar. וּבָרָאתָ uvarata שְׁמַיָּא shmayá
וְאַרְעָא veará, וְאַפַּקְתְּ veapakt מִנְּהוֹן minehón שִׁמְשָׁא shimshá
וְסִיהֲרָא vesihará וְכֹכְבַיָּא vejojvayá וּמַזָּלֵי umazalei. וּבְאַרְעָא uveará,
אִילָנִין ilanín וּדְשָׁאִין udshaín וְגִנְּתָא veguintá דְעֵדֶן deEden וְעִשְׂבִּין veisbín
וְחֵיוָן vejeiván וְעוֹפִין veofín וְנוּנִין venunín וּבְעִירִין uveirín וּבְנֵי uvnei
נָשָׁא nashá. לְאִשְׁתְּמוֹדְעָא leishtemodá בְּהוֹן behón עִלָּאִין ilaín,
וְאֵיךְ veéij יִתְנַהֲגוּן yitnahagún בְּהוֹן behón עִלָּאִין ilaín וְתַתָּאִין vetataín.

El Kéter Celestial es la corona de Maljut. Y sobre esto está dicho: "Que declaro el fin desde el principio" (Isaías 46:10). Y ese es el Cráneo del Tefilín. Dentro está Yud-Vav-Dálet, Hei-Álef, Vav-Álef-Vav, Hei-Álef, que está en el camino de Atsilut. Es el riego del árbol en sus brazos y sus ramas, como aguas que riegan ese árbol y éste se multiplica por este riego. Señor de los Mundos, Tú eres la Causa de todas las Causas, y la Razón de todas las Razones, que riega el árbol por ese arroyo, y ese manantial es como un alma para el cuerpo, que es la vida del cuerpo. Y no hay semejanza ni parecido Contigo ni desde adentro ni afuera. Y Tú creaste el Cielo y la Tierra y de éstos produjiste al Sol y la Luna y las estrellas y las constelaciones. Y en la Tierra, árboles y hierbas, y el Jardín de Edén, y las plantas y los animales y las aves y los peces y los seres humanos, para a través de ellos reconocer a los elevados, y cómo los superiores y los inferiores se comportan.

וְאֵיךְ veéij אִשְׁתְּמוֹדְעָן ishtemodán מֵעִלָּאֵי meilaéi וְתַתָּאֵי vetataéi•

וְלֵית veleit דְּיָדַע deyadá בָּךְ baj כְּלָל clal, וּבַר uvar יִצְחָק, ד"פ ב"ן

מִנָּךְ minaj לֵית leit יִחוּדָא yijudá בְּעִלָּאֵי beilaéi וְתַתָּאֵי vetataéi,

וְאַנְתְּ veant אִשְׁתְּמוֹדַע ishtemodá אָדוֹן Adón אני עַל al כֹּלָּא colá•

וְכָל vejol ילי סְפִירָן sfirán, כָּל col ילי וְחַד jad אִית it לֵיהּ lei שֵׁם shem

יְדִיעַ yediá, וּבְהוֹן uvehón אִתְקְרִיאוּ itkriú מַלְאֲכַיָּא malajayá•

וְאַנְתְּ veánt לֵית leit לָךְ laj שֵׁם shem יְדִיעַ yediá, דְּאַנְתְּ deánt הוּא Hu

מְמַלֵּא memalé כָּל col ילי שְׁמָהָן shmahán, וְאַנְתְּ veánt הוּא Hu

שְׁלִימוּ shlimú דְּכֻלְּהוּ dejulhú, וְכַד vejad אַנְתְּ ant תִּסְתַּלַּק tistalak

מִנְּהוֹן minhón אִשְׁתְּאָרוּ ishtearú כֻּלְּהוּ culehú שְׁמָהָן shmahán

כְּגוּפָא quegufá בְּלָא belá נִשְׁמָתָא nishmatá• אַנְתְּ ant וְחַכִּים jaquím

וְלָאו velav בְּחָכְמָה beJojmá במילוי = תרי"ג (מצוות) יְדִיעָא yediá• אַנְתְּ ant

הוּא Hu מֵבִין mevín, וְלָאו velav מִבִּינָה miBiná ע"ה וחיים, אהיה אהיה יהוה

יְדִיעָא yediá• לֵית leit לָךְ laj אֲתַר atar יְדִיעָא yediá•

אֶלָּא elá לְאִשְׁתְּמוֹדְעָא leishtemodá תֻּקְפָךְ tukfaj וְחֵילָךְ vejeilaj

לִבְנֵי livnei נָשָׁא nashá, וּלְאַחֲזָאָה uleajzaá לוֹן lon, אֵיךְ eij

אִתְנְהִיג itnehig עָלְמָא almá בְּדִינָא vediná וּבְרַחֲמֵי uverajamei,

דְּאִינוּן deinún צֶדֶק tsédek וּמִשְׁפָּט umishpat ע"ה ה"פ אלהים

כְּפוּם quefum עוֹבָדֵיהוֹן ovadeihón דִּבְנֵי divnei נָשָׁא nashá•

Y cómo los inferiores buscan alcanzar a los superiores; y en Ti, no hay absolutamente nadie que sea conocedor. Y aparte de Tu unificación, no hay tal unidad única en los superiores y los inferiores, y Tú eres reconocido como el Señor por encima de todo. Cada una de las Sefirot tiene un nombre reconocible, suyo propio. Y por ellas los ángeles reciben sus nombres. Sin embargo, Tú no tienes un nombre conocido, Tú eres Él, quien llena todos los nombres. Y eres Tú quien los completas. Y cuando Tú te alejas de ellos, todos los nombres quedan como cuerpo sin alma. Tú eres sabio, pero no de sabiduría conocida. Tú entiendes, pero no con ningún entendimiento conocido. Y Tú no ocupas ningún lugar conocido para que así los humanos perciban Su fuerza y poderío y para mostrarles cómo se conduce el mundo con justicia y misericordia que son la rectitud y el juicio justo, de acuerdo con las acciones de los inferiores.

דִּין din, אִיהוּ ihú גְּבוּרָה Guevurá רי"ו. מִשְׁפָּט mishpat ע"ה ה"פ אלהים
עַמּוּדָא amudá דְּאֶמְצָעִיתָא deemtsaitá. צֶדֶק tsédek, מַלְכוּתָא maljutá
קַדִּישָׁא kadishá. מֹאזְנֵי moznei צֶדֶק tsédek, תְּרֵין trein סַמְכֵי samjei
קְשׁוֹט keshot. הִין hin צֶדֶק tsédek, אוֹת ot בְּרִית brit. כֹּלָּא culá
לְאַחֲזָאָה leajzaá אֵיךְ eij אִתְנְהִיג itnehig עָלְמָא almá. אֲבָל aval
לָאו lav דְּאִית deit לָךְ laj צֶדֶק tsédek יְדִיעָא yediá דְּאִיהוּ deihú
דִּין din, וְלָאו velav מִשְׁפָּט mishpat ע"ה ה"פ אלהים יְדִיעָא yediá דְּאִיהוּ deihú
רַחֲמֵי rajamei, וְלָאו velav מִכָּל micol ילי אִלֵּין ilein מִדּוֹת midot
כְּלָל clal. קוּם kum רִבִּי Ribí שִׁמְעוֹן Shimón וְיִתְחַדְּשׁוּן veyitjadshún
מִלִּין milín עַל al יְדָךְ yedaj, דְּהָא dehá רְשׁוּתָא reshutá
אִית it לָךְ laj לְגַלָּאָה legalaá רָזִין razín טְמִירִין tmirín עַל al
יְדָךְ yedaj מַה ma מ"ה דְּלָא delá אִתְיְהִיב ityehiv רְשׁוּ reshú
לְגַלָּאָה legalaá לְשׁוּם leshum בַּר bar נָשׁ nash עַד ad כְּעַן queán.
קָם kam רִבִּי Ribí שִׁמְעוֹן Shimón, פָּתַח pataj וְאָמַר veamar: לְךָ lejá
יְהֹוָהאדניאהדונהי Adonai הַגְּדֻלָּה haGuedulá וְהַגְּבוּרָה vehaGuevurá רי"ו
וְהַתִּפְאֶרֶת vehaTiféret וְהַנֵּצַח vehaNétsaj וְהַהוֹד vehaHod ההה כִּי qui
כֹל jol ילי בַּשָּׁמַיִם bashamáyim י"פ טל, י"פ כוזו וּבָאָרֶץ uvaárets לְךָ lejá
יְהֹוָהאדניאהדונהי Adonai הַמַּמְלָכָה hamamlajá וְגוֹ' vegomer, עִלָּאִין ilaín
שִׁמְעוּ shmaú, אִינוּן inún דְּמִיכִין demijín דְּחֶבְרוֹן deJevrón
וְרַעְיָא veRaayá מְהֵימְנָא Meheimná, אִתְעָרוּ itarú מִשְׁנַתְכוֹן mishnatjón.

Juicio es Guevurá, el proceso judicial es la Columna Central, la Rectitud: el Maljut Sagrado; las balanzas justas son dos soportes de la verdad. Una verdadera medida de un hin es este símbolo del pacto de Yesod. Todo para mostrar el liderazgo del mundo, pero no es como si hubiera cierta justicia que es estrictamente sentenciosa, ni cierto juicio justo que sea estrictamente misericordioso, ni ninguno de estos atributos, en absoluto. Levántate, Rabí Shimón y deja que nuevas ideas lleguen a través de ti, pues tienes permiso, de que a través de ti misterios oscuros se revelen, porque el permiso no le fue concedido a ninguna persona hasta ahora para revelarlos. Rabí Shimón se levantó, abrió y dijo: "Tuyos son, Señor, la grandeza y el poder…" (I Crónicas 29:11). Escuchen, Supremos, aquellos que descansan en Hebrón, y el Pastor Fiel, sean sacudidos de su sueño.

הָקִיצוּ hakitsu וְרַנְּנוּ veranenú שֹׁכְנֵי shojnei עָפָר afar, אִלֵּין ilein אִנּוּן inún
צַדִּיקַיָּא tsadikaya, דְּאִנּוּן deinún מִסִּטְרָא misitrá דְּהַהוּא dehahú
דְּאִתְּמַר deitmar בָּהּ ba: אֲנִי aní אני יְשֵׁנָה yeshená וְלִבִּי velibí עֵר er,
וְלָאו velav אִנּוּן inún מֵתִים metim, וּבְגִין uveguín דָּא da
אִתְּמַר itmar בְּהוֹן vehón הָקִיצוּ hakitsu וְרַנְּנוּ veranenú וְגוֹ' vegomer.
רַעְיָא Raayá מְהֵימְנָא Meheimná, אַנְתְּ ant וַאֲבָהָן vaavahán, הָקִיצוּ hakitsu
וְרַנְּנוּ veranenú לְאִתְעָרוּתָא leitearutá דִּשְׁכִינְתָּא diShjintá דְּאִיהִי deihí
יְשֵׁנָה yeshená בְּגָלוּתָא vegalutá. דְּעַד dead כְּעַן queán צַדִּיקַיָּא tsadikaya
כֻּלְּהוּ culehú דְּמִיכִין demijín וְשִׁנְתָּא veshintá בְּחוֹרֵיהוֹן vejoreihón.
מִיָּד miyad יָהִיבַת yahivat שְׁכִינְתָּא Shjintá תְּלַת telat קָלִין kalín
לְגַבֵּי legabei רַעְיָא Raayá מְהֵימְנָא Meheimná וְיֵימָא veyimá לֵיהּ lei
קוּם kum רַעְיָא Raayá מְהֵימְנָא Meheimná, דְּהָא dehá עֲלָךְ alaj
אִתְּמַר itmar קוֹל col דּוֹדִי dodí דוֹפֵק dofek מנק לְגַבָּאי legabai,
בְּאַרְבַּע bearbá אַתְוָן atván דִּילֵיהּ dilei. וְיֵימָא veyimá בְּהוֹן vehón
פִּתְחִי־ pitjí לִי li אֲחוֹתִי ajotí רַעְיָתִי raayatí יוֹנָתִי yonatí תַמָּתִי tamatí.
דְּהָא dehá תַּם־ tam עֲוֹנֵךְ avonej בַּת־ bat צִיּוֹן Tsiyón יוסף, ו' הויות, קנאה
לֹא lo יוֹסִיף yosif לְהַגְלוֹתֵךְ lehaglotej. שֶׁרֹּאשִׁי sheroshí נִמְלָא־ nimlá
טָל tal יוד הא ואו, כוזו מַאי maí נִמְלָא nimlá טָל tal יוד הא ואו, כוזו.

"Despierten y canten, ustedes que moran en polvo" (Isaías 26:19). Son aquellos justos que son de este aspecto sobre el cual se dice: "Yo duermo, pero mi corazón vela" (Cantar de los Cantares 5:2). Y ellos no están muertos, por lo tanto dice de ellos: "Despierten y canten…". Pastor Fiel, tú y los Patriarcas, despiértense y canten al despertar de la Shejiná que duerme en el exilio ya que hasta ahora todos los justos están durmiendo, y el sueño está en las cavernas. Instantáneamente, la Shejiná emite tres sonidos hacia el Pastor Fiel, y le dice a él: ¡Levántate Pastor Fiel! Puesto que de ti se dijo: "Escucha, mi amado está llamando" (Ibid.) por mí, con Sus cuatro letras. Y él dirá con ellos: "Ábrete a mí, hermana mía, mi amada, paloma mía, casta mía" (Ibid.). Puesto que "El castigo de tu iniquidad se ha completado, hija de Sión; Él no te llevará más al exilio" (Lamentaciones 4:22). "Porque mi cabeza está llena de rocío" (Cantar de los Cantares 5:2). Él pregunta: "¿Qué significa 'llena de rocío'?".

אלא elá אמר amar קודשא Kudshá בריך Berij הוא Hu,

אנת ant ושבת jashavt דמיומא demiyomá דאתחרב deitjarav

בי bei מקדשא makdeshá דעאלנא dealná בביתא beveitá דילי dilí

ועאלנא vealná בישובא veyishuvá, לאו lav הכי hají, דלא delá

עאלנא alná כל col ילי זמנא zimná דאנת deánt בגלותא begalutá,

הרי harei לך laj סימנא simaná שראשי sheroshí נמלא nimlá

טל tal יוד הא ואו, כוזו. ה"א He, שכינתא Shejintá בגלותא begalutá,

שלימו shlimú דילה dilá וחיים vejayim אהיה אהיה יהוה, בינה ע"ה דילה dilá,

איהו ihú טל tal יוד הא ואו, כוזו. ודא vedá איהו ihú אות ot יו"ד Yod

ואות veot ה"א He ואות veot וא"ו Vav. ואות veot ה"א He איהי ihí

שכינתא Shejintá, דלא delá מחושבן mejushbán ט"ל tal יוד הא ואו, כוזו.

אלא elá יו"ד Yod ה"א He וא"ו Vav, דסליקו disliku אתון atván

לחושבן lejushbán ט"ל tal יוד הא ואו, כוזו. דאיהו deihú מליא malyá

לשכינתא liShjintá, מנביעו mineviú דכל dejol ילי מקורין mekorín

עלאין ilaín. מיד miyad קם kam רעיא Raayá מהימנא Meheimná,

ואבהן vaavahán קדישין kadishín עמיה imei. עד ad כאן can רזא razá

דיחודא deyijudá. ברוך Baruj יהוה אדני אהדונהי Adonai לעולם leolam

ריבוע דס"ג וי' אותיות דס"ג אמן Amén יאהדונהי ואמן veAmén יאהדונהי ; ר"ת לאו:

Pero el Santísimo, bendito sea Él, dijo: ¿Tú piensas que desde el día de la destrucción del Templo, Yo entré en Mi propia morada, y entré en el asentamiento? No es así, pues no he entrado ya que ustedes están en exilio. Y he aquí su prueba: "Puesto que mi cabeza está llena de rocío". Hei-Álef es la Shejiná, y ella está en exilio. Su perfección y su vida es el rocío (heb. tal = 39), y éste es Yud-Vav-Dálet, Hei-Álef, Vav-Álef-Vav numéricamente tal (= 39). Y el Hei-Álef, la Shejiná, no estaba en las cuentas de tal, sólo la Yud-Vav-Dálet, Hei-Álef, Vav-Álef-Vav, que equivalen a tal. Y es Él quien llena la Shejiná del manantial de todas las Fuentes Celestiales. El Pastor Fiel se levantó inmediatamente y los sagrados Patriarcas con él. Hasta aquí los misterios de la unificación. "¡Bendito sea el Señor por siempre, Amén y Amén!" (Salmos 89:53).

וִיהֵא veyehé רַעֲוָא raavá מִן min קֳדָם kodam עַתִּיקָא atiká

קַדִּישָׁא kadishá דְכָל dejol ילי קַדִּישִׁין kadishín טְמִירָא tmirá

דְכָל dejol ילי טְמִירִין tmirín סְתִימָא stimá דְכֹלָּא, dejolá

דְיִתְמְשַׁךְ deyitmeshaj טַלָּא talá עִילָּאָה ilaá מִנֵּיהּ minei לְמַלְיָא lemalyá

רֵישֵׁיהּ reishei דִזְעֵיר diZeir אַנְפִּין Anpín וּלְהַטִּיל ulehatil לַחֲקַל lajakal

אהיה יהוה יהוה אדני, מנזם (שמו על משיחו) תַּפּוּחִין tapujín קַדִּישִׁין kadishín

בִּנְהִירוּ binhirú דְאַנְפִּין deanpín בִּרְעֲוָא beraavá וּבְחֶדְוָתָא uvejedvatá

דְכֹלָּא• dejolá וְיִתְמְשַׁךְ veyitmeshaj מִן min קֳדָם kodam עַתִּיקָא atiká

קַדִּישָׁא kadishá דְכָל dejol ילי קַדִּישִׁין kadishín טְמִירָא tmirá

דְכָל dejol ילי טְמִירִין tmirín סְתִימָא stimá דְכֹלָּא• dejolá

רְעוּתָא reutá וְרַחֲמֵי verajamei וְחִנָּא jiná וְחִסְדָּא vejisdá

בִּנְהִירוּ binhirú עִילָּאָה ilaá בִּרְעוּתָא bireutá וְחֶדְוָה vejedvá

עָלַי alai וְעַל veal כָּל col ילי ; עמם בְּנֵי bnei בֵיתִי veití ב"פ ראה וְעַל veal

כָּל col ילי ; עמם בְּנֵי bnei יִשְׂרָאֵל Yisrael עַמֵּיהּ• amei וְיִפְרְקִינָן veyifrekinán

מִכָּל micol ילי עַקְתִין aktín בִּישִׁין bishín דְיֵיתוּן deyetún לְעָלְמָא• lealmá

וְיַזְמִין veyazmín וְיִתְיְהִיב veyityehiv לָנָא laná וּלְכָל ulejol יה אדני

נַפְשָׁתָנָא nafshataná וְחִנָּא jiná וְחִסְדָּא vejisdá וְחַיֵּי vejayei

אֲרִיכֵי arijei וּמְזוֹנֵי umezonei רְוִיחֵי revijei וְרַחֲמֵי verajamei מִן min

קֳדָמֵיהּ• kodamei אָמֵן Amén יאהדונהי כֵּן quen יְהִי yehí רָצוֹן ratsón

מהש ע"ה, ע"ב בריבוע וקס"א ע"ה, אל שדי ע"ה אָמֵן Amén יאהדונהי וְאָמֵן veAmén יאהדונהי:

Y que sea grato ante el Santo de los Santos Atiká, el escondido de todos y el más oculto, que un rocío Celestial será atraído de Él para llenar la Cabeza de Zeir Anpín, y para que deje caer sobre Jakal Tapujíin Kadishín de su Brillante Rostro con deseo y felicidad para todos. Y también será atraído del Santo de los Santos Atiká, el escondido de todos y el más oculto voluntariamente, misericordia, gracia, amabilidad, con Iluminación Celestial con deseo y felicidad, para mí y para mi hogar, y para todo Tu pueblo, Israel. Y Él nos salvará de todos los incidentes negativos que existen en nuestro mundo. Y Él traerá y nos dará a nosotros y al resto de la gente, gracia y amabilidad, una vida larga y sustento, bienestar y misericordia de ante Su presencia. Amén, que así sea. Amén y Amén.

יְדִיד yedid נֶפֶשׁ néfesh אָב av הָרַחֲמָן harajamán• מְשׁוֹךְ meshoj

עַבְדָּךְ avdaj פוי, אל אדני אֶל el רְצוֹנָךְ retsonaj• יָרוּץ yaruts

עַבְדָּךְ avdaj פוי, אל אדני כְּמוֹ cmó אַיָּל ayal• יִשְׁתַּחֲוֶה yishtajavé אֶל el

מוּל mul הֲדָרָךְ hadaraj ב"פ יבק, ס"ג קס"א• יֶעֱרַב yeerav לוֹ lo

יְדִידוּתָךְ yedidutaj ר"ת יכלי• מִנֹּפֶת minófet צוּף tsuf וְכָל vejol טָעַם táam•:

הָדוּר hadur נָאֶה naé זִיו ziv הָעוֹלָם haolam• נַפְשִׁי nafshí

חוֹלַת jolat אַהֲבָתָךְ ahavataj• אָנָּא ana ב"ן אֵל El ייא"י (במילוי דס"ג)

נָא na רְפָא refá נָא na לָהּ la **(Nombre de 11 letras** para sanación)•

בְּהַרְאוֹת beharot לָהּ la נֹעַם nóam זִיוָךְ zivaj• אָז az תִּתְחַזֵּק titjazek

וְתִתְרַפֵּא vetitrapé• וְהָיְתָה vehaytá לָהּ la שִׂמְחַת simjat עוֹלָם olam•:

וָתִיק vatik יֶהֱמוּ yehemú רַחֲמֶיךָ rajameja• וְחוּסָה vejusá

נָא na עַל al בֵּן ben אֲהוּבָךְ ahuvaj• כִּי qui זֶה ze

כַּמָּה jame נִכְסוֹף nijsof נִכְסַף nijsaf• לִרְאוֹת lirot

בְּתִפְאֶרֶת betiféret עֻזָּךְ uzaj• אָנָּא ana ב"ן אֵלִי Elí חֶמְדַּת jemdat

לִבִּי libí• חוּשָׁה jushá נָא na וְאַל veal תִּתְעַלָּם titalam•:

הִגָּלֶה higalé נָא na וּפְרוֹשׂ ufrós חֲבִיב javiv הוי• עָלַי alai אֶת et סֻכַּת sucat

שְׁלוֹמָךְ shlomaj• תָּאִיר tair אֶרֶץ érets מִכְּבוֹדָךְ miquevodaj ב"ן, לכב•

נָגִילָה naguilá וְנִשְׂמְחָה venismejá בָּךְ vaj• מַהֵר maher אֱהוֹב ahuv

כִּי qui בָא va מוֹעֵד moed• וְחָנֵּנוּ vejanenú כִּימֵי quimei עוֹלָם olam•:

י *Querido del alma, Padre misericordioso, atrae a Tu siervo hacia Tu voluntad. Correrá Tu siervo como el corzo para postrarse frente a Tu majestad; pues le agrada Tu amistad más que la miel que destila el panal, y más que todo deleite.* ה *Majestad, Esplendor del mundo, mi alma padece por Tu amor. Te ruego, Dios, cúrala mostrándole la belleza de Tu esplendor. Entonces ella será fortalecida y sanará, y tendrá la alegría del mundo.* ו *Todo Poderoso, Tu misericordia sea despertada, y ten compasión con los hijos de Tu amado, porque hace tiempo que deseo contemplar prontamente el esplendor de Tu fuerza. Sólo esto es lo que mi corazón ha deseado, así que apiádate y no te ocultes.* ה *Revela y despliega sobre mí, Amado mío, el abrigo de Tu paz. Ilumina la Tierra con Tu gloria; nos alegraremos y nos regocijaremos por Tu causa. De prisa, muestra Tu amor, pues ha llegado la hora; y muéstranos Tu gracia como en los tiempos antiguos.*

LESHEM YIJUD

לְשֵׁם leShem יִחוּד yijud קוּדְשָׁא Kudshá בְּרִיךְ Berij הוּא Hu
וּשְׁכִינְתֵּיהּ uShjintei (יאהדונהי) בִּדְחִילוּ bidjilu וּרְחִימוּ urjimu
(יאההויהה), וּרְחִימוּ urjimu וּדְחִילוּ udjilu (איההיוהה), לְיַחֲדָא leyajadá
שֵׁם Shem יו"ד Yud קֵי Kei בְּוָא"ו beVav קֵי Kei בְּיִחוּדָא beyijudá
שְׁלִים shelim (יהוה) בְּשֵׁם beShem כָּל col ילי יִשְׂרָאֵל Yisrael,
הֲרֵינִי hareini מְקַבֵּל mekabel עָלַי alai אֱלָהוּתוֹ elohutó יִתְבָּרַךְ yitbaraj
וְיִרְאָתוֹ veyirató וְאַהֲבָתוֹ veahavató וְהִנְנִי vehineni עֶבֶד éved
לְהַשֵּׁם lehaShem יִתְבָּרַךְ yitbaraj, וַהֲרֵינִי vehareini מְקַיֵּם mekayem
מִצְוַת mitsvat וְאָהַבְתָּ veahavtá ב"פ אור, ב"פ רז, ב"פ א"ס לְרֵעֲךָ lereajá
כָּמוֹךָ camoja וַהֲרֵינִי vehareini אוֹהֵב ohev אֶת et כָּל col ילי אָדָם adam
מִיִּשְׂרָאֵל miYisrael כְּנַפְשִׁי quenafshí, וַהֲרֵינִי vehareini מְכַוֵּן mejavéin
לְקַיֵּם lekayem מִצְוַת mitsvat צִיצִית tsitsit וּמִצְוַת umitsvat תַּלְמוּד talmud
תּוֹרָה Torá, וַהֲרֵינִי vehareni מְכַוֵּן mejavéin לְקַיֵּם lekayem
מִצְוַת mitsvat קְרִיאַת kriat שְׁמַע Shemá וּתְפִלַּת utfilat שַׁחֲרִית shajarit,
הֵם hem וְהַמִּצְוֹת vehamitsvot הַנִּלְווֹת hanilvot וְהַכְּלוּלוֹת vehaclulot
בָּהֶם bahem, וַאֲנִי vaaní אני מְכַוֵּן mejavéin בְּכָל bacol ב"ן, לכב
לַעֲשׂוֹת laasot נַחַת nájat רוּחַ rúaj לְיוֹצְרֵנוּ leyotsrenu שֶׁלֹּא sheló
עַל al מְנַת menat לְקַבֵּל lekabel פְּרַס pras בְּשׁוּם beshum צַד tsad,
וַאֲנִי vaaní אני מְכַוֵּן mejavéin בְּכָל bacol ב"ן, לכב לָדַעַת ledáat
רַבִּי Rabí שִׁמְעוֹן Shimón בֶּן ben יוֹחַאי Yojai הַקָּדוֹשׁ hakadosh,

---

LESHEM YIJUD

Para la unificación entre El Santo, Bendito sea y Su Shejiná, con temor y amor y con amor y temor, para unificar El Nombre Yud-Kei y Vav-Kei en perfecta unidad, y en el nombre de todo Israel, por este medio acepto sobre mí Su divinidad, bendito sea Él, y el amor de Él y el temor de Él, y por este medio me declaro siervo de Dios, bendito sea Él. Y por este medio acepto sobre mí el precepto obligatorio de "Ama a tu prójimo como a ti mismo". Y por este medio declaro que amo a cada miembro de Israel con mi alma. Y por el presente medio estoy preparado para cumplir con el precepto obligatorio de usar el Tsitsit y del estudio de la Torá. Y por este medio estoy preparado para cumplir con el precepto obligatorio de recitar el Shemá y la oración de Shajarit, y todos los preceptos relacionados a ésta. Y medito para dar satisfacción a nuestro Creador, sin el propósito de recibir alguna recompensa. Y toda mi intención está basada en las enseñanzas del Santo Rabí Shimón bar Yojái.

וְהֲרֵינִי vehareini מְקַבֵּל mekabel עָלַי alai כֹּל col ילי תרי"ג taryag
מִצְוֹות mitsvot דְּאוֹרַיְיתָא deoraytá וּמִצְוֹות umitsvot דְּרַבָּנָן derabanán
הֵם hem וְעַנְפֵיהֶם veanfeihem וְאַתָּה veAtá הָאֵל haEl לאה ; ייא"י (מילוי דס"ג)
הַטּוֹב hatov והו בְּרוֹב berov י"פ אהיה רַחֲמֶיךָ rajameja
תַּצִּילֵנוּ tatsilenu מִיֵּצֶר miyétser הָרָע hará וּתְזַכֵּנוּ utezaquenu
לְעָבְדְךָ leovdejá פוי, אל אדני בֶּאֱמֶת beemet אהיה פעמים אהיה, ז"פ ס"ג
אָמֵן Amén יאהדונהי כֵּן quen יְהִי yehí רָצוֹן ratsón מהש ע"ה, ע"ב בריבוע וקס"א ע"ה,
אל שדי ע"ה. וִיהִי vihí נֹעַם nóam אֲדֹנָי Adonai ללה אֱלֹהֵינוּ Eloheinu ילה
עָלֵינוּ aleinu וּמַעֲשֵׂה umaasé יָדֵינוּ yadeinu כּוֹנְנָה conená
עָלֵינוּ aleinu וּמַעֲשֵׂה umaasé יָדֵינוּ yadeinu כּוֹנְנֵהוּ conenehu:

יְהִי yehí רָצוֹן ratsón מהש ע"ה, ע"ב בריבוע וקס"א ע"ה, אל שדי ע"ה
מִלְּפָנֶיךָ milfaneja ס"ג מ"ה ב"ן יְהֹוָהאדניאהדונהי Adonai
אֱלֹהֵינוּ Eloheinu ילה וֵאלֹהֵי veElohei לכב ; מילוי ע"ב, דמב ; ילה
אֲבוֹתֵינוּ avoteinu שֶׁתַּכְנִיעַ shetajnía כָּל col ילי
הַמְקַטְרְגִים hamekatreguim וְכָל vejol ילי הַקְּלִיפּוֹת haklipot
הַחִיצוֹנִים hajitsonim הַמְשׁוֹטְטִים hameshotetim בָּעוֹלָם baolam
וּמְעַכְּבִים umeacvim תְּפִלָּתִי tefilatí לַעֲלוֹת laalot לְפָנֶיךָ lefaneja ס"ג מ"ה ב"ן
כִּי qui אַתָּה Atá יוֹדֵעַ yodea שֶׁרְצוֹנִי sheretsoní לַעֲשׂוֹת laasot
רְצוֹנְךָ, retsonjá אַךְ aj אהיה שְׂאוֹר seor שֶׁבָּעִיסָּה shebeisá
מְעַכֵּב meaquev אוֹתִי, otí לָכֵן lajén גְּעוֹר gueor בָּהֶם bahem שֶׁאַל sheal
יַזִּיקוּנִי yezikuni וְאַל veal יְעַכְּבוּ yeacvú אֶת et תְּפִלָּתִי tefilatí

Y por este medio acepto sobre mí todos los 613 preceptos de la Torá y los sabios y sus ramificaciones. Y Tú, el buen Dios, con Tu gran misericordia, nos salvarás de la inclinación al mal y nos darás el privilegio de servirte con verdad. Amén, que así sea Su voluntad. "Que la gracia del Señor, nuestro Dios, sea sobre nosotros y pueda Él establecer para nosotros el trabajo de nuestras manos y pueda el trabajo de nuestras manos establecerlo a Él" (Salmos 90:17).

Que te plazca, Señor, mi Dios y Dios de mis antepasados, que Tú doblegues a todos los acusadores y klipot externas que existen en el mundo y que demoran la llegada de mis oraciones a Ti. Y Tú sabes que mi único deseo es cumplir Tu deseo, pero la levadura en la masa me retrasó. Así que castígalos para que no me lastimen y no demoren mi oración,

וְאַל veal יִשְׁלְטוּ yishletú בִּי bi לָא lo בְּגוּפִי begufí וְלָא veló
בְּנִשְׁמָתִי benishmatí, וְשֶׁתְּהֵא veshetehé תְּפִלָּתִי tefilatí רְצוּיָה retsuyá
וּמְקוּבֶּלֶת umkubélet לְפָנֶיךָ lefaneja ס"ג מ"ה ב"ן אָמֵן Amén יאהדונהי כֵּן quen
יְהִי yehí רָצוֹן ratsón מהש ע"ה, ע"ב בריבוע וקס"א ע"ה, אל שדי ע"ה:

הֲרֵינִי hareini מְכַוֵּין mejavéin בִּתְפִלָּתִי bitfilatí כְּאִילּוּ queílu
אֲנִי aní אני עוֹמֵד omed בִּירוּשָׁלַיִם birushaláyim בְּבֵית beVeit ב"פ ראה
הַמִּקְדָּשׁ haMikdash וּמְכַוֵּין umejavéin כְּנֶגֶד quenégued מזבח, זן, אל יהוה בֵּית Beit
ב"פ ראה קֹדֶשׁ Kódesh הַקֳּדָשִׁים haKodashim כְּמוֹ quemó שֶׁנֶּאֱמַר sheneemar:
וְהִתְפַּלְלוּ vehitpalelú אֶל el הַמָּקוֹם hamakom הַזֶּה hazé והו:
יְהִי yehí רָצוֹן ratsón מהש ע"ה, ע"ב בריבוע וקס"א ע"ה, אל שדי ע"ה
מִלְּפָנֶיךָ milfaneja ס"ג מ"ה ב"ן יְהֹוָאדֹנָהי אהדונהי Adonai אֱלֹהֵינוּ Eloheinu ילה
וֵאלֹהֵי veElohei לכב ; מילוי ע"ב, דמב ; ילה אֲבוֹתֵינוּ avoteinu שֶׁיִּהְיֶה sheyehé לִבִּי libí
נָכוֹן najón וּמָסוּר umasur בְּיָדִי beyadí שֶׁלֹּא sheló אֶשְׁכָּחֶךָ eshcajejá:

RIBÓN ALMÁ

Rabí Shimón dice en el *Zóhar*, *Idra Rabá* 303: "*El alma de un hombre es bajada desde los niveles elevados hacia Maljut. Por medio de eso, causa que todo esté en unión singular. Quien interrumpa esta unión del mundo es como si cortara al alma previamente mencionada, e indica que otra alma existe además de ésta. Como resultado, él y su memoria desaparecerán de este mundo por generaciones tras generaciones*". Decir "*Ribón Almá*" antes de la oración nos protege de cometer errores intelectuales en el transcurso de nuestro trabajo espiritual.

רִבּוֹן ribón עָלְמָא almá יְהֵא yehé רַעֲוָא raavá קָמָךְ kamaj לְמֵיהַב lemeihav
לַן lan וְחֵילָא jeilá לְאִתְעָרָא leitará בִּיקָרָךְ vikaraj וּלְמֶעְבַּד ulmeebad
רְעוּתָךְ reutaj וּלְסַדָּרָא ulesadará כֹּלָּא jolá כִּדְקָא quedeká יָאוּת yaut.

---

y que no me controlen, ni a mi cuerpo ni a mi alma. Y que mi oración sea aceptada por Ti, Amén, que así sea Su voluntad.

Mediante la presente medito en mi oración como si estuviera de pie en el Templo en Jerusalén y de espalda al Sancta Sanctórum. Como está dicho: "Si oraren hacia este lugar" (I Reyes 8:35). *Que sea agradable ante Ti, Señor, mi Dios y Dios de mis antepasados, que yo funde y dedique mi corazón de modo que yo no te olvide.*

RIBÓN ALMÁ

Señor del Mundo, que sea de Tu agrado
proporcionarnos fortaleza para actuar y honrarte, para hacer Tu voluntad y poner todo en la dirección correcta.

leshavaá לשואה yadín ידעין anán אנן deleit דלית gav גב al על veaf ואף

raavá רעוא yehé יהא ,jolá כלא letakaná לתקנא velibá ולבא reutá רעותא

dilán דילן utselotá וצלותא vemilín במלין detitreéi דתתרעי kamaj קמך

yaut יאות quidecá כדקא dilelá דלעלא tikuná תקונא letakaná לתקנא

ilaín עלאין verujín ורוחין ilaín עלאין heijalín היכלין ulehevó ולהוו

verujá ברוחא verujá ורוחא beheijalá בהיכלא heijalá היכלא aylí עילי

quidecá כדקא bedujtayhó בדוכתיהו demitjabrán דמתחברן ad עד

da דא veishtelimu ואשתלימו ,bisheyafá בשייפא sheyafá שייפא ,jazei וחזי

,jad חד inún אנון ad עד vedá בדא da דא veityajadú ואתיחדו vedá בדא

nishmetá נשמתא ujedein וכדין .vedá בדא da דא venaharín ונהרין

lon לון venaher ונהר milelá מלעלא atyá אתיא dejolá דכלא ilaá עלאה

bishleimú בשלימו vutsinín בוצינין colhó כלהו nehirín נהירין velehevú ולהוו

ilaá עלאה nehorá נהורא dehahú דההוא ad עד ,jazei וחזי quidecá כדקא

Kódesh קדש legabei לגבי aéil אעיל vejolá וכלא ,itear אתער

queveirá כבירא veitmalyá ואתמליא veitbarjá ואתברכא Kodashim קדשים

vejolhó וכלהו faskín פסקין velá ולא navín נבעין demayín דמיין

delá דלא vehahú וההוא .vetatá ותתא leelá לעלא mitbarján מתברכן

reutá רעותא ,bejushbená בחושבנא aéil אעיל velá ולא ityedá אתידע

legó לגו legó לגו basim בסים ,lealmín לעלמין itpás איתפס delá דלא

reutá רעותא hahú ההוא ityedá אתידע velá ולא ,begavayhó בגויהו

Y, aunque no sabemos cómo ser diligentes ni cómo dirigir nuestro corazón para corregirlo todo, que sea de Tu agrado que nuestras palabras y oraciones sean aceptadas para corregir el tikún Celestial de la manera correcta, para que las cámaras Celestiales y las almas Celestiales sean elevadas, una cámara penetra a la otra, y un alma a otra, hasta que todas reposen en sus respectivos lugares como es debido. Un órgano está dentro del otro y uno complementa al otro. Los elementos se funden hasta que se vuelven uno y brillan uno dentro del otro. Por consiguiente, el Alma más Celestial desciende e irradia sobre ellos, y todas las Velas (Sefirot) se van encendiendo en completa perfección, hasta que esta Luz Celestial es despertada y todas las cámaras entran al Sancta Sanctórum y es bendecida y llenada como un pozo de agua de manantial que nunca cesa de brotar, y todos los Superiores e Inferiores son bendecidos. El más guardado de los secretos que no puede ser concebido, y que es tomado en cuenta, es un deseo que nunca se puede comprender, es endulzado muy dentro de las Sefirot, y su deseo no puede ser concebido

וְלָא velá אִיתְפַּס itpás לְמִנְדַּע lemindá, וּכְדֵין ujedéin כֹּלָא colá רְעוּתָא reutá
וַחֲדָא jadá עַד ad אֵין ein סוֹף sof וְכֹלָּא vejolá אִיהוּ ihú בִּשְׁלֵימוּ vishleimú
מִלְּתָתָא miltatá וּמִגּוֹ umigó לְגוֹ legó עַד ad דְּאִתְעֲבֵד deitaved כֹּלָא colá
וַחַד jad, וְאִתְמַלְיָאָה veitmaliá כֹּלָא colá וְאִשְׁלֵם veishlem כֹּלָא colá
וְאִתְנְהִר veitnahir וְאִתְבַּסֵּם veitbasem כֹּלָא colá כִּדְקָא quidecá יָאוּת yaut.

רִבּוֹן Ribón עָלְמָא Almá יְהֵא yehé רְעוּתָךְ reutaj עִם im עַמָּךְ amaj
יִשְׂרָאֵל Yisrael לְעָלַם lealam. וּפֻרְקַן ufurkán יְמִינָךְ yeminaj אַחֲזֵי ajazei
לְעַמָּךְ leamaj בְּבֵית beveit מַקְדְּשָׁךְ makdeshaj וּלְאַמְטוּיֵי uleamtuyei
לַנָא laná מִטּוּב mituv נְהוֹרָךְ nehoraj וּלְקַבָּלָא ulekabalá צְלוֹתַנָא tselotaná
בְּרַחֲמֵי berajamei. יְהֵא yehé רַעֲוָא raavá קֳמָךְ kamaj דְּתֶהֱוֵי detehevei
סַעֵד saed וְסָמֵיךְ vesamej לַן lan דְּנֵימָא deneimá מִלִּין milín בְּאֹרַח beóraj
מִישׁוֹר mishor. בְּתִקּוּנָא betikuná דִּלְעֵילָּא dilelá בְּתִקּוּנִין betikunín
דְּמַלְכָּא demalcá קַדִּישָׁא kadishá וּמַטְרוֹנִיתָא umatronitá קַדִּישָׁא kadishá
וּלְמֶעְבַּד ulemeebad יִחוּדָא yijudá שְׁלִים shlim לְאַשְׁלָפָא leashlafá
לְהַהִיא lehahí נִשְׁמְתָא nishmetá דְּכָל dejol חַיֵּי jayei מִדַּרְגָּא midargá
לְדַרְגָּא ledargá עַד ad סוֹפָא sofá דְּכָל dejol דַּרְגִּין darguín.
בְּגִין beguín דִּיהֱוֵי dihevei הַהִיא hahí נִשְׁמְתָא nishmetá
מִשְׁתַּכְּחָא mishtejajá בְּכֹלָּא bejolá וּמִתְפַּשְּׁטָא umitpashtá
בְּכֹלָּא bejolá דְּהָא dehá עֵלָּא elá וְתַתָּא vetatá תְּלַיִין telayín
בְּהַאי behai נִשְׁמְתָא nishmetá וּמִתְקַיְּמֵי umitkaymei בָּהּ va:

---

ni conocido directamente. De este modo, todos los niveles hasta Ein Sof (Mundo Infinito) se unen en uno, y todo es perfeccionado desde Arriba, Abajo y adentro. Todos los niveles son llenados con su Luz, todos alcanzan la completitud y todos brillan a causa de él, y son apropiadamente endulzados de la forma debida.

Señor del Mundo, que Tu deseo esté con Tu nación Israel para siempre. Que la redención de Tu Diestra puedas enseñar a Tu nación en Tu Templo. Que Tú nos llenes con lo mejor de Tu iluminación y que Tú recibas nuestras oraciones con misericordia. Que sea agradable ante Ti ayudarnos y apoyarnos para que digamos las palabras de la manera correcta, para el tikún Celestial y el tikún del Santo Rey y la Santa Matrona. Para crear una unificación completa que atraiga esta Alma queda vida a todos desde una altura a otra; y así hasta el final de todos los niveles. Debido a la existencia de esta Alma en todo y su extensión en todo, Arriba y Abajo dependen de esta Alma y existen por causa de ella.

ADÓN OLAM

Las dos palabras *Adón Olam* (אדון עולם) equivalen al valor numérico de las palabras arameas *Ein Sof* (207), que significan el "Mundo Infinito", nuestro verdadero origen. *Adón Olam* también es el valor numérico de la palabra aramea *Or*, que quiere decir "Luz". Las palabras *Adón Olam* en sí se traducen como "Señor del Universo". Mediante esta oración queremos despertar un sentido de temor reverencial y asombro por la sabiduría y la comprensión del sistema espiritual, y por el orden y perfección del mundo y la Luz del Creador.

אֲדוֹן Adón אני עוֹלָם olam אור, רז, א"ס אֲשֶׁר asher מָלַךְ malaj•

בְּטֶרֶם betérem כָּל col ילי יְצִיר yetsir נִבְרָא nivrá: לְעֵת leet נַעֲשָׂה naasá

בְחֶפְצוֹ vejeftsó כֹּל col ילי• אֲזַי azai מֶלֶךְ Mélej שְׁמוֹ Shemó מהש ע"ה,

ע"ב בריבוע וקס"א ע"ה, אל שדי ע"ה נִקְרָא nikrá: וְאַחֲרֵי veajarei כִּכְלוֹת quijlot

הַכֹּל hacol ילי• לְבַדּוֹ levadó מ"ב יִמְלוֹךְ yimloj נוֹרָא norá:

וְהוּא vehú הָיָה hayá יהה וְהוּא vehú הֹוֶה hové• וְהוּא vehú יִהְיֶה yihyé ייי

בְּתִפְאָרָה betifará: וְהוּא vehú אֶחָד ejad אהבה, דאגה וְאֵין veéin שֵׁנִי shení•

לְהַמְשִׁילוֹ lehamshiló וּלְהַחְבִּירָה ulehajbirá: בְּלִי belí רֵאשִׁית reshit

בְּלִי belí תַכְלִית tajlit• וְלוֹ veló הָעֹז haoz וְהַמִּשְׂרָה vehamisrá: בְּלִי belí

עֵרֶךְ érej בְּלִי belí דִּמְיוֹן dimyón• בְּלִי belí שִׁנּוּי shinui וּתְמוּרָה utemurá:

בְּלִי belí חִבּוּר jibur בְּלִי belí פֵּרוּד pirud• גְּדוֹל guedol להח ; עם ד' אותיות =

מבה, יזל, אום כֹּחַ cóaj וּגְבוּרָה ugvurá רי"ו: וְהוּא vehú אֵלִי Elí וְחַי vejai

גֹּאֲלִי goalí• וְצוּר vetsur אלהים דההין ע"ה וְחֶבְלִי jevlí בְּיוֹם beyom ע"ה נגד,

מזבח, זן, אל יהוה צָרָה tsará אלהים דההין: וְהוּא vehú נִסִּי nisí וּמָנוֹסִי umanusí•

מְנָת menat כּוֹסִי cosí בְּיוֹם beyom ע"ה נגד, מזבח, זן, אל יהוה אֶקְרָא ekrá:

ADÓN OLAM

Señor del Universo, quien reinó antes de que cualquier forma se crease, y cuando todo se hizo de acuerdo a Su voluntad, Su Nombre fue proclamado como Rey. Y después que todo haya expirado, Él, el reverentemente temido, reinará solo. Él fue, Él es y Él se mantendrá en esplendor. Él es Uno y no hay otro que se compare con Él o que se declare Su igual. Sin comienzo, sin final, Suyo es el poder y el dominio, insondable e inimaginable, inmutable e irremplazable. Él no tiene uniones ni separaciones. Su fuerza y valor son inmensos. Él es mi Dios y mi Redentor viviente, mi sostén en momentos de angustia. Él es mi guía y mi refugio, mi parte de bienaventuranza en el día que lo invoco.

וְהוּא vehú רוֹפֵא rofé וְהוּא vehú מַרְפֵּא marpé• וְהוּא vehú צוֹפֶה tsofé

וְהוּא vehú עֶזְרָה ezrá: בְּיָדוֹ beyadó אַפְקִיד afkid רוּחִי rují

ר"ת = קנ"א ב"ן, יהוה אלהים יהוה אדני, מילוי קס"א וס"ג, מ"ה ברבוע וע"ב ע"ה• בְּעֵת beet

אִישָׁן ishán וְאָעִירָה veairá: וְעִם veim רוּחִי rují גְּוִיָּתִי gueviyatí•

אֲדֹנָי Adonai ללה לִי li וְלֹא veló אִירָא irá: בְּמִקְדָּשׁוֹ bemikdashó

תָּגֵל taguel נַפְשִׁי nafshí• מְשִׁיחֵנוּ meshijenu יִשְׁלַח yishlaj מְהֵרָה meherá:

וְאָז veaz נָשִׁיר nashir בְּבֵית beveit ב"פ ראה קָדְשִׁי kodshí•

אָמֵן Amén יאהדונהי אָמֵן Amén יאהדונהי שֵׁם Shem הַנּוֹרָא hanorá:

EL TALIT PEQUEÑO

La conexión con el *Talit* pequeño (*Talit katán* o *Tsitsit*) se refiere a la prenda de vestir que se lleva debajo de la camisa. El *Talit* pequeño crea un escudo de protección alrededor de la piel y el cuerpo de quien lo usa, para que las fuerzas negativas no puedan infiltrarse ni penetrarlo. Nuestra piel tiene la energía de *Maljut*, la cual está conectada a la realidad del uno por ciento. El *Talit* pequeño controla el campo energético alrededor de la piel y la protege.

Está escrito en el *Zóhar* que el *Tsitsit* es un talismán que cubre y protege a quien lo usa de todos los espíritus malignos y ángeles negativos. Rabeinu Bajyé dice que el precepto del *Tsitsit* está vinculado a la Resurrección de los Muertos. El *Tsitsit* representa a la Luz Circundante y, por esta razón, el *Talit* debe ser grande para que pueda cubrir la cabeza y el cuerpo, por delante y por detrás, hasta llegar al pecho. El *Talit* pequeño representa la Luz Circundante de *Katnut*.

Si no usas *Talit* para las oraciones, sólo debes recitar esta bendición.
Si dormiste con un *Talit* pequeño, debes tocar el *Tsitsit* primero.

בָּרוּךְ Baruj אַתָּה Atá יְהֹוָאֲדֹנָיאהדונהי Adonai אֱלֹהֵינוּ Eloheinu ילה

מֶלֶךְ Mélej הָעוֹלָם haolam אֲשֶׁר asher קִדְּשָׁנוּ kideshanu

בְּמִצְוֹתָיו bemitsvotav וְצִוָּנוּ vetsivanu עַל al מִצְוַת mitsvat צִיצִית tsitsit:

Él es un sanador y un remedio. Él observa y Él ayuda.
En Sus Manos yo confío mi espíritu cuando duermo y cuando me despierto. Mientras mi alma está en mi cuerpo, el Señor está conmigo, no temeré. En Su Templo se regocijará mi espíritu. Él nos enviará con rapidez a nuestro Mesías. Entonces cantaremos en Su Templo: Amén, Amén, el grandioso Nombre.

EL TALIT PEQUEÑO

Bendito eres Tú, Señor, nuestro Dios, el Rey del Mundo,
que nos has santificado con Tus preceptos y nos has obligado con el precepto del Tsitsit.

EL TALIT

El *Talit* es un manto que se coloca sobre los hombros, por encima de la ropa. Éste rodea a la persona que lo usa con una capa espiritual protectora de iluminación. Las cuatro esquinas del *Talit*, con sus flecos, nos conectan a los cuatro confines del universo y al nivel cuántico de nuestro mundo, ayudándonos a obtener el control sobre nuestra vida. El *Talit* nos conecta con la Luz Circundante, el potencial de nuestra alma. Generalmente, sólo los hombres casados lo usan debido a que la energía despertada por el *Talit* se manifiesta a través de la conexión de un hombre con su esposa

LESHEM YIJUD

LeShem Yijud es una bujía que activa la siguiente serie de oraciones y acciones, uniendo los Mundos Superiores con nuestra realidad física.

לְשֵׁם leShem יִחוּד yijud קֻדְשָׁא Kudshá בְּרִיךְ Berij הוּא Hu

וּשְׁכִינְתֵּיהּ uShjintei (יאהדונהי) בִּדְחִילוּ bidjilu וּרְחִימוּ urjimu (יאההויהה),

וּרְחִימוּ urjimu וּדְחִילוּ udjilu (איההיוהה), לְיַחֲדָא leyajadá שֵׁם Shem

יו"ד Yud קֵ"י Kei בְּוָא"ו beVav קֵ"י Kei בְּיִחוּדָא beyijudá שְׁלִים shelim (יהוה)

בְּשֵׁם beShem כָּל col ילי יִשְׂרָאֵל Yisrael, הֲרֵינִי hareini מוּכָן muján

לִלְבּוֹשׁ lilvosh טַלִּית talit מְצֻיֶּצֶת metsuyétset כְּהִלְכָתָהּ quehiljatá

כְּמוֹ quemó שֶׁצִּוָּנוּ shetsivanu יְהֹוָהאדניאהדונהי Adonai אֱלֹהֵינוּ Eloheinu ילה

בְּתוֹרָתוֹ vetorató הַקְּדוֹשָׁה hakedoshá: וְעָשׂוּ veasú לָהֶם lahem

צִיצִת tsitsit עַל־ al כַּנְפֵי canfei בִגְדֵיהֶם vigdeihem, כְּדֵי quedei

לַעֲשׂוֹת laasot נַחַת nájat רוּחַ rúaj לְיוֹצְרִי leyotsrí וְלַעֲשׂוֹת velaasot

רְצוֹן retsón מהש ע"ה, ע"ב בריבוע וקס"א ע"ה, אל שדי ע"ה בּוֹרְאִי borí, וַהֲרֵינִי vehareini

מוּכָן muján לְבָרֵךְ levarej עַל al עֲטִיפַת atifat הַטַּלִּית hatalit

כְּתִקּוּן quetikún רַזַ"ל razal, וַהֲרֵינִי vehareini מְכַוֵּין mejavéin לִפְטוֹר liftor

בִּבְרָכָה bivrajá זוֹ zo גַּם gam טַלִּית talit הַקָּטָן hakatán שֶׁעָלַי shealai.

EL TALIT
LESHEM YIJUD

Para la unificación entre El Santo, Bendito sea y Su Shejiná, con temor y amor y con amor y temor, para unificar El Nombre Yud-Kei y Vav-Kei en perfecta unidad, y en el nombre de todo Israel, estoy por este medio preparado para usar un Talit con Tsitsit, de acuerdo a la ley y como fuimos ordenados por el Señor, nuestro Dios, en Su santa Torá: "Y ellos deberán hacerse para sí mismos Tsitsit en las esquinas de sus ropajes" (Números 15:38). Para darle placer a mi Hacedor y para satisfacer el deseo de mi Creador, estoy por este medio preparado para bendecir al envolverme con el Talit, como fue establecido por nuestros Sabios de bendita memoria. Por este medio pretendo eximir al pequeño Talit que estoy usando con esta bendición.

וִיהִי vihí נֹעַם nóam אֲדֹנָי Adonai ללה אֱלֹהֵינוּ Eloheinu ילה

עָלֵינוּ aleinu וּמַעֲשֵׂה umaasé יָדֵינוּ yadeinu כּוֹנְנָה conená

עָלֵינוּ aleinu וּמַעֲשֵׂה umaasé יָדֵינוּ yadeinu כּוֹנְנֵהוּ conenehu:

ENVOLTURA CON EL TALIT: Después de la bendición, envuelves el *Talit* sobre tu cabeza, dejando tu cara descubierta y las cuatro esquinas colgando sobre tu pecho. Luego tomas los dos *Tsitsiot* del lado derecho y los arrojas sobre tu hombro izquierdo de forma que caigan sobre la espalda; haz una pequeña pausa antes de sostener los dos *Tsitsiot* del lado izquierdo y arrojarlos sobre tu hombro izquierdo, para que caigan sobre la espalda de modo que los cuatro *Tsitsiot* estén pendiendo sobre tu hombro izquierdo y hacia atrás. Debes hacer una pausa en esta posición durante unos cuatro segundos antes de dejar que el *Talit* caiga al frente para luego acomodarlo de forma cómoda y holgada sobre ambos hombros con dos *Tsitsiot* al frente y dos atrás.

El *Talit* es el aspecto de la Luz Circundante de *Gadlut*.
El *Talit* es el *tikún* de la parte externa (*Nétsaj, Hod, Yesod*) de *Yetsirá*.
La bendición es el *tikún* de la Luz Circundante y
Usar el *Talit* es el *tikún* de la Luz Interior.

בָּרוּךְ Baruj אַתָּה Atá יְהֹוָהאדניהאהדונהי Adonai אֱלֹהֵינוּ Eloheinu ילה מֶלֶךְ Mélej

הָעוֹלָם haolam אֲשֶׁר asher קִדְּשָׁנוּ kideshanu בְּמִצְוֹתָיו bemitsvotav

וְצִוָּנוּ vetsivanu לְהִתְעַטֵּף lehitatef בְּצִיצִית betsitsit ר״ת ל״ב נתיבות החכמה:

El *Yijud* del *Talit*: Al principio debes meditar en el *Yijud* (unificación) de *Zeir Anpín*, el cual es יהוה, y tiene el valor numérico de 32 caminos de sabiduría (ל״ב נתיבות החכמה). A nivel específico, debes meditar en conectar las letras יה, que son *Aba* e *Ima*, con la letra ו, que es *Zeir Anpín*, para que se convierta en la Luz Circundante, que es el *Talit*. Después, debes meditar en conectar la letra ו (*Zeir Anpín*) con la última letra ה, para atraer la Luz Circundante a la letra ה, que es el *Tsitsit*

VAANÍ

COMUNICACIÓN CON LOS TRES PILARES DE ORACIÓN (AVRAHAM, YITSJAK Y YAAKOV)

Existen tres fuerzas en el universo que son necesarias para generar energía, sea física o espiritual. Estas fuerzas son la Columna Derecha positiva, energía de compartir, canalizada por Avraham; la Columna Izquierda receptora, energía negativa, la cual es canalizada por Yitsjak; y la Columna Central de equilibrio, resistencia, canalizada por Yaakov. Los kabbalistas ancestrales explican que Avraham, Yitsjak y Yaakov son los cimientos de cada oración. Sus nombres son transmisores que activan y dan poder a todas las bendiciones y oraciones que realizamos mediante este *Sidur*.

"Que la gracia del Señor, nuestro Dios, sea sobre nosotros y pueda Él establecer para nosotros el trabajo de nuestras manos y pueda el trabajo de nuestras manos establecerlo a Él" (Salmos 90:17).

Bendito eres Tú, Señor, nuestro Dios, el Rey del Mundo,
que nos has santificado con Tus preceptos y nos has obligado a envolvernos con el Talit.

Debes decir el siguiente verso antes de entrar en el templo, mientras estás parado en la puerta:

Avraham (Derecha)

וַאֲנִי vaaní אני בְּרֹב berov י"פ אהיה וַחַסְדְּךָ jasdejá אבגית"ץ

אָבוֹא avó בֵּיתֶךָ veiteja ב"פ ראה

Yitsjak (Izquierda)

אֶשְׁתַּחֲוֶה eshtajavé י"פ ע"ב אֶל־ el הֵיכַל heijal ללה, אדני ; ר"ת = יהוה

קָדְשְׁךָ kodsheja

Yaakov (Central)

בְּיִרְאָתֶךָ beyirateja:

Luego te inclinas y entras.

Derecha

יְהֹוָה יאהדונהי Adonai צְבָאוֹת Tsevaot פני שכינה עִמָּנוּ imanu

ריבוע ס"ג, קס"א ע"ה וד' אותיות מִשְׂגָּב־ misgav משה, מהש, ריבוע ע"ב וקס"א, אל שדי,

ד"פ אלהים ע"ה לָנוּ lanu אלהים, אהיה אדני אֱלֹהֵי Elohei מילוי ע"ב, דמב ; ילה

יַעֲקֹב Yaakov ד' הויות, יאהדונהי אידהנויה סֶלָה sela:

Izquierda

יְהֹוָה יאהדונהי Adonai צְבָאוֹת Tsevaot פני שכינה אַשְׁרֵי ashrei

אָדָם adam מ"ה ; ה' צבאות אשרי אדם = תפארת בֹּטֵחַ botéaj

בָּךְ baj אדם בוטח בך = אמן (יאהדונהי) ע"ה ; בוטח בך = מילוי ע"ב ע"ה:

Central

יְהֹוָה יאהדונהי Adonai הוֹשִׁיעָה hoshía יהוה וש"ע נהורין הַמֶּלֶךְ haMélej ר"ת יהה

יַעֲנֵנוּ yaanenu בְיוֹם veyom ע"ה נגד, מזבח, זן, אל יהוה קָרְאֵנוּ korenu

ר"ת יב"ק, אלהים יהוה, אהיה אדני יהוה ; ס"ת = ב"ן ועם אות כ' דהמלך = ע"ב:

VAANÍ

"Y yo, con la profusión de Tu benevolencia, vengo a Tu Casa y me inclino hacia Tu Arca Sagrada, en temor reverencial hacia Ti" (Salmos 5:8). *"El Señor de los Ejércitos está con nosotros. El Dios de Yaakov es un refugio para nosotros, Sela"* (Salmos 46:12). *"El Señor de los Ejércitos, lleno de alegría es aquel que confía en Ti"* (Salmos 84:13). *El Señor nos redime. El Rey nos responderá en el día en que lo invoquemos"* (Salmos 20:10).

ESH TAMID – MEDITACIÓN PARA CONTROLAR NUESTROS PENSAMIENTOS

Nuestro cerebro es un receptor, y existen dos estaciones transmisoras que envían señales/pensamientos a nuestro cerebro. Una fuente es la Luz y la otra es el Satán. Estos versículos interrumpen y anulan cualquier pensamiento negativo que pueda entrar en nuestra mente.

Cada versículo se recita siete veces:

אֵשׁ esh תָּמִיד tamid ע״ה קס״א קנ״א קמ״ג תּוּקַד tukad עַל־ al

הַמִּזְבֵּחַ hamizbéaj נג״ד, ז״ן, אל יהוה לֹא lo תִכְבֶּה tijbé:

Recita siete veces:

סֵעֲפִים seafim שָׂנֵאתִי saneti וְתוֹרָתְךָ vetoratjá אָהָבְתִּי ahavti:

Recita siete veces:

לֵב lev טָהוֹר tahor י״פ אכא בְּרָא־ berá

קנ״א ב״ן, יהוה אלהים יהוה אדני, מילוי קס״א וס״ג, מ״ה ברבוע וע״ב ע״ה

לב טהור ברא = קס״א קנ״א קמ״ג

לִי li אֱלֹהִים Elohim אהיה אדני ; ילה ; לי אלהים = ריבוע אדני

וְרוּחַ verúaj נָכוֹן najón וַחֲדֵשׁ jadesh י״ב הויות, קס״א קנ״א בְּקִרְבִּי bekirbí שד״י:

Recita siete veces:

AYIN LÁMED MEM

Esta combinación de tres letras de los 72 Nombres de Dios nos da el control sobre pensamientos indeseados como preocupación, pesimismo, e ideas obsesivas o compulsivas. Además de usar esta meditación en las oraciones de la mañana, podemos usarla durante el resto del día según sea necesario.

Debes meditar en el Nombre Sagrado:

עלם

Esto ayuda a controlar tus pensamientos.

ESH TAMID

"Y el Fuego Eterno arderá sobre el Altar y nunca se extinguirá" (Levítico 6:6). *"Pensamientos dispersos desprecio, pero a Tu Torá yo amo"* (Salmos 119:113). *"Crea para mí un corazón puro, Dios, y renueva dentro de mí un espíritu correcto"* (Salmos 51:12).

LA ORACIÓN DE LA MAÑANA

Debes ser muy cuidadoso de no hablar, ni una sola palabra, durante las oraciones y meditaciones.

Según la Kabbalah, existen tres tipos de energía diferentes que gobiernan tres momentos específicos del día: Columna Derecha (Avraham), la mañana; Columna Izquierda (Yitsjak), la tarde; y Columna Central (Yaakov), la noche. Las oraciones de *Shajarit* corresponden a la Columna Derecha (Avraham), que es energía dadora, misericordiosa y positiva. Con mucha frecuencia despertamos de mal humor, y este estado de conciencia negativa permanece con nosotros durante el resto del día. Para contrarrestar esta negatividad, tenemos la conexión de *Shajarit*, la cual nos imbuye de energía de felicidad y vitalidad, motivándonos a revelar Luz a lo largo del día.

LESHEM YIJUD

לְשֵׁם leShem יִחוּד yijud קוּדְשָׁא Kudshá בְּרִיךְ Berij הוּא Hu
וּשְׁכִינְתֵּיהּ uShjintei (יאהדונהי) בִּדְחִילוּ bidjilu וּרְחִימוּ urjimu
(יאההויהה) וּרְחִימוּ urjimu וּדְחִילוּ udjilu (איההיוהה) לְיַחֲדָא leyajdá
שֵׁם Shem יוּ"ד Yud קֵ"י Kei בְּוָא"ו beVav קֵ"י Kei בְּיִחוּדָא beyijudá
שְׁלִים shelim (יהוה) בְּשֵׁם beShem כָּל col ילי יִשְׂרָאֵל Yisrael,
הִנֵּה hiné אֲנַחְנוּ anajnu בָּאִים baim לְהִתְפַּלֵּל lehitpalel
תְּפִלַּת tefilat שַׁחֲרִית shajarit שֶׁתִּקֵּן shetikén אַבְרָהָם Avraham ו"פ אל,
רי"ו ול"ב נתיבות החכמה, רמ"ח (אברים), עסמ"ב וט"ז אותיות פשוטות אָבִינוּ avinu עָלָיו alav
הַשָּׁלוֹם hashalom עִם im כָּל col ילי הַמִּצְוֹת hamitsvot הַכְּלוּלוֹת haclulot
בָּהּ ba לְתַקֵּן letakén אֶת et שָׁרְשָׁהּ shorshá בְּמָקוֹם bemakom
עֶלְיוֹן elyón לַעֲשׂוֹת laasot נַחַת nájat רוּחַ rúaj לְיוֹצְרֵנוּ leyotsrenu
וְלַעֲשׂוֹת velaasot רְצוֹן retsón מהש ע"ה, ע"ב בריבוע וקס"א ע"ה, אל שדי ע"ה
בּוֹרְאֵנוּ boreinu. וִיהִי vihí נֹעַם nóam אֲדֹנָי Adonai ללה
אֱלֹהֵינוּ Eloheinu ילה עָלֵינוּ aleinu וּמַעֲשֵׂה umaasé יָדֵינוּ yadeinu כּוֹנְנָה conená
עָלֵינוּ aleinu וּמַעֲשֵׂה umaasé יָדֵינוּ yadeinu כּוֹנְנֵהוּ conenehu:

LA ORACIÓN DE LA MAÑANA - LESHEM YIJUD

Para la unificación entre El Santo, Bendito sea y Su Shejiná, con temor y amor y con amor y temor, para unificar El Nombre Yud-Kei y Vav-Kei en perfecta unidad, y en el nombre de Israel, hemos venido por este medio a rezar la Oración de la Mañana establecida por Avraham, nuestro Patriarca, sea la paz sobre él, con todos sus mandamientos, para corregir su raíz en el Lugar Celestial, para llevarle satisfacción a nuestro Hacedor y para satisfacer el deseo de nuestro Creador. "Que la gracia del Señor, nuestro Dios, sea sobre nosotros y pueda Él establecer para nosotros el trabajo de nuestras manos y pueda el trabajo de nuestras manos establecerlo a Él" (Salmos 90:17).

UN COMPROMISO DE AMOR Y UNIDAD – ELEVAR NUESTRA CONCIENCIA

Un hilo delgado y débil no puede levantar un cofre lleno de tesoros. Sin embargo, cuando tejemos numerosos hilos delgados, formamos una soga. Cuando nos unimos con el resto del mundo mediante un compromiso de amor, podemos halar los tesoros espirituales más grandes, aunque no seamos dignos o lo suficientemente fuertes para lograr esto de manera individual.

Respecto al peligro de la desviación, el Caf-HaJayim dice: "En un lugar de desviación, la bendición se elimina a sí misma, y la gente que tuvo discordancias terminan con daños y accidentes en sus cuerpos así como en su salud. Aquellos que cuidan de sí mismos deben mantenerse alejados de cualquier desviación".

El Arí escribe en *La puerta de las meditaciones*: Antes de que comiences tus conexiones y oraciones, debes aceptar dentro de ti mismo el precepto de "ama a tu prójimo como a ti mismo". Esto quiere decir que debes meditar en amar a todas las personas que están haciendo el trabajo espiritual como si fueran parte de tu alma, para que tus oraciones sean incluidas y elevadas junto a la oración universal y tenga resultados. Es especialmente importante tener amor por los *Javerim* (las personas que dedican su vida al trabajo espiritual) y reconocer que rezar por los demás fortalece nuestras oraciones y permite que éstas sean aceptadas.

הֲרֵינִי hareini מְקַבֵּל mekabel עָלַי alai מִצְוַת mitsvat עֲשֵׂה asé שֶׁל shel

וְאָהַבְתָּ veahavta ב"פ אור, ב"פ רז, ב"פ א"ס לְרֵעֲךָ lereajá כָּמוֹךָ camoja◆

וַהֲרֵינִי vehareini אוֹהֵב ohev אֶת et כָּל col יל"י אֶחָד ejad אהבה, דאגה

מִבְּנֵי mibnei יִשְׂרָאֵל Yisrael כְּנַפְשִׁי quenafshí וּמְאוֹדִי umeodí◆

וַהֲרֵינִי vehareini מְזַמֵּן mezamén פֶּה pe מילה ; ע"ה אלהים, אהיה אדני

שֶׁלִּי shelí לְהִתְפַּלֵּל lehitpalel לִפְנֵי lifnei מֶלֶךְ Mélej מַלְכֵי maljei

הַמְּלָכִים hamlajim הַקָּדוֹשׁ haKadosh בָּרוּךְ Baruj הוּא Hu:

LA ATADURA DE YITSJAK

Al recitar este verso, que describe a Yitsjak siendo atado por Avraham, conectamos con el poder de la misericordia. De manera simultánea, atamos nuestro juicio como parte de nuestra limpieza interior y recibimos ayuda para atar los pensamientos negativos de personas que vienen con juicio contra nosotros.

UN COMPROMISO DE AMOR
ELEVAR NUESTRA CONCIENCIA

Por este medio yo acepto sobre mí el mandamiento obligatorio de "Ama a tu prójimo como a ti mismo". Por este medio yo declaro que yo amo a cada uno de los hijos de Israel con toda mi alma y toda mi fuerza. Y por este medio preparo mi boca para rezar ante el Rey de todos los Reyes, el Santo Bendito Sea.

אֱלֹהֵינוּ Eloheinu ילה וֵאלֹהֵי veElohei לכב ; מילוי ע״ב, דמב ; ילה אֲבוֹתֵינוּ avoteinu

זָכְרֵנוּ zojrenu בְּזִכְרוֹן bezijrón ע״ב קס״א ונש״ב טוֹב tov והו

מִלְּפָנֶיךָ milfaneja ס״ג מ״ה ב״ן וּפָקְדֵנוּ ufakdenu בִּפְקֻדַּת bifkudat

יְשׁוּעָה yeshuá וְרַחֲמִים verajamim מִשְּׁמֵי mishmei שְׁמֵי shmei

קֶדֶם •kédem וּזְכָר uzjar לָנוּ lanu אלהים, אהיה אדני יְהֹוָאדנָהיאהדונהי Adonai

אֱלֹהֵינוּ Eloheinu ילה אַהֲבַת ahavat הַקַּדְמוֹנִים hakadmonim

אַבְרָהָם Avraham וז״פ אל, רי״ו ול״ב נתיבות החכמה, רמ״ח (אברים), עסמ״ב וט״ז אותיות פשוטות

יִצְחָק Yitsjak ד״פ ב״ן וְיִשְׂרָאֵל veYisrael עֲבָדֶיךָ •avadeja

אֶת et הַבְּרִית habrit וְאֶת veet הַחֶסֶד hajésed ע״ב, ריבוע יהוה

וְאֶת veet הַשְּׁבוּעָה hashvuá שֶׁנִּשְׁבַּעְתָּ shenishbata לְאַבְרָהָם leAvraham

וז״פ אל, רי״ו ול״ב נתיבות החכמה, רמ״ח (אברים), עסמ״ב וט״ז אותיות פשוטות

אָבִינוּ avinu בְּהַר behar הַמּוֹרִיָּה •haMoriyá וְאֶת veet הָעֲקֵדָה haakedá

שֶׁעָקַד sheakad אֶת et יִצְחָק Yitsjak ד״פ ב״ן בְּנוֹ benó עַל al גַּבֵּי gabei

הַמִּזְבֵּחַ hamizbéaj נגד, זן, אל יהוה כַּכָּתוּב cacatuv בְּתוֹרָתָךְ •:betorataj

LA PORCIÓN RELACIONADA CON LA ATADURA

Recitar cada día la porción relacionada con la Atadura de Yitsjak nos permite expiar todos nuestros pecados y crear un escudo de protección contra toda enfermedad, el cual cancela la muerte de la humanidad.

LA ATADURA DE YITSJAK

Nuestro Dios y el Dios de nuestros antepasados, recuérdanos favorablemente ante Ti y evoca para nosotros la reminiscencia de salvación y misericordia, desde los primeros y más elevados Cielos. Y recuerda, por nosotros, Señor, nuestro Dios, el amor de los ancestros: Tus sirvientes, Avraham, Yitsjak e Yisrael. Y recuerda, también, la Alianza, la benevolencia y el juramento que Tú le hiciste a Avraham, nuestro antepasado, sobre el Monte Moriá, cuando él ató a su hijo, Yitsjak, sobre el altar, como se relata en Tu Torá:

וַיְהִי vayehí אַחַר ajar הַדְּבָרִים hadevarim הָאֵלֶּה haele

וְהָאֱלֹהִים vehaElohim אהיה אדני ; ילה נִסָּה nisá אֶת־ et אַבְרָהָם Avraham

וז"פ אל, רי"ו ול"ב נתיבות החכמה, רמ"ח (אברים), עסמ"ב וט"ז אותיות פשוטות וַיֹּאמֶר vayómer

אֵלָיו elav אַבְרָהָם Avraham וז"פ אל, רי"ו ול"ב נתיבות החכמה, רמ"ח (אברים),

עסמ"ב וט"ז אותיות פשוטות וַיֹּאמֶר vayómer הִנֵּנִי: hineni וַיֹּאמֶר vayómer קַח־ kaj

נָא na אֶת־ et בִּנְךָ binjá אֶת־ et יְחִידְךָ yejidjá אֲשֶׁר־ asher

אָהַבְתָּ ahavta אֶת־ et יִצְחָק Yitsjak ד"פ ב"ן וְלֶךְ־ velej לְךָ: lejá

אֶל־ el אֶרֶץ érets הַמֹּרִיָּה haMoriyá וְהַעֲלֵהוּ vehaalehu שָׁם sham

לְעֹלָה leolá עַל al אַחַד ajad אהבה, דאגה הֶהָרִים heharim אֲשֶׁר asher

אֹמַר omar אֵלֶיךָ: eleja וַיַּשְׁכֵּם vayashquem אַבְרָהָם Avraham וז"פ אל,

רי"ו ול"ב נתיבות החכמה, רמ"ח (אברים), עסמ"ב וט"ז אותיות פשוטות בַּבֹּקֶר babóker

וַיַּחֲבֹשׁ vayajavosh אֶת־ et חֲמֹרוֹ jamoró וַיִּקַּח vayikaj חעם אֶת־ et

שְׁנֵי shnei נְעָרָיו nearav אִתּוֹ itó וְאֵת veet יִצְחָק Yitsjak ד"פ ב"ן בְּנוֹ benó

וַיְבַקַּע vayvaká עֲצֵי atsei עֹלָה olá וַיָּקָם vayakam וַיֵּלֶךְ vayélej כלי

אֶל־ el הַמָּקוֹם hamakom אֲשֶׁר־ asher אָמַר־ amar לוֹ lo

הָאֱלֹהִים haElohim אהיה אדני ; ילה: בַּיּוֹם bayom ע"ה נגד, מזבח, זן, אל יהוה

הַשְּׁלִישִׁי hashelishí וַיִּשָּׂא vayisá אַבְרָהָם Avraham וז"פ אל, רי"ו ול"ב נתיבות החכמה,

רמ"ח (אברים), עסמ"ב וט"ז אותיות פשוטות אֶת־ et עֵינָיו einav ריבוע מ"ה

וַיַּרְא vayar אֶת־ et הַמָּקוֹם hamakom מֵרָחֹק merajok שדי:

LA PORCIÓN RELACIONADA CON LA ATADURA

"Y aconteció después de estos sucesos, Dios puso a prueba a Avraham y le dijo: 'Avraham', y éste contestó: 'Heme aquí'. Y Él dijo: 'Por favor, toma ahora a tu hijo, tu hijo único, a quien amas, Yitsjak, y ve a la tierra de Moriá y ofrécelo allí en holocausto sobre una de las montañas que te indicaré'. Y madrugó Avraham, preparó su asno y tomó a dos siervos consigo y a su hijo Yitsjak. Avraham partió leña para el holocausto, luego se levantó y fue al lugar que Dios le indicó. Al tercer día alzó Avraham sus ojos y vio el lugar a lo lejos.

וַיֹּאמֶר vayómer אַבְרָהָם Avraham ו"פ אל, רי"ו ול"ב נתיבות החכמה, רמ"ח (אברים),
עסמ"ב וט"ז אותיות פשוטות אֶל־ el נְעָרָיו nearav שְׁבוּ־ shevú לָכֶם lajem פֹּה po
מילה (להכניע הקליפות בסוד החמור) ; ע"ה אלהים, אהיה אדני עִם־ im הַחֲמוֹר hajamor
וַאֲנִי vaaní אני וְהַנַּעַר vehanáar נֵלְכָה neljá עַד־ ad כֹּה co
וְנִשְׁתַּחֲוֶה venishtajavé וְנָשׁוּבָה venashuva אֲלֵיכֶם aleijem: וַיִּקַּח vayikaj
חעם אַבְרָהָם Avraham ו"פ אל, רי"ו ול"ב נתיבות החכמה, רמ"ח (אברים), עסמ"ב וט"ז אותיות פשוטות
אֶת־ et עֲצֵי atsei הָעֹלָה haolá וַיָּשֶׂם vayasem עַל־ al יִצְחָק Yitsjak ד"פ ב"ן
בְּנוֹ benó וַיִּקַּח vayikaj חעם בְּיָדוֹ beyadó אֶת־ et הָאֵשׁ haesh שאה
וְאֶת־ veet הַמַּאֲכֶלֶת hamaajélet וַיֵּלְכוּ vayeljú שְׁנֵיהֶם shneihem
יַחְדָּו yajdav: וַיֹּאמֶר vayómer יִצְחָק Yitsjak ד"פ ב"ן אֶל־ el
אַבְרָהָם Avraham ו"פ אל, רי"ו ול"ב נתיבות החכמה, רמ"ח (אברים), עסמ"ב וט"ז אותיות פשוטות
אָבִיו aviv וַיֹּאמֶר vayómer אָבִי aví וַיֹּאמֶר vayómer הִנֶּנִּי hineni בְנִי vní
וַיֹּאמֶר vayómer הִנֵּה hiné הָאֵשׁ haesh שאה וְהָעֵצִים vehaetsim וְאַיֵּה veayé
הַשֶּׂה hasé לְעֹלָה leolá: וַיֹּאמֶר vayómer אַבְרָהָם Avraham ו"פ אל, רי"ו ול"ב
נתיבות החכמה, רמ"ח (אברים), עסמ"ב וט"ז אותיות פשוטות אֱלֹהִים Elohim אהיה אדני ; ילה
יִרְאֶה־ yiré רי"ו לוֹ lo הַשֶּׂה hasé לְעֹלָה leolá בְּנִי bení ר"ת הבל (למתק אר"ח
ע"מ לתקן עון הבל שחטא בראיה) וַיֵּלְכוּ vayeljú שְׁנֵיהֶם shneihem יַחְדָּו yajdav:
וַיָּבֹאוּ vayavóu אֶל־ el הַמָּקוֹם hamakom אֲשֶׁר asher אָמַר־ amar לוֹ lo
הָאֱלֹהִים haElohim אהיה אדני ; ילה וַיִּבֶן vayivén שָׁם sham אַבְרָהָם Avraham
ו"פ אל, רי"ו ול"ב נתיבות החכמה, רמ"ח (אברים), עסמ"ב וט"ז אותיות פשוטות אֶת־ et
הַמִּזְבֵּחַ hamizbéaj נגד, זן, אל יהוה וַיַּעֲרֹךְ vayaaroj אֶת־ et הָעֵצִים haetsim
וַיַּעֲקֹד vayaakod אֶת־ et יִצְחָק Yitsjak ד"פ ב"ן בְּנוֹ benó וַיָּשֶׂם vayasem

---

Les dijo entonces a los mozos: Esperen aquí con el asno, mientras yo y mi hijo vamos allá, donde nos prosternaremos y volveremos a ustedes. Y tomó Avraham la leña para el holocausto y la cargó sobre su hijo Yitsjak. Tomó el fuego y el cuchillo, y ambos fueron juntos. Entonces Yitsjak le dijo a su padre: 'Padre mío', y él contestó: 'Aquí estoy, hijo mío'. Y dijo Yitsjak: 'He aquí el fuego y la leña, ¿pero dónde está el cordero para el sacrificio?'. Y respondió Avraham: 'Hijo mío, Dios proveerá el cordero para el holocausto'. Y siguieron andando los dos juntos. Y llegaron al lugar que Dios le había indicado, y Avraham erigió allí un altar, ordenó la leña y ató a su hijo, Yitsjak, y lo colocó

אֹתוֹ otó עַל־ al הַמִּזְבֵּחַ hamizbéaj נג"ד, זן, אל יהוה מִמַּעַל mimáal עלם
לָעֵצִים: laetsim וַיִּשְׁלַח vayishlaj אַבְרָהָם Avraham וו"פ אל, רי"ו ול"ב נתיבות
החכמה, רמ"ח (אברים), עסמ"ב וט"ז אותיות פשוטות אֶת־ et יָדוֹ yadó וַיִּקַּח vayikaj ועם
אֶת־ et הַמַּאֲכֶלֶת hamaajélet לִשְׁחֹט lishjot אֶת־ et בְּנוֹ: benó
וַיִּקְרָא vayikrá עם ה' אותיות = ב"פ קס"א אֵלָיו elav מַלְאַךְ malaj
יְהֹוָהאדניאהדונהי Adonai מִן־ min הַשָּׁמַיִם hashamáyim י"פ טל, י"פ כוזו ; ר"ת מ"ה
וַיֹּאמֶר vayómer אַבְרָהָם Avraham | וו"פ אל, רי"ו ול"ב נתיבות החכמה, רמ"ח (אברים),
עסמ"ב וט"ז אותיות פשוטות אַבְרָהָם Avraham וו"פ אל, רי"ו ול"ב נתיבות החכמה, רמ"ח (אברים),
עסמ"ב וט"ז אותיות פשוטות וַיֹּאמֶר vayómer הִנֵּנִי: hineni וַיֹּאמֶר vayómer אַל־ al
תִּשְׁלַח tishlaj יָדְךָ yadjá אֶל־ el הַנַּעַר hanáar וְאַל־ veal תַּעַשׂ taás
לוֹ lo מְאוּמָה meumá כִּי qui | עַתָּה ata יָדַעְתִּי yadati כִּי־ qui יְרֵא yeré
אֱלֹהִים Elohim אהיה אדני ; ילה אַתָּה atá וְלֹא veló חָשַׂכְתָּ jasajta אֶת־ et
בִּנְךָ binjá אֶת־ et יְחִידְךָ yejidjá מִמֶּנִּי: mimeni וַיִּשָּׂא vayisá
אַבְרָהָם Avraham וו"פ אל, רי"ו ול"ב נתיבות החכמה, רמ"ח (אברים), עסמ"ב וט"ז אותיות פשוטות
אֶת־ et עֵינָיו einav ריבוע מ"ה וַיַּרְא vayar וְהִנֵּה־ vehiné אַיִל áyil אַחַר ajar
נֶאֱחַז neejaz בַּסְּבַךְ basevaj בְּקַרְנָיו bekarnav כשאומר נאחז בסבך בקרניו
יכוין לתיבות שאחר סבך הם עגל, והשטן בעבור קיטרוג העגל היה מרוזיק האיל, כדי שישחוט יצחק.
ומיכאל (= הנה איל, ננא) אוחז נאחז בקרניו (= שס"ח סממני הקטורת) הכניע את השטן
וַיֵּלֶךְ vayelej כלי אַבְרָהָם Avraham וו"פ אל, רי"ו ול"ב נתיבות החכמה,
רמ"ח (אברים), עסמ"ב וט"ז אותיות פשוטות וַיִּקַּח vayikaj ועם אֶת־ et
הָאַיִל haáyil וַיַּעֲלֵהוּ vayaalehu לְעֹלָה leolá תַּחַת tájat בְּנוֹ: benó
וַיִּקְרָא vayikrá עם ה' אותיות = ב"פ קס"א אַבְרָהָם Avraham וו"פ אל, רי"ו ול"ב נתיבות
החכמה, רמ"ח (אברים), עסמ"ב וט"ז אותיות פשוטות שֵׁם־ shem הַמָּקוֹם hamakom

---

en el altar, sobre la leña. Y Avraham extendió la mano en la que portaba el cuchillo para sacrificar a su hijo cuando lo llamó desde Cielo el Ángel del Señor diciéndole: 'Avraham, Avraham'. Y éste contestó dijo: 'Heme aquí'. Y Él dijo: 'No abatas tu mano sobre el muchacho ni le hagas nada, porque ahora sé que eres temeroso de Dios y no escatimaste para Mí a tu propio hijo'. Y Avraham alzó la vista y vio a un carnero cercano que tenía sus cuernos trabados en el matorral. Avraham fue allí y tomó al carnero; lo ofreció por holocausto en lugar de su hijo. Y llamó Avraham ese lugar:

הַהוּא hahú יְהֹוָואדנהיאהדונהי Adonai יִרְאֶה yiré ר"ו | אֲשֶׁר asher

יֵאָמֵר yeamer הַיּוֹם hayom ע"ה יהוה, נגד, מזבח, זן, אל יהוה בְּהַר behar

יְהֹוָואדנהיאהדונהי Adonai יֵרָאֶה yeraé ר"ו: וַיִּקְרָא vayikrá עם ה' אותיות = ב"פ קס"א

מַלְאַךְ malaj יְהֹוָואדנהיאהדונהי Adonai אֶל־ el אַבְרָהָם Avraham וז"פ אל,

ר"ו ול"ב נתיבות החכמה, רמ"ח (אברים), עסמ"ב וט"ז אותיות פשוטות שֵׁנִית shenit מִן־ min

הַשָּׁמָיִם hashamáyim י"פ טל, י"פ כוזו ; ר"ת מ"ה: וַיֹּאמֶר vayómer בִּי bi

נִשְׁבַּעְתִּי nishbati נְאֻם־ neúm יְהֹוָואדנהיאהדונהי Adonai כִּי qui יַעַן yaán

אֲשֶׁר asher עָשִׂיתָ asita אֶת־ et הַדָּבָר hadavar ראה הַזֶּה hazé והו וְלֹא veló

וְחָשַׂכְתָּ jasajta אֶת־ et בִּנְךָ binjá אֶת־ et יְחִידֶךָ yejideja: כִּי־ qui

בָרֵךְ varej אֲבָרֶכְךָ avarejejá וְהַרְבָּה veharbá אַרְבֶּה arbé יצחק, ד"פ ב"ן

אֶת־ et זַרְעֲךָ zarajá כְּכוֹכְבֵי quejojvei הַשָּׁמַיִם hashamáyim י"פ טל, י"פ כוזו

וְכַחוֹל vejajol אֲשֶׁר asher עַל־ al שְׂפַת sefat הַיָּם hayam ילי

וְיִרַשׁ veyirash זַרְעֲךָ zarajá אֵת et שַׁעַר sháar אֹיְבָיו oyvav:

וְהִתְבָּרְכוּ vehitbarjú יהוה ריבוע יהוה ריבוע מ"ה בְזַרְעֲךָ vezarajá

כֹּל col ילי גּוֹיֵי goyei הָאָרֶץ haárets אלהים דההין ע"ה עֵקֶב ékev ב"פ מום

אֲשֶׁר asher שָׁמַעְתָּ shamata בְּקֹלִי bekolí: וַיָּשָׁב vayashav

אַבְרָהָם Avraham וז"פ אל, ר"ו ול"ב נתיבות החכמה, רמ"ח (אברים), עסמ"ב וט"ז אותיות פשוטות

אֶל־ el נְעָרָיו nearav וַיָּקֻמוּ vayakumu וַיֵּלְכוּ vayeljú יַחְדָּו yajdav

אֶל־ el בְּאֵר Beer קנ"א ב"ן, יהוה אלהים יהוה אדני, מילוי קס"א וס"ג, מ"ה ברבוע וע"ב ע"ה

שָׁבַע Shava וַיֵּשֶׁב vayeshev אַבְרָהָם Avraham וז"פ אל,

ר"ו ול"ב נתיבות החכמה, רמ"ח (אברים), עסמ"ב וט"ז אותיות פשוטות בִּבְאֵר biVeer

קנ"א ב"ן, יהוה אלהים יהוה אדני, מילוי קס"א וס"ג, מ"ה ברבוע וע"ב ע"ה שָׁבַע Shava:

El Señor verá, de donde se dice hasta hoy día que en la Montaña del Señor se puede ver. Entonces el Ángel del Señor llamó a Avraham desde el Cielo por segunda vez diciendo: 'Por Mí juré, dijo el Señor, que por haber hecho tú cosa semejante y no Me negaste a tu hijo, el único, ciertamente he de bendecirte y multiplicaré inmensamente tu simiente como las estrellas del cielo y la arena de las costas. Tu simiente heredará el portal de sus enemigos. Todos los pueblos de la Tierra serán bendecidos por tu simiente, porque tú has obedecido a Mi Voz'. Y Avraham regresó al lugar donde estaban sus mozos. Se levantaron todos y fueron a Beer Sheva. Y Avraham moró en Beer Sheva" (Génesis 22:1-19).

RIBONÓ SHEL OLAM

La Luz nunca se puede revelar sin una Vasija. *Ribonó Shel Olam* nos ayuda a construir nuestra propia Vasija personal para atraer toda la Luz que Avraham generó en virtud de sus acciones.

רִבּוֹנוֹ Ribonó שֶׁל shel עוֹלָם olam. כְּמוֹ quemó שֶׁכָּבַשׁ shecavash
אַבְרָהָם Avraham וז"פ אל, רי"ו ול"ב נתיבות החכמה, רמ"ח (אברים), עסמ"ב וט"ז אותיות פשוטות
אָבִינוּ avinu אֶת et רַחֲמָיו rajamav לַעֲשׂוֹת laasot רְצוֹנְךָ retsonjá
בְּלֵבָב belevav בוכו שָׁלֵם shalem. כֵּן quen יִכְבְּשׁוּ yijbeshú
רַחֲמֶיךָ rajameja אֶת et כַּעַסְךָ caaseja. וְיִגֹּלוּ veyigolu
רַחֲמֶיךָ rajameja עַל al מִדּוֹתֶיךָ midoteja. וְתִתְנַהֵג vetitnaheg
עִמָּנוּ imanu ריבוע דס"ג, קס"א ע"ה וד' אותיות יְהֹוָהאדנילאהדונהי Adonai אֱלֹהֵינוּ Eloheinu
ילה בְּמִדַּת bemidat הַחֶסֶד hajésed ע"ב, ריבוע יהוה וּבְמִדַּת uvemidat
הָרַחֲמִים harajamim. וְתִכָּנֵס veticanés לָנוּ lanu אלהים, אהיה אדני
לִפְנִים lifnim מִשּׁוּרַת mishurat הַדִּין hadín. וּבְטוּבְךָ uvetuvjá לאו
הַגָּדוֹל hagadol להח ; עם ד' אותיות = מבה, יזל, אום יָשׁוּב yashuv חֲרוֹן jarón
אַפְּךָ apaj. מֵעַמְּךָ meamaj וּמֵעִירְךָ umeiraj וּמֵאַרְצְךָ umeartsaj
וּמִנַּחֲלָתְךָ uminajalataj. וְקַיֵּם vekayem לָנוּ lanu אלהים, אהיה אדני
יְהֹוָהאדנילאהדונהי Adonai אֱלֹהֵינוּ Eloheinu ילה אֶת et הַדָּבָר hadavar ראה
שֶׁהִבְטַחְתָּנוּ shehivtajtanu בְּתוֹרָתָךְ betorataj עַל al יְדֵי yedei
מֹשֶׁה Moshé מהש, ע"ב בריבוע וקס"א, אל שדי, ד"פ אלהים ע"ה עַבְדָּךְ avdaj פוי, אל אדני
כָּאָמוּר caamur: וְזָכַרְתִּי vezajarti אֶת־ et בְּרִיתִי brití
יַעֲקוֹב Yaakov ז' הויות, יאהדונהי אידהנויה וְאַף veaf אֶת־ et בְּרִיתִי brití

RIBONÓ SHEL OLAM

Señor del Mundo, igual que Avraham, nuestro padre, suprimió su compasión para cumplir con Tu voluntad con todo el corazón, de igual manera que Tu compasión suprima a Tu ira y pueda Tu compasión revelarse por encima de Tus otros atributos. Compórtate con nosotros, Señor, nuestro Dios, de acuerdo con los atributos de benevolencia y de compasión; por nuestro bien, actúa hacia nosotros desde más allá del marco de juicio estricto. Por Tu gran bondad, Tu furia se retractará de Tu Nación, Tu Ciudad, Tu Tierra, y Tu Herencia. Cumple para nosotros, Señor, nuestro Dios, lo que nos has prometido en Tu Torá, a través de Moshé, Tu siervo, como está dicho: "Me acordaré de Mi Pacto con Yaakov, de Mi Pacto

יִצְחָק Yitsjak ד"פ ב"ן וְאַף veaf אֶת־ et בְּרִיתִי brití

אַבְרָהָם Avraham וז"פ אל, רי"ו ול"ב נתיבות החכמה, רמ"ח (אברים), עסמ"ב וט"ז אותיות פשוטות

אֶזְכֹּר ezcor וְהָאָרֶץ vehaárets אלהים דההין ע"ה אֶזְכֹּר ezcor. וְנֶאֱמַר veneemar:

וְאַף־ veaf גַּם־ gam זֹאת zot בִּהְיוֹתָם bihyotam בְּאֶרֶץ beérets

אֹיְבֵיהֶם oyveihem לֹא־ lo מְאַסְתִּים meastim וְלֹא־ veló גְעַלְתִּים guealtim

לְכַלֹּתָם lejalotam לְהָפֵר lehafer בְּרִיתִי brití אִתָּם itam כִּי qui אֲנִי aní אני

יְהֹוָה יאהדונהי Adonai אֱלֹהֵיהֶם Eloheihem ילה: וְזָכַרְתִּי vezajarti

לָהֶם lahem בְּרִית brit רִאשֹׁנִים rishonim אֲשֶׁר asher הוֹצֵאתִי־ hotseti

אֹתָם otam מֵאֶרֶץ meérets מִצְרַיִם Mitsráyim מצר לְעֵינֵי leeinei ריבוע מ"ה

הַגּוֹיִם hagoyim לִהְיוֹת lihyot לָהֶם lahem לֵאלֹהִים leElohim אהיה אדני ; ילה

אֲנִי Aní אני יְהֹוָה יאהדונהי Adonai. וְנֶאֱמַר veneemar: וְשָׁב veshav

יְהֹוָה יאהדונהי Adonai אֱלֹהֶיךָ Eloheja ילה אֶת־ et שְׁבוּתְךָ shevutjá

וְרִחֲמֶךָ verijameja וְשָׁב veshav וְקִבֶּצְךָ vekibetsjá מִכָּל־ micol ילי

הָעַמִּים haamim אֲשֶׁר asher הֱפִיצְךָ hefitsjá יְהֹוָה יאהדונהי Adonai

אֱלֹהֶיךָ Eloheja ילה שָׁמָּה shama: אִם־ im יוהך, מ"א אותיות דפשוט,

דמילוי ודמילוי דמילוי דאהיה ע"ה יִהְיֶה yihyé ייי נִדַּחֲךָ nidajajá בִּקְצֵה biktsé

הַשָּׁמָיִם hashamáyim י"פ טל, י"פ כוזו מִשָּׁם misham יְקַבֶּצְךָ yekabetsjá

יְהֹוָה יאהדונהי Adonai אֱלֹהֶיךָ Eloheja ילה וּמִשָּׁם umisham

יִקָּחֶךָ yikajejá: וֶהֱבִיאֲךָ veheviajá יְהֹוָה יאהדונהי Adonai

אֱלֹהֶיךָ Eloheja ילה אֶל־ el הָאָרֶץ haárets אלהים דההין ע"ה אֲשֶׁר־ asher

---

con Yitsjak y hasta de Mi Pacto con Avraham y me acordaré también de la tierra" (Levítico 26:42). *Y también está dicho: "Y a pesar de las iniquidades de Israel, cuando estuvieron en tierras de sus enemigos, no los desprecié ni los odié de tal manera como para destruirlos y anular Mi Pacto con ellos, porque Yo soy El Señor, su Dios. Y por ellos, recordaré de Mi Pacto con la primera generación a quienes libré de la tierra de Egipto ante los ojos de todos los pueblos para que Yo fuera su Dios. Yo soy el Señor"* (Levítico 26:44-45). *Y también está dicho: "Y el Señor te hará volver del cautiverio y se apiadará de ti y te recogerá del seno de los pueblos donde Él te hubiere dispersado. Incluso si estuvieses desterrado en el extremo del Cielo, de allí mismo el Señor, tu Dios, ha de reunirte y de allí mismo ha de recogerte. Y el Señor, tu Dios, te traerá a la Tierra que*

יָרְשׁוּ yarshú אֲבֹתֶיךָ avoteja וִירִשְׁתָּהּ virishtá וְהֵיטִבְךָ veheitivjá
וְהִרְבְּךָ vehirbeja מֵאֲבֹתֶיךָ :meavoteja וְנֶאֱמַר veneemar עַל al
יְדֵי yedei נְבִיאֶךָ :nevieja יְהֹוָה יאהדונהי Adonai חָנֵּנוּ janenu
לְךָ lejá קִוִּינוּ kivinu הֱיֵה heyé יהה זְרֹעָם zeroam לַבְּקָרִים labkarim
(referencia a los “Diez mártires del reino”) אַף־ af יְשׁוּעָתֵנוּ yeshuatenu
בְּעֵת beet צָרָה tsará אלהים דההין• וְנֶאֱמַר :veneemar וְעֵת־ veet
צָרָה tsará אלהים דההין הִיא hi לְיַעֲקֹב leYaakov י׳ הויות, יאהדונהי אידהנויה
וּמִמֶּנָּה umimena יִוָּשֵׁעַ •yivashea וְנֶאֱמַר :veneemar בְּכָל־ bejol ב״ן, לכב
צָרָתָם tsaratam | לוֹ lo (כתיב: לא) צָר tsar וּמַלְאַךְ umalaj
פָּנָיו panav הוֹשִׁיעָם hoshiam בְּאַהֲבָתוֹ beahavató וּבְחֶמְלָתוֹ uvejemlató
הוּא Hu גְּאָלָם guealam וַיְנַטְּלֵם vayenatlem וַיְנַשְּׂאֵם vayenasem
כָּל־ col ילי יְמֵי yemei עוֹלָם •olam וְנֶאֱמַר :veneemar

LOS TRECE ATRIBUTOS

Los Trece Atributos son 13 virtudes o propiedades que reflejan 13 aspectos de nuestra relación diaria con el Creador. Actúan como un espejo. Si realizamos una acción negativa en nuestro mundo, el espejo refleja esta energía negativa de vuelta a nosotros. A medida que intentamos transformar nuestra naturaleza reactiva en una proactiva, esta retroalimentación directa desde el mundo de *Yetsirá* ayuda a orientarnos y a corregirnos. El número 13 también representa “uno por encima de los 12 signos del Zodíaco”. Los 12 signos astrológicos determinan nuestro comportamiento instintivo y reactivo. El número 13 nos da el control sobre los 12 signos, lo que nos da el dominio sobre nuestra naturaleza reactiva.

Una carta astrológica se conoce mejor como el mapa de ADN del alma de un individuo, revelando qué vino a hacer a este mundo, y qué necesita corregir y transformar en este tiempo de vida. Estamos destinados a usar los aspectos positivos de nuestro signo astrológico para superar y transformar todos los aspectos negativos imbuidos en nuestra personalidad interior. Es importante comprender que nuestro perfil astrológico no es la *causa* de nuestra naturaleza, sino el *efecto*. Recibimos un mapa de ADN en particular basado en nuestro historial de vidas pasadas. Este comportamiento de una vida pasada —y sus consecuentes créditos y deudas espirituales— determinó el momento y el signo en que nacimos. La astrología es sólo el mecanismo mediante el cual adquirimos las características necesarias para nuestro crecimiento y cambio interior.

---

heredaron tus padres y que también tú poseerás. Él será benévolo contigo y hará que te multipliques más que tus padres” (Deuteronomio 30:3-5). *Y también está dicho a través de Tus profetas: “Señor, ten misericordia de nosotros, a Ti hemos esperado; sé, su brazo fuerte en las mañanas, sé también nuestra salvación en tiempo de la tribulación.”* (Isaías 33:2). *Y como está dicho: “Es tiempo de tribulaciones para Yaakov, mas él será librado de ellas”* (Jeremías 30:7). *También: “Dios estaba afligido por la aflicción de ellos, y por eso los ángeles de Su presencia, los redimieron. En Su amor y en Su piedad los salvó. Él los trajo y los levantó todos los días de la eternidad”* (Isaías 63:9). *Y se ha dicho:*

(1) אל — מִי־ mi ילי אֵל El יי״א (במילוי ד״ס״ג) כָּמוֹךָ camoja

(2) רחום — נֹשֵׂא nosé עָוֹן avón

(3) וחנון — וְעֹבֵר veover עַל־ al פֶּשַׁע pesha

(4) ארך — לִשְׁאֵרִית lisherit נַחֲלָתוֹ najalató

(5) אפים — לֹא־ lo הֶחֱזִיק hejezik לָעַד laad ב״פ ב״ן אַפּוֹ apó

(6) ורב חסד — כִּי־ qui חָפֵץ jafets חֶסֶד jésed ע״ב, ריבוע יהוה הוּא hu:

(7) ואמת — יָשׁוּב yashuv יְרַחֲמֵנוּ yerajamenu

(8) נֹצר חסד — יִכְבֹּשׁ yijbosh עֲוֹנֹתֵינוּ avonoteinu

(9) לאלפים — וְתַשְׁלִיךְ vetashlij בִּמְצֻלוֹת bimtsulot

יָם yam ילי כָּל־ col ילי חַטֹּאותָם jatotam:

(10) נֹשא עון — תִּתֵּן titén ב״פ כהת אֱמֶת emet אהיה פעמים אהיה, ז״פ ס״ג

לְיַעֲקֹב leYaakov ז׳ הויות, יאהדונהי אידהנויה (חיבור ז״א ומלכות)

(11) ופשע — חֶסֶד jésed ע״ב, ריבוע יהוה לְאַבְרָהָם leAvraham

ח״פ אל, רי״ו ול״ב נתיבות החכמה, רמ״ח (אברים), עסמ״ב וט״ז אותיות פשוטות

(12) וחטאה — אֲשֶׁר־ asher נִשְׁבַּעְתָּ nishbata לַאֲבֹתֵינוּ laavoteinu

(13) ונקה — מִימֵי mimei קֶדֶם kédem:

Los Trece Atributos

"1) ¿Quién es un Dios como Tú? 2) Quien perdona la iniquidad, 3) y olvida el pecado 4) del remanente de Su heredad. 5) Él no retuvo para siempre Su enojo 6) porque Él se deleita en misericordia. 7) Él tendrá de nuevo misericordia sobre nosotros 8) y eliminará nuestras iniquidades. 9) Él echará en las profundidades del mar todos sus pecados. 10) Da la verdad a Yaakov 11) y benevolencia a Avraham 12) que prometiste a nuestros padres, 13) desde el comienzo de los días" (Miqueas 7:18-20).

וְנֶאֱמַר veneemar: וַהֲבִיאוֹתִים vahaviotim אֶל־ el הַר har
קָדְשִׁי kodshí וְשִׂמַּחְתִּים vesimajtim בְּבֵית beveit ב״פ ראה
תְּפִלָּתִי tefilatí עוֹלֹתֵיהֶם oloteihem וְזִבְחֵיהֶם vezivjeihem לְרָצוֹן leratsón
מהש ע״ה, ע״ב בריבוע וקס״א ע״ה, אל שדי ע״ה עַל־ al מִזְבְּחִי mizbejí כִּי qui
בֵיתִי veití ב״פ ראה בֵּית־ beit ב״פ ראה תְּפִלָּה tefilá באתב״ש אִוְכַּצ, ב״ן אדני
ונקודה ע״ה = יוד הי וו הה יִקָּרֵא yikaré לְכָל־ lejol יה אדני הָעַמִּים haamim ר״ת ילה:

ELU DEVARIM

אֵלּוּ elu דְּבָרִים devarim ראה שֶׁאֵין sheéin לָהֶם lahem שִׁעוּר shiur:
הַפֵּאָה hapeá וְהַבִּכּוּרִים vehabicurim וְהָרֵאָיוֹן vehareayón וּגְמִילוּת ugmilut
וַחֲסָדִים jasadim וְתַלְמוּד vetalmud תּוֹרָה Torá. אֵלּוּ elu
דְּבָרִים devarim ראה שֶׁאָדָם sheadam מ״ה עוֹשֶׂה osé אוֹתָם otam,
אוֹכֵל ojel מִפֵּירוֹתֵיהֶם miperoteihem בָּעוֹלָם baolam הַזֶּה hazé והו
וְהַקֶּרֶן vehakeren קַיֶּמֶת kayémet לוֹ lo לְעוֹלָם leolam ריבוע דס״ג וי׳ אותיות דס״ג
הַבָּא habá. וְאֵלּוּ veelu הֵן hen. כִּבּוּד quibud אָב av וָאֵם vaem.
וּגְמִילוּת ugmilut וַחֲסָדִים jasadim. וּבִקּוּר uvikur חוֹלִים jolim וחולה =
מ״ה עם ד׳ אותיות. וְהַכְנָסַת vehajnasat אוֹרְחִים orjim. וְהַשְׁכָּמַת vehashcamat
בֵּית beit ב״פ ראה הַכְּנֶסֶת hacnéset. וַהֲבָאַת vahavaat שָׁלוֹם shalom בֵּין bein
אָדָם adam מ״ה לַחֲבֵירוֹ lajaveró. וּבֵין uvein אִישׁ ish לְאִשְׁתּוֹ leishtó.
וְתַלְמוּד vetalmud תּוֹרָה Torá כְּנֶגֶד quenégued מזבח, זן, אל יהוה כֻּלָּם culam:

Y también está dicho: "Yo los he traído a Mi Montaña Sagrada y los he regocijado en Mi Casa de Oración. Sus holocaustos y sus sacrificios serán aceptados sobre Mi Altar, porque Mi Casa será llamada: 'Mi Casa de Oración' para todas las naciones" (Isaías 56:7).

ELU DEVARIM

"Los siguientes elementos no tienen medida: la esquina del terreno, la primicia, una ofrenda visual, la benevolencia y el estudio de la Torá. Estas son las cosas que una persona puede hacer y beneficiarse de sus frutos, en este mundo y, mientras su esencia permanezca intacta, en el Mundo por Venir. Y estas son: Honrar al padre y a la madre, otorgar benevolencia, visitar a los enfermos, brindar hospitalidad a los huéspedes, llegar temprano a la sinagoga, traer paz entre el hombre y sus semejantes y entre marido y mujer. Y el estudio de la Torá es equivalente a todos ellos" (Peá cap. 1:1; Shabat 127a).

LEOLAM YEHÉ ADAM

Es importante mantener un sentido de temor reverencial por el Creador y tener un miedo saludable de desconectarse de la Luz por actuar de forma deshonesta, bien sea que estemos solos o entre otras personas. El temor reverencial nos ayuda a reconocer que es nuestro oponente —el Satán— quien intenta controlar nuestro comportamiento y no nuestra naturaleza verdadera

לְעוֹלָם leolam ריבוע דס"ג ו"י אותיות דס"ג יְהֵא yehé אָדָם adam יְרֵא yeré

שָׁמַיִם shamáyim י"פ טל, י"פ כוזו בַּסֵּתֶר baséter ב"פ מצר כְּבַגָּלוּי quevagalui•

וּמוֹדֶה umodé עַל al הָאֱמֶת haemet אהיה פעמים אהיה, ד"פ ס"ג•

וְדוֹבֵר vedover אֱמֶת emet אהיה פעמים אהיה, ד"פ ס"ג בִּלְבָבוֹ bilvavó•

וְיַשְׁכֵּם veyashquim וְיֹאמַר veyomar: רִבּוֹן Ribón יהוה ע"ב ס"ג מ"ה ב"ן

הָעוֹלָמִים haolamim וַאֲדוֹנֵי vaAdonei הָאֲדוֹנִים haadonim• לֹא lo עַל־ al

צִדְקוֹתֵינוּ tsidkoteinu אֲנַחְנוּ anajnu מַפִּילִים mapilim תַחֲנוּנֵינוּ tajanuneinu

לְפָנֶיךָ lefaneja ס"ג מ"ה ב"ן כִּי qui עַל־ al רַחֲמֶיךָ rajameja הָרַבִּים harabim:

אֲדֹנָי Adonai | ללה שְׁמָעָה shmaá אֲדֹנָי Adonai | ללה סְלָחָה slajá

אֲדֹנָי Adonai ללה הַקְשִׁיבָה hakshiva וַעֲשֵׂה vaasé אַל־ al תְּאַחַר teajar

לְמַעַנְךָ lemaanjá אֱלֹהַי Elohai מילוי ע"ב, דמב ; ילה כִּי־ qui שִׁמְךָ Shimjá

נִקְרָא nikrá עַל־ al עִירְךָ irjá וְעַל־ veal עַמֶּךָ ameja: מָה ma מ"ה

אֲנַחְנוּ anajnu מָה ma מ"ה חַיֵּינוּ jayeinu• מָה ma מ"ה חַסְדֵּנוּ jasdenu

מָה ma מ"ה צִדְקוֹתֵינוּ tsidkoteinu• מָה ma מ"ה כֹּחֵנוּ cojenu מָה ma מ"ה

גְּבוּרָתֵנוּ guevuratenu• מָה ma מ"ה נֹּאמַר nomar לְפָנֶיךָ lefaneja ס"ג מ"ה ב"ן

יְהֹוָהאדנהיאהדונהי Adonai אֱלֹהֵינוּ Eloheinu ילה וֵאלֹהֵי veElohei לכב ; מילוי ע"ב, דמב ; ילה

אֲבוֹתֵינוּ avoteinu הֲלֹא haló כָּל col ילי הַגִּבּוֹרִים haguiborim כְּאַיִן queáyin

לְפָנֶיךָ lefaneja ס"ג מ"ה ב"ן • וְאַנְשֵׁי veanshei הַשֵּׁם haShem כְּלֹא queló הָיוּ hayú•

LEOLAM YEHÉ ADAM

Uno siempre debe temer a los Cielos en privado y en público, y uno debe reconocer la verdad y hablar la verdad en su corazón. Uno debe levantarse temprano y decir: Gobernador de los mundos, Señor de todos los Señores, "No ponemos nuestras súplicas ante Ti por causa de nuestra rectitud, sino debido a Tu abundante compasión. Señor, escúchanos. Señor, perdónanos. Señor, escucha, actúa y no demores. Mi Dios, hazlo así por Tu propia causa, porque Tu Nombre es invocado sobre Tu Ciudad y Tu Nación" (Daniel 9:18-19). *¿Cuál es nuestro valor y cuál es el beneficio de nuestra vida, nuestra rectitud, nuestra fortaleza y nuestro valor? ¿Qué debemos decir ante Ti, Señor, nuestro Dios y el Dios de nuestros padres? Todos los poderosos son como nada ante Ti. Los hombres famosos como si nunca hubiesen existido.*

וַחֲכָמִים vajajamim — כִּבְלִי quivlí — מַדָּע madá — וּנְבוֹנִים unevonim

כִּבְלִי quivlí — הַשְׂכֵּל •hasquel — כִּי qui — כָל־ jol — יל״י — מַעֲשֵׂינוּ maaseinu

תֹהוּ tohú — וִימֵי vimei — וְחַיֵּינוּ jayeinu — הֶבֶל hével

לְפָנֶיךָ lefaneja — ס״ג — מ״ה — ב״ן: — וּמוֹתַר umotar — הָאָדָם haadam — מ״ה — מִן־ min

הַבְּהֵמָה habehemá — ב״ן — אָיִן ayin — כִּי qui — הַכֹּל hacol — יל״י — הָבֶל :hável

LEVAD HANESHAMÁ (EXCEPTO POR ESA ALMA PURA)

La única entidad de valor genuino e importancia es nuestra alma, ya que el alma es una parte real de Dios. Si cometemos el error de olvidar que todos los que nos rodean también son parte del Creador, nos desconectamos inmediatamente de la Luz. *Levad HaNeshamá* nos ayuda a valorar y a apreciar el aspecto divino en todas las criaturas, y a respetar la esencia espiritual de nuestro mundo.

לְבַד levad — הַנְּשָׁמָה haNeshamá — הַטְּהוֹרָה hatehorá — שֶׁהִיא shehí

עֲתִידָה atidá — לִתֵּן litén — דִּין din — וְחֶשְׁבּוֹן vejeshbón — לִפְנֵי lifnei — כִסֵּא jisé

כְבוֹדֶךָ jevodeja — ב״ן, — לכב — וְכָל vejol — יל״י — הַגּוֹיִם hagoyim — כְּאַיִן queayin

נֶגְדֶּךָ negdejá — מזבח, ון, אל יהוה — שֶׁנֶּאֱמַר :sheneemar — הֵן hen — גּוֹיִם goyim

כְּמַר cmar — מִדְּלִי midlí — וּכְשַׁחַק ujesháјak — מֹאזְנַיִם moznáyim

נֶחְשָׁבוּ nejshavú — הֵן hen — אִיִּים iyim — כַּדַּק cadak — יִטּוֹל :yitol

AVAL

Todos somos descendientes de Avraham, Yitsjak y Yaakov. Estos grandes patriarcas bíblicos vinieron a este mundo y crearon una estructura espiritual siendo ellos los conductores, conectando con aspectos específicos de la Luz para que tú, yo y todas las personas del mundo pudiéramos acceder a la misma energía que ellos mismos encarnaron. Es gracias al mérito de estos gigantes espirituales que ahora podemos hacer las conexiones espirituales más elevadas posibles.

Los hombres sabios como si no tuvieran conocimiento y los hombres con entendimiento como si carecieran de sentido. Todas nuestras obras son confusión y los días de nuestras vidas son vanos ante Ti (Taná Devei Rabí Eleazar cap. 21). *"Y el hombre no es superior a las bestias, porque todo es vanidad"* (Eclesiastés 3:19).

LEVAD HANESHAMÁ

Excepto por esa alma pura la cual está destinada a ser juzgada y a rendir cuentas ante el Trono de Tu Gloria. Todas las naciones son como nada ante Ti, como está dicho: "He aquí que las naciones son para Él como una gota de agua que cae de un balde y son contadas como el polvillo en la balanza. Él hace desaparecer las islas como si fueran polvo" (Isaías 40:15).

אבל aval אנחנו anajnu עמך ameja בני bnei בריתך vriteja בני bnei
אברהם Avraham וז״פ אל, רי״ו ול״ב נתיבות החכמה, רמ״ח (אברים), עסמ״ב וט״ז אותיות פשוטות
אהבך ohaveja שנשבעת shenishbata לו lo בהר behar
המוריה haMoriyá• זרע zera יצחק Yitsjak ד״פ ב״ן עקדך akedeja
שנעקד sheneekad על־ al גבי gabei המזבח hamizbéaj נגד, זן, אל יהוה
עדת adat יעקב Yaakov ז׳ הויות, יאהדונהי אידהנויה בנך binjá
בכורך vejoreja• שמאהבתך shemeahavatjá שאהבת sheahavta
אותו otó ומשמחתך umisimjatjá ששמחת shesamajta בו bo
קראת karata אותו otó ישראל Yisrael וישרון vishurún•:

LeFijaj

LeFijaj despierta un sentido de apreciación que garantiza nuestra buena fortuna y protege aquello que amamos. Espiritualmente, no hay nada malo en trabajar por cosas más grandes y mejores en la vida; pero es nuestra conciencia de alma, no nuestra conciencia corpórea, lo que determinará si recibimos felicidad y satisfacción interior o insatisfacción y frustración. El mensaje profundo es que debemos estar felices con nuestro destino en la vida, como quiera que éste se vea, porque esa sensación de felicidad y apreciación es exactamente lo que necesitamos para lograr nuestro crecimiento espiritual.

לפיכך lefijaj אנחנו anajnu חייבים jayavim להודות lehodot לך laj
ולשבחך uleshabjaj ולפארך ulefaaraj ולרוממך uleromemaj
ולתן velitén שיר shir שבח shévaj והודאה vehodaá לשמך leShimjá
הגדול hagadol להח ; עם ד׳ אותיות = מבה, יזל, אום וחייבים vejayavim
אנחנו anajnu לומר lomar לפניך lefaneja ס״ג מ״ה ב״ן שירה shirá
בכל־ bejol ב״ן, לכב יום yom ע״ה נגד, מזבח, זן, אל יהוה תמיד tamid ע״ה קס״א קנ״א קמ״ג•

Aval

Sin embargo, somos Tu Nación, los hijos de Tu pacto: los Hijos de Avraham, que Te ha amado y a quien Tú le has jurado sobre el Monte Moriá; la semilla de Yitsjak, Tu atado, que fue atado sobre el altar; y la Congregación de Yaakov, Tu hijo, Tu primogénito, que por el amor y la alegría que Tú sentías hacia él, Te has regocijado en él y lo llamaste Israel y también Yeshurún.

LeFijaj

Por lo tanto, es nuestra obligación agradecerte, alabarte, glorificarte y exaltarte, y brindar una canción de alabanza y gratitud a Tu Gran Nombre. Estamos obligados a decir ante Ti, todos los días y para siempre,

אַשְׁרֵנוּ ashrenu מַה ma מ״ה טוֹב tov והו וְחֶלְקֵנוּ jelkenu

וּמַה־ umá מ״ה נָּעִים naim גּוֹרָלֵנוּ goralenu• וּמַה umá מ״ה

יָּפָה yafá מְאֹד meod יְרֻשָּׁתֵנוּ yerushatenu• אַשְׁרֵנוּ ashrenu

שֶׁאֲנַחְנוּ sheanajnu מַשְׁכִּימִים mashquimim וּמַעֲרִיבִים umaarivim

בְּבָתֵּי bevatei כְנֵסִיּוֹת jenesiyot וּבְבָתֵּי uvevatei מִדְרָשׁוֹת midrashot•

וּמְיַחֲדִים umeyajadim שִׁמְךָ Shimjá בְּכָל bejol ב״ן, לכב

יוֹם yom ע״ה נגד, מזבח, זן, אל יהוה תָּמִיד tamid ע״ה נתה, קס״א קנ״א קמ״ג

אוֹמְרִים omrim פַּעֲמַיִם paamáyim בְּאַהֲבָה beahavá אחד, דאגה:

PEQUEÑO SHEMÁ

Esta versión del *Shemá* actúa como un propulsor de cohetes, ayudándonos a despegar hacia *Shajarit*, la conexión matutina. Primero escaneamos las meditaciones que anteceden al *Shemá* para preparar nuestra Vasija interior. Cuando recitamos el *Shemá*, unimos a los Mundos Superiores con el mundo físico. Reconocemos que sólo hay un Creador, una Fuente, y que pasado, presente y futuro son uno. Recubrimos nuestra realidad física con la Realidad del Árbol de la Vida, creando un puente con nuestra conciencia al meditar en que todo es uno solo.

Dentro del *Shemá* hay dos letras arameas grandes: *Ayin* ע y *Dálet* ד. Juntas forman la palabra aramea para "testigo", עֵד. La Luz es testigo de todo lo que hacemos y siempre somos responsables de nuestras acciones, incluso si creemos que nadie nos vio haciéndolas. Esta es la Ley de Causa y Efecto.

Las meditaciones para este *Shemá* (*Shemá de los Korbanot*) no se mencionan en los escritos del Arí y tampoco en los escritos del Rashash, es por esto que no hemos agregado aquí ninguna meditación. (De acuerdo con el Ramjal, la elevación de los *Mojín* durante este *Shemá* es el mismo que durante el *Shemá de los Korbanot* de los días de semana, excepto que *Zeir Anpín* es elevado a *Nétsaj*, *Hod*, *Yesod* de *Aba* e *Ima*).

שְׁמַע Shemá ע׳ רבתי יִשְׂרָאֵל Yisrael יְהֹוָהאדני יאהדונהי Adonai

אֱלֹהֵינוּ Eloheinu ילה יְהֹוָהאדני יאהדונהי Adonai | אֶחָד Ejad ד׳ רבתי ; אהבה, דאגה:

(:Susurrar) יוזו אותיות בָּרוּךְ Baruj שֵׁם Shem כְּבוֹד quevod מַלְכוּתוֹ maljutó,

לְעוֹלָם leolam ריבוע ס״ג וי׳ אותיות דס״ג וָעֶד vaed:

¡Qué afortunados somos!

¡Qué buena es nuestra providencia! ¡Qué agradable es nuestro destino! ¡Qué hermosa es nuestra herencia! Estamos dichosos por ser capaces de llegar temprano y regresar tarde, a y desde las sinagogas y casas de estudio, y proclamar la unidad de Tu Nombre, diariamente y para siempre, y decimos dos veces, con amor:

PEQUEÑO SHEMÁ

"Escucha, Israel, el Señor nuestro Dios. El Señor es Uno" (Deuteronomio 6:4).

"Bendito es el glorioso Nombre, Su Reino es por siempre y para la eternidad" (Pesajim 56a).

ATÁ HU

El siguiente *Atá Hu* ocupa la realidad metafísica —*Ein Sof* (el Mundo Infinito)— que existió antes de que nuestro mundo fuera creado. El segundo *Atá Hu* reside en nuestro mundo físico, el cual fue creado después de que el universo existiera. Este conocimiento ayuda a reforzar la idea de que sólo hay una Luz que abarca tanto los dominios espirituales como los físicos.

אַתָּה Atá הוּא Hu אֶחָד ejad אהבה, דאגה קוֹדֶם kódem עסמ"ב

שֶׁבָּרָאתָ shebarata הָעוֹלָם haolam וְאַתָּה veAtá הוּא Hu אֶחָד ejad

אהבה, דאגה לְאַחַר leajar שֶׁבָּרָאתָ shebarata הָעוֹלָם haolam. אַתָּה Atá

הוּא Hu אֵל El ייא"י (מילוי דס"ג) בָּעוֹלָם baolam הַזֶּה hazé והו וְאַתָּה veAtá

הוּא Hu אֵל El ייא"י (מילוי דס"ג) בָּעוֹלָם baolam הַבָּא habá. וְאַתָּה veAtá

הוּא Hu וּשְׁנוֹתֶיךָ ushnoteja לֹא lo יִתָּמּוּ yitamu: קַדֵּשׁ kadesh

שִׁמְךָ Shmaj בְּעוֹלָמָךְ beolamaj עַל al עַם am מְקַדְּשֵׁי mekadeshei

שְׁמֶךָ Shemeja. וּבִישׁוּעָתְךָ uvishuatjá מַלְכֵּנוּ malquenu תָּרוּם tarum

וְתַגְבִּיהַּ vetagbiha קַרְנֵנוּ karnenu. וְתוֹשִׁיעֵנוּ vetoshienu בְּקָרוֹב vekarov

לְמַעַן lemaan שְׁמֶךָ Shemeja. בָּרוּךְ Baruj הַמְקַדֵּשׁ hamekadesh

שְׁמוֹ Shemó מהש ע"ה, ע"ב בריבוע וקס"א ע"ה, אל שדי ע"ה בָּרַבִּים varabim:

אַתָּה Atá הוּא Hu יְהֹוָאדהיאהדונהי Adonai הָאֱלֹהִים haElohim

אהיה אדני ; ילה ; ר"ת אהיה בַּשָּׁמַיִם bashamáyim י"פ טל, י"פ כוזו מִמַּעַל mimáal עלם

וְעַל veal הָאָרֶץ haárets אלהים דההין ע"ה מִתַּחַת mitájat בִּשְׁמֵי bishmei

הַשָּׁמַיִם hashamáyim י"פ טל, י"פ כוזו הָעֶלְיוֹנִים haelyonim

וְהַתַּחְתּוֹנִים vehatajtonim. אַתָּה Atá הוּא Hu רִאשׁוֹן rishón וְאַתָּה veAtá

הוּא Hu אַחֲרוֹן ajarón וּמִבַּלְעָדֶיךָ umibaladeja אֵין ein אֱלֹהִים Elohim

אהיה אדני ; ילה. קַבֵּץ kabets נְפוּצוֹת nefutsot קוֶֹיךָ koveja מֵאַרְבַּע mearbá

ATÁ HU

"Tú eres Uno antes que Tú crearas el mundo y Tú eres Uno después que Tú crearas el mundo. Tú eres Dios en este mundo y Tú eres Dios en el Mundo por Venir. Tú eres Tú y Tus años no tienen fin" (Salmos 102:28). *Santifica Tu Nombre, en Tu mundo, sobre la Nación que santifica Tu Nombre. Con Tu salvación, nuestro Rey, Tú Te levantarás y exaltarás nuestro valor. Redímenos pronto en Tu Nombre. Bendito es Él, que santifica Su Nombre sobre las multitudes. Tú eres el Señor, el Dios en los Cielos Arriba y en la Tierra Abajo. En los cielos de los Cielos Superiores e Inferiores, Tú eres primero y Tú eres último y, aparte de Ti, no hay otro Dios. Reúne a los dispersos que tienen esperanza en Ti desde los cuatro*

כַּנְפוֹת canfot הָאָרֶץ haárets אלהים דההין ע"ה ; ר"ת = אדני. יַכִּירוּ yaquiru
וְיֵדְעוּ veyedú כָּל־ jol ילי בָּאֵי baéi עוֹלָם olam כִּי qui אַתָּה Atá הוּא Hu
הָאֱלֹהִים haElohim אהיה אדני ; ילה לְבַדְּךָ levadeja לְכֹל lejol יה אדני
מַמְלְכוֹת mamlejot הָאָרֶץ haárets אלהים דההין ע"ה אַתָּה Atá עָשִׂיתָ asita
אֶת־ et הַשָּׁמַיִם hashamáyim י"פ טל, י"פ כוזו וְאֶת־ veet הָאָרֶץ haárets
אלהים דההין ע"ה: אֶת et הַיָּם hayam ילי וְאֶת veet כָּל־ col ילי אֲשֶׁר־ asher
בָּם bam מ"ב וּמִי umí ילי בְּכָל vejol ב"ן, לכב מַעֲשֵׂה maasé יָדֶיךָ yadeja
בָּעֶלְיוֹנִים baelyonim וּבַתַּחְתּוֹנִים uvatajtonim שֶׁיֹּאמַר sheyomar לָךְ laj
מַה ma מ"ה תַּעֲשֶׂה taasé וּמַה umá מ"ה תִּפְעָל tifal. אָבִינוּ avinu
שֶׁבַּשָּׁמַיִם shebashamáyim י"פ טל, י"פ כוזו חַי jai וְקַיָּם vekayam עֲשֵׂה asé
עִמָּנוּ imanu ריבוע ס"ג, קס"א ע"ה וד' אותיות חֶסֶד jésed ע"ב, ריבוע יהוה
בַּעֲבוּר baavur כְּבוֹד quevod שִׁמְךָ Shimjá הַגָּדוֹל hagadol להח ; עם ד' אותיות =
מבה, יזל, אום הַגִּבּוֹר haguibor וְהַנּוֹרָא vehanorá שֶׁנִּקְרָא shenikrá עָלֵינוּ aleinu
וְקַיֵּם vekayem לָנוּ lanu אלהים, אהיה אדני יְהֹוָהאדניאהדונהי Adonai
אֱלֹהֵינוּ Eloheinu ילה אֶת et הַדָּבָר hadavar ראה שֶׁהִבְטַחְתָּנוּ shehivtajtanu
עַל al יְדֵי yedei צְפַנְיָה Tsefanyá חוֹזָךְ jozaj כָּאָמוּר caamur: בָּעֵת baet
הַהִיא hahí אָבִיא aví אֶתְכֶם etjem וּבָעֵת uvaet קַבְּצִי kabtsí
אֶתְכֶם etjem כִּי־ qui אֶתֵּן etén אֶתְכֶם etjem לְשֵׁם leShem
וְלִתְהִלָּה velitehilá ע"ה אמת, אהיה פעמים אהיה, ז"פ ס"ג בְּכָל bejol ב"ן, לכב עַמֵּי amei
הָאָרֶץ haárets אלהים דההין ע"ה בְּשׁוּבִי beshuvi אֶת־ et שְׁבוּתֵיכֶם shevuteijem
לְעֵינֵיכֶם leeineijem ריבוע דמ"ה אָמַר amar יְהֹוָהאדניאהדונהי Adonai:

---

confines de la Tierra. Permite que toda la humanidad venga a reconocer y a saber que eres Tú solo quien es el Dios de todos los reinos de la Tierra. Tú has hecho los Cielos y la Tierra, el mar, y todo lo que contienen. ¿Y quién entre todas las criaturas que salieron de Tus manos, de arriba o de abajo, puede decirte qué hacer y cómo hacerlo? Nuestro Padre en los Cielos, Viviente y Existente, concédenos benevolencia por la gloria de Tu grande, poderoso y reverentemente temido Nombre, que ha sido invocado sobre nosotros. Puedas Tú satisfacernos, Señor, nuestro Dios, con lo que Tú has prometido a través de Tsefanyá, Tu vidente, como estaba dicho: "En ese tiempo, Yo les traeré y, en ese tiempo, Yo les reuniré, les daré fama y alabanza entre todas las naciones de la Tierra. Yo los regresaré del cautiverio delante de sus propios ojos. Así dijo el Señor" (Sofonías 3:20).

LOS SACRIFICIOS – KORBANOT

La palabra *Korbanot* significa "sacrificios". *Korbanot* viene de la palabra aramea *krav*, que significa "guerra", y también de la palabra aramea *kiruv*, que significa "acercar". Evidentemente, no podemos llevar sacrificios físicos a un Templo pero, a través de esta conexión, aún podemos ir a la guerra contra el Satán y acercarnos a los Mundos Superiores. Al recitar las oraciones de los *Korbanot* con una mente abierta y un corazón que confía, estamos generando la misma cantidad de energía como si estuviéramos llevando a cabo todas las acciones necesarias en el Templo.

EL SACRIFICIO DE OLÁ (GRANOS)

Según el *Zóhar* (*Zóhar Jadash* 41d), recitamos esta sección para limpiar la noche de los pensamientos negativos.

וַיְדַבֵּר vaydaber ראה יְהֹוָהּאדניאהדונהי Adonai אֶל־ el מֹשֶׁה Moshé

לֵּאמֹר: lemor מהש, ע״ב בריבוע וקס״א, אל שדי צַו tsav פוי, אל אדני אֶת־ et

אַהֲרֹן Aharón וְאֶת־ veet בָּנָיו banav לֵאמֹר lemor זֹאת zot תּוֹרַת torat

הָעֹלָה haolá הִוא hi הָעֹלָה haolá עַל al מוֹקְדָה mokdá עַל־ al

הַמִּזְבֵּחַ hamizbéaj נגד, זן, אל יהוה כָּל־ col ילי הַלַּיְלָה halayla מלה עַד־ ad

הַבֹּקֶר habóker וְאֵשׁ veesh הַמִּזְבֵּחַ hamizbéaj נגד, זן, אל יהוה תּוּקַד tukad

בּוֹ: bo וְלָבַשׁ velavash הַכֹּהֵן haCohén מלה מִדּוֹ midó בַד vad

וּמִכְנְסֵי־ umijnesei בַד vad יִלְבַּשׁ yilbash עַל־ al בְּשָׂרוֹ besaró

וְהֵרִים veherim אֶת־ et הַדֶּשֶׁן hadeshen אֲשֶׁר asher תֹּאכַל tojal

הָאֵשׁ haesh שאה אֶת־ et הָעֹלָה haolá עַל־ al הַמִּזְבֵּחַ hamizbéaj

נגד, זן, אל יהוה וְשָׂמוֹ vesamó אֵצֶל etsel הַמִּזְבֵּחַ hamizbéaj נגד, זן, אל יהוה:

LOS SACRIFICIOS – KORBANOT
EL SACRIFICIO DE OLÁ (GRANOS)

"Y el Señor dijo a Moshé: Ordena a Aharón y a sus hijos, diciéndoles: Esta es la ley del holocausto. Es una ofrenda quemada que permanecerá encendido sobre al Altar toda la noche, hasta la mañana y el fuego del Altar se mantendrá ardiendo. El Cohén vestirá su túnica de lino; pantalones de lino vestirá sobre su carne. Él retirará las cenizas cuando el fuego haya consumido la ofrenda y las pondrá a un lado del Altar.

וּפָשַׁט ufashat אֶת־ et בְּגָדָיו begadav וְלָבַשׁ velavash בְּגָדִים begadim
אֲחֵרִים ajerim וְהוֹצִיא vehotsí אֶת־ et הַדֶּשֶׁן hadeshen אֶל־ el
מִחוּץ mijuts לַמַּחֲנֶה lamajané אֶל־ el מָקוֹם makom טָהוֹר tahor י״פ אכא:
וְהָאֵשׁ vehaesh שאה עַל־ al הַמִּזְבֵּחַ hamizbéaj נגד, זן, אל יהוה תּוּקַד־ tukad
בּוֹ bo לֹא lo תִכְבֶּה tijbé וּבִעֵר uvier עָלֶיהָ aleha פהל הַכֹּהֵן haCohén מלה
עֵצִים etsim בַּבֹּקֶר babóker בַּבֹּקֶר babóker וְעָרַךְ vearaj עָלֶיהָ aleha פהל
הָעֹלָה haolá וְהִקְטִיר vehiktir עָלֶיהָ aleha פהל חֶלְבֵי jelvei
הַשְּׁלָמִים hashelamim: אֵשׁ esh תָּמִיד tamid ע״ה קס״א קנ״א קמ״ג (מילואי אהיה)
תּוּקַד tukad עַל־ al הַמִּזְבֵּחַ hamizbéaj נגד, זן, אל יהוה לֹא lo תִכְבֶּה tijbé:

EL TAMID – LA OFRENDA (DIARIA)

El segundo sacrificio es la ofrenda diaria. La palabra aramea *olat* עולת, que quiere decir "elevado", puede ser reordenada para deletrear *tolá* תולע, una fuerza negativa que es despertada cada mañana. Al agregar la palabra *olat*, como en *Olat Tamid*, desarraigamos y anulamos las fuerzas negativas de la mañana. *Olat* tiene el mismo valor numérico (506) que la primera frase en el *Ana Bejóaj*, que corresponde a la *Sefirá* de *Jésed*, que es misericordia. También representa el nivel de semilla de nuestra alma, un reino donde la separación y la negatividad no existen. Al cambiar las letras en *tolá* por *olat*, y meditando en la primera frase del *Aná Bejóaj*, removemos la fuerza negativa y regresamos a la semilla de amor incondicional y unidad.

Al recitar esta sección, elevamos la parte interior de las tres *Sefirot* Superiores de *Asiyá* al Nivel Superior. Este es el secreto de la Ofrenda de *Tamid*, para acercar lo Superior y lo Inferior, y para elevar lo Inferior hasta lo más alto (*Los escritos del Arí: Las puertas de la meditación*, vol. 1 cap. 3).

Existe una *toláat* (lombriz) en el Lado Santo, que es el secreto de *Jésed* que aumenta, se revela y brilla cada mañana. Y similar a ello, existe otra *tolá* en la *klipá* (Lado Impuro). Esta lombriz negativa despierta cada mañana para destruir el mundo, y Dios, con misericordia, revela la lombriz del Lado Puro, que es la Luz de *Jésed* (mencionada anteriormente). Y este es el secreto del *Tamid* (Ofrenda Diaria) que es llamado "*Olat HaTamid*", puesto que la palaba *olat* tiene las mismas letras que *tolá*, sólo que en diferente orden. A través de *Olat HaTamid*, que se recita cada mañana, la *tolá* del Lado Impuro se rendirá. En esta sección, debes meditar en purificar a los Mundos y en prepararlos para recibir la abundancia desde el aspecto de *Shabat*, a pesar de haber sido purificados desde el aspecto de los días de la semana.

Se quitará luego su vestimenta y se pondrá otra ropa, y llevará las cenizas fuera del campamento, a un lugar limpio. Y el fuego del Altar seguirá ardiendo y no debe ser extinguido. Temprano en la mañana, el Cohén colocará sobre él leños. Él dispondrá la ofrenda sobre el Altar y quemará la grasa como incienso de los sacrificios de paz. El fuego eterno arderá en el Altar y no se extinguirá" (*Levítico 6:1-6*).

וַיְדַבֵּר vaydaber ראה יְהֹוָה(אדני)יאהדונהי Adonai אֶל־ el מֹשֶׁה Moshé

מהש, ע"ב בריבוע וקס"א, אל שדי לֵּאמֹר lemor: צַו tsav פוי , אל אדני אֶת־ et בְּנֵי bnei

יִשְׂרָאֵל Yisrael וְאָמַרְתָּ veamarta אֲלֵהֶם aleihem אֶת־ et קָרְבָּנִי korbaní

לַחְמִי lajmí לְאִשַּׁי leishai רֵיחַ réaj נִיחֹחִי nijojí תִּשְׁמְרוּ tishmerú

לְהַקְרִיב lehakriv לִי li בְּמוֹעֲדוֹ bemoadó: וְאָמַרְתָּ veamarta לָהֶם lahem

זֶה ze הָאִשֶּׁה haishé אֲשֶׁר asher תַּקְרִיבוּ takrivu לַיהֹוָה(אדני)יאהדונהי laAdonai

כְּבָשִׂים quevasim בְּנֵי־ bnei שָׁנָה shaná תְמִימִם temimim שְׁנַיִם shnáyim

לַיּוֹם layom ע"ה נגד, מזבח, זן, אל יהוה עֹלָה olá ר"ת ע"של תָּמִיד tamid ע"ה קס"א קנ"א קמ"ג:

אֶת־ et הַכֶּבֶשׂ haqueves אֶחָד ejad אהבה, דאגה תַּעֲשֶׂה taasé בַבֹּקֶר vabóker

וְאֵת veet הַכֶּבֶשׂ haqueves הַשֵּׁנִי hashení תַּעֲשֶׂה taasé בֵּין bein

הָעַרְבָּיִם haarbáyim: וַעֲשִׂירִית vaasirit הָאֵיפָה haeifá סֹלֶת sólet

לְמִנְחָה leminjá ע"ה ב"פ ב"ן בְּלוּלָה belulá בְּשֶׁמֶן beshemen

כָּתִית catit רְבִיעִת reviit הַהִין hahín: עֹלַת olat ושר, אבגיתץ

(Aquí meditar en doblegar a la *klipá* llamada *Tolá* usando el nombre: אבגיתץ)

תָּמִיד tamid ע"ה קס"א קנ"א קמ"ג הָעֲשֻׂיָה haasuyá

בְּהַר behar סִינַי Sinai נמם, ה הויות (ה גבורות) לְרֵיחַ leréaj נִיחֹחַ nijóaj

אִשֶּׁה ishé לַיהֹוָה(אדני)יאהדונהי laAdonai: וְנִסְכּוֹ veniscó רְבִיעִת reviít

הַהִין hahín לַכֶּבֶשׂ laqueves הָאֶחָד haejad אהבה, דאגה בַּקֹּדֶשׁ bakódesh

הַסֵּךְ hasej נֶסֶךְ nésej שֵׁכָר shejar י"פ ב"ן לַיהֹוָה(אדני)יאהדונהי laAdonai:

EL TAMID – LA OFRENDA (DIARIA)

"Y habló Dios a Moshé y dijo: Ordena a los Hijos de Israel y diles: Mi ofrenda, el pan para ofrenda de fuego, Mi agradable fragancia, guardarán para entregar en sacrificio a Mí en el momento especificado. Y les dirás: Esta es la ofrenda de fuego que ofrecerán a Dios: cordero sin tacha de un año, dos diarios, como una ofrenda diaria regular; un cordero ofrecerás en la mañana y el segundo cordero ofrecerás al final de la tarde. Y un décimo de una fanega de harina fina, para la ofrenda de comida, mezclada con un cuarto de cuartal de aceite. Una ofrenda quemada permanente hecha en el Monte Sinaí, para fragancia adorable y una ofrenda de fuego ante el Señor. Su libación es un cuarto de cuartal para un cordero en el Santuario, vierte una libación de vino superior ante el Señor.

וְאֵת veet הַכֶּבֶשׂ haqueves הַשֵּׁנִי hashení תַּעֲשֶׂה taasé בֵּין bein
הָעַרְבָּיִם haarbáyim כְּמִנְחַת queminjat הַבֹּקֶר habóker וּכְנִסְכּוֹ ujeniscó
תַּעֲשֶׂה taasé אִשֵּׁה ishé (elevación a *Yetsirá*) רֵיחַ réaj (elevación a *Briá*)
נִיחֹחַ nijóaj (elevación a *Atsilut*) לַיהֹוָ֔ה laAdonai (elevación al Mundo Infinito):

EL INCIENSO

Estos versículos de la Torá y el *Talmud* hablan sobre las 11 hierbas y especias que fueron usadas en el Templo. Estas hierbas y especias fueron usadas con un solo propósito: Para ayudarnos a remover la fuerza de la muerte de cada área de nuestra vida. Esta es una de las varias oraciones cuyo único propósito es la erradicación de la muerte. El *Zóhar* nos enseña que todo aquel que tenga juicio persiguiéndole, necesita conectarse con este incienso. Estas 11 hierbas y especias se conectan con las 11 Luces que sostienen a las *klipot* (cáscaras de negatividad). Cuando arrancamos las 11 Luces que sostienen a las *klipot* a través del poder del incienso, las *klipot* pierden su fuerza vital y mueren. Además de llevar las 11 especias al Templo, la gente llevaba resina, vino y otros elementos con propiedades metafísicas para ayudar a combatir al Ángel de la Muerte.

Está escrito en el *Zóhar*: "Ven y ve: Quien es perseguido por el juicio necesita incienso y debe arrepentirse ante su Señor, ya que el incienso ayuda a desaparecer el juicio de él". Las 11 hierbas y especias corresponden a las 11 Iluminaciones Santas que reviven a la *klipá*. Al elevarlas, la *klipá* muere. Mediante estas 11 hierbas, las *klipot* son alejadas y se elimina la fuerza energética que les daba vida. Y debido a que el Lado Puro y su sustento desaparecen, las *klipot* quedan sin vida. Por lo tanto, el secreto del incienso es que éste limpia la fuerza de la plaga y la cancela. El incienso destruye al Ángel de la Muerte y le quita su poder de asesinar.

אַתָּה Atá הוּא Hu יְהֹוָ֔ה Adonai אֱלֹהֵינוּ Eloheinu ילה
שֶׁהִקְטִירוּ shehiktiru אֲבוֹתֵינוּ avoteinu לְפָנֶיךָ lefaneja ס"ג מ"ה ב"ן
אֶת et קְטֹרֶת któret י"א פעמים אדני (הנבררים מהקליפות ע"י י"א הסממנים);
קטרת - הק' באתב"ש ד' = תרי"ג (מצוות) הַסַּמִּים hasamim ע"ה קנ"א, אדני אלהים
בִּזְמַן bizmán שֶׁבֵּית shebeit ב"פ ראה הַמִּקְדָּשׁ hamikdash קַיָּם kayam
כַּאֲשֶׁר caasher צִוִּיתָ tsivita אוֹתָם otam עַל al יַד yad מֹשֶׁה Moshé מהש,
ע"ב בריבוע וקס"א, אל שדי נְבִיאָךְ neviaj כַּכָּתוּב cacatuv בְּתוֹרָתָךְ beTorataj:

Ofrecerás el segundo cordero en la tarde como la ofrenda de la mañana; su libación ofrecerás como ofrenda por fuego de una fragancia agradable a Dios" (Números 28:1-8).

EL INCIENSO

Eres Tú, Señor, nuestro Dios, ante quien nuestros antepasados quemaron las especias del incienso. Durante el tiempo en que existía el Sagrado Templo, como habías ordenado a través de Moshé, Tu Profeta, y como está escrito en Tu Torá:

LA PORCIÓN DEL INCIENSO

Para elevar las *Sefirot* de todas las *Noga* de *Atsilut*, *Briá*, *Yetsirá* y *Asiyá*.

Moshé מֹשֶׁה el אֶל־ Adonai יְהֹוָה vayómer וַיֹּאמֶר

(*Tiféret, Nétsaj*) samim סַמִּים lejá לְךָ kaj קַח־ מהש, ע"ב בריבוע וקס"א, אל שדי

vejelbená וְחֶלְבְּנָה (***Yesod***) ushjélet וּשְׁחֵלֶת (***Hod***) | nataf נָטָף ע"ה קנ"א, אדני אלהים

(***Kéter, Jojmá, Biná, Jésed, Guevurá***) samim סַמִּים ע"ה פוי, אל אדני (***Maljut***)

bevad בְּבַד bad בַּד **(Luz Circundante)** zacá זַכָּה ulevoná וּלְבֹנָה ע"ה קנ"א, אדני אלהים

(הנבררים אדני פעמים י"א któret קְטֹרֶת otá אֹתָהּ veasita וְעָשִׂיתָ : ייי yihyé יִהְיֶה

maasé מַעֲשֵׂה rókaj רֹקֵחַ (מצוות) תרי"ג = ד' באתב"ש הק' - קטרת ; (הסממנים י"א ע"י מהקליפות

kódesh קֹדֶשׁ אכא י"פ tahor טָהוֹר memulaj מְמֻלָּח שדי rokéaj רוֹקֵחַ

mimena מִמֶּנָּה veshajakta וְשָׁחַקְתָּ : ס"ת רוחש בכוונה לגרש החיצונים ויועיל לזכירה

haedut הָעֵדֻת lifnei לִפְנֵי mimena מִמֶּנָּה venatata וְנָתַתָּה hadek הָדֵק

shama שָׁמָּה lejá לְךָ ivaed אִוָּעֵד asher אֲשֶׁר moed מוֹעֵד beóhel בְּאֹהֶל

:veneemar וְנֶאֱמַר .lajem לָכֶם tihyé תִּהְיֶה kodashim קָדָשִׁים kódesh קֹדֶשׁ

אדני פעמים י"א któret קְטֹרֶת Aharón אַהֲרֹן alav עָלָיו vehiktir וְהִקְטִיר

samim סַמִּים (מצוות) תרי"ג = ד' באתב"ש הק' - קטרת ; (הסממנים י"א ע"י מהקליפות הנבררים)

beheitivo בְּהֵיטִיבוֹ babóker בַּבֹּקֶר babóker בַּבֹּקֶר ע"ה קנ"א, אדני אלהים

uvehaalot וּבְהַעֲלֹת :yaktirena יַקְטִירֶנָּה hanerot הַנֵּרֹת et אֶת־

haarbáyim הָעַרְבַּיִם bein בֵּין hanerot הַנֵּרֹת et אֶת־ Aharón אַהֲרֹן

אדני פעמים י"א któret קְטֹרֶת yaktirena יַקְטִירֶנָּה ר"ת אהבה, דאגה, אוזן

tamid תָּמִיד (מצוות) תרי"ג = ד' בא"ת ב"ש הק' - קטרת ; (הסממנים י"א ע"י מהקליפות הנבררים)

:ledoroteijem לְדֹרֹתֵיכֶם Adonai יְהֹוָה lifnei לִפְנֵי ע"ה קס"א קנ"א קמ"ג

LA PORCIÓN DEL INCIENSO

"Y Dios dijo a Moshé: Toma especias de bálsamo, uña aromática, gálbano y olíbano puro, de todo en igual peso. Y deberás preparar una mezcla de incienso: la obra de un perfumador, bien combinada, pura y santa. Molerás de ella pulverizándola y la colocarás delante del Testimonio en el Tabernáculo de Reunión, en donde Yo me encontraré contigo. Será el Santo de los Santos para ti" (Éxodo 30:34-36). *Y Dios también dijo: "Aharón quemará sobre el Altar especies de incienso cada mañana cuando prepare las velas. Y cuando Aharón encienda las velas a la caída del Sol, él deberá quemar especias de incienso como una ofrenda de incienso permanente ante Dios, por todas sus generaciones"* (Éxodo 30:7-8).

LAS FUNCIONES DEL INCIENSO

El relleno del incienso tiene dos propósitos: Primero, remover las *klipot* para evitar que éstas acompañen la elevación de los Mundos y, segundo, para atraer Luz hacia *Asiyá*. Por lo tanto, medita en elevar las chispas de Luz de todas las *Noga* de *Atsilut*, *Briá*, *Yetsirá* y *Asiyá*.

Cuenta el incienso uno por uno usando tu mano derecha y no te saltes ni uno, porque está escrito: "Si uno omite uno de los ingredientes, es probable que reciba la pena de muerte". Y por lo tanto, debes tener cuidado de no saltarte ninguno, porque recitar este párrafo es un sustituto de la verdadera quema del incienso.

תָּנוּ tanú רַבָּנָן rabanán פִּטּוּם pitum הַקְּטֹרֶת ha ketóret י״א פעמים אדני

(הנבררים מהקליפות ע״י י״א הסממנים) קטרת - הק׳ באתב״ש ד׳ = תרי״ג (מצוות);

פטום הקטרת = יְהֹוָה יֱהֹוִה מצפצ יה אדני אל אלהים מצפצ (ו׳ מרגלאין דשבת)׃

כֵּיצַד queitsad. שְׁלֹשׁ shlosh מֵאוֹת meot המספר = ש׳, אלהים דיודין

וְשִׁשִּׁים veshishim המספר = מילוי הש׳ (ין) וּשְׁמוֹנָה ushmoná מָנִים manim הָיוּ hayú

בָהּ va. שְׁלֹשׁ shlosh מֵאוֹת meot המספר = ש׳, אלהים דיודין וְשִׁשִּׁים veshishim

המספר = מילוי הש׳ (ין) וַחֲמִשָּׁה vajamishá כְּמִנְיַן queminyán יְמוֹת yemot

הַחַמָּה hajamá מָנֶה mané ע״ה פוי, אל אדני בְּכָל־ bejol ב״ן, לכב

יוֹם yom ע״ה נגד, מזבח, זן, אל יהוה. מַחֲצִיתוֹ majatsitó בַּבֹּקֶר babóker

וּמַחֲצִיתוֹ umajatsitó בָּעֶרֶב baérev. וּשְׁלֹשָׁה ushloshá מָנִים manim

יְתֵרִים yeterim קס״א, קנ״א וקמ״ג שֶׁמֵּהֶם shemehem מַכְנִיס majnís כֹּהֵן Cohén מלה

גָּדוֹל Gadol להח ; עם ד׳ אותיות = מבה, יזל, אום וְנוֹטֵל venotel מֵהֶם mehem

מְלֹא meló חָפְנָיו jafnav בְּיוֹם beYom ע״ה נגד, מזבח, זן, אל יהוה הַכִּפּוּרִים haKipurim.

מַחֲזִירָן majazirán לְמַכְתֶּשֶׁת lamajtéshet בְּעֶרֶב beérev

יוֹם Yom ע״ה נגד, מזבח, זן, אל יהוה הַכִּפּוּרִים haKipurim כְּדֵי quedei לְקַיֵּם lekayem

מִצְוַת mitsvat דַּקָּה daká מִן min הַדַּקָּה hadaká. וְאַחַד veajad אהבה, דאגה

עֲשָׂר asar סַמָּנִים samanim הָיוּ hayú בָהּ va. וְאֵלּוּ veelu הֵן hen׃

LAS FUNCIONES DEL INCIENSO

Nuestros Sabios han enseñado: ¿Cómo se hacía la composición del incienso? Trescientas sesenta y ocho porciones estaban contenidas allí. Trescientas sesenta y cinco correspondían al número de días en el año solar, una porción para cada día: La mitad de ella en la mañana y la otra mitad a la caída del Sol. Y las tres porciones restantes, el Sumo Sacerdote, en Yom Kipur, se llenaba ambas manos con ellas. En la Víspera de Yom Kipur, él las llevaría de regreso al mortero para cumplir el requerimiento de que debían estar muy finamente molidas. Cada porción contenía once especias:

1) הַצֳּרִי haTsorí (*Kéter*) מצפצ, אלהים דיודין, י"פ ייי. 2) וְהַצִּפֹּרֶן vehaTsiporén (*Yesod*)
יהוה אדני אהיה שדי. 3) וְהַחֶלְבְּנָה vehaJelbená (*Maljut*) ע"ה פוי, אל אדני.
4) וְהַלְּבוֹנָה vehaLevoná (**Luz Circundante** - שהוא אור לבן והוא יוזידי הנקרא אדון יוזיד)
מִשְׁקַל mishkal שִׁבְעִים shivim שִׁבְעִים shivim מָנֶה mané ע"ה פוי, אל אדני.
5) מוֹר Mor (*Jésed*). 6) וּקְצִיעָה uKetsía רהע (*Guevurá* - "כי מצפון תפתח הרעה",
והגבורה סוד רווז צפון). 7) וְשִׁבֹּלֶת veShibólet נֵרְדְּ nerd (*Tiféret*).
8) וְכַרְכֹּם veJarcom (*Nétsaj*) בוזרך, סנדלפון, ערי. מִשְׁקַל mishkal שִׁשָּׁה shishá
עָשָׂר asar שִׁשָּׁה shishá עָשָׂר asar מָנֶה mané ע"ה פוי, אל אדני. 9) קֹשְׁטְ Kosht
(*Jojmá*) שְׁנֵים shnéim עָשָׂר asar. 10) קְלוּפָה Kilufá (*Biná*) שְׁלֹשָׁה shloshá.
11) קִנָּמוֹן Kinamón (*Hod*) ר"ת ג"פ ק' (בסוד קדוש קדוש קדוש). תִּשְׁעָה tishá.
בּוֹרִית borit כַּרְשִׁינָה carshiná תִּשְׁעָה tishá קַבִּין kabín. יֵין yein מיכ, י"פ האא
קַפְרִיסִין kafrisín סְאִין seín תְּלַת telat וְקַבִּין vekabín תְּלָתָא telatá אהיה קבין
וְאִם veim יוהך, מ"א אותיות דפשוט, דמילוי ודמילוי דמילוי דאהיה ע"ה לֹא lo מָצָא matsá
יֵין yein מיכ, י"פ האא קַפְרִיסִין kafrisín מֵבִיא meví חֲמַר jamar חִוָּר jivar
עַתִּיק atik. מֶלַח mélaj סְדוֹמִית sedomit רֹבַע rova. מַעֲלֶה maalé
עָשָׁן ashán כָּל col יכי. שֶׁהוּא shehú. רִבִּי Ribí נָתָן Natán הַבַּבְלִי haBavlí
אוֹמֵר omer אַף af מִכִּפַּת miquipat הַיַּרְדֵּן haYardén י' הויות וד' אותיות כָּל col יכי
שֶׁהִיא shehí. אִם im יוהך, מ"א אותיות דפשוט, דמילוי ודמילוי דמילוי דאהיה ע"ה נָתַן natán
בָּהּ ba דְּבַשׁ devash שו' (דשופר) וי"ד (האוזן) = ש"ך דינין דגדלות פְּסָלָהּ pesalá.
וְאִם veim יוהך, מ"א אותיות דפשוט, דמילוי ודמילוי דמילוי דאהיה ע"ה וְחִסֵּר jiser
אַחַת ajat מִכָּל micol יכי סַמְמָנֶיהָ samemaneha חַיָּב jayav מִיתָה mitá:

---

1) Bálsamo 2) Uña aromática 3) Gálbano 4) Olíbano; el peso de setenta porciones cada una. 5) Mirra 6) Acacia 7) Nardo 8) y Azafrán, el peso de dieciséis porciones cada una. 9) Doce porciones de Costo 10) Tres de corteza aromática 11) Nueve de canela. Asimismo, nueve kabín de Lejía de Carsina. Y tres kabín y tres seín de vino de Chipre. Y si uno no encontrase vino de Chipre, él deberá traer vino blanco añejo. Y un cuarto de la sal de Sodoma. Y una pequeña medida de una hierba generadora de humo. Rabí Natán, el Babilonio, también aconsejaba una pequeña cantidad de ámbar de Jordania. Si se le añadía miel, se hacía defectuoso. Si omite aunque sea una de todas las hierbas, era merecedor de la muerte.

רַבָּן Rabán שִׁמְעוֹן Shimón בֶּן ben גַּמְלִיאֵל Gamliel אוֹמֵר :omer

הַצֳּרִי haTsorí מצפצ, אלהים דיודין, י"פ ייי אֵינוֹ einó אֶלָּא ela שְׂרָף seraf

הַנּוֹטֵף hanotef מֵעֲצֵי meatsei הַקְּטָף •haketaf בּוֹרִית borit

כַּרְשִׁינָא carshiná לְמָה lemá הִיא hi בָאָה vaá כְּדֵי quedei

לְשַׁפּוֹת leshapot בָּהּ ba אֶת et הַצִּפֹּרֶן haTsiporén יהוה אדני אהיה שדי

כְּדֵי quedei שֶׁתְּהֵא shetehé נָאָה •naá יֵין yein ע' (כנגד ע' אומות העולם התלויים בסמאל),

מ"כ, י"פ האא קַפְרִיסִין Kafrisín לְמָה lemá הוּא hu בָא •va כְּדֵי quedei

לִשְׁרוֹת lishrot בּוֹ bo אֶת et הַצִּפֹּרֶן haTsiporén יהוה אדני אהיה שדי

כְּדֵי quedei שֶׁתְּהֵא shetehé עַזָּה •azá וַהֲלֹא vahaló מֵי mei ילי רַגְלַיִם ragláyim

יָפִין yafín לָהּ la אֶלָּא ela שֶׁאֵין sheéin מַכְנִיסִין majnisín מֵי mei ילי

רַגְלַיִם ragláyim בַּמִּקְדָּשׁ bamikdash מִפְּנֵי mipnei הַכָּבוֹד hacavod לאו:

תַּנְיָא tanyá רִבִּי Ribí נָתָן Natán אוֹמֵר :omer כְּשֶׁהוּא queshehú

שׁוֹחֵק shojek אוֹמֵר omer הָדֵק hadek הֵיטֵב •heitev הֵיטֵב heitev

הָדֵק •hadek מִפְּנֵי mipnei שֶׁהַקּוֹל shehakol יָפֶה yafé לַבְּשָׂמִים •labesamim

פִּטְּמָהּ pitmá לַחֲצָאִין lajatsaín כְּשֵׁרָה •quesherá לִשְׁלִישׁ leshalish

וּלְרְבִיעַ uleravía לֹא lo שָׁמַעְנוּ •shamanu אָמַר amar רִבִּי Ribí

יְהוּדָה Yehudá זֶה ze הַכְּלָל haclal אִם im יוהך, מ"א אותיות דפשוט, דמילוי

ודמילוי דמילוי דאהיה ע"ה כְּמִדָּתָהּ quemidatá כְּשֵׁרָה quesherá לַחֲצָאִין •lajatsaín

וְאִם veim יוהך, מ"א אותיות דפשוט, דמילוי ודמילוי דמילוי דאהיה ע"ה וְחִסֵּר jiser

אַחַת ajat מִכָּל micol ילי סַמְמָנֶיהָ samemaneha חַיָּב jayav מִיתָה :mitá

Rabán Shimón ben Gamliel dice: El bálsamo era sólo una savia que rezumaba de los árboles de bálsamo. ¿Para qué se añadía la lejía de Carsina? Para frotar la uña aromática con ella y hacerlo agradable a la vista. ¿Cuál era el propósito de añadir vino de Chipre? Para remojarlo con la uña aromática. Orina es lo más apropiado para esto, pero no se lleva orina al Templo Sagrado por respeto. Se enseñaba que Rabí Natán decía: Cuando él molía, él decía: "Muélela finamente, muélela finamente". Esto es porque la voz es beneficiosa para las especias. Si combina la mitad de la cantidad es todavía válido, pero con relación a un tercio o un cuarto no poseemos información. Rabí Yehuda decía: Esta es la regla general: Si está en las proporciones correctas, entonces la mitad es válida. Pero si él omite una de las especias, es merecedor de la muerte.

תָּנֵי tanei בַּר Var קַפָּרָא Kapará: אַחַת ajat לְשִׁשִּׁים leshishim אוֹ o

לְשִׁבְעִים leshivim שָׁנָה shaná הָיְתָה haytá בָּאָה vaá שֶׁל shel

שִׁירַיִם shiráyim לַחֲצָאִין lajatsaín. וְעוֹד veod תָּנֵי tanei בַּר Var

קַפָּרָא Kapará אִלּוּ ilu הָיָה hayá יהה נוֹתֵן notén אבגיתץ, ושר בָּהּ ba

קָרְטוֹב kartov שֶׁל shel דְּבַשׁ devash שו (דשופר) וי"ד (האוזן) = ש"ך דינין דגדלות

אֵין ein אָדָם adam מ"ה יָכוֹל yajol לַעֲמוֹד laamod מִפְּנֵי mipnei

רֵיחָהּ reijá. וְלָמָּה velama אֵין ein מְעָרְבִין mearvín בָּהּ ba דְּבַשׁ devash

שו (דשופר) וי"ד (האוזן) = ש"ך דינין דגדלות מִפְּנֵי mipnei שֶׁהַתּוֹרָה shehaTorá

אָמְרָה amrá: כִּי qui כָל jol ילי שְׂאֹר seor ג' מוחין דאלהים דקטנות

(ש' = אלהים דיודין ; א' כללות שם אלהים ; ר' = ריבוע אלהים) וְכָל vejol ילי דְּבַשׁ devash

שו (דשופר) וי"ד (האוזן) = ש"ך דינין דגדלות לֹא lo תַקְטִירוּ taktiru מִמֶּנּוּ mimenu

שכן הם בחינת דינין דקטנות ודגדלות לכן נאסרה הקרבתן אִשֶּׁה ishé לַיהוָה יאהדונהי laAdonai:

Derecha

יְהוָה יאהדונהי Adonai צְבָאוֹת Tsevaot פני שכינה עִמָּנוּ imanu

ריבוע דס"ג, קס"א ע"ה וד' אותיות מִשְׂגָּב misgav משה, מהש, ע"ב בריבוע וקס"א, אל שדי,

ד"פ אלהים ע"ה לָנוּ lanu אלהים, אהיה אדני אֱלֹהֵי Elohei מילוי ע"ב, דמב ; ילה

יַעֲקֹב Yaakov ו' הויות, יאהדונהי אידהנויה סֶלָה sela:

Izquierda

יְהוָה יאהדונהי Adonai צְבָאוֹת Tsevaot פני שכינה אַשְׁרֵי ashrei

אָדָם adam מ"ה ; יהוה צבאות אשרי אדם = תפארת בֹּטֵחַ botéaj

בָּךְ baj אדם בוטח בך = אמן (יאהדונהי) ע"ה ; בוטח בך = מילוי ע"ב ע"ה:

Bar Kapara enseñaba que una vez cada sesenta o setenta años, las sobras se acumularían hasta llegar a la mitad de la medida. Bar Kapara también enseñaba que si se le añadía una pequeña medida de miel, ningún hombre soportaría su olor. ¿Por qué no se mezcla miel con ella? Porque la Torá ha estipulado: Porque cualquier levadura o miel no debes quemar en una ofrenda por fuego a Dios (Kritut 6; Yerushalmi, Yomá: cap. 4).
(Derecha) *"El Señor de los Ejércitos está con nosotros, nuestra fuerza es el Dios de Yaakov, Sela" (Salmos 46:12).* (Izquierda) *"El Señor de los Ejércitos, dichoso es aquel que confía en Ti" (Salmos 84:13).*

Central

יְהֹוָהאדניאהדונהי Adonai הוֹשִׁיעָה hoshía יהוה וש״ע נהורין הַמֶּלֶךְ haMélej ר״ת יהה

יַעֲנֵנוּ yaanenu בְּיוֹם veyom ע״ה נגד, מזבח, זן, אל יהוה

קָרְאֵנוּ korenu ר״ת יב״ק, אלהים יהוה, אהיה אדני יהוה ; ס״ת = ב״ן ועם כף דהמלך = ע״ב:

וְעָרְבָה vearvá לַיהֹוָהאדניאהדונהי laAdonai

מִנְחַת minjat יְהוּדָה Yehudá וִירוּשָׁלָםִ virushaláim

כִּימֵי quimei עוֹלָם olam וּכְשָׁנִים ujeshanim קַדְמֹנִיּוֹת kadmoniyot:

EL ORDEN DEL SERVICIO RITUAL DEL ALTAR

Relatamos todas las actividades y acciones que se realizaban en el Templo. El utilizar la transferencia de energía de las letras arameas es como si en realidad estuviéramos realizando estos ritos y rituales nosotros mismos. Los órganos de los animales sacrificados en el Templo representan nuestros órganos internos y, cuando recitamos las palabras de estos sacrificios específicos, atraemos sanación y orden a nuestra vida.

אַבַּיֵּי Abayei (haz una pausa aquí) הֲוָה havá מְסַדֵּר mesader סֵדֶר séder

הַמַּעֲרָכָה hamaarajá מִשְּׁמָא mishmá דִּגְמָרָא diGmará וְאַלִּבָּא vealibá

דְּאַבָּא deAbá שָׁאוּל Shaul מַעֲרָכָה maarajá גְּדוֹלָה guedolá

קוֹדֶמֶת kodémet לְמַעֲרָכָה lemaarajá שְׁנִיָּה shniyá שֶׁל shel

קְטֹרֶת któret י״א פעמים אדני (הנבררים מהקליפות ע״י י״א הסממנים) ; קטרת - הק׳ באתב״ש ד׳ =

תרי״ג (מצוות) וּמַעֲרָכָה umaarajá שְׁנִיָּה shniyá שֶׁל shel קְטֹרֶת któret

י״א פעמים אדני (הנבררים מהקליפות ע״י י״א הסממנים) ; קטרת - הק׳ באתב״ש ד׳ = תרי״ג (מצוות)

קוֹדֶמֶת kodémet לְסִדּוּר lesidur שְׁנֵי shnei גִּזְרֵי guezirei עֵצִים etsim

---

(Central) *"Señor, sálvanos. El Rey nos responderá el día que lo invoquemos"* (*Salmos 20:10*). *"Que el Señor encuentre la ofrenda de Yehuda y Jerusalén agradable como siempre y como en los días de antaño"* (*Malaquías 3:4*).

EL ORDEN DEL SERVICIO DEL RITUAL DEL ALTAR

Abayei, él listaba el orden del ritual de acuerdo con la Guemará y Abá Shaul. El orden de la pira mayor precedía al orden de la segunda pira de incienso. La segunda pira de incienso precedía al arreglo de los dos troncos de madera.

וְסִדּוּר vesidur שְׁנֵי shnei גִּזְרֵי guezirei עֵצִים etsim קוֹדֵם kódem עמם

לְדִשּׁוּן ledishún מִזְבֵּחַ mizbéaj נגד, זן, אל יהוה הַפְּנִימִי hapenimí•

וְדִשּׁוּן vedishún מִזְבֵּחַ mizbéaj נגד, זן, אל יהוה הַפְּנִימִי hapenimí

קוֹדֵם kódem עמם לְהַטָּבַת lahatavat חָמֵשׁ jamesh נֵרוֹת nerot•

וְהַטָּבַת vahatavat חָמֵשׁ jamesh נֵרוֹת nerot קוֹדֶמֶת kodémet

לְדַם ledam הַתָּמִיד hatamid ע"ה קס"א קנ"א קמ"ג• וְדַם vedam

הַתָּמִיד hatamid ע"ה קס"א קנ"א קמ"ג קוֹדֵם kódem עמם

לְהַטָּבַת lahatavat שְׁתֵּי shetei נֵרוֹת nerot• וְהַטָּבַת vahatavat

שְׁתֵּי shetei נֵרוֹת nerot קוֹדֶמֶת kodémet לִקְטֹרֶת liktóret י"א פעמים אדני

(הנבררים מהקליפות ע"י י"א סממני הקטורת) ; קטרת - הק' באתב"ש ד' = תרי"ג (מצוות)• וּקְטֹרֶת uktóret

י"א פעמים אדני (הנבררים מהקליפות ע"י י"א הסממנים) ; קטרת - הק' באתב"ש ד' = תרי"ג (מצוות)

לְאֵבָרִים leevarim• וְאֵבָרִים veevarim לְמִנְחָה leminjá ע"ה ב"פ ב"ן

וּמִנְחָה uminjá ע"ה ב"פ ב"ן לַחֲבִתִּין lajavitín• וַחֲבִתִּין vajavitín

לִנְסָכִין linsajín• וּנְסָכִין unsajín לְמוּסָפִין lemusafín• וּמוּסָפִין umusafín

לְבָזִיכִין levazijín• וּבָזִיכִין uvazijín קוֹדְמִין kodmín לְתָמִיד letamid

ע"ה קס"א קנ"א קמ"ג שֶׁל shel בֵּין bein הָעַרְבַּיִם haarbáyim• שֶׁנֶּאֱמַר sheneemar:

וְעָרַךְ vearaj עָלֶיהָ aleha פהל הָעֹלָה haolá וְהִקְטִיר vehiktir

עָלֶיהָ aleha פהל חֶלְבֵי jelvei הַשְּׁלָמִים hashlamim: עָלֶיהָ aleha פהל

הַשְׁלֵם hashlem כָּל־ col ילי הַקָּרְבָּנוֹת hakorbanot כֻּלָּם culam:

El arreglo de los dos troncos de madera precedía la retirada de las cenizas del Altar interior. La retirada de las cenizas del Altar interior precedía la preparación de las cinco velas. La preparación de las cinco velas precedía la sangre de la ofrenda diaria. La sangre de la ofrenda diaria precedía la preparación de las dos velas. La preparación de las dos velas precedía el incienso. El incienso precedía a los miembros y los miembros precedían las ofrendas de comida, y las ofrendas de comida precedían las ofrendas horneadas. Las ofrendas horneadas precedían las libaciones de vino. Las libaciones de vino precedían los sacrificios del Musaf. Los sacrificios del Musaf precedían las ofrendas diarias a la caída del Sol. Como se decía: Él preparaba las ofrendas quemadas sobre el Altar como incienso. Y sobre él, debes completar todos los sacrificios (Yomá 33a).

ANÁ BEJÓAJ (para saber más del *Aná Bejóaj* ve a la pág. 79)

(La tabla de *Tikún HaNéfesh* se encuentra en la pág. 665. Los ángeles de *Shabat* por la mañana se encuentran en la pág. 236).

El *Aná Bejóaj* probablemente sea la oración más poderosa en todo el universo. El Kabbalista del siglo II Rav Najunyá ben HaKaná fue el primer sabio en revelar esta combinación de 42 letras, la cual contiene el poder de la Creación.

Jésed, domingo (*Álef Bet Guímel Yud Tav Tsadi*) אבג יתץ

אָנָּא aná בְּכֹחַ bejóaj• גְּדוּלַּת guedulat יְמִינֶךָ yemineja•

תַּתִּיר tatir צְרוּרָה tserurá:

Guevurá, lunes (*Kof Resh Ayin Sin Tet Nun*) קרע שטן

קַבֵּל kabel רִנַּת rinat• עַמֶּךָ ameja שַׂגְּבֵנוּ sagvenu•

טַהֲרֵנוּ taharenu נוֹרָא norá:

Tiféret, martes (*Nun Guímel Dálet Yud Caf Shin*) נגד יכש

נָא na גִּבּוֹר guibor• דּוֹרְשֵׁי dorshei יִחוּדֶךָ yijudeja•

כְּבָבַת quevavat שָׁמְרֵם shamrem:

Nétsaj, miércoles (*Bet Tet Resh Tsadi Tav Guímel*) בטר צתג

בָּרְכֵם barjem טַהֲרֵם taharem• רַחֲמֵי rajamei צִדְקָתֶךָ tsidkateja•

תָּמִיד tamid גָּמְלֵם gomlem:

ANÁ BEJÓAJ

Jésed, domingo אבג יתץ

Te suplicamos, con el gran poder de Tu diestra, pon en libertad a los cautivos.

Guevurá, lunes קרע שטן

Acepta el canto de Tu nación. Fortifícanos y purifícanos, Reverenciado.

Tiféret, martes נגד יכש

Por favor, Todopoderoso, a los que buscan Tu unidad, cuídalos como a la pupila de los ojos.

Nétsaj, miércoles בטר צתג

Bendícelos. Purifícalos. Otórgales siempre Tu fidelidad compasiva.

Hod, jueves (*Jet Kof Bet Tet Nun Ayin*) חקב טנע

וְחָסִין jasín קָדוֹשׁ kadosh• בְּרוֹב berov טוּבְךָ tuvjá•

נַהֵל nahel עֲדָתֶךָ adateja:

Yesod, viernes (*Yud Guímel Lámed Pei Zayin Kof*) יגל פזק

יָחִיד yajid גֵּאֶה gueé• לְעַמְּךָ leamjá פְּנֵה pené•

זוֹכְרֵי zojrei קְדֻשָּׁתֶךָ kedushateja:

Maljut, sábado (*Shin Kof Vav Tsadi Yud Tav*) שקו צית

שַׁוְעָתֵנוּ shavatenu קַבֵּל kabel• וּשְׁמַע ushmá צַעֲקָתֵנוּ tsaakatenu•

יוֹדֵעַ yodea תַּעֲלוּמוֹת taalumot:

BARUJ SHEM QUEVOD

Susurrar esta frase final trae toda la Luz de los Mundos Superiores a nuestra existencia física.

(Susurrar) : יוזו אותיות בָּרוּךְ Baruj שֵׁם Shem כְּבוֹד quevod מַלְכוּתוֹ maljutó

לְעוֹלָם leolam ריבוע ס״ג וי׳ אותיות דס״ג וָעֶד vaed:

Ángeles de la mañana de *Shabat* (sábado)

יֻוּדֿ הֵיּ וָיֵו הֵיּ יַוּדֿ הַיּ וַיַו הַיּ

שועתנו קבל ושמע צעקתנו יודע תעלומות

שַׁקְוּצַיִת יְהוָה יְהוָה יְהוָה

שְׁמוּעִיאֵל בְּרַכִיאֵל אֲהַנִיאֵל ר״ת שוא

קָדְמִיאֵל מַלְכִיאֵל צוּרִיאֵל ר״ת קמץ

Hod, jueves חקב טנע

Invencible y Todopoderoso, con la abundancia de Tu bondad, guía a Tu congregación.

Yesod, viernes יגל פזק

Exaltado y orgulloso, vuélvete a Tu pueblo, aquellos que recuerdan Tu santidad.

Maljut, sábado שקו צית

Acepta nuestra plegaria y escucha nuestro clamor, Tú que conoces todo lo oculto.

BARUJ SHEM QUEVOD

"Bendito es el Nombre de la Gloria. Su Reino es para siempre y para la eternidad" (*Pesajim 56a*).

RIBÓN HAOLAMIM

Dios nos ha dado instrucciones específicas respecto a los sacrificios que debían ser realizados en el *Beit HaMikdash* (Templo Sagrado de Jerusalén). Debido a la destrucción del Templo, no podemos llevar a cabo dichas instrucciones. Aquí, pedimos a Dios que nos permita usar el poder de estas letras arameas como reemplazo a esos sacrificios.

רִבּוֹן Ribón יהוה ע"ב ס"ג מ"ה ב"ן הָעוֹלָמִים haolamim אַתָּה Atá צִוִּיתָנוּ tsivitanu

לְהַקְרִיב lehakriv קָרְבַּן korbán הַתָּמִיד hatamid ע"ה קס"א קנ"א קמ"ג

בְּמוֹעֲדוֹ •bemoadó וְלִהְיוֹת velihyot כֹּהֲנִים Cohanim

בַּעֲבוֹדָתָם baavodatam וּלְוִיִּם uLeviyim בְּדוּכָנָם bedujanam

וְיִשְׂרָאֵל veYisrael בְּמַעֲמָדָם •bemaamadam וְעַתָּה veAtá

בַּעֲוֹנוֹתֵינוּ baavonoteinu וְחָרֵב jarev בֵּית beit ב"פ ראה הַמִּקְדָּשׁ hamikdash

וּבָטַל uvutal הַתָּמִיד hatamid ע"ה קס"א קנ"א קמ"ג וְאֵין veéin

לָנוּ lanu אלהים, אהיה אדני לֹא lo כֹּהֵן Johén מלה

בַּעֲבוֹדָתוֹ •baavodató וְלֹא veló לֵוִי Leví בְּדוּכָנוֹ •bedujanó

וְלֹא veló יִשְׂרָאֵל Yisrael בְּמַעֲמָדוֹ •bemaamadó וְאַתָּה veAtá

אָמַרְתָּ :amarta וּנְשַׁלְּמָה uneshalmá פָרִים farim שְׂפָתֵינוּ :sefateinu

לָכֵן lajén יְהִי yehí רָצוֹן ratsón מהש ע"ה, ע"ב בריבוע וקס"א ע"ה, אל שדי ע"ה

מִלְּפָנֶיךָ milfaneja ס"ג מ"ה ב"ן יְהֹוָאדהנויאהדונהי Adonai אֱלֹהֵינוּ Eloheinu ילה

וֵאלֹהֵי veElohei לכב ; מילוי ע"ב, דמב ; ילה אֲבוֹתֵינוּ avoteinu שֶׁיְּהֵא sheyhé

זֶה ze שִׂיחַ síaj שִׂפְתוֹתֵינוּ siftoteinu וְחָשׁוּב jashuv וּמְקֻבָּל umekubal

וּמְרוּצֶּה umerutsé לְפָנֶיךָ lefaneja ס"ג מ"ה ב"ן כְּאִלּוּ queílu הִקְרַבְנוּ hikravnu

קָרְבַּן korbán הַתָּמִיד hatamid ע"ה קס"א קנ"א קמ"ג בְּמוֹעֲדוֹ bemoadó

וְעָמַדְנוּ veamadnu עַל al מַעֲמָדוֹ •maamadó כְּמוֹ quemó שֶׁנֶּאֱמַר :sheneemar

---

RIBÓN HAOLAMIM

Señor de todos los Mundos, Tú nos has ordenado sacrificar las ofrendas diarias en su momento apropiado, que los cohanim hagan su servicio, los levitas deban estar en sus tribunas, y los israelitas deban estar en sus posiciones. Pero ahora, debido a nuestros pecados, el Templo ha sido destruido y la ofrenda diaria ha cesado. Ahora no tenemos un Cohén que lleve a cabo su servicio; ningún levita que esté en su tribuna y ningún israelita en su posición. Y dijiste: "…te retribuiremos con los toros de nuestros labios" (Oseas 14:3). Por lo tanto, que sea Tu voluntad, Señor, nuestro Dios, y Dios de nuestros padres, que esas palabras que salen de nuestros labios sean adecuadas, aceptadas y favorables ante Ti, como si hubiésemos sacrificado nuestra ofrenda diaria en su momento adecuado y como si hubiésemos estado de pie en esa ocasión, como fue dicho:

וּנְשַׁלְּמָה uneshalmá פָרִים farim שְׂפָתֵינוּ sefateinu. וְנֶאֱמַר veneemar:
וְשָׁחַט veshajat אֹתוֹ otó עַל al יֶרֶךְ yérej הַמִּזְבֵּחַ hamizbéaj נג״ד, זן, אל יהוה
צָפֹנָה tsafona יה פעמים יה וע״ה ע״ב ס״ג מ״ה ב״ן, הברכה (מכוון למאמרם ז״ל הרוצה להעשיר יצפין)
לִפְנֵי lifnei יְהֹוָהאדניאהדונהי Adonai וְזָרְקוּ vezarkú ס״ת יהוה
בְּנֵי bnei אַהֲרֹן Aharón הַכֹּהֲנִים hacohanim אֶת־ et דָּמוֹ damó
עַל־ al הַמִּזְבֵּחַ hamizbéaj נג״ד, זן, אל יהוה סָבִיב saviv:
וְנֶאֱמַר veneemar: זֹאת zot הַתּוֹרָה haTorá לָעֹלָה laolá
לַמִּנְחָה laminjá ע״ה ב״פ ב״ן וְלַחַטָּאת velajatat וְלָאָשָׁם velaasham
וְלַמִּלּוּאִים velamiluim וּלְזֶבַח ulezévaj הַשְּׁלָמִים hashlamim:

El poder de la paz

Es importante conectar con todos los niveles de la Torá a lo largo del día; por lo tanto, leemos estos versículos de la *Mishná*, seguido por versículos de la *Guemará* (ambos son aspectos del *Talmud*). Esta sección específica del *Talmud* ayuda a imbuirnos del poder de la verdad, la unidad y la paz, puesto que es el único capítulo donde no se encuentran debates o perspectivas opuestas sobre las interpretaciones de la Torá.

Talmud

Hay cuatro niveles para entender la Torá: *Pshat*, *Rémez*, *Drash* y *Sod*. *Pshat* corresponde al significado literal, *Rémez* concierne a las insinuaciones y metáforas contenidas, *Drash* corresponde a la interpretación de cada historia, y *Sod* concierne a los secretos (Kabbalah). Estos cuatro niveles juntos se conocen por el acrónimo PaRDéS, el cual se deriva al tomar la primera letra de cada nivel. Los discursos talmúdicos son conocidos por sus perspectivas opuestas, debates y puntos de vistas divididos. La Luz del Creador es infinita; por lo tanto, cada opinión está contenida en la Luz. Dos individuos pueden tener puntos de vista divergentes pero, según la Kabbalah, ambos pueden estar en lo correcto. La vida es una experiencia relativa. Siempre debemos hacer el esfuerzo de considerar o, al menos, respetar la perspectiva de otra persona sin importar cuán en lo correcto pensemos que esté nuestro punto de vista. En nuestro mundo, el ego usualmente causa la división de opiniones. Sin embargo, la diversidad de puntos de vista también está arraigada en el alma. Si un alma desciende del linaje de Avraham, tendrá más misericordia en su naturaleza, lo cual dirige su perspectiva hacia cierta dirección. Si un alma es descendiente de Yitsjak, estará imbuida de más juicio, influyendo así su perspectiva hacia otra dirección. Ambas almas pueden estar en lo correcto con relación a sus perspectivas.

Aquí medita para elevar a *Nétsaj, Hod, Yesod* de *Asiyá* hasta *Jésed, Guevurá, Tiféret*; y luego para elevar *Maljut* hasta *Nétsaj, Hod, Yesod*; y después para elevar las Chispas de Luz que están en la *klipá* hasta *Maljut*.

Recitamos esta sección en este momento porque es el único capítulo de toda la *Mishná* donde todas las opiniones concuerdan, y es por ello que el capítulo se llama: *Halajá Pesuká*, que quiere decir Ley Indiscutible. Ahora, mientras los mundos son elevados, necesitamos el poder de la paz, no del desacuerdo.

"…te retribuiremos con los toros de nuestros labios" (Oseas 14:3). Y como también fue dicho: "Y él deberá degollarlos en el lado Norte del Altar ante el Señor. Los hijos de Aharón, los cohanim, rociarán su sangre sobre el Altar, por todas partes" (Levítico 1:11). Y: "Esta es la ley relacionada con la ofrenda quemada, la ofrenda de comida, la ofrenda de pecado, la ofrenda de culpa, la ofrenda de inauguración y la ofrenda de paz" (Levítico 7:37).

PRIMERA MISHNÁ

Al recitar esta *Mishná*, el aspecto Interno de *Nétsaj* de *Asiyá* se eleva y se vuelve Externo para la parte Externa de *Jésed* de *Asiyá*.

אֵיזֶהוּ eizehú מְקוֹמָן mekomán שֶׁל shel זְבָחִים zevajim• קָדְשֵׁי kodshei
קָדָשִׁים kodashim שְׁחִיטָתָן shejitatán בַּצָּפוֹן batsafón• פַּר par
וְשָׂעִיר vesair שֶׁל shel יוֹם yom ע״ה נגד, מזבח, זן, אל יהוה הַכִּפּוּרִים haKipurim
שְׁחִיטָתָן shejitatán בַּצָּפוֹן batsafón וְקִבּוּל vekibul דָּמָן damán בִּכְלֵי bijlei
שָׁרֵת sharet בַּצָּפוֹן batsafón• וְדָמָן vedamán טָעוּן taún הַזָּיָה hazayá עַל al
בֵּין bein הַבַּדִּים habadim וְעַל veal הַפָּרֹכֶת haparójet וְעַל veal
מִזְבַּח mizbaj נגד, זן, אל יהוה הַזָּהָב hazahav• והו מַתָּנָה matana נתה, קס״א קנ״א קמ״ג
אַחַת ajat מֵהֶן mehén מְעַכֶּבֶת meaquévet• שְׁיָרֵי shiyerei הַדָּם hadam
הָיָה hayá יהה שׁוֹפֵךְ shofej עַל al יְסוֹד yesod ההע מַעֲרָבִי maaraví
שֶׁל shel מִזְבֵּחַ mizbéaj נגד, זן, אל יהוה הַחִיצוֹן hajitsón• אִם im יוהך,
מ״א אותיות דפשוט, דמילוי ודמילוי דמילוי דאהיה ע״ה לֹא lo נָתַן natán לֹא lo עִכֵּב iquev:•

SEGUNDA MISHNÁ

Al recitar esta *Mishná*, el aspecto Interno de *Hod* de *Asiyá* se eleva y se vuelve Externo para la parte Externa de *Guevurá* de *Asiyá*.

פָּרִים parim הַנִּשְׂרָפִים hanisrafim וּשְׂעִירִים useirim הַנִּשְׂרָפִים hanisrafim
שְׁחִיטָתָן shejitatán בַּצָּפוֹן batsafón• וְקִבּוּל vekibul דָּמָן damán
בִּכְלֵי bijlei שָׁרֵת sharet בַּצָּפוֹן batsafón• וְדָמָן vedamán טָעוּן taún
הַזָּיָה hazayá עַל al הַפָּרֹכֶת haparójet וְעַל veal מִזְבַּח mizbaj נגד, זן, אל יהוה
הַזָּהָב hazahav• והו מַתָּנָה matana נתה, קס״א קנ״א קמ״ג אַחַת ajat

---

EL PODER DE LA PAZ - PRIMERA MISHNÁ

¿Cuál es la ubicación de los sacrificios? Lo más sagrado se sacrifica en el lado norte. El toro y el macho cabrío de Yom Kipur son sacrificados en el lado norte; su sangre es recibida en vasijas de servicio en el lado norte. Su sangre debe ser rociada entre las perchas, sobre la cortina y sobre el Altar Dorado. La ausencia de uno de estos invalida. Él vierte la sangre sobrante en la base oeste del Altar exterior; si él no vierte, él no invalida.

SEGUNDA MISHNÁ

Los toros y los machos cabríos

que van a ser quemados son degollados en el lado norte. Su sangre se recibe en vasijas de servicio en el lado norte. Su sangre debe ser rociada sobre la cortina y sobre el Altar Dorado. La ausencia de uno

מֵהֶן mehén מְעַכֶּבֶת meaquévet• שְׁיָרֵי shiyerei הַדָּם hadam הָיָה hayá יהה

שׁוֹפֵךְ shofej עַל al יְסוֹד yesod ההע מַעֲרָבִי maaraví שֶׁל shel

מִזְבֵּחַ mizbéaj נגד, זן, אל יהוה הַחִיצוֹן hajitsón• אִם im יוהך,

מ"א אותיות דפשוט, דמילוי ודמילוי דמילוי דאהיה ע"ה לֹא lo נָתַן natán לֹא lo עִכֵּב iquev•

אֵלּוּ elu וָאֵלּוּ vaelu נִשְׂרָפִין nisrafín בְּבֵית beveit ב"פ ראה הַדֶּשֶׁן hadeshen:

TERCERA MISHNÁ

Al recitar esta *Mishná*, el aspecto Interno de *Yesod* de *Asiyá* se eleva y se vuelve Externo para la parte Externa de *Tiféret* de *Asiyá*. Aquí, completamos a *Jésed, Guevurá, Tiféret* de *Asiyá*.

וְחַטֹּאת jatot הַצִּבּוּר hatsibur וְהַיָּחִיד vehayajid אֵלּוּ elu הֵן hen

וְחַטֹּאת jatot הַצִּבּוּר hatsibur• שְׂעִירֵי seirei רָאשֵׁי rashei

חֳדָשִׁים jodashim וְשֶׁל veshel מוֹעֲדוֹת moadot שְׁחִיטָתָן shejitatán

בַּצָּפוֹן batsafón• וְקִבּוּל vekibul דָּמָן damán בִּכְלֵי bijlei שָׁרֵת sharet

בַּצָּפוֹן batsafón• וְדָמָן vedamán טָעוּן taún אַרְבַּע arbá מַתָּנוֹת matanot

עַל al אַרְבַּע arbá קְרָנוֹת kranot• כֵּיצַד queitsad• עָלָה alá

בַּכֶּבֶשׁ baquévesh וּפָנָה ufaná ע"ב ס"ג לַסּוֹבֵב lasovev וּבָא uvá לוֹ lo

לְקֶרֶן lekeren דְּרוֹמִית dromit מִזְרָחִית mizrajit• מִזְרָחִית mizrajit

צְפוֹנִית tsefonit• צְפוֹנִית tsefonit מַעֲרָבִית maaravit• מַעֲרָבִית maaravit

דְּרוֹמִית deromit• שְׁיָרֵי shiyerei הַדָּם hadam הָיָה hayá יהה

שׁוֹפֵךְ shofej עַל al יְסוֹד yesod ההע הַדְּרוֹמִי haderomí•

וְנֶאֱכָלִין veneejalín לִפְנִים lifnim מִן min הַקְּלָעִים hakelaim

לְזִכְרֵי lezijrei כְהֻנָּה jehuná בְּכָל bejol ב"ן, לכב מַאֲכָל maajal•

לְיוֹם leyom ע"ה נגד, מזבח, זן, אל יהוה וָלַיְלָה valayla מלה עַד ad חֲצוֹת jatsot:

---

de éstos invalida. Él vierte la sangre sobrante en la base oeste del Altar exterior; si él no vierte, él no invalida. Esta y las ofrendas precedentes se queman en repositorios de cenizas.

TERCERA MISHNÁ

Las ofrendas de pecados personales y comunitarios

son las ofrendas de pecado comunitarias: Los machos cabríos de Rosh Jódesh y de las festividades: éstos se degollan en el lado norte. Y su sangre se recibe en vasijas de servicio en el lado norte. Su sangre requiere cuatro porciones vertidas, sobre los cuatro confines del Altar. ¿Cómo?: Él asciende la rampa, luego cruza al borde que lo rodea; luego va a la esquina sureste, la noreste, la noroeste y la esquina suroeste. Él vierte la sangre restante en la base sur. Estas eran comidas por los varones de los cohanim, entre las cortinas, en cada comida durante un día y una noche, hasta la medianoche.

CUARTA MISHNÁ – LAS OFRENDAS DE OLÁ (QUEMADA)

Recitamos esta *Mishná* por la totalidad de *Asiyá*.

הָעוֹלָה haolá קֹדֶשׁ kódesh קָדָשִׁים kodashim שְׁחִיטָתָהּ shejitatá
בַּצָּפוֹן •batsafón וְקִבּוּל vekibul דָּמָהּ damá בִּכְלִי bijlei
שָׁרֵת sharet בַּצָּפוֹן •batsafón וְדָמָהּ vedamá טָעוּן taún שְׁתֵּי shetei
מַתָּנוֹת matanot שֶׁהֵן shehén אַרְבַּע •arbá וּטְעוּנָה uteuná
הֶפְשֵׁט hefshet וְנִתּוּחַ venitúaj וְכָלִיל vejalil לָאִשִּׁים laishim:

QUINTA MISHNÁ – LAS OFRENDAS DE ASHAM (CULPA)

Al recitar esta *Mishná*, el aspecto Interno de la Columna Derecha de *Maljut* de *Asiyá* se eleva y se vuelve Externa para el aspecto Externo de *Nétsaj* de *Asiyá*.

זִבְחֵי zivjei שַׁלְמֵי shalmei צִבּוּר tsibur וַאֲשָׁמוֹת •vaashamot אֵלּוּ elu
הֵן hen אֲשָׁמוֹת •ashamot אֲשַׁם asham גְּזֵלוֹת •guezelot אֲשַׁם asham
מְעִילוֹת •meilot אֲשַׁם asham שִׁפְחָה shifjá וַחֲרוּפָה •jarufá אֲשַׁם asham
נָזִיר •nazir אֲשַׁם asham מְצוֹרָע •metsorá אָשָׁם asham תָּלוּי •talui
שְׁחִיטָתָן shjitatán בַּצָּפוֹן •batsafón וְקִבּוּל vekibul דָּמָן damán
בִּכְלִי bijlei שָׁרֵת sharet בַּצָּפוֹן •batsafón וְדָמָן vedamán
טָעוּן taún שְׁתֵּי shetei מַתָּנוֹת matanot שֶׁהֵן shehén אַרְבַּע •arbá
וְנֶאֱכָלִין veneejalín לִפְנִים lifnim מִן min הַקְּלָעִים hakelaim
לְזִכְרֵי lezijrei כְּהֻנָּה jehuná בְּכָל bejol ב"ן, לכב מַאֲכָל maajal
לְיוֹם leyom ע"ה נגד, מזבח, זן, אל יהוה וָלַיְלָה valayla מלה עַד־ ad וַחֲצוֹת jatsot:

CUARTA MISHNÁ – LAS OFRENDAS DE OLÁ (QUEMADA)

La ofrenda quemada corresponde a lo más sagrado.

Se degolla en el Norte y su sangre se recibe en vasijas de servicio en el Norte. Su sangre requiere dos porciones de cuatro partes. Requiere ser desollado, desmembrado y consumido completamente por el fuego.

QUINTA MISHNÁ – LAS OFRENDAS DE ASHAM (CULPA)

Las ofrendas de paz y de culpa comunitarias: Estas son las ofrendas de culpa: Las ofrendas de culpa por robos, por mal uso de objetos sagrados, por estar con una sirvienta casada, por Nazir, por leproso y por trasgresión dudosa. Éstas son sacrificadas en el lado norte y su sangre se recibe en vasijas de servicio en el lado norte. Su sangre requiere dos porciones de cuatro partes. Las comen los varones de los cohanim entre las cortinas, en cada comida durante un día y una noche, hasta la medianoche.

SEXTA MISHNÁ – LAS OFRENDAS DE TODÁ (AGRADECIMIENTO)

Al recitar esta *Mishná*, el aspecto Interno de la Columna Izquierda de *Maljut* de *Asiyá* se eleva y se vuelve externa para el aspecto Externo de *Hod* de *Asiyá*.

הַתּוֹדָה hatodá וְאֵיל veéil נָזִיר nazir קָדָשִׁים kodashim קַלִּים kalim
שְׁחִיטָתָן shjitatán בְּכָל bejol ב"ן, לכב מָקוֹם makom בָּעֲזָרָה baazará
וְדָמָן vedamán טָעוּן taún שְׁתֵּי shetei מַתָּנוֹת matanot שֶׁהֵן shehén
אַרְבַּע ♦arbá וְנֶאֱכָלִין veneejalín בְּכָל bejol ב"ן, לכב הָעִיר hair
בוזוהר, סנדלפון, ערי לְכָל־ lejol יה אדני אָדָם adam מ"ה בְּכָל־ bejol ב"ן, לכב
מַאֲכָל maajal לְיוֹם leyom ע"ה נגד, מזבח, זן, אל יהוה וָלַיְלָה valayla מלה עַד־ ad
וַחֲצוֹת ♦jatsot הַמּוּרָם hamuram מֵהֶם mehem כַּיּוֹצֵא cayotsé בָּהֶם vahem
אֶלָּא ela שֶׁהַמּוּרָם shehamuram נֶאֱכָל neejal לַכֹּהֲנִים lacohanim
לִנְשֵׁיהֶם linsheihem וְלִבְנֵיהֶם velivneihem וּלְעַבְדֵיהֶם :♦uleavdeihem

SÉPTIMA MISHNÁ – LAS OFRENDAS DE SHLAMIM (PAZ)

Al recitar esta *Mishná*, el aspecto Interno de la Columna Central de *Maljut* de *Asiyá* se eleva y se vuelve Externo para el aspecto Externo de *Yesod* de *Asiyá*.

שְׁלָמִים shelamim קָדָשִׁים kodashim קַלִּים kalim שְׁחִיטָתָן shejitatán
בְּכָל bejol ב"ן, לכב מָקוֹם makom בָּעֲזָרָה ♦baazará וְדָמָן vedamán
טָעוּן taún שְׁתֵּי shetei מַתָּנוֹת matanot שֶׁהֵן shehén אַרְבַּע ♦arbá
וְנֶאֱכָלִין veneejalín בְּכָל bejol ב"ן, לכב הָעִיר hair בוזוהר, סנדלפון, ערי
לְכָל־ lejol יה אדני אָדָם adam מ"ה בְּכָל־ bejol ב"ן, לכב מַאֲכָל maajal
לִשְׁנֵי lishnei יָמִים yamim נלך וָלַיְלָה velayla מלה אֶחָד ejad אהבה, דאגה♦

SEXTA MISHNÁ – LAS OFRENDAS DE TODÁ (AGRADECIMIENTO)

Las ofrendas de agradecimiento

y del carnero del Nazir son de menor santidad. Se degollan en cualquier lugar en el patio. Su sangre requiere dos porciones de cuatro partes. Se comen por toda la ciudad, por cualquier persona, en cada comida durante un día y una noche, hasta la medianoche. Esa parte que se coloca a un lado se trata de la misma forma, a excepción que esa parte es comida por los cohanim, sus esposas, sus hijos y sus esclavos.

SÉPTIMA MISHNÁ – LAS OFRENDAS DE SHLAMIM (PAZ)

Las ofrendas de paz son de menor santidad.

Se degollan en cualquier lugar en el patio. Su sangre requiere dos porciones de cuatro partes. Se comen por toda la ciudad, por cualquier persona, en cada comida, durante dos días y una noche.

הַמּוּרָם hamuram מֵהֶם mehem כַּיּוֹצֵא cayotsé בָּהֶם vahem

אֶלָּא ela שֶׁהַמּוּרָם shehamuram נֶאֱכָל neejal לַכֹּהֲנִים lacohanim

לִנְשֵׁיהֶם linsheihem וְלִבְנֵיהֶם velivneihem וּלְעַבְדֵיהֶם uleavdeihem:

LA MISHNÁ FINAL

Con esta *Mishná* final, tenemos el poder de elevar a todo el mundo de *Asiyá*. Cualquier alma o Luz que haya quedado atrapada dentro de las *klipot* también son elevadas con este verso. Debido a que esta sección en particular no contiene debates o perspectivas opuestas, genera un cordón de unidad; sólo a través de esta unidad es que tenemos la capacidad de elevarnos al Mundo de Formación (*Yetsirá*).

Al recitar esta *Mishná*, el aspecto Interno (que se encontraba en la *klipá*) se eleva y se vuelve Externo para el aspecto Externo de *Maljut* de *Asiyá*. Con esto, completas todo el mundo de *Asiyá*.

הַבְּכוֹר habejor וְהַמַּעֲשֵׂר vehamaaser וְהַפֶּסַח vehapésaj קָדָשִׁים kodashim

קַלִּים kalim שְׁחִיטָתָן shejitatán בְּכָל bejol ב"ן, לכב מָקוֹם makom

בָּעֲזָרָה baazará וְדָמָן vedamán טָעוּן taún מַתָּנָה matanó נתה, קס"א קנ"א קמ"ג

אֶחָת ejat. וּבִלְבַד uvilvad שֶׁיִּתֵּן sheyitén כְּנֶגֶד quenégued מזבח, זן, אל יהוה

הַיְסוֹד hayesod ההע. שָׁנָה shiná בַּאֲכִילָתָן vaajilatán. הַבְּכוֹר habejor

נֶאֱכָל neejal לַכֹּהֲנִים lacohanim. וְהַמַּעֲשֵׂר vehamaaser לְכָל־ lejol יה אדני

אָדָם adam מ"ה. וְנֶאֱכָלִין veneejalín בְּכָל־ bejol ב"ן, לכב הָעִיר hair

בְּכָל־ bejol עירי ,סנדלפון ,מטטרון maajal מַאֲכָל ב"ן, לכב bejol בְּכָל־ lishnei לִשְׁנֵי

יָמִים yamim נלך וְלַיְלָה velayla מלה אֶחָד ejad אהבה, דאגה. הַפֶּסַח hapésaj

אֵינוֹ einó נֶאֱכָל neejal אֶלָּא ela בַּלַּיְלָה valayla מלה. וְאֵינוֹ veeinó

נֶאֱכָל neejal אֶלָּא ela עַד ad חֲצוֹת jatsot. וְאֵינוֹ veeinó נֶאֱכָל neejal

אֶלָּא ela לִמְנוּיָיו limnuyav. וְאֵינוֹ veeinó נֶאֱכָל neejal אֶלָּא ela צָלִי tsalí:

Esa parte que se coloca a un lado se trata de la misma forma, a excepción que esa parte es comida por los cohanim, sus esposas, sus hijos y sus esclavos.

MISHNÁ FINAL

El animal primogénito, el diezmo del ganado y la ofrenda de Pésaj son de menor santidad. Son sacrificados en cualquier parte del patio. Su sangre requiere una porción, siempre que se vierta contra la base del Altar. Difieren en la forma en la que son consumidas: El animal primogénito puede ser comido por el Cohén, y el diezmo puede ser comido por cualquiera. Se comen por toda la ciudad, en cualquier comida durante dos días y una noche. La ofrenda de Pésaj sólo puede ser comida durante esa noche y sólo hasta la medianoche, y sólo puede ser comida por aquellos que contribuyeron con ella. Sólo puede ser comida asada.

RIBÍ YISHMAEL

Ribí Yishmael actúa como un eslabón en la cadena de *Sefirot*. Nos conecta con 13 *Sefirot*: Diez en el Mundo de Acción (*Asiyá*) y tres en el siguiente nivel, el Mundo de Formación (*Yetsirá*). Es bueno contar las 13 *Sefirot* de *Asiyá* con los dedos de la mano derecha.

רִבִּי Ribí יִשְׁמָעֵאל Yishmael אוֹמֵר omer, בִּשְׁלֹשׁ bishlosh עֶשְׂרֵה esré

מִדּוֹת midot הַתּוֹרָה haTorá נִדְרֶשֶׁת nidréshet• 1) מִקַּל mikal נמם

וָחוֹמֶר vajómer• 2) מִגְּזֵרָה miguezerá שָׁוָה shavá• 3) מִבִּנְיַן mibinyán אָב av

וְכָתוּב vejatuv אֶחָד ejad אהבה, דאגה• וּמִבִּנְיַן umibinyán אָב av

וּשְׁנֵי ushenei כְתוּבִים jetuvim• 4) מִכְּלָל miclal וּפְרָט ufrat•

5) מִפְּרָט miprat וּכְלָל ujlal• 6) כְּלָל clal וּפְרָט ufrat וּכְלָל ujlal אִי ei

אַתָּה atá דָן dan אֶלָּא ela כְּעֵין queéin הַפְּרָט haprat• 7) מִכְּלָל miclal

שֶׁהוּא shehú צָרִיךְ tsarij לִפְרָט lifrat• וּמִפְּרָט umiprat שֶׁהוּא shehú

צָרִיךְ tsarij לִכְלָל lijlal• 8) וְכָל vejol יכלי דָּבָר davar ראה

שֶׁהָיָה shehayá יהה בִּכְלָל bijlal וְיָצָא veyatsá מִן min הַכְּלָל haclal

לְלַמֵּד lelamed• לֹא lo לְלַמֵּד lelamed עַל al עַצְמוֹ atsmó יָצָא yatsá

אֶלָּא ela לְלַמֵּד lelamed עַל al הַכְּלָל haclal כֻּלּוֹ culó יָצָא yatsá:

9) וְכָל vejol יכלי דָּבָר davar ראה שֶׁהָיָה shehayá יהה בִּכְלָל bijlal•

וְיָצָא veyatsá לִטְעוֹן litón טֹעַן taún אַחֵר ajer שֶׁהוּא shehú

כְּעִנְיָנוֹ jeinyanó• יָצָא yatsá לְהָקֵל lehakel וְלֹא veló לְהַחְמִיר lehajmir:

RIBÍ YISHMAEL

"Rabí Yishmael dice:

A través de trece atributos es enseñada la Torá: 1) Por ley de indulgencia y por ley estricta. 2) Por similitud de palabras. 3) De un principio general derivado de un versículo y un principio general derivado de dos versículos. 4) De una declaración general seguida por una específica. 5) De una declaración específica seguida por una generalidad. 6) De una declaración general, seguida por una específica, seguida por una generalidad: entonces sólo puedes inferir lo que es similar a la especificación. 7) De una declaración general que requiere una declaración específica que, a su vez, requiere una declaración general para explicarla. 8) Cualquier cosa que era parte de una declaración general que luego era extraída de la declaración general para enseñar algo. No era para enseñar sobre ella misma que era extraída, sino para enseñar con relación a la declaración general completa. 9) Cualquier cosa que sea parte de una declaración general, que después era extraída para discutir otra instancia de su contexto. Era extraída para ser más indulgente y no más rigurosa.

10) וְכָל vejol ילי דָּבָר davar ראה שֶׁהָיָה shehayá יהה בִּכְלָל bijlal
וְיָצָא veyatsá לִטְעוֹן litón טַעַן taún אַחֵר ajer שֶׁלֹּא sheló
כְּעִנְיָנוֹ jeinyanó יָצָא yatsá לְהָקֵל lehakel וּלְהַחְמִיר ulehajmir:
11) וְכָל vejol ילי דָּבָר davar ראה שֶׁהָיָה shehayá יהה בִּכְלָל bijlal
וְיָצָא veyatsá לִדּוֹן lidón בְּדָבָר bedavar ראה חָדָשׁ jadash י״ב הויות, קס״א קנ״א
אִי ei אַתָּה atá יָכוֹל yajol לְהַחֲזִירוֹ lehajaziró לִכְלָלוֹ lijlaló עַד ad
שֶׁיַּחֲזִירֶנּוּ sheyajazirenu הַכָּתוּב hacatuv לִכְלָלוֹ lijlaló בְּפֵירוּשׁ beferush:
12) וְדָבָר vedavar ראה הַלָּמֵד halamed מֵעִנְיָנוֹ meinyanó וְדָבָר vedavar ראה
הַלָּמֵד halamed מִסּוֹפוֹ misofó: 13) וְכֵן veján (וְכַאן) שְׁנֵי shnei
כְּתוּבִים jetuvim הַמַּכְחִישִׁים hamajishim זֶה ze אֶת et זֶה ze
עַד ad שֶׁיָּבֹא sheyavó הַכָּתוּב hacatuv הַשְּׁלִישִׁי hashelishí
וְיַכְרִיעַ veyajría בֵּינֵיהֶם beineihem:

יְהוּדָה Yehudá בֶּן ven תֵּימָא Teimá אוֹמֵר omer: הֱוֵי hevei עַז az
כַּנָּמֵר canamer וְקַל vekal נמם (שהם ה׳ גבורות) כַּנֶּשֶׁר canésher וְרָץ verats
כַּצְּבִי catsví וְגִבּוֹר veguibor כָּאֲרִי caarí לַעֲשׂוֹת laasot רְצוֹן retsón
מהש ע״ה, ע״ב בריבוע וקס״א ע״ה, אל שדי ע״ה אָבִיךָ avija שֶׁבַּשָּׁמַיִם shebashamáyim
י״פ טל, י״פ כוזו: הוּא hu הָיָה hayá יהה אוֹמֵר omer: עַז az פָּנִים panim
לַגֵּיהִנֹּם laGuehinom וּבֹשֶׁת uvóshet פָּנִים panim לְגַן leGán עֵדֶן Eden:

---

10) Cualquier cosa que era parte de una declaración general y era después extraída para discutir otra instancia fuera de su contexto. Era extraída para ser más indulgente y no más rigurosa. 11) Cualquier cosa que era parte de una declaración general, y era extraída para discutir un concepto nuevo, no la puedes regresar a su contexto general, a menos que el texto explícitamente lo devuelva a su contexto general. 12) Una materia que se aprende de su contexto y una materia que se desprende de su fin. 13) Y también de dos versículos que se contradicen el uno al otro, hasta que aparezca un tercero que los reconcilie" (Torat Cohanim, Porción Vayikrá).

"Yehuda Ben Teimá dice: Sé valiente como un tigre y ligero como un águila, y corre como un venado y sé fuerte como un león para así satisfacer la voluntad de Tu Padre en el Cielo. Él solía decir: Una persona insolente va al Infierno y una persona modesta al Jardín de Edén" (Avot, cap. 5).

YEHÍ RATSÓN

A pesar de que, según la Kabbalah, el Templo todavía existe en la realidad espiritual del Mundo Infinito, su estructura física no está; dejando a nuestro mundo físico incompleto. Esta oración ayuda a movilizar y acelerar la reconstrucción del Templo físico.

יְהִי yehí רָצוֹן ratsón מהש ע"ה, ע"ב בריבוע וקס"א ע"ה, אל שדי ע"ה
מִלְּפָנֶיךָ milefaneja ס"ג מ"ה ב"ן יְהֹוָאדהיאהדונהי Adonai אֱלֹהֵינוּ Eloheinu ילה
וֵאלֹהֵי veElohei לכב ; מילוי ע"ב, דמב ; ילה אֲבוֹתֵינוּ avoteinu
שֶׁתִּבָּנֶה shetivné בֵּית beit ב"פ ראה הַמִּקְדָּשׁ hamikdash
בִּמְהֵרָה bimherá בְּיָמֵינוּ veyameinu• וְתֵן vetén וְחֶלְקֵנוּ jelkenu
בְּתוֹרָתָךְ betorataj לַעֲשׂוֹת laasot חֻקֵּי jukei רְצוֹנָךְ retsonaj
וּלְעָבְדָךְ uleovdaj פוי, אל אדני בְּלֵבָב belevav בוכו שָׁלֵם shalem:

Debes tener cuidado de no hablar ni tampoco hacer una pausa muy larga aquí; y debes proseguir a recitar *Hodú* inmediatamente después del *Kadish*.

KADISH AL YISRAEL

DIEZ DIMENSIONES Y CINCO MUNDOS: La Kabbalah explica la existencia de una infraestructura espiritual que consiste de cinco mundos fundamentales —*Adam Kadmón* (Hombre Primordial), *Atsilut* (Emanación), *Briá* (Creación), *Yetsirá* (Formación) y *Asiyá* (Acción)— y diez dimensiones —*Kéter*, *Jojmá*, *Biná*, *Jésed*, *Guevurá*, *Tiféret*, *Nétsaj*, *Hod*, *Yesod* y *Maljut*— que componen esta infraestructura espiritual. Seis de estas dimensiones (*Jésed*, *Guevurá*, *Tiféret*, *Nétsaj*, *Hod* y *Yesod*) están integradas en una realidad unificada llamada *Zeir Anpín*. Cada uno de estos cinco mundos corresponde a una dimensión: *Adam Kadmón* = *Kéter*, *Atsilut* = *Jojmá*, *Briá* = *Biná*, *Yetsirá* = *Zeir Anpín*, y *Asiyá* = *Maljut*. Cada *Sefirá* actúa como una cortina, la cual disminuye la intensidad de la Luz que emana del Mundo Infinito. Al momento en que la Luz llega al nivel más bajo (nuestro mundo, *Maljut*), está oculta de nuestra percepción. Esto nos da la oportunidad de realizar nuestro trabajo espiritual en un entorno en el cual podemos ejercer el libre albedrío para desarrollar nuestra naturaleza divina y proactiva. Sólo a través del trabajo arduo y las situaciones desafiantes es que podemos adquirir y apreciar la realización por completo. Para atravesar estos cinco mundos, necesitamos un vehículo o un elevador especial que nos pueda llevar hasta arriba y de vuelta hacia abajo durante el transcurso de nuestras oraciones. El *Kadish* es ese vehículo. Nos conecta, reino por reino, con los mundos que están directamente sobre o debajo de nosotros. Al conectar los cinco mundos, el *Kadish* también es el conducto mediante el cual la Luz fluye hacia nosotros.

Kadish, en general, significa elevar los mundos en el secreto de la Columna.
Hay una columna que conecta los mundos unos con otros y está erigida en el medio de cada Palacio. Y mediante esta columna, cada Palacio se eleva al superior y se vuelve uno con él (como es mencionado en el *Zóhar*). Esta columna es el *Kadish*. El secreto del *Kadish Al Yisrael* es que nos eleva desde el Mundo de *Asiyá* (ב"ן) hasta el Mundo de *Yetsirá* (מ"ה).

YEHÍ RATSÓN

Sea Tu voluntad, Señor, nuestro Dios y Dios de nuestros padres,
que Tú construyas el Templo rápidamente en nuestros días. Y que Tú coloques nuestra providencia en Tu Torá, para que podamos cumplir las leyes de Tus deseos y adorarte con todo el corazón.

יִתְגַּדַּל yitgadal וְיִתְקַדַּשׁ veyitkadash ד"י ומילוי שד"י ; י"א אותיות כמנין ו"ה

שְׁמֵיהּ Shmei (שם י"ה דע"ב) רַבָּא rabá קנ"א ב"ן, יהוה אלהים יהוה אדנ"י,

מילוי קס"א וס"ג, מ"ה ברבוע וע"ב ע"ה ; ר"ת = ו"פ אלהים ; ס"ת = ג"פ יב"ק: אָמֵן Amén אידהנויה.

בְּעָלְמָא bealmá דִּי di בְרָא verá כִרְעוּתֵיהּ quirutei.

וְיַמְלִיךְ veyamlij מַלְכוּתֵיהּ maljutei. וְיַצְמַח veyatsmaj

פּוּרְקָנֵיהּ purkanei. וִיקָרֵב vikarev מְשִׁיחֵיהּ Meshijei: אָמֵן Amén אידהנויה.

בְּחַיֵּיכוֹן bejayeijón וּבְיוֹמֵיכוֹן uveyomeijón וּבְחַיֵּי uvejayei

דְכָל dejol יל"י בֵּית beit ב"פ ראה יִשְׂרָאֵל Yisrael בַּעֲגָלָא baagalá

וּבִזְמַן uvizmán קָרִיב kariv וְאִמְרוּ veimrú אָמֵן Amén: אָמֵן Amén אידהנויה.

La congregación y el *jazán* dicen lo siguiente:

28 palabras (hasta *bealmá*) – medita en: מילוי דמילוי דס"ג (יוד ויו דלת הי יוד ואו הי אלף ואו הי יוד)

28 letras (hasta *almayá*) – medita en: מילוי דמילוי דמ"ה (יוד ואו דלת הא אלף ואו אלף ואו הא אלף)

יְהֵא yehé שְׁמֵיהּ Shmei (שם י"ה דס"ג) רַבָּא rabá קנ"א ב"ן,

יהוה אלהים יהוה אדנ"י, מילוי קס"א וס"ג, מ"ה ברבוע וע"ב ע"ה מְבָרַךְ mevaraj,

לְעָלַם lealam לְעָלְמֵי lealmei עָלְמַיָּא almayá. יִתְבָּרַךְ yitbaraj.

Siete palabras con seis letras cada una (שם בן מ"ב) – medita en:

יהוה + יוד הי ויו הי + מילוי דמילוי דס"ג (יוד ויו דלת הי יוד ואו הי אלף ואו הי יוד)

También, siete veces la letra Vav (שם בן מ"ב) – medita en:

יהוה + יוד הי ואו הי + מילוי דמילוי דמ"ה (יוד ואו דלת הא אלף ואו אלף ואו הא אלף).

וְיִשְׁתַּבַּח veyishtabaj י"פ ע"ב יהוה אל אבג יתץ.

וְיִתְפָּאַר veyitpaar הי גו יה קרע שטן. וְיִתְרוֹמַם veyitromam וה כוזו נגד יכש.

וְיִתְנַשֵּׂא veyitnasé במוכסז בטר צתג. וְיִתְהַדָּר veyithadar כוזו יה וקכב טנע.

וְיִתְעַלֶּה veyitalé וה יוד היגל פזק. וְיִתְהַלָּל veyithalal א ואו הא שקו צית.

שְׁמֵיהּ Shmei (שם י"ה דמ"ה) דְּקוּדְשָׁא deKudshá בְּרִיךְ Verij הוּא Hu:

אָמֵן Amén אידהנויה.

KADISH AL YISRAEL

¡Glorificado y santificado sea Su Gran Nombre! (Amén).

En el mundo que Él creó de acuerdo a Su voluntad y pueda Su Reino reinar. Y pueda Él hacer que su Redención florezca y pueda Él acercar al Mesías (Amén). *En tus vidas y en tus días y en la vida de la Casa de Israel, prontamente y en el futuro cercano, y dígase: Amén* (Amén). *Que Su gran Nombre sea bendito por siempre y para toda la eternidad, y bendito y alabado, y glorificado y exaltado, y ensalzado y honrado, y adorado y loado, sea el Nombre del Santo Bendito Sea* (Amén).

לְעֵלָּא leelá מִן min כָּל col יכ״י בִּרְכָתָא birjatá• שִׁירָתָא shiratá•
תֻּשְׁבְּחָתָא tishbejatá וְנֶחֱמָתָא venejamatá• דַּאֲמִירָן daamirán
בְּעָלְמָא bealmá וְאִמְרוּ veimrú אָמֵן Amén: אָמֵן Amén אידהנויה•
עַל al יִשְׂרָאֵל Yisrael וְעַל veal רַבָּנָן rabanán וְעַל veal
תַּלְמִידֵיהוֹן talmideihón וְעַל veal כָּל col יכ״י ; עמם תַּלְמִידֵי talmidei
תַּלְמִידֵיהוֹן talmideihón• דְּעָסְקִין deaskín בְּאוֹרַיְתָא beoraytá
קַדִּישְׁתָּא kadishtá• דִּי di בְּאַתְרָא veatrá הָדֵין hadein וְדִי vedí
בְּכָל vejol ב״ן, לכב אֲתַר atar וַאֲתַר veatar• יְהֵא yehé
לָנָא laná וּלְהוֹן ulhón וּלְכוֹן uljón חִנָּא jiná וְחִסְדָּא vejisdá
וְרַחֲמֵי verajamei• מִן min קֳדָם kodam מָארֵי marei שְׁמַיָּא shmayá
וְאַרְעָא veará וְאִמְרוּ veimrú אָמֵן Amén: אָמֵן Amén אידהנויה•
יְהֵא yehé שְׁלָמָא shlamá רַבָּא rabá קנ״א ב״ן, יהוה אלהים יהוה אדני, מילוי קס״א וס״ג,
מ״ה ברבוע וע״ב ע״ה מִן min שְׁמַיָּא shmayá• וְחַיִּים jayim אהיה אהיה יהוה, בינה ע״ה
וְשָׂבָע vesavá וִישׁוּעָה vishuá וְנֶחָמָה venejamá וְשֵׁיזָבָא vesheizavá
וּרְפוּאָה urefuá וּגְאֻלָּה ugueulá וּסְלִיחָה uslijá וְכַפָּרָה vejapará
וְרֶוַח vereivaj וְהַצָּלָה vehatsalá• לָנוּ lanu אלהים, אהיה אדני וּלְכָל ulejol יה אדני
עַמּוֹ amó יִשְׂרָאֵל Yisrael וְאִמְרוּ veimrú אָמֵן Amén: אָמֵן Amén אידהנויה•

Da tres pasos para atrás y dí:

עוֹשֶׂה osé שָׁלוֹם shalom בִּמְרוֹמָיו bimromav ע״ב, ריבוע יהוה• הוּא Hu
בְּרַחֲמָיו berajamav יַעֲשֶׂה yaasé שָׁלוֹם shalom עָלֵינוּ aleinu ר״ת ש״ע נהורין•
וְעַל veal כָּל col יכ״י ; עמם עַמּוֹ amó יִשְׂרָאֵל Yisrael וְאִמְרוּ veimrú אָמֵן Amén:
אָמֵן Amén אידהנויה•

Más allá de todas las bendiciones, himnos, alabanzas y palabras de consolación que deben decirse en el mundo, y dirán: Amén (Amén). Sobre Israel, sus Sabios, sus discípulos y todos los estudiantes de sus discípulos que se ocupan de la Santa Torá, en este lugar y en cada y toda localidad, que hay para nosotros, para ellos, y para todos, gracia, benevolencia y compasión del Señor de los Cielos y la Tierra y dígase: Amén (Amén). Que haya paz abundante del Cielo, vida, satisfacción, salvación, consuelo, entrega, sanación, redención, perdón, expiación, comodidad y alivio para nosotros y para toda Su Nación, Israel, y dígase: Amén (Amén). Él, que establece la paz en Sus Alturas y con Su compasión hará la paz sobre nosotros y sobre toda Su Nación, Israel. Y dígase: Amén (Amén).

HODÚ, EL NEKAMOT Y AROMIMJÁ

El poder del *Kadish* reside en su capacidad para elevarnos a los Mundos Superiores. Pero el lanzamiento inicial desde nuestro mundo físico (*Asiyá*) requiere un impulso adicional. Los sabios ancestrales nos dieron tres oraciones, *Hodú*, *El Nekamot* y *Aromimjá*, para este propósito. Esta etapa inicial de lanzamiento ocurre en el Mundo de Acción (*Asiyá*).

HODÚ

El único alimento de nuestras *klipot* proviene de nuestro mundo (*Maljut* o *Asiyá*) y, como consecuencia, las *klipot* intentan evitar que nuestro mundo de *Maljut*, el Mundo de Acción (*Asiyá*), se eleve al Mundo de Formación (*Yetsirá*), puesto que esta traslación las desconectaría de su única fuente de Luz. *Hodú* corta el suministro de oxígeno a las *klipot*, ayudándonos a liberarnos de la fuerza gravitacional de éstas.

Decimos *Hodú* para fortalecer a *Maljut* de *Yetsirá*, que está incluida en *Heijal Ködesh HaKodashim* de *Asiyá*, con el propósito de romper el poder de las *klipot* que evitan que *Asiyá* se eleve a *Yetsirá*. Desde *Hodú* hasta *Baruj Elohim* (pág. 253) hay 295 palabras, que es el valor numérico de *Elohim* deletreado con *Hei* (אלף למד הה יוד מם). Y, por lo tanto, no debes agregar ni omitir ninguna de las palabras. Esta oración alaba al Sol en su camino cuando viene a iluminar al mundo. También *Yisrael* está alabando a Dios junto al Sol, como está escrito: “Deben ser vistos junto al Sol” (Salmos 72:5).

הוֹדוּ hodú אהיה לַיהוָֹהאדניאהדונהי laAdonai קִרְאוּ kirú בִשְׁמוֹ viShmó מהש ע״ה,
ע״ב בריבוע וקס״א ע״ה, אל שדי ע״ה ; לאו הוֹדִיעוּ hodíu בָעַמִּים vaamim
עֲלִילוֹתָיו alilotav: שִׁירוּ shiru לוֹ lo זַמְּרוּ zameru לוֹ lo שִׂיחוּ sijú
בְּכָל bejol ב״ן, לכב נִפְלְאוֹתָיו nifleotav: הִתְהַלְלוּ hithalelú בְּשֵׁם beShem
קָדְשׁוֹ kodshó יִשְׂמַח yismaj משיח לֵב lev מְבַקְשֵׁי mevakshei
יְהוָֹהאדניאהדונהי Adonai: דִּרְשׁוּ dirshú יְהוָֹהאדניאהדונהי Adonai וְעֻזּוֹ veuzó
בַּקְּשׁוּ bakeshú פָנָיו fanav תָּמִיד tamid ע״ה קס״א קנ״א קמ״ג:
זִכְרוּ zijrú נִפְלְאוֹתָיו nifleotav אֲשֶׁר asher עָשָׂה asá מֹפְתָיו moftav
וּמִשְׁפְּטֵי umishpetei פִיהוּ fihu: זֶרַע zera יִשְׂרָאֵל Yisrael
עַבְדּוֹ avdó בְּנֵי bnei יַעֲקֹב Yaakov ז׳ הויות, יאהדונהי אידהנויה
בְּחִירָיו bejirav: הוּא Hu יְהוָֹהאדניאהדונהי Adonai אֱלֹהֵינוּ Eloheinu ילה
בְּכָל bejol ב״ן, לכב הָאָרֶץ haárets אלהים דההין ע״ה מִשְׁפָּטָיו mishpatav:

HODÚ, EL NEKAMOT Y AROMIMJÁ

HODÚ

“Agradece al Señor, invoca Su Nombre y da a conocer Sus proezas entre los pueblos. Cántale, cántale alabanzas y habla de Sus maravillas. Sé orgulloso de Su santo Nombre. Quienes buscan al Señor y a Su fuerza sienten regocijo en sus corazones. Busca Su presencia continuamente. Recuerda las maravillosas obras que Él ha hecho, Sus milagros y las leyes que Él ha enunciado. Ustedes son simiente de Israel, Su siervo, y los hijos de Yaakov, Sus Escogidos. Él es el Señor, nuestro Dios. Sus juicios cubren toda la Tierra.

זִכְרוּ zijrú לְעוֹלָם leolam ריבוע דס"ג וי' אותיות ס"ג בְּרִיתוֹ britó דָּבָר davar ראה

צִוָּה tsivá לְאֶלֶף leélef המספר אֶלֶף = אלף למד פין דלת יוד ע"ה דּוֹר dor: אֲשֶׁר asher

כָּרַת carat אֶת־ et אַבְרָהָם Avraham ו"פ אל, רי"ו ול"ב נתיבות החכמה, רמ"ח (אברים),

עסמ"ב וט"ז אותיות פשוטות וּשְׁבוּעָתוֹ ushvuató לְיִצְחָק leYitsjak ד"פ ב"ן:

וַיַּעֲמִידֶהָ vayaamideha לְיַעֲקֹב leYaakov ז' הויות, יאהדונהי אידהנויה לְחֹק lejok

לְיִשְׂרָאֵל leYisrael בְּרִית brit עוֹלָם olam: לֵאמֹר lemor לְךָ lejá

אֶתֵּן etén אֶרֶץ־ érets כְּנָעַן cnaán חֶבֶל jével נַחֲלַתְכֶם najalatjem:

בִּהְיוֹתְכֶם bihyotjem מְתֵי metei מִסְפָּר mispar כִּמְעַט quimat

וְגָרִים vegarim בָּהּ ba: וַיִּתְהַלְּכוּ vayithaljú ניצוצות קדושה מִגּוֹי migoy אֶל־ el

גּוֹי goy וּמִמַּמְלָכָה umimamlajá אֶל־ el עַם am אַחֵר ajer: לֹא־ lo

הִנִּיחַ hiníaj לְאִישׁ leísh לְעָשְׁקָם leashkam ר"ת ללה, אדני וַיּוֹכַח vayojaj

עֲלֵיהֶם aleihem מְלָכִים melajim: אַל־ al תִּגְּעוּ tigú בִּמְשִׁיחָי bimshijai

וּבִנְבִיאַי uvinviai אַל־ al תָּרֵעוּ tareu: שִׁירוּ shiru לַיהֹוָהּאדנייאהדונהי laAdonai

כָּל־ col ילי הָאָרֶץ haárets אלהים דההין ע"ה בַּשְּׂרוּ basrú מִיּוֹם־ miyom

ע"ה נגד, מזבח, זן, אל יהוה אֶל־ el יוֹם yom ע"ה נגד, מזבח, זן, אל יהוה יְשׁוּעָתוֹ yeshuató:

סַפְּרוּ saprú בַגּוֹיִם vagoyim (pronuncia bien la letra *Álef* en la palabra "*et*") אֶת־ et

כְּבוֹדוֹ quevodó בְּכָל bejol ב"ן, לכב הָעַמִּים haamim נִפְלְאוֹתָיו nifleotav:

כִּי qui גָדוֹל gadol להח ; עם ד' אותיות = מבה, יזל, הום יְהֹוָהּאדנייאהדונהי Adonai

וּמְהֻלָּל umehulal ס"ת ללה, אדני מְאֹד meod וְנוֹרָא venorá הוּא hu עַל־ al

כָּל־ col ילי ; עמם אֱלֹהִים Elohim אהיה אדני ; ילה כִּי qui כָּל־ col ילי

אֱלֹהֵי Elohei מילוי ע"ב, דמב ; ילה הָעַמִּים haamim אֱלִילִים elilim (pausa aquí)

Recuerda Su Pacto por siempre. Pacto que Él hizo con Avraham, y juramentó a Yitsjak, que Él estableció para Yaakov por estatuto y para Israel como Pacto eterno: A ti te daré la tierra de Canaán, la parte de tu herencia, donde no eran más que unos pocos y eran extranjeros perdidos en ella. Ellos deambularon de nación en nación y de un reino a otro. Sin embargo, Él no permitió que nadie les hiciese mal. Por ellos Él reprobaba a reyes: ¡No toquen a Mis ungidos y no causen daños a Mis profetas! Canta al Señor toda la Tierra y proclama Su salvación día a día. Relata Su gloria entre las naciones y Sus maravillosas obras entre todos los pueblos: porque grande es el Señor y alabado, Él es reverenciado por sobre todos los dioses. Porque todos los dioses de los pueblos no son nada, son sólo deidades,

וַיהֹוָה יאהדונהי vaAdonai שָׁמַיִם shamáyim י"פ טל, י"פ כוזו עָשָׂה asá: הוֹד hod ההה

וְהָדָר vehadar לְפָנָיו lefanav עֹז oz וְחֶדְוָה vejedvá בִּמְקֹמוֹ bimkomó:

הָבוּ havú אוזד, אהבה, דאגה לַיהֹוָה יאהדונהי laAdonai מִשְׁפְּחוֹת mishpejot

עַמִּים amim הָבוּ havú אוזד, אהבה, דאגה לַיהֹוָה יאהדונהי laAdonai כָּבוֹד cavod

וָעֹז vaoz: הָבוּ havú אוזד, אהבה, דאגה לַיהֹוָה יאהדונהי laAdonai כְּבוֹד quevod

שְׁמוֹ Shemó מהש ע"ה, ע"ב בריבוע וקס"א ע"ה, אל שדי ע"ה ; הבו יהוה כבוד שמו = אדם דוד משיוז

שְׂאוּ seú מִנְחָה minjá ע"ה ב"פ ב"ן וּבֹאוּ uvóu לְפָנָיו lefanav

הִשְׁתַּחֲווּ hishtajavú לַיהֹוָה יאהדונהי laAdonai בְּהַדְרַת behadrat

קֹדֶשׁ kódesh ר"ת למפרע קבלה (היינו שבוים שבת צריך ללמוד קבלה):

חִילוּ jilú מִלְּפָנָיו milfanav כָּל col ילי הָאָרֶץ haárets אלהים דההין ע"ה

אַף af תִּכּוֹן ticón תֵּבֵל tevel ב"פ ר"יו בַּל bal תִּמּוֹט timot:

יִשְׂמְחוּ yismejú הַשָּׁמַיִם hashamáyim י"פ טל, י"פ כוזו וְתָגֵל vetaguel אותיות גלות

(שכשתהיה גאולה תהא שמוזה) הָאָרֶץ haárets אלהים דההין ע"ה ; ר"ת יהוה ; ס"ת = ריבוע דס"ג

וְיֹאמְרוּ veyomrú בַגּוֹיִם vagoyim יְהֹוָה יאהדונהי Adonai מָלָךְ malaj

ר"ת יבמ, ב"ן: יִרְעַם yiram הַיָּם hayam ילי וּמְלוֹאוֹ umloó ר"ת יה"ו, אהיה ;

ס"ת מום, אלהים, אהיה אדני יַעֲלֹץ yaalots הַשָּׂדֶה hasadé וְכָל vejol ילי

אֲשֶׁר asher בּוֹ bo: אָז az יְרַנְּנוּ yeranenu עֲצֵי atsei הַיָּעַר hayaar

בן זוך, סנדלפון, ערי מִלִּפְנֵי milifnei יְהֹוָה יאהדונהי Adonai כִּי qui בָא va

לִשְׁפּוֹט lishpot אֶת et הָאָרֶץ haárets אלהים דההין ע"ה ; ר"ת לאה: הוֹדוּ hodú אהיה

לַיהֹוָה יאהדונהי laAdonai כִּי qui טוֹב tov והו ; כי טוב = יהוה אהיה, אום, מבה, יזל כִּי qui

לְעוֹלָם leolam ריבוע דס"ג ו' אותיות דס"ג חַסְדּוֹ jasdó ג' הויות, (מולא עילאה) ; ר"ת = נגה:

---

mientras que el Señor hizo los Cielos. Majestad y magnificencia son Su presencia; poder y gloria son Su morada. Otorguen al Señor, familias de los pueblos, otorguen al Señor honra y poder. Otorguen al Señor la gloria debida a Su nombre. Traigan una ofrenda y vengan ante Él con esplendor de santidad. Estremézcanse ante Él, moradores de la Tierra, para que el mundo sea establecido y no pueda desplomarse. Alégrense los Cielos y regocíjese la Tierra. Sea dicho entre las naciones: ¡El Señor reina! Brame la mar con todo lo que contiene, exáltese el campo y todo lo que hay allí. Los bosques cantarán ante el Señor, porque Él ha venido a juzgar la Tierra. Agradece al Señor porque Él es bueno y Su misericordia perdura eternamente.

ואמרו veimrú הושיענו hoshienu אלהי Elohei מילוי ע"ב, דמב ; ילה

ישענו yishenu וקבצנו vekabtsenu והצילנו vehatsilenu מן־ min

הגוים hagoyim להודות lehodot לשם leShem קדשך kodshejá

להשתבח lehishtabéaj בתהלתך bitehilateja: ברוך Baruj

יהוהאדני יאהדונהי Adonai אלהי Elohei מילוי ע"ב, דמב ; ילה ישראל Yisrael

יהוה אלהי ישראל = תרי"ג (מצוות) ; ס"ת = אדני מן־ min העולם haolam ועד vead

העלם haolam ויאמרו vayomrú כל־ jol ילי העם haam אמן יאהדונהי Amén

והלל vehalel ללה, אדני ליהוהאדני יאהדונהי laAdonai: רוממו romemú

יהוהאדני יאהדונהי Adonai אלהינו Eloheinu ילה והשתחוו vehishtajavú

להדם lahadom רגליו raglav קדוש Kadosh הוא Hu: רוממו romemú

יהוהאדני יאהדונהי Adonai אלהינו Eloheinu ילה והשתחוו vehishtajavú

להר lehar קדשו kodshó כי־ qui קדוש Kadosh יהוהאדני יאהדונהי Adonai

אלהינו Eloheinu ילה: והוא vehú רחום rajum יכפר yejaper ר"ת רי"ו

עון avón (*Aba* de la *klipá*) ולא־ veló ישחית yashjit (*Ima* de la *klipá*)

והרבה vehirbá להשיב lehashiv אפו apó (*Zeir* de la *klipá*) ולא־ veló

יעיר yair כל־ col ילי חמתו jamató (*Nukvá* de la *klipá*): אתה Atá

יהוהאדני יאהדונהי Adonai לא־ lo תכלא tijlá רחמיך rajameja ממני mimeni

חסדך jasdejá ר"ת = אברהם, וח"פ אל, רי"ו ול"ב נתיבות החכמה, רמ"ח (אברים), עסמ"ב וט"ז

אותיות פשוטות ואמתך vaamitjá ע"ה קס"א קנ"א קמ"ג תמיד tamid יצרוני yitsruni:

זכר־ zejor ע"ב קס"א, יהי אור ע"ה (סוד המשכת השפע מן ד' שמות ליסוד הנקרא זכור)

רחמיך rajameja יהוהאדני יאהדונהי Adonai וחסדיך vajasadeja כי qui

---

Y digan: Sálvanos, Dios de nuestra salvación; reúnenos para librarnos de las naciones, para que agradezcamos a Tu santo Nombre, y nos glorifiquemos en Tu alabanza. ¡Bendito sea el Señor, Dios de Israel, en este mundo y en el Mundo por Venir! Y todo el pueblo dice 'Amén' y alaba al Señor" (I Crónicas 16:8-36). *"Exalten al Señor, nuestro Dios y póstrense ante Su escaño, porque Él es sagrado"* (Salmos 99:5). *"Exalten al Señor, nuestro Dios, y póstrense ante Su Santa Montaña, porque el Señor, nuestro Dios es santo"* (Salmos 99:9). *"Él es misericordioso, olvida iniquidades, y no destruye. Él frecuentemente contiene Su furia y no libera toda Su ira"* (Salmos 78:38). *"Y Tú, Señor, no alejes Tu misericordia de mí. Que Tu benevolencia y verdad siempre me protejan"* (Salmos 40:12). *"Recuerda Tu misericordia y benevolencia, Señor,*

מֵעוֹלָם meolam הֵמָּה hema עמם: תְּנוּ tenú עֹז oz לֵאלֹהִים leElohim אהיה אדני ; ילה
עַל־ al יִשְׂרָאֵל Yisrael גַּאֲוָתוֹ gaavató וְעֻזּוֹ veuzó בַּשְּׁחָקִים bashjakim:
נוֹרָא norá אֱלֹהִים Elohim אהיה אדני ; ילה מִמִּקְדָּשֶׁיךָ mimikdasheja
אֵל El י״א״ (מילוי דס״ג) יִשְׂרָאֵל Yisrael אל ישראל = כ״ב הויות (כ״א דתפילין וא׳ דטלית)
הוּא Hu נֹתֵן notén אבגיתץ, ושר עֹז oz וְתַעֲצֻמוֹת vetaatsumot לָעָם laam עלם
בָּרוּךְ Baruj אֱלֹהִים Elohim אהיה אדני ; ילה ; סת במילוי דשדי (ין לת וד) ; ברוך אלהים = שדי:

EL NEKAMOT

El Nombre *Yud, Hei, Vav* y *Hei* aparece once veces en esta conexión. El poder de once elimina el dominio de las *klipot*. Existen Diez *Sefirot* entre nuestro mundo y el Mundo Infinito. La undécima conexión está diseñada para darle su alimento a las *klipot* para que no intenten robarnos el nuestro. Cuando iniciamos esta entrega de Luz, obtenemos control sobre las *klipot*. Tenemos apoyo adicional disponible en virtud de diez gigantes espirituales que vivieron y murieron para poder asistirnos. Estas diez almas justas fueron la reencarnación de los diez hermanos que vendieron a Yosef (hijo del Patriarca bíblico Yaakov) como esclavo. En su última encarnación, los hermanos de Yosef fueron brutalmente asesinados, pero tuvieron el poder de abandonar los confines de sus cuerpos físicos para que no sufrieran dolor alguno. Como reflejo de sus acciones, podemos obtener un aumento adicional de energía para ayudarnos a despegar de este mundo físico.

Desde aquí hasta *Aromimjá*, el Nombre Sagrado: יהוה aparece once veces con el propósito de separar las *klipot* que están adheridas a las 11 cortinas. Cuando dices *El Nekamot*, debes meditar en que Dios vindique (*nekamá*, pero el significado más profundo es "elevar", que proviene de la misma raíz, *lehakim*) las muertes de los Diez Mártires. Cuando recitamos *El Nekamot*, esto le da fortaleza a las almas de los Diez Mártires para que puedan reunir las chispas de las almas que están capturadas dentro de la *klipá* de *Asiyá*.

אֵל El י״א״ (מילוי דס״ג) נְקָמוֹת nekamot יְהֹוָה יאהדונהי Adonai ; ר״ת אני
אֵל El י״א״ (מילוי דס״ג) נְקָמוֹת nekamot מנק ; ר״ת = יב״ק, אלהים יהוה, אהיה אדני יהוה
הוֹפִיעַ hofía: הִנָּשֵׂא hinasé שֹׁפֵט shofet הָאָרֶץ haárets אלהים דההין ע״ה
הָשֵׁב hashev ר״ת = שדי ע״ה גְּמוּל guemul עַל־ al גֵּאִים gueim:

---

porque son eternas" (Salmos 25:6). "Da poder a Dios, porque Su majestad está sobre Israel y Su poder está en los Cielos. Dios, Tú eres reverentemente temido en Tus Templos, Dios de Israel. Él da poderes y fortaleza a la nación, bendito sea Dios" (Salmos 68:35-36).

EL NEKAMOT

"Tú eres el Dios de la venganza, Señor, El Dios de la venganza aparece. Levántate, Juez del mundo. Devuelve a los arrogantes lo que se merecen" (Salmos 94:1-2).

לַיהֹוָה יאהדונהי laAdonai הַיְשׁוּעָה hayeshuá עַל־ al עַמְּךָ ameja
בִרְכָתֶךָ virjateja סֶּלָה sela: יְהֹוָה יאהדונהי Adonai צְבָאוֹת Tsevaot פני שכינה
עִמָּנוּ imanu ריבוע ס״ג, קס״א ע״ה וד׳ אותיות מִשְׂגָּב־ misgav משה, מהש, ע״ב בריבוע וקס״א,
אל שדי, ד״פ אלהים ע״ה לָנוּ lanu אלהים, אהיה אדני אֱלֹהֵי Elohei מילוי ע״ב, דמב ; ילה
יַעֲקֹב Yaakov ז׳ הויות, יאהדונהי אידהנויה סֶלָה sela: יְהֹוָה יאהדונהי Adonai
צְבָאוֹת Tsevaot פני שכינה אַשְׁרֵי ashrei אָדָם adam מ״ה ; יהוה צבאות אשרי אדם = תפארת
בֹּטֵחַ botéaj בָּךְ baj אדם בוטח בך = אמן ע״ה = יאהדונהי ע״ה ; בוטח בך = מילוי ע״ב ע״ה:
יְהֹוָה יאהדונהי Adonai הוֹשִׁיעָה hoshía יהוה וש״ע נהורין הַמֶּלֶךְ haMélej ר״ת יהה
יַעֲנֵנוּ yaanenu בְיוֹם veyom ע״ה נגד, מזבח, זן, אל יהוה קָרְאֵנוּ korenu ר״ת יב״ק,
אלהים יהוה, אהיה אדני יהוה ; סת בן ועם כ׳ המלך = ע״ב: הוֹשִׁיעָה hoshía יהוה וש״ע נהורין
אֶת־ et עַמֶּךָ ameja ס״ת כהת, משיח בן דוד ע״ה וּבָרֵךְ uvarej אֶת־ et
נַחֲלָתֶךָ najalateja וּרְעֵם ureem וְנַשְּׂאֵם venasem עַד־ ad הָעוֹלָם haolam:
נַפְשֵׁנוּ nafshenu (pronuncia bien la letra *Jet* en la palabra "*jictá*") חִכְּתָה jiqueta
כהת, משיח בן דוד ע״ה לַיהֹוָה יאהדונהי laAdonai (יוד הה וו הה) ; ר״ת שם נוזל
עֶזְרֵנוּ ezrenu וּמָגִנֵּנוּ umaguinenu הוּא Hu: כִּי־ qui בוֹ vo יִשְׂמַח yismaj משיח
לִבֵּנוּ libenu כִּי qui בְשֵׁם veShem קָדְשׁוֹ kodshó בָטָחְנוּ vatajnu: יְהִי־ yehí
חַסְדְּךָ jasdejá יְהֹוָה יאהדונהי Adonai עָלֵינוּ aleinu כַּאֲשֶׁר caasher
יִחַלְנוּ yijalnu סאל, אמן (יאהדונהי) לָךְ laj: הַרְאֵנוּ harenu יְהֹוָה יאהדונהי Adonai
חַסְדֶּךָ jasdejá וְיֶשְׁעֲךָ veyeshajá תִּתֶּן־ titén ב״פ כהת לָנוּ lanu אלהים, אהיה אדני:

"La salvación pertenece al Señor y Tu bendición está sobre Tu Nación, Sela" (Salmos 3:9). *"El Señor de los Ejércitos está con nosotros, y nuestra fortaleza es el Dios de Yaakov, Sela"* (Salmos 46:12). *"El Señor de los Ejércitos, dichoso es el hombre que confía en Ti"* (Salmos 84:13). *"Señor, redímenos. El Rey nos responderá en el día en el que lo llamemos"* (Salmos 20:10). *"Redime a Tu Nación y bendice Tu herencia, provee para ellos y elévalos para siempre"* (Salmos 28:9). *"Nuestra alma ha esperado al Señor. Él es nuestra ayuda y nuestro escudo. Porque, en Él, nuestro corazón se regocija porque hemos confiado en Su Santo Nombre. Señor, que Tu benevolencia esté sobre nosotros porque hemos colocado nuestra confianza en Ti"* (Salmos 33:20-22). *"Muéstranos Tu benevolencia, Señor, y otórganos Tu salvación"* (Salmos 85:8).

קוּמָה kuma קנ"א (מקוה) עֶזְרָתָה ezratá לָּנוּ lanu אלהים, אהיה אדני וּפְדֵנוּ ufdenu

לְמַעַן lemaan חַסְדֶּךָ jasdejá: אָנֹכִי anojí יְהֹוָה Adonai

אֱלֹהֶיךָ Eloheja ילה הַמַּעַלְךָ hamaaljá מֵאֶרֶץ meérets מִצְרָיִם Mitsráyim

מצר הַרְחֶב־ harjev פִּיךָ pija וַאֲמַלְאֵהוּ vaamalehu: אַשְׁרֵי ashrei

הָעָם haam שֶׁכָּכָה shecaja משה, מהש, ע"ב בריבוע וקס"א, אל שדי, ד"פ אלהים ע"ה

לּוֹ lo אַשְׁרֵי ashrei הָעָם haam ר"ת לאה שֶׁיְהֹוָה sheAdonai

אֱלֹהָיו Elohav ילה: וַאֲנִי vaaní אני בְּחַסְדְּךָ bejasdejá בָטַחְתִּי vatajti

יָגֵל yaguel להח לִבִּי libí בִּישׁוּעָתֶךָ bishuateja ר"ת = ב"ן אָשִׁירָה ashira

לַיהֹוָה laAdonai כִּי qui גָמַל gamal עָלָי alai ס"ת ילי:

AROMIMJÁ

Cuando realizamos acciones negativas, le damos nuestra Luz a la *klipá* —especialmente a aquellas que están en *Asiyá*— evitando de este modo la elevación de *Asiyá*. Debido a su pesadez espiritual, tenemos que deshacernos de la *klipá* para que *Asiyá* pueda ascender al Mundo de Formación. Mientras que la oración *Hodú* nos desconecta de la *klipá*, *Aromimjá* ayuda a reunir y elevar las chispas de Luz que aún están atrapadas dentro de la *klipá*. Cuando separamos estas chispas de Luz de la *klipá*, la *klipá* pierde todo su poder y deja ir a *Asiyá*. La palabra *Aromimjá* significa "alabar", pero también "elevar", en referencia a la elevación de las chispas desde la *klipá*. *Aromimjá* contiene 92 palabras que nos conectan al poder de la palabra "*Amén*" (que es 91 más 1 por la palabra misma).

En este Salmo está diez veces el Nombre: יהוה que corresponde a las Diez *Sefirot*. Y hay 92 palabras, que es el valor numérico de יהוה אדני (más 1 por la palabra misma). *Aromimjá* está compuesta de palabras de gratitud de las almas y las chispas de *Asiyá* que fueron salvadas y elevadas de las *klipot* de *Asiyá* para transformarse en *Mayin Nukvín*. Estas almas agradecen a Dios por elevarlas del *Sheol*.

"¡Levántate y ayúdanos! ¡Redímenos por causa de Tu benevolencia!" (Salmos 44:27). "Yo soy el Señor, su Dios, quien los sacó de la tierra de Egipto. Abre tu boca con amplitud y Yo la llenaré" (Salmos 81:11). "Dichosa es la nación para la cual todo esto es cierto; feliz es la nación de la cual el Señor es su Dios" (Salmos 144:15). "Y yo he confiado en Tu benevolencia, por lo tanto, mi corazón se regocijará en Tu salvación. Yo cantaré al Señor, porque Él me ha recompensado" (Salmos 13:6).

אֲרוֹמִמְךָ aromimjá

ענין נצוצי הקדושה העולים ויוצאים מקליפות דעשיה הנקרא נפש יְהֹוָה יאהדונהי Adonai (***Kéter***)

כִּי qui דִלִּיתָנִי dilitani וְלֹא־ veló שִׂמַּחְתָּ simajta אֹיְבַי oyvai לִי li:

יְהֹוָה יאהדונהי Adonai (***Jojmá***) אֱלֹהָי Elohai מילוי ע"ב, דמב ; ילה שִׁוַּעְתִּי shivati

אֵלֶיךָ eleja וַתִּרְפָּאֵנִי vatirpaeni: יְהֹוָה יאהדונהי Adonai (**Biná**)

הֶעֱלִיתָ heelita מִן־ min שְׁאוֹל sheol נַפְשִׁי nafshí (elevación de las almas desde *Asiyá*)

חִיִּיתַנִי jiyitani ס"ת ילי מִיָּרְדִי־ miyardí (כתיב: מיורדי) בוֹר vor: זַמְּרוּ zamrú

לַיהֹוָה יאהדונהי laAdonai (*Jésed*) חֲסִידָיו jasidav וְהוֹדוּ vehodú אהיה

לְזֵכֶר lezéjer קָדְשׁוֹ kodshó: כִּי qui רֶגַע rega ג"פ אלהים וה' אותיות שבכל שם אלהים

בְּאַפּוֹ beapó ס"ת = אלהים, אהיה אדני ; ועם ם דויים = ריבוע אדני

חַיִּים jayim אהיה אהיה יהוה, בינה ע"ה בִּרְצוֹנוֹ birtsonó כי רגע באפו חיים ברצונו = שין דלת יוד

בָּעֶרֶב baérev יָלִין yalín בֶּכִי beji ר"ת י"ד (כנגד מספר אותיות יהוה אלהינו יהוה,

וכן מספר האותיות כוזו במוכסז כוזו) וְלַבֹּקֶר velabóker רִנָּה riná בערב ילין בכי ולבקר רנה =

מטטרון שר הפנים: וַאֲנִי vaaní אני אָמַרְתִּי amarti בְשַׁלְוִי veshalví בַּל־ bal

אֶמּוֹט emot לְעוֹלָם leolam ריבוע ס"ג וי' אותיות דס"ג: יְהֹוָה יאהדונהי Adonai (***Guevurá***)

בִּרְצוֹנְךָ birtsonjá הֶעֱמַדְתָּה heemadta לְהַרְרִי lehareri עֹז oz

הִסְתַּרְתָּ histarta פָנֶיךָ faneja ס"ג מ"ה ב"ן הָיִיתִי hayiti נִבְהָל nivhal:

AROMIMJÁ

"Te exaltaré, Señor, porque Tú me has elevado, y no permitiste que mis enemigos se rieran de mí. Señor, Dios mío, clamé a Ti y Tú me sanaste. Señor, Tú alzaste mi alma del Sheol (Infierno), y me mantuviste con vida cuando caí en el abismo. Entonen cánticos al Señor, ustedes, Sus piadosos siervos y alaben Su Santo Nombre. Porque Su ira dura un instante y Su voluntad por siempre. Si por la noche se derraman lágrimas, por la mañana despertamos cantando. Y yo pensaba confiado, que nunca me desplomaría. Señor, eras Tú que diste fortaleza a mi montaña; y cuando ocultaste Tu Rostro, estuve asustado.

אֵלֶיךָ eleja יְהֹוָה יאהדונהי Adonai (*Tiféret*) אֶקְרָא ekrá וְאֶל veel

יְהֹוָה יאהדונהי Adonai (*Nétsaj*) אֶתְחַנָּן etjanán: מַה־ ma מ"ה בֶּצַע betsá

בְּדָמִי bedamí בְּרִדְתִּי beridtí אֶל el ס"ת ילי שָׁחַת shájat הֲיוֹדְךָ hayodjá

עָפָר afar הֲיַגִּיד hayaguid ייז, כ"ב אותיות פשוטות (= אכא) וה' אותיות סופיות (מנצפך)

אֲמִתֶּךָ amiteja: שְׁמַע־ Shemá יְהֹוָה יאהדונהי Adonai (*Hod*) וְחָנֵּנִי vejaneni

יְהֹוָה יאהדונהי Adonai (*Yesod*) הֱיֵה־ heyé יהה עֹזֵר ozer לִי li מוזי:

הָפַכְתָּ hafajta מִסְפְּדִי mispedí לְמָחוֹל lemajol לִי li ס"ת ילי

פִּתַּחְתָּ pitajta שַׂקִּי sakí וַתְּאַזְּרֵנִי vateazreni שִׂמְחָה simjá:

לְמַעַן lemaan יְזַמֶּרְךָ yezamerjá כָבוֹד javod וְלֹא veló יִדֹּם yidom (pausa)

יְהֹוָה יאהדונהי Adonai (*Maljut*) ר"ת = אלהים, אהיה אדני אֱלֹהַי Elohai

מילוי ע"ב, דמב ; ילה לְעוֹלָם leolam ריבוע ס"ג וי' אותיות דס"ג אוֹדֶךָּ odeca:

Recita esta oración entre *Rosh Hashaná* y *Yom Kipur*.

YUD, HEI, VAV Y HEI ES ELOHIM

Yud, Hei, Vav y *Hei* יהוה corresponde a los Mundos Superiores. *Elohim* אלהים se refiere tanto al concepto de Juicio como al mundo físico. Durante los diez días entre *Rosh Hashaná* y *Yom Kipur*, los Mundos Superiores e Inferiores son unidos. Esta oración nos ayuda a transformar en Misericordia cualquier juicio decretado en nuestra contra. Es importante entender que cuando la vida parece estarnos juzgando muy severamente, siempre hay una razón para ello.

יְהֹוָה יאהדונהי Adonai הוּא Hu הָאֱלֹהִים haElohim אהיה אדני ; ילה ;

יהוה הוא האלהים = ענו ע"ג כ ; ר"ת יהה.

יְהֹוָה יאהדונהי Adonai הוּא Hu הָאֱלֹהִים haElohim אהיה אדני ; ילה ;

יהוה הוא האלהים = ענו ע"ג כ ; ר"ת יהה.

Recita este verso dos veces.

Es a Ti, Señor, a quien llamo y es al Señor a quien yo imploro. ¿Qué provecho habrá con mi muerte o con que sea bajado al sepulcro? ¿Acaso el polvo te alabará? ¿Proclamará Tu fidelidad? Señor, escúchame y sé misericordioso conmigo. Señor, sé mi asistente. Tú convertiste mi lamento en júbilo. Me quitaste el luto y me vestiste de regocijo, para que mi corazón pueda cantarte alabanzas y nunca quedarse callado, ¡Señor, mi Dios, te agradeceré por siempre!" (Salmos 30:2-13).

YUD, HEI, VAV Y HEI ES ELOHIM

"¡El Señor es el Dios!

¡El Señor es el Dios!" (I Reyes 18:39).

ADONAI MÉLEJ

Esta oración trasciende el concepto de tiempo, espacio y movimiento, así como las ilusiones de los cinco sentidos. La frase "El Señor es Rey, el Señor ha reinado, el Señor reinará para siempre y por la eternidad" unifica pasado, presente y futuro en uno solo, de modo que cuando recitamos *Adonai Mélej* (El Señor es Rey) con la conciencia de transformación, podemos corregir errores cometidos en el pasado, a la vez que creamos un mejor futuro y lo logramos en el presente. Cuando vivimos en el presente, podemos corregir el pasado e influir en nuestro futuro.

Los ángeles son fuerzas energéticas particulares que actúan como sistema de transporte de nuestras oraciones. Esta conexión es tan poderosa que incluso los ángeles se quedan y cantan junto a nosotros, en lugar de sólo transportar nuestras palabras y pensamientos a los Mundos Superiores.

Según el Libro de *Heijalot*: "Hay un ángel que se para cada mañana en medio del Cielo y canta los versos de '*Adonai Mélej*', y todos los ejércitos de los Mundos Superiores cantan con él hasta *Barjú*". Como los ángeles cantan *Adonai Mélej* mientras están de pie, nosotros también.

Recita lo siguiente mientras estás de pie:

חכמה-חסד / ם ן / בינה-גבורה / ץ

יְהֹוָהאדנייאהדונהי Adonai מֶלֶךְ Mélej יְהֹוָהאדנייאהדונהי Adonai מָלָךְ malaj

דעת-תפארת / ף ך

יְהֹוָהאדנייאהדונהי Adonai | יִמְלֹךְ yimloj (מֶלֶךְ מָלַךְ יִמְלֹךְ = מנצפך, סנדלפון, ערי)

יהוה / דעת-תפארת

לְעֹלָם leolam ריבוע דס"ג וי' אותיות דס"ג ; ר"ת י"ל וָעֶד vaed:

נצח / ם ן / הוד / ץ

יְהֹוָהאדנייאהדונהי Adonai מֶלֶךְ Mélej יְהֹוָהאדנייאהדונהי Adonai מָלָךְ malaj

יסוד / ף ך

יְהֹוָהאדנייאהדונהי Adonai | יִמְלֹךְ yimloj (מֶלֶךְ מָלַךְ יִמְלֹךְ = מנצפך, סנדלפון, ערי)

יהוה / יסוד

לְעֹלָם leolam ריבוע דס"ג וי' אותיות דס"ג ; ר"ת י"ל וָעֶד vaed:

ADONAI MÉLEJ

El Señor es Rey, el Señor ha reinado, el Señor reinará por siempre y para la eternidad.
El Señor es Rey, el Señor ha reinado, el Señor reinará por siempre y para la eternidad.

וְהָיָה vehayá יהוה ; יהה יְהֹוָהאדני יאהדונהי Adonai לְמֶלֶךְ leMélej

עַל־ al כָּל col ילי ; עמם הָאָרֶץ haárets אלהים דההין ע"ה בַּיּוֹם bayom

ע"ה נגד, מזבח, זן, אל יהוה הַהוּא hahú יִהְיֶה yihyé ייי יְהֹוָהאדני יאהדונהי Adonai

אֶחָד Ejad אהבה, דאגה וּשְׁמוֹ uShmó מהש ע"ה, ע"ב בריבוע וקס"א, אל שדי ע"ה

אֶחָד Ejad אהבה, דאגה (בסוד אבא ואמא ואריך אנפין דעולם העשיה):

HOSHIENU

הוֹשִׁיעֵנוּ hoshienu | יְהֹוָהאדני יאהדונהי Adonai אֱלֹהֵינוּ Eloheinu ילה

וְקַבְּצֵנוּ vekabtsenu מִן min הַגּוֹיִם hagoyim לְהוֹדוֹת lehodot

לְשֵׁם leShem קָדְשֶׁךָ kodsheja לְהִשְׁתַּבֵּחַ lehishtabéaj

בִּתְהִלָּתֶךָ bitehilateja:

בָּרוּךְ Baruj יְהֹוָהאדני יאהדונהי Adonai | אֱלֹהֵי Elohei מילוי ע"ב, דמב ; ילה

יִשְׂרָאֵל Yisrael ס"ת = אדני ; יהוה אלהי ישראל = תרי"ג (מצוות)

מִן־ min הָעוֹלָם haolam וְעַד vead הָעוֹלָם haolam

וְאָמַר veamar כָּל־ col ילי הָעָם haam אָמֵן Amén יאהדונהי

הַלְלוּיָהּ haleluyá אלהים, אהיה אדני ; ללה:

כֹּל col ילי הַנְּשָׁמָה haneshamá תְּהַלֵּל tehalel ר"ת כהת, משיח בן דוד ע"ה

יָהּ Yah הַלְלוּיָהּ haleluyá אלהים, אהיה אדני ; ללה:

"Y el Señor siempre ha sido Rey sobre toda la Tierra.
Y en ese día, el Señor será Uno Su y Nombre Uno" *(Zacarías 14:9).*

HOSHIENU

"Sálvanos, Señor, nuestro Dios, y reúnenos de entre las naciones para darle gracias a Tu Santo Nombre y ser glorificados en Tu alabanza. Bendito es el Señor, el Dios de Israel, de este mundo al Mundo por Venir y toda la nación dice: Amén ¡Alaben al Señor!" *(Salmos 106:47-48).*
"¡Todas las almas alabarán a Dios, Aleluya!" *(Salmos 150:6).*

LAMENATSÉAJ

En este Salmo hay 13 versículos que corresponden a los Trece Atributos de Misericordia, y seis veces el Nombre: יהוה que corresponde a los Seis Bordes de *Zeir Anpín*. Medita en el primer *Maamar* (Enunciado) de Creación: בראשית ברא אלהים את השמים ואת הארץ.

(א-אל) לַמְנַצֵּחַ lamenatséaj מִזְמוֹר mizmor לְדָוִד leDavid:

(ב-רחום) הַשָּׁמַיִם hashamáyim י״פ טל, י״פ כוזו מְסַפְּרִים mesaprim כְּבוֹד quevod

אֵל El ייא״י (מילוי דס״ג) ; ר״ת מכאל (מיכאל = נֹגא) ; כבוד אל = ס״ג (יוד הי ואו הי - דעת דנוקבא)

וּמַעֲשֵׂה umaasé יָדָיו yadav מַגִּיד maguid הָרָקִיעַ harakía:

(ג-וחנון) יוֹם yom ע״ה נגד, מזבח, זן, אל יהוה לְיוֹם leyom ע״ה נגד, מזבח, זן, אל יהוה

יַבִּיעַ yabía אֹמֶר omer וְלַיְלָה velayla מלה לְּלַיְלָה lelayla מלה

יְחַוֶּה־ yejavé דָּעַת dáat:

(ד-ארך) אֵין־ ein אֹמֶר omer וְאֵין veéin

דְּבָרִים devarim ראה בְּלִי blí נִשְׁמָע nishmá קוֹלָם kolam:

(ה-אפים) בְּכָל־ bejol ב״ן, לכב הָאָרֶץ haárets אלהים ההין ע״ה

יָצָא yatsá קַוָּם kavam וּבִקְצֵה uviktsé תֵבֵל tevel ב״פ רי״ו

מִלֵּיהֶם mileihem לַשֶּׁמֶשׁ lashémesh שָׂם־ sam אֹהֶל óhel בָּהֶם bahem:

(ו-ורב חסד) וְהוּא vehú כְּחָתָן quejatán יֹצֵא yotsé מֵחֻפָּתוֹ mejupató

יָשִׂישׂ yasís כְּגִבּוֹר queguibor לָרוּץ larúts אֹרַח óraj:

(ז-ואמת) מִקְצֵה miktsé הַשָּׁמַיִם hashamáyim י״פ טל, י״פ כוזו

מוֹצָאוֹ motsaó וּתְקוּפָתוֹ utkufató עַל־ al קְצוֹתָם ketsotam

וְאֵין veéin נִסְתָּר nistar ב״פ מצר מֵחַמָּתוֹ mejamató:

LAMENATSÉAJ

"1) Al Director de los cánticos, un Salmo de David.

2) Los Cielos declaran la gloria de Dios y el firmamento muestra la obra de Sus manos. 3) Un día transmite al siguiente día la palabra y una noche a la otra noche revela el conocimiento. 4) Sin discursos, sin palabras y sin que se escuchen sus voces. 5) Su pregón recorre toda la Tierra y sus palabras se expanden hasta el confín del mundo. Y entre ellos Él puso allí una tienda para el Sol. 6) Y Él es cual novio que sale de su alcoba nupcial y se regocija como un valiente guerrero por recorrer su camino. 7) El sale del confín del Cielo y su llegada es en el otro extremo de él. No hay nada que se escape a su calor.

Los kabbalistas escribieron: Este Salmo posee una gran y magnífica capacidad de protección. De aquí en adelante tenemos seis versículos consecutivos de cinco palabras cada uno, y en la segunda palabra de cada uno está: יהוה. Debes contar las palabras con los dedos de tu mano derecha de la siguiente manera: Di la primera palabra y baja tu pulgar, luego dices la segunda palabra, que es יהוה, y mantén el dedo índice arriba, luego di la tercera palabra y baja el dedo del medio, después di la cuarta palabra y baja el dedo anular, y mientras dices la quinta palabra baja el dedo meñique. Y mientras haces eso, medita en que el Creador enderece a aquellos que están doblegados y, también, que todos tus enemigos espirituales se rindan y que tú puedas vencerlos.

(וז-נצר וחסד) תּוֹרַת torat יְהֹוָהאדניאהדונהי Adonai (*Jésed*) תְּמִימָה temimá

מְשִׁיבַת meshivat נָפֶשׁ náfesh עֵדוּת edut יְהֹוָהאדניאהדונהי Adonai (*Guevurá*)

נֶאֱמָנָה neemaná מַחְכִּימַת majquimat פֶּתִי petí: (ט-לאלפים) פִּקּוּדֵי pikudei מנק

יְהֹוָהאדניאהדונהי Adonai (*Tiféret*) יְשָׁרִים yesharim מְשַׂמְּחֵי mesamjei

לֵב lev מִצְוַת mitsvat יְהֹוָהאדניאהדונהי Adonai (*Nétsaj*) בָּרָה bará

מְאִירַת meirat עֵינָיִם eináyim ריבוע מ"ה : (י-נשא עון) יִרְאַת yirat

יְהֹוָהאדניאהדונהי Adonai (*Hod*) טְהוֹרָה tehorá עוֹמֶדֶת omédet

לָעַד laad ב"פ כ"ן מִשְׁפְּטֵי mishpetei יודהוואדניאהדונהי Adonai (*Yesod*)

אֱמֶת emet אהיה פעמים אהיה, ו"פ ס"ג צָדְקוּ tsadkú יַחְדָּו yajdav:

(י"א-ופשע) הַנֶּחֱמָדִים hanejemadim מִזָּהָב mizahav וּמִפַּז umipaz רָב rav

וּמְתוּקִים umetukim מִדְּבַשׁ midvash שו' דשופר ועם י"ד האוויז הרי ש"ך דינין דגדלות

וְנֹפֶת venófet צוּפִים tsufim: גַּם gam עַבְדְּךָ avdejá פוי, אל אדני

נִזְהָר nizhar בָּהֶם bahem בְּשָׁמְרָם beshamram עֵקֶב ékev ב"פ מום רָב rav:

---

8) *La Torá del Señor* (Jésed) *es perfecta, restauradora del alma.*
El testimonio del Señor (Guevurá) *es seguro y da sabiduría al simple.*
9) *Los preceptos del Señor* (Tiféret) *son rectos y alegran el corazón.*
Los mandamientos del Señor (Nétsaj) *son claros e iluminan los ojos.*
10) *El temor del Señor* (Hod) *es puro y dura para siempre.*
Los juicios del Señor (Yesod) *son verdaderos y absolutamente justos.*
11) *Son más deseables que el oro y que muchas piedras preciosas, y son más dulces que la miel y las gotas que destilan los panales. Incluso yo, Tu siervo, soy cuidadoso en observarlos puesto que es muy provechoso.*

(י״ב-ווזטאה) שְׁגִיאוֹת shguiot מִי־ mi יכי יָבִין yavín מִנִּסְתָּרוֹת ministarot

נַקֵּנִי nakeni: (י״ג-ונקה) גַּם gam מִזֵּדִים mizedim חֲשׂךְ jasoj

שך נצוצות של ו״ז המלכים עַבְדֶּךָ avdeja פוי, אל אדני אַל־ al יִמְשְׁלוּ־ yimshelú

בִּי vi אָז az אֵיתָם eitam וְנִקֵּיתִי venikeiti מִפֶּשַׁע mipesha רָב rav:

מ״ב אותיות בפסוק

יִהְיוּ yihyú אל (ייא״י מילוי דס״ג) לְרָצוֹן leratsón מהש ע״ה, ע״ב בריבוע וקס״א ע״ה, אל שדי ע״ה

אִמְרֵי־ imrei פִי fi ר״ת המספר אֶלֶף = אלף למד שין דלת יוד ע״ה

וְהֶגְיוֹן vehegyón לִבִּי libí לְפָנֶיךָ lefaneja ס״ג מ״ה ב״ן יְהֹוָהאדניאהדונהי Adonai

צוּרִי tsurí וְגֹאֲלִי vegoalí:

RANENÚ

Hay 22 versículos en este Salmo, indicando una conexión con las 22 letras del alfabeto arameo. Debido a que las letras arameas son los verdaderos instrumentos de la Creación, esta oración ayuda a inyectar orden y el poder de la Creación en aquellas áreas caóticas que necesitan rejuvenecimiento en nuestra vida. Los seres humanos están compuestos de un alfabeto genético de cuatro letras (A, T, C y G) que se encuentra en nuestro ADN, cada una de estas letras representa un elemento químico diferente. Las letras se combinan y crean una serie de instrucciones para formar a un ser humano. De acuerdo con la Kabbalah, el universo está compuesto por el alfabeto genético de las 22 letras arameas, y cada una de las 22 letras representan una fuerza energética particular; estas fuerzas se combinan en diferentes secuencias para crear nuestro universo.

En los dos Salmos siguientes hay grandes y profundos secretos, así que cuida recitarlos meticulosamente. Porque si omites o te comes una de las palabras, estarías perdiendo gran bienaventuranza.

En este Salmo hay 161 palabras, como el valor numérico del Nombre: אלף הי יוד הי. También hay 22 versículos que corresponden a las 22 letras del alfabeto arameo, que es el valor numérico del Nombre: אכא de los 72 Nombres de Dios.

También medita en el segundo *Maamar* (Enunciado) de Creación: יהי אור ("y Dios dijo: Sea la luz" – La Luz fue creada inicialmente para los justos y luego ocultada para el futuro por venir).

---

12) Además de Ti, ¿quién puede discernir los errores? Líbrame Tú de las faltas ocultas. 13) Y aparta también a Tu siervo de los pecados de soberbia. No permitas que me controlen; entonces seré irreprochable y me veré libre de ese gran pecado. Sean gratos ante Ti, Señor, mi Fortaleza y mi Redentor, los dichos de mi boca y los pensamientos de mi corazón" (Salmos 19).

רַנְּנוּ ranenú צַדִּיקִים tsadikim

Medita en el Nombre: אהיה דיודין (אלף הי יודי הי), porque es una corrección para eliminar la ira.

בַּיהֹוָהאדהנויאהדונהי baAdonai לַיְשָׁרִים layesharim נָאוָה navá תְהִלָּה tehilá

ע״ה אמת, אהיה פעמים אהיה, ז״פ ס״ג: הוֹדוּ hodú אהיה לַיהֹוָהאדהנויאהדונהי laAdonai

בְּכִנּוֹר bejinor ס״ת אלף למד יהוה בְּנֵבֶל benével עָשׂוֹר asor ר״ת ע״ב, ריבוע יהוה

זַמְּרוּ zamrú לוֹ lo ר״ת מילוי ס״ג (וד י או י) ; ס״ת = רמ״ב [רלב (עסמ״ב) וי׳ אותיות אלף הי יוד הי]:

שִׁירוּ shiru לוֹ lo שִׁיר shir חָדָשׁ jadash י״ב הויות, קס״א קנ״א

הֵיטִיבוּ heitivu נַגֵּן naguén בִּתְרוּעָה bitruá: כִּי qui יָשָׁר yashar

דְּבַר devar ראה יְהֹוָהאדהנויאהדונהי Adonai וְכָל vejol ילי מַעֲשֵׂהוּ maasehu

בֶּאֱמוּנָה beemuná ר״ת ומב: אֹהֵב ohev צְדָקָה tsedaká ע״ה ריבוע אלהים

וּמִשְׁפָּט umishpat ע״ה ה״פ אלהים וָחֶסֶד jésed ע״ב, ריבוע יהוה יְהֹוָהאדהנויאהדונהי Adonai

מָלְאָה malá הָאָרֶץ haárets אלהים דההין ע״ה: בִּדְבַר bidvar ראה

יְהֹוָהאדהנויאהדונהי Adonai שָׁמַיִם shamáyim י״פ טל, י״פ כוזו נַעֲשׂוּ naasú

וּבְרוּחַ uverúaj פִּיו piv כָּל col ילי צְבָאָם tsvaam: כֹּנֵס conés כַּנֵּד caned

מֵי mei ילי הַיָּם hayam ילי נֹתֵן notén אבגיתץ, ושר בְּאוֹצָרוֹת beotsarot

תְּהוֹמוֹת tehomot: יִירְאוּ yirú מֵיְהֹוָהאדהנויאהדונהי meAdonai כָּל col ילי

הָאָרֶץ haárets אלהים דההין ע״ה מִמֶּנּוּ mimenu יָגוּרוּ yaguru כָּל col ילי

יֹשְׁבֵי yoshvei תֵבֵל tevel ב״פ רי״ו: כִּי qui הוּא Hu אָמַר amar וַיֶּהִי vayehí

הוּא Hu צִוָּה tsivá וַיַּעֲמֹד vayaamod: יְהֹוָהאדהנויאהדונהי Adonai הֵפִיר hefir

עֲצַת atsat גּוֹיִם goyim הֵנִיא hení מַחְשְׁבוֹת majshevot עַמִּים amim:

RANENÚ

"Aclamen llenos de júbilo, justos, para el Señor, porque es propio de los rectos alabarlo. Den gracias al Señor con al arpa y toquen melodías en Su honor con la lira de diez cuerdas. Canten un cántico nuevo y toquen diestramente las trompetas, por cuanto la palabra del Señor es verdadera y Él obra siempre con lealtad. Él ama la caridad y la justicia, y la Tierra está llena de Su bondad. Por la Palabra del Señor fueron hechos los Cielos, y por el Aliento de Su Boca, fueron hechos los ejércitos celestiales. Él reúne las aguas del mar como en un muro y Él guarda las aguas profundas en bóvedas. Toda la Tierra temerá el Señor, y temblarán ante Él todos los habitantes del mundo. Porque Él lo dijo y el mundo existió. Él dio una orden y todo subsiste. El Señor invalida el proyecto de las naciones y Él deshace los planes de los pueblos.

עֲצַת atsat יְהֹוָה Adonai לְעוֹלָם leolam ריבוע ס״ג וי׳ אותיות דס״ג
תַּעֲמֹד taamod מַחְשְׁבוֹת majshevot לִבּוֹ libó לְדֹר ledor וָדֹר vador ר״ת י״י:
אַשְׁרֵי ashrei הַגּוֹי hagoy אֲשֶׁר־ asher יְהֹוָה Adonai
אֱלֹהָיו Elohav ילה הָעָם haam בָּחַר bajar לְנַחֲלָה lenajalá לוֹ lo:
מִשָּׁמַיִם mishamáyim י״פ טל, י״פ כוזו הִבִּיט hibit יְהֹוָה Adonai
רָאָה raá ראה אֶת־ et כָּל־ col ילי בְּנֵי bnei הָאָדָם haadam מ״ה:
מִמְּכוֹן־ mimejón שִׁבְתּוֹ shivtó הִשְׁגִּיחַ hishguíaj אֶל el כָּל־ col ילי
יֹשְׁבֵי yoshvei הָאָרֶץ haárets אלהים דההין ע״ה: הַיֹּצֵר hayotser יַחַד yájad
לִבָּם libam הַמֵּבִין hamevín אֶל־ el כָּל־ col ילי מַעֲשֵׂיהֶם maaseihem:
אֵין־ ein הַמֶּלֶךְ haMélej נוֹשָׁע noshá בְּרָב־ berov חָיִל jáyil ומב גִּבּוֹר guibor
לֹא־ lo יִנָּצֵל yinatsel בְּרָב־ berov כֹּחַ cóaj: שֶׁקֶר shéker הַסּוּס hasús
ריבוע אדני, כוק לִתְשׁוּעָה litshuá וּבְרֹב uverov י״פ אהיה וְחֵילוֹ jeiló לֹא lo
יְמַלֵּט yemalet: הִנֵּה hiné עֵין ein ריבוע מ״ה יְהֹוָה Adonai
אֶל־ el יְרֵאָיו yereav נ״א לַמְיַחֲלִים lameyajalim לְחַסְדּוֹ lejasdó ג׳ הויות = מוזלא
(להמשיך הארה ממוזלא עילאה): לְהַצִּיל lehatsil מִמָּוֶת mimávet נַפְשָׁם nafsham
וּלְחַיּוֹתָם ulejayotam בָּרָעָב baraav: נַפְשֵׁנוּ nafshenu (צריך להדגיש החי״ת)
חִכְּתָה jictá כהת, משיח בן דוד ע״ה לַיהֹוָה laAdonai (יוד הה וו הה);
ר״ת שם נוזל עֶזְרֵנוּ ezrenu וּמָגִנֵּנוּ umaguinenu הוּא Hu: כִּי־ qui בוֹ vo
יִשְׂמַח yismaj משיח לִבֵּנוּ libenu כִּי qui בְּשֵׁם veShem קָדְשׁוֹ kodshó
בָטָחְנוּ vatajnu: יְהִי־ yehí חַסְדְּךָ jasdejá יְהֹוָה Adonai
עָלֵינוּ aleinu כַּאֲשֶׁר caasher יִחַלְנוּ yijalnu סאל, אמן (יאהדונהי) לָךְ laj:

El designio del Señor permanece para siempre y las ideas de Su corazón para todas las generaciones. Dichosa es la nación cuyo Dios es el Señor, el pueblo que Él ha escogido para Su propia herencia. Desde Su Santa morada, el Señor mira hacia abajo y contempla a toda la humanidad. Él modela sus corazones en unidad y Él conoce todas sus acciones. Un rey no vence por la fuerza de su ejército ni un héroe es salvado por su gran vigor. No sirve un caballo para la victoria, a pesar de su gran fuerza, no puede escapar. He aquí que el Ojo del Señor está sobre los que le temen, sobre los que esperan Su misericordia para que libere sus alma de la muerte y los sustente en medio del hambre. Nuestra alma ha esperado al Señor. Él es nuestra ayuda y nuestro escudo. Porque en Él se regocija nuestro corazón, porque hemos confiado en Su Santo Nombre. Señor, que tu benevolencia descienda sobre nosotros conforme a la esperanza que tenemos en Ti" (Salmos 33).

LEDAVID

En este Salmo hay 161 palabras, el mismo valor numérico del Nombre: אלף הי יוד הי. También hay 22 versículos que corresponden a las 22 letras del alfabeto arameo, que es el valor numérico del Nombre: אכא de los 72 Nombres de Dios. Y cada versículo comienza con una de las letras del alfabeto en orden consecutivo (con una excepción, la letra ו *Vav* no aparece. En lugar de ello, al final hay un versículo adicional que comienza con la letra פ *Pei*, que en *Atbash* es la letra *Vav*). También medita en el tercer *Maamar* (Enunciado) de Creación: יהי רקיע ("y dijo Dios: Haya firmamento" – El firmamento separó al agua debajo del firmamento del agua por encima de él).

לְדָוִד leDavid

בְּשַׁנּוֹתוֹ beshanotó אֶת־ et טַעְמוֹ tamó לִפְנֵי lifnei אֲבִימֶלֶךְ Avimélej

(אבינו שבשמים) וַיְגָרְשֵׁהוּ vaygarshehu (לסמא״ל) וַיֵּלַךְ vayelaj כלי:

אֲבָרְכָה avarjá אֶת־ et יְהֹוָאדנָי יאהדונהי Adonai בְּכָל־ bejol ב״ן, לכב עֵת et

תָּמִיד tamid ע״ה קס״א קנ״א קמ״ג תְּהִלָּתוֹ tehilató בְּפִי befí:

בַּיהֹוָאדנָי יאהדונהי baAdonai תִּתְהַלֵּל tithalel נַפְשִׁי nafshí

יִשְׁמְעוּ yishmeú עֲנָוִים anavim וְיִשְׂמָחוּ veyismajú:

גַּדְּלוּ gadlú לַיהֹוָאדנָי יאהדונהי laAdonai אִתִּי ití וּנְרוֹמְמָה unromemá

שְׁמוֹ Shemó מהש ע״ה, ע״ב בריבוע וקס״א ע״ה, אל שדי ע״ה יַחְדָּו yajdav:

דָּרַשְׁתִּי darashti אֶת־ et יְהֹוָאדנָי יאהדונהי Adonai וְעָנָנִי veanani

ר״ת ודאי, אהיה (ובשם זה עלה משה למרום והוא מגן ממלאכי חבלה) ; ס״ת = כהת, משיח בן דוד ע״ה

וּמִכָּל־ umicol ילי מְגוּרוֹתַי megurotai הִצִּילָנִי hitsilani נתה:

הִבִּיטוּ hibitu אֵלָיו elav וְנָהָרוּ venaharú

וּפְנֵיהֶם ufneihem אַל־ al יֶחְפָּרוּ yejparú:

זֶה ze עָנִי aní ריבוע מ״ה קָרָא kará וַיהֹוָאדנָי יאהדונהי vaAdonai

שָׁמֵעַ shamea וּמִכָּל־ umicol ילי צָרוֹתָיו tsarotav הוֹשִׁיעוֹ hoshió:

LEDAVID

"De David, cuando se fingió demente delante de Avimélej, que lo echó y él tuvo que irse. Bendeciré al Señor en todo tiempo, Su alabanza estará siempre en mis labios. Mi alma se gloria en el Señor. Los humildes Lo oirán y se alegrarán. Glorifiquen conmigo al Señor, alabemos Su Nombre todos juntos. Busqué al Señor y Él me respondió y me libró de todos mis temores. Ellos le miraron, quedaron iluminados y sus rostros no fueron avergonzados. Este pobre hombre clamó y el Señor escuchó y le salvó de todas sus angustias.

חֹנֶה joné מַלְאַךְ־ malaj יְהֹוָה יאהדונהי Adonai
סָבִיב saviv לִירֵאָיו lireav וַיְחַלְּצֵם vayjaltsem:
טַעֲמוּ taamú וּרְאוּ ureú כִּי־ qui טוֹב tov והו ; כי טוב = יהוה אהיה, אום, מבה, יזל
יְהֹוָה יאהדונהי Adonai אַשְׁרֵי ashrei הַגֶּבֶר haguéver יֶחֱסֶה־ yejesé בּוֹ bo:
יְראוּ yirú אֶת־ et יְהֹוָה יאהדונהי Adonai קְדֹשָׁיו kedoshav
כִּי־ qui אֵין ein מַחְסוֹר majsor לִירֵאָיו lireav:
כְּפִירִים quefirim רָשׁוּ rashú וְרָעֵבוּ veraevú וְדֹרְשֵׁי vedorshei
יְהֹוָה יאהדונהי Adonai לֹא־ lo יַחְסְרוּ yajserú כָל־ jol ילי טוֹב tov והו:
לְכוּ־ lejú בָנִים vanim שִׁמְעוּ־ shimú לִי li
יִרְאַת yirat יְהֹוָה יאהדונהי Adonai אֲלַמֶּדְכֶם alamedjem:
מִי־ mi ילי הָאִישׁ haísh הֶחָפֵץ hejafets חַיִּים jayim אהיה אהיה יהוה, בינה ע״ה
אֹהֵב ohev יָמִים yamim נלך לִרְאוֹת lirot טוֹב tov והו:
נְצֹר netsor לְשׁוֹנְךָ leshonjá מֵרָע merá
וּשְׂפָתֶיךָ usfateja מִדַּבֵּר midaber ראה מִרְמָה mirmá:
סוּר sur מֵרָע merá וַעֲשֵׂה־ vaasé טוֹב tov והו
בַּקֵּשׁ bakesh שָׁלוֹם shalom וְרָדְפֵהוּ veradfehu:
עֵינֵי einei ריבוע מ״ה יְהֹוָה יאהדונהי Adonai אֶל־ el צַדִּיקִים tsadikim עלם
וְאָזְנָיו veoznav יוד הי ואו הה אֶל־ el שַׁוְעָתָם shavatam:

El ángel del Señor acampa en torno de Sus fieles y los libra. Gusten y vean que el Señor es bueno. Dichoso es el hombre que se refugia en Él. Teman al Señor, todos sus santos, pues nada faltará a los que le temen. Los leoncillos padecen de necesidad y sufren hambre, pero los que buscan al Señor no carecen de ninguna cosa buena. Vengan, hijos, escuchen. Yo les enseñaré el temor del Señor. ¿Quién es el hombre que ama la vida y desea gozar de días felices? Guarda tu lengua de hablar mal y tus labios de decir engaños. Apártate del mal y practica el bien. Busca la paz y ve tras ella. Los Ojos del Señor miran a los justos y Sus Oídos escuchan su clamor.

פְּנֵי pnei וחכמה בינה (el rostro de la ira) יְהֹוָה יאהדונהי Adonai

בְּעֹשֵׂי beosei רָע ra לְהַכְרִית lehajrit מֵאֶרֶץ meérets זִכְרָם zijram מצר

(incluyendo al hueso eterno *luz* mientras Él salva todos los huesos de los justos):

צָעֲקוּ tsaakú וַיהֹוָה יאהדונהי vaAdonai שָׁמֵעַ shamea

וּמִכָּל־ umicol ילי צָרוֹתָם tsarotam הִצִּילָם hitsilam:

קָרוֹב karov יְהֹוָה יאהדונהי Adonai לְנִשְׁבְּרֵי־ lenishberei לֵב lev

(los siete reyes que murieron) וְאֶת־ veet דַּכְּאֵי־ daquei רוּחַ rúaj יוֹשִׁיעַ yoshía:

רַבּוֹת rabot רָעוֹת raot צַדִּיק tsadik

וּמִכֻּלָּם umiculam יַצִּילֶנּוּ yatsilenu יְהֹוָה יאהדונהי Adonai:

שֹׁמֵר shomer כָּל־ col ילי עַצְמוֹתָיו atsmotav

אַחַת ajat מֵהֵנָּה mehená לֹא lo נִשְׁבָּרָה nishbará:

תְּמוֹתֵת temotet רָשָׁע rashá רָעָה raá רהע

וְשֹׂנְאֵי vesonei צַדִּיק tsadik יֶאְשָׁמוּ yeshamú:

פּוֹדֶה podé יְהֹוָה יאהדונהי Adonai נֶפֶשׁ néfesh עֲבָדָיו avadav

וְלֹא veló יֶאְשְׁמוּ yeshmú כָּל col ילי הַחוֹסִים hajosim בּוֹ bo:

TEFILÁ LEMOSHÉ

Esta oración nos da la capacidad de conectar con la conciencia de Moshé, el profeta más grande que haya existido. Moshé era la personificación del compartir puro, con amor incondicional y ocupación por los demás. Fue este el atributo, junto a su profunda y cercana relación con Dios, lo que le dio todo su poder.

El Rostro (el Rostro de la ira) del Señor rechaza a los que hacen el mal, para eliminar el recuerdo de ellos de la Tierra (incluyendo al hueso perenne luz, mientras que Él salva todos los huesos de los justos). Clamaron y el Señor les oyó y les libró de todas sus tribulaciones. El Señor se acerca a quienes tienen el corazón destrozado [los siete reyes que murieron] y salva a los de espíritu contrito. Muchos son los pesares del justo, pero el Señor los libra de todos. Él guarda todos sus huesos de tal manera que ninguno de ellos se rompa. La maldad dará muerte al malvado y los que aborrecen al justo serán castigados. El Señor redime las almas de Sus servidores, y los que se refugian en Él no será condenado" (Salmos 34).

Medita en el cuarto *Maamar* (Enunciado) de Creación:
יקוו המים מתחת השמים אל מקום אחד ותראה היבשה ("Y dijo Dios: Júntense las aguas que están debajo de los cielos en un lugar y descúbrase lo seco" – como está dicho (más adelante): "Muestra Tus obras a Tus siervos" – 'Tus obras', que quiere decir la revelación de la tierra).

תְּפִלָּה tefilá בא"ת ב"ש אֻכְּצַ = ב"ן אדני וניקודה ע"ה יוד הי וו הה לְמֹשֶׁה leMoshé

אִישׁ ish מהש, ע"ב בריבוע וקס"א, אל שדי, ד"פ אלהים ע"ה הָאֱלֹהִים haElohim ילה ;

ר"ת לאה (רומז לז"א כבוד ישראל המזווג עם לאה) ; ס"ת משה (כלת משה)

אֲדֹנָי Adonai ללה מָעוֹן maón אַתָּה Atá הָיִיתָ hayita לָּנוּ lanu אלהים, אהיה אדני

בְּדֹר bedor ר"ת הבל (שהוא משה גלגול הבל שמתגלגל בכל דור להורות בני דורו) וָדֹר vador רי"ו:

בְּטֶרֶם betérem הָרִים harim יֻלָּדוּ yuladú וַתְּחוֹלֵל vatejolel אֶרֶץ érets

וְתֵבֵל vetevel ב"פ רי"ו וּמֵעוֹלָם umeolam עַד־ ad עוֹלָם olam

אַתָּה Atá אֵל El יא"י (מילוי דס"ג): תָּשֵׁב tashev אֱנוֹשׁ enosh עַד־ ad

דַּכָּא dacá וַתֹּאמֶר vatómer שׁוּבוּ shuvu בְנֵי־ vnei אָדָם adam מ"ה:

כִּי qui אֶלֶף élef מספר אֶלֶף = אלף למד שין דלת יוד ע"ה שָׁנִים shanim

בְּעֵינֶיךָ beeineja ע"ה קס"א ; ריבוע מ"ה כְּיוֹם queyom ע"ה נגד, מזבח, זן, אל יהוה

אֶתְמוֹל etmol כִּי qui יַעֲבֹר yaavor וְאַשְׁמוּרָה veashmurá בַלָּיְלָה valayla מלה:

זְרַמְתָּם zramtam שֵׁנָה shená יִהְיוּ yihyú אל (יא"י מילוי דס"ג)

בַּבֹּקֶר babóker כֶּחָצִיר quejatsir יַחֲלֹף yajalof: בַּבֹּקֶר babóker יָצִיץ yatsits

וְחָלָף vejalaf לָעֶרֶב laérev יְמוֹלֵל yemolel וְיָבֵשׁ veyavesh: כִּי־ qui

כָלִינוּ jalinu בְאַפֶּךָ veapeja וּבַחֲמָתְךָ uvajamatjá נִבְהָלְנוּ nivhalnu:

TEFILÁ LEMOSHÉ

"Plegaria de Moshé, varón de Dios: Señor, Tú has sido nuestro refugio durante todas las generaciones, antes de que las montañas fuesen engendradas y aún antes de que Tú formaras la Tierra y el mundo. Desde siempre y hasta la eternidad, Tú eres Dios. Tú llevas al hombre a la aflicción y dices: Arrepiéntanse, hijos del hombre. Porque mil años ante Tus Ojos son como el día de ayer que ya ha pasado y como la vigilia de una noche. Tú los inundas y se adormecen. A la mañana son como hierba que crece. En la mañana florece y es rejuvenecida, y por la tarde es segada y se marchita. Por cuanto somos consumidos en Tu ira y por Tu ira estamos consternados.

alumenu עֲלֻמֵנוּ lenegdeja לְנֶגְדֶּךָ avonoteinu עֲוֹנֹתֵינוּ (כתיב: שת) shatá שַׁתָּה

yameinu יָמֵינוּ ילי jol כָל qui כִּי : ב"ן מ"ה ס"ג paneja פָּנֶיךָ limor לִמְאוֹר

jmó כְמוֹ shaneinu שָׁנֵינוּ quilinu כִּלִּינוּ veevrateja בְעֶבְרָתֶךָ panú פָּנוּ

shivim שִׁבְעִים vahem בָהֶם shnoteinu שְׁנוֹתֵינוּ yemei יְמֵי :hegue הֶגֶה

ע"ה דאהיה דמילוי ודמילוי דמילוי, דפשוט אותיות מ"א ,יוהך veim וְאִם shaná שָׁנָה

verahbam וְרָהְבָּם shaná שָׁנָה shmonim שְׁמוֹנִים bigvurot בִּגְבוּרֹת

ילי mi מִי :vanaufa וַנָּעֻפָה jish חִישׁ gaz גָז qui כִּי vaáven וָאָוֶן amal עָמָל

:evrateja עֶבְרָתֶךָ ujeyiratjá וּכְיִרְאָתְךָ apeja אַפֶּךָ oz עֹז yodea יוֹדֵעַ

בוכו levav לְבַב venaví וְנָבִא hodá הוֹדַע quen כֵּן yameinu יָמֵינוּ limnot לִמְנוֹת

Adonai יְהֹוָה הוש shuvá שׁוּבָה :(מצוות) תרי"ג = במילוי jojmá חָכְמָה

:ע"ב מילוי ,דמב avadeja עֲבָדֶיךָ al עַל vehinajem וְהִנָּחֵם matai מָתָי ad עַד

uneranená וּנְרַנְּנָה jasdeja חַסְדֶּךָ vabóker בַבֹּקֶר sabenu שַׂבְּעֵנוּ

samjenu שַׂמְּחֵנוּ :yameinu יָמֵינוּ לכב ,ב"ן bejol בְּכָל venismejá וְנִשְׂמְחָה

:רהע raá רָעָה raínu רָאִינוּ shnot שְׁנוֹת initanu עִנִּיתָנוּ quimot כִּימוֹת

vahadarjá וַהֲדָרְךָ faoleja פָעָלֶךָ avadeja עֲבָדֶיךָ el אֶל רי"ו yeraé יֵרָאֶה

ללה Adonai אֲדֹנָי (נעם עליון) nóam נֹעַם vihí וִיהִי :bneihem בְּנֵיהֶם al עַל

yadeinu יָדֵינוּ umaasé וּמַעֲשֵׂה aleinu עָלֵינוּ ילה Eloheinu אֱלֹהֵינוּ

:conenehu כּוֹנְנֵהוּ yadeinu יָדֵינוּ umaasé וּמַעֲשֵׂה aleinu עָלֵינוּ conená כּוֹנְנָה

Tú colocas nuestras iniquidades ante Ti, nuestra inmadurez frente a la Luz de Tu rostro. Porque todos nuestros días transcurren bajo el peso de Tu enojo y nuestros años se consumen como un suspiro. Los días de nuestros años son setenta años, a lo sumo ochenta años, si tenemos más vigor, su mayor éxito son afán y dolor, porque pasan pronto y nosotros nos vamos. ¿Quién conoce el poder de Tu furia? Pues eres temido, al igual que Tu ira. Enséñanos a contar nuestros días, para que nuestro corazón alcance la sabiduría. Vuélvete Señor, ¿hasta cuándo? Conduélete de Tus siervos. Sácianos por la mañana con Tu bondad, para que cantemos y nos regocijemos todos nuestros días. Alégranos por los días en que Tú nos afligiste, por los años que soportamos la desgracia. Muestra Tu obra a Tus siervos y Tu majestad a sus hijos. Que la gracia del Señor, nuestro Dios, sea sobre nosotros y pueda Él establecer para nosotros el trabajo de nuestras manos y pueda el trabajo de nuestras manos establecerlo a Él" (Salmos 90).

YOSHEV

Cada acción positiva crea ángeles positivos, y cada acción negativa crea ángeles negativos. Los ángeles son fuerzas particulares de energía espiritual. Los ángeles negativos o fuerzas energéticas negativas perturban nuestra vida de muchas maneras. Por ejemplo, a menudo la gente no entiende lo que intentamos decirles o nosotros no entendemos completamente lo que se nos dice. Es como una interferencia invisible que genera confusión y envía señales ambiguas. Los problemas de comunicación finalmente conllevan a malentendidos, lo que a su vez conllevan a peleas, discusiones y, con mucha frecuencia, a mucho dolor. En otras ocasiones, las cosas van mal; sin importar qué hagamos, nada parece mejorar la situación.

Medita en el quinto *Maamar* (Enunciado) de Creación: תדשא הארץ דשא ("y dijo Dios: Que la tierra produzca vegetación" – la vegetación fue creada para sustentar a todas las criaturas y para que éstas moraran bajo su sombra).

יֹשֵׁב yoshev בְּסֵתֶר beséter ב"פ מצר עֶלְיוֹן elyón בְּצֵל betsel שַׁדַּי Shadai

יִתְלוֹנָן yitlonán: אֹמַר omar לַיהֹוָהאדניאהדונהי laAdonai מַחְסִי majsí

וּמְצוּדָתִי umetsudatí אֱלֹהַי Elohai מילוי דע"ב, דמב ; ילה ; ר"ת אום, מבה, יזל

אֶבְטַח־ evtaj סי"ט בּוֹ: bo כִּי qui הוּא Hu יַצִּילְךָ yatsiljá

מִפַּח mipaj ר"ת מיה יָקוּשׁ yakush מִדֶּבֶר midéver הַוּוֹת havot:

בְּאֶבְרָתוֹ beevrató יָסֶךְ yasej לָךְ laj וְתַחַת־ vetájat כְּנָפָיו cnafav

תֶּחְסֶה tejsé צִנָּה tsiná וְסֹחֵרָה vesojerá אֲמִתּוֹ amitó: לֹא־ lo תִירָא tirá

מִפַּחַד mipájad לָיְלָה layla מלה מֵחֵץ mejéts יָעוּף yauf יוֹמָם yomam:

מִדֶּבֶר midéver בָּאֹפֶל baófel יַהֲלֹךְ yahaloj מִקֶּטֶב mikétev יָשׁוּד yashud

צָהֳרָיִם tsahoráyim: יִפֹּל yipol מִצִּדְּךָ mitsidjá אֶלֶף élef מספר אֶלֶף = אלף למד שי"ן

דלת יוד ע"ה וּרְבָבָה urevavá מִימִינֶךָ mimineja אֵלֶיךָ eleja לֹא lo יִגָּשׁ yigash:

YOSHEV

'Tú que vives al amparo del Altísimo y moras a la sombra de Shadai. Yo diré del Señor: Él es mi refugio y mi baluarte, mi Dios en quien confío. Porque Él ha de librarte de la red del cazador y la peste perniciosa. Te cubrirá con Sus plumas y bajo Sus alas hallarás refugio. Su verdad es un escudo y un yelmo. No temerás los terrores de la noche, ni la flecha que vuela de día, ni la peste que acecha en la oscuridad ni la destrucción que asuela a mediodía. Aunque caigan mil a tu lado y diez mil a tu derecha, tú no serás alcanzado.

רַק rak בְּעֵינֶיךָ beeineja ע"ה קס"א ; ריבוע מ"ה תַבִּיט tabit וְשִׁלֻּמַת veshilumat

רְשָׁעִים reshaim תִּרְאֶה: tiré כִּי־ qui אַתָּה Atá יְהֹוָה אדניאהדונהי Adonai

מַחְסִי majsí עֶלְיוֹן elyón שַׂמְתָּ samta מְעוֹנֶךָ meoneja ווע"ם:

לֹא־ lo תְאֻנֶּה teuné אֵלֶיךָ eleja רָעָה raá רהע (לילית) וְנֶגַע venega (סמאל)

לֹא־ lo יִקְרַב yikrav בְּאָהֳלֶךָ: beaholeja כִּי qui מַלְאָכָיו malajav

יְצַוֶּה־ yetsavé לָּךְ: laj ס"ת שם קדוש יוהך לִשְׁמָרְךָ lishmarjá

בְּכָל־ bejol ב"ן, לכב דְּרָכֶיךָ derajeja ס"ת שם קדוש כלך:

עַל־ al כַּפַּיִם capáyim ע"ה קנ"א, אדני אלהים יִשָּׂאוּנְךָ yisaunja פֶּן־ pen

תִּגֹּף tigof בָּאֶבֶן baéven (לילית) רַגְלֶךָ: ragleja עַל־ al שַׁחַל shájal (דכורא)

וָפֶתֶן vafeten (נוקבא) תִּדְרֹךְ tidroj תִּרְמֹס tirmós כְּפִיר quefir (יסוד דקליפה)

וְתַנִּין: vetanín כִּי qui בִי vi שם בן מ"ב וְחָשַׁק jashak וַאֲפַלְּטֵהוּ vaafaltehu

(ע"י שם ב"ט העולה למנין יה"י ביסוד וכן למנין אהיה ומסוגל לשמירה) אֲשַׂגְּבֵהוּ asagvehu

כִּי־ qui יָדַע yadá שְׁמִי Shmí ר"ת אכיש (ע"י שם ב"ט ברוך דוד מאכיש) ; ר"ת יכש:

יִקְרָאֵנִי yikraeni וְאֶעֱנֵהוּ veeenehu עִמּוֹ־ imó אָנֹכִי anojí

בְצָרָה vetsará אלהים ההין אֲחַלְּצֵהוּ ajaltsehu וַאֲכַבְּדֵהוּ: vaajabdehu

Decimos el último versículo de este Salmo dos veces para tener 130 palabras, que es el valor numérico del Nombre: יוד הא ואו הא יוד הא ואו הא יוד הא ואו הא, que tiene el poder de ahuyentar a las entidades negativas que aquí se mencionan.

אֹרֶךְ órej יָמִים yamim נלך

אֹרֶךְ órej יָמִים yamim נלך אַשְׂבִּיעֵהוּ asbiehu וְאַרְאֵהוּ vearehu בִּישׁוּעָתִי: bishuatí

יָמִים yamim נלך אַשְׂבִּיעֵהוּ asbiehu וְאַרְאֵהוּ vearehu בִּישׁוּעָתִי: bishuatí

Mas con tus ojos verás cómo los malvados reciben su merecido. Porque Tú eres, Señor, mi refugio. Hiciste Tu Morada en las Alturas. No te alcanzará ningún mal, ni plaga alguna se acercará a tu tienda. Porque Él te encomendó a sus ángeles para que te cuiden en todos tus caminos. Te conducirán de la mano para que tu pie no tropiece contra una piedra. Caminarás sobre el león y la cobra, pisotearás al leoncillo y a la serpiente. Porque tiene puesto en Mí su amor y Yo le corresponderé. Le colocaré bien alto, porque él conoce Mi Nombre. Él me llamará y Yo le responderé. Estaré con él en tiempo de aflicción. Le rescataré y le glorificaré. Con larga vida le satisfaré y haré que contemple Mi salvación" (Salmos 91).

MIZMOR SHIRU

De acuerdo con la Kabbalah, a veces las personas reencarnan en animales como parte de su proceso de *tikún* (corrección). Al recitar este Salmo con eso en mente, estamos ayudando a elevar sus almas.

Medita en el séptimo *Maamar* (Enunciado) de Creación: ישרצו המים ("y dijo Dios: Que las aguas se llenen" – como dice en este Salmo: "El mar en su totalidad bramará").

מִזְמוֹר mizmor שִׁירוּ shiru לַיהֹוָה יאהדונהי laAdonai שִׁיר shir חָדָשׁ jadash

כִּי־ qui (י״ב הויות, קס״א קנ״א (שנתחדשו בחידוש היום) נִפְלָאוֹת niflaot עָשָׂה asá

הוֹשִׁיעָה hoshía יהוה וש״ע נהורין לּוֹ lo יְמִינוֹ yeminó ר״ת יכה וּזְרוֹעַ uzroa

קָדְשׁוֹ kodshó: הוֹדִיעַ hodía יְהֹוָה יאהדונהי Adonai יְשׁוּעָתוֹ yeshuató ר״ת הוי

לְעֵינֵי leeinei ריבוע מ״ה הַגּוֹיִם hagoyim גִּלָּה guilá צִדְקָתוֹ tsidkató: זָכַר zajar

חַסְדּוֹ jasdó ג׳ הויות, מזלא (להמשיך הארה ממזלא עילאה) וֶאֱמוּנָתוֹ veemunató

לְבֵית leveit ב״פ ראה יִשְׂרָאֵל Yisrael רָאוּ raú כָל־ jol ילי אַפְסֵי־ afsei

אָרֶץ árets אֵת et יְשׁוּעַת yeshuat אֱלֹהֵינוּ Eloheinu ילה: הָרִיעוּ haríu

אלהים דאלפין לַיהֹוָה יאהדונהי laAdonai כָּל־ col ילי הָאָרֶץ haárets אלהים דההין ע״ה;

ר״ת הלכה ; ס״ת ע״ה = ריבוע אדני פִּצְחוּ pitsjú להח וְרַנְּנוּ veranenu וְזַמֵּרוּ vezameru:

זַמְּרוּ zamrú לַיהֹוָה יאהדונהי laAdonai בְּכִנּוֹר bejinor בְּכִנּוֹר bejinor

וְקוֹל vekol זִמְרָה zimrá: בַּחֲצֹצְרוֹת bajatsotsrot וְקוֹל vekol שׁוֹפָר shofar

הָרִיעוּ haríu אלהים דאלפין לִפְנֵי lifnei הַמֶּלֶךְ haMélej יְהֹוָה יאהדונהי Adonai:

יִרְעַם yiram הַיָּם hayam ילי וּמְלֹאוֹ umloó תֵּבֵל tevel ב״פ רי״ו וְיֹשְׁבֵי veyoshvei

בָהּ va: נְהָרוֹת neharot יִמְחֲאוּ־ yimjaú כָף jaf יַחַד yájad

הָרִים harim יְרַנֵּנוּ yeranenu: לִפְנֵי־ lifnei יְהֹוָה יאהדונהי Adonai

כִּי qui בָא va לִשְׁפֹּט lishpot הָאָרֶץ haárets אלהים דההין ע״ה יִשְׁפֹּט־ yishpot

תֵּבֵל tevel ב״פ רי״ו בְּצֶדֶק betsédek וְעַמִּים veamim בְּמֵישָׁרִים bemeisharim:

MIZMOR SHIRU

"Un Salmo: Canten al Señor un nuevo cántico porque Él ha hechos cosas maravillosas. Su Diestra y Su santo Brazo le dieron la victoria. El Señor ha dado a conocer Su salvación. Él reveló Su justicia ante la vista de las naciones. Él se ha acordado de Su amor y de Su fidelidad por la Casa de Israel. Todos los confines de la Tierra han contemplado la salvación de nuestro Dios. Aclamen al Señor toda la Tierra. Prorrumpan en cantos jubilosos y alabanzas. Canten alabanzas al Señor con el arpa. Con el arpa y el sonido de los cantos. Con trompetas y el son del Shofar, aclamen al Rey, el Señor. El mar en su totalidad bramará, el mundo y todos sus habitantes. Los ríos aplaudirán y las montañas cantarán jubilosamente ante el Señor, porque Él vendrá para juzgar la Tierra. Juzgará al mundo con justicia y a los pueblos con equidad" (Salmos 98).

SHIR LAMAALOT

Esta configuración de letras arameas ayuda a despertar una conciencia interior de que nada de valor puede lograrse en este mundo físico sin ayuda del Creador. Solos, no podemos hacer nada. El Satán, nuestro ego, hará cualquier cosa para convencernos de que nosotros somos los únicos arquitectos de nuestro éxito. Esta conexión nos ayuda a reconocer la profunda verdad de que la mano del Creador siempre se encontrará detrás de nuestra buena fortuna.

En esta alabanza, la palabra *shomer* (guardia o derivados de ésta) es mencionada seis veces. Esto representa la letra *Vav* (ו = 6) del Nombre: יהוה. También, medita por el octavo *Maamar* (Enunciado) de Creación: תוצא הארץ נפש חיה ("y dijo Dios: Que la tierra produzca criaturas vivientes").

שִׁיר shir לַמַּעֲלוֹת lamaalot (מלמד שמלכות נקנית בכל מעלות) אֶשָּׂא esá

עֵינַי einai ריבוע מ"ה אֶל־ el הֶהָרִים heharim (האבות שנקראים הרים)

מֵאַיִן meáyin (א"א) יָבֹא yavó עֶזְרִי ezrí: עֶזְרִי ezrí מֵעִם meim

יְהֹוָה יאהדונהי Adonai עֹשֵׂה osé שָׁמַיִם shamáyim י"פ טל, י"פ כוזו וָאָרֶץ vaárets:

אַל־ al יִתֵּן yitén לַמּוֹט lamot רַגְלֶךָ ragleja אַל־ al יָנוּם yanum

שֹׁמְרֶךָ shomreja: הִנֵּה hiné לֹא־ lo יָנוּם yanum וְלֹא veló ר"ת = דמב, מילוי דע"ב

יִישָׁן yishán ע"ע נהורין דא"א כ"א ההויות שבתפילין שׁוֹמֵר shomer יִשְׂרָאֵל Yisrael:

יְהֹוָה יאהדונהי Adonai שֹׁמְרֶךָ shomreja יְהֹוָה יאהדונהי Adonai צִלְּךָ tsiljá

עַל־ al יַד yad יְמִינֶךָ yemineja הי"י: יוֹמָם yomam הַשֶּׁמֶשׁ hashémesh

לֹא־ lo יַכֶּכָּה yaqueca ר"ת ילה וְיָרֵחַ veyaréaj בַּלָּיְלָה balayla מלה:

יְהֹוָה יאהדונהי Adonai יִשְׁמָרְךָ yishmarjá מִכָּל־ micol ילי רָע ra

יִשְׁמֹר yishmor אֶת־ et נַפְשֶׁךָ nafsheja מ"כ:

יְהֹוָה יאהדונהי Adonai יִשְׁמָר־ yishmar צֵאתְךָ tsetjá וּבוֹאֶךָ uvoeja

מֵעַתָּה meatá וְעַד־ vead עוֹלָם olam ו"ל:

SHIR LAMAALOT

"Cántico de Ascensiones: Alzaré mis ojos a las montañas, ¿de dónde provendrá mi auxilio? Mi ayuda viene del Señor, que hizo los Cielos y la Tierra. Él no permitirá que resbale tu pie. Tu Guardián nunca duerme. He aquí que Él no dormita ni duerme, el Guardián de Israel. El Señor es tu Guardián. El Señor es la sombra protectora sobre tu diestra. No te herirá el Sol de día ni la Luna de noche. El Señor te guardará de todo mal. Él cuidará tu alma. El Señor protegerá tu partida y tu llegada, desde ahora para siempre" (Salmos 121).

SHIR HAMAALOT LEDAVID

Estos versículos nos conectan con el antiguo Templo Sagrado. Según la Kabbalah, el Templo Sagrado es un centro energético y fuente de toda la Luz espiritual para el mundo entero, similar a una central nuclear que proporciona energía eléctrica a una ciudad completa. La Tierra de Israel es el centro de energía del planeta; Jerusalén es el centro de energía de Israel; el Templo físico era el centro de energía de Jerusalén; y el Sancta Sanctórum, dentro del Templo, era la central máxima de energía para el Templo y, por ende, para el resto del mundo físico. Cuando el Templo existía, actuaba como un generador que trabajaba las 24 horas del día para producir toda la Luz y energía espiritual que necesitábamos. Con su destrucción, los cables transmisores fueron cortados. Las letras arameas en esta conexión restablecen los canales de comunicación con la esencia espiritual del Templo, dándonos la capacidad de capturar esta energía para nuestra vida personal.

Esta alabanza fue recitada por el Rey David por su reino, puesto que todo estaba en una sola unificación; "la justicia y la paz se besaron". Y ese es el significado de: "Yo solicitaré el bien para ti".

שִׁיר shir הַמַּעֲלוֹת hamaalot לְדָוִד leDavid שָׂמַחְתִּי samajti

בְּאֹמְרִים beomrim לִי li בֵּית beit ב״פ ראה יְהֹוָאדהנויאהדונהי Adonai נֵלֵךְ nelej נלך:

עֹמְדוֹת omdot הָיוּ hayú רַגְלֵינוּ ragleinu ר״ת רהע בִּשְׁעָרַיִךְ bishearáyij

יְרוּשָׁלָםִ Yerushaláyim: יְרוּשָׁלַםִ Yerushaláyim הַבְּנוּיָה habnuyá כְּעִיר queir

בוזחך, סנדלפון, ערי שֶׁחֻבְּרָה־ shejubrá לָּהּ la יַחְדָּו yajdav: שֶׁשָּׁם shesham

עָלוּ alú שְׁבָטִים shvatim שִׁבְטֵי־ shivtei יָהּ Yah עֵדוּת edut

לְיִשְׂרָאֵל leYisrael לְהֹדוֹת lehodot לְשֵׁם leShem יְהֹוָאדהנויאהדונהי Adonai:

כִּי qui שָׁמָּה shama יָשְׁבוּ yashvú כִסְאוֹת jisot לְמִשְׁפָּט lemishpat ע״ה ה״פ אלהים

כִּסְאוֹת quisot לְבֵית leveit ב״פ ראה דָּוִד David: שַׁאֲלוּ shaalú שְׁלוֹם shlom

יְרוּשָׁלָםִ Yerushaláyim יִשְׁלָיוּ yishlayú אֹהֲבָיִךְ ohaváyij: יְהִי־ yehí

שָׁלוֹם shalom בְּחֵילֵךְ bejeilej שַׁלְוָה shalvá בְּאַרְמְנוֹתָיִךְ bearmenotáyij:

לְמַעַן lemaan אַחַי ajai וְרֵעָי vereái אֲדַבְּרָה־ adabrá נָּא na שָׁלוֹם shalom

בָּךְ baj: לְמַעַן lemaan בֵּית beit ב״פ ראה יְהֹוָאדהנויאהדונהי Adonai

אֱלֹהֵינוּ Eloheinu ילה אֲבַקְשָׁה avakshá טוֹב tov והו לָךְ laj:

SHIR HAMAALOT LEDAVID

"Cántico de Ascensiones de David: Me alegré cuando me dijeron: Vayamos a la Casa del Señor. Nuestros pies ya están pisando dentro de tus portones, Jerusalén. Jerusalén que fuiste edificada en forma unificada. Allí subieron las tribus, las tribus del Señor, como testimonio para Israel, para ensalzar el Nombre del Señor. Por cuanto allí fueron puestos tronos para juzgar, los tronos de la Casa de David, pidieron por la paz de Jerusalén. Aquellos que te aman estarán tranquilos. Que haya paz dentro de tus muros y serenidad en tus palacios. Por amor a mis hermanos y mis compañeros, yo hablaré de paz en su nombre. Por amor a la Casa del Señor, solicitaré el bien para ti" (Salmos 122).

SHIR HAMAALOT ELEJA

Toda la humanidad es considerada como una sola alma unificada, cuya naturaleza es recibir. La Luz del Creador tiene muchas dimensiones, una de ellas se expresa en nuestra dimensión física como la *Shejiná*, que tiene la naturaleza de compartir e impartir. La unión del alma unificada con la *Shejiná* es como la unión de una novia y un novio. Las palabras que componen este Salmo nos ayudan a unirnos con la *Shejiná* y, por lo tanto, a alcanzar la máxima realización.

Esta alabanza es recitada por *Yisrael* inferior en nombre de la Novia. Por lo tanto, en la palabra "*hayoshví*" hay una letra *Hei* adicional (ה - *Maljut*) puesto que es la última letra del Nombre: יהוה, que es la Novia.

et אֶת־ nasati נָשָׂאתִי eleja אֵלֶיךָ hamaalot הַמַּעֲלוֹת shir שִׁיר

י"פ טל, י"פ כוזו: bashamáyim בַּשָּׁמָיִם hayoshví הַיֹּשְׁבִי ריבוע מ"ה einai עֵינַי

yad יַד el אֶל־ avadim עֲבָדִים ריבוע מ"ה jeeinei כְעֵינֵי hiné הִנֵּה

yad יַד el אֶל־ shifjá שִׁפְחָה ריבוע מ"ה queeinei כְּעֵינֵי adoneihem אֲדוֹנֵיהֶם

Adonai יְהֹוָהאדניאהדונהי el אֶל־ ריבוע מ"ה eineinu עֵינֵינוּ quen כֵּן guevirtá גְּבִרְתָּהּ

jonenu חָנֵּנוּ :sheyejonenu שֶׁיְּחָנֵּנוּ ad עַד ילה Eloheinu אֱלֹהֵינוּ

:vuz בוּז savanu שָׂבַעְנוּ rav רַב qui כִּי־ jonenu חָנֵּנוּ Adonai יְהֹוָהאדניאהדונהי

haláag הַלַּעַג nafshenu נַפְשֵׁנוּ la לָּהּ savá שָׂבְעָה־ rabat רַבַּת

(כתיב: לגאיונים): yonim יוֹנִים liguei לִגְאֵי habuz הַבּוּז hashaananim הַשַּׁאֲנַנִּים

SHIR HAMAALOT LEDAVID

Aquí hacemos nuestra conexión con la Redención Final, el fin de todo caos y oscuridad espiritual. Hace dos mil años, el Kabbalista Rav Shimón Bar Yojái dijo que cuando la sabiduría del *Zóhar* perteneciera a la gente (como ahora) y los secretos de la Torá fueran conocidos por todos, jóvenes y ancianos (como estás haciéndolo tú en este momento), sería la señal de que la era de la Redención Final se acerca a nosotros.

La siguiente alabanza habla sobre la Redención Final. También nos conecta con la Novia que se mencionó anteriormente, quien escapa de la aflicción que la estaba persiguiendo desde el Otro Lado, y entra al Lado Santo, cuando comienza *Shabat*.

SHIR HAMAALOT ELEJA

"Cántico de Ascensiones: Levanto mis ojos hacia Ti, Tú que habitas en los Cielos. Tal como los ojos de los servidores miran la mano de su amo, y como los ojos de la servidora mira la mano de su ama, así nuestros ojos miran al Señor, nuestro Dios, hasta que Él nos favorezca. Sé misericordioso con nosotros, Señor, sé misericordioso porque estamos hartos de menosprecios. Nuestra alma está saturada de las burlas de los indolentes y del desprecio de los arrogantes" (Salmos 123).

Medita en el noveno *Maamar* (Enunciado) de Creación: נעשה אדם ("y dijo Dios: hagamos al hombre", como está dicho en este Salmo "si el Señor no hubiese estado con nosotros"; la imagen de Dios está en nosotros).

שִׁיר shir הַמַּעֲלוֹת hamaalot לְדָוִד leDavid לוּלֵי lulei יְהֹוָהאדניאהדונהי Adonai
שֶׁהָיָה shehayá יהה לָנוּ lanu אלהים, אהיה אדני יֹאמַר־ yomar נָא na
יִשְׂרָאֵל: Yisrael לוּלֵי lulei יְהֹוָהאדניאהדונהי Adonai ; ר"ת ילי שֶׁהָיָה shehayá יהה
לָנוּ lanu אלהים, אהיה אדני בְּקוּם bekum עָלֵינוּ aleinu אָדָם adam (אדם בליעל ס"מ):
אֲזַי azai חַיִּים jayim אהיה אהיה יהוה, בינה ע"ה בְלָעוּנוּ belaúnu בַּחֲרוֹת bajarot
אַפָּם apam (נוקבא דס"מ) בָּנוּ: banu אֲזַי azai הַמַּיִם hamáyim שְׁטָפוּנוּ shetafunu
(לילית וכת דלהון) נַחְלָה najlá עָבַר avar עַל־ al נַפְשֵׁנוּ: nafshenu אֲזַי azai
עָבַר avar עַל־ al נַפְשֵׁנוּ nafshenu הַמַּיִם hamáyim הַזֵּידוֹנִים: hazeidonim
בָּרוּךְ Baruj יְהֹוָהאדניאהדונהי Adonai שֶׁלֹּא sheló נְתָנָנוּ netananu
טֶרֶף téref לְשִׁנֵּיהֶם: leshineihem נַפְשֵׁנוּ nafshenu כְּצִפּוֹר quetsipor
נִמְלְטָה nimletá מִפַּח mipaj יוֹקְשִׁים yokshim הַפַּח hapaj נִשְׁבָּר nishbar
וַאֲנַחְנוּ vaanajnu נִמְלָטְנוּ: nimlatnu עֶזְרֵנוּ ezrenu בְּשֵׁם beShem
יְהֹוָהאדניאהדונהי Adonai עֹשֵׂה osé שָׁמַיִם shamáyim י"פ טל, י"פ כוזו וָאָרֶץ: vaárets

HALELUYÁ

El Rey David dice: "Tenemos ojos, pero no vemos. Tenemos oídos, pero no escuchamos" (Salmos 115:6). Con demasiada frecuencia, nuestros cinco sentidos y mente racional nos proveen de sólo una visión limitada de la realidad. Incluso la ciencia nos dice que utilizamos menos del 10% de nuestra capacidad cerebral. La Kabbalah pregunta: "¿Dónde está el 90% restante?". Esta oración nos ayuda a despertar nuestras capacidades adormecidas y fortalecer nuestra percepción. Alcanzamos un estado de conciencia más elevado y una intuición superior.

En el siguiente Salmo tenemos 20 versículos por los 13 Atributos y las siete voces, y también tenemos 165 palabras por el Nombre: אלף הי יוד הי (וד' אותיות השורש). Medita en el sexto *Maamar* (Enunciado) de la Creación: יהי מאורות ("y Dios dijo: Que haya luceros" – las estrellas fueron creadas para servir a Dios en Sus jardines; el mundo).

SHIR HAMAALOT LEDAVID

"Cánticos de Ascensiones de David: Si el Señor no hubiese estado con nosotros, ¡que lo diga Israel! Si no hubiese estado el Señor de nuestra parte cuando los hombres se levantaron contra nosotros, ellos nos habrían devorado vivos cuando su ira se encendió contra nosotros. Entonces las aguas nos habrían inundado y un torrente nos habría sumergido y las soberbias aguas habrían sobrepasado nuestra alma. ¡Bendito sea el Señor, que no nos entregó como presa para sus dientes! Escapó nuestra alma como pájaro de la trampa de los cazadores. Se rompió la trampa y nosotros escapamos. Nuestro auxilio es el Nombre del Señor, que hizo el Cielo y la Tierra" (Salmos 124).

הַלְלוּיָהּ haleluyá אלהים, אהיה אדני ; ללה הַלְלוּ halelú אֶת־ et שֵׁם Shem

יְהֹוָה יאהדונהי Adonai הַלְלוּ halelú עַבְדֵי avdei יְהֹוָה יאהדונהי Adonai:

שֶׁעֹמְדִים sheomdim בְּבֵית beveit ב"פ ראה יְהֹוָה יאהדונהי Adonai

בְּחַצְרוֹת bejatsrot בֵּית beit ב"פ ראה אֱלֹהֵינוּ Eloheinu ילה: הַלְלוּיָהּ haleluyá

אלהים, אהיה אדני ; ללה כִּי־ qui טוֹב tov והו ; יהוה, אהיה, אום, מבה, יזל

יְהֹוָה יאהדונהי Adonai זַמְּרוּ zameru לִשְׁמוֹ liShmó מהש ע"ה, ע"ב בריבוע וקס"א ע"ה,

אל שדי ע"ה כִּי qui נָעִים naim: כִּי־ qui יַעֲקֹב Yaakov ד' הויות, יאהדונהי אידהנויה

בָּחַר bajar לוֹ lo יָהּ Yah יִשְׂרָאֵל Yisrael לִסְגֻלָּתוֹ lisgulató: כִּי qui

אֲנִי aní אני יָדַעְתִּי yadati כִּי־ qui גָדוֹל gadol להח; עם ד' אותיות - מבה, יזל, אום

יְהֹוָה יאהדונהי Adonai וַאֲדֹנֵינוּ vaadoneinu מִכָּל־ micol ילי

אֱלֹהִים Elohim אהיה אדני ; ילה: כֹּל col ילי אֲשֶׁר־ asher חָפֵץ jafets

יְהֹוָה יאהדונהי Adonai עָשָׂה asá בַּשָּׁמַיִם bashamáyim י"פ טל, י"פ כוזו

וּבָאָרֶץ uvaárets בַּיַּמִּים bayamim נלך וְכָל־ vejol תְּהוֹמוֹת tehomot:

מַעֲלֶה maalé נְשִׂאִים nesiim מִקְצֵה miktsé הָאָרֶץ haárets אלהים דההין ע"ה

בְּרָקִים brakim לַמָּטָר lamatar עָשָׂה asá מוֹצֵא־ motsé רוּחַ rúaj

מֵאוֹצְרוֹתָיו meotsrotav: שֶׁהִכָּה shehicá בְּכוֹרֵי bejorei מִצְרָיִם Mitsráyim

מצר מֵאָדָם meadam מ"ה עַד־ ad בְּהֵמָה behemá ב"ן: שָׁלַח shalaj אֹתוֹת otot

וּמֹפְתִים umoftim בְּתוֹכֵכִי betojejí מִצְרָיִם Mitsráyim מצר בְּפַרְעֹה beFaró

וּבְכָל־ uvejol ב"ן, לכב עֲבָדָיו avadav: שֶׁהִכָּה shehicá גּוֹיִם goyim

רַבִּים rabim וְהָרַג veharag מְלָכִים melajim עֲצוּמִים atsumim:

HALELUYÁ

"¡Aleluya! Alaben el Nombre del Señor. Alábenlo, siervos del Señor. Ustedes que están en la Casa del Señor, en los atrios de la Casa de nuestro Dios. Alaben al Señor, porque el Señor es benevolente. Canten alabanzas a Su Nombre porque es amable y porque el Señor eligió a Yaakov para Sí y a Israel por tesoro Suyo. Porque yo sé que el Señor, nuestro Dios, es grande por encima de todos los poderes celestiales. Todo lo que el Señor desea Él lo hace, en el Cielo y en la Tierra, en los mares y en los océanos. Él levanta las nubes desde el horizonte, con los relámpagos provoca la lluvia; Él saca el viento de Sus bóvedas. Él hirió a los primogénitos de Egipto, tanto de hombre como de bestia. Es Él que realizó señales y prodigios en medio de ti, Egipto, sobre el Faraón y todos sus ministros. Él derrotó a muchas naciones y mató a reyes poderosos:

לְסִיחוֹן leSijón מֶלֶךְ mélej הָאֱמֹרִי haEmorí וּלְעוֹג uleOg מֶלֶךְ mélej

הַבָּשָׁן haBashán וּלְכֹל ulejol יה אדני מַמְלְכוֹת mamlejot כְּנָעַן Cnaán:

וְנָתַן venatán אַרְצָם artsam נַחֲלָה najalá נַחֲלָה najalá לְיִשְׂרָאֵל leYisrael

עַמּוֹ amó: יְהֹוָה יאהדונהי Adonai שִׁמְךָ Shimjá לְעוֹלָם leolam

ריבוע דס"ג וי' אותיות דס"ג יְהֹוָה יאהדונהי Adonai זִכְרְךָ zijrejá לְדֹר־ ledor ר"ת יזל

וָדֹר vador ר"ו: כִּי qui יָדִין yadín יְהֹוָה יאהדונהי Adonai עַמּוֹ amó

וְעַל־ veal עֲבָדָיו avadav יִתְנֶחָם yitnejam: עֲצַבֵּי atsabei הַגּוֹיִם hagoyim

כֶּסֶף quésef וְזָהָב vezahav מַעֲשֵׂה maasé יְדֵי yedei אָדָם adam:

פֶּה pe מילה, וע"ה אלהים, אהיה אדני לָהֶם lahem וְלֹא veló יְדַבֵּרוּ yedaberu

עֵינַיִם eináyim ריבוע מ"ה לָהֶם lahem וְלֹא veló יִרְאוּ yirú: אָזְנַיִם oznáyim

יוד הי ואו הה לָהֶם lahem וְלֹא veló יַאֲזִינוּ yaazinu אַף af אֵין־ ein יֶשׁ־ yesh

רוּחַ rúaj בְּפִיהֶם befihem: כְּמוֹהֶם quemohem יִהְיוּ yihyú אל (ייא"י מילוי דס"ג)

עֹשֵׂיהֶם oseihem כֹּל col ילי אֲשֶׁר־ asher בֹּטֵחַ botéaj בָּהֶם bahem:

בֵּית beit ב"פ ראה יִשְׂרָאֵל Yisrael בָּרְכוּ barjú יהוה ריבוע יהוה ריבוע מ"ה אֶת־ et

יְהֹוָה יאהדונהי Adonai בֵּית beit ב"פ ראה אַהֲרֹן Aharón בָּרְכוּ barjú יהוה ריבוע

יהוה ריבוע מ"ה אֶת־ et יְהֹוָה יאהדונהי Adonai: בֵּית beit ב"פ ראה הַלֵּוִי haLeví

בָּרְכוּ barjú יהוה ריבוע יהוה ריבוע מ"ה אֶת־ et יְהֹוָה יאהדונהי Adonai

יִרְאֵי yirei יְהֹוָה יאהדונהי Adonai בָּרְכוּ barjú יהוה ריבוע יהוה ריבוע מ"ה

אֶת־ et יְהֹוָה יאהדונהי Adonai: בָּרוּךְ Baruj יְהֹוָה יאהדונהי Adonai

מִצִּיּוֹן miTsiyón יוסף, ו' הויות, קנאה שֹׁכֵן shojén יְרוּשָׁלָיִם Yerushaláyim

הַלְלוּיָהּ haleluyá אלהים, אהיה אדני ; ללה:

A Sijón, rey de los amorreos, y a Og, rey de Basán, y a todos los reyes de Canaán y dio las tierras de ellos por heredad, por herencia a Israel, Su Pueblo. El Señor es Tu Nombre para siempre. El Señor es tu recuerdo por todas las generaciones. Cuando el Señor juzgará a las naciones, Él se apiadará de Sus servidores. Los ídolos de las naciones son plata y oro, obra de las manos de hombres. Tienen boca, pero no hablan; ojos tienen pero no ven; tienen orejas, pero no escuchan. Y tampoco hay aliento en sus bocas. Como ellos serán los que los fabrican y todo aquel que confía en ellos. Casa de Israel, bendigan al Señor. Casa de Aharón, bendigan al Señor. Casa de Leví, bendigan al Señor. Ustedes que temen al Señor, bendigan al Señor. Bendito es el Señor desde Sión, Él que habita en Jerusalén, ¡Aleluya!" (Salmos 135).

HODÚ

El siguiente Salmo tiene 26 versículos que nos conectan con el Nombre: יהוה. También nos conectan con los 26 Ángeles (uno por cada versículo), en orden consecutivo del alfabeto arameo. Medita en el décimo *Maamar* (Enunciado) de la Creación: פרו ורבו ("y Dios dijo: Sean fecundos y multiplíquense" – para que los justos nacieran y agradecieran al Creador).

י

אדריאל

הוֹדוּ hodú אהיה לַיהֹוָה אדני יאהדונהי laAdonai כִּי qui טוֹב tov והו ;

כי טוב = יהוה אהיה = אום, מבה, יזל

כִּי qui לְעוֹלָם leolam ריבוע דס״ג וי׳ אותיות דס״ג חַסְדּוֹ jasdó

ג׳ הויות, מזלא (להמשיך הארה ממזלא עילאה) ; ר״ת = נגה : ייד

ברכיאל

הוֹדוּ hodú אהיה לֵאלֹהֵי leElohei מילוי דע״ב, רמב ; ילה

הָאֱלֹהִים haElohim אהיה אדני ; ילה

כִּי qui לְעוֹלָם leolam ריבוע דס״ג וי׳ אותיות דס״ג חַסְדּוֹ jasdó

ג׳ הויות, מזלא (להמשיך הארה ממזלא עילאה) ; ר״ת = נגה : ייד

גועיאל

הוֹדוּ hodú אהיה לַאֲדֹנֵי laAdonei הָאֲדֹנִים haAdonim

כִּי qui לְעוֹלָם leolam ריבוע דס״ג וי׳ אותיות דס״ג חַסְדּוֹ jasdó

ג׳ הויות, מזלא (להמשיך הארה ממזלא עילאה) ; ר״ת = נגה : ייד

דורשיאל

לְעֹשֵׂה leosé נִפְלָאוֹת niflaot גְּדֹלוֹת guedolot לְבַדּוֹ levadó מ״ב בסוד שם בן מ״ב

כִּי qui לְעוֹלָם leolam ריבוע דס״ג וי׳ אותיות דס״ג חַסְדּוֹ jasdó

ג׳ הויות, מזלא (להמשיך הארה ממזלא עילאה) ; ר״ת = נגה : ייד

הדריאל

לְעֹשֵׂה leosé הַשָּׁמַיִם hashamáyim י״פ טל, י״פ כוזו בִּתְבוּנָה bitvuná

כִּי qui לְעוֹלָם leolam ריבוע דס״ג וי׳ אותיות דס״ג חַסְדּוֹ jasdó

ג׳ הויות, מזלא (להמשיך הארה ממזלא עילאה) ; ר״ת = נגה : ייד

HODÚ

"Agradezcan al Señor porque es benevolente, porque Su misericordia perdura por siempre. Agradezcan al Dios de dioses, porque Su misericordia perdura por siempre. Agradezcan al Señor de los señores, porque Su misericordia perdura por siempre. Al único que hace grandes maravillas, porque Su misericordia perdura por siempre. Al que hizo los Cielos con discernimiento, porque Su misericordia perdura por siempre.

וועדיאל

לְרֹקַע leroká הָאָרֶץ haárets אלהים דההין ע״ה עַל־ al הַמָּיִם hamáyim

כִּי qui לְעוֹלָם leolam ריבוע דס״ג וי׳ אותיות דס״ג חַסְדּוֹ jasdó

ג׳ הויות = מזלא (להמשיך הארה ממזלא עילאה) ; ר״ת = נגה : יְיָדָ

זבדיאל

לְעֹשֵׂה leosé אוֹרִים orim רז, אין סוף גְּדֹלִים guedolim

כִּי qui לְעוֹלָם leolam ריבוע דס״ג וי׳ אותיות דס״ג חַסְדּוֹ jasdó

ג׳ הויות = מזלא (להמשיך הארה ממזלא עילאה) ; ר״ת = נגה : יְיָדָ

וזניאל

אֶת־ et הַשֶּׁמֶשׁ hashémesh

לְמֶמְשֶׁלֶת lememshélet בַּיּוֹם bayom ע״ה נגד, מזבח, זן, אל יהוה

כִּי qui לְעוֹלָם leolam ריבוע דס״ג וי׳ אותיות דס״ג חַסְדּוֹ jasdó

ג׳ הויות, מזלא (להמשיך הארה ממזלא עילאה) ; ר״ת = נגה : יְיָדָ

טהוריאל

אֶת־ et הַיָּרֵחַ hayaréaj וְכוֹכָבִים vejojavim

לְמֶמְשְׁלוֹת lememshelot בַּלָּיְלָה balayla מלה

כִּי qui לְעוֹלָם leolam ריבוע דס״ג וי׳ אותיות דס״ג חַסְדּוֹ jasdó

ג׳ הויות, מזלא (להמשיך הארה ממזלא עילאה) ; ר״ת = נגה : יְיָדָ

ידידיאל

לְמַכֵּה lemaqué מִצְרַיִם Mitsráyim מצר בִּבְכוֹרֵיהֶם bivjoreihem

כִּי qui לְעוֹלָם leolam ריבוע דס״ג וי׳ אותיות דס״ג חַסְדּוֹ jasdó

ג׳ הויות, מזלא (להמשיך הארה ממזלא עילאה) ; ר״ת = נגה : יְיָדָ

Al que extendió la Tierra sobre las aguas, porque Su misericordia perdura por siempre.
Al que hizo las grandes luminarias, porque Su misericordia perdura por siempre.
Al que hizo el Sol que gobierna en el día, porque Su misericordia perdura por siempre.
La Luna y las estrellas que gobiernan en la noche, porque Su misericordia perdura por siempre.
Al que hirió a Egipto en sus primogénitos, porque Su misericordia perdura por siempre.

ה

כרוביאל

וַיּוֹצֵא vayotsé יִשְׂרָאֵל Yisrael מִתּוֹכָם mitojam

כִּי qui לְעוֹלָם leolam ריבוע דס"ג וי' אותיות דס"ג חַסְדּוֹ jasdó

ג' הויות, מזלא (להמשיך הארה ממזלא עילאה) ; ר"ת = נגה : הָיָ

להטיאל

בְּיָד beyad חֲזָקָה jazaká וּבִזְרוֹעַ uvizroa נְטוּיָה netuyá

כִּי qui לְעוֹלָם leolam ריבוע דס"ג וי' אותיות דס"ג חַסְדּוֹ jasdó

ג' הויות, מזלא (להמשיך הארה ממזלא עילאה) ; ר"ת = נגה : הָיָ

מהגביאל

לְגֹזֵר legozer יַם־ yam ילי סוּף Suf לִגְזָרִים ligzarim

כִּי qui לְעוֹלָם leolam ריבוע דס"ג וי' אותיות דס"ג חַסְדּוֹ jasdó

ג' הויות, מזלא (להמשיך הארה ממזלא עילאה) ; ר"ת = נגה : הָיָ

נוריאל

וְהֶעֱבִיר veheevir יִשְׂרָאֵל Yisrael בְּתוֹכוֹ betojó

כִּי qui לְעוֹלָם leolam ריבוע דס"ג וי' אותיות דס"ג חַסְדּוֹ jasdó

ג' הויות, מזלא (להמשיך הארה ממזלא עילאה) ; ר"ת = נגה : הָיָ

נוצציאל

וְנִעֵר venier פַּרְעֹה Paró וְחֵילוֹ vejeiló בְיַם־ veyam ילי סוּף Suf

כִּי qui לְעוֹלָם leolam ריבוע דס"ג וי' אותיות דס"ג חַסְדּוֹ jasdó

ג' הויות, מזלא (להמשיך הארה ממזלא עילאה) ; ר"ת = נגה : הָיָ

Y sacó a Israel de entre ellos, porque Su misericordia perdura por siempre.
Con mano fuerte y brazo extendido, porque Su misericordia perdura por siempre.
Al que partió en dos el Mar Rojo, porque Su misericordia perdura por siempre.
E hizo que Israel pasará en medio de él, porque Su misericordia perdura por siempre.
Y hundió al Faraón y a su ejército en el Mar Rojo, porque Su misericordia perdura por siempre.

ו

נודיאל

לְמוֹלִיךְ lemolij עַמּוֹ amó בַּמִּדְבָּר bamidbar

כִּי qui לְעוֹלָם leolam ריבוע דס"ג וי' אותיות דס"ג וַחַסְדּוֹ jasdó

ג' הויות, מזלא (להמשיך הארה ממזלא עילאה) ; ר"ת = נגה : ויי

סרעיאל

לְמַכֵּה lemaqué מְלָכִים melajim גְּדֹלִים guedolim

כִּי qui לְעוֹלָם leolam ריבוע דס"ג וי' אותיות דס"ג וַחַסְדּוֹ jasdó

ג' הויות, מזלא (להמשיך הארה ממזלא עילאה) ; ר"ת = נגה : ויי

עשאל

וַיַּהֲרֹג vayaharog מְלָכִים melajim אַדִּירִים adirim הרי

כִּי qui לְעוֹלָם leolam ריבוע דס"ג וי' אותיות דס"ג וַחַסְדּוֹ jasdó

ג' הויות, מזלא (להמשיך הארה ממזלא עילאה) ; ר"ת = נגה : ויי

פקדיאל

לְסִיחוֹן leSijón מֶלֶךְ mélej הָאֱמֹרִי haEmorí

כִּי qui לְעוֹלָם leolam ריבוע דס"ג וי' אותיות דס"ג וַחַסְדּוֹ jasdó

ג' הויות, מזלא (להמשיך הארה ממזלא עילאה) ; ר"ת = נגה : ויי

צרופיאל

וּלְעוֹג uleOg מֶלֶךְ mélej הַבָּשָׁן haBashán

כִּי qui לְעוֹלָם leolam ריבוע דס"ג וי' אותיות דס"ג וַחַסְדּוֹ jasdó

ג' הויות, מזלא (להמשיך הארה ממזלא עילאה) ; ר"ת = נגה : ויי

קדושיאל

וְנָתַן venatán אַרְצָם artsam לְנַחֲלָה lenajalá

כִּי qui לְעוֹלָם leolam ריבוע דס"ג וי' אותיות דס"ג וַחַסְדּוֹ jasdó

ג' הויות, מזלא (להמשיך הארה ממזלא עילאה) ; ר"ת = נגה : ויי

Al que condujo a Su pueblo por el desierto, porque Su misericordia perdura por siempre.
Al que derrotó a grandes reyes, porque Su misericordia perdura por siempre.
Y mató a reyes poderosos, porque Su misericordia perdura por siempre.
A Sijón, rey de los amorreos, porque Su misericordia perdura por siempre.
Y a Og, rey de Basán, porque Su misericordia perdura por siempre.
Y dio sus tierras por heredad, porque Su misericordia perdura por siempre.

ה

רוממיאל

נַחֲלָה najalá לְיִשְׂרָאֵל leYisrael עַבְדּוֹ avdó

כִּי qui לְעוֹלָם leolam ריבוע דס"ג וי' אותיות דס"ג חַסְדּוֹ jasdó

ג' הויות, מזלא (להמשיך הארה ממזלא עילאה) ; ר"ת = נגה : הָיָ

שומריאל

שֶׁבְּשִׁפְלֵנוּ shebeshiflenu זָכַר zajar לָנוּ lanu אלהים, אהיה אדני

כִּי qui לְעוֹלָם leolam ריבוע דס"ג וי' אותיות דס"ג חַסְדּוֹ jasdó

ג' הויות, מזלא (להמשיך הארה ממזלא עילאה) ; ר"ת = נגה : הָיָ

שמריאל

וַיִּפְרְקֵנוּ vayifrekenu מִצָּרֵינוּ mitsareinu

כִּי qui לְעוֹלָם leolam ריבוע דס"ג וי' אותיות דס"ג חַסְדּוֹ jasdó

ג' הויות, מזלא (להמשיך הארה ממזלא עילאה) ; ר"ת = נגה : הָיָ

תומכיאל

נֹתֵן notén אבג יתץ , ושר לֶחֶם léjem ג' הויות לְכָל־ lejol יה אדני בָּשָׂר basar

ר"ת = יב"ק, אלהים יהוה, אהיה אדני יהוה

כִּי qui לְעוֹלָם leolam ריבוע דס"ג וי' אותיות דס"ג חַסְדּוֹ jasdó

ג' הויות, מזלא (להמשיך הארה ממזלא עילאה) ; ר"ת = נגה : הָיָ

תהפיאל

הוֹדוּ hodú אהיה לְאֵל leEl ייא"י (מילוי דס"ג) הַשָּׁמָיִם hashamáyim י"פ טל, י"פ כוזו

כִּי qui לְעוֹלָם leolam ריבוע דס"ג וי' אותיות דס"ג חַסְדּוֹ jasdó

ג' הויות, מזלא (להמשיך הארה ממזלא עילאה) ; ר"ת = נגה : הָיָ

Por heredad a Israel, Su siervo, porque Su misericordia perdura por siempre. Quien se acuerda de nosotros en nuestra humillación, porque Su misericordia perdura por siempre. Quien nos ha librado de nuestros opresores, porque Su misericordia perdura por siempre. Quien da alimento a toda carne, porque Su misericordia perdura por siempre. Agradezcan al Dios del Cielo, porque Su misericordia perdura por siempre" (Salmos 136).

LEJAI OLAMIM

Esta oración tiene 22 frases, cada una empieza con una de las 22 letras del alfabeto arameo. Siempre que encontremos una conexión con el número 22, es nuestra oportunidad de traer hacia nosotros los poderes de la Creación, semejantes al ADN, de las letras arameas para transformar nuestra naturaleza reactiva en una proactiva y para crear orden a partir del caos.

הָאַדֶּרֶת haadéret וְהָאֱמוּנָה vehaemuná לְחַי lejai עוֹלָמִים olamim

הַבִּינָה habiná וְהַבְּרָכָה vehabrajá לְחַי lejai עוֹלָמִים olamim

בִּינָה ע"ה = אהיה אהיה יהוה = חיים

הַגַּאֲוָה hagaavá וְהַגְּדֻלָּה vehaguedulá לְחַי lejai עוֹלָמִים olamim

הַדֵּעָה hadeá וְהַדִּבּוּר vehadibur לְחַי lejai עוֹלָמִים olamim

הַהוֹד hahod ההה וְהֶהָדָר vehehadar לְחַי lejai עוֹלָמִים olamim

הַוַּעַד haváad וְהַוָּתִיקוּת vehavatikut לְחַי lejai עוֹלָמִים olamim

הַזָּךְ hazaj ייי וְהַזֹּהַר vehazóhar לְחַי lejai עוֹלָמִים olamim

הַחַיִל hajáyil ומב וְהַחֹסֶן vehajosen לְחַי lejai עוֹלָמִים olamim

הַטֶּכֶס hatejes וְהַטֹּהַר vehatóhar לְחַי lejai עוֹלָמִים olamim

הַיִּחוּד hayijud וְהַיִּרְאָה vehayirá רי"י לְחַי lejai עוֹלָמִים olamim

הַכֶּתֶר hakéter וְהַכָּבוֹד vehacavod לאו לְחַי lejai עוֹלָמִים olamim

כתר = ה' מלך ה' מלך ה' ימלוך לעולם ועד ובאתב"ש גאל

הַלֶּקַח halékaj וְהַלִּבּוּב vehalibuv לְחַי lejai עוֹלָמִים olamim

---

LEJAI OLAMIM

La fortaleza y la lealtad a Él, que vive eternamente.
El discernimiento y la bendición a Él, que vive eternamente.
La grandeza y la magnificencia a Él, que vive eternamente.
La sabiduría y el discurso a Él, que vive eternamente.
La gloria y la majestad a Él, que vive eternamente.
La convocatoria y la autoridad a Él, que vive eternamente.
El brillo y el esplendor a Él, que vive eternamente.
El valor y la opulencia a Él, que vive eternamente.
La ceremonia y la pureza a Él, que vive eternamente.
La unicidad y la reverencia a Él, que vive eternamente.
La corona y la gloria a Él, que vive eternamente.
La lección y la comprensión a Él, que vive eternamente.

הַמְּלוּכָה hamelujá וְהַמֶּמְשָׁלָה vehamemshalá לְחַי lejai עוֹלָמִים olamim

הַנּוֹי hanoi וְהַנֵּצַח vehanétsaj לְחַי lejai עוֹלָמִים olamim

הַסִּגּוּי hasiguy וְהַשֶּׂגֶב vehaséguev לְחַי lejai עוֹלָמִים olamim

הָעֹז haoz וְהָעֲנָוָה vehaanavá לְחַי lejai עוֹלָמִים olamim

הַפְּדוּת hapedut וְהַפְּאֵר vehapeer לְחַי lejai עוֹלָמִים olamim

הַצְּבִי hatseví וְהַצֶּדֶק vehatsédek לְחַי lejai עוֹלָמִים olamim

הַקְּרִיאָה hakeriá וְהַקְּדֻשָּׁה vehakedushá לְחַי lejai עוֹלָמִים olamim

הָרֹן harón וְהָרוֹמֵמוּת veharomemot לְחַי lejai עוֹלָמִים olamim

הַשִּׁיר hashir וְהַשֶּׁבַח vehashévaj לְחַי lejai עוֹלָמִים olamim

הַתְּהִלָּה hatehilá וְהַתִּפְאֶרֶת vehatiféret לְחַי lejai עוֹלָמִים olamim

תהלה ע"ה = אמת, אהיה פעמים אהיה, ז"פ ס"ג

כִּי qui גָּבַר gavar עָלֵינוּ aleinu וְחַסְדּוֹ jasdó ג' הויות, מזלא (להמשיך הארה ממזלא עילאה)

וֶאֱמֶת veemet אהיה פעמים אהיה, ז"פ ס"ג יְהֹוָה Adonai

לְעוֹלָם leolam ריבוע דס"ג וי' אותיות דס"ג הַלְלוּיָהּ haleluyá אלהים, אהיה אדני ; ללה:

בָּרוּךְ Baruj הַמַּנְחִיל hamanjil מְנוּחָה menujá לְעַמּוֹ leamó

יִשְׂרָאֵל Yisrael בְּיוֹם beyom ע"ה נגד, מזבח, זן, אל יהוה שַׁבַּת Shabat קֹדֶשׁ kódesh:

El reinado y el dominio a Él, que vive eternamente.
La belleza y el triunfo a Él, que vive eternamente.
La eminencia y la supremacía a Él, que vive eternamente.
El poder y la modestia a Él, que vive eternamente.
La redención y el esplendor a Él, que vive eternamente.
El hermosura y la rectitud a Él, que vive eternamente.
La proclamación y la santidad a Él, que vive eternamente.
El regocijo y la exaltación a Él, que vive eternamente.
La canción y la alabanza a Él, que vive eternamente.
El elogio y la magnificencia a Él, que vive eternamente.

"Porque Su compasión nos ha cubierto y la verdad del Señor es para siempre.¡Aleluya!" (Salmos 117:2). *Bendito sea Él que concede descanso a Su nación, Israel, en este día de Shabat de santa convocatoria.*

BARUJ SHEAMAR

Desde aquí, "*Baruj Sheamar*", hasta "*Jei Haolamim*" (pág. 322) estás en el Mundo de *Yetsirá*.

Cuando digas *Baruj Sheamar* debes estar de pie y sostener los dos *Tsitsiot* delanteros y meditar en crear igualdad entre *Asiyá* y *Yetsirá*, puesto que la purificación de *Yetsirá* se hace a través del *Talit*. Trece veces la palabra "*Baruj*" corresponde a los Trece Atributos de *Yetsirá*.

(1) אל (**Kéter**) בָּרוּךְ Baruj שֶׁאָמַר sheamar וְהָיָה vehayá יהה
הָעוֹלָם haolam• בְּשָׁוֶה - *Olam Asiyá* ahora es igual a *Olam Yetsirá*

(2) רחום (**Jojmá**) בָּרוּךְ Baruj הוּא Hu•

(3) וחנון (**Biná**) בָּרוּךְ Baruj אוֹמֵר omer וְעֹשֶׂה veosé•

(4) ארך בָּרוּךְ Baruj גּוֹזֵר gozer וּמְקַיֵּם umekayem•

(5) אפים בָּרוּךְ Baruj עֹשֶׂה osé בְרֵאשִׁית vereshit•

(6) ורב וחסד בָּרוּךְ Baruj מְרַחֵם merajem אברהם, ח"פ אל, רי"ו ול"ב נתיבות החכמה,
רמ"ח (אברים), עסמ"ב וט"ז אותיות פשוטות עַל al הָאָרֶץ haárets אלהים דההין ע"ה

(7) ואמת בָּרוּךְ Baruj מְרַחֵם merajem אברהם, ח"פ אל, רי"ו ול"ב נתיבות החכמה,
רמ"ח (אברים), עסמ"ב וט"ז אותיות פשוטות עַל al הַבְּרִיּוֹת habriyot•

(8) נצר וחסד בָּרוּךְ Baruj מְשַׁלֵּם meshalem שָׂכָר sajar י"פ ב"ן
טוֹב tov והו לִירֵאָיו lireav•

(9) לאלפים בָּרוּךְ Baruj חַי jai לָעַד laad ב"פ ב"ן
וְקַיָּם vekayam לָנֶצַח lanétsaj•

(10) נשא עון בָּרוּךְ Baruj פּוֹדֶה podé וּמַצִּיל umatsil•

(11) ופשע בָּרוּךְ Baruj שְׁמוֹ Shemó מהש ע"ה, ע"ב בריבוע וקס"א ע"ה, אל שדי ע"ה•

BARUJ SHEAMAR

1) Bendito sea Él que habló y el mundo entero existió.
2) Bendito sea Él. 3) Bendito sea Él cuya palabra es obra.
4) Bendito sea Él cuyo decreto cumple. 5) Bendito sea Él que instiga creaciones. 6) Bendito sea Él que es compasivo con el mundo. 7) Bendito sea Él que se apiada de todas las criaturas. 8) Bendito sea Él que recompensa bien a aquellos que le temen. 9) Bendito sea Él que vive para siempre y existe para la eternidad. 10) Bendito sea Él que redime y salva. 11) Bendito es Su Nombre.

(12) ווטאה ברוך Baruj אתה Atá יהו(אדני)ה יאהדונהי Adonai

אלהינו Eloheinu ילה מלך Mélej העולם haolam

האל haEl לאה ; ייא״י (מילוי דס״ג) אב av

הרחמן harajmán המהלל hamehulal בפה befé פ״ו

(מנין התיבות בברוך שאמר - בסוד ״כתם טהור פז״) עמו amó.

משבח meshubaj ומפאר umefoar בלשון bilshón

חסידיו jasidav ועבדיו vaavadav. ובשירי uveshirei

דוד David עבדך avdaj פוי, אל אדני נהללך nehalelaj

יהו(אדני)ה יאהדונהי Adonai אלהינו Eloheinu ילה בשבחות bishvajot

ובזמירות uvizmirot. ונגדלך unegadlaj ונשבחך uneshabjaj

ונפארך unefaaraj ונמליכך venamlijaj ונזכיר venazquir

שמך Shimjá מלכנו malquenu אלהינו Eloheinu ילה

יחיד yajid חי jei (לפי האריז״ל, חי לפי הרש״ש)

העולמים haolamim. מלך Mélej משבח meshubaj

ומפאר umefoar עדי adei עד ad

שמו Shemó מהש ע״ה, ע״ב בריבוע וקס״א ע״ה, אל שדי ע״ה

הגדול hagadol להח ; עם ד׳ אותיות = מבה, יזל, אום.

(13) ונקה ברוך Baruj אתה Atá יהו(אדני)ה(יהו(אדני)ה)יאהדונהי Adonai

מלך Mélej מהלל mehulal בתשבחות batishbajot:

---

12) Bendito eres Tú, Señor, nuestro Dios, el Rey del universo. El Dios, el Padre compasivo, quien es exaltado en labios de Su Nación. Quien es alabado y glorificado por las lenguas de Sus piadosos y Sus siervos. Con las canciones de David, Tu siervo, te loaremos, Señor, nuestro Dios, con alabanzas y canciones, nos regocijaremos y te alabaremos, te glorificaremos y te proclamaremos, Rey. Mencionaremos Tu Nombre, nuestro Rey, nuestro Dios, Único y eternamente vivo; el Rey quien es alabado y glorificado. Y por siempre es Su gran Nombre. 13) Bendito eres Tú, Señor, el Rey exaltado en alabanzas.

MIZMOR SHIR LEYOM HASHABAT

El *Zóhar* dice que los siguientes dos párrafos fueron recitados por Adam durante el primer *Shabat* en el Jardín de Edén. Los términos "Adam" y "Jardín de Edén" son códigos. Adam es el nombre que se le da al alma unificada que abarca a todas las almas de la humanidad que hayan existido o existirán en este mundo. El Jardín de Edén era una dimensión de Luz pura y energía positiva. Las letras arameas que componen este párrafo representan fuerzas energéticas específicas que nutrieron y satisficieron a esta alma unificada llamada Adam. Este párrafo es sólo una fórmula que define a estas fuerzas. Las letras también actúan como antenas que atraen estas fuerzas a nuestra vida, dándonos a probar del Jardín de Edén.

El primer párrafo conecta con la dimensión de *Maljut*, nuestro universo físico de caos y oscuridad. El segundo se refiere al nivel de *Zeir Anpín*, los Mundos Superiores de positividad absoluta y realización. El único propósito de unir estos dos mundos es eliminar todo el caos y oscuridad de nuestra existencia.

En el primer párrafo tenemos 112 palabras (יב״ק, אלהים + יהוה, אהיה + אדני + יהוה) y 16 versículos que corresponden a los nueve puntos de *Maljut* (ya que *Maljut* no tiene un punto consistente, pero Ella está incluida en cada uno de los otros nueve puntos) y las siete voces de la Torá dada.

haShabat הַשַּׁבָּת ע״ה נגד, מזבח, זן, אל יהוה leyom לְיוֹם shir שִׁיר mizmor מִזְמוֹר

Iniciales de *LeMoshé* (למשה)

laAdonai יאהדונהי לַיהוָֹה ר״ת ט״ל lehodot לְהֹדוֹת והו tov טוֹב

babóker בַּבֹּקֶר lehaguid לְהַגִּיד :elyón עֶלְיוֹן leShimjá לְשִׁמְךָ ulzamer וּלְזַמֵּר

alei עֲלֵי־ :baleilot בַּלֵּילוֹת veemunatjá וֶאֱמוּנָתְךָ jasdejá חַסְדֶּךָ

:bejinor בְּכִנּוֹר higayón הִגָּיוֹן alei עֲלֵי navel נָבֶל vaalei וַעֲלֵי־ asor עָשׂוֹר

befaoleja בְּפָעֳלֶךָ Adonai יאהדונהי יְהֹוָה simajtani שִׂמַּחְתַּנִי qui כִּי

gadlú גָּדְלוּ מ״ה ma מַה־ :aranén אֲרַנֵּן yadeja יָדֶיךָ bemaasei בְּמַעֲשֵׂי

amkú עָמְקוּ meod מְאֹד Adonai יאהדונהי יְהֹוָה maaseja מַעֲשֶׂיךָ

baar בַּעַר ish אִישׁ־ :יוהו **(Kéter Superior)** majshevoteja מַחְשְׁבֹ(וֹ)תֶיךָ

:zot זֹאת et אֶת־ yavín יָבִין lo לֹא־ ujsil וּכְסִיל yedá יֵדָע lo לֹא

MIZMOR SHIR LEYOM HASHABAT

"Un Salmo, cántico para el día del Shabat: Es bueno dar gracias al Señor y cantar alabanzas a Tu Nombre, Altísimo, declarando Tu benevolencia por la mañana y Tu fidelidad por las noches, con el arpa de diez cuerdas y con una lira, y con el dulce son de la cítara. Tú me alegras con Tus acciones, cantaré jubiloso las obras de Tus manos. Cuán grandes son Tus obras, Señor y qué profundos Tus designios. El hombre insensato no sabe y el necio no comprende esto.

בִּפְרֹחַ bifróaj רְשָׁעִים reshaim כְּמוֹ quemó עֵשֶׂב ésev כוונות הקדושה (ע"ב שמות)

(Las almas de los malvados son juzgadas ahora para ver si merecen ser elevados de *Gehinom*)

וַיָּצִיצוּ vayatsitsu כָּל־ col ילי פֹּעֲלֵי poalei אָוֶן aven

(La *klipá* que quiere ser elevada con la Santidad) לְהִשָּׁמְדָם lehishamdam

עֲדֵי־ adei עַד ad (pero no se le permite subir): וְאַתָּה veAtá מָרוֹם marom

לְעֹלָם leolam ריבוע דס"ג י' אותיות דס"ג יְהֹוָה יאהדונהי Adonai: כִּי qui הִנֵּה hiné

אֹיְבֶיךָ oyveja יְהֹוָה יאהדונהי Adonai כִּי־ qui הִנֵּה hiné אֹיְבֶיךָ oyveja

יֹאבֵדוּ yovedu יִתְפָּרְדוּ yitpardú כָּל־ col ילי פֹּעֲלֵי poalei אָוֶן aven (La *klipá*):

וַתָּרֶם vatarem (La Santidad) כִּרְאֵים quireim קַרְנִי karní בַּלֹּתִי balotí

בְּשֶׁמֶן beshemen רַעֲנָן raanán: וַתַּבֵּט vatabet עֵינִי einí ריבוע מ"ה

בְּשׁוּרָי beshurai בַּקָּמִים bakamim עָלַי alai מְרֵעִים mereím

תִּשְׁמַעְנָה tishmaná אָזְנָי oznai יוד הי ואו הה: (Las almas de los justos que son elevadas ahora)

צַדִּיק tsadik ג"פ באי כלה דלעיל כַּתָּמָר catamar יִפְרָח yifraj ס"ת קרח

(medita en elevar el alma de *Kóraj*) כְּאֶרֶז queérez בַּלְּבָנוֹן baLevanón יִשְׂגֶּה yisgué:

שְׁתוּלִים shetulim בְּבֵית beveit ב"פ ראה יְהֹוָה יאהדונהי Adonai

בְּחַצְרוֹת bejatsrot אֱלֹהֵינוּ Eloheinu ילה יַפְרִיחוּ yafriju: עוֹד od

יְנוּבוּן yenuvún בְּשֵׂיבָה beseivá דְּשֵׁנִים deshenim וְרַעֲנַנִּים veraananim

יִהְיוּ yihyú אל (ייא" מילוי דס"ג): לְהַגִּיד lehaguid כִּי־ qui יָשָׁר yashar

יְהֹוָה יאהדונהי Adonai צוּרִי tsurí וְלֹא־ veló עַוְלָתָה avlatá (כתיב: עלתה) בּוֹ bo:

Si los impíos (de Guehinom) *crecen como la hierba y los que hacen el mal proliferan, es para ser destruidos eternamente. Pero Tú, Señor, eres excelso por siempre. Pero he aquí que Tus enemigos, Señor, Tus enemigos perecerán. Todos los que cometen iniquidad* (esas son las *klipot*) *serán esparcidos. Y Tú elevarás* (la Santidad) *mi fuerza como la de un buey y yo seré ungido con aceite fresco. Y mis ojos verán a mis enemigos y mis oídos oirán a aquellos que se levantan para hacerme daño. El hombre justo florecerá como la palmera, crecerá alto como un cedro en el Líbano. Trasplantados en la Casa del Señor, florecerán en los atrios de nuestro Dios. Aun en la vejez fructificarán, vigorosos y frescos serán, para declarar que el Señor es justo, mi roca, y no hay iniquidad en Él"* (Salmos 92).

ADONAI MALAJ

En este Salmo hay 45 palabras que corresponden al Nombre Sagrado: מ"ה (יוד הא ואו הא)

יְהֹוָהאדנֿיאהדונהי Adonai (*Zeir Anpín*) מָלָךְ malaj גֵּאוּת gueut

(410 hilos de *Arij Anpín*, donde *Zeir Anpín* es elevado en *Shabat* y se viste de ellos)

לָבֵשׁ lavesh לָבֵשׁ lavesh יְהֹוָהאדנֿיאהדונהי Adonai עֹז oz הִתְאַזָּר hitazar

אַף־ af ר"ת = אלהים, אהיה אדני תִּכּוֹן ticón תֵּבֵל tevel ב"פ רי"ו

בַּל־ bal תִּמּוֹט timot: נָכוֹן najón כִּסְאֲךָ quisajá מֵאָז meaz ומב

מֵעוֹלָם meolam אָתָּה Atá ר"ת = קנ"א, אדני אלהים: נָשְׂאוּ nasú נְהָרוֹת neharot

(410 hilos de *Arij Anpín*,

que atraen Luz desde el mar de *Jojmá* —מוזא סתימא דא"א— en *Shabat* hacia *Zeir Anpín*).

יְהֹוָהאדנֿיאהדונהי Adonai נָשְׂאוּ nasú ר"ת = קין נְהָרוֹת neharot

קוֹלָם kolam יִשְׂאוּ yisú נְהָרוֹת neharot דָּכְיָם dojyam ר"ת דני:

מִקֹּלוֹת mikolot (410 hilos) מַיִם máyim רַבִּים rabim ר"ת = מוזוהך, סנדלפון, ערי

(*Ima* - לעשות בה מין שהם ה"ג) אַדִּירִים adirim הרי מִשְׁבְּרֵי־ mishberei יָם yam ילי

Arij Anpín [tiene 221 *Ribó* (decenas de mil) iluminaciones],

Él está dando 150 *Ribó* (decenas de mil) iluminaciones a *Zeir Anpín*.

Iniciales de אמי (mi madre) porque *Zeir Anpín* primero sube y obtiene *Mojín* de *Ima* (Madre).

אַדִּיר adir הרי בַּמָּרוֹם bamarom יְהֹוָהאדנֿיאהדונהי Adonai

Iniciales de אבי (mi padre) porque *Zeir Anpín* luego sube y obtiene *Mojín* de *Aba* (Padre).

ADONAI MALAJ

'El Señor reina. Revestido es de majestad. El Señor se ha revestido: se ha ceñido con Poder. El mundo está establecido firmemente para que no pueda desplomarse. Tu trono está establecido desde entonces. Tú existes desde la eternidad. Los ríos hacen resonar sus voces, Señor, los ríos hacen resonar su fragor. Pero más fuerte que las aguas impetuosas, más fuerte que el oleaje del mar, Tú eres inmenso en las Alturas, Señor.

עֵדֹתֶיךָ edoteja נֶאֶמְנוּ neemnú מְאֹד meod ר״ת = קין לְבֵיתְךָ leveitjá

ב״פ ראה נַאֲוָה naavá קֹדֶשׁ kódesh יְהֹוָהאדנייאהדונהי Adonai לְאֹרֶךְ leórej

יָמִים yamim נלך ; ר״ת ילי ; ס״ת אדני ; ה׳ לאורך ימים = ש״ע נהורים עם האותיות:

YEHÍ JEVOD

Hay 18 versículos en esta conexión, con 18 veces el poder de *Yud, Hei, Vav* y *Hei*. La relevancia de 18 se encuentra dentro del poder de la *Mezuzá*. Los kabbalistas enseñan que la *Mezuzá*, que contiene un pedazo de pergamino con las letras arameas *Shin, Dálet, Yud* שדי, o *Shadai* (un poderoso Nombre de Dios que nos proporciona protección de las fuerzas negativas), debe colocarse en el marco de cada puerta. La puerta o la entrada es el inicio, el nivel de semilla de una habitación. Las fuerzas negativas se adhieren a todas las entradas, infectando la semilla con negatividad. La *Mezuzá* no sólo cancela a esta fuerza negativa, sino que también transforma la energía negativa en energía positiva.

Otro secreto de *Shin, Dálet, Yud* es que es una conexión con uno de los 72 Nombres de Dios, uno que nos da la capacidad de erradicar todas las formas de negatividad: Al reemplazar las letras *Shin, Dálet* y *Yud* con la letra que le sigue a cada una de ellas en el alfabeto arameo (ej: *Shin* ש con la letra *Tav* ת, *Dálet* ד con la letra *Hei* ה, y *Yud* י con la letra *Caf* כ) y ubicándolas una al lado de la otra en orden inverso, estas letras forman *Caf, Hei, Tav* כהת. Esta secuencia de tres letras tiene el poder de desactivar la energía negativa y fue usada para destruir al malvado Hamán en Persia durante *Purim*, hace 2.500 años.

Cuando dices los 18 versículos de *Yehí Jevod*, debes meditar en las 18 letras de las seis combinaciones del Nombre *Shadai* שדי que existen en las Vasijas centrales de *Zeir Anpín* de *Yetsirá*, y también medita en las 18 veces que aparece el Nombre: יהוה en esta sección, porque esto equivale a las dos letras *Tet* ט en el Nombre del Ángel Me-ta-trón מטטרון **(no pronunciar)** que está en *Zeir Anpín* de *Yetsirá*. Debes meditar en que la *Tet* (9) corresponda a *Tikunéi Dikná* de *Zeir Anpín* de *Yetsirá* (nueve de Luz Directa y nueve de Luz Retornante).

El valor numérico del acrónimo de los 18 versículos de *Yehí Jevod* es 686. El valor numérico de las últimas letras de cada uno de los 18 versículos es 602, más 18 (*Yesod-Jai*, ח״י) suma 620. El número de palabras en *Yehí Jevod* es 138 (con el *Colel*). También debes meditar en atraer ע״ב, ס״ג, מ״ה, ב״ן con קס״א, קמ״ג, קנ״א (que suma 686 —con el *Colel*— y es igual al valor numérico de la palabra *Porat*), de "*Ben Porat Yosef*" que es *Yesod-Jai* (18) *Almín*. Creando, por lo tanto, el *Kéter* (620) de *Nukvá* (que es llamado: *Jakal* חק״ל, que suma 138). El *Kéter* mismo será construido más adelante por las 22 letras del *Ashrei*.

Tus testimonios son extremadamente fidedignos.
Tu Casa es el Santuario Santo. El Señor estará a lo largo de los tiempos" (Salmos 93).

(Kéter—ש״) יְהִי yehí כְּבוֹד jevod יְהֹוָה יאהדונהי Adonai (ארך)

כבוד יהוה = יוד הי ואו הה לְעוֹלָם leolam ריבוע ס״ג וי׳ אותיות דס״ג יִשְׂמַח yismaj משיח;

לעולם ישמח ע״ה = ריבוע קס״א יְהֹוָה יאהדונהי Adonai (אפים) בְּמַעֲשָׂיו bemaasav

יהוה במעשיו ע״ה = קס״א קנ״א קמ״ג ; הוש ; ר״ת הפסוק = אמן (יאהדונהי) ע״ה: (Kéter—ד) יְהִי yehí

שֵׁם Shem יְהֹוָה יאהדונהי Adonai (ורב וחסד) מְבֹרָךְ mevoraj ר״ת =

ריבוע ע״ב ריבוע ס״ג ; יהוה מברך = רפ״ח (להעלות רפ״ח ניצוצות שנפלו לקליפה דמשם באים התולואים)

מֵעַתָּה meatá וְעַד־ vead עוֹלָם olam ייל:

(Jojmá—י) מִמִּזְרַח־ mimizraj שֶׁמֶשׁ shémesh עַד־ ad ר״ת קדוש

מְבוֹאוֹ mevoó מְהֻלָּל mehulal שֵׁם Shem יְהֹוָה יאהדונהי Adonai (נשא עון):

(Jojmá—ש) רָם ram עַל־ al כָּל col ילי ; עמם גּוֹיִם goyim

יְהֹוָה יאהדונהי Adonai (ופשע) עַל al הַשָּׁמַיִם hashamáyim י״פ טל, י״פ כוזו ;

ר״ת וזשמל כְּבוֹדוֹ quevodó: (Biná—י) יְהֹוָה יאהדונהי Adonai (ונקה) שִׁמְךָ Shimjá

לְעוֹלָם leolam ריבוע ס״ג וי׳ אותיות דס״ג יְהֹוָה יאהדונהי Adonai (פוקד)

זִכְרְךָ zijrejá לְדֹר־ ledor ר״ת יזל וָדֹר vador רי״ו:

(Biná—ד) יְהֹוָה יאהדונהי Adonai (על שלשים) בַּשָּׁמַיִם bashamáyim י״פ טל, י״פ כוזו

הֵכִין hejín כִּסְאוֹ quisó וּמַלְכוּתוֹ umaljutó בַּכֹּל bacol ב״ן, לכב

מָשָׁלָה mashalá מבה: (Jésed—ד) יִשְׂמְחוּ yismejú הַשָּׁמַיִם hashamáyim

י״פ טל, י״פ כוזו וְתָגֵל vetaguel אותיות גלות (כשתהיה גאולה תהא שמחה) הָאָרֶץ haárets אלהים

דההין ע״ה ; ר״ת יהוה וס״ת ריבוע דס״ג וְיֹאמְרוּ veyomrú בַגּוֹיִם vagoyim

יְהֹוָה יאהדונהי Adonai (ועל רבעים) מָלָךְ malaj ר״ת יבמ, ב״ן:

YEHÍ JEVOD

"Que la gloria del Señor dure por siempre. Que el Señor pueda regocijarse en Sus obras" (Salmos 104:31). *"Que el Nombre del Señor sea bendecido desde ahora y por toda la eternidad. Desde que el Sol se levanta hasta que se pone, el Nombre del Señor es alabado. El Señor está sobre todas las naciones. Su gloria se eleva sobre los Cielos"* (Salmos 113:2-4). *"Señor, Tu Nombre es para siempre. Señor, Tu fama es para todas las generaciones"* (Salmos 135:13). *"El Señor estableció Su Trono en los Cielos, y Su Reino gobierna sobre todo"* (Salmos 103:19). *"¡Alégrense los Cielos, y regocíjese la Tierra! Digan las naciones: ¡El Señor ha reinado!"* (I Crónicas 16:31).

(Jésed–ש) יְהֹוָאדנ־יאהדונהי Adonai (ארך) מֶלֶךְ Mélej

(אפים) יְהֹוָאדנ־יאהדונהי Adonai מָלָךְ malaj יְהֹוָאדנ־יאהדונהי Adonai (ורב וחסד) |

יִמְלֹךְ yimloj מלך מלך ימלך = סנזחך, סנדלפון, ערי לְעֹלָם leolam ריבוע ס"ג וי' אותיות דס"ג

ר"ת ייל וָעֶד vaed: (Guevurá–ו) יְהֹוָאדנ־יאהדונהי Adonai (נושא עון)

מֶלֶךְ Mélej עוֹלָם olam וָעֶד vaed ר"ת = כוק, ריבוע אדני

אָבְדוּ avdú גוֹיִם goyim מֵאַרְצוֹ meartsó ס"ת = כ"ן:

(Guevurá–ד) יְהֹוָאדנ־יאהדונהי Adonai (ופשע) הֵפִיר hefir עֲצַת־ atsat

גּוֹיִם goyim הֵנִיא hení מַחְשְׁבוֹת majshevot עַמִּים amim:

(Tiféret–י) רַבּוֹת rabot מַחֲשָׁבוֹת majashavot בְּלֶב־ belev אִישׁ ish

וַעֲצַת vaatsat יְהֹוָאדנ־יאהדונהי Adonai (ונקה) הִיא hi תָקוּם takum כ"א הויות:

(Tiféret–ש) עֲצַת atsat יְהֹוָאדנ־יאהדונהי Adonai (פוקד)

לְעוֹלָם leolam ריבוע ס"ג וי' אותיות דס"ג תַּעֲמֹד taamod מַחְשְׁבוֹת majshevot

לִבּוֹ libó לְדֹר ledor וָדֹר vador רי"ו: (Nétsaj–י) כִּי qui הוּא Hu

אָמַר amar וַיֶּהִי vayehí הוּא־ Hu צִוָּה tsivá וַיַּעֲמֹד vayaamod:

(Nétsaj–ש) כִּי־ qui בָחַר vajar יְהֹוָאדנ־יאהדונהי Adonai (על שלשים)

בְּצִיּוֹן beTsiyón יוסף, ו' הויות, קנאה אִוָּהּ ivá זובו לְמוֹשָׁב lemoshav לוֹ lo:

(Hod–ד) כִּי־ qui יַעֲקֹב Yaakov ד' הויות, יאהדונהי אידהנויה בָּחַר bajar לוֹ lo יָהּ Yah

יִשְׂרָאֵל Yisrael לִסְגֻלָּתוֹ lisgulató: (Hod–י) כִּי qui לֹא־ lo יִטֹּשׁ yitosh

יְהֹוָאדנ־יאהדונהי Adonai (ועל רבעים) עַמּוֹ amó וְנַחֲלָתוֹ venajalató לֹא lo

יַעֲזֹב yaazov: (Yesod–ד) וְהוּא veHú רַחוּם rajum יְכַפֵּר yejaper ר"ת רי"ו

"El Señor reina, el Señor ha reinado. El Señor reinará por siempre y para siempre. El Señor es Rey por siempre y para siempre. Las naciones han perecido de Su tierra" (Salmos 10:16). *"El Señor frustra el designio de las naciones y deshace los planes de los pueblos"* (Salmos 33:10). *"Muchos son los pensamientos en el corazón del hombre, pero es el designio del Señor lo que permanecerá"* (Proverbios 19:21) *"El designio del Señor durará para siempre y los pensamientos de Su Corazón, para todas las geneaciones"* (Salmos 33:11). *"Porque Él dijo y se hizo, Él ordenó y se estableció"* (Salmos 33:9). *"Porque el Señor escogió a Sión como Su lugar de morada deseado"* (Salmos 132:13). *"Porque Dios escogió a Yaakov para Sí Mismo y a Israel como Su tesoro"* (Salmos 135:4). *"Porque el Señor no renunciará a Su gente ni abandonará Su herencia"* (Salmos 94:14). *"Y Él es misericordioso compasivo, perdona*

(*Ima* de la *klipá*) yashjit יַשְׁחִית veló וְלֹא־ (*Aba* de la *klipá*) avón עָוֺן
(*Zeir* de la *klipá*) apó אַפּוֹ lehashiv לְהָשִׁיב vehirbá וְהִרְבָּה
:(*Nukvá* de la *klipá*) jamató חֲמָתוֹ ילי col כָּל־ yair יָעִיר veló וְלֹא־
נהורין וש״ע יהוה hoshía הוֹשִׁיעָה Adonai יְהֹוָאדהנהי (*Yesod*–ש)
אל יהוה ,זן ,מזבח ,נגד ע״ה veyom בְיוֹם yaanenu יַעֲנֵנוּ יהה ר״ת haMélej הַמֶּלֶךְ
:ע״ב = כ׳ דהמלך ועם ב״ן ס״ת ; אהיה אדני יהוה ,אלהים יהוה ,יב״ק ר״ת korenu קָרְאֵנוּ

Entonces, sin interrupción alguna, debes comenzar inmediatamente los dos versículos del *Ashrei* para formar el *Kéter* para la *Nukvá* con las 22 letras del *Ashrei* (como se mencionó antes de *Yehí Jevod*).

El Ashrei

De las veintidós letras del alfabeto arameo, veintiuna de ellas están codificadas en el *Ashrei* en el orden correcto, de la *Álef* a la *Tav*. El Rey David, el autor, dejó a la letra aramea *Nun* fuera de esta oración, ya que la *Nun* es la primera letra de la palabra aramea *nefilá*, que significa "caída". Caída se refiere a un descenso espiritual, caer en la *klipá*. Los sentimientos de duda, depresión, preocupación e incertidumbre son consecuencias de la caída espiritual. Debido a que las letras arameas son los verdaderos instrumentos de la Creación, esta oración ayuda a inyectar el orden y la fuerza de la Creación en nuestra vida sin la energía de la caída.

En este Salmo está escrito diez veces el Nombre: יהוה por las Diez *Sefirot*. Este Salmo está escrito según el orden del *Álef Bet*, pero la letra *Nun* es omitida para evitar la caída.

ראה ב״פ veiteja בֵיתֶךָ yoshvei יוֹשְׁבֵי (סוד הכתר) ashrei אַשְׁרֵי
haam הָעָם ashrei אַשְׁרֵי :sela סֶלָה yehaleluja יְהַלְלוּךָ od עוֹד
lo לּוֹ ע״ה אלהים ד״פ ,אל שדי ,קס״א ,ע״ב בריבוע ,משה ,מהש shecaja שֶׁכָּכָה
(*Kéter*) sheAdonai שֶׁיְהֹוָאדהנהי לאה ר״ת haam הָעָם ashrei אַשְׁרֵי
leDavid לְדָוִד ס״ג ז״פ ,אהיה פעמים אהיה ,אמת ע״ה tehilá תְּהִלָּה :ילה Elohav אֱלֹהָיו
vaavarjá וַאֲבָרְכָה haMélej הַמֶּלֶךְ Elohai אֱלוֹהַי aromimjá אֲרוֹמִמְךָ
:vaed וָעֶד ס״ג ד״ס אותיות ו׳ ס״ג ד״ס ריבוע leolam לְעוֹלָם Shimjá שִׁמְךָ

---

sus iniquidades y no los destruye; muchas veces contiene su ira, y no despierta todo Su furor" (Salmos 78:38). *"Señor sálvanos.El Rey nos responderá en el día en el que Lo invoquemos"* (Salmos 20:10).

El Ashrei

"Dichosos aquellos que moran en Tu casa, ellos te alabarán, Sela" (Salmos 84:5). *"Dichosa es la nación que así es para ella y dichosa la nación de la que el Señor es su Dios"* (Salmos 144:15). *"Una alabanza de David:*
א *Yo te exaltaré a Ti, mi Dios, el Rey, y yo bendeciré Tu Nombre por siempre y por la eternidad.*

בְּכָל־ bejol ב״ן, לכב יוֹם yom ע״ה נגד, מזבח, זן אל יהוה
אֲבָרְכֶךָּ avarjeca וַאֲהַלְלָה vaahalela מ״ה יהוה שִׁמְךָ Shimjá
לְעוֹלָם leolam ריבוע ס״ג וי׳ אותיות ד״ס וָעֶד vaed:

גָּדוֹל gadol להח ; עם ד׳ אותיות = מבה, יזל, אום
יְהוָֹאדהֹנָהי Adonai (Jojmá) וּמְהֻלָּל umehulal אדני, ללה
מְאֹד meod וְלִגְדֻלָּתוֹ veligdulató והו אֵין ein חֵקֶר jéker:

דּוֹר dor לְדוֹר ledor יְשַׁבַּח yeshabaj מַעֲשֶׂיךָ maaseja ר״ת דלים
וּגְבוּרֹתֶיךָ ugvuroteja יַגִּידוּ yaguidu ייז, כ״ב אותיות פשוטות (=אכא) וה׳ אותיות סופיות בןךךף:

הֲדַר hadar כְּבוֹד quevod הוֹדֶךָ hodeja וְדִבְרֵי vedivrei
נִפְלְאוֹתֶיךָ nifleoteja ר״ת אלהים, אהיה אדני
אָשִׂיחָה asija ר״ת הפסוק = פ״ז (בסוד כתם טהור פז):

וֶעֱזוּז veezuz נוֹרְאֹתֶיךָ noroteja יֹאמֵרוּ yomeru וּגְדוּלָּתְךָ ugdulatjá
(כתיב : וגדלותיך) ר״ת = ע״ב, ריבוע יהוה אֲסַפְּרֶנָּה asaprena ס״ת = ״יא״ (מילוי ד״ס״ג):

זֵכֶר zéjer רַב־ rav טוּבְךָ tuvjá לאו יַבִּיעוּ yabíu
וְצִדְקָתְךָ vetsidkatjá יְרַנֵּנוּ yeranenu ס״ת = ב״ן, יבמ, לכב ; ר״ת הפסוק = רי״ו יהוה:

חַנּוּן janún וְרַחוּם verajum יְהוָֹאדהֹנָהי Adonai (Biná)
חנון ורחום יהוה = עש״ל אֶרֶךְ érej ס״ת = ס״ג ב״ן אַפַּיִם apáyim ר״ת = יהוה
וּגְדָל־ ugdal (כתיב : וגדול) וָחֶסֶד jásed ע״ב, ריבוע יהוה:

ב *Te bendeciré cada día y alabaré Tu Nombre por siempre y por la eternidad.*
ג *El Señor es grande y extremadamente alabado. Su grandeza es inescrutable.*
ד *Una generación y la próxima alabarán Tus obras y narrarán Tus proezas.*
ה *Yo hablaré de la luminosidad de Tu espléndida gloria y de la maravilla de Tus actos.*
ו *Ellos proclamarán el asombroso poder de Tus actos y yo hablaré de Tu grandeza.*
ז *Ellos expresarán el recuerdo de Tu abundante bondad y proclamarán dichosos Tu justicia.*
ח *El Señor es misericordioso y compasivo, lento para la ira y grande en misericordia.*

טוֹב־ tov והו יְהֹוָה יאהדונהי Adonai (*Jésed*) לַכֹּל lacol

יה אדני ; ס״ת ל״ו (מילוי דס״ג) וְרַחֲמָיו verajamav עַל־ al

כָּל col ילי ; עמם ; ר״ת ריבוע ב״ן ע״ה מַעֲשָׂיו maasav ס״ת ע״ב, ריבוע יהוה:

יוֹדוּךָ yoduja יְהֹוָה יאהדונהי Adonai (*Guevurá*) כָּל־ col ילי מַעֲשֶׂיךָ maaseja

וַחֲסִידֶיךָ vajasideja ר״ת אלהים, אהיה אדני יְבָרְכוּכָה yevarjuja ס״ת = מ״ה:

כְּבוֹד quevod מַלְכוּתְךָ maljutjá יֹאמֵרוּ yomeru וּגְבוּרָתְךָ ugvuratjá

יְדַבֵּרוּ yedaberu ר״ת הפסוק = אלהים, אהיה אדני ; ס״ת = ב״ן, יבמ, לכב:

לְהוֹדִיעַ lehodía לִבְנֵי livnei הָאָדָם haadam ר״ת ללה, אדני

גְּבוּרֹתָיו guevurotav וּכְבוֹד ujvod הֲדַר hadar

מַלְכוּתוֹ maljutó ר״ת מ״ה וס״ת = רי״ו ; ר״ת הפסוק ע״ה = ק״כ צירופי אלהים:

מַלְכוּתְךָ maljutjá מַלְכוּת maljut כָּל־ col ילי עֹלָמִים olamim

וּמֶמְשַׁלְתְּךָ umemshaltejá בְּכָל־ bejol ב״ן, לכב דּוֹר dor וָדֹר vador רי״ו:

סוֹמֵךְ somej ריבוע אדני יְהֹוָה יאהדונהי Adonai (*Tiféret*)

לְכָל־ lejol יה אדני ; סומך אדני לכל ר״ת סאל, אמן (יאהדונהי) הַנֹּפְלִים hanoflim

וְזוֹקֵף vezokef לְכָל־ lejol יה אדני הַכְּפוּפִים hacfufim נֹמם:

עֵינֵי־ einei ריבוע דמ״ה כֹל jol ילי אֵלֶיךָ eleja יְשַׂבֵּרוּ yesaberu וְאַתָּה veAtá

נוֹתֵן־ notén אבגית״ץ, ושר לָהֶם lahem אֶת־ et אָכְלָם ajlam בְּעִתּוֹ beitó:

ט *El Señor es bueno para con todos, Su compasión se extiende sobre todos Sus actos.*
י *Todas Tus obras te agradecerán, Señor, y Tus fieles devotos te bendicen.*
כ *Ellos dirán de la gloria de Tu Reino y hablarán de Tus poderosos actos.*
ל *Él hace que el hombre conozca Sus proezas y la gloria de Su espléndido Reino.*
מ *Tuyo es el Reino de todos los mundos y Tu dominio se extiende a toda y cada generación.*
ס *El Señor sostiene a todos aquellos que caen y endereza a los doblegados.*
ע *Los ojos de todos ven con esperanza hacia Ti, y Tú les das su alimento al momento apropiado.*

POTÉAJ ET YADEJA

Conectamos con las letras *Pei*, *Álef* y *Yud* al abrir nuestras manos con las palmas hacia arriba. Nuestra conciencia está enfocada en recibir el sustento y la prosperidad financiera de parte de la Luz a través de nuestras acciones del diezmo y compartir; nuestro Deseo de Recibir para Dar y Compartir. Al hacer esto, también reconocemos que el sustento que recibimos proviene de una Fuente Superior y no de nuestras acciones. Según los sabios, si no meditamos en esta idea en este punto, debemos repetir la oración.

פתוז (שע"ז נהורין למ"ה ולס"ה)

יוד הי ויו הי יוד הי ויו הי (וז' וזיוורתי)
אלף למד אלף למד (ש"ע)
יוד הא ואו הא (לז"א)
אדני (ולנוקבא)

פותוז את ידך ר"ת פאי
גימ' יאהדונהי זו"ן
וזכמה דז"א ו"ק
יסוד דנוק'

פּוֹתֵ֣חַ potéaj **אֶת** et **יָדֶךָ** yadeja ר"ת פאי וס"ת וזתך עם ג' אותיות = דִּיקַרְנוֹסָא

ובאתב"ש הוא סאל, פאי, אמן, יאהדונהי ; ועוד יכוין שם וזתך בשילוב יהוה – יְוֹזָהֲתָוְכָהָ

מצפץ מצפץ מווזין דפנים דאוזור **אלהים**
להמשיך פ"ו אורות לכל מילוי דכל

אוזור דפרצופי נה"י וזג"ת
דפרצוף וזג"ת דיצירה דז"א
לף מד י וד ם
אלף למד הי יוד מם

וזתך
סאל יאהדונהי

ואוזור דפרצופי נה"י וזג"ת
דיצירה דרוזל הנקראת לאה
לף מד י וד ם
אלף למד הי יוד מם

וּמַשְׂבִּ֣יעַ umasbía וזתך עם ג' אותיות = דִּיקַרְנוֹסָא

ובא"ת ב"ש הוא סאל, אמן, יאהדונהי ; ועוד יכוין שם וזתך בשילוב יהוה – יְוֹזָהֲתָוְכָהָ

מצפץ מצפץ מווזין דפנים דאוזור **אלהים**
להמשיך פ"ו אורות לכל מילוי דכל

אוזור דפרצופי נה"י וזג"ת
דפרצוף נה"י דיצירה דז"א
לף מד י וד ם
אלף למד הי יוד מם

וזתך

ואוזור דפרצופי נה"י וזג"ת
דיצירה דרוזל הנקראת לאה
לף מד י וד ם
אלף למד הי יוד מם

לְכָל־ lejol יה אדני (להמשיך מווזין ד–יה אל הנוקבא שהיא אדני)

וַזָי jai כל וזי = אהיה אהיה יהוה, בינה ע"ה, וזיים

רָצוֹן ratsón מהש ע"ה, ע"ב בריבוע וקס"א ע"ה, אל שדי ע"ה ; ר"ת רוזל שהיא המלכות הצריכה לשפע

יוד יוד הי יוד הי ויו יוד הי ויו הי יסוד דאבא
אלף הי יוד הי יסוד דאימא
להמתיק **רוזל** וב' דמעין **שך פר**

También debemos meditar en atraer abundancia, sustento y bendiciones a todos los mundos desde el *ratsón* mencionado anteriormente. Debemos meditar y enfocarnos en este versículo porque es la esencia de la prosperidad, y meditar en que Dios esté interviniendo, sustentando y apoyando a toda la Creación.

POTÉAJ ET YADEJA

פ *Abre Tus Manos y satisface el deseo de todo ser viviente.*

צַדִּיק tsadik יְהֹוָה Adonai (*Yesod*) בְּכָל bejol ב"ן, לכב
דְּרָכָיו derajav וְחָסִיד vejasid בְּכָל bejol ב"ן, לכב מַעֲשָׂיו maasav יבמ, ב"ן:

קָרוֹב karov יְהֹוָה Adonai (*Maljut*) לְכָל־ lejol יה אדני
קֹרְאָיו korav לְכֹל lejol יה אדני אֲשֶׁר asher
יִקְרָאֻהוּ yikraúhu בֶאֱמֶת veemet אהיה פעמים אהיה, ז"פ ס"ג:

רְצוֹן retsón מהש ע"ה, ע"ב בריבוע וקס"א ע"ה, אל שדי ע"ה יְרֵאָיו yereav יַעֲשֶׂה yaasé
ר"ת ריי וְאֶת־ veet שַׁוְעָתָם shavatam יִשְׁמַע yishmá וְיוֹשִׁיעֵם veyoshiem:

שׁוֹמֵר shomer כ"א הויות שבתפילין יְהֹוָה Adonai (*Nétsaj*)
אֶת־ et כָּל־ col ילי אֹהֲבָיו ohavav ר"ת אכא
וְאֵת veet כָּל־ col ילי הָרְשָׁעִים hareshaim יַשְׁמִיד yashmid:

תְּהִלַּת tehilat יְהֹוָה Adonai (*Hod*) יְדַבֶּר yedaber ראה פִּי pi
וִיבָרֵךְ vivarej ע"ב ס"ג מ"ה ב"ן, הברכה (למתק את ז' המלכים שמתו) כָּל col ילי
בָּשָׂר basar שֵׁם Shem קָדְשׁוֹ kodshó לְעוֹלָם leolam ריבוע ס"ג וי' אותיות דס"ג
וָעֶד vaed: וַאֲנַחְנוּ vaanajnu נְבָרֵךְ nevarej יָהּ Yah מֵעַתָּה meatá
וְעַד־ vead עוֹלָם olam הַלְלוּיָהּ haleluyá אלהים, אהיה אדני ; ללה:

LOS CINCO SALMOS

Al principio y la final de estos cinco Salmos, encontramos la palabra *Haleluyá*, que significa "Alaben al Señor". Como la Kabbalah siempre dice, Dios no necesita nuestra alabanza. La palabra es un código; estos diez *Haleluyás* nos conectan con las Diez *Sefirot*. Nos ayudan a ascender a la cima del Mundo de Formación, *Yetsirá*.

צ *El Señor es justo en todos Sus caminos y virtuoso en todas Sus obras.*
ק *El Señor está cerca de todos los que lo llaman, de todos aquellos que lo llaman sinceramente.*
ר *Él cumplirá la voluntad de aquellos que le temen; Él escucha sus clamores y los salva.*
ש *El Señor protege a todos los que lo aman y destruye a los impíos.*
ת *Mis labios proclamarán la alabanza al Señor y toda criatura bendecirá Su Santo Nombre, por siempre y por la eternidad"* (Salmos 145). *"Y bendeciremos a Dios por siempre y por la eternidad. ¡Aleluya!"* (Salmos 115:18).

Diez veces *Haleluyá* es el *tikún* de las Diez *Sefirot* de *Briá* en *Yetsirá*.

EL PRIMER SALMO – MALJUT Y YESOD

Este primer Salmo contiene *Yud, Hei, Vav* y *Hei* (el Tetragrámaton – יהוה), nueve veces. Este nueve está vinculado a las nueve *Sefirot* superiores, desde *Yesod* hasta *Kéter*. La energía de nuestra dimensión, el Mundo de *Maljut*, es receptora. Al igual que la Luna, *Maljut* no tiene Luz propia y atrae su Luz de las nueve dimensiones superiores mediante nuestras acciones espirituales de transformación.

(***Maljut* de *Yetsirá***) הַלְלוּיָהּ haleluyá אלהים, אהיה אדני ; ללה הַלְלִי halelí
נַפְשִׁי nafshí אֶת־ et יְהֹוָהאדני יאהדונהי Adonai (***Kéter***): אֲהַלְלָה ahalelá מ״ה יהוה
יְהֹוָהאדני יאהדונהי Adonai (***Jojmá***) בְּחַיָּי bejayai אֲזַמְּרָה azamera
לֵאלֹהַי leElohai מילוי ע״ב, דמב ; ילה בְּעוֹדִי beodí ר״ת וס״ת הפסוק = אמן (יאהדונהי):
אַל־ al תִּבְטְחוּ tivtejú בִנְדִיבִים vinedivim בְּבֶן־ bevén אָדָם adam
שֶׁאֵין sheéin לוֹ lo תְשׁוּעָה teshuá: תֵּצֵא tetsé רוּחוֹ rujó יָשֻׁב yashuv
לְאַדְמָתוֹ leadmató בַּיּוֹם bayom ע״ה נגד, מזבח, זן, אל יהוה הַהוּא hahú
אָבְדוּ avdú עֶשְׁתֹּנֹתָיו eshtonotav: אַשְׁרֵי ashrei שֶׁאֵל sheEl ייא״י (מילוי דס״ג)
יַעֲקֹב Yaakov ז׳ הויות, יאהדונהי אידהנויה בְּעֶזְרוֹ beezró שִׂבְרוֹ sivró
עַל al יְהֹוָהאדני יאהדונהי Adonai (***Biná***) אֱלֹהָיו Elohav ילה: עֹשֶׂה osé
שָׁמַיִם shamáyim י״פ טל, י״פ כוזו וָאָרֶץ vaárets אֶת־ et הַיָּם hayam ילי
וְאֶת־ veet כָּל־ col ילי אֲשֶׁר־ asher בָּם bam שם בן מ״ב הַשֹּׁמֵר hashomer
אֱמֶת emet אהיה פעמים אהיה, ז״פ ס״ג לְעוֹלָם leolam ריבוע ס״ג וי׳ אותיות דס״ג:
עֹשֶׂה osé מִשְׁפָּט mishpat ע״ה ה״פ אלהים לַעֲשׁוּקִים laashukim נֹתֵן notén
אבגית״ץ, ושר לֶחֶם léjem ג׳ הויות לָרְעֵבִים lareevim יְהֹוָהאדני יאהדונהי Adonai
(***Jésed***) מַתִּיר matir אֲסוּרִים asurim: יְהֹוָהאדני יאהדונהי Adonai (***Guevurá***)
פֹּקֵחַ pokéaj מ״ה קמ״ג עִוְרִים ivrim יְהֹוָהאדני יאהדונהי Adonai (***Tiféret***) זֹקֵף zokef
כְּפוּפִים quefufim יְהֹוָהאדני יאהדונהי Adonai (***Nétsaj***) אֹהֵב ohev צַדִּיקִים tsadikim:

LOS CINCO SALMOS – EL PRIMER SALMO

"¡Aleluya! ¡Mi alma alaba al Señor! Yo alabaré al Señor mientras viva. Cantaré alabanzas a mi Dios mientras yo exista. No confíen en nobles, ni en mortales que no tienen salvación. Su aliento se va y vuelven al polvo. Ese día, sus pensamientos perecen. Feliz es aquel que se apoya en el Dios de Yaakov, y pone su esperanza en el Señor, su Dios. Él que hizo el Cielo y la Tierra; el mar y todo lo que hay en ellos; que guarda su verdad por siempre; hace justicia a los oprimidos; da pan al hambriento. El Señor libera a los prisioneros. El Señor otorga visión los ciegos. El Señor endereza a los que están doblegados. El Señor ama a los justos.

יְהֹוָהאדניאהדונהי Adonai (*Hod*) שֹׁמֵר shomer אֶת־ et גֵּרִים guerim ר״ת = שדי

יָתוֹם yatom יוסף (ויהי יוסף יפה תואר ויפה מראה) וְאַלְמָנָה vealmaná

יְעוֹדֵד yeoded ר״ת = יהוה וְדֶרֶךְ vedérej ב״פ יב״ק, ע״ב קס״א רְשָׁעִים reshaim

יְעַוֵּת yeavet ר״ת רי״ו: יִמְלֹךְ yimloj יאהדונהי Adonai (*Yesod*)

לְעוֹלָם leolam ריבוע ס״ג וי׳ אותיות דס״ג אֱלֹהַיִךְ Eloháyij ילה צִיּוֹן Tsiyón

יוסף, ו׳ הויות, קנאה לְדֹר ledor וָדֹר vador רי״ו ; ר״ת אצלו (רמז שמלכות אצל ז״א

אע״פ שאין הויה כנגדה) (*Yesod de Yetsirá*) הַלְלוּיָהּ haleluyá אלהים, אהיה אדני ; ללה:

EL SEGUNDO SALMO – LAS DOS SEFIROT SIGUIENTES

El poder de este Salmo nos ayuda a equilibrar nuestros actos de juicio y misericordia hacia las demás personas.

Este Salmo contiene el Nombre: יהוה cinco veces, que corresponde a los cinco *Jasadim* (Misericordias) a través de los cuales las cinco *Guevurot* (Juicios) son endulzadas. Este Salmo contiene 139 palabras (con el *Colel*) que es el valor numérico de *cóaj* (fortaleza) y *Yabok* (אלהים + יהוה = יב״ק – un código para endulzar el Juicio).

הַלְלוּיָהּ haleluyá אלהים, אהיה אדני ; ללה כִּי־ qui טוֹב tov והו ; כי טוב =

יהוה אהיה, אום, מבה, יזל (*Yesod*) זַמְּרָה zamera אֱלֹהֵינוּ Eloheinu ילה (*Hod*) כִּי־ qui

נָעִים naim (*Nétsaj*) נָאוָה navá תְהִלָּה tehilá ע״ה אמת, אהיה פעמים אהיה, ז״פ ס״ג:

בּוֹנֵה boné ס״ג יְרוּשָׁלַםִ Yerushaláyim יְהֹוָהאדניאהדונהי Adonai (**Primer *Jésed***)

נִדְחֵי nidjei ע״ב, ריבוע יהוה יִשְׂרָאֵל Yisrael יְכַנֵּס yejanés:

הָרֹפֵא harofé לִשְׁבוּרֵי lishvurei לֵב lev ר״ת ללה, אדני

El Señor protege a los conversos y sostiene al huérfano y a la viuda y entorpece el caminode los malvados. El Señor reinará por siempre, tu Dios, Sión, para todas las generaciones. ¡Aleluya!" (Salmos 146).

EL SEGUNDO SALMO

"¡Aleluya! Porque es bueno cantar alabanzas a nuestro Dios. Porque es grato y agradable alabarlo. El Señor edifica Jerusalén. Reúne a los dispersos de Israel. Sana a los de corazón quebrantado.

UMEJABESH LEATSVOTAM

Según el *Zóhar*, este versículo libera la energía de inmortalidad, acelerando su llegada. Al liberar la energía de inmortalidad en nuestra atmósfera espiritual, estamos ayudando a impulsar a investigadores médicos, biólogos, genetistas y a todos los demás científicos en su búsqueda para encontrar los secretos de la longevidad, el antienvejecimiento y la regeneración de células y órganos humanos.

וּמְחַבֵּשׁ umejabesh לְעַצְּבוֹתָם :leatsvotam

מוֹנֶה moné מִסְפָּר mispar לַכּוֹכָבִים lacojavim לְכֻלָּם lejulam

שֵׁמוֹת shemot יִקְרָא :yikrá גָּדוֹל gadol להוו ; עם ד' אותיות = מבה, יזל, אום

אֲדוֹנֵינוּ adoneinu וְרַב־ verav כֹּחַ cóaj ע"ב ס"ג מ"ה ב"ן, וד' כוללים

לִתְבוּנָתוֹ litvunató אֵין ein מִסְפָּר :mispar מְעוֹדֵד meoded עֲנָוִים anavim

יְהֹוָה יאהדונהי Adonai **(Segundo *Jésed*)** מַשְׁפִּיל mashpil רְשָׁעִים reshaim

עֲדֵי־ adei אָרֶץ :árets עֱנוּ enu לַיהֹוָה יאהדונהי laAdonai **(Tercer *Jésed*)**

בְּתוֹדָה betodá זַמְּרוּ zameru לֵאלֹהֵינוּ leEloheinu ילה בְכִנּוֹר :vejinor

הַמְכַסֶּה hamejasé שָׁמַיִם shamáyim י"פ טל, י"פ כוזו בְּעָבִים beavim

הַמֵּכִין hamejín לָאָרֶץ laárets מָטָר matar ר"ת מלה הַמַּצְמִיחַ hamatsmíaj

הָרִים harim וְחָצִיר :jatsir נוֹתֵן notén אבגיתץ, ושר לִבְהֵמָה livehemá ב"ן

לַחְמָהּ lajmá לִבְנֵי livnei עֹרֵב órev אֲשֶׁר asher יִקְרָאוּ :yikraú

לֹא lo בִגְבוּרַת vigvurat הַסּוּס hasús ריבוע אדני, כוק יֶחְפָּץ yejpats

לֹא־ lo בְשׁוֹקֵי veshokei הָאִישׁ haísh (*Nétsaj* y *Hod*) יִרְצֶה :yirtsé

UMEJABESH LEATSVOTAM

Y venda sus aflicciones. Cuenta el número de las estrellas. A todas les da sus nombres. Grande es Nuestro Señor e inmenso en poder. Su entendimiento es infinito. El Señor sostiene a los humildes, y echa por tierra a los malvados. Canten al Señor con alabanzas. Toquen la cítara a nuestro Dios. A Él que cubre el cielo de nubes, que provee la lluvia a la Tierra, que hace brotar hierba en las montañas, dispensa alimento a la bestia y a los pichones del cuervo que lo reclaman. Él no se complace con la fuerza del caballo, ni se complace en las piernas de un hombre.

רוֹצֶה rotsé יְהֹוָה יאהדונהי Adonai (Cuarto *Jésed*) אֶת־ et יְרֵאָיו yereav

אֶת־ et הַמְיַחֲלִים hameyajalim ייי לְחַסְדּוֹ lejasdó ג׳ הויות, מזלא

(להמשיך הארה ממזלא עילאה): שַׁבְּחִי shabjí יְרוּשָׁלַיִם Yerushaláyim אֶת־ et

יְהֹוָה יאהדונהי Adonai (Quinto *Jésed*) הַלְלִי halelí אֱלֹהַיִךְ Eloháyij ילה

צִיּוֹן Tsiyón יוסף, ו׳ הויות, קנאה: כִּי־ qui חִזַּק jizak פהל בְּרִיחֵי berijei

שְׁעָרָיִךְ shearáyij בֵּרַךְ beraj בָּנַיִךְ banáyij בְּקִרְבֵּךְ bekirbej:

הַשָּׂם־ hasam גְּבוּלֵךְ guevulej שָׁלוֹם shalom חֵלֶב jélev חִטִּים jitim

יַשְׂבִּיעֵךְ yasbiej: הַשֹּׁלֵחַ hasholéaj אִמְרָתוֹ imrató אָרֶץ árets ר״ת האא

עַד־ ad מְהֵרָה meherá יָרוּץ yaruts דְּבָרוֹ devaró ראה:

הַנֹּתֵן hanotén אבג יתץ, ושר שֶׁלֶג shéleg אלף אלף אלף דג׳ אהיה כַּצָּמֶר catsámer מצר

כְּפוֹר quefor כָּאֵפֶר caéfer יְפַזֵּר yefazer: מַשְׁלִיךְ mashlij קַרְחוֹ karjó

כְפִתִּים jefitim לִפְנֵי lifnei קָרָתוֹ karató מִי mi ילי יַעֲמֹד yaamod:

יִשְׁלַח yishlaj דְּבָרוֹ devaró ראה וְיַמְסֵם veyamsem יַשֵּׁב yashev רוּחוֹ rujó

יִזְּלוּ־ yizlú מָיִם máyim: מַגִּיד maguid דְּבָרָיו devarav ראה (כתיב: דברו)

לְיַעֲקֹב leYaakov ז׳ הויות, יאהדונהי אידהנויה וְחֻקָּיו jukav וּמִשְׁפָּטָיו umishpatav

לְיִשְׂרָאֵל leYisrael (*Hod*): לֹא lo עָשָׂה asá כֵן jen לְכָל־ lejol יה אדני

גּוֹי goy וּמִשְׁפָּטִים umishpatim בַּל־ bal ל״ב נתיבות שבקדושה וכנגדם ל״ב בס״א (בלעם ובלק)

ר״ת = סמאל יְדָעוּם yedaum (*Hod*) הַלְלוּיָהּ haleluyá אלהים, אהיה אדני ; ללה:

El Señor se complace en los que le temen, en los que esperan Su misericordia. Glorifica al Señor, Jerusalén. Alaba a tu Dios, Sión, porque Él ha fortalecido las barras de tus portones, ha bendecido a tus hijos dentro de ti, ha impuesto paz en las fronteras, te da en abundancia con lo mejor del trigo, envía Sus mensajes sobre la Tierra, Su palabra corre con rapidez, hace caer la nieve como lana y esparce la escarcha como ceniza. Él arroja granizo como migajas. ¿Quién puede soportar Su frío? Él emite Su palabra y éste se derrite. Hace que sople Su viento y fluyen las aguas. Revela Su palabra a Yaakov y Sus leyes y justicias a Israel. No ha obrado así con ningún otro pueblo, ni le dio a conocer sus mandamientos. ¡Aleluya!" (Salmos 147).

EL TERCER SALMO (HALEL DIARIO) – TIFÉRET Y GUEVURÁ

En este Salmo, damos gracias al Creador, pero lo que en realidad estamos haciendo es reconocer que no somos merecedores de nada, que los regalos en nuestra vida superan con creces a nuestros esfuerzos. Esto no proviene de tener un sentimiento de baja autoestima sino, más bien, de un sentido combinado de humildad y apreciación por todo lo que recibimos en la vida.

Debes ser muy cuidadoso con ese Salmo y decirlo lentamente con una meditación profunda y genuina, porque aquí los sabios dicen: "Mi porción estará con aquellos que reciten el *Halel* diariamente". Hay 14 versículos para la palabra *yad* (mano) cuyo valor numérico es 14, esto nos conecta con la *Yad Ramá* (Columna Central) y *Yad Jazaká* (Columna Izquierda).

(***Tiféret* de *Yetsirá***) הַלְלוּיָהּ haleluyá אלהים, אהיה אדני ; ללה הַלְלוּ halelú (*Asiyá*)

אֶת־ et יְהֹוָהאדניאהדונהי Adonai ; ר״ת אהיה מִן־ min הַשָּׁמַיִם hashamáyim

י״פ טל, י״פ כוזו ; ר״ת מ״ה הַלְלוּהוּ haleluhu (***Yetsirá***) בַּמְּרוֹמִים bameromim:

הַלְלוּהוּ haleluhu (***Briá***) כָל jol ילי מַלְאָכָיו malajav הַלְלוּהוּ haleluhu

(***Atsilut***) כָּל col ילי צְבָאָו tsevaav ר״ת הפסוק = ע״ב ס״ג מ״ה ; ס״ת הפסוק = אהיה ס״ג:

הַלְלוּהוּ haleluhu שֶׁמֶשׁ shémesh וְיָרֵחַ veyaréaj הַלְלוּהוּ haleluhu כָּל col ילי

כּוֹכְבֵי cojvei אוֹר or רז, אין סוף: הַלְלוּהוּ haleluhu שְׁמֵי shmei

הַשָּׁמָיִם hashamáyim י״פ טל, י״פ כוזו וְהַמַּיִם vehamáyim אֲשֶׁר asher מֵעַל meal

עלם הַשָּׁמָיִם hashamáyim י״פ טל, י״פ כוזו ; ר״ת מ״ה: יְהַלְלוּ yehalelú אֶת־ et

שֵׁם Shem יְהֹוָהאדניאהדונהי Adonai כִּי qui הוּא Hu צִוָּה tsivá וְנִבְרָאוּ venivraú:

וַיַּעֲמִידֵם vayaamidem לָעַד laad ב״פ בין לְעוֹלָם leolam ריבוע ס״ג וי׳ אותיות דס״ג

חָק־ jok נָתַן natán וְלֹא veló ס״ת קנ״א (אלף הה יוד הה, מקוה), אדני אלהים

יַעֲבוֹר yaavor רפ״ח (להעלות רפ״ח ניצוצות שנפלו לקליפה דמשם באים התולואים):

EL TERCER SALMO

"¡Aleluya! Alaben al Señor desde los Cielos. Alábenle en las alturas. Alábenle todos Sus ángeles. Alábenle todos Sus ejércitos. Alábenle el Sol y la Luna. Alábenle todas las luminarias. Alábenle los Cielos Superiores, y las aguas que están sobre los Cielos. Alaben el Nombre del Señor, porque Él lo ordenó y fueron creados. Él los estableció por siempre y para siempre. Él impuso una ley que no será trasgredida.

הַלְלוּ halelú אֶת־ et יְהֹוָהאדניה יאהדונהי Adonai מִן min הָאָרֶץ haárets אלהים דההין ע"ה
תַּנִּינִים taninim וְכָל־ vejol ילי תְּהֹמוֹת: tehomot אֵשׁ esh וּבָרָד uvarad
שֶׁלֶג shéleg אלף אלף אלף ד"ג אהיה וְקִיטוֹר vekitor רוּחַ rúaj סְעָרָה seará
עֹשָׂה osá דְבָרוֹ devaró ראה: הֶהָרִים heharim וְכָל־ vejol ילי גְּבָעוֹת guevaot
עֵץ ets פְּרִי prí וְכָל vejol ילי אֲרָזִים: arazim הַחַיָּה hajayá וְכָל־ vejol ילי
בְּהֵמָה behemá ב"ן רֶמֶשׂ remes וְצִפּוֹר vetsipor כָּנָף canaf ע"ה קנ"א, אדני אלהים:
מַלְכֵי maljei אֶרֶץ érets וְכָל־ vejol ילי לְאֻמִּים leumim שָׂרִים sarim
וְכָל־ vejol ילי שֹׁפְטֵי shoftei אָרֶץ: árets בַּחוּרִים bajurim וְגַם־ vegam
בְּתוּלוֹת betulot זְקֵנִים zekenim עִם־ im נְעָרִים: nearim יְהַלְלוּ yehalelú
אֶת־ et שֵׁם Shem יְהֹוָהאדניה יאהדונהי Adonai כִּי־ qui נִשְׂגָּב nisgav
שְׁמוֹ Shemó מהש ע"ה, ע"ב בריבוע וקס"א ע"ה, אל שדי ע"ה לְבַדּוֹ levadó שם בן מ"ב
הוֹדוֹ hodó אהיה עַל־ al אֶרֶץ érets וְשָׁמָיִם veshamáyim י"פ טל, י"פ כוזו:
וַיָּרֶם vayarem קֶרֶן keren לְעַמּוֹ leamó תְּהִלָּה tehilá ע"ה אמת, אהיה פעמים אהיה, ז"פ ס"ג
לְכָל lejol יה אדני וַחֲסִידָיו jasidav לִבְנֵי livnei יִשְׂרָאֵל Yisrael
עַם־ am קְרֹבוֹ krovó (*Guevurá de Yetsirá*) הַלְלוּיָהּ haleluyá אלהים, אהיה אדני ; ללה:

El cuarto Salmo (Shiru) – Jésed

Este Salmo está compuesto de nueve versículos que se refieren a nueve "cielos" que separan a los Mundos Superiores del Mundo Inferior. Esta idea de separación es una referencia directa al concepto del tiempo y su relación con la ley de causa y efecto. Mediante estos versículos, manipulamos el tiempo y acortamos la distancia entre causa y efecto.

Para permitir que expresemos nuestra característica exclusivamente humana del libre albedrío, el tiempo es insertado en el proceso de causa y efecto. Este espacio le da al Satán, nuestro ego, y a nuestros pensamientos egoístas limitantes la oportunidad de desafiarnos. El Satán nos hace creer que nos salimos con la nuestra al hacer acciones negativas. Él nos hace creer que la vida es injusta y que el buen comportamiento no es recompensado. Cambiarnos a nosotros mismos y a nuestro sistema de creencias se hace más difícil. Ahora que estamos acercándonos al fin de los tiempos —la Corrección Final— podemos acortar la separación entre causa y efecto y cosechar las recompensas de nuestro comportamiento positivo mucho más rápidamente. De la misma manera, nuestras acciones negativas producirán retaliaciones más rápidas. El resultado en ambas situaciones es un cambio acelerado de nuestra parte.

Alaben al Señor desde la Tierra, los grandes peces marinos y todas las profundidades. El fuego y el granizo, la nieve y el vapor, el viento tormentoso cumple Su palabra. Las montañas y todas las colinas, los árboles frutales y todos los cedros, las bestias y todo el ganado, los reptiles y las aves, los reyes de la Tierra y todos los pueblos, príncipes y todos los jueces de la Tierra; jóvenes y doncellas, ancianos y niños, alaben todos el Nombre del Señor, porque sólo Su Nombre es digno de ser ensalzado. Su gloria está por encima de la Tierra y del Cielo. Y Él exalta las palabras de Su pueblo, una alabanza para todos Sus fieles, para los Hijos de Israel, pueblo cercano a Él. ¡Aleluya!" (Salmos 148).

Hay 61 palabras en este Salmo, como el valor numérico de los Nombres: *Álef Guímel Lámed Álef* (אגלא = 35), que también es igual a *Álef Lámed Dálet* אלד más יהוה (26), para darnos protección contra el Mal de Ojo.

(*Jésed de Yetsirá*) הַלְלוּיָהּ haleluyá אהיה אדני ; ללה שִׁירוּ shiru
לַיהֹוָהאדנייאהדונהי laAdonai שִׁיר shir חָדָשׁ jadash י״ב הויות, קס״א קנ״א
תְּהִלָּתוֹ tehilató בִּקְהַל bikhal חֲסִידִים jasidim: יִשְׂמַח yismaj משיח
יִשְׂרָאֵל Yisrael בְּעֹשָׂיו beosav בְּנֵי־ bnei צִיּוֹן Tsiyón יוסף, ו׳ הויות, קנאה
יָגִילוּ yaguilu בְמַלְכָּם vemalcam: יְהַלְלוּ yehalelú שְׁמוֹ Shemó מהש ע״ה,
ע״ב בריבוע וקס״א ע״ה, אל שדי ע״ה בְמָחוֹל vemajol בְּתֹף betof וְכִנּוֹר vejinor
יְזַמְּרוּ־ yezameru לוֹ lo: כִּי qui רוֹצֶה rotsé יְהֹוָהאדנייאהדונהי Adonai
בְּעַמּוֹ beamó ר״ת = ע״ב ס״ג מ״ה ב״ן, הברכה (למתק את ז׳ המלכים שמתו) ; ס״ת יהוה
יְפָאֵר yefaer עֲנָוִים anavim בִּישׁוּעָה bishuá פוי, אל אדני ; ר״ת הפסוק = שדי:
יַעְלְזוּ yalzú ג״פ אם (אותיות דפשוט, דמילוי ודמילוי דמילוי דג״פ אהיה) חֲסִידִים jasidim
בְּכָבוֹד bejavod בוכו, ובאתב״ש הוא שם שלשפ״ק הממתק את ג׳ אם דלעיל (והוא עולה למנין
עסמ״ב קס״א קנ״א קמ״ג וג״פ אם הנ״ל) יְרַנְּנוּ yeranenú עַל־ al מִשְׁכְּבוֹתָם mishquevotam:
רוֹמְמוֹת romemot אֵל El ייא״י (מילוי דס״ג) בִּגְרוֹנָם bigronam
ר״ת = קנ״א ב״ן, יהוה אלהים יהוה אדני, מילוי קס״א וס״ג, מ״ה ברבוע ע״ב ע״ה
וְחֶרֶב vejérev רי״ו פִּיפִיּוֹת pifiyot בְּיָדָם beyadam: לַעֲשׂוֹת laasot
נְקָמָה nekamá מנק בַּגּוֹיִם bagoyim תּוֹכֵחוֹת tojejot בַּלְאֻמִּים baleumim:
לֶאְסֹר lesor מַלְכֵיהֶם maljeihem בְּזִקִּים bezikim וְנִכְבְּדֵיהֶם venijbedeihem
בְּכַבְלֵי bejavlei בַרְזֶל varzel ר״ת בלהה, רחל, זלפה, לאה : לַעֲשׂוֹת laasot
בָּהֶם bahem מִשְׁפָּט mishpat ע״ה ה״פ אלהים כָּתוּב catuv הָדָר hadar הוּא hu
לְכָל־ lejol יה אדני חֲסִידָיו jasidav הַלְלוּיָהּ haleluyá אלהים, אהיה אדני ; ללה:

EL CUARTO SALMO

"¡Aleluya! Canten al Señor un nuevo cántico y resuene Su alabanza en la congregación de los fieles. Regocíjese Israel en su Creador. Alégrense los Hijos de Sión en su Rey. Alaben Su Nombre con danzas. Cántenle alabanzas con tamboril y cítara. Porque el Señor se complace en Su pueblo. Corona con triunfo a los humildes. Regocíjense los fieles en Su gloria y canten con alegría en sus lechos. Estén las alabanzas de Dios en su boca y una espada de dos filos en su mano para ejecutar venganza sobre las naciones y castigar a los pueblos y atar a sus reyes con cadenas y a sus nobles con grillos de hierro y aplicar a ellos la sentencia dictada. Él es la gloria de todos Sus fieles, ¡Aleluya!" (Salmos 149).

EL QUINTO SALMO (HALELÚ EL) – LAS TRES SEFIROT SUPERIORES

Los seis versículos que se encuentran aquí nos conectan con Me-ta-trón (**no pronunciar**), el ángel más elevado de todos. El nombre arameo para Me-ta-trón contiene seis letras: *Mem, Tet, Tet, Resh, Vav* y *Nun* final. Cada versículo en esta conexión ayuda a formar el nombre. Debido a que Me-ta-trón controla a todos los ángeles en el mundo espiritual, él puede ayudarnos a tener el control sobre nuestro mundo físico y a asistirnos en el logro de nuestro trabajo espiritual.

Este Salmo tiene seis versículos por las seis letras del Ángel מטטרו״ן (**no pronunciar**) de *Yetsirá* para elevar a *Asiyá* en él. El Ángel סנדלפו״ן (**no pronunciar**) tiene siete letras y, por este motivo, repetimos el sexto versículo para completar el séptimo. También decimos este Salmo para conectar con las tres *Sefirot* Superiores de *Yetsirá*. Esto incluye a todas las Diez *Sefirot* de *Yetsirá* con el secreto de los Diez *Haleluyás*.

אל (ייא״ מילוי דס״ג) אותיות בפסוק הַלְלוּיָהּ haleluyá (***Kéter***) אלהים, אהיה אדני ; ללה

הַלְלוּ־ halelú אֵל El ״ייא״ (מילוי דס״ג) בְּקָדְשׁוֹ bekodshó

הַלְלוּהוּ haleluhu (***Jojmá***) בִּרְקִיעַ birkía עֻזּוֹ uzó ס״ת = ע״ב ב״ן:

הַלְלוּהוּ haleluhu (***Biná***) בִגְבוּרֹתָיו vigvurotav הַלְלוּהוּ haleluhu (***Jésed***)

כְּרֹב querov גֻּדְלוֹ gudló: הַלְלוּהוּ haleluhu (***Guevurá***) בְּתֵקַע beteka

שׁוֹפָר shofar הַלְלוּהוּ haleluhu (***Tiféret***) בְּנֵבֶל benével וְכִנּוֹר vejinor:

הַלְלוּהוּ haleluhu (***Nétsaj***) בְּתֹף betof וּמָחוֹל umajol הַלְלוּהוּ haleluhu (***Hod***)

בְּמִנִּים beminim וְעֻגָב veugav: הַלְלוּהוּ haleluhu (***Yesod***) בְצִלְצְלֵי־ vetsiltselei

שָׁמַע shamá הַלְלוּהוּ haleluhu (***Maljut***) בְּצִלְצְלֵי betsiltselei תְרוּעָה truá:

כֹּל col ילי הַנְּשָׁמָה haneshamá תְּהַלֵּל tehalel ר״ת כהת, משיח בן דוד ע״ה

יָהּ Yah הַלְלוּיָהּ haleluyá אלהים, אהיה אדני ; ללה:

כֹּל col ילי הַנְּשָׁמָה haneshamá תְּהַלֵּל tehalel ר״ת כהת, משיח בן דוד ע״ה

יָהּ Yah הַלְלוּיָהּ haleluyá אלהים, אהיה אדני ; ללה:

EL QUINTO SALMO

"¡Aleluya! Alaben a Dios en Su Santuario. Alábenle en Su poderoso firmamento; alábenle por Sus grandes proezas; alábenle conforme a Su grandeza; alábenle con el toque del Shofar; alábenle con el arpa y la cítara; alábenle tamboriles y danzas; alábenle con laúdes y flautas; alábenle con resonantes platillos; alábenle con platillos reverberantes. ¡Alaben al Señor todas las almas! ¡Aleluya! ¡Alaben al Señor todas las almas! ¡Aleluya!" (Salmos 150).

BARUJ

Cada uno de esos cuatro versículos es un conducto para las cuatro letras en *Yud, Hei, Vav* y *Hei* (יהוה), que nos ayudan a saltar a la parte superior del Mundo de Formación, *Atsilut* de *Yetsirá*.

י

בָּרוּךְ Baruj יְהֹוָהאדניאהדונהי Adonai לְעוֹלָם leolam ריבוע דס״ג וי׳ אותיות דס״ג
אָמֵן Amén יאהדונהי וְאָמֵן veAmén יאהדונהי ; ר״ת לאו׃

ה

בָּרוּךְ Baruj יְהֹוָהאדניאהדונהי Adonai מִצִּיּוֹן miTsiyón יוסף, ו׳ הויות, קנאה
שֹׁכֵן shojén יְרוּשָׁלָיִם Yerushaláyim הַלְלוּיָהּ haleluyá אלהים, אהיה אדני ; ללה׃

ו

בָּרוּךְ Baruj יְהֹוָהאדניאהדונהי Adonai אֱלֹהִים Elohim אהיה אדני ; ילה
אֱלֹהֵי Elohei מילוי דע״ב, דמב ; ילה יִשְׂרָאֵל Yisrael
עֹשֵׂה osé נִפְלָאוֹת niflaot לְבַדּוֹ levadó שם בן מ״ב׃

ה

וּבָרוּךְ uvaruj שֵׁם Shem כְּבוֹדוֹ quevodó לְעוֹלָם leolam ריבוע דס״ג וי׳ אותיות דס״ג
וְיִמָּלֵא veyimalé כְבוֹדוֹ jevodó אֶת־ et כָּל־ col ילי
הָאָרֶץ haárets אלהים דההין ע״ה אָמֵן Amén יאהדונהי וְאָמֵן veAmén יאהדונהי׃

BARUJ

"Bendito es el Señor por siempre, Amén y Amén" (Salmos 89:53).
"Bendito es el Señor desde Sión, quien habita en Jerusalén. ¡Aleluya!" (Salmos 135:21).
"Bendito es el Señor, nuestro Dios, el Dios de Israel, el único que realiza maravillas. Y bendito es Su Nombre glorioso, para siempre. Que Su gloria llene todo el mundo, Amén y Amén" (Salmos 72:18-19).

VAYEVAREJ DAVID – EL PUNTO MÁS ELEVADO DEL MUNDO DE FORMACIÓN (*YETSIRÁ*)

Los kabbalistas nos enseñan que hay dos prerrequisitos para activar el poder de una oración:
1) Entender el significado interno de la oración y
2) Tener certeza de que la oración producirá la Luz y energía que está destinada a generar.

La siguiente oración nos imbuye con el poder de la certeza. *Vadái* ודאי (certeza) es creada por la primera letra de cada una de las primeras cuatro palabras en esta oración. Cualquiera que recite esta oración despierta una sensación intensa de certeza en su vida. Si no tenemos la certeza de que esta oración funcionará, entonces no lo hará. El trabajo del Satán es llenarnos de incertidumbre cada vez que puede, incluso mientras leemos estas palabras. Esta oración combate nuestras dudas e incertidumbres, y nos llena de convicción y certidumbre.

Tikún de *Atsilut* de *Yetsirá*

Hasta la Canción del Mar tenemos diez veces el Nombre: יהוה, cinco por *Jasadim* y cinco por *Guevurot*.

Ponte de pie mientras recitas "*Vayevarej David*".

וַיְבָרֶךְ vayevarej ע"ב ס"ג מ"ה ב"ן, הברכה (למתק את ז' המלכים שמתו) דָּוִיד David

אֶת־ et יְהֹוָהאדניאהדונהי Adonai **(Primer *Jésed*)** ; ר"ת ודאי (=אהיה) (בשם זה עלה משה למרום

והוא מגן ממלאכי חבלה) לְעֵינֵי leeinei ריבוע מ"ה כָּל col ילי הַקָּהָל hakahal

וַיֹּאמֶר vayómer דָּוִיד David ר"ת = אדני בָּרוּךְ Baruj אַתָּה Atá

יְהֹוָהאדניאהדונהי Adonai **(Segundo *Jésed*)** אֱלֹהֵי Elohei מילוי ע"ב, דמב ; ילה

יִשְׂרָאֵל Yisrael יהוה אלהי ישראל = תרי"ג (מצוות) אָבִינוּ avinu מֵעוֹלָם meolam

וְעַד־ vead עוֹלָם olam: לְךָ lejá יְהֹוָהאדניאהדונהי Adonai **(Tercer *Jésed*)**

הַגְּדֻלָּה haguedulá וְהַגְּבוּרָה vehaGuevurá רי"ו וְהַתִּפְאֶרֶת vehaTiféret

וְהַנֵּצַח vehaNétsaj וְהַהוֹד vehaHod ההה כִּי־ qui כֹל jol ילי

בַּשָּׁמַיִם bashamáyim י"פ טל, י"פ כוזו וּבָאָרֶץ uvaárets לְךָ lejá

יְהֹוָהאדניאהדונהי Adonai **(Cuarto *Jésed*)** הַמַּמְלָכָה hamamlajá

וְהַמִּתְנַשֵּׂא vehamitnasé לְכֹל lejol יה אדני לְרֹאשׁ lerosh ריבוע אלהים אלהים דיודין

ע"ה: וְהָעֹשֶׁר vehaósher וְהַכָּבוֹד vehacavod לאו מִלְּפָנֶיךָ milfaneja ס"ג מ"ה ב"ן

VAYEVAREJ DAVID

"Entonces David bendijo al Señor ante los ojos de toda la congregación. David dijo: Bendito eres Tú, Señor, el Dios de Israel, nuestro Padre, por siempre y para la eternidad. Tuyas, Señor, son la magnificencia, el poder, la gloria, la victoria y el esplendor. Porque Tuyo es todo lo que está en el Cielo y en la Tierra. Tuyo, Señor, es el reinado; Tú eres excelso por sobre los líderes. Las riquezas y los honores te preceden;

וְאַתָּה veAtá מוֹשֵׁל moshel בַּכֹּל bacol ב"ן, לכב ; ר"ת ומב

וּבְיָדְךָ uveyadjá כֹּחַ cóaj וּגְבוּרָה ugvurá רי"ו ; ר"ת בוכו (אהיה)

וּבְיָדְךָ uveyadjá לְגַדֵּל legadel וּלְחַזֵּק ulejazek פהל לַכֹּל lacol יה אדני:

וְעַתָּה veAtá אֱלֹהֵינוּ Eloheinu ילה מוֹדִים modim כנגד מאה ברכות שתיקן דוד

לאמרם כל יום אֲנַחְנוּ anajnu לָךְ laj וּמְהַלְלִים umehalelim לְשֵׁם leShem

תִּפְאַרְתֶּךָ: tifarteja וִיבָרְכוּ vivarjú יהוה ריבוע יהוה ריבוע מ"ה שֵׁם Shem

כְּבוֹדֶךָ quevodeja ב"ן, לכב וּמְרוֹמָם umeromam עַל־ al כָּל־ col ילי ; עמם

בְּרָכָה brajá וּתְהִלָּה utehilá ע"ה אמות, אהיה פעמים אהיה, ז"פ ס"ג:

אַתָּה־ Atá הוּא Hu יְהֹוָה אהדונהי Adonai (Quinto *Jésed*) לְבַדֶּךָ levadeja

אַתָּה Atá עָשִׂיתָ asita אֶת־ et הַשָּׁמַיִם hashamáyim י"פ טל, י"פ כוזו שְׁמֵי shmei

הַשָּׁמַיִם hashamáyim י"פ טל, י"פ כוזו וְכָל־ vejol ילי צְבָאָם tsevaam

הָאָרֶץ haárets אלהים דההין ע"ה וְכָל־ vejol ילי אֲשֶׁר asher עָלֶיהָ aleha פהל

הַיַּמִּים hayamim נלך וְכָל־ vejol ילי אֲשֶׁר asher בָּהֶם bahem

וְאַתָּה veAtá מְחַיֶּה mejayé ס"ג אֶת־ et כֻּלָּם culam וּצְבָא utsvá

הַשָּׁמַיִם hashamáyim י"פ טל, י"פ כוזו לְךָ lejá מִשְׁתַּחֲוִים mishtajavim ר"ת מלה:

אַתָּה־ Atá הוּא Hu יְהֹוָה אהדונהי Adonai (Primera *Guevurá*) הָאֱלֹהִים haElohim

אהיה אדני ; ילה ; ר"ת אהיה (Permanece de pie hasta aquí) אֲשֶׁר asher בָּחַרְתָּ bajarta

בְּאַבְרָם beAvram וְהוֹצֵאתוֹ vehotsetó מֵאוּר meUr כַּשְׂדִּים Casdim

וְשַׂמְתָּ vesamta שְׁמוֹ shemó מהש ע"ה, ע"ב בריבוע וקס"א ע"ה, אל שדי ע"ה

אַבְרָהָם Avraham וז"פ אל, רי"ו ול"ב נתיבות החכמה, רמ"ח (אברים), עסמ"ב וט"ז אותיות פשוטות:

Tú gobiernas sobre todo. En Tu Mano están el poder y la fuerza. Y está en Tu Mano hacer grande y dar fuerza a todos. Ahora, nuestro Dios, te estamos agradecidos y alabamos en Nombre de Tus esplendores" (I Crónicas 29:10-13). "Y ellos bendecirán el Nombre de Tu gloria, que es exaltada sobre todas las bendiciones y alabanzas. Eres sólo Tú, quien es el Señor. Tú hiciste los Cielos y los Cielos Superiores y todos sus ejércitos, la Tierra y todo lo que está sobre ella, los mares y todo lo que contienen, y Tú sostienes la vida en todos ellos. Y los ejércitos de los Cielos se postran ante Ti. Eres Tú, Señor, el Dios, quien escogió a Avram y lo sacó de Ur de los Caldeos y le pusiste por nombre Avraham.

וּמָצָאתָ umatsata אֶת־ et לְבָבוֹ levavó נֶאֱמָן neemán לְפָנֶיךָ lefaneja

ס"ג מ"ה ב"ן וְכָרוֹת vejarot עִמּוֹ imó הַבְּרִית habrit לָתֵת latet אֶת־ et

אֶרֶץ érets הַכְּנַעֲנִי hacnaaní הַחִתִּי hajití הָאֱמֹרִי haemorí

וְהַפְּרִזִּי vehaprizí וְהַיְבוּסִי vehayevusí וְהַגִּרְגָּשִׁי vehaguirgashí לָתֵת latet

לְזַרְעוֹ lezaró וַתָּקֶם vatakem אֶת־ et דְּבָרֶיךָ devareja ראה כִּי qui

צַדִּיק tsadik אָתָּה Atá: וַתֵּרֶא vateré אֶת־ et עֳנִי oni ריבוע מ"ה

אֲבֹתֵינוּ avoteinu בְּמִצְרָיִם beMitsráyim מצר וְאֶת־ veet זַעֲקָתָם zaakatam

שָׁמַעְתָּ shamata עַל־ al יַם־ yam ילי סוּף Suf: וַתִּתֵּן vatitén ב"פ כהת

אֹתֹת otot וּמֹפְתִים umoftim בְּפַרְעֹה beFaró וּבְכָל־ uvejol ב"ן, לכב

עֲבָדָיו avadav וּבְכָל־ uvejol ב"ן, לכב עַם am אַרְצוֹ artsó כִּי qui יָדַעְתָּ yadata

כִּי qui הֵזִידוּ hezidu עֲלֵיהֶם aleihem וַתַּעַשׂ־ vataas לְךָ lejá שֵׁם shem

כְּהַיּוֹם quehayom ע"ה נגד, מזבח, זן, אל יהוה הַזֶּה hazé והו: וְהַיָּם vehayam ילי

בָּקַעְתָּ bakata לִפְנֵיהֶם lifneihem וַיַּעַבְרוּ vayaavrú בְתוֹךְ־ vetoj

הַיָּם hayam ילי בַיַּבָּשָׁה bayabashá וְאֶת־ veet רֹדְפֵיהֶם rodfeihem

הִשְׁלַכְתָּ hishlajta בִמְצוֹלֹת vimtsolot ר"ת רהב (שרו של מצרים) כְּמוֹ־ quemó

אֶבֶן even ר"ת = אהיה בְּמַיִם bemáyim עַזִּים azim ר"ת ע"ב, ריבוע יהוה:

Hallaste que su corazón te era fiel e hiciste un Pacto con él para darle la tierra de los cananeos, los heteos, los amorreos, los ferezeos, los jebuseos y los gergeseos, cuyas tierras las diste a su descendencia, cumpliendo Tu palabra, porque Tú eres justo. Y viste la aflicción de nuestros padres en Egipto y escuchaste su llanto junto al Mar Rojo. Y realizaste señales y maravillas contra el Faraón y todos sus siervos, porque sabías que obraban con soberbia contra nuestros padres y así te creaste fama hasta el día de hoy. Y partiste el mar delante de ellos, de modo que pasaron por el medio del mar en tierra seca, pero sus perseguidores fueron arrojados por Ti a las profundidades, como una piedra en aguas turbulentas" (Nehemías 9:5-11).

VAYOSHA

Cuando se recita con gran alegría, *Vayosha* tiene el poder de eliminar la negatividad y hacer nuestro proceso de *tikún* mucho más fácil. El proceso de *tikún* se refiere a las correcciones personales que cada individuo vino a hacer en este mundo. Las correcciones que debemos hacer están basadas en nuestros comportamientos negativos y reactivos de esta vida y de vidas anteriores. El *tikún* puede incluir aspectos económicos, de relaciones y de salud, entre otros. Podemos identificar nuestro *tikún* en todas las áreas de nuestra vida al observar dónde estamos experimentando más dificultades.

וַיּוֹשַׁע vayosha   יְהֹוָהאדניאהדונהי Adonai   **(Segunda *Guevurá*)**   בַּיּוֹם bayom

ע"ה נגד, מזבח, זן, אל יהוה ; ר"ת = ו"י   הַהוּא hahú   אֶת־ et   יִשְׂרָאֵל Yisrael

מִיַּד miyad   מִצְרַיִם Mitsráyim   מצר ; ר"ת = אמן (יאהדונהי)   וַיַּרְא vayar

יִשְׂרָאֵל Yisrael   אֶת־ et   מִצְרַיִם Mitsráyim   מצר   מֵת met   עַל־ al

שְׂפַת sfat   הַיָּם hayam   ילי: וַיַּרְא vayar   יִשְׂרָאֵל Yisrael   אֶת־ et

הַיָּד hayad   והו   הַגְּדֹלָה haguedolá   ר"ת אהיה   אֲשֶׁר asher   עָשָׂה asá

יְהֹוָהאדניאהדונהי Adonai   **(Tercera *Guevurá*)**   בְּמִצְרָיִם beMitsráyim   מצר

וַיִּירְאוּ vayirú   הָעָם haam   אֶת־ et   יְהֹוָהאדניאהדונהי Adonai   **(Cuarta *Guevurá*)**

וַיַּאֲמִינוּ vayaaminu   בַּיהֹוָהאדניאהדונהי baAdonai   **(Quinta *Guevurá*)** ; ר"ת איוב

וּבְמֹשֶׁה uveMoshé   מהש, ע"ב בריבוע וקס"א, אל שדי, ד"פ אלהים ע"ה   עַבְדּוֹ avdó:

LOS 72 NOMBRES DE DIOS

Esta tabla presenta los 72 Nombres de Dios. Moshé usó estas secuencias y fórmulas para conectar con las verdaderas leyes de la naturaleza —milagros y maravillas— y eliminar todos los obstáculos que evitan que la humanidad se conecte con éstas. Es así como el Mar Rojo fue dividido (Éxodo 14:19-21). La partición del Mar Rojo es una expresión de la conexión con la Realidad del 99%, donde los milagros son la norma. Simplemente con escanear esta configuración de letras, conectamos con nuestra verdadera naturaleza y poder. Nos volvemos más proactivos y nos acercamos más al verdadero propósito de nuestra alma.

VAYOSHA

"Y el Señor salvó ese día a Israel de la mano de Egipto, e Israel vio a los egipcios muertos a la orilla del mar. Y vio Israel la grandeza de la Mano de Señor contra los egipcios; y temió el pueblo al Señor y creyeron en Él y en Moshé, Su siervo" (Éxodo 14:30-31).

Para escanear: Comienza en la parte superior derecha (A-1) y escanea cada fila de derecha a izquierda, terminando en la parte inferior izquierda (I-8).

8	7	6	5	4	3	2	1	
כהת	אכא	ללה	מהש	עלם	סיט	ילי	והו	A
הקם	הרי	מבה	יזל	ההע	לאו	אלד	הזי	B
חהו	מלה	ייי	נלך	פהל	לוו	כלי	לאו	C
ושר	לכב	אום	ריי	שאה	ירת	האא	נתה	D
ייז	רהע	חעם	אני	מנד	כוק	להח	יחו	E
מיה	עשל	ערי	סאל	ילה	וול	מיכ	ההה	F
פוי	מבה	נית	ננא	עמם	החש	דני	והו	G
מחי	ענו	יהה	ומב	מצר	הרח	ייל	נמם	H
מום	היי	יבמ	ראה	חבו	איע	מנק	דמב	I

AZ YASHIR MOSHÉ – CANCIÓN DEL MAR

Moshé y los israelitas cantaron esta canción después de la partición del Mar Rojo. Es la canción del alma. Lamentablemente, perdemos contacto con nuestra alma cuando estamos atrapados en el mundo material. Esta oración ayuda a despertar la memoria y el poder de la canción original que reside en las profundidades de nuestra alma; porque cuando estamos conectados con nuestra alma, podemos alcanzar cualquier cosa.

Dieciocho veces el Nombre de Dios (יהוה o אדני) por las dieciocho bendiciones de los Mundos de *Yetsirá*. Debes meditar en que estos dieciocho son el valor numérico de las dos letras *Tet* ט en Meta-trón (**no pronunciar**) que está en *Zeir Anpín* de *Yetsirá*, así como también debes meditar en los nueve *tikunim* de *Zeir Anpín* de *Yetsirá*, nueve de Luz Directa y nueve de Luz Retornante, (de la misma manera que meditamos en *Yehí Jevod* en la pág. 291). También debes imaginar que cruzaste el Mar Rojo ese día. Decirlo con felicidad limpiará todas nuestras transgresiones.

אָז az יָשִׁיר־ yashir מֹשֶׁה Moshé מהש, ע"ב בריבוע וקס"א, אל שדי, ד"פ אלהים ע"ה

וּבְנֵי uvnei יִשְׂרָאֵל Yisrael ר"ת ע"ה נגד, מזבח, זן, אל יהוה אֶת־ et הַשִּׁירָה hashirá

הַזֹּאת hazot לַיהוָה laAdonai (ארך) וַיֹּאמְרוּ vayomrú לֵאמֹר lemor

אָשִׁירָה ashira לַיהוָה laAdonai (אפים) כִּי־ qui גָאֹה gaó גָּאָה gaá

סוּס sus ריבוע אדני, כוק וְרֹכְבוֹ verojvó רָמָה ramá בַיָּם vayam ילי:

עָזִּי azí אלהים ע"ה, אהיה אדני ע"ה וְזִמְרָת vezimrat יָהּ Yah וַיְהִי־ vayehí לִי li

לִישׁוּעָה lishuá זֶה ze אֵלִי Elí וְאַנְוֵהוּ veanvehu (Medita en el Nombre Sagrado: יְהֻוָאלוֹ

יהואל, לכב) אֱלֹהֵי Elohei מילוי ע"ב, דמב ; ילה אָבִי aví וַאֲרֹמְמֶנְהוּ vaaromemenhu:

AZ YASHIR MOSHÉ – CANCIÓN DEL MAR

"Entonces entonaron Moshé y los Hijos de Israel este cántico al Señor: Cantaré al Señor, exaltando su grandeza. Al caballo y al jinete arrojó a la mar. Mi fortaleza y mi canto es Dios; Él es mi salvación. Él es mi Dios y como tal lo alabaré. Es el Dios de mi padre y como tal lo ensalzaré.

יהוה(אדני אהדונהי) Adonai (ורב וחסד) איש ish מלחמה miljamá

יהוה(אדני אהדונהי) Adonai (נשא עון) שמו Shemó מהש ע"ה, ע"ב בריבוע וקס"א ע"ה, אל שדי ע"ה:

מרכבת marquevot פרעה Paró וחילו vejeiló ירה yará בים vayam ילי

ומבחר umivjar שלשיו shalishav טבעו tubú בים־ veyam ילי סוף Suf:

תהמת tehomot יכסימו yejasyumu ירדו yardú במצולת vimtsolot

כמו־ quemó אבן áven ר"ת = אהיה: ימינך yeminjá יהוה(אדני אהדונהי) Adonai

(ופשע) נאדרי nedarí בכח bacóaj ר"ת = ע"ב, ריבוע יהוה וס"ת = יג"ל

ימינך yeminjá יהוה(אדני אהדונהי) Adonai (ונקה) תרעץ tirats אויב oyev

צרעת איוב (בזמנא דמלכא משיחא): וברב uverov י"פ אהיה גאונך gueonjá

תהרס taharós קמיך kameja (בימי גוג ומגוג) תשלח teshalaj

חרנך jaronjá יאכלמו yojlemó כקש cakash (בעת תחיית המתים):

וברוח uverúaj אפיך apeja נערמו neermú מים máyim ר"ת אמן (יאהדונהי)

נצבו nitsvú כמו־ jemó נד ned ר"ת ק"כ צירופי אלהים נזלים nozlim

קפאו kafú תהמת tehomot בלב־ belev ים yam ילי: אמר amar אויב oyev

ארדף erdof אשיג asig אחלק ajalek שלל shalal תמלאמו timlaemo

נפשי nafshí אריק arik חרבי jarbí רי"י תורישמו torishemo ידי yadí:

נשפת nashafta ברוחך verujajá ר"ת כ"ן כסמו quisamó ים yam ילי

צללו tsalelú כעופרת caoféret במים bemáyim אדירים adirim הרי ; ר"ת קמ"ג:

El Señor es el Amo de la guerra. El Señor es Su Nombre. Precipitó en el mar los carros del Faraón y su ejército. Sus capitanes escogidos fueron hundidos en el Mar Rojo. Las aguas profundas los cubrieron y cual piedras bajaron hasta lo más hondo. Tu diestra, Señor, es inmensamente poderosa; Tu diestra, Señor, aniquila al enemigo. Con Tu gran ingenio destruyes a Tus adversarios. Les envías Tu furia y los consume como paja. Y con las alas de Tu ira se elevaron y se abrieron las aguas, deteniéndose como si fueran muros. Se congelaron los abismos en medio de la mar. Dijo el enemigo: Los perseguiré y los alcanzaré y repartiré sus despojos, con los que hartaré mi alma. Desenvainaré mi espada y los quebrantará mi mano. Pero Tú soplaste con Tu poderoso aliento y el mar los fue cubriendo hasta que se hundieron como plomo en las procelosas aguas.

מִי־ mi ילי כָמֹכָה jamoja בָּאֵלִם baelim יְהֹוָהאדניאהדונהי Adonai (פוקד)

ר"ת = ע"ב, ריבוע יהוה ; ס"ת מ"ה מִי mi ילי כָּמֹכָה camoja נֶאְדָּר needar

בַּקֹּדֶשׁ bakódesh ר"ת = יבק, אלהים יהוה, אהיה אדני יהוה נוֹרָא norá תְהִלֹּת tehilot

עֹשֵׂה osé פֶלֶא fele: נָטִיתָ natita יְמִינְךָ yeminjá תִּבְלָעֵמוֹ tivlaemo

ר"ת נ"ת (זו מות) אָרֶץ árets: נָחִיתָ najita בְחַסְדְּךָ vejasdejá ר"ת ב"ן עַם־ am

זוּ zu גָּאָלְתָּ gaalta נֵהַלְתָּ nehalta בְעָזְּךָ veazeja אֶל־ el נְוֵה nevé

קָדְשֶׁךָ kodshejá ר"ת קנ"א ב"ן, יהוה אלהים יהוה אדני, מילוי קס"א וס"ג, מ"ה ברבוע ע"ב ע"ה:

שָׁמְעוּ shamú עַמִּים amim יִרְגָּזוּן yirgazún חִיל jil ומב אָחַז ajaz

יֹשְׁבֵי yoshvei פְּלָשֶׁת peláshet (כוונות ישמעאל): אָז az נִבְהֲלוּ nivhalú

אַלּוּפֵי alufei אֱדוֹם edom (כוונות עשו) אֵילֵי eilei מוֹאָב moav

יֹאחֲזֵמוֹ yojazemo רָעַד raad (כוונות שאר כל השרים שהם נכנעים תחתיהם)

נָמֹגוּ namogu כֹּל col ילי יֹשְׁבֵי yoshvei כְנָעַן Jenaán:

תִּפֹּל tipol עֲלֵיהֶם aleihem אֵימָתָה eimatá וָפַחַד vafájad ר"ת שם קדוש תעא"ו

בִּגְדֹל bigdol זְרוֹעֲךָ zroajá יִדְּמוּ yidmú כָּאָבֶן caáven ר"ת = טל (יוד הא ואו)

עַד־ ad יַעֲבֹר yaavor עַמְּךָ ameja יְהֹוָהאדניאהדונהי Adonai (על שלשים)

עַד־ ad יַעֲבֹר yaavor עַם־ am זוּ zu קָנִיתָ kanita: תְּבִאֵמוֹ teviemo

וְתִטָּעֵמוֹ vetitaemo בְּהַר behar נַחֲלָתְךָ najalatjá ר"ת ב"ן מָכוֹן majón

לְשִׁבְתְּךָ leshivtejá פָּעַלְתָּ paalta יְהֹוָהאדניאהדונהי Adonai (ועל רבעים) ; ר"ת

ע"ה = קס"א מִקְּדָשׁ mikdash אֲדֹנָי Adonai (ארך) כּוֹנְנוּ conenu יָדֶיךָ yadeja:

¿Quién como Tú entre los dioses, Señor? ¿Quién como Tú inmenso en Santidad, el más digno de alabanzas y hacedor de milagros? Cuando extendiste Tu diestra se los tragó la tierra. Con Tu benevolencia gobernaste al pueblo que redimiste. Los condujiste con Tu fuerza a Tu Santo Santuario. Escucharon pueblos y se estremecieron. Se apoderó el terror de los filisteos. Se angustiaron los príncipes de Edom. Temblaron los valientes de Moab y el miedo dominó a todos los cananeos. Se abatieron espantados por el poderío de Tu brazo y enmudecieron como la piedra, hasta que pasó Tu pueblo, Señor, hasta que pasó el pueblo que Tú redimiste. Los llevarás para que arraiguen en el monte de Tu santidad, en el lugar de Tu morada, el cual Tú preparaste. Tus manos establecieron el Templo del Señor.

Uno de los 72 Nombres de Dios está codificado en esta conexión: *Yud, Yud, Lámed* ייל. Esta fórmula nos da el poder de la certeza y la capacidad de dejar ir, especialmente en medio de la adversidad. Cuando las cosas van bien, a la mayoría de nosotros nos es fácil aceptar la idea de un Creador y de un principio de causa y efecto en funcionamiento en nuestro universo. Pero tan pronto como enfrentamos un obstáculo repentino o una situación estresante, dudamos de la existencia del Creador y de las enseñanzas de la Kabbalah. Los kabbalistas nos enseñan que absolutamente todo es una prueba. Si podemos mantener la certeza en la Luz cuando las adversidades ataquen, superaremos la prueba y la Luz trabajará para nosotros 100% del tiempo. La misión del Satán es inundar nuestra mente con incertidumbre. El Nombre *Yud, Yud, Lámed* remueve todas las incertidumbres, esto nos da la fuerza de reconocer y superar nuestras pruebas. Una prueba producirá consecuencias negativas sólo si no reconocemos que la dificultad es una prueba y si dudamos de la existencia del Creador.

יהוהאדניאהדונהי Adonai (אפים) | ימלך yimloj לעלם leolam
ריבוע ס"ג וי' אותיות דס"ג ; ר"ת ייל ועד vaed: יהוהאדניאהדונהי Adonai (ורב וחסד) |
ימלך yimloj לעלם leolam ריבוע ס"ג וי' אותיות דס"ג ; ר"ת ייל ועד vaed:
יהוהאדניאהדונהי Adonai (נשא עון) מלכותיה maljutei קאים kaeim
לעלם lealam ולעלמי ulealmei עלמיא almayá: כי qui בא va סוס sus ריבוע
אדני, כוק פרעה Paró ברכבו berijbó ובפרשיו uvefarashav בים bayam ילי
וישב vayashev יהוהאדניאהדונהי Adonai (ופשע) עלהם aleihem את- et מי mei
ילי הים hayam ילי ובני uvnei ישראל Yisrael הלכו haljú ביבשה vayabashá
בתוך betoj הים hayam ילי: כי qui ליהוהאדניאהדונהי laAdonai (ונקה)
המלוכה hamelujá ר"ת כלה (רמז למלכות שהיא הכלה) ומשל umoshel
בגוים bagoyim: ועלו vealú מושעים moshiím בהר behar ציון Tsiyón
יוסף, ו' הויות, קנאה לשפט lishpot את- et הר har עשו Esav והיתה vehaytá
ליהוהאדניאהדונהי laAdonai (פוקד) המלוכה hamelujá: והיה vehayá יהוה ; יהה
יהוהאדניאהדונהי Adonai (על שלשים) למלך leMélej על- al כל col ילי ; עמם
הארץ haárets אלהים דההין ע"ה ביום bayom ע"ה נגד, מזבח, זן, אל יהוה ההוא hahú
יהיה yihyé ייי יהוהאדניאהדונהי Adonai (ועל רבעים) אחד Ejad אהבה, דאגה
ושמו uShmó מהש ע"ה, ע"ב בריבוע וקס"א ע"ה, אל שדי ע"ה אחד Ejad אהבה, דאגה:

Y reinará el Señor eternamente y para siempre. Y reinará el Señor eternamente y para siempre" (Éxodo 15:1-18). *Señor, Tu Reino reinará por siempre y eternamente. "Porque cuando penetró el caballo del Faraón con su carro y sus jinetes en el mar, el Señor hizo tornar sobre ellos las aguas, en tanto que los Hijos de Israel habían cruzado el mar en seco"* (Éxodo 15:19). *"Porque el Reino pertenece al Señor y Él gobierna sobre las naciones"* (Salmos 22:29). *"Y los salvadores ascenderán al Monte Sión para buscar el castigo del Monte Esav, y luego todo el universo reconocerá el reinado del Señor"* (Abdías 1:21). *"Y el Señor será entonces Rey sobre toda la Tierra, y en ese día el Señor será Uno y su Nombre Uno"* (Zacarías 14:9).

NISHMAT COL JAI

Siempre hay energía adicional que es liberada en nuestro mundo físico durante una festividad o en *Shabat*. Esta conexión en particular construye nuestra Vasija interna para que tengamos la capacidad de atraer esta fuerza adicional y la capacidad de manejar aquello que atraemos.

Esta alabanza es preciosa y exaltada, y debes recitarla de forma placentera. Los kabbalistas dicen que cuando una persona pasa por una dificultad, problema o peligro, hacer una promesa de recitar "*Nishmat Col Jai*" le proporciona gran ayuda.

Si se te olvidó y omitiste "*Nishmat Col Jai*" y ya recitaste la bendición de "*Yishtabaj*", mientras no hayas comenzado la siguiente bendición "*Yotser Or*", puedes regresar y decir "*Nishmat Col Jai*". Pero si comienzas "*Yotser Or*", debes completarla luego de terminar la oración sin decir la bendición de "*Yishtabaj*".

Medita en recibir el alma adicional llamada: *Néfesh*

del aspecto del día de *Shabat*

נִשְׁמַת nishmat כָּל col ילי חַי jai

ר"ת נכח כמס' ג' הויות יהוה יהוה יהוה

Los tres יהוה que se mencionaron anteriormente son los tres *Mojín* —*Jojmá*, *Biná*, *Dáat*— que están en el Entorno de la letra *Mem* (מ) del *Tsélem* (צל"ם) de *Aba*, puesto que los *Mojín* de *Ima* ya entraron en *Zeir Anpín*. Así que ahora *Zeir Anpín* tiene todo su Entorno para *Aba* e *Ima* [de la letra *Mem* (מ) del *Tsélem* (צל"ם)] y es por ello que ahora podemos recibir el alma adicional de *Shabat*.

כָּל חַי = חיים, אהיה אהיה יהוה

תמורת תפילין הנקרא חיי המלך, והוא נשמה, כי בינה הוא בחינת נשמה.

אטמון = ק"ו, ב"פ ב"ן (יוד הה וו הה) עם ב' כוללים.

קול = ר"ת ועשה לו כתנת פסים (להתיר הקול).

אלף הי יוד הי

אלף הא יוד הא

אלף הה יוד הה

ס"ת ועשה לו כתנת פסים עולה למנין קס"א קמ"ג קנ"א (עם ד' תיבות ועשה לו כתנת פסים).

גם יכוין: פסי"ם נוטריקון פסקו"ן סגרו"ן יהוא"ל מטטרו"ן

פֵּסְקוֹן (בניקוד ה' שפתי תפתח)

סָגָרַוֹן (יכוין ס"ג ורנו כנפי החיות וניקו' ניקו' רָנּוּ שָׁמַיִם)

יְהַוְאֵל (según el Rashash) לכב (יוצא מפסוק זה אלי וְאַנְוֵהוּ הוא וניקודו)

מְטָטְרַוְן (בניקוד ר"ת הִנֵּה אָנֹכִי שֹׁלֵחַ מַלְאָךְ לְפָנֶיךָ)

תְּבָרֵךְ tevarej אֶת et שִׁמְךָ Shimjá יְהֹוָואדנהיאהדונהי Adonai אֱלֹהֵינוּ Eloheinu ילה

וְרוּחַ verúaj כָּל col ילי בָּשָׂר basar תְּפָאֵר tefaer וּתְרוֹמֵם uteromem

זִכְרְךָ zijrejá מַלְכֵּנוּ malquenu תָּמִיד tamid ע"ה קס"א קנ"א קמ"ג (מילואי אהיה).

NISHMAT COL JAI

El alma de cada ser viviente bendecirá Tu Nombre, Señor, nuestro Dios,
y el espíritu de toda criatura siempre glorificará y exaltará Tu remembranza, nuestro Rey.

מִן min הָעוֹלָם haolam וְעַד vead הָעוֹלָם haolam אַתָּה Atá
אֵל El י״א״י (מילוי דס״ג). וּמִבַּלְעָדֶיךָ umibaladeja אֵין ein לָנוּ lanu אלהים, אהיה אדני
מֶלֶךְ mélej גּוֹאֵל goel וּמוֹשִׁיעַ umoshía. פּוֹדֶה podé וּמַצִּיל umatsil.
וְעוֹנֶה veoné וּמְרַחֵם umerajem אברהם, וז״פ אל, רי״ו ול״ב נתיבות החכמה, רמ״ח (אברים),
עסמ״ב וט״ז אותיות פשוטות. בְּכָל bejol ב״ן, לכב עֵת et צָרָה tsará אלהים דההין
וְצוּקָה vetsuká. אֵין ein לָנוּ lanu אלהים, אהיה אדני מֶלֶךְ mélej
עוֹזֵר ozer וְסוֹמֵךְ vesomej ריבוע אדני, כוק אֶלָּא ela אַתָּה Atá:
אֱלֹהֵי Elohei מילוי דע״ב, דמב ; ילה הָרִאשׁוֹנִים harishonim
וְהָאַחֲרוֹנִים vehaajaronim. אֱלוֹהַּ Elohá מ״ב כָּל col ילי בְּרִיּוֹת briyot.
אֲדוֹן Adón אני כָּל col ילי תּוֹלָדוֹת toladot. הַמְהֻלָּל hamehulal
בְּכָל bejol ב״ן, לכב הַתִּשְׁבָּחוֹת hatishbajot. הַמְנַהֵג hamenaheg
עוֹלָמוֹ olamó בְּחֶסֶד bejésed ע״ב, ריבוע יהוה וּבְרִיּוֹתָיו uvriyotav
בְּרַחֲמִים berajamim מצפצ, אלהים דיודין, י״פ ייי. וַיהֹוָהאדני יאהדונהי vaAdonai
אֱלֹהִים Elohim אהיה אדני ; ילה אֱמֶת emet אהיה פעמים אהיה, ז״פ ס״ג
לֹא lo יָנוּם yanum וְלֹא veló יִישָׁן yishán ש״ע נהורין דא״א.
הַמְעוֹרֵר hameorer יְשֵׁנִים yeshenim וְהַמֵּקִיץ vehamekits נִרְדָּמִים nirdamim.
מְחַיֵּה mejayé ס״ג מֵתִים metim. וְרוֹפֵא verofé חוֹלִים jolim חולה =
מ״ה עם ד׳ אותיות. פּוֹקֵחַ pokéaj עִוְרִים ivrim. וְזוֹקֵף vezokef כְּפוּפִים quefufim.
הַמֵּשִׂיחַ hamesíaj אִלְּמִים ilmim. וְהַמְפַעְנֵחַ vehamfaanéaj
נֶעֱלָמִים neelamim. וּלְךָ uLejá לְבַדְּךָ levadjá אֲנַחְנוּ anajnu
מוֹדִים modim כנגד מאה ברכות שתיקן דוד לאמרם כל יום:

Desde este mundo al Mundo por Venir, Tú eres Dios. Y aparte de Ti, no tenemos rey, redentor o salvador. Él, que libera, rescata, sostiene, responde y es misericordioso en cada momento de ansiedad y angustia; no tenemos otro rey, ayudante o apoyo que no seas Tú. Dios del primero y del último, Dios de todas las criaturas, Señor de todas las generaciones, quien es exaltado a través de multitud de alabanzas y quien guía Su mundo con benevolencia y a Sus criaturas con misericordia. Y el Señor, Dios, es verdad y Él ni dormita ni duerme. Él, que levanta a los que duermen y despierta a los adormilados. Él, que resucita los muertos y cura a los enfermos. Él, que otorga vista a los ciegos y endereza a los doblegados. Él hace a los mudos hablar y descubre lo oculto. Y a Ti solamente, te damos gracias.

וְאִלּוּ veílu פִינוּ finu מָלֵא malé שִׁירָה shirá כַּיָּם cayam ילי•

וּלְשׁוֹנֵנוּ ulshonenu רִנָּה riná כַּהֲמוֹן cahamón גַּלָּיו galav•

וְשִׂפְתוֹתֵינוּ vesiftoteinu שֶׁבַח shévaj כְּמֶרְחֲבֵי quemerjavei רָקִיעַ rakía•

וְעֵינֵינוּ veeineinu ריבוע מ״ה מְאִירוֹת meirot כַּשֶּׁמֶשׁ cashémesh

וְכַיָּרֵחַ vejayaréaj• וְיָדֵינוּ veyadeinu פְרוּשׂוֹת ferusot כְּנִשְׁרֵי quenishrei

שָׁמָיִם shamáyim י״פ טל, י״פ כוזו• וְרַגְלֵינוּ veragleinu קַלּוֹת calot

כָּאַיָּלוֹת caayalot• אֵין ein אֲנַחְנוּ anajnu מַסְפִּיקִין maspikin

לְהוֹדוֹת lehodot לְךָ Lejá יְהֹוָהאדניאהדונהי Adonai אֱלֹהֵינוּ Eloheinu ילה•

וּלְבָרֵךְ ulevarej אֶת et שִׁמְךָ Shimjá מַלְכֵּנוּ malquenu• עַל al

אַחַת ajat מֵאֶלֶף meélef מספר אֶלֶף = אלף למד שין דלת יוד ע״ה אַלְפֵי alfei

אֲלָפִים alafim וְרוֹב verov רִבֵּי ribei רְבָבוֹת revavot פְּעָמִים peamim•

הַטּוֹבוֹת hatovot נִסִּים nisim וְנִפְלָאוֹת veniflaot שֶׁעָשִׂיתָ sheasita

עִמָּנוּ imanu ריבוע ס״ג, קס״א ע״ה וד׳ אותיות וְעִם veím אֲבוֹתֵינוּ avoteinu•

מִלְּפָנִים milfanim מִמִּצְרַיִם miMitsráyim מצר גְּאַלְתָּנוּ guealtanu

יְהֹוָהאדניאהדונהי Adonai אֱלֹהֵינוּ Eloheinu ילה• מִבֵּית mibeit ב״פ ראה

עֲבָדִים avadim פְּדִיתָנוּ peditanu• בְּרָעָב beraav זַנְתָּנוּ zantanu•

וּבְשָׂבָע uvesavá כִּלְכַּלְתָּנוּ quilcaltanu• מֵחֶרֶב mejérev הִצַּלְתָּנוּ hitsaltanu•

מִדֶּבֶר midéver מִלַּטְתָּנוּ milatetanu• וּמֵחֳלָאִים umejolaím רָעִים raím

וְרַבִּים verabim דִּלִּיתָנוּ dilitanu: עַד ad הֵנָּה hena עֲזָרוּנוּ azarunu

רַחֲמֶיךָ rajameja וְלֹא veló עֲזָבוּנוּ azavunu חֲסָדֶיךָ jasadeja•

Y si fuese nuestra boca llena de canciones como el mar y nuestra lengua tan llena de cánticos alegres como su multitud de olas, y nuestros labios tan llenos de alabanza como la amplitud del firmamento, y nuestros ojos tan brillantes como el Sol y la Luna, y nuestras manos tan extendidas como águilas de los cielos y nuestras piernas tan ágiles como ciervos, todavía no podemos agradecer lo suficiente, Señor, nuestro Dios, y bendecir Tu Nombre, nuestro Rey, así sea por uno de los miles entre los miles de miles y de las miríadas entre miríadas de miríadas de favores, milagros y maravillas que Tú hiciste para nuestros ancestros y para nosotros. Desde el interior de Egipto, Tú nos has redimido, Señor, nuestro Dios, y nos has liberado de la casa de cautiverio. En momentos de hambre, Tú nos nutriste en abundancia, Tú nos sostuviste. De la espada, Tú nos salvaste y de la plaga, Tú nos dejaste escapar y de severas, numerosas y largas enfermedades, Tú nos eximiste. Hasta ahora Tu misericordia nos ha ayudado y Tu benevolencia no nos ha defraudado.

עַל al כֵּן quen אֵבָרִים evarim שֶׁפִּלַּגְתָּ shepilagta בָּנוּ banu.

וְרוּחַ verúaj וּנְשָׁמָה uneshamá שֶׁנָּפַחְתָּ shenafajta בְּאַפֵּינוּ beapeinu.

וְלָשׁוֹן velashón אֲשֶׁר asher שַׂמְתָּ samta בְּפִינוּ befinu.

הֵן hen הֵם hem, יוֹדוּ yodú וִיבָרְכוּ vivarjú יהוה ריבוע יהוה ריבוע מ"ה.

וִישַׁבְּחוּ vishabjú. וִיפָאֲרוּ vifaarú. אֶת et שִׁמְךָ Shimjá מַלְכֵּנוּ malquenu

תָּמִיד tamid ע"ה קס"א קנ"א קמ"ג. כִּי qui כָּל jol ילי פֶּה pe מילה ; וע"ה אלהים, אהיה אדני

לְךָ lejá יוֹדֶה yodé. וְכָל vejol ילי לָשׁוֹן lashón לְךָ lejá

תְשַׁבֵּחַ teshabéaj. וְכָל vejol ילי עַיִן ayin ריבוע מ"ה לְךָ lejá תְצַפֶּה tetsapé.

וְכָל vejol ילי בֶּרֶךְ bérej לְךָ lejá תִכְרַע tijrá.

וְכָל vejol ילי קוֹמָה komá לְפָנֶיךָ lefaneja ס"ג מ"ה ב"ן תִשְׁתַּחֲוֶה tishtajavé.

וְהַלְּבָבוֹת vehalevavot יִירָאוּךָ yirauja וְהַקֶּרֶב vehakérev

וְהַכְּלָיוֹת vehaclayot יְזַמְּרוּ yezameru לִשְׁמֶךָ lishmeja. כַּדָּבָר cadavar ראה

שֶׁנֶּאֱמַר sheneemar: כָּל col ילי עַצְמוֹתַי atsmotai תֹּאמַרְנָה tomarna

יְהֹוָהאדניאהדונהי Adonai מִי mi ילי כָמוֹךָ jamoja מַצִּיל matsil עָנִי aní ריבוע מ"ה

מֵחָזָק mejazak פהל מִמֶּנּוּ mimenu וְעָנִי veaní ריבוע מ"ה וְאֶבְיוֹן veevyón

מִגֹּזְלוֹ migozló: שַׁוְעַת shavat עֲנִיִּים aniyim עין = ריבוע מ"ה אַתָּה Atá

תִשְׁמַע tishmá. צַעֲקַת tsaakat הַדַּל hadal תַקְשִׁיב takshiv וְתוֹשִׁיעַ vetoshía.

וְכָתוּב vejatuv: רַנְּנוּ ranenú צַדִּיקִים tsadikim בַּיהֹוָהאדניאהדונהי baAdonai

לַיְשָׁרִים layesharim נָאוָה navá תְהִלָּה tehilá ע"ה אמת, אהיה פעמים אהיה, ז"פ ס"ג:

Por lo tanto, Tú has extendido órganos dentro de nosotros, y el espíritu y alma que Tú has soplado en nuestras narices y la lengua que Tú has colocado en nuestra boca, son ellos los que deberían agradecer, bendecir, alabar y glorificar Tu Nombre, nuestro Rey, para siempre. Porque cada boca deberá agradecerte y cada lengua deberá alabarte, y cada ojo deberá ver hacia Ti, y cada rodilla debe doblarse ante Ti, y toda forma erguida deberá postrarse ante Ti. Y los corazones te temerán. Y los órganos internos y los riñones cantarán Tu Nombre, como está escrito: "Todos mis huesos dirán: Señor, ¿quién es como Tú? Tú salvas al hombre débil del más fuerte que él, y al pobre y al indigente de quien quiere robarle" (Salmos 35:10). Tú escuchas el llamado del pobre y Tú escuchas los gritos del indigente y Tú salvas. Y está escrito: "Canten con alegría, justos, ante el Señor, porque la alabanza del hombre recto es conveniente" (Salmos 33:1).

YITSJAK Y RIVKÁ

Yitsjak el Patriarca rezó exitosamente para que su esposa Rivká tuviera un hijo. Todos nosotros, especialmente en este punto, debemos rezar por otras personas que tengan necesidad de sustento económico, personal, emocional o de salud. La única manera para que nuestras oraciones serán contestadas es que recemos por otros con un corazón genuino.

Los siguientes cuatro versículos corresponden a los cuatro pilares que llevan el Trono de *Briá*, donde están erigidas las Diez *Sefirot* de *Atsilut*. También, los cuatro versículos simbolizan el Trono de *Briá* como tal, el cual incluye a los tres Patriarcas (*Jésed, Guevurá, Tiféret*) y al Rey David (*Maljut*).

Derecha Avraham	מיכאל בְּפִי befí	קדמיאל יְשָׁרִים yesharim	פדאל תִּתְרוֹמָם titromam:
Izquierda Yitsjak	גבריאל וּבְשִׂפְתֵי uvesiftei	צדקיאל צַדִּיקִים tsadikim	חסדיאל תִּתְבָּרַךְ titbaraj:
Este Yaakov	רפאל וּבִלְשׁוֹן uvilshón	רזיאל וַחֲסִידִים jasidim	סטטרויה תִּתְקַדָּשׁ titkadash:
Cuarta David	נוריאל וּבְקֶרֶב uvekérev	יופיאל קְדוֹשִׁים kedoshim	ענאל תִּתְהַלָּל tithalal:

בְּמַקְהֲלוֹת bemikhalot רִבְבוֹת rivevot עַמְּךָ amjá בֵּית beit ב"פ ראה

יִשְׂרָאֵל Yisrael• שֶׁכֵּן shequén חוֹבַת jovat כָּל col ילי הַיְצוּרִים hayetsurim

לְפָנֶיךָ lefaneja ס"ג מ"ה ב"ן יְהֹוָה‍אדני‍אהדונהי Adonai אֱלֹהֵינוּ Eloheinu ילה

וֵאלֹהֵי veElohei לכב ; מילוי דע"ב, דמ"ב ; ילה אֲבוֹתֵינוּ avoteinu

לְהוֹדוֹת lehodot• לְהַלֵּל lehalel אדני, ללה• לְשַׁבֵּחַ leshabéaj•

לְפָאֵר lefaer• לְרוֹמֵם leromem• לְהַדֵּר lehader• וּלְנַצֵּחַ ulenatséaj•

עַל al כָּל col ילי ; עמם דִּבְרֵי divrei ראה שִׁירוֹת shirot וְתִשְׁבָּחוֹת vetishbajot

דָּוִד David בֶּן ben יִשַׁי Yishai עַבְדְּךָ avdeja פוי, אל אדני מְשִׁיחֶךָ meshijeja:

YITSJAK Y RIVKÁ

Por las bocas de los rectos, Tú serás exaltado.
Y por los labios de los justos, Tú serás bendecido.
Y por las lenguas de los piadosos, Tú serás santificado. Y entre los santos, Tú serás loado.
Y en las asambleas de la miríada de Tu Nación, la Casa de Israel, porque esa es la obligación de todas las criaturas ante Ti, Señor, nuestro Dios y el Dios de nuestros padres, el agradecer y el loar, el alabar, glorificar, exaltar, adorar y triunfar inclusive más allá de todas las expresiones de las canciones y alabanzas de David, el hijo de Yishai, Tu siervo, Tu ungido.

YISHTABAJ

Ahora que hemos dividido el Mar Rojo, nuestro próximo nivel de conexión es el Mundo de Creación (*Briá*). La primera palabra, *Yishtabaj* ישתבח tiene el valor numérico de 720 o diez veces los 72 Nombres de Dios (10 x 72). Al recitar *Yishtabaj*, recibimos el poder del Rey Shlomó, el de la sabiduría. Shlomó שלמה está codificado en el grupo de palabras y letras presentado a continuación. Además de ello, las primeras letras de cada una de las últimas cinco líneas de esta oración forman el nombre de Avraham. Avraham denota el poder de compartir. Usamos el poder de Shlomó y Avraham —sabiduría y compartir— para ayudarnos a saltar al Mundo de Creación.

La alabanza de *Yishtabaj* es inmensa y grandiosa. Consiste de 13 alabanzas por los 13 Atributos de *Briá* y las 13 *Sefirot* de *Yetsirá*. Debes decir las palabras lenta y gentilmente, y contarlas con los dedos de tu mano derecha. Procura no detener el conteo de 13 bajo ningún motivo. Y si te has detenido por alguna razón, debes regresar y contarlas nuevamente desde el principio ("*Qui lejá naé*") para decirlas en una sola respiración, como se menciona en el *Zóhar*.

וּבְכֵן uvjén ע״ב, ריבוע יהוה

יִשְׁתַּבַּח yishtabaj י״פ ע״ב שִׁמְךָ Shimjá לָעַד laad ב״פ כ״ן מַלְכֵּנוּ malquenu

הָאֵל haEl לאה ; ייא״י (מילוי דס״ג) הַמֶּלֶךְ: haMélej (***Rey Shlomó***)

הַגָּדוֹל hagadol להח ; עם ד׳ אותיות = מבה, יזל, אום וְהַקָּדוֹשׁ vehakadosh

בַּשָּׁמַיִם bashamáyim י״פ טל, י״פ כוזו וּבָאָרֶץ: uvaárets כִּי qui לְךָ lejá נָאֶה naé

יְהֹוָה יאהדונהי Adonai אֱלֹהֵינוּ Eloheinu ילה וֵאלֹהֵי veElohei לכב ; מילוי ע״ב, דמב ; ילה

אֲבוֹתֵינוּ avoteinu לְעוֹלָם leolam ריבוע ס״ג ו׳ אותיות דס״ג וָעֶד: vaed

1) שִׁיר shir (אל) 2) וּשְׁבָחָה ushvajá (רחום). 3) הַלֵּל halel (וחנון) ללה, אדני

4) וְזִמְרָה vezimrá (ארך). 5) עֹז oz (אפים) 6) וּמֶמְשָׁלָה umemshalá (ורב חסד).

7) נֶצַח Nétsaj (ואמת). 8) גְּדֻלָּה guedulá (נצר חסד). 9) גְּבוּרָה Guevurá

(לאלפים) רי״ו. 10) תְּהִלָּה tehilá (נשא עון) ע״ה אמת, אהיה פעמים אהיה, ז״פ ס״ג.

11) וְתִפְאֶרֶת veTiféret (ופשע). 12) קְדֻשָּׁה kedushá (וחטאה).

13) וּמַלְכוּת uMaljut (ונקה). בְּרָכוֹת brajot וְהוֹדָאוֹת vehodaot

---

YISHTABAJ

Que Tu Nombre sea alabado para siempre, nuestro Rey, el Dios, el gran y Santo Rey, quien está en los Cielos y en la Tierra. Porque Tú eres digno, Señor, nuestro Dios y el Dios de nuestros padres, de: 1) canción 2) y alabanza 3) regocijo 4) y melodía 5) poder 6) y dominio 7) eternidad 8) grandeza 9) valor 10) alabanza 11) y gloria 12) santidad 13) y soberanía. Bendiciones y agradecimientos

לְשִׁמְךָ leShimjá הַגָּדוֹל hagadol להוח ; עם ד' אותיות = מבה, יזל, אום

וְהַקָּדוֹשׁ vehakadosh• וּמֵעוֹלָם umeolam וְעַד vead עוֹלָם olam

אַתָּה Atá אֵל El ייא״י (מילוי דס״ג) • בָּרוּךְ Baruj אַתָּה Atá

יְהֹוָהאדהנויאהדונהי Adonai מֶלֶךְ Mélej גָּדוֹל gadol להוח ; עם ד' אותיות =

מבה, יזל, אום וּמְהֻלָּל umehulal בַּתִּשְׁבָּחוֹת batishbajot• אֵל El ייא״י (מילוי דס״ג)

הַהוֹדָאוֹת hahodaot• אֲדוֹן Adón אני הַנִּפְלָאוֹת haniflaot• בּוֹרֵא boré

כָּל col ילי הַנְּשָׁמוֹת haneshamot• רִבּוֹן ribón יהוה ע״ב ס״ג מ״ה ב״ן כָּל col ילי

הַמַּעֲשִׂים hamaasim• הַבּוֹחֵר habojer בְּשִׁירֵי beshirei זִמְרָה zimrá•

מֶלֶךְ Mélej (*Avraham*) אֵל El ייא״י (מילוי דס״ג)

חֵי jei (לפי הרש״ש חַי לפי האריז״ל) הָעוֹלָמִים haolamim: אָמֵן Amén יאהדונהי•

SHIR HAMAALOT

Entre *Rosh Hashaná* y *Yom Kipur*, recitamos estos ocho versículos para ayudarnos a penetrar en las profundidades de nuestra alma. Así como hay Diez *Sefirot* en nuestro universo, el alma contiene diez niveles. Cada uno de los diez días entre *Rosh Hashaná* y *Yom Kipur* nos eleva a otro nivel. El poder de diez conecta nuestra alma con todo el universo.

En cada uno de los días entre *Rosh Hashaná* y *Yom Kipur*, una de las diez profundidades (*Ómek* עֹומֶק) que son mencionadas en el *Libro de la formación* (*Séfer Yetsirá*) es despertada. *Ómek* significa *Guevurá* porque *Ómek* tiene el mismo valor numérico de 216, que es el número de letras en los 72 Nombres de Dios. En el primer día, *Ómek Reshit* (Comienzo) es despertado; en el segundo día, *Ómek Reshit* es despertado nuevamente. En el tercer día, *Ómek Ajarit* (Fin) es despertado; en el cuarto día, *Ómek Tov veRá* (Bueno y Malo) es despertado; en el quinto día, *Ómek Darom* (Sur) es despertado; en el sexto día, *Ómek Tsafón* (Norte) es despertado; en el séptimo día, *Ómek Mizraj* (Este) es despertado; y en el octavo día, *Ómek Rom veÓmek Tájat* (Superior e Inferior) son despertados. En el noveno día, *Ómek Maarav* (Oeste) es despertado, y en el décimo día, *Ómek Maarav* es despertado nuevamente.

---

a Tu gran y Santo Nombre desde este mundo al Mundo por Venir. Tú eres Dios. Bendito eres Tú, Señor, Rey, Quien es grande y loado con alabanza. Dios de agradecimiento. Señor de Maravillas. Creador de las almas. Señor de todos los hechos. Quien escoge melodiosas canciones de alabanza. El Rey, el Dios Quien da vida a todos los mundos, Amén.

Biná בינה

שִׁיר shir הַמַּעֲלוֹת hamaalot

מִמַּעֲמַקִּים mimaamakim קְרָאתִיךָ keratija יְהֹוָה יאהדונהי Adonai:

Jésed חסד

אֲדֹנָי Adonai ללה שִׁמְעָה shimá בְקוֹלִי vekolí תִּהְיֶינָה tihyena

אָזְנֶיךָ ozneja יוד הי ואו הה קַשֻּׁבוֹת kashuvot לְקוֹל lekol תַּחֲנוּנָי tajanunai:

Guevurá גבורה

אִם־ im יוהך, מ"א אותיות דפשוט, דמילוי ודמילוי דמילוי דאהיה ע"ה עֲוֹנוֹת avonot

תִּשְׁמָר־ tishmor יָהּ Yah אֲדֹנָי Adonai ללה מִי mi ילי יַעֲמֹד yaamod:

Tiféret תפארת

כִּי־ qui עִמְּךָ imeja הַסְּלִיחָה haslijá לְמַעַן lemaan תִּוָּרֵא tivaré:

Nétsaj נצח

קִוִּיתִי kiviti יְהֹוָה יאהדונהי Adonai קִוְּתָה kivtá נַפְשִׁי nafshí

וְלִדְבָרוֹ velidvaró הוֹחָלְתִּי hojalti:

Hod הוד

נַפְשִׁי nafshí לַאדֹנָי laAdonai ללה מִשֹּׁמְרִים mishomrim לַבֹּקֶר labóker

שֹׁמְרִים shomrim לַבֹּקֶר labóker:

Yesod יסוד

יַחֵל yajel יִשְׂרָאֵל Yisrael אֶל־ el יְהֹוָה יאהדונהי Adonai

כִּי־ qui עִם־ im יְהֹוָה יאהדונהי Adonai הַחֶסֶד hajésed ע"ב, ריבוע יהוה

וְהַרְבֵּה veharbé עִמּוֹ imó פְדוּת fedut:

Maljut מלכות

וְהוּא veHú יִפְדֶּה yifdé אֶת־ et יִשְׂרָאֵל Yisrael

מִכֹּל micol ילי עֲוֹנֹתָיו avonotav:

SHIR HAMAALOT

"Un cántico de Ascensiones. Desde las profundidades te he llamado, Señor. Señor, escucha mi voz. Presten Tus oídos atención a mis súplicas. Si Tú marcaras las iniquidades, Señor Todopoderoso, ¿quién podría mantenerse de pie? Pero contigo hay perdón, para que seas temido. Espero al Señor, mi alma le ansía y en Su palabra confío. Mi alma anhela al Señor, más que los guardianes a la mañana. Israel confía en el Señor, porque con el Señor hay misericordia y con Él hay redención en grado sumo. Y Él redimirá a Israel de todas sus trasgresiones" (Salmos 130).

MEDIO KADISH

El secreto de este medio *Kadish* es que nos eleva desde *Yetsirá* (מ"ה) a *Briá* (ס"ג).

יִתְגַּדַּל yitgadal וְיִתְקַדַּשׁ veyitkadash שדי ומילוי שדי ; י"א אותיות כמנין ו"ה

שְׁמֵיהּ Shmei (שם י"ה דע"ב) רַבָּא rabá קנ"א ב"ן, יהוה אלהים יהוה אדני,

מילוי קס"א וס"ג, מ"ה ברבוע וע"ב ע"ה ; ר"ת = ו"פ אלהים ; ס"ת = ג"פ יב"ק: אָמֵן Amén אידהנויה •

בְּעָלְמָא bealmá דִּי di בְרָא verá כִּרְעוּתֵיהּ quirutei•

וְיַמְלִיךְ veyamlij מַלְכוּתֵיהּ maljutei• וְיַצְמַח veyatsmaj

פֻּרְקָנֵיהּ purkanei• וִיקָרֵב vikarev מְשִׁיחֵיהּ Meshijei: אָמֵן Amén אידהנויה•

בְּחַיֵּיכוֹן bejayeijón וּבְיוֹמֵיכוֹן uveyomeijón וּבְחַיֵּי uvejayei

דְכָל dejol יל"י בֵּית beit ב"פ ראה יִשְׂרָאֵל Yisrael בַּעֲגָלָא baagalá

וּבִזְמַן uvizmán קָרִיב kariv וְאִמְרוּ veimrú אָמֵן Amén: אָמֵן Amén אידהנויה•

La congregación y el *jazán* dicen lo siguiente:

28 palabras (hasta *bealmá*) medita en: מילוי דמילוי דע"ב (יוד ויו דלת הי יוד ויו יוד ויו הי יוד)

28 letras (hasta *almayá*) medita en: מילוי דמילוי דס"ג (יוד ויו דלת הי יוד ואו אלף ואו הי יוד)

יְהֵא yehé שְׁמֵיהּ Shmei (שם י"ה דס"ג) רַבָּא rabá קנ"א ב"ן,

יהוה אלהים יהוה אדני, מילוי קס"א וס"ג, מ"ה ברבוע וע"ב ע"ה מְבָרַךְ mevaraj,

לְעָלַם lealam לְעָלְמֵי lealmei עָלְמַיָּא almayá• יִתְבָּרַךְ yitbaraj•

Siete palabras con seis letras cada una (שם בן מ"ב) medita en:
יהוה + יוד הי ויו הי + מילוי דמילוי דע"ב (יוד ויו דלת הי יוד ויו יוד ויו הי יוד)
También siete veces la letra Vav (שם בן מ"ב) medita en:
יהוה + יוד הי ואו הי + מילוי דמילוי דס"ג (יוד ויו דלת הי יוד ואו אלף ואו הי יוד).

וְיִשְׁתַּבַּח veyishtabaj י"פ ע"ב יהוה אל אבג יתץ.

וְיִתְפָּאַר veyitpaar הי נו יה קרע שטן. וְיִתְרוֹמַם veyitromam וה כוזו נגד יכש.

וְיִתְנַשֵּׂא veyitnasé במוכסז בטר צתג. וְיִתְהַדָּר veyithadar כוזו יה וזקב טנע.

וְיִתְעַלֶּה veyitalé וה יוד ה יגל פזק. וְיִתְהַלָּל veyithalal א ואו הא שקו צית.

שְׁמֵיהּ Shmei (שם י"ה דמ"ה) דְּקוּדְשָׁא deKudshá בְּרִיךְ Verij הוּא Hu:

אָמֵן Amén אידהנויה.

MEDIO KADISH

¡Glorificado y santificado sea Su Gran Nombre! (Amén). En el mundo que Él creó de acuerdo a Su voluntad y pueda Su Reino reinar. Y pueda Él hacer que su Redención florezca y pueda Él acercar el Mesías (Amén). En tus vidas y en tus días y en la vida de la Casa de Israel, prontamente y en el futuro cercano, y dígase: Amén (Amén). Que Su gran Nombre sea bendito por siempre y para toda la eternidad, y bendito y alabado, y glorificado y exaltado, y ensalzado y honrado, y adorado y loado, sea el Nombre del Santo Bendito Sea (Amén).

לְעֵלָּא leelá מִן min כָּל col ילי בִּרְכָתָא birjatá◆ שִׁירָתָא shiratá◆

תֻּשְׁבְּחָתָא tishbejatá וְנֶחֱמָתָא venejamatá◆ דַּאֲמִירָן daamirán

בְּעָלְמָא bealmá וְאִמְרוּ veimrú אָמֵן Amén: אָמֵן Amén אידהנויה.

BARJÚ

Cuando entramos en el Mundo de Creación (*Briá*), recitamos el *Barjú* (debes bendecir). Esta conexión poderosa devuelve la parte de nuestra alma que nos abandonó mientras dormíamos. Incluso si alguien permanece despierto, una parte de su alma lo abandona durante la noche. Hay cinco palabras en el *Barjú* que nos conectan con las cinco partes de nuestra alma. Cada parte del alma está conectada a uno de los cinco mundos.

El *jazán* dice:

בָּרְכוּ barjú יהוה ריבוע הויה יהוה ריבוע מ״ה אֶת et יְהֹוָהאדניאהדונהי Adonai

הַמְבֹרָךְ hamevoraj ס״ת כהת, משיח בן דוד ע״ה:

Mientras el *jazán* dice el verso "*barjú*", la congregación dice "*yishtabaj*" de la siguiente manera (El *jazán* dirá "*yishtabaj*" mientras la congregación responde "*baruj*" como está a continuación):

יִשְׁתַּבַּח yishtabaj י״פ ע״ב וְיִתְפָּאַר veyitpaar שְׁמוֹ Shemó מהש ע״ה, ע״ב בריבוע וקס״א ע״ה,

אל שדי ע״ה שֶׁל shel מֶלֶךְ Mélej מַלְכֵי maljei הַמְּלָכִים hamelajim

הַקָּדוֹשׁ haKadosh בָּרוּךְ Baruj הוּא Hu שֶׁהוּא sheHú רִאשׁוֹן rishón וְהוּא veHú

אַחֲרוֹן ajarón וּמִבַּלְעָדָיו umibaladav אֵין ein אֱלֹהִים Elohim אהיה אדני ; ילה◆

יְהִי yehí שֵׁם Shem יְהֹוָהאדניאהדונהי Adonai מְבֹרָךְ mevoraj ר״ת ריבוע ע״ב ריבוע ס״ג

יהוה מברך = רפ״ח (להעלות רפ״ח ניצוצות שנפלו לקליפה דמשם באים התולואים)

מֵעַתָּה meatá וְעַד vead עוֹלָם olam ילי : וּמְרוֹמָם umeromam עַל al

כָּל col ילי ; עמם בְּרָכָה brajá וּתְהִלָּה utehilá ע״ה אמת, אהיה פעמים אהיה, ז״פ ס״ג:

Cuando contestamos "*Baruj Adonai hamevoraj leolam vaed*" recibimos las cinco partes del alma (*Néfesh*, *Rúaj*, *Neshamá*, *Jayá* y *Yejidá*) que nos abandonaron durante el sueño de anoche.

Primero la congregación responde lo siguiente, y luego el *jazán* lo repite:

Néfesh — בָּרוּךְ Baruj *Rúaj* — יְהֹוָהאדניאהדונהי Adonai *Neshamá* — הַמְבֹרָךְ hamevoraj

Jayá — לְעוֹלָם leolam ריבוע ס״ג ו׳ אותיות דס״ג *Yejidá* — וָעֶד vaed:

Más allá de todas las bendiciones,

himnos, alabanzas y palabras de consolación que pueden decirse en el mundo, y dirán: Amén (*Amén*).

BARJÚ

Bendigan al Señor, el Bendito. Alabado y exaltado es el Nombre del Rey de todos los Reyes, El Santo Bendito sea, quien es primero y quien es último y sin el cual no hay Dios. Que el Nombre del Señor sea bendecido desde ahora y hasta toda la eternidad, por encima de todas las bendiciones y alabanzas. Bendito es el Señor, el Bendito, eternamente y para siempre.

EL MUNDO DE CREACIÓN – BRIÁ

El versículo inicial dice: *yotser or uvoré jóshej* (forma la luz y crea la oscuridad). Esto se refiere al concepto de Luz y oscuridad, el bien y el mal. Una división 50/50 entre el bien y el mal nos da el libre albedrío de escoger Luz u oscuridad.

Desde aquí ("*yotser or*") hasta "*gaal Yisrael*" (pág. 352) te encuentras en el Mundo de *Briá*.

Heijal Livnat HaSapir (La Cámara de Zafiro): *Yesod* de *Zeir Anpín* en *Briá*.

En el siguiente párrafo hay sesenta palabras que corresponden con los sesenta poderosos (ellos protegen la *Maljut* de *Atsilut* cuando asciende a *Briá*). El ministro en el *Heijal* es el ángel *Adarhani-el* - **אדרהניאל** (**no pronunciar este nombre**) y el espíritu de este *Heijal* es **יאהדונהי**.

ילה Eloheinu אֱלֹהֵינוּ Adonai יְהֹוָהאדני יאהדונהי Atá אַתָּה Baruj בָּרוּךְ

סוף אין רז, or אוֹר yotser יוֹצֵר haolam הָעוֹלָם Mélej מֶלֶךְ

shalom שָׁלוֹם osé עוֹשֶׂה מלכים. וז' של נצוצות שך jóshej וְחֹשֶׁךְ uvoré וּבוֹרֵא

Yesod que es "*Heijal Livnat Hasapir*" de *Briá*.

:ילי hacol הַכֹּל et אֶת uvoré וּבוֹרֵא

Medita en elevar el antes mencionado "*Heijal Livnat Hasapir*" a "*Heijal Livnat Hasapir*" (*Yesod*) de *Aba* e *Ima* de *Briá*.

yoduja יוֹדוּךָ ילי hacol הַכֹּל

Medita en elevarlo a "*Heijal Étsem HaShamáyim*" (*Hod*) de *Aba* e *Ima* de *Briá*.

yeshabejuja יְשַׁבְּחוּךָ ילי vehacol וְהַכֹּל

Medita en elevarlo a "*Heijal Noga*" (*Nétsaj*) de *Aba* e *Ima* de *Briá*.

yomrú יֹאמְרוּ ילי vehacol וְהַכֹּל

Medita en elevarlo a "*Heijal HaRatsón*" (*Tiféret*) de *Aba* e *Ima* de *Briá*.

caAdonai כַּיהֹוָהאדני יאהדונהי kadosh קָדוֹשׁ ein אֵין

sela סֶלָה yeromemuja יְרוֹמְמוּךָ ילי hacol הַכֹּל

Medita en elevarlo a "*Heijal HaZejut*" (*Guevurá*) de *Aba* e *Ima* de *Briá*.

.ילי hacol הַכֹּל yotser יוֹצֵר

Medita en elevarlo a "*Heijal Ahavá*" (*Jésed*) de *Aba* e *Ima* de *Briá*, y atarlo y conectarlo allí para atraer la Santidad adicional de *Shabat*.

EL MUNDO DE CREACIÓN

Bendito eres Tú, Señor, nuestro Dios, Rey del Universo, "quien forma Luz y crea la oscuridad, hace la paz y lo crea todo" (Isaías 45:7). Todo Te da las gracias. Todo te alaba. Todos dicen que no hay nadie tan Santo como el Señor. ¡Todos te exaltan, Sela! Él, quien forma todo. El Dios quien abre diariamente las puertas de las pasarelas del este y quien abre las ventanas del

הָאֵל haEl לאה ; אל ("יא" מילוי דס"ג) הַפּוֹתֵחַ hapotéaj בְּכָל bejol ב"ן, לכב יוֹם yom

ע"ה נגד, מזבח, זן, אל יהוה דַּלְתוֹת daltot שַׁעֲרֵי shaarei מִזְרָח mizraj•

וּבוֹקֵעַ uvokéa וְחַלּוֹנֵי jalonei רָקִיעַ rakía• מוֹצִיא motsí חַמָּה jamá

מִמְּקוֹמָהּ mimekomá וּלְבָנָה ulevaná מִמְּכוֹן mimejón שִׁבְתָּהּ shivtá•

וּמֵאִיר umeir לְעוֹלָם leolam ריבוע ס"ג י' אותיות דס"ג כֻּלּוֹ culó וּלְיוֹשְׁבָיו uleyoshvav

שֶׁבָּרָא shebará קנ"א ב"ן, יהוה אלהים יהוה אדני, מילוי קס"א וס"ג, מ"ה ברבוע ע"ב ע"ה

בְּמִדַּת bemidat הָרַחֲמִים harajamim: הַמֵּאִיר hameir לָאָרֶץ laárets

וְלַדָּרִים veladarim עָלֶיהָ aleha פהל בְּרַחֲמִים berajamim מצפצ, אלהים דיודין, י"פ ייי•

וּבְטוּבוֹ uvetuvó (שהוא החסד אור גנוז בו) מְחַדֵּשׁ mejadesh י"ב הויות, קס"א קנ"א

בְּכָל bejol ב"ן, לכב יוֹם yom ע"ה נגד, מזבח, זן, אל יהוה

תָּמִיד tamid ע"ה קס"א קנ"א קמ"ג מַעֲשֵׂה maasé בְרֵאשִׁית vereshit ר"ת מ"ב:

מָה־ ma מ"ה רַבּוּ rabú מַעֲשֶׂיךָ maaseja יְהֹוָהאדני Adonai

כֻּלָּם culam בְּחָכְמָה bejojmá במילוי = תרי"ג (מצוות) עָשִׂיתָ asita

Todas las acciones provienen (como potencial de potencial) desde *Aba*, quien rodea a la Luz Infinita, y son realizadas (como hecho de potencial) por *Ima*, quien rodea a *Aba*. *Aba* dice e *Ima* hace.

מָלְאָה malá הָאָרֶץ haárets אלהים דההין ע"ה קִנְיָנֶךָ kinyaneja

Los Animales Sagrados y los *Ofanim* de "*Heijal Livnat Hasapir*".

הַמֶּלֶךְ haMélej הַמְרוֹמָם hameromam

לְבַדּוֹ levadó מ"ב מֵאָז meaz ומב ; לבדו מאז ע"ה = אמן (יאהדונהי)

Maljut* de *Briá (donde *Asiyá* y *Yetsirá* están incluidas en Ella ahora) sube desde "*Heijal Kódesh HaKodashim*" de *Yetsirá* a "*Heijal Livnat Hasapir*" de *Briá*. **Medita** en conectar *Maljut* y *Yesod* de *Briá*, y atraer la *Neshamá* desde el *Dáat* Superior de *Briá* para Ellos.

הַמְשֻׁבָּח hameshubaj וְהַמְפֹאָר vehamefoar

וְהַמִּתְנַשֵּׂא vehamitnasé מִימוֹת mimot עוֹלָם olam:

---

firmamento, y quien retira al Sol de su sitio y a la Luna del lugar de su descanso. Quien ilumina a todo el mundo y sus habitantes, que Él creó con Su atributo de misericordia. Y, con Su bondad, Él renueva, cada día y siempre, las obras de Creación. Qué diversas son Tus obras, Señor. Has hecho todo con sabiduría y el mundo está lleno con Tus posesiones. El Rey, quien fue exaltado solo desde el comienzo. El que es alabado, glorificado y loado desde el comienzo del tiempo.

אֱלֹהֵי Elohei מילוי דע"ב, דמב ; ילה עוֹלָם olam בְּרַחֲמֶיךָ berajameja

הָרַבִּים harabim רַחֵם rajem אברהם, ו"ז פ' אל, רי"ו ול"ב נתיבות החכמה,

רמ"ח (אברים), עסמ"ב וט"ז אותיות פשוטות עָלֵינוּ aleinu• אֲדוֹן Adón אני עֻזֵּנוּ uzenu•

צוּר tsur אלהים דההין ע"ה מִשְׂגַּבֵּנוּ misgabenu•

מָגֵן maguén ג"פ אל (יי"א מילוי דס"ג) ; ר"ת מיכאל גבריאל נוריאל יִשְׁעֵנוּ yishenu•

מִשְׂגָּב misgav משה, מהש, ע"ב בריבוע קס"א, אל שדי, ד"פ אלהים ע"ה בַּעֲדֵנוּ baadenu:

Heijal Ratsón (la Cámara del Deseo) - *Tiféret* de *Zeir Anpín* en *Briá*.

La palabra Ratsón tiene el mismo valor numérico que la palabra *Shmó* (Su Nombre, ambos iguales a 346), ya que Su Nombre es la vestimenta de *Sfirat Tiféret*.

אֵין ein עֱרוֹךְ aroj לְךָ lejá וְאֵין veéin זוּלָתֶךָ zulataj• אֶפֶס éfes

בִּלְתֶּךָ biltaj וּמִי umí ילי דּוֹמֶה domé לָךְ laj: אֵין ein עֱרוֹךְ aroj לְךָ lejá

Medita en elevar "*Heijal Ratsón*" (*Tiféret*) de *Zeir Anpín* de *Briá*
al "*Heijal Ratsón*" (*Tiféret*) Superior de *Aba* e *Ima* de *Briá*,
para atraer la Santidad adicional de *Shabat*.

יְהֹוָֹאדהנהי Adonai אֱלֹהֵינוּ Eloheinu ילה בָּעוֹלָם baolam הַזֶּה hazé והו•

וְאֵין veéin זוּלָתֶךָ zulataj מַלְכֵּנוּ malquenu לְחַיֵּי lejayei

הָעוֹלָם haolam הַבָּא habá: אֶפֶס éfes בִּלְתֶּךָ biltaj גּוֹאֲלֵנוּ goalenu

לִימוֹת limot הַמָּשִׁיחַ haMashíaj• וּמִי umí ילי דּוֹמֶה domé

לָךְ laj מוֹשִׁיעֵנוּ moshienu לִתְחִיַּת litjiyat הַמֵּתִים hametim:

EL ADÓN

Encontramos las 22 letras del alfabeto arameo codificadas en esta oración. La primera letra en cada una de las primeras 22 frases está en el orden alfabético correcto. Debido a que las letras arameas son los verdaderos instrumentos de la Creación, esta oración ayuda a inyectar orden y el poder de la Creación en nuestra vida.

Medita en atraer la Santidad adicional de *Shabat* (desde el aspecto del día; masculino) hacia *Nukvá* de *Zeir Anpín* de *Briá* para que Ella tenga un nuevo Nombre: אל אלף דלת נון יוד (702 = *Shabat*). También **medita** en elevar "*Heijal Ahavá*" (*Jésed*) de *Zeir Anpín* de *Briá* hacia el "*Heijal Ahavá*" Superior (*Jésed*) de *Aba* e *Ima* de *Briá*, para atraer la Santidad adicional de *Shabat*.

Dios del mundo, ten piedad de nosotros con Tus abundantes misericordias. Amo de nuestra fuerza, escudo de nuestra redención y quien es fortaleza para nosotros. No hay comparación contigo, Señor, nuestro Dios, en este mundo y no habrá nada a excepción de Ti, nuestro Rey, en la vida del Mundo por Venir. No habrá nada sin Ti, nuestro Redentor en los días del Mesías. ¿Y quién será como Tú, nuestro Salvador, en la resurrección de los muertos?

Heijal Ahavá (la Cámara del Amor) - *Jésed* de *Zeir Anpín* en *Briá*.

En este *Heijal* el ministro encargado se llama *El Shadai* אל שדי, de la palabra *Shadáyim* (pecho). Y en este *Heijal* encontramos el secreto del abrazo de *Yaakov* y *Leá*, el secreto de *Jésed* que los prepara para el propósito de la *Amidá*, allí encontramos el secreto del *Zivug*.

א ב

אֵל El יי"א (מילוי ד"ס"ג) אָדוֹן adón אני

ג ד ה

עַל al כָּל col ילי ; עמם הַמַּעֲשִׂים hamaasim•

ו ז

בָּרוּךְ baruj וּמְבֹרָךְ umevoraj

ח ט י

בְּפִי befí כָּל jol ילי ; עמם הַנְּשָׁמָה haneshamá•

והו ילי סיט עלם

גָּדְלוֹ godló וְטוּבוֹ vetuvó מָלֵא malé עוֹלָם olam•

מהש ללה אכא כהת

דַּעַת dáat וּתְבוּנָה utvuná סוֹבְבִים sovevim הוֹדוֹ hodó אהיה:

הזי אלד לאו ההע

הַמִּתְגָּאֶה hamitgaé עַל al חַיּוֹת jayot הַקֹּדֶשׁ hakódesh•

יזל מבה הרי הקם

וְנֶהְדָּר venehedar בְּכָבוֹד bejavod בוכו עַל al הַמֶּרְכָּבָה hamercavá•

לאו כלי לוו פהל

זְכוּת zejut וּמִישׁוֹר umishor לִפְנֵי lifnei כִסְאוֹ jisó•

נלך ייי מלה וההו

חֶסֶד jésed ע"ב, ריבוע יהוה וְרַחֲמִים verajamim מָלֵא malé כְּבוֹדוֹ jevodó:

EL ADÓN

א *Dios, Señor sobre todas las obras.* ב *Bendito quien es bendecido por la boca de cada alma.* ג *Su grandeza y Su bondad llenan el mundo.* ד *Sabiduría y entendimiento rodean Su gloria.* ה *Él quien es exaltado por sobre las Bestias sagradas.* ו *Y sus esplendores en gloria sobre la Carroza.* ז *Mérito y justicia están ante Su Trono.* ח *Benevolencia y misericordia llenan Su gloria.*

נתה האא ירת שאה

טוֹבִים tovim מְאוֹרוֹת meorot שֶׁבְּרָאָם sheberaam אֱלֹהֵינוּ Eloheinu יכה.

ריי אום

יְצָרָם yetsaram בְּדַעַת bedáat

לכב ושר

בְּבִינָה beviná ע״ה אהיה אהיה יהוה, וזיים וּבְהַשְׂכֵּל uvehasquel.

יוזו להח כוק מנד

כֹּחַ cóaj וּגְבוּרָה ugvurá רי״ו נָתַן natán בָּהֶם bahem.

אני ווָעם רהע ייז

לִהְיוֹת lihyot מוֹשְׁלִים moshlim בְּקֶרֶב bekérev תֵּבֵל tevel ב״פ רי״ו:

ההה מיכ וול ילה

מְלֵאִים meleim זִיו ziv וּמְפִיקִים umefikim נֹגַהּ noga דני.

סאל ערי עשל מיה

נָאֶה naé זִיוָם zivam בְּכָל bejol ב״ן, לכב הָעוֹלָם haolam.

והו דני הזש עמם

שְׂמֵחִים semejim בְּצֵאתָם betsetam שָׂשִׂים sasim בְּבוֹאָם bevoam.

ננא נית

עוֹשִׂים osim בְּאֵימָה beeimá ר״ת ע״ב (יוד הי ויו הי), ריבוע יהוה (י יה יהו יהוה)

מבה פוי

רְצוֹן retsón מהש ע״ה, ע״ב בריבוע וקס״א ע״ה, אל שדי ע״ה קוֹנֵיהֶם koneihem:

ט *Buenas son las luminarias que nuestro Dios ha creado.*

י *Las creó con entendimiento, discernimiento y sabiduría.*

כ *Él les concedió fortaleza y poder,* ל *para ser dominante en el mundo.* מ *Están llenas de brillo e irradian luminosidad.* נ *Su brillantez es hermosa alrededor del mundo.* ס *Alegres mientras avanzan y rebosantes mientras regresan.* ע *Ellas hacen con admiración la voluntad de su Creador.*

נמם הרוו ייל מצר

peer פְּאֵר vejavod וְכָבוֹד notnim נוֹתְנִים liShmó לִשְׁמוֹ

מהש ע״ה, ע״ב בריבוע וקס״א ע״ה, אל שדי ע״ה

ומב יהה ענו מוזי

tsahalá צָהֳלָה veriná וְרִנָּה lezéjer לְזֵכֶר maljutó מַלְכוּתוֹ✦

דמב מנק איע וזבו

kará קָרָא lashémesh לַשֶּׁמֶשׁ vayizraj וַיִּזְרַח or אוֹר רז, אין סוף✦

ראה יבמ היי מום

raá רָאָה ראה vehitkín וְהִתְקִין tsurat צוּרַת halevaná הַלְּבָנָה:

י״א י״ב י״ג י״ד ט״ו ט״ז

shévaj שֶׁבַח notnim נוֹתְנִים lo לוֹ col כָּל ילי tsevá צְבָא marom מָרוֹם✦

י״ז י״ח י״ט

tiféret תִּפְאֶרֶת ugdulá וּגְדוּלָה (*Briá*) serafim שְׂרָפִים

כ׳ כ״א כ״ב

(*Yetsirá*) vejayot וְחַיּוֹת (*Asiyá*) veofanei וְאוֹפַנֵּי hakódesh הַקֹּדֶשׁ:

LAEL ASHER

Cada uno de nosotros está imbuido del ADN del Creador. Este versículo nos ayuda a despertar todas las características divinas dentro de nosotros para que podamos alcanzar la realización y obtener control sobre nuestra vida.

laEl לָאֵל ייא״י (מילוי דס״ג) asher אֲשֶׁר shavat שָׁבַת micol מִכָּל hamaasim הַמַּעֲשִׂים✦ uvayom וּבַיּוֹם ע״ה נגד, מזבח, זן, אל יהוה hashevií הַשְּׁבִיעִי nitalá נִתְעַלָּה

Medita en que *Zeir Anpín*, que estaba "sentado" en *Yetsirá*, ahora se está elevando a *Briá*.

פ *Todos los ejércitos arriba conceden alabanza a Él.* צ *Júbilo y canciones alegres ante la mención de Su Reino.* ק *Él llamó al Sol y éste brilló con luz.* ר *Él vio y creó la forma de la Luna.* ש *Todos los ejércitos del cielo lo alaban.* ת *Esplendor y grandeza le atribuyen los Serafines, Bestias y los santos Ofanim..*

LAEL ASHER

Al Dios quien descansó de todas las obras y quien, en el Séptimo Día, fue elevado

Hasta ahora, los cinco *Tsélem* (de *Nétsaj, Hod, Yesod* de *Yisrael Saba* y *Tevuná*), que son llamados צ, los cinco *Tsélem* (de *Jésed, Guevurá, Tiféret* de *Yisrael Saba* y *Tevuná*), que son llamados ל, y los cinco *Tsélem* (de *Jojmá, Biná, Dáat* de *Yisrael Saba* y *Tevuná*), que son llamados ם, (y también son llamados: *Néfesh, Rúaj, Neshamá, Jayá, Yejidá* de *Neshamá*), ya han entrado a los cinco *Partsufim* de *Nétsaj, Hod, Yesod*, y a los cinco *Partsufim* de *Jésed, Guevurá, Tiféret* y a los cinco *Partsufim* de *Jojmá, Biná, Dáat* de *Biná* de *Zeir Anpín*, que es llamado *Gadlut Álef* (Primera Adultez, que no es considerada como una elevación para *Zeir Anpín*). **También medita** por *Yaakov* y *Rajel*, quienes ahora están rodeando a *Nétsaj, Hod, Yesod* de *Biná* de *Zeir Anpín* (que es *Nétsaj, Hod, Yesod* de *Yisrael Saba* y *Tevuná*).

וַיֵּשֶׁב veyashav עַל al כִּסֵּא quisé כְּבוֹדוֹ jevodó• תִּפְאֶרֶת tiféret

עָטָה atá לְיוֹם leyom ע"ה נגד, מזבח, זן, אל יהוה הַמְּנוּחָה hamenujá•

עֹנֶג óneg ר"ת עדן נהר גן קָרָא kará לְיוֹם leyom ע"ה נגד, מזבח, זן, אל יהוה

הַשַּׁבָּת haShabat: זֶה ze שִׁיר shir שֶׁבַח shévaj שֶׁל shel

יוֹם yom ע"ה נגד, מזבח, זן, אל יהוה הַשְּׁבִיעִי hashevií שֶׁבּוֹ shebó שָׁבַת shavat

אֵל El ייא" (מילוי דס"ג) מִכָּל micol ילי מְלַאכְתּוֹ melajtó•

וְיוֹם veyom ע"ה נגד, מזבח, זן, אל יהוה הַשְּׁבִיעִי hashevií מְשַׁבֵּחַ meshabéaj

וְאוֹמֵר veomer: מִזְמוֹר mizmor שִׁיר shir לְיוֹם leyom ע"ה נגד, מזבח, זן, אל יהוה

הַשַּׁבָּת haShabat ר"ת למשה: לְפִיכָךְ lefijaj יְפָאֲרוּ yefaarú

לָאֵל laEl ייא" (מילוי דס"ג) כָּל col ילי יְצוּרָיו yetsurav שֶׁבַח shévaj וִיקָר vikar

וּגְדֻלָּה ugdulá וְכָבוֹד vejavod יִתְּנוּ yitnú לַמֶּלֶךְ laMélej יוֹצֵר yotser

כֹּל col ילי• הַמַּנְחִיל hamanjil מְנוּחָה menujá לְעַמּוֹ leamó יִשְׂרָאֵל Yisrael

בְּיוֹם beyom ע"ה נגד, מזבח, זן, אל יהוה שַׁבַּת Shabat קֹדֶשׁ kódesh•

---

y se sentó en el Trono de Su gloria. Con esplendor Él envolvió el Día de Descanso. Él declaró el Día de Shabat una delicia. Esta es la canción de alabanza del Día de Shabat en el que Dios descansó de todo Su trabajo. Y el Séptimo Día alaba y dice: Un Salmo, una canción para el Día de Shabat. Es bueno dar gracias al Señor. Por lo tanto, que todo lo que Él ha creado glorifique y bendiga a Dios. Alabanza, honor, grandeza y gloria, que se rindan a Dios, el Rey, quien creó todo. Él quien da una herencia de alegría a Su Pueblo, Israel, en Su santidad, en el Día de Shabat.

שִׁמְךָ Shimjá יְהֹוָהאדהנויהי Adonai אֱלֹהֵינוּ Eloheinu ילה יִתְקַדַּשׁ yitkadash
שין דלת יוד. וְזִכְרְךָ vezijrejá יִתְפָּאַר yitpaar מַלְכֵּנוּ malquenu
בַּשָּׁמַיִם bashamáyim י"פ טל, י"פ כוזו מִמַּעַל mimáal עלם וְעַל veal הָאָרֶץ haárets
אלהים דההין ע"ה מִתָּחַת .mitájat עַל al כָּל col ילי ; עמם שֶׁבַח shévaj
מַעֲשֵׂה maasé יָדֶיךָ .yadeja וְעַל veal מְאוֹרֵי meorei אוֹר or רז, אין סוף
שֶׁיָּצַרְתָּ sheyatsarta הֵמָּה hema יְפָאֲרוּךָ yefaaruja סֶּלָה :sela

TITBARAJ LANÉTSAJ

El último Nombre de los 72 Nombres de Dios —*Mem, Vav, Mem* final מום— aparece en esta conexión. Este Nombre significa "mancha" o "imperfección". Si estamos en este planeta, todavía tenemos al menos una imperfección, si no es que tenemos innumerables imperfecciones más. Esta conexión nos ayuda a corregir estas fallas.

תִּתְבָּרַךְ titbaraj לָנֶצַח lanétsaj צוּרֵנוּ tsurenu מַלְכֵּנוּ malquenu
וְגוֹאֲלֵנוּ vegoalenu בּוֹרֵא boré קְדוֹשִׁים kedoshim יִשְׁתַּבַּח yishtabaj
י"פ ע"ב ; ר"ת יב"ק, אלהים יהוה, אהיה אדני יהוה שִׁמְךָ Shimjá לָעַד laad ב"פ בין
מַלְכֵּנוּ malquenu יוֹצֵר yotser מְשָׁרְתִים meshartim וַאֲשֶׁר vaasher
מְשָׁרְתָיו meshartav ר"ת מום, אלהים כֻּלָּם culam עוֹמְדִים omdim
כלם עומדים = י' הויות בְּרוּם berum עוֹלָם olam ר"ת ע"ב, ריבוע יהוה ;
ברום עולם ע"ה = קס"א קנ"א קמ"ג עם ג' כוללים (לא כולל האהיה עצמם) וּמַשְׁמִיעִים umashmiím
בְּיִרְאָה beyirá רי"ו יַחַד yájad בְּקוֹל ,bekol דִּבְרֵי divrei ראה
אֱלֹהִים Elohim אהיה אדני ; ילה וְחַיִּים jayim אהיה אהיה יהוה, בינה ע"ה וּמֶלֶךְ uMélej
עוֹלָם .olam כֻּלָּם culam אֲהוּבִים .ahuvim כֻּלָּם culam בְּרוּרִים .berurim
כֻּלָּם culam גִּבּוֹרִים guiborim ר"ת אבג. כֻּלָּם culam קְדוֹשִׁים .kedoshim

---

Que Tu Nombre, Señor, nuestro Dios, sea santificado y que Tu recuerdo, nuestro Rey, sea glorificada en el Cielo arriba y sobre la Tierra abajo. Que Tú seas bendecido, nuestro Salvador, más allá de todas las alabanzas de Tu obra. Y más allá de las luminarias brillantes que Tú has creado, ¡que te glorifiquen, Sela!

TITBARAJ LANÉTSAJ

Que Tú seas eternamente bendecido, nuestra Fortaleza, nuestro Rey y nuestro Redentor, Creador de los Santos ángeles. Que Tu Nombre sea alabado por siempre, nuestro Rey, quien forma ángeles asistentes. Y cuyos ángeles asistentes están de pie en las alturas del mundo y fuertemente proclaman, con reverencia y al unísono, las palabras del Dios Viviente y Rey del Universo. Todos son amados. Todos son puros. Todos son poderosos. Todos son Santos.

כלם culam עושים osim באימה beeimá ר"ת ע"ב, ריבוע יהוה

וביראה uveyirá ר"ו רצון retsón מהש ע"ה, ע"ב בריבוע וקס"א ע"ה, אל שדי ע"ה

קוניהם koneihem וכלם vejulam פותחים potjim את et

פיהם pihem בקדושה bikdushá ובטהרה uvetahorá בשירה beshirá

ובזמרה uvezimrá ומברכין umevarjín• ומשבחין umeshabjín•

ומפארין umefaarín• ומקדישין umakdishín• ומעריצין umaaritsín•

וממליכין umamlijín ר"ת ז' ווין בסוד שם בן מ"ב ; ס"ת = מצפצ, אלהים דיודין, י"פ ייי•

ET SHEM

La palabra *reshut* רשות se encuentra dentro de esta conexión. *Reshut* tiene el mismo valor numérico (906) que las iniciales de las palabras que componen la última frase del *Aná Bejóaj* (*shavateinu kabel, ushmá tsaakateinu, yodea taalumot*) – שקו צית. Esta secuencia específica está relacionada con nuestro mundo físico, *Maljut*.

את־ et שם Shem האל haEl לאה ; אל (ייא" מילוי דס"ג) המלך haMélej

הגדול hagadol להח ; עם ד' אותיות = מבה, יזל, אום הגבור haguibor

והנורא vehanorá ר"ת = יהוה קדוש kadosh הוא Hu•

וכלם vejulam מקבלים mekablim עליהם aleihem עול ol

מלכות maljut שמים shamáyim י"פ טל, י"פ כוזו זה ze מזה mizé•

ונותנים venotnim רשות reshut שקו צית זה ze לזה lazé•

להקדיש lehakdish ליוצרם leyotsram בנחת benájat רוח rúaj•

בשפה besafá ברורה verurá בשפה ברורה ע"ה = לשון הקודש ובנעימה uvineimá•

קדושה kedushá כלם culam כאחד queejad אהבה, דאגה

עונים onim באימה beeimá• ואומרים veomrim ביראה beyirá ר"ו:

Todos ejecutan, con reverencia y con asombro, la voluntad de su Hacedor. Todos abren sus bocas con Santidad y con pureza, con canciones y melodías. Ellos bendicen, alaban, glorifican, santifican, reverencian y entronan.

ET SHEM

El Nombre de Dios, el Rey, el grande, poderoso y reverenciado, porque Él es Santo. Todos aceptan sobre sí el yugo del Reino Celestial, uno del otro. Y se dan permiso uno al otro y ellos dan su consentimiento para santificar a su Creador. Con un espíritu calmo y con una expresión clara, y placentera, ellos proclaman santidad, con reverencia. Y todos ellos dicen al unísono y en asombro:

KADOSH, KADOSH, KADOSH

Esta frase se traduce como "Santo, Santo, Santo", pero no se refiere al significado convencional de la palabra "santo" (sagrado, bendecido o santificado). En lugar de ello, se refiere al concepto de completitud o "totalidad", como en la completitud cuántica de la realidad que está unificada e interconectada. Repetir la palabra "santo" tres veces también nos conecta con las Columnas Derecha (positiva), Izquierda (negativa) y Central (neutral). Esta oración nos infunde con la conciencia de que, a pesar de que tengamos imperfecciones, aún tenemos la Chispa Divina de Luz dentro de nosotros. Nuestra alma es parte de Dios.

Es bueno recitar este versículo siguiendo sus entonaciones (*teamim*).

קָדוֹשׁ kadosh **(Derecha)** | קָדוֹשׁ kadosh **(Izquierda)** קָדוֹשׁ kadosh **(Central)**

יְהֹוָאדהינויאהדונהי Adonai צְבָאוֹת Tsevaot פני שכינה

מְלֹא meló כָל־ jol ילי הָאָרֶץ haárets אלהים דההין ע״ה כְּבוֹדוֹ quevodó:

וְהָאוֹפַנִּים vehaofanim וְחַיּוֹת vejayot הַקֹּדֶשׁ hakódesh

בְּרַעַשׁ beráash גָּדוֹל gadol להח ; עם ד׳ אותיות = מבה, יזל, אום

מִתְנַשְּׂאִים mitnaseim לְעֻמַּת leumat הַשְּׂרָפִים haserafim

לְעֻמָּתָם leumatam מְשַׁבְּחִים meshabjim וְאוֹמְרִים veomrim:

בָּרוּךְ Baruj כְּבוֹד Quevod יְהֹוָאדהינויאהדונהי Adonai ; כבוד יהוה = יוד הי ואו הה

מִמְּקוֹמוֹ mimekomó עסמ״ב, הברכה (למתק את ז׳ המלכים שמתו)

ר״ת = ע״ב, ריבוע יהוה ; ר״ת מ״כ, י״פ האא:

LAEL BARUJ

לָאֵל laEl י״א״ (מילוי דס״ג) בָּרוּךְ baruj• נְעִימוֹת neimot יִתֵּנוּ yitenu•

לַמֶּלֶךְ laMélej אֵל El י״א״ (מילוי דס״ג) חַי jai וְקַיָּם vekayam•

זְמִירוֹת zemirot יֹאמֵרוּ yomeru• וְתִשְׁבָּחוֹת vetishbajot יַשְׁמִיעוּ yashmíu•

KADOSH, KADOSH, KADOSH

"Santo, Santo, Santo es el Señor de los Ejércitos. El mundo está lleno con Su gloria" (Isaías 6:3). *"Los Ofanim y todas las Bestias Sagradas rugen con voz estruendosa hacía los Serafines que están de pie enfrente de ellos, y alaban y dicen: Bendita es la gloria del Señor desde Su lugar"* (Ezequiel 3:12).

LAEL BARUJ

Al Dios bendito, ellos le dan melodías.
Al Rey, al Dios viviente y eterno, ellos le cantarán himnos y proclamarán alabanzas.

SIETE VERSOS

Cada uno de estos siete versos conecta con un cuerpo celeste diferente. Hace cuatro mil años, Avraham el Patriarca reveló que había siete cuerpos celestes claves que podían verse con los ojos: El Sol, la Luna, Marte, Mercurio, Saturno, Venus y Júpiter. Estos son los que tienen una influencia directa en nuestro mundo físico y ellos corresponden a las Siete *Sefirot* Inferiores. Según Avraham, las Tres Dimensiones Superiores (*Sefirot*) no influyen directamente en nuestro mundo.

כִּי qui הוּא Hu לְבַדּוֹ levadó מ״ב

(*Kéter*) מָרוֹם marom **(*Jojmá*)** וְקָדוֹשׁ vekadosh •

כנגד ז׳ כוכבי לכת – **correspondiendo a los siete planetas**:

כפרתבגד	**(Sol)**	guevurot גְּבוּרוֹת	poel פּוֹעֵל	(***Biná***)
תבגדכפר	**(Luna)**	jadashot חֲדָשׁוֹת	osé עוֹשֶׂה	(***Jésed***)
דכפרתבג	**(Marte)**	miljamot מִלְחָמוֹת	báal בַּעַל	(***Guevurá***)
רתבגדכפ	**(Mercurio)**	tsedakot צְדָקוֹת	zoréa זוֹרֵעַ	(***Tiféret***)
בגדכפרת	**(Saturno)**	yeshuot יְשׁוּעוֹת	matsmíaj מַצְמִיחַ	(***Nétsaj***)
פרתבגדכ	**(Venus)**	refuot רְפוּאוֹת	boré בּוֹרֵא	(***Hod***)
גדכפרתב	**(Júpiter)**	tehilot תְהִלּוֹת	norá נוֹרָא	(***Yesod***)

(***Maljut***) אֲדוֹן aAdón אני הַנִּפְלָאוֹת haniflaot •

MAASÉ BERESHIT

Ten en cuenta en todo momento que cada nuevo día es una renovación para toda la Creación. Con frecuencia, vivimos la vida ya sea en el pasado o en el futuro, dejando que el presente se nos escape. El verdadero crecimiento espiritual ocurre en el presente. Esta oración ayuda a infundir esta conciencia en nosotros. En el presente, lidiamos proactivamente con los efectos que hemos creado en el pasado y, a través de nuestras acciones, sembramos las semillas para nuestro futuro. Si nos perdemos las oportunidades que nos ofrece el presente, estaremos en un círculo reactivo, sin control sobre nuestra vida.

SIETE VERSOS

(Kéter) *Porque solamente Él es elevado* (Jojmá) *y Santo.*

(Biná)	*Él realiza hechos poderosos.*	(Sol)	(Jésed)	*Hace cosas nuevas.*	(Luna)
(Guevurá)	*El Señor de las guerras.*	(Marte)	(Tiféret)	*Siembra rectitud.*	(Mercurio)
(Nétsaj)	*Hace brotar salvación.*	(Saturno)	(Hod)	*Crea remedios.*	(Venus)
(Yesod)	*Magnífico en alabanzas.*	(Júpiter)	(Maljut)	*Señor de los prodigios.*	

הַמְחַדֵּשׁ hamejadesh י״ב הויות, קס״א קנ״א בְּטוּבוֹ betuvó בְּכָל־ bejol ב״ן, לכב

יוֹם yom ע״ה נגד, מזבח, זן, אל יהוה תָּמִיד tamid ע״ה קס״א קנ״א קמ״ג.

מַעֲשֵׂה maasé בְרֵאשִׁית vereshit ר״ת מ״ב. כָּאָמוּר caamur:

לְעֹשֵׂה leosé אוֹרִים orim רז, אין סוף גְּדֹלִים guedolim כִּי qui

לְעוֹלָם leolam ריבוע ס״ג וי׳ אותיות דס״ג חַסְדּוֹ jasdó ג׳ הויות, מזלא ; ר״ת = נגה:

בָּרוּךְ Baruj אַתָּה Atá יְהֹוָה יאהדונהי Adonai יוֹצֵר yotser הַמְּאוֹרוֹת hameorot:

AHAVÁ RABÁ

El propósito de esta oración es infundirnos con amor por el mundo y por las demás personas.

אַהֲבָה ahavá אחד, דאגה רַבָּה rabá אֲהַבְתָּנוּ ahavtanu ר״ת ע״ב, ריבוע יהוה

יְהֹוָה יאהדונהי Adonai אֱלֹהֵינוּ Eloheinu ילה חֶמְלָה jemlá גְּדוֹלָה guedolá

וִיתֵרָה viterá חָמַלְתָּ jamalta עָלֵינוּ aleinu. אָבִינוּ avinu מַלְכֵּנוּ malquenu

בַּעֲבוּר baavur שִׁמְךָ Shimjá הַגָּדוֹל hagadol להח ; עם ד׳ אותיות = מבה, יזל, אום

וּבַעֲבוּר uvaavur אֲבוֹתֵינוּ avoteinu שֶׁבָּטְחוּ shebatjú בָךְ vaj:

וַתְּלַמְּדֵמוֹ vatelamdemo חֻקֵּי jukei חַיִּים jayim אהיה אהיה יהוה, בינה ע״ה

לַעֲשׂוֹת laasot רְצוֹנְךָ retsonjá בְּלֵבָב belevav בוכו שָׁלֵם shalem.

כֵּן quen תְּחָנֵּנוּ tejanenú אָבִינוּ avinu אָב av הָרַחֲמָן harajamán.

MAASÉ BERESHIT

Renueva, cada día y para siempre, el trabajo de Creación como está dicho: "Al que hace las grandes luminarias, porque Su benevolencia es para siempre" (Salmos 136:7).

Bendito eres Tú, Señor, Hacedor de luminarias.

AHAVÁ RABÁ

Tú nos has amado con: gran amor, Señor, nuestro Dios. Tú has concedido sobre nosotros grande y abundante compasión, nuestro Padre, nuestro Rey, por Tu Gran Nombre y por nuestros antepasados que confiaron en Ti. Enseña preceptos de entrega de vida para que podamos cumplir Tu voluntad, con todo el corazón, para que seas amable a nosotros, nuestro Padre, Padre misericordioso.

הַמְרַחֵם hamerajem אברהם, וה"פ אל, רי"ו ול"ב נתיבות החכמה, רמ"ח (אברים),

עסמ"ב וט"ז אותיות פשוטות רַחֵם rajem אברהם, וה"פ אל, רי"ו ול"ב נתיבות החכמה, רמ"ח (אברים),

עסמ"ב וט"ז אותיות פשוטות נָא na עָלֵינוּ aleinu וְתֵן vetén בְּלִבֵּנוּ belibenu

בִּינָה viná ע"ה אהיה אהיה יהוה, ווי"ם לְהָבִין lehavín• לְהַשְׂכִּיל lehasquil•

לִשְׁמוֹעַ lishmoa• לִלְמוֹד lilmod וּלְלַמֵּד ulelamed• לִשְׁמוֹר lishmor

וְלַעֲשׂוֹת velaasot וּלְקַיֵּם ulekayem אֶת־ et כָּל־ col ילי דִּבְרֵי divrei ראה

תַּלְמוּד talmud תּוֹרָתְךָ toratjá בְּאַהֲבָה beahavá אחד, דאגה• וְהָאֵר vehaer

עֵינֵינוּ eineinu ריבוע מ"ה בְּתוֹרָתֶךָ betorateja• וְדַבֵּק vedabek

לִבֵּנוּ libenu בְּמִצְוֹתֶיךָ vemitsvoteja• וְיַחֵד veyajed לְבָבֵנוּ levavenu

לְאַהֲבָה leahavá אחד, דאגה וּלְיִרְאָה uleyirá רי"ו אֶת־ et שְׁמֶךָ Shemeja•

וְלֹא veló נֵבוֹשׁ nevosh וְלֹא veló נִכָּלֵם nicalem וְלֹא veló נִכָּשֵׁל nicashel

לְעוֹלָם leolam ריבוע ס"ג וי' אותיות דס"ג וָעֶד vaed• כִּי qui בְּשֵׁם veShem

קָדְשְׁךָ kodshejá הַגָּדוֹל hagadol להח ; עם ד' אותיות = מבה, יזל, אום

וְהַנּוֹרָא vehanorá בָּטָחְנוּ vatajnu• נָגִילָה naguilá וְנִשְׂמְחָה venismejá

בִּישׁוּעָתֶךָ vishuateja• וְרַחֲמֶיךָ verajameja יְהֹוָהאדניאהדונהי Adonai

אֱלֹהֵינוּ Eloheinu ילה וַחֲסָדֶיךָ vajasadeja הָרַבִּים harabim

אַל al יַעַזְבוּנוּ yaazvunu נֶצַח nétsaj סֶלָה sela וָעֶד vaed•

Sostén las cuatro esquinas del *Talit* con tu mano izquierda y llévalas a tu pecho hasta que termines de recitar las palabras "*laad uleolmei olamim*" en la pág. 348.

מַהֵר maher וְהָבֵא vehavé עָלֵינוּ aleinu בְּרָכָה brajá

וְשָׁלוֹם veshalom מְהֵרָה meherá מֵאַרְבַּע mearbá כַּנְפוֹת canfot

הָאָרֶץ haárets אלהים דההין ע"ה ; ר"ת = אדני•

Sé misericordioso con nosotros, El misericordioso. Coloca comprensión en nuestros corazones para que podamos entender, discernir, oír, estudiar, enseñar, mantener, hacer y cumplir todas las palabras de enseñanza de Tu Torá en amor. Ilumina nuestros ojos con Tu Torá. Enlaza nuestros corazones con Tus mandamientos. Unifica nuestros corazones para amar y temer a Tu Nombre; entonces no estaremos ni avergonzados ni humillados; ni fallaremos nunca y por toda la eternidad. Porque hemos colocado nuestra confianza en Tu gran y reverentemente temido Nombre. Que nos regocijemos y seamos felices en Tu Salvación. Que Tu compasión nunca nos abandone, Señor, nuestro Dios, ni Tus muchas benevolencias, Sela, por siempre. Apúrate y trae sobre nosotros bendición y paz, rápidamente, de los cuatro confines de la Tierra.

וּשְׁבוֹר ushvor עוֹל ol הַגּוֹיִם hagoyim מֵעַל meal עלם צַוָּארֵנוּ tsavarenu

וְהוֹלִיכֵנוּ veholijenu מְהֵרָה meherá קוֹמְמִיּוּת komemiyut לְאַרְצֵנוּ leartsenu ♦

כִּי qui אֵל El ייא״י (מילוי דס״ג) פּוֹעֵל poel יְשׁוּעוֹת yeshuot אַתָּה Atá ר״ת פאי, אמן

(יאהדונהי) וּבָנוּ uvanu בָחַרְתָּ vajarta מִכָּל־ micol ילי עַם am וְלָשׁוֹן velashón ♦

VEKERAVTANU MALQUENU

Recitar *Vekeravtanu Malquenu* nos hace recordar el Monte Sinaí y nos proporciona una conexión directa con éste y con la energía de inmortalidad.

וְקֵרַבְתָּנוּ vekeravtanu מַלְכֵּנוּ malquenu

LESHIMJÁ HAGADOL

Esta frase nos da el poder de eliminar toda duda e incertidumbre de nuestra vida.

Sin el poder de la certeza, todas nuestras oraciones son ineficientes. Los kabbalistas explican que la incertidumbre es la semilla de todo mal en el mundo: incertidumbre sobre nosotros, sobre la existencia de Dios, sobre nuestro destino y sobre nuestra capacidad de superar desafíos. Debido a que nuestra conciencia crea nuestra realidad, nuestra incertidumbre inevitablemente conllevará al caos. Cuando destruimos nuestra duda, todo lo que queda es positividad y certeza en la Luz. La palabra *Amalek* עמלק tiene el mismo valor numérico que la palabra aramea para "incertidumbre" y "duda" ספק (240). *Amalek* se refiere a las dudas e incertidumbres que nos infectan, provocando desunión y odio entre los pueblos. Una historia en la Biblia relata cómo Dios ordenó a los israelitas a salir y matar a todos los hombres, mujeres y niños de la nación de *Amalek*. El *Zóhar* explica que en este pasaje hay un código para destruir nuestra duda. En realidad, Dios les estaba diciendo a los israelitas que mataran a la incertidumbre dentro de ellos.

לְשִׁמְךָ leShimjá הַגָּדוֹל hagadol להוו ; עם ד׳ אותיות = מבה, יזל, אום

BEAHAVÁ LEHODOT LAJ

Ahora estamos obteniendo la fuerza para abstenernos de cualquier tipo de habla maliciosa o chisme acerca de otras personas.

Espiritualmente, el habla maliciosa es considerada como una de las acciones negativas más graves que una persona puede realizar; es incluso más grave que el asesinato. Dicen los sabios que con el asesinato una persona muere una vez. Cuando hablamos chismes de otra persona, a nivel espiritual, tres personas mueren: el hablante, el oyente y el individuo de quien se está hablando. Y no sólo eso, cada vez que el chisme pasa de una persona a otra, matamos a ese individuo nuevamente. El habla tiene un poder enorme. Cuando hablamos mal de los demás, no sólo herimos y dañamos sus vidas, sino que el daño también se extiende a la vida de la persona que está escuchando el chisme, así como a nuestra propia vida. El *Talmud* enseña que la destrucción del Templo ocurrió debido al habla maliciosa y al odio entre la gente. Si no nos abstenemos de hablar negativamente de nuestro prójimo, los demás tampoco podrán abstenerse de hablar mal de nosotros. Los kabbalistas nos enseñan que el habla maliciosa es una de las causas espirituales de la mayor fuerza negativa en nuestro mundo físico: *El odio gratuito.*

בְּאַהֲבָה beahavá אחד, דאגה לְהוֹדוֹת lehodot לָךְ laj

Rompe el yugo de las naciones de nuestros cuellos y rápidamente guíanos, orgullosamente erguidos, a nuestra tierra. Porque Tú eres Dios, quien obra la salvación. Tú nos escogiste entre todas las naciones y lenguas.

VEKERAVTANU MALQUENU - *Y nos acercaste, nuestro Rey,*
LESHIMJÁ HAGADOL - *a Tu gran Nombre*
BEAHAVÁ LEHODOT LAJ - *para expresar amorosamente nuestra gratitud,*

וּלְיַחֶדְךָ uleyajedjá וּלְאַהֲבָה uleahavá אחד, דאגה אֶת־ et שִׁמְךָ Shimjá:

ר"ת הברכה עולה למנין ל"ב נתיבות החכמה

בָּרוּךְ Baruj אַתָּה Atá יְהֹוָהאדני יאהדונהי Adonai

הַבּוֹחֵר habojer בְּעַמּוֹ beamó יִשְׂרָאֵל Yisrael בְּאַהֲבָה beahavá אחד, דאגה

ר"ת שם קדוש ב"ב (באתב"ש שמש):

EL SHEMÁ

El *Shemá* es una de las herramientas más poderosas para atraer energía sanadora a nuestra vida. El verdadero poder del *Shemá* es liberado cuando recitamos esta oración mientras meditamos en otras personas que necesiten energía de sanación.

El primer verso del *Shemá* canaliza la energía de *Zeir Anpín* o los Mundos Superiores.
El segundo verso se refiere a nuestro mundo, el Mundo de *Maljut*.

Hay un total de 248 palabras en esta oración, y estas 248 palabras transmiten energía de sanación a las 248 partes del cuerpo humano y su alma. El primer párrafo del *Shemá* está compuesto de 42 palabras que nos conectan con el Nombre de Dios de 42 Letras en el *Aná Bejóaj*. El segundo párrafo está compuesto de 72 palabras que nos conecta con los 72 Nombres de Dios. El tercer párrafo contiene 50 palabras que nos vinculan con las 50 Puertas de *Biná*, que nos ayudan a elevarnos sobre las 50 Puertas de la Negatividad. El párrafo final del *Shemá* tiene 72 palabras, que también nos conectan con los 72 Nombres de Dios, pero a través de una combinación diferente de letras que la que se usa en el segundo párrafo.

1) Para poder recibir la Luz del *Shemá*, debes aceptar el precepto de: "Ama a tu prójimo como a ti mismo", y verte a ti mismo unido con todas las almas que componen el Adam Original.
2) Necesitas meditar en conectarte al precepto de Recitar el *Shemá* dos veces al día.
3) Antes de recitar el *Shemá*, debes cubrir tus ojos con la mano derecha (mientras dices las palabras "*Shemá Yisrael … leolam vaed*"), y sostener los cuatro *tsitsiot* con la mano izquierda y colocarlos sobre tu corazón.
4) Debes leer el *Shemá* con meditación profunda, recitándolo con las entonaciones. Es necesario ser cuidadoso con la pronunciación de todas las letras. Cada palabra que termine en la misma letra que inicia la palabra siguiente debe pronunciarse por separado y no como una continuación de la siguiente palabra. Ej.: *bejol levavjá*. *Bejol* termina con una *Lámed* y *levavjá* comienza con una *Lámed*. Cada una de estas palabras debe pronunciarse por separado de forma que las dos *Lámed* sean escuchadas. Por lo tanto, hemos añadido un símbolo especial (•) sobre cada lugar donde esto ocurra.

Primero, medita en general, en el primer *Yijud* de los cuatro *Yijudim* del Nombre: יהוה y, en particular, para despertar a la letra ה, y luego para conectarla con la letra ו. Después conecta a la letra י y a la letra ה juntas en el orden siguiente: *Hei* (ה), *Hei-Vav* (ה"ו), luego *Yud-Hei* (י"ה), lo que suma 31, el secreto de א"יי del Nombre ס"ג. Es bueno meditar en este *Yijud* antes de recitar cualquier *Shemá* porque actúa como un reemplazo por las veces que quizás no hayas recitado el *Shemá*. Este *Yijud* tiene la misma capacidad de crear una conexión Celestial como la lectura del *Shemá*: elevar a *Zeir* y a *Nukvá* juntos para el *Zivug* de *Aba* e *Ima*.

---

para unificarte y amar Tu Nombre.
Bendito eres Tú, Señor, quien ha escogido a Su Nación, Israel, con amor.

(Según el Ramjal, la elevación de los *Mojín* durante este *Shemá* es el mismo que durante el *Shemá* de *Shajarit* de los días de la semana, excepto que *Zeir Anpín* es elevado a *Nétsaj, Hod, Yesod* de *Aba* e *Ima*).

Shemá – שמע

La razón para decir aquí el *Shemá* es para despertar los *Mojín* (cerebros/energía) para *Zeir Anpín*. Tenemos que hacer esto en *Briá*, porque en *Atsilut* no tenemos la capacidad de hacerlo. **Meditación general**: שם ע – para atraer la energía desde las siete *Sefirot* inferiores de *Ima* hacia la *Nukvá*, la cual permite a la *Nukvá* elevar las *Máyin Nukvín* (despertar desde Abajo). **Meditación particular**: שם = יהוה + שדי y cinco veces las letras י y ד de ב"ן = ע [La letra *Hei* (ה) es formada por las letras *Dálet* (ד) y *Yud* (י), por lo tanto en ב"ן tenemos cuatro veces la letra ה más otra vez las letras י y ד de יוד de ב"ן]. También las tres letras ו (18) que quedan de ב"ן, más ב"ן mismo (52) equivale a ע (70).

Yisrael – ישראל

Meditación general: שי"ר אל – para atraer energía desde *Jésed* y *Guevurá* de *Aba* hacia *Zeir Anpín*, para hacer su acción en el secreto de *Máyin Dujrín* (despertar desde Arriba).

Meditación particular: (las letras reordenadas de la palabra *Yisrael*): שר אלי

י"ה דאלהים דמוח חכמה בהכאה (יו"ד פעמים ה"י) = ש',

י"ה דאלהים דמוח בינה בהכאה (יו"ד פעמים ה"ה) = ר',

י"ה דאלהים דמוח דחסדים דדעת (יו"ד ה"א), וי"ה דאלהים דמוח דגבורות דדעת (י"ה) = אל"י.

También medita en atraer la Luz Circundante de *Aba* de *Katnut* hacia *Zeir Anpín*.

Adonai Eloheinu Adonai – יהוה אלהינו יהוה

Meditación general: para atraer energía hacia *Aba*, *Ima* y *Dáat* desde *Arij Anpín*.

Meditación particular: ע"ב (יוד הי ויו הי) קס"א (אלף הי יוד הי) ע"ב (יוד הי וי הי)

Ejad – אחד

(El secreto del completo *Yijud-Unificación*)

Las letras *Álef* א y *Jet* ח de *Ejad* אחד son *Zeir Anpín* y la letra *Dálet* ד es *Nukvá*. **Debes medita** en dedicar tu alma a la santificación del Nombre Sagrado, elevando de este modo a tu *Néfesh*, *Rúaj*, *Neshamá* y *Neshamá* de *Neshamá* con *Zeir Anpín* y *Nukvá* (usando los Nombres: ע"ב y ס"ג) hacia *Aba* e *Ima* como en el secreto de *Máyin Nukvín*, y por esa energía, *Aba* e *Ima* serán unificados en el secreto del Nombre: יאהדויה"ה. **También medita** en atraer los Seis Bordes Internos de *Gadlut* de *Ima* hacia *Zeir Anpín*. La Gota, que es ע"ב, es sacada desde lo externo de *Atik* y desciende hacia *Yesod* de *Ima*, donde se convierte en: ע"ב ס"ג מ"ה ב"ן, y las cuatro אהיה deletreadas (אלף הי יוד הי, אלף הי יוד הי, אלף הא יוד הא, אלף הה יוד הה) se convierten en Su vestimenta. Como resultado, *Zeir Anpín* tiene cuatro יה"ו deletreadas (יוד הי ויו, יוד הי ואו, יוד הא ואו, יוד הה וו), cuatro אה"י deletreadas (אלף הי יוד, אלף הי יוד, אלף הא יוד, אלף הה יוד) y los Seis Bordes Internos de *Gadlut* de *Ima*. **También medita** en el Nombre: אל"ף ה"י וי"ו ה"י, que es el *Mojín* entero en el secreto de *Dáat*. **Y también medita** (según el Ramjal) en las cuatro *Álef* deletreadas (אלף = 111) del Nombre: אהי"ה que es igual a la palabra *Midat* (444), haciendo el *Kéter* para *Leá*.

Baruj Shem – ברוך שם כבוד מלכותו לעולם ועד

Baruj Shem Quevod – *Jojmá, Biná, Dáat* de *Leá*;

Maljutó – Su *Kéter*; ***Leolam*** – el resto de Su *Partsuf*;

Vaed – los cuatro היה (4 veces 20 es igual a *Vaed* = 80) harán el *Kéter* para *Rajel*.

Y las cuatro היה deletreadas (הי יוד הי, הי יוד הי, הא יוד הא, הה יוד הה) harán el resto de Su cuerpo.

שְׁמַע Shemá ע' רבתי יִשְׂרָאֵל Yisrael יְהֹוָהאדניאהדונהי Adonai

אֱלֹהֵינוּ Eloheinu ילה יְהֹוָהאדניאהדונהי Adonai | אֶחָד Ejad ד' רבתי ; אהבה, דאגה:

(:Susurrar) יוזו אותיות בָּרוּךְ Baruj שֵׁם Shem כְּבוֹד quevod מַלְכוּתוֹ maljutó,

לְעוֹלָם leolam ריבוע ס"ג וי' אותיות דס"ג וָעֶד vaed:

Yud, Jojmá, cabeza – 42 palabras que corresponden al Nombre Sagrado de Dios de 42 Letras.

א ב

וְאָהַבְתָּ veahavtá ב"פ אור, ב"פ רז, ב"פ אין סוף ; (יכוין לקיים מ"ע של אהבת ה') אֵת et

ג י

יְהֹוָהאדניאהדונהי Adonai אֱלֹהֶיךָ Eloheja ילה ; ס"ת כהת, משיח בן דוד ע"ה

ת צ ק ר

בְּכָל־ bejol ב"ן, לכב לְבָבְךָ levavjá וּבְכָל־ uvejol ב"ן, לכב נַפְשְׁךָ nafshejá

ע ש ט ג

וּבְכָל־ uvejol ב"ן, לכב מְאֹדֶךָ meodeja: וְהָיוּ vehayú הַדְּבָרִים hadevarim

ג ג ד י כ

הָאֵלֶּה haele אֲשֶׁר asher אָנֹכִי anojí מְצַוְּךָ metsaveja הַיּוֹם hayom

ש ב ט

ע"ה נגד, מזבח, זן, אל יהוה (pausa aquí) עַל al לְבָבֶךָ levaveja: וְשִׁנַּנְתָּם veshinantam

ר צ ת ג

לְבָנֶיךָ levaneja וְדִבַּרְתָּ vedibarta בָּם bam מ"ב בְּשִׁבְתְּךָ beshivtejá

ח ק ב

בְּבֵיתֶךָ beveiteja ב"פ ראה וּבְלֶכְתְּךָ uvelejtejá בַדֶּרֶךְ vadérej

ט ג

ב"פ יב"ק, ס"ג קס"א וּבְשָׁכְבְּךָ uveshojbejá וּבְקוּמֶךָ uvkumeja:

ע י ג ל

וּקְשַׁרְתָּם ukshartam לְאוֹת leot עַל־ al יָדֶךָ yadeja

EL SHEMÁ

"Escucha, Israel, el Señor nuestro Dios. El Señor es Uno" (Deuteronomio 6:4). "Bendito es el glorioso Nombre, Su Reino es por siempre y para la eternidad" (Pesajim 56a). "Y amarás al Señor, tu Dios, con todo tu corazón y con toda tu alma y con todo lo que posees. Deja que estas palabras que te ordeno hoy descansen sobre tu corazón. Y las enseñarás a tus hijos y hablarás de ellas mientras estés sentado en tu hogar y mientras caminas por el sendero y cuando te acuestas y cuando te levantas. Las atarás como una señal sobre tu mano

פ ז ק ש

וְהָיוּ vehayú לְטֹטָפֹת letotafot בֵּין bein עֵינֶיךָ eineja

ע״ה קס״א ; ריבוע מ״ה:

ק ו

וּכְתַבְתָּם ujtavtam עַל־ al

צ י ת

מְזֻזוֹת mezuzot נ״ת (זז מות) בֵּיתֶךָ beiteja ב״פ ראה וּבִשְׁעָרֶיךָ uvisheareja:

VEHAYÁ IM SHAMOA

***Hei*, *Biná*, brazos y cuerpo** – 72 palabras que corresponden a los 72 Nombres de Dios.

והו ילי

וְהָיָה vehayá יהוה ; יהה אִם־ im יוה״ך, מ״א אותיות דפשוט, דמילוי ודמילוי דמילוי דאהיה ע״ה

סיט עלם מהש ללה אכא

שָׁמֹעַ shamoa תִּשְׁמְעוּ tishmeú אֶל־ el מִצְוֹתַי mitsvotai אֲשֶׁר asher

כהת הזי אלד לאו

אָנֹכִי anojí מְצַוֶּה metsavé אֶתְכֶם etjem הַיּוֹם hayom ע״ה נגד, מזבח, זן, אל יהוה

ההע יזל מבה

(haz una pausa aquí) לְאַהֲבָה leahavá אוזד, דאגה אֶת־ et יְהֹוָאדהֻנָהי Adonai

הרי הקם

אֱלֹהֵיכֶם Eloheijem ילה (pronuncia la letra *Ayin* en la palabra "*uleavdó*") וּלְעָבְדוֹ uleavdó

לאו כלי לוו

בְּכָל bejol ב״ן, לכב לְבַבְכֶם levavjem וּבְכָל־ uvejol ב״ן, לכב

פהל נלך ייי מלה

נַפְשְׁכֶם nafshejem: וְנָתַתִּי venatati מְטַר־ metar אַרְצְכֶם artsejem

וזהו נתה האא ירת שאה

בְּעִתּוֹ beitó יוֹרֶה yoré וּמַלְקוֹשׁ umalkosh וְאָסַפְתָּ veasafta דְגָנֶךָ deganeja

ריי אום לכב ושר

וְתִירֹשְׁךָ vetiroshjá וְיִצְהָרֶךָ veyitzhareja: וְנָתַתִּי venatati עֵשֶׂב ésev ע״ב שמות

---

y serán como filacterias entre tus ojos.

Y las escribirás en los umbrales de tu casa y en tus puertas" (*Deuteronomio 6:5-9*).

VEHAYÁ IM SHAMOA

"Y sucederá que si escuchan Mis mandamientos que les estoy ordenando hoy de amar al Señor, su Dios, y servirle con todo su corazón y con toda su alma. Entonces enviaré lluvias sobre su tierra en el momento apropiado, tanto lluvias tempranas como lluvias tardías. Y recogerás tus granos y tu vino y tu aceite. Y te daré hierba

יוזו להוו כוק מנד

בְּשָׂדְךָ besadjá לִבְהֶמְתֶּךָ livhemteja וְאָכַלְתָּ veajalta וְשָׂבָעְתָּ vesavata:

אני וזעם רהע ייז ההה

הִשָּׁמְרוּ hishamrú לָכֶם lajem פֶּן־ pen יִפְתֶּה yifté לְבַבְכֶם levavjem

מיכ וול ילה סאל

וְסַרְתֶּם vesartem וַעֲבַדְתֶּם vaavadtem אֱלֹהִים elohim אֲחֵרִים ajerim

ערי עשל

משה (העומד נגד הקליפות) וְהִשְׁתַּחֲוִיתֶם vehishtajavitem לָהֶם lahem:

מיה והו דני הוזש

וְחָרָה vejará (haz una pausa aquí) אַף־ af יְהֹוָהאדניאהדונהי Adonai בָּכֶם bajem

עמם ננא נית מבה

וְעָצַר veatsar אֶת־ et הַשָּׁמַיִם hashamáyim י"פ טל, י"פ כוזו וְלֹא־ veló

פוי נמם ייל הרוז מצר

יִהְיֶה yihyé ייי מָטָר matar וְהָאֲדָמָה vehaadamá לֹא lo תִתֵּן titén ב"פ כהת

ומב יהה ענו מוזי דמב

אֶת־ et יְבוּלָהּ yevulá וַאֲבַדְתֶּם vaavadtem מְהֵרָה meherá מֵעַל meal עלם

מנק איע וזבו

הָאָרֶץ haárets אלהים דההין ע"ה הַטֹּבָה hatová אֲשֶׁר asher

ראה יבמ היי

יְהֹוָהאדניאהדונהי Adonai נֹתֵן notén אבג יתץ, ושר לָכֶם lajem: **Vav, Zeir Anpín**

מום א

וְשַׂמְתֶּם vesamtem **estómago** — 50 palabras que corresponden a las 50 Puertas de *Biná* אֶת־ et

ה י ה א ה

דְּבָרַי devarai ראה אֵלֶּה ele עַל־ al לְבַבְכֶם levavjem וְעַל־ veal

י ה א ה

נַפְשְׁכֶם nafshejem וּקְשַׁרְתֶּם ukshartem אֹתָם otam לְאוֹת leot ר"ת לאו

---

en tu campo para tu ganado. Y comerás y quedarás saciado. Pero cuiden que su corazón no sea seducido y se alejen para servir a deidades foráneas y se postren ante ellas. Y la ira del Señor caerá sobre ustedes y Él detendrá los Cielos y no habrá más lluvia y la tierra no brindará su cosecha. Y rápidamente perecerán de la buena tierra que el Señor les ha dado. Y pondrán estas palabras Mías sobre su corazón y sobre su alma y las atarán como una señal

עַל־ al · יֶדְכֶם yedjem · וְהָיוּ vehayú

לְטוֹטָפֹת letotafot · בֵּין bein · עֵינֵיכֶם eineijem · ריבוע מ"ה:

וְלִמַּדְתֶּם velimadtem · אֹתָם otam · אֶת־ et · בְּנֵיכֶם beneijem

לְדַבֵּר ledaber · ראה · בָּם bam · שם · בן · מ"ב · בְּשִׁבְתְּךָ beshivtejá

בְּבֵיתֶךָ beveiteja · ב"פ ראה · וּבְלֶכְתְּךָ uvelejtejá · בַדֶּרֶךְ vadérej · ב"פ יב"ק, ס"ג קס"א

וּבְשָׁכְבְּךָ uveshojbejá · וּבְקוּמֶךָ: uvkumeja · וּכְתַבְתָּם ujtavtam · עַל־ al

מְזוּזוֹת mezuzot · בֵּיתֶךָ beiteja · ב"פ ראה · וּבִשְׁעָרֶיךָ: uvishaareja · לְמַעַן lemaan

יִרְבּוּ yirbú · יְמֵיכֶם yemeijem · ר"ת ייל · וִימֵי vimei · בְנֵיכֶם veneijem

עַל al · הָאֲדָמָה haadamá · אֲשֶׁר asher · (pronuncia la letra *Ayin* en la palabra "*nishbá*")

נִשְׁבַּע nishbá · יכוין · לשבועת · המבול · יְהֹוָהאדניאהדונהי Adonai

לַאֲבֹתֵיכֶם laavoteijem · לָתֵת latet · לָהֶם lahem · כִּימֵי quimei

הַשָּׁמַיִם hashamáyim · י"פ טל, י"פ כוזו · עַל־ al · הָאָרֶץ haárets · אלהים דההין ע"ה:

---

sobre sus manos y serán como filacterias entre sus ojos. Y las enseñarán a sus hijos hablando de ellas mientras estés sentado en tu hogar y mientras caminas por el sendero y cuando te acuestas y cuando te levantas. Y las escribirás en los umbrales de tu casa y sobre tus puertas. Esto es para que sus días sean numerosos y también los días de sus hijos sobre la Tierra que el Señor ha prometido a sus padres darles como los días de los Cielos sobre la Tierra" (Deuteronomio 11:13-21).

VAYÓMER

Hei, *Maljut*, piernas y órganos reproductores,

72 palabras que corresponden a los 72 Nombres de Dios en orden directo (según el Ramjal).

עאם סבט ייי ווו

Moshé מֹשֶׁה el אֶל־ Adonai יְהֹוָהאדניאהדונהי vayómer וַיֹּאמֶר

אנא ליה מבש

el אֶל־ ראה daber דַּבֵּר :lemor לֵאמֹר ע״ה אלהים ד״פ ,אל שדי ,וקס״א בריבוע ע״ב ,מהש

המע להו אנד הוזי כמות

veasú וְעָשׂוּ alehem אֲלֵהֶם veamarta וְאָמַרְתָּ Yisrael יִשְׂרָאֵל bnei בְּנֵי

לוו המם היי מרה יצל

vigdeihem בִּגְדֵיהֶם canfei כַּנְפֵי al עַל־ tsitsit צִיצִת lahem לָהֶם

נמך פנל ליו ככי

tsitsit צִיצִת al עַל־ venatnú וְנָתְנוּ ledorotam לְדֹרֹתָם

וזהו מנה יוזי

:tejélet תְּכֵלֶת ב״ן י״פ petil פְּתִיל אלהים אדני ,קנ״א ע״ה hacanaf הַכָּנָף

רלי שאה ירת השא ניה

otó אֹתוֹ ureitem וּרְאִיתֶם letsitsit לְצִיצִת lajem לָכֶם יהה ; יהוה vehayá וְהָיָה

Debes pasar los *tsitsiot* sobre tus ojos y besarlos, luego repite el procedimiento.

להוו ייו והר ליב אום

Adonai יְהֹוָהאדניאהדונהי mitsvot מִצְוֹת ילי col כָּל־ et אֶת־ uzjartem וּזְכַרְתֶּם

רהע וזום אני מנד כעק

ajarei אַחֲרֵי taturu תָתוּרוּ veló וְלֹא־ otam אֹתָם vaasitem וַעֲשִׂיתֶם

מככ השה יוזו

מ״ה ריבוע eineijem עֵינֵיכֶם veajarei וְאַחֲרֵי levavjem לְבַבְכֶם

Debes pasar los *tsitsiot* sobre tus ojos y después besarlos.

Hacer esto (besar los *tsitsiot* y pasarlos sobre tus ojos), es de gran apoyo y asistencia para que el alma esté protegida de cualquier transgresión. Debes meditar en el precepto: "No seguirás los pensamientos sexuales negativos del corazón ni a las miradas de los ojos que buscan prostitución".

VAYÓMER

"Y el Señor le habló a Moshé y dijo: habla a los Hijos de Israel y diles que deben hacer para sí mismos Tsitsit, en las esquinas de sus vestimentas, a lo largo de todas sus generaciones. Y deben colocar sobre el Tsitsit de cada esquina un filamento azul. Y esto será para ustedes como un Tsitsit; lo verán y recordarán los mandamientos del Señor y los cumplirán. Y no se dejen llevar en pos de su corazón y de sus ojos,

וול ייה סאל ערי עאל

אֲשֶׁר־ asher אַתֶּם atem זֹנִים zonim אַחֲרֵיהֶם ajareihem: לְמַעַן lemaan

מתה והו היש דלי עלם

תִּזְכְּרוּ tizquerú וַעֲשִׂיתֶם vaasitem אֶת־ et כָּל־ col ילי מִצְוֹתָי mitsvotai

נהא נות מלה

וִהְיִיתֶם vihyitem קְדֹשִׁים kedoshim לֵאלֹהֵיכֶם leEloheijem ילה:

פאי נקם ירל הבוז

אֲנִי Aní אני יְהֹוָהאדניאהדונהי Adonai אֱלֹהֵיכֶם Eloheijem ילה אֲשֶׁר asher

מזר והב יאה עלו

הוֹצֵאתִי hotseti אֶתְכֶם etjem מֵאֶרֶץ meérets מִצְרַיִם Mitsráyim מצר

Debes meditar en recordar el Éxodo de *Mitsráyim* (Egipto).

מזי דהב מכק

לִהְיוֹת lihyot לָכֶם lajem לֵאלֹהִים leElohim אהיה אדני ; ילה

אלע וזהו רלה

אֲנִי Aní אני יְהֹוָהאדניאהדונהי Adonai אֱלֹהֵיכֶם Eloheijem ילה:

Está atento de completar este párrafo junto con el *jazán* y la congregación, y de decir la palabra "*emet*" en voz alta. El *jazán* debe decir la palabra "*emet*" susurrando.

אֱמֶת emet אהיה פעמים אהיה, ז"פ ס"ג.

La congregación debe estar en silencio, escuchar y oír las palabras "*Adonai Eloheijem emet*" dichas por el *jazán*. Si no completaste el párrafo junto al *jazán*, debes repetir las últimas tres palabras por cuenta propia. Con estas tres palabras el *Shemá* es concluido.

ייבו הלי

יְהֹוָהאדניאהדונהי Adonai אֱלֹהֵיכֶם Eloheijem ילה:

מוהם

אֱמֶת emet אהיה פעמים אהיה, ז"פ ס"ג.

VEYATSIV

Antes de la *Amidá*, que significa el Mundo de Emanación (*Atsilut*), nos encontramos con varias conexiones. La palabra aramea *Emet* אמת aparece cuatro veces en dos ocasiones. El Arí dice que las cuatro apariciones de la palabra *Emet*, que aparecen en dos ocasiones para un total de ocho veces, se refieren a los cuatro Exilios y a las cuatro Redenciones de los israelitas que han ocurrido a lo largo de la historia. Esta palabra significa "verdad". Cuando hay un poco de falsedad en nuestro corazón, es difícil tener éxito en el trabajo espiritual. Esta oración tiene el poder de remover toda falsedad y abrir nuestro corazón a la verdad.

---

porque de acuerdo con ellos irás por mal camino. Para que se acuerden y hagan todos Mis mandamientos y de este modo serán santos ante su Dios. Yo soy el Señor, su Dios, quien los sacó de la tierra de Egipto para ser su Dios. Yo, el Señor, su Dios, Es verdad" (Números 15:37-41). *El Señor, su Dios, ¡es verdad!*

Encontramos otro código en la palabra *Emet* אמת:

En arameo, esta palabra comienza con la letra *Álef* א, la primera letra del alfabeto. La segunda letra en *Emet* es *Mem* מ, la letra que está a la mitad del alfabeto. La última letra en *Emet* es *Tav* ת, la última letra del alfabeto. Una persona con el atributo de la verdad tiene el poder de todo el alfabeto que, en esencia, es el poder de todo el universo.

א' של אמת וי"ה ווין = אמן (יאהדונהי) וְיַצִּיב veyatsiv• וְנָכוֹן venajón• וְקַיָּם vekayam•

וְיָשָׁר veyashar• וְנֶאֱמָן veneemán• וְאָהוּב veahuv• וְחָבִיב vejaviv הוי•

וְנֶחְמָד venejmad• וְנָעִים venaim• וְנוֹרָא venorá• וְאַדִּיר veadir הרי•

וּמְתוּקָּן umetukán• וּמְקֻבָּל umekubal• וְטוֹב vetov והו• וְיָפֶה veyafé•

יכוין ט"ו ווין ג'ימ' יה, הווין עצמן ו, ור"ת הדבר הרי יהוה הַדָּבָר hadavar ראה

הַזֶּה hazé והו עָלֵינוּ aleinu לְעוֹלָם leolam ריבוע ס"ג וי' אותיות דס"ג וָעֶד vaed:

יוד הי ואו אֱמֶת emet אהיה פעמים אהיה, ז"פ ס"ג אֱלֹהֵי Elohei מילוי ע"ב, דמב ; ילה

עוֹלָם olam מַלְכֵּנוּ malquenu• צוּר tsur אלהים דההין ע"ה יַעֲקֹב Yaakov

ז' הויות, יאהדונהי אידהנויה מָגֵן maguén ג"פ אל (ייא" מילוי דס"ג) ; ר"ת מיכאל גבריאל נוריאל

יִשְׁעֵנוּ yishenu• לְדֹר ledor וָדֹר vador רי"ו הוּא Hu קַיָּם kayam

וּשְׁמוֹ uShmó מהש ע"ה, ע"ב בריבוע וקס"א ע"ה, אל שדי ע"ה קַיָּם kayam וְכִסְאוֹ vejisó

נָכוֹן najón וּמַלְכוּתוֹ umaljutó וֶאֱמוּנָתוֹ veemunató לָעַד laad ב"פ ב"ן ; ר"ת לוו

קַיֶּמֶת kayémet: וּדְבָרָיו udvarav וְחָיִים jayim אהיה אהיה יהוה, בינה ע"ה

וְקַיָּמִים vekayamim וְנֶאֱמָנִים veneemanim וְנֶחֱמָדִים venejemadim לָעַד laad

ב"פ ב"ן (besa los *tsitsiot*, pásalos sobre tus ojos y luego suéltalos) וּלְעוֹלְמֵי uleolmei עוֹלָמִים olamim•

VEYATSIV

Y Él es establecido, y correcto, y duradero, y directo, y digno de verdad, y amado, y querido, y deseable, y agradable, y reverentemente temido, y poderoso, y aceptado, y bueno, y hermoso. Esto es para nosotros, por siempre y para siempre. Es cierto que el Dios del Mundo es nuestro Rey, la Fortaleza de Yaakov y el Escudo de nuestra Salvación. Para cada generación Él perdura y Su Nombre perdura. Su Trono es establecido; Su soberanía y Su lealtad existen para siempre. Sus palabras están vivas, duraderas, leales y agradables para toda la eternidad.

עַל al אֲבוֹתֵינוּ avoteinu. עָלֵינוּ aleinu וְעַל veal בָּנֵינוּ baneinu וְעַל veal
דּוֹרוֹתֵינוּ doroteinu וְעַל veal כָּל־ col ילי ; עמם דּוֹרוֹת dorot זֶרַע zera
יִשְׂרָאֵל Yisrael עֲבָדֶיךָ avadeja: עַל al הָרִאשׁוֹנִים harishonim וְעַל veal
הָאַחֲרוֹנִים haajaronim דָּבָר davar ראה טוֹב tov והו וְקַיָּם vekayam.
יוד הא ואו בֶּאֱמֶת beemet אהיה פעמים אהיה, ז"פ ס"ג וּבֶאֱמוּנָה uveemuná חוֹק jok
וְלֹא veló יַעֲבוֹר yaavor רפ"ח (להעלות רפ"ח ניצוצות שנפלו לקליפה דמשם באים התולואים).
יוד הה וו אֱמֶת emet אהיה פעמים אהיה, ז"פ ס"ג שֶׁאַתָּה sheAtá
הוּא Hu יְהֹוָהאדניאהדונהי Adonai אֱלֹהֵינוּ Eloheinu ילה
וֵאלֹהֵי veElohei לכב ; מילוי ע"ב, דמב ; ילה אֲבוֹתֵינוּ avoteinu.
מַלְכֵּנוּ malquenu מֶלֶךְ Mélej אֲבוֹתֵינוּ avoteinu גּוֹאֲלֵנוּ goalenu
גּוֹאֵל goel אֲבוֹתֵינוּ avoteinu. יוֹצְרֵנוּ yotsrenu צוּר tsur אלהים דההין ע"ה
יְשׁוּעָתֵנוּ yeshuatenu. פּוֹדֵנוּ podenu וּמַצִּילֵנוּ umatsilenu ר"ת = אלהים, אהיה אדני

MEM, HEI, SHIN

Las letras *Mem* מ, *Hei* ה y *Shin* ש liberan la fuerza de sanación.

Cuando cerramos los ojos y visualizamos a estas letras emitiendo rayos de Luz, despertamos energía de sanación desde los Mundos Superiores y desde nuestro interior. Podemos meditar en inundar nuestro cuerpo en una riada de Luz blanca y en enviar esta energía a otras personas que necesiten sanación. Estas letras, reordenadas, forman el nombre de Moshé מהש = משה, quien alcanzó el nivel más alto de conexión con la Luz del Creador.

מֵעוֹלָם meolam הוּא Hu שְׁמֶךָ Shemeja
ר"ת מהש, משה, ע"ב בריבוע וקס"א, אל שדי
וְאֵין veéin לָנוּ lanu אלהים, אהיה אדני עוֹד od
אֱלֹהִים Elohim אהיה אדני ; ילה זוּלָתְךָ zulatjá סֶלָה sela:

Esto está sobre nuestros padres, sobre nosotros y sobre nuestros hijos y sobre nuestras generaciones futuras y sobre todas las generaciones futuras de los descendientes de Israel, Tus siervos. Sobre los primeros y sobre los últimos, esto es una cosa buena y eterna. Con verdad y con fe, este es un decreto inquebrantable. Es cierto que Tú eres el Señor, nuestro Dios y Dios de nuestros padres, nuestro Rey y Rey de nuestros padres, nuestro Redentor y Redentor de nuestros padres, nuestro Hacedor y la Fortaleza de nuestra Salvación. Nuestro Redentor y Salvador.

MEM HEI SHIN

Tu Nombre es de la eternidad, y no tenemos otro Dios sino Tú, Sela.

EZRAT

Ayin, *Álef* y *Álef*, עאא, las primeras letras de las primeras tres palabras de esta oración, tienen el valor numérico de 72. El número 72 también es un código para el concepto de misericordia y la *Sefirá* de *Jésed*. De esta conexión aprendemos que estamos destinados a vivir nuestra vida con misericordia genuina por los demás para activar el poder de los 72 Nombres de Dios. Si por alguna razón no estamos obteniendo resultados de nuestras oraciones, es sólo por una razón: no estamos tratando a las personas en nuestra vida con verdadera misericordia. La Kabbalah nos enseña que, incluso si nuestra ira o falta de perdón están justificadas, debemos tener misericordia en nuestro corazón y en nuestras acciones, tanto para nuestros amigos como nuestros enemigos.

עֶזְרַת ezrat מיכאל מלכיאל שׂנדיאל, יהוה פעמים יהוה ע"ה אֲבוֹתֵינוּ avoteinu אַתָּה Atá

ר"ת = ע"ב, ריבוע יהוה הוּא Hu מֵעוֹלָם meolam. מָגֵן maguén ג"פ אל (יי"א" מילוי דס"ג) ;

ר"ת מיכאל גבריאל נוריאל וּמוֹשִׁיעַ umoshía לָהֶם lahem וְלִבְנֵיהֶם velivneihem

אַחֲרֵיהֶם ajareihem בְּכָל bejol ב"ן, לכב דּוֹר dor וָדוֹר vador רי"ו.

בְּרוּם berum עוֹלָם olam ר"ת ע"ב, ריבוע יהוה; ברום עולם ע"ה = קס"א קנ"א קמ"ג

עם ג' כוללים (לא כולל האהיה עצמם) מוֹשָׁבֶךָ moshaveja. וּמִשְׁפָּטֶיךָ umishpateja

וְצִדְקָתְךָ vetsidkatjá עַד ad אַפְסֵי afsei אָרֶץ árets:

אהיה אֱמֶת emet אהיה פעמים אהיה, ז"פ ס"ג אַשְׁרֵי ashrei

אִישׁ ish שֶׁיִּשְׁמַע sheyishmá לְמִצְוֹתֶיךָ lemitsvoteja.

וְתוֹרָתְךָ vetoratjá וּדְבָרְךָ udvarjá יָשִׂים yasim עַל al לִבּוֹ libó:

אהיה אֱמֶת emet אהיה פעמים אהיה, ז"פ ס"ג שֶׁאַתָּה sheAtá הוּא Hu

אָדוֹן Adón אני לְעַמֶּךָ leameja. וּמֶלֶךְ uMélej גִּבּוֹר guibor

לָרִיב lariv רִיבָם rivam לְאָבוֹת leavot וּבָנִים uvanim:

EZRAT

Tú siempre has sido la ayuda de nuestros antepasados, un escudo y un salvador para ellos y para sus hijos después de ellos, en cada generación. En las alturas del mundo está Tu morada y Tus leyes y justicia se extienden a los confines de la Tierra. Es cierto que un hombre que cumple con Tus mandamientos es gozoso, mientras pone Tu Torá y Tus enseñanzas en su corazón. Es cierto que Tú eres un Señor de Tu pueblo y un Rey valeroso, que lucha por la causa de ellos, sea por los padres o por los hijos.

אהיה אֱמֶת emet אהיה פעמים אהיה, ז"פ ס"ג אַתָּה Atá הוּא Hu רִאשׁוֹן rishón
וְאַתָּה veAtá הוּא Hu אַחֲרוֹן ♦ajarón וּמִבַּלְעָדֶיךָ umibaladeja אֵין ein
לָנוּ lanu אלהים, אהיה אדני מֶלֶךְ mélej גּוֹאֵל goel וּמוֹשִׁיעַ ♦umoshía:
אהיה אֱמֶת emet אהיה פעמים אהיה, ז"פ ס"ג מִמִּצְרַיִם miMitsráyim מצר
גְּאַלְתָּנוּ guealtanu יְהֹוָהאדניאהדונהי Adonai אֱלֹהֵינוּ Eloheinu ילה♦ מִבֵּית mibeit
ב"פ ראה עֲבָדִים avadim פְּדִיתָנוּ ♦peditanu כָּל־ col ילי בְּכוֹרֵיהֶם bejoreihem
הָרַגְתָּ haragta וּבְכוֹרְךָ uvejorjá יִשְׂרָאֵל Yisrael גָּאַלְתָּ ♦gaalta
וְיַם־ veyam ילי סוּף Suf לָהֶם lahem בָּקַעְתָּ ♦bakata וְזֵדִים vezedim
טִבַּעְתָּ ♦tibata וִידִידִים vididim עָבְרוּ avrú יָם yam ילי♦ וַיְכַסּוּ vayjasú
מַיִם máyim צָרֵיהֶם tsareihem אֶחָד ejad אהבה, דאגה מֵהֶם mehem לֹא lo
נוֹתָר ♦notar: עַל al זֹאת zot שִׁבְּחוּ shibjú אֲהוּבִים ahuvim
וְרוֹמְמוּ veromemú לָאֵל laEl ייא"י (מילוי דס"ג) וְנָתְנוּ venatnú יְדִידִים yedidim
זְמִירוֹת zemirot שִׁירוֹת shirot וְתִשְׁבָּחוֹת vetishbajot בְּרָכוֹת brajot
וְהוֹדָאוֹת vehodaot לַמֶּלֶךְ laMélej אֵל el ייא"י (מילוי דס"ג) חַי jai וְקַיָּם ♦vekayam
רָם ram וְנִשָּׂא venisá גָּדוֹל gadol להח ; עם ד' אותיות = מבה, יזל, אום וְנוֹרָא ♦venorá
מַשְׁפִּיל mashpil גֵּאִים gueim עֲדֵי adei אָרֶץ ♦árets מַגְבִּיהַּ magbiha
שְׁפָלִים shefalim עַד ad מָרוֹם ♦marom מוֹצִיא motsí אֲסִירִים ♦asirim
פּוֹדֶה podé עֲנָוִים ♦anavim עוֹזֵר ozer דַּלִּים dalim הָעוֹנֶה haoné
לְעַמּוֹ leamó יִשְׂרָאֵל Yisrael בְּעֵת beet שַׁוְּעָם shavam אֵלָיו ♦elav

Ozer Dalim: La pobreza elimina las transgresiones de un individuo y, a través de ésta, el Creador da misericordia a Su creación. Y, por lo tanto, debes meditar en hacerte pobre ante los ojos de la *Shejiná*, y estar preocupado porque la *Shejiná* está en el exilio junto a los Hijos de Israel.

Es cierto que Tú eres primero y Tú eres último y aparte de Ti no tenemos otro Rey que redima y salve. Es cierto que Tú nos redimiste de Egipto, Señor, nuestro Dios, y nos liberaste de la casa de esclavos. Tú mataste a todos sus primogénitos y Tú salvaste a Tu primogénito Israel. Tú partiste el Mar Rojo para ellos y Tú ahogaste a los tiranos mientras Tus amados cruzaban el mar. Luego las aguas cubrieron a sus enemigos y ninguno de ellos fue salvado. Por esto, los amados alaban y exaltan a Dios. Y los queridos ofrecieron melodías, canciones, líricas y alabanzas, bendiciones y agradecimientos al Rey, al Dios viviente y duradero, quien es Excelso y elevado, poderoso y reverentemente temido y quien degrada a los soberbios en el suelo; quien eleva a los sumisos a grandes alturas; quien libera a los prisioneros, redime a los humildes y ayuda a los necesitados. Él, que responde a Su Pueblo, Israel, cuando ellos le claman.

TEHILOT

Ahora comenzamos a elevarnos al Mundo de Emanación (*Atsilut*). Por consiguiente, nos ponemos de pie para encender los motores de nuestra alma. Para prepararnos para este despegue, debemos eliminar cualquier odio o sentimiento negativo hacia otras personas que albergamos en nuestra mente.

Heijal Kódesh HaKodashim (La Cámara del Sancta Sanctórum) – de *Zeir Anpín* en *Briá*.

תְּהִלּוֹת tehilot לָאֵל laEl ייא"י (מילוי דס"ג) עֶלְיוֹן elyón גּוֹאֲלָם goalam

בָּרוּךְ Baruj הוּא Hu וּמְבוֹרָךְ umevoraj. מֹשֶׁה Moshé מהש, ע"ב בריבוע וקס"א,

אל שדי, ד"פ אלהים ע"ה וּבְנֵי uvnei יִשְׂרָאֵל Yisrael ר"ת ע"ה נגד, מזבח, זן, אל יהוה

לְךָ lejá עָנוּ anú שִׁירָה shirá בְּשִׂמְחָה besimjá רַבָּה rabá וְאָמְרוּ veamrú

כֻלָּם julam: מִי mi ילי כָמֹכָה jamoja בָּאֵלִם baelim

יְהֹוָאדהיאהדונהי Adonai ; ר"ת = ע"ב, ריבוע יהוה ; ס"ת מ"ה מִי mi ילי כָּמֹכָה camoja

נֶאְדָּר needar בַּקֹּדֶשׁ bakódesh ר"ת = יב"ק, אלהים יהוה, אהיה אדני יהוה נוֹרָא norá

תְהִלֹּת tehilot עֹשֵׂה osé פֶלֶא fele: שִׁירָה shirá חֲדָשָׁה jadashá

שִׁבְּחוּ shibjú גְאוּלִים gueulim לְשִׁמְךָ leShimjá הַגָּדוֹל hagadol להח ; עם ד

אותיות = מבה, יזל, אום עַל al שְׂפַת sfat הַיָּם hayam ילי יַחַד yájad כֻּלָּם culam

הוֹדוּ hodú אהיה וְהִמְלִיכוּ vehimliju וְאָמְרוּ veamrú יְהֹוָאדהיאהדונהי Adonai |

יִמְלֹךְ yimloj לְעֹלָם leolam ריבוע ס"ג ו' אותיות דס"ג ; ר"ת ייל וָעֶד vaed:

וְנֶאֱמַר veneemar גֹּאֲלֵנוּ goalenu יְהֹוָאדהיאהדונהי Adonai צְבָאוֹת Tsevaot פני שכינה

שְׁמוֹ Shemó מהש ע"ה, ע"ב בריבוע וקס"א ע"ה, אל שדי ע"ה קְדוֹשׁ kedosh יִשְׂרָאֵל Yisrael:

בָּרוּךְ Baruj אַתָּה Atá יְהֹוָאדהיאהדונהי Adonai גָּאַל gaal כתר יִשְׂרָאֵל Yisrael:

Comienza la *Amidá* inmediatamente sin ninguna interrupción, ni siquiera una respiración. Hacer esto evita la separación entre *Yesod* (despertada por las palabras "*gaal Yisrael*") y *Maljut* (despertada por la palabra "*Adonai*"). Tu recompensa es grande. Recibes protección contra la negatividad y para no cometer errores. Esta acción también ayuda a corregir la transgresión del derramamiento de nuestra simiente.

TEHILOT

Alabanzas al Dios Supremo, quien es su redentor. Bendito es Él quien es bendecido. Moshé y los Hijos de Israel elevaron sus voces en canción a Ti, con gran alegría y todos dijeron: "¿Quién es como Tú entre las deidades, Señor? ¿Quién es como Tú, poderoso en Santidad, magnífico en alabanzas, y quién realiza maravillas?" (Éxodo 15:11). *Con una nueva canción los redimidos alabaron Tu gran Nombre en la orilla del mar. Todos ellos al unísono le dieron gracias y aceptaron Tu soberanía y dijeron: "El Señor reinará por siempre y para la eternidad"* (Éxodo 15:18). *Y está dicho: "Nuestro redentor, el Señor de los Ejércitos es Su Nombre, El Santo de Israel"* (Isaías 47:4). *Bendito eres Tú, Señor, quien redimió a Israel.*

LA AMIDÁ - GENERAL

Cuando comenzamos la conexión, damos tres pasos hacia atrás que significan que estamos dejando este mundo físico. Después damos tres pasos hacia delante para comenzar la *Amidá*. Los tres pasos son:

1. Entrar a la tierra de Israel; para entrar en el primer círculo espiritual.
2. Entrar en la ciudad de Jerusalén; para entrar en el segundo círculo espiritual.
3. Entrar en el Sancta Sanctórum; para entrar en el círculo más interno.

Antes de recitar el primer verso de la *Amidá*, pedimos: "*Dios, abre mis labios y permite que mi boca hable*", estamos pidiendo a la Luz que hable por nosotros para que podamos recibir lo que necesitamos y no sólo lo que queremos. Con mucha frecuencia, lo que queremos de la vida no es necesariamente el deseo del alma, que es lo que verdaderamente necesitamos para estar satisfechos. Al pedirle a la Luz que hable a través de nosotros, nos aseguramos de que nuestra conexión nos traiga realización genuina y oportunidades para el crecimiento espiritual y el cambio.

LA AMIDÁ - SHABAT

Durante la semana, hay diecinueve bendiciones en la *Amidá*. Las tres primeras actúan como la llave que enciende los motores para nuestra elevación en los Mundos Superiores. Las tres últimas nos garantizan una reentrada segura en nuestra realidad física. Las trece bendiciones del medio abordan todas nuestras necesidades personales y carencias en la vida. En *Shabat* no hay carencia. Por lo tanto, solamente hay una bendición entre las tres primeras y las tres últimas.

Maljut de *Atsilut* está incluida ahora en *Heijal Kódesh HaKodashim* de *Briá*.

El Formato de la Ascensión en *Shajarit* de *Shabat*

En la conexión silenciosa de *Shajarit* de *Shabat*, los *Mojín* de *Aba* e *Ima* Celestiales están comenzando a entrar en *Zeir Anpín*. **Medita** en que la letra צ del *Tsélem* entre en los cinco *Partsufim* de *Nétsaj*, *Hod*, *Yesod* de *Jojmá* de *Zeir Anpín* (que es llamado: *Néfesh*, *Rúaj*, *Neshamá*, *Jayá*, *Yejidá* de *Néfesh* de *Jayá*). **Así que ahora**, *Kéter*, *Jojmá*, *Biná*, *Dáat* de *Zeir Anpín* son elevados a *Nétsaj*, *Hod*, *Yesod* de *Aba* e *Ima* Celestiales, y *Jésed*, *Guevurá*, *Tiféret* de *Zeir Anpín* son elevados a *Jojmá*, *Biná*, *Dáat* de *Yisrael Saba* y *Tevuná*, y *Nétsaj*, *Hod*, *Yesod* de *Zeir Anpín* son elevados a *Jésed*, *Guevurá*, *Tiféret* de *Yisrael Saba* y *Tevuná*, y *Yaakov* y *Rajel* (que están de pie en *Nétsaj*, *Hod*, *Yesod* de *Biná* de *Zeir Anpín*, que significa *Nétsaj*, *Hod*, *Yesod* de *Yisrael Saba* y *Tevuná*) son elevados a *Jésed*, *Guevurá*, *Tiféret* de *Biná* de *Zeir Anpín* (que significa *Jésed*, *Guevurá*, *Tiféret* de *Yisrael Saba* y *Tevuná*). **Así que ahora**, *Nétsaj*, *Hod*, *Yesod* de *Zeir Anpín* se vuelven *Mojín* (*Kéter*, *Jojmá*, *Biná*, *Dáat*) para *Yaakov* y *Rajel*.

En la conexión silenciosa: cuando digas "*Baruj*", medita en atraer los Seis Bordes (*Jésed*, *Guevurá*, *Tiféret*, *Nétsaj*, *Hod*, *Yesod* de *Kéter*, *Jojmá*, *Biná*, *Dáat* de *Nétsaj*, *Hod*, *Yesod* de lo Interno de *Ima* Celestial) que fueron atraídos por el *Shemá* (a *Kéter*, *Jojmá*, *Biná*, *Dáat*, *Jésed*, *Guevurá*, *Tiféret* de *Zeir Anpín*); hacia *Jésed*, *Guevurá*, *Tiféret*, *Nétsaj*, *Hod*, *Yesod* de *Kéter*, *Jojmá*, *Biná*, *Dáat* de *Nétsaj*, *Hod*, *Yesod* de *Jojmá* de lo Interno de *Zeir Anpín*.

Cuando digas "*Atá*", medita en atraer *Kéter*, *Jojmá*, *Biná*, *Dáat* de *Kéter*, *Jojmá*, *Biná*, *Dáat* hacia las Tres *Sefirot* Superiores de *Zeir Anpín*, y en bajar los Seis Bordes (de *Tevuná*) hacia los Seis Bordes de *Zeir Anpín*.

Cuando digas "*Adonai*", medita en atraer *Jojmá*, *Jésed*, *Nétsaj*, *Biná*, *Guevurá*, *Hod*, *Dáat*, *Tiféret*, *Yesod* (en tres columnas) de *Kéter*, *Jojmá*, *Biná*, *Dáat* de *Nétsaj*, *Hod*, *Yesod* de lo Interno de *Aba* Celestial hacia *Zeir Anpín* a través de las dos etapas necesarias para enderezarte.

En la repetición de *Shajarit* de *Shabat*, *Zeir Anpín* y *Leá* se elevan en *Jésed*, *Guevurá*, *Tiféret* de *Aba* e *Ima* Celestiales. Medita en que la letra ל del *Tsélem* (cinco *Tselamim* de *Jésed*, *Guevurá*, *Tiféret* de *Aba* e *Ima* Celestiales) entra en los cinco *Partsufim* de *Jésed*, *Guevurá*, *Tiféret* de *Jojmá* de *Zeir Anpín* (que es llamado: *Néfesh*, *Rúaj*, *Neshamá*, *Jayá*, *Yejidá* de *Rúaj* de *Jayá*). **Así que ahora**, *Kéter*, *Jojmá*, *Biná*, *Dáat* de *Zeir Anpín* son elevados a *Jésed*, *Guevurá*, *Tiféret* de *Aba* e *Ima* Celestiales, y *Jésed*, *Guevurá*, *Tiféret* de *Zeir Anpín* son elevadas a *Nétsaj*, *Hod*, *Yesod* de *Aba* e *Ima* Celestiales, y *Nétsaj*, *Hod*, *Yesod* de *Zeir Anpín* son elevadas a *Kéter*, *Jojmá*, *Biná*, *Dáat* de *Yisrael Saba* y *Tevuná*, y *Yaakov* y *Rajel* (que están de pie en *Jésed*, *Guevurá*, *Tiféret* de *Biná* de *Zeir Anpín*, que significa *Jésed*, *Guevurá*, *Tiféret* de *Yisrael Saba* y *Tevuná*) son elevados a *Kéter*, *Jojmá*, *Biná*, *Dáat* de *Biná* de *Zeir Anpín* (que significa *Kéter*, *Jojmá*, *Biná*, *Dáat* de *Yisrael Saba* y *Tevuná*). **Así que ahora**, *Nétsaj*, *Hod*, *Yesod* de *Biná* de *Zeir Anpín* se convierten en *Mojín* —*Kéter*, *Jojmá*, *Biná*, *Dáat*— para *Yaakov* y *Rajel*.

En la repetición: cuando digas "*Baruj*", medita en atraer los Seis Bordes (*Jésed*, *Guevurá*, *Tiféret*, *Nétsaj*, *Hod*, *Yesod* de *Kéter*, *Jojmá*, *Biná*, *Dáat* de *Jésed*, *Guevurá*, *Tiféret* de lo Interno de *Ima* Celestial) que fueron atraídos por el *Shemá* (a *Kéter*, *Jojmá*, *Biná*, *Dáat*, *Jésed*, *Guevurá*, *Tiféret* de *Zeir Anpín*); **hacia** *Jésed*, *Guevurá*, *Tiféret*, *Nétsaj*, *Hod*, *Yesod* de *Kéter*, *Jojmá*, *Biná*, *Dáat* de *Jésed*, *Guevurá*, *Tiféret* de *Jojmá* de lo Interno de *Zeir Anpín*.

Cuando digas "*Atá*", medita en atraer *Kéter*, *Jojmá*, *Biná*, *Dáat* de *Kéter*, *Jojmá*, *Biná*, *Dáat* hacia las Tres *Sefirot* Superiores de *Zeir Anpín* y en bajar los Seis Bordes (de *Tevuná*) hacia los Seis Bordes de *Zeir Anpín*.

Cuando digas "*Adonai*", medita en atraer *Jojmá*, *Jésed*, *Nétsaj* y *Biná*, *Guevurá*, *Hod*, y *Dáat*, *Tiféret*, *Yesod* (en las tres columnas) de *Kéter*, *Jojmá*, *Biná*, *Dáat* de *Jésed*, *Guevurá*, *Tiféret* de lo Interno de *Aba* Celestial hacia *Zeir Anpín* a través de las dos etapas necesarias para enderezarte.

Medita en recibir el alma adicional llamada: *Rúaj*

del aspecto del día de *Shabat*.

אֲדֹנָי Adonai ללה (pausa aquí) שְׂפָתַי sfatai תִּפְתָּח tiftaj וּפִי ufí יַגִּיד yaguid

ייז (כ"ב אותיות פשוטות [=אכא] וה' אותיות סופיות מנצפך) תְּהִלָּתֶךָ tehilateja ס"ת = בוכו:

LA PRIMERA BENDICIÓN – INVOCA AL ESCUDO DE AVRAHAM

Avraham es el canal de la energía de la Columna Derecha de positividad, compartir y misericordia. Las acciones dadoras pueden protegernos de todas las formas de negatividad.

Jésed que se convierte en *Jojmá*

En esta sección hay 42 palabras, el secreto del Nombre de Dios de 42 letras y, por lo tanto, comienza con la letra *Bet* (2) y termina con la letra *Mem* (40).

Flexiona tus rodillas en "*Baruj*", inclínate en "*Atá*" y enderézate en "*Adonai*".

א ב

בָּרוּךְ Baruj אַתָּה Atá א-ת (אותיות הא"ב המסמלות את השפע המגיע) לה' המלכות

ג י

יְהֹוָאדהנויאהדונהי Adonai (יא) אֱלֹהֵינוּ Eloheinu ילה

ת צ

וֵאלֹהֵי veElohei לכב ; מילוי ע"ב, דמב ; ילה אֲבוֹתֵינוּ avoteinu•

ק ר

אֱלֹהֵי Elohei מילוי ע"ב, דמב ; ילה אַבְרָהָם Avraham (*Jojmá*)

וז"פ אל, רי"ו ול"ב נתיבות החכמה, רמ"ח (אברים), עסמ"ב וט"ז אותיות פשוטות.

ע ש

אֱלֹהֵי Elohei מילוי ע"ב, דמב ; ילה יִצְחָק Yitsjak (*Biná*) ד"פ ב"ן

ט ג

וֵאלֹהֵי veElohei לכב ; מילוי ע"ב, דמב ; ילה יַעֲקֹב Yaakov (*Dáat*) ו' הויות, יאהדונהי אידהנויה

נ ג

הָאֵל haEl לאה ; ייא" (מילוי דס"ג) הַגָּדוֹל hagadol האל הגדול = סיט ; גדול = להח

ד י

עם ד' אותיות = מבה, יזל, אום הַגִּבּוֹר haguibor ר"ת ההה וְהַנּוֹרָא vehanorá•

LA AMIDÁ

"Mi Señor, abre mis labios y mi boca declarará Tu alabanza" (Salmos 51:17).

LA PRIMERA BENDICIÓN

Bendito eres, Señor, nuestro Dios y Dios de nuestros ancestros: el Dios de Avraham, el Dios de Yitsjak y el Dios de Yaakov. El Dios grande, poderoso y reverenciado.

אֵל El ייא"י (מילוי דס"ג) ; ר"ת ע"ב, ריבוע יהוה עֶלְיוֹן elyón.

גּוֹמֵל gomel חֲסָדִים jasadim טוֹבִים tovim. קוֹנֵה koné הַכֹּל hacol ילי

וְזוֹכֵר vezojer חַסְדֵי jasdei אָבוֹת avot. וּמֵבִיא umeví

גּוֹאֵל goel לִבְנֵי livnei בְנֵיהֶם veneihem לְמַעַן lemaan

שְׁמוֹ Shemó מהש ע"ה, ע"ב בריבוע וקס"א ע"ה, אל שדי ע"ה בְּאַהֲבָה beahavá אחד, דאגה:

Cuando digas la palabra *"beahavá"* debes meditar en dedicar tu alma a santificar el Santo Nombre y aceptar sobre ti mismo las cuatro formas de muerte.

Durante los días entre *Rosh Hashaná* y *Yom Kipur* decimos la oración de *"zojrenu"*:

זָכְרֵנוּ zojrenu לְחַיִּים lejayim אהיה אהיה יהוה, בינה ע"ה.

מֶלֶךְ Mélej חָפֵץ jafets בַּחַיִּים bajayim אהיה אהיה יהוה, בינה ע"ה.

כָּתְבֵנוּ cotvenu בְּסֵפֶר beséfer חַיִּים jayim אהיה אהיה יהוה, בינה ע"ה.

לְמַעַנְךָ lemaanaj אֱלֹהִים Elohim אהיה אדני ; ילה חַיִּים jayim אהיה אהיה יהוה, בינה ע"ה.

Si olvidas decir *"zojrenu"* y te das cuenta de esto antes de terminar la bendición (*"Baruj Atá Adonai"*), debes regresar y decir *"zojrenu"* y continuar normalmente. Pero si te das cuenta de esto después del final de la bendición, debes continuar y puedes agregar *"zojrenu"* en *"shomea tefilá"* o al final de *"Elohai netsor"*.

מֶלֶךְ Mélej עוֹזֵר ozer וּמוֹשִׁיעַ umoshía וּמָגֵן umaguén

ג"פ אל (ייא"י מילוי דס"ג) ; ר"ת מיכאל גבריאל נוריאל:

Flexiona tus rodillas en *"Baruj"*, inclínate en *"Atá"* y enderézate en *"Adonai"*.

בָּרוּךְ Baruj אַתָּה Atá יְהֹוָהאדני(יְהֹוָאֲדֹנָי)יאהדונהי Adonai (הד)

(**Durante las tres semanas de *Bein HaMetsarim*** medita en el Nombre Sagrado: טדהד)

מָגֵן maguén ג"פ אל (ייא"י מילוי דס"ג) ; ר"ת מיכאל גבריאל נוריאל אַבְרָהָם Avraham

ו"פ אל, רי"ו ול"ב נתיבות החכמה, רמ"ח (אברים), עסמ"ב וט"ו אותיות פשוטות:

El Dios Celestial. El que otorga benevolencia y crea todas las cosas. El que recuerda las buenas acciones de los patriarcas y El que trae un redentor a sus descendientes por el bien de Su Nombre, con amor.

Durante los días entre *Rosh Hashaná* y *Yom Kipur*:

Recuérdanos para la vida, Rey, quien desea la vida, e inscríbenos en el Libro de la Vida, por Ti, Dios Vivo.

Rey, Asistente, Salvador y Escudo. Bendito seas Tú, Señor, Escudo de Avraham.

LA SEGUNDA BENDICIÓN

LA ENERGÍA DE YITSJAK ENCIENDE EL PODER DE LA RESURRECCIÓN DE LOS MUERTOS

Mientras que Avraham representa el poder de compartir, Yitsjak representa a la Columna Izquierda, energía de Juicio. El Juicio acorta el proceso de *tikún* y prepara la vía para nuestra resurrección final.

Guevurá* que se convierte en *Biná

En esta sección hay 49 palabras que corresponden a las 49 Puertas del Sistema Puro en *Biná*.

אַתָּה Atá גִּבּוֹר guibor לְעוֹלָם leolam ריבוע ס"ג וי' אותיות דס"ג אֲדֹנָי Adonai ללה

(ר"ת אַגְלָא והוא שם גדול ואמיץ, ובו היה יהודה מתגבר על אויביו. ע"ה אלד, בוכו).

מְחַיֶּה mejayé ס"ג מֵתִים metim ♦אַתָּה Atá רַב rav לְהוֹשִׁיעַ lehoshía♦

Durante el invierno (a partir de *Simjat Torá*):

מַשִּׁיב mashiv הָרוּחַ harúaj ר"ת מ"ה

וּמוֹרִיד umorid הַגֶּשֶׁם haguéshem

שביל [י"ש (= י"פ אל) ול"ב נתיבות החכמה] ע"ה:

Si por error dices "*Morid hatal*" y te das cuenta de ello antes del final de la bendición ("*Baruj Atá Adonai*"), debes regresar al comienzo de la bendición ("*Atá guibor*") y continuar normalmente. Pero si sólo te das cuenta de ello después del final de la bendición, debes continuar sin regresar.

Durante el verano (a partir de *Pésaj*):

מוֹרִיד morid הַטָּל hatal

יוד הא ואו, כוזו, מספר אותיות דמילואי עסמ"ב ;

ר"ת מ"ה (יוד הא ואו הא):

Si por error dices "*Mashiv harúaj*" y te das cuenta de ello antes del final de la bendición ("*Baruj Atá Adonai*"), debes regresar al comienzo de la bendición ("*Atá guibor*") y continuar normalmente. Pero si sólo te das cuenta de ello después del final de la bendición, debes iniciar la *Amidá* desde el principio.

מְכַלְכֵּל mejalquel חַיִּים jayim אהיה אהיה יהוה, בינה ע"ה בְּחֶסֶד bejésed

ע"ב, ריבוע יהוה♦ מְחַיֶּה mejayé ס"ג מֵתִים metim בְּרַחֲמִים berajamim

(במוכסז) מצפצ, אלהים דההין, י"פ ייי רַבִּים rabim (טלא דעתיק)♦ סוֹמֵךְ somej

(אכדטם) כוק, ריבוע אדני נוֹפְלִים noflim (זו"ן)♦ וְרוֹפֵא verofé חוֹלִים jolim

חולה = מ"ה וד' אותיות♦ וּמַתִּיר umatir אֲסוּרִים asurim♦ וּמְקַיֵּם umekayem

אֱמוּנָתוֹ emunató לִישֵׁנֵי lishenei עָפָר afar♦ מִי mi ילי כָּמוֹךָ jamoja

גְּבוּרוֹת guevurot בַּעַל báal (debes pronunciar la letra *Ayin* en la palabra "*Báal*")

וּמִי umí ילי דּוֹמֶה domé לָךְ laj♦ מֶלֶךְ Mélej מֵמִית memit

וּמְחַיֶּה umejayé ס"ג (יוד הי ואו הי) וּמַצְמִיחַ umatsmíaj יְשׁוּעָה yeshuá♦:

LA SEGUNDA BENDICIÓN

Tú, Señor, eres poderoso por siempre. Tú revives a los muertos y eres muy capaz de redimir.

Durante el invierno:

El que hace soplar el viento y caer la lluvia.

Durante el verano:

El que hace caer el rocío.

Tú sostienes a los vivientes con bondad y revives a los muertos con gran compasión. Tú sostienes a los caídos, curas a los enfermos, pones en libertad a los cautivos y cumples Tu promesa con los que duermen en el polvo. ¿Quién es como Tú, Señor de fortaleza, y quién puede compararse contigo, Rey, que causas la muerte, das vida y haces crecer la salvación?

Durante los días entre ***Rosh Hashaná*** **y** ***Yom Kipur*** decimos la oración de "*mi jamoja*":

מִי mi ילי כָּמוֹךָ jamoja אָב av הָרַחֲמָן harajmán זוֹכֵר zojer

יְצוּרָיו yetsurav בְּרַחֲמִים berajamim מצפצ, אלהים דיודין, י"פ ייי

לְחַיִּים lejayim אהיה אהיה יהוה, בינה ע"ה.

Si olvidas decir "*mi jamoja*" y te das cuenta de esto antes del final de la bendición ("*Baruj Atá Adonai*"), debes regresar y decir "*mi jamoja*" y continuar normalmente. Pero si sólo te das cuenta de esto al final de la bendición, debes continuar normalmente.

וְנֶאֱמָן veneemán אַתָּה Atá לְהַחֲיוֹת lehajayot מֵתִים metim:

אהיה יהו יְהֹוָה

בָּרוּךְ Baruj אַתָּה Atá יְהֹוָאדהנה(יְהֹוָאדנָי)יאהדונהי Adonai

(**Durante las tres semanas de *Bein HaMetsarim*** medita en el Nombre Sagrado: כוזו)

מְחַיֵּה mejayé ס"ג (יוד הי ואו הי) הַמֵּתִים hametim ר"ת מ"ה וס"ת מ"ה:

NAKDISHAJ – LA KEDUSHÁ

Toda la congregación recita esta oración.

Levantar un cofre pesado lleno de vastos tesoros es imposible si usas un simple hilo. El hilo se rompe porque es muy débil. Sin embargo, si nos unimos y combinamos numerosos hilos, finalmente construiremos una soga. Una soga puede fácilmente levantar el cofre con los tesoros. Al combinar y unir las oraciones de la congregación, nos transformamos en una fuerza unida, capaz de halar los tesoros espirituales más valiosos. Más aún, esta unidad ayuda a las personas que no están bien versadas o no conocen bien las conexiones. Al unirnos y meditar como una sola alma, todos recibimos los beneficios debido al poder de la unidad, sin importar nuestro conocimiento y entendimiento. Esta oración tiene lugar entre la segunda y la tercera bendición. Representa a la Columna Central que une las Columnas Izquierda y Derecha.

En esta oración, los ángeles hablan entre ellos, diciendo: "*Kadosh, Kadosh, Kadosh*" ("Santo, Santo, Santo"). Cuando recitamos estas tres palabras, nuestros pies están juntos como si fuesen uno solo. Cada vez que pronunciamos *Kadosh*, saltamos un poco más alto en el aire. Saltar es un acto de restricción y de desafío a la fuerza de la gravedad. Espiritualmente hablando, la gravedad contiene la energía del Deseo de Recibir para Sí Mismo. Es la fuerza reactiva de nuestro planeta, siempre atrae todo para sí.

Al decir la *Kedushá* (santidad) meditamos en traer la santidad del Creador entre nosotros. Como dice: "*Venikdashti betoj Bnei Yisrael*" (Dios es santificado entre los hijos de Israel). Debes meditar en elevar *Zeir Anpín* a *Jésed, Guevurá, Tiféret* de *Aba* e *Ima*.

Durante los días entre *Rosh Hashaná* y *Yom Kipur*:

¿Quién es como Tú, Padre Misericordioso, quién recuerda a Sus criaturas con misericordia para la vida?

Y eres fiel para resucitar a los muertos. Bendito eres Tú, Señor, que resucitas a los muertos.

נַקְדִּישָׁךְ nakdishaj וְנַעֲרִיצָךְ venaaritsaj.

כְּנֹעַם quenóam שִׂיחַ síaj סוֹד sod מ״כ, י״פ האא שַׂרְפֵי sarfei

קֹדֶשׁ kódesh הַמְשַׁלְּשִׁים hameshaleshim לְךָ lejá קְדֻשָּׁה kedushá.

וְכֵן vején כָּתוּב catuv עַל al יַד yad נְבִיאָךְ neviaj. וְקָרָא vekará

זֶה ze אֶל־ el זֶה ze י״ב פרקין דיעקב מאירים ל״ב פרקין דרוזל וְאָמַר veamar:

קָדוֹשׁ Kadosh | קָדוֹשׁ Kadosh קָדוֹשׁ Kadosh (סוד ג׳ רישין דעתיקא קדישא)

יְהֹוָהאדהויאהדונהי Adonai צְבָאוֹת Tsevaot פני שכינה מְלֹא meló כָל־ jol ילי

הָאָרֶץ haárets אלהים דההין ע״ה כְּבוֹדוֹ quevodó:

לְעֻמָּתָם leumatam מְשַׁבְּחִים meshabjim וְאוֹמְרִים veomrim:

(או״א) בָּרוּךְ Baruj כְּבוֹד־ Quevod יְהֹוָהאדהויאהדונהי Adonai ; כבוד ה׳ = יוד הי ואו הה

מִמְּקוֹמוֹ mimekomó עסמ״ב, הברכה (למתק את ז׳ המלכים שמתו) ; ר״ת ע״ב, ריבוע יהוה ; ר״ת מ״כ:

וּבְדִבְרֵי uvedivrei קָדְשָׁךְ kodshaj כָּתוּב catuv לֵאמֹר lemor:

(זו״ן) יִמְלֹךְ yimloj קדוש ברוך ימלך ר״ת יב״ק, אלהים יהוה, אהיה אדני יהוה

יְהֹוָהאדהויאהדונהי Adonai לְעוֹלָם leolam ריבוע ס״ג וי׳ אותיות דס״ג אֱלֹהַיִךְ Eloháyij ילה

צִיּוֹן Tsiyón יוסף, ו׳ הויות, קנאה לְדֹר ledor וָדֹר vador רי״ו ; ר״ת אצלו (מלכות אצל ז״א – ו)

הַלְלוּיָהּ haleluyá אלהים, אהיה אדני ; ללה:

LA TERCERA BENDICIÓN

Esta bendición nos conecta con Yaakov, la Columna Central, el poder de la restricción. Yaakov es nuestro canal para conectar la Misericordia con el Juicio. Al restringir nuestro comportamiento reactivo, estamos deteniendo nuestro Deseo de Recibir para Nosotros Mismos. Yaakov también nos da el poder para equilibrar nuestros actos de Misericordia y Juicio hacia otras personas en nuestra vida.

NAKDISHAJ – LA KEDUSHÁ

Te santificamos y te honramos,

según las palabras agradables de los Ángeles Santos, que recitan 'Santo' ante Ti tres veces, como está escrito por Tu Profeta: "Y cada uno llamó al otro y dijo: Santo, Santo, Santo es el Señor de los Ejércitos, todo el mundo está lleno de Su gloria" (Isaías 6:3). Frente a ellos alaban y dicen: "Bendita sea la gloria del Señor desde Su Lugar" (Ezequiel 3:12). Y en Tus santas Palabras, está escrito como sigue: "El Señor, tu Dios, reinará por siempre, para toda y cada generación. ¡Sión, alaben al Señor!" (Salmos 146:10).

Tiféret que se convierte en _Dáat_ (14 palabras).

אַתָּה Atá קָדוֹשׁ kadosh וְשִׁמְךָ veshimjá קָדוֹשׁ kadosh ר"ת = אור, רז, אין סוף.

וּקְדוֹשִׁים ukdoshim בְּכָל־ bejol ב"ן, לכב יוֹם yom ע"ה נגד, מזבח, זן, אל יהוה

יְהַלְלוּךָ yehaleluja סֶּלָה sela:

אהי"ה יהו מצפצ

בָּרוּךְ Baruj אַתָּה Atá יְהֵוָהֵ(יאהדונהי)(יְהֵוָאדֵנָי) Adonai

(**Durante los días de _Bein HaMetsarim_** medita en el Nombre Sagrado: **מצפצ**)

הָאֵל haEl לאה ; ייא"י (מילוי דס"ג) הַקָּדוֹשׁ hakadosh י"פ מ"ה (יוד הא ואו הא):

Medita aquí en el Nombre: **יאהדונהי**, esto puede ayudar a eliminar la ira.

Durante los días de _Rosh Hashaná_ y _Yom Kipur_ en lugar de decir "*haEl hakadosh*" decimos:

הַמֶּלֶךְ haMélej הַקָּדוֹשׁ hakadosh:

Si por error dijiste "*haEl hakadosh*" y te das cuenta de esto en tres segundos, debes decir inmediatamente "*haMélej hakadosh*" y continuar como siempre. Pero si ya empezaste la bendición siguiente, debes empezar la *Amidá* desde el principio.

LA CUARTA BENDICIÓN
YISMAJ MOSHÉ

La cuarta bendición es la bendición del medio que corresponde a *Maljut*, la cual es el punto medio entre *Jésed*, *Guevurá*, *Tiféret* (los tres patriarcas, las primeras tres bendiciones) y entre *Nétsaj*, *Hod*, *Yesod* (las últimas tres bendiciones) como se explica en *Tikunéi HaZóhar*.

Medita en la letra ו (*Vav*) del Nombre: **שקו"צי"ת**

יִשְׂמַח yismaj משיח (ז"א) מֹשֶׁה Moshé מהש, ע"ב בריבוע קס"א, אל שדי, ד"פ אלהים ע"ה

בְּמַתְּנַת bematenat ר"ת = ב"ן (שנפל בחלק משה והמתיקו בר"ת כי עבד נאמן עם ג' תיבות = קמ"ג)

חֶלְקוֹ jelkó (שעלה במקיפים דצלם דאו"א ע"י וניתנו לו המוחין הנ"ל במתנה וירש המקום ונעשו חלקו)

כִּי qui עֶבֶד éved נֶאֱמָן neemán קמ"ג (דעיל) קָרָאתָ karata לוֹ lo

ר"ת = ה' הויות (ה"ה הבאים בראש ז"א) (פירוש: בחול ע"י עבד נאמן שהוא מטטרו"ן היה הזיווג ר"ל בהתלבשות היצירה, משא"כ בשבת שהזיווג הוא במקומו באצילות שלא ע"י העבד הנזכר).

LA TERCERA BENDICIÓN

Tú eres Santo y Santo es Tu Nombre, y los Seres Santos te alaban día a día, porque Tú eres Dios, el Rey Santo, Sela. Bendito eres Tú, Señor, el Santo Dios.

Durante los días entre *Rosh Hashaná* y *Yom Kipur*: *El Santo Rey.*

LA CUARTA BENDICIÓN
YISMAJ MOSHÉ

Moshé se regocijó por el regalo de su destino, porque Tú lo has llamado siervo fiel.

כְּלִיל quelil תִּפְאֶרֶת tiféret בְּרֹאשׁוֹ berosh󠁯ó נָתַתָּ natata.

בְּעָמְדוֹ beamdó לְפָנֶיךָ lefaneja ס״ג מ״ה ב״ן עַל al הַר Har סִינַי Sinai נמם ;

ר״ת = קל״ה (ה״ג הבאין לנוקבא דעתה קלה) ; סיני - ס׳ - שמשה שמוז בס׳ המסכתות שקיבל בהר סיני.

שְׁנֵי shnei לוּחוֹת lujot אֲבָנִים avanim הוֹרִיד horid בְּיָדוֹ beyadó

וְכָתוּב vejatuv בָּהֶם baem שְׁמִירַת shemirat שַׁבָּת Shabat.

וְכֵן vején כָּתוּב catuv בְּתוֹרָתֶךָ betorataj:

VESHAMRÚ

Tenemos la capacidad de unir el Cielo y la Tierra mediante el poder del *Álef-Hei-Vav-Hei* אהוה. Nuestro objetivo es imbuir nuestro reino físico y caótico con los diferentes atributos celestiales. Medita en incluir el atributo de la noche (*Shamor*) en el atributo del día (*Zajor*).

וְשָׁמְרוּ veshamrú בְנֵי־ venei יִשְׂרָאֵל Yisrael אֶת־ et הַשַּׁבָּת haShabat

ר״ת ביאה לַעֲשׂוֹת laasot אֶת־ et הַשַּׁבָּת haShabat לְדֹרֹתָם ledorotam

ר״ת אהל (זו אשתו, למשוך נשמה קדושה ולא מסט״א) בְּרִית berit עוֹלָם olam:

בֵּינִי beiní וּבֵין uvein בְּנֵי benei יִשְׂרָאֵל Yisrael אוֹת ot הִוא hi ר״ת ביאה

לְעֹלָם leolam ריבוע דס״ג י׳ אותיות דס״ג כִּי־ qui שֵׁשֶׁת shéshet יָמִים yamim נלך

עָשָׂה asá יְהֹוָאדהנויאהדונהי Adonai אֶת־ et הַשָּׁמַיִם hashamáyim י״פ טל, י״פ כוזו

וְאֶת־ veet הָאָרֶץ haárets אלהים דההין ע״ה וּבַיּוֹם uvayom ע״ה נגד, מזבח, זן, אל יהוה

הַשְּׁבִיעִי hashevií שָׁבַת shavat וַיִּנָּפַשׁ vayinafash:

VELÓ NETATÓ

El *Shabat* es un regalo poderoso que nos fue dado con el propósito de limpiarnos de nuestras acciones negativas de la semana. Sin el *Shabat*, estamos forzados a enfrentar las severas consecuencias de nuestras acciones en algún momento futuro; lo cual es la fuente de todo el caos que crea estragos en nuestra vida. No obstante, el *Shabat* es una forma proactiva de purificarnos. Las repercusiones y los juicios que penden sobre nuestra cabeza son manejados de forma muy misericordiosa. Además, el *Shabat* elimina gradualmente las características negativas de nuestra personalidad que nos hacen realizar acciones agraviantes en primer lugar.

Una corona de esplendor Tú has colocado en su cabeza cuando él estuvo ante Ti en el Monte Sinaí. Él bajó dos tablas en sus manos, en las cuales estaba escrita la observancia del Shabat.

Y así está escrito en Tu Torá:

VESHAMRÚ

"Observarán los Hijos de Israel el Shabat, para hacer el Shabat un convenio eterno para todas las generaciones. Será entre los Hijos de Israel y Yo una señal eterna de que en seis días el Señor creó los Cielos y la Tierra y, en el séptimo día, Él descansó" (Éxodo 31:16-17).

El *Shabat* no es dado a todas las personas. Debemos merecerlo verdaderamente. Es por esta razón que no todos lo observan o están al tanto de la poderosa oportunidad que ofrece este día. Debemos apreciar realmente la oportunidad de participar en el *Shabat*. Sin embargo, esto puede ser difícil debido a que, a veces, el poder purificador del *Shabat* es pesado y agotador. Podemos sentirnos impacientes, cansados o exhaustos mientras el cuerpo pasa por una limpieza durante la lectura de la Torá y las oraciones. Para agravar la situación, el Satán se aprovecha de estas reacciones corporales y nos bombardea con más pensamientos negativos. La forma de vencer al Satán es elevarnos por encima de la pesadez y, sencillamente, desear el *Shabat* con todo nuestro corazón y nuestra alma, y apreciar todo lo que puede hacer por nosotros.

וְלֹא veló נְתַתּוֹ netató אלף למד אלף דלת נון יוד יְהֹוָ(אדני)ה יאהדונהי Adonai

אֱלֹהֵינוּ Eloheinu ילה לְגוֹיֵי legoyei הָאֲרָצוֹת haaratsot. וְלֹא veló

הִנְחַלְתּוֹ hinjaltó מַלְכֵּנוּ malquenu לְעוֹבְדֵי leovdei אֱלִילִים elilim.

גַּם gam בִּמְנוּחָתוֹ bimnujató לֹא lo יִשְׁכְּנוּ yishquenu עֲרֵלִים arelim.

כִּי qui לְעַמְּךָ leamjá יִשְׂרָאֵל Yisrael נְתַתּוֹ netató

Medita en atraer iluminación y Torá a *Maljut*, para que Ella pueda recibir un Nombre nuevo: אלף למד אלף דלת נון יוד (en vez del Nombre אל אדנ"י que Ella solía tener), el cual tiene el mismo valor numérico de la palabra נתתו (*netató*).

בְּאַהֲבָה beahavá אחד, דאגה. לְזֶרַע lezera יַעֲקֹב Yaakov ד' הויות, יאהדונהי אידהנויה

אֲשֶׁר asher בָּם bam מ"ב בָּחָרְתָּ bajarta:

YISMEJÚ

יִשְׂמְחוּ yismejú בְמַלְכוּתְךָ vemaljutaj שׁוֹמְרֵי shomrei כ"א הויות שבתפילין

שַׁבָּת Shabat וְקוֹרְאֵי vekorei עֹנֶג óneg. עַם am מְקַדְּשֵׁי mekadshei

שְׁבִיעִי shevií. כֻּלָּם culam יִשְׂבְּעוּ yisbeú וְיִתְעַנְּגוּ veyitangú

מִטּוּבָךְ mituvaj לאו. וְהַשְּׁבִיעִי vehashevií רָצִיתָ ratsita בּוֹ bo

וְקִדַּשְׁתּוֹ vekidashtó. חֶמְדַּת jemdat יָמִים yamim נלך אוֹתוֹ otó

קָרָאתָ karata:

VELÓ NETATÓ

No lo diste, Señor, Dios nuestro, a las naciones del mundo; ni lo hiciste heredad, Rey nuestro, de los adoradores de ídolos tallados. Y su alegría los incircuncisos no podrán experimentar. Porque a Israel, Tu Nación, Tú lo has dado con amor; a la semilla de Yaakov, a quienes Tú has escogido.

YISMEJÚ

Todos aquellos quienes observan el Shabat y lo llaman 'deleite'.

La gente que santifica el Séptimo. Ellos serán saciados y deleitados por Tu benevolencia. Y en el séptimo Tú hallaste gracia y lo santificaste. El día más anhelado de todos lo has llamado.

MEKADESH HASHABAT

אֱלֹהֵינוּ Eloheinu ילה וֵאלֹהֵי veElohei לכב ; מילוי דע"ב, דמ"ב ; ילה אֲבוֹתֵינוּ avoteinu

רְצֵה retsé נָא na בִמְנוּחָתֵנוּ vimnujatenu• קַדְּשֵׁנוּ kadshenu

בְּמִצְוֹתֶיךָ bemitsvoteja שִׂים sim וְחֶלְקֵנוּ jelkenu בְּתוֹרָתָךְ betorataj

שַׂבְּעֵנוּ sabenu מִטּוּבָךְ mituvaj לאו• שַׂמֵּחַ saméaj נַפְשֵׁנוּ nafshenu

בִּישׁוּעָתָךְ bishuataj• וְטַהֵר vetaer לִבֵּנוּ libenu לְעָבְדְּךָ leovdejá

פוי, אל אדני בֶּאֱמֶת beemet אהיה פעמים אהיה, ז"פ ס"ג• וְהַנְחִילֵנוּ vehanjilenu

יְהֹוָהאדניאהדונהי Adonai אֱלֹהֵינוּ Eloheinu ילה בְּאַהֲבָה beahavá אחד, דאגה

וּבְרָצוֹן uvratsón מהש ע"ה, ע"ב ריבוע ק"סא ע"ה, אל שדי ע"ה,

שַׁבַּת Shabat קָדְשֶׁךָ kodshejá• וְיָנוּחוּ veyanuju בוֹ vo

כָּל col ילי יִשְׂרָאֵל Yisrael מְקַדְּשֵׁי mekadshei שְׁמֶךָ shemeja•

אהיה יהו יה אדני

בָּרוּךְ Baruj אַתָּה Atá יְהֹוָהאדניאהדונהי Adonai

Medita en los *Neshikín* (besos, la Unificación Superior) **desde** las Diez *Sefirot* de *Jojmá* de *Kéter* de los cinco *Partsufim* de *Nétsaj*, *Hod*, *Yesod* (**en la repetición**: *Jésed*, *Guevurá*, *Tiféret*) de *Jojmá* de *Zeir Anpín* **hasta** las Diez *Sefirot* de *Jojmá* de *Kéter* de los cinco *Partsufim* de *Nétsaj*, *Hod*, *Yesod* (**en la repetición**: *Jésed*, *Guevurá*, *Tiféret*) de *Jojmá* de *Yaakov* y *Rajel*.

Jojmá	*Dáat*	*Biná*
א	י	ה
יהוה	מצפץ	יֱהוִה
אֲהִיָה	אֱהִיֶה	אֶהְיֶה
יְהוָה	יֶהוֶה	יִהוִה

Medita en atraer iluminación hacia *Kéter* de *Yaakov* y *Rajel* (que Ellos ahora están de pie en *Nétsaj*, *Hod*, *Yesod* de *Zeir Anpín*) desde los tres *Mojín* –*Jojmá, Biná, Dáat*– del Segundo *Gadlut* envuelto por *Nétsaj*, *Hod*, *Yesod* (**en la repetición**: *Jésed*, *Guevurá*, *Tiféret*) de *Aba* e *Ima* Celestiales. (como los *Mojín* están ahora en *Jojmá*, *Biná*, *Dáat* de *Zeir Anpín*). **También atrae** *Maljut* de *Kéter* de todos los cinco *Partsufim* de *Nétsaj*, *Hod*, *Yesod* (**en la repetición**: *Jésed*, *Guevurá*, *Tiféret*) de *Jojmá* de lo Interno de *Zeir Anpín* **hacia** *Kéter* de todos los cinco *Partsufim* de *Nétsaj, Hod, Yesod* (**en la repetición**: *Jésed*, *Guevurá*, *Tiféret*) de *Jojmá* de lo Externo y lo Interno de *Yaakov* y *Rajel* **hacia** *Kéter* de *Yaakov* y *Rajel*, que está de pie en el Pecho de *Zeir Anpín*:

אֲהִיָה יְהֻוָה

(a las tres Vasijas de *Kéter* de *Nukvá*)

יוד הא ואו הה יוד יוד הא יוד הא ואו יוד הא ואו הה י יה יהו יהוה

מְקַדֵּשׁ mekadesh הַשַּׁבָּת haShabat:

MEKADESH HASHABAT

Dios nuestro y Dios de nuestros antepasados, que te plazca nuestro descanso. Santifícanos con Tus preceptos y otórganos participación en Tu Torá y sácianos de Tu bondad y alegra nuestros espíritus con Tu salvación y purifica nuestro corazón para que te sirvamos con verdad. Señor, nuestro Dios, con amor y favor, danos Tu Santo Shabat como un patrimonio. Y que todo Tu pueblo de Israel, los santificadores de Tu Nombre, descansen en él. Bendito eres Tú, Señor, que santifica el Shabat.

LAS TRES BENDICIONES FINALES

A través del mérito de Moshé, Aharón y Yosef, quienes son nuestros canales para las últimas tres bendiciones, somos capaces de hacer descender toda la energía espiritual que despertamos con nuestras oraciones y bendiciones.

LA QUINTA BENDICIÓN

Durante esta bendición, que se refiere a Moshé, siempre debemos meditar en tratar de saber exactamente qué quiere Dios de nosotros en nuestra vida, como lo indica la frase: "Que sea la voluntad de Dios". Estamos pidiéndole a Dios que nos guíe hacia el trabajo que vinimos a hacer en la Tierra. El Creador no puede aceptar sólo el trabajo que queremos hacer, debemos llevar a cabo el trabajo que estamos destinados a hacer.

Nétsaj

Meditar por el Deseo Celestial (*Kéter*), que es llamado *Métsaj HaRatsón* (la Frente del Deseo).

רְצֵה retsé אלף למד הה יוד מם

Aquí meditar en transformar el infortunio y la tragedia (צרה) en deseo y aceptación (רצה).

(**Durante las tres semanas de *Bein HaMetsarim*,** medita aquí en los Nombres Sagrados: אלהים דההין אדני, שין ע"ה, טדהד כוזו מצפצ – con estos Nombres transformamos צרה en רצה).

יְהֹוָהאדניאהדונהי Adonai אֱלֹהֵינוּ Eloheinu ילה בְּעַמְּךָ beameja יִשְׂרָאֵל Yisrael

וְלִתְפִלָּתָם velitfilatam שְׁעֵה sheé• וְהָשֵׁב vehashev הָעֲבוֹדָה haavodá

לִדְבִיר lidvir רי"ו בֵּיתֶךָ beiteja ב"פ ראה• וְאִשֵּׁי veishei יִשְׂרָאֵל Yisrael

וּתְפִלָּתָם utfilatam מְהֵרָה meherá בְּאַהֲבָה beahavá אוזד, דאגה

תְּקַבֵּל tekabel בְּרָצוֹן beratsón מהש ע"ה, ע"ב בריבוע וקס"א ע"ה, אל שדי ע"ה•

וּתְהִי utehí לְרָצוֹן leratsón מהש ע"ה, ע"ב בריבוע וקס"א ע"ה, אל שדי ע"ה

תָּמִיד tamid ע"ה קס"א קנ"א קמ"ג עֲבוֹדַת avodat יִשְׂרָאֵל Yisrael עַמֶּךָ ameja:

LAS TRES BENDICIONES FINALES
LA QUINTA BENDICIÓN

Encuentra gracia, Señor, nuestro Dios, en Tu Pueblo, Israel y oye su oración. Restaura el culto en el santuario interno de Tu Templo. Acepta las ofrendas de Israel y sus oraciones con complacencia, prontamente y con amor. Que siempre sea agradable a Ti, el servicio de Israel, Tu Nación.

PARA ROSH JÓDESH, PÉSAJ Y SUCOT:

Durante estos eventos, hay una oleada de energía espiritual extra en nuestro medio. Estas bendiciones adicionales son nuestra antena para atraer esta fuerza extra a nuestra vida.

Si por error olvidaste decir “*yaalé veyavó*” y te das cuenta antes del final de la bendición (“*Baruj Atá Adonai*”), debes volver y decir “*yaalé veyavó*” y continuar como siempre. Si te das cuenta luego del final de la bendición (“*hamajazir Shejinató leTsiyón*”) pero antes de empezar la bendición siguiente (“*modim*”), debes decir “*yaalé veyavó*” en ese momento y continuar normalmente. Si te das cuenta de ello luego de haber empezado la siguiente bendición (“*modim*”) pero antes del segundo “*yihyú leratsón*” (en la pág. 376), debes volver a “*retsé*” (pág. 364) y continuar desde allí.Si te das cuenta de ello después (del segundo “*yihyú leratsón*”) debes empezar la *Amidá* desde el principio.

אֱלֹהֵינוּ Eloheinu ילה וֵאלֹהֵי veElohei לכב ; מילוי ע״ב, דמב ; ילה אֲבוֹתֵינוּ avoteinu

יַעֲלֶה yaalé וְיָבֹא veyavó וְיַגִּיעַ veyaguía וְיֵרָאֶה veyeraé רי״ו וְיֵרָצֶה veyeratsé

וְיִשָּׁמַע veyishamá וְיִפָּקֵד veyipaked וְיִזָּכֵר veyizajer ר״ת מ״ב (ז״פ ר׳)

זִכְרוֹנֵנוּ zijronenu וְזִכְרוֹן vezijrón ע״ב קס״א ונש״ב אֲבוֹתֵינוּ avoteinu. זִכְרוֹן zijrón

ע״ב קס״א ונש״ב יְרוּשָׁלַיִם Yerushaláyim עִירָךְ iraj.

וְזִכְרוֹן vezijrón ע״ב קס״א ונש״ב מָשִׁיחַ Mashíaj בֶּן ben דָּוִד David

ע״ה כהת ; בן דוד = אדני ע״ה עַבְדָּךְ avdaj פוי, אל אדני. וְזִכְרוֹן vezijrón ע״ב קס״א ונש״ב

כָּל col ילי עַמְּךָ ameja בֵּית beit ב״פ ראה יִשְׂרָאֵל Yisrael

לְפָנֶיךָ lefaneja ס״ג מ״ה ב״ן לִפְלֵיטָה lifleitá לְטוֹבָה letová אכא.

לְחֵן lején מילוי דמ״ה בריבוע, מוחי לְחֶסֶד lejésed ע״ב, ריבוע יהוה

וּלְרַחֲמִים ulerajamim. לְחַיִּים lejayim אהיה אהיה יהוה, בינה ע״ה.

טוֹבִים tovim וּלְשָׁלוֹם uleshalom. בְּיוֹם beyom ע״ה נגד, מזבח, זן, אל יהוה:

PARA ROSH JÓDESH, PÉSAJ Y SUCOT:

Nuestro Dios y el Dios de nuestros padres, que pueda elevarse, ir, llegar, aparecerse, hallar gracia, ser escuchada, considerada y recordada, nuestra remembranza y la remembranza de nuestros padres, la remembranza de Jerusalén, Tu ciudad, y la remembranza del Mesías Ben David, Tu sirviente, y la remembranza de toda Tu Nación, la Casa de Israel, ante Ti, para salvación, para bien, para gracia, amabilidad y compasión, para una buena vida y para paz en este día de:

En *Rosh Jódesh:*

ראש Rosh ריבוע אלהים ואלהים דיודין ע"ה

החדש haJódesh י"ב הויות, קס"א קנ"א ; ראש וחדש ע"ה = שין דלת יוד הזה hazé והו.

En los días intermedios (*Jol Hamoed*) de *Pésaj:*

חג jag המצות haMatsot הזה hazé והו

ביום beyom ע"ה נגד, מזבח, זן, אל יהוה מקרא mikrá קדש kódesh הזה hazé והו.

En los días intermedios (*Jol Hamoed*) de *Sucot:*

חג jag הסכות haSucot הזה hazé והו

ביום beyom ע"ה נגד, מזבח, זן, אל יהוה מקרא mikrá קדש kódesh הזה hazé והו.

לרחם lerajem אברהם, וח"פ אל, רי"ו ול"ב נתיבות החכמה, רמ"ח (אברים), עסמ"ב וט"ז אותיות פשוטות בו bo עלינו aleinu ולהושיענו ulehoshienu.

זכרנו zojrenu יהוהאדניאהדונהי Adonai אלהינו Eloheinu ילה בו bo

לטובה letová אכא. ופקדנו ufokdenu בו vo לברכה livrajá.

והושיענו vehoshienu בו vo לחיים lejayim אהיה אהיה יהוה, בינה ע"ה טובים tovim.

בדבר bidvar ראה ישועה yeshuá ורחמים verajamim.

חוס jus וחננו vejonenu וחמול vajamol ורחם verajem אברהם, וח"פ אל, רי"ו ול"ב נתיבות החכמה, רמ"ח (אברים), עסמ"ב וט"ז אותיות פשוטות עלינו aleinu.

והושיענו vehoshienu כי qui אליך eleja עינינו eineinu ריבוע מ"ה. כי qui

אל El ייא"י (מילוי דס"ג) מלך mélej חנון janún ורחום verajum אתה Atá:

ואתה veAtá ברחמיך verajameja הרבים harabim.

תחפץ tajpots בנו banu ותרצנו vetirtsenu ותחזינה vetejezena

עינינו eineinu ריבוע מ"ה בשובך beshuvjá לציון leTsiyón יוסף, ו' הויות, קנאה

ברחמים berajamim מצפצ, אלהים דיודין, י"פ ייי:

אהיה יהו אל

ברוך Baruj אתה Atá יהוהאדניאהדונהי Adonai

המחזיר hamajazir שכינתו Shejinató לציון leTsiyón יוסף, ו' הויות, קנאה:

En Rosh Jódesh: *Este Rosh Jódesh.*

En los días intermedios de Pésaj: *Este festival de las Matsot, en este buen día de Convocación Santa.*

En los días intermedios de Sucot: *Este festival de Sucot, en este buen día de Convocación Santa.*

Para tener misericordia de nosotros y para salvarnos.

Recuérdanos, Señor, nuestro Dios, para bien y considéranos en ello para la bendición y entréganosla para una buena vida con las palabras de entrega y misericordia. Ten piedad y sé amable con nosotros y ten misericordia y sé compasivo con nosotros y sálvanos, porque nuestros ojos van hacia Ti, porque Tú eres Dios, Rey que es amable y compasivo.

Y que Tú, en Tu gran compasión, te deleites en nosotros y estés complacido con nosotros. Puedan nuestros ojos contemplar Tu retorno a Sión con compasión. ¡Bendito eres Tú, Señor, que devuelve Su Shejiná a Sión!

LA SEXTA BENDICIÓN

Esta bendición es nuestro agradecimiento. Kabbalísticamente, el mayor agradecimiento que le podemos dar a nuestro Creador es hacer exactamente lo que debemos hacer en términos de nuestro trabajo espiritual.

Hod

Inclina todo tu cuerpo en "*modim*" y enderézate en "*Adonai*".

מוֹדִים modim מאה ברכות שתיקן דוד לאמרם כל יום אֲנַחְנוּ anajnu לָךְ laj

שָׁאַתָּה sheAtá הוּא Hu יְהֹוָאדהנויאהדונהי Adonai (ון) אֱלֹהֵינוּ Eloheinu ילה

וֵאלֹהֵי veElohei לכב ; מילוי ע״ב, דמב ; ילה אֲבוֹתֵינוּ avoteinu לְעוֹלָם leolam

ריבוע ס״ג וי׳ אותיות דס״ג וָעֶד vaed• צוּרֵנוּ tsurenu צוּר tsur אלהים דההין ע״ה

וְחַיֵּינוּ jayeinu וּמָגֵן umaguén ג״פ אל (ייא״י מילוי דס״ג) ; ר״ת מיכאל גבריאל נוריאל

יִשְׁעֵנוּ yishenu אַתָּה Atá הוּא Hu• לְדוֹר ledor וָדוֹר vador רי״ו נוֹדֶה nodé

לְךָ lejá וּנְסַפֵּר unesaper תְּהִלָּתֶךָ tehilateja• עַל־ al וְחַיֵּינוּ jayeinu

הַמְּסוּרִים hamesurim בְּיָדֶךָ beyadeja• וְעַל veal נִשְׁמוֹתֵינוּ nishmoteinu

הַפְּקוּדוֹת hapekudot לָךְ laj• וְעַל־ veal נִסֶּיךָ niseja שֶׁבְּכָל shebejol

ב״ן, לכב יוֹם yom ע״ה נגד, מזבח, זן, אל יהוה עִמָּנוּ imanu ריבוע ס״ג, קס״א ע״ה וד׳ אותיות

וְעַל veal נִפְלְאוֹתֶיךָ nifleoteja וְטוֹבוֹתֶיךָ vetovoteja שֶׁבְּכָל shebejol

ב״ן, לכב עֵת et• עֶרֶב érev וָבֹקֶר vavóker וְצָהֳרָיִם vetsahoráyim• הַטּוֹב hatov

והו כִּי־ qui לֹא־ lo כָלוּ jalú רַחֲמֶיךָ rajameja• הַמְרַחֵם hamerajem

אברהם, וו״פ אל, רי״ו ול״ב נתיבות החכמה, רמ״ח (אברים), עסמ״ב וט״ז אותיות פשוטות כִּי־ qui לֹא lo

תַמּוּ tamu חֲסָדֶיךָ jasadeja כִּי qui מֵעוֹלָם meolam קִוִּינוּ kivinu לָךְ laj:

LA SEXTA BENDICIÓN

Nosotros te damos gracias a Ti, porque eres Tú, Señor, quien es nuestro Dios y el Dios de nuestros padres, por siempre y por toda la eternidad. Tú eres nuestra Fortaleza, la Fortaleza de nuestras vidas y el Escudo de nuestra salvación. De una generación a otra, te daremos gracias a Ti y cantaremos Tu alabanza. Por nuestras vidas que están en Tus Manos, por nuestras almas que están a Tu cuidado, por Tus milagros que están con nosotros todos los días y por Tus maravillas y Tus favores que están con nosotros en todo momento: de noche, de mañana y de tarde. Tú eres bueno, porque Tu compasión nunca se ha acabado. Tú eres el misericordioso, porque Tu bondad nunca ha cesado, porque siempre hemos puesto nuestras esperanzas en Ti.

MODIM DERABANÁN

Esta oración es recitada por la congregación en la repetición cuando el *jazán* dice "*modim*".

En esta sección hay 44 palabras, que es el mismo valor numérico del Nombre:
ריבוע אהי (א אה אהי אהיה)

מוֹדִים modim מאה ברכות שתיקן דוד לאמרם כל יום אֲנַחְנוּ anajnu לָךְ laj
שָׁאַתָּה sheAtá הוּא hu יְהֹוָהאדניאהדונהי Adonai אֱלֹהֵינוּ Eloheinu ילה
וֵאלֹהֵי veElohei לכב ; מילוי ע״ב, דמב ; ילה אֲבוֹתֵינוּ avoteinu
אֱלֹהֵי Elohei מילוי ע״ב, דמב ; ילה כָּל jol ילי בָּשָׂר basar. יוֹצְרֵנוּ yotsrenu
יוֹצֵר yotser בְּרֵאשִׁית bereshit. בְּרָכוֹת brajot וְהוֹדָאוֹת vehodaot
לְשִׁמְךָ leshimjá הַגָּדוֹל hagadol להח ; עם ד' אותיות = מבה, יזל, אום
וְהַקָּדוֹשׁ vehakadosh עַל al שֶׁהֶחֱיִיתָנוּ shehejeyitanu וְקִיַּמְתָּנוּ vekiyamtanu.
כֵּן quen תְּחַיֵּנוּ tejayenu וּתְחָנֵּנוּ utejonenu. וְתֶאֱסוֹף veteesof
גָּלֻיּוֹתֵינוּ galuyoteinu לְחַצְרוֹת lejatsrot קָדְשֶׁךָ kodsheja. לִשְׁמוֹר lishmor
חֻקֶּיךָ jukeja וְלַעֲשׂוֹת velaasot רְצוֹנֶךָ retsoneja. וּלְעָבְדְּךָ uleovdejá
פוי, אל אדני בְּלֵבָב belevav בוכו שָׁלֵם shalem. עַל al שֶׁאֲנַחְנוּ sheanajnu
מוֹדִים modim לָךְ laj. בָּרוּךְ baruj אֵל El ייא״י (מילוי דס״ג) הַהוֹדָאוֹת hahodaot:

PARA JANUCÁ Y PURIM

Janucá y *Purim* generan una dimensión adicional de energía de Milagros. Esta bendición nos ayuda a aprovechar esta energía, atrayendo milagros a nuestra vida cuando realmente los necesitamos.

וְעַל veal הַנִּסִּים hanisim וְעַל veal הַפֻּרְקָן hapurkán.
וְעַל veal הַגְּבוּרוֹת haguevurot. וְעַל veal הַתְּשׁוּעוֹת hateshuot
וְעַל veal הַנִּפְלָאוֹת haniflaot וְעַל veal הַנֶּחָמוֹת hanejamot
שֶׁעָשִׂיתָ sheasita לַאֲבוֹתֵינוּ laavoteinu בַּיָּמִים bayamim נלך הָהֵם hahem
בַּזְּמַן bazemán הַזֶּה hazé והו:

MODIM DERABANÁN

Nosotros te damos gracias a Ti, porque eres Tú, Señor, quien es nuestro Dios y el Dios de nuestros ancestros, el Dios de toda la humanidad, nuestro Hacedor y el Creador de toda la Creación. Bendiciones y gracias a Tu gran y Santo Nombre por darnos vida y por preservarnos. Que puedas Tú continuar dándonos vida, sé amable con nosotros y reúne nuestros exiliados en los atrios de Tu Santuario, para que podamos cumplir Tus leyes, hacer Tu voluntad y servir a Ti con todo el corazón. Por esto te agradecemos. ¡Bendito sea el Dios de los agradecimientos!

PARA JANUCÁ Y PURIM

Y también por los milagros, la liberación, los hechos poderosos, la salvación, las maravillas, y actos de consolación que Tú realizaste para nuestros antepasados, en aquellos días y en este momento.

PARA JANUCÁ:

בִּימֵי bimei מַתִּתְיָה Matityá בֶּן ven יוֹחָנָן Yojanán כֹּהֵן Cohén מלכה

גָּדוֹל Gadol להוו ; עם ד' אותיות = מבה, יזל, אום וְחַשְׁמוֹנָאִי Jashmonaí וּבָנָיו uvanav

כְּשֶׁעָמְדָה quesheamdá מַלְכוּת maljut יָוָן Yaván הָרְשָׁעָה harshaá עַל al

עַמְּךָ ameja יִשְׂרָאֵל Yisrael לְשַׁכְּחָם leshaquejam תּוֹרָתָךְ torataj

וּלְהַעֲבִירָם ulehaaviram מֵחֻקֵּי mejukei רְצוֹנָךְ. retsonaj וְאַתָּה veAtá

בְּרַחֲמֶיךָ verajameja הָרַבִּים harabim עָמַדְתָּ amadeta לָהֶם lahem בְּעֵת beet

צָרָתָם tsaratam. רַבְתָּ ravta אֶת et רִיבָם rivam. דַּנְתָּ danta

אֶת et דִּינָם dinam. נָקַמְתָּ nakamta מנק אֶת et נִקְמָתָם nikmatam מנק.

מָסַרְתָּ masarta גִּבּוֹרִים guiborim בְּיַד beyad חַלָּשִׁים jalashim. וְרַבִּים verabim

בְּיַד beyad מְעַטִּים meatim. וּרְשָׁעִים ureshaím בְּיַד beyad צַדִּיקִים tsadikim.

וּטְמֵאִים utmeím בְּיַד beyad טְהוֹרִים tehorim. וְזֵדִים vezedim בְּיַד beyad

עוֹסְקֵי oskei תוֹרָתֶךָ torateja. לְךָ lejá עָשִׂיתָ asita שֵׁם shem

גָּדוֹל gadol להוו ; עם ד' אותיות = מבה, יזל, אום וְקָדוֹשׁ vekadosh בְּעוֹלָמָךְ beolamaj.

וּלְעַמְּךָ uleameja יִשְׂרָאֵל Yisrael עָשִׂיתָ asita תְּשׁוּעָה teshuá גְּדוֹלָה guedolá

וּפוּרְקָן ufurkán כְּהַיּוֹם quehayom ע"ה נגד, מזבח, זן, אל יהוה הַזֶּה hazé והו.

וְאַחַר veajar כָּךְ caj בָּאוּ bau בָנֶיךָ vaneja לִדְבִיר lidvir רי"ו בֵּיתֶךָ beiteja ב"פ

ראה וּפִנּוּ ufinú אֶת־ et הֵיכָלֶךָ heijaleja. וְטִהֲרוּ vetiharú אֶת et

מִקְדָּשֶׁךָ mikdasheja. וְהִדְלִיקוּ vehidliku נֵרוֹת nerot בְּחַצְרוֹת bejatsrot

קָדְשֶׁךָ kodshejá. וְקָבְעוּ vekavú שְׁמוֹנַת shmonat יְמֵי yemei חֲנֻכָּה Janucá

אֵלּוּ elu בְּהַלֵּל behalel אדני, ללה וּבְהוֹדָאָה uvehodaá. וְעָשִׂיתָ veasita

עִמָּהֶם imahem נִסִּים nisim וְנִפְלָאוֹת veniflaot וְנוֹדֶה venodé לְשִׁמְךָ leshimjá

הַגָּדוֹל hagadol להוו ; עם ד' אותיות = מבה, יזל, אום סֶלָה sela:

PARA JANUCÁ

En los días de Matityá, hijo de Yojanán, el Sumo Sacerdote, el jasmoneo, y sus hijos, cuando el maligno Imperio Griego se sublevó en contra de Tu Nación, Israel, para obligarlos a olvidar Tu Torá y obligarlos a alejarse de las leyes de Tu deseo, con Tu compasión estuviste con ellos en tiempos turbulentos. Tú luchaste sus batallas, buscaste justicia para ellos, los vindicaste y entregaste a los fuertes en manos de los débiles, a los numerosos en manos de los pocos, a los perversos en manos de los justos, a los contaminados en manos de los puros y a los tiranos en manos de aquellos que se ocupaban con Tu Torá. Hiciste un Santo Nombre para Ti en Tu mundo y para Tu pueblo, Israel, realizaste una gran salvación y liberación en este día. Entonces Tus hijos vinieron al Santuario de Tu Casa, limpiaron Tu Palacio, purificaron Tu Templo, encendieron velas en los jardines de Tu Santo Dominio, y establecieron estos ocho días de Janucá para alabanza y acción de gracias. Y Tú realizaste milagros y maravillas para ellos. Por ello estamos agradecidos a Tu Gran Nombre. Sela.

PARA PURIM:

בִּימֵי bimei מָרְדְּכַי Mordejai וְאֶסְתֵּר veEster עִם האותיות = מילוי אדנ"י
בְּשׁוּשַׁן beShushán הַבִּירָה habirá. כְּשֶׁעָמַד quesheamad עֲלֵיהֶם aleihem
הָמָן Hamán הָרָשָׁע Harashá. בִּקֵּשׁ bikesh לְהַשְׁמִיד lehashmid לַהֲרוֹג laharog
וּלְאַבֵּד uleabed אֶת et כָּל col ילי הַיְּהוּדִים hayehudim מִנַּעַר mináar וְעַד vead
זָקֵן zakén טַף taf וְנָשִׁים venashim בְּיוֹם beyom ע"ה נגד, מזבח, זן, אל יהוה
אֶחָד ejad אהבה, דאגה בִּשְׁלֹשָׁה bishloshá עָשָׂר asar לְחֹדֶשׁ lejódesh
י"ב הויות, קס"א קנ"א שְׁנֵים shneim עָשָׂר asar הוּא hu חֹדֶשׁ jódesh י"ב הויות, קס"א קנ"א
אֲדָר adar וּשְׁלָלָם ushlalam לָבוֹז lavoz. וְאַתָּה veAtá בְּרַחֲמֶיךָ verajameja
הָרַבִּים harabim הֵפַרְתָּ hefarta אֶת et עֲצָתוֹ atsató וְקִלְקַלְתָּ vekilkalta
אֶת et מַחֲשַׁבְתּוֹ majashavtó. וַהֲשֵׁבוֹתָ vahashevota לּוֹ lo גְּמוּלוֹ guemuló
בְּרֹאשׁוֹ beroshó. וְתָלוּ vetalú אוֹתוֹ otó וְאֶת veet בָּנָיו banav עַל al הָעֵץ haets.
וְעָשִׂיתָ veasita עִמָּהֶם imahem נִסִּים nisim וְנִפְלָאוֹת veniflaot וְנוֹדֶה venodé
לְשִׁמְךָ leshimjá הַגָּדוֹל hagadol להח ; עם ד' אותיות = מבה, יזל, אום סֶלָה sela:

וְעַל veal כֻּלָּם culam יִתְבָּרַךְ yitbaraj וְיִתְרוֹמָם veyitromam
וְיִתְנַשֵּׂא veyitnasé תָּמִיד tamid ע"ה קס"א קנ"א קמ"ג שִׁמְךָ shimjá
מַלְכֵּנוּ malquenu לְעוֹלָם leolam ריבוע ס"ג וי' אותיות דס"ג וָעֶד vaed.
וְכָל־ vejol ילי הַחַיִּים hajayim אהיה אהיה יהוה, בינה ע"ה יוֹדוּךָ yoduja סֶּלָה sela:

Durante los días entre *Rosh Hashaná* y *Yom Kipur* recitamos la oración de "*ujtov*":

וּכְתוֹב ujtov לְחַיִּים lejayim אהיה אהיה יהוה, בינה ע"ה טוֹבִים tovim
כָּל־ col ילי בְּנֵי bnei בְרִיתֶךָ vriteja:

Si olvidaste decir "*ujtov*" y te das cuenta antes del final de la bendición ("*Baruj Atá Adonai*"), debes volver y decir "*ujtov*" y continuar normalmente. Pero si te das cuenta sólo después del final de la bendición, debes continuar y puedes agregar "*ujtov*" al final de "*Elohai Netsor*".

PARA PURIM:

En los días de Mordejái y Ester, en Shushán, la capital, cuando el malvado Hamán se sublevó contra ellos, él busco destruir, asesinar y aniquilar a todos los judíos, jóvenes y viejos, niños y mujeres, en un día, el decimotercer día del duodécimo mes, el cual es el mes de Adar, y tomar su botín. Pero Tú, en Tu gran compasión, arruinaste su plan, frustraste su diseño y dirigiste su cometido hacia su propia cabeza. Lo colgaron a él y a sus hijos en la horca. Y Tú realizaste milagros y maravillas para ellos (Israel). Damos gracias a Tu gran Nombre. Sela.

Y por todas estas cosas, que Tu Nombre sea siempre bendecido, exaltado y ensalzado, por siempre, nuestro Rey, por siempre y para siempre, y todos los vivientes te agradecen, Sela.

Durante los días entre *Rosh Hashaná* y *Yom Kipur*:

E inscribe para una buena vida a todos los miembros de Tu Pacto.

וִיהַלְלוּ vihalelú וִיבָרְכוּ vivarjú יהוה ריבוע יהוה ריבוע מ"ה אֶת־ et

שִׁמְךָ shimjá הַגָּדוֹל hagadol להח ; עם ד' אותיות = מבה, יזל, אום בֶּאֱמֶת beemet אהיה

פעמים אהיה, ז"פ ס"ג לְעוֹלָם leolam ריבוע ס"ג ו' אותיות דס"ג כִּי qui טוֹב tov והו ;

כי טוב = יהוה אהיה, אום, מבה, יזל. הָאֵל haEl לאה ; ייא"י (מילוי דס"ג) יְשׁוּעָתֵנוּ yeshuatenu

וְעֶזְרָתֵנוּ veezratenu סֶלָה sela. הָאֵל haEl לאה ; ייא"י (מילוי דס"ג) הַטּוֹב hatov והו:

Flexiona tus rodillas en "*Baruj*", inclínate en "*Atá*" y enderézate en "*Adonai*".

אהיה יהו אלהים

בָּרוּךְ Baruj אַתָּה Atá יְהֹוָהאדהינהיאהדונהי Adonai (הי) הַטּוֹב hatov והו

שִׁמְךָ Shimjá וּלְךָ uLejá נָאֶה naé לְהוֹדוֹת lehodot ס"ת כהת, משיח בן דוד ע"ה:

BENDICIÓN DE LOS COHANIM

Durante la repetición decimos la Bendición de los *Cohanim*. El *Cohén* es un canal de la energía dadora de la Columna Derecha y, por lo tanto, también de sanación. Debido a que la Luz revelada a través de esta bendición es más poderosa de lo que podemos manejar, cubrimos nuestros ojos para evitar ver directamente a esta asombrosa Luz de sanación.

Si no hay *Cohén* presente, el *jazán* debe decir:

אֱלֹהֵינוּ Eloheinu ילה וֵאלֹהֵי veElohei לכב ; מילוי ע"ב, דמב ; ילה אֲבוֹתֵינוּ avoteinu,

בָּרְכֵנוּ barjenu בַּבְּרָכָה babrajá הַמְשֻׁלֶּשֶׁת hameshuléshet בַּתּוֹרָה baTorá

הַכְּתוּבָה haquetuvá עַל al יְדֵי yedei מֹשֶׁה Moshé מהש, ע"ב בריבוע וקס"א, אל שדי,

ד"פ אלהים ע"ה עַבְדֶּךָ avdeja פוי, אל אדני הָאֲמוּרָה haamurá מִפִּי mipí אַהֲרֹן Aharón

וּבָנָיו uvanav כֹּהֲנִים cohanim עַם am קְדוֹשֶׁךָ kedosheja, כָּאָמוּר caamur:

Entonces el *jazán* continuará desde "*yevarejejá Adonai...*" hasta "*vesayem lejá Shalom*" (en la página siguiente).

Después de que la congregación responda *Amén*, el *jazán* dirá "*Cohanim*". Luego los *Cohanim* recitarán lo siguiente en silencio:

יְהִי yehí רָצוֹן ratsón מהש ע"ה, ע"ב בריבוע וקס"א ע"ה, אל שדי ע"ה מִלְּפָנֶיךָ milefaneja

ס"ג מ"ה ב"ן יְהֹוָהאדהינהיאהדונהי Adonai אֱלֹהֵינוּ Eloheinu ילה וֵאלֹהֵי veElohei

לכב ; מילוי ע"ב, דמב ; ילה אֲבוֹתֵינוּ avoteinu, שֶׁתְּהֵא shetihyé בְּרָכָה brajá זוֹ zo

שֶׁצִּוִּיתָנוּ shetsivitanu לְבָרֵךְ levarej אֶת et עַמְּךָ ameja יִשְׂרָאֵל Yisrael

בְּרָכָה brajá שְׁלֵמָה shelemá וְלֹא veló יִהְיֶה yihyé ייי בָּהּ ba

מִכְשׁוֹל mijshol וְעָוֹן veavón מֵעַתָּה meatá וְעַד vead עוֹלָם olam:

Y ellos te alabarán y bendecirán Tu gran Nombre, sinceramente y para siempre, porque es bueno, el Dios de nuestra salvación y nuestra ayuda, Sela, el buen Dios. Bendito eres Tú, Señor, cuyo Nombre es bueno. Y a Ti es propio dar gracias.

BENDICIÓN DE LOS COHANIM

Nuestro Dios y el Dios de nuestros antepasados, bendícenos con la triple de bendición escrita en la Torá por Moshé, Tu siervo, y dicha por Aharón y sus hijos, los cohanim, Tu Pueblo Santo, como está dicho: Que sea Tu voluntad, Señor, nuestro Dios y el Dios de nuestros antepasados, que esta bendición con la que Tú nos ordenaste que bendecir a Tu pueblo, Israel, sea una bendición perfecta, y que no contenga ningún impedimento o iniquidad desde ahora y para siempre.

Los *Cohanim* dicen la siguiente bendición de cara al Arca y cuando llegan a la palabra "*vetsivanu*", deben girar en dirección de las manecillas del reloj y dar la cara a la congregación y continuar la bendición. Si sólo hay un *Cohén*, el *jazán* no debe llamarlo, sino que, en lugar de ello, el *Cohén* debe decir la siguiente bendición inmediatamente:

בָּרוּךְ Baruj אַתָּה Atá יְהֹוָה יאהדונהי Adonai אֱלֹהֵינוּ Eloheinu ילה
מֶלֶךְ mélej הָעוֹלָם haolam אֲשֶׁר asher קִדְּשָׁנוּ kideshanu
בִּקְדֻשָּׁתוֹ bikdusható שֶׁל shel אַהֲרֹן Aharón וְצִוָּנוּ vetsivanu
לְבָרֵךְ levarej אֶת et עַמּוֹ amó יִשְׂרָאֵל Yisrael בְּאַהֲבָה beahavá אוזד, דאגה:

El *jazán* orienta a los *Cohanim* recitando una palabra a la vez (incluso si sólo hay un *Cohén* presente). Y la congregación responde "*Amén*" (o "*quen yehí ratsón*" en caso de que el *jazán* sea quien lo recite) después de cada verso.

Las iniciales de los tres versos nos dan el Nombre Sagrado: ײַ.
En esta sección hay 15 palabras, que es el valor numérico del Nombre Sagrado: ההה.

(Derecha – *Jésed*)

יְבָרֶכְךָ yevarejejá יְהֹוָה יאהדונהי Adonai וְיִשְׁמְרֶךָ veyishmereja
ר"ת = יהוה ; וס"ת = מ"ה:

(Izquierda – *Guevurá*)

יָאֵר yaer כף ויו זין ויו יְהֹוָה יאהדונהי Adonai | פָּנָיו panav אֵלֶיךָ eleja
וִיחֻנֶּךָּ vijuneca מנד ; יהה אותיות בפסוק:

(Central – *Tiféret*)

יִשָּׂא yisá יְהֹוָה יאהדונהי Adonai | פָּנָיו panav אֵלֶיךָ eleja
וְיָשֵׂם veyasem לְךָ lejá שָׁלוֹם shalom האא תיבות בפסוק:

(*Maljut*)

(וְשָׂמוּ vesamu אֶת־ et שְׁמִי Shmí עַל־ al בְּנֵי bnei יִשְׂרָאֵל Yisrael
וַאֲנִי vaAní אני אֲבָרְכֵם avarjem:)

Los *Cohanim* añaden en silencio:

רִבּוֹן ribón יהוה ע"ב ס"ג מ"ה ב"ן הָעוֹלָמִים haolamim,
עָשִׂינוּ asinu מַה ma מ"ה שֶׁגָּזַרְתָּ shegazarta עָלֵינוּ aleinu, עֲשֵׂה asé אַתָּה Atá
מַה ma מ"ה שֶׁהִבְטַחְתָּנוּ shehivtajtanu: הַשְׁקִיפָה hashkifá מִמְּעוֹן mimeón
קָדְשְׁךָ kodsheja מִן־ min הַשָּׁמַיִם hashamáyim י"פ טל, י"פ כוזו ; ר"ת מ"ה
וּבָרֵךְ uvarej אֶת־ et עַמְּךָ ameja אֶת־ et יִשְׂרָאֵל Yisrael:

Bendito eres Tú, Señor, nuestro Dios, Rey del universo, quien nos ha santificado con la santidad de Aharón y nos ha ordenado bendecir a Su Pueblo, Israel, con amor.
(Derecha) *Que el Señor te bendiga y te proteja (Amén).*
(Izquierda) *Que el Señor haga brillar Su rostro sobre ti y te dé gracia (Amén).*
(Central) *Que el Señor eleve Su rostro hacia Ti y te conceda paz (Amén).*
("Y ellos pondrán Mi nombre sobre los Hijos de Israel y Yo los bendeciré") (Números 6:24-27).
Señor del mundo, hemos hecho lo que Tú has decretado sobre nosotros. Ahora, haz Tú como prometiste: "Mira hacia abajo desde Tu Santa Morada, desde los Cielos, y bendice a Tu pueblo, Israel" (Deuteronomio 26:15)

En esta sección hay 22 palabras, que es el valor numérico del Nombre Sagrado: אכא. Debes meditar en lo siguiente cuando el *jazán* diga la primera palabra de cada verso:

Yevarejejá (primer verso): אל נא קרב תשועת מצפיך (ר"ת אנקתם)

Yaer (segundo verso): פודך סר תוציאם ממאסר (ר"ת פסתם)

Yisá (tercer verso): פדה סועים פתח סומים ישעך מצפים (ר"ת פספסים)

דלה יוקשים וקבץ נפוצים סמוך יה מפלתנו (ר"ת דיונסים)

(susurra:) יוזו אותיות בפסוק ברוך Baruj שם Shem כבוד quevod מלכותו maljutó,
לעולם leolam ריבוע ס"ג וי' אותיות דס"ג ועד vaed:

Si tuviste un mal sueño que te esté causando angustia, di lo siguiente mientras los *Cohanim* dicen su bendición:

רבונו Ribonó של shel עולם Olam אני aní אני שלך sheljá וחלומותי vejalomotai
שלך sheljá. חלום jalom וחלמתי jalamti ואיני veeiní יודע yodea מה ma מ"ה
הוא hu. בין bein שחלמתי shejalamti אני aní אני לעצמי leatsmí ובין uvein
שחלמו shejalmú לי li אחרים ajerim, ובין uvein שאני sheaní אני וחלמתי jalamti
על al אחרים ajerim, אם im יוהך, מ"א אותיות אהיה בפשוטו במילואו ובמילוי דמילואו ע"ה
טובים tovim הם hem חזקם jazkem ואמצם veamtsem כחלומותיו cajalomotav
של shel יוסף Yosef קנאה, ו הויות, ציון הצדיק Hatsadik, ואם veim יוהך, מ"א אותיות אהיה
בפשוטו במילואו ובמילוי דמילואו ע"ה צריכים tserijim רפואה refuá רפאם refaem
כמי quemei ילי מרה mará על al ידי yedei משה Moshé מהש, ע"ב בריבוע וקס"א, אל שדי,
ד"פ אלהים ע"ה רבינו rabeinu עליו alav השלום hashalom, וכמי ujemei ילי
יריחו Yerijó על al ידי yedei אלישע Elishá, וכמרים ujeMiryam
מצרעתה mitsaratá, וכנעמן ujeNaamán מצרעתו mitsarató, וכחזקיהו ujeJizkiyahu
מחליו mejolyó. וכשם ujeshem שהפכת shehafajta קללת kilelat בלעם Bilam
הרשע harashá לברכה livrajá, כן quen הפוך hafoj כל col ילי חלומותי jalomotai
עלי alai ועל veal כל col ילי ; עמם ישראל Yisrael לטובה letová אכא
ולברכה velivrajá ותרצני vetirtseni ברחמיך berajameja הרבים harabim.
מ"ב אותיות בפסוק יהיו yihyú אל (ייא" מילוי דס"ג) לרצון leratsón מהש ע"ה, ע"ב בריבוע וקס"א
ע"ה, אל שדי ע"ה אמרי imrei פי fi ר"ת אלף = אלף למד שין דלת יוד ע"ה והגיון veyihyú
לבי libí לפניך lefaneja ס"ג מ"ה ב"ן יהוה אדני אהדונהי Adonai צורי tsurí וגואלי vegoalí.

¡Señor del Mundo! Yo soy Tuyo y mis sueños son Tuyos. Yo tuve un sueño pero no conozco su significado; ya sea que haya soñado sobre mí mismo, o que otros soñaron conmigo, o sea que yo he soñado con otros. Si ellos [mis sueños] son buenos entonces refuérzalos y vigorízalos, como los sueños de Yosef, el justo. Si requieren sanación, entonces remédialos como a las aguas de Mará en las manos de Moshé, nuestro señor, que la paz esté con él; como a las aguas de Jericó en las manos de Elishá y como a Miriam de su lepra, como a Naamán de su lepra, y como a Jizkiyahu de su enfermedad. Y así como Tú has convertido la maldición del malvado Bilaam en bendiciones, así también cambia mis sueños, por mi bien y por el bien de Israel, en cosas buenas y en bendiciones. Favoréceme con Tu generosa compasión. "Sean gratos ante Ti, Señor, mi Fortaleza y mi Redentor, los dichos de mi boca y los pensamientos de mi corazón" (Salmos 19:15).

LA BENDICIÓN FINAL

Estamos emanando la energía de paz para el mundo entero. También nos proponemos utilizar nuestras bocas sólo para el bien. Kabbalísticamente, el poder de las palabras y del habla es inimaginable. Esperamos usar este poder sabiamente, lo que tal vez sea una de las tareas más difíciles de llevar a cabo.

Yesod

שִׂים sim שָׁלוֹם Shalom

(**Durante las tres semanas de *Bein HaMetsarim*,** medita aquí en estos Nombres Sagrados:
שין ראשונה (ע"ה = טדהד כוזו מצפצ) ממתקת את השין השניה (= אלהים דההין אדני) ;
וכן שים שלום ע"ה = ו' השמות (טדהד כוזו מצפצ אלהים אדני יהוה) אדני טדהד כוזו מצפצ ואלהים דההין)

טוֹבָה tová אכא וּבְרָכָה uvrajá חַיִּים jayim אהיה אהיה יהוה, בינה ע"ה חֵן jen מילוי
דמ"ה בריבוע, מוזי וָחֶסֶד vajésed ע"ב, ריבוע יהוה צְדָקָה tsedaká ע"ה ריבוע אלהים
וְרַחֲמִים verajamim עָלֵינוּ aleinu וְעַל־ veal כָּל־ col ילי ; עמם
יִשְׂרָאֵל Yisrael עַמֶּךָ ameja וּבָרְכֵנוּ uvarjenu אָבִינוּ avinu כֻּלָּנוּ culanu
כְּאֶחָד queejad אהבה, דאגה בְּאוֹר beor רז, א"ס פָּנֶיךָ paneja ס"ג מ"ה ב"ן כִּי qui
בְּאוֹר veor רז, א"ס פָּנֶיךָ paneja ס"ג מ"ה ב"ן נָתַתָּ natata לָנוּ lanu אלהים, אהיה אדני
יְהֹוָהאדניאהדונהי Adonai אֱלֹהֵינוּ Eloheinu ילה תּוֹרָה Torá וְחַיִּים vejayim אהיה
אהיה יהוה, בינה ע"ה• אַהֲבָה ahavá אחד, דאגה וָחֶסֶד vajésed ע"ב, ריבוע יהוה•
צְדָקָה tsedaká ע"ה ריבוע אלהים וְרַחֲמִים verajamim• בְּרָכָה brajá
וְשָׁלוֹם veshalom• וְטוֹב vetov והו בְּעֵינֶיךָ beeineja ע"ה קס"א ; ריבוע מ"ה
לְבָרְכֵנוּ levarjenu וּלְבָרֵךְ ulevarej אֶת et כָּל־ col ילי עַמְּךָ ameja
יִשְׂרָאֵל Yisrael בְּרוֹב־ berov י"פ אהיה עֹז oz וְשָׁלוֹם veshalom:•

LA BENDICIÓN FINAL

Otorga paz, bondad, bendiciones, vida, gracia, amabilidad, justicia y misericordia a nosotros y a todo Israel, Tu Pueblo. Bendícenos a todos como uno solo, Padre nuestro, con la Luz de Tu Rostro, porque es con la Luz de Tu rostro que Tú, Señor, nuestro Dios, nos has dado la Torá y vida, amor y amabilidad, justicia y misericordia, bendición y paz. Que sea grato a Tus Ojos bendecirnos y bendecir a Tu Nación, Israel, con abundante poder y con paz.

Durante los días entre *Rosh Hashaná* y *Yom Kipur* decimos la oración "*uveséfer jayim*":

וּבְסֵפֶר uveséfer חַיִּים jayim אהיה אהיה יהוה, בינה ע״ה
בְּרָכָה brajá וְשָׁלוֹם veshalom וּפַרְנָסָה ufarnasá טוֹבָה tová אכא
וִישׁוּעָה vishuá וְנֶחָמָה venejamá וּגְזֵרוֹת ugzerot טוֹבוֹת tovot.
נִזָּכֵר nizajer וְנִכָּתֵב venicatev לְפָנֶיךָ lefaneja ס״ג מ״ה ב״ן
אֲנַחְנוּ anajnu וְכָל vejol ילי עַמְּךָ ameja יִשְׂרָאֵל Yisrael
לְחַיִּים lejayim אהיה אהיה יהוה, בינה ע״ה טוֹבִים tovim וּלְשָׁלוֹם uleshalom:

Si olvidaste decir "*uveséfer jayim*" y te das cuenta de esto antes del final de la bendición ("*Baruj Atá Adonai*"), debes regresar y decir "*uveséfer jayim*" y continuar normalmente. Pero si te das cuenta de esto sólo al final de la bendición, debes continuar y puedes agregar "*uveséfer jayim*" al final de "*Elohai Netsor*".

אהיה יהו מצפצ

בָּרוּךְ Baruj אַתָּה Atá יְהֹוָהאדניאהדונהי Adonai
הַמְּבָרֵךְ hamevarej אֶת et עַמּוֹ amó יִשְׂרָאֵל Yisrael
בַּשָּׁלוֹם bashalom. ר״ת = אלהים (אילההויהם = יב״ק) אָמֵן Amén יאהדונהי.

YIHYÚ LERATSÓN

Hay 42 letras en el versículo en el secreto del *Aná Bejóaj*.

יִהְיוּ yihyú אל (ייא״י מילוי דס״ג) לְרָצוֹן leratsón מהש ע״ה, ע״ב בריבוע וקס״א ע״ה, אל שדי ע״ה
אִמְרֵי imrei פִי fi ר״ת אֶלֶף = אלף למד שין דלת יוד ע״ה וְהֶגְיוֹן vehegyón לִבִּי libí
לְפָנֶיךָ lefaneja ס״ג מ״ה ב״ן יְהֹוָהאדניאהדונהי Adonai צוּרִי tsurí וְגֹאֲלִי vegoalí:

ELOHAI NETSOR

אֱלֹהַי Elohai מילוי ע״ב, דמב ; ילה נְצוֹר netsor לְשׁוֹנִי leshoní מֵרָע merá.
וּשְׂפָתוֹתַי vesiftotai מִדַּבֵּר midaber ראה מִרְמָה mirmá. וְלִמְקַלְלַי velimkalelai
נַפְשִׁי nafshí תִדּוֹם tidom. וְנַפְשִׁי venafshí כֶּעָפָר queafar
לַכֹּל lacol יה אדני תִּהְיֶה tihyé. פְּתַח petaj לִבִּי libí בְּתוֹרָתֶךָ betorateja.

Durante los días entre *Rosh Hashaná* y *Yom Kipur*:
Y que en el Libro de la Vida, todos seamos recordados e inscritos ante Ti; para bendición, paz, buen sustento, salvación, consuelo, y buenos decretos. Nosotros y toda Tu Nación, Israel, para una buena vida y para paz.

Bendito seas Tú, Señor, que bendices a Tu nación, Israel, con paz, Amén.

YIHYÚ LERATSÓN

"Sean gratos ante Ti, Señor,
mi Fortaleza y mi Redentor, los dichos de mi boca y los pensamientos de mi corazón" (Salmos 19:15).

ELOHAI NETSOR

Mi Dios, cuida mi lengua del mal
y mis labios de decir falsedad. Que mi alma permanezca en silencio ante aquellos que me maldicen y permite que mi espíritu sea humilde ante todos, como el polvo. Abre mi corazón a Tu Torá

וְאַחֲרֵי veajarei מִצְוֺתֶיךָ mitsvoteja תִּרְדּוֹף tirdof נַפְשִׁי nafshí.
וְכָל־ vejol ילי הַקָּמִים hakamim עָלַי alai לְרָעָה leraá רהע. מְהֵרָה meherá
הָפֵר hafer עֲצָתָם atsatam וְקַלְקֵל vekalkel מַחְשְׁבוֹתָם majshevotam.
עֲשֵׂה asé לְמַעַן lemaan שְׁמָךְ Shemaj. עֲשֵׂה asé לְמַעַן lemaan
יְמִינָךְ yeminaj. עֲשֵׂה asé לְמַעַן lemaan תּוֹרָתָךְ torataj. עֲשֵׂה asé
לְמַעַן lemaan קְדֻשָּׁתָךְ kedushataj. ר"ת הפסוק = מ"ה יהוה לְמַעַן lemaan
יֵחָלְצוּן yejaltsún יְדִידֶיךָ yedideja ר"ת ילי הוֹשִׁיעָה hoshía יהוה ושע"ע נהורין
יְמִינְךָ yeminjá וַעֲנֵנִי vaaneni (כתיב: ועננו) ר"ת אל (יא"י מילוי דס"ג):

Antes de que recitemos el próximo verso ("*Yihyú leratsón*") tenemos una oportunidad para fortalecer la conexión con nuestra alma usando nuestro nombre. Cada persona tiene un versículo en la Torá que lo conecta con su nombre. O bien su nombre está en el versículo, o la primera y última letra del nombre corresponden a la primera y última letra de un versículo. Por ejemplo, el nombre Yehuda comienza con una *Yud* y termina con una *Hei*. Antes de terminar la *Amidá*, declaramos que nuestro nombre sea siempre recordado cuando nuestra alma abandone este mundo.

YIHYÚ LERATSÓN (EL SEGUNDO)

Hay 42 letras en el versículo en el secreto del *Aná Bejóaj*.

יִהְיוּ yihyú אל (יא"י מילוי דס"ג) לְרָצוֹן leratsón מהש ע"ה, ע"ב בריבוע וקס"א ע"ה, אל שדי ע"ה
אִמְרֵי־ imrei פִי fi ר"ת אֶלֶף = אלף למד שין דלת יוד ע"ה וְהֶגְיוֹן vehegyón לִבִּי libí
לְפָנֶיךָ lefaneja ס"ג מ"ה ב"ן יְהֹוָ֣ה יאהדונהי Adonai צוּרִי tsurí וְגֹאֲלִי vegoalí:

OSÉ SHALOM

Ahora damos tres pasos para atrás para atraer la Luz del Mundo de Emanación (*Atsilut*) a nuestra vida. Estos pasos son para alejarnos del Mundo de *Atsilut* a través de los tres Mundos de *Briá*, *Yetsirá* y *Asiyá*.

Nos inclinamos a la izquierda, la derecha y el centro porque hemos aprendido que Nebujadnétsar dio tres pasos en honor a Dios y, de este modo, tuvo el mérito de convertirse en rey (quien después destruiría el Santo Templo). Debemos meditar en que, al dar estos pasos atrás, el Santo Templo sea reconstruido nuevamente.

---

y permite que mi corazón siga Tus mandamientos. Prontamente frustra los planes y daña los pensamientos de todos aquellos que se levantan contra mí para hacerme daño. Hazlo por la gloria de Tu Nombre. Haz esto por el bien de Tu Diestra. Haz esto por el mérito de Tu Torá. Haz esto por Tu Santidad, "Que Tus amados sean rescatados. Sálvalos con Tu Diestra y contéstame" (Salmos 60:7).

YIHYÚ LERATSÓN (EL SEGUNDO)

"Sean gratos ante Ti, Señor,
mi Fortaleza y mi Redentor, los dichos de mi boca y los pensamientos de mi corazón" (Salmos 19:15).

Da tres pasos hacia atrás;

עוֹשֶׂה osé שָׁלוֹם shalom

Durante los días entre *Rosh Hashaná* y *Yom Kipur* en lugar de "*shalom*" decimos:

Izquierda
Te vuelves a la izquierda y dices:

הַשָּׁלוֹם hashalom (ספריאל המלאך החותם לחיים)

בִּמְרוֹמָיו bimromav ר"ת ע"ב, ריבוע יהוה

Derecha
Te vuelves a la derecha y dices:

הוּא Hu בְּרַחֲמָיו verajamav יַעֲשֶׂה yaasé

שָׁלוֹם shalom עָלֵינוּ aleinu ר"ת ש"ע נהורין

Centro
Te alineas al centro y dices:

וְעַל veal כָּל־ col ילי ; עמם עַמּוֹ amó יִשְׂרָאֵל Yisrael

וְאִמְרוּ veimrú אָמֵן Amén יאהדונהי:

יְהִי yehí רָצוֹן ratsón מהש ע"ה, ע"ב בריבוע וקס"א ע"ה, אל שדי ע"ה
מִלְּפָנֶיךָ milefaneja ס"ג מ"ה ב"ן יְהֹוָאדהנייאהדונהי Adonai אֱלֹהֵינוּ Eloheinu ילה
וֵאלֹהֵי veElohei לכב ; מילוי ע"ב, דמב ; ילה אֲבוֹתֵינוּ avoteinu, שֶׁתִּבְנֶה shetivné
בֵּית beit ב"פ ראה הַמִּקְדָּשׁ hamikdash בִּמְהֵרָה bimherá בְּיָמֵינוּ veyameinu
וְתֵן vetén חֶלְקֵנוּ jelkenu בְּתוֹרָתָךְ vetorataj לַעֲשׂוֹת laasot חֻקֵּי jukei
רְצוֹנָךְ retsonaj וּלְעָבְדָךְ uleovdaj פוי, אל אדני בְּלֵבָב belevav בוכו שָׁלֵם shalem.

Da tres pasos hacia delante.

En *Rosh Jódesh, Jol Hamoed o Janucá* di "*Halel*" (pág. 378), de otro modo, di "*yehí shem*" y luego "*Kadish Titkabal*" (pág. 391).

יְהִי yehí שֵׁם shem יְהֹוָאדהנייאהדונהי Adonai מְבֹרָךְ mevoraj ר"ת ריבוע ע"ב וריבוע ס"ג
יהוה מברך = רפ"ח (להעלות רפ"ח ניצוצות שנפלו לקליפה דמשם באים התולואים) מֵעַתָּה meatá
וְעַד־ vead עוֹלָם olam ילי: מִמִּזְרַח־ mimizraj שֶׁמֶשׁ shémesh עַד־ ad
ר"ת קדוש מְבוֹאוֹ mevoó מְהֻלָּל mehulal שֵׁם shem יְהֹוָאדהנייאהדונהי Adonai: רָם ram
עַל־ al כָּל־ col ילי ; עמם גּוֹיִם goyim יְהֹוָאדהנייאהדונהי Adonai עַל al
הַשָּׁמַיִם hashamáyim י"פ טל, י"פ כוזו ; ר"ת וזשמל כְּבוֹדוֹ quevodó:
יְהֹוָאדהנייאהדונהי Adonai אֲדֹנֵינוּ adoneinu מָה־ ma מ"ה אַדִּיר adir הרי
שִׁמְךָ Shimja בְּכָל־ bejol ב"ן, לכב ; ומב הָאָרֶץ háarets אלהים דההין ע"ה:

OSÉ SHALOM

Él, que establece paz (Durante los días entre *Rosh Hashaná* y *Yom Kipur*: *la paz*) *en Sus altos lugares, Él, en Su compasión, hará que la paz esté entre nosotros y sobre Su pueblo entero, Israel, y dirán: Amén. Sea agradable ante Ti, Señor, nuestro Dios y Dios de nuestros antepasados, que puedas reconstruir rápidamente el santo Templo, en nuestros días, y otórganos participación en Tu Torá, para que podamos cumplir las leyes de Tu deseo y servirte con todo el corazón. "Que el Nombre del Señor sea bendecido desde ahora hasta toda la eternidad. Desde la salida del Sol hasta su caída, que el Nombre del Señor sea alabado y elevado. Sobre todas las naciones está el Señor. Su gloria está sobre los Cielos"* (Salmos 113:2-4). *"Dios, nuestro Señor, cuán tremendo es Tu Nombre en toda la Tierra"* (Salmos 8:10).

EL HALEL

El *Halel* se recita en *Rosh Jódesh* (el primer día del mes lunar) y en las festividades. La palabra *Halel* tiene el mismo valor numérico (65) de *Lámed*, *Lámed*, *Hei* ללה, la combinación de los 72 Nombres de Dios para los sueños. Sesenta y cinco es también el valor numérico de *haclí* הכלי, que significa "la Vasija", y la palabra aramea אדני *Adonai*, el Nombre de Dios que corresponde a nuestro mundo físico de *Maljut*. Esta bendición nos ayuda a despegar de este mundo físico para hacer nuestras conexiones de *Rosh Jódesh* y festividades. *Rosh Jódesh* es la semilla del nuevo mes, por lo tanto, esta bendición también nos ayuda a tener control sobre el nuevo mes. Las siete partes del *Halel* corresponden a las siete *Sefirot* que influyen directamente en nuestro mundo.

La intención y meditación para *Rosh Jódesh*: En el principio, la corona de *Nukvá* era igual a la corona de *Zeir Anpín*, y éstas estaban en una posición "cara a cara". Después de la queja de *Nukvá*, se le dijo "Ve y disminúyete". Luego Ella descendió del Mundo de *Atsilut* al Mundo de *Briá*. Aprendemos que las mujeres que no entregaron su oro para participar en el pecado del Becerro de Oro corrigieron un poco a la *Nukvá* para que Ella pudiera elevarse y renovarse cada mes. Su elevación en *Rosh Jódesh* ocurrió en varias etapas: 1) En la víspera de *Rosh Jódesh* todavía no hay elevación; 2) en la conexión silenciosa de *Shajarit*, Ella asciende a *Nétsaj*, *Hod*, *Yesod* de *Zeir Anpín*; 3) en la repetición de *Shajarit*, Ella asciende a *Jésed*, *Guevurá*, *Tiféret* de *Zeir Anpín*; 4) y en *Musaf*, la *Nukvá* se eleva hasta *Kéter* de *Zeir Anpín*.

Durante los días de semana, *Zeir Anpín* está en *Nétsaj* y *Nukvá* está en *Hod*. Durante *Rosh Jódesh*, la *Nukvá* también se eleva a *Nétsaj* (en la conexión silenciosa de *Shajarit*). Dado que las mujeres causan esta elevación y la elevación principal en *Rosh Jódesh* es para la *Nukvá*, indiferentemente que sea en la noche o en el día, y la *Nukvá* es la esencia de las mujeres, éstas tienen prohibido realizar ciertas acciones durante *Rosh Jódesh*; no así los hombres. Asimismo, cuando decimos que la *Nukvá* se eleva, significa que sólo Su cabeza se expande al nivel por encima de *Jésed*, *Guevurá*, *Tiféret* de *Zeir Anpín* hasta la cabeza de Él; pero el resto se queda en su lugar de emanación. Por lo tanto, no hay prohibición de trabajo en *Rosh Jódesh* como en las festividades y *Shabat* cuando *Zeir Anpín* y *Nukvá* son elevados a *Aba* e *Ima*.

Como se ha explicado, en el principio *Nukvá* se eleva a *Nétsaj* de *Zeir Anpín*, añadimos en la *Amidá* "*yaalé veyavó*" en la bendición que conecta con *Nétsaj* ("*Retsé*"). No obstante, en la víspera de *Rosh Jódesh*, el *Zivug* está con *Leá*, lo cual representa a la *Nukvá* oculta (*Almá Deitkasiyá*, el Mundo Oculto); si no dijiste "*yaalé veyavó*" en *Arvit*, no es necesario que regreses y lo digas. No es el mismo caso durante las conexiones del día, porque la elevación es para *Rajel* y el *Zivug* está con Ella (*Almá Deitgaliyá*, el Mundo Revelado); así que si olvidaste decirlo, debes regresar y hacerlo.

La intención y meditación para recitar el *Halel* en *Rosh Jódesh*:

<u>Durante *Shabat*</u>, el cual es *Kódesh* (Sagrado), el aspecto de *Aba* (la energía total de misericordia) no se expande más allá del final de *Atsilut* para evitar que el Juicio (que existe debajo de *Atsilut*) entre. Por esta razón no recitamos el *Halel* o los Trece Atributos (una conexión para endulzar el juicio) en *Shabat*, porque en *Shabat* no hay juicio.

<u>Durante las festividades</u> es diferente: en las festividades, la energía está en el nivel de *Ima* (los Seis Bordes de *Ima* como tal, una iluminación completa). Dado que *Ima* incluye las raíces del Juicio, *Nukvá* está descansando en *Briá* (como en un nido), recitamos el *Halel* para endulzar su juicio. Y debido a que la supervisión en las festividades es realizada por los Seis Bordes de *Ima*, que es ס"ג (63, el mismo valor numérico de *Yom Yov*, festividad) y no por *Maljut* de *Ima*, que es la esencia del trabajo, ciertos trabajos y actividades están prohibidos en las festividades.

<u>En *Rosh Jódesh*</u>, *Nukvá* recibe Su Luz de *Maljut* de *Biná*, lo cual no se considera como una adición de iluminación y, por lo tanto, decimos *Halel* para endulzar su juicio (*Halel* tiene el mismo valor numérico que אדני, que es *Maljut* de *Atsilut*) y con eso Ella es endulzada como con los Trece Atributos, los cuales también endulzan el juicio. El *Halel* se recita en lugar de los Trece Atributos de Misericordia.

Debes meditar, mientras recitas los versículos de "*min hametsar*" de los Trece Atributos, que significa Nueve *Tikunéi Dikná* de *Zeir Anpín*, con el fin de tener un *Zivug* para *Leá* en vez de "*Vayaavor*". Y dado que no hay iluminación como en las festividades (la energía de las festividades es de los Seis Bordes de *Ima*, y la energía de *Rosh Jódesh* es de *Maljut* de *Ima*), no hay un *Halel* completo en *Rosh Jódesh*. Mientras la *Nukvá* es disminuida, el juicio aumenta, pero en *Rosh Jódesh* Ella se renueva y endulza Su juicio, lo cual disminuye el agarre de las *klipot* y el mundo es salvado.

En los días en los que no completamos el *Halel* (*Rosh Jódesh*, *Jol Hamoed* de *Pésaj* y en el séptimo día de *Pésaj*) bendecimos "***likró** et hahalel*". En los días en los que completamos el *Halel*, bendecimos "***ligmor** et hahalel*".

בָּרוּךְ Baruj אַתָּה Atá יְהֹוָאדנָיאהדונהי Adonai אֱלֹהֵינוּ Eloheinu ילה

מֶלֶךְ Mélej הָעוֹלָם haolam אֲשֶׁר asher קִדְּשָׁנוּ kideshanu

בְּמִצְוֹתָיו bemitsvotav וְצִוָּנוּ vetsivanu (ligmor לִגְמוֹר) (likró לִקְרוֹא)

אֶת et הַהַלֵּל hahalel ללה, אדני ; ר״ת לאה:

JÉSED – HALELUYÁ

"Dios me levanta del polvo". Este versículo representa la capacidad de que un cambio positivo ocurra en cualquier momento. El primer paso es abandonar a nuestro ego. Si desconectamos sus murmullos y mantenemos certeza total en que la Luz puede alterar drásticamente nuestra situación en un instante, activaremos el poder de esta conexión.

En este Salmo hay 58 palabras, que es el valor numérico del Santo Nombre: אל יהוה ע״ה.

הַלְלוּיָהּ haleluyá אלהים, אהיה אדני ; ללה הַלְלוּ halelú עַבְדֵי avdei

יְהֹוָאדנָיאהדונהי Adonai הַלְלוּ halelú אֶת־ et שֵׁם Shem יְהֹוָאדנָיאהדונהי Adonai:

יְהִי yehí שֵׁם Shem יְהֹוָאדנָיאהדונהי Adonai מְבֹרָךְ mevoraj ר״ת ריבוע ע״ב ריבוע ס״ג

יהוה מברך = רפ״ח (להעלות רפ״ח ניצוצות שנפלו לקליפה דמשם באים התולואים) מֵעַתָּה meatá

וְעַד־ vead עוֹלָם olam ילי: מִמִּזְרַח mimizraj שֶׁמֶשׁ shémesh עַד־ ad

ר״ת קדוש מְבוֹאוֹ mevoó מְהֻלָּל mehulal שֵׁם Shem יְהֹוָאדנָיאהדונהי Adonai:

רָם ram עַל־ al כָּל־ col ילי ; עמם גּוֹיִם goyim יְהֹוָאדנָיאהדונהי Adonai

עַל al הַשָּׁמַיִם hashamáyim י״פ טל, י״פ כוזו ; ר״ת וושמל כְּבוֹדוֹ quevodó:

EL HALEL

Bendito eres Tú, Señor, nuestro Dios, Rey del mundo,
quien nos ha santificado con Sus mandamientos y nos ha obligado a (completar) (leer) el Halel.

JÉSED – HALELUYÁ

"Alaben al Señor, siervos de Dios. Alaben el Nombre del Señor. Que el Nombre del Señor sea bendito desde ahora y para siempre. Desde que el Sol se levanta hasta que se pone, el Nombre del Señor es alabado. El Señor está sobre todas las naciones. Su gloria se eleva sobre los Cielos.

מִי mi ילי כַּיהֹוָהאדהנויאהדונהי caAdonai אֱלֹהֵינוּ Eloheinu ילה

הַמַּגְבִּיהִי hamagbihí לָשָׁבֶת: lashávet הַמַּשְׁפִּילִי hamashpilí לִרְאוֹת lirot

בַּשָּׁמַיִם bashamáyim ר"פ טל, ר"פ כוזו וּבָאָרֶץ: uvaárets

מְקִימִי mekimí מֵעָפָר meafar דָּל dal מֵאַשְׁפֹּת meashpot יָרִים yarim

אֶבְיוֹן: evyón לְהוֹשִׁיבִי lehoshiví עִם־ im נְדִיבִים nedivim עִם im

נְדִיבֵי nedivei עַמּוֹ: amó מוֹשִׁיבִי moshiví עֲקֶרֶת akéret הַבַּיִת habáyit

ב"פ ראה ; עקרת הבית היא רוזל אֵם־ em יוהך, מ"א אותיות דפשוט, דמילוי ודמילוי דמילוי דאהיה ע"ה

הַבָּנִים habanim שְׂמֵחָה smejá הַלְלוּיָה haleluyá אלהים, אהיה אדני ; ללה:

GUEVURÁ - BETSET YISRAEL

"Yehuda era santo" se refiere al jefe de la Tribu de Yehuda, un hombre llamado Najshón ben Aminadav. Najshón fue el primer individuo en demostrar certeza absoluta cuando entró al Mar Rojo durante el Éxodo. Él superó sus dudas y miedos reactivos, y continuó caminando hacia el agua hasta que ésta le llegó a la nariz; seguidamente le llegó a la garganta y comenzó a ahogarlo. En ese preciso momento, el Satán intentó bombardearlo con temor e incertidumbre. Incluso cuando los milagros están destinados a ocurrir, la más ligera duda puede evitar que ocurran. Pero Najshón ben Aminadav no vaciló. Una milésima de segundo después, estaba respirando aire fresco mientras las aguas del Mar Rojo se elevaban al Cielo.

En este Salmo hay 52 palabras que corresponden al Santo Nombre: יוד הה וו הה (בוזינת נוקבא).

בְּצֵאת betset יִשְׂרָאֵל Yisrael מִמִּצְרָיִם miMitsráyim מצר בֵּית beit ב"פ ראה

יַעֲקֹב Yaakov ז' הויות, יאהדונהי אידהנויה מֵעַם meam לֹעֵז: loez הָיְתָה haytá

יְהוּדָה Yehudá לְקָדְשׁוֹ lekadshó יִשְׂרָאֵל Yisrael מַמְשְׁלוֹתָיו: mamshelotav

הַיָּם hayam ילי רָאָה raá ראה וַיָּנֹס vayanós הַיַּרְדֵּן haYardén י' הויות וד' אותיות

יִסֹּב yisov לְאָחוֹר: leajor הֶהָרִים heharim רָקְדוּ rakdú כְאֵילִים jeeilim

גְּבָעוֹת guevaot כִּבְנֵי־ quivnei צֹאן: tson מַה־ ma מ"ה לְּךָ lejá הַיָּם hayam ילי

כִּי qui תָנוּס tanús הַיַּרְדֵּן haYardén י' הויות וד' אותיות תִּסֹּב tisov לְאָחוֹר: leajor

---

¿Quién es como el Señor, nuestro Dios, que mora en las alturas, que observa sobre los Cielos y la Tierra? Él levanta al pobre del polvo y eleva al indigente de los escombros. Él los ubica junto a los nobles, con la nobleza de Su Nación. Él ubica a la sierva de la casa junto a la madre de los hijos, felizmente. ¡Alaben al Señor!" (Salmos 113).

GUEVURÁ - BETSET YISRAEL

"Cuando Israel abandonó Egipto, la Casa de Yaakov de una nación extranjera, Yehuda se santificó ante Él e Israel fue Su Dominio. El mar vio esto y huyó, el Jordán se volvió atrás. Las montañas saltaron como carneros, y las colinas como corderitos. ¿Qué te aflige, mar, que huiste? ¿Por qué volviste atrás, Jordán?

הֶהָרִים heharim תִּרְקְדוּ tirkedú כְאֵילִים jeeilim גְּבָעוֹת guevaot

כִּבְנֵי־ quivnei צֹאן tson: מִלִּפְנֵי milifnei אָדוֹן adón אני חוּלִי julí אָרֶץ árets

מִלִּפְנֵי milifnei אֱלוֹהַּ Elohá שם בן מ"ב יַעֲקֹב Yaakov ו' הויות, יאהדונהי אידהנויה:

הַהֹפְכִי hahofjí הַצּוּר hatsur אלהים דההין ע"ה אֲגַם־ agam ריבוע אהיה = דם

(ומהפכו למים) מָיִם máyim וְחַלָּמִישׁ jalamish לְמַעְיְנוֹ־ lemaynó מָיִם máyim:

Esta sección se omite en *Rosh Jódesh*, *Jol Hamoed* de *Pésaj* y en el séptimo día de *Pésaj*

TIFÉRET - LO LANU

Rav Yehuda Áshlag nos recuerda que, a pesar de lo que podamos alcanzar por cuenta propia a nivel espiritual, nunca podremos ganarnos o merecer la Luz que irradia dentro de nosotros. Pueda que nuestro cuerpo físico no merezca nada en este mundo, pero el Creador nos dio la chispa de Luz que sustenta nuestra alma y que es nuestra esencia. Esta chispa de Luz es conocida por la palabra codificada *Nombre*, del versículo: "*¡Hazlo por Tu Nombre!*". En realidad, le estamos pidiendo al Creador que dé Luz a la parte divina de nuestro ser: nuestra alma. Para garantizar que recibamos la Luz del Creador con esta oración, debemos reflejar nuestra petición mediante acciones. Hacemos esto cuando reconocemos la chispa de Luz dentro de los demás. Incluso nuestro peor enemigo está imbuido de una chispa de la Luz de Dios. Cuanto más reconozcamos esto, más bendiciones y buena fortuna recibiremos en nuestra propia vida.

לֹא lo לָנוּ lanu אלהים אהיה אדני יְהֹוָהאדנייאהדונהי Adonai לֹא lo לָנוּ lanu

אלהים אהיה אדני כִּי־ qui לְשִׁמְךָ leShimjá תֵּן ten כָּבוֹד cavod

עַל־ al חַסְדְּךָ jasdeja עַל al אֲמִתֶּךָ amiteja: לָמָּה lama יֹאמְרוּ yomrú

הַגּוֹיִם hagoyim אַיֵּה־ ayé נָא na אֱלֹהֵיהֶם Eloheihem ילה:

וֵאלֹהֵינוּ veEloheinu ילה בַשָּׁמָיִם vashamáyim י"פ טל, י"פ כוזו כֹּל col ילי

אֲשֶׁר asher חָפֵץ jafets עָשָׂה asá: עֲצַבֵּיהֶם atsabeihem כֶּסֶף quésef

וְזָהָב vezahav מַעֲשֵׂה maasé יְדֵי yedei אָדָם adam מ"ה: פֶּה־ pe מילה ; ע"ה

אלהים, אהיה אדני לָהֶם lahem וְלֹא veló יְדַבֵּרוּ yedaberu עֵינַיִם eináyim ריבוע דמ"ה

לָהֶם lahem וְלֹא veló יִרְאוּ yirú: אָזְנַיִם oznáyim יוד הי ואו הה לָהֶם lahem

וְלֹא veló יִשְׁמָעוּ yishmaú אַף af לָהֶם lahem וְלֹא veló יְרִיחוּן yerijún:

Montañas, ¿por qué saltaron como carneros? Colinas, ¿por qué saltaron como corderitos? La Tierra tiembla ante el Dios de Yaakov, que convierte una roca en una laguna, y un pedernal en un manantial" (Salmos 113).

TIFÉRET - LO LANU

"No es por nuestro nombre, Señor, no es por nuestro nombre, sino por Tu Nombre da gloria, por Tu benevolencia y Tu verdad. ¿Por qué las naciones deberían decir: '¿Dónde está su Dios?'? Nuestro Dios está en los Cielos. Él formó todo lo que Él deseó. Sus ídolos son de plata y oro, la obra de las manos del hombre. Ellos tienen bocas, pero no hablan. Tienen ojos, pero no ven. Tienen narices pero no huelen.

יְדֵיהֶם yedeihem וְלֹא veló יְמִישׁוּן yemishún רַגְלֵיהֶם ragleihem
וְלֹא veló יְהַלֵּכוּ yehaleju לֹא־ lo יֶהְגּוּ yehgú בִּגְרוֹנָם: bigronam
כְּמוֹהֶם quemohem יִהְיוּ yihyú ״ייא״ (מילוי דס״ג) עֹשֵׂיהֶם oseihem
כֹּל col ילי אֲשֶׁר־ asher בֹּטֵחַ botéaj בָּהֶם: bahem יִשְׂרָאֵל Yisrael
בְּטַח betaj בַּיהֹוָה אדני אהדונהי baAdonai עֶזְרָם ezram וּמָגִנָּם umaguinam
הוּא: Hu בֵּית beit ב״פ ראה אַהֲרֹן Aharón בִּטְחוּ bitjú
בַּיהֹוָה אדני אהדונהי baAdonai עֶזְרָם ezram וּמָגִנָּם umaguinam הוּא: Hu יִרְאֵי yirei
יְהֹוָה אדני אהדונהי Adonai בִּטְחוּ bitjú בַּיהֹוָה אדני אהדונהי baAdonai עֶזְרָם ezram
ייז (כ״ב אותיות פשוטות (=אכא) ועוד ה׳ אותיות מנצפך) וּמָגִנָּם umaguinam הוּא: Hu

NÉTSAJ – ADONAI ZEJARANU

"Los Cielos fueron entregados a Dios, pero la Tierra fue entregada a la humanidad". El Creador separó este mundo para que pudiéramos convertirnos en creadores y expresar la divinidad que forma parte de todos nosotros. Este párrafo nos da la fuerza para ser los verdaderos creadores de nuestra vida. Pueda que una pequeña vela contribuya poco bajo la luz radiante del día, pero incluso la oscuridad de un gran estadio responde ante la luz de una sola vela. En esta realidad de oscuridad donde nos encontramos, una vela posee gran valor e importancia.

Cuando nuestras acciones son de compartir y de revelación de Luz, alcanzamos unidad con el Creador a través de la afinidad. Esta unidad nos permite convertirnos en los verdaderos creadores de nuestra vida.

יְהֹוָה אדני אהדונהי Adonai זְכָרָנוּ zejaranu יְבָרֵךְ yevarej עסמ״ב, הברכה
(למתק את ז׳ המלכים שמתו) יְבָרֵךְ yevarej עסמ״ב, הברכה (למתק את ז׳ המלכים שמתו) ; ר״ת ייז
אֶת־ et בֵּית beit ב״פ ראה יִשְׂרָאֵל Yisrael יְבָרֵךְ yevarej עסמ״ב, הברכה
(למתק את ז׳ המלכים שמתו) אֶת־ et בֵּית beit ב״פ ראה אַהֲרֹן: Aharón
יְבָרֵךְ yevarej עסמ״ב, הברכה (למתק את ז׳ המלכים שמתו) יִרְאֵי yirei
יְהֹוָה אדני אהדונהי Adonai ר״ת ייי הַקְּטַנִּים haketanim עִם im הַגְּדֹלִים: haguedolim

---

Sus manos no pueden tocar, sus piernas no pueden andar. Ellos no pronuncian palabras desde sus gargantas. Que sus hacedores y los que creen en ellos sean como ellos. Israel, pon tu confianza en el Señor. Él es tu Ayudador y Protector. Casa de Aharón, pon tu confianza en el Señor. Él es Tu Ayudador y Protector. Aquellos que temen al Señor, pongan su confianza en el Señor. Él es su Ayudador y Protector" (Salmos 115:1-11).

NÉTSAJ – ADONAI ZEJARANU

"El Señor se ha acordado de nosotros y nos bendecirá. Bendecirá a la casa de Israel; bendecirá a la casa de Aharón. Bendecirá a los que temen al Señor, a pequeños y a grandes.

יֹסֵף yosef יְהֹוָהאדניאהדונהי Adonai עֲלֵיכֶם aleijem עֲלֵיכֶם aleijem
וְעַל veal בְּנֵיכֶם beneijem: בְּרוּכִים berujim אַתֶּם atem
לַיהֹוָהאדניאהדונהי laAdonai עֹשֵׂה osé שָׁמַיִם shamáyim י"פ טל, י"פ כוזו
וָאָרֶץ vaárets: הַשָּׁמַיִם hashamáyim י"פ טל, י"פ כוזו שָׁמַיִם shamáyim י"פ טל, י"פ כוזו
לַיהֹוָהאדניאהדונהי laAdonai וְהָאָרֶץ vehaárets אלהים דההין ע"ה נָתַן natán
לִבְנֵי־ livnei אָדָם adam מ"ה: לֹא lo הַמֵּתִים hametim יְהַלְלוּ־ yehalelú
יָהּ Yah וְלֹא veló כָּל col ילי יֹרְדֵי yordei דוּמָה dumá: וַאֲנַחְנוּ vaanajnu
נְבָרֵךְ nevarej יָהּ Yah מֵעַתָּה meatá וְעַד־ vead עוֹלָם olam
הַלְלוּיָהּ haleluyá אלהים, אהיה אדני ; ללה:

Esta sección es omitida en *Rosh Jódesh*, *Jol Hamoed* de *Pésaj* y el séptimo día de *Pésaj*.

HOD – AHAVTI

Rav Elimélej, un gran kabbalista del siglo XVIII, nos enseña que cuando rezamos, el Satán, nuestro Oponente, a menudo llega y nos dice: "¿Por qué te molestas estando acá y rezando? En realidad no quieres cambiar. Es muy difícil. ¿Por qué molestarte con todo este trabajo espiritual complicado? Con todas las acciones negativas que ya has realizado, tu situación personal no tiene futuro". Esta oración desactiva la influencia negativa y destructiva del Satán, y nos ayuda a entender que no importa lo que hayamos hecho antes. De aquí en adelante, podemos cambiar y transformar nuestra naturaleza si realmente lo queremos.

"Dios protege y salva a los incautos". El hombre más inteligente puede cometer los errores más grandes. Si pensamos que realmente lo sabemos todo, si nuestros egos nos dicen que somos personas brillantes, entonces en realidad somos tontos y la Luz nunca nos alcanzará. Pero a aquellas personas que pueden admitir que siempre hay algo que aprender y reconocen que todos somos incautos, de forma proactiva, Dios las protegerá y las llevará a niveles más elevados de realización.

אָהַבְתִּי ahavti כִּי־ qui יִשְׁמַע yishmá יְהֹוָהאדניאהדונהי Adonai
אֶת־ et קוֹלִי kolí תַּחֲנוּנָי tajanunai: כִּי־ qui הִטָּה hitá
אָזְנוֹ oznó יוד הי ואו הה לִי li וּבְיָמַי uveyamai אֶקְרָא ekrá:
אֲפָפוּנִי afafuni חֶבְלֵי־ jevlei מָוֶת mávet וּמְצָרֵי umetsarei שְׁאוֹל sheol
מְצָאוּנִי metsaúni צָרָה tsará אלהים דההין וְיָגוֹן veyagón אֶמְצָא emtsá:

Aumentará el Señor bendición sobre ustedes; sobre ustedes y sobre sus hijos. Bendito eres Tú, Señor, Creador del Cielo y la Tierra. Los Cielos son los Cielos del Señor, y ha dado la Tierra a la humanidad. No alabarán los muertos al Señor, ni los que descienden a la tumba; pero nosotros bendeciremos al Señor desde ahora y para siempre. ¡Alaben al Señor!" (Salmos 115:12-18).

HOD – AHAVTI

"Amo al Señor pues ha oído mi voz y mis súplicas, porque ha inclinado a mí Su oído; por tanto, lo invocaré en todos mis días. Me rodearon ligaduras de muerte, me encontraron las angustias de la oscuridad; angustia y dolor yo había hallado.

וּבְשֵׁם uveShem יְהֹוָה יאהדונהי Adonai אֶקְרָא ekrá ושר, אבגיתץ
אָנָּה aná יְהֹוָה יאהדונהי Adonai מַלְּטָה maltá נַפְשִׁי nafshí:
חַנּוּן janún יְהֹוָה יאהדונהי Adonai וְצַדִּיק vetsadik וֵאלֹהֵינוּ veEloheinu ילה
מְרַחֵם merajem אברהם, ח"פ אל, רי"ו ול"ב נתיבות החכמה, רמ"ח (אברים), עסמ"ב וט"ז אותיות
פשוטות: שֹׁמֵר shomer פְּתָאִים petaím יְהֹוָה יאהדונהי Adonai דַּלּוֹתִי dalotí
וְלִי velí יְהוֹשִׁיעַ yehoshía: שׁוּבִי shuvi נַפְשִׁי nafshí לִמְנוּחָיְכִי limnujayjí
כִּי qui יְהֹוָה יאהדונהי Adonai גָּמַל gamal עָלָיְכִי alayjí: כִּי qui
חִלַּצְתָּ jilatsta נַפְשִׁי nafshí מִמָּוֶת mimávet אֶת־ et עֵינִי einí ריבוע מ"ה
מִן־ min דִּמְעָה dimá אֶת־ et רַגְלִי raglí מִדֶּחִי mideji:
אֶתְהַלֵּךְ ethalej לִפְנֵי lifnei יְהֹוָה יאהדונהי Adonai בְּאַרְצוֹת beartsot
הַחַיִּים hajayim אהיה אהיה יהוה, בינה ע"ה: הֶאֱמַנְתִּי heemanti כִּי qui
אֲדַבֵּר adaber ראה אֲנִי aní אני עָנִיתִי aniti מְאֹד meod: אֲנִי aní אני
אָמַרְתִּי amarti בְחָפְזִי vejofzí כָּל col ילי הָאָדָם haadam מ"ה כֹּזֵב cozev:

YESOD - MA ASHIV

En el siguiente párrafo, encontramos el versículo *Aná Hashem*, el cual reconoce que el Creador es nuestro único maestro espiritual y pide al Creador que nos dé señales, enseñanzas, orientaciones y caminos que nos lleven a la Luz.

מָה־ ma מ"ה אָשִׁיב ashiv לַיהֹוָה יאהדונהי laAdonai כָּל־ col ילי
תַּגְמוּלוֹהִי tagmulohi עָלָי alai: כּוֹס־ cos אלהים, אהיה אדני
במילוי (כף וו סמך) = עסמ"ב, הברכה (למתק את ז' המלכים שמתו) יְשׁוּעוֹת yeshuot
אֶשָּׂא esá וּבְשֵׁם uveShem יְהֹוָה יאהדונהי Adonai אֶקְרָא ekrá:

Entonces invoqué el nombre del Señor: Por favor, Dios, libra ahora mi alma. Clemente es el Señor, y justo; misericordioso es nuestro Dios. El Señor protege a los incautos. Estaba yo postrado, y me salvó. Vuelve, alma mía, a tu reposo, porque el Señor te ha hecho bien. Pues Tú has librado mi alma de la muerte, mis ojos de lágrimas y mis pies de resbalar. Andaré delante del Señor en la tierra de los vivientes. Creí; por tanto hablé, estando afligido en gran manera. Y dije en mi apresuramiento: Todo hombre es mentiroso" (Salmos 116:1-11).

YESOD - MA ASHIV

"¿Qué pagaré al Señor
por todo lo que Él me ha otorgado? Tomaré la copa de la salvación e invocaré el Nombre del Señor.

נְדָרַי nedarai לַיהֹוָה אהדונהי laAdonai אֲשַׁלֵּם ashalem נֶגְדָה־ negdá

נגד, מזבח, זן, אל יהוה נָא na לְכָל־ lejol יה אדני עַמּוֹ amó: יָקָר yakar

בְּעֵינֵי beeinei ריבוע דמ״ה יְהֹוָה אהדונהי Adonai הַמָּוְתָה hamavtá

לַחֲסִידָיו lajasidav: אָנָּה aná יְהֹוָה אהדונהי Adonai כִּי־ qui אֲנִי aní אני

עַבְדְּךָ avdejá פוי, אל אדני אֲנִי־ aní אני עַבְדְּךָ avdejá פוי, אל אדני

בֶּן־ ben אֲמָתֶךָ amateja פִּתַּחְתָּ pitajta לְמוֹסֵרָי lemoserai: לְךָ־ lejá

אֶזְבַּח ezbaj זֶבַח zévaj תּוֹדָה todá וּבְשֵׁם uveShem יְהֹוָה אהדונהי Adonai

אֶקְרָא ekrá: נְדָרַי nedarai לַיהֹוָה אהדונהי laAdonai אֲשַׁלֵּם ashalem

נֶגְדָה־ negdá נגד, מזבח, זן, אל יהוה נָא na לְכָל־ lejol יה אדני עַמּוֹ amó:

בְּחַצְרוֹת bejatsrot בֵּית beit ב״פ ראה יְהֹוָה אהדונהי Adonai בְּתוֹכֵכִי betojejí

יְרוּשָׁלָםִ Yerushaláyim הַלְלוּיָהּ haleluyá אלהים, אהיה אדני ; ללה:

MALJUT - HALELÚ

"Todas las naciones del mundo deben alabar a Dios". Según la Kabbalah, cada nación tiene su propio camino hacia la Luz. Pero sólo hay un Creador que nos da Luz a todos nosotros. Por esta razón, "amar a tu prójimo como a ti mismo" aplica a todas las naciones del mundo. Debemos tratar a todas las personas con dignidad humana. Hay guerra entre naciones y caos en la sociedad sólo porque la falta de compasión y sensibilidad entre individuos.

הַלְלוּ halelú אֶת־ et יְהֹוָה אהדונהי Adonai כָּל־ col ילי גּוֹיִם goyim

שַׁבְּחוּהוּ shabjúhu כָּל־ col ילי הָאֻמִּים haumim: כִּי qui גָבַר gavar

עָלֵינוּ aleinu חַסְדּוֹ jasdó ג׳ הויות, מזלא (להמשיך הארה ממזלא עילאה)

וֶאֱמֶת־ veemet אהיה פעמים אהיה, ז״פ ס״ג יְהֹוָה אהדונהי Adonai

לְעוֹלָם leolam ריבוע ס״ג וי׳ אותיות דס״ג הַלְלוּיָהּ haleluyá אלהים, אהיה אדני ; ללה:

Ahora pagaré mis votos al Señor delante de todo Su pueblo. Difícil es a los ojos del Señor la muerte de Sus santos. Señor, ciertamente yo soy Tu siervo, siervo Tuyo soy, hijo de Tu sierva. Tú has roto mis prisiones. Te ofreceré sacrificio de alabanza e invocaré el nombre del Señor. Al Señor pagaré ahora mis votos delante de todo Su pueblo, en los atrios de la casa del Señor, en medio de Jerusalén. Alaben al Señor" (Salmos 116:12-19).

MALJUT - HALELÚ

"Todas las naciones, alaben al Señor. Todas las naciones, exáltenlo. Porque Su benevolencia nos ha abrumado y la verdad del Señor es eterna; alaben al Señor" (Salmos 117).

MALJUT – HODÚ

Los siguientes cuatro versículos nos conectan con los cuatro mundos espirituales, representados por las cuatro combinaciones diferentes de *Yud*, *Hei*, *Vav* y *Hei*. Cada una de estas combinaciones de letras es un transformador que canaliza corrientes de energía espiritual desde varios niveles de las Diez *Sefirot* hasta nuestra realidad física. En términos espirituales, algunas personas están conectadas a los Mundos Excelsos, mientras que otras están conectadas a las realidades Medias y Bajas. La única manera de que la humanidad alcance la unidad verdadera es que cada uno de nosotros abandone su ego y aceptemos el hecho de que nadie es más elevado o más bajo que otro; simplemente nuestras conexiones son diferentes.

El *Talmud* refuerza este concepto. Aprendemos que, en realidad, un mosquito está en un nivel mucho más elevado que un hombre que no ejerce el trabajo espiritual. Un mosquito viene a este mundo a picar. Como todos sabemos, el mosquito hace su trabajo de forma muy efectiva. Nosotros vinimos a lograr una transformación espiritual. Le damos mucha importancia al estatus físico de una persona en este mundo. No obstante, sin importar si alguien es un ejecutivo o un obrero en una fábrica, si ambos están haciendo su trabajo espiritual, están en el mismo nivel según el Creador. Algunos individuos nunca están contentos con lo que son. Parte de su trabajo es apreciar que están realizando su trabajo espiritual. Deben darse cuenta de que están en el mismo nivel espiritual no sólo de las personas que envidian, sino también de las personas que consideran que están por debajo de ellos. Todas ellas están trabajando en la transformación espiritual.

Jojmá **(ע"ב – יוד הי ויו הי, קס"א –אלף הי יוד הי)**

יהו tov טוֹב qui כִּי laAdonai לַיהֹוָהאדניאהדונהי אהיה hodú הוֹדוּ

כי טוב = יהוה אהיה, אום, מבה, יזל

jasdó חַסְדּוֹ ריבוע ס"ג וי' אותיות דס"ג leolam לְעוֹלָם qui כִּי

ג' הויות, מזלא (להמשיך הארה ממזלא עילאה) ; ר"ת = נגה:

Biná **(ס"ג – יוד הי ואו הי, קס"א – אלף הי יוד הי)**

Yisrael יִשְׂרָאֵל na נָא yomar יֹאמַר

jasdó חַסְדּוֹ ריבוע ס"ג וי' אותיות דס"ג leolam לְעוֹלָם qui כִּי

ג' הויות, מזלא (להמשיך הארה ממזלא עילאה) ; ר"ת = נגה:

Zeir Anpín **(מ"ה – יוד הא ואו הא, קמ"ג – אלף הא יוד הא)**

Aharón אַהֲרֹן ב"פ ראה veit בֵית na נָא yomrú יֹאמְרוּ

jasdó חַסְדּוֹ ריבוע ס"ג וי' אותיות דס"ג leolam לְעוֹלָם qui כִּי

ג' הויות, מזלא (להמשיך הארה ממזלא עילאה) ; ר"ת = נגה:

Maljut **(ב"ן – יוד הה וו הה, קנ"א – אלף הה יוד הה)**

Adonai יְהֹוָהאדניאהדונהי yirei יִרְאֵי na נָא yomrú יֹאמְרוּ

jasdó חַסְדּוֹ ריבוע ס"ג וי' אותיות דס"ג leolam לְעוֹלָם qui כִּי

ג' הויות, מזלא (להמשיך הארה ממזלא עילאה) ; ר"ת = נגה:

MALJUT – HODÚ

"Den gracias al Señor, porque Él es bueno, porque Su misericordia perdura por siempre.
Que Israel proclame esto ahora, porque Su misericordia perdura por siempre.
Que la Casa de Aharón lo diga ahora, porque Su misericordia perdura por siempre.
Que los que temen al Señor lo proclamen, porque Su misericordia perdura por siempre.

MIN HAMETSAR

"En las dificultades clamé a Dios". Desafortunadamente, la mayoría de nosotros llamamos al Creador cuando estamos en dificultades graves. La Kabbalah enseña que también tenemos que llamarle durante los buenos momentos y reconocer la influencia de la Luz en toda nuestra buena fortuna. El *Zóhar* señala que si hacemos una abertura espiritual dentro de nosotros del tamaño del ojillo de una aguja, Dios nos contestará y abrirá las Puertas Celestiales para nosotros. Cualquiera que sea su tamaño, esta abertura a la espiritualidad debe ser una abertura completa donde no puede haber duda o incertidumbre.

א' ארך מִן־ min הַמֵּצַר hametsar מצר קָרָאתִי karati יָּהּ Yah

ב' אפים עָנָנִי anani בַמֶּרְחָב vamerjav יָהּ Yah:

ג' ורב וחסד יְהֹוָה אהדונהי Adonai לִי li לֹא lo אִירָא irá

ד' נשא עון מַה־ ma מ"ה יַּעֲשֶׂה yaasé לִי li אָדָם adam מ"ה:

ה' ופשע יְהֹוָה אהדונהי Adonai לִי li בְּעֹזְרָי beozrai

ו' ונקה וַאֲנִי vaaní אני אֶרְאֶה eré בְשֹׂנְאָי vesonai:

ז' פוקד טוֹב tov והו לַחֲסוֹת lajasot בַּיהֹוָה אהדונהי baAdonai

ח' על שלשים מִבְּטֹחַ mibtóaj בָּאָדָם baadam מ"ה:

ט' ועל רבעים טוֹב tov והו לַחֲסוֹת lajasot בַּיהֹוָה אהדונהי baAdonai

מִבְּטֹחַ mibtóaj בִּנְדִיבִים binedivim כָּל־ col ילי גּוֹיִם goyim

סְבָבוּנִי sevavuni בְּשֵׁם beshem יְהֹוָה אהדונהי Adonai כִּי qui אֲמִילַם amilam:

סַבּוּנִי sabuni גַם־ gam סְבָבוּנִי sevavuni בְּשֵׁם beshem יְהֹוָה אהדונהי Adonai

כִּי qui אֲמִילַם amilam: סַבּוּנִי sabuni כִדְבוֹרִים jidvorim דֹּעֲכוּ doajú

כְּאֵשׁ queesh קוֹצִים kotsim בְּשֵׁם beshem יְהֹוָה אהדונהי Adonai

כִּי qui אֲמִילַם amilam: דַּחֹה dajó דְחִיתַנִי dejitani לִנְפֹּל linpol

וַיהֹוָה אהדונהי vaAdonai עֲזָרָנִי azarani: עָזִּי ozí אלהים ע"ה, אהיה אדני ע"ה

וְזִמְרָת vezimrat יָהּ Yah וַיְהִי־ vayhí לִי li לִישׁוּעָה lishuá:

MIN HAMETSAR

Con gran fuerza clamé al Señor en mi aflicción. El Señor, paciente, me contestó en Su abundancia. El Señor está conmigo, no temeré a los que hacen iniquidad. ¿Qué puede hacer el hombre por mí? Y los pecados, el Señor vendrá a mi rescate y los limpiará. Y consideraré a mis enemigos. Es bueno refugiarse en el Señor en vez de confiar en el hombre. Es mejor refugiarse en el Señor que confiar en nobles. Todas las naciones me rodearon. En Nombre del Señor yo las desterraré. Ellas me rodearon una y otra vez. En Nombre del Señor las desterraré. Me rodearon como abejas, pero están extintas como fuego en espinas. Con el Nombre del Señor, las desterraré. Ellas me empujaron una y otra vez para caer, y el Señor vino a mi ayuda. La fuerza y el poder abrasador del Señor fueron salvación para mí.

קוֹל kol רִנָּה riná וִישׁוּעָה vishuá בְּאָהֳלֵי beaholei צַדִּיקִים tsadikim

יְמִין yemín יְהֹוָה אדני אהדונהי Adonai עֹשָׂה osá חָיִל jáyil ומב:

יְמִין yemín יְהֹוָה אדני אהדונהי Adonai רוֹמֵמָה romemá ר"ת רי"י יְמִין yemín

יְמִין יְהֹוָה אדני אהדונהי Adonai עֹשָׂה osá ר"ה ע' חָיִל jáyil ומב: לֹא lo אָמוּת amut

כִּי qui אֶחְיֶה ejyé וַאֲסַפֵּר vaasaper מַעֲשֵׂי maasei יָהּ Yah:

יַסֹּר yasor יִסְּרַנִּי yisrani יָּהּ Yah ר"ת ייי וְלַמָּוֶת velamávet לֹא lo

נְתָנָנִי: netanani פִּתְחוּ pitjú לִי li שַׁעֲרֵי shaarei צֶדֶק tsédek אָבֹא avó

בָם vam שם כן מ"ב אוֹדֶה odé יָהּ Yah: זֶה ze הַשַּׁעַר hasháar

לַיהֹוָה אדני אהדונהי laAdonai צַדִּיקִים tsadikim יָבֹאוּ yavóu בוֹ vo:

ODJÁ

Tenemos 4 versos que nos conectan con las cuatro letras del Tetragrámaton. Cada verso se recita 2 veces.

Yud – Jojmá - י

אוֹדְךָ odjá כִּי qui עֲנִיתָנִי anitani וַתְּהִי vatehí לִי li לִישׁוּעָה lishuá: 2x

Hei – Biná - ה

אֶבֶן even מָאֲסוּ maasú הַבּוֹנִים habonim הָיְתָה haytá

לְרֹאשׁ lerosh ריבוע אלהים ואלהים דיודין ע"ה פִּנָּה pina ע"ב ס"ג ; ר"ת פהל: 2x

Vav – Zeir Anpín - ו

מֵאֵת meet יְהֹוָה אדני אהדונהי Adonai הָיְתָה haytá זֹּאת zot

הִיא hi נִפְלָאת niflat בְּעֵינֵינוּ beeineinu ריבוע דמ"ה: 2x

Hei – Maljut - ה

זֶה ze הַיּוֹם hayom ע"ה נגד, מזבח, זן, אל יהוה עָשָׂה asá יְהֹוָה אדני אהדונהי Adonai

נָגִילָה naguilá וְנִשְׂמְחָה venismejá מלה בוֹ vo: 2x

El sonido de una canción y la salvación se encuentran en las tiendas de los justos. La Diestra del Señor hace cosas poderosas. La Diestra de Dios es elevada. La Diestra del Señor hace cosas poderosas. No moriré, sino más bien viviré y contaré las acciones de Dios. Dios me ha reprendido una y otra vez, pero Él no me ha sometido a la muerte. Él abre para mí las puertas de la justicia. Las cruzaré y daré gracias a Dios. Esta es la Puerta del Señor, los justos podrán cruzarla.

ODJÁ

Estoy agradecido a Ti, porque Tú me has contestado y te has convertido en mi salvación.
La piedra que fue rechazada por los edificadores se ha convertido en la piedra angular.
Esto provino del Señor, esto es maravilloso ante nuestros ojos.
El Señor ha hecho este día, alegrémonos y regocijémonos en él.

ANÁ

Estos cuatro versos nos ofrecen un camino diferente para conectar con la Luz. La numerología de אנא (*Aná*) es 52, que también es el valor numérico del Nombre de Dios que conecta con nuestra realidad física de *Maljut*.

Debes meditar en que *Maljut*, que es: ב״ן, recibe de *Jojmá* que es: ע״ב.

אָנָּא aná ב״ן (יוד הה וו הה) יְהֹוָהאדניאהדונהי Adonai (יוד הי ויו הי)

הוֹשִׁיעָה hoshía יהוה ושׁ״ע נהורין נָּא na:

Debes meditar en que *Maljut*, que es: ב״ן, recibe de *Biná* que es: ס״ג.

אָנָּא aná ב״ן (יוד הה וו הה) יְהֹוָהאדניאהדונהי Adonai (יוד הי ואו הי)

הוֹשִׁיעָה hoshía יהוה ושׁ״ע נהורין נָּא na:

Debes meditar en que *Maljut*, que es ב״ן, recibe de *Zeir Anpín* que es: מ״ה.

אָנָּא aná ב״ן (יוד הה וו הה) יְהֹוָהאדניאהדונהי Adonai (יוד הא ואו הא)

הַצְלִיחָה hatslija נָּא na:

Medita en que *Maljut*, que es ב״ן, recibe de todos los antes mencionados: ע״ב, ס״ג, מ״ה.

אָנָּא aná ב״ן (יוד הה וו הה) יְהֹוָהאדניאהדונהי Adonai

(יוד הי ויו הי, יוד הי ואו הי, יוד הא ואו הא) הַצְלִיחָה hatslija נָּא na:

BARUJ HABÁ

Tenemos 4 versos que nos conectan con las cuatro letras del Tetragramatón. Cada verso se recita 2 veces.

Yud – Jojmá - י

בָּרוּךְ Baruj הַבָּא habá בְּשֵׁם beshem יְהֹוָהאדניאהדונהי Adonai

בֵּרַכְנוּכֶם berajnujem מִבֵּית mibeit ב״פ ראה יְהֹוָהאדניאהדונהי Adonai: 2x

Hei – Biná - ה

אֵל El ייא״י (מילוי דס״ג) יְהֹוָהאדניאהדונהי Adonai וַיָּאֶר vayaer כף ויו זין ויו

לָנוּ lanu אלהים, אהיה אדני אִסְרוּ־ isrú חַג jag בַּעֲבֹתִים baavotim

עַד־ ad קַרְנוֹת karnot הַמִּזְבֵּחַ hamizbéaj נגד, זן, אל יהוה: 2x

Vav – Zeir Anpín - ו

אֵלִי Elí אַתָּה Atá וְאוֹדֶךָּ veodeca

אֱלֹהַי Elohai מילוי דע״ב, דמב ; ילה אֲרוֹמְמֶךָּ aromemeca: 2x

---

ANÁ

Te imploramos, Señor, sálvanos ahora. Te imploramos, Señor, sálvanos ahora.
Te imploramos, Señor, provee buena fortuna ahora. Te imploramos, Señor, provee buena fortuna ahora.

BARUJ HABÁ

Bendito es aquel que viene en Nombre del Señor.

Te bendecimos desde la Casa del Señor. El Señor es Dios, Él nos ilumina. Aten la ofrenda festiva con cuerdas en las esquinas del Altar. Tú eres mi Dios y te agradezco, mi Dios, y Te exalto.

***Hei – Maljut* - ה**

הוֹדוּ hodú אהיה לַיהֹוָהאדניאהדונהי laAdonai כִּי־ qui טוֹב tov והו

כי טוב = יהוה אהיה, אום, מבה, יזל

כִּי qui לְעוֹלָם leolam ריבוע ס"ג וי' אותיות דס"ג חַסְדּוֹ jasdó

ג' הויות, מזלא (להמשיך הארה ממזלא עילאה) ; ר"ת = נגה: **2x**

Esta sección es omitida en *Rosh Jódesh*, *Jol Hamoed* de *Pésaj* y el séptimo día de *Pésaj*

יְהַלְלוּךָ yehaleluja יְהֹוָהאדניאהדונהי Adonai אֱלֹהֵינוּ Eloheinu ילה כָּל col ילי

מַעֲשֶׂיךָ maaseja וַחֲסִידֶיךָ vajasideja וְצַדִּיקִים vetsadikim עוֹשֵׂי osei

רְצוֹנֶךָ retsoneja וְעַמְּךָ veamjá בֵּית beit ב"פ ראה יִשְׂרָאֵל Yisrael כֻּלָּם culam

בְּרִנָּה beriná יוֹדוּ yodú וִיבָרְכוּ vivarjú יהוה ריבוע יהוה ריבוע מ"ה

וִישַׁבְּחוּ vishabjú וִיפָאֲרוּ vifaarú אֶת et שֵׁם Shem כְּבוֹדֶךָ quevodeja ב"ן, לכב.

כִּי qui לְךָ lejá טוֹב tov והו לְהוֹדוֹת lehodot. וּלְשִׁמְךָ uleShimjá נָעִים naim

לְזַמֵּר lezamer. וּמֵעוֹלָם umeolam וְעַד vead עוֹלָם olam אַתָּה Atá

אֵל El ייא"י (מילוי דס"ג): בָּרוּךְ Baruj אַתָּה Atá יְהֹוָהאדניאהדונהי Adonai

מֶלֶךְ Mélej מְהֻלָּל mehulal בַּתִּשְׁבָּחוֹת batishbajot. אָמֵן Amén יאהדונהי:

Recita este versículo tres veces para conectar con la Luz de protección.

וְאַבְרָהָם veAvraham ו"פ אל, רי"ו ול"ב נתיבות החכמה, רמ"ח (אברים), עסמ"ב וט"ז אותיות פשוטות

זָקֵן zakén בָּא ba בַּיָּמִים bayamim נלך וַיהֹוָהאדניאהדונהי vaAdonai בֵּרַךְ beraj אֶת־ et

אַבְרָהָם Avraham ו"פ אל, רי"ו ול"ב נתיבות החכמה, רמ"ח (אברים), עסמ"ב וט"ז אותיות פשוטות

בַּכֹּל bacol ב"ן, לכב:

Medita en el Nombre del Ángel (זְבַדְיָה) derivado del versículo anterior.

יִשְׁמְרֵנִי yishmereni וִיחַיֵּנִי viyejayeni, כֵּן quen יְהִי yehí רָצוֹן ratsón

מהש ע"ה, ע"ב בריבוע וקס"א ע"ה, אל שדי ע"ה מִלְּפָנֶיךָ milfaneja ס"ג מ"ה ב"ן אֱלֹהִים Elohim

אהיה אדני ; ילה חַיִּים jayim אהיה אהיה יהוה, בינה ע"ה וּמֶלֶךְ uMélej עוֹלָם olam

אֲשֶׁר asher בְּיָדוֹ beyadó נֶפֶשׁ néfesh כָּל col ילי חַי jai אָמֵן Amén יאהדונהי

כֵּן quen יְהִי yehí רָצוֹן ratsón מהש ע"ה, ע"ב בריבוע וקס"א ע"ה, אל שדי ע"ה:

Agradezcan al Señor, porque Él es bueno. Su misericordia perdura para siempre" (Salmos 118).

Todas Tus acciones y todos Tus piadosos te alabarán, Señor, nuestro Dios, y los justos, quienes hacen Tu voluntad, así como Tu nación, la Casa de Israel. Ellos darán gracias con regocijo, bendecirán, alabarán y glorificarán el Nombre de Tu gloria, porque a Ti es bueno dar gracias, y a Tu Nombre es agradable cantar. Y desde este mundo hasta el siguiente, Tú eres Dios. Bendito eres Tú, Señor, Rey que es ensalzado en alabanzas. Amén.

"Y Avraham estaba viejo, avanzado en edad, y Dios había bendecido a Avraham con todo" (Génesis 24:1). *Que Él me preserve y me avive. Y que sea agradable ante el Dios de la vida y el Rey del mundo, en Cuyas Manos está el espíritu de todo lo que vive. Amén, que así sea Su voluntad.*

KADISH TITKABAL

יִתְגַּדַּל yitgadal וְיִתְקַדַּשׁ veyitkadash שׁדי ומילוי שׁדי ; י"א אותיות כמנין ו"ה

שְׁמֵיהּ Shmei (שם י"ה דע"ב) רַבָּא rabá קנ"א ב"ן, יהוה אלהים יהוה אדני,

מילוי קס"א וס"ג, מ"ה ברבוע וע"ב ע"ה ; ר"ת = ו"פ אלהים ; ס"ת = ג"פ יב"ק: אָמֵן Amén אידהנויה.

בְּעָלְמָא bealmá דִּי di בְרָא verá כִּרְעוּתֵיהּ quirutei.

וְיַמְלִיךְ veyamlij מַלְכוּתֵיהּ maljutei. וְיַצְמַח veyatsmaj

פּוּרְקָנֵיהּ purkanei. וִיקָרֵב vikarev מְשִׁיחֵיהּ Meshijei: אָמֵן Amén אידהנויה.

בְּחַיֵּיכוֹן bejayeijón וּבְיוֹמֵיכוֹן uveyomeijón וּבְחַיֵּי uvejayei

דְכָל dejol בֵּית beit ב"פ ראה יִשְׂרָאֵל Yisrael בַּעֲגָלָא baagalá

וּבִזְמַן uvizmán קָרִיב kariv וְאִמְרוּ veimrú אָמֵן Amén: אָמֵן Amén אידהנויה.

La congregación y el *jazán* dicen lo siguiente:

28 palabras (hasta *bealmá*) y 28 letras (hasta *almayá*)

יְהֵא yehé שְׁמֵיהּ Shmei (שם י"ה דס"ג) רַבָּא rabá קנ"א ב"ן,

יהוה אלהים יהוה אדני, מילוי קס"א וס"ג, מ"ה ברבוע וע"ב ע"ה מְבָרַךְ mevaraj,

לְעָלַם lealam לְעָלְמֵי lealmei עָלְמַיָּא almayá. יִתְבָּרַךְ yitbaraj.

Siete palabras con seis letras cada una (שם בן מ"ב). También, siete veces la letra Vav (שם בן מ"ב).

וְיִשְׁתַּבַּח veyishtabaj י"פ ע"ב יהוה אל אבג יתץ.

וְיִתְפָּאַר veyitpaar הי נו יה קרע שטן. וְיִתְרוֹמַם veyitromam וה כוזו נגד יכש.

וְיִתְנַשֵּׂא veyitnasé במוכסז בטר צתג. וְיִתְהַדָּר veyithadar כוזו יה וזקב טנע.

וְיִתְעַלֶּה veyitalé וה יוד ה יגל פזק. וְיִתְהַלָּל veyithalal א ואו הא שקו צית.

שְׁמֵיהּ Shmei (שם י"ה דמ"ה) דְּקוּדְשָׁא deKudshá בְּרִיךְ Verij הוּא Hu:

אָמֵן Amén אידהנויה.

KADISH TITKABAL

Glorificado y santificado sea Su gran Nombre (Amén).

En el mundo que Él creó de acuerdo a Su voluntad, y pueda Su Reino reinar. Y pueda Él hacer que Su redención florezca y pueda Él acercar al Mashíaj (Amén). En tus vidas y en tus días y en la vida de toda la Casa de Israel, prontamente y en el futuro cercano, y dígase: Amén (Amén). Que Su gran Nombre sea bendito por siempre y por toda la eternidad. Bendito y alabado, y glorificado y exaltado, y ensalzado y honrado, y adorado y loado, sea el Nombre del Santo Bendito sea (Amén).

לְעֵלָּא leelá מִן min כָּל col יכ"י בִּרְכָתָא birjatá. שִׁירָתָא shiratá.
תֻּשְׁבְּחָתָא tishbejatá וְנֶחֱמָתָא venejamatá. דַּאֲמִירָן daamirán
בְּעָלְמָא bealmá וְאִמְרוּ veimrú אָמֵן Amén: אָמֵן Amén אידהנויה.

תִּתְקַבַּל titkabal צְלוֹתָנָא tselotaná וּבָעוּתָנָא uvautaná
עִם im צְלוֹתְהוֹן tselothón וּבָעוּתְהוֹן uvautehón דְּכָל dejol יכ"י
בֵּית beit ב"פ ראה יִשְׂרָאֵל Yisrael קֳדָם kadam אֲבוּנָא avuná
דְּבִשְׁמַיָּא devishmayá וְאִמְרוּ veimrú אָמֵן Amén: אָמֵן Amén אידהנויה.

יְהֵא yehé שְׁלָמָא shlamá רַבָּא rabá קנ"א ב"ן, יהוה אלהים יהוה אדני, מילוי קס"א וס"ג,
מ"ה ברבוע וע"ב ע"ה מִן min שְׁמַיָּא shmayá. וְחַיִּים jayim אהיה אהיה יהוה, בינה ע"ה
וְשָׂבָע vesavá וִישׁוּעָה vishuá וְנֶחָמָה venejamá וְשֵׁיזָבָא vesheizavá
וּרְפוּאָה urefuá וּגְאֻלָּה ugueulá וּסְלִיחָה uslijá וְכַפָּרָה vejapará
וְרֵיוַח vereivaj וְהַצָּלָה vehatsalá. לָנוּ lanu אלהים, אהיה אדני וּלְכָל ulejol יה אדני
עַמּוֹ amó יִשְׂרָאֵל Yisrael וְאִמְרוּ veimrú אָמֵן Amén: אָמֵן Amén אידהנויה.

Da tres pasos para atrás y di:

עוֹשֶׂה osé שָׁלוֹם shalom

(**Durante los días entre *Rosh Hashaná* y *Yom Kipur*** en lugar de "*shalom*" decimos:

הַשָּׁלוֹם hashalom ספריאל המלאך החותם לחיים)

בִּמְרוֹמָיו bimromav ע"ב, ריבוע יהוה. הוּא Hu בְּרַחֲמָיו berajamav
יַעֲשֶׂה yaasé שָׁלוֹם shalom עָלֵינוּ aleinu ר"ת ש"ע נהורין.
וְעַל veal כָּל col יכ"י ; עממ עַמּוֹ amó יִשְׂרָאֵל Yisrael וְאִמְרוּ veimrú אָמֵן Amén:
אָמֵן Amén אידהנויה.

Más allá de todas las bendiciones, himnos, alabanzas y palabras de consolación que jamás se dijeran en el mundo, y dígase: Amén (Amén). *Sean aceptadas nuestras oraciones y súplicas, junto con las oraciones y las súplicas de toda la Casa de Israel, ante nuestro Padre en los Cielos, y dígase: Amén* (Amén). *Que haya paz abundante del Cielo; vida, satisfacción, salvación, consuelo, entrega, sanación, redención, perdón, expiación, comodidad y alivio para nosotros y para toda Su nación, Israel y dígase: Amén* (Amén). *Él, que establece paz* (Durante los días entre *Rosh Hashaná* y *Yom Kipur: la paz) en Sus Alturas, Él, en Su compasión, hará la paz sobre nosotros y sobre toda Su nación, Israel. Y dígase: Amén* (Amén).

EL ORDEN DE LA LECTURA DE LA TORÁ

Sacar el *Séfer Torá* del Arca: El secreto del *Séfer Torá* es *Yesod* de *Aba* envuelto en *Zeir Anpín*, y su Luz está bloqueada de todos lados salvo una pequeña iluminación para *Yaakov*. Pero los *Mojín* como tales comienzan a revelarse después de la *Amidá* mientras *Yesod* de *Ima* se divide y se abre (en el secreto de los *Tefilín*) e ilumina a *Yaakov* y *Rajel* (que están de pie en su *Nétsaj* y *Hod*). Para que la Luz de *Yesod* de *Aba* sea revelada, necesitamos dos divisiones: La primera división es la división de *Yesod* de *Ima* (mientras envolvía a *Yesod* de *Aba*) que se hace mediante la **Apertura del Arca** (el Arca representa a *Ima*). Entonces, **sacamos el *Séfer Torá*** cubierto con su funda que representa a *Yesod* de *Aba* envuelto por *Yesod* de *Zeir Anpín*. Luego **colocamos la Corona** en la *Torá* y meditamos en la decoración de la corona de *Aba* e *Ima* Celestiales.

Mientras cargas la *Torá* (desde el Arca a la *bimá*, el podio), debes abrazar la *Torá* y a través de esto conectas con *Tiféret* de *Zeir Anpín*, que está entre las dos manos (*Jésed* y *Guevurá*). El salón de oración como tal representa a *Maljut*. Mientras colocas la Torá en la *bimá*, debes meditar en que la *bimá* representa אד־ני (*Maljut*) y el rollo de la Torá representa יהוה (*Zeir Anpín*). La segunda división ocurre cuando le quitas la funda a la Torá. Medita en que divides a *Yesod* de *Zeir Anpín*, que es la fuente de Luz que recibimos durante la lectura de la Torá.

Elevar la Torá y mostrar las letras a la congregación representa a *Zeir Anpín* dando todo lo que tiene (puntos, vocales y notas musicales) a *Maljut* (y quedándose sólo con las letras, las cuales son como Su cuerpo). Pero todo lo demás (vocales, puntos, notas musicales y todos los secretos de la Torá verbal) Él lo da a la *Nukvá* (el salón de oración en el secreto de los sabios de la Torá verbal).

Cuando subes a la Torá ("*Olé*"), debes sostener ambos lados con las manos y meditar en los Nombres: אלף הי יוד הי y אלף הה יוד הה los cuales tienen el mismo valor numérico de la palabra "nuevo" חדש *jadash* (312). Y juntos con los 14 tendones de la mano derecha (14 letras en el Nombre אהיה sencillo y deletreado con *Yud* אלף הי יוד הי) y los 14 tendones de la mano izquierda (14 letras en el Nombre אהיה sencillo y deletreado con *Hei* אלף הה יוד הה) todo suma 340, que es igual a la palabra "nombre" שם *shem*. Y ese es el secreto de *Maljut* que recibe un nombre nuevo. Medita en que שם *shem* y ספר *séfer* (libro) tienen el mismo valor numérico (340) y con eso endulzas la *Maljut* y la elevas hacia una unificación Cara a Cara con *Zeir Anpín*. Luego coloca tu mano derecha sobre la izquierda y, al hacer esto, la misericordia (derecha) endulza el juicio (izquierda) y es incluido en la misericordia. Luego mantén sólo tu mano derecha sobre la Torá durante la lectura (di la bendición —antes y después de la lectura— mientras la Torá está cubierta).

Ten cuidado de no tocar el pergamino de la Torá directamente con las manos, sino solamente con un pañuelo o alguna tela.

Medita en que la *bimá* es como el Monte Sinaí y que recibes la Torá de la boca de *Zeir Anpín*.

Si tienes el mérito, las letras iluminarán hacia ti como fuego blanco (que representa un hilo de misericordia y protección sobre ti) sobre una visión de fuego dorado dentro fuego rojo. Y mientras el *jazán* lee la Torá, debes meditar en la siguiente combinación:

משנה על אשר ילקטו

יְוְ"דֶהֲ"הֶוְ"וְהְ"הְ

La Torá (la iluminación de *Yesod* de *Aba*) fue entregada en *Shabat*, que es el secreto de *Aba*. Y mientras recitamos el siguiente versículo "*Atá horeta ladáat*" meditamos que la palabra "*Atá*" es un código para *Aba* que es revelado ("*horeta*") ahora. Y es por esto que lo recitamos antes de abrir el Arca.

Antes de abrir el Arca, decimos:

אַתָּה Atá הָרְאֵתָ horeta לָדַעַת ladáat כִּי qui יְהֹוָהאדניאהדונהי Adonai הוּא Hu

הָאֱלֹהִים haElohim אהיה אדני ; ילה ; ה' הוא האלקים = ענו ע"ג"כ ; ר"ת יהה אֵין ein עוֹד od

מִלְּבַדּוֹ milvadó מ"ב: אֵין־ ein כָּמוֹךָ camoja בָאֱלֹהִים vaElohim אהיה אדני ; ילה

אֲדֹנָי Adonai ללה וְאֵין veéin כְּמַעֲשֶׂיךָ: quemaaseja יְהִי yehí

יְהֹוָהאדניאהדונהי Adonai אֱלֹהֵינוּ Eloheinu ילה עִמָּנוּ imanu ריבוע ס"ג, קס"א ע"ה וד' אותיות

כַּאֲשֶׁר caasher הָיָה hayá יהה עִם־ im אֲבֹתֵינוּ avoteinu אַל־ al

יַעַזְבֵנוּ yaazvenu וְאַל־ veal יִטְּשֵׁנוּ: yiteshenu הוֹשִׁיעָה hoshía יהוה וש"ע נהורין

אֶת־ et עַמֶּךָ ameja ס"ת כהת, משיח בן דוד ע"ה וּבָרֵךְ uvarej אֶת־ et

נַחֲלָתֶךָ najalateja וּרְעֵם ureem וְנַשְּׂאֵם venasem עַד־ ad הָעוֹלָם: haolam

וַיְהִי vayehí בִּנְסֹעַ binsoa הָאָרֹן haarón וַיֹּאמֶר vayómer מֹשֶׁה Moshé מהש,

ע"ב בריבוע קס"א, אל שדי, ד"פ אלהים ע"ה קוּמָה kuma קנ"א (מקוה) | יְהֹוָהאדניאהדונהי Adonai

וְיָפֻצוּ veyafutsu אֹיְבֶיךָ oyveja וְיָנֻסוּ veyanusu מְשַׂנְאֶיךָ mesaneja

מִפָּנֶיךָ mipaneja ס"ג מ"ה ב"ן: קוּמָה kumá קנ"א (מקוה) יְהֹוָהאדניאהדונהי Adonai

לִמְנוּחָתֶךָ limnujateja אַתָּה Atá וַאֲרוֹן vaarón עֻזֶּךָ: uzeja

כֹּהֲנֶיךָ cohaneja יִלְבְּשׁוּ־ yilbeshú צֶדֶק tsédek וַחֲסִידֶיךָ vajasideja

יְרַנֵּנוּ: yeranenú בַּעֲבוּר baavur דָּוִד David עַבְדֶּךָ avdeja פוי, אל אדני

אַל־ al תָּשֵׁב tashev פְּנֵי pnei וחכמה בינה מְשִׁיחֶךָ: meshijeja

---

"Tú has demostrado para que se conozca que el Señor es el Dios y no hay nadie aparte de Él" (Deuteronomio 4:35). *"No hay ninguno como Tú entre las deidades, Señor, y no hay nada como Tus obras"* (Salmos 86:8). *"Que el Señor, nuestro Dios, esté con nosotros como estuvo con nuestros padres, y no nos desampare ni nos deje"* (I Reyes 8:57). *"Salva a Tu Pueblo y bendice Tu heredad. Guíalos y elévalos para siempre"* (Salmos 28:9). *"Cuando el Arca viajaba, Moshé decía: Levántate, Señor. Que Tus enemigos sean esparcidos y que aquellos que te odian huyan ante Ti"* (Números 10:35). *"Levántate, Señor, a Tu lugar de descanso, Tú y el Arca de Tu fortaleza. Tus sacerdotes imparten justicia y Tus piadosos cantarán. Por David, Tu siervo, no abandones a Tus ungidos"* (Salmos 132:8-10).

APERTURA DEL ARCA

Atraer la Luz de *Jojmá*.

Rabí Shimón Bar Yojái dice: "Mientras el Arca está abierta, debemos prepararnos con temor reverencial. Todos deben despertar un sentido interno de asombro, como si realmente estuviéramos parados en el Monte Sinaí, temblando mientras contemplamos la abrumadora manifestación de Luz. Permanecemos parados en silencio, enfocados solamente en la oportunidad de escuchar cada palabra sagrada del pergamino. Cuando sacamos la Torá para leerla en público, todas las Puertas de la Misericordia en el Cielo están abiertas y despertamos un amor desde Arriba".

וַיְהִי vayehí בִּנְסֹעַ binsoa הָאָרֹן haarón וַיֹּאמֶר vayómer מֹשֶׁה Moshé

מהש, ע"ב בריבוע וקס"א, אל שדי, ד"פ אלהים ע"ה קוּמָה kuma קנ"א (מקוה) |

יְהֹוָהאדניאהדונהי Adonai וְיָפֻצוּ veyafutsu אֹיְבֶיךָ oyveja וְיָנֻסוּ veyanusu

מְשַׂנְאֶיךָ mesaneja מִפָּנֶיךָ mipaneja ס"ג מ"ה ב"ן: כִּי qui

מִצִּיּוֹן miTsiyón יוסף, ו' הויות, קנאה תֵּצֵא tetsé תוֹרָה Torá וּדְבַר udvar ראה

יְהֹוָהאדניאהדונהי Adonai מִירוּשָׁלִָם: mirushaláyim בָּרוּךְ Baruj שֶׁנָּתַן shenatán

תּוֹרָה Torá לְעַמּוֹ leamó יִשְׂרָאֵל Yisrael בִּקְדֻשָּׁתוֹ bikdusható.

BERIJ SHEMEI

Esta sección es tomada directamente del *Zóhar* y aparece en su arameo original. El *Berij Shemei* funciona como una máquina del tiempo que, literalmente, transporta nuestra alma de regreso al evento de revelación en el Monte Sinaí, cuando Moshé recibió las tablas. Al volver a visitar el momento y lugar exacto de la revelación, podemos atraer hacia nosotros los aspectos de la Luz original mediante la lectura de la Torá. El *Berij Shemei* contiene 130 palabras. Adán fue separado de su esposa Eva, por 130 años; tiempo en el que él pecó. Cada palabra en esta oración ayuda a corregir uno de esos años. Cada uno de nosotros estaba incluido en el alma de Adán. Nosotros somos Adán. Adán es simplemente el código para el alma unificada que incluye a cada ser humano que alguna vez transitó o transitará por este planeta.

בְּרִיךְ Berij שְׁמֵיהּ Shemei דְּמָארֵי demarei עָלְמָא almá בְּרִיךְ berij

כִּתְרָךְ quitraj וְאַתְרָךְ veatraj. יְהֵא yehé רְעוּתָךְ reutaj עִם im

עַמָּךְ amaj יִשְׂרָאֵל Yisrael לְעָלַם lealam. וּפוּרְקַן ufurkán יְמִינָךְ yeminaj

אַחֲזֵי ajzei לְעַמָּךְ leamaj בְּבֵית beveit ב"פ ראה מִקְדָּשָׁךְ mikdashaj.

APERTURA DEL ARCA

"Cuando el Arca viajaba, Moshé decía: Levántate, Señor. Que Tus enemigos sean esparcidos y que aquellos que te odian huyan ante Ti" (Números 10:35). *"Porque de Sión emergerá la Torá y la Palabra del Señor desde Jerusalén"* (Isaías 2:3). *Bendito es Él que dio la Torá a Su Nación, Israel, por Su Santidad.*

BERIJ SHEMEI

Bendito es el Nombre del Señor del Mundo.

Bendita es Tu corona y Tu lugar. Que Tu deseo esté con Tu Nación, Israel, para siempre. Que puedas mostrar la redención de Tu Diestra a Tu Nación en Tu Templo Sagrado.

לְאַמְטוּיֵי leamtuyei לָנָא laná מִטּוּב mituv נְהוֹרָךְ nehoraj• וּלְקַבֵּל ulekabel

צְלוֹתָנָא tselotaná בְּרַחֲמִין berajamín• יְהֵא yehé רַעֲוָא raava

קֳדָמָךְ kodamaj דְּתוֹרִיךְ detorij לָן lan וְחַיִּין jayín בְּטִיבוּ betivu•

וְלֶהֱוֵי velehevei אֲנָא aná ב"ן עַבְדָּךְ avedaj פוי, אל אדני פְּקִידָא pekidá

בְּגוֹ begó צַדִּיקַיָּא tsadikaya• לְמִרְחַם lemirjam אברהם, וז"פ אל, רי"ו ול"ב נתיבות

חוכמה, רמ"ח (אברים), עסמ"ב וט"ז אותיות פשוטות עָלַי alai וּלְמִנְטַר ulemintar יָתִי yatí

וְיַת veyat כָּל col ילי דִּלִי dili וְדִי vedí לְעַמָּךְ leamaj יִשְׂרָאֵל Yisrael•

אַנְתְּ ant הוּא Hu זָן zan נגד, מזבח, אל יהוה לְכֹלָּא lejolá וּמְפַרְנֵס umfarnés

לְכֹלָּא lejolá• אַנְתְּ ant הוּא Hu שַׁלִּיט shalit עַל al כֹּלָּא colá• אַנְתְּ ant

הוּא Hu דְּשַׁלִּיט deshalit עַל al מַלְכַיָּא maljayá וּמַלְכוּתָא umaljutá

דִּילָךְ dilaj הִיא hi• אֲנָא aná ב"ן עַבְדָּא avdá דְּקוּדְשָׁא deKudshá

בְּרִיךְ Berij הוּא Hu דְּסָגִידְנָא desaguidná קַמֵּהּ kamé וּמִן umín קַמֵּהּ kamé

דִּיקַר dikar אוֹרַיְתֵהּ orayté בְּכָל־ bejol ב"ן, לכב עִדָּן idán וְעִדָּן veidán•

לָא la עַל al אֱנָשׁ enash רָחִיצְנָא rajitsná• וְלָא velá עַל al

בַּר bar אֱלָהִין elahín ילה סָמִיכְנָא samijná• אֶלָּא ela בֶּאֱלָהָא beelahá

דִּשְׁמַיָּא dishmayá• דְּהוּא dehú אֱלָהָא elahá קְשׁוֹט keshot•

וְאוֹרַיְתֵהּ veorayté קְשׁוֹט keshot וּנְבִיאוֹהִי uneviohí קְשׁוֹט keshot•

וּמַסְגֵּא umasguei לְמֶעְבַּד lemebad טַבְוָן taveván וּקְשׁוֹט ukeshot•

בֵּהּ bei אֲנָא aná ב"ן רָחִיץ rajits וְלִשְׁמֵהּ veliShmei יַקִּירָא yakirá

קַדִּישָׁא kadishá אֲנָא aná ב"ן אֵמַר emar תֻּשְׁבְּחָן tushbeján•

Que nos puedas llenar con lo mejor de Tu iluminación y que puedas recibir nuestras oraciones con misericordia. Que sea agradable ante Ti el alargar nuestras vidas con bien. Y yo, Tu siervo, seré recordado junto a los justos. Ten misericordia de mí y protégeme, y todo lo que poseo y todo lo que pertenece a Tu Nación, Israel. Tú eres el que nutre todo y provee a todo con sustento. Tú eres el que gobierna todo. Tú tienes control sobre reyes y sus reinos son Tuyos. Yo soy el siervo del Santo Bendito Sea, mientras me postro ante Él y ante la gloria de Su Torá, en cada y todo momento. Yo no coloco mi confianza en ningún hombre y no tengo fe en los hijos de los dioses. Mi confianza y fe están sólo en el Dios en el Cielo, quien es el verdadero Dios; Su Torá es verdadera; Sus profetas son verdaderos; y Él ejecuta abundante compasión y verdad. En Él, yo confío y digo alabanzas a Su Santo y precioso Nombre.

יְהֵא yehé רַעֲוָא raavá קֳדָמָךְ kodamaj דְּתִפְתַּח detiftaj לִבָּאִי libaí

בְּאוֹרַיְתָךְ beoraytaj. (וְתִיהַב vetihav לִי li בְּנִין benín דִּכְרִין dijrín

דְּעָבְדִין deavdín רְעוּתָךְ reutaj). וְתַשְׁלִים vetashlim מִשְׁאֲלִין mishalín

דְּלִבָּאִי delibaí וְלִבָּא velibá דְּכָל dejol ילי עַמָּךְ amaj יִשְׂרָאֵל Yisrael

לְטַב letav וּלְחַיִּין ulejayín וְלִשְׁלָם velishlam אָמֵן Amén יאהדונהי:

SACAR LA TORÁ DEL ARCA

Cuando la Torá es sacada del Arca, hay una oportunidad de hacer una conexión especial con ella, bien sea besándola o tocándola. A veces, las personas se apresuran en hacer su conexión, empujando, aglomerándose y apartando a la gente a un lado mientras intentan tocar el pergamino. Espiritualmente hablando, estas acciones reflejan una energía opuesta a la de la Torá. La conexión con la Torá no sólo es física. Las conexiones con la Torá se realizan a través de un estado mental espiritual, el cual incluye tolerancia y ocupación por los demás. No podemos estar en el marco mental espiritual adecuado si somos descorteses con otro individuo.

בָּרוּךְ Baruj הַמָּקוֹם hamakom שֶׁנָּתַן shenatán תּוֹרָה Torá לְעַמּוֹ leamó

יִשְׂרָאֵל Yisrael בָּרוּךְ Baruj הוּא Hu: אַשְׁרֵי ashrei הָעָם haam

שֶׁכָּכָה shecaja משה, מהש, ע"ב בריבוע קס"א, אל שדי, ד"פ אלהים ע"ה לוֹ lo אַשְׁרֵי ashrei

הָעָם haam ר"ת לאה שֶׁיְהֹוָהאדניאהדונהי sheAdonai אֱלֹהָיו Elohav ילה:

Antes de que la Torá sea llevada a la *bimá* (podio), el *jazán* dice:

גַּדְּלוּ gadelú לַיהֹוָהאדניאהדונהי laAdonai אִתִּי ití וּנְרוֹמְמָה uneromemá

שְׁמוֹ Shemó מהש ע"ה, ע"ב בריבוע וקס"א ע"ה, אל שדי ע"ה יַחְדָּו yajdav:

Que sea agradable ante Ti y Tú abrirás mi corazón con Tu Torá (y que Tú me concedas hijos varones que puedan satisfacer Tu deseo). Y que Tú puedas satisfacer las solicitudes de mi corazón y el corazón de toda Tu Nación, Israel, para bien, para vida y para paz. Amén.

SACAR LA TORÁ DEL ARCA

Bendita es la Providencia que ha dado la Torá a Su Nación, Israel, Bendito es Él. "Bienaventurada es la Nación a la que le pertenece esto, bienaventurada es la Nación de la que el Señor es su Dios" (Salmos 114:15). "Glorifiquen conmigo al Señor, alabemos Su Nombre todos juntos" (Salmos 34:4).

Entonces la congregación dice lo siguiente mientras la Torá es llevada a la *bimá*:

לְךָ lejá יְהֹוָהאדניאהדונהי Adonai הַגְּדֻלָּה haguedulá וְהַגְּבוּרָה vehaGuevurá רי״ו

וְהַתִּפְאֶרֶת vehaTiféret וְהַנֵּצַח vehaNétsaj וְהַהוֹד vehaHod ההה כִּי qui

כֹל jol ילי בַּשָּׁמַיִם bashamáyim י״פ טל, י״פ כוזו וּבָאָרֶץ uvaárets לְךָ lejá

יְהֹוָהאדניאהדונהי Adonai הַמַּמְלָכָה hamamlajá וְהַמִּתְנַשֵּׂא vehamitnasé

לְכֹל lejol יה אדני לְרֹאשׁ lerosh ריבוע אלהים ואלהים דיודין ע״ה: רוֹמְמוּ romemú

יְהֹוָהאדניאהדונהי Adonai אֱלֹהֵינוּ Eloheinu ילה וְהִשְׁתַּחֲווּ vehishtajavú

לַהֲדֹם lahadom רַגְלָיו raglav קָדוֹשׁ kadosh הוּא Hu: רוֹמְמוּ romemú

יְהֹוָהאדניאהדונהי Adonai אֱלֹהֵינוּ Eloheinu ילה וְהִשְׁתַּחֲווּ vehishtajavú לְהַר lehar

קָדְשׁוֹ kodshó כִּי qui קָדוֹשׁ kadosh יְהֹוָהאדניאהדונהי Adonai אֱלֹהֵינוּ Eloheinu ילה:

Algunos añaden esta sección:

אֵין ein קָדוֹשׁ kadosh כַּיהֹוָהאדניאהדונהי caAdonai כִּי qui אֵין ein בִּלְתֶּךָ bilteja

וְאֵין veéin צוּר tsur אלהים דההין ע״ה כֵּאלֹהֵינוּ queEloheinu ילה: כִּי qui מִי mi ילי

אֱלוֹהַּ Elohá מ״ב מִבַּלְעֲדֵי mibaladei יְהֹוָהאדניאהדונהי Adonai וּמִי umí ילי צוּר tsur

אלהים דההין ע״ה זוּלָתִי zulatí אֱלֹהֵינוּ Eloheinu ילה: תּוֹרָה Torá צִוָּה tsivá לָנוּ lanu

אלהים, אהיה אדני מֹשֶׁה Moshé מהש, ע״ב בריבוע וקס״א, אל שדי, ד״פ אלהים ע״ה

מוֹרָשָׁה morashá קְהִלַּת kehilat יַעֲקֹב Yaakov ז׳ הויות, יאהדונהי אידהנויה:

עֵץ ets חַיִּים jayim אהיה אהיה יהוה, בינה ע״ה הִיא hi

לַמַּחֲזִיקִים lamajazikim ר״ת להה בָּהּ ba וְתֹמְכֶיהָ vetomjeha מְאֻשָּׁר meushar:

דְּרָכֶיהָ derajeha דַּרְכֵי darjei נֹעַם nóam וְכָל vejol ילי

נְתִיבוֹתֶיהָ netivoteha שָׁלוֹם shalom: שָׁלוֹם shalom רַב rav

לְאֹהֲבֵי leohavei תוֹרָתֶךָ torateja וְאֵין veéin לָמוֹ lamó מִכְשׁוֹל mijshol:

"Tuyos, Señor, son la grandeza, la fortaleza, el esplendor, el triunfo y la gloria, incluso todo lo que hay en los Cielos y en la Tierra. Tuyos, Señor, son el Reino y la soberanía sobre cada líder" (I Crónicas 29:11). *Exalten al Señor, nuestro Dios, y póstrense ante Su estrado, porque es Santo. "Exalten al Señor, nuestro Dios, y póstrense ante Su Santa Montaña porque el Señor, nuestro Dios, es Santo"* (Salmos 99:9).

"No hay nadie tan Santo como el Señor, porque no hay nadie más aparte de Ti. No hay Fortaleza como nuestro Dios" (I Samuel 2:2). *"Porque ¿quién es Dios además del Señor? ¿Quién es Fortaleza además de nuestro Dios?"* (Salmos 18:32). *"La Torá que Moshé nos encomendó es una herencia para la congregación de Yaakov"* (Deuteronomio 33:4). *"Es un árbol de vida para aquellos que se aferran a él y los que lo apoyan son felices"* (Proverbios 3:18). *"Sus caminos son el camino de lo agradable y todos sus senderos llevan a la paz"* (Proverbios 3:17). *"Abundancia de paz para aquellos que aman Tu Torá y para ellos no hay obstáculos"* (Salmos 119:165).

Adonai יְהֹוָהאדניאהדונהי yitén יִתֵּן leamó לְעַמּוֹ oz עֹז Adonai יְהֹוָהאדניאהדונהי
amó עַמּוֹ et אֶת־ (למתק את ז׳ המלכים שמתו) ע״ב ס״ג מ״ה ב״ן, הברכה yevarej יְבָרֵךְ
Adonai יְהֹוָהאדניאהדונהי shem שֵׁם qui כִּי :ר״ת ע״ב, ריבוע יהוה vashalom בַשָּׁלוֹם
:ילה leEloheinu לֵאלֹהֵינוּ gódel גֹדֶל אחד, אהבה, דאגה havú הָבוּ ekrá אֶקְרָא
ילה ; אהיה אדני leElohim לֵאלֹהִים oz עֹז tenú תְּנוּ ילי hacol הַכֹּל
:laTorá לַתּוֹרָה javod כָבוֹד utnú וּתְנוּ

LA ELEVACIÓN DE LA TORÁ

Después de que el pergamino es colocado en la *bimá* (podio), se llama a una persona para alzar la Torá para que la congregación vea la sección específica que se leerá de la Torá. Mientras elevamos la Torá, también meditamos en elevar nuestro nivel de conciencia. Debemos observar el pergamino para intentar ver la primera letra de la lectura de esa semana. También debemos tratar de encontrar la primera letra de nuestro nombre hebreo en el texto. Puedes usar el *Talit* para ayudarte a enfocar (si no tienes un *Talit*, puedes usar tu dedo).

Moshé מֹשֶׁה sam שָׂם asher אֲשֶׁר־ haTorá הַתּוֹרָה vezot וְזֹאת
:Yisrael יִשְׂרָאֵל bnei בְּנֵי lifnei לִפְנֵי מהש, ע״ב בריבוע וקס״א, אל שדי, ד״פ אלהים ע״ה
אל שדי = משה, מהש, ע״ב בריבוע וקס״א, ד״פ אלהים ע״ה Shadai שַׁדַּי (״יא״ (מילוי דס״ג El אֵל
מהש, ע״ב בריבוע וקס״א, אל שדי, uMoshé וּמֹשֶׁה אהיה פעמים אהיה, ז״פ ס״ג emet אֱמֶת
veToratό וְתוֹרָתוֹ אהיה פעמים אהיה, ז״פ ס״ג emet אֱמֶת ד״פ אלהים ע״ה
tsivá צִוָּה־ Torá תּוֹרָה אהיה פעמים אהיה, ז״פ ס״ג: emet אֱמֶת
מהש, ע״ב בריבוע וקס״א, אל שדי, ד״פ אלהים ע״ה Moshé מֹשֶׁה אלהים, אהיה אדני lanu לָנוּ
ז׳ הויות, יאהדונהי אידהנויה: Yaakov יַעֲקֹב kehilat קְהִלַּת morashá מוֹרָשָׁה
imrat אִמְרַת darcó דַּרְכּוֹ tamim תָּמִים ״יא״ (מילוי דס״ג) haEl הָאֵל
ג״פ אל (״יא״ מילוי דס״ג) maguén מָגֵן tserufá צְרוּפָה Adonai יְהֹוָהאדניאהדונהי
:bo בּוֹ hajosim הַחוֹסִים יה אדני lejol לְכֹל hu הוּא ר״ת מיכאל גבריאל נוריאל

"El Señor da fuerza a Su pueblo. El Señor bendice a Su nación con paz" (Salmos 29:11). *"Cuando yo llamo al Nombre del Señor, proclamo grandeza a nuestro Dios"* (Deuteronomio 32:3). *"Todos reconozcan el poder de Dios"* (Salmos 68:35). *Y muestren respeto a la Torá.*

LA ELEVACIÓN DE LA TORÁ

"Y esta es la Torá que Moshé colocó ante los Hijos de Israel" (Deuteronomio 4:44). *Dios es verdad y Moshé es verdad y Su Torá es verdad. "La Torá que Moshé nos encomendó es una herencia para la congregación de Yaakov"* (Deuteronomio 33:4). *"¡Dios! Sus caminos son perfectos. La declaración del Señor es pura. Él es el Escudo para todos aquellos que se refugian en Él"* (II Samuel 22:31).

Meditación para las personas que suben a la Torá

Cohén: Revela la esencia de *Jasadim* (Misericordia) de *Zeir Anpín*, la cual envuelve la parte media de *Nétsaj* de *Aba*, que está envuelta por la parte media de *Nétsaj* de *Ima*.

Leví: Revela la esencia de *Guevurot* (Juicio) de *Zeir Anpín*, la cual envuelve la parte media de *Hod* de *Aba*, que está envuelta por la parte media de *Hod* de *Ima*.

Tercera *aliyá*: Revela la esencia de *Tiféret* de *Zeir Anpín*, la cual envuelve la parte media de *Yesod* de *Aba*, que está envuelta por la parte media de *Yesod* de *Ima*. Y dado que *Yesod* de *Ima* termina en el primer tercio de *Tiféret* de *Zeir Anpín*, a partir del segundo tercio de *Tiféret* de *Zeir Anpín* comienza a revelarse *Yesod* de *Aba*. Es por ello que el tercer *olé* es casi tan importante como el de la sexta *aliyá* (cuando *Yesod* de *Aba* está completamente revelado).

Cuarta *aliyá*: Revela la esencia de *Nétsaj* de *Zeir Anpín*, la cual envuelve la parte inferior de *Nétsaj* de *Aba*, que está envuelta por la parte inferior de *Nétsaj* de *Ima*.

Quinta *aliyá*: Revela la esencia de *Hod* de *Zeir Anpín*, la cual envuelve la parte inferior de *Hod* de *Aba*, que está envuelta por la parte inferior de *Hod* de *Ima*.

Sexta *aliyá* (la más grande de todas): Revela la esencia de *Yesod* de *Zeir Anpín*, la cual envuelve a *Yesod* de *Aba* (ahora completamente revelado, mientras que *Yesod* de *Ima* ya ha terminado y no lo oculta más. Es por ello que Rav Keruspedái siembre subía a la Torá en la sexta *aliyá*, en la cual él se convierte en el aspecto de *Yesod* y recibe la Luz totalmente revelada).

Séptima *aliyá* (la más pequeña de todas): Revela la *Atéret* (corona de guirnaldas) de *Yesod* de *Zeir Anpín*, la cual es el aspecto de la *Nukvá* (de *Zeir Anpín*). Mientras *Yesod* de *Aba* terminaba en la sexta *aliyá*, su iluminación terminó allí también y sólo viene un minuto de Luz para la séptima *aliyá*. Es por ello que cualquiera puede subir a la Torá en la séptima *aliyá*.

Maftir y Haftará: Se encuentra en el aspecto de la *Nukvá* (Todas las anteriores están en el aspecto de *Zeir Anpín*). Es por ello que leemos de los Profetas, que corresponden a *Nétsaj* y *Hod* de *Zeir Anpín* que ilumina en la *Nukvá*. Y las cuatro bendiciones después de la *Haftará* corresponden al Nombre Sagrado: **אדני**. Debes meditar también por la iluminación de *Biná* dentro de *Nétsaj* y *Hod* [porque los Profetas son de *Biná* y *naví* (profeta) tiene el mismo valor numérico del Nombre Sagrado: **יוד הי ואו הי** de *Biná* (63). También es la razón por la que leemos (en la mayoría de las *Haftarot*) al menos 21 versículos en la *Haftará*, lo cual corresponde al Nombre Sagrado **אהיה** (21) de *Biná*].

El *jazán dice*:

בֵּית beit ב"פ ראה אַהֲרֹן Aharón בָּרְכוּ barjú יהוה ריבוע יהוה ריבוע מ"ה אֶת et

ה' Hashem הַמְבֹרָךְ, hamevoraj כֹּהֵן Cohén מלה קְרַב kerav וְכַהֵן vejahén מלה.

La persona que sube a la Torá ("el *olé*"), sostiene el Pergamino con ambas manos y dice:

יְהֹוָאדניאהדונהי Adonai עִמָּכֶם imajem:

La congregación responde:

יְבָרֶכְךָ yevarjejá ה' Hashem:

El *olé* continúa:

(ויכוין "ברכו את ה' המבורך" – מ"ב ור"ך שהם שמאל וימין):

רַבָּנָן rabanán: בָּרְכוּ Barjú יהוה ריבוע יהוה ריבוע מ"ה אֶת et

יְהֹוָאדניאהדונהי Adonai הַמְבֹרָךְ: hamevoraj ס"ת כהת, משיח בן דוד ע"ה.

La congregación responde:

Néfesh בָּרוּךְ Baruj *Rúaj* יְהֹוָאדניאהדונהי Adonai *Neshamá* הַמְבוֹרָךְ hamevoraj

Jayá לְעוֹלָם leolam ריבוע ס"ג וי' אותיות דס"ג *Yejidá* וָעֶד vaed:

El *olé* repite esta línea después de la congregación:

Néfesh בָּרוּךְ Baruj *Rúaj* יְהֹוָאדניאהדונהי Adonai *Neshamá* הַמְבוֹרָךְ hamevoraj

Jayá לְעוֹלָם leolam ריבוע ס"ג וי' אותיות דס"ג *Yejidá* וָעֶד vaed:

Y después dice la siguiente bendición:

בָּרוּךְ Baruj אַתָּה Atá יְהֹוָאדניאהדונהי Adonai אֱלֹהֵינוּ Eloheinu ילה

מֶלֶךְ Mélej הָעוֹלָם haolam אֲשֶׁר asher בָּחַר־ bajar בָּנוּ banu

מִכָּל־ micol ילי הָעַמִּים haamim וְנָתַן־ venatán לָנוּ lanu אלהים, אהיה אדני אֶת et

תּוֹרָתוֹ torató. בָּרוּךְ Baruj אַתָּה Atá יְהֹוָאדניאהדונהי Adonai

נוֹתֵן notén אבג יתץ, ושר הַתּוֹרָה haTorá.

LA LECTURA

(La Casa de Aharón, bendigan al Señor, el Bendito. Cohén, acércate y ponte de pie y realiza tu responsabilidad sacerdotal). Que el Señor esté con ustedes. Que el Señor te bendiga. Señores: Bendigan al Señor que es Bendito. Bendito es el Señor que es Bendito, por siempre y para la eternidad. Bendito eres Tú, Señor, nuestro Dios, el Rey del Universo, quien nos escogió entre las naciones y nos otorgó Su Torá. Bendito eres Tú, Señor, quien otorga la Torá.

Después de la lectura, el *olé* dice la siguiente bendición:

בָּרוּךְ Baruj אַתָּה Atá יְהֹוָואדהנויאהדונהי Adonai אֱלֹהֵינוּ Eloheinu ילה

מֶלֶךְ Mélej הָעוֹלָם haolam אֲשֶׁר asher נָתַן natán לָנוּ lanu אלהים, אהיה אדני

אֶת et תּוֹרָתוֹ Torató תּוֹרַת־ torat אֱמֶת emet אהיה פעמים אהיה, ז״פ ס״ג

וְחַיֵּי vejayei עוֹלָם olam נָטַע natá בְּתוֹכֵנוּ betojenu. בָּרוּךְ Baruj אַתָּה Atá

יְהֹוָואדהנויאהדונהי Adonai נוֹתֵן notén אבג יתץ, ושר הַתּוֹרָה haTorá.

BENDICIÓN DE HAGOMEL

Recitamos esta bendición después de que hemos volado en un avión o vivido alguna clase de accidente o experiencia cercana a un accidente automovilístico. Estuvimos ocupando un espacio específico que estaba cargado de potencial para el peligro, y esta bendición cierra ese espacio. También recibimos Luz de protección adicional mientras ocupábamos ese espacio. *HaGomel* ("recompensa" en español) agranda nuestra vasija, de modo que podamos recibir esa Luz adicional de una forma equilibrada.

אוֹדֶה odé יְהֹוָואדהנויאהדונהי Adonai בְּכָל־ bejol ב״ן, לכב לֵבָב levav בוכו

בְּסוֹד besod מיכ, י״פ האא יְשָׁרִים yesharim וְעֵדָה veedá סיט:

בָּרוּךְ Baruj אַתָּה Atá יְהֹוָואדהנויאהדונהי Adonai אֱלֹהֵינוּ Eloheinu ילה

מֶלֶךְ Mélej הָעוֹלָם haolam הַגּוֹמֵל hagomel לְחַיָּבִים lejayavim

טוֹבוֹת tovot, שֶׁגְּמָלַנִי sheguemalani כָּל col ילי טוֹב tuv והו.

La congregación responde *Amén*:

אָמֵן Amén יאהדונהי

Y luego la congregación recita:

הָאֵל haEl לאה ; ייא״י (מילוי דס״ג) שֶׁגְּמָלְךָ sheguemalaj כָּל col ילי טוֹב tuv והו.

הוּא Hu יִגְמָלְךָ yigmaljá כָּל col ילי טוֹב tuv והו סֶלָה sela.

La persona que dijo "*HaGomel*" recita silenciosamente:

אָמֵן Amén יאהדונהי כֵּן quen יְהִי yehí רָצוֹן ratsón מהש ע״ה, ע״ב בריבוע וקס״א ע״ה, אל שדי ע״ה.

BENDICIÓN DE UN PADRE A SU HIJO EN SU BAR-MITSVÁ

Cuando un joven de 13 años sube a la Torá por primera vez, su padre dice lo siguiente:

בָּרוּךְ Baruj שֶׁפְּטָרַנִי shepetarani מֵעָנְשׁוֹ meonshó שֶׁלָּזֶה shelazé:

Bendito eres Tú, Señor, nuestro Dios, Rey del Universo, quien nos otorgó Su Torá, la Torá de verdad e implantó dentro de nosotros la vida eterna. Bendito eres Tú, Señor, quien otorga la Torá.

BENDICIÓN DE HAGOMEL

"Doy gracias al Señor de todo corazón, en la congregación y en la asamblea de los justos" (Salmos 111:1). *Bendito eres Tú, Señor, nuestro Dios, Rey del Universo, quien concede bienes al culpable, quien me concede todo lo que es bueno. El Dios, quien te concedió todo lo mejor, te concederá todo lo mejor, Sela. Amén, que así sea.*

BENDICIÓN DE UN PADRE A SU HIJO EN SU BAR-MITSVÁ

Bendito es Aquel que me exhonera del castigo de este niño.

MEDIO KADISH

יִתְגַּדַּל yitgadal וְיִתְקַדַּשׁ veyitkadash שד״י ומילוי שד״י ; י״א אותיות כמנין ו״ה

שְׁמֵיהּ Shmei (שם י״ה דע״ב) רַבָּא rabá קנ״א ב״ן, יהוה אלהים יהוה אדני,

מילוי קס״א וס״ג, מ״ה ברבוע וע״ב ע״ה ; ר״ת = ו״פ אלהים ; ס״ת = ג״פ יב״ק: אָמֵן Amén אידהנויה.

בְּעָלְמָא bealmá דִּי di בְרָא verá כִּרְעוּתֵיהּ quirutei.

וְיַמְלִיךְ veyamlij מַלְכוּתֵיהּ maljutei. וְיַצְמַח veyatsmaj פּוּרְקָנֵיהּ purkanei.

וִיקָרֵב vikarev מְשִׁיחֵיהּ Meshijei: אָמֵן Amén אידהנויה.

בְּחַיֵּיכוֹן bejayeijón וּבְיוֹמֵיכוֹן uveyomeijón וּבְחַיֵּי uvejayei

דְכָל dejol ילי בֵּית beit ב״פ ראה יִשְׂרָאֵל Yisrael בַּעֲגָלָא baagalá

וּבִזְמַן uvizmán קָרִיב kariv וְאִמְרוּ veimrú אָמֵן Amén: אָמֵן Amén אידהנויה.

La congregación y el *jazán* dicen lo siguiente:

28 palabras (hasta *bealmá*) – y 28 letras (hasta *almayá*)

יְהֵא yehé שְׁמֵיהּ Shmei (שם י״ה דס״ג) רַבָּא rabá קנ״א ב״ן,

יהוה אלהים יהוה אדני, מילוי קס״א וס״ג, מ״ה ברבוע וע״ב ע״ה מְבָרַךְ mevaraj,

לְעָלַם lealam לְעָלְמֵי lealmei עָלְמַיָּא almayá. יִתְבָּרַךְ yitbaraj.

Siete palabras con seis letras cada una (שם ב״ן מ״ב). También, siete veces la letra Vav (שם ב״ן מ״ב).

וְיִשְׁתַּבַּח veyishtabaj י״פ ע״ב יהוה אל אבג יתץ.

וְיִתְפָּאַר veyitpaar הי גו יה קרע שטן. וְיִתְרוֹמַם veyitromam וה כוזו נגד יכש.

וְיִתְנַשֵּׂא veyitnasé במוכסז בטר צתג. וְיִתְהַדָּר veyithadar כוזו יה חקב טנע.

וְיִתְעַלֶּה veyitalé וה יוד ה יגל פזק. וְיִתְהַלָּל veyithalal א ואו הא שקו צית.

שְׁמֵיהּ Shmei (שם י״ה דמ״ה) דְּקוּדְשָׁא deKudshá בְּרִיךְ Verij הוּא Hu:

אָמֵן Amén אידהנויה.

MEDIO KADISH

Glorificado y santificado sea Su Gran Nombre (Amén).

En el mundo que Él creó de acuerdo a Su voluntad y pueda Su Reino reinar. Y pueda hacer que Su redención florezca y pueda Él acercar al Mesías (Amén). En tus vidas y en tus días y en la vida de toda la Casa de Israel, prontamente y en el futuro cercano, y dígase: Amén (Amén). Que Su gran Nombre sea bendito por siempre y por toda la eternidad, bendito, y alabado, y glorificado y exaltado, y ensalzado y honrado, y adorado y loado sea el Nombre del Santo Bendito Sea (Amén).

לְעֵלָּא leelá מִן min כָּל col יכ״י בִּרְכָתָא birjatá• שִׁירָתָא shiratá•
תֻּשְׁבְּחָתָא tishbejatá וְנֶחָמָתָא venejamatá• דַּאֲמִירָן daamirán
בְּעָלְמָא bealmá וְאִמְרוּ veimrú אָמֵן Amén: אָמֵן Amén אידהנויה

LA BENDICIÓN PARA SANACIÓN

1) Cuando meditamos por alguien que tiene una dolencia, debemos mencionar su nombre y el nombre de su madre (no el de su padre). Y también debemos mencionar su nombre sin hacer referencia a la dolencia.
2) Incluso en las festividades terminamos la bendición con las palabras "*Shabat hi milizok*", porque las iniciales de estas palabras nos dan el Nombre: *Mem*, *Hei*, *Shin* מהש, la secuencia de los 72 Nombres de Dios que nos ayuda a eliminar la muerte de cualquier persona enferma.

PARA UN HOMBRE

מִי mi יכ״י שֶׁבֵּרַךְ sheberaj אֲבוֹתֵינוּ avoteinu הַקְּדוֹשִׁים hakedoshim
וְהַטְּהוֹרִים vehatehorim הוּא hu יְבָרֵךְ yevarej עסמ״ב, הברכה (למתק את ז׳ המלכים
שמותו) אֶת et כָּל col יכ״י וְחוֹלֵי jolei וחולה = מ״ה עם ד׳ אותיות יִשְׂרָאֵל Yisrael•
וּבִכְלָלָם uvijlalam יְבָרֵךְ yevarej עסמ״ב, הברכה (למתק את ז׳ המלכים שמותו)
אֶת et (el nombre de la persona y el nombre de su madre) וְיִשְׁלַח veyishlaj לוֹ lo רְפוּאָה refuá
שְׁלֵמָה shelemá בְּרַמַ״ח beramaj אברהם, ח״פ אל, רי״ו וכ״ב נתיבות החכמה,
עסמ״ב וט״ז אותיות פשוטות אֵבָרָיו evarav וּבְשַׁסַ״ה uveshasá גִּידָיו guidav•
אֵל El ייא״י (מילוי דס״ג) נָא na רְפָא refá נָא na לָהּ la,
אֵל El ייא״י (מילוי דס״ג) נָא na רְפָא refá נָא na לָהּ la,
שַׁבָּת Shabat הִיא hi מִלִּזְעוֹק milizok ר״ת מהש
וּרְפוּאָה urefuá קְרוֹבָה kerová לָבֹא lavó וְכֵן vején יְהִי yehí רָצוֹן ratsón
מהש ע״ה, ע״ב בריבוע וקס״א ע״ה, אל שדי ע״ה וְנֹאמַר venomar אָמֵן Amén יאהדונהי:

Más allá de todas las bendiciones,
himnos, alabanzas y palabras de consolación que pueden decirse en el mundo, y dirán: Amén (Amén).

LA BENDICIÓN PARA SANACIÓN

PARA UN HOMBRE

Que Aquel que bendijo a nuestros puros y santos antepasados bendiga a todos los enfermos de Israel y, de entre ellos, que bendiga a (nombre), *el hijo de* (nombre de la madre), *y pueda Él enviar completa sanación a sus 248 órganos y 365 tendones. "Dios, por favor, sánala; Dios, por favor, sánala"* (Números 12:13), *porque el Shabat prohíbe el lamento y la sanación vendrá pronto. Que así sea Tu voluntad, y nosotros diremos: ¡Amén!*

PARA UNA MUJER

מִי mi ילי שֶׁבֵּרַךְ sheberaj אִמּוֹתֵינוּ imoteinu הַקְּדוֹשׁוֹת hakedoshot
וְהַטְּהוֹרוֹת vehatehorot הוּא hu יְבָרֵךְ yevarej עסמ"ב, הברכה (למתק את ז' המלכים
שמתו) אֶת et כָּל col ילי חוֹלֵי jolei חולה = מ"ה עם ד' אותיות יִשְׂרָאֵל Yisrael•
וּבִכְלָלָם uvijlalam יְבָרֵךְ yevarej עסמ"ב, הברכה (למתק את ז' המלכים שמתו) אֶת et
(el nombre de la persona y el nombre de su madre) וְיִשְׁלַח veyishlaj לָהּ la רְפוּאָה refuá
שְׁלֵמָה shelemá בְּרַנַ"ב beranav אֵיבָרֶיהָ eivareha וּבְשַׁסַ"ה uveshasá
גִּידֶיהָ guideha• אֵל El ייא"י (מילוי דס"ג) נָא na רְפָא refá נָא na לָהּ la,
אֵל El ייא"י (מילוי דס"ג) נָא na רְפָא refá נָא na לָהּ la,
שַׁבָּת Shabat הִיא hi מִלִּזְעוֹק milizok ר"ת מהש
וּרְפוּאָה urefuá קְרוֹבָה kerová לָבֹא lavó וְכֵן vején יְהִי yehí רָצוֹן ratsón
מהש ע"ה, ע"ב בריבוע וקס"א ע"ה, אל שדי ע"ה וְנֹאמַר venomar אָמֵן יאהדונהי Amén:

ORACIÓN PARA LOS DIFUNTOS

El Arí usaba la versión corta de esta "Oración para los difuntos". Él solía decir que a veces las palabras en la versión larga en realidad no ayudan a elevar el alma del difunto, sino que perturban el proceso de elevación.

הַמְּרַחֵם hamerajem אברהם, וז"פ אל, רי"ו ול"ב נתיבות החכמה, רמ"ח (אברים), עסמ"ב וט"ז אותיות
פשוטות עַל al כָּל col ילי ; עמם בְּרִיּוֹתָיו briyotav הוּא hu יָחוּס yajús
וְיַחֲמוֹל veyajamol וִירַחֵם virajem אברהם, וז"פ אל, רי"ו ול"ב נתיבות החכמה, רמ"ח (אברים),
עסמ"ב וט"ז אותיות פשוטות עַל al נֶפֶשׁ Néfesh רוּחַ Rúaj וּנְשָׁמָה uNeshamá
שֶׁל shel (el nombre del difunto y el nombre de su padre) רוּחַ rúaj יְהֹוָהאדניאהדונהי Adonai
רוח ה' = י"פ יוד תְּנִיחֶנּוּ tenijenu (:para mujer תְּנִיחֶנָּה tenijena) בְּגַן beGan עֵדֶן Éden:

LA BENDICIÓN PARA SANACIÓN – PARA UNA MUJER

Que Aquel que bendijo a nuestros puros y santos antepasados bendiga a todos los enfermos de Israel y, de entre ellos, que bendiga a (nombre), *la hija de* (nombre de la madre), *y pueda Él enviar completa sanación a sus 252 órganos y 365 tendones. "Dios, por favor, sánala; Dios, por favor, sánala"* (Números 12:13), *porque el Shabat prohíbe el lamento y la sanación vendrá pronto. Que así sea Tu voluntad, y nosotros diremos: ¡Amén!*

ORACIÓN PARA LOS DIFUNTOS

Que Aquel que es misericordioso con todo lo que Él ha creado tenga piedad y consideración, y sea misericordioso con el Néfesh, Rúaj y Neshamá de (Nombre) *el hijo/la hija de* (el nombre del padre). *Que el Espíritu de Dios lo sitúe en el Jardín de Edén.*

NOMBRAMIENTO DE UNA BEBÉ RECIÉN NACIDA

El nombramiento de un bebé varón ocurre durante el Pacto de la Circuncisión, pero cuando el bebé recién nacido es una niña, recibe el nombre en su segundo *Shabat*. Esto le permite experimentar un *Shabat* completo sin nombre, a fin de que su alma tenga tiempo de infundirse totalmente en su cuerpo antes de que se le dé su nombre.

El propósito secreto y el poder de un nombre se encuentran en la palabra hebrea para “alma”, que es *Neshamá*. En la raíz o núcleo encontramos otra palabra hebrea, que es *Shem* o “nombre”. El nombre de un bebé infunde ciertas características que influirán en su crecimiento físico y espiritual y en su desarrollo a lo largo de su vida. Por ende, el nombramiento de un bebé es un evento profundamente importante.

יוֹנָתִי yonatí בְּחַגְוֵי bejagvei הַסֶּלַע hasela בְּסֵתֶר beséter ב"פ מצר

הַמַּדְרֵגָה hamadregá הַרְאִינִי harini אֶת־ et מַרְאַיִךְ maráyij

הַשְׁמִיעִנִי hashmiíni אֶת־ et קוֹלֵךְ kolej כִּי־ qui קוֹלֵךְ kolej

עָרֵב arev וּמַרְאֵיךְ umarej נָאוֶה navé: מִי mi ילי שֶׁבֵּרַךְ sheberaj

אִמּוֹתֵינוּ imoteinu שָׂרָה Sará רִבְקָה Rivká רָחֵל Rajel וְלֵאָה veLeá

וּמִרְיָם uMiryam הַנְּבִיאָה haneviá וַאֲבִיגַיִל veAvigayil וְאֶסְתֵּר veEster

הַמַּלְכָּה hamalcá אסתר המלכה עם האותיות אדני במילוי בַּת bat אֲבִיחָיִל Avijayil ומב.

הוּא Hu יְבָרֵךְ yevarej עסמ"ב, הברכה (למתק את ז' המלכים שמתו)

אֶת et הַיַּלְדָּה hayaldá הַנְּעִימָה haneimá הַזֹּאת hazot

וְיִקָּרֵא veyikaré עם ה' אותיות ב"פ קס"א שְׁמָהּ shemá (el nuevo nombre)

בְּמַזָּל bemazal טוֹב tov והו וּבְשָׁעַת uvishat בְּרָכָה brajá. וִיגַדְּלָהּ vigadlá

בִּבְרִיאוּת bivriut שָׁלוֹם shalom וּמְנוּחָה umenujá. וִיזַכֶּה vizaqué לְאָבִיהָ leaviha

וּלְאִמָּהּ uleimá לִרְאוֹת lirot בְּשִׂמְחָתָהּ besimjatá וּבְחֻפָּתָהּ uvejupatá

בְּבָנִים bevanim זְכָרִים zejarim עוֹשֶׁר ósher וְכָבוֹד vejavod דְּשֵׁנִים deshenim

וְרַעֲנַנִּים veraananim יְנוּבוּן yenuvún בְּשֵׂיבָה beseivá וְכֵן vején יְהִי yehí

רָצוֹן ratsón מהש ע"ה, ע"ב בריבוע וקס"א ע"ה, אל שדי ע"ה וְנֹאמַר venomar

אָמֵן Amén יאהדונהי:

NOMBRAMIENTO DE UNA BEBÉ RECIÉN NACIDA

“Paloma mía, en las grietas de la peña, en lo secreto del acantilado, déjame ver tu semblante, déjame oír tu voz; porque tu voz es dulce y precioso es tu semblante” (Cantar de los Cantares 2:14). Aquel que bendijo a nuestras matriarcas Sará, Rivká, Rajel y Leá, y a Miriam la Profetisa, Abigail y la Reina Ester, la hija de Abijail. Él bendecirá a esta agradable niña y su nombre será (el nombre) *con buena fortuna y tiempo de bendición. Y Él la criará con salud, paz y tranquilidad. Y Él le dará a sus padres el mérito de poder verla con la dicha del matrimonio, hijos varones, riqueza y honra; y que puedan verla florecer en los jardines de nuestro Señor. Que así sea Su voluntad, y nosotros diremos: ¡Amén!*

BENDICIÓN DE LA HAFTARÁ

El *Maftir* (el *olé* del *Maftir*) recita esta bendición antes de la lectura de la *Haftará*. Se recomienda seguir y leer individualmente la *Haftará* (mientras ésta es recitada), ya que simplemente escucharla mientras la lee el lector no es una conexión completa.

Después de la lectura de la Torá, se recita la *Haftará*. Ésta es una sección del Libro de los Profetas y se considera como una profecía relacionada y vinculada con ese *Shabat* en específico. Además, los kabbalistas nos enseñan que la *Haftará* que leemos en realidad es una profecía que recibió el profeta en el mismo *Shabat*. La *Haftará* atrae la Luz de toda la lectura de la Torá a nuestro nivel, de modo que seamos capaces de recibirla. Por lo tanto, el propósito de la *Haftará* es transformar la Luz de la Torá en una fuente de energía a la cual podamos acceder durante la semana.

בָּרוּךְ Baruj אַתָּה Atá יְהֹוָאדהנויאהדונהי Adonai אֱלֹהֵינוּ Eloheinu ילה

מֶלֶךְ Mélej הָעוֹלָם haolam אֲשֶׁר asher בָּחַר bajar

בִּנְבִיאִים bineviím טוֹבִים tovim וְרָצָה veratsá בְדִבְרֵיהֶם vedivreihem

הַנֶּאֱמָרִים haneemarim בֶּאֱמֶת beemet אהיה פעמים אהיה, ד"פ ס"ג.

בָּרוּךְ Baruj אַתָּה Atá יְהֹוָאדהנויאהדונהי Adonai הַבּוֹחֵר habojer

בַּתּוֹרָה baTorá וּבְמֹשֶׁה uveMoshé מהש, ע"ב בריבוע וקס"א, אל שדי, ד"פ אלהים ע"ה

עַבְדּוֹ avdó וּבְיִשְׂרָאֵל uveYisrael עַמּוֹ amó וּבִנְבִיאֵי uvineviei

הָאֱמֶת haemet אהיה פעמים אהיה, ד"פ ס"ג וְהַצֶּדֶק vehatsédek:

El lector recita estas bendiciones después de la lectura de la *Haftará*:

בָּרוּךְ Baruj אַתָּה Atá יְהֹוָאדהנויאהדונהי Adonai אֱלֹהֵינוּ Eloheinu ילה

מֶלֶךְ Mélej הָעוֹלָם haolam, צוּר tsur אלהים דההין ע"ה כָּל col ילי

הָעוֹלָמִים haolamim, צַדִּיק tsadik בְּכָל bejol ב"ן, לכב הַדּוֹרוֹת hadorot,

הָאֵל haEl לאה ; ייא"י (מילוי דס"ג) הַנֶּאֱמָן haneemán הָאוֹמֵר haomer

וְעֹשֶׂה veosé, הַמְדַבֵּר hamedaber ראה וּמְקַיֵּם umekayem, כִּי qui כָּל jol ילי

דְּבָרָיו devarav ראה אֱמֶת emet אהיה פעמים אהיה, ד"פ ס"ג וָצֶדֶק vatsédek:

BENDICIÓN DE LA HAFTARÁ

Bendito eres Tú, Señor, nuestro Dios, el Rey del mundo, quien ha escogido buenos profetas y quien se complació con sus palabras que fueron proferidas con verdad. Bendito eres Tú, Señor, quien escogió la Torá y a Moshé, Su siervo, e Israel, Su Nación, y los profetas de verdad y justicia.

Bendito eres Tú, señor, nuestro Dios, Rey del mundo, roca de todas las eternidades, justo en todas las generaciones. El Dios confiable quien dice y hace, quien habla y cumple, porque todas Sus palabras son verdad y justas.

נֶאֱמָן neemán אַתָּה Atá הוּא Hu יְהֹוָואדנהיאהדונהי Adonai אֱלֹהֵינוּ Eloheinu ילה
וְנֶאֱמָנִים veneemanim דְּבָרֶיךָ devarej ראה וְדָבָר vedavar ראה אֶחָד ejad
אהבה, דאגה מִדְּבָרֶיךָ midevareja ראה אָחוֹר ajor לֹא lo יָשׁוּב yashuv
רֵיקָם reikam, כִּי qui אֵל El ייא"י (מילוי דס"ג) מֶלֶךְ Mélej נֶאֱמָן neemán
וְרַחֲמָן verajamán אָתָּה Atá. בָּרוּךְ Baruj אַתָּה Atá יְהֹוָואדנהיאהדונהי Adonai
הָאֵל haEl לאה ; ייא"י הַנֶּאֱמָן haneemán בְּכָל bejol ב"ן, לכב דְּבָרָיו devarav ראה:

רַחֵם rajem אברהם, וז"פ אל, רי"ו ול"ב נתיבות החכמה, רמ"ח (אברים), עסמ"ב וט"ז אותיות פשוטות
עַל al צִיּוֹן Tsiyón יוסף, ו' הויות, קנאה כִּי qui הִיא hi בֵּית beit ב"פ ראה חַיֵּינוּ jayeinu,
וְלַעֲלוּבַת velaaluvat נֶפֶשׁ néfesh תּוֹשִׁיעַ toshía בִּמְהֵרָה bimherá
בְּיָמֵינוּ beyameinu. בָּרוּךְ Baruj אַתָּה Atá יְהֹוָואדנהיאהדונהי Adonai
מְשַׂמֵּחַ mesaméaj צִיּוֹן Tsiyón יוסף, ו' הויות, קנאה בְּבָנֶיהָ bevaneha:

שַׂמְּחֵנוּ samjenu יְהֹוָואדנהיאהדונהי Adonai אֱלֹהֵינוּ Eloheinu ילה
בְּאֵלִיָּהוּ beEliyahu לכב הַנָּבִיא Hanaví עַבְדֶּךָ avdeja פוי, אל אדני
וּבְמַלְכוּת uvemaljut בֵּית beit ב"פ ראה דָּוִד David מְשִׁיחֶךָ meshijeja,
בִּמְהֵרָה bimherá יָבֹא yavó וְיָגֵל veyaguel להח לִבֵּנוּ libenu, עַל al כִּסְאוֹ quisó
לֹא lo יֵשֵׁב yeshev זָר zar, וְלֹא veló יִנְחֲלוּ yinjalú עוֹד od אֲחֵרִים ajerim
אֶת et כְּבוֹדוֹ quevodó, כִּי qui בְשֵׁם veShem קָדְשְׁךָ kodshejá
נִשְׁבַּעְתָּ nishbata לוֹ lo, שֶׁלֹּא sheló יִכְבֶּה yijbé נֵרוֹ neró לְעוֹלָם leolam
ריבוע ס"ג וי' אותיות דס"ג וָעֶד vaed. בָּרוּךְ Baruj אַתָּה Atá יְהֹוָואדנהיאהדונהי Adonai
מָגֵן maguén ג"פ אל (ייא"י מילוי דס"ג) ; ר"ת מיכאל גבריאל נוריאל דָּוִד David:

Confiable eres Tú, Señor, nuestro Dios, y confiables son Tus palabras, y ni una de Tus palabras regresa a su origen insatisfecha, porque Tú, Dios, eres un Rey confiable y compasivo. Bendito eres Tú, Señor, el Dios quien es confiable en todas Sus palabras. Ten misericordia de Sión, porque es la casa de nuestro sustento, y para aquel cuyo espíritu es humillado trae rápidamente salvación en nuestros días. Bendito eres Tú, Señor, que alegras a Sión con sus hijos. Alégranos, Señor, nuestro Dios, a través de Eliyahu el Profeta, Tu siervo, y con el Reino de la Casa de David, Tu ungido, que pueda él venir rápidamente y hacer que nuestros corazones se regocijen. No dejes que en su trono se siente ningún extraño, ni dejes que nunca otros más hereden su honor, porque por Tu santo Nombre, Tú le juraste que la luz de su vela nunca se extinguiría por la eternidad. Bendito eres Tú, Señor, el escudo de David.

עַל al הַתּוֹרָה haTorá וְעַל veal הָעֲבוֹדָה haavodá

וְעַל veal הַנְּבִיאִים haneviím וְעַל veal יוֹם yom ע״ה נגד, מזבח, זן, אל יהוה

הַשַּׁבָּת haShabat הַזֶּה hazé והו שֶׁנָּתַתָּ shenatata לָּנוּ lanu אלהים, אהיה אדני

יְהֹוָהאדניאהדונהי Adonai אֱלֹהֵינוּ Eloheinu ילה לִקְדֻשָּׁה likdushá

וְלִמְנוּחָה velimnujá לְכָבוֹד lejavod וּלְתִפְאָרֶת ultifáret:

עַל al הַכֹּל hacol ילי יְהֹוָהאדניאהדונהי Adonai אֱלֹהֵינוּ Eloheinu ילה אֲנַחְנוּ anajnu

מוֹדִים modim כנגד מאה ברכות שתיקן דוד לאמרם כל יום לָךְ laj

וּמְבָרְכִים umevarjim אוֹתָךְ otaj יִתְבָּרַךְ yitbaraj שִׁמְךָ Shimjá בְּפִי befí

כָּל col ילי חַי jai כל וזי = אהיה אהיה יהוה, בינה ע״ה, חיים תָּמִיד tamid ע״ה קס״א קנ״א קמ״ג

לְעוֹלָם leolam ריבוע ס״ג וי׳ אותיות דס״ג וָעֶד vaed. בָּרוּךְ Baruj

אַתָּה Atá יְהֹוָהאדניאהדונהי Adonai מְקַדֵּשׁ mekadesh הַשַּׁבָּת haShabat:

El "Amén" es dicho por el que recitó la bendición junto con toda la congregación:

אָמֵן יאהדונהי Amén.

Algunos agregan esta bendición:

LA BENDICIÓN PARA LA CONGREGACIÓN

מִי mi ילי שֶׁבֵּרַךְ sheberaj אֲבוֹתֵינוּ avoteinu אַבְרָהָם Avraham וז״פ אל,

רי״ו ול״ב נתיבות החכמה, רמ״ח (אברים), עסמ״ב וט״ז אותיות פשוטות יִצְחָק Yitsjak ד״פ ב״ן

וְיַעֲקֹב veYaakov ד׳ הויות, יאהדונהי אידהנויה מֹשֶׁה Moshé מהש, ע״ב בריבוע קס״א,

אל שדי, ד״פ אלהים ע״ה וְאַהֲרֹן veAharón דָּוִד David וּשְׁלֹמֹה uShlomó.

וְכָל vejol ילי הַקְּהִלּוֹת hakehilot הַקְּדוֹשׁוֹת hakedoshot וְהַטְּהוֹרוֹת vehatehorot.

הוּא Hu יְבָרֵךְ yevarej עסמ״ב, הברכה (למתק את ד׳ המלכים שמתו)

אֶת et כָּל col ילי הַקָּהָל hakahal הַקָּדוֹשׁ hakadosh הַזֶּה hazé והו

Por la Torá y por los Profetas y por este día de Shabat que Tú, Señor, nuestro Dios, nos has dado para santidad y contento, para honor y para esplendor. Por todo esto te estamos agradecidos, Señor, nuestro Dios, y te bendecimos. Que Tu Nombre sea bendecido por la boca de todo ser vivo por siempre y para toda la eternidad. Bendito eres Tú, Señor, que santifica al Shabat. ¡Amén!

LA BENDICIÓN PARA LA CONGREGACIÓN

Aquel que ha bendecido a nuestros antepasados Avraham, Yitsjak y Yaakov, y a Moshé y Aharón, y a David y Shlomó, y también a todas las congregaciones santas y puras; Él bendecirá a toda esta santa asamblea,

גְּדוֹלִים guedolim וּקְטַנִּים uktanim, הֵם hem וּנְשֵׁיהֶם unsheihem וּבְנֵיהֶם uvneihem
וְתַלְמִידֵיהֶם vetalmideihem, וְכָל vejol ילי אֲשֶׁר asher לָהֶם lahem.
מַלְכָּא malcá דְעָלְמָא dealmá יְבָרֵךְ yevarej עסמ"ב, הברכה (למתק את ז' המלכים שמתו)
יַתְכוֹן yatjón, וִיזַכֶּה vizaqué יַתְכוֹן yatjón, וְיִשְׁמַע veyishmá בְּקָל bekal
נמם (ה' גבורות) צְלוֹתְכוֹן tselotjón, תִּתְפָּרְקוּן titparkún וְתִשְׁתֵּזְבוּן vetishtezvún
מִכָּל micol ילי צָרָה tsará אלהים דההין וְעַקְתָא veaktá, וִיהֵא vihé
מֵימְרָא meimrá דַיהֹוָהאדניאהדונהי daAdonai בְּסַעְדְכֶם besaadjem. וְיָגֵן veyaguén
בַּעַדְכֶם baadjem. וְיִפְרֹשׂ veyifrós סֻכַּת sucat סוכה = סאל, אמן (יאהדונהי)
שְׁלוֹמוֹ shlomó עֲלֵיכֶם aleijem. וְיִטַּע veyitá בֵּינֵינוּ beineinu וּבֵינֵיכֶם uveineijem
אַהֲבָה ahavá אחד, דאגה וְאַחֲוָה veajvá. שָׁלוֹם shalom וְרֵעוּת vereut.
וִיסַלֵּק visalek שִׂנְאַת sinat חִנָּם jinam מִבֵּינֵיכֶם mibeineijem.
וְיִשְׁבֹּר veyishbor עֹל ol הַגּוֹיִם hagoyim מֵעַל meal עלם צַוְּארֵיכֶם tsavareijem.
וִיקַיֵּם vikayem בָּכֶם bajem מִקְרָא mikrá שֶׁכָּתוּב shecatuv:
יְהֹוָהאדניאהדונהי Adonai אֱלֹהֵי Elohei מילוי דע"ב, דמב ; ילה אֲבוֹתֵכֶם avotejem
יֹסֵף yosef עֲלֵיכֶם aleijem כָּכֶם cajem אֶלֶף élef מספר אֶלֶף = אלף למד שין דלת יוד
ע"ה פְּעָמִים peamim וִיבָרֵךְ vivarej עסמ"ב, הברכה (למתק את ז' המלכים שמתו)
אֶתְכֶם etjem כַּאֲשֶׁר caasher דִּבֶּר diber ראה לָכֶם lajem:
(en *Shabat Shuvá* debes agregar: וְיִכְתָּבֵנוּ veyijtavenu הָאֵל haEl לאה ; אל (ייא" מילוי דס"ג)
בְּסֵפֶר beséfer חַיִּים jayim אהיה אהיה יהוה, בינה ע"ה טוֹבִים tovim)
וְכֵן vején יְהִי yehí רָצוֹן ratsón מהש ע"ה, ע"ב בריבוע וקס"א ע"ה, אל שדי ע"ה
וְנֹאמַר venomar אָמֵן יאהדונהי Amén:

---

a los jóvenes junto a los viejos, ellos y sus mujeres y sus hijos y sus estudiantes, y todo lo que poseen. Que el Rey del Mundo los bendiga y los considere merecedores, y que Él escuche sus oraciones, que ustedes sean liberados de cualquier aflicción y tribulación, y que la palabra de Dios acuda a ayudarlos, y que ésta los proteja, y que Él despliegue el dosel de Su paz sobre ustedes, y que Él siembre entre nosotros y entre ustedes amor y amistad, paz y compañerismo. Y que Él aleje el odio gratuito de entre ustedes y haga trizas la carga de las naciones que los persiguen. Que haga realidad lo que se dice: "Que el Señor, el Dios de sus padres, los multiplique mil veces más de lo que son y los bendiga, tal como les ha prometido" (Deuteronomio 1:11). Y que Dios los inscriba en su Libro para una vida buena. Que así sea Su voluntad, y nosotros diremos: ¡Amén!

La declaración de Rosh Jódesh (el nuevo mes lunar)

En el *Shabat* antes de *Rosh Jódesh* (incluso antes de la Luna Nueva del mes de *Menajem-Av*, pero no antes de la Luna Nueva del mes de *Tishrei*) declaramos en voz alta el momento exacto de la Luna Nueva y decimos "*Yehí ratsón*".

Antes de empezar "*Yehí ratsón*" meditamos en las letras del mes, el signo astrológico y los Nombres especiales (ver tabla en la pág. 457) para conectar con la energía positiva del nuevo mes.

יְהִי yehí רָצוֹן ratsón מהש ע"ה, ע"ב בריבוע וקס"א ע"ה, אל שדי ע"ה
מִלְּפָנֵי milifnei אֱלֹהֵי Elohei מילוי ע"ב, דמב ; ילה
הַשָּׁמַיִם hashamáyim י"פ טל, י"פ כוזו לְכוֹנֵן lejonén כוק אֶת et בֵּית beit ב"פ ראה
חַיֵּינוּ jayeinu וּלְהָשִׁיב ulehashiv שְׁכִינָתוֹ shejinató לְתוֹכוֹ letojó
בִּמְהֵרָה bimherá בְּיָמֵינוּ veyameinu וְאִמְרוּ veimrú אָמֵן יאהדונהי Amén:

יְהִי yehí רָצוֹן ratsón מהש ע"ה, ע"ב בריבוע וקס"א ע"ה, אל שדי ע"ה מִלְּפָנֵי milifnei
אֱלֹהֵי Elohei מילוי ע"ב, דמב ; ילה הַשָּׁמַיִם hashamáyim י"פ טל, י"פ כוזו לְרַחֵם lerajem
אברהם, וז"פ אל, רי"ו ול"ב נתיבות החכמה, רמ"ח (אברים), עסמ"ב ט"ז אותיות פשוטות עַל al
פְּלֵיטָתֵנוּ •pleitatenu וְלַעֲצוֹר velaatsor הַמַּגֵּפָה •hamaguefá
וְהַמַּשְׁחִית •vehamashjit וְהַחֶרֶב •vehajérev וְהָרָעָב •veharaav
וְהַשְּׁבִי •vehashevi וְהַבִּזָּה •vehabizá מֵעָלֵינוּ mealeinu וּמֵעַל umeal עלם
עַמּוֹ amó יִשְׂרָאֵל Yisrael וְאִמְרוּ veimrú אָמֵן יאהדונהי Amén:

יְהִי yehí רָצוֹן ratsón מהש ע"ה, ע"ב בריבוע וקס"א ע"ה, אל שדי ע"ה מִלְּפָנֵי milifnei
אֱלֹהֵי Elohei מילוי ע"ב, דמב ; ילה הַשָּׁמַיִם hashamáyim י"פ טל, י"פ כוזו
לְקַיֵּים lekayem לָנוּ lanu אלהים, אהיה אדני אֶת et כָּל col ילי וְחַכְמֵי jajmei
יִשְׂרָאֵל •Yisrael הֵם hem וּנְשֵׁיהֶם unsheihem וּבְנֵיהֶם uvneihem
וְתַלְמִידֵיהֶם •vetalmideihem בְּכָל bejol ב"ן, לכב מְקוֹמוֹת mekomot
מוֹשְׁבוֹתֵיהֶם moshvoteihem וְאִמְרוּ veimrú אָמֵן יאהדונהי Amén:

La declaración de Rosh Jódesh (el nuevo mes lunar)

Sea agradable ante el Dios de los Cielos establecer la casa de nuestro sustento y restablecer Su Shejiná dentro de ella, con premura en nuestros días y digan: ¡Amén!
Sea agradable ante el Dios de los Cielos tener misericordia sobre nuestra dispersión, y que Él detenga la plaga y la destrucción y la espada y la hambruna y el exilio y el desprecio sobre nosotros y sobre Su Nación, Israel, y digan: ¡Amén!
Sea agradable ante el Dios de los Cielos, sostener por nosotros a todos los sabios de Israel, a ellos y a sus esposas y a sus hijos y a sus alumnos, donde sea que se encuentren y digan: ¡Amén!

יְהִי yehí רָצוֹן ratsón מהש ע"ה, ע"ב בריבוע וקס"א ע"ה, אל שדי ע"ה מִלְּפְנֵי milifnei
אֱלֹהֵי Elohei מילוי דע"ב, דמב ; ילה הַשָּׁמַיִם hashamáyim י"פ טל, י"פ כוזו
שֶׁנִּשְׁמַע shenishmá וְנִתְבַּשֵּׂר venitbaser בְּשׂוֹרוֹת besorot טוֹבוֹת tovot
בְּשׂוֹרוֹת besorot יְשׁוּעוֹת yeshuot וְנֶחָמוֹת venejamot. מֵאַרְבַּע mearbá
כַּנְפוֹת canfot הָאָרֶץ haárets אלהים דההין ע"ה ; ר"ת = אדני
וְאִמְרוּ veimrú אָמֵן יאהדונהי Amén:

מִי mi ילי שֶׁעָשָׂה sheasá שֶׁעָ (ש"ע נהורין דפנים עליונים להמתיק דיני ש"ה דלהלן) = אלף למד
אלף למד [ב"פ מילואי אל = יהוה ד' אותיות ע"ה ייאי (מילוי דס"ג)] ; שָׂה = אלהים דיודין ה' אותיות אלהים
נִסִּים nisim ר"ת שמן, באתב"ש שם ב"ט

Mientras el *jazán* dice "*mi sheasá nisim*", los hombres deben meditar en en regresar todas las Chispas de Luz que están atrapadas por la *klipá* debido a desviaciones sexuales, y deben escanear lo siguiente:

יהי רצון מלפניך יהוהאדני אלהינו ואלהי אבותינו שכל טפה וטפה קרי שיצא ממני לבטלה ומכל ישראל בכלל ובפרט שלא במקום מצוה בין באונס בין ברצון והנשמות דאזלין ערטלאין הנפזרים, ועל ידי זה חרבה עירנו ושמם בית מקדשנו וגלה יקרנו ונטל כבוד מבית חיינו. תפליטם הקליפות כל הניצוצות הקדושות שבלעום ותחזור לקבצם בקדושה השנית. וקרב פזורנו מבין הגוים ונפוצותינו כנס מירכתי ארץ. ויקוים בנו מקרא שכתוב (דברים ל', ג', ד') ושב יהוהאדני אלהיך את שבותך ורחמך ושב וקבצך מכל העמים אשר הפיצך יהוהאדני אלהיך שמה. אם יהיה נדחך בקצה השמים משם יקבצך יהוהאדני אלהיך ומשם יקחך. ויקוים בנו הפסוק (ישעיה ס"ג, ט') באהבתו ובחמלתו הוא גאלם וינטלם וינשאם כל ימי עולם. בכח השם הקדוש הזה: ב"ט (no pronunciar) ובשם הקדוש הזה: וזב"ו (no pronunciar) היוצא מפסוק (איוב כ', ט"ו) חיל ומב בלע ויקיאנו ר"ת חֵבֵו ; ילי שתחזירם למקום קדושה ותגאלנו גאולת עולם, לחבר את האהל להיות אחד. אמן

לַאֲבוֹתֵינוּ laavoteinu וּמִמִּצְרַיִם umiMitsráyim מצר גְּאָלָם guealam.

Sea agradable ante el Dios de los Cielos, que escuchemos y nos sean contadas buenas noticias, noticias de salvación y de consuelo de los cuatro confines del mundo, y digan: ¡Amén!

Él, quien hizo milagros para nuestros antepasados y quien los redimió de Egipto,

הוּא Hu יִגְאַל yigal אוֹתָנוּ otanu וְיָשִׁיב veyashiv בָּנִים banim

לִגְבוּלָם ligvulam. בְּסִימָן besimán טוֹב tov והו יְהֵא yehé

לָנוּ lanu אלהים, אהיה אדני רֹאשׁ Rosh ריבוע אלהים אלהים דיודין ע״ה חֹדֶשׁ Jódesh

י״ב הויות, קס״א קנ״א ; ראש חדש ע״ה = שין דלת יוד

(Anunciar aquí el nombre del nuevo mes)

בְּיוֹם beyom ע״ה נגד, מזבח, זן, אל יהוה **(Anunciar aquí el día de la semana)**

> Si tenemos dos días de *Rosh Jódesh* recitamos lo siguiente:
>
> וְחִדּוּשֵׁיהּ jidushei בְּיוֹם beyom ע״ה נגד, מזבח, זן, אל יהוה
>
> **(Anunciar aquí el día de la semana para el primer día de *Rosh Jódesh*)**
>
> וּקְבוּעֵיהּ ukevuei וּמִנְיָנֵיהּ uminyanei בְּיוֹם beyom ע״ה נגד, מזבח, זן, אל יהוה
>
> **(Anunciar aquí el día de la semana para el segundo día de *Rosh Jódesh*)**

יְחַדְּשֵׁהוּ yejadeshehu הַקָּדוֹשׁ hakadosh בָּרוּךְ Baruj הוּא Hu

עָלֵינוּ aleinu וְעַל veal עַמּוֹ amó יִשְׂרָאֵל Yisrael בְּכָל bejol ב״ן, לכב

מָקוֹם makom שֶׁהֵם shehem. לְטוֹבָה letová אכא וְלִבְרָכָה velivrajá.

לְשָׂשׂוֹן lesasón וּלְשִׂמְחָה ulesimjá. לִישׁוּעָה lishuá וּלְנֶחָמָה ulenejamá.

לְפַרְנָסָה lefarnasá וּלְכַלְכָּלָה ulejalcalá טוֹבָה tová אכא.

לִשְׁמוּעוֹת lishmuot טוֹבוֹת tovot. וְלִבְשׂוֹרוֹת velivsorot טוֹבוֹת tovot.

(invierno el durante: וְלִגְשָׁמִים veligshamim בְּעִתָּם beitam).

(verano el durante: וּלְטַלְלֵי ultalelei בְּרָכָה vrajá).

וְלִרְפוּאָה velirefuá שְׁלֵמָה shelemá. וְלִגְאֻלָּה veligueulá קְרוֹבָה kerová.

וְאִמְרוּ veimrú אָמֵן יאהדונהי Amén:

---

nos redimirá a nosotros y regresará a nuestros hijos a sus fronteras. Y, con buena señal, sea este Rosh Jódesh (anuncia el nombre del nuevo mes)

en el día (anuncia el nombre del día de la semana)

[*y su renovación en* (el día de la semana) *y su fijación y remuneración en* (el día de la semana)] *Sea renovado por el Santo Bendito Sea, para nosotros y para Su Nación, Israel, en cualquier lugar que esté. Para bien y para bendiciones, para felicidad y alegría, para salvación y para consuelo, para sustento y para prosperidad, para escuchar cosas buenas y para buenas noticias* (durante el invierno: *Y para lluvias en el tiempo propicio*) (durante el verano: *Y para el rocío de bendiciones*) y *para la sanación completa, y para la pronta redención, y digan: ¡Amén!*

EL ASHREI

De las veintidós letras del alfabeto arameo, veintiuna de ellas están codificadas en el *Ashrei* en el orden correcto, de la *Álef* a la *Tav*. El Rey David, el autor, dejó a la letra aramea *Nun* fuera de esta oración, ya que la *Nun* es la primera letra de la palabra aramea *Nefilá*, que significa "caída". Caída se refiere a un descenso espiritual, caer en la *klipá*. Los sentimientos de duda, depresión, preocupación e incertidumbre son consecuencias de la caída espiritual. Debido a que las letras arameas son los verdaderos instrumentos de la Creación, esta oración ayuda a inyectar el orden y la fuerza de la Creación en nuestra vida, sin la energía de la caída.

En este Salmo está escrito diez veces el Nombre: יהוה por las Diez *Sefirot*. Este Salmo está escrito según el orden del *Álef Bet*, pero la letra *Nun* es omitida para evitar la caída.

אַשְׁרֵי ashrei (סוד הכתר) יוֹשְׁבֵי yoshvei בֵיתֶךָ veiteja ב"פ ראה

עוֹד od יְהַלְלוּךָ yehaleluja סֶּלָה sela: אַשְׁרֵי ashrei הָעָם haam

שֶׁכָּכָה shecaja מהש, משה, ע"ב בריבוע וקס"א, אל שדי, ד"פ אלהים ע"ה לוֹ lo

אַשְׁרֵי ashrei הָעָם haam ר"ת לאה שֶׁיְהֹוָהאדניאהדונהי sheAdonai **(*Kéter*)**

אֱלֹהָיו Elohav ילה: תְּהִלָּה tehilá ע"ה אמת, אהיה פעמים אהיה, ז"פ ס"ג לְדָוִד leDavid

אֲרוֹמִמְךָ aromimjá אֱלוֹהַי Elohai הַמֶּלֶךְ haMélej וַאֲבָרְכָה vaavarjá

שִׁמְךָ Shimjá לְעוֹלָם leolam ריבוע דס"ג ו' אותיות דס"ג וָעֶד vaed:

בְּכָל־ bejol ב"ן, לכב יוֹם yom ע"ה נגד, מזבח, זן, אל יהוה

אֲבָרְכֶךָּ avarjecá וַאֲהַלְלָה vaahalelá מ"ה יהוה שִׁמְךָ Shimjá

לְעוֹלָם leolam ריבוע דס"ג ו' אותיות דס"ג וָעֶד vaed:

גָּדוֹל gadol להח ; עם ד' אותיות = מבה, יזל, אום

יְהֹוָהאדניאהדונהי Adonai **(*Jojmá*)** וּמְהֻלָּל umehulal אדני, ללה

מְאֹד meod וְלִגְדֻלָּתוֹ veligdulató והו אֵין ein חֵקֶר jéker:

EL ASHREI

"Dichosos aquellos que moran en Tu casa, ellos te alabarán, Sela" (*Salmos 84:5*). *"Dichosa es la nación que así es para ella y dichosa la nación de la que el Señor es su Dios"* (*Salmos 144:15*). *"Una alabanza de David:*

א *Yo te exaltaré a Ti, mi Dios, el Rey, y yo bendeciré Tu Nombre por siempre y por la eternidad.*

ב *Te bendeciré cada día y alabaré Tu Nombre por siempre y por la eternidad.*

ג *El Señor es grande y extremadamente alabado. Su grandeza es inescrutable.*

דּוֹר dor לְדוֹר ledor יְשַׁבַּח yeshabaj מַעֲשֶׂיךָ maaseja ר״ת דלים

וּגְבוּרֹתֶיךָ ugvuroteja יַגִּידוּ yaguidu י״ז, כ״ב אותיות פשוטות (=אכא) וה׳ אותיות סופיות מנצפך:

הֲדַר hadar כְּבוֹד quevod הוֹדֶךָ hodeja וְדִבְרֵי vedivrei

נִפְלְאוֹתֶיךָ nifleoteja ר״ת אלהים, אהיה אדני

אָשִׂיחָה asija ר״ת הפסוק = פ״ז (בסוד כתם טהור פז):

וֶעֱזוּז veezuz נוֹרְאוֹתֶיךָ noroteja יֹאמֵרוּ yomeru וּגְדוּלָּתְךָ ugdulatjá

(כתיב: וגדלותיך) ר״ת = ע״ב, ריבוע יהוה אֲסַפְּרֶנָּה asaprena ס״ת = ״יא״ (מילוי דס״ג):

זֵכֶר zéjer רַב־ rav טוּבְךָ tuvjá לאו יַבִּיעוּ yabíu

וְצִדְקָתְךָ vetsidkatjá יְרַנֵּנוּ yeranenú ס״ת = ב״ן, יבמו, לכב ; ר״ת הפסוק = רי״ו יהוה:

חַנּוּן janún וְרַחוּם verajum יְהֹוָהאדניאהדונהי Adonai (*Biná*)

חנון ורחום יהוה = עשל אֶרֶךְ érej ס״ת = ס״ג ב״ן אַפַּיִם apáyim ר״ת = יהוה

וּגְדָל־ ugdal (כתיב: וגדול) חָסֶד jásed ע״ב, ריבוע יהוה:

טוֹב־ tov והו יְהֹוָהאדניאהדונהי Adonai (*Jésed*) לַכֹּל lacol

יה אדני ; ס״ת ל״ז (מילוי דס״ג) וְרַחֲמָיו verajamav עַל־ al

כָּל col ילי ; עמם ; ר״ת ריבוע ב״ן ע״ה מַעֲשָׂיו maasav ס״ת ע״ב, ריבוע יהוה:

ד *Una generación y la próxima alabarán Tus obras y narrarán Tus proezas.*
ה *Yo hablaré de la luminosidad de Tu espléndida gloria y de la maravilla de Tus actos.*
ו *Ellos proclamarán el asombroso poder de Tus actos y yo hablaré de Tu grandeza.*
ז *Ellos expresarán el recuerdo de Tu abundante bondad y proclamarán dichosos Tu justicia.*
ח *El Señor es misericordioso y compasivo, lento para la ira y grande en misericordia.*
ט *El Señor es bueno para con todos, Su compasión se extiende sobre todos Sus actos.*

יוֹדוּךָ yoduja יְהֹוָה אדני יאהדונהי Adonai (*Guevurá*) כָּל־ ילי col מַעֲשֶׂיךָ maaseja

וַחֲסִידֶיךָ vajasideja ר״ת אלהים, אהיה אדני יְבָרְכוּכָה yevarjuja ס״ת = מ״ה:

כְּבוֹד quevod מַלְכוּתְךָ maljutjá יֹאמֵרוּ yomeru וּגְבוּרָתְךָ ugvuratjá

יְדַבֵּרוּ yedaberu ר״ת הפסוק = אלהים, אהיה אדני ; ס״ת = ב״ן, יבמ, לכב:

לְהוֹדִיעַ lehodía לִבְנֵי livnei הָאָדָם haadam ר״ת לכה, אדני

גְּבוּרֹתָיו guevurotav וּכְבוֹד ujvod הֲדַר hadar

מַלְכוּתוֹ maljutó ר״ת מ״ה וס״ת = רי״ו ; ר״ת הפסוק ע״ה = ק״כ צירופי אלהים:

מַלְכוּתְךָ maljutjá מַלְכוּת maljut כָּל־ col ילי עֹלָמִים olamim

וּמֶמְשַׁלְתְּךָ umemshaltejá בְּכָל־ bejol ב״ן, לכב דּוֹר dor וָדֹר vador רי״ו:

סוֹמֵךְ somej ריבוע אדני יְהֹוָה אדני יאהדונהי Adonai (*Tiféret*)

לְכָל־ lejol יה אדני ; סומך אדני לכל ר״ת סאל, אמן (יאהדונהי) הַנֹּפְלִים hanoflim

וְזוֹקֵף vezokef לְכָל־ lejol יה אדני הַכְּפוּפִים hacfufim נמם:

עֵינֵי־ einei ריבוע דמ״ה כֹל jol ילי אֵלֶיךָ eleja יְשַׂבֵּרוּ yesaberu וְאַתָּה veAtá

נוֹתֵן־ notén אבגית״ץ, ושר לָהֶם lahem אֶת־ et אָכְלָם ajlam בְּעִתּוֹ beitó:

י *Todas Tus obras te agradecerán, Señor, y Tus fieles devotos te bendicen.*
כ *Ellos dirán de la gloria de Tu Reino y hablarán de Tus poderosos actos.*
ל *Él, hace que el hombre conozca Sus proezas y la gloria de Su espléndido Reino.*
מ *Tuyo es el Reino de todos los mundos y Tu dominio se extiende a toda y cada generación.*
ס *El Señor sostiene a todos aquellos que caen y endereza a los doblegados.*
ע *Los ojos de todos ven con esperanza hacia Ti, y Tú les das su alimento al momento apropiado.*

POTÉAJ ET YADEJA

Conectamos con las letras *Pei*, *Álef* y *Yud* al abrir nuestras manos con las palmas hacia arriba. Nuestra conciencia está enfocada en recibir el sustento y la prosperidad financiera de parte de la Luz a través de nuestras acciones del diezmo y compartir; nuestro *Deseo de Recibir para Dar y Compartir*. Al hacer esto, también reconocemos que el sustento que recibimos proviene de una Fuente Superior y no de nuestras acciones. Según los sabios, si no meditamos en esta idea en este punto, debemos repetir la oración.

פתוז (שע"ז נהורין למ"ה ולס"ה)

יוד הי ויו הי יוד הי ויו הי (וז' וזיוורתי) פותוז את ידך ר"ת פאי
אלף למד אלף למד (ש"ע) גימ' יאהדונהי זו"ן
יוד הא ואו הא (לז"א) וזכמה דז"א ו"ק
אדני (ולנוקבא) יסוד דנוק'

פּוֹתֵחַ potéaj אֶת et יָדֶךָ yadeja ר"ת פאי וס"ת וזתך עם ג' אותיות = דִּיקַרְנוֹסָא

ובאתב"ש הוא סאל, פאי, אמן, יאהדונהי ; ועוד יכוין שם וזתך בשילוב יהוה – יְוֹזָהֲתָוָכָהָ

Atrayendo abundancia y sustento desde *Jojmá* de *Zeir Anpín*.

יוד הי ויו הי יוד ויו דלת הי יוד ויו יוד ויו הי יוד

וזתך סאל יאהדונהי

וּמַשְׂבִּיעַ umasbía וזתך עם ג' אותיות = דִּיקַרְנוֹסָא

ובא"ת ב"ש הוא סאל, אמן, יאהדונהי ; ועוד יכוין שם וזתך בשילוב יהוה – יְוֹזָהֲתָוָכָהָ

Atrayendo abundancia y sustento desde *Jojmá* de *Zeir Anpín*.

יוד הי ויו הי יוד ויו דלת הי יוד ויו יוד ויו הי יוד

לְכָל־ lejol יה אדני (להמשיך מווזין ד-יה אל הנוקבא שהיא אדני)

וזַי jai כל וזי = אהיה אהיה יהוה, בינה ע"ה, וזיים

רָצוֹן ratsón מהש ע"ה, ע"ב בריבוע וקס"א ע"ה, אל שדי ע"ה ;
ר"ת רוזל שהיא המלכות הצריכה לשפע

יוד יוד הי יוד הי ויו יוד הי ויו הי יסוד דאבא
אלף הי יוד הי יסוד דאימא
להמתיק רוזל וב' דמעין שך פר

También debemos meditar en atraer abundancia, sustento y bendiciones a todos los mundos desde el *ratsón* mencionado anteriormente. Debemos meditar y enfocarnos en este versículo porque es la esencia de la prosperidad, y meditar en que Dios esté interviniendo, sustentando y apoyando a toda la Creación.

POTÉAJ ET YADEJA

פ *Abre Tus Manos y satisface el deseo de todo ser viviente.*

צַדִּיק tsadik יְהֹוָה יאהדונהי Adonai (*Yesod*) בְּכָל bejol ב"ן, לכב
דְּרָכָיו derajav וְחָסִיד vejasid בְּכָל bejol ב"ן, לכב מַעֲשָׂיו maasav יבמ, ב"ן:

קָרוֹב karov יְהֹוָה יאהדונהי Adonai (*Maljut*) לְכָל־ lejol יה אדני
קֹרְאָיו korav לְכֹל lejol יה אדני אֲשֶׁר asher
יִקְרָאֻהוּ yikraúhu בֶאֱמֶת veemet אהיה פעמים אהיה, ז"פ ס"ג:

רְצוֹן retsón מהש ע"ה, ע"ב בריבוע וקס"א ע"ה, אל שדי ע"ה יְרֵאָיו yereav יַעֲשֶׂה yaasé
ר"ת רי"י וְאֶת־ veet שַׁוְעָתָם shavatam יִשְׁמַע yishmá וְיוֹשִׁיעֵם veyoshiem:

שׁוֹמֵר shomer כ"א הויות שבתפילין יְהֹוָה יאהדונהי Adonai (*Nétsaj*)
אֶת־ et כָּל־ col ילי אֹהֲבָיו ohavav ר"ת אכא
וְאֵת veet כָּל־ col ילי הָרְשָׁעִים hareshaim יַשְׁמִיד yashmid:

תְּהִלַּת tehilat יְהֹוָה יאהדונהי Adonai (*Hod*) יְדַבֶּר yedaber ראה פִּי pi
וִיבָרֵךְ vivarej ע"ב ס"ג מ"ה ב"ן, הברכה (למתק את ז' המלכים שמתו) כָּל col ילי
בָּשָׂר basar שֵׁם Shem קָדְשׁוֹ kodshó לְעוֹלָם leolam ריבוע ס"ג ו' אותיות דס"ג
וָעֶד vaed: וַאֲנַחְנוּ vaanajnu נְבָרֵךְ nevarej יָהּ Yah מֵעַתָּה meatá
וְעַד־ vead עוֹלָם olam הַלְלוּיָהּ haleluyá אלהים, אהיה אדני ; ללה:

REGRESAR LA TORÁ AL ARCA

Antes de regresar la Torá al Arca, recitamos el siguiente versículo dos veces:

יִמְלֹךְ yimloj יְהֹוָה יאהדונהי Adonai | לְעוֹלָם leolam ריבוע ס"ג ו' אותיות דס"ג
אֱלֹהַיִךְ Eloháyij ילה צִיּוֹן Tsiyón יוסף, ו' הויות, קנאה לְדֹר ledor
וָדֹר vador רי"ו ; ר"ת אצלו (רמז שמלכות אצל ז"א) הַלְלוּיָהּ haleluyá אלהים = אהיה אדני ; ללה:

צ *El Señor es justo en todos Sus caminos y virtuoso en todas Sus obras.*
ק *El Señor está cerca de todos los que lo llaman, de todos aquellos que lo llaman sinceramente.*
ר *Él cumplirá la voluntad de aquellos que le temen; Él escucha sus clamores y los salva.*
ש *El Señor protege a todos los que lo aman y destruye a los impíos.*
ת *Mis labios proclamarán la alabanza al Señor y toda criatura bendecirá Su Santo Nombre, por siempre y por la eternidad"* (Salmos 145). *"Y bendeciremos a Dios por siempre y por la eternidad. ¡Aleluya!"* (Salmos 115:18).

REGRESAR LA TORÁ AL ARCA

"El Señor reinará por siempre, tu Dios, Sión, para todas las generaciones, ¡Aleluya!" (Salmos 146:10).

En este Salmo aparece 18 veces יהוה, que tiene 72 letras, que es el valor numérico de *Jésed*, por la Misericordia que desciende del Mundo Superior. Hay 11 versículos que es mismo valor numérico de ו"ה y 91 palabras, que es el valor numérico de *Amén* אמן.

מִזְמוֹר mizmor לְדָוִד leDavid הָבוּ havú אוּד, אהבה, דאגה

לַיהֹוָה יאהדונהי laAdonai בְּנֵי benei ר"ת הבל אֵלִים elim הבו יהוה בני אלים = יעקב

הָבוּ havú אוּד, אהבה, דאגה לַיהֹוָה יאהדונהי laAdonai כָּבוֹד cavod וָעֹז vaoz:

הָבוּ havú אוּד, אהבה, דאגה לַיהֹוָה יאהדונהי laAdonai כְּבוֹד quevod שְׁמוֹ Shemó
מהש ע"ה, ע"ב בריבוע וקס"א ע"ה, אל שדי ע"ה ; הבו יהוה כבוד שמו = אדם דוד משיח

הִשְׁתַּחֲווּ hishtajavú לַיהֹוָה יאהדונהי laAdonai בְּהַדְרַת behadrat ר"ת הבל

קֹדֶשׁ kódesh ר"ת למפרע קבלה (שביום שבת צריך ללמוד קבלה): קוֹל kol

יְהֹוָה יאהדונהי Adonai עַל־ al הַמָּיִם hamáyim ר"ת = אלף למד (וזסד - ואל ב' רמוז

במילה בהמשך). אֵל־ El יא"י (מילוי דס"ג) הַכָּבוֹד haCavod לאו הִרְעִים hirim ה"פ אדני

(להמתיק שכ"ה דינים) יְהֹוָה יאהדונהי Adonai עַל־ al מַיִם máyim רַבִּים rabim

ר"ת הרעים (שכ"ה דינים - ושני השכ"ה דינים נמתקים ע"י שני שמות א"ל הרמוזים לעיל):

קוֹל־ kol יְהֹוָה יאהדונהי Adonai בַּכֹּחַ bacóaj ר"ת יב"ק, אלהים יהוה, אהיה אדני יהוה

קוֹל kol יְהֹוָה יאהדונהי Adonai בֶּהָדָר behadar ר"ת יב"ק, אלהים יהוה, אהיה אדני יהוה:

קוֹל kol יְהֹוָה יאהדונהי Adonai שֹׁבֵר shover אֲרָזִים arazim וַיְשַׁבֵּר vayshaber

יְהֹוָה יאהדונהי Adonai אֶת־ et אַרְזֵי arzei הַלְּבָנוֹן haLevanón ר"ת האא:

וַיַּרְקִידֵם vayarkidem כְּמוֹ־ quemó עֵגֶל éguel לְבָנוֹן Levanón

וְשִׂרְיוֹן veSiryón כְּמוֹ quemó בֶן־ ven רְאֵמִים reemim: קוֹל־ kol

יְהֹוָה יאהדונהי Adonai חֹצֵב jotsev ס"ת הב"ל לַהֲבוֹת lahavot אֵשׁ esh:

"Salmo de David: Atribuyan al Señor, hijos de los poderosos, atribuyan al Señor gloria y fuerza. Atribuyan al Señor la honra debida a Su Nombre. Adoren al Señor en la belleza de Su Santidad. La Voz del Señor está sobre las aguas, truena el Dios de gloria, el Señor está sobre muchas aguas. La Voz del Señor es poderosa. La Voz del Señor es majestuosa. La Voz del Señor rompe los cedros, la Voz del Señor rompe los cedros del Líbano. Él los hace saltar como becerros, y a Líbano y a Sirión como un antílope joven. La Voz del Señor levanta llamas de fuego.

קוֹל kol יוהוּווּאדניוּ יאהדונהי Adonai יָחִיל yajil ס"ת ללה, אדני מִדְבָּר midbar

יָחִיל yajil יְהֹוָהאדני יאהדונהי Adonai מִדְבַּר midbar קָדֵשׁ kadesh ר"ת = קין:

קוֹל kol יְהֹוָהאדני יאהדונהי Adonai יְחוֹלֵל yejolel אַיָּלוֹת ayalot

וַיֶּחֱשֹׂף vayejesof יְעָרוֹת yearot וּבְהֵיכָלוֹ uveheijaló כֻּלּוֹ culó אֹמֵר omer

כָּבוֹד cavod: יְהֹוָהאדני יאהדונהי Adonai לַמַּבּוּל lamabul יָשָׁב yashav

ר"ת ילי וס"ת הב"ל וַיֵּשֶׁב vayéshev יְהֹוָהאדני יאהדונהי Adonai מֶלֶךְ Mélej

לְעוֹלָם leolam ריבוע ס"ג וי' אותיות דס"ג: יְהֹוָהאדני יאהדונהי Adonai עֹז oz

לְעַמּוֹ leamó יִתֵּן yitén יְהֹוָהאדני יאהדונהי Adonai יְבָרֵךְ yevarej עסמ"ב, הברכה

(למתק את ז' המלכים שמתו) אֶת־ et עַמּוֹ amó בַשָּׁלוֹם vashalom ר"ת ע"ב, ריבוע יהוה:

שׁוּבָה shuva הוזש לִמְעוֹנָךְ limeonaj וּשְׁכוֹן ushjón בְּבֵית beveit ב"פ ראה

מַאֲוַיָּךְ maavayaj. כִּי qui כָל jol ילי פֶּה pe מילה ע"ה, אלהים, אהיה אדני

וְכָל vejol ילי לָשׁוֹן lashón יִתְּנוּ yitnú הוֹד hod ההה וְהָדָר vehadar

לְמַלְכוּתָךְ lemaljutaj: וּבְנֻחֹה uvenujó יֹאמַר yomar שׁוּבָה shuva הוזש

יְהֹוָהאדני יאהדונהי Adonai רִבְבוֹת rivevot אַלְפֵי alfei יִשְׂרָאֵל Yisrael:

הֲשִׁיבֵנוּ hashivenu יְהֹוָהאדני יאהדונהי Adonai | אֵלֶיךָ eleja וְנָשׁוּבָה venashuva

(כתיב: ונשוב) חַדֵּשׁ jadesh י"ב הויות, קס"א קנ"א יָמֵינוּ yameinu כְּקֶדֶם quekédem:

La Voz del Señor estremece el desierto, el Señor sacude el desierto de Kadesh. La Voz del Señor asusta a las ciervas y desnuda los bosques, y en Su Templo todo proclama Su Gloria. El Señor se sentó en el diluvio, y el Señor se sienta como Rey por siempre. El Señor da fuerza a Su pueblo. El Señor bendice a Su pueblo con la paz" (Salmos 29). "Regresa a Tu Sitio de morada y reside en Tu Casa deseada, porque cada boca y cada lengua proclaman la majestad y esplendor de Tu reino. Y cuando descansó, él diría: Vuélvete, Señor, hacia las miríadas de millares de Israel" (Números 10:36). "Regrésanos a Ti, Señor, y nosotros volveremos. Renueva nuestros días como en los días de antaño" (Lamentaciones 5:21).

MEDIO KADISH

יִתְגַּדַּל yitgadal וְיִתְקַדַּשׁ veyitkadash שד"י ומילוי שד"י ; י"א אותיות כמנין ו"ה

שְׁמֵיהּ Shmei (שם י"ה דע"ב) רַבָּא rabá קנ"א ב"ן, יהוה אלהים יהוה אדני,

מילוי קס"א וס"ג, מ"ה ברבוע וע"ב ע"ה ; ר"ת = ו"פ אלהים ; ס"ת = ג"פ יב"ק: אָמֵן Amén אידהנויה.

בְּעָלְמָא bealmá דִּי di בְרָא verá כִּרְעוּתֵיהּ quirutei.

וְיַמְלִיךְ veyamlij מַלְכוּתֵיהּ maljutei. וְיַצְמַח veyatsmaj

פּוּרְקָנֵיהּ purkanei. וִיקָרֵב vikarev מְשִׁיחֵיהּ Meshijei: אָמֵן Amén אידהנויה.

בְּחַיֵּיכוֹן bejayeijón וּבְיוֹמֵיכוֹן uveyomeijón וּבְחַיֵּי uvejayei

דְכָל dejol ילי בֵּית beit ב"פ ראה יִשְׂרָאֵל Yisrael בַּעֲגָלָא baagalá

וּבִזְמַן uvizmán קָרִיב kariv וְאִמְרוּ veimrú אָמֵן Amén: אָמֵן Amén אידהנויה.

La congregación y el *jazán* dicen lo siguiente:

28 palabras (hasta *bealmá*) – y 28 letras (hasta *almayá*)

יְהֵא yehé שְׁמֵיהּ Shmei (שם י"ה דס"ג) רַבָּא rabá קנ"א ב"ן,

יהוה אלהים יהוה אדני, מילוי קס"א וס"ג, מ"ה ברבוע וע"ב ע"ה מְבָרַךְ mevaraj,

לְעָלַם lealam לְעָלְמֵי lealmei עָלְמַיָּא almayá. יִתְבָּרַךְ yitbaraj.

Siete palabras con seis letras cada una (שם בן מ"ב) y siete veces la letra Vav (שם בן מ"ב).

וְיִשְׁתַּבַּח veyishtabaj י"פ ע"ב יהוה אל אבג יתץ.

וְיִתְפָּאַר veyitpaar הי נו יה קרע שטן. וְיִתְרוֹמַם veyitromam וה כוזו נגד יכש.

וְיִתְנַשֵּׂא veyitnasé במוכסז בטר צתג. וְיִתְהַדָּר veyithadar כוזו יה וקכב טנע.

וְיִתְעַלֶּה veyitalé וה יוד ה יגל פזק. וְיִתְהַלָּל veyithalal א ואו הא שקו צית.

שְׁמֵיהּ Shmei (שם י"ה דמ"ה) דְּקוּדְשָׁא deKudshá בְּרִיךְ Verij הוּא Hu:

אָמֵן Amén אידהנויה.

MEDIO KADISH

Glorificado y santificado sea Su Gran Nombre (Amén).

En el mundo que Él creó de acuerdo a Su voluntad y pueda Su Reino reinar. Y pueda Él hacer que Su redención florezca y pueda Él acercar al Mesías (Amén). En tus vidas y en tus días y en la vida de la Casa de Israel, prontamente y en el futuro cercano, y dígase: Amén (Amén). Que Su gran Nombre sea bendito por siempre y para toda la eternidad, y bendito y alabado, y glorificado y exaltado, y ensalzado y honrado, y adorado y loado, sea el Nombre del Santo Bendito Sea (Amén).

לְעֵלָּא leelá מִן min כָּל col ילי בִּרְכָתָא birjatá• שִׁירָתָא shiratá•
תֻּשְׁבְּחָתָא tishbejatá וְנֶחֱמָתָא venejamatá• דַּאֲמִירָן daamirán
בְּעָלְמָא bealmá וְאִמְרוּ veimrú אָמֵן Amén: אָמֵן Amén אידהנויה.

MUSAF DE SHABAT

לְשֵׁם leShem יִחוּד yijud קוּדְשָׁא Kudshá בְּרִיךְ Berij הוּא Hu
וּשְׁכִינְתֵּיהּ uShjintei (יאהדונהי), בִּדְחִילוּ bidjilu וּרְחִימוּ urjimu
(יאהדונהי), וּרְחִימוּ urjimu וּדְחִילוּ udjilu (איההיוהה), לְיַחֲדָא leyajdá
שֵׁם Shem יו"ד Yud קֵ"י Kei בְּוָא"ו beVav קֵ"י Kei בְּיִחוּדָא beyijudá
שְׁלִים shlim (יהוה) בְּשֵׁם beshem כָּל col ילי יִשְׂרָאֵל Yisrael,
הִנֵּה hiné אֲנַחְנוּ anajnu בָּאִים baim לְהִתְפַּלֵּל lehitpalel תְּפִלַּת tefilat
מוּסַף musaf יוסף (אם תוליך י' במ' באתב"ש) שֶׁל shel שַׁבָּת Shabat קוֹדֶשׁ kódesh
(agrega *Jódesh Rosh* en: וְרֹאשׁ veRosh ריבוע אלהים ואלהים דיודין ע"ה
חֹדֶשׁ Jódesh י"ב הויות, קס"א קנ"א; ראש חדש ע"ה = שין דלת יוד)
כְּמוֹ quemó שֶׁתִּקְּנוּ shetiknú לָנוּ lanu אלהים, אהיה אדני רַבּוֹתֵינוּ raboteinu ז"ל zal
עִם im כָּל col ילי הַמִּצְוֹת hamitsvot הַכְּלוּלוֹת haclulot בָּהּ ba,
לְתַקֵּן letakén אֶת et שָׁרְשָׁהּ shorshá בְּמָקוֹם bemakom עֶלְיוֹן elyón
לַעֲשׂוֹת laasot נַחַת־ nájat רוּחַ rúaj לְיוֹצְרֵנוּ leyotsrenu וְלַעֲשׂוֹת velaasot
רְצוֹן retsón מהש ע"ה, ע"ב בריבוע קס"א ע"ה, אל שדי ע"ה בּוֹרְאֵנוּ borenu•
וִיהִי vihí נֹעַם nóam אֲדֹנָי Adonai ללה אֱלֹהֵינוּ Eloheinu ילה
עָלֵינוּ aleinu וּמַעֲשֵׂה umaasé יָדֵינוּ yadeinu כּוֹנְנָה conená
עָלֵינוּ aleinu וּמַעֲשֵׂה umaasé יָדֵינוּ yadeinu כּוֹנְנֵהוּ conenehu:

Más allá de todas las bendiciones,
himnos, alabanzas y palabras de consolación que deben decirse en el mundo, y dígase: Amén (Amén).

MUSAF DE SHABAT

Por el bien de la unificación del Santísimo, bendito sea Él, y Su Shejiná, con temor y amor y con amor y temor, para unificar El Nombre Yud-Kei y Vav-Kei en perfecta unidad, y en el nombre de Israel, hemos venido por este medio a recitar la oración de Musaf de Shabat (en Rosh Jódesh: *y Rosh Jódesh*) *establecida por nuestros ancestros, sea la paz con ellos. Con todos sus preceptos, para corregir su raíz en el Lugar Celestial, para llevar satisfacción a nuestro Hacedor, y para satisfacer el deseo de nuestro Creador. "Y sea la gracia del Señor, nuestro Dios, sobre nosotros y pueda Él establecer en nosotros la obra de nuestras manos y que la obra de nuestras manos pueda establecerlo a Él" (Salmos 90:17).*

LA AMIDÁ - GENERAL

Cuando comenzamos la conexión, damos tres pasos hacia atrás que significan que estamos dejando este mundo físico. Después damos tres pasos hacia delante para comenzar la *Amidá*. Los tres pasos son:

1. Entrar a la tierra de Israel; para entrar en el primer círculo espiritual.
2. Entrar en la ciudad de Jerusalén; para entrar en el segundo círculo espiritual.
3. Entrar en el Sancta Sanctórum; para entrar en el círculo más interno.

Antes de recitar el primer verso de la *Amidá*, pedimos: "*Dios, abre mis labios y permite que mi boca hable*", estamos pidiendo a la Luz que hable por nosotros para que podamos recibir lo que necesitamos y no sólo lo que queremos. Con mucha frecuencia, lo que queremos de la vida no es necesariamente el deseo del alma, que es lo que verdaderamente necesitamos para estar satisfechos. Al pedirle a la Luz que hable a través de nosotros, nos aseguramos de que nuestra conexión nos traiga realización genuina y oportunidades para el crecimiento espiritual y el cambio.

LA AMIDÁ - MUSAF DE SHABAT

El *Musaf*, que literalmente significa "adición", se recita sólo en días especiales como el *Shabat* y *Rosh Jódesh* con el fin de captar la energía espiritual adicional disponible para nosotros durante estas ventanas especiales en el tiempo. Esta oración expande nuestra vasija interior para que podamos recibir y contener esta Luz adicional. En el Templo se realizaba un sacrificio adicional durante *Rosh Jódesh*. El *Musaf* es nuestra antena para capturar esta Luz adicional en la ausencia del Templo.

El Formato de la Ascensión en *Musaf* de *Shabat*

En la conexión silenciosa de *Musaf* de *Shabat*,
Zeir Anpín y *Leá* se elevan a *Jojmá, Biná, Dáat* de *Aba* e *Ima* Celestiales. **Medita en** que la letra צ del *Tsélem* (cinco *Tselamim* de *Jojmá, Biná, Dáat* de *Aba* e *Ima* Celestiales) entra en los cinco *Partsufim* de *Jojmá, Biná, Dáat* de *Jojmá* de *Zeir Anpín* (que es llamado: *Néfesh, Rúaj, Neshamá, Jayá, Yejidá* de *Jayá* de *Jayá*). **Así que ahora,** *Jojmá, Biná, Dáat* de *Zeir Anpín* son elevados a *Jojmá, Biná, Dáat* de *Aba* e *Ima* Celestiales, y *Jésed, Guevurá, Tiféret* de *Zeir Anpín* son elevados a *Jésed, Guevurá, Tiféret* de *Aba* e *Ima* Celestiales, y *Nétsaj, Hod, Yesod* de *Zeir Anpín* son elevados a *Nétsaj, Hod, Yesod* de *Aba* e *Ima* Celestiales, y *Yaakov* y *Rajel* (que están de pie en *Jojmá, Biná, Dáat* de *Biná* de *Zeir Anpín*, que significa *Kéter, Jojmá, Biná, Dáat* de *Yisrael Saba* y *Tevuná*) son elevados a *Nétsaj, Hod, Yesod* de *Jojmá* de *Zeir Anpín* (que significa *Nétsaj, Hod, Yesod* de *Aba* e *Ima* Celestiales). **Así que ahora,** *Nétsaj, Hod, Yesod* de *Zeir Anpín* se vuelven *Mojín* (*Jojmá, Biná, Dáat*) para *Yaakov* y *Rajel*.

También en la conexión silenciosa: cuando digas "*Baruj*", medita en atraer: los Seis Bordes (*Jésed, Guevurá, Tiféret, Nétsaj, Hod, Yesod* de *Kéter, Jojmá, Biná, Dáat* de *Kéter, Jojmá, Biná, Dáat* de lo Interno de *Ima* Celestial) que fueron atraídos por el *Shemá* (a *Kéter, Jojmá, Biná, Dáat, Jésed, Guevurá, Tiféret* de *Zeir Anpín*); **a** *Jésed, Guevurá, Tiféret, Nétsaj, Hod, Yesod* de *Kéter, Jojmá, Biná, Dáat* de *Kéter, Jojmá, Biná, Dáat* de *Jojmá* de lo Interno de *Zeir Anpín*. **Cuando digas "*Atá*", medita en atraer** las Tres *Sefirot* Superiores de *Ima* Celestial a las Tres *Sefirot* Superiores de *Zeir Anpín* y en bajar los Seis Bordes (de *Tevuná*) hacia los Seis Bordes de *Zeir Anpín*. **Cuando digas "*Adonai*", medita en atraer** *Jojmá, Jésed, Nétsaj*, y *Biná, Guevurá, Hod*, y *Dáat, Tiféret, Yesod* (en tres columnas) de *Kéter, Jojmá, Biná, Dáat* de *Kéter, Jojmá, Biná, Dáat* de lo Interno de *Aba* Celestial a *Zeir Anpín* a través de las dos etapas necesarias para enderezarte.

En la repetición de *Musaf* de *Shabat*,

Zeir Anpín y *Leá* se elevan a *Jojmá, Biná, Dáat* de *Kéter* de *Aba* e *Ima* Celestiales. **Medita en** que la letra צ del *Tsélem* (cinco *Tselamim* de *Jojmá, Biná, Dáat* de *Kéter* de *Aba* e *Ima* Celestiales) entra en los cinco *Partsufim* de *Kéter* de *Jojmá* de *Zeir Anpín* (que es llamado: *Néfesh, Rúaj, Neshamá, Jayá, Yejidá* de *Yejidá* de *Jayá*). **Así que ahora**, *Kéter* de *Zeir Anpín* se eleva a *Jojmá, Biná, Dáat* de *Kéter* de *Aba* e *Ima* Celestiales, y *Jojmá, Biná, Dáat* de *Zeir Anpín* son elevados a *Jojmá, Biná, Dáat* de *Aba* e *Ima* Celestiales, y *Jésed, Guevurá, Tiféret* de *Zeir Anpín* son elevados a *Jésed, Guevurá, Tiféret* de *Aba* e *Ima* Celestiales, y *Nétsaj, Hod, Yesod* de *Zeir Anpín* son elevados a *Nétsaj, Hod, Yesod* de *Aba* e *Ima* Celestiales, son elevados a *Kéter, Jojmá, Biná, Dáat* de *Yisrael Saba* y *Tevuná*, y *Yaakov* y *Rajel*

También en la repetición, cuando digas "*Baruj*" medita en atraer: los Seis Bordes (*Jésed, Guevurá, Tiféret, Nétsaj, Hod, Yesod* de *Kéter, Jojmá, Biná, Dáat* de *Kéter* de *Ima* Celestial) que fueron atraídos por el *Shemá* (a *Kéter, Jojmá, Biná, Dáat*, *Jésed, Guevurá, Tiféret* de *Zeir Anpín*); **a** *Jésed, Guevurá, Tiféret, Nétsaj, Hod, Yesod* de *Kéter, Jojmá, Biná, Dáat* de *Kéter* de *Jojmá* de lo Interno de *Zeir Anpín*. **Cuando digas "*Atá*" medita en atraer** las Tres *Sefirot* Superiores de *Ima* Celestial a las Tres *Sefirot* Superiores de *Zeir Anpín*. **Cuando digas "*Atá*" medita en atraer** *Jojmá, Jésed, Nétsaj,* y *Biná, Guevurá, Hod,* y *Dáat, Tiféret, Yesod* (en tres columnas) de *Kéter, Jojmá, Biná, Dáat* de *Kéter* de *Aba* Celestial a *Zeir Anpín* a través de las dos etapas necesarias para enderezarte.

En la *Kedushá* de *Kéter*,

Kéter de *Zeir Anpín* y *Leá* suben a *Kéter* de *Kéter* de *Aba* e *Ima* Celestiales. **Cuando digas "*Kadosh Kadosh Kadosh*",** *Yaakov* y *Rajel* (que están de pie en *Nétsaj, Hod, Yesod* de *Jojmá* de *Zeir Anpín*, que significa *Nétsaj, Hod, Yesod* de *Aba* e *Ima* Celestiales) suben a *Jésed, Guevurá, Tiféret* de *Jojmá* de *Zeir Anpín* (que significa *Jésed, Guevurá, Tiféret* de *Aba* e *Ima* Celestiales). **Cuando digas "*Ayé*",** *Yaakov* y *Rajel* saltan a *Jojmá, Biná, Dáat* de *Jojmá* de *Zeir Anpín* (que significa *Jojmá, Biná, Dáat* de *Aba* e *Ima* Celestiales). **Así que ahora**, *Yesod* de *Zeir* (masculino) y *Yesod* de *Nukvá* (femenino) son iguales y son reunidos en unificación e igualados a la Unificación Celestial de *Aba* e *Ima* Celestiales (al estar de pie en el lugar de *Aba* e *Ima*). **Cuando digas "*Shemá Yisrael*",** medita en elevar tu *Néfesh, Rúaj, Neshamá* para levantar *Mayin Nukvín* para la elevación de *Zeir* y *Nukvá* y para la Unificación antes mencionada.

Su *Kéter* (de Él) con Su *Kéter* (de Ella)

יאההויהה,

Su *Jojmá, Biná, Dáat* (de Él) con Su *Jojmá, Biná, Dáat* (de Ella)

יאהלוההים

Su *Jésed, Guevurá, Tiféret, Nétsaj, Hod, Yesod* (de Él) con Su *Jésed, Guevurá, Tiféret, Nétsaj, Hod, Yesod* (de Ella)

יאהדונהי

Así Su *Yesod* (de Él) se unifica con Su *Yesod* (de Ella) – Ella eleva cinco *Guevurot* como *Mayin Nukvín* y Él baja cinco *Jasadim* como *Mayin Dujrín* יהוה יהוה יהוה יהוה יהוה

Medita en la letra צ (*Tsadi*) de la combinación: שקוצית (del Nombre de 42 Letras) la cual es el secreto del *Tsadik* (justo) que es el secreto de *Musaf* (*Yosef* el justo).

***** Para *Musaf* de *Shabat* y *Rosh Jódesh* ve a la pág. 445. *****

אֲדֹנָי Adonai ללה (pausa aquí) שְׂפָתַי sfatai תִּפְתָּח tiftaj וּפִי ufí יַגִּיד yaguid

ייז (כ"ב אותיות פשוטות [=אכא] וה' אותיות סופיות בןךםףץ) תְּהִלָּתֶךָ tehilateja ס"ת = בוכו:

LA PRIMERA BENDICIÓN – INVOCA AL ESCUDO DE AVRAHAM

Avraham es el canal de la energía de la Columna Derecha de positividad, compartir y misericordia. Las acciones dadoras pueden protegernos de todas las formas de negatividad.

Jésed que se convierte en *Jojmá*

En esta sección hay 42 palabras, el secreto del Nombre de Dios de 42 letras y, por lo tanto, comienza con la letra *Bet* (2) y termina con la letra *Mem* (40).

Flexiona tus rodillas en "*Baruj*", inclínate en "*Atá*" y enderézate en "*Adonai*".

א ב

בָּרוּךְ Baruj אַתָּה Atá א-ת (אותיות הא"ב המסמלות את השפע המגיע) לה המלכות

ג י

יְהֹוָהאדניאהדונהי Adonai (יא) אֱלֹהֵינוּ Eloheinu ילה

ת צ

וֵאלֹהֵי veElohei לכב ; מילוי ע"ב, דמב ; ילה אֲבוֹתֵינוּ avoteinu.

ק ר

אֱלֹהֵי Elohei מילוי ע"ב, דמב ; ילה אַבְרָהָם Avraham (*Jojmá*)

וז"פ אל, רי"ו ול"ב נתיבות החכמה, רמ"ח (אברים), עסמ"ב וט"ז אותיות פשוטות.

ע ש

אֱלֹהֵי Elohei מילוי ע"ב, דמב ; ילה יִצְחָק Yitsjak (*Biná*) ד"פ ב"ן

ט נ

וֵאלֹהֵי veElohei לכב ;מילוי ע"ב, דמב ; ילה יַעֲקֹב Yaakov (*Dáat*) ו' הויות, יאהדונהי אידהנויה

ג ג

הָאֵל haEl לאה ; ייא" (מילוי דס"ג) הַגָּדוֹל hagadol האל הגדול = סיט ; גדול = להח

ד י

עם ד' אותיות = מבה, יזל, אום הַגִּבּוֹר haguibor ר"ת ההה וְהַנּוֹרָא vehanorá.

LA AMIDÁ

"Mi Señor, abre mis labios y mi boca declarará Tu alabanza" (*Salmos 51:17*).

LA PRIMERA BENDICIÓN

Bendito eres, Señor, nuestro Dios y Dios de nuestros ancestros: el Dios de Avraham, el Dios de Yitsjak y el Dios de Yaakov. El Dios grande, poderoso y reverenciado.

אֵל El ייא״י (מילוי דס״ג) ; ר״ת ע״ב, ריבוע יהוה עֶלְיוֹן elyón.

גּוֹמֵל gomel חֲסָדִים jasadim טוֹבִים tovim. קוֹנֵה koné הַכֹּל hacol ילי

וְזוֹכֵר vezojer חַסְדֵי jasdei אָבוֹת avot. וּמֵבִיא umeví

גּוֹאֵל goel לִבְנֵי livnei בְנֵיהֶם vneihem לְמַעַן lemaan

שְׁמוֹ Shemó מהש ע״ה, ע״ב בריבוע וקס״א ע״ה, אל שדי ע״ה בְּאַהֲבָה beahavá אחד, דאגה:

Cuando digas la palabra "*beahavá*" debes meditar en dedicar tu alma a santificar el Santo Nombre y aceptar sobre ti mismo las cuatro formas de muerte.

Durante los días entre *Rosh Hashaná* y *Yom Kipur* decimos la oración de "*zojrenu*":

זָכְרֵנוּ zojrenu לְחַיִּים lejayim אהיה אהיה יהוה, בינה ע״ה.

מֶלֶךְ Mélej חָפֵץ jafets בַּחַיִּים bajayim אהיה אהיה יהוה, בינה ע״ה.

כָּתְבֵנוּ cotvenu בְּסֵפֶר beséfer חַיִּים jayim אהיה אהיה יהוה, בינה ע״ה.

לְמַעַנְךָ lemaanaj אֱלֹהִים Elohim אהיה אדני ; ילה חַיִּים jayim אהיה אהיה יהוה, בינה ע״ה.

Si olvidas decir "*zojrenu*" y te das cuenta de esto antes de terminar la bendición ("*Baruj Atá Adonai*"), debes regresar y decir "*zojrenu*" y continuar normalmente. Pero si te das cuenta de esto después del final de la bendición, debes continuar y puedes agregar "*zojrenu*" en "*shomea tefilá*" o al final de "*Elohai netsor*".

מֶלֶךְ Mélej עוֹזֵר ozer וּמוֹשִׁיעַ umoshía וּמָגֵן umaguén

ג״פ אל (ייא״י מילוי דס״ג) ; ר״ת מיכאל גבריאל נוריאל:

Flexiona tus rodillas en "*Baruj*", inclínate en "*Atá*" y enderézate en "*Adonai*".

בָּרוּךְ Baruj אַתָּה Atá יְהֹוָהאדני(יְהֹוָהאדני)יאהדונהי Adonai (הד׳)

(Durante las tres semanas de *Bein HaMetsarim* medita en el Nombre Sagrado: טדהד)

מָגֵן maguén ג״פ אל (ייא״י מילוי דס״ג) ; ר״ת מיכאל גבריאל נוריאל אַבְרָהָם Avraham

וז״פ אל, רי״ו ול״ב נתיבות החכמה, רמ״ח (אברים), עסמ״ב וט״ז אותיות פשוטות:

El Dios Celestial. El que otorga benevolencia y crea todas las cosas. El que recuerda las buenas acciones de nuestros ancestros y El que trae un redentor a los hijos de sus hijos por el bien de Su Nombre, con amor.

Durante los días entre *Rosh Hashaná* y *Yom Kipur*:

Recuérdanos para la vida, Rey, quien desea la vida, e inscríbenos en el Libro de la Vida, por Ti, Dios Vivo.

Rey, Asistente, Salvador y Escudo. Bendito seas Tú, Señor, Escudo de Avraham.

La segunda bendición

La energía de Yitsjak enciende el poder de la resurrección de los muertos

Mientras que Avraham representa el poder de compartir, Yitsjak representa a la Columna Izquierda, energía de Juicio. El Juicio acorta el proceso de *tikún* y prepara la vía para nuestra resurrección final.

Guevurá* que se convierte en *Biná

En esta sección hay 49 palabras que corresponden a las 49 Puertas del Sistema Puro en *Biná*.

אַתָּה Atá גִּבּוֹר guibor לְעוֹלָם leolam ריבוע ס"ג וי' אותיות דס"ג אֲדֹנָי Adonai ללה

(ר"ת אגלא והוא שם גדול ואמיץ, ובו היה יהודה מתגבר על אויביו. ע"ה אלד, בוכו).

מְחַיֶּה mejayé ס"ג מֵתִים metim אַתָּה Atá♦ רַב rav לְהוֹשִׁיעַ lehoshía♦

Durante el verano (a partir de *Pésaj*):

מוֹרִיד morid הַטָּל hatal

יוד הא ואו, כוזו, מספר אותיות דמילואי עסמ"ב ;

ר"ת מ"ה (יוד הא ואו הא):

Si por error dices "*Mashiv harúaj*" y te das cuenta de ello antes del final de la bendición ("*Baruj Atá Adonai*"), debes regresar al comienzo de la bendición ("*Atá guibor*") y continuar normalmente. Pero si sólo te das cuenta de ello después del final de la bendición, debes iniciar la *Amidá* desde el principio.

Durante el invierno (a partir de *Simjat Torá*):

מַשִּׁיב mashiv הָרוּחַ harúaj ר"ת מ"ה

וּמוֹרִיד umorid הַגֶּשֶׁם haguéshem

שביל [י"ש (= י"פ אל) ול"ב נתיבות החכמה] ע"ה:

Si por error dices "*Morid hatal*" y te das cuenta de ello antes del final de la bendición ("*Baruj Atá Adonai*"), debes regresar al comienzo de la bendición ("*Atá guibor*") y continuar normalmente. Pero si sólo te das cuenta de ello después del final de la bendición, debes continuar sin regresar.

מְכַלְכֵּל mejalquel חַיִּים jayim אהיה אהיה יהוה, בינה ע"ה בְּחֶסֶד bejésed

ע"ב, ריבוע יהוה♦ מְחַיֵּה mejayé ס"ג מֵתִים metim בְּרַחֲמִים berajamim

(במוכסז) מצפצ, אלהים דההין, י"פ ייי רַבִּים rabim (טלא דעתיק)♦ סוֹמֵךְ somej

(אכדטם) כוק, ריבוע אדני נוֹפְלִים noflim (זו"ן)♦ וְרוֹפֵא verofé חוֹלִים jolim

חולה = מ"ה וד' אותיות♦ וּמַתִּיר umatir אֲסוּרִים asurim♦ וּמְקַיֵּם umekayem

אֱמוּנָתוֹ emunató לִישֵׁנֵי lishenei עָפָר afar♦ מִי mi ילי כָמוֹךָ jamoja

בַּעַל báal גְּבוּרוֹת guevurot (debes pronunciar la letra *Ayin* en la palabra "*Báal*")

וּמִי umí ילי דּוֹמֶה domé לָּךְ laj♦ מֶלֶךְ Mélej מֵמִית memit

וּמְחַיֶּה umejayé ס"ג (יוד הי ואו הי) וּמַצְמִיחַ umatsmíaj יְשׁוּעָה yeshuá:

La segunda bendición

Tú, Señor, eres poderoso por siempre. Tú revives a los muertos y eres muy capaz de redimir.

Durante el invierno:

El que hace soplar el viento y caer la lluvia.

Durante el verano:

El que hace caer el rocío.

Tú sostienes a los vivientes con bondad y revives a los muertos con gran compasión. Tú sostienes a los caídos, curas a los enfermos, pones en libertad a los cautivos y cumples Tu promesa con los que duermen en el polvo. ¿Quién es como Tú, Señor de fortaleza, y quién puede compararse contigo, Rey, que causas la muerte, das vida y haces crecer la salvación?

Durante los días entre *Rosh Hashaná* y *Yom Kipur* decimos la oración de "*mi jamoja*":

מִי mi ילי כָּמוֹךָ jamoja אָב av הָרַחְמָן harajmán זוֹכֵר zojer

יְצוּרָיו yetsurav בְּרַחֲמִים berajamim מצפצ, אלהים דיודין, י"פ ייי

לְחַיִּים lejayim אהיה אהיה יהוה, בינה ע"ה:

Si olvidas decir "*mi jamoja*" y te das cuenta de esto antes del final de la bendición ("*Baruj Atá Adonai*"), debes regresar y decir "*mi jamoja*" y continuar normalmente. Pero si sólo te das cuenta de esto al final de la bendición, debes continuar normalmente.

וְנֶאֱמָן veneemán אַתָּה Atá לְהַחֲיוֹת lehajayot מֵתִים metim:

אהיה יהו יְהֹוָה

בָּרוּךְ Baruj אַתָּה Atá יְהֹוָאדהנהי(יְהֹוָאדהנהי)יאהדונהי Adonai

(Durante las tres semanas de *Bein HaMetsarim* medita en el Nombre Sagrado: כוזו)

מְחַיֵּה mejayé ס"ג (יוד הי ואו הי) הַמֵּתִים hametim ר"ת מ"ה וס"ת מ"ה:

LA KEDUSHÁ DE KÉTER

Toda la congregación recita esta oración.

Kéter es el nivel más alto en la atmósfera espiritual. Al llegar a este punto culminante en nuestras conexiones, nos paramos con los pies juntos. Es también una de las oraciones más poderosas para ayudarnos a conectar con el nivel de semilla de la vida antes de que hubiera alguna diferenciación entre las células del cuerpo. Nuestras meditaciones durante este momento aumentan la producción de células madre en nuestro cuerpo.

Levantar un cofre pesado lleno de vastos tesoros es imposible si usas un simple hilo. El hilo se rompe porque es muy débil. Sin embargo, si nos unimos y combinamos numerosos hilos, finalmente construiremos una soga. Una soga puede fácilmente levantar el cofre con los tesoros. Al combinar y unir las oraciones de la congregación, nos transformamos en una fuerza unida, capaz de halar los tesoros espirituales más valiosos. Más aún, esta unidad ayuda a las personas que no están bien versadas o no conocen bien las conexiones. Al unirnos y meditar como una sola alma, todos recibimos los beneficios debido al poder de la unidad, sin importar nuestro conocimiento y entendimiento. Esta oración tiene lugar entre la segunda y la tercera bendición. Representa a la Columna Central que une las Columnas Izquierda y Derecha.

En esta oración, los ángeles hablan entre ellos, diciendo: "*Kadosh, Kadosh, Kadosh*" ("Santo, Santo, Santo"). Cuando recitamos estas tres palabras, nuestros pies están juntos como si fuesen uno solo. Cada vez que pronunciamos *Kadosh*, saltamos un poco más alto en el aire. Saltar es un acto de restricción y de desafío a la fuerza de la gravedad. Espiritualmente hablando, la gravedad contiene la energía del Deseo de Recibir para Sí Mismo. Es la fuerza reactiva de nuestro planeta, siempre atrae todo para sí.

Al decir la *Kedushá* (santidad) meditamos en traer la Santidad del Creador entre nosotros. Ya que dice: "*Venikdashti betoj Bnei Yisrael*" (Dios es santificado entre los hijos de Israel).

Durante los días entre *Rosh Hashaná* y *Yom Kipur*:

¿Quién es como Tú, Padre Misericordioso, quién recuerda a Sus criaturas con misericordia para la vida?

Y eres fiel para resucitar a los muertos. Bendito eres Tú, Señor, que resucitas a los muertos.

lejá לְךָ yitnú יִתְּנוּ ה' מלך ה' מלך ה' ימלוך לעולם ועד ובאתב"ש גאל Kéter כֶּתֶר

malajim מַלְאָכִים (*Zeir y Nukvá*) ילה Eloheinu אֱלֹהֵינוּ Adonai יְהֹוָאדניאהדונהי

Yisrael יִשְׂרָאֵל amjá עַמְּךָ im עִם (*Aba e Ima*) malá מַעְלָה hamonei הֲמוֹנֵי

culam כֻּלָּם yájad יַחַד .(por los Justos) matá מַטָּה kevutsei קְבוּצֵי

ראה cadavar כַּדָּבָר yeshaleshu יְשַׁלֵּשׁוּ lejá לְךָ kedushá קְדֻשָּׁה

vekará וְקָרָא neviaj נְבִיאֶךָ yad יַד al עַל haamur הָאָמוּר

:veamar וְאָמַר י"ב פרקין דיעקב מאירין אל י"ב פרקין דרחל ze זֶה el אֶל־ ze זֶה

Medita en elevar *Maljut* a *Jésed, Guevurá, Tiféret* de *Ima* Celestial.

kadosh קָדוֹשׁ (***Tiféret***) kadosh קָדוֹשׁ (***Guevurá***) | kadosh קָדוֹשׁ (***Jésed***)

ילי jol כָל־ meló מְלֹא פני שכינה Tsevaot צְבָאוֹת Adonai יְהֹוָאדניאהדונהי

:quevodó כְּבוֹדוֹ אלהים דההין ע"ה haárets הָאָרֶץ

shoalim שׁוֹאֲלִים umeshartav וּמְשָׁרְתָיו olam עוֹלָם malé מָלֵא quevodó כְּבוֹדוֹ

Medita en recibir el alma adicional llamada: *Neshamá*

desde el aspecto del día de *Shabat*.

Biná	***Jojmá***	***Dáat***
Ima	***Aba***	**Decimotercer *Mazal* (ונקה)**
ayé ה	יֵ	אַ

quevodó כְּבוֹדוֹ mekom מְקוֹם

Salta una segunda vez porque ahora *Jojmá, Biná, Dáat* de *Yaakov* y *Rajel* saltan hacia *Jojmá, Biná, Dáat* de *Jojmá* de *Zeir Anpín* (que significa *Jojmá, Biná, Dáat* de *Aba* e *Ima* Celestiales). **Así que ahora**, *Maljut* (que es llamada כבוד ה' – el honor de *Zeir Anpín*) está en *Jojmá, Biná, Dáat* (también conocido como איה – *Ayé*, como se mencionó anteriormente). Y debido a que Ella fue elevada dos niveles de una vez (primero a *Jésed*, *Guevurá*, *Tiféret* y ahora a *Jojmá, Biná, Dáat*) los Ángeles ya no conocen Su lugar y se "preguntan" (*Ayé* significa: ¿dónde está Ella?). También medita en que cuando *Maljut* se eleva Ella recibe un nuevo Name: אלף למד יוד הא ואו הא.

(יאהדונהי) איה מקום כבודו להעריצו ר"ת = אמן lehaaritsó לְהַעֲרִיצוֹ

:veomrim וְאוֹמְרִים meshabjim מְשַׁבְּחִים leumatam לְעֻמָּתָם

כבוד ה' = יוד הי ואו הה ; Adonai יְהֹוָאדניאהדונהי Quevod כְּבוֹד־ Baruj בָּרוּךְ (או"א)

ר"ת מיכ: ; ר"ת ע"ב, ריבוע יהוה ; עסמ"ב, הברכה (למתק את ז' המלכים שמתו) mimkomó בִּמְקוֹמוֹ

KEDUSHÁ DE KÉTER

Te darán una corona, Señor, nuestro Dios, los ángeles de las multitudes arriba, junto con Tu nación, Israel, que está reunida abajo. Juntos todos te recitarán la Santidad tres veces, como la palabra hablada por Tu profeta: "Y llamó uno al otro y dijo: Santo, Santo, Santo es el Señor de los Ejércitos, la Tierra entera está llena con Su gloria" (Isaías 6:3). *Su gloria llena el mundo y Sus siervos preguntan: ¿Dónde está el lugar de Su Gloria para adorarlo? Uno frente al otro lo alaban y dicen: "Bendita es la Gloria del Señor desde Su Lugar"* (Ezequiel 3:12).

מִמְּקוֹמוֹ mimekomó עסמ"ב, הברכה (למתק את ז' המלכים שמתו) הוּא Hu יִפֶן yifén
בְּרַחֲמָיו berajamav לְעַמּוֹ leamó הַמְיַחֲדִים hameyajadim שְׁמוֹ Shemó מהש ע"ה, ע"ב
בריבוע וקס"א ע"ה, אל שדי ע"ה עֶרֶב érev וָבֹקֶר vavóker בְּכָל bejol ב"ן, לכב יוֹם yom
ע"ה נגד, מזבח, זן, אל יהוה תָּמִיד tamid ע"ה קס"א קנ"א קמ"ג
אוֹמְרִים omrim פַּעֲמַיִם paamáyim בְּאַהֲבָה beahavá אחד, דאגה:

Ya que *Zeir* y *Nukvá* son elevados a *Aba* e *Ima* Celestiales (Ellos están cara a cara y se hacen iguales a *Aba* e *Ima*) necesitamos dedicar nuestra alma para que *Mayin Nukvín* los unifique (como es necesario para la unificación de *Aba* e *Ima*). Y es por esto que decimos aquí "*Shemá Yisrael*". **Así que medita** en dedicar tu alma a la santificación del Santo Nombre y aceptar sobre ti mismo las cuatro formas de muerte, y también en elevar tu *Néfesh, Rúaj, Neshamá*, para que se vuelvan *Mayin Nukvín* para unificar *Zeir* y *Nukvá*. Luego Ella eleva cinco *Guevurot* del Nombre: יוד הה וו הה como *Mayin Nukvín* y *Zeir* infunde cinco *Jasadim* del Nombre: יוד הא ואו הא como *Mayin Dujrín* [cinco veces אלהים (430) y cinco veces יהוה (130) es igual a cinco veces יב"ק (560)].

שְׁמַע Shemá ע' רבתי יִשְׂרָאֵל Yisrael יְהֹוָה יאהדונהי Adonai אֱלֹהֵינוּ Eloheinu ילה

יְהֹוָה יאהדונהי Adonai | אֶחָד ejad ד' רבתי ; אהבה, דאגה:

הוּא Hu אֱלֹהֵינוּ Eloheinu ילה. הוּא Hu אָבִינוּ avinu. הוּא Hu מַלְכֵּנוּ malquenu.
הוּא Hu מוֹשִׁיעֵנוּ moshienu. הוּא Hu יוֹשִׁיעֵנוּ yoshienu וְיִגְאָלֵנוּ veyigalenu
שֵׁנִית shenit. וְיַשְׁמִיעֵנוּ veyashmienu בְּרַחֲמָיו berajamav לְעֵינֵי leeinei ריבוע מ"ה
כָּל col ילי וְחַי jai כל חי = אהיה אהיה יהוה, בינה ע"ה, חיים לֵאמֹר lemor.
הֵן hen גָּאַלְתִּי gaalti אֶתְכֶם etjem אַחֲרִית ajarit כְּרֵאשִׁית quereshit
לִהְיוֹת lihyot לָכֶם lajem לֵאלֹהִים leElohim אהיה אדני ; ילה.
אֲנִי Aní אני יְהֹוָה יאהדונהי Adonai אֱלֹהֵיכֶם Eloheijem ילה:
וּבְדִבְרֵי uvedivrei קָדְשְׁךָ kodshaj כָּתוּב catuv לֵאמֹר lemor:
(זו"ן) יִמְלֹךְ yimloj קדוש ברוך ימלך ר"ת יב"ק, אלהים יהוה, אהיה אדני יהוה
יְהֹוָה יאהדונהי Adonai לְעוֹלָם leolam ריבוע ס"ג ו' אותיות דס"ג אֱלֹהַיִךְ Eloháyij ילה
צִיּוֹן Tsiyón יוסף, ו' הויות, קנאה לְדֹר ledor וָדֹר vador רי"ו ; ר"ת אצלו (מלכות אצל ז"א – ו)
הַלְלוּיָהּ haleluyá אלהים, אהיה אדני ; ללה:

Desde Su lugar, Él se puede volver con compasión a Su nación, la cual, de noche y de mañana, dos veces cada día, proclama con constancia la Unidad de Su Nombre, diciendo con amor: "Escucha, Israel, el Señor es nuestro Dios, el Señor es Uno" (Deuteronomio 6:4). Él es nuestro Dios. Él es nuestro Padre. Él es nuestro Rey. Él es nuestro Salvador. Él nos salvará y nos redimirá de nuevo y nos dejará escuchar, a través de Su compasión, a los ojos de todos los vivientes, y dirá: He aquí que Yo los he redimido tanto en tiempos posteriores como en tiempos anteriores, para ser un Dios para ustedes. Yo soy el Señor, su Dios. Y en Tus Sagradas Escrituras, lo siguiente está escrito: "El Señor reinará por siempre, tu Dios, Sión, de una generación a la otra, ¡aleluya!" (Salmos 146:10).

LA TERCERA BENDICIÓN

Esta bendición nos conecta con Yaakov, la Columna Central y el poder de la restricción. Yaakov es nuestro canal para conectar la Misericordia con el Juicio. Al restringir nuestro comportamiento reactivo, estamos deteniendo nuestro Deseo de Recibir para Nosotros Mismos. Yaakov también nos da el poder para equilibrar nuestros actos de Misericordia y Juicio hacia otras personas en nuestra vida.

Tiféret que se convierte en _Dáat_ (14 palabras).

אַתָּה Atá קָדוֹשׁ kadosh וְשִׁמְךָ veShimjá קָדוֹשׁ kadosh ר"ת = אור, רז, אין סוף

וּקְדוֹשִׁים ukdoshim בְּכָל־ bejol ב"ן, לכב יוֹם yom ע"ה נגד, מזבח, זן, אל יהוה

יְהַלְלוּךָ yehaleluja סֶּלָה sela:

אה"ה יהו מצפצ

בָּרוּךְ Baruj אַתָּה Atá יְהֹוָאדִהֹּאֲהרוּנָהִי Adonai

(**Durante los días de _Bein HaMetsarim_** medita en el Nombre Sagrado: מצפצ)

הָאֵל haEl לאה ; ייא" (מילוי דס"ג) הַקָּדוֹשׁ hakadosh י"פ מ"ה (יוד הא ואו הא):

Medita aquí en el Nombre: יאהדונהי, esto puede ayudar a eliminar la ira.

Durante los días de _Rosh Hashaná_ y _Yom Kipur,_ en lugar de decir "*haEl hakadosh*", decimos:

הַמֶּלֶךְ haMélej הַקָּדוֹשׁ hakadosh:

Si por error dijiste "*haEl hakadosh*" y te das cuenta de esto en tres segundos, debes decir inmediatamente "*haMélej hakadosh*" y continuar como siempre. Pero si ya empezaste la bendición siguiente, debes comenzar la *Amidá* desde el principio.

LA CUARTA BENDICIÓN - TIKANTA SHABAT

En esta sección encontramos las 22 letras del alfabeto arameo en orden inverso, lo que representa el poder de la Luz Retornante. Hay dos clases de Luz: Luz Directa y Luz Retornante. La Luz Directa se refiere a esa Luz que llena toda nuestra realidad y que es tan poderosa que nadie puede aprovecharla o manejar todo su poder. La Luz retornante es la Luz que restringimos y reflejamos de regreso al cosmos a través de la debilitación de nuestro comportamiento reactivo. La Luz retornante nos genera Luz y realización a largo plazo, mientras que la Luz Directa proporciona un placer momentáneo que desaparece tan rápidamente como llegó. En una bombilla de luz, el filamento ejerce la misma función que el concepto kabbalístico de la restricción: devolver el flujo de la corriente eléctrica y evitar una conexión directa (Luz Directa) entre el polo positivo y el polo negativo. Sin el filamento, la conexión directa entre los polos positivo y negativo crea un cortocircuito. Esto produce un destello y una chispa de Luz, pero después hay oscuridad. El acto de la resistencia es lo que mantiene brillando a la Luz.

Las últimas cinco palabras de esta conexión comienzan con las cinco letras finales del alfabeto arameo. El Kabbalista Rav Yitsjak Luria (el Arí) nos enseña que estas cinco letras denotan el poder del juicio. En *Shabat* podemos purificar todos los juicios que penden sobre nosotros como resultado de nuestras acciones negativas de la semana que pasó.

LA TERCERA BENDICIÓN

Tú eres Santo y Santo es Tu Nombre, y los seres santos te alaban día a día, porque Tú eres Dios, el Rey Santo, Sela. Bendito eres Tú, Señor, el Santo Dios.

Durante los días entre *Rosh Hashaná* y *Yom Kipur*: *El Santo Rey.*

La cuarta bendición es la bendición del medio que corresponde a *Maljut*, la cual es el punto medio entre *Jésed*, *Guevurá*, *Tiféret* (los tres patriarcas, las primeras tres bendiciones) y entre *Nétsaj*, *Hod*, *Yesod* (las últimas tres bendiciones) como se explica en *Tikunéi HaZóhar*. Esta sección está a la inversa —de la letra *Tav* a la letra *Álef*— lo que es Luz Retornante, y esto es el secreto (como está escrito en el *Zóhar*, "*Nasó* – La *Idra Raba*", párrafo 23) de la iluminación de las 22 letras en los *Mojín* Celestiales de Abajo hacia Arriba.

תִּכַּנְתָּ tikanta שַׁבָּת Shabat רָצִיתָ ratsita קָרְבְּנוֹתֶיהָ korbenoteha

צִוִּיתָ tsivita פֵּירוּשֶׁיהָ peirusheha עִם im סִדּוּרֵי sidurei נְסָכֶיהָ nesajeha

מְעַנְּגֶיהָ meanguehá לְעוֹלָם leolam ריבוע ס"ג י' אותיות דס"ג כָּבוֹד cavod

יִנְחָלוּ yinjalú טוֹעֲמֶיהָ toameha וְחַיִּים jayim אהיה אהיה יהוה, בינה ע"ה זָכוּ zajú

וְגַם vegam הָאוֹהֲבִים haohavim דְּבָרֶיהָ devareha גְּדוּלָּה guedulá

בָּחָרוּ vajarú• אָז az מִסִּינַי miSinai נמם, ה' הויות נִצְטַוּוּ nitstavú צִוּוּיֵי tsivuyei

פְּעָלֶיהָ feoleha כָּרָאוּי caraúi ר"ת בןזוךר, סנדלפון, ערי•

YEHÍ RATSÓN

Esta oración nos conecta con el deseo de ver el Templo reconstruido. A pesar de que, según la Kabbalah, el Templo todavía existe en un plano espiritual, su estructura física no está; dejando a nuestro mundo físico incompleto. Esta oración ayuda a movilizar y acelerar la construcción final del Templo físico.

יְהִי yehí רָצוֹן ratsón מהש ע"ה, ע"ב בריבוע וקס"א ע"ה, אל שדי ע"ה

מִלְּפָנֶיךָ milfaneja ס"ג מ"ה ב"ן יְהֹוָהאדניאהדונהי Adonai אֱלֹהֵינוּ Eloheinu ילה

וֵאלֹהֵי veElohei לכב ; מילוי ע"ב, דמב ; ילה אֲבוֹתֵינוּ avoteinu שֶׁתַּעֲלֵנוּ shetaalenu

בְּשִׂמְחָה vesimjá לְאַרְצֵנוּ leartsenu וְתִטָּעֵנוּ vetitaenu בִּגְבוּלֵנוּ bigvulenu (הם

י"ב גבולי אלכסון) וְשָׁם vesham נַעֲשֶׂה naasé לְפָנֶיךָ lefaneja ס"ג מ"ה ב"ן

אֶת et קָרְבְּנוֹת korbenot חוֹבוֹתֵינוּ jovoteinu תְּמִידִים temidim

כְּסִדְרָם quesidram וּמוּסָפִים umusafim כְּהִלְכָתָם quehiljatam•

LA CUARTA BENDICIÓN - TIKANTA SHABAT

Tú has establecido el Shabat y has hallado gracia en sus ofrendas. Has instruido leer sus comentarios junto con el orden del pan de testimonio. Aquellos que se deleiten en él heredarán honra eterna. Aquellos que lo degusten merecerán la vida y, asimismo, a aquellos que les agrade el discurso apropiado para éste han escogido la grandeza. Entonces, desde Sinaí, se les instruyó acerca de los procedimientos apropiados de sus actividades.

YEHÍ RATSÓN

Que sea Tu voluntad, Señor, nuestro Dios,

Dios de nuestros antepasados, Rey compasivo, que nos aceptes con dicha en nuestra tierra y nos arraigues dentro de nuestras fronteras; y allí realizaremos ante Ti los rituales de nuestras ofrendas obligatorias, las ofrendas de Tamid según su orden y las ofrendas de Musaf, conforme a sus leyes.

אֶת et מוּסַף musaf יוסף (אם תוליך י' במ' באתב"ש) יוֹם yom ע"ה נגד, מזבח, זן, אל יהוה

הַשַּׁבָּת haShabat הַזֶּה hazé והו נַעֲשֶׂה naasé וְנַקְרִיב venakriv לְפָנֶיךָ lefaneja

ס"ג מ"ה ב"ן בְּאַהֲבָה beahavá אחד, דאגה כְּמִצְוַת quemitsvat רְצוֹנָךְ retsonaj.

כְּמוֹ quemó שֶׁכָּתַבְתָּ shecatavta עָלֵינוּ aleinu בְּתוֹרָתָךְ beTorataj עַל al

יְדֵי yedei מֹשֶׁה Moshé מהש, ע"ב, בריבוע, קס"א,

אל שדי, ד"פ אלהים ע"ה עַבְדָּךְ avdaj פוי, אל אדני כָּאָמוּר caamur:

UVEYOM HASHABAT

Este párrafo nos conecta directamente con el sacrificio real que se llevaba al antiguo Templo durante *Shabat*. El Templo físico ya no existe, así que hoy en día nuestro sacrificio es el de nuestro comportamiento reactivo. Debemos hacer una introspección y sacrificar, al menos, una de nuestras características negativas. Si es fácil y cómodo de hacer, entonces no se considera un sacrificio. Este sacrificio podría involucrar una visita a un amigo o familiar, durante *Shabat* o la próxima semana, y mejorar una situación difícil al abandonar el ego y admitir que estamos equivocados. Podríamos acudir a un amigo o enemigo y confesarle nuestros celos. Cuanto más difícil sea, más Luz recibiremos. De acuerdo con los principios de la Kabbalah, en el momento que bajamos la guardia, eliminamos nuestro ego y ofrecemos Luz verdadera a través de nuestro propio sacrificio y humildad, los demás nos sorprenderán respondiendo de forma positiva.

וּבְיוֹם uveyom ע"ה נגד, מזבח, זן, אל יהוה הַשַּׁבָּת haShabat

שְׁנֵי shnei כְבָשִׂים jevasim בְּנֵי bnei שָׁנָה shaná תְּמִימִם temimim

וּשְׁנֵי ushnei עֶשְׂרֹנִים esronim סֹלֶת sólet מִנְחָה minjá ע"ה ב"פ ב"ן

בְּלוּלָה belulá בַשֶּׁמֶן vashemen וְנִסְכּוֹ veniscó: עֹלַת olat אבג יתץ, ושר

שַׁבַּת Shabat בְּשַׁבַּתּוֹ beshabató עַל al עֹלַת olat אבג יתץ, ושר

הַתָּמִיד hatamid ע"ה קס"א קנ"א קמ"ג (מילוי אהיה) וְנִסְכָּה veniscá:

Las ofrendas de Musaf de este día de Shabat,
prepararemos y ofrendaremos ante Ti, con amor, según el mandamiento de Tu voluntad, como Tú lo has escrito para nosotros en Tu Torá a través de Moshé, Tu siervo, como fue dicho:

UVEYOM HASHABAT

"Y el día de Shabat ofrecerás dos corderos de un año sin defecto y dos décimas de un efá de flor de harina por oblación, amasada con aceite, y su libación. Esto será la ofrenda de elevación de cada Shabat, además de la ofrenda de elevación de Tamid y su libación" (Números 28:9-10).

YISMEJÚ

Este verso se refiere al *Shabat* original que ocurrió en el Jardín de Edén. Para activar el poder de nuestro *Shabat*, debemos reconocer que estamos conectándonos a la energía espiritual primordial que fue revelada durante el primer *Shabat*.

יִשְׂמְחוּ yismejú בְמַלְכוּתְךָ vemaljutaj שׁוֹמְרֵי shomrei כ"א הויות שבתפילין

שַׁבָּת Shabat וְקוֹרְאֵי vekorei עֹנֶג óneg. עַם am מְקַדְּשֵׁי mekadshei

שְׁבִיעִי shvií. כֻּלָּם culam יִשְׂבְּעוּ yisbeú וְיִתְעַנְּגוּ veyitangú

מִטּוּבָךְ mituvaj לאו. וְהַשְּׁבִיעִי vehashvií רָצִיתָ ratsita בּוֹ bo

וְקִדַּשְׁתּוֹ vekidashtó. חֶמְדַּת jemdat יָמִים yamim נלך אוֹתוֹ otó

קָרָאתָ karata זֵכֶר zéjer לְמַעֲשֵׂה lemaasé בְרֵאשִׁית vereshit ר"ת מ"ב.

MEKADESH HASHABAT

Medita en que la *Nukvá* recibe ahora una nuevo Nombre: אלף למד יהוה que equivale a las iniciales de las palabras: בראשית אלהינו ואלהי אבותינו רצה (*bereshit Eloheinu veElohei avoteinu retsé*).

אֱלֹהֵינוּ Eloheinu ילה וֵאלֹהֵי veElohei לכב ; מילוי דע"ב, דמב ; ילה

אֲבוֹתֵינוּ avoteinu רְצֵה retsé נָא na בִמְנוּחָתֵנוּ vimnujatenu.

קַדְּשֵׁנוּ kadshenu בְּמִצְוֹתֶיךָ vemitsvoteja. שִׂים sim חֶלְקֵנוּ jelkenu

בְתוֹרָתָךְ vetorataj שַׂבְּעֵנוּ sabenu מִטּוּבָךְ mituvaj לאו. שַׂמֵּחַ saméaj

נַפְשֵׁנוּ nafshenu בִּישׁוּעָתָךְ bishuataj. וְטַהֵר vetaher לִבֵּנוּ libenu

לְעָבְדְךָ leovdejá פוי, אל אדני בֶאֱמֶת veemet אהיה פעמים אהיה, ו"פ ס"ג.

YISMEJÚ

Se regocijarán en Tu Reinado, todos aquellos quienes observan el Shabat y lo llaman 'deleite'. La gente que santifica el séptimo (día). Ellos serán saciados y deleitados por Tu benevolencia. Y en el séptimo Tú hallaste gracia y lo santificaste. El día más anhelado de todos lo has llamado, una remembranza de las obras de la Creación.

MEKADESH HASHABAT

Dios nuestro y Dios de nuestros antepasados, que te plazca nuestro descanso. Santifícanos con Tus preceptos y otórganos participación en Tu Torá y sácianos de Tu bondad y alegra nuestros espíritus con Tu salvación y purifica nuestro corazón para que te sirvamos con verdad.

ילה Eloheinu אֱלֹהֵינוּ Adonai יאהדונהי יְהֹוָה vehanjilenu וְהַנְחִילֵנוּ

ע״ה, וקס״א ע״ב בריבוע ע״ב, ע״ה, מהש uveratsón וּבְרָצוֹן אחד, דאגה beahavá בְּאַהֲבָה

va בָהּ veyanuju וְיָנוּחוּ •kodshejá קָדְשֶׁךָ Shabat שַׁבַּת ע״ה שדי אל

•Shmeja שְׁמֶךָ mekadshei מְקַדְּשֵׁי Yisrael יִשְׂרָאֵל ילי col כָּל

אהיה יהו יה אדני

Adonai יאהדונהי יְהֹוָה Atá אַתָּה Baruj בָּרוּךְ

Medita en los *Neshikín* (besos, la Unificación Superior) **desde** las Diez *Sefirot* de *Jojmá* de *Kéter* de los cinco *Partsufim* de de *Jojmá, Biná, Dáat* (**en la repetición**: *Jojmá, Biná, Dáat* de *Kéter*) de *Jojmá* de *Zeir Anpín* **hasta** las Diez *Sefirot* de *Jojmá* de *Kéter* de los cinco *Partsufim* de *Jojmá, Biná, Dáat* (**en la repetición**: *Jojmá, Biná, Dáat* de *Kéter*) de *Jojmá* de *Yaakov* y *Rajel*.

Jojmá	*Dáat*	*Biná*
א	י	ה
יהוה	מצפץ	יְהֹוָה
אַהַיַהַ	אֶהָיָה	אֱהֱיֱהֱ
יַהַוַהַ	יָהָוָה	יֱהֱוֱהֱ

Medita en atraer iluminación hacia *Kéter de Yaakov* y *Rajel* (ya que Ellos ahora están de pie en *Nétsaj, Hod, Yesod* de *Zeir Anpín*) a través de *Jésed, Guevurá, Tiféret* de *Zeir Anpín* desde los tres *Mojín* (*Jojmá, Biná, Dáat*) del Segundo *Gadlut* envuelto por *Jojmá, Biná, Dáat* (**en la repetición:** *Jojmá, Biná, Dáat* de *Kéter*) de *Aba* e *Ima* Celestiales (como los *Mojín* están en *Jojmá, Biná, Dáat* de *Zeir Anpín* – y **en la repetición**: los *Mojín* están en *Jojmá, Biná, Dáat* de *Kéter* de *Zeir Anpín*).

También atrae *Maljut* de *Kéter* de todos los cinco *Partsufim* de *Nétsaj, Hod, Yesod* (**en la repetición**: *Jésed, Guevurá, Tiféret*) de *Jojmá* de lo Interno de *Zeir Anpín* **hacia** *Kéter* de todos los cinco *Partsufim* de *Nétsaj, Hod, Yesod* (**en la repetición**: *Jésed, Guevurá, Tiféret*) de *Jojmá* de lo Externo y lo Interno de *Yaakov* y *Rajel* **hacia** *Kéter* de *Yaakov* y *Rajel* que está de pie en el Pecho de *Zeir Anpín*:

אֲהָיָה יְהָוָה

(a las tres Vasijas de *Kéter* de *Nukvá*)

י יה יהו יהוה   יוד יוד הא יוד הא ואו יוד הא ואו הה   יוד הא ואו הה

:haShabat הַשַּׁבָּת mekadesh מְקַדֵּשׁ

Las tres bendiciones finales

A través del mérito de Moshé, Aharón y Yosef, quienes son nuestros canales para las últimas tres bendiciones, somos capaces de hacer descender toda la energía espiritual que despertamos con nuestras oraciones y bendiciones.

La quinta bendición

Durante esta bendición, que se refiere a Moshé, siempre debemos meditar en tratar de saber exactamente qué quiere Dios de nosotros en nuestra vida, como lo indica la frase: "Que sea la voluntad de Dios". Estamos pidiéndole a Dios que nos guíe hacia el trabajo que vinimos a hacer en la Tierra. El Creador no puede aceptar sólo el trabajo que queremos hacer, debemos llevar a cabo el trabajo que estamos destinados a hacer.

Señor, Dios nuestro, con amor y gracia otórganos Tu santo Shabat como heredad; y que todo Israel, los santificadores de Tu Nombre, reposen en él. Bendito seas Tú, Señor, que santificas el Shabat.

Nétsaj

Meditar por el Deseo Celestial (*Kéter*), que es llamado *Métsaj HaRatsón* (la Frente del Deseo).

רְצֵה retsé אלף למד הה יוד מם

Aquí meditar en transformar el infortunio y la tragedia (צרה) en deseo y aceptación (רצה).

(**Durante las tres semanas de *Bein HaMetsarim*,** medita aquí en los Nombres Sagrados: אלהים דההין אדני, שין ע״ה, טדהד כוזו מצפצ – con estos Nombres transformamos צרה en רצה).

יְהֹוָהאדניאהדונהי Adonai אֱלֹהֵינוּ Eloheinu ילה בְּעַמְּךָ beamjá יִשְׂרָאֵל Yisrael

וְלִתְפִלָּתָם velitfilatam שְׁעֵה sheé• וְהָשֵׁב vehashev הָעֲבוֹדָה haavodá

לִדְבִיר lidvir רי״ו בֵּיתֶךָ beiteja ב״פ ראה• וְאִשֵּׁי veishei יִשְׂרָאֵל Yisrael

וּתְפִלָּתָם utfilatam מְהֵרָה meherá בְּאַהֲבָה beahavá אחד, דאגה

תְקַבֵּל tekabel בְּרָצוֹן beratsón מהש ע״ה, ע״ב בריבוע וקס״א ע״ה, אל שדי ע״ה•

וּתְהִי utehí לְרָצוֹן leratsón מהש ע״ה, ע״ב בריבוע וקס״א ע״ה, אל שדי ע״ה

תָּמִיד tamid ע״ה קס״א קנ״א קמ״ג עֲבוֹדַת avodat יִשְׂרָאֵל Yisrael עַמֶּךָ ameja:

וְאַתָּה veAtá בְּרַחֲמֶיךָ verajameja הָרַבִּים harabim•

תַּחְפֹּץ tajpots בָּנוּ banu וְתִרְצֵנוּ vetirtsenu

וְתֶחֱזֶינָה vetejezena עֵינֵינוּ eineinu ריבוע מ״ה בְּשׁוּבְךָ beshuvjá

לְצִיּוֹן leTsiyón יוסף, ו׳ הויות, קנאה בְּרַחֲמִים berajamim מצפצ, אלהים דיודין, י״פ ייי:

אהיה יהו אל

בָּרוּךְ Baruj אַתָּה Atá יְהֹוָהאדניאהדונהי Adonai

הַמַּחֲזִיר hamajazir שְׁכִינָתוֹ Shjinató לְצִיּוֹן leTsiyón יוסף, ו׳ הויות, קנאה:

LAS TRES BENDICIONES FINALES

LA QUINTA BENDICIÓN

Encuentra gracia, Señor, nuestro Dios, en Tu pueblo, Israel y oye su oración. Restaura el culto en el santuario interno de Tu Templo. Acepta las ofrendas de Israel y sus oraciones con complacencia, prontamente y con amor. Que siempre sea agradable a Ti, el servicio de Israel, Tu nación.

Y Tú en Tu gran compasión, te deleites en nosotros y estés complacido con nosotros. Puedan nuestros ojos contemplar Tu retorno a Sión con compasión. ¡Bendito eres Tú, Señor, que devuelve Su Shejiná a Sión!

LA SEXTA BENDICIÓN

Esta bendición es nuestro agradecimiento. Kabbalísticamente, el mayor agradecimiento que le podemos dar a nuestro Creador es hacer exactamente lo que debemos hacer en términos de nuestro trabajo espiritual.

Hod

Inclina todo tu cuerpo en "*modim*" y enderézate en "*Adonai*".

מוֹדִים modim מאה ברכות שתיקן דוד לאמרם כל יום אֲנַחְנוּ anajnu לָךְ laj

שָׁאַתָּה sheAtá הוּא Hu יְהֹוָואדניאהדונהי Adonai (ונ) אֱלֹהֵינוּ Eloheinu ילה

וֵאלֹהֵי veElohei לכב ; מילוי ע״ב, דמב ; ילה אֲבוֹתֵינוּ avoteinu לְעוֹלָם leolam

וָעֶד vaed. ריבוע ס״ג וי׳ אותיות דס״ג צוּרֵנוּ tsurenu צוּר tsur אלהים דההין ע״ה

חַיֵּינוּ jayeinu וּמָגֵן umaguén ג״פ אל (ייא״י מילוי דס״ג) ; ר״ת מיכאל גבריאל נוריאל

יִשְׁעֵנוּ yishenu אַתָּה Atá הוּא Hu. לְדוֹר ledor וָדוֹר vador רי״ו נוֹדֶה nodé

לְךָ lejá וּנְסַפֵּר unesaper תְּהִלָּתֶךָ tehilateja. עַל־ al חַיֵּינוּ jayeinu

הַמְּסוּרִים hamesurim בְּיָדֶךָ beyadeja. וְעַל veal נִשְׁמוֹתֵינוּ nishmoteinu

הַפְּקוּדוֹת hapekudot לָךְ laj. וְעַל־ veal נִסֶּיךָ niseja שֶׁבְּכָל shebejol

יוֹם yom ע״ה נגד, מזבח, זן, אל יהוה עִמָּנוּ imanu ריבוע ס״ג, קס״א ע״ה וד׳ אותיות

וְעַל veal נִפְלְאוֹתֶיךָ nifleoteja וְטוֹבוֹתֶיךָ vetovoteja שֶׁבְּכָל shebejol

בין, לכב עֵת et. עֶרֶב érev וָבֹקֶר vavóker וְצָהֳרָיִם vetsahoráyim. הַטּוֹב hatov

והו כִּי־ qui לֹא־ lo כָלוּ jalú רַחֲמֶיךָ rajameja. הַמְּרַחֵם hamerajem

אברהם, וז״פ אל, רי״ו ול״ב נתיבות החכמה, רמ״ח (אברים), עסמ״ב וט״ז אותיות פשוטות כִּי־ qui לֹא lo

תַמּוּ tamu חֲסָדֶיךָ jasadeja כִּי qui מֵעוֹלָם meolam קִוִּינוּ kivinu לָךְ laj:

LA SEXTA BENDICIÓN

Nosotros te damos gracias a Ti, porque eres Tú, Señor, quien es nuestro Dios y el Dios de nuestros padres, por siempre y por toda la eternidad. Tú eres nuestra Fortaleza, la Fortaleza de nuestras vidas y el Escudo de nuestra salvación. De una generación a otra, te daremos gracias a Ti y cantaremos Tu alabanza. Por nuestras vidas que están en Tus Manos, por nuestras almas que están a Tu cuidado, por Tus milagros que están con nosotros todos los días y por Tus maravillas y Tus favores que están con nosotros en todo momento: de noche, de mañana y de tarde. Tú eres bueno, porque Tu compasión nunca se ha acabado. Tú eres el misericordioso, porque Tu bondad nunca ha cesado, porque siempre hemos puesto nuestras esperanzas en Ti.

MODIM DERABANÁN

Esta oración es recitada por la congregación en la repetición cuando el *jazán* dice "*modim*".

En esta sección hay 44 palabras, que es el mismo valor numérico del Nombre:

ריבוע אהי (א אה אהי אהיה)

מוֹדִים modim מאה ברכות שתיקן דוד לאמרם כל יום אֲנַחְנוּ anajnu לָךְ laj

שָׁאַתָּה sheAtá הוּא hu יְהֹוָה יאהדונהי Adonai אֱלֹהֵינוּ Eloheinu ילה

וֵאלֹהֵי veElohei לכב ; מילוי ע״ב, דמב ; ילה אֲבוֹתֵינוּ avoteinu

אֱלֹהֵי Elohei מילוי ע״ב, דמב ; ילה כָּל jol ילי בָּשָׂר •basar יוֹצְרֵנוּ yotsrenu

יוֹצֵר yotser בְּרֵאשִׁית •bereshit בְּרָכוֹת brajot וְהוֹדָאוֹת vehodaot

לְשִׁמְךָ leShimjá הַגָּדוֹל hagadol להח ; עם ד׳ אותיות = מבה, יזל, אום

וְהַקָּדוֹשׁ vehakadosh עַל al שֶׁהֶחֱיִיתָנוּ shehejeyitanu וְקִיַּמְתָּנוּ •vekiyamtanu

כֵּן quen תְּחַיֵּינוּ tejayeinu וּתְחָנֵּנוּ •utejonenu וְתֶאֱסוֹף veteesof

גָּלֻיּוֹתֵינוּ galuyoteinu לְחַצְרוֹת lejatsrot קָדְשֶׁךָ •kodshejá לִשְׁמוֹר lishmor

חֻקֶּיךָ jukeja וְלַעֲשׂוֹת velaasot רְצוֹנֶךָ •retsoneja וּלְעָבְדְךָ uleavdejá

פוי, אל אדני בְּלֵבָב belevav בוכו שָׁלֵם •shalem עַל al שֶׁאֲנַחְנוּ sheanajnu

מוֹדִים modim לָךְ •laj בָּרוּךְ Baruj אֵל El ייא״י (מילוי דס״ג) הַהוֹדָאוֹת hahodaot:

PARA JANUCÁ Y PURIM

Janucá y *Purim* generan una dimensión adicional de energía de Milagros. Esta bendición nos ayuda a aprovechar esta energía, atrayendo milagros a nuestra vida cuando realmente los necesitamos.

וְעַל veal הַנִּסִּים hanisim וְעַל veal הַפֻּרְקָן •hapurkán

וְעַל veal הַגְּבוּרוֹת •haguevurot וְעַל veal הַתְּשׁוּעוֹת hateshuot

וְעַל veal הַנִּפְלָאוֹת haniflaot וְעַל veal הַנֶּחָמוֹת hanejamot

שֶׁעָשִׂיתָ sheasita לַאֲבוֹתֵינוּ laavoteinu בַּיָּמִים bayamim נלך הָהֵם hahem

בַּזְּמַן bazemán הַזֶּה hazé והו:

MODIM DERABANÁN

Nosotros te damos gracias a Ti, porque eres Tú, Señor, quien es nuestro Dios y el Dios de nuestros ancestros, el Dios de toda la humanidad, nuestro Hacedor y el Creador de toda la Creación. Bendiciones y gracias a Tu gran y Santo Nombre por darnos vida y por preservarnos. Que puedas Tú continuar dándonos vida, sé amable con nosotros y reúne nuestros exiliados en los atrios de Tu Santuario, para que podamos cumplir Tus leyes, hacer Tu voluntad y servir a Ti con todo el corazón. Por esto te agradecemos. ¡Bendito sea el Dios de los agradecimientos!

PARA JANUCÁ Y PURIM

Y también por los milagros, la liberación, los hechos poderosos, la salvación, las maravillas, y actos de consolación que Tú realizaste para nuestros antepasados, en aquellos días y en este momento.

PARA JANUCÁ:

בִּימֵי bimei מַתִּתְיָה Matityá בֶּן ven יוֹחָנָן Yojanán כֹּהֵן Cohén מלכה
גָּדוֹל Gadol להוו ; עם ד' אותיות = מכבה, יזל, אום חַשְׁמוֹנָאִי Jashmonaí וּבָנָיו uvanav
כְּשֶׁעָמְדָה quesheamdá מַלְכוּת maljut יָוָן Yaván הָרְשָׁעָה harshaá עַל al
עַמְּךָ ameja יִשְׂרָאֵל Yisrael לְשַׁכְּחָם leshaquejam תּוֹרָתֶךָ torataj
וּלְהַעֲבִירָם ulehaaviram מֵחֻקֵּי mejukei רְצוֹנָךְ. retsonaj וְאַתָּה veAtá
בְּרַחֲמֶיךָ verajameja הָרַבִּים harabim עָמַדְתָּ amadta לָהֶם lahem בְּעֵת beet
צָרָתָם. tsaratam רַבְתָּ ravta אֶת et רִיבָם. rivam דַּנְתָּ danta
אֶת et דִּינָם. dinam נָקַמְתָּ nakamta מנק אֶת et נִקְמָתָם nikmatam מנק.
מָסַרְתָּ masarta גִּבּוֹרִים guiborim בְּיַד beyad חַלָּשִׁים. jalashim וְרַבִּים verabim
בְּיַד beyad מְעַטִּים. meatim וּרְשָׁעִים ureshaím בְּיַד beyad צַדִּיקִים. tsadikim
וּטְמֵאִים utmeím בְּיַד beyad טְהוֹרִים. tehorim וְזֵדִים vezedim בְּיַד beyad
עוֹסְקֵי oskei תוֹרָתֶךָ. torateja לְךָ lejá עָשִׂיתָ asita שֵׁם shem
גָּדוֹל gadol להוו ; עם ד' אותיות = מכבה, יזל, אום וְקָדוֹשׁ vekadosh בְּעוֹלָמָךְ. beolamaj
וּלְעַמְּךָ uleameja יִשְׂרָאֵל Yisrael עָשִׂיתָ asita תְּשׁוּעָה teshuá גְדוֹלָה guedolá
וּפֻרְקָן ufurkán כְּהַיּוֹם quehayom ע"ה נגד, מזבח, זן, אל יהוה הַזֶּה hazé והו.
וְאַחַר veajar כָּךְ caj בָּאוּ báu בָנֶיךָ vaneja לִדְבִיר lidvir רי"ו
בֵּיתֶךָ beiteja ב"פ ראה וּפִנּוּ ufinú אֶת־ et הֵיכָלֶךָ. heijaleja וְטִהֲרוּ vetiharú
אֶת et מִקְדָּשֶׁךָ. mikdasheja וְהִדְלִיקוּ vehidliku נֵרוֹת nerot
בְּחַצְרוֹת bejatsrot קָדְשֶׁךָ. kodshejá וְקָבְעוּ vekavú שְׁמוֹנַת shmonat
יְמֵי yemei חֲנֻכָּה Janucá אֵלּוּ elu בְּהַלֵּל behalel ללה, אדני וּבְהוֹדָאָה. uvehodaá
וְעָשִׂיתָ veasita עִמָּהֶם imahem נִסִּים nisim וְנִפְלָאוֹת veniflaot וְנוֹדֶה venodé
לְשִׁמְךָ leShimjá הַגָּדוֹל hagadol להוו ; עם ד' אותיות = מכבה, יזל, אום סֶלָה: sela:

PARA JANUCÁ

En los días de Matityá, hijo de Yojanán, el Sumo Sacerdote, el jasmoneo, y sus hijos, cuando el maligno Imperio Griego se sublevó en contra de Tu nación, Israel, para obligarlos a olvidar Tu Torá y obligarlos a alejarse de las leyes de Tu deseo, con Tu compasión estuviste con ellos en tiempos turbulentos. Tú luchaste sus batallas, buscaste justicia para ellos, los vindicaste y entregaste a los fuertes en manos de los débiles, a los numerosos en manos de los pocos, a los perversos en manos de los justos, a los contaminados en manos de los puros y a los tiranos en manos de aquellos que se ocupaban con Tu Torá. Hiciste un Santo Nombre para Ti en Tu mundo y para Tu pueblo, Israel, realizaste una gran salvación y liberación en este día. Entonces Tus hijos vinieron al Santuario de Tu Casa, limpiaron Tu Palacio, purificaron Tu Templo, encendieron velas en los jardines de Tu Santo Dominio, y establecieron estos ocho días de Janucá para alabanza y acción de gracias. Y Tú realizaste milagros y maravillas para ellos. Por ello estamos agradecidos a Tu Gran Nombre. Sela.

PARA PURIM:

בִּימֵי bimei מָרְדְּכַי Mordejai וְאֶסְתֵּר veEster עם האותיות = מילוי אדני
בְּשׁוּשַׁן beShushán הַבִּירָה habirá. כְּשֶׁעָמַד quesheamad עֲלֵיהֶם aleihem
הָמָן Hamán הָרָשָׁע Harashá. בִּקֵּשׁ bikesh לְהַשְׁמִיד lehashmid לַהֲרוֹג laharog
וּלְאַבֵּד uleabed אֶת et כָּל col ילי הַיְּהוּדִים hayehudim מִנַּעַר mináar
וְעַד vead זָקֵן zakén טַף taf וְנָשִׁים venashim בְּיוֹם beyom ע"ה נגד, מזבח, זן, אל יהוה
אֶחָד ejad אהבה, דאגה בִּשְׁלֹשָׁה bishloshá עָשָׂר asar לְחוֹדֶשׁ lejódesh
י"ב הויות, קס"א קנ"א שְׁנֵים shneim עָשָׂר asar הוּא hu חוֹדֶשׁ jódesh י"ב הויות, קס"א קנ"א
אֲדָר Adar וּשְׁלָלָם ushlalam לָבוֹז lavoz. וְאַתָּה veAtá בְּרַחֲמֶיךָ verajameja
הָרַבִּים harabim הֵפַרְתָּ hefarta אֶת et עֲצָתוֹ atsató וְקִלְקַלְתָּ vekilkalta
אֶת et מַחֲשַׁבְתּוֹ majashavtó. וַהֲשֵׁבוֹתָ vahashevota לּוֹ lo גְּמוּלוֹ guemuló
בְּרֹאשׁוֹ beroshó. וְתָלוּ vetalú אוֹתוֹ otó וְאֶת veet בָּנָיו banav עַל al הָעֵץ haets.
וְעָשִׂיתָ veasita עִמָּהֶם imahem נִסִּים nisim וְנִפְלָאוֹת veniflaot וְנוֹדֶה venodé
לְשִׁמְךָ leShimjá הַגָּדוֹל hagadol להח ; עם ד' אותיות = מבה, יזל, הום סֶלָה sela:

וְעַל veal כֻּלָּם culam יִתְבָּרַךְ yitbaraj וְיִתְרוֹמַם veyitromam
וְיִתְנַשֵּׂא veyitnasé תָּמִיד tamid ע"ה קס"א קנ"א קמ"ג שִׁמְךָ Shimjá
מַלְכֵּנוּ malquenu לְעוֹלָם leolam ריבוע ס"ג וי' אותיות דס"ג וָעֶד vaed.
וְכָל־ vejol ילי הַחַיִּים hajayim אהיה אהיה יהוה, בינה ע"ה יוֹדוּךָ yoduja סֶּלָה sela:

Durante los días entre *Rosh Hashaná* y *Yom Kipur* recitamos la oración de "*ujtov*":

וּכְתוֹב ujtov לְחַיִּים lejayim אהיה אהיה יהוה, בינה ע"ה טוֹבִים tovim
כָּל־ col ילי בְּנֵי bnei בְרִיתֶךָ vriteja:

Si olvidaste decir "*ujtov*" y te das cuenta antes del final de la bendición ("*Baruj Atá Adonai*"), debes volver y decir "*ujtov*" y continuar normalmente. Pero si te das cuenta sólo después del final de la bendición, debes continuar y puedes agregar "*ujtov*" al final de "*Elohai Netsor*".

PARA PURIM:

En los días de Mordejái y Ester, en Shushán, la capital, cuando el malvado Hamán se sublevó contra ellos, él busco destruir, asesinar y aniquilar a todos los judíos, jóvenes y viejos, niños y mujeres, en un día, el decimotercer día del duodécimo mes, el cual es el mes de Adar, y tomar su botín. Pero Tú, en Tu gran compasión, arruinaste su plan, frustraste su diseño y dirigiste su cometido hacia su propia cabeza. Lo colgaron a él y a sus hijos en la horca. Y Tú realizaste milagros y maravillas para ellos (Israel). Damos gracias a Tu gran Nombre. Sela.

Y por todas estas cosas, que Tu Nombre sea siempre bendecido, exaltado y ensalzado, por siempre, nuestro Rey, por siempre y para siempre, y todos los vivientes te agradecen, Sela.

Durante los días entre *Rosh Hashaná* y *Yom Kipur*:

E inscribe para una buena vida a todos los miembros de Tu Pacto.

וִיהַלְלוּ vihalelú וִיבָרְכוּ vivarjú יהוה ריבוע יהוה ריבוע מ״ה אֶת־ et

שִׁמְךָ Shimjá הַגָּדוֹל hagadol להח ; עִם ד׳ אותיות = מבה, יזל, אום בֶּאֱמֶת beemet אהיה

פעמים אהיה, ז״פ ס״ג לְעוֹלָם leolam ריבוע ס״ג וי׳ אותיות דס״ג כִּי qui טוֹב tov והו ;

כי טוב = יהוה אהיה, אום, מבה, יזל. הָאֵל haEl לאה ; ייא״י (מילוי דס״ג) יְשׁוּעָתֵנוּ yeshuatenu

וְעֶזְרָתֵנוּ veezratenu סֶלָה sela. הָאֵל haEl לאה ; ייא״י (מילוי דס״ג) הַטּוֹב hatov והו:

Flexiona tus rodillas en "*Baruj*", inclínate en "*Atá*" y enderézate en "*Adonai*".

אהיה יהו אלהים

בָּרוּךְ Baruj אַתָּה Atá יְהֹוָאדהֵי׳אהדונהי Adonai (הי׳) הַטּוֹב hatov והו

שִׁמְךָ Shimjá וּלְךָ uLejá נָאֶה naé לְהוֹדוֹת lehodot ס״ת כהת, משיח בן דוד ע״ה:

Para la bendición de los Cohanim vea la pág. 371.

LA BENDICIÓN FINAL

Estamos emanando la energía de paz para el mundo entero. También nos proponemos utilizar nuestras bocas sólo para el bien. Kabbalísticamente, el poder de las palabras y del habla es inimaginable. Esperamos usar este poder sabiamente, lo que tal vez sea una de las tareas más difíciles de llevar a cabo.

Yesod

שִׂים sim שָׁלוֹם shalom

(**Durante las tres semanas de *Bein HaMetsarim*,** medita aquí en estos Nombres Sagrados:
שין ראשונה (ע״ה = טדהד כוזו מצפצ) מומתקת את השין השניה (= אלהים דההין אדני) ;
וכן שים שלום ע״ה = ו׳ השמות (טדהד כוזו מצפצ אלהים אדני יהוה) אדני טדהד כוזו מצפצ ואלהים דההין)

טוֹבָה tová אכא וּבְרָכָה uvrajá וְחַיִּים jayim אהיה אהיה יהוה, בינה ע״ה

חֵן jen מילוי דמ״ה בריבוע, מוזי וָחֶסֶד vajésed ע״ב, ריבוע יהוה

צְדָקָה tsedaká ע״ה ריבוע אלהים וְרַחֲמִים verajamim עָלֵינוּ aleinu

וְעַל־ veal כָּל־ col ילי ; עמם יִשְׂרָאֵל Yisrael עַמֶּךָ ameja

---

Y ellos te alabarán y bendecirán Tu gran Nombre,
sinceramente y para siempre, porque es bueno, el Dios de nuestra salvación y nuestra ayuda, Sela, el buen Dios. Bendito eres Tú, Señor, Cuyo Nombre es bueno. Y a Ti es propio dar gracias.

LA BENDICIÓN FINAL

Otorga paz, bondad,
bendiciones, vida, gracia, amabilidad, justicia y misericordia a nosotros y a todo Israel, Tu pueblo.

וּבָרְכֵנוּ uvarjenu אָבִינוּ avinu כֻּלָּנוּ culanu כְּאֶחָד queejad אהבה, דאגה
בְּאוֹר beor רז, א"ס פָּנֶיךָ paneja ס"ג מ"ה ב"ן כִּי qui בְאוֹר veor רז, א"ס
פָּנֶיךָ paneja ס"ג מ"ה ב"ן נָתַתָּ natata לָנוּ lanu אלהים, אהיה אדני יְהֹוָהאדניאהדונהי Adonai
אֱלֹהֵינוּ Eloheinu ילה תּוֹרָה Torá וְחַיִּים vejayim אהיה אהיה יהוה, בינה ע"ה.
אַהֲבָה ahavá אחד, דאגה וָחֶסֶד vajésed ע"ב, ריבוע יהוה.
צְדָקָה tsedaká ע"ה ריבוע אלהים וְרַחֲמִים verajamim. בְּרָכָה brajá
וְשָׁלוֹם veshalom. וְטוֹב vetov והו בְּעֵינֶיךָ beeineja ע"ה קס"א ; ריבוע מ"ה
לְבָרְכֵנוּ levarjenu וּלְבָרֵךְ ulevarej אֶת et כָּל col ילי עַמְּךָ ameja
יִשְׂרָאֵל Yisrael בְּרֹב berov י"פ אהיה עֹז oz וְשָׁלוֹם veshalom:

Durante los Diez Días de Arrepentimiento decimos la oración "*uveséfer jayim*":

וּבְסֵפֶר uveséfer חַיִּים jayim אהיה אהיה יהוה, בינה ע"ה
בְּרָכָה brajá וְשָׁלוֹם veshalom וּפַרְנָסָה ufarnasá טוֹבָה tová אכא
וִישׁוּעָה vishuá וְנֶחָמָה venejamá וּגְזֵרוֹת ugzerot טוֹבוֹת tovot.
נִזָּכֵר nizajer וְנִכָּתֵב venicatev לְפָנֶיךָ lefaneja ס"ג מ"ה ב"ן
אֲנַחְנוּ anajnu וְכָל vejol ילי עַמְּךָ ameja יִשְׂרָאֵל Yisrael
לְחַיִּים lejayim אהיה אהיה יהוה, בינה ע"ה טוֹבִים tovim וּלְשָׁלוֹם uleshalom:

Si olvidaste decir "*uveséfer jayim*" y te das cuenta de esto antes del final de la bendición ("*Baruj Atá Adonai*"), debes regresar y decir "*uveséfer jayim*" y continuar normalmente. Pero si te das cuenta de esto sólo al final de la bendición, debes continuar y puedes agregar "*uveséfer jayim*" al final de "*Elohai Netsor*".

אהיה יהו מצפצ

בָּרוּךְ Baruj אַתָּה Atá יְהֹוָהאדניאהדונהי Adonai

הַמְבָרֵךְ hamevarej אֶת et עַמּוֹ amó יִשְׂרָאֵל Yisrael

ר"ת = אלהים (אילההויהם = יב"ק) בַּשָּׁלוֹם bashalom. אָמֵן Amén יאהדונהי.

Bendícenos a todos como uno solo, Padre nuestro, con la Luz de Tu rostro, porque es con la Luz de Tu rostro que Tú, Señor, nuestro Dios, nos has dado la Torá y vida, amor y amabilidad, justicia y misericordia, bendición y paz. Que sea grato a Tus ojos bendecirnos y bendecir a Tu nación, Israel, con abundante poder y con paz.

Durante los Diez Días de Arrepentimiento decimos:

Y que en el Libro de la Vida, todos seamos recordados e inscritos ante Ti; para bendición, paz, buen sustento, salvación, consuelo, y buenos decretos. Nosotros y toda Tu Nación, Israel, para una buena vida y para paz.

Bendito seas Tú, Señor, que bendices a Tu nación, Israel, con paz, Amén.

YIHYÚ LERATSÓN

Hay 42 letras en el versículo en el secreto del *Aná Bejóaj*.

יִהְיוּ yihyú אל (ייא"י מילוי דס"ג) לְרָצוֹן leratsón מהש ע"ה, ע"ב בריבוע וקס"א ע"ה, אל שדי ע"ה

אִמְרֵי־ imrei פִי fi ר"ת אֱלֶף = אלף למד שין יוד ע"ה וְהֶגְיוֹן vehegyón לִבִּי libí

לְפָנֶיךָ lefaneja ס"ג מ"ה ב"ן יְהֹוָה יאהדונהי Adonai צוּרִי tsurí וְגֹאֲלִי vegoalí:

ELOHAI NETSOR

אֱלֹהַי Elohai מילוי ע"ב, דמב ; ילה נְצוֹר netsor לְשׁוֹנִי leshoní מֵרָע merá•

וּשְׂפָתוֹתַי vesiftotai מִדַּבֵּר midaber ראה מִרְמָה mirmá• וְלִמְקַלְלַי velimkalelai

נַפְשִׁי nafshí תִדּוֹם tidom• וְנַפְשִׁי venafshí כֶּעָפָר queafar

לַכֹּל lacol יה אדני תִּהְיֶה tihyé• פְּתַח petaj לִבִּי libí בְּתוֹרָתֶךָ betorateja•

וְאַחֲרֵי veajarei מִצְוֹתֶיךָ mitsvoteja תִּרְדּוֹף tirdof נַפְשִׁי nafshí•

וְכָל־ vejol ילי הַקָּמִים hakamim עָלַי alai לְרָעָה leraá רהע• מְהֵרָה meherá

הָפֵר hafer עֲצָתָם atsatam וְקַלְקֵל vekalkel מַחְשְׁבוֹתָם majshevotam•

עֲשֵׂה asé לְמַעַן lemaan שְׁמָךְ Shemaj• עֲשֵׂה asé לְמַעַן lemaan

יְמִינָךְ yeminaj• עֲשֵׂה asé לְמַעַן lemaan תּוֹרָתָךְ torataj• עֲשֵׂה asé

לְמַעַן lemaan קְדֻשָּׁתָךְ kedushataj• ר"ת הפסוק = מ"ה יהוה לְמַעַן lemaan

יֵחָלְצוּן yejaltsún יְדִידֶיךָ yedideja ר"ת ילי הוֹשִׁיעָה hoshía יהוה וש"ע נהורין

יְמִינְךָ yeminjá וַעֲנֵנִי vaaneni (כתיב: ועננו) ר"ת אל (ייא"י מילוי דס"ג):

Antes de que recitemos el próximo verso ("*Yihyú leratsón*") tenemos una oportunidad para fortalecer la conexión con nuestra alma usando nuestro nombre. Cada persona tiene un versículo en la Torá que lo conecta con su nombre. O bien su nombre está en el versículo, o la primera y última letra del nombre corresponden a la primera y última letra de un versículo. Por ejemplo, el nombre Yehuda comienza con una *Yud* y termina con una *Hei*. Antes de terminar la *Amidá*, declaramos que nuestro nombre sea siempre recordado cuando nuestra alma abandone este mundo.

YIHYÚ LERATSÓN

"Sean gratos ante Ti, Señor, mi Fortaleza y mi Redentor, los dichos de mi boca y los pensamientos de mi corazón" (Salmos 19:15).

ELOHAI NETSOR

Mi Dios, cuida mi lengua del mal y mis labios de decir falsedad. Que mi alma permanezca en silencio ante aquellos que me maldicen y permite que mi espíritu sea humilde ante todos, como el polvo. Abre mi corazón a Tu Torá y permite que mi corazón siga Tus mandamientos. Prontamente frustra los planes y daña los pensamientos de todos aquellos que se levantan contra mí para hacerme daño. Hazlo por la gloria de Tu Nombre. Haz esto por el bien de Tu Diestra. Haz esto por el mérito de Tu Torá. Haz esto por Tu Santidad, "Que Tus amados sean rescatados. Sálvalos con Tu Diestra y contéstame" (Salmos 60:7).

YIHYÚ LERATSÓN (EL SEGUNDO)

Hay 42 letras en el versículo en el secreto del *Aná Bejóaj*.

יִהְיוּ yihyú אל (ייא״י מילוי דס״ג) לְרָצוֹן leratsón מהש ע״ה, ע״ב בריבוע וקס״א ע״ה, אל שדי ע״ה
אִמְרֵי־ imrei פִי fi ר״ת אֶלֶף = אלף למד שין דלת יוד ע״ה וְהֶגְיוֹן vehegyón לִבִּי libí
לְפָנֶיךָ lefaneja ס״ג מ״ה ב״ן יְהֹוָהאדניאהדונהי Adonai צוּרִי tsurí וְגֹאֲלִי vegoalí:

OSÉ SHALOM

Da tres pasos hacia atrás;

עוֹשֶׂה osé שָׁלוֹם shalom

Izquierda
Te vuelves a la izquierda y dices:

Durante los días entre *Rosh Hashaná* y *Yom Kipur* en lugar de "*shalom*" decimos:
הַשָּׁלוֹם hashalom ספריאל המלאך הרוחתם לחיים)
בִּמְרוֹמָיו bimromav ר״ת ע״ב, ריבוע יהוה

Derecha
Te vuelves a la derecha y dices:

הוּא Hu בְּרַחֲמָיו verajamav יַעֲשֶׂה yaasé
שָׁלוֹם shalom עָלֵינוּ aleinu ר״ת ש״ע נהורין

Centro
Te alineas al centro y dices:

וְעַל veal כָּל־ col ילי ; עִמם עַמּוֹ amó יִשְׂרָאֵל Yisrael
וְאִמְרוּ veimrú אָמֵן Amén יאהדונהי:

יְהִי yehí רָצוֹן ratsón מהש ע״ה, ע״ב בריבוע וקס״א ע״ה, אל שדי ע״ה
מִלְּפָנֶיךָ milfaneja ס״ג מ״ה ב״ן יְהֹוָהאדניאהדונהי Adonai אֱלֹהֵינוּ Eloheinu ילה
וֵאלֹהֵי veElohei לכב ; מילוי ע״ב, דמב ; ילה אֲבוֹתֵינוּ avoteinu, שֶׁתִּבְנֶה shetivné
בֵּית beit ב״פ ראה הַמִּקְדָּשׁ hamikdash בִּמְהֵרָה bimherá בְיָמֵינוּ veyameinu
וְתֵן vetén חֶלְקֵנוּ jelkenu בְּתוֹרָתָךְ vetorataj לַעֲשׂוֹת laasot חֻקֵּי jukei
רְצוֹנָךְ retsonaj וּלְעָבְדָךְ uleovdaj פוי, אל אדני בְּלֵבָב belevav בוכו שָׁלֵם shalem.

Da tres pasos hacia delante.

Di "*Yehí Shem*" (pág. 465) y *Kadish Titkabal* (pág. 466).

YIHYÚ LERATSÓN (EL SEGUNDO)

"Sean gratos ante Ti, Señor, mi Fortaleza y mi Redentor, los dichos de mi boca y los pensamientos de mi corazón" (Salmos 19:15).

OSÉ SHALOM

Él, que establece paz (Durante los días entre *Rosh Hashaná* y *Yom Kipur*: *la paz*) *en Sus altos lugares, Él, en Su compasión, hará que la paz esté entre nosotros y sobre Su pueblo entero, Israel, y dirán: Amén.*

Sea agradable ante Ti, Señor, nuestro Dios y Dios de nuestros antepasados, que puedas reconstruir rápidamente el santo Templo, en nuestros días, y otórganos participación en Tu Torá, para que podamos cumplir las leyes de Tu deseo y servirte con todo el corazón.

MUSAF DE SHABAT Y ROSH JÓDESH

אֲדֹנָי Adonai ללה (pausa aquí) שְׂפָתַי sfatai תִּפְתָּח tiftaj וּפִי ufí יַגִּיד yaguid

ייז (כ"ב אותיות פשוטות [=אכא] וה' אותיות סופיות מנצפך) תְּהִלָּתֶךָ tehilateja ס"ת = בוכו:

LA PRIMERA BENDICIÓN – INVOCA AL ESCUDO DE AVRAHAM

Avraham es el canal de la energía de la Columna Derecha de positividad, compartir y misericordia. Las acciones dadoras pueden protegernos de todas las formas de negatividad.

Jésed que se convierte en *Jojmá*

En esta sección hay 42 palabras, el secreto del Nombre de Dios de 42 letras y, por lo tanto, comienza con la letra *Bet* (2) y termina con la letra *Mem* (40).

Flexiona tus rodillas en "*Baruj*", inclínate en "*Atá*" y enderézate en "*Adonai*".

א ב

בָּרוּךְ Baruj אַתָּה Atá א-ת (אותיות הא"ב המסמלות את השפע המגיע) לה' המלכות

ג י

יְהֹוָ(אדני)אהדונהי Adonai (יא) אֱלֹהֵינוּ Eloheinu ילה

ת צ

וֵאלֹהֵי veElohei לכב ; מילוי ע"ב, דמב ; ילה אֲבוֹתֵינוּ avoteinu.

ק ר

אֱלֹהֵי Elohei מילוי ע"ב, דמב ; ילה אַבְרָהָם Avraham (*Jojmá*)

וז"פ אל, רי"ו ול"ב נתיבות החכמה, רמ"ח (אברים), עסמ"ב וט"ז אותיות פשוטות.

ע ש

אֱלֹהֵי Elohei מילוי ע"ב, דמב ; ילה יִצְחָק Yitsjak (*Biná*) ד"פ ב"ן

ט נ

וֵאלֹהֵי veElohei לכב ; מילוי ע"ב, דמב ; ילה יַעֲקֹב Yaakov (*Dáat*) ז' הויות, יאהדונהי אידהנויה

LA AMIDÁ

"Mi Señor, abre mis labios y mi boca declarará Tu alabanza" (*Salmos 51:17*).

LA PRIMERA BENDICIÓN

Bendito eres, Señor, nuestro Dios

y Dios de nuestros ancestros: el Dios de Avraham, el Dios de Yitsjak y el Dios de Yaakov.

ג ג

הָאֵל haEl לאה ; ייא״י (מילוי דס״ג) הַגָּדוֹל hagadol האל הגדול = סיט ; גדול = להח

ד י

עם ד׳ אותיות = מבה, יזל, הבו הַגִּבּוֹר haguibor ר״ת ההה וְהַנּוֹרָא vehanorá.

כ ש

אֵל El ייא״י (מילוי דס״ג) ; ר״ת ע״ב, ריבוע יהוה עֶלְיוֹן elyón.

ב ט ר צ ת

גּוֹמֵל gomel חֲסָדִים jasadim טוֹבִים tovim. קוֹנֵה koné הַכֹּל hacol ילי

ג ח ק ב

וְזוֹכֵר vezojer חַסְדֵי jasdei אָבוֹת avot. וּמֵבִיא umeví

ט נ ע י

גּוֹאֵל goel לִבְנֵי livnei בְנֵיהֶם veneihem לְמַעַן lemaan

ג ל

שְׁמוֹ Shemó מהש ע״ה, ע״ב בריבוע וקס״א ע״ה, אל שדי ע״ה בְּאַהֲבָה beahavá אחד, דאגה:

Cuando digas la palabra "*beahavá*" debes meditar en dedicar tu alma a santificar el Santo Nombre y aceptar sobre ti mismo las cuatro formas de muerte.

פ ז ק ש

מֶלֶךְ Mélej עוֹזֵר ozer וּמוֹשִׁיעַ umoshía וּמָגֵן umaguén

ג״פ אל (ייא״י מילוי דס״ג) ; ר״ת מיכאל גבריאל נוריאל:

Flexiona tus rodillas en "*Baruj*", inclínate en "*Atá*" y enderézate en "*Adonai*".

ק ו צ

בָּרוּךְ Baruj אַתָּה Atá יְהֹוָאֲדֹנָהִי (יְהֹוָאֲדֹנָהִי) אהדונהי Adonai (הד)

(**En *Rosh Jódesh Menajem Av* – Leo,** medita en el Nombre Sagrado: טדהד)

י ת

מָגֵן maguén ג״פ אל (ייא״י מילוי דס״ג) ; ר״ת מיכאל גבריאל נוריאל אַבְרָהָם Avraham

וה״פ אל, רי״ו ול״ב נתיבות החכמה, רמ״ח (אברים), עסמ״ב וט״ז אותיות פשוטות:

El Dios grande, poderoso y reverenciado.

El Dios Celestial. El que otorga benevolencia y crea todas las cosas. El que recuerda las buenas acciones de nuestros ancestros y El que trae un redentor a los hijos de sus hijos por el bien de Su Nombre, con amor Rey, Asistente, Salvador y Escudo. Bendito seas Tú, Señor, Escudo de Avraham.

LA SEGUNDA BENDICIÓN

LA ENERGÍA DE YITSJAK ENCIENDE EL PODER DE LA RESURRECCIÓN DE LOS MUERTOS

Mientras que Avraham representa el poder de compartir, Yitsjak representa a la Columna Izquierda, energía de Juicio. El Juicio acorta el proceso de *tikún* y prepara la vía para nuestra resurrección final.

Guevurá que se convierte en *Biná*

En esta sección hay 49 palabras que corresponden a las 49 Puertas del Sistema Puro en *Biná*.

אַתָּה Atá גִּבּוֹר guibor לְעוֹלָם leolam ריבוע ס"ג וי' אותיות דס"ג אֲדֹנָי Adonai ללה

(ר"ת אֲגְלָא והוא שם גדול ואמיץ, ובו היה יהודה מתגבר על אויביו. ע"ה אלד, בוכו).

מְחַיֶּה mejayé ס"ג מֵתִים metim אַתָּה Atá• רַב rav לְהוֹשִׁיעַ lehoshía•

Durante el invierno (a partir de *Simjat Torá*):

מַשִּׁיב mashiv הָרוּחַ harúaj ר"ת מ"ה

וּמוֹרִיד umorid הַגֶּשֶׁם haguéshem

שביל [י"ש (= י"פ אל) ול"ב נתיבות החכמה] ע"ה:

Si por error dices "*Morid hatal*" y te das cuenta de ello antes del final de la bendición ("*Baruj Atá Adonai*"), debes regresar al comienzo de la bendición ("*Atá guibor*") y continuar normalmente. Pero si sólo te das cuenta de ello después del final de la bendición, debes continuar sin regresar.

Durante el verano (a partir de *Pésaj*):

מוֹרִיד morid הַטָּל hatal

יוד הא ואו, כוזו, מספר אותיות דמילואי עסמ"ב ;

ר"ת מ"ה (יוד הא ואו הא):

Si por error dices "*Mashiv harúaj*" y te das cuenta de ello antes del final de la bendición ("*Baruj Atá Adonai*"), debes regresar al comienzo de la bendición ("*Atá guibor*") y continuar normalmente. Pero si sólo te das cuenta de ello después del final de la bendición, debes iniciar la *Amidá* desde el principio.

מְכַלְכֵּל mejalquel חַיִּים jayim אהיה אהיה יהוה, בינה ע"ה בְּחֶסֶד bejésed

ע"ב, ריבוע יהוה• מְחַיֵּה mejayé ס"ג מֵתִים metim בְּרַחֲמִים berajamim

(במוכסז) מצפצ, אלהים דההין, י"פ ייי רַבִּים rabim (טלא דעתיק)• סוֹמֵךְ somej

(אכדטם) כוק, ריבוע אדני נוֹפְלִים noflim (זו"ן)• וְרוֹפֵא verofé חוֹלִים jolim

וחולה = מ"ה וד' אותיות• וּמַתִּיר umatir אֲסוּרִים asurim• וּמְקַיֵּם umekayem

אֱמוּנָתוֹ emunató לִישֵׁנֵי lishenei עָפָר afar• מִי mi ילי כָּמוֹךָ jamoja

בַּעַל báal גְּבוּרוֹת guevurot (debes pronunciar la letra *Ayin* en la palabra "*Báal*")

LA SEGUNDA BENDICIÓN

Tú, Señor, eres poderoso por siempre. Tú revives a los muertos y eres muy capaz de redimir.

Durante el invierno:

El que hace soplar el viento y caer la lluvia.

Durante el verano:

El que hace caer el rocío.

Tú sostienes a los vivientes con bondad y revives a los muertos con gran compasión. Tú sostienes a los caídos, curas a los enfermos, pones en libertad a los cautivos y cumples Tu promesa con los que duermen en el polvo. ¿Quién es como Tú, Señor de fortaleza,

וּמִי umí ילי דּוֹמֶה domé לָּךְ. laj מֶלֶךְ Mélej מֵמִית memit

וּמְחַיֶּה umejayé ס"ג (יוד הי ואו הי) וּמַצְמִיחַ umatsmíaj יְשׁוּעָה yeshuá:

וְנֶאֱמָן veneemán אַתָּה Atá לְהַחֲיוֹת lehajayot מֵתִים metim:

אהיה יהו יְהֹוָה

בָּרוּךְ Baruj אַתָּה Atá יְהֹוָהאדני(יְהֹוָהאדני)יאהדונהי Adonai

(**En *Rosh Jódesh Menajem Av* – Leo,** medita en el Nombre Sagrado: כוזו)

מְחַיֵּה mejayé ס"ג (יוד הי ואו הי) הַמֵּתִים hametim ר"ת מ"ה וס"ת מ"ה:

LA KEDUSHÁ DE KÉTER

Toda la congregación recita esta oración.

Kéter es el nivel más alto en la atmósfera espiritual. Al llegar a este punto culminante en nuestras conexiones, nos paramos con los pies juntos. Es también una de las oraciones más poderosas para ayudarnos a conectar con el nivel de semilla de la vida antes de que hubiera alguna diferenciación entre las células del cuerpo. Nuestras meditaciones durante este momento aumentan la producción de células madre en nuestro cuerpo.

Levantar un cofre pesado lleno de vastos tesoros es imposible si usas un simple hilo. El hilo se rompe porque es muy débil. Sin embargo, si nos unimos y combinamos numerosos hilos, finalmente construiremos una soga. Una soga puede fácilmente levantar el cofre con los tesoros. Al combinar y unir las oraciones de la congregación, nos transformamos en una fuerza unida, capaz de halar los tesoros espirituales más valiosos. Más aún, esta unidad ayuda a las personas que no están bien versadas o no conocen bien las conexiones. Al unirnos y meditar como una sola alma, todos recibimos los beneficios debido al poder de la unidad, sin importar nuestro conocimiento y entendimiento. Esta oración tiene lugar entre la segunda y la tercera bendición. Representa a la Columna Central que une las Columnas Izquierda y Derecha.

En esta oración, los ángeles hablan entre ellos, diciendo: "*Kadosh, Kadosh, Kadosh*" ("Santo, Santo, Santo"). Cuando recitamos estas tres palabras, nuestros pies están juntos como si fuesen uno solo. Cada vez que pronunciamos *Kadosh*, saltamos un poco más alto en el aire. Saltar es un acto de restricción y de desafío a la fuerza de la gravedad. Espiritualmente hablando, la gravedad contiene la energía del Deseo de Recibir para Sí Mismo. Es la fuerza reactiva de nuestro planeta, siempre atrae todo para sí.

Al decir la *Kedushá* (santidad) meditamos en traer la Santidad del Creador entre nosotros. Ya que dice: "*Venikdashti betoj Bnei Yisrael*" (Dios es santificado entre los hijos de Israel).

---

y quién puede compararse contigo, Rey, que causas la muerte, das vida y haces crecer la salvación? Y eres fiel para resucitar a los muertos. Bendito eres Tú, Señor, que resucitas a los muertos.

כֶּתֶר Kéter ה' מלך ה' מלך ה' ימלוך לעולם ועד ובאתב"ש גאל יִתְּנוּ yitnú לְךָ lejá

יְהֹוָה יאהדונהי Adonai אֱלֹהֵינוּ Eloheinu ילה (*Zeir* y *Nukvá*) מַלְאָכִים malajim

הֲמוֹנֵי hamonei מַעְלָה malá (*Aba* e *Ima*) עִם im עַמְּךָ amjá יִשְׂרָאֵל Yisrael

קְבוּצֵי kevutsei מַטָּה matá (por los Justos). יַחַד yájad כֻּלָּם culam

קְדֻשָּׁה kedushá לְךָ lejá יְשַׁלֵּשׁוּ yeshaleshu כַּדָּבָר cadavar ראה

הָאָמוּר haamur עַל al יַד yad נְבִיאָךְ neviaj וְקָרָא vekará

זֶה ze אֶל־ el זֶה ze י"ב פרקין דיעקב מאירין אל י"ב פרקין דרחל וְאָמַר veamar:

Medita en elevar *Maljut* a *Jésed, Guevurá, Tiféret* de *Ima* Celestial.

(*Jésed*) קָדוֹשׁ kadosh | **(*Guevurá*)** קָדוֹשׁ kadosh **(*Tiféret*)** קָדוֹשׁ kadosh

יְהֹוָה יאהדונהי Adonai צְבָאוֹת Tsevaot פני שכינה מְלֹא meló כָל־ jol ילי

הָאָרֶץ haárets אלהים דההין ע"ה כְּבוֹדוֹ quevodó:

כְּבוֹדוֹ quevodó מָלֵא malé עוֹלָם olam וּמְשָׁרְתָיו umeshartav שׁוֹאֲלִים shoalim

Medita en recibir el alma adicional llamada: *Neshamá*

desde el aspecto del día de *Shabat*.

Biná	***Jojmá***	***Dáat***
Ima	***Aba***	**Decimotercer *Mazal* (וְנַקֵּה)**
ayé ה	י	א
quevodó כְּבוֹדוֹ		mekom מְקוֹם

Salta una segunda vez porque ahora *Jojmá, Biná, Dáat* de *Yaakov* y *Rajel* saltan hacia *Jojmá, Biná, Dáat* de *Jojmá* de *Zeir Anpín* (que significa, *Jojmá, Biná, Dáat* de *Aba* e *Ima* Celestiales). **Así que ahora**, *Maljut* (que es llamada כבוד ה' – el honor de *Zeir Anpín*) está en *Jojmá, Biná, Dáat* (también conocido como איה – *Ayé*, como se mencionó anteriormente). Y debido a que Ella fue elevada dos niveles de una vez (primero a *Jésed*, *Guevurá*, *Tiféret* y ahora a *Jojmá, Biná, Dáat*) los Ángeles ya no conocen Su lugar y se "preguntan" (*Ayé* significa: ¿dónde está Ella?) También medita en que cuando *Maljut* se eleva Ella recibe un nuevo Name: אלף למד יוד הא ואו הא.

לְהַעֲרִיצוֹ lehaaritsó איה מקום כבודו להעריצו ר"ת = אמן (יאהדונהי)

לְעֻמָּתָם leumatam מְשַׁבְּחִים meshabjim וְאוֹמְרִים veomrim:

(או"א) בָּרוּךְ Baruj כְּבוֹד־ Quevod יְהֹוָה יאהדונהי Adonai ; כבוד ה' = יוד הי ואו הה

בִּמְקוֹמוֹ mimekomó עסמ"ב, הברכה (למתק את ז' המלכים שמתו) ; ר"ת ע"ב, ריבוע יהוה ; ר"ת מיכ:

KEDUSHÁ DE KÉTER

Te darán una corona, Señor, nuestro Dios, los ángeles de las multitudes arriba, junto con Tu nación, Israel, que está reunida abajo. Juntos todos te recitarán la Santidad tres veces, como la palabra hablada por Tu profeta: "Y llamó uno al otro y dijo: Santo, Santo, Santo es el Señor de los Ejércitos, la Tierra entera está llena con Su gloria" (Isaías 6:3). *Su gloria llena el mundo y Sus siervos preguntan: ¿Dónde está el lugar de Su Gloria para adorarlo? Uno frente al otro lo alaban y dicen: "Bendita es la Gloria del Señor desde Su Lugar"* (Ezequiel 3:12).

מִמְּקוֹמוֹ mimekomó עסמ"ב, הברכה (למתק את ז' המלכים שמתו) הוּא Hu יִפֶן yifén
בְּרַחֲמָיו berajamav לְעַמּוֹ leamó הַמְיַחֲדִים hameyajadim שְׁמוֹ Shemó מהש ע"ה, ע"ב
בריבוע וקס"א ע"ה, אל שדי ע"ה עֶרֶב érev וָבֹקֶר vavóker בְּכָל bejol ב"ן, לכב יוֹם yom
ע"ה נגד, מזבח, זן, אל יהוה תָּמִיד tamid ע"ה קס"א קנ"א קמ"ג
אוֹמְרִים omrim פַּעֲמַיִם paamáyim בְּאַהֲבָה beahavá אחד, דאגה:

Ya que *Zeir* y *Nukvá* son elevados a *Aba* e *Ima* Celestiales (Ellos están cara a cara y se hacen iguales a *Aba* e *Ima*) necesitamos dedicar nuestra alma para que *Mayin Nukvín* los unifique (como es necesario para la unificación de *Aba* e *Ima*). Y es por esto que decimos aquí "*Shemá Yisrael*". **Así que medita** en dedicar tu alma a la santificación del Santo Nombre y aceptar sobre ti mismo las cuatro formas de muerte, y también en elevar tu *Néfesh, Rúaj, Neshamá*, para que se vuelvan *Mayin Nukvín* para unificar *Zeir* y *Nukvá*. Luego Ella eleva cinco *Guevurot* del Nombre: יוד הה וו הה como *Mayin Nukvín* y *Zeir* infunde cinco *Jasadim* del Nombre: יוד הא ואו הא como *Mayin Dujrín* [cinco veces אלהים (430) y cinco veces יהוה (130) es igual a cinco veces יב"ק (560)].

שְׁמַע Shemá ע' רבתי יִשְׂרָאֵל Yisrael יְהֹוָהאדניאהדונהי Adonai אֱלֹהֵינוּ Eloheinu ילה
יְהֹוָהאדניאהדונהי Adonai | אֶחָד ejad ד' רבתי ; אהבה, דאגה:

הוּא Hu אֱלֹהֵינוּ Eloheinu ילה. הוּא Hu אָבִינוּ avinu. הוּא Hu מַלְכֵּנוּ malquenu.
הוּא Hu מוֹשִׁיעֵנוּ moshienu. הוּא Hu יוֹשִׁיעֵנוּ yoshienu וְיִגְאָלֵנוּ veyigalenu
שֵׁנִית shenit. וְיַשְׁמִיעֵנוּ veyashmienu בְּרַחֲמָיו berajamav לְעֵינֵי leeinei ריבוע מ"ה
כָּל col ילי וְחַי jai כל וחי = אהיה אהיה יהוה, בינה ע"ה, וחיים לֵאמֹר lemor.
הֵן hen גָּאַלְתִּי gaalti אֶתְכֶם etjem אַחֲרִית ajarit כְּרֵאשִׁית quereshit
לִהְיוֹת lihyot לָכֶם lajem לֵאלֹהִים leElohim אהיה אדני ; ילה.
אֲנִי Aní אני יְהֹוָהאדניאהדונהי Adonai אֱלֹהֵיכֶם Eloheijem ילה:
וּבְדִבְרֵי uvedivrei קָדְשְׁךָ kodshaj כָּתוּב catuv לֵאמֹר lemor:
(ז"ן) יִמְלֹךְ yimloj קדוש ברוך ימלך ר"ת יב"ק, אלהים יהוה, אהיה אדני יהוה
יְהֹוָהאדניאהדונהי Adonai לְעוֹלָם leolam ריבוע ס"ג וי' אותיות דס"ג אֱלֹהַיִךְ Eloháyij ילה
צִיּוֹן Tsiyón יוסף, ו' הויות, קנאה לְדֹר ledor וָדֹר vador רי"ו ; ר"ת אצלו (מלכות אצל ז"א – ו)
הַלְלוּיָהּ haleluyá אלהים, אהיה אדני ; ללה:

Desde Su lugar, Él se puede volver con compasión a Su nación, la cual, de noche y de mañana, dos veces cada día, proclama con constancia la Unidad de Su Nombre, diciendo con amor: "Escucha, Israel, el Señor es nuestro Dios, el Señor es Uno" (Deuteronomio 6:4). *Él es nuestro Dios. Él es nuestro Padre. Él es nuestro Rey. Él es nuestro Salvador. Él nos salvará y nos redimirá de nuevo y nos dejará escuchar, a través de Su compasión, a los ojos de todos los vivientes, y dirá: He aquí que Yo los he redimido tanto en tiempos posteriores como en tiempos anteriores, para ser un Dios para ustedes. Yo soy el Señor, su Dios. Y en Tus Sagradas Escrituras, lo siguiente está escrito: "El Señor reinará por siempre, tu Dios, Sión, de una generación a la otra, ¡aleluya!"* (Salmos 146:10)

LA TERCERA BENDICIÓN

Esta bendición nos conecta con Yaakov, la Columna Central y el poder de la restricción. Yaakov es nuestro canal para conectar la Misericordia con el Juicio. Al restringir nuestro comportamiento reactivo, estamos deteniendo nuestro Deseo de Recibir para Nosotros Mismos. Yaakov también nos da el poder para equilibrar nuestros actos de Misericordia y Juicio hacia otras personas en nuestra vida.

Tiféret* que se convierte en *Dáat (14 palabras).

אַתָּה Atá קָדוֹשׁ kadosh וְשִׁמְךָ veShimjá קָדוֹשׁ kadosh ר״ת = אור, רז, אין סוף◆

וּקְדוֹשִׁים ukdoshim בְּכָל־ bejol ב״ן, לכב יוֹם yom ע״ה נגד, מזבח, זן, אל יהוה

יְהַלְלוּךָ yehaleluja סֶּלָה sela:◆

אה״ה יהו מצפץ

בָּרוּךְ Baruj אַתָּה Atá יְהֹוָהאדהנויה(יהוהאדני)יאהדונהי Adonai

(En *Rosh Jódesh Menajem Av* – Leo, medita en el Nombre Sagrado: מצפץ)

הָאֵל haEl לאה ; ייא״י (מילוי דס״ג) הַקָּדוֹשׁ hakadosh י״פ מ״ה (יוד הא ואו הא):◆

Medita aquí en el Nombre: יאהדונהי, ya que puede ayudar a eliminar la ira.

LA CUARTA BENDICIÓN - ATÁ YATSARTA

La cuarta bendición es la bendición del medio que corresponde a *Maljut*, la cual es el punto medio entre *Jésed*, *Guevurá*, *Tiféret* (los tres patriarcas, las primeras tres bendiciones) y entre *Nétsaj*, *Hod*, *Yesod* (las últimas tres bendiciones) como se explica en *Tikunéi HaZóhar*.

אַתָּה Atá יָצַרְתָּ yatsarta עוֹלָמְךָ olamaj מִקֶּדֶם mikédem◆

כִּלִּיתָ quilita מְלַאכְתְּךָ melajteja בַּיּוֹם bayom ע״ה נגד, מזבח, זן, אל יהוה

הַשְּׁבִיעִי hashvií◆ בָּחַרְתָּ bajarta בָּנוּ banu מִכָּל micol ילי הָאֻמּוֹת haumot

וְרָצִיתָ veratsita בָּנוּ banu מִכָּל micol ילי הַלְּשׁוֹנוֹת haleshonot◆

וְקִדַּשְׁתָּנוּ vekidashtanu בְּמִצְוֹתֶיךָ bemitsvoteja וְקֵרַבְתָּנוּ vekeravtanu

מַלְכֵּנוּ malquenu לַעֲבוֹדָתֶךָ laavodateja◆ וְשִׁמְךָ veShimjá הַגָּדוֹל hagadol להח

; עם ד׳ אותיות = מבה, יזל, אום וְהַקָּדוֹשׁ vehakadosh עָלֵינוּ aleinu קָרָאתָ karata◆

LA TERCERA BENDICIÓN

Tú eres Santo y Santo es Tu Nombre, y los seres santos te alaban día a día, porque Tú eres Dios, el Rey Santo, Sela. Bendito eres Tú, Señor, el Santo Dios.

LA CUARTA BENDICIÓN - ATÁ YATSARTA

Tú habías confeccionado Tu mundo en los días de antaño y completaste Tu obra en el Séptimo Día. Tú nos escogiste de entre todas las naciones. Tú nos amaste y hallaste gracia en nosotros, y nos levantaste por sobre todas las lenguas. Y Tú nos santificaste con Tus mandamientos y nos acercaste a Tu servicio, Rey nuestro, y proclamaste Tu gran y Santo Nombre sobre nosotros.

וַתִּתֶּן vatitén ב"פ כהת לָנוּ lanu אלהים, אהיה אדני יְהֹוָ‌אדני‌אהדונהי Adonai

אֱלֹהֵינוּ Eloheinu ילה בְּאַהֲבָה beahavá אוהד, דאגה שַׁבָּתוֹת shabatot

לִמְנוּחָה limnujá וְרָאשֵׁי verashei חֳדָשִׁים jodashim לְכַפָּרָה lejapará.

וּלְפִי ulefí שֶׁחָטָאנוּ shejatanu לְפָנֶיךָ lefaneja ס"ג מ"ה ב"ן יְהֹוָ‌אדני‌אהדונהי Adonai

אֱלֹהֵינוּ Eloheinu ילה וֵאלֹהֵי veElohei לכב ; מילוי דע"ב, דמב ; ילה אֲבוֹתֵינוּ avoteinu.

חָרְבָה jarvá עִירֵנוּ irenu וְשָׁמֵם veshamem מִקְדָּשֵׁנוּ mikdashenu.

וְגָלָה vegalá יְקָרֵנוּ yekarenu. וְנֻטַּל venutal כָּבוֹד cavod

מִבֵּית mibeit ב"פ ראה חַיֵּינוּ jayeinu. וְאֵין veéin אֲנַחְנוּ anajnu

יְכוֹלִים yejolim לְהַקְרִיב lehakriv לְפָנֶיךָ lefaneja ס"ג מ"ה ב"ן קָרְבָּן korbán.

וְלֹא veló כֹּהֵן Johén מלה שֶׁיְּכַפֵּר sheyejaper בַּעֲדֵנוּ baadenu:

YEHÍ RATSÓN

Esta oración nos conecta con el deseo de ver el Templo reconstruido. A pesar de que, según la Kabbalah, el Templo todavía existe en un plano espiritual, su estructura física no está; dejando a nuestro mundo físico incompleto. Esta oración ayuda a movilizar y acelerar la construcción final del Templo físico.

יְהִי yehí רָצוֹן ratsón מהש ע"ה, ע"ב בריבוע וקס"א ע"ה, אל שדי ע"ה

מִלְּפָנֶיךָ milfaneja ס"ג מ"ה ב"ן יְהֹוָ‌אדני‌אהדונהי Adonai אֱלֹהֵינוּ Eloheinu ילה

וֵאלֹהֵי veElohei לכב ; מילוי דע"ב, דמב ; ילה אֲבוֹתֵינוּ avoteinu שֶׁתַּעֲלֵנוּ shetaalenu

בְּשִׂמְחָה vesimjá לְאַרְצֵנוּ leartsenu וְתִטָּעֵנוּ vetitaenu בִּגְבוּלֵנוּ bigvulenu (הם

י"ב גבולי אלכסון) וְשָׁם vesham נַעֲשֶׂה naasé לְפָנֶיךָ lefaneja ס"ג מ"ה ב"ן

אֶת et קָרְבְּנוֹת korbenot חוֹבוֹתֵינוּ jovoteinu תְּמִידִים temidim

כְּסִדְרָם quesidram וּמוּסָפִים umusafim כְּהִלְכָתָם quehiljatam.

Y Tú nos diste con amor, Señor, Dios nuestro, Shabatot para alegría y nuevos meses para expiación. Pero hemos pecado ante Ti, nosotros y nuestros antepasados. Nuestra ciudad fue destruida y nuestro Templo fue desvalijado, nuestro honor fue extirpado y nuestra gloria nos fue arrebatada de la casa de nuestra vida. Por lo tanto, no podemos ofrecerte ningún sacrificio y no tenemos un Cohén que expíe en nuestro nombre.

YEHÍ RATSÓN

Que sea Tu voluntad, Señor, nuestro Dios,

Dios de nuestros antepasados, Rey compasivo, que nos aceptes con dicha en nuestra tierra y nos arraigues dentro de nuestras fronteras; y allí realizaremos ante Ti los rituales de nuestras ofrendas obligatorias, las ofrendas de Tamid según su orden y las ofrendas de Musaf, conforme a sus leyes.

אֶת et מוּסְפֵי musfei יוֹם yom ע״ה נגד, מזבח, זן, אל יהוה הַשַּׁבָּת haShabat
הַזֶּה hazé והו וְיוֹם veyom ע״ה נגד, מזבח, זן, אל יהוה רֹאשׁ Rosh ריבוע אלהים אלהים דיודין
ע״ה חֹדֶשׁ Jódesh י״ב הויות, קס״א קנ״א ; ראש חדש ע״ה = שין דלת יוד הַזֶּה hazé והו
נַעֲשֶׂה naasé וְנַקְרִיב venakriv לְפָנֶיךָ lefaneja ס״ג מ״ה ב״ן בְּאַהֲבָה beahavá אחד,
ראה כְּמִצְוַת quemitsvat רְצוֹנָךְ retsonaj◆ כְּמוֹ quemó שֶׁכָּתַבְתָּ shecatavta
עָלֵינוּ aleinu בְּתוֹרָתָךְ betorataj עַל al יְדֵי yedei מֹשֶׁה Moshé מהש,
ע״ב בריבוע קס״א, אל שדי, ד״פ אלהים ע״ה עַבְדָּךְ avdaj פוי, אל אדני כָּאָמוּר caamur:◆

UVEYOM HASHABAT

Este párrafo nos conecta directamente con el sacrificio real que se llevaba al antiguo Templo durante *Shabat*. El Templo físico ya no existe, así que hoy en día nuestro sacrificio es el de nuestro comportamiento reactivo. Debemos hacer una introspección y sacrificar, al menos, una de nuestras características negativas. Si es fácil y cómodo de hacer, entonces no se considera un sacrificio. Este sacrificio podría involucrar una visita a un amigo o familiar, durante *Shabat* o la próxima semana, y mejorar una situación difícil al abandonar el ego y admitir que estamos equivocados. Podríamos acudir a un amigo o enemigo y confesarle nuestros celos. Cuanto más difícil sea, más Luz recibiremos. De acuerdo con los principios de la Kabbalah, en el momento que bajamos la guardia, eliminamos nuestro ego y ofrecemos Luz verdadera a través de nuestro propio sacrificio y humildad, los demás nos sorprenderán respondiendo de forma positiva.

וּבְיוֹם uveyom ע״ה נגד, מזבח, זן, אל יהוה הַשַּׁבָּת haShabat
שְׁנֵי shnei כְבָשִׂים jevasim בְּנֵי benei שָׁנָה shaná תְמִימִם temimim
וּשְׁנֵי ushnei עֶשְׂרֹנִים esronim סֹלֶת sólet מִנְחָה minjá ע״ה ב״פ ב״ן
בְּלוּלָה belulá בַשֶּׁמֶן vashemen וְנִסְכּוֹ veniscó:◆ עֹלַת olat אבג יתץ, ושר
שַׁבַּת Shabat בְּשַׁבַּתּוֹ beshabató עַל al עֹלַת olat אבג יתץ, ושר
הַתָּמִיד hatamid ע״ה קס״א קנ״א קמ״ג (מילואי אהיה) וְנִסְכָּהּ veniscá:◆

Las ofrendas de Musaf de este día de Shabat y de Rosh Jódesh preparararemos y ofrendaremos ante Ti, con amor, según el mandamiento de Tu voluntad, como Tú lo has escrito para nosotros en Tu Torá a través de Moshé, Tu siervo, como fue dicho:

UVEYOM HASHABAT

"Y el día de Shabat ofrecerás dos corderos de un año sin defecto y dos décimas de un efá de flor de harina por oblación, amasada con aceite, y su libación. Esto será la ofrenda de elevación de cada Shabat, además de la ofrenda de elevación de Tamid y su libación" (Números 28:9-10).

UVERASHEI JODSHEIJEM

Este versículo trata del sacrificio que se realizaba en cada *Rosh Jódesh*. A través de las letras, captamos la misma energía que generábamos durante los sacrificios reales en la época de los Templos Sagrados.

וּבְרָאשֵׁי uverashei חָדְשֵׁיכֶם jodsheijem תַּקְרִיבוּ takrivu עֹלָה olá

לַיהֹוָהאדניאהדונהי laAdonai פָּרִים parim בְּנֵי benei בָקָר vakar

שְׁנַיִם shenáyim וְאַיִל veáyil אֶחָד ejad אהבה, דאגה כְּבָשִׂים quevasim

בְּנֵי benei שָׁנָה shaná שִׁבְעָה shivá תְּמִימִם temimim:

וּמִנְחָתָם uminjatam וְנִסְכֵּיהֶם venisqueihem כִּמְדֻבָּר quimdubar ראה•

שְׁלֹשָׁה shloshá עֶשְׂרֹנִים esronim לַפָּר •lapar וּשְׁנֵי ushnei

עֶשְׂרֹנִים esronim לָאַיִל •laáyil וְעִשָּׂרוֹן veisarón לַכֶּבֶשׂ •laqueves וְיַיִן veyayin

ע׳ (כנגד ע׳ אומות העולם התלויים בסמאל), מיכ, י״פ האא כְּנִסְכּוֹ •queniscó וּשְׂעִיר vesair

לְכַפֵּר •lejaper וּשְׁנֵי ushnei תְמִידִים temidim כְּהִלְכָתָם •quehiljatam:

ELOHEINU

Tenemos doce bendiciones que nos dan el poder de controlar los doce signos del Zodíaco y sus influencias negativas en nuestra vida. De acuerdo con la Kabbalah, las doce constelaciones nos imbuyen tanto de características positivas como negativas al momento de nuestro nacimiento. Este anteproyecto de "ADN espiritual" es determinado por nuestras acciones y deudas espirituales acumuladas en vidas pasadas. Los planetas y las estrellas son tan sólo un mecanismo mediante el cual este "ADN" es infundido en nosotros. A diferencia de lo que dice la astrología tradicional, nosotros no somos prisioneros de estas influencias astrológicas. Tenemos el poder de elevarnos por encima del plano de los planetas y superar todos nuestros rasgos negativos al usar las herramientas de este *Sidur* y nuestros rasgos positivos. Kabbalísticamente hablando, nuestras características positivas no nos generan puntos en el Juego de la Vida. Son simplemente herramientas que nos dan la fortaleza para luchar y vencer nuestras características negativas.

אֱלֹהֵינוּ Eloheinu ילה וֵאלֹהֵי veElohei לכב ; מילוי דע״ב, רמב ; ילה אֲבוֹתֵינוּ •avoteinu

חַדֵּשׁ jadesh י״ב הויות, קס״א קנ״א עָלֵינוּ aleinu אֶת et הַחֹדֶשׁ hajódesh

י״ב הויות, קס״א קנ״א הַזֶּה hazé והו לְטוֹבָה letová אכא וְלִבְרָכָה •velivrajá

לְשָׂשׂוֹן lesasón וּלְשִׂמְחָה •ulesimjá לִישׁוּעָה lishuá וּלְנֶחָמָה •ulenejamá

UVERASHEI JODSHEIJEM

"Y en sus Lunas nuevas, ofrecerán una ofrenda quemada al Señor: dos becerros, un carnero y siete corderos de un año, sin defecto, con sus ofrendas de harina y sus libaciones como fue dicho: tres décimas por cada becerro, dos décimas por cada carnero y una décima por cada cordero, y vino según su libación, y un macho cabrío para expiación y dos ofrendas de Tamid de acuerdo a la ley prescrita" (Números 28:11).

ELOHEINU

Dios nuestro y Dios de nuestros antepasados, renueva este mes para nosotros para bienaventuranza y bendición, para dicha y felicidad, para salvación y consuelo,

לְפַרְנָסָה lefarnasá וּלְכַלְכָּלָה ulejalcalá. לְחַיִּים lejayim אהיה אהיה יהוה, בינה ע״ה

טוֹבִים tovim וּלְשָׁלוֹם uleshalom. לִמְחִילַת limjilat חֵטְא jet

וְלִסְלִיחַת velislijat עָוֺן avón (En año bisiesto agrega: וּלְכַפָּרַת ulejaparat פֶּשַׁע pesha).

וִיהְיֶה veyihyé ייי רֹאשׁ rosh ריבוע אלהים אלהים דיודין ע״ה חֹדֶשׁ jódesh

י״ב הויות, קס״א קנ״א ; ראש חדש ע״ה = שין דלת יוד הַזֶּה hazé והו סוֹף sof וָקֵץ vakets מנק

לְכָל lejol יה אדני צָרוֹתֵינוּ tsaroteinu. תְּחִלָּה tejilá וְרֹאשׁ varosh ריבוע אלהים

אלהים דיודין ע״ה לְפִדְיוֹן lefidyón נַפְשֵׁנוּ nafshenu. כִּי qui בְעַמְּךָ veameja

יִשְׂרָאֵל Yisrael מִכָּל micol ילי הָאֻמּוֹת haumot בָּחַרְתָּ bajarta

וְחֻקֵּי vejukei רָאשֵׁי rashei חֳדָשִׁים jodashim לָהֶם lahem קָבָעְתָּ kavata.

YISMEJÚ

Este verso se refiere al *Shabat* original que ocurrió en el Jardín de Edén. Para activar el poder de nuestro *Shabat*, debemos reconocer que estamos conectándonos a la energía espiritual primordial que fue revelada durante el primer *Shabat*.

יִשְׂמְחוּ yismejú בְמַלְכוּתְךָ vemaljutaj שׁוֹמְרֵי shomrei כ״א הויות שבתפילין

שַׁבָּת Shabat וְקוֹרְאֵי vekorei עֹנֶג óneg. עַם am מְקַדְּשֵׁי mekadshei

שְׁבִיעִי shevií. כֻּלָּם culam יִשְׂבְּעוּ yisbeú וְיִתְעַנְּגוּ veyitangú

מִטּוּבָךְ mituvaj לאו. וְהַשְּׁבִיעִי vehashevií רָצִיתָ ratsita בּוֹ bo

וְקִדַּשְׁתּוֹ vekidashtó. חֶמְדַּת jemdat יָמִים yamim נלך אוֹתוֹ otó

קָרָאתָ karata זֵכֶר zéjer לְמַעֲשֵׂה lemaasé בְרֵאשִׁית vereshit ר״ת מ״ב.

---

para provisión y sustento, para la buena vida y paz, para perdón de transgresiones y absolución de iniquidades (En año bisiesto añadir: *y para expiación de pecados). Y que el comienzo de esta Luna nueva sea el último y el final de todos nuestros problemas, y el comienzo e inicio de la redención de nuestra vida. Porque Tú has escogido a Tu pueblo, Israel, de entre todas las naciones, y Tú has establecido para ellos los estatutos de la Luna nueva.*

YISMEJÚ

Se regocijarán en Tu Reinado todos aquellos quienes observan el Shabat y lo llaman 'deleite'. La gente que santifica el séptimo (día). Ellos serán saciados y deleitados por Tu benevolencia. Y en el séptimo Tú hallaste gracia y lo santificaste. El día más anhelado de todos lo has llamado, una remembranza de las obras de la Creación.

MEKADESH HASHABAT, YISRAEL VERASHEI JODASHIM

Medita en que la *Nukvá* recibe ahora una nuevo Nombre: אלף למד יהוה que equivale a las iniciales de las palabras: בראשית אלהינו ואלהי אבותינו רצה (*bereshit Eloheinu veElohei avoteinu retsé*).

אֱלֹהֵינוּ Eloheinu ילה וֵאלֹהֵי veElohei לכב ; מילוי דע״ב, דמב ; ילה

אֲבוֹתֵינוּ avoteinu רְצֵה retsé נָא na בִמְנוּחָתֵנוּ vimnujatenu.

קַדְּשֵׁנוּ kadeshenu בְּמִצְוֹתֶיךָ vemitsvoteja. שִׂים sim וְחֶלְקֵנוּ jelkenu

בְּתוֹרָתֶךָ vetorataj שַׂבְּעֵנוּ sabenu מִטּוּבֶךָ mituvaj לאו. שַׂמֵּחַ saméaj

נַפְשֵׁנוּ nafshenu בִּישׁוּעָתֶךָ bishuataj. וְטַהֵר vetaher לִבֵּנוּ libenu

לְעָבְדְּךָ leovdejá פוי, אל אדני בֶּאֱמֶת veemet אהיה פעמים אהיה, ז״פ ס״ג.

וְהַנְחִילֵנוּ vehanjilenu יְהֹוָה(אדני)אהדונהי Adonai אֱלֹהֵינוּ Eloheinu ילה

בְּאַהֲבָה beahavá אחד, דאגה וּבְרָצוֹן uveratsón מהש ע״ה, ע״ב בריבוע וקס״א ע״ה,

אל שדי ע״ה שַׁבַּת Shabat קָדְשֶׁךָ kodshejá. וְיָנוּחוּ veyanuju בָהּ va

כָּל col ילי יִשְׂרָאֵל Yisrael מְקַדְּשֵׁי mekadshei שְׁמֶךָ Shemeja.

אהיה יהו יה אדני

בָּרוּךְ Baruj אַתָּה Atá יְהֹוָה(אדני)אהדונהי Adonai

MEDITACIÓN DEL MES

La siguiente bendición quizás sea nuestra conexión más importante durante *Rosh Jódesh*. A continuación, tenemos una secuencia del Santo Tetragrámaton que corresponde a cada mes del año. Al escanear la secuencia apropiada, atraemos Luz a todo nuestro cuerpo para todo el mes y también para un área específica del cuerpo. Asimismo, meditamos en dos letras específicas del mes (ver tabla) que denota el planeta respectivo y el signo zodiacal. Esta meditación nos ayuda a trascender las influencias astrológicas, dándonos el control de nuestro destino.

Se sabe a través de los escritos del Arí que: en cada *Rosh Jódesh*, al final de la bendición del medio de *Musaf*, debes meditar en la combinación del Tetragramatón (26) que controla ese mes en particular. Esto explica lo que los sabios decían: "¿Por qué los hijos de Israel rezan pero sus oraciones no son contestadas? Porque ellos no saben cómo rezar con el Nombre", como está escrito: "Yo lo ensalzaré porque él **conoce** Mi Nombre". Esta frase es confusa, pero con la explicación anterior se puede entender. Habla sobre aquel que no conoce la intención del Nombre que controla el mes [12 veces 26 tiene el mismo valor numérico que la palabra "mes" (*jódesh* חודש). Y estas combinaciones están como en *Hakdamat Tikunei HaZóhar*].

MEKADESH HASHABAT, YISRAEL VERASHEI JODASHIM

Dios nuestro y Dios de nuestros antepasados,

que te plazca nuestro descanso. Santifícanos con Tus preceptos y otórganos participación en Tu Torá y sácianos de Tu bondad y alegra nuestros espíritus con Tu salvación y purifica nuestro corazón para que te sirvamos con verdad. Señor, Dios nuestro, con amor y gracia otórganos Tu santo Shabat como heredad; y que todo Israel, los santificadores de Tu Nombre, reposen en él. Bendito seas Tú, Señor,

Por lo tanto, para que nuestras oraciones sean contestadas, medita en lo siguiente:

ה-Nisán-Aries ד-Marte	Jésed	גולגלתא דנוקבא El Cráneo de *Nukvá*	ישמחו השמים ותגל הארץ אהיה יהוה
ו-Iyar-Tauro פ-Venus	Guevurá	אזן ימין דנוקבא El Oído Derecho de *Nukvá*	יתהלל המתהלל השכל וידוע אההי יההו
ז-Siván-Géminis ר-Mercurio	Tiféret	אזן שמאל דנוקבא El Oído Izquierdo de *Nukvá*	ידותיו ולצלע המשכן השנית איהה יוהה
ח-Tamuz-Cáncer ת-Luna	Nétsaj	עין ימין דנוקבא El Ojo Derecho de *Nukvá*	זה איננו שוה לי היהא הוהי
ט-Av-Leo כ-Sol	Hod	עין שמאל דנוקבא El Ojo Izquierdo de *Nukvá*	הסכת ושמע ישראל היום היאה הויה
י-Elul-Virgo ר-Mercurio	Yesod	חוטמא דנוקבא La Nariz de *Nukvá*	וצדקה תהיה לנו כי ההיא ההוי
ל-Tishrei-Libra פ-Venus	Jésed	גולגלתא דז״א El Cráneo de *Z"A*	ויראו אותה שרי פרעה יהאה והיה
נ-Jeshván-Escorpio ד-Marte	Guevurá	אזן ימין דז״א El Oído Derecho de *Z"A*	ודבש היום הזה יהוה יההא וההי
ס-Kislev-Sagitario ג-Júpiter	Tiféret	אזן שמאל דז״א El Oído Izquierdo de *Z"A*	וירא יושב הארץ הכנעני יאהה ויהה
ע-Tevet-Capricornio ב-Saturno	Nétsaj	עין ימין דז״א El Ojo Derecho de *Z"A*	ליהוה אתי ונרוממה שמו האהי היהו
צ-Shvat-Acuario ב-Saturno	Hod	עין שמאל דז״א El Ojo Izquierdo de *Z"A*	המר ימירנו והיה הוא האיה היוה
ק-Adar-Piscis ג-Júpiter	Yesod	חוטמא דז״א La Nariz de *Z"A*	עירה ולשורקה בני אתונו ההאי ההיו

En *Rosh Jódesh Adar*, debes meditar en todas las 12 secuencias de יהוה y de אהיה juntas. **En año bisiesto**, debes meditar en *Adar* 1 con la secuencia que es relevante a *Adar*, y en *Adar* 2 *con* todas las secuencias juntas.

Medita en los *Neshikín* (besos, la Unificación Superior)

desde las Diez *Sefirot* de *Jojmá* de *Kéter* de los cinco *Partsufim* de de *Jojmá, Biná, Dáat* (**en la repetición**: *Jojmá, Biná, Dáat* de *Kéter*) de *Jojmá* de *Zeir Anpín* **hasta** las Diez *Sefirot* de *Jojmá* de *Kéter* de los cinco *Partsufim* de *Jojmá, Biná, Dáat* (**en la repetición**: *Jojmá, Biná, Dáat* de *Kéter*) de *Jojmá* de *Yaakov* y *Rajel*.

Jojmá	*Dáat*	*Biná*
א	י	ה
יהוה	מצפץ	יהוה
אהיה	אהיה	אהיה
יהוה	יהוה	יהוה

Medita en atraer iluminación hacia *Kéter de Yaakov* y *Rajel* (ya que Ellos ahora están de pie en *Nétsaj, Hod, Yesod* de *Zeir Anpín)* a través de *Jésed, Guevurá, Tiféret* de *Zeir Anpín* desde los tres *Mojín* (*Jojmá, Biná, Dáat*) del Segundo *Gadlut* envuelto por *Jojmá, Biná, Dáat* (**en la repetición:** *Jojmá, Biná, Dáat* de *Kéter*) de *Aba* e *Ima* Celestiales (como los *Mojín* están en *Jojmá, Biná, Dáat* de *Zeir Anpín* – y **en la repetición**: los *Mojín* están en *Jojmá, Biná, Dáat* de *Kéter* de *Zeir Anpín).*

También atrae *Maljut* de *Kéter* de todos los cinco *Partsufim* de *Nétsaj, Hod, Yesod* (**en la repetición**: *Jésed, Guevurá, Tiféret*) de *Jojmá* de lo Interno de *Zeir Anpín* **hacia** *Kéter* de todos los cinco *Partsufim* de *Nétsaj, Hod, Yesod* (**en la repetición**: *Jésed, Guevurá, Tiféret*) de *Jojmá* de lo Externo y lo Interno de *Yaakov* y *Rajel* **hacia** *Kéter* de *Yaakov* y *Rajel* que está de pie en el Pecho de *Zeir Anpín:*

אהיה יהוה

(a las tres Vasijas de *Kéter* de *Nukvá*)

יוד הא ואו הה   יוד יוד הא יוד הא ואו יוד הא ואו הה   י יה יהו יהוה

haShabat הַשַּׁבָּת mekadesh מְקַדֵּשׁ

:jodashim וְחֳדָשִׁים verashei וְרָאשֵׁי veYisrael וְיִשְׂרָאֵל

LAS TRES BENDICIONES FINALES

A través del mérito de Moshé, Aharón y Yosef, quienes son nuestros canales para las últimas tres bendiciones, somos capaces de hacer descender toda la energía espiritual que despertamos con nuestras oraciones y bendiciones.

LA QUINTA BENDICIÓN

Durante esta bendición, que se refiere a Moshé, siempre debemos meditar en tratar de saber exactamente qué quiere Dios de nosotros en nuestra vida, como lo indica la frase: "Que sea la voluntad de Dios". Estamos pidiéndole a Dios que nos guíe hacia el trabajo que vinimos a hacer en la Tierra. El Creador no puede aceptar sólo el trabajo que queremos hacer, debemos llevar a cabo el trabajo que estamos destinados a hacer.

Nétsaj

Meditar por el Deseo Celestial (*Kéter*), que es llamado *Métsaj HaRatsón* (la Frente del Deseo).

מם יוד הה למד אלף retsé רְצֵה

Aquí meditar en transformar el infortunio y la tragedia (צרה) en deseo y aceptación (רצה).

(**En** ***Rosh Jódesh Menajem Av*** **– Leo,** medita aquí en los Nombres Sagrados:
מצפצ כוזו טדהד, שין ע״ה, אלהים דההין אדני – con estos Nombres transformamos **צרה** en **רצה**).

Yisrael יִשְׂרָאֵל beameja בְּעַמְּךָ ילה Eloheinu אֱלֹהֵינוּ Adonai יְהֹוָואדניאהדונהי

haavodá הָעֲבוֹדָה vehashev וְהָשֵׁב sheé. שְׁעֵה velitfilatam וְלִתְפִלָּתָם

Yisrael יִשְׂרָאֵל veishei וְאִשֵּׁי .ראה ב״פ beiteja בֵּיתֶךָ רי״ו lidvir לִדְבִיר

ראגה ,אוזר beahavá בְּאַהֲבָה meherá מְהֵרָה utfilatam וּתְפִלָּתָם

.ע״ה שדי אל ,ע״ה וקס״א בריבוע ע״ב ,ע״ה מהש beratsón בְּרָצוֹן tekabel תְקַבֵּל

ע״ה שדי אל ,ע״ה וקס״א בריבוע ע״ב ,ע״ה מהש leratsón לְרָצוֹן utehí וּתְהִי

:ameja עַמֶּךָ Yisrael יִשְׂרָאֵל avodat עֲבוֹדַת קמ״ג קנ״א קס״א ע״ה tamid תָּמִיד

tajpots תַּחְפֹּץ harabim. הָרַבִּים verajameja בְּרַחֲמֶיךָ veAtá וְאַתָּה

מ״ה ריבוע eineinu עֵינֵינוּ vetejezena וְתֶחֱזֶינָה vetirtsenu וְתִרְצֵנוּ banu בָּנוּ

berajamim בְּרַחֲמִים קנאה ,הויות ו׳ ,יוסף leTsiyón לְצִיּוֹן beshuvjá בְּשׁוּבְךָ

:ייי י״פ ,דיודין אלהים ,מצפצ

---

que santificas el Shabat, Israel y los inicios de la Luna Nueva.

LAS ÚLTIMAS TRES BENDICIONES - LA QUINTA BENDICIÓN

Encuentra gracia, Señor, nuestro Dios,

en Tu pueblo, Israel y oye su oración. Restaura el culto en el santuario interno de Tu Templo. Acepta las ofrendas de Israel y sus oraciones con complacencia, prontamente y con amor. Que siempre sea agradable a Ti, el culto de Israel, Tu nación. Y Tú, en Tu gran compasión, te deleites en nosotros y estés agradado con nosotros. Puedan nuestros ojos contemplar Tu retorno a Sión con compasión.

אהיה יהו אל

בָּרוּךְ Baruj אַתָּה Atá יְהֹוָהאדניאהדונהי Adonai

הַמַּחֲזִיר hamajazir שְׁכִינָתוֹ Shejinató לְצִיּוֹן leTsiyón יוסף, ו' הויות, קנאה:

La sexta bendición

Esta bendición es nuestro agradecimiento. Kabalísticamente, el mayor "agradecimiento" que le podemos dar a nuestro Creador es hacer exactamente lo que estamos destinados a hacer en términos de nuestro trabajo espiritual.

Hod

Inclina todo tu cuerpo en *"modim"* y enderézate en *"Adonai"*.

מוֹדִים modim מאה ברכות שתיקן דוד לאמרם כל יום אֲנַחְנוּ anajnu לָךְ laj

שָׁאַתָּה sheAtá הוּא Hu יְהֹוָהאדניאהדונהי Adonai (ונ) אֱלֹהֵינוּ Eloheinu ילה

וֵאלֹהֵי veElohei לכב ; מילוי ע"ב, דמב ; ילה אֲבוֹתֵינוּ avoteinu לְעוֹלָם leolam

ריבוע ס"ג וי' אותיות דס"ג וָעֶד vaed. צוּרֵנוּ tsurenu צוּר tsur אלהים דההין ע"ה

חַיֵּינוּ jayeinu וּמָגֵן umaguén ג"פ אל (ייא" מילוי דס"ג) ; ר"ת מיכאל גבריאל נוריאל

יִשְׁעֵנוּ yishenu אַתָּה Atá הוּא Hu. לְדֹר ledor וָדֹר vador ר"ו נוֹדֶה nodé

לְּךָ lejá וּנְסַפֵּר unesaper תְּהִלָּתֶךָ tehilateja. עַל al חַיֵּינוּ jayeinu

הַמְּסוּרִים hamesurim בְּיָדֶךָ beyadeja. וְעַל veal נִשְׁמוֹתֵינוּ nishmoteinu

הַפְּקוּדוֹת hapekudot לָךְ laj. וְעַל veal נִסֶּיךָ niseja שֶׁבְּכָל shebejol

ב"ן, לכב יוֹם yom ע"ה נגד, מזבח, זן, אל יהוה עִמָּנוּ imanu ריבוע ס"ג, קס"א ע"ה וד' אותיות

וְעַל veal נִפְלְאוֹתֶיךָ nifleoteja וְטוֹבוֹתֶיךָ vetovoteja שֶׁבְּכָל shebejol

ב"ן, לכב עֵת et. עֶרֶב érev וָבֹקֶר vavóker וְצָהֳרָיִם vetsahoráyim. הַטּוֹב hatov

והו כִּי qui לֹא lo כָלוּ jalú רַחֲמֶיךָ rajameja. הַמְרַחֵם hamerajem אברהם, וו"פ

אל, ר"ו ול"ב נתיבות החכמה, רמ"ח (אברים), עסמ"ב וט"ז אותיות פשוטות כִּי qui לֹא lo

תַמּוּ tamu חֲסָדֶיךָ jasadeja כִּי qui מֵעוֹלָם meolam קִוִּינוּ kivinu לָךְ laj:

Bendito eres Tú, Señor, que devuelve Su Shejiná a Sión.

La sexta bendición

Nosotros te damos gracias a Ti, porque eres Tú, Señor, quien es nuestro Dios y el Dios de nuestros padres, por siempre y por toda la eternidad. Tú eres nuestra Fortaleza, la Fortaleza de nuestras vidas y el Escudo de nuestra salvación. De una generación a otra, te daremos gracias a Ti y cantaremos Tu alabanza, por nuestras vidas que están en Tus Manos, por nuestras almas que están a Tu cuidado, por Tus milagros que diariamente están con nosotros y por Tus maravillas y Tus favores que están con nosotros en todo momento: de noche, de mañana y de tarde. Tú eres bueno, porque Tu compasión nunca se ha acabado. Tú eres el misericordioso, porque Tu bondad nunca ha cesado, porque siempre hemos puesto nuestras esperanzas en Ti.

MODIM DERABANÁN

Esta oración es recitada por la congregación en la repetición cuando el *jazán* dice "*modim*".

En esta sección hay 44 palabras, que es el mismo valor numérico del Nombre:

ריבוע אהיה (א אה אהי אהיה)

מוֹדִים modim מאה ברכות שתיקן דוד לאומרם כל יום אֲנַחְנוּ anajnu לָךְ laj

שָׁאַתָּה sheAtá הוּא hu יְהֹוָהאדניאהדונהי Adonai אֱלֹהֵינוּ Eloheinu ילה

וֵאלֹהֵי veElohei לכב ; מילוי ע״ב, דמב ; ילה אֲבוֹתֵינוּ avoteinu

אֱלֹהֵי Elohei מילוי ע״ב, דמב ; ילה כָל jol ילי בָּשָׂר basar• יוֹצְרֵנוּ yotsrenu

יוֹצֵר yotser בְּרֵאשִׁית bereshit• בְּרָכוֹת brajot וְהוֹדָאוֹת vehodaot

לְשִׁמְךָ leShimjá הַגָּדוֹל hagadol להוֹ ; עם ד׳ אותיות = מבה, יזל, אום

וְהַקָּדוֹשׁ vehakadosh עַל al שֶׁהֶחֱיִיתָנוּ shehejeyitanu וְקִיַּמְתָּנוּ vekiyamtanu•

כֵּן quen תְּחַיֵּינוּ tejayeinu וּתְחָנֵּנוּ utejonenu• וְתֶאֱסוֹף veteesof

גָּלֻיּוֹתֵינוּ galuyoteinu לְחַצְרוֹת lejatsrot קָדְשֶׁךָ kodshejá• לִשְׁמוֹר lishmor

חֻקֶּיךָ jukeja וְלַעֲשׂוֹת velaasot רְצוֹנֶךָ retsoneja• וּלְעָבְדְךָ uleavdejá

פוי, אל אדני בְּלֵבָב belevav בוכו שָׁלֵם shalem• עַל al שֶׁאֲנַחְנוּ sheanajnu

מוֹדִים modim לָךְ laj• בָּרוּךְ Baruj אֵל El ייא״י (מילוי דס״ג) הַהוֹדָאוֹת hahodaot:

PARA JANUCÁ

Janucá genera una dimensión adicional de energía de milagros. Esta bendición nos ayuda a aprovechar esta energía, atrayendo milagros a nuestra vida cuando realmente los necesitamos.

וְעַל veal הַנִּסִּים hanisim וְעַל veal הַפֻּרְקָן hapurkán•

וְעַל veal הַגְּבוּרוֹת haguevurot• וְעַל veal הַתְּשׁוּעוֹת hateshuot

וְעַל veal הַנִּפְלָאוֹת haniflaot וְעַל veal הַנֶּחָמוֹת hanejamot

שֶׁעָשִׂיתָ sheasita לַאֲבוֹתֵינוּ laavoteinu בַּיָּמִים bayamim נלך הָהֵם hahem

בַּזְּמַן bazemán הַזֶּה hazé והו: continúa "*bimei Matityá*"

MODIM DERABANÁN

Nosotros te damos gracias a Ti, porque eres Tú, Señor, quien es nuestro Dios y el Dios de nuestros ancestros, el Dios de toda la humanidad, nuestro Hacedor y el Creador de toda la Creación. Bendiciones y gracias a Tu gran y Santo Nombre por darnos vida y por preservarnos. Que puedas Tú continuar dándonos vida, sé amable con nosotros y reúne nuestros exiliados en los atrios de Tu Santuario, para que podamos cumplir Tus leyes, hacer Tu voluntad y servir a Ti con todo el corazón. Por esto te agradecemos. ¡Bendito sea el Dios de los agradecimientos!

PARA JANUCÁ

Y también por los milagros, la liberación, los hechos poderosos, la salvación, las maravillas, y actos de consolación que Tú realizaste para nuestros antepasados, en aquellos días, y en este momento.

בִּימֵי bimei מַתִּתְיָה Matityá בֶּן ven יוֹחָנָן Yojanán כֹּהֵן Cohén מילה
גָּדוֹל gadol להוז ; עם ד' אותיות = מבה, יזל, אום וְחַשְׁמוֹנַאי Jashmonaí וּבָנָיו uvanav
כְּשֶׁעָמְדָה quesheamdá מַלְכוּת maljut יָוָן Yaván הָרְשָׁעָה harshaá עַל al
עַמְּךָ ameja יִשְׂרָאֵל Yisrael לְשַׁכְּחָם leshaquejam תּוֹרָתָךְ torataj
וּלְהַעֲבִירָם ulehaaviram מֵחֻקֵּי mejukei רְצוֹנָךְ retsonaj. וְאַתָּה veAtá
בְּרַחֲמֶיךָ verajameja הָרַבִּים harabim עָמַדְתָּ amadeta לָהֶם lahem בְּעֵת beet
צָרָתָם tsaratam. רַבְתָּ ravta אֶת et רִיבָם rivam. דַּנְתָּ danta
אֶת et דִּינָם dinam. נָקַמְתָּ nakamta מנק אֶת et נִקְמָתָם nikmatam מנק.
מָסַרְתָּ masarta גִּבּוֹרִים guiborim בְּיַד beyad חַלָּשִׁים jalashim. וְרַבִּים verabim
בְּיַד beyad מְעַטִּים meatim. וּרְשָׁעִים ureshaím בְּיַד beyad צַדִּיקִים tsadikim.
וּטְמֵאִים utmeím בְּיַד beyad טְהוֹרִים tehorim. וְזֵדִים vezedim בְּיַד beyad
עוֹסְקֵי oskei תוֹרָתֶךָ torateja. לְךָ lejá עָשִׂיתָ asita שֵׁם shem
גָּדוֹל gadol להוז ; עם ד' אותיות = מבה, יזל, אום וְקָדוֹשׁ vekadosh בְּעוֹלָמָךְ beolamaj.
וּלְעַמְּךָ uleameja יִשְׂרָאֵל Yisrael עָשִׂיתָ asita תְּשׁוּעָה teshuá גְדוֹלָה guedolá
וּפוּרְקָן ufurkán כְּהַיּוֹם quehayom ע"ה נגד, מזבח, זן, אל יהוה הַזֶּה hazé והו.
וְאַחַר veajar כָּךְ caj בָּאוּ bau בָנֶיךָ vaneja לִדְבִיר lidvir רי"ו
בֵּיתֶךָ beiteja ב"פ ראה וּפִנּוּ ufinú אֶת־ et הֵיכָלֶךָ heijaleja. וְטִהֲרוּ vetiharú
אֶת et מִקְדָּשֶׁךָ mikdasheja. וְהִדְלִיקוּ vehidliku נֵרוֹת nerot
בְּחַצְרוֹת bejatsrot קָדְשֶׁךָ kodshejá. וְקָבְעוּ vekavú שְׁמוֹנַת shmonat
יְמֵי yemei חֲנֻכָּה Janucá אֵלּוּ elu בְּהַלֵּל behalel אדני, ללה וּבְהוֹדָאָה uvehodaá.
וְעָשִׂיתָ veasita עִמָּהֶם imahem נִסִּים nisim וְנִפְלָאוֹת veniflaot וְנוֹדֶה venodé
לְשִׁמְךָ leShimjá הַגָּדוֹל hagadol להוז ; עם ד' אותיות = מבה, יזל, אום סֶלָה sela:

PARA JANUCÁ

En los días de Matityá, hijo de Yojanán, el Sumo Sacerdote, el jasmoneo, y sus hijos, cuando el maligno Imperio Griego se sublevó en contra de Tu Nación, Israel, para obligarlos a olvidar Tu Torá y obligarlos a alejarse de las leyes de Tu deseo, con Tu compasión estuviste con ellos en tiempos turbulentos. Tú luchaste sus batallas, buscaste justicia para ellos, los vindicaste y entregaste a los fuertes en manos de los débiles, a los numerosos en manos de los pocos, a los perversos en manos de los justos, a los contaminados en manos de los puros y a los tiranos en manos de aquellos que se ocupaban con Tu Torá. Hiciste un Santo Nombre para Ti en Tu mundo y para Tu pueblo, Israel, realizaste una gran salvación y liberación en este día. Entonces Tus hijos vinieron al Santuario de Tu Casa, limpiaron Tu Palacio, purificaron Tu Templo, encendieron velas en los jardines de Tu Santo Dominio, y establecieron estos ocho días de Janucá para alabanza y acción de gracias. Y Tú realizaste milagros y maravillas para ellos. Por ello estamos agradecidos a Tu Gran Nombre. Sela.

ועל veal כלם culam יתברך yitbaraj ויתרומם veyitromam

ויתנשא veyitnasé תמיד tamid ע״ה קס״א קנ״א קמ״ג שמך Shimjá

מלכנו malquenu לעולם leolam ריבוע ס״ג וי׳ אותיות דס״ג ועד vaed.

וכל vejol ילי החיים hajayim אהיה אהיה יהוה, בינה ע״ה יודוך yoduja סלה sela:

ויהללו vihalelú ויברכו vivarjú יהוה ריבוע יהוה ריבוע מ״ה את et

שמך Shimjá הגדול hagadol להח ; עם ד׳ אותיות = מבה, יזל, אום באמת beemet אהיה

פעמים אהיה, ז״פ ס״ג לעולם leolam ריבוע ס״ג וי׳ אותיות דס״ג כי qui טוב tov והו ;

כי טוב = יהוה אהיה, אום, מבה, יזל. האל haEl לאה ; ייא״י (מילוי דס״ג) ישועתנו yeshuatenu

ועזרתנו veezratenu סלה sela. האל haEl לאה ; ייא״י (מילוי דס״ג) הטוב hatov והו:

Flexiona tus rodillas en "*Baruj*", inclínate en "*Atá*" y enderézate en "*Adonai*".

אהיה יהו אלהים

ברוך Baruj אתה Atá יהוהאדניאהדונהי Adonai (ה׳) הטוב hatov והו

שמך Shimjá ולך uLejá נאה naé להודות lehodot ס״ת כהת, משיח בן דוד ע״ה:

Para la bendición de los *Cohanim* ve a la pág. 371.

LA BENDICIÓN FINAL

Estamos emanando la energía de paz para el mundo entero. También nos proponemos utilizar nuestras bocas sólo para el bien. Kabbalísticamente, el poder de las palabras y del habla es inimaginable. Esperamos usar este poder sabiamente, lo que tal vez sea una de las tareas más difíciles de llevar a cabo.

Yesod

שים sim שלום shalom

(**En *Rosh Jódesh Menajem Av* – Leo,** medita aquí en estos Nombres Sagrados:

שין ראשונה (ע״ה = טדהד כוזו מצפצ) ממתקת את השין השניה (= אלהים דההין אדני) ;

וכן שים שלום ע״ה = ו׳ השמות (טדהד כוזו מצפצ אלהים אדני יהוה) אדני טדהד כוזו מצפצ ואלהים דההין)

טובה tová אכא וברכה uvrajá וחיים jayim אהיה אהיה יהוה, בינה ע״ה

חן jen מילוי דמ״ה בריבוע, מוזי וחסד vajésed ע״ב, ריבוע יהוה

Y por todas estas cosas, que Tu Nombre sea siempre bendecido, exaltado y ensalzado, por siempre, nuestro Rey, por siempre y para siempre, y todos los vivientes te agradecen, Sela. Y ellos te alabarán y bendecirán Tu gran Nombre, sinceramente y para siempre, porque es bueno, el Dios de nuestra salvación y nuestra ayuda, Sela, el buen Dios. Bendito eres Tú, Señor, Cuyo Nombre es bueno. Y a Ti es propio dar gracias.

LA BENDICIÓN FINAL

Otorga paz, bondad, bendiciones, vida, gracia, amabilidad

צְדָקָה tsedaká ע״ה ריבוע אלהים וְרַחֲמִים verajamim עָלֵינוּ aleinu וְעַל veal

כָּל col ילי ; עמם יִשְׂרָאֵל Yisrael עַמֶּךָ ameja וּבָרְכֵנוּ uvarjenu

אָבִינוּ avinu כֻּלָּנוּ culanu כְּאֶחָד queejad אהבה, דאגה בְּאוֹר beor רז, א״ס

פָּנֶיךָ paneja ס״ג מ״ה ב״ן כִּי qui בְאוֹר veor רז, א״ס פָּנֶיךָ paneja ס״ג מ״ה ב״ן

נָתַתָּ natata לָּנוּ lanu אלהים, אהיה אדני יְהֹוָה Adonai יאהדונהי

אֱלֹהֵינוּ Eloheinu ילה תּוֹרָה Torá וְחַיִּים vejayim אהיה אהיה יהוה, בינה ע״ה.

אַהֲבָה ahavá אחד, דאגה וָחֶסֶד vajésed ע״ב, ריבוע יהוה.

צְדָקָה tsedaká ע״ה ריבוע אלהים וְרַחֲמִים verajamim. בְּרָכָה brajá

וְשָׁלוֹם veshalom. וְטוֹב vetov והו בְּעֵינֶיךָ beeineja ע״ה קס״א ; ריבוע מ״ה

לְבָרְכֵנוּ levarjenu וּלְבָרֵךְ ulevarej אֶת et כָּל col ילי עַמְּךָ ameja

יִשְׂרָאֵל Yisrael בְּרוֹב berov י״פ אהיה עֹז oz וְשָׁלוֹם veshalom:

אהיה יהו מצפצ

בָּרוּךְ Baruj אַתָּה Atá יְהֹוָה Adonai יאהדונהי

הַמְבָרֵךְ hamevarej אֶת et עַמּוֹ amó יִשְׂרָאֵל Yisrael

ר״ת = אלהים (אילההויהם = יב״ק) בַּשָּׁלוֹם bashalom. אָמֵן Amén יאהדונהי.

YIHYÚ LERATSÓN

Hay 42 letras en el versículo en el secreto del *Aná Bejóaj*.

יִהְיוּ yihyú אל (ייא״ מילוי דס״ג) לְרָצוֹן leratsón מהש ע״ה, ע״ב בריבוע וקס״א ע״ה, אל שדי ע״ה

אִמְרֵי imrei פִי fi ר״ת אֱלֹף = אלף למד שין דלת יוד ע״ה וְהֶגְיוֹן vehegyón לִבִּי libí

לְפָנֶיךָ lefaneja ס״ג מ״ה ב״ן יְהֹוָה Adonai יאהדונהי צוּרִי tsurí וְגֹאֲלִי vegoalí:

---

justicia y misericordia, a nosotros y a todo Israel, Tu pueblo. Bendícenos a todos como uno solo, Padre nuestro, con la Luz de Tu rostro, porque es con la Luz de Tu rostro que Tú, Señor, nuestro Dios, nos has dado la Torá y vida, amor y amabilidad, justicia y misericordia, bendición y paz. Que sea grato a Tus ojos bendecirnos y bendecir a Tu nación, Israel, con abundante poder y con paz. ¡Bendito eres Tú, Señor, que bendice a Su pueblo, Israel, con paz, Amén!

YIHYÚ LERATSÓN

"Sean gratos ante Ti, Señor,

mi Fortaleza y mi Redentor, los dichos de mi boca y los pensamientos de mi corazón" (Salmos 19:15).

ELOHAI NETSOR

אֱלֹהַי Elohai מילוי ע"ב, דמב ; ילה נְצוֹר netsor לְשׁוֹנִי leshoní מֵרָע merá.

וּשְׂפָתוֹתַי vesiftotai מִדַּבֵּר midaber ראה מִרְמָה mirmá. וְלִמְקַלְלַי velimkalelai

נַפְשִׁי nafshí תִדֹּם tidom. וְנַפְשִׁי venafshí כֶּעָפָר queafar

לַכֹּל lacol יה אדני תִּהְיֶה tihyé. פְּתַח petaj לִבִּי libí בְּתוֹרָתֶךָ betorateja.

וְאַחֲרֵי veajarei מִצְוֹתֶיךָ mitsvoteja תִּרְדּוֹף tirdof נַפְשִׁי nafshí.

וְכָל־ vejol ילי הַקָּמִים hakamim עָלַי alai לְרָעָה leraá רהע. מְהֵרָה meherá

הָפֵר hafer עֲצָתָם atsatam וְקַלְקֵל vekalkel מַחְשְׁבוֹתָם majshevotam.

עֲשֵׂה asé לְמַעַן lemaan שְׁמָךְ Shemaj. עֲשֵׂה asé לְמַעַן lemaan

יְמִינָךְ yeminaj. עֲשֵׂה asé לְמַעַן lemaan תּוֹרָתָךְ torataj. עֲשֵׂה asé

לְמַעַן lemaan קְדֻשָּׁתָךְ kedushataj. ר"ת הפסוק = מ"ה יהוה לְמַעַן lemaan

יֵחָלְצוּן yejaltsún יְדִידֶיךָ yedideja ר"ת ילי הוֹשִׁיעָה hoshía יהוה וש"ע נהורין

יְמִינְךָ yeminjá וַעֲנֵנִי vaaneni (כתיב: ועננו) ר"ת אל (ייא" מילוי דס"ג):

Antes de que recitemos el próximo verso ("*Yihyú leratsón*") tenemos una oportunidad para fortalecer la conexión con nuestra alma usando nuestro nombre. Cada persona tiene un versículo en la Torá que lo conecta con su nombre. O bien su nombre está en el versículo, o la primera y última letra del nombre corresponden a la primera y última letra de un versículo. Por ejemplo, el nombre Yehuda comienza con una *Yud* y termina con una *Hei*. Antes de terminar la *Amidá*, declaramos que nuestro nombre sea siempre recordado cuando nuestra alma abandone este mundo.

YIHYÚ LERATSÓN (EL SEGUNDO)

Hay 42 letras en este verso en el secreto del *Aná Bejóaj*.

יִהְיוּ yihyú אל (ייא" מילוי דס"ג) לְרָצוֹן leratsón מהש ע"ה, ע"ב בריבוע וקס"א ע"ה, אל שדי ע"ה

אִמְרֵי־ imrei פִי fi ר"ת אֱלֹף = אלף למד שין דלת יוד ע"ה וְהֶגְיוֹן vehegyón לִבִּי libí

לְפָנֶיךָ lefaneja ס"ג מ"ה ב"ן יְהֹוָהאדניאהדונהי Adonai צוּרִי tsurí וְגֹאֲלִי vegoalí:

ELOHAI NETSOR

Mi Dios, cuida mi lengua del mal y mis labios de decir falsedad. Que mi alma permanezca en silencio ante aquellos que me maldicen y permite que mi espíritu sea humilde ante todos, como el polvo. Abre mi corazón a Tu Torá y permite que mi corazón siga Tus mandamientos. Prontamente frustra los planes y daña los pensamientos de todos aquellos que se levantan contra mí para hacerme daño. Hazlo por la gloria de Tu Nombre. Haz esto por el bien de Tu Diestra. Haz esto por el mérito de Tu Torá. Haz esto por Tu Santidad, "Que Tus amados sean rescatados. Sálvalos con Tu Diestra y contéstame" (Salmos 60:7)

YIHYÚ LERATSÓN (EL SEGUNDO)

"Sean gratos ante Ti, Señor,
mi Fortaleza y mi Redentor, los dichos de mi boca y los pensamientos de mi corazón" (Salmos 19:15).

OSÉ SHALOM

Da tres pasos hacia atrás;

Izquierda
Te vuelves a la izquierda y dices:

עוֹשֶׂה osé שָׁלוֹם shalom
בִּמְרוֹמָיו bimromav ר"ת ע"ב, ריבוע יהוה

Derecha
Te vuelves a la derecha y dices:

הוּא Hu בְּרַחֲמָיו verajamav יַעֲשֶׂה yaasé
שָׁלוֹם shalom עָלֵינוּ aleinu ר"ת ש"ע נהורין

Centro
Te alineas al centro y dices:

וְעַל veal כָּל־ col ילי ; עמם עַמּוֹ amó יִשְׂרָאֵל Yisrael
וְאִמְרוּ veimrú אָמֵן Amén יאהדונהי:

יְהִי yehí רָצוֹן ratsón מהש ע"ה, ע"ב בריבוע וקס"א ע"ה, אל שדי ע"ה
מִלְּפָנֶיךָ milefaneja ס"ג מ"ה ב"ן יְהֹוָהאדניאהדונהי Adonai אֱלֹהֵינוּ Eloheinu ילה
וֵאלֹהֵי veElohei לכב ; מילוי ע"ב, דמב ; ילה אֲבוֹתֵינוּ avoteinu, שֶׁתִּבְנֶה shetivné
בֵּית beit ב"פ ראה הַמִּקְדָּשׁ hamikdash בִּמְהֵרָה bimherá בְיָמֵינוּ veyameinu
וְתֵן vetén חֶלְקֵנוּ jelkenu בְּתוֹרָתָךְ vetorataj לַעֲשׂוֹת laasot חֻקֵּי jukei
רְצוֹנָךְ retsonaj וּלְעָבְדָךְ uleovdaj פוי, אל אדני בְּלֵבָב belevav בוכו שָׁלֵם shalem.

Da tres pasos hacia delante.

יְהִי yehí שֵׁם Shem יְהֹוָהאדניאהדונהי Adonai מְבֹרָךְ mevoraj ר"ת ריבוע ע"ב וריבוע ס"ג
יהוה מברך = רפ"ח (להעלות רפ"ח ניצוצות שנפלו לקליפה דמשם באים התולדאים) מֵעַתָּה meatá
וְעַד־ vead עוֹלָם olam ילי: מִמִּזְרַח־ mimizraj שֶׁמֶשׁ shémesh עַד־ ad
ר"ת קדוש מְבוֹאוֹ mevoó מְהֻלָּל mehulal שֵׁם shem יְהֹוָהאדניאהדונהי Adonai: רָם ram
עַל־ al כָּל־ col ילי ; עמם גּוֹיִם goyim יְהֹוָהאדניאהדונהי Adonai עַל al
הַשָּׁמַיִם hashamáyim י"פ טל, י"פ כוזו ; ר"ת וזשמל כְּבוֹדוֹ quevodó:
יְהֹוָהאדניאהדונהי Adonai אֲדֹנֵינוּ adoneinu מָה־ ma מ"ה אַדִּיר adir הרי
שִׁמְךָ Shimjá בְּכָל־ bejol ב"ן, לכב ; ומב הָאָרֶץ haárets אלהים דההין ע"ה:

OSÉ SHALOM

Él, que establece Paz en Sus altos lugares,
Él, en Su compasión, hará que la paz esté entre nosotros y sobre Su pueblo entero, Israel, y dirán: Amén.

Sea agradable ante Ti, Señor, nuestro Dios y Dios de nuestros antepasados, que puedas reconstruir rápidamente el santo Templo en nuestros días, y otórganos participación en Tu Torá, para que podamos cumplir las leyes de Tu deseo y servirte con todo el corazón.

"Que el Nombre del Señor sea bendecido desde ahora hasta toda la eternidad. Desde la salida del Sol hasta su caída, que el Nombre del Señor sea alabado y elevado. Sobre todas las naciones está el Señor. Su gloria está sobre los Cielos" (Salmos 113:2-4).
"Dios, nuestro Señor, cuán tremendo es Tu Nombre en toda la Tierra" (Salmos 8:10).

KADISH TITKABAL

יִתְגַּדַּל yitgadal וְיִתְקַדַּשׁ veyitkadash שדי ומילוי שדי ; י"א אותיות כמנין וי"ה

שְׁמֵיהּ Shmei (שם י"ה דע"ב) רַבָּא rabá קנ"א ב"ן, יהוה אלהים יהוה אדני,

מילוי קס"א וס"ג, מ"ה ברבוע וע"ב ע"ה ; ר"ת = ו"פ אלהים ; ס"ת = ג"פ יב"ק: אָמֵן Amén אידהנויה.

בְּעָלְמָא bealmá דִּי di בְרָא verá כִּרְעוּתֵיהּ quirutei.

וְיַמְלִיךְ veyamlij מַלְכוּתֵיהּ maljutei. וְיַצְמַח veyatsmaj

פּוּרְקָנֵיהּ purkanei. וִיקָרֵב vikarev מְשִׁיחֵיהּ Meshijei: אָמֵן Amén אידהנויה.

בְּחַיֵּיכוֹן bejayeijón וּבְיוֹמֵיכוֹן uveyomeijón וּבְחַיֵּי uvejayei

דְּכָל dejol ילי בֵּית beit ב"פ ראה יִשְׂרָאֵל Yisrael בַּעֲגָלָא baagalá

וּבִזְמַן uvizmán קָרִיב kariv וְאִמְרוּ veimrú אָמֵן Amén: אָמֵן Amén אידהנויה.

La congregación y el *jazán* dicen lo siguiente:

28 palabras (hasta *bealmá*) y 28 letras (hasta *almayá*)

יְהֵא yehé שְׁמֵיהּ Shmei (שם י"ה דס"ג) רַבָּא rabá קנ"א ב"ן,

יהוה אלהים יהוה אדני, מילוי קס"א וס"ג, מ"ה ברבוע וע"ב ע"ה מְבָרַךְ mevaraj,

לְעָלַם lealam לְעָלְמֵי lealmei עָלְמַיָּא almayá. יִתְבָּרַךְ yitbaraj.

Siete palabras con seis letras cada una (שם בן מ"ב) y siete veces la letra *Vav* (שם בן מ"ב).

וְיִשְׁתַּבַּח veyishtabaj י"פ ע"ב יהוה אל אבג יתץ.

וְיִתְפָּאַר veyitpaar הי נו יה קרע שטן. וְיִתְרוֹמַם veyitromam וה כוזו נגד יכש.

וְיִתְנַשֵּׂא veyitnasé במוכסז בטר צתג. וְיִתְהַדָּר veyihadar כוזו יה וקב טנע.

וְיִתְעַלֶּה veyitalé וה יוד ה יגל פזק. וְיִתְהַלָּל veyithalal א ואו הא שקו צית.

שְׁמֵיהּ Shmei (שם י"ה) דְּקוּדְשָׁא deKudshá בְּרִיךְ Verij הוּא Hu:

אָמֵן Amén אידהנויה.

KADISH TITKABAL

Glorificado y santificado sea Su gran Nombre (Amén). En el mundo que Él creó de acuerdo a Su voluntad, y pueda Su Reino reinar. Y pueda Él hacer que Su redención florezca y pueda Él acercar al Mesías (Amén). En tus vidas y en tus días y en la vida de toda la Casa de Israel, prontamente y en el futuro cercano, y dígase: Amén (Amén). Que Su gran Nombre sea bendito por siempre y por toda la eternidad. Bendito y alabado, y glorificado y exaltado, y ensalzado y honrado, y adorado y loado, sea el Nombre del Santo Bendito sea (Amén).

לְעֵלָּא leelá מִן min כָּל col יכ״י בִּרְכָתָא birjatá• שִׁירָתָא shiratá•
תִּשְׁבְּחָתָא tishbejatá וְנֶחֱמָתָא venejamatá• דַּאֲמִירָן daamirán
בְּעָלְמָא bealmá וְאִמְרוּ veimrú אָמֵן Amén: אָמֵן Amén אידהנויה.

תִּתְקַבַּל titkabal צְלוֹתָנָא tselotaná וּבָעוּתָנָא uvautaná
עִם im צְלוֹתְהוֹן tselothón וּבָעוּתְהוֹן uvautehón דְּכָל dejol יכ״י
בֵּית beit ב״פ ראה יִשְׂרָאֵל Yisrael קֳדָם kadam אֲבוּנָא avuná
דְּבִשְׁמַיָּא devishmayá וְאִמְרוּ veimrú אָמֵן Amén: אָמֵן Amén אידהנויה•

יְהֵא yehé שְׁלָמָא shlamá רַבָּא rabá קנ״א ב״ן, יהוה אלהים יהוה אדני, מילוי קס״א וס״ג,
מ״ה ברבוע וע״ב ע״ה מִן min שְׁמַיָּא shmayá• וְחַיִּים jayim אהיה אהיה יהוה, בינה ע״ה
וְשָׂבָע vesavá וִישׁוּעָה vishuá וְנֶחָמָה venejamá וְשֵׁיזָבָא vesheizavá
וּרְפוּאָה urefuá וּגְאֻלָּה ugueulá וּסְלִיחָה uslijá וְכַפָּרָה vejapará
וְרֶוַח vereivaj וְהַצָּלָה vehatsalá• לָנוּ lanu אלהים, אהיה אדני וּלְכָל ulejol יה אדני
עַמּוֹ amó יִשְׂרָאֵל Yisrael וְאִמְרוּ veimrú אָמֵן Amén: אָמֵן Amén אידהנויה.

Da tres pasos para atrás y di:

עוֹשֶׂה osé שָׁלוֹם shalom

(Durante los días entre *Rosh Hashaná* y *Yom Kipur* en lugar de "*shalom*" decimos:

הַשָּׁלוֹם hashalom ספריאל המלאך הזותם לחיים)

בִּמְרוֹמָיו bimromav ע״ב, ריבוע יהוה• הוּא Hu בְּרַחֲמָיו berajamav
יַעֲשֶׂה yaasé שָׁלוֹם shalom עָלֵינוּ aleinu ר״ת ש״ע נהורין•
וְעַל veal כָּל col יכ״י ; עמם עַמּוֹ amó יִשְׂרָאֵל Yisrael וְאִמְרוּ veimrú אָמֵן Amén:
אָמֵן Amén אידהנויה•

Más allá de todas las bendiciones, himnos, alabanzas y palabras de consolación que jamás se dijeran en el mundo, y dígase: Amén (Amén). *Sean aceptadas nuestras oraciones y súplicas, junto con las oraciones y las súplicas de toda la Casa de Israel, ante nuestro Padre en los Cielos, y dígase: Amén* (Amén). *Que haya paz abundante del Cielo; vida, satisfacción, salvación, consuelo, entrega, sanación, redención, perdón, expiación, comodidad y alivio para nosotros y para toda Su nación, Israel y dígase: Amén* (Amén). *Él, que establece paz* (Durante los días entre *Rosh Hashaná* y *Yom Kipur: la paz*) *en Sus Alturas, Él, en Su compasión, hará la paz sobre nosotros y sobre toda Su nación, Israel. Y dígase: Amén* (Amén).

KAVÉ

Ahora conectamos con el mundo de la Acción, *Asiyá*. Durante esta oración sucede algo extraordinario. Ahora que hemos terminado todas nuestras conexiones espirituales de la mañana, queremos conservar toda la energía por la cual hemos trabajado arduamente, resguardándola y sellándola. *Kavé* nos trae de regreso a través de los Mundos Superiores de Acción (*Asiyá*), Formación (*Yetsirá*), Creación (*Briá*) y Emanación (*Atsilut*) hasta una dimensión conocida como *Arij Anpín* (Cara Larga). A partir de este plano espiritual, nos elevamos aún más arriba, más allá de las dimensiones de *Atik* (Anciano) y *Adam Kadmón* (Hombre Primordial), hasta llegar a la realidad de la Luz del Mundo Infinito. Este viaje repasa nuestro recorrido a través de los Mundos Superiores para asegurar que no dejemos aberturas a través de las cuales pueda entrar la negatividad.

En este punto, el Satán quiere evitar que cerremos estas aberturas, así que comienza a bombardearnos con sentimientos de impaciencia, y deseamos que las oraciones acaben pronto. Su objetivo es hacernos bajar la guardia y debilitar nuestra concentración durante esta etapa final para que dejemos una abertura a través de la cual él pueda entrar y sabotear nuestros esfuerzos y manchar nuestra Luz con energía negativa.

קַוֵּה kavé אֶל־ el יְהֹוָהאדנייאהדונהי Adonai חֲזַק jazak פהל

וְיַאֲמֵץ veyaamets לִבֶּךָ libeja וְקַוֵּה vekavé אֶל־ el יְהֹוָהאדנייאהדונהי Adonai:

אֵין ein קָדוֹשׁ Kadosh כַּיהֹוָהאדנייאהדונהי caAdonai כִּי qui אֵין ein בִּלְתֶּךָ bilteja

וְאֵין veéin צוּר tsur אלהים דההין ע״ה כֵּאלֹהֵינוּ queEloheinu ילה: כִּי qui

מִי mi ילי אֱלוֹהַּ Elohá שם בן מ״ב מִבַּלְעֲדֵי mibaladei יְהֹוָהאדנייאהדונהי Adonai

וּמִי umí ילי צוּר tsur אלהים דההין ע״ה זוּלָתִי zulatí אֱלֹהֵינוּ Eloheinu ילה:

Conexión con *Olam Asiyá* (Acción)

אֵין ein הה כֵּאלֹהֵינוּ queEloheinu ילה נוּקְבָא.

אֵין ein וו כַּאדוֹנֵנוּ caAdonenu ז״א.

אֵין ein הה כְּמַלְכֵּנוּ queMalquenu אמא.

אֵין ein יוד כְּמוֹשִׁיעֵנוּ queMoshienu אבא:

KAVÉ

"Pon tus esperanzas en el Señor. Haz de tu corazón uno fuerte y valiente, y pon tus esperanzas en el Señor" (Salmos 27:14). *"No hay nadie tan Santo como el Señor, porque no hay nadie como Tú, ni hay Roca que se compare con nuestro Dios"* (I Samuel 2:2). *"¿Pues quién es Dios además del Señor y quién es una Roca a parte de nuestro Dios?"* (Salmos 18:32).

No hay ninguno como nuestro Dios. No hay ninguno como nuestro Señor.
No hay ninguno como nuestro Rey. No hay ninguno como nuestro Redentor.

Conexión con *Olam Yetsirá* (Formación)

מִי ילי mi הא כֵּאלֹהֵינוּ jeEloheinu ילה נוּקְבָא.

מִי ילי mi ואו כַּאדוֹנֵנוּ jaAdonenu ז"א.

מִי ילי mi הא כְּמַלְכֵּנוּ jeMalquenu אמא.

מִי ילי mi יוד כְּמוֹשִׁיעֵנוּ jeMoshienu אבא:

Conexión con *Olam Briá* (Creación)

אין, מי, נודה ר"ת אמן = יאהדונהי – וזיווג ז"א ומלכות.

נוֹדֶה nodé הי לֵאלֹהֵינוּ leEloheinu ילה נוּקְבָא.

נוֹדֶה nodé ואו לַאדוֹנֵנוּ laAdonenu ז"א.

נוֹדֶה nodé הי לְמַלְכֵּנוּ leMalquenu אמא.

נוֹדֶה nodé יוד לְמוֹשִׁיעֵנוּ leMoshienu אבא:

Conexión con *Olam Atsilut* (Emanación)

בָּרוּךְ baruj הי אֱלֹהֵינוּ Eloheinu ילה נוּקְבָא.

בָּרוּךְ baruj ויו אֲדוֹנֵנוּ Adonenu ז"א.

בָּרוּךְ baruj הי מַלְכֵּנוּ Malquenu אמא.

בָּרוּךְ baruj יוד מוֹשִׁיעֵנוּ Moshienu אבא:

Conexión con los Mundos por encima de *Atsilut*
Conexión con *Kéter* de *Arij Anpín* (Cara Larga)

אַתָּה Atá הוּא Hu אֱלֹהֵינוּ Eloheinu ילה.

Conexión con la Cabeza de *Atik* (Anciano)

אַתָּה Atá הוּא Hu אֲדוֹנֵנוּ Adonenu.

Conexión con *Adam Kadmón* (Hombre Primordial)

אַתָּה Atá הוּא Hu מַלְכֵּנוּ Malquenu.

Conexión con la Luz Infinita, que está revestida por *Adam Kadmón*

אַתָּה Atá הוּא Hu מוֹשִׁיעֵנוּ Moshienu:

¿Quién es como nuestro Dios? ¿Quién es como nuestro Señor? ¿Quién es como nuestro Rey? ¿Quién es como nuestro Redentor? Debemos darle gracias a nuestro Dios, debemos darle gracias a nuestro Señor, debemos darle gracias a nuestro Rey, debemos darle gracias a nuestro Redentor. Bendito es nuestro Dios. Bendito es nuestro Señor. Bendito es nuestro Rey. Bendito es nuestro Redentor. Tú eres nuestro Dios. Tú eres nuestro Señor. Tú eres nuestro Rey. Tú eres nuestro Redentor.

אַתָּה Atá (Knéset Yisrael (Congregación de Yisrael)) תּוֹשִׁיעֵנוּ toshienu

אַתָּה Atá תָקוּם takum כ״א הויות שבתפילין תְּרַחֵם terajem ג״פ רי״ו ; אברהם, וז״פ אל,

רי״ו ול״ב נתיבות החכמה, רמ״ח (אברים), עסמ״ב וט״ז אותיות פשוטות צִיּוֹן Tsiyón יוסף, ו׳ הויות, קנאה

כִּי qui עֵת et לְחֶנְנָהּ lejenená כִּי qui בָא va מוֹעֵד moed:

(En este punto algunos dicen la porción de "*Któret*" de las páginas: 227-233)

TANÁ DEVEI ELIYAHU

Se dice que las personas que estudian la Torá traen paz. Como cada letra aramea está imbuida de fuerzas místicas, recitar palabras que hablan acerca de traer paz activa la energía de paz en el mundo. La palabra aramea "*shalom*" inspira sentimientos de paz y armonía dentro de nosotros. Si no podemos desarrollar paz dentro de nosotros, no podemos compartir paz con los demás, porque uno no puede compartir lo que no tiene. Para concluir esta conexión estamos diciendo que Dios nos bendiga con paz.

תָּנָא taná דְבֵי devei אֵלִיָּהוּ Eliyahu לכב כָּל col ילי הַשּׁוֹנֶה hashoné

הֲלָכוֹת halajot בְּכָל bejol ב״ן, לכב יוֹם yom ע״ה נגד, מזבח, זן, אל יהוה

מוּבְטָח muvtaj לוֹ lo שֶׁהוּא shehú בֶּן ben הָעוֹלָם haolam

הַבָּא habá. שֶׁנֶּאֱמַר sheneemar הֲלִיכוֹת halijot עוֹלָם olam לוֹ lo.

אַל al תִּקְרֵי tikrei הֲלִיכוֹת halijot אֶלָּא ela הֲלָכוֹת halajot:

אָמַר amar רִבִּי Ribí אֶלְעָזָר Eleazar אָמַר amar רִבִּי Ribí חֲנִינָא Janiná:

תַּלְמִידֵי talmidei חֲכָמִים jajamim מַרְבִּים marbim שָׁלוֹם shalom

בָּעוֹלָם baolam. שֶׁנֶּאֱמַר sheneemar: וְכָל vejol ילי בָּנַיִךְ banáyij

לִמּוּדֵי limudei יְהֹוָה יאהדונהי Adonai וְרַב verav שְׁלוֹם shlom בָּנָיִךְ banáyij:

אַל al תִּקְרֵי tikrei בָּנָיִךְ banáyij אֶלָּא ela בּוֹנָיִךְ bonáyij: יְהִי yehí

שָׁלוֹם shalom בְּחֵילֵךְ bejeilej שַׁלְוָה shalvá בְּאַרְמְנוֹתָיִךְ bearmenotáyij:

"Tú nos redimirás. Tú te elevarás
y serás misericordioso con Sión, porque es tiempo de gracia ha llegado el tiempo fijado" (Salmos 102:14).

TANÁ DEVEI ELIYAHU

"Enseñaban en la Casa de aprendizaje de Eliyahu que alguien que estudia las leyes rectoras, cada día, tiene asegurada su presencia en el Mundo por Venir" (Meguilá 28b). *Estaba dicho: "Los caminos del mundo son de Él"* (Habacuc 3:6). *No leas "caminos" sino "leyes rectoras". Rabí Elazar decía que Rabí Janiná había dicho que los eruditos versados aumentan la paz en el mundo* (Brajot 64a; Yevamot 122b; Kritut 28b; Tamid 32b). *Como está dicho: "Y todos tus hijos son los estudiantes de Dios"* (Isaías 54:13). *No leas "tus hijos" sino "tus constructores". Que haya paz en tus aposentos y serenidad en tus palacios.*

לְמַעַן lemaan אַחַי ajai וְרֵעָי vereái אֲדַבְּרָה־ adabrá נָא na

שָׁלוֹם shalom בָּךְ: baj לְמַעַן lemaan בֵּית־ beit ב"פ ראה

יְהֹוָה Adonai אֱלֹהֵינוּ Eloheinu ילה אֲבַקְשָׁה avakshá

טוֹב tov והו לָךְ: laj וּרְאֵה uré ראה בָנִים vanim לְבָנֶיךָ levaneja

שָׁלוֹם shalom עַל־ al יִשְׂרָאֵל: Yisrael שָׁלוֹם shalom רָב rav

לְאֹהֲבֵי leohavei תוֹרָתֶךָ torateja וְאֵין־ veéin לָמוֹ lamó מִכְשׁוֹל: mijshol

יְהֹוָה Adonai עֹז oz לְעַמּוֹ leamó יִתֵּן yitén יְהֹוָה Adonai

יְבָרֵךְ yevarej ע"ב ס"ג מ"ה ב"ן, הברכה (למתק את ז' המלכים שמתו)

אֶת־ et עַמּוֹ amó בַשָּׁלוֹם vashalom ר"ת ע"ב, ריבוע יהוה:

KADISH AL YISRAEL

Este *Kadish* ayuda a elevar todas las almas en el secreto de la Resurrección de los Muertos. Según el Arí: Si una persona perdió a uno de sus padres, debe decir este *Kadish* durante todo el primer año, incluso en *Shabat* y en festividades. Porque, además del hecho de que el *Kadish* ayuda a que un alma se salve de la limpieza espiritual de *Guehinom*, este *Kadish* ayuda a elevar a un alma de un nivel espiritual al siguiente y a entrar al Jardín de Edén.

יִתְגַּדַּל yitgadal וְיִתְקַדַּשׁ veyitkadash שדי ומילוי שדי ; י"א אותיות כמנין ו"ה

שְׁמֵיהּ Shmei (שם י"ה דע"ב) רַבָּא rabá קנ"א ב"ן, יהוה אלהים יהוה אדני,

מילוי קס"א וס"ג, מ"ה ברבוע וע"ב ע"ה ; ר"ת = ו"פ אלהים ; ס"ת = ג"פ יב"ק: אָמֵן Amén אידהנויה.

בְּעָלְמָא bealmá דִּי di בְרָא verá כִּרְעוּתֵיהּ quirutei.

וְיַמְלִיךְ veyamlij מַלְכוּתֵיהּ maljutei. וְיַצְמַח veyatsmaj

פּוּרְקָנֵיהּ purkanei. וִיקָרֵב vikarev מְשִׁיחֵיהּ Meshijei: אָמֵן Amén אידהנויה.

"Por mis hermanos y mis compañeros, yo procuraré que sea la paz contigo. Por el bien de la Casa del Señor, nuestro Dios, procuraré tu bien" (Salmos 122:7-9). *"Que alcances a ver a los hijos de tus hijos y la paz sobre Israel"* (Salmos 128:6). *"Hay abundancia de paz para aquellos que aman Tu Torá y para ellos no hay obstáculo"* (Salmos 128:6). *"Que el Señor le dé fuerza a Su pueblo. Que el Señor bendiga a Su nación con paz"* (Salmos 29:11).

KADISH AL YISRAEL

¡Glorificado y santificado sea Su Gran Nombre! (Amén).

En el mundo que Él creó de acuerdo a Su voluntad y pueda Su Reino reinar.

Y pueda Él hacer que Su Redención florezca y pueda Él acercar al Mesías (Amén).

בְּחַיֵּיכוֹן bejayeijón וּבְיוֹמֵיכוֹן uveyomeijón וּבְחַיֵּי uvejayei

דְכָל dejol יל״י בֵּית beit ב״פ ראה יִשְׂרָאֵל Yisrael בַּעֲגָלָא baagalá

וּבִזְמַן uvizmán קָרִיב kariv וְאִמְרוּ veimrú אָמֵן Amén: אָמֵן Amén אידהנויה•

La congregación y el *jazán* dicen lo siguiente:

28 palabras (hasta *bealmá*) y 28 letras (hasta *almayá*)

יְהֵא yehé שְׁמֵיהּ Shmei (שם י״ה דס״ג) רַבָּא rabá קנ״א ב״ן,

יהוה אלהים יהוה אדני, מילוי קס״א וס״ג, מ״ה ברבוע וע״ב ע״ה מְבָרַךְ mevaraj,

לְעָלַם lealam לְעָלְמֵי lealmei עָלְמַיָּא almayá• יִתְבָּרַךְ yitbaraj•

Siete palabras con seis letras cada una (שם בן מ״ב) y también siete veces la letra Vav (שם בן מ״ב)

וְיִשְׁתַּבַּח veyishtabaj י״פ ע״ב יהוה אל אבג יתץ•

וְיִתְפָּאַר veyitpaar הי נו יה קרע שטן• וְיִתְרוֹמַם veyitromam וה כוזו נגד יכש•

וְיִתְנַשֵּׂא veyitnasé במוכסז בטר צתג• וְיִתְהַדָּר veyithadar כוזו יה וזקב טנע•

וְיִתְעַלֶּה veyitalé וה יוד ה יגל פזק• וְיִתְהַלָּל veyithalal א ואו הא שקו צית•

שְׁמֵיהּ Shmei (שם י״ה) דְּקוּדְשָׁא deKudshá בְּרִיךְ Verij הוּא Hu:

אָמֵן Amén אידהנויה•

לְעֵלָּא leelá מִן min כָּל col יל״י בִּרְכָתָא birjatá• שִׁירָתָא shiratá•

תֻּשְׁבְּחָתָא tishbejatá וְנֶחָמָתָא venejamatá• דַּאֲמִירָן daamirán

בְּעָלְמָא bealmá וְאִמְרוּ veimrú אָמֵן Amén: אָמֵן Amén אידהנויה•

En tus vidas y en tus días y en la vida de la Casa de Israel, prontamente y en el futuro cercano, y dígase: Amén (Amén). *Que Su gran Nombre sea bendito por siempre y para toda la eternidad. Bendito y alabado, y glorificado y exaltado, y ensalzado y honrado, y adorado y loado, sea el Nombre del Santo Bendito Sea* (Amén). *Más allá de todas las bendiciones, himnos, alabanzas y palabras de consolación que deben decirse en el mundo, y dirán: Amén* (Amén).

עַל al יִשְׂרָאֵל Yisrael וְעַל veal רַבָּנָן rabanán וְעַל veal

תַּלְמִידֵיהוֹן talmideihón וְעַל veal כָּל col ילי ; עמם תַּלְמִידֵי talmidei

תַּלְמִידֵיהוֹן talmideihón. דְּעָסְקִין deaskín בְּאוֹרַיְתָא beoraitá

קַדִּשְׁתָּא kadishtá. דִּי di בְּאַתְרָא veatrá הָדֵין hadein וְדִי vedí

בְּכָל vejol ב"ן, לכב אֲתַר atar וַאֲתַר veatar. יְהֵא yehé

לָנָא laná וּלְהוֹן ulehón וּלְכוֹן ulejón חִנָּא jiná וְחִסְדָּא vejisdá

וְרַחֲמֵי verajamei. מִן min קֳדָם kadam מָארֵי marei שְׁמַיָּא shmayá

וְאַרְעָא veará וְאִמְרוּ veimrú אָמֵן Amén: אָמֵן Amén אידהנויה.

יְהֵא yehé שְׁלָמָא shlamá רַבָּא rabá קנ"א ב"ן, יהוה אלהים יהוה אדני, מילוי קס"א וס"ג,

מ"ה ברבוע וע"ב ע"ה מִן min שְׁמַיָּא shmayá. וְחַיִּים jayim אהיה אהיה יהוה, בינה ע"ה

וְשָׂבָע vesavá וִישׁוּעָה vishuá וְנֶחָמָה venejamá וְשֵׁיזָבָא vesheizavá

וּרְפוּאָה urefuá וּגְאֻלָּה ugueulá וּסְלִיחָה uslijá וְכַפָּרָה vejapará

וְרֵיוַח vereivaj וְהַצָּלָה vehatsalá. לָנוּ lanu אלהים, אהיה אדני וּלְכָל ulejol יה אדני

עַמּוֹ amó יִשְׂרָאֵל Yisrael וְאִמְרוּ veimrú אָמֵן Amén: אָמֵן Amén אידהנויה.

Da tres pasos para atrás y di:

עוֹשֶׂה osé שָׁלוֹם shalom בִּמְרוֹמָיו bimromav ע"ב, ריבוע יהוה. הוּא Hu

בְּרַחֲמָיו berajamav יַעֲשֶׂה yaasé שָׁלוֹם shalom עָלֵינוּ aleinu ר"ת ש"ע נהורין.

וְעַל veal כָּל col ילי; עמם עַמּוֹ amó יִשְׂרָאֵל Yisrael וְאִמְרוּ veimrú אָמֵן Amén:

אָמֵן Amén אידהנויה.

Sobre Israel, sus sabios, sus discípulos y todos los estudiantes de sus discípulos que se ocupan de la Santa Torá, en este lugar y en cada y toda localidad, que hay para nosotros, para ellos, y para todos, gracia, benevolencia y compasión del Señor de los Cielos y la Tierra y dígase: Amén (Amén). *Que haya paz abundante del Cielo, vida, satisfacción, salvación, consuelo, entrega, sanación, redención, perdón, expiación, comodidad y alivio para nosotros y para toda Su nación, Israel, y dígase: Amén* (Amén). *Él, que establece la paz en Sus Alturas y con Su compasión hará la paz sobre nosotros y sobre toda Su nación, Israel. Y dígase: Amén* (Amén).

BARJÚ

El *jazán* (o la persona que recitó el *Kadish Al Yisrael*) dice:

רַבָּנָן rabanán: בָּרְכוּ barjú יהוה ריבוע יהוה ריבוע מ״ה אֶת et

יְהֹוָהאדניאהדונהי Adonai הַמְּבוֹרָךְ: hamevoraj ס״ת כהת, משיוו בן דוד ע״ה:

Primero la congregación responde con lo siguiente y después el *jazán* (o la persona que recitó el *Kadish Al Israel*) repite:

Néfesh — Baruj בָּרוּךְ

Rúaj — Adonai יְהֹוָהאדניאהדונהי

Neshamá — hamevoraj הַמְּבוֹרָךְ

Jayá — leolam לְעוֹלָם ריבוע ס״ג וי׳ אותיות דס״ג

Yejidá — vaed וָעֶד:

ALEINU

El *Aleinu* es un agente sellador cósmico. Cementa y asegura todas nuestras oraciones, protegiéndolas de cualquier fuerza negativa tales como las *klipot*. Todas las oraciones anteriores al *Aleinu* atrajeron lo que los kabbalistas llaman Luz Interna. Sin embargo, el *Aleinu* atrae Luz Circundante, la cual envuelve nuestras oraciones con un campo de fuerza protectora para bloquear a las *klipot*

Atrayendo Luz Circundante a *Atsilut*

עָלֵינוּ aleinu ריבוע דס״ג לְשַׁבֵּחַ leshabéaj עלינו לשבח = אבג יתץ, ושר

לַאֲדוֹן laAdón אני ; ס״ת ס״ג ע״ה הַכֹּל hacol ר״ת ללה, אדני

Atrayendo Luz Circundante a *Briá*

לָתֵת latet גְּדֻלָּה guedulá לְיוֹצֵר leyotser בְּרֵאשִׁית bereshit ר״ת גל״ב (באך בי׳ יג״ל)

Atrayendo Luz Circundante a *Yetsirá*

שֶׁלֹּא sheló עָשָׂנוּ asanu כְּגוֹיֵי quegoyei הָאֲרָצוֹת haaratsot

Atrayendo Luz Circundante a *Asiyá*

וְלֹא veló שָׂמָנוּ samanu כְּמִשְׁפְּחוֹת quemishpejot הָאֲדָמָה haadamá

BARJÚ

Señores: ¡Bendigan a Dios, el Bendito!
Bendito es el Señor, el Bendito, por siempre y para siempre.

ALEINU

Es nuestro deber alabar al Soberano de todo y atribuir grandeza al Moldeador de la Creación, que no nos ha hecho como los pueblos del mundo. Él no nos colocó como a las familias de la Tierra.

שֶׁלֹּא sheló שָׂם sam חֶלְקֵנוּ jelkenu כָּהֶם cahem וְגוֹרָלֵנוּ vegoralenu

כְּכָל quejol הֲמוֹנָם hamonam. שֶׁהֵם shehem מִשְׁתַּחֲוִים mishtajavim

לְהֶבֶל lahével וָרִיק varik וּמִתְפַּלְּלִים umitpalelim אֶל el אֵל el

לֹא lo יוֹשִׁיעַ yoshía. (haz una pausa aquí, y cuando digas "*vaanajnu mishtajavim*" inclina todo tu cuerpo)

וַאֲנַחְנוּ vaanajnu מִשְׁתַּחֲוִים mishtajavim לִפְנֵי lifnei מֶלֶךְ Mélej

מַלְכֵי maljei הַמְּלָכִים hamlajim הַקָּדוֹשׁ haKadosh בָּרוּךְ Baruj

הוּא Hu. שֶׁהוּא shehú נוֹטֶה noté שָׁמַיִם shamáyim י״פ טל, י״פ כוזו; ר״ת = י״פ אדני

שבי׳ ספירות של נוקבא דז״א וְיוֹסֵד veyosed אָרֶץ árets. וּמוֹשַׁב umoshav

יְקָרוֹ yekaró בַּשָּׁמַיִם bashamáyim י״פ טל, י״פ כוזו מִמַּעַל mimáal עלם.

וּשְׁכִינַת ushjinat עֻזּוֹ uzó בְּגָבְהֵי begavhei מְרוֹמִים meromim.

הוּא Hu אֱלֹהֵינוּ Eloheinu ילה וְאֵין veéin עוֹד od אַחֵר ajer.

אֱמֶת emet אהיה פעמים אהיה, ז״פ ס״ג מַלְכֵּנוּ Malquenu וְאֶפֶס veéfes

זוּלָתוֹ zulató. כַּכָּתוּב cacatuv בַּתּוֹרָה baTorá: וְיָדַעְתָּ veyadata

הַיּוֹם hayom ע״ה נגד, מזבח, זן, אל יהוה וַהֲשֵׁבֹתָ vahashevota אֶל־ el

לְבָבֶךָ levaveja ר״ת לאו כִּי qui יְהֹוָהאדניאהדונהי Adonai הוּא Hu

הָאֱלֹהִים haElohim אהיה אדני ; ילה ; ר״ת יהה וכן עולה למנין ענו ע״ג כ

בַּשָּׁמַיִם bashamáyim י״פ טל, י״פ כוזו מִמַּעַל mimáal עלם ;

רמז לאור פנימי המתוזיל מלמעלה וְעַל־ veal הָאָרֶץ haárets אלהים דההין ע״ה

מִתָּחַת mitájat רמז לאור מקיף המתוזיל מלמטה אֵין ein עוֹד od:

Él no hizo nuestro lote como el de ellos ni nuestro destino como el de sus multitudes, ya que ellos se inclinan ante la futilidad y el vacío, y rezan a una deidad que no ayuda. Nosotros nos inclinamos ante el Supremo Rey de Reyes, el Santo, Bendito Sea. Él es quien extiende los Cielos y funda la Tierra. La Sede de Su gloria está arriba en el Cielo y la Presencia Divina de Su poder está en las alturas excelsas. Él es nuestro Dios y no hay ningún otro. Nuestro Rey es verdadero y no hay nadie excepto Él. Como está escrito en la Torá: "Aprende hoy y grábalo en tu corazón que el Señor es Dios arriba en los Cielos y abajo sobre la Tierra, y no hay otro" (Deuteronomio 4:39).

עַל al כֵּן quen נְקַוֶּה nekavé לְּךָ laj יְהֹוָה Adonai אֱלֹהֵינוּ Eloheinu

(ילה) לִרְאוֹת lirot מְהֵרָה meherá בְּתִפְאֶרֶת betiféret עֻזָּךְ uzaj (ס"ת כהת, משיח בן

דוד ע"ה) לְהַעֲבִיר lehaavir גִּלּוּלִים guilulim מִן min הָאָרֶץ haárets (אלהים דההין

ע"ה) וְהָאֱלִילִים vehaelilim כָּרוֹת carot יִכָּרֵתוּן yicaretún. לְתַקֵּן letakén

עוֹלָם olam בְּמַלְכוּת bemaljut שַׁדַּי Shadai. וְכָל vejol (ילי) בְּנֵי bnei

בָשָׂר vasar יִקְרְאוּ yikreú בִשְׁמֶךָ vishmeja לְהַפְנוֹת lehafnot אֵלֶיךָ eleja

כָּל col (ילי) רִשְׁעֵי rishei אָרֶץ árets. יַכִּירוּ yaquiru וְיֵדְעוּ veyedú כָּל col (ילי)

יוֹשְׁבֵי yoshvei תֵבֵל tevel (ב"פ רי"ו). כִּי qui לְךָ Lejá תִּכְרַע tijrá כָּל col (ילי)

בֶּרֶךְ bérej תִּשָּׁבַע tishavá כָּל col (ילי) לָשׁוֹן lashón. לְפָנֶיךָ lefaneja (ס"ג מ"ה ב"ן)

יְהֹוָה Adonai אֱלֹהֵינוּ Eloheinu (ילה) יִכְרְעוּ yijreú וְיִפֹּלוּ veyipolu

וְלִכְבוֹד velijvod שִׁמְךָ Shimjá יְקָר yekar יִתֵּנוּ yitenu. וִיקַבְּלוּ vikabelu

כֻלָּם julam אֶת et עוֹל ol מַלְכוּתֶךָ maljuteja. וְתִמְלוֹךְ vetimloj

עֲלֵיהֶם aleihem מְהֵרָה meherá לְעוֹלָם leolam (ריבוע ס"ג ו' אותיות דס"ג) וָעֶד vaed.

כִּי qui הַמַּלְכוּת hamaljut שֶׁלְּךָ sheljá הִיא hi. וּלְעוֹלְמֵי uleolmei

עַד ad תִּמְלוֹךְ timloj בְּכָבוֹד bejavod (בוכו). כַּכָּתוּב cacatuv

בְּתוֹרָתָךְ betorataj: יְהֹוָה Adonai | יִמְלֹךְ yimloj לְעֹלָם leolam (ריבוע

ס"ג ו' אותיות דס"ג ; ר"ת ייל) וָעֶד vaed. וְנֶאֱמַר veneemar: וְהָיָה vehayá (יהוה ; יהה)

יְהֹוָה Adonai לְמֶלֶךְ leMélej עַל al כָּל col (ילי ; עמם)

הָאָרֶץ haárets (אלהים דההין ע"ה) בַּיּוֹם bayom (ע"ה נגד, מזבח, זן, אל יהוה) הַהוּא hahú

יִהְיֶה yihyé (ייי) יְהֹוָה Adonai אֶחָד ejad (אהבה, דאגה) וּשְׁמוֹ uShmó (מהש

ע"ה, ע"ב בריבוע וקס"א, ע"ה, אל שדי ע"ה) אֶחָד ejad (אהבה, דאגה):

Por eso, Señor, nuestro Dios, esperamos contemplar pronto la gloria majestuosa de Tu poder, cuando elimines los ídolos de la Tierra y los falsos dioses hayan sido completamente destruidos, para perfeccionar al mundo con el Reino del Todopoderoso. Y la humanidad entera invocará Tu Nombre y todos los malvados de la Tierra se dirigirán a Ti. Entonces todos los habitantes del mundo reconocerán y sabrán que, por Ti, toda rodilla se dobla y toda lengua se colma. Que ante Ti, Señor, nuestro Dios, se arrodillen y se prosternen y honren Tu glorioso Nombre. Y todos aceptarán el yugo de Tu Reino y Tú reinarás sobre ellos para siempre jamás. Pues el Reino es Tuyo. Y para siempre y por la eternidad, Tú reinarás en gloria. Como está escrito en la Torá: "El Señor reinará por los siglos de los siglos" (Éxodo 15:18) y también está dicho: "El Señor será Rey sobre toda la Tierra y en aquel día el Señor será Uno y Uno su Nombre" (Zacarías 14:9).

VAYÓMER

Hay un ángel específico que lleva cada oración que decimos hacia los Mundos Superiores. Al recitar esta oración adicional después de *Aleinu*, garantizamos que nuestras oraciones se eleven a los Mundos Superiores. Hay cuatro *Yud* יייי dentro del versículo "Yo soy Dios, tu sanador" que, de acuerdo con el Arí, activan el poder de la sanación.

וַיֹּאמֶר vayómer אִם־ im יוהך' מ"א אותיות דפשוט, דמילוי ודמילוי דמילוי דאהיה ע"ה

שָׁמוֹעַ shamoa תִּשְׁמַע tishmá לְקוֹל lekol | יְהֹוָה אהדונהי Adonai

אֱלֹהֶיךָ Eloheja ילה וְהַיָּשָׁר vehayashar בְּעֵינָיו beeinav ריבוע מ"ה

תַּעֲשֶׂה taasé וְהַאֲזַנְתָּ vehaazanta לְמִצְוֹתָיו lemitsvotav וְשָׁמַרְתָּ veshamarta

כָּל־ col ילי חֻקָּיו jukav כָּל־ col ילי הַמַּחֲלָה hamajalá

אֲשֶׁר־ asher שַׂמְתִּי samti בְמִצְרַיִם veMitsráyim מצר לֹא־ lo אָשִׂים asim

עָלֶיךָ aleja כִּי qui אֲנִי Aní אני יְהֹוָה אהדונהי Adonai

Corresponde a las cuatro *Yud* del Santo Nombre: ע"ב (יוד הי ויו הי)

רֹפְאֶךָ rofeja ר"ת אי"ר:

עֵץ־ ets חַיִּים jayim אהיה אהיה יהוה, בינה ע"ה הִיא hi

לַמַּחֲזִיקִים lamajazikim ר"ת להו בָּהּ ba וְתֹמְכֶיהָ vetomjeha

מְאֻשָּׁר meushar: דְּרָכֶיהָ derajeha דַּרְכֵי־ darjei נֹעַם nóam וְכָל־ vejol ילי

נְתִיבוֹתֶיהָ netivoteha שָׁלוֹם shalom: מִגְדַּל־ migdal עֹז oz שֵׁם shem

יְהֹוָה אהדונהי Adonai בּוֹ bo יָרוּץ yaruts צַדִּיק tsadik וְנִשְׂגָּב venisgav:

מיץ	עוי	מבש
יצד	ווה	גרג
היי	זדו	דצב
ונק	שוה	לקה

כִּי qui בִי vi מ"ב יִרְבּוּ yirbú יָמֶיךָ yameja וְיוֹסִיפוּ veyosifu לְךָ lejá

שְׁנוֹת shenot חַיִּים jayim אהיה אהיה יהוה, בינה ע"ה:

VAYÓMER

"Y Dios dijo: Si escuchas la Voz del Señor, tu Dios,

y haces lo que es recto a Sus ojos, y cumples Sus preceptos y guardas todos Sus estatutos, no pondré sobre ti las plagas que puse sobre Egipto, pues Yo soy el Señor, tu sanador" (Éxodo 15:26). *"Es un Árbol de Vida para los que se aferran a ella y felices son quienes se aferran fuertemente a ella"* (Proverbios 3:18). *"Sus caminos son caminos dichosos y todas sus sendas son de paz"* (Proverbios 3:17). *"El Nombre del Señor es una torre de fortaleza. A ella el justo corre y es fortalecido"* (Proverbios 18:10). *"Porque a través de Mí tus días serán aumentados y se incrementarán los años de tu vida"* (Proverbios 9:11).

YEHÍ RATSÓN

La siguiente conexión nos ayuda a garantizar que nuestras oraciones sean aceptadas. También nos ayuda a eliminar los celos y la envidia que albergamos dentro de nosotros.

יְהִי yehí רָצוֹן ratsón מהש ע"ה, ע"ב בריבוע וקס"א ע"ה, אל שדי ע"ה מִלְּפָנֶיךָ milfaneja
ס"ג מ"ה ב"ן יְהֹוָואדהניאהדונהי Adonai אֱלֹהַי Elohai מילוי ע"ב, דמב ; ילה וֵאלֹהֵי veElohei לכב;
מילוי דע"ב, דמב ; ילה אֲבוֹתַי avotai, שֶׁלֹּא sheló נִכָּשֵׁל nicashel בִּדְבַר bidvar ראה
הֲלָכָה halajá. וְלֹא veló נֹאמַר nomar עַל al טָמֵא tamé טָהוֹר tahor י"פ אכא
וְלֹא veló עַל al טָהוֹר tahor י"פ אכא טָמֵא tamé, וְלֹא veló עַל al אִיסוּר isur
מוּתָּר mutar וְלֹא veló עַל al מוּתָּר mutar אִיסוּר isur, וְלֹא veló יִכָּשְׁלוּ yicashlú
חֲבֵרַי javerai בִּדְבַר bidvar ראה הֲלָכָה halajá וְאֶשְׂמַח veesmaj אֲנִי aní אני
בָּהֶם bahem. וְלֹא veló אֶכָּשֵׁל ecashel אֲנִי aní אני בוֹ vo וְיִשְׂמְחוּ veyismejú
הֵם hem בִּי bi, כִּי qui יְהֹוָואדהניאהדונהי Adonai יִתֵּן yitén חָכְמָה jojmá
במילוי = תרי"ג (מצוות) מִפִּיו mipiv דַּעַת dáat וּתְבוּנָה utvuná. גַּל־ gal
עֵינַי einai ריבוע מ"ה וְאַבִּיטָה veabita נִפְלָאוֹת niflaot מִתּוֹרָתֶךָ mitorateja:

Hay una conexión adicional que nos ayuda a mantener la Luz en nuestra conciencia durante todo el día. Antes de cerrar nuestro libro de oraciones e irnos, recitamos esta oración para mantener a los ángeles con nosotros el resto del día.

יְהֹוָואדהניאהדונהי Adonai נְחֵנִי nejení בְצִדְקָתֶךָ vetsidkateja לְמַעַן lemaan
שׁוֹרְרָי shorerai הַיְשַׁר hayeshar (כתיב: הושר) לְפָנַי lefanai דַּרְכֶּךָ darqueja:
וְיַעֲקֹב veYaakov ד' הויות, יאהדונהי אידהנויה הָלַךְ halaj מ"ה לְדַרְכּוֹ ledarcó
וַיִּפְגְּעוּ־ vayifgueú בוֹ vo מַלְאֲכֵי malajei אֱלֹהִים Elohim אהיה אדני ; ילה:
וַיֹּאמֶר vayómer יַעֲקֹב Yaakov ד' הויות, יאהדונהי אידהנויה כַּאֲשֶׁר caasher
רָאָם raam מַחֲנֵה majané אֱלֹהִים Elohim אהיה אדני ; ילה זֶה ze וַיִּקְרָא vayikrá עם
ה' אותיות ב"פ קס"א שֵׁם־ shem הַמָּקוֹם hamakom הַהוּא hahú מַחֲנָיִם Majanáyim:

YEHÍ RATSÓN

Que sea Tu voluntad, Señor, mi Dios y Dios de mis antepasados, que no erremos en materia de Halajá, y que no llamemos impuro a lo puro ni puro a lo impuro, y que no llamemos prohibido a lo permitido ni permitido a lo prohibido. Que mis colegas no erren en materia de Halajá y que yo me regocije en ellos, y que ninguna ofensa ocurra a través de mí, y que todos mis colegas se regocijen en mí. Porque de Su boca el Señor da sabiduría y entendimiento: "Abre mis ojos para que pueda ver las maravillas de Tu Torá" (Salmos 119:18).

"Señor, instrúyeme con Tu rectitud, y condúceme en Tus caminos en contra de mis enemigos" (Salmos 5:9). *"Y Yaakov siguió su camino, y los ángeles de Dios se encontraron con él. Al verlos, Yaakov dijo: Este es el campamento de Dios. Y llamó a ese lugar Majanáyim"* (Génesis 32:2-3).

Durante la semana, *Minjá* es normalmente un tiempo de juicio. Sin embargo, en *Shabat* esta energía de juicio se convierte en la fuerza espiritual de misericordia. Cualquier juicio pendiente sobre nosotros se elimina mediante el poder de la misericordia. Para manifestar el poder de misericordia, debemos imitar la transición de juicio a misericordia a través de nuestras acciones y sentimientos hacia nuestra familia, amigos y enemigos.

Debes sumergirte 13 veces en la *mikve* antes de *Minjá*, que corresponden a los Trece Atributos. Y después de la inmersión, debes decir los versículos "*Mi El camoja...*" (Miqueas 7:18-20). Debes ser siempre muy cuidadoso en la oración de *Minjá* porque el Profeta *Eliyahu* solamente recibía respuestas mediante la oración de *Minjá*. Y en *Minjá* de *Shabat* debes ser aún más cauteloso porque durante el tiempo de *Minjá* de *Shabat* podemos ser elevados más alto en los Mundos Superiores.

LESHEM YIJUD

לְשֵׁם leShem יִחוּד yijud קוּדְשָׁא Kudshá בְּרִיךְ Berij הוּא Hu

וּשְׁכִינְתֵּיהּ uShjintei (יאהדונהי), בִּדְחִילוּ bidjilu וּרְחִימוּ urjimu

(יאהדויהה), וּרְחִימוּ urjimu וּדְחִילוּ udjilu (איההיוהה), לְיַחֲדָא leyajdá

שֵׁם Shem יוּ"ד Yud קֵ"י Kei בְּוָא"ו beVav קֵ"י Kei בְּיִחוּדָא beyijudá

שְׁלִים shelim (יהוה) בְּשֵׁם beshem כָּל col ילי יִשְׂרָאֵל Yisrael,

הִנֵּה hiné אֲנַחְנוּ anajnu בָּאִים baim לְהִתְפַּלֵּל lehitpalel

תְּפִלַּת tefilat מִנְחָה minjá ע"ה ב"פ ב"ן שֶׁל shel שַׁבָּת Shabat קוֹדֶשׁ kódesh

שֶׁתִּקֵּן shetikén יִצְחָק Yitsjak ד"פ ב"ן אָבִינוּ avinu עָלָיו alav

הַשָּׁלוֹם hashalom עִם im כָּל col ילי הַמִּצְוֹות hamitsvot

הַכְּלוּלוֹת haclulot בָּהּ ba, לְתַקֵּן letakén אֶת et שָׁרְשָׁהּ shorshá

בְּמָקוֹם bemakom עֶלְיוֹן elyón לַעֲשׂוֹת laasot נַחַת־ nájat רוּחַ rúaj

לְיוֹצְרֵנוּ leyotsrenu, וְלַעֲשׂוֹת velaasot רְצוֹן retsón מהש ע"ה, ע"ב

בריבוע וקס"א ע"ה, אל שדי ע"ה בּוֹרְאֵנוּ borenu. וִיהִי vihí נֹעַם nóam אֲדֹנָי Adonai ללה

אֱלֹהֵינוּ Eloheinu ילה עָלֵינוּ aleinu וּמַעֲשֵׂה umaasé יָדֵינוּ yadeinu

כּוֹנְנָה conená עָלֵינוּ aleinu וּמַעֲשֵׂה umaasé יָדֵינוּ yadeinu כּוֹנְנֵהוּ conenehu:

MINJÁ DE SHABAT - LESHEM YIJUD

Para la unificación del Santísimo, bendito sea Él, y Su Shejiná, con temor y amor y con amor y temor, para unificar el Nombre Yud-Kei y Vav-Kei en perfecta unidad, y en el nombre de Israel, hemos venido por este medio a recitar la oración de Minjá del Santo Shabat, establecida por Yitsjak, nuestro ancestro, sea la paz con él con todos sus preceptos, para corregir su raíz en el Lugar Celestial, para llevar satisfacción a nuestro Hacedor, y para satisfacer el deseo de nuestro Creador. "Y sea la gracia del Señor, nuestro Dios, sobre nosotros y pueda Él establecer en nosotros la obra de nuestras manos y que la obra de nuestras manos pueda establecerlo a Él" (Salmos 90:17).

LOS SACRIFICIOS – KORBANOT - EL TAMID – OFRENDA (DIARIA)

וַיְדַבֵּר vaydaber ראה יְהֹוָה אדני יאהדונהי Adonai אֶל־ el מֹשֶׁה Moshé

מהש, ע"ב בריבוע וקס"א, אל שדי לֵּאמֹר lemor: צַו tsav פוי, אל אדני אֶת־ et בְּנֵי bnei

יִשְׂרָאֵל Yisrael וְאָמַרְתָּ veamarta אֲלֵהֶם alehem אֶת־ et קָרְבָּנִי korbaní

לַחְמִי lajmí לְאִשַּׁי leishai רֵיחַ réaj נִיחֹחִי nijojí תִּשְׁמְרוּ tishmerú

לְהַקְרִיב lehakriv לִי li בְּמוֹעֲדוֹ bemoadó: וְאָמַרְתָּ veamarta לָהֶם lahem

זֶה ze הָאִשֶּׁה haishé אֲשֶׁר asher תַּקְרִיבוּ takrivu לַיהֹוָה אדני יאהדונהי laAdonai

כְּבָשִׂים quevasim בְּנֵי־ benei שָׁנָה shaná תְמִימִם temimim שְׁנַיִם shnáyim

לַיּוֹם layom ע"ה נגד, מזבח, זן, אל יהוה עֹלָה olá ר"ת עשל תָּמִיד tamid ע"ה קס"א קנ"א קמ"ג:

אֶת־ et הַכֶּבֶשׂ haqueves אֶחָד ejad אהבה, דאגה תַּעֲשֶׂה taasé בַבֹּקֶר vabóker

וְאֵת veet הַכֶּבֶשׂ haqueves הַשֵּׁנִי hashení תַּעֲשֶׂה taasé בֵּין bein

הָעַרְבָּיִם haarbáyim: וַעֲשִׂירִית vaasirit הָאֵיפָה haeifá סֹלֶת sólet

לְמִנְחָה leminjá ע"ה ב"פ ב"ן בְּלוּלָה belulá בְּשֶׁמֶן beshemen

כָּתִית catit רְבִיעִת reviit הַהִין hahín: עֹלַת olat ושר, אבגית"ץ

(Aquí meditar en doblegar la *klipá* llamada *Tolá* usando el Nombre: אבגית"ץ)

תָּמִיד tamid ע"ה קס"א קנ"א קמ"ג הָעֲשֻׂיָה haasuyá

בְּהַר beHar סִינַי Sinai נמם, ה' הויות (ה' גבורות) לְרֵיחַ leréaj נִיחֹחַ nijóaj

אִשֶּׁה ishé לַיהֹוָה אדני יאהדונהי laAdonai: וְנִסְכּוֹ veniscó רְבִיעִת reviit

הַהִין hahín לַכֶּבֶשׂ laqueves הָאֶחָד haejad אהבה, דאגה בַּקֹּדֶשׁ bakódesh

הַסֵּךְ hasej נֶסֶךְ nésej שֵׁכָר shejar י"פ ב"ן לַיהֹוָה אדני יאהדונהי laAdonai:

LOS SACRIFICIOS – KORBANOT - EL TAMID – OFRENDA (DIARIA)

"Y habló Dios a Moshé y dijo: Ordena a los Hijos de Israel y diles: Mi ofrenda, el pan para ofrenda por fuego, Mi agradable fragancia, guardarán para entregar en sacrificio a Mí en el momento especificado. Y les dirás: Esta es la ofrenda por fuego que ofrecerán a Dios: cordero de un año sin defecto, dos diarios, como una ofrenda diaria regular; un cordero ofrecerán en la mañana y el segundo cordero ofrecerán al final de la tarde. Y una décima de efá de harina fina, para la ofrenda de harina, mezclada con un cuarto de hin de aceite. Una ofrenda quemada permanente hecha en el Monte Sinaí para fragancia adorable y una ofrenda por fuego ante Dios. Su libación es un cuarto de hin para el cordero en el Santuario, vierte una libación de vino superior ante Dios.

וְאֵת veet הַכֶּבֶשׂ haqueves הַשֵּׁנִי hasheni תַּעֲשֶׂה taasé בֵּין bein
הָעַרְבָּיִם haarbáyim כְּמִנְחַת queminjat הַבֹּקֶר habóker וּכְנִסְכּוֹ ujeniscó
תַּעֲשֶׂה taasé אִשֵּׁה ishé (elevación a *Yetsirá*) רֵיחַ réaj (elevación a *Briá*)
נִיחֹחַ nijóaj (elevación a *Atsilut*) לַיהֹוָהאדהנויה laAdonai ; (elevación al Mundo Infinito):

EL INCIENSO

Estos versículos de la Torá y del *Talmud* hablan sobre las 11 hierbas y especias que fueron usadas en el Templo. Estas hierbas y especias fueron usadas con un solo propósito: Para ayudarnos a eliminar la fuerza de la muerte de cada área de nuestra vida. Esta es una de las pocas oraciones cuyo único propósito es la erradicación de la muerte. El *Zóhar* nos enseña que todo aquel que tenga juicio persiguiéndole, necesita conectarse con este incienso. Estas 11 hierbas y especias se conectan con las 11 Luces que sostienen a las *klipot* (cáscaras de negatividad). Cuando arrancamos las 11 Luces que sostienen a las *klipot* a través del poder del incienso, las *klipot* pierden su fuerza vital y mueren. Además de llevar las 11 especias al Templo, la gente llevaba resina, vino y otros elementos con propiedades metafísicas para ayudar a combatir al Ángel de la Muerte.

Está escrito en el *Zóhar*: "Ven y ve: Quien es perseguido por el juicio necesita incienso y debe arrepentirse ante su Señor, ya que el incienso ayuda a desaparecer el juicio de él". Las 11 hierbas y especias corresponden a las 11 Iluminaciones Santas que reviven a la *klipá*. Al elevarlas, la *klipá* muere. Mediante estas 11 hierbas, las *klipot* son alejadas y se elimina la fuerza energética que les daba vida. Y debido a que el Lado Puro y su sustento desaparecen, las *klipot* quedan sin vida. Por lo tanto, el secreto del incienso es que éste limpia la fuerza de la plaga y la cancela. El incienso destruye al Ángel de la Muerte y le quita su poder de asesinar.

אַתָּה Atá הוּא Hu יְהֹוָהאדהנויה Adonai אֱלֹהֵינוּ Eloheinu ילה
שֶׁהִקְטִירוּ shehiktiru אֲבוֹתֵינוּ avoteinu לְפָנֶיךָ lefaneja ס"ג מ"ה ב"ן
אֶת et קְטֹרֶת któret י"א פעמים אדני (הנבררים מהקליפות ע"י י"א הסממנים) ;
קטרת - הק' באתב"ש ד' = תרי"ג (מצוות) הַסַּמִּים hasamim ע"ה קנ"א, אדני אלהים
בִּזְמַן bizmán שֶׁבֵּית shebeit ב"פ ראה הַמִּקְדָּשׁ hamikdash קַיָּם kayam
כַּאֲשֶׁר caasher צִוִּיתָ tsivita אוֹתָם otam עַל al יַד yad מֹשֶׁה Moshé מהש,
נְבִיאָךְ neviaj ע"ב בריבוע וקס"א, אל שדי כַּכָּתוּב cacatuv בְּתוֹרָתָךְ beTorataj:

Ofrecerás el segundo cordero en la tarde como la ofrenda de la mañana; su libación ofrecerás como ofrenda por fuego de una fragancia agradable a Dios" (*Números 28:1-8*).

EL INCIENSO

Eres Tú, Señor, nuestro Dios, ante quien nuestros antepasados quemaron las especias del incienso. Durante el tiempo en el que existía el Sagrado Templo, como habías ordenado a través de Moshé, Tu Profeta, y como está escrito en Tu Torá:

LA PORCIÓN DEL INCIENSO

Para elevar las *Sefirot* de todas las *Noga* de *Atsilut, Briá, Yetsirá* y *Asiyá.*

וַיֹּאמֶר vayómer יְהֹוָֽאדהֹנָי יאהדונהי Adonai אֶל־ el מֹשֶׁה Moshé

מהש, ע״ב בריבוע וקס״א, אל שדי קַח־ kaj לְךָ lejá סַמִּים samim (*Tiféret, Nétsaj*)

ע״ה קנ״א, אדנ״י אלהים נָטָף nataf | (*Hod*) וּשְׁחֵלֶת ushjélet (*Yesod*) וְחֶלְבְּנָה vejelbená

(*Maljut*) ע״ה פוי, אל אדנ״י סַמִּים samim (*Kéter, Jojmá, Biná, Jésed, Guevurá*)

ע״ה קנ״א, אדנ״י אלהים וּלְבֹנָה ulevoná זַכָּה zacá (Luz Circundante) בַּד bad בְּבַד bevad

יִהְיֶה yihyé ייי: וְעָשִׂיתָ veasita אֹתָהּ otá קְטֹרֶת któret י״א פעמים אדנ״י (הנבררים

מהקליפות ע״י י״א הסממנים); קטרת - הק׳ באתב״ש ד׳ = תרי״ג (מצוות) רֹקַח rókaj מַעֲשֵׂה maasé

רוֹקֵחַ rokéaj שדי מְמֻלָּח memulaj טָהוֹר tahor י״פ אכא קֹדֶשׁ kódesh

ס״ת רוש בכוונו לגרש החיצונים ויועיל לזכירה: וְשָׁחַקְתָּ veshajakta מִמֶּנָּה mimena

הָדֵק hadek וְנָתַתָּה venatata מִמֶּנָּה mimena לִפְנֵי lifnei הָעֵדֻת haedut

בְּאֹהֶל beóhel מוֹעֵד moed אֲשֶׁר asher אִוָּעֵד ivaed לְךָ lejá שָׁמָּה shama

קֹדֶשׁ kódesh קָדָשִׁים kodashim תִּהְיֶה tihyé לָכֶם lajem. וְנֶאֱמַר veneemar:

וְהִקְטִיר vehiktir עָלָיו alav אַהֲרֹן Aharón קְטֹרֶת któret י״א פעמים אדנ״י

(הנבררים מהקליפות ע״י י״א הסממנים); קטרת - הק׳ באתב״ש ד׳ = תרי״ג (מצוות) סַמִּים samim

ע״ה קנ״א, אדנ״י אלהים בַּבֹּקֶר babóker בַּבֹּקֶר babóker בְּהֵיטִיבוֹ beheitivo

אֶת־ et הַנֵּרֹת hanerot יַקְטִירֶנָּה yaktirena: וּבְהַעֲלֹת uvehaalot

אַהֲרֹן Aharón אֶת־ et הַנֵּרֹת hanerot בֵּין bein הָעַרְבַּיִם haarbáyim

ר״ת אהבה, דאגה, אחד יַקְטִירֶנָּה yaktirena קְטֹרֶת któret י״א פעמים אדנ״י

(הנבררים מהקליפות ע״י י״א הסממנים); קטרת - הק׳ באתב״ש ד׳ = תרי״ג (מצוות) תָּמִיד tamid

ע״ה קס״א קנ״א קמ״ג לִפְנֵי lifnei יְהֹוָֽאדהֹנָי יאהדונהי Adonai לְדֹרֹתֵיכֶם ledoroteijem:

LA PORCIÓN DEL INCIENSO

"Y Dios dijo a Moshé: Toma especias de bálsamo, uña aromática, gálbano y olíbano puro, de todo en igual peso. Y deberás preparar una mezcla de incienso: la obra de un perfumador, bien combinada, pura y santa. Molerás de ella pulverizándola y la colocarás delante del Testimonio en el Tabernáculo de Reunión, en donde Yo me encontraré contigo. Será el Santo de los Santos para ti" (Éxodo 30:34-36). *Y Dios también dijo: "Aharón quemará sobre el Altar especies de incienso cada mañana cuando prepare las velas. Y cuando Aharón encienda las velas a la caída del Sol, él deberá quemar especias de incienso como una ofrenda de incienso permanente ante Dios, por todas sus generaciones"* (Éxodo 30:7-8).

LAS FUNCIONES DEL INCIENSO

El relleno del incienso tiene dos propósitos: primero, remover las *klipot* para evitar que éstas acompañen la elevación de los Mundos y, segundo, atraer Luz hacia *Asiyá*. Por lo tanto, medita en elevar las chispas de Luz de todas las *Noga* de *Atsilut*, *Briá*, *Yetsirá* y *Asiyá*.

Cuenta el incienso uno por uno usando tu mano derecha y no te saltes ni uno, porque está escrito: "Si uno omite uno de los ingredientes, es probable que reciba la pena de muerte". Y, por lo tanto, debes tener cuidado de no saltarte ninguno, porque recitar este párrafo es un sustituto de la verdadera quema del incienso.

תָּנוּ tanú רַבָּנָן rabanán פִּטּוּם pitum הַקְּטֹרֶת haketóret י״א פעמים אדנ״י
(הנבררים מהקליפות ע״י י״א הסממנים) ; קטרת - הק׳ באתב״ש ד׳ = תרי״ג (מצוות);
פטום הקטרת = יְהֹוָה יֱהֹוִה מצפצ יה אדני אל אלהים מצפצ (ז׳ מרגלאין דשבת)׃
כֵּיצַד queitsad• שְׁלֹשׁ shlosh מֵאוֹת meot המספר = ש׳, אלהים דיודין
וְשִׁשִּׁים veshishim המספר = מילוי הש׳ (ין) וּשְׁמוֹנָה ushmoná מָנִים manim הָיוּ hayú
בָהּ va• שְׁלֹשׁ shlosh מֵאוֹת meot המספר = ש׳, אלהים דיודין וְשִׁשִּׁים veshishim
המספר = מילוי הש׳ (ין) וַחֲמִשָּׁה vajamishá כְּמִנְיַן queminyán יְמוֹת yemot
הַחַמָּה hajamá מָנֶה mané ע״ה פוי, אל אדני בְּכָל־ bejol ב״ן, לכב
יוֹם yom ע״ה נגד, מזבח, זן, אל יהוה• מַחֲצִיתוֹ majatsitó בַּבֹּקֶר babóker
וּמַחֲצִיתוֹ umajatsitó בָּעֶרֶב baérev• וּשְׁלֹשָׁה ushloshá מָנִים manim
יְתֵרִים yeterim קס״א, קנ״א וקמ״ג שֶׁמֵּהֶם shemehem מַכְנִיס majnís כֹּהֵן Cohén מלה
גָּדוֹל Gadol להח ; עם ד׳ אותיות = מבה, יזל, אום וְנוֹטֵל venotel מֵהֶם mehem
מְלֹא meló חָפְנָיו jafnav בְּיוֹם beyom ע״ה נגד, מזבח, זן, אל יהוה הַכִּפּוּרִים haKipurim•
מַחֲזִירָן majazirán לַמַּכְתֶּשֶׁת lamajtéshet בְּעֶרֶב beérev
יוֹם Yom ע״ה נגד, מזבח, זן, אל יהוה הַכִּפּוּרִים haKipurim כְּדֵי quedei לְקַיֵּם lekayem
מִצְוַת mitsvat דַּקָּה daká מִן min הַדַּקָּה hadaká• וְאַחַד veajad אהבה, דאגה
עָשָׂר asar סַמָּנִים samanim הָיוּ hayú בָהּ va• וְאֵלּוּ veelu הֵן hen׃

LAS FUNCIONES DEL INCIENSO

Nuestros Sabios han enseñado: ¿Cómo se hacía la composición del incienso? Trescientas sesenta y ocho porciones estaban contenidas allí. Trescientas sesenta y cinco correspondían al número de días en el año solar, una porción para cada día: La mitad de ella en la mañana y la otra mitad a la caída del Sol. Y las tres porciones restantes, el Sumo Sacerdote (Cohén Hagadol), en Yom Kipur, se llenaba ambas manos con ellas. En la Víspera de Yom Kipur, él las llevaba de regreso al mortero para cumplir el requerimiento de que debían estar muy finamente molidas. Cada porción contenía once especias:

1) הַצֳּרִי haTsorí (*Kéter*) מצפצ, אלהים דיודין, י"פ ייי. 2) וְהַצִּפֹּרֶן vehaTsiporén (*Yesod*)

יהוה אדני אהיה שדי. 3) וְהַחֶלְבְּנָה vehaJelbená (*Maljut*) ע"ה פוי, אל אדני.

4) וְהַלְּבוֹנָה vehaLevoná (**Luz Circundante**) - שהוא אור לבן והוא יוזידי הנקרא אדון יוזיד)

מִשְׁקַל mishkal שִׁבְעִים shivim שִׁבְעִים shivim מָנֶה mané ע"ה פוי, אל אדני.

5) מוֹר Mor (*Jésed*). 6) וּקְצִיעָה uKetsía רהע (*Guevurá*) - "כי מצפון תפתח הרעה",

והגבורה סוד רווז צפון). 7) וְשִׁבֹּלֶת veShibólet נֵרְדְּ nerd (*Tiféret*).

8) וְכַרְכֹּם veJarcom (*Nétsaj*) בוזחך, סנדלפון, ערי. מִשְׁקַל mishkal שִׁשָּׁה shishá

עֶשֶׂר asar שִׁשָּׁה shishá עֶשֶׂר asar מָנֶה mané ע"ה פוי, אל אדני. 9) קֹשְׁטְ Kosht

(*Jojmá*) שְׁנֵים shnéim עָשָׂר asar. 10) קִלּוּפָה Kilufá (*Biná*) שְׁלֹשָׁה shloshá.

11) קִנָּמוֹן Kinamón (*Hod*) ר"ת ג"פ ק' (בסוד קדוש קדוש קדוש) תִּשְׁעָה tishá.

בּוֹרִית borit כַּרְשִׁינָא carshiná תִּשְׁעָה tishá קַבִּין kabín. יֵין yein מיכ, י"פ האא

קַפְרִיסִין kafrisín סְאִין seín תְּלַת telat וְקַבִּין vekabín תְּלָתָא telatá אהיה קבין

וְאִם veím יוהך, מ"א אותיות דפשוט, דמילוי ודמילוי דמילוי דאהיה ע"ה לֹא lo מָצָא matsá

יֵין yein מיכ, י"פ האא קַפְרִיסִין kafrisín מֵבִיא meví חֲמַר jamar חִוָּר jivar

עַתִּיק atik. מֶלַח mélaj סְדוֹמִית sdomit רוֹבַע rova. מַעֲלֶה maalé

עָשָׁן ashán כָּל col ילי שֶׁהוּא shehú. רִבִּי Ribí נָתָן Natán הַבַּבְלִי haBavlí

אוֹמֵר omer אַף af מִכִּפַּת miquipat הַיַּרְדֵּן haYardén י' הויות וד' אותיות כָּל col ילי

שֶׁהִיא shehí. אִם im יוהך, מ"א אותיות דפשוט, דמילוי ודמילוי דמילוי דאהיה ע"ה נָתַן natán

בָּהּ ba דְּבַשׁ devash שו' (דשופר) וי"ד (האוזז) = ש"ך דינין דגדלות פְּסָלָהּ pesalá.

וְאִם veim יוהך, מ"א אותיות דפשוט, דמילוי ודמילוי דמילוי דאהיה ע"ה חִסֵּר jiser

אַחַת ajat מִכָּל־ micol ילי סַמָּמָנֶיהָ samemaneha חַיָּב jayav מִיתָה mitá:

---

1) Bálsamo 2) Uña aromática 3) Gálbano 4) Olíbano; el peso de setenta porciones cada una. 5) Mirra 6) Acacia 7) Nardo 8) Y Azafrán; el peso de dieciséis porciones cada una. 9) Doce porciones de Costo 10) Tres de corteza aromática 11) Nueve de Canela. Asimismo, nueve kabín de lejía de Carsina. Y tres kabín y tres seín de vino de Chipre. Y si uno no encontrase vino de Chipre, él deberá traer vino blanco añejo. Y un cuarto de la sal de Sodoma. Y una pequeña medida de una hierba generadora de humo. Rabí Natán, el Babilonio, también aconsejaba una pequeña cantidad de ámbar de Jordania. Si se le añadía miel, se hacía defectuoso. Si omite aunque sea una de todas las hierbas, era merecedor de la muerte.

רבן Rabán שמעון Shimón בן ben גמליאל Gamliel אומר omer:

הצרי haTsorí מצפצ, אלהים דיודין, י״פ ייי אינו einó אלא ela שרף seraf

הנוטף hanotef מעצי meatsei הקטף haktaf. בורית borit

כרשינא carshiná למה lemá היא hi באה vaá. כדי quedei

לשפות leshapot בה ba את et הצפורן haTsiporén יהוה אדני אהיה שדי

כדי quedei שתהא shetehé נאה naá. יין yein ע׳ (כנגד ע׳ אומות העולם התלויים בסמאל)

מ״כ, י״פ האא קפריסין Kafrisín למה lemá הוא hu בא va. כדי quedei

לשרות lishrot בו bo את et הצפורן haTsiporén יהוה אדני אהיה שדי

כדי quedei שתהא shetehé עזה azá. והלא vahaló מי mei ילי רגלים ragláyim

יפין yafín לה la אלא ela שאין sheéin מכניסין majnisín מי mei ילי

רגלים ragláyim במקדש bamikdash מפני mipnei הכבוד hacavod לאו:

תניא tanyá רבי Ribí נתן Natán אומר omer: כשהוא queshehú

שוחק shojek אומר omer הדק hadek היטב heitev. היטב heitev

הדק hadek. מפני mipnei שהקול shehakol יפה yafé לבשמים labesamim.

פטמה pitmá לחצאין lajatsaín כשרה quesherá. לשליש leshalish

ולרביע uleravía לא lo שמענו shamanu. אמר amar רבי Ribí

יהודה Yehudá זה ze הכלל haclal אם im יוהך, מ״א אותיות דפשוט, דמילוי

ודמילוי דמילוי דאהיה ע״ה כמדתה quemidatá כשרה quesherá לחצאין lajatsaín.

ואם veim יוהך, מ״א אותיות דפשוט, דמילוי ודמילוי דמילוי דאהיה ע״ה וחסר jiser

אחת ajat מכל micol ילי סממניה samemaneha חייב jayav מיתה mitá:

Rabán Shimón ben Gamliel dice: El bálsamo era sólo una savia que rezumaba de los árboles de bálsamo. ¿Para qué se añadía la lejía de Carsina? Para frotar la uña aromática con ella y hacerlo agradable a la vista. ¿Cuál era el propósito de añadir vino de Chipre? Para remojarlo con la uña aromática. Orina es lo más apropiado para esto, pero no se lleva orina al Templo Sagrado por respeto. Se enseñaba que Rabí Natán decía: Cuando él molía, él decía: "Muélela finamente, muélela finamente". Esto es porque la voz es beneficiosa para las especias. Si combina la mitad de la cantidad es todavía válido, pero con relación a un tercio o un cuarto no poseemos información. Rabí Yehuda decía: Esta es la regla general: Si está en las proporciones correctas, la mitad es válida. Pero si él omite una de las especias, es merecedor de la muerte.

תָּנֵי tanei בַּר Var קַפָּרָא :Kapará אַחַת ajat לְשִׁשִּׁים leshishim אוֹ o
לְשִׁבְעִים leshivim שָׁנָה shaná הָיְתָה haytá בָּאָה vaá שֶׁל shel
שִׁירַיִם shiráyim לַחֲצָאִין •lajatsaín וְעוֹד veod תָּנֵי tanei בַּר Var
קַפָּרָא Kapará אִלּוּ ilú הָיָה hayá יהה נוֹתֵן notén אבגיתץ, ושר בָּהּ ba
קָרְטוֹב kartov שֶׁל shel דְּבַשׁ devash שו׳ (דשופר) וי״ד (האוויו) = ש״ך דינין דגדלות
אֵין ein אָדָם adam מ״ה יָכוֹל yajol לַעֲמוֹד laamod מִפְּנֵי mipnei
רֵיחָהּ •reijá וְלָמָּה velama אֵין ein מְעָרְבִין mearvín בָּהּ ba דְּבַשׁ devash
שו׳ (דשופר) וי״ד (האוויו) = ש״ך דינין דגדלות מִפְּנֵי mipnei שֶׁהַתּוֹרָה shehaTorá
אָמְרָה :amrá כִּי qui כָל־ jol יכי שְׂאֹר seor ג׳ מוחין דאלהים דקטנות
(ש׳ = אלהים דיודין ; א׳ כללות שם אלהים ; ר׳ = ריבוע אלהים) וְכָל־ vejol יכי דְּבַשׁ devash
שו׳ (דשופר) וי״ד (האוויו) = ש״ך דינין דגדלות לֹא־ lo תַקְטִירוּ taktiru מִמֶּנּוּ mimenu
שכן הם בוזינת דינין דקטנות ודגדלות לכן נאסרה הקרבתן אִשֶּׁה ishé לַיהֹוָהאדניאהדונהי :laAdonai

Derecha

יְהֹוָהאדניאהדונהי Adonai צְבָאוֹת Tsevaot פני שכינה עִמָּנוּ imanu
ריבוע דס״ג, קס״א ע״ה וד׳ אותיות מִשְׂגָּב־ misgav מושה, מהש, ע״ב בריבוע קס״א, אל שדי,
ד״פ אלהים ע״ה לָנוּ lanu אלהים, אהיה אדני אֱלֹהֵי Elohei מילוי ע״ב, דמב ; ילה
יַעֲקֹב Yaakov ו׳ הויות, יאהדונהי אידהנויה סֶלָה :sela

Izquierda

יְהֹוָהאדניאהדונהי Adonai צְבָאוֹת Tsevaot פני שכינה אַשְׁרֵי ashrei
אָדָם adam מ״ה ; יהוה צבאות אשרי אדם = תפארת בֹּטֵחַ botéaj
בָּךְ baj אדם בוטח בך = אמן (יאהדונהי) ע״ה ; בוטח בך = מילוי ע״ב ע״ה:

Bar Kapara enseñaba que una vez cada sesenta o setenta años, las sobras se acumularían hasta llegar a la mitad de la medida. Bar Kapara también enseñaba que si se le añadía un kortov de miel, ningún hombre soportaría su olor. ¿Por qué no se mezcla miel con ella? Porque la Torá ha estipulado: Porque cualquier levadura o miel no debes quemar en una ofrenda por fuego a Dios (Kritut 6; Yerushalmi, Yomá: cap. 4). (Derecha) *"El Señor de los Ejércitos está con nosotros, nuestra fuerza es el Dios de Yaakov, Sela"* (Salmos 46:12). (Izquierda) *"El Señor de los Ejércitos, dichoso es aquel que confía en Ti"* (Salmos 84:13).

Central

יְהֹוָ֖אדהנויאהדונהי Adonai הוֹשִׁיעָה hoshía יהוה וש"ע נהורין הַמֶּלֶךְ haMélej ר"ת יהה

יַעֲנֵנוּ yaanenu בְיוֹם veyom ע"ה נגד, מזבח, זן, אל יהוה

קָרְאֵנוּ korenu ר"ת יב"ק, אלהים יהוה, אהיה אדני יהוה ; ס"ת = ב"ן ועם כף דהמלך = ע"ב :

וְעָרְבָה vearvá לַיהֹוָ֖אדהנויאהדונהי laAdonai

מִנְחַת minjat יְהוּדָה Yehudá וִירוּשָׁלָםִ virushaláim

כִּימֵי quimei עוֹלָם olam וּכְשָׁנִים ujeshanim קַדְמֹנִיּוֹת kadmoniyot:

ANÁ BEJÓAJ (para saber más sobre el *Aná Bejóaj*, ve a la pág. 79)

(la tabla de *Tikún Hanéfesh* se encuentra en la pág. 665. Los ángeles de la tarde de *Shabat* en la pág. 488).

El *Aná Bejóaj* probablemente sea la oración más poderosa en todo el universo. El Kabbalista del siglo II Rav Najunyá ben HaKaná fue el primer sabio en revelar esta combinación de 42 letras, la cual contiene el poder de la Creación.

Jésed, domingo (*Álef Bet Guímel Yud Tav Tsadi*) אבג יתץ

אָנָּא aná בְּכֹחַ bejóaj• גְּדֻלַּת guedulat יְמִינְךָ yemineja•

תַּתִּיר tatir צְרוּרָה tserurá:

Guevurá, lunes (*Kof Resh Ayin Sin Tet Nun*) קרע שטן

קַבֵּל kabel רִנַּת rinat• עַמְּךָ ameja שַׂגְּבֵנוּ sagvenu•

טַהֲרֵנוּ taharenu נוֹרָא norá:

Tiféret, martes (*Nun Guímel Dálet Yud Caf Shin*) נגד יכש

נָא na גִּבּוֹר guibor• דּוֹרְשֵׁי dorshei יִחוּדְךָ yijudeja•

כְּבָבַת quevavat שָׁמְרֵם shomrem:

(Central) *"Señor, sálvanos. El Rey nos responderá el día que lo invoquemos"* (*Salmos 20:10*). *"Que el Señor encuentre la ofrenda de Yehuda y Jerusalén agradable como siempre y como en los días de antaño"* (*Malaquías 3:4*).

ANÁ BEJÓAJ

Jésed, domingo אבג יתץ

Te suplicamos, con el gran poder de Tu diestra, pon en libertad a los cautivos.

Guevurá, lunes קרע שטן

Acepta el canto de Tu nación. Fortifícanos y purifícanos, Reverenciado.

Tiféret, martes נגד יכש

Por favor, Todopoderoso, a los que buscan Tu unidad, cuídalos como a la pupila de los ojos.

Nétsaj, miércoles (*Bet Tet Resh Tsadi Tav Guímel*) בטר צתג

•tsidkateja צִדְקָתְךָ rajamei רַחֲמֵי •taharem טַהֲרֵם barjem בָּרְכֵם

:gomlem גָּמְלֵם tamid תָּמִיד

Hod, jueves (*Jet Kof Bet Tet Nun Ayin*) חקב טנע

•tuvjá טוּבְךָ berov בְּרוֹב •kadosh קָדוֹשׁ jasín חֲסִין

:adateja עֲדָתֶךָ nahel נַהֵל

Yesod, viernes (*Yud Guímel Lámed Pei Zayin Kof*) יגל פזק

•pené פְּנֵה leamjá לְעַמְּךָ •gueé גֵּאֶה yajid יָחִיד

:kedushateja קְדֻשָּׁתֶךָ zojrei זוֹכְרֵי

Maljut, sábado (*Shin Kof Vav Tsadi Yud Tav*) שקו צית

•tsaakatenu צַעֲקָתֵנוּ ushmá וּשְׁמַע •kabel קַבֵּל shavatenu שַׁוְעָתֵנוּ

:taalumot תַּעֲלוּמוֹת yodea יוֹדֵעַ

BARUJ SHEM QUEVOD

maljutó מַלְכוּתוֹ quevod כְּבוֹד Shem שֵׁם Baruj בָּרוּךְ יוזו אותיות : (Susurrar)

:vaed וָעֶד ריבוע ס״ג וי׳ אותיות דס״ג leolam לְעוֹלָם

Ángeles de Shabat (sábado) en la tarde

יוֹד הֵא וָאו הֵא יוֹד הֵא וָאו הֵא

שועתנו קבל ושמע צעקתנו יודע תעלומות

שְׁקוּצִית יְהֶוִה יְהֹוָה יְהוָה

שְׁמוּעִיאֵל בְּרַכִיאֵל אֲהַנִּיאֵל ר״ת שוא

פַּדְאֵל תַּלְמִיאֵל (תּוּמִיאֵל) חַסְדִּיאֵל ר״ת פתוח

Nétsaj, miércoles בטר צתג

Bendícelos. Purifícalos. Otórgales siempre Tu fidelidad compasiva.

Hod, jueves חקב טנע

Invencible y Todopoderoso, con la abundancia de Tu bondad, guía a Tu congregación.

Yesod, viernes יגל פזק

Exaltado y orgulloso, vuélvete a Tu pueblo, aquellos que recuerdan Tu santidad.

Maljut, sábado שקו צית

Acepta nuestra plegaria y escucha nuestro clamor, Tú que conoces todo lo oculto.

BARUJ SHEM QUEVOD

"Bendito es el Nombre de la Gloria. Su Reino es para siempre y para la eternidad" (*Pesajim 56a*).

El Ashrei

De las veintidós letras del alfabeto arameo, veintiuna de ellas están codificadas en el *Ashrei* en el orden correcto, de la *Álef* a la *Tav*. El Rey David, el autor, dejó a la letra aramea *Nun* fuera de esta oración, ya que la *Nun* es la primera letra de la palabra aramea *nefilá*, que significa "caída". Caída se refiere a un descenso espiritual, caer en la *klipá*. Los sentimientos de duda, depresión, preocupación e incertidumbre son consecuencias de la caída espiritual. Debido a que las letras arameas son los verdaderos instrumentos de la Creación, esta oración ayuda a inyectar el orden y la fuerza de la Creación en nuestra vida, sin la energía de la caída.

En este Salmo está escrito diez veces el Nombre: יהוה por las Diez *Sefirot*. Este Salmo está escrito según el orden del *Álef Bet*, pero la letra *Nun* es omitida para evitar la caída.

אַשְׁרֵי ashrei (סוד הכתר) יוֹשְׁבֵי yoshvei בֵיתֶךָ veiteja ב"פ ראה

עוֹד od יְהַלְלוּךָ yehaleluja סֶּלָה sela: אַשְׁרֵי ashrei הָעָם haam

שֶׁכָּכָה shecaja מהש, משה, ע"ב בריבוע קס"א, אל שדי, ד"פ אלהים ע"ה לּוֹ lo

אַשְׁרֵי ashrei הָעָם haam ר"ת לאה שֶׁיְהֹוָהאדניאהדונהי sheAdonai (*Kéter*)

אֱלֹהָיו Elohav ילה: תְּהִלָּה tehilá ע"ה אמת, אהיה פעמים אהיה, ז"פ ס"ג לְדָוִד leDavid

אֲרוֹמִמְךָ aromimjá אֱלוֹהַי Elohai הַמֶּלֶךְ haMélej וַאֲבָרְכָה vaavarjá

שִׁמְךָ Shimjá לְעוֹלָם leolam ריבוע דס"ג ו' אותיות דס"ג וָעֶד vaed:

בְּכָל־ bejol ב"ן, לכב יוֹם yom ע"ה נגד, מזבח, זן, אל יהוה

אֲבָרְכֶךָּ avarjecá וַאֲהַלְלָה vaahalelá מ"ה יהוה שִׁמְךָ Shimjá

לְעוֹלָם leolam ריבוע דס"ג ו' אותיות דס"ג וָעֶד vaed:

גָּדוֹל gadol להח ; עם ד' אותיות = מבה, יזל, אום

יְהֹוָהאדניאהדונהי Adonai (*Jojmá*) וּמְהֻלָּל umehulal אדני, ללה

מְאֹד meod וְלִגְדֻלָּתוֹ veligdulató והו אֵין ein חֵקֶר jéker:

El Ashrei

"Dichosos aquellos que moran en Tu casa, ellos Te alabarán, Sela" (Salmos 84:5). *"Dichosa es la nación que así es para ella y dichosa la nación de la que el Señor es su Dios"* (Salmos 144:15). *"Una alabanza de David:*

א *Yo te exaltaré a Ti, mi Dios, el Rey, y yo bendeciré Tu Nombre por siempre y por la eternidad.*

ב *Te bendeciré cada día y alabaré Tu Nombre por siempre y por la eternidad.*

ג *El Señor es grande y extremadamente alabado. Su grandeza es inescrutable.*

דּוֹר dor לְדוֹר ledor יְשַׁבַּח yeshabaj מַעֲשֶׂיךָ maaseja ר"ת דלים

וּגְבוּרֹתֶיךָ ugvuroteja יַגִּידוּ yagidu ייז, כ"ב אותיות פשוטות (=אכא) וה' אותיות סופיות מנצפך:

הֲדַר hadar כְּבוֹד quevod הוֹדֶךָ hodeja וְדִבְרֵי vedivrei

נִפְלְאוֹתֶיךָ nifleoteja ר"ת אלהים, אהיה אדני

אָשִׂיחָה asija ר"ת הפסוק = פ"ז (בסוד כתם טהור פז):

וֶעֱזוּז veezuz נוֹרְאֹתֶיךָ noroteja יֹאמֵרוּ yomeru וּגְדוּלָּתְךָ ugdulatjá

(כתיב: וגדלותיך) ר"ת = ע"ב, ריבוע יהוה אֲסַפְּרֶנָּה asaprena ס"ת = יי"א (מילוי דס"ג):

זֵכֶר zéjer רַב־ rav טוּבְךָ tuvjá לאו יַבִּיעוּ yabíu

וְצִדְקָתְךָ vetsidkatjá יְרַנֵּנוּ yeranenú ס"ת = ב"ן, יבמ, לכב ; ר"ת הפסוק = רי"ו יהוה:

חַנּוּן janún וְרַחוּם verajum יְהֹוָהאדניאהדונהי Adonai (*Biná*)

חנון ורחום יהוה = עש"ל אֶרֶךְ érej ס"ת = ס"ג ב"ן אַפַּיִם apáyim ר"ת = יהוה

וּגְדָל־ ugdal (כתיב: וגדול) חָסֶד jásed ע"ב, ריבוע יהוה:

טוֹב־ tov והו יְהֹוָהאדניאהדונהי Adonai (*Jésed*) לַכֹּל lacol

יה אדני ; ס"ת ל"ו (מילוי דס"ג) וְרַחֲמָיו verajamav עַל־ al

כָּל col ילי ; עמם ; ר"ת ריבוע ב"ן ע"ה מַעֲשָׂיו maasav ס"ת ע"ב, ריבוע יהוה:

ד *Una generación y la próxima alabarán Tus obras y narrarán Tus proezas.*
ה *Yo hablaré de la luminosidad de Tu espléndida gloria y de la maravilla de Tus actos.*
ו *Ellos proclamarán el asombroso poder de Tus actos y yo hablaré de Tu grandeza.*
ז *Ellos expresarán el recuerdo de Tu abundante bondad y proclamarán dichosos Tu justicia.*
ח *El Señor es misericordioso y compasivo, lento para la ira y grande en misericordia.*
ט *El Señor es bueno para con todos, Su compasión se extiende sobre todos Sus actos.*

יוֹדוּךָ yoduja יְהֹוָאדֹנָהיאהדונהי Adonai (*Guevurá*) כָּל־ col ילי מַעֲשֶׂיךָ maaseja

וַחֲסִידֶיךָ vajasideja ר"ת אלהים, אהיה אדני יְבָרְכוּכָה yevarjuja ס"ת = מ"ה:

כְּבוֹד quevod מַלְכוּתְךָ maljutjá יֹאמֵרוּ yomeru וּגְבוּרָתְךָ ugvuratjá

יְדַבֵּרוּ yedaberu ר"ת הפסוק = אלהים, אהיה אדני ; ס"ת = ב"ן, יבמ, לכב:

לְהוֹדִיעַ lehodía לִבְנֵי livnei הָאָדָם haadam ר"ת ללה, אדני

גְּבוּרֹתָיו guevurotav וּכְבוֹד ujvod הֲדַר hadar

מַלְכוּתוֹ maljutó ר"ת מ"ה וס"ת = רי"ו ; ר"ת הפסוק ע"ה = ק"כ צירופי אלהים:

מַלְכוּתְךָ maljutjá מַלְכוּת maljut כָּל־ col ילי עֹלָמִים olamim

וּמֶמְשַׁלְתְּךָ umemshaltejá בְּכָל־ bejol ב"ן, לכב דּוֹר dor וָדֹר vador רי"ו:

סוֹמֵךְ somej ריבוע אדני יְהֹוָאדֹנָהיאהדונהי Adonai (*Tiféret*)

לְכָל־ lejol יה אדני ; סומך אדני לכל ר"ת סאל, אמן (יאהדונהי) הַנֹּפְלִים hanoflim

וְזוֹקֵף vezokef לְכָל־ lejol יה אדני הַכְּפוּפִים hacfufim נמם:

עֵינֵי־ einei ריבוע דמ"ה כֹל jol ילי אֵלֶיךָ eleja יְשַׂבֵּרוּ yesaberu וְאַתָּה veAtá

נוֹתֵן־ notén אבגית"ץ, ושר לָהֶם lahem אֶת־ et אָכְלָם ajlam בְּעִתּוֹ beitó:

י *Todas Tus obras te agradecerán, Señor, y Tus fieles devotos te bendicen.*
כ *Ellos dirán de la gloria de Tu Reino y hablarán de Tus poderosos actos.*
ל *Él hace que el hombre conozca Sus proezas y la gloria de Su espléndido Reino.*
מ *Tuyo es el Reino de todos los mundos y Tu dominio se extiende a toda y cada generación.*
ס *El Señor sostiene a todos aquellos que caen y endereza a los doblegados.*
ע *Los ojos de todos ven con esperanza hacia Ti, y Tú les das su alimento al momento apropiado.*

POTÉAJ ET YADEJA

Conectamos con las letras *Pei*, *Álef* y *Yud* al abrir nuestras manos con las palmas hacia arriba. Nuestra conciencia está enfocada en recibir el sustento y la prosperidad financiera de parte de la Luz a través de nuestras acciones del diezmo y compartir; nuestro *Deseo de Recibir para Dar y Compartir*. Al hacer esto, también reconocemos que el sustento que recibimos proviene de una fuente superior y no de nuestras acciones. Según los sabios, si no meditamos en esta idea en este punto, debemos repetir la oración.

פתוז (שע"ז נהורין למ"ה ולס"ה)

יוד הי ויו הי יוד הי ויו הי (וז' וזיוורתי) — פותוז את ידך ר"ת פאי

אלף למד אלף למד (ש"ע) — גימ' יאהדונהי זו"ן

יוד הא ואו הא (לז"א) — וזכמה דז"א ו"ק

אדני (ולנוקבא) — יסוד דנוק'

פּוֹתֵחַ potéaj **אֶת** et **יָדֶךָ** yadeja ר"ת פאי וס"ת וזתך עם ג' אותיות = דִּיקָרְנוֹסָא

ובאתב"ש הוא סאל, פאי, אמן, יאהדונהי ; ועוד יכוין שם וזתך בשילוב יהוה – יְוָזֲהָתְוָכָהָ

אלף למד הי יוד מם אלף למד הי יוד מם מוחין דפנים דאוזור אלהים אלהים

להמשיך פ"ו אורות לכל מילוי דכל

אוזור דפרצופי נה"י וזג"ת — וזתך — ואוזור דפרצופי נה"י וזג"ת

דפרצוף וזג"ת דיצירה דז"א — דיצירה דרוזל הנקראת לאה

לף מד י וד ם — לף מד י וד ם

אלף למד הי יוד מם — סאל יאהדונהי — אלף למד הי יוד מם

וּמַשְׂבִּיעַ umasbía וזתך עם ג' אותיות = דִּיקָרְנוֹסָא

ובא"ת ב"ש הוא סאל, אמן, יאהדונהי ; ועוד יכוין שם וזתך בשילוב יהוה – יְוָזֲהָתְוָכָהָ

אלף למד הי יוד מם אלף למד הי יוד מם מוחין דפנים דאוזור אלהים אלהים

להמשיך פ"ו אורות לכל מילוי דכל

אוזור דפרצופי נה"י וזג"ת — וזתך — ואוזור דפרצופי נה"י וזג"ת

דפרצוף נה"י דיצירה דז"א — דיצירה דרוזל הנקראת לאה

לף מד י וד ם — לף מד י וד ם

אלף למד הי יוד מם — אלף למד הי יוד מם

לְכָל־ lejol יה אדני (להמשיך מוחין ד–יה אל הנוקבא שהיא אדני)

חַי jai כל חי = אהיה אהיה יהוה, בינה ע"ה, חיים

רָצוֹן ratsón מהש ע"ה, ע"ב בריבוע וקס"א ע"ה, אל שדי ע"ה ; ר"ת רוזל שהיא המלכות הצריכה לשפע

יוד יוד הי יוד הי ויו יוד הי ויו הי יסוד דאבא

אלף הי יוד הי יסוד דאימא

להמתיק רוזל וב' דמעין שך פר

También debemos meditar en atraer abundancia, sustento y bendiciones a todos los mundos desde el *ratsón* mencionado anteriormente. Debemos meditar y enfocarnos en este versículo porque es la esencia de la prosperidad, y meditar en que Dios esté interviniendo, sustentando y apoyando a toda la Creación.

POTÉAJ ET YADEJA

פ *Abre Tus Manos y satisface el deseo de todo ser viviente.*

צַדִּיק tsadik יְהֹוָה יאהדונהי Adonai (*Yesod*) בְּכָל bejol ב"ן, לכב
דְּרָכָיו derajav וְחָסִיד vejasid בְּכָל bejol ב"ן, לכב מַעֲשָׂיו maasav יבמ, ב"ן:

קָרוֹב karov יְהֹוָה יאהדונהי Adonai (*Maljut*) לְכָל־ lejol יה אדני
קֹרְאָיו korav לְכֹל lejol יה אדני אֲשֶׁר asher
יִקְרָאֻהוּ yikraúhu בֶאֱמֶת veemet אהיה פעמים אהיה, ו"פ ס"ג:

רְצוֹן retsón מהש ע"ה, ע"ב בריבוע וקס"א ע"ה, אל שדי ע"ה יְרֵאָיו yereav יַעֲשֶׂה yaasé
ר"ת רי"י וְאֶת־ veet שַׁוְעָתָם shavatam יִשְׁמַע yishmá וְיוֹשִׁיעֵם veyoshiem:

שׁוֹמֵר shomer כ"א הויות שבתפילין יְהֹוָה יאהדונהי Adonai (*Nétsaj*)
אֶת־ et כָּל־ col ילי אֹהֲבָיו ohavav ר"ת אכא
וְאֵת veet כָּל־ col ילי הָרְשָׁעִים hareshaim יַשְׁמִיד yashmid:

תְּהִלַּת tehilat יְהֹוָה יאהדונהי Adonai (*Hod*) יְדַבֶּר yedaber ראה
פִּי pi וִיבָרֵךְ vivarej ע"ב ס"ג מ"ה ב"ן, הברכה (למתק את ז' המלכים שמתו)
כָּל col ילי בָּשָׂר basar שֵׁם Shem קָדְשׁוֹ kodshó
לְעוֹלָם leolam ריבוע ס"ג ו' אותיות דס"ג וָעֶד vaed:
וַאֲנַחְנוּ vaanajnu נְבָרֵךְ nevarej יָהּ Yah מֵעַתָּה meatá
וְעַד־ vead עוֹלָם olam הַלְלוּיָהּ haleluyá אלהים, אהיה אדני ; ללה:

צ *El Señor es justo en todos Sus caminos y virtuoso en todas Sus obras.*
ק *El Señor está cerca de todos los que lo llaman, de todos aquellos que lo llaman sinceramente.*
ר *Él cumplirá la voluntad de aquellos que le temen; Él escucha sus clamores y los salva.*
ש *El Señor protege a todos los que lo aman y destruye a los impíos.*
ת *Mis labios proclamarán la alabanza al Señor y toda criatura bendecirá Su Santo Nombre, por siempre y por la eternidad"* (Salmos 145). *"Y bendeciremos a Dios por siempre y por la eternidad. ¡Aleluya!"* (Salmos 115:18).

UVÁ LETSIYÓN

Esta oración es nuestra conexión con la redención. La oración comienza: "Y vendrá un redentor a *Sión*". El redentor es una referencia al *Mashíaj* (Mesías). Kabbalísticamente, el *Mashíaj* no es una persona justa que vendrá y nos salvará y traerá paz al mundo. *Mashíaj* es un estado de espiritualidad y conciencia que puede alcanzar todo individuo. Nadie viene a salvarnos ni a hacer el trabajo por nosotros. Cada uno de nosotros debe conseguir su propio nivel de crecimiento espiritual y realización, nuestro *Mashíaj* personal, y cuando una masa crítica de personas haya alcanzado este estado, el *Mashíaj* global aparecerá para la humanidad.

El papel de la *Kedushá* de "*Uvá LeTsiyón*" aquí (antes de la lectura de la Torá), es atraer la Luz al Mundo de *Briá*, y de este modo permitirnos recibir la Iluminación Celestial de la lectura de la Torá.

וּבָא uvá לְצִיּוֹן leTsiyón יוסף, ו׳ הויות, קנאה גּוֹאֵל goel וּלְשָׁבֵי uleshavei פֶשַׁע fesha
בְּיַעֲקֹב beYaakov ו׳ הויות, יאהדונהי אידהנויה נְאֻם neúm יְהֹוָהאדניאהדונהי Adonai:
וַאֲנִי vaAní אני ; ר״ת גוף בניו (שירדו לחיצונים בעון הוצאת ז״ל, ויחזרו לגוף אוצר הנשמות, ויבוא גואל)
זֹאת zot בְּרִיתִי brití אוֹתָם otam אָמַר amar יְהֹוָהאדניאהדונהי Adonai
רוּחִי rují אֲשֶׁר asher עָלֶיךָ aleja וּדְבָרַי udvarai אֲשֶׁר־ asher
שַׂמְתִּי samti בְּפִיךָ befija לֹא־ lo יָמוּשׁוּ yamushu מִפִּיךָ mipija
וּמִפִּי umipí זַרְעֲךָ zarajá וּמִפִּי umipí זֶרַע zera זַרְעֲךָ zarajá
אָמַר amar יְהֹוָהאדניאהדונהי Adonai מֵעַתָּה meatá וְעַד־ vead עוֹלָם olam:
וְאַתָּה veAtá קָדוֹשׁ kadosh יוֹשֵׁב yoshev תְּהִלּוֹת tehilot יִשְׂרָאֵל Yisrael:
וְקָרָא vekará זֶה ze אֶל־ el זֶה ze זי״ב פרקין דיעקב מאירין לי״ב פרקין דרוז״ל וְאָמַר veamar:

Medita en las letras *Tav* ת y *Tsadi* צ de: אבגית״ץ, esto ayuda a la memoria espiritual.

קָדוֹשׁ kadosh | (*Jésed*) קָדוֹשׁ kadosh (*Guevurá*) קָדוֹשׁ kadosh (*Tiféret*)
יְהֹוָהאדניאהדונהי Adonai צְבָאוֹת Tsevaot פני שכינה מְלֹא meló
כָל־ jol ילי הָאָרֶץ haárets אלהים דההין ע״ה כְּבוֹדוֹ quevodó:
וּמְקַבְּלִין umekablín דֵּין dein מִן min דֵּין dein וְאָמְרִין veamrín ◆
קַדִּישׁ kadish ב״פ אור, ב״פ רז, ב״פ א״ס בִּשְׁמֵי bishmei מְרוֹמָא meromá
עִלָּאָה ilaá בֵּית beit ב״פ ראה שְׁכִינְתֵּהּ Shjintei ◆

UVÁ LETSIYÓN

"Y vendrá un redentor a Sión, a los que se vuelven de la transgresión de entre [la Casa de] Yaakov, dice el Señor. En cuanto a Mí, este es Mi pacto con ellos, dice el Señor. Mi espíritu que es sobre ti y Mis palabras que he puesto en tu boca, no se apartarán de tu boca ni de la boca de tus hijos ni de la boca de los hijos de tus hijos, dice el Señor, desde ahora y por siempre" (Isaías 59:20-21). "Y Tú eres Santo y esperas las alabanzas de Israel. Y uno llamó al otro diciendo: Santo, Santo, Santo es el Señor de los Ejércitos, toda la Tierra es llenada con Su gloria" (Isaías 6:3). Y ellos reciben consentimiento uno del otro y dicen: Santo en los Elevados Cielos es la morada de Su Shejiná.

קַדִּישׁ kadish ב"פ אור, ב"פ רז, ב"פ א"ס עַל־ al אַרְעָא ará עוֹבַד ovad

גְּבוּרְתֵּהּ guevurtei. קַדִּישׁ kadish ב"פ אור, ב"פ רז, ב"פ א"ס לְעָלַם lealam

וּלְעָלְמֵי ulealmei עָלְמַיָּא almayá: יְהֹוָהאדניאהדונהי Adonai צְבָאוֹת Tsevaot

פני שכינה מַלְיָא malyá כָּל jol ילי אַרְעָא ará זִיו ziv יְקָרֵהּ yekarei:

וַתִּשָּׂאֵנִי vatisaeni רוּחַ rúaj וָאֶשְׁמַע vaeshmá אַחֲרַי ajarai קוֹל kol

רַעַשׁ ráash גָּדוֹל gadol להוז ; עם ד' אותיות = מבה, יזל, אום בָּרוּךְ Baruj

כְּבוֹד quevod יְהֹוָהאדניאהדונהי Adonai כבוד יהוה = יוד הי ואו הה בִּמְקוֹמוֹ mimekomó

עסמ"ב, הברכה (למתק את ז' המלכים שמתו) ; ר"ת = ע"ב, ריבוע יהוה ; ר"ת מ'כ, י"פ האא:

וּנְטָלַתְנִי untalatni רוּחָא rujá. וּשְׁמָעִית ushmait בַּתְרַי batrai קָל kal

נמם (ה' גבורות) זִיעַ zía שַׂגִּיא saguí דִּמְשַׁבְּחִין dimeshabjín וְאָמְרִין veamrín

בְּרִיךְ berij יְקָרָא yekará דַּיהֹוָהאדניאהדונהי daAdonai מֵאֲתַר meatar

בֵּית beit ב"פ ראה שְׁכִינְתֵּהּ Shjintei. יְהֹוָהאדניאהדונהי Adonai | יִמְלֹךְ yimloj

לְעֹלָם leolam ריבוע ס"ג וי' אותיות דס"ג ; ר"ת ייל וָעֶד vaed: יְהֹוָהאדניאהדונהי Adonai

מַלְכוּתֵהּ maljutei קָאֵם kaim לְעָלַם lealam וּלְעָלְמֵי ulealmei

עָלְמַיָּא almayá: יְהֹוָהאדניאהדונהי Adonai אֱלֹהֵי Elohei מילוי ע"ב, דמב ; ילה

אַבְרָהָם Avraham וז"פ אל, רי"ו ול"ב נתיבות החכמה, רמ"ח (אברים), עסמ"ב וט"ז אותיות פשוטות

יִצְחָק Yitsjak ד"פ ב"ן וְיִשְׂרָאֵל veYisrael אֲבֹתֵינוּ avoteinu

שָׁמְרָה־ shomrá זֹּאת zot לְעוֹלָם leolam ריבוע ס"ג וי' אותיות דס"ג

לְיֵצֶר leyétser מַחְשְׁבוֹת majshevot לְבַב levav בוכו

עַמֶּךָ ameja וְהָכֵן vehajén לְבָבָם levavam אֵלֶיךָ eleja:

Santo, sobre la Tierra, es el trabajo de Su valor. Santo, para siempre y para toda la eternidad, es el Señor de los Ejércitos, toda la Tierra es llenada con el esplendor de Su gloria. "Y un viento me cargó y detrás de mí escuché una gran voz estruendosa dando alabanza: Bendita sea la gloria del Señor desde Su morada" (Ezequiel 3:12). Y diciendo: Bendita sea la gloria del Señor desde el lugar de residencia de Su Shejiná. "El Señor reinará por siempre jamás" (Éxodo 15:18). El Señor, Su Reino es establecido por siempre y para la eternidad. "El Señor, Dios de Avraham, Yitsjak e Yisrael (nuestros antepasados), ¡resguarda esto para siempre en honor a los pensamientos en los corazones de Tu nación, y dirige sus corazones hacia Ti!" (I Crónicas 29:18).

וְהוּא veHú רַחוּם rajum יְכַפֵּר yejaper ר"ת רי"ו עָוֺן avón (*Aba* de la *klipá*)

וְלֹא veló יַשְׁחִית yashjit (*Ima* de la *klipá*) וְהִרְבָּה vehirbá לְהָשִׁיב lehashiv

אַפּוֹ apó (*Zeir* de la *klipá*) וְלֹא־ veló יָעִיר yair כָּל־ col ילי וַחֲמָתוֹ jamató

(*Nukvá* de la *klipá*): כִּי־ qui אַתָּה Atá אֲדֹנָי Adonai ללה טוֹב tov והו

וְסַלָּח vesalaj יהוה ע"ב וְרַב־ verav (*Yitsjak*) וְחֶסֶד jésed (*Avraham*) ע"ב, ריבוע יהוה

לְכָל־ lejol יה אדני קֹרְאֶיךָ koreja (*Yaakov*): צִדְקָתְךָ tsidkatjá צֶדֶק tsédek

לְעוֹלָם leolam ריבוע ס"ג וי' אותיות דס"ג וְתוֹרָתְךָ vetoratjá אֱמֶת emet

אהיה פעמים אהיה, ז"פ ס"ג: תִּתֵּן titén ב"פ כהת אֱמֶת emet אהיה פעמים אהיה, ז"פ ס"ג

לְיַעֲקֹב leYaakov ד' הויות, יאהדונהי אידהנויה וְחֶסֶד jésed ע"ב, ריבוע יהוה

לְאַבְרָהָם leAvraham וז"פ אל, רי"ו ול"ב נתיבות החכמה, רמ"ח (אברים), עסמ"ב וט"ז אותיות פשוטות

אֲשֶׁר־ asher נִשְׁבַּעְתָּ nishbata לַאֲבֹתֵינוּ laavoteinu מִימֵי mimei קֶדֶם kédem:

בָּרוּךְ Baruj אֲדֹנָי Adonai ללה יוֹם yom ע"ה נגד, מזבח, זן אל יהוה יוֹם yom

יַעֲמָס־ yaamós ר"ת ייי לָנוּ lanu אלהים, אהיה אדני ; ר"ת ייל ע"ה נגד, מזבח, זן אל יהוה

הָאֵל haEl לאה ; אל (ייא" מילוי דס"ג) ; ר"ת ילה יְשׁוּעָתֵנוּ yeshuatenu סֶלָה sela:

יְהֹוָהאדניאהדונהי Adonai צְבָאוֹת Tsevaot פני שכינה עִמָּנוּ imanu

מִשְׂגָּב־ misgav מהש, ע"ב בריבוע וקס"א, אל שדי, ד"פ אלהים ע"ה ריבוע ס"ג, קס"א ע"ה וד' אותיות

לָנוּ lanu אלהים, אהיה אדני אֱלֹהֵי Elohei מילוי ע"ב, דמב ; ילה יַעֲקֹב Yaakov

סֶלָה sela: יְהֹוָהאדניאהדונהי Adonai צְבָאוֹת Tsevaot פני שכינה ד' הויות, יאהדונהי אידהנויה

אַשְׁרֵי ashrei אָדָם adam מ"ה ; יהוה צבאות אשרי אדם = תפארת בֹּטֵחַ botéaj

בָּךְ baj אדם בוטח בך = אמן (יאהדונהי) ע"ה ; בוטח בך = מילוי ע"ב ע"ה:

"Y Él es misericordioso y perdona iniquidades, y no destruirá, y Él con frecuencia disminuye Su ira y nunca despertará todo Su enojo" (*Salmos 78:38*). *"Porque Tú, Señor, eres bueno y misericordioso, y abundante en benevolencia para todos los que te claman"* (*Salmos 86:5*). *"Tu rectitud es una justicia eterna, y Tu Torá es verdadera"* (*Salmos 119:42*). *"Tú das la verdad a Yaakov y benevolencia a Avraham, como lo has acordado con nuestros antepasados desde el principio de los tiempos"* (*Miqueas 7:20*). *"Bendito es el Señor, quien lleva nuestras cargas día tras día, el Dios de nuestra salvación, Sela"* (*Salmos 68:20*). *"El Señor de los Ejércitos está con nosotros; el Dios de Yaakov es nuestra fortaleza. Sela"* (*Salmos 46:12*). *"Señor de los Ejércitos, dichoso es el hombre que confía en Ti"* (*Salmos 84:13*).

יְהֹוָהאדניאהדונהי Adonai הוֹשִׁיעָה hoshía יהוה וש"ע נהורין הַמֶּלֶךְ haMélej ר"ת יהה

יַעֲנֵנוּ yaanenu בְיוֹם־ veyom ע"ה נגד, מזבח, זן, אל יהוה קָרְאֵנוּ korenu

ר"ת יב"ק, אלהים יהוה, אהיה אדני יהוה וס"ת ב"ן ועם אות כ' דהמלך = ע"ב:

BARUJ ELOHEINU

Recitar el siguiente verso ("*Baruj Eloheinu*") con felicidad genuina y un corazón que confía generará Luz adicional para nuestra vida y nuestro proceso de *tikún* será mucho más fácil. Medita en dedicar tu alma a santificar el Santo Nombre (*Kedushat HaShem*).

בָּרוּךְ Baruj אֱלֹהֵינוּ Eloheinu ילה שֶׁבְּרָאָנוּ sheberaanu לִכְבוֹדוֹ lijvodó

וְהִבְדִּילָנוּ vehivdilanu מִן min הַתּוֹעִים hatoím (conectando con la información correcta)

וְנָתַן venatán לָנוּ lanu אלהים, אהיה אדני תּוֹרַת torat אֱמֶת emet אהיה פעמים אהיה, ז"פ ס"ג

וְחַיֵּי vejayei עוֹלָם olam נָטַע natá בְּתוֹכֵנוּ betojenu. הוּא Hu יִפְתַּח yiftaj

לִבֵּנוּ libenu בְּתוֹרָתוֹ betorató. וְיָשִׂים veyasim בְּלִבֵּנוּ belibenu אַהֲבָתוֹ ahavató

וְיִרְאָתוֹ veyirató לַעֲשׂוֹת laasot רְצוֹנוֹ retsonó וּלְעָבְדוֹ uleavdó

בְּלֵבָב belevav בוכו שָׁלֵם shalem. לֹא lo נִיגַע nigá לָרִיק larik

[Aquí medita en ser protegido de las emisiones nocturnas, para que el esfuerzo espiritual no se vaya a la negatividad (*Rik* y *Behalá*). También medita en tener hijos justos que sigan la senda de la Luz].

וְלֹא veló נֵלֵד neled לַבֶּהָלָה labehalá. יְהִי yehí רָצוֹן ratsón מהש ע"ה,

ע"ב בריבוע וקס"א ע"ה, אל שדי ע"ה מִלְּפָנֶיךָ milefaneja ס"ג מ"ה ב"ן יְהֹוָהאדניאהדונהי Adonai

אֱלֹהֵינוּ Eloheinu ילה וֵאלֹהֵי veElohei לכב ; מילוי ע"ב, דמב ; ילה אֲבוֹתֵינוּ avoteinu

שֶׁנִּשְׁמוֹר shenishmor חֻקֶּיךָ jukeja וּמִצְוֹתֶיךָ umitsvoteja

בָּעוֹלָם baolam הַזֶּה hazé והו. וְנִזְכֶּה venizqué וְנִחְיֶה venijyé וְנִירַשׁ venirash

טוֹבָה tová אכא וּבְרָכָה uvrajá לְחַיֵּי lejayei הָעוֹלָם haolam הַבָּא habá:

"Señor, sálvanos. El Rey nos responderá en el día que nosotros le llamemos" (Salmos 20:10).

BARUJ ELOHEINU

Bendito es nuestro Dios, quien nos creó por Su gloria, quien nos separó de los que tomaron el mal camino, quien nos dio la Torá de la verdad y quien implantó en nosotros la vida eterna. Que abra nuestros corazones con Su Torá y coloque en nuestros corazones amor hacia Él y temor por Él, para satisfacer Su voluntad y servirlo con todo el corazón. Que nuestros esfuerzos no sean en vano y que no le demos cabida al pánico. Que sea Tu voluntad, Señor, nuestro Dios y Dios de nuestros antepasados, que mantengamos Tus estatutos y Tus mandamientos en este mundo, y que logremos mérito, vida, bondad y bendición para la vida en el Mundo por Venir.

לְמַעַן lemaan יְזַמֶּרְךָ yezamerja כָבוֹד javod וְלֹא veló יִדֹּם yidom

יְהֹוָהאדניאהדונהי Adonai ר"ת = אלהים, אהיה אדני אֱלֹהַי Elohai מילוי ע"ב, דמב ; ילה

לְעוֹלָם leolam ריבוע ס"ג וי' אותיות דס"ג אוֹדֶךָּ odeca: יְהֹוָהאדניאהדונהי Adonai

וַחָפֵץ jafets לְמַעַן lemaan צִדְקוֹ tsidkó יַגְדִּיל yagdil תּוֹרָה Torá ר"ת צ"ת

וְיַאְדִּיר veyaadir ר"ת = אבג"יתץ, ושר: וְיִבְטְחוּ veyivtejú בְךָ vejá יוֹדְעֵי yodei

שְׁמֶךָ Shemeja כִּי qui ר"ת יכש לֹא lo עָזַבְתָּ azavta דֹרְשֶׁיךָ dorsheja

יְהֹוָהאדניאהדונהי Adonai ס"ת כהת, משיח בן דוד ע"ה: יְהֹוָהאדניאהדונהי Adonai

אֲדֹנֵינוּ adoneinu מָה־ ma מ"ה אַדִּיר adir הרי שִׁמְךָ Shimjá בְּכָל־ bejol

ב"ן, לכב ; ומב הָאָרֶץ haárets אלהים דההין ע"ה: חִזְקוּ jizkú וְיַאֲמֵץ veyaamets

לְבַבְכֶם levavjem כָּל col ילי הַמְיַחֲלִים hameyajalim לַיהֹוָהאדניאהדונהי laAdonai:

MEDIO KADISH

יִתְגַּדַּל yitgadal וְיִתְקַדַּשׁ veyitkadash שדי ומילוי שדי ; י"א אותיות כמנין ו"ה

שְׁמֵיהּ Shmei (שם י"ה דע"ב) רַבָּא rabá קנ"א ב"ן, יהוה אלהים יהוה אדני,

מילוי קס"א וס"ג, מ"ה ברבוע וע"ב ע"ה ; ר"ת = ו"פ אלהים ; ס"ת = ג"פ יב"ק: אָמֵן Amén אידהנויה.

בְּעָלְמָא bealmá דִּי di בְרָא verá כִּרְעוּתֵיהּ jirutei.

וְיַמְלִיךְ veyamlij מַלְכוּתֵיהּ maljutei. וְיַצְמַח veyatsmaj

פּוּרְקָנֵיהּ purkanei. וִיקָרֵב vikarev מְשִׁיחֵיהּ Meshijei: אָמֵן Amén אידהנויה.

"Para que la gloria pueda cantarte alabanzas, y no quedarse callada. Señor, Dios mío, te agradeceré por siempre" (Salmos 30:13). "El Señor desea rectitud: Él hace la Torá grandiosa y poderosa" (Isaías 42:21). "Y colocarán su confianza en Ti, todos aquellos que conocen Tu Nombre, porque Tú no has abandonado a los que te buscan, Señor" (Salmos 9:11). "Señor, nuestro Señor, que poderoso es Tu Nombre a lo largo del mundo" (Salmos 8:2). Sean fuertes y sus corazones valientes, todos aquellos que colocan su esperanza en el Señor.

MEDIO KADISH

¡Glorificado y santificado sea Su Gran Nombre! (Amén).
En el mundo que Él creó de acuerdo a Su voluntad y pueda Su Reino reinar.
Y pueda Él hacer que su Redención florezca y pueda Él acercar al Mesías (Amén).

בְּחַיֵּיכוֹן bejayeijón וּבְיוֹמֵיכוֹן uveyomeijón וּבְחַיֵּי uvejayei

דְּכָל dejol ילי בֵּית beit ב"פ ראה יִשְׂרָאֵל Yisrael בַּעֲגָלָא baagalá

וּבִזְמַן uvizmán קָרִיב kariv וְאִמְרוּ veimrú אָמֵן Amén: אָמֵן Amén אידהנויה.

La congregación y el *jazán* dicen lo siguiente:

28 palabras (hasta *bealmá*) y 28 letras (hasta *almayá*)

יְהֵא yehé שְׁמֵיהּ Shmei (שם י"ה דס"ג) רַבָּא rabá קנ"א ב"ן,

יהוה אלהים יהוה אדני, מילוי קס"א וס"ג, מ"ה ברבוע וע"ב ע"ה מְבָרַךְ mevaraj,

לְעָלַם lealam לְעָלְמֵי lealmei עָלְמַיָּא almayá. יִתְבָּרַךְ yitbaraj.

Siete palabras con seis letras cada una (שם בן מ"ב) También siete veces la letra *Vav* (שם בן מ"ב).

וְיִשְׁתַּבַּח veyishtabaj י"פ ע"ב יהוה אל אבג יתץ.

וְיִתְפָּאַר veyitpaar הי נו יה קרע שטן. וְיִתְרוֹמַם veyitromam וה כוזו נגד יכש.

וְיִתְנַשֵּׂא veyitnasé במוכסז בטר צתג. וְיִתְהַדָּר veyithadar כוזו יה וזקב טנע.

וְיִתְעַלֶּה veyitalé וה יוד ה יגל פזק. וְיִתְהַלָּל veyithalal א ואו הא שקו צית.

שְׁמֵיהּ Shmei (שם י"ה דמ"ה) דְּקֻדְשָׁא deKudshá בְּרִיךְ Verij הוּא Hu:

אָמֵן Amén אידהנויה.

לְעֵלָּא leelá מִן min כָּל col ילי בִּרְכָתָא birjatá. שִׁירָתָא shiratá.

תֻּשְׁבְּחָתָא tishbejatá וְנֶחָמָתָא venejamatá. דַּאֲמִירָן daamirán

בְּעָלְמָא bealmá וְאִמְרוּ veimrú אָמֵן Amén: אָמֵן Amén אידהנויה.

En tus vidas y en tus días y en la vida de la Casa de Israel, prontamente y en el futuro cercano, y dígase: Amén (Amén). Que Su gran Nombre sea bendito por siempre y para toda la eternidad, y bendito y alabado, y glorificado y exaltado, y ensalzado y honrado, y adorado y loado, sea el Nombre del Santo Bendito Sea (Amén). Más allá de todas las bendiciones, himnos, alabanzas y palabras de consolación que deben decirse en el mundo, y dígase: Amén (Amén).

VAANÍ TEFILATÍ

Vaaní Tefilatí ayuda a eliminar todo el juicio que nos enfrentará durante la próxima semana. A medida que recitamos *Vaaní Tefilatí*, nuestra intención y objetivo debe ser convertir todos los juicios que vienen hacia nosotros en actos de misericordia.

Este versículo debe decirse mientras se está de pie, incluso cuando no hay un pergamino de Torá presente.

El *jazán* debe ponerse un *Talit* antes de comenzar *Vaaní Tefilatí* porque este tiempo es llamado "*Et Ratsón*" (tiempo de satisfacción y aceptación) mientras la Luz de *Mitsjá Deraavá* (la Frente del Deseo) es revelada. Medita en la letra י de שׁקוצי״ת mientras *Zeir Anpín* está siendo elevado a los 500 *nimín* (cuerdas) de *Dikná* de *Arij Anpín* (durante el resto de la semana, *Zeir Anpín* recibe esta Iluminación desde una larga distancia), y Él reviste estos 500 *nimín* (representados por el Nombre: יוד הי ויו הי).

וַאֲנִי vaaní אני תְפִלָּתִי־ tefilatí לְךָ lejá יְהֹוָהאדניאהדונהי Adonai

יוד הי ויו הי

Medita en atraer a *Zeir Anpín* la Iluminación de los 500 *nimín* de *Arij Anpín*.

עֵת et י״פ יהוה וי״פ אהיה רָצוֹן ratsón מהש ע״ה, ע״ב בריבוע וקס״א ע״ה, אל שדי ע״ה

Medita en atraer Iluminación de *Jésed* de *Atik Yomín* al *Yesod* de *Atik Yomín* (que está revestida por la Frente de *Arij Anpín*), y en bajar todas las Iluminaciones previamente mencionadas a *Tiféret* de *Dikná* de *Arij Anpín*, que es el octavo *Mazal* ("*notser jésed*" – *notser* tiene las mismas letras que *ratsón* o deseo), ya que aquí es hacia donde *Zeir Anpín* se va a elevar en la *Minjá* de *Shabat*. Ahora, medita en atraer todas las Iluminaciones previamente mencionadas a las Tres *Sefirot* Superiores de *Zeir Anpín* (las cuales están en el lugar de *Kéter, Jojmá, Biná, Dáat* de *Aba* e *Ima* Celestiales). Así que primero medita en dividir y revelar las Tres *Sefirot* Superiores de *Aba* e *Ima* Celestiales y, sólo entonces, medita en dividir la esencia de las Tres *Sefirot* Superiores de *Zeir Anpín* y, al hacer esto, *Nétsaj, Hod, Yesod* de *Aba* e *Ima* (que están dentro de *Jojmá, Biná, Dáat* de *Zeir Anpín*, y hacia donde *Jojmá, Biná, Dáat* de *Briá* fueron elevadas) son divididas. **Entonces los *Mojín*** que solían estar cubiertos por *Nétsaj, Hod, Yesod* de *Aba* e *Ima* Celestiales y dentro de la Frente de *Zeir Anpín* **son revelados** y Ellos son Iluminados en *Jojmá, Biná, Dáat* de la esencia de *Zeir Anpín*. Todos los procesos mencionados anteriormente endulzan el Juicio que es revelado en la Frente de *Zeir Anpín* y lo hacen como *Mitsjá Deraavá*, la Frente de *Atik Yomín*.

Cinco *Guevurot* (juicio)		**Cinco *Jasadim* (misericordia)**	
אֶהְיֶה יְהֶוֶה	אְהְיְה יְהְוְה	אֶהְיֶה יְהֶוֶה	אְהְיְה יְהְוְה
אֲהֲיֲה יְהֲוֲה		אֲהֲיֲה יְהֲוֲה	
אִהִיִה יְהִוִה	אְהְיְה יְהְוְה	אִהִיִה יְהִוִה	אְהְיְה יְהְוְה

אֱלֹהִים Elohim אהיה אדני ; ילה בְּרָב־ berov חַסְדֶּךָ jasdeja

עֲנֵנִי aneni בֶּאֱמֶת beemet אהיה פעמים אהיה, ז״פ ס״ג יִשְׁעֶךָ yisheja:

VAANÍ TFILATÍ

"Y en cuanto a mí, que mi oración a Ti, Señor, sea un momento de deseo. Dios, con la abundancia de Tu gracia, respóndeme con la verdad de Tu salvación" (Salmos 69:14).

Segunda vez:

וַאֲנִי vaaní אני תְפִלָּתִי־ tefilatí

Para conectar *Maljut* con *Zeir Anpín*

לְךָ lejá יְהֹוָהאדניאהדונהי Adonai

A pesar de que *Maljut* no está ascendiendo a *Dikná* de *Arij Anpín*, debes meditar en atraer la Iluminación mencionada anteriormente (*Mitsjá Deraavá*) a *Maljut*. Ahora, medita en atraer Iluminación desde *Jésed* de *Atik Yomín* a *Yesod* de *Atik Yomín* y luego a la Frente de *Arij Anpín* y, junto con la Iluminación del octavo *Mazal*, a *Jojmá* y *Biná* de *Yaakov* y *Rajel*. Hacer esto causa que Sus *Mojín* (los Nombres que están a continuación que equivalen a la palabra "*et*", 470) y que el alma de *Nukvá* (las cuatro letras del Nombre: יֱהֹוָה como está a continuación) sean revelados (todos juntos —los *Mojín* [470] y el alma [4]— equivalen a *Dáat*, que es 474). Y estos *Mojín* están iluminando en la Frente de *Yaakov* y *Rajel* y están endulzando el Juicio en Su Frente por la Iluminación de la Frente de *Atik Yomín* (*Mitsjá Deraavá*).

עֵת et י״פ יהוה ו״פ אהיה רָצוֹן ratsón מהש ע״ה, ע״ב בריבוע וקס״א ע״ה, אל שדי ע״ה

יֱהֹוָה

י יה יהו יהוה

י יה יהו יהוה

יוד יוד הא יוד הא ואו יוד הא ואו הא

יוד יוד הה יוד הה וו יוד הה וו הה

יוד הה וו הה

אֱלֹהִים Elohim אהיה אדני ; ילה בְּרָב־ berov וַחַסְדֶּךָ jasdeja

עֲנֵנִי aneni בֶּאֱמֶת beemet אהיה פעמים אהיה, ז״פ ס״ג יִשְׁעֶךָ yisheja:

Medita que ahora, durante *Minjá* de *Shabat* (después de la repetición de *Musaf*), *Zeir* y *Nukvá* están ascendiendo a *Kéter* de *Aba* e *Ima* Celestiales. Y *Briá* ascendió y revistió el espacio de la esencia de *Zeir Anpín*, para atraer gran Luz hacia *Briá* para que podamos recibir la Iluminación de la *Torá*.

VAANÍ TFILATÍ

"Y en cuanto a mí, que mi oración a Ti, Señor, sea un momento de deseo.
Dios, con la abundancia de Tu gracia, respóndeme con la verdad de Tu salvación" (*Salmos 69:14*).

APERTURA DEL ARCA

Atraer la Luz de *Jojmá*.

Rabí Shimón Bar Yojái dice: "Mientras el Arca está abierta, debemos prepararnos con temor reverencial. Todos deben despertar un sentido interno de asombro, como si realmente estuviéramos parados en el Monte Sinaí, temblando mientras contemplamos la abrumadora manifestación de Luz. Permanecemos parados en silencio, enfocados solamente en la oportunidad de escuchar cada palabra sagrada del pergamino. Cuando sacamos la Torá para leerla en público, todas las Puertas de la Misericordia en el Cielo están abiertas y despertamos un amor desde arriba".

וַיְהִי vayehí בִּנְסֹעַ binsoa הָאָרֹן haarón וַיֹּאמֶר vayómer מֹשֶׁה Moshé

מהש, ע״ב בריבוע וקס״א, אל שדי, ד״פ אלהים ע״ה קוּמָה kuma קנ״א (מקוה) |

יְהֹוָהאדניאהדונהי Adonai וְיָפֻצוּ veyafutsu אֹיְבֶיךָ oyveja וְיָנֻסוּ veyanusu

מְשַׂנְאֶיךָ mesaneja מִפָּנֶיךָ mipaneja ס״ג מ״ה ב״ן: כִּי qui

מִצִּיּוֹן miTsiyón יוסף, ו׳ הויות, קנאה תֵּצֵא tetsé תוֹרָה Torá וּדְבַר udvar ראה

יְהֹוָהאדניאהדונהי Adonai מִירוּשָׁלָםִ mirushaláim: בָּרוּךְ Baruj שֶׁנָּתַן shenatán

תּוֹרָה Torá לְעַמּוֹ leamó יִשְׂרָאֵל Yisrael בִּקְדֻשָּׁתוֹ bikdusható.

BERIJ SHEMEI

Esta sección es tomada directamente del *Zóhar* y aparece en su arameo original. El *Berij Shemei* funciona como una máquina del tiempo que, literalmente, transporta nuestra alma de regreso al evento de revelación en el Monte Sinaí, cuando Moshé recibió las tablas. Al volver a visitar el momento y lugar exacto de la revelación, podemos atraer hacia nosotros los aspectos de la Luz original mediante la lectura de la Torá. El *Berij Shemei* contiene 130 palabras. Adán fue separado de su esposa Eva por 130 años; tiempo en el que él pecó. Cada palabra en esta oración ayuda a corregir uno de esos años. Cada uno de nosotros estaba incluido en el alma de Adán. Nosotros somos Adán. Adán es simplemente el código para el alma unificada que incluye a cada ser humano que alguna vez transitó o transitará por este planeta.

בְּרִיךְ Berij שְׁמֵיהּ Shemei דְּמָארֵי demarei עָלְמָא almá בְּרִיךְ Berij

כִּתְרָךְ quitraj וְאַתְרָךְ veatraj. יְהֵא yehé רְעוּתָךְ reutaj. עִם im

עַמָּךְ amaj יִשְׂרָאֵל Yisrael לְעָלַם lealam. וּפוּרְקַן ufurkán יְמִינָךְ yeminaj

אַחֲזֵי ajzei לְעַמָּךְ leamaj בְּבֵית beveit ב״פ ראה מַקְדְּשָׁךְ mikdashaj.

APERTURA DEL ARCA

"Cuando el Arca viajaba, Moshé decía: Levántate, Señor. Haz que Tus enemigos sean esparcidos y que aquellos que te odian huyan ante Ti" (Números 10:35). "Porque de Sión emergerá la Torá y la Palabra del Señor desde Jerusalén" (Isaías 2:3). Bendito es Él que dio la Torá a Su Nación, Israel, por Su Santidad.

BERIJ SHEMEI

Bendito es el Nombre del Señor del Mundo.

Bendita es Tu corona y Tu lugar. Que Tu deseo esté con Tu Nación, Israel, para siempre. Que puedas mostrar la redención de Tu Diestra a Tu Nación en Tu Templo Sagrado.

לְאַמְטוּיֵי leamtuyei לָנָא laná מִטּוּב mituv נְהוֹרָךְ nehoraj• וּלְקַבֵּל ulekabel
צְלוֹתָנָא tselotaná בְּרַחֲמִין berajamín• יְהֵא yehé רַעֲוָא raavá
קֳדָמָךְ kodamaj דְּתוֹרִיךְ detorij לָן lan חַיִּין jayín בְּטִיבוּ betivu•
וְלֶהֱוֵי velehevei אֲנָא aná כ"ן עַבְדָּךְ avdaj פוי, אל אדני פְּקִידָא pekidá
בְּגוֹ begó צַדִּיקַיָּא tsadikaya• לְמִרְחַם lemirjam אברהם, וז"פ אל, רי"ו ול"ב נתיבות
החכמה, רמ"ח (אברים), עסמ"ב וט"ז אותיות פשוטות עָלַי alai וּלְמִנְטַר ulemintar יָתִי yatí
וְיַת veyat כָּל col ילי דִּילִי dilí וְדִי vedí לְעַמָּךְ leamaj יִשְׂרָאֵל Yisrael•
אַנְתְּ ant הוּא Hu זָן zan נגד, מזבח, אל יהוה לְכֹלָּא lejolá וּמְפַרְנֵס umfarnés
לְכֹלָּא lejolá• אַנְתְּ ant הוּא Hu שַׁלִּיט shalit עַל al כֹּלָּא cola• אַנְתְּ ant
הוּא Hu דְּשַׁלִּיט deshalit עַל al מַלְכַיָּא maljayá וּמַלְכוּתָא umaljutá
דִּילָךְ dilaj הִיא hi• אֲנָא aná כ"ן עַבְדָּא avdá דְּקֻדְשָׁא deKudshá
בְּרִיךְ Berij הוּא Hu דְּסָגִידְנָא desaguidná קַמֵּהּ kamé וּמִן umín קַמֵּהּ kamé
דִּיקַר dikar אוֹרַיְתֵהּ orayté בְּכָל־ bejol כ"ן, לכב עִדָּן idán וְעִדָּן veidán•
לָא la עַל al אֱנָשׁ enash רְחִיצְנָא rajitsná• וְלָא velá עַל al
בַּר bar אֱלָהִין elahín ילה סָמִיכְנָא samijná• אֶלָּא ela בֶּאֱלָהָא beelahá
דִּשְׁמַיָּא dishmayá• דְּהוּא dehú אֱלָהָא elahá קְשׁוֹט keshot•
וְאוֹרַיְתֵהּ veorayté קְשׁוֹט keshot וּנְבִיאוֹהִי uneviohí קְשׁוֹט keshot•
וּמַסְגֵּא umasguei לְמֶעְבַּד lemeebad טַבְוָן taveván וּקְשׁוֹט ukeshot•
בֵּיהּ bei אֲנָא aná כ"ן רָחִיץ rajits וְלִשְׁמֵהּ veliShmei יַקִּירָא yakirá
קַדִּישָׁא kadishá אֲנָא aná כ"ן אֵמַר emar תֻּשְׁבְּחָן tushbeján•

Que nos puedas llenar con lo mejor de Tu iluminación y que puedas recibir nuestras oraciones con misericordia. Que sea agradable ante Ti el alargar nuestras vidas con bien. Y yo, Tu siervo, seré recordado junto a los justos. Ten misericordia de mí y protégeme, y todo lo que poseo y todo lo que pertenece a Tu Nación, Israel. Tú eres el que nutre todo y provee a todo con sustento. Tú eres el que gobierna todo. Tú tienes control sobre reyes y sus reinos son Tuyos. Yo soy el siervo del Santo Bendito Sea, mientras me postro ante Él y ante la gloria de Su Torá, en cada y todo momento. Yo no coloco mi confianza en ningún hombre y no tengo fe en los hijos de los dioses. Mi confianza y fe están sólo en el Dios en el Cielo, quien es el verdadero Dios; Su Torá es verdadera; Sus profetas son verdaderos; y Él ejecuta abundante compasión y verdad. En Él, yo confío y digo alabanzas a Su Santo y precioso Nombre.

יְהֵא yehé רַעֲוָא raavá קֳדָמָךְ kodamaj דְּתִפְתַּח detiftaj לִבָּאִי libaí

בְּאוֹרַיְתָךְ. beoraytaj (וְתִיהַב vetihav לִי li בְּנִין benín דִּכְרִין dijrín

דְּעָבְדִין deavdín רְעוּתָךְ. reutaj) וְתַשְׁלִים vetashlim מִשְׁאֲלִין mishalín

דְּלִבָּאִי delibaí וְלִבָּא velibá דְּכָל dejol ילי עַמָּךְ amaj יִשְׂרָאֵל Yisrael

לְטָב letav וּלְחַיִּין ulejayín וְלִשְׁלָם velishlam אָמֵן Amén יאהדונהי:

SACAR LA TORÁ DEL ARCA

Cuando la Torá es sacada del Arca, hay una oportunidad de hacer una conexión especial con ella, bien sea besándola o tocándola. A veces, las personas se apresuran en hacer su conexión, empujando, aglomerándose y apartando a la gente a un lado mientras intentan tocar el pergamino. Espiritualmente hablando, estas acciones reflejan una energía opuesta a la de la Torá. La conexión con la Torá no sólo es física. Las conexiones con la Torá se realizan a través de un estado mental espiritual, el cual incluye tolerancia y ocupación por los demás. No podemos estar en el marco mental espiritual adecuado si somos descorteses con otro individuo.

Antes de que la Torá sea llevada a la *bimá* (podio), el *jazán* dice:

גַּדְּלוּ gadelú לַיהֹוָה laAdonai אִתִּי ití וּנְרוֹמְמָה uneromemá

שְׁמוֹ Shemó מהש ע"ה, ע"ב בריבוע וקס"א ע"ה, אל שדי ע"ה יַחְדָּו yajdav:

Entonces la congregación dice lo siguiente mientras la *Torá* es llevada a la *bimá:*

לְךָ lejá יְהֹוָה Adonai הַגְּדֻלָּה haguedulá וְהַגְּבוּרָה vehaGuevurá ר"ו

וְהַתִּפְאֶרֶת vehaTiféret וְהַנֵּצַח vehaNétsaj וְהַהוֹד vehaHod ההה כִּי qui

כֹּל jol ילי בַּשָּׁמַיִם bashamáyim י"פ טל, י"פ כוזו וּבָאָרֶץ uvaárets לְךָ lejá

יְהֹוָה Adonai הַמַּמְלָכָה hamamlajá וְהַמִּתְנַשֵּׂא vehamitnasé

לְכֹל lejol ה אדני לְרֹאשׁ lerosh ריבוע אלהים אלהים דיודין ע"ה: רוֹמְמוּ romemú

יְהֹוָה Adonai אֱלֹהֵינוּ Eloheinu ילה וְהִשְׁתַּחֲווּ vehishtajavú

לַהֲדֹם lahadom רַגְלָיו raglav קָדוֹשׁ Kadosh הוּא Hu: רוֹמְמוּ romemú

יְהֹוָה Adonai אֱלֹהֵינוּ Eloheinu ילה וְהִשְׁתַּחֲווּ vehishtajavú לְהַר lehar

קָדְשׁוֹ kodshó כִּי qui קָדוֹשׁ Kadosh יְהֹוָה Adonai אֱלֹהֵינוּ Eloheinu ילה:

Que sea agradable ante Ti y Tú abrirás mi corazón con Tu Torá (y que Tú me concedas hijos varones que puedan satisfacer Tu deseo). Y que Tú puedas satisfacer las solicitudes de mi corazón y el corazón de toda Tu nación, Israel, para bien, para vida y para paz. Amén.

SACAR LA TORÁ DEL ARCA

"Glorifiquen conmigo al Señor, alabemos Su Nombre todos juntos" (Salmos 34:4).

"Tuyos, Señor, son la grandeza, la fortaleza, el esplendor, el triunfo y la gloria, incluso todo lo que hay en los Cielos y en la Tierra. Tuyos, Señor, son el Reino y la soberanía sobre cada líder" (I Crónicas, 29:11).

"Exalten al Señor, nuestro Dios, y póstrense ante Su estrado, porque es Santo. Exalten al Señor, nuestro Dios, y póstrense ante Su Santa Montaña porque el Señor, nuestro Dios, es Santo" (Salmos 99:9).

Algunos añaden esta sección:

אֵין־ ein קָדוֹשׁ kadosh כַּיהֹוָה יאהדונהי caAdonai כִּי qui אֵין ein בִּלְתֶּךָ bilteja

וְאֵין veéin צוּר tsur אלהים דההין ע"ה כֵּאלֹהֵינוּ queEloheinu ילה: כִּי qui מִי mi ילי

אֱלוֹהַּ Elohá מ"ב מִבַּלְעֲדֵי mibaladei יְהֹוָה יאהדונהי Adonai וּמִי umí ילי צוּר tsur

אלהים דההין ע"ה זוּלָתִי zulatí אֱלֹהֵינוּ Eloheinu ילה: תּוֹרָה Torá צִוָּה־ tsivá לָנוּ lanu

אלהים, אהיה אדני מֹשֶׁה Moshé מהש, ע"ב בריבוע וקס"א, אל שדי, ד"פ אלהים ע"ה

מוֹרָשָׁה morashá קְהִלַּת kehilat יַעֲקֹב Yaakov ז' הויות, יאהדונהי אידהנויה: עֵץ־ ets

חַיִּים jayim אהיה אהיה יהוה, בינה ע"ה הִיא hi לַמַּחֲזִיקִים lamajazikim ר"ת להח

בָּהּ ba וְתֹמְכֶיהָ vetomjeha מְאֻשָּׁר :meushar דְּרָכֶיהָ derajeha

דְּרָכֵי־ darjei נֹעַם nóam וְכָל־ vejol ילי נְתִיבוֹתֶיהָ netivoteha שָׁלוֹם :shalom

שָׁלוֹם shalom רָב rav לְאֹהֲבֵי leohavei תּוֹרָתֶךָ torateja וְאֵין־ veéin לָמוֹ lamó

מִכְשׁוֹל :mijshol יְהֹוָה יאהדונהי Adonai עֹז oz לְעַמּוֹ leamó יִתֵּן yitén

יְהֹוָה יאהדונהי Adonai יְבָרֵךְ yevarej עסמ"ב, הברכה (למתק את ז' המלכים שמתו)

אֶת־ et עַמּוֹ amó בַשָּׁלוֹם vashalom ר"ת ע"ב, ריבוע יהוה:

כִּי qui שֵׁם shem יְהֹוָה יאהדונהי Adonai אֶקְרָא ekrá הָבוּ havú אחד, אהבה, דאגה

גֹּדֶל gódel לֵאלֹהֵינוּ leEloheinu ילה: הַכֹּל hacol ילי תְּנוּ tenú עֹז oz

לֵאלֹהִים leElohim אהיה אדני ; ילה וּתְנוּ utnú כָבוֹד javod לַתּוֹרָה :laTorá

LA ELEVACIÓN DE LA TORÁ

Después de que el pergamino es colocado en la *bimá* (podio), se llama a una persona para alzar la Torá para que la congregación vea la sección específica que se leerá de la Torá. Mientras elevamos la Torá, también meditamos en elevar nuestro nivel de conciencia. Debemos observar el pergamino para intentar ver la primera letra de la lectura de esa semana. También debemos tratar de encontrar la primera letra de nuestro nombre hebreo en el texto. Puedes usar el *Talit* para ayudarte a enfocar (si no tienes un *Talit*, puedes usar tu dedo).

"No hay nadie tan Santo como el Señor, porque no hay nadie más aparte de Ti. No hay Fortaleza como nuestro Dios" (I Samuel 2:2). "Porque ¿quién es Dios además del Señor? ¿Quién es Fortaleza además de nuestro Dios?" (Salmos 18:32). "La Torá que Moshé nos encomendó es una herencia para la congregación de Yaakov" (Deuteronomio 33:4). "Es un árbol de vida para aquellos que se aferran a él y los que lo apoyan son felices" (Proverbios 3:18). "Sus caminos son el camino de lo agradable y todos sus senderos llevan a la paz" (Proverbios 3:17). "Abundancia de paz para aquellos que aman Tu Torá y para ellos no hay obstáculos" (Salmos 119:165). "El Señor da fuerza a Su gente. El Señor bendice a Su nación con paz" (Salmos 29:11). "Cuando yo llamo al Nombre del Señor, proclamo grandeza a nuestro Dios" (Deuteronomio 32:3). "Todos reconozcan el poder de Dios" (Salmos 68:35). Y muestren respeto a la Torá.

וְזֹאת vezot הַתּוֹרָה haTorá אֲשֶׁר־ asher שָׂם sam מֹשֶׁה Moshé
מהש, ע״ב בריבוע וקס״א, אל שדי, ד״פ אלהים ע״ה לִפְנֵי lifnei בְּנֵי bnei יִשְׂרָאֵל Yisrael:
אֵל El ייא״י (מילוי דס״ג) שַׁדַּי Shadai אל שדי = משה, מהש, ע״ב בריבוע וקס״א, ד״פ אלהים ע״ה
אֱמֶת emet אהיה פעמים אהיה, ז״פ ס״ג וּמֹשֶׁה uMoshé מהש, ע״ב בריבוע וקס״א, אל שדי,
ד״פ אלהים ע״ה אֱמֶת emet אהיה פעמים אהיה, ז״פ ס״ג וְתוֹרָתוֹ vetorató
אֱמֶת emet אהיה פעמים אהיה, ז״פ ס״ג: תּוֹרָה Torá צִוָּה־ tsivá
לָנוּ lanu אלהים, אהיה אדני מֹשֶׁה Moshé מהש, ע״ב בריבוע וקס״א, אל שדי, ד״פ אלהים ע״ה
מוֹרָשָׁה morashá קְהִלַּת kehilat יַעֲקֹב Yaakov ז׳ הויות, יאהדונהי אידהנויה:
הָאֵל haEl ייא״י (מילוי דס״ג) תָּמִים tamim דַּרְכּוֹ darcó אִמְרַת imrat
יְהֹוָהאדניאהדונהי Adonai צְרוּפָה tserufá מָגֵן maguén ג״פ אל (ייא״י מילוי דס״ג)
ר״ת מיכאל גבריאל נוריאל הוּא Hu לְכֹל lejol יה אדני הַחֹסִים hajosim בּוֹ bo:

LA LECTURA

Para maximizar el poder de la conexión, es importante compartir toda la energía que estamos recibiendo con todas las demás personas al convertirnos en canales para la Luz espiritual. Si pensamos sólo en nosotros mismos, es como fundir un fusible. No fluye ninguna corriente, aun cuando el enchufe esté conectado al tomacorriente. Cuando alguien es llamado (el *olé*) para recitar la bendición antes de la lectura de la Torá, él hace conexión visual con las letras de la Torá para activar el poder de las palabras que son leídas. Se recita una bendición antes y una después de cada una de las lecturas. La primera bendición equivale a conectar un enchufe (nuestra alma) a un tomacorriente (la Torá). La última bendición atrae la corriente espiritual hacia nosotros para traer Luz a nuestra vida.

Meditación para las personas que suben a la Torá durante *Minjá*

Las tres *Sefirot* Superiores (*Jojmá, Biná, Dáat* de *Zeir Anpín*) revelan ahora la iluminación de *Aba* Celestial dentro de Ellas y esta iluminación (*Yesod* de *Aba*) está saliendo. Las tres personas que suben a la Torá durante *Minjá* son: La primera corresponde a *Jojmá*, la segunda corresponde a *Biná*, y la tercera corresponde a *Dáat*. (Y así como la sexta *Aliyá* de la lectura de la Torá de *Shabat* en la mañana es más significativa porque ésta es el aspecto de *Yesod*, uno debe intentar conseguir la tercera *Aliyá* de *Minjá*, que corresponde a *Dáat*, y es también para la corrección del *Yesod*).

Llamamos a tres personas a la Torá y no leemos menos de diez versículos. Leemos de la porción que se leerá el siguiente *Shabat* (aun cuando el siguiente *Shabat* sea una festividad, leemos la porción del próximo *Shabat* y no de la festividad).

LA ELEVACIÓN DE LA TORÁ

"Y esta es la Torá que Moshé colocó ante los Hijos de Israel" (Deuteronomio 4:44).

Dios es verdad y Moshé es verdad y Su Torá es verdad. "La Torá que Moshé nos encomendó es una herencia para la congregación de Yaakov" (Deuteronomio 33:4). *"¡Dios! Sus caminos son perfectos. La declaración del Señor es pura. Él es el Escudo para todos aquellos que se refugian en Él"* (II Samuel 22:31).

El *jazán* dice:

בֵּית beit ב״פ ראה אַהֲרֹן Aharón בָּרְכוּ barjú יהוה ריבוע יהוה ריבוע מ״ה אֶת et
ה' Hashem הַמְּבֹרָךְ hamevoraj, כֹּהֵן cohén מלה קְרַב kerav וְכַהֵן vejahén מלה.

La persona que sube a la Torá ("el *olé*"), sostiene el Pergamino con ambas manos y dice:

יְהֹוָה יאהדונהי Adonai עִמָּכֶם imajem:

La congregación responde:

יְבָרֶכְךָ yevarejejá ה' Hashem:

El *olé* continúa:

(ויכוין "ברכו את ה' המבורך" – מ״ב ור״ך שהם שמאל וימין):

רַבָּנָן rabanán: בָּרְכוּ barjú יהוה ריבוע יהוה ריבוע מ״ה אֶת et
יְהֹוָה יאהדונהי Adonai הַמְּבֹרָךְ hamevoraj ס״ת כהת, משיח בן דוד ע״ה.

La congregación responde:

Néfesh	*Rúaj*	*Neshamá*
בָּרוּךְ Baruj	יְהֹוָה יאהדונהי Adonai	הַמְּבוֹרָךְ hamevoraj
Jayá		*Yejidá*

לְעוֹלָם leolam ריבוע ס״ג וי׳ אותיות דס״ג וָעֶד vaed:

El *olé* repite esta línea después de la congregación:

Néfesh	*Rúaj*	*Neshamá*
בָּרוּךְ Baruj	יְהֹוָה יאהדונהי Adonai	הַמְּבוֹרָךְ hamevoraj
Jayá		*Yejidá*

לְעוֹלָם leolam ריבוע ס״ג וי׳ אותיות דס״ג וָעֶד vaed:

Entonces el *olé* dice la siguiente bendición:

בָּרוּךְ Baruj אַתָּה Atá יְהֹוָה יאהדונהי Adonai אֱלֹהֵינוּ Eloheinu ילה
מֶלֶךְ Mélej הָעוֹלָם haolam אֲשֶׁר asher בָּחַר־ bajar בָּנוּ banu
מִכָּל־ micol ילי הָעַמִּים haamim וְנָתַן־ venatán לָנוּ lanu אלהים, אהיה אדני
אֶת et תּוֹרָתוֹ Torató. בָּרוּךְ Baruj אַתָּה Atá יְהֹוָה יאהדונהי Adonai
נוֹתֵן notén אבג יתץ, ושר הַתּוֹרָה haTorá.

LA LECTURA

(La Casa de Aharón, bendigan al Señor, el Bendito. Cohén, acércate y ponte de pie y realiza tu responsabilidad sacerdotal). Que el Señor esté con ustedes. Que el Señor te bendiga. Señores: Bendigan al Señor que es Bendito. Bendito es el Señor que es Bendito, por siempre y para la eternidad. Bendito eres Tú, Señor, nuestro Dios, el Rey del Universo, quien nos escogió entre las naciones y nos otorgó Su Torá. Bendito eres Tú, Señor, quien otorga la Torá.

Luego de la lectura, el *olé* dice la siguiente bendición:

בָּרוּךְ Baruj אַתָּה Atá יְהֹוָהּ יאהדונהי Adonai אֱלֹהֵינוּ Eloheinu ילה

מֶלֶךְ Mélej הָעוֹלָם haolam אֲשֶׁר asher נָתַן natán לָנוּ lanu אלהים, אהיה אדני

אֶת et תּוֹרָתוֹ Torató תּוֹרַת־ torat אֱמֶת emet אהיה פעמים אהיה, ז"פ ס"ג

וְחַיֵּי vejayei עוֹלָם olam נָטַע natá בְּתוֹכֵנוּ betojenu. בָּרוּךְ Baruj

אַתָּה Atá יְהֹוָהּ יאהדונהי Adonai נוֹתֵן notén אבג יתץ, ושר הַתּוֹרָה haTorá.

REGRESAR LA TORÁ AL ARCA

Antes de regresar la Torá al Arca, el *jazán* dice:

יְהַלְלוּ yehalelú אֶת־ et שֵׁם Shem יְהֹוָהּ יאהדונהי Adonai כִּי־ qui

נִשְׂגָּב nisgav שְׁמוֹ Shemó מהש ע"ה, ע"ב בריבוע וקס"א ע"ה, אל שדי ע"ה לְבַדּוֹ levadó מ"ב

Luego la congregación dice lo siguiente mientras la Torá es llevada de regreso al Arca:

הוֹדוֹ hodú אהיה עַל־ al אֶרֶץ érets וְשָׁמָיִם veshamáyim י"פ טל, י"פ כוזו:

וַיָּרֶם vayarem קֶרֶן keren לְעַמּוֹ leamó תְּהִלָּה tehilá ע"ה אמת, אהיה פעמים אהיה,

ז"פ ס"ג לְכָל־ lejol יה אדני וַחֲסִידָיו jasidav לִבְנֵי livnei יִשְׂרָאֵל Yisrael

עַם־ am קְרֹבוֹ kerovó הַלְלוּיָהּ haleluyá אלהים, אהיה אדני ; ללה:

Luego el *jazán* dice:

יְהֹוָהּ יאהדונהי Adonai הוּא Hu הָאֱלֹהִים haElohim

אהיה אדני ; ילה ; ר"ת יהה ועולה למנין ענו עם ג' כוללים:

יְהֹוָהּ יאהדונהי Adonai הוּא Hu הָאֱלֹהִים haElohim

אהיה אדני ; ילה ; ר"ת יהה ועולה למנין ענו עם ג' כוללים:

בַּשָּׁמַיִם bashamáyim י"פ טל, י"פ כוזו מִמַּעַל mimáal עלם וְעַל־ veal

הָאָרֶץ haárets אלהים דההין ע"ה מִתָּחַת mitájat אֵין ein עוֹד od:

Bendito eres Tú, Señor, nuestro Dios, Rey del Universo, quien nos otorgó Su Torá, la Torá de la verdad, e implantó dentro de nosotros la vida eterna. Bendito eres Tú, Señor, quien otorga la Torá.

REGRESAR LA TORÁ AL ARCA

"Alaben todos el Nombre del Señor, porque sólo Su Nombre es sublime. Su majestad está sobre el Cielo y la Tierra. Él exalta la fuerza de Su pueblo, alaba a todos Sus fieles, los hijos de Israel, pueblo cercano a Él. ¡Aleluya!" (Salmos 148:13-14). "¡El Señor es el Dios! ¡El Señor es el Dios! En los Cielos arriba y en la Tierra debajo, no hay nadie como Él" (Deuteronomio 4:39).

אֵין־ ein כָּמוֹךָ camoja בָאֱלֹהִים vaElohim אהיה אדני ; ילה אֲדֹנָי Adonai ללה

וְאֵין veéin כְּמַעֲשֶׂיךָ quemaaseja: וּבְנֻחֹה uvenujó יֹאמַר yomar שׁוּבָה shuva

יְהֹוָה יאהדונהי Adonai רִבְבוֹת rivevot אַלְפֵי alfei יִשְׂרָאֵל Yisrael: הוזש

הֲשִׁיבֵנוּ hashivenu יְהֹוָה יאהדונהי Adonai | אֵלֶיךָ eleja וְנָשׁוּבָה venashuva

(כתיב : ונשוב) חַדֵּשׁ jadesh י״ב הויות, קס״א קנ״א יָמֵינוּ yameinu כְּקֶדֶם quekédem:

ר״ת הפסוק = נפש רוח נשמה חיה יחידה ע״ה

תִּכּוֹן ticón תְּפִלָּתִי tefilatí קְטֹרֶת któret י״א פעמים אדני לְפָנֶיךָ lefaneja ס״ג מ״ה ב״ן

מַשְׂאַת masat כַּפַּי capai מִנְחַת־ minjat עָרֶב árev: הַקְשִׁיבָה hakshiva

לְקוֹל lekol שַׁוְעִי shaví מַלְכִּי malquí וֵאלֹהָי veElohai לכב ; מילוי ע״ב, דמ״ב ; ילה

כִּי־ qui אֵלֶיךָ eleja אֶתְפַּלָּל etpalal:

MEDIO KADISH

יִתְגַּדַּל yitgadal וְיִתְקַדַּשׁ veyitkadash ש״די ומילוי ש״די ; י״א אותיות כמנין ו״ה

שְׁמֵיהּ Shmei (שם י״ה דע״ב) רַבָּא rabá קנ״א ב״ן, יהוה אלהים יהוה אדני,

מילוי קס״א וס״ג, מ״ה ברבוע וע״ב ע״ה ; ר״ת = ו״פ אלהים ; ס״ת = ג״פ יב״ק: אָמֵן Amén אידהנויה.

בְּעָלְמָא bealmá דִּי di בְרָא verá כִּרְעוּתֵיהּ quirutei.

וְיַמְלִיךְ veyamlij מַלְכוּתֵיהּ maljutei. וְיַצְמַח veyatsmaj

פֻּרְקָנֵיהּ purkanei. וִיקָרֵב vikarev מְשִׁיחֵיהּ Meshijei: אָמֵן Amén אידהנויה.

"No hay nadie como Tú entre los dioses, Señor, y no hay obras como las Tuyas" (Salmos 86:8). "Y cuando el Arca se posaba, Moshé decía: Vuélvete, Señor, hacia las miríadas de millares de Israel" (Números 10:36). "Regrésanos a Ti, Señor, y nosotros volveremos. Renueva nuestros días como en los días de antaño" (Lamentaciones 5:21). "Que mi oración se coloque ante Ti, como el sacrificio del incienso, el alzar de mi mano como la ofrenda de cereales de la tarde. Escucha mis lamentos, mi Rey, mi Dios, porque es por Ti por quien estoy rezando" (Salmos 5:3).

MEDIO KADISH

¡Glorificado y santificado sea Su Gran Nombre! (Amén).
En el mundo que Él creó de acuerdo a Su voluntad y pueda Su Reino reinar.
Y pueda Él hacer que Su redención florezca y pueda Él acercar al Mesías (Amén).

בְּחַיֵּיכוֹן bejayeijón וּבְיוֹמֵיכוֹן uveyomeijón וּבְחַיֵּי uvejayei

דְּכָל dejol ילי בֵּית beit ב"פ ראה יִשְׂרָאֵל Yisrael בַּעֲגָלָא baagalá

וּבִזְמַן uvizmán קָרִיב kariv וְאִמְרוּ veimrú אָמֵן :Amén אָמֵן Amén אידהנויה.

La congregación y el *jazán* dicen lo siguiente:

28 palabras (hasta *bealmá*) y 28 letras (hasta *almayá*)

יְהֵא yehé שְׁמֵיהּ Shmei (שם י"ה דס"ג) רַבָּא rabá קנ"א ב"ן,

יהוה אלהים יהוה אדני, מילוי קס"א וס"ג, מ"ה ברבוע וע"ב ע"ה מְבָרַךְ mevaraj,

לְעָלַם lealam לְעָלְמֵי lealmei עָלְמַיָּא almayá. יִתְבָּרַךְ yitbaraj.

Siete palabras con seis letras cada una (שם בן מ"ב) y también siete veces la letra *Vav* (שם בן מ"ב).

וְיִשְׁתַּבַּח veyishtabaj י"פ ע"ב יהוה אל אבג יתץ.

וְיִתְפָּאַר veyitpaar הי נו יה קרע שטן. וְיִתְרוֹמַם veyitromam וה כוזו נגד יכש.

וְיִתְנַשֵּׂא veyitnasé במוכסז בטר צתג. וְיִתְהַדָּר veyithadar כוזו יה וזקב טנע.

וְיִתְעַלֶּה veyitalé וה יוד ה יגל פזק. וְיִתְהַלָּל veyithalal א ואו הא שקו צית.

שְׁמֵיהּ Shmei (שם י"ה דמ"ה) דְּקוּדְשָׁא deKudshá בְּרִיךְ Verij הוּא Hu:

אָמֵן Amén אידהנויה.

לְעֵלָּא leelá מִן min כָּל col ילי בִּרְכָתָא birjatá. שִׁירָתָא shiratá.

תֻּשְׁבְּחָתָא tishbejatá וְנֶחָמָתָא venejamatá. דַּאֲמִירָן daamirán

בְּעָלְמָא bealmá וְאִמְרוּ veimrú אָמֵן :Amén אָמֵן Amén אידהנויה.

En tus vidas y en tus días y en la vida de la Casa de Israel, prontamente y en el futuro cercano, y dígase: Amén (Amén). *Que Su gran Nombre sea bendito por siempre y para toda la eternidad, y bendito y alabado, y glorificado y exaltado, y ensalzado y honrado, y adorado y loado, sea el Nombre del Santo Bendito Sea* (Amén). *Más allá de todas las bendiciones, himnos, alabanzas y palabras de consolación que deben decirse en el mundo, y dígase: Amén* (Amén).

LA AMIDÁ

Cuando comenzamos la conexión, damos tres pasos hacia atrás que significan que estamos dejando este mundo físico. Después damos tres pasos hacia delante para comenzar la *Amidá*. Los tres pasos son:

1. Entrar a la tierra de Israel; para entrar en el primer círculo espiritual.
2. Entrar en la ciudad de Jerusalén; para entrar en el segundo círculo espiritual.
3. Entrar en el Sancta Sanctórum; para entrar en el círculo más interno.

Antes de recitar el primer verso de la *Amidá*, pedimos: "*Dios, abre mis labios y permite que mi boca hable*", estamos pidiendo a la Luz que hable por nosotros para que podamos recibir lo que necesitamos y no sólo lo que queremos. Con mucha frecuencia, lo que queremos de la vida no es necesariamente el deseo del alma, que es lo que verdaderamente necesitamos para estar satisfechos. Al pedirle a la Luz que hable a través de nosotros, nos aseguramos de que nuestra conexión nos traiga realización genuina y oportunidades para el crecimiento espiritual y el cambio.

El formato de la Ascensión en *Minjá de Shabat*

En la *Amidá* silenciosa, *Zeir Anpín* (significando *Yisrael* y *Leá*) se eleva a *Nétsaj, Hod, Yesod* de *Dikná* en sus tres *tikunim* (correcciones, las cuales son el decimotercer *tikún*, el duodécimo *tikún* y el undécimo *tikún*), significando que los cinco *Tselamim* de *Nétsaj, Hod, Yesod* de *Dikná* (que es la letra צ del *Tsélem*) se expanden en los cinco *Partsufim* de *Nétsaj, Hod, Yesod* de *Kéter* de *Zeir Anpín* (y es llamado *Néfesh, Rúaj, Neshamá, Jayá, Yejidá* de *Néfesh* de *Yejidá*). **Así que ahora**, *Kéter, Jojmá, Biná* de *Zeir Anpín* son elevadas a *Nétsaj, Hod, Yesod* de *Dikná*, y *Jésed, Guevurá, Tiféret* de *Zeir Anpín* son elevadas a *Kéter, Jojmá, Biná* de *Aba* e *Ima* Celestiales, y *Nétsaj, Hod, Yesod* de *Zeir Anpín* son elevadas a *Jésed, Guevurá, Tiféret* de *Aba* e *Ima* Celestiales. Y *Yaakov* y *Rajel* (quienes están de pie en *Nétsaj, Hod, Yesod* de *Jojmá* de *Zeir Anpín*, significando *Nétsaj, Hod, Yesod* de *Aba* e *Ima* Celestiales) son elevados a *Jésed, Guevurá, Tiféret* de *Jojmá* de *Zeir Anpín* (significando a *Jésed, Guevurá, Tiféret* de *Aba* e *Ima* Celestiales, y a donde *Nétsaj, Hod, Yesod* de *Zeir Anpín* son elevados ahora en *Minjá*). Y *Nétsaj, Hod, Yesod* de *Zeir Anpín* se convierten en *Mojín* para *Jojmá, Biná, Dáat* de *Yaakov* y *Rajel*.

En la repetición, *Zeir Anpín* (significando *Yisrael* y *Leá*), se eleva a *Jésed, Guevurá, Tiféret* de *Dikná* en sus tres *tikunim* (correcciones, las cuales son el décimo *tikún*, el noveno *tikún* y el octavo *tikún*), significando que los cinco *Tselamim* de *Jésed, Guevurá, Tiféret* de *Dikná* de *Arij Anpín* (que es la letra ל del *Tsélem*) se expanden en los cinco *Partsufim* de *Jésed, Guevurá, Tiféret* de *Kéter* de *Zeir Anpín* (y son llamados *Néfesh, Rúaj, Neshamá, Jayá, Yejidá* de *Rúaj* de *Yejidá*). **Así que ahora**, *Kéter, Jojmá, Biná* de *Zeir Anpín* son elevadas a *Jésed, Guevurá, Tiféret* de *Dikná*, y *Jésed, Guevurá, Tiféret* de *Zeir Anpín* son elevadas a *Nétsaj, Hod, Yesod* de *Dikná*, y *Nétsaj, Hod, Yesod* de *Zeir Anpín* son elevadas a *Jojmá, Biná, Dáat* de *Aba* e *Ima* Celestiales. Y *Yaakov* y *Rajel* (Quienes están de pie en *Jésed, Guevurá, Tiféret* de *Jojmá* de *Zeir Anpín*, significando *Jésed, Guevurá, Tiféret* de *Aba* e *Ima* Celestiales) son elevados a *Kéter, Jojmá, Biná* de *Jojmá* de *Zeir Anpín* (significando a *Kéter, Jojmá, Biná* de *Aba* e *Ima* Celestiales, y a donde *Nétsaj, Hod, Yesod* de *Zeir Anpín* son elevadas ahora en la repetición de *Minjá*). Y *Nétsaj, Hod, Yesod* de *Zeir Anpín* se convierten en *Mojín* para *Jojmá, Biná, Dáat* de *Yaakov* y *Rajel*.

אֲדֹנָי Adonai ללה (pausa aquí) שְׂפָתַי sfatai תִּפְתָּח tiftaj וּפִי ufí יַגִּיד yaguid

ייז (כ״ב אותיות פשוטות [=אכא] וה׳ אותיות סופיות מנצפך) תְּהִלָּתֶךָ tehilateja ס״ת = בוכו:

LA PRIMERA BENDICIÓN – INVOCA AL ESCUDO DE AVRAHAM

Avraham es el canal de la energía de la Columna Derecha de positividad, compartir y misericordia. Las acciones dadoras pueden protegernos de todas las formas de negatividad.

Jésed que se convierte en *Jojmá*

En esta sección hay 42 palabras, el secreto del Nombre de Dios de 42 letras y, por lo tanto, comienza con la letra *Bet* (2) y termina con la letra *Mem* (40).

Flexiona tus rodillas en "*Baruj*", inclínate en "*Atá*" y enderézate en "*Adonai*".

א ב

בָּרוּךְ Baruj אַתָּה Atá א-ת (אותיות הא״ב המסמלות את השפע המגיע) לה׳ המלכות

ג י

יְהֹוָואדניאהדונהי Adonai (יא״) אֱלֹהֵינוּ Eloheinu ילה

ת צ

וֵאלֹהֵי veElohei לכב ; מילוי ע״ב, דמב ;ילה אֲבוֹתֵינוּ avoteinu.

ק ר

אֱלֹהֵי Elohei מילוי ע״ב, דמב ; ילה אַבְרָהָם Avraham (*Jojmá*)

וה״פ אל, רי״ו ול״ב נתיבות החכמה, רמ״ח (אברים), עסמ״ב וט״ז אותיות פשוטות.

ע ש

אֱלֹהֵי Elohei מילוי ע״ב, דמב ; ילה יִצְחָק Yitsjak (*Biná*) ד״פ ב״ן

ט נ

וֵאלֹהֵי veElohei לכב ;מילוי ע״ב, דמב ; ילה יַעֲקֹב Yaakov (*Dáat*) ו׳ הויות, יאהדונהי אידהנויה

נ ג

הָאֵל haEl לאה ; ייא״י (מילוי דס״ג) הַגָּדוֹל hagadol האל הגדול = סיט ; גדול = להח

ד י

עם ד׳ אותיות = מבה, יזל, אום הַגִּבּוֹר haguibor ר״ת ההה וְהַנּוֹרָא vehanorá.

LA AMIDÁ

"Mi Señor, abre mis labios y mi boca declarará Tu alabanza" (*Salmos 51:17*).

LA PRIMERA BENDICIÓN

Bendito eres, Señor, nuestro Dios y Dios de nuestros ancestros: el Dios de Avraham, el Dios de Yitsjak y el Dios de Yaakov. El Dios grande, poderoso y reverenciado.

אֵל El ייא״י (מילוי ד״ס״ג) ; ר״ת ע״ב, ריבוע יהוה עֶלְיוֹן elyón.
גּוֹמֵל gomel חֲסָדִים jasadim טוֹבִים tovim. קוֹנֶה koné הַכֹּל hacol ילי
וְזוֹכֵר vezojer חַסְדֵי jasdei אָבוֹת avot. וּמֵבִיא umeví
גּוֹאֵל goel לִבְנֵי livnei בְנֵיהֶם veneihem לְמַעַן lemaan
שְׁמוֹ Shemó מהש ע״ה, ע״ב בריבוע וקס״א ע״ה, אל שדי ע״ה בְּאַהֲבָה beahavá אחד, דאגה:

Cuando digas la palabra *"beahavá"* debes meditar en dedicar tu alma a santificar el Nombre Sagrado y aceptar sobre ti mismo las cuatro formas de muerte.

Durante los días entre *Rosh Hashaná* y *Yom Kipur* decimos la oración de *"zojrenu"*:

זָכְרֵנוּ zojrenu לְחַיִּים lejayim אהיה אהיה יהוה, בינה ע״ה.
מֶלֶךְ Mélej חָפֵץ jafets בַּחַיִּים bajayim אהיה אהיה יהוה, בינה ע״ה.
כָּתְבֵנוּ cotvenu בְּסֵפֶר beséfer חַיִּים jayim אהיה אהיה יהוה, בינה ע״ה.
לְמַעַנְךָ lemaanaj אֱלֹהִים Elohim אהיה אדני ; ילה חַיִּים jayim אהיה אהיה יהוה, בינה ע״ה.

Si olvidas decir *"zojrenu"* y te das cuenta de esto antes de terminar la bendición (*"Baruj Atá Adonai"*), debes regresar y decir *"zojrenu"* y continuar normalmente. Pero si te das cuenta de esto después del final de la bendición, debes continuar y puedes agregar *"zojrenu"* en *"shomea tefilá"* o al final de *"Elohai netsor"*.

מֶלֶךְ Mélej עוֹזֵר ozer וּמוֹשִׁיעַ umoshía וּמָגֵן umaguén
ג״פ אל (ייא״י מילוי דס״ג) ; ר״ת מיכאל גבריאל נוריאל:

Flexiona tus rodillas en *"Baruj"*, inclínate en *"Atá"* y enderézate en *"Adonai"*.

בָּרוּךְ Baruj אַתָּה Atá יְהֹוָאדהנהי(יְהֹוָאדהנהי)יאהדונהי Adonai (הד)

(Durante las tres semanas de *Bein HaMetsarim* medita en el Nombre Sagrado: טדהד)

מָגֵן maguén ג״פ אל (ייא״י מילוי דס״ג) ; ר״ת מיכאל גבריאל נוריאל אַבְרָהָם Avraham
וז״פ אל, רי״ו ול״ב נתיבות החכמה, רמ״ח (אברים), עסמ״ב וט״ז אותיות פשוטות:

El Dios Celestial. El que otorga benevolencia y crea todas las cosas. El que recuerda las buenas acciones de nuestros ancestros y El que trae un redentor a los hijos de sus hijos por el bien de Su Nombre, con amor.

Durante los días entre *Rosh Hashaná* y *Yom Kipur*:
Recuérdanos para la vida, Rey, quien desea la vida, e inscríbenos en el Libro de la Vida, por Ti, Dios Vivo.

Rey, Asistente, Salvador y Escudo. Bendito seas Tú, Señor, Escudo de Avraham.

LA SEGUNDA BENDICIÓN

LA ENERGÍA DE YITSJAK ENCIENDE EL PODER DE LA RESURRECCIÓN DE LOS MUERTOS

Mientras que Avraham representa el poder de compartir, Yitsjak representa a la Columna Izquierda, energía de Juicio. El Juicio acorta el proceso de *tikún* y prepara la vía para nuestra resurrección final.

Guevurá que se convierte en *Biná*

En esta sección hay 49 palabras que corresponden a las 49 Puertas del Sistema Puro en *Biná*.

אַתָּה Atá גִּבּוֹר guibor לְעוֹלָם leolam ריבוע ס״ג וי׳ אותיות דס״ג אֲדֹנָי Adonai ללה

(ר״ת אגלא והוא שם גדול ואמיץ, ובו היה יהודה מתגבר על אויביו. ע״ה אלד, בוכו).

מְחַיֶּה mejayé ס״ג מֵתִים metim ♦אַתָּה Atá רַב rav לְהוֹשִׁיעַ lehoshía♦

Durante el invierno (a partir de *Simjat Torá*):

מַשִּׁיב mashiv הָרוּחַ harúaj ר״ת מ״ה

וּמוֹרִיד umorid הַגֶּשֶׁם haguéshem

שביל [י״ש (= י״פ אל) ול״ב נתיבות החכמה] ע״ה:

Si por error dices "*Morid hatal*" y te das cuenta de ello antes del final de la bendición ("*Baruj Atá Adonai*"), debes regresar al comienzo de la bendición ("*Atá guibor*") y continuar normalmente. Pero si sólo te das cuenta de ello después del final de la bendición, debes continuar sin regresar.

Durante el verano (a partir de *Pésaj*):

מוֹרִיד morid הַטָּל hatal

יוד הא ואו, כוזו, מספר אותיות דמילואי עסמ״ב ;

ר״ת מ״ה (יוד הא ואו הא):

Si por error dices "*Mashiv harúaj*" y te das cuenta de ello antes del final de la bendición ("*Baruj Atá Adonai*"), debes regresar al comienzo de la bendición ("*Atá guibor*") y continuar normalmente. Pero si sólo te das cuenta de ello después del final de la bendición, debes iniciar la *Amidá* desde el principio.

מְכַלְכֵּל mejalquel חַיִּים jayim אהיה אהיה יהוה, בינה ע״ה בְּחֶסֶד bejésed

ע״ב, ריבוע יהוה♦ מְחַיֵּה mejayé ס״ג מֵתִים metim בְּרַחֲמִים berajamim

(במוכסז) מצפצ, אלהים דההין, י״פ ייי רַבִּים rabim (טלא דעתיק)♦ סוֹמֵךְ somej

(אכדטם) כוק, ריבוע אדני נוֹפְלִים noflim (זו״ן)♦ וְרוֹפֵא verofé חוֹלִים jolim

וחולה = מ״ה וד׳ אותיות♦ וּמַתִּיר umatir אֲסוּרִים asurim♦ וּמְקַיֵּם umekayem

אֱמוּנָתוֹ emunató לִישֵׁנֵי lishenei עָפָר afar♦ מִי mi ילי כָּמוֹךָ jamoja

גְּבוּרוֹת guevurot בַּעַל báal (debes pronunciar la letra *Ayin* en la palabra "*Báal*")

וּמִי umí ילי דּוֹמֶה domé לָךְ laj♦ מֶלֶךְ Mélej מֵמִית memit

וּמְחַיֶּה umejayé ס״ג (יוד הי ואו הי) וּמַצְמִיחַ umatsmíaj יְשׁוּעָה yeshuá♦:

LA SEGUNDA BENDICIÓN

Tú, Señor, eres poderoso por siempre. Tú revives a los muertos y eres muy capaz de redimir.

Durante el invierno:

El que hace soplar el viento y caer la lluvia.

Durante el verano:

El que hace caer el rocío.

Tú sostienes a los vivientes con bondad y revives a los muertos con gran compasión. Tú sostienes a los caídos, curas a los enfermos, pones en libertad a los cautivos y cumples Tu promesa con los que duermen en el polvo. ¿Quién es como Tú, Señor de fortaleza, y quién puede compararse contigo, Rey, que causas la muerte, das vida y haces crecer la salvación?

Durante los días entre *Rosh Hashaná* y *Yom Kipur* decimos la oración de "*mi jamoja*":

zojer זוֹכֵר harajmán הָרַחֲמָן av אָב jamoja כָּמוֹךָ ילי mi מִי

ייי י"פ ,דיודין אלהים ,מצפצ berajamim בְּרַחֲמִים yetsurav יְצוּרָיו

.ע"ה בינה ,יהוה אהיה אהיה lejayim לְחַיִּים

Si olvidas decir "*mi jamoja*" y te das cuenta de esto antes del final de la bendición ("*Baruj Atá Adonai*"), debes regresar y decir "*mi jamoja*" y continuar normalmente. Pero si sólo te das cuenta de esto al final de la bendición, debes continuar normalmente.

:metim מֵתִים lehajayot לְהַחֲיוֹת Atá אַתָּה veneemán וְנֶאֱמָן

אהיה יהו יְהֹוָה

Adonai יאהדונהי(יְהֹוָה אדני) Atá אַתָּה Baruj בָּרוּךְ

(Durante las tres semanas de *Bein HaMetsarim* medita en el Nombre Sagrado: כוזו)

:מ"ה וס"ת מ"ה ר"ת hametim הַמֵּתִים (יוד הי ואו הי) ס"ג mejayé מְחַיֵּה

NAKDISHAJ – LA KEDUSHÁ

Toda la congregación recita esta oración.

Levantar un cofre pesado lleno de vastos tesoros es imposible si usas un simple hilo. El hilo se rompe porque es muy débil. Sin embargo, si nos unimos y combinamos numerosos hilos, finalmente construiremos una soga. Una soga puede fácilmente levantar el cofre con los tesoros. Al combinar y unir las oraciones de la congregación, nos transformamos en una fuerza unida, capaz de halar los tesoros espirituales más valiosos. Más aún, esta unidad ayuda a las personas que no están bien versadas o no conocen bien las conexiones. Al unirnos y meditar como una sola alma, todos recibimos los beneficios debido al poder de la unidad, sin importar nuestro conocimiento y entendimiento. Esta oración tiene lugar entre la segunda y la tercera bendición. Representa a la Columna Central que une las Columnas Izquierda y Derecha.

En esta oración, los ángeles hablan entre ellos, diciendo: "*Kadosh, Kadosh, Kadosh*" ("Santo, Santo, Santo"). Cuando recitamos estas tres palabras, nuestros pies están juntos como si fuesen uno solo. Cada vez que pronunciamos *Kadosh*, saltamos un poco más alto en el aire. Saltar es un acto de restricción y de desafío a la fuerza de la gravedad. Espiritualmente hablando, la gravedad contiene la energía del Deseo de Recibir para Sí Mismo. Es la fuerza reactiva de nuestro planeta, siempre atrae todo para sí.

Al decir la *Kedushá* (santidad) meditamos en traer la santidad del Creador entre nosotros. Como dice: "*Venikdashti betoj Bnei Yisrael*" (Dios es santificado entre los hijos de Israel). Asimismo, hay un gran secreto en la repetición de *Minjá* de *Shabat*, dado que la *Kedushá* de *Minjá* de *Shabat* es atraída hacia *Zeir Anpín* desde *Dikná* de *Arij Anpín*.

Durante los días entre *Rosh Hashaná* y *Yom Kipur*:

¿Quién es como Tú, Padre Misericordioso, quién recuerda a Sus criaturas con misericordia para la vida?

Y eres fiel para resucitar a los muertos. Bendito eres Tú, Señor, que resucitas a los muertos.

נַקְדִּישָׁךְ nakdishaj וְנַעֲרִיצָךְ venaaritsaj •

כְּנֹעַם quenóam שִׂיחַ síaj סוֹד sod מיכ, י"פ האא שַׂרְפֵי sarfei

קֹדֶשׁ kódesh הַמְשַׁלְּשִׁים hameshaleshim לְךָ lejá קְדֻשָּׁה kedushá •

וְכֵן vején כָּתוּב catuv עַל al יַד yad נְבִיאָךְ neviaj • וְקָרָא vekará

זֶה ze אֶל־ el זֶה ze י"ב פרקין דיעקב מאירים ל"ב פרקין דרוח"ל וְאָמַר veamar •:

Aunque *Zeir Anpín* se eleva solamente hasta *Tiféret* de *Dikná* pero no a *Jojmá* de *Dikná*:

קָדוֹשׁ kadosh | Medita en atraer la iluminación desde *Jojmá* de *Dikná* a *Zeir Anpín*

קָדוֹשׁ kadosh Medita en atraer la iluminación desde *Tiféret* de *Dikná* (8° *Mazal*) a *Zeir Anpín*

קָדוֹשׁ kadosh Medita en atraer la iluminación desde *Yesod* de *Dikná* (13° *Mazal*) a *Zeir Anpín*

(סוד ג' רישין דעתיקא קדישא) יְהֹוָהאדניאהדונהי Adonai צְבָאוֹת Tsevaot פני שכינה

מְלֹא meló כָל־ col ילי הָאָרֶץ haárets אלהים דההין ע"ה כְּבוֹדוֹ quevodó •:

לְעֻמָּתָם leumatam מְשַׁבְּחִים meshabjim וְאוֹמְרִים veomrim •:

(אר"א) בָּרוּךְ Baruj כְּבוֹד־ Quevod יְהֹוָהאדניאהדונהי Adonai ; כבוד ה' = יוד הי ואו הה

מִמְּקוֹמוֹ mimekomó עסמ"ב, הברכה (למתק את ז' המלכים שמתו); ר"ת ע"ב, ריבוע יהוה ; ר"ת מיכ •:

וּבְדִבְרֵי uvedivrei קָדְשְׁךָ kodshaj כָּתוּב catuv לֵאמֹר lemor •:

(זו"ן) יִמְלֹךְ yimloj קדוש ברוך ימלך ר"ת יב"ק, אלהים יהוה, אהיה אדני יהוה

יְהֹוָהאדניאהדונהי Adonai לְעוֹלָם leolam ריבוע ס"ג וי' אותיות דס"ג אֱלֹהַיִךְ Eloháyij ילה

צִיּוֹן Tsiyón יוסף, ו' הויות, קנאה לְדֹר ledor וָדֹר vador ר"ו ; ר"ת אצלו (מלכות אצל ז"א - ו)

הַלְלוּיָהּ haleluyá אלהים, אהיה אדני ; ללה •:

LA TERCERA BENDICIÓN

Esta bendición nos conecta con Yaakov, la Columna Central, el poder de la restricción. Yaakov es nuestro canal para conectar la Misericordia con el Juicio. Al restringir nuestro comportamiento reactivo, estamos deteniendo nuestro Deseo de Recibir para Nosotros Mismos. Yaakov también nos da el poder para equilibrar nuestros actos de Misericordia y Juicio hacia otras personas en nuestra vida.

NAKDISHAJ

Te santificamos y te honramos,

según las palabras agradables de los Ángeles Santos, que recitan 'Santo' ante Ti tres veces, como está escrito por Tu Profeta: "Y cada uno llamó al otro y dijo: Santo, Santo, Santo es el Señor de los Ejércitos, todo el mundo está lleno de Su gloria" (Isaías 6:3). Frente a ellos alaban y dicen: "Bendita sea la gloria del Señor desde Su Lugar" (Ezequiel 3:12). Y en Tus santas Palabras, está escrito como sigue: "El Señor, tu Dios, reinará por siempre, para toda y cada generación. ¡Sión, alaben al Señor!" (Salmos 146:10).

Tiféret **que se convierte en** ***Dáat*** (14 palabras).

אַתָּה Atá קָדוֹשׁ kadosh וְשִׁמְךָ veShimjá קָדוֹשׁ kadosh ר"ת = אור, רז, אין סוף•
וּקְדוֹשִׁים ukdoshim בְּכָל־ bejol ב"ן, לכב יוֹם yom ע"ה נגד, מזבח, זן, אל יהוה
יְהַלְלוּךָ yehaleluja סֶּלָה sela•:
אהי"ה יהו **מצפצ**

בָּרוּךְ Baruj אַתָּה Atá יְהֹוָאֲדֹנָי(יְהֹוָאֲדֹנָי)יאהדונהי Adonai

(**Durante los días de** ***Bein HaMetsarim*** medita en el Nombre Sagrado: **מצפצ**)

הָאֵל haEl לאה ; ייא"י (מילוי דס"ג) הַקָּדוֹשׁ hakadosh י"פ מ"ה (יוד הא ואו הא)•:

Medita aquí en el Nombre: **יאהדונהי**, esto puede ayudar a eliminar la ira.

Durante los días de ***Rosh Hashaná*** **y** ***Yom Kipur*** en lugar de decir "*haEl hakadosh*" decimos:

הַמֶּלֶךְ haMélej הַקָּדוֹשׁ hakadosh•:

Si por error dijiste "*haEl hakadosh*" y te das cuenta de esto en tres segundos, debes decir inmediatamente "*haMélej hakadosh*" y continuar como siempre. Pero si ya empezaste la bendición siguiente, debes empezar la *Amidá* desde el principio.

LA CUARTA BENDICIÓN - ATÁ EJAD

La cuarta bendición es la bendición del medio que corresponde a *Maljut*, la cual es el punto medio entre *Jésed*, *Guevurá*, *Tiféret* (los tres patriarcas, las primeras tres bendiciones) y entre *Nétsaj*, *Hod*, *Yesod* (las últimas tres bendiciones) como se explica en *Tikunéi HaZóhar*.

Medita en la letra **ת** (*Tav*) del Nombre: **שקוצי"ת**.

אַתָּה Atá אֶחָד Ejad אהבה, דאגה

Las letras *Álef* **א** y *Jet* **ח** son *Zeir Anpín* y la letra *Dálet* **ד** (4) es las cuatro letras *Yud* **י** del Nombre: **יוד הי ויו הי**, cuando *Zeir Anpín* asciende a los 500 *nimín* (cuerdas) de *Arij Anpín*. También, *Zeir Anpín* (representado por la palabra "*Atá*") recibe de los Trece *Tikunei Dikná* (representados por la palabra "*Ejad*", que es igual a 13). También, *Aba* (también representado por la palabra "*Atá*") asciende con *Zeir Anpín* a los Trece *Tikunei Dikná*, y todos Ellos se vuelven uno (*ejad*).

וְשִׁמְךָ veShimjá אֶחָד Ejad אהבה, דאגה.

Nukvá (representada por la palabra "*Shimjá*"), y aunque Ella (*Yaakov* y *Rajel*) no asciende a los Trece *Tikunei Dikná*, Ella recibe iluminación de allí. También *Ima* (también representada por la palabra "*Shimjá*") asciende con *Zeir Anpín* a los Trece *Tikunei Dikná*, y todos Ellos se vuelven uno.

LA TERCERA BENDICIÓN

Tú eres Santo y Santo es Tu Nombre, y los Seres Santos te alaban día a día, porque Tú eres Dios, el Rey Santo, Sela. Bendito eres Tú, Señor, el Santo Dios.

Durante los días entre *Rosh Hashaná* y *Yom Kipur*: *El Santo Rey.*

LA CUARTA BENDICIÓN - ATÁ EJAD

Tú eres Uno y Tu Nombre es Uno,

ומי umí ילי כעמך jeameja כישראל queYisrael

גוי goy אחד Ejad אהבה, דאגה

Dáat asciende con *Aba* e *Ima* a los Trece *Tikunei Dikná*.

Tres veces la palabra “*ejad*” es igual a 39 que es el mismo valor del Nombre Sagrado: יוד הא ואו (también es el valor numérico de ט״ל, rocío), el cual es *Zeir Anpín*, que asciende con *Aba* e *Ima*

בארץ baárets

Yaakov y *Rajel* (ahora están de pie en el lugar de *Aba*) se convierten en alojamiento para *Zeir Anpín* que fue elevado a *Dikná* de *Arij Anpín*.

תפארת tiféret גדלה guedulá ועטרת vaatéret ישועה yeshuá•

יום yom ע״ה נגד, מזבח, זן, אל יהוה מנוחה menujá וקדשה ukedushá

לעמך leameja נתת natata• אברהם Avraham (*Jésed*) וז״פ אל,

ר״ו ול״ב נתיבות החכמה, רמ״ח (אברים), עסמ״ב וט״ז אותיות פשוטות יגל yaguel להוז•

יצחק Yitsjak (***Guevurá***) ד״פ ב״ן ירנן yeranén•

יעקב Yaakov (***Tiféret***) ו׳ הויות, יאהדונהי אידהנויה

ובניו uvanav (***Nétsaj, Hod, Yesod***)

Atrayendo la Luz desde *Jojmá, Biná, Dáat* de *Zeir Anpín* (que son elevados a *Nétsaj, Hod, Yesod* de *Dikná*) a los Seis Bordes (*Jésed, Guevurá, Tiféret, Nétsaj, Hod, Yesod*).

ינוחו yanuju בו vo•

Al ascender, *Nukvá* recibe un nuevo Nombre: ר״ת = אל יהוה

מנוחת menujat אהבה ahavá (***Aba***) אחד, דאגה

ונדבה unedavá (***Ima***) בינה, אהיה אהיה יהוה, וע״ה חיים. מנוחת menujat

אמת emet אהיה אהיה פעמים אהיה, ד״פ ס״ג (***Zeir Anpín***, לכולם יש להם מנוחה שעולים לא״א)

ואמונה veemuná (***Nukvá***, שגם לה יש מנוחה שנמשך לה הארה מא״א)•

מנוחת menujat שלום shalom השקט hashket ר״ת משה = אל שדי

Al ascender, *Zeir Anpín* da Su Nombre a *Nukvá* y recibe un nuevo Nombre: אל שדי

---

y no hay nadie como Tu pueblo Israel, una nación en la Tierra. El esplendor y la grandeza y la corona de la salvación, un Día de descanso y santidad, Tú has dado a Tu Pueblo. Abraham se regocijará, se alegrará Yitsjak, Yaakov y sus hijos descansarán en él. Un descanso de amor y generosidad. Un descanso de verdad y de fe. Un descanso de paz y tranquilidad

sheAtá שֶׁאַתָּה shelemá שְׁלֵמָה menujá מְנוּחָה •vavétaj וָבֶטַח

(*Yisrael*) vaneja בָנֶיךָ yaquiru יַכִּירוּ •va בָּהּ rotsé רוֹצֶה hu הוּא

(*Kéter* de *Arij* *Anpín*) meitjá מֵאִתְּךָ qui כִּי veyedú וְיֵדְעוּ

(מא״א לישראל הארה נמשך משם (כי •menujatam מְנוּחָתָם hi הִיא

:Shemeja שְׁמֶךָ et אֶת yakdishu יַקְדִּישׁוּ menujatam מְנוּחָתָם veal וְעַל

Aba e *Ima* son elevados a *Arij Anpín* para la Unificación Celestial. Y para la Unificación Ellos necesitan *Mayin Nukvín* desde la unificación de *Zeir* y *Nukvá*. Pero dado que *Zeir Anpín* fue elevado con Ellos, *Nukvá* se queda sola y Ella no puede crear *Mayin Nukvín* sin *Zeir*. Por lo tanto medita en: dedicar tu alma a la santificación del Nombre Sagrado aceptando sobre ti las cuatro formas de muerte y en elevar tu *Néfesh, Rúaj, Neshamá, Jayá, Yejidá*, junto con los *Partsufim* de *Nétsaj, Hod, Yesod* (**en la repetición:** *Jésed, Guevurá, Tiféret*) de *Yaakov* y *Rajel* para que se vuelvan *Mayin Nukvín* para unificar *Aba* e *Ima* (Ellos están de pie en *Dikná* de *Arij Anpín*). Debes meditar en que la Unificación Celestial de *Aba* e *Ima* está en los *Partsufim* generales de *Nétsaj, Hod, Yesod* (**en la repetición:** *Jésed, Guevurá, Tiféret*).

MEKADESH HASHABAT

ילה ; דמ״ב ,דע״ב מילוי ; לכב veElohei וֵאלֹהֵי ילה Eloheinu אֱלֹהֵינוּ

•vimnujatenu בִמְנוּחָתֵנוּ na נָא retsé רְצֵה avoteinu אֲבוֹתֵינוּ

jelkenu חֶלְקֵנוּ sim שִׂים bemitsvoteja בְּמִצְוֹתֶיךָ kadshenu קַדְּשֵׁנוּ

saméaj שַׂמֵּחַ •לאו mituvaj מִטּוּבָךְ sabenu שַׂבְּעֵנוּ betorataj בְּתוֹרָתָךְ

libenu לִבֵּנוּ vetaer וְטַהֵר •bishuataj בִּישׁוּעָתָךְ nafshenu נַפְשֵׁנוּ

•ס״ג ז״פ ,אהיה פעמים אהיה beemet בֶּאֱמֶת אדני אל ,פוי leovdejá לְעָבְדְךָ

---

y seguridad. Un descanso perfecto en el que Tú encuentras favor. Tus hijos van a reconocer y sabrán, que de Ti viene su descanso y por causa de su descanso, ellos santificarán Tu Nombre.

MEKADESH HASHABAT

Dios nuestro y Dios de nuestros antepasados, que te plazca nuestro descanso. Santifícanos con Tus preceptos y otórganos participación en Tu Torá y sácianos de Tu bondad y alegra nuestros espíritus con Tu salvación y purifica nuestro corazón para que te sirvamos con verdad.

וְהַנְחִילֵנוּ vehanjilenu יְהֹוָהאדניאהדונהי Adonai אֱלֹהֵינוּ Eloheinu ילה

בְּאַהֲבָה beahavá אוזד, דאגה וּבְרָצוֹן uvratsón מהש ע״ה, ע״ב בריבוע קס״א ע״ה, אל שדי ע״ה,

שַׁבַּת Shabat קָדְשֶׁךָ kodshejá• וְיָנוּחוּ veyanuju בוֹ vo

כָּל col ילי יִשְׂרָאֵל Yisrael מְקַדְּשֵׁי mekadshei שְׁמֶךָ Shemeja•

אהיה יהו יה אדני

בָּרוּךְ Baruj אַתָּה Atá יְהֹוָהאדניאהדונהי Adonai

Medita en los *Neshikín* (besos, la Unificación Superior)
desde las Diez *Sefirot* de *Jojmá* de *Kéter* de los cinco *Partsufim* de *Nétsaj*, *Hod*, *Yesod* (**en la repetición**: *Jésed*, *Guevurá*, *Tiféret*) de *Kéter* de *Zeir Anpín* **hasta** las Diez *Sefirot* de *Jojmá* de *Kéter* de los cinco *Partsufim* de *Nétsaj*, *Hod*, *Yesod* (**en la repetición**: *Jésed*, *Guevurá*, *Tiféret*) de *Kéter* de *Yaakov* y *Rajel*.

Jojmá	*Dáat*	*Biná*
א	י	ה
יהוה	מצפץ	יְהֹוָה
אֲהִיֵהֵ	אֵהִיֵהֵ	אֵהֵיֵהֵ
יֵהֵוֵהֵ	יֵהֵוֵהֵ	יֵהֵוֵהֵ

Medita en atraer iluminación hacia *Kéter* de *Yaakov* y *Rajel* (que están de pie en *Nétsaj*, *Hod*, *Yesod* de *Zeir Anpín, que es Jésed*, *Guevurá*, *Tiféret*) (**en la repetición** *Jojmá*, *Biná*, *Dáat*) de *Aba* e *Ima*) desde los tres *Mojín* –*Jojmá*, *Biná*, *Dáat*– envueltos por *Nétsaj*, *Hod*, *Yesod* (**en la repetición**: *Jésed*, *Guevurá*, *Tiféret*) de *Dikná de Arij Anpín* (como los *Mojín* están ahora en *Jojmá*, *Biná*, *Dáat* de *Zeir Anpín;* a través de *Jésed*, *Guevurá*, *Tiféret* de *Zeir Anpín*). **También atrae** *Maljut* de *Kéter* de todos los cinco *Partsufim* de *Nétsaj*, *Hod*, *Yesod* (**en la repetición**: *Jésed*, *Guevurá*, *Tiféret*) de *Kéter* de lo Interno de *Zeir Anpín* **hacia** *Kéter* de todos los cinco *Partsufim* de *Nétsaj, Hod, Yesod* (**en la repetición**: *Jésed*, *Guevurá*, *Tiféret*) de *Kéter* de lo Externo y lo Interno de *Yaakov* y *Rajel* **hacia** *Kéter* de *Yaakov* y *Rajel*, que está de pie en el Pecho de *Zeir Anpín*:

אֶהְיֶה יְהֹוָה

(a las tres Vasijas de *Kéter* de *Nukvá*)

יוד הא ואו הה   יוד יוד הא יוד הא ואו יוד הא ואו הה   י יה יהו יהוה

מְקַדֵּשׁ mekadesh הַשַּׁבָּת haShabat:

Señor, nuestro Dios, con amor y favor, danos Tu Santo Shabat como un patrimonio. Y que todo Tu pueblo de Israel, los santificadores de Tu Nombre, descansen en él. Bendito eres Tú, Señor, que santifica el Shabat.

LAS TRES BENDICIONES FINALES

A través del mérito de Moshé, Aharón y Yosef, quienes son nuestros canales para las últimas tres bendiciones, somos capaces de hacer descender toda la energía espiritual que despertamos con nuestras oraciones y bendiciones.

LA QUINTA BENDICIÓN

Durante esta bendición, que se refiere a Moshé, siempre debemos meditar en tratar de saber exactamente qué quiere Dios de nosotros en nuestra vida, como lo indica la frase: "Que sea la voluntad de Dios". Estamos pidiéndole a Dios que nos guíe hacia el trabajo que vinimos a hacer en la Tierra. El Creador no puede aceptar sólo el trabajo que queremos hacer, debemos llevar a cabo el trabajo que estamos destinados a hacer.

Nétsaj

Meditar por el Deseo Celestial (*Kéter*), que es llamado *Métsaj HaRatsón* (la Frente del Deseo).

רְצֵה retsé אלף למד הה יוד מם

Aquí meditar en transformar el infortunio y la tragedia (צרה) en deseo y aceptación (רצה).

(**Durante las tres semanas de *Bein HaMetsarim*,** medita aquí en los Nombres Sagrados: אלהים דההין אדני, שין ע״ה, טדהד כוזו מצפצ – con estos Nombres transformamos צרה en רצה).

יְהֹוָהאדניאהדונהי Adonai אֱלֹהֵינוּ Eloheinu ילה בְּעַמְּךָ beameja יִשְׂרָאֵל Yisrael

וְלִתְפִלָּתָם velitfilatam שְׁעֵה sheé• וְהָשֵׁב vehashev הָעֲבוֹדָה haavodá

לִדְבִיר lidvir ר״ו בֵּיתֶךָ beiteja ב״פ ראה• וְאִשֵּׁי veishei יִשְׂרָאֵל Yisrael

וּתְפִלָּתָם utfilatam מְהֵרָה meherá בְּאַהֲבָה beahavá אחד, דאגה

תְקַבֵּל tekabel בְּרָצוֹן beratsón מהש ע״ה, ע״ב בריבוע וקס״א ע״ה, אל שדי ע״ה•

וּתְהִי utehí לְרָצוֹן leratsón מהש ע״ה, ע״ב בריבוע וקס״א ע״ה, אל שדי ע״ה

תָמִיד tamid ע״ה קס״א קנ״א קמ״ג עֲבוֹדַת avodat יִשְׂרָאֵל Yisrael עַמֶּךָ ameja:

LAS TRES BENDICIONES FINALES
LA QUINTA BENDICIÓN

Encuentra gracia, Señor, nuestro Dios, en Tu pueblo, Israel y oye su oración. Restaura el culto en el santuario interno de Tu Templo. Acepta las ofrendas de Israel y sus oraciones con complacencia, prontamente y con amor. Que siempre sea agradable a Ti el servicio de Israel, Tu nación.

PARA ROSH JÓDESH, PÉSAJ Y SUCOT:

Durante estos eventos, hay una oleada de energía espiritual extra en nuestro medio. Estas bendiciones adicionales son nuestra antena para atraer esta fuerza extra a nuestra vida.

Si por error olvidaste decir "*yaalé veyavó*" y te das cuenta antes del final de la bendición ("*Baruj Atá Adonai*"), debes volver y decir "*yaalé veyavó*" y continuar como siempre. Si sólo te das cuenta luego del final de la bendición ("*hamajazir Shejinató leTsiyón*") pero antes de empezar la bendición siguiente ("*modim*"), debes decir "*yaalé veyavó*" en ese momento y continuar normalmente. Si te das cuenta de ello luego de haber empezado la siguiente bendición ("*modim*") pero antes del segundo "*yihyú leratsón*" (en la pág. 530), debes volver a "*retsé*" (pág. 521) y continuar desde allí. Si te das cuenta de ello después (el segundo "*yihyú leratsón*"), debes empezar la *Amidá* desde el principio.

אֱלֹהֵינוּ Eloheinu ילה וֵאלֹהֵי veElohei לכב ; מילוי ע״ב, דמב ; ילה אֲבוֹתֵינוּ avoteinu

יַעֲלֶה yaalé וְיָבֹא veyavó וְיַגִּיעַ veyaguía וְיֵרָאֶה veyeraé ר״י וְיֵרָצֶה veyeratsé

וְיִשָּׁמַע veyishamá וְיִפָּקֵד veyipaked וְיִזָּכֵר veyizajer ר״ת מ״ב (ז״פ ר)

זִכְרוֹנֵנוּ zijronenu וְזִכְרוֹן vezijrón ע״ב קס״א ונש״ב אֲבוֹתֵינוּ avoteinu. זִכְרוֹן zijrón

ע״ב קס״א ונש״ב יְרוּשָׁלַיִם Yerushaláyim עִירָךְ iraj.

וְזִכְרוֹן vezijrón ע״ב קס״א ונש״ב מָשִׁיחַ Mashíaj בֶּן ben דָּוִד David

ע״ה כהת ; בן דוד = אדני ע״ה עַבְדָּךְ avdaj פוי, אל אדני. וְזִכְרוֹן vezijrón ע״ב קס״א ונש״ב

כָּל col ילי עַמְּךָ ameja בֵּית beit ב״פ ראה יִשְׂרָאֵל Yisrael

לְפָנֶיךָ lefaneja ס״ג מ״ה ב״ן לִפְלֵיטָה lifleitá לְטוֹבָה letová אכא.

לְחֵן lején מילוי דמ״ה בריבוע, מוחי לְחֶסֶד lejésed ע״ב, ריבוע יהוה

וּלְרַחֲמִים ulerajamim. לְחַיִּים lejayim אהיה אהיה יהוה, בינה ע״ה.

טוֹבִים tovim וּלְשָׁלוֹם uleshalom. בְּיוֹם beyom ע״ה נגד, מזבח, זן, אל יהוה:

PARA ROSH JÓDESH, PÉSAJ Y SUCOT:

Nuestro Dios y el Dios de nuestros padres, pueda levantarse y venir y llegar y aparecer y encontrar gracia y ser oído y ser considerado y ser recordado, nuestra remembranza y la remembranza de nuestros padres, la remembranza de Jerusalén, Tu ciudad, y la remembranza del Mesías Ben David, Tu sirviente, y la remembranza de toda Tu Nación, la Casa de Israel, ante Ti, para aceptación, para bien, para gracia, amabilidad y compasión, para una buena vida y para paz en este día de:

En *Rosh Jódesh*: רֹאשׁ rosh ריבוע אלהים ואלהים דיודין ע״ה

הַחֹדֶשׁ haJódesh י״ב הויות, קס״א קנ״א ; ראש חדש ע״ה = שין דלת יוד הַזֶּה hazé והו.

En los días intermedios *(Jol Hamoed)* de *Pésaj*: וְחַג Jag הַמַּצּוֹת haMatsot הַזֶּה hazé והו

בְּיוֹם beyom ע״ה נגד, מזבח, זן, אל יהוה מִקְרָא mikrá קֹדֶשׁ kódesh הַזֶּה hazé והו.

En los días intermedios *(Jol Hamoed)* de *Sucot*: וְחַג Jag הַסֻּכּוֹת haSucot הַזֶּה hazé והו

בְּיוֹם beyom ע״ה נגד, מזבח, זן, אל יהוה מִקְרָא mikrá קֹדֶשׁ kódesh הַזֶּה hazé והו.

לְרַחֵם lerajem אברהם, וז״פ אל, רי״ו ול״ב נתיבות החכמה, רמ״ח (אברים),
עסמ״ב וט״ז אותיות פשוטות בּוֹ bo עָלֵינוּ aleinu וּלְהוֹשִׁיעֵנוּ ulehoshienu.
זָכְרֵנוּ zojrenu יְהֹוָהאדניאהדונהי Adonai אֱלֹהֵינוּ Eloheinu ילה בּוֹ bo
לְטוֹבָה letová אכא. וּפָקְדֵנוּ ufokdenu בוֹ vo לִבְרָכָה livrajá.
וְהוֹשִׁיעֵנוּ vehoshienu בוֹ vo לְחַיִּים lejayim אהיה אהיה יהוה, בינה ע״ה טוֹבִים tovim.
בִּדְבַר bidvar ראה יְשׁוּעָה yeshuá וְרַחֲמִים verajamim.
חוּס jus וְחָנֵּנוּ vejonenu וַחֲמוֹל vajamol וְרַחֵם verajem אברהם, וז״פ אל,
רי״ו ול״ב נתיבות החכמה, רמ״ח (אברים), עסמ״ב וט״ז אותיות פשוטות עָלֵינוּ aleinu.
וְהוֹשִׁיעֵנוּ vehoshienu כִּי qui אֵלֶיךָ eleja עֵינֵינוּ eineinu ריבוע מ״ה. כִּי qui
אֵל El יא״י (מילוי דס״ג) מֶלֶךְ Mélej חַנּוּן janún וְרַחוּם verajum אָתָּה Atá:

וְאַתָּה veAtá בְּרַחֲמֶיךָ verajameja הָרַבִּים harabim.
תַּחְפֹּץ tajpots בָּנוּ banu וְתִרְצֵנוּ vetirtsenu
וְתֶחֱזֶינָה vetejezena עֵינֵינוּ eineinu ריבוע מ״ה בְּשׁוּבְךָ beshuvjá
לְצִיּוֹן leTsiyón יוסף, ו׳ הויות, קנאה בְּרַחֲמִים berajamim מצפצ, אלהים דיודין, י״פ ייי:
אהיה יהו אל
בָּרוּךְ Baruj אַתָּה Atá יְהֹוָהאדניאהדונהי Adonai
הַמַּחֲזִיר hamajazir שְׁכִינָתוֹ Shejinató לְצִיּוֹן leTsiyón יוסף, ו׳ הויות, קנאה:

En Rosh Jódesh: *Este Rosh Jódesh.*
En los días intermedios de Pésaj: *Este festival de las Matsot, en este buen día de Convocación Santa.*
En los días intermedios de Sucot: *Este festival de Sucot, en este buen día de Convocación Santa.*
Para tener misericordia de nosotros y para salvarnos.
Recuérdanos, Señor, nuestro Dios, para bien y considéranos en ello para la bendición y entréganosla para una buena vida con las palabras de entrega y misericordia. Ten piedad y sé amable con nosotros y ten misericordia y sé compasivo con nosotros y sálvanos, porque nuestros ojos van hacia Ti, porque Tú eres Dios, Rey que es amable y compasivo

Y Tú, en Tu gran compasión, te deleites en nosotros y estés complacido con nosotros. Puedan nuestros ojos contemplar Tu retorno a Sión con compasión. ¡Bendito eres Tú, Señor, que devuelve Su Shejiná a Sión!

LA SEXTA BENDICIÓN

Esta bendición es nuestro agradecimiento. Kabbalísticamente, el mayor agradecimiento que le podemos dar a nuestro Creador es hacer exactamente lo que debemos hacer en términos de nuestro trabajo espiritual.

Hod

Inclina todo tu cuerpo en "*modim*" y enderézate en "*Adonai*".

מוֹדִים modim מאה ברכות שתיקן דוד לאמרם כל יום אֲנַחְנוּ anajnu לָךְ laj

שֶׁאַתָּה sheAtá הוּא Hu יְהֹוָהאדניאהדונהי Adonai (וג) אֱלֹהֵינוּ Eloheinu ילה

וֵאלֹהֵי veElohei לכב ; מילוי ע״ב, דמב ; ילה אֲבוֹתֵינוּ avoteinu לְעוֹלָם leolam

ריבוע ס״ג וי׳ אותיות דס״ג וָעֶד vaed. צוּרֵנוּ tsurenu צוּר tsur אלהים דההין ע״ה

וְחַיֵּינוּ jayeinu וּמָגֵן umaguén ג״פ אל (ייא״י מילוי דס״ג) ; ר״ת מיכאל גבריאל נוריאל

יִשְׁעֵנוּ yishenu אַתָּה Atá הוּא Hu. לְדֹר ledor וָדֹר vador רי״ו נוֹדֶה nodé

לְךָ lejá וּנְסַפֵּר unesaper תְּהִלָּתֶךָ tehilateja. עַל־ al חַיֵּינוּ jayeinu

הַמְּסוּרִים hamesurim בְּיָדֶךָ beyadeja. וְעַל veal נִשְׁמוֹתֵינוּ nishmoteinu

הַפְּקוּדוֹת hapekudot לָךְ laj. וְעַל־ veal נִסֶּיךָ niseja שֶׁבְּכָל shebejol

בי״ן, לכב יוֹם yom ע״ה נגד, מזבח, זן, אל יהוה עִמָּנוּ imanu ריבוע ס״ג, קס״א ע״ה וד׳ אותיות

וְעַל veal נִפְלְאוֹתֶיךָ nifleoteja וְטוֹבוֹתֶיךָ vetovoteja שֶׁבְּכָל shebejol

בי״ן, לכב עֵת et. עֶרֶב érev וָבֹקֶר vavóker וְצָהֳרָיִם vetsahoráyim. הַטּוֹב hatov

והו כִּי־ qui לֹא־ lo כָלוּ jalú רַחֲמֶיךָ rajameja. הַמְרַחֵם hamerajem

אברהם, וז״פ אל, רי״ו ול״ב נתיבות החכמה, רמ״ח (אברים), עסמ״ב וט״ז אותיות פשוטות כִּי־ qui לֹא lo

תַמּוּ tamu חֲסָדֶיךָ jasadeja כִּי qui מֵעוֹלָם meolam קִוִּינוּ kivinu לָךְ: laj:

LA SEXTA BENDICIÓN

Nosotros te damos gracias a Ti, porque eres Tú, Señor, quien es nuestro Dios y el Dios de nuestros padres, por siempre y por toda la eternidad. Tú eres nuestra Fortaleza, la Fortaleza de nuestras vidas y el Escudo de nuestra salvación. De una generación a otra, te daremos gracias a Ti y cantaremos Tu alabanza. Por nuestras vidas que están en Tus Manos, por nuestras almas que están a Tu cuidado, por Tus milagros que están con nosotros todos los días y por Tus maravillas y Tus favores que están con nosotros en todo momento: de noche, de mañana y de tarde. Tú eres bueno, porque Tu compasión nunca se ha acabado. Tú eres el misericordioso, porque Tu bondad nunca ha cesado, porque siempre hemos puesto nuestras esperanzas en Ti.

MODIM DERABANÁN

Esta oración es recitada por la congregación en la repetición cuando el *jazán* dice "*modim*".

En esta sección hay 44 palabras, que es el mismo valor numérico del Nombre:
ריבוע אהי (א אה אהי אהיה)

מודים modim מאה ברכות שתיקן דוד לאומרם כל יום אנחנו anajnu לך laj
שאתה sheAtá הוא hu יהוואדניאהדונהי Adonai אלהינו Eloheinu ילה
ואלהי veElohei לכב ; מילוי ע"ב, דמב ; ילה אבותינו avoteinu
אלהי Elohei מילוי ע"ב, דמב ; ילה כל jol ילי בשר basar• יוצרנו yotsrenu
יוצר yotser בראשית bereshit• ברכות brajot והודאות vehodaot
לשמך leShimjá הגדול hagadol להחו ; עם ד' אותיות = מבה, יזל, אום
והקדוש vehakadosh על al שהחייתנו shehejeyitanu וקיימתנו vekiyamtanu•
כן quen תחיינו tejayeinu ותחננו utejonenu• ותאסוף veteesof
גליותינו galuyoteinu לחצרות lejatsrot קדשך kodshejá• לשמור lishmor
חקיך jukeja ולעשות velaasot רצונך retsoneja• ולעבדך uleovdejá
פוי, אל אדני בלבב belevav בוכו שלם shalem• על al שאנחנו sheanajnu
מודים modim לך laj• ברוך Baruj אל El ייא"י (מילוי דס"ג) ההודאות hahodaot:

PARA JANUCÁ Y PURIM

Janucá y *Purim* generan una dimensión adicional de energía de Milagros. Esta bendición nos ayuda a aprovechar esta energía, atrayendo milagros a nuestra vida cuando realmente los necesitamos.

ועל veal הנסים hanisim ועל veal הפרקן hapurkán•
ועל veal הגבורות haguevurot• ועל veal התשועות hateshuot
ועל veal הנפלאות haniflaot ועל veal הנחמות hanejamot
שעשית sheasita לאבותינו laavoteinu בימים bayamim נלך ההם hahem
בזמן bazemán הזה hazé והו:

MODIM DERABANÁN

Nosotros te damos gracias a Ti, porque eres Tú, Señor, quien es nuestro Dios y el Dios de nuestros ancestros, el Dios de toda la humanidad, nuestro Hacedor y el Creador de toda la Creación. Bendiciones y gracias a Tu gran y Santo Nombre por darnos vida y por preservarnos. Que puedas Tú continuar dándonos vida, sé amable con nosotros y reúne nuestros exiliados en los atrios de Tu Santuario, para que podamos cumplir Tus leyes, hacer Tu voluntad y servir a Ti con todo el corazón. Por esto te agradecemos. ¡Bendito sea el Dios de los agradecimientos!

PARA JANUCÁ Y PURIM

Y también por los milagros, la liberación, los hechos poderosos, la salvación, las maravillas, y actos de consolación que Tú realizaste para nuestros antepasados, en aquellos días y en este momento.

PARA JANUCÁ:

בִּימֵי bimei מַתִּתְיָה Matityá בֶּן ven יוֹחָנָן Yojanán כֹּהֵן Cohén מלה

גָּדוֹל Gadol להוי ; עם ד' אותיות = מבה, יזל, אום חַשְׁמוֹנָאִי Jashmonaí וּבָנָיו uvanav

כְּשֶׁעָמְדָה quesheamdá מַלְכוּת maljut יָוָן Yaván הָרְשָׁעָה harshaá עַל al

עַמְּךָ ameja יִשְׂרָאֵל Yisrael לְשַׁכְּחָם leshaquejam תּוֹרָתָךְ torataj

וּלְהַעֲבִירָם ulehaaviram מֵחֻקֵּי mejukei רְצוֹנָךְ retsonaj• וְאַתָּה veAtá

בְּרַחֲמֶיךָ verajameja הָרַבִּים harabim עָמַדְתָּ amadta לָהֶם lahem בְּעֵת beet

צָרָתָם tsaratam• רַבְתָּ ravta אֶת et רִיבָם rivam• דַּנְתָּ danta

אֶת et דִּינָם dinam• נָקַמְתָּ nakamta מנק אֶת et נִקְמָתָם nikmatam מנק•

מָסַרְתָּ masarta גִּבּוֹרִים guiborim בְּיַד beyad חַלָּשִׁים jalashim• וְרַבִּים verabim

בְּיַד beyad מְעַטִּים meatim• וּרְשָׁעִים ureshaím בְּיַד beyad צַדִּיקִים tsadikim•

וּטְמֵאִים utmeím בְּיַד beyad טְהוֹרִים tehorim• וְזֵדִים vezedim בְּיַד beyad

עוֹסְקֵי oskei תוֹרָתֶךָ torateja• לְךָ lejá עָשִׂיתָ asita שֵׁם shem

גָּדוֹל gadol להוי ; עם ד' אותיות = מבה, יזל, אום וְקָדוֹשׁ vekadosh בְּעוֹלָמָךְ beolamaj•

וּלְעַמְּךָ uleameja יִשְׂרָאֵל Yisrael עָשִׂיתָ asita תְּשׁוּעָה teshuá גְדוֹלָה guedolá

וּפֻרְקָן ufurkán כְּהַיּוֹם quehayom ע"ה נגד, מזבח, זן, אל יהוה הַזֶּה hazé והו•

וְאַחַר veajar כָּךְ caj בָּאוּ báu בָנֶיךָ vaneja לִדְבִיר lidvir רי"ו בֵּיתֶךָ beiteja ב"פ

ראה וּפִנּוּ ufinú אֶת־ et הֵיכָלֶךָ heijaleja• וְטִהֲרוּ vetiharú אֶת et

מִקְדָּשֶׁךָ mikdasheja• וְהִדְלִיקוּ vehidliku נֵרוֹת nerot בְּחַצְרוֹת bejatsrot

קָדְשֶׁךָ kodshejá• וְקָבְעוּ vekavú שְׁמוֹנַת shmonat יְמֵי yemei חֲנֻכָּה Janucá

אֵלּוּ elu בְּהַלֵּל behalel אדני, ללה וּבְהוֹדָאָה uvehodaá• וְעָשִׂיתָ veasita

עִמָּהֶם imahem נִסִּים nisim וְנִפְלָאוֹת veniflaot וְנוֹדֶה venodé לְשִׁמְךָ leShimjá

הַגָּדוֹל hagadol להוי ; עם ד' אותיות = מבה, יזל, אום סֶלָה sela:

PARA JANUCÁ

En los días de Matityá, hijo de Yojanán, el Sumo Sacerdote, el jasmoneo, y sus hijos, cuando el maligno Imperio Griego se sublevó en contra de Tu Nación, Israel, para obligarlos a olvidar Tu Torá y obligarlos a alejarse de las leyes de Tu deseo, con Tu compasión estuviste con ellos en tiempos turbulentos. Tú luchaste sus batallas, buscaste justicia para ellos, los vindicaste y entregaste a los fuertes en manos de los débiles, a los numerosos en manos de los pocos, a los perversos en manos de los justos, a los contaminados en manos de los puros y a los tiranos en manos de aquellos que se ocupaban con Tu Torá. Hiciste un Santo Nombre para Ti en Tu mundo y para Tu pueblo, Israel, realizaste una gran salvación y liberación en este día. Entonces Tus hijos vinieron al Santuario de Tu Casa, limpiaron Tu Palacio, purificaron Tu Templo, encendieron velas en los jardines de Tu Santo Dominio, y establecieron estos ocho días de Janucá para alabanza y acción de gracias. Y Tú realizaste milagros y maravillas para ellos. Por ello estamos agradecidos a Tu Gran Nombre. Sela.

PARA PURIM:

בִּימֵי bimei מָרְדְּכַי Mordejai וְאֶסְתֵּר veEster עם האותיות = מילוי אדני
בְּשׁוּשַׁן beShushán הַבִּירָה habirá. כְּשֶׁעָמַד quesheamad עֲלֵיהֶם aleihem
הָמָן Hamán הָרָשָׁע Harashá. בִּקֵּשׁ bikesh לְהַשְׁמִיד lehashmid לַהֲרוֹג laharog
וּלְאַבֵּד uleabed אֶת et כָּל col ילי הַיְּהוּדִים hayehudim מִנַּעַר mináar וְעַד vead
זָקֵן zakén טַף taf וְנָשִׁים venashim בְּיוֹם beyom ע"ה נגד, מזבח, זן, אל יהוה
אֶחָד ejad אהבה, דאגה בִּשְׁלֹשָׁה bishloshá עָשָׂר asar לְחֹדֶשׁ lejódesh
י"ב הויות, קס"א קנ"א שְׁנֵים shneim עָשָׂר asar הוּא hu חֹדֶשׁ jódesh י"ב הויות, קס"א קנ"א
אֲדָר Adar וּשְׁלָלָם ushlalam לָבוֹז lavoz. וְאַתָּה veAtá בְּרַחֲמֶיךָ verajameja
הָרַבִּים harabim הֵפַרְתָּ hefarta אֶת et עֲצָתוֹ atsató וְקִלְקַלְתָּ vekilkalta
אֶת et מַחֲשַׁבְתּוֹ majashavtó. וַהֲשֵׁבוֹתָ vahashevota לּוֹ lo גְּמוּלוֹ guemuló
בְּרֹאשׁוֹ beroshó. וְתָלוּ vetalú אוֹתוֹ otó וְאֶת veet בָּנָיו banav עַל al הָעֵץ haets.
וְעָשִׂיתָ veasita עִמָּהֶם imahem נִסִּים nisim וְנִפְלָאוֹת veniflaot וְנוֹדֶה venodé
לְשִׁמְךָ leShimjá הַגָּדוֹל hagadol להוז ; עם ד' אותיות = מבה, יזל, אום סֶלָה sela:

וְעַל veal כֻּלָּם culam יִתְבָּרַךְ yitbaraj וְיִתְרוֹמַם veyitromam
וְיִתְנַשֵּׂא veyitnasé תָּמִיד tamid ע"ה קס"א קנ"א קמ"ג שִׁמְךָ Shimjá
מַלְכֵּנוּ malquenu לְעוֹלָם leolam ריבוע ס"ג י' אותיות דס"ג וָעֶד vaed.
וְכָל־ vejol ילי הַחַיִּים hajayim אהיה אהיה יהוה, בינה ע"ה יוֹדוּךָ yoduja סֶּלָה sela:

Durante los días entre *Rosh Hashaná* y *Yom Kipur* recitamos la oración de "*ujtov*":

וּכְתוֹב ujtov לְחַיִּים lejayim אהיה אהיה יהוה, בינה ע"ה טוֹבִים tovim
כָּל־ col ילי בְּנֵי bnei בְרִיתֶךָ vriteja:

Si olvidaste decir "*ujtov*" y te das cuenta antes del final de la bendición ("*Baruj Atá Adonai*"), debes volver y decir "*ujtov*" y continuar normalmente. Pero si te das cuenta sólo después del final de la bendición, debes continuar y puedes agregar "*ujtov*" al final de "*Elohai Netsor*".

PARA PURIM:

En los días de Mordejái y Ester, en Shushán, la capital, cuando el malvado Hamán se sublevó contra ellos, él busco destruir, asesinar y aniquilar a todos los judíos, jóvenes y viejos, niños y mujeres, en un día, el decimotercer día del duodécimo mes, el cual es el mes de Adar, y tomar su botín. Pero Tú, en Tu gran compasión, arruinaste su plan, frustraste su diseño y dirigiste su cometido hacia su propia cabeza. Lo colgaron a él y a sus hijos en la horca. Y Tú realizaste milagros y maravillas para ellos (Israel). Damos gracias a Tu gran Nombre. Sela.

Y por todas estas cosas, que Tu Nombre sea siempre bendecido, exaltado y ensalzado, por siempre, nuestro Rey, por siempre y para siempre, y todos los vivientes Te agradecen, Sela.

Durante los días entre *Rosh Hashaná* y *Yom Kipur*:

E inscribe para una buena vida a todos los miembros de Tu Pacto.

וִיהַלְלוּ vihalelú וִיבָרְכוּ vivarjú יהוה ריבוע יהוה ריבוע מ״ה אֶת־ et

שִׁמְךָ Shimjá הַגָּדוֹל hagadol להח ; עם ד׳ אותיות = מבה, יזל, אום בֶּאֱמֶת beemet אהיה

פעמים אהיה, ז״פ ס״ג לְעוֹלָם leolam ריבוע ס״ג ו׳ אותיות דס״ג כִּי qui טוֹב tov והו ;

כי טוב = יהוה אהיה, אום, מבה, יזל. הָאֵל haEl לאה ; ייא״י (מילוי דס״ג) יְשׁוּעָתֵנוּ yeshuatenu

וְעֶזְרָתֵנוּ veezratenu סֶלָה sela. הָאֵל haEl לאה ; ייא״י (מילוי דס״ג) הַטּוֹב hatov והו:

Flexiona tus rodillas en "*Baruj*", inclínate en "*Atá*" y enderézate en "*Adonai*".

אהיה יהו אלהים

בָּרוּךְ Baruj אַתָּה Atá יְהֹוָהאדניאהדונהי Adonai (הי) הַטּוֹב hatov והו

שִׁמְךָ Shimjá וּלְךָ uLejá נָאֶה naé לְהוֹדוֹת lehodot ס״ת כהת, משיח בן דוד ע״ה:

LA BENDICIÓN FINAL

Estamos emanando la energía de paz para el mundo entero. También nos proponemos utilizar nuestras bocas sólo para el bien. Kabbalísticamente, el poder de las palabras y del habla es inimaginable. Esperamos usar este poder sabiamente, lo que tal vez sea una de las tareas más difíciles de llevar a cabo.

Yesod

שִׂים sim שָׁלוֹם Shalom

(**Durante las tres semanas de *Bein HaMetsarim*,** medita aquí en estos Nombres Sagrados:
שין ראשונה (ע״ה = טדהד כוזו מצפצ) ממתקת את השין השניה (= אלהים דההין אדני) ;
וכן שים שלום ע״ה = ו׳ השמות (טדהד כוזו מצפצ אלהים אדני יהוה) אדני טדהד כוזו מצפצ ואלהים דההין)

טוֹבָה tová אכא וּבְרָכָה uvrajá וְחַיִּים jayim אהיה אהיה יהוה, בינה ע״ה וְחֵן jen מילוי

דמ״ה בריבוע, מוזי וָחֶסֶד vajésed ע״ב, ריבוע יהוה צְדָקָה tsedaká ע״ה ריבוע אלהים

וְרַחֲמִים verajamim עָלֵינוּ aleinu וְעַל־ veal כָּל־ col ילי ; עמם

יִשְׂרָאֵל Yisrael עַמֶּךָ ameja וּבָרְכֵנוּ uvarjenu אָבִינוּ avinu כֻּלָּנוּ culanu

כְּאֶחָד queejad אהבה, דאגה בְּאוֹר beor רז, א״ס פָּנֶיךָ paneja ס״ג מ״ה ב״ן כִּי qui

בְאוֹר veor רז, א״ס פָּנֶיךָ paneja ס״ג מ״ה ב״ן נָתַתָּ natata לָנוּ lanu אלהים, אהיה אדני

יְהֹוָהאדניאהדונהי Adonai אֱלֹהֵינוּ Eloheinu ילה תּוֹרָה Torá וְחַיִּים vejayim אהיה

אהיה יהוה, בינה ע״ה. אַהֲבָה ahavá אחד, דאגה וָחֶסֶד vajésed ע״ב, ריבוע יהוה.

Y ellos te alabarán y bendecirán Tu gran Nombre,
sinceramente y para siempre, porque es bueno, el Dios de nuestra salvación y nuestra ayuda, Sela, el buen Dios. Bendito eres Tú, Señor, cuyo Nombre es bueno. Y a Ti es propio dar gracias.

LA BENDICIÓN FINAL

Otorga paz, bondad, bendiciones, vida, gracia, amabilidad, justicia y misericordia a nosotros y a todo Israel, Tu pueblo. Bendícenos a todos como uno solo, Padre nuestro, con la Luz de Tu rostro, porque es con la Luz de Tu rostro que Tú, Señor, nuestro Dios, nos has dado la Torá y vida, amor y amabilidad,

צְדָקָה tsedaká ע"ה ריבוע אלהים וְרַחֲמִים verajamim. בְּרָכָה brajá
וְשָׁלוֹם veshalom. וְטוֹב vetov והו בְּעֵינֶיךָ beeineja ע"ה קס"א ; ריבוע מ"ה
לְבָרְכֵנוּ levarjenu וּלְבָרֵךְ ulevarej אֶת et כָּל־ col ילי עַמְּךָ ameja
יִשְׂרָאֵל Yisrael בְּרֹב־ berov י"פ אהיה עֹז oz וְשָׁלוֹם veshalom:

Durante los días entre *Rosh Hashaná* y *Yom Kipur* decimos la oración "*uveséfer jayim*":

וּבְסֵפֶר uveséfer חַיִּים jayim אהיה אהיה יהוה, בינה ע"ה
בְּרָכָה brajá וְשָׁלוֹם veshalom וּפַרְנָסָה ufarnasá טוֹבָה tová אכא
וִישׁוּעָה vishuá וְנֶחָמָה venejamá וּגְזֵרוֹת ugzerot טוֹבוֹת tovot.
נִזָּכֵר nizajer וְנִכָּתֵב venicatev לְפָנֶיךָ lefaneja ס"ג מ"ה ב"ן
אֲנַחְנוּ anajnu וְכָל vejol ילי עַמְּךָ ameja יִשְׂרָאֵל Yisrael
לְחַיִּים lejayim אהיה אהיה יהוה, בינה ע"ה טוֹבִים tovim וּלְשָׁלוֹם uleshalom:

Si olvidaste decir "*uveséfer jayim*" y te das cuenta de esto antes del final de la bendición ("*Baruj Atá Adonai*"), debes regresar y decir "*uveséfer jayim*" y continuar normalmente. Pero si te das cuenta de esto sólo al final de la bendición, debes continuar y puedes agregar "*uveséfer jayim*" al final de "*Elohai Netsor*".

אהיה יהו מצפץ

בָּרוּךְ Baruj אַתָּה Atá יְהֹוָהאדניאהדונהי Adonai
הַמְבָרֵךְ hamevarej אֶת et עַמּוֹ amó יִשְׂרָאֵל Yisrael
ר"ת = אלהים (אילהויהם) = יב"ק) בַּשָּׁלוֹם bashalom. אָמֵן Amén יאהדונהי.

YIHYÚ LERATSÓN

Hay 42 letras en el versículo en el secreto del *Aná Bejóaj*.

יִהְיוּ yihyú אל (ייא" מילוי דס"ג) לְרָצוֹן leratsón מהש ע"ה, ע"ב בריבוע וקס"א ע"ה, אל שדי ע"ה
אִמְרֵי־ imrei פִי fi ר"ת אֱלֹהַ = אלף למד שין דלת יוד ע"ה וְהֶגְיוֹן vehegyón לִבִּי libí
לְפָנֶיךָ lefaneja ס"ג מ"ה ב"ן יְהֹוָהאדניאהדונהי Adonai צוּרִי tsurí וְגֹאֲלִי vegoalí:

---

justicia y misericordia, bendición y paz. Que sea grato a Tus Ojos bendecirnos y bendecir a Tu nación, Israel, con abundante poder y con paz.

Durante los días entre *Rosh Hashaná* y *Yom Kipur*:
Y que en el Libro de la Vida, todos seamos recordados e inscritos ante Ti; para bendición, paz, buen sustento, salvación, consuelo, y buenos decretos. Nosotros y toda Tu nación, Israel, para una buena vida y para paz.

Bendito seas Tú, Señor, que bendices a Tu nación, Israel, con paz, Amén.

YIHYÚ LERATSÓN

"Sean gratos ante Ti, Señor,
mi Fortaleza y mi Redentor, los dichos de mi boca y los pensamientos de mi corazón" (Salmos 19:15).

ELOHAI NETSOR

אֱלֹהַי Elohai מילוי ע"ב, דמב ; ילה נְצוֹר netsor לְשׁוֹנִי leshoní מֵרָע merá.
וְשִׂפְתוֹתַי vesiftotai מִדַּבֵּר midaber ראה מִרְמָה mirmá. וְלִמְקַלְלַי velimkalelai
נַפְשִׁי nafshí תִדּוֹם tidom. וְנַפְשִׁי venafshí כֶּעָפָר queafar
לַכֹּל lacol יה אדני תִּהְיֶה tihyé. פְּתַח ptaj לִבִּי libí בְּתוֹרָתֶךָ betorateja.
וְאַחֲרֵי veajarei מִצְוֹתֶיךָ mitsvoteja תִּרְדּוֹף tirdof נַפְשִׁי nafshí.
וְכָל־ vejol ילי הַקָּמִים hakamim עָלַי alai לְרָעָה leraá רהע. מְהֵרָה meherá
הָפֵר hafer עֲצָתָם atsatam וְקַלְקֵל vekalkel מַחְשְׁבוֹתָם majshevotam.
עֲשֵׂה asé לְמַעַן lemaan שְׁמָךְ Shemaj. עֲשֵׂה asé לְמַעַן lemaan
יְמִינָךְ yeminaj. עֲשֵׂה asé לְמַעַן lemaan תּוֹרָתָךְ torataj. עֲשֵׂה asé
לְמַעַן lemaan קְדֻשָּׁתָךְ kedushataj. ר"ת הפסוק = מ"ה יהוה לְמַעַן lemaan
יֵחָלְצוּן yejaltsún יְדִידֶיךָ yedideja ר"ת ילי הוֹשִׁיעָה hoshía יהוה ושׂ"ע נהורין
יְמִינְךָ yeminjá וַעֲנֵנִי vaaneni (כתיב : ועננו) ר"ת אל (ייא" מילוי דס"ג):

Antes de que recitemos el próximo verso ("*Yihyú leratsón*") tenemos una oportunidad para fortalecer la conexión con nuestra alma usando nuestro nombre. Cada persona tiene un versículo en la Torá que lo conecta con su nombre. O bien su nombre está en el versículo, o la primera y última letra del nombre corresponden a la primera y última letra de un versículo. Por ejemplo, el nombre Yehuda comienza con una *Yud* y termina con una *Hei*. Antes de terminar la *Amidá*, declaramos que nuestro nombre sea siempre recordado cuando nuestra alma abandone este mundo.

YIHYÚ LERATSÓN (EL SEGUNDO)

Hay 42 letras en el versículo en el secreto del *Aná Bejóaj*.

יִהְיוּ yihyú אל (ייא" מילוי דס"ג) לְרָצוֹן leratsón מהש ע"ה, ע"ב בריבוע וקס"א ע"ה, אל שדי ע"ה
אִמְרֵי־ imrei פִי fi ר"ת אֶלֶף = אלף למד שין דלת יוד ע"ה וְהֶגְיוֹן vehegyón לִבִּי libí
לְפָנֶיךָ lefaneja ס"ג מ"ה ב"ן יְהֹוָהאדניאהדונהי Adonai צוּרִי tsurí וְגֹאֲלִי vegoalí:

ELOHAI NETSOR

Mi Dios, cuida mi lengua del mal

y mis labios de decir falsedad. Que mi alma permanezca en silencio ante aquellos que me maldicen y permite que mi espíritu sea humilde ante todos, como el polvo. Abre mi corazón a Tu Torá y permite que mi corazón siga Tus mandamientos. Prontamente frustra los planes y daña los pensamientos de todos aquellos que se levantan contra mí para hacerme daño. Hazlo por la gloria de Tu Nombre. Haz esto por el bien de Tu Diestra. Haz esto por el mérito de Tu Torá. Haz esto por Tu Santidad, "Que Tus amados sean rescatados. Sálvalos con Tu Diestra y contéstame" (Salmos 60:7).

YIHYÚ LERATSÓN (EL SEGUNDO)

"Sean gratos ante Ti, Señor,

mi Fortaleza y mi Redentor, los dichos de mi boca y los pensamientos de mi corazón" (Salmos 19:15).

OSÉ SHALOM

Da tres pasos hacia atrás;

עוֹשֶׂה osé שָׁלוֹם shalom

Durante los días entre *Rosh Hashaná* y *Yom Kipur* en lugar de "*shalom*" decimos:

הַשָּׁלוֹם hashalom (ספריאל המלאך החותם לחיים)

Izquierda
Te vuelves a la izquierda y dices:

בִּמְרוֹמָיו bimromav ר"ת ע"ב, ריבוע יהוה

Derecha
Te vuelves a la derecha y dices:

הוּא Hu בְּרַחֲמָיו verajamav יַעֲשֶׂה yaasé

שָׁלוֹם shalom עָלֵינוּ aleinu ר"ת ש"ע נהורין

Centro
Te alineas al centro y dices:

וְעַל veal כָּל־ col ילי ; עמם עַמּוֹ amó יִשְׂרָאֵל Yisrael

וְאִמְרוּ veimrú אָמֵן Amén יאהדונהי:

יְהִי yehí רָצוֹן ratsón מהש ע"ה, ע"ב בריבוע וקס"א ע"ה, אל שדי ע"ה
מִלְּפָנֶיךָ milfaneja ס"ג מ"ה ב"ן יְהֹוָה Adonai אֱלֹהֵינוּ Eloheinu ילה
וֵאלֹהֵי veElohei לכב ; מילוי ע"ב, דמב ; ילה אֲבוֹתֵינוּ avoteinu, שֶׁתִּבְנֶה shetivné
בֵּית beit ב"פ ראה הַמִּקְדָּשׁ hamikdash בִּמְהֵרָה bimherá בְיָמֵינוּ veyameinu
וְתֵן vetén חֶלְקֵנוּ jelkenu בְּתוֹרָתָךְ vetorataj לַעֲשׂוֹת laasot חֻקֵּי jukei
רְצוֹנָךְ retsonaj וּלְעָבְדָךְ uleavdaj פוי, אל אדני בְּלֵבָב belevav בוכו שָׁלֵם shalem.

Da tres pasos hacia delante.

יְהִי yehí שֵׁם shem יְהֹוָה Adonai מְבֹרָךְ mevoraj ר"ת ריבוע ע"ב וריבוע ס"ג
יהוה מברך = רפ"ח (להעלות רפ"ח ניצוצות שנפלו לקליפה דמשם באים התולאים) מֵעַתָּה meatá
וְעַד vead עוֹלָם olam ייל: מִמִּזְרַח mimizraj שֶׁמֶשׁ shémesh עַד ad
ר"ת קדיש מְבוֹאוֹ mevoó מְהֻלָּל mehulal שֵׁם shem יְהֹוָה Adonai:

OSÉ SHALOM

Él, que establece paz (Durante los días entre *Rosh Hashaná* y *Yom Kipur*: *la paz) en Sus altos lugares, Él, en Su compasión, hará que la paz esté entre nosotros y sobre Su pueblo entero, Israel, y dirán: Amén. Sea agradable ante Ti, Señor, nuestro Dios y Dios de nuestros antepasados, que puedas reconstruir rápidamente el Santo Templo, en nuestros días, y otórganos participación en Tu Torá, para que podamos cumplir las leyes de Tu deseo y servirte con todo el corazón. "Que el Nombre del Señor sea bendecido desde ahora hasta toda la eternidad. Desde la salida del Sol hasta su caída, que el Nombre del Señor sea alabado y elevado.*

רָם ram עַל־ al כָּל־ col ילי ; עמם גּוֹיִם goyim יְהֹוָהאדניאהדונהי Adonai עַל al

הַשָּׁמַיִם hashamáyim י״פ טל, י״פ כוזו ; ר״ת והשמל כְּבוֹדוֹ quevodó:

יְהֹוָהאדניאהדונהי Adonai אֲדֹנֵינוּ adoneinu מָה־ ma מ״ה אַדִּיר adir הרי

שִׁמְךָ Shimjá בְּכָל־ bejol ב״ן, לכב ; ומב הָאָרֶץ háarets אלהים דההין ע״ה:

El propósito de decir estos tres versículos es para conectarnos con la elevación de las almas justas de Moshé, Yosef y David, que dejaron el mundo durante el tiempo de *Minjá* de Shabat y para ayudar a *Maljut* a elevar *Mayin Nukvín*. No decimos las siguientes tres versículos cuando *Rosh Jódesh*, una festividad o el aniversario de la muerte de un Justo cae en *Shabat* (la razón es: *Maljut* no necesita de la ayuda de estas tres almas justas, porque Ella puede elevar *Mayin Nukvín* por si misma).

צִדְקָתְךָ tsidkatjá כְּהַרְרֵי queharerei אֵל El ייא״י (מילוי דס״ג)

מִשְׁפָּטֶיךָ mishpateja תְּהוֹם tehom רַבָּה rabá

Cinco *Guevurot* extendidas en *Jésed, Guevurá, Tiféret, Nétsaj* y *Hod*.	אלהים אלהים אלהים אלהים אלהים	יהוה יהוה יהוה יהוה יהוה	Cinco *Jasadim* extendidos en *Jésed, Guevurá, Tiféret, Nétsaj* y *Hod*.
Medita en atraerlas a *Yesod* de *Nukvá*.	יסוד דנוקבא שין דלת יוד ש ד י ש שד שדי	ג׳ כלי יסוד יאהדונהי שין שין דלת שין דלת יוד שין דלת יוד	Medita en atraerlos a *Yesod* de *Zeir Anpín*.

אָדָם adam מ״ה וּבְהֵמָה uvehemá ב״ן (atrae 370 iluminaciones) תּוֹשִׁיעַ toshía

(desde *Arij Anpín* a *Zeir Anpín*) יוד הה וו הה יְהֹוָהאדניאהדונהי Adonai:

אלף למד, אלף למד יוד הא ואו הא יוד הה וו הה

Medita en atraer abundancia de Arriba a Abajo, desde el Infinito a *Kéter* (el embellecimiento de la letra *Yud*) a *Jojmá* (*Yud*) a *Biná* (*Hei*) a *Zeir Anpín* (*Vav*) a *Maljut* (*Hei* final).

Medita en dedicar tu alma a santificar el Nombre Sagrado y aceptar sobre ti mismo las cuatro formas de muerte, y en elevar tu *Néfesh, Rúaj, Neshamá, Jayá, Yejidá*, junto con el alma de **Yosef, HaTsadik** y con los *Partsufim* de *Jojmá, Biná, Dáat* de *Jojmá, Biná, Dáat* de *Yaakov* y *Rajel* para que sean *Mayin Nukvín* para los *Partsufim* de *Jojmá, Biná, Dáat* de *Jojmá, Biná, Dáat* (que son *Neshamá, Jayá, Yejidá* de *Néfesh, Rúaj, Neshamá, Jayá, Yejidá* de *Neshamá, Jayá, Yejidá)* de *Aba* e *Ima* Celestialiales. Y al hacer esto, *Ima* eleva cinco *Guevurot* (cinco אלהים como *Mayin Nukvín*) y *Aba* infunde cinco *Jasadim* (cinco יהוה como *Mayin Dujrín*) y los cinco יהוה se unifican con los cinco אלהים.

Sobre todas las naciones está el Señor. Su gloria está sobre los Cielos" (Salmos 113:2-4). *"Dios, nuestro Señor, cuán tremendo es Tu Nombre en toda la Tierra"* (Salmos 8:10).

"Tu Justicia es como los poderosos. Tus juicios son como las vastas y profundas montañas, el hombre y la bestia salvaste, Señor!" (Salmos 36:7).

וְצִדְקָתְךָ vetsidkatjá אֱלֹהִים Elohim אהיה אדני ; ילה
עַד ad מָרוֹם marom אֲשֶׁר asher עָשִׂיתָ asita גְדֹלוֹת guedolot
אֱלֹהִים Elohim אהיה אדני ; ילה מִי mi ילי כָמוֹךָ jamoja:

Medita en dedicar tu alma a santificar el Santo Nombre y aceptar sobre ti mismo las cuatro formas de muerte, y en elevar tu *Néfesh, Rúaj, Neshamá, Jayá, Yejidá*, junto con el alma de **Moshé Rabeinu** y con los *Partsufim* de *Jésed, Guevurá, Tiféret* de *Jojmá, Biná, Dáat* de *Yaakov* y *Rajel* para que sean *Mayin Nukvín* para los *Partsufim* de *Jésed, Guevurá, Tiféret* de *Jojmá, Biná, Dáat* de *Aba* e *Ima* Celestialiales. Y al hacer esto, *Ima* eleva cinco *Guevurot* (cinco אלהים como *Mayin Nukvín*) y *Aba* infunde cinco *Jasadim* (cinco יהוה como *Mayin Dujrín*) y los cinco יהוה se unifican con los cinco אלהים.

צִדְקָתְךָ vetsidkatjá צֶדֶק tsédek לְעוֹלָם leolam ריבוע דס"ג י' אותיות דס"ג
וְתוֹרָתְךָ vetoratjá אֱמֶת emet אהיה פעמים אהיה, ו"פ ס"ג:

Medita en dedicar tu alma a santificar el Santo Nombre y aceptar sobre ti mismo las cuatro formas de muerte, y en elevar tu *Néfesh, Rúaj, Neshamá, Jayá, Yejidá*, junto con el alma de **David HaMélej** y con los *Partsufim* de *Nétsaj, Hod, Yesod* de *Jojmá, Biná, Dáat* de *Yaakov* y *Rajel* para que sean *Mayin Nukvín* para los *Partsufim* de *Nétsaj, Hod, Yesod* de *Jojmá, Biná, Dáat* de *Aba* e *Ima* Celestialiales. Y al hacer esto, *Ima* eleva cinco *Guevurot* (cinco אלהים como *Mayin Nukvín*) y *Aba* infunde cinco *Jasadim* (cinco יהוה como *Mayin Dujrín*) y los cinco יהוה se unifican con los cinco אלהים.

KADISH TITKABAL

יִתְגַּדַּל yitgadal וְיִתְקַדַּשׁ veyitkadash ש"די ומילוי ש"די ; י"א אותיות כמנין ו"ה
שְׁמֵיהּ Shmei (שם י"ה דע"ב) רַבָּא rabá קנ"א ב"ן, יהוה אלהים יהוה אדני,
מילוי קס"א וס"ג, מ"ה ברבוע וע"ב ע"ה ; ר"ת = ר"פ אלהים ; ס"ת = ג"פ יב"ק: אָמֵן Amén אידהנויה.
בְּעָלְמָא bealmá דִּי di בְרָא verá כִּרְעוּתֵיהּ quirutei.
וְיַמְלִיךְ veyamlij מַלְכוּתֵיהּ maljutei. וְיַצְמַח veyatsmaj
פּוּרְקָנֵיהּ purkanei. וִיקָרֵב vikarev מְשִׁיחֵיהּ Meshijei: אָמֵן Amén אידהנויה.
בְּחַיֵּיכוֹן bejayeijón וּבְיוֹמֵיכוֹן uveyomeijón וּבְחַיֵּי uvejayei
דְכָל dejol ילי בֵית beit ב"פ ראה יִשְׂרָאֵל Yisrael בַּעֲגָלָא baagalá
וּבִזְמַן uvizmán קָרִיב kariv וְאִמְרוּ veimrú אָמֵן Amén: אָמֵן Amén אידהנויה.

"Y Tu justicia, Dios, es para los Altos Cielos. Tú ha hecho grandes cosas. Dios, ¿quién como Tú?" (Salmos 71:19).
"Tu justicia es justicia eterna, y Tu Torá es la verdad" (Salmos 119:142).

KADISH TITKABAL

Glorificado y santificado sea Su gran Nombre (Amén).

En el mundo que Él creó de acuerdo a Su voluntad, y pueda Su Reino reinar. Y pueda Él hacer que Su redención florezca y pueda Él acercar al Mesías (Amén). *En tus vidas y en tus días y en la vida de toda la Casa de Israel, prontamente y en el futuro cercano, y dígase: Amén* (Amén).

La congregación y el *jazán* dicen lo siguiente:

28 palabras (hasta *bealmá*) y 28 letras (hasta *almayá*)

יְהֵא yehé שְׁמֵיהּ Shmei (שם י"ה דס"ג) רַבָּא rabá קנ"א ב"ן,
יהוה אלהים יהוה אדני, מילוי קס"א וס"ג, מ"ה ברבוע וע"ב ע"ה מְבָרַךְ mevaraj,
לְעָלַם lealam לְעָלְמֵי lealmei עָלְמַיָּא almayá. יִתְבָּרַךְ yitbaraj.

Siete palabras con seis letras cada una (שם בן מ"ב) y también siete veces la letra *Vav* (שם בן מ"ב):

וְיִשְׁתַּבַּח veyishtabaj י"פ ע"ב יהוה אל אבג יתץ.
וְיִתְפָּאַר veyitpaar הי נו יה קרע שטן. וְיִתְרוֹמַם veyitromam וה כוזו נגד יכש.
וְיִתְנַשֵּׂא veyitnasé במוכסז בטר צתג. וְיִתְהַדָּר veyihadar כוזו יה וזקב טנע.
וְיִתְעַלֶּה veyitalé וה יוד ה יגל פזק. וְיִתְהַלָּל veyithalal א ואו הא שקו צית.
שְׁמֵיהּ Shmei (שם י"ה דמ"ה) דְּקוּדְשָׁא deKudshá בְּרִיךְ Verij הוּא Hu:
אָמֵן Amén אידהנויה.

לְעֵלָּא leelá מִן min כָּל col ילי. בִּרְכָתָא birjatá. שִׁירָתָא shiratá.
תֻּשְׁבְּחָתָא tishbejatá. וְנֶחָמָתָא venejamatá. דַּאֲמִירָן daamirán
בְּעָלְמָא bealmá וְאִמְרוּ veimrú אָמֵן Amén: אָמֵן Amén אידהנויה.

תִּתְקַבַּל titkabal צְלוֹתָנָא tselotaná וּבָעוּתָנָא uvautaná
עִם im צְלוֹתְהוֹן tselothón וּבָעוּתְהוֹן uvautehón דְּכָל dejol ילי
בֵּית beit ב"פ ראה יִשְׂרָאֵל Yisrael קֳדָם kadam אֲבוּנָא avuná
דְּבִשְׁמַיָּא devishmayá וְאִמְרוּ veimrú אָמֵן Amén: אָמֵן Amén אידהנויה.

Que Su gran Nombre sea bendito por siempre y por toda la eternidad. Bendito y alabado, y glorificado y exaltado, y ensalzado y honrado, y adorado y loado sea el Nombre del Santísimo, bendito sea Él (Amén). Más allá de todas las bendiciones, himnos, alabanzas y palabras de consolación que jamás se dijeran en el mundo, y dígase: Amén (Amén). Sean aceptadas nuestras oraciones y súplicas, junto con las oraciones y las súplicas de toda la Casa de Israel, ante nuestro Padre en los Cielos, y dígase: Amén (Amén).

יְהֵא yehé שְׁלָמָא shlamá רַבָּא rabá קנ"א ב"ן, יהוה אלהים יהוה אדני, מילוי קס"א וס"ג,
מ"ה ברבוע וע"ב ע"ה מִן min שְׁמַיָּא shmayá. וְחַיִּים jayim אהיה אהיה יהוה, בינה ע"ה
וְשָׂבָע vesavá וִישׁוּעָה vishuá וְנֶחָמָה venejamá וְשֵׁיזָבָא vesheizavá
וּרְפוּאָה urfuá וּגְאֻלָּה ugueulá וּסְלִיחָה uslijá וְכַפָּרָה vejapará
וְרֵיוַח vereivaj וְהַצָּלָה vehatsalá. לָנוּ lanu אלהים, אהיה אדני וּלְכָל ulejol יה אדני
עַמּוֹ amó יִשְׂרָאֵל Yisrael וְאִמְרוּ veimrú אָמֵן Amén: אָמֵן Amén אידהנויה.

Da tres pasos para atrás y di:

עוֹשֶׂה osé שָׁלוֹם shalom

(Durante los días entre *Rosh Hashaná* y *Yom Kipur* en lugar de "*shalom*" decimos:

הַשָּׁלוֹם hashalom ספריאל המלאך הזותם לחיים)

בִּמְרוֹמָיו bimromav ע"ב, ריבוע יהוה. הוּא Hu בְּרַחֲמָיו berajamav
יַעֲשֶׂה yaasé שָׁלוֹם shalom עָלֵינוּ aleinu ר"ת ש"ע נהורין.
וְעַל veal כָּל col ילי ; עמם עַמּוֹ amó יִשְׂרָאֵל Yisrael וְאִמְרוּ veimrú אָמֵן Amén:
אָמֵן Amén אידהנויה.

HALELUYÁ

Según el orden del *Álef Bet* (trayendo orden a nuestra vida).

הַלְלוּיָהּ haleluyá אלהים, אהיה אדני ; ילה ; ללה אוֹדֶה odé יְהוָֹהאדניאהדונהי Adonai
בְּכָל־ bejol ב"ן, לכב לֵבָב levav בוכו בְּסוֹד besod מיכ, י"פ האא יְשָׁרִים yesharim
וְעֵדָה veedá סיט: גְּדֹלִים guedolim מַעֲשֵׂי maasei יְהוָֹהאדניאהדונהי Adonai
דְּרוּשִׁים derushim לְכָל־ lejol יה אדני וְחֶפְצֵיהֶם jeftseihem:

Que haya paz abundante del Cielo. Vida, satisfacción, salvación, consuelo, entrega, sanación, redención, perdón, expiación, comodidad y alivio para nosotros y para toda Su nación, Israel y dígase: Amén (Amén). *Él, que establece paz* (Durante los días entre *Rosh Hashaná* y *Yom Kipur*: *La paz*) *en Sus Alturas, Él, en Su compasión, hará la paz sobre nosotros y sobre toda Su nación, Israel. Y dígase: Amén* (Amén).

HALELUYÁ

"¡Alaben al Señor!

א *Daré gracias al Señor con todo mi corazón,* ב *en el concejo de los rectos y en la congregación.* ג *Las obras del Señor son grandiosas,* ד *procuró que todas ellas contuvieran deleite dentro de sí.*

הוֹד־ hod ההה וְהָדָר vehadar פָּעֳלוֹ paoló וְצִדְקָתוֹ vetsidkató

עֹמֶדֶת omédet לָעַד laad ב"פ ב"ן: זֵכֶר zéjer עָשָׂה asá

לְנִפְלְאֹתָיו lenifleotav חַנּוּן janún וְרַחוּם verajum יְהֹוָהאדניאהדונהי Adonai וחנון

ורחום יהוה = עשל: טֶרֶף téref נָתַן natán לִירֵאָיו lireav יִזְכֹּר yizcor

לְעוֹלָם leolam ריבוע דס"ג ו"י אותיות דס"ג בְּרִיתוֹ britó:

כֹּחַ cóaj מַעֲשָׂיו maasav הִגִּיד higuid לְעַמּוֹ leamó לָתֵת latet לָהֶם lahem

נַחֲלַת najalat גּוֹיִם goyim: מַעֲשֵׂי maasei יָדָיו yadav אֱמֶת emet

אהיה פעמים אהיה, ז"פ ס"ג וּמִשְׁפָּט umishpat ע"ה ה"פ אלהים נֶאֱמָנִים neemanim

כָּל־ col ילי פִּקּוּדָיו pikudav מנק: סְמוּכִים semujim לָעַד laad ב"פ ב"ן

לְעוֹלָם leolam ריבוע דס"ג ו"י אותיות דס"ג עֲשׂוּיִם asuyim בֶּאֱמֶת beemet

אהיה פעמים אהיה, ז"פ ס"ג וְיָשָׁר veyashar: פְּדוּת pedut שָׁלַח shalaj לְעַמּוֹ leamó

צִוָּה־ tsivá לְעוֹלָם leolam ריבוע דס"ג ו"י אותיות דס"ג בְּרִיתוֹ britó

קָדוֹשׁ kádosh וְנוֹרָא venorá שְׁמוֹ Shemó ע"ב בריבוע קס"א ע"ה, אל שדי ע"ה, מהש ע"ה:

רֵאשִׁית reshit חָכְמָה jojmá במילוי = תרי"ג (מצוות) יִרְאַת yirat

יְהֹוָהאדניאהדונהי Adonai שֵׂכֶל séjel טוֹב tov והו לְכָל־ lejol יה אדני

עֹשֵׂיהֶם oseihem תְּהִלָּתוֹ tehilató עֹמֶדֶת omédet לָעַד laad ב"פ ב"ן:

ה *Su obra es gloria y majestuosidad;* ו *y Su equidad perdura para siempre.*
ז *Él ha hecho un monumento para sus maravillosas obras;* ח *el Señor es glorioso y lleno de compasión.*
ט *Él ha dado alimento a aquellos que le temen;* י *Él siempre tendrá presente a Su alianza*
כ *Él le concedió a Su pueblo el poder de Sus obras,* ל *en entregarles la herencia de las naciones.*
מ *Las obras de Sus manos son verdad y justicia;* נ *y todos Sus preceptos son verdaderos.*
ס *Ellos son establecidos por siempre y para siempre,* ע *ellos son realizados en verdad y rectitud.*
פ *Él ha enviado redención a Su pueblo;* צ *Él ha impuesto Su alianza para siempre;*
ק *Santo y asombroso es Su Nombre.* ר *El temor al Señor es el comienzo de la sabiduría,*
ש *un buen entendimiento contiene todas las acciones;* ת *Su alabanza perdura para siempre"* (*Salmos 111*).

KADISH YEHÉ SHLAMÁ

יִתְגַּדַּל yitgadal וְיִתְקַדַּשׁ veyitkadash שדי ומילוי שדי; י״א אותיות כמנין ו״ה
שְׁמֵיהּ Shmei (שם י״ה דע״ב) רַבָּא rabá קנ״א ב״ן, יהוה אלהים יהוה אדני,
מילוי קס״א וס״ג, מ״ה ברבוע וע״ב ע״ה ; ר״ת = ו״פ אלהים ; ס״ת = ג״פ יב״ק: אָמֵן Amén אידהנויה.
בְּעָלְמָא bealmá דִּי di בְרָא verá כִרְעוּתֵיהּ quirutei.
וְיַמְלִיךְ veyamlij מַלְכוּתֵיהּ maljutei. וְיַצְמַח veyatsmaj
פּוּרְקָנֵיהּ purkanei. וִיקָרֵב vikarev מְשִׁיחֵיהּ Meshijei: אָמֵן Amén אידהנויה.
בְּחַיֵּיכוֹן bejayeijón וּבְיוֹמֵיכוֹן uveyomeijón וּבְחַיֵּי uvejayei
דְכָל dejol ילי בֵּית beit ב״פ ראה יִשְׂרָאֵל Yisrael בַּעֲגָלָא baagalá
וּבִזְמַן uvizmán קָרִיב kariv וְאִמְרוּ veimrú אָמֵן Amén: אָמֵן Amén אידהנויה.

La congregación y el *jazán* dicen lo siguiente:

28 palabras (hasta *bealmá*) y 28 letras (hasta *almayá*)

יְהֵא yehé שְׁמֵיהּ Shmei (שם י״ה דס״ג) רַבָּא rabá קנ״א ב״ן,
יהוה אלהים יהוה אדני, מילוי קס״א וס״ג, מ״ה ברבוע וע״ב ע״ה מְבָרַךְ mevaraj,
לְעָלַם lealam לְעָלְמֵי lealmei עָלְמַיָּא almayá. יִתְבָּרַךְ yitbaraj.

Siete palabras con seis letras cada una (שם בן מ״ב) y también, siete veces la letra *Vav* (שם בן מ״ב):

וְיִשְׁתַּבַּח veyishtabaj י״פ ע״ב יהוה אל אבג יתץ.

וְיִתְפָּאַר veyitpaar הי נו יה קרע שטן. וְיִתְרוֹמַם veyitromam וה כוזו נגד יכש.

וְיִתְנַשֵּׂא veyitnasé במוכסז בטר צתג. וְיִתְהַדָּר veyihadar כוזו יה חקב טנע.

וְיִתְעַלֶּה veyitalé וה יוד ה יגל פזק. וְיִתְהַלָּל veyithalal א ואו הא שקו צית.

שְׁמֵיהּ Shmei (שם י״ה דמ״ה) דְּקוּדְשָׁא deKudshá בְּרִיךְ Verij הוּא Hu:

אָמֵן Amén אידהנויה.

KADISH YEHÉ SHLAMÁ

Glorificado y santificado sea Su gran Nombre (Amén).

En el mundo que Él creó de acuerdo a Su voluntad, y pueda Su Reino reinar. Y pueda Él hacer que Su redención florezca y acercar al Mesías (Amén). En tus vidas y en tus días y en la vida de toda la Casa de Israel, prontamente y en el futuro cercano, y dígase: Amén (Amén). Que Su gran Nombre sea bendito por siempre y por toda la eternidad. Bendito y alabado, y glorificado y exaltado, y ensalzado y honrado, y adorado y loado, sea el Nombre del Santísimo, Bendito sea Él (Amén).

לְעֵלָּא leelá מִן min כָּל col יכ״י בִּרְכָתָא birjatá • שִׁירָתָא shiratá •
תֻּשְׁבְּחָתָא tishbejatá וְנֶחָמָתָא venejamatá • דַּאֲמִירָן daamirán
בְּעָלְמָא bealmá וְאִמְרוּ veimrú אָמֵן Amén: אָמֵן Amén אידהנויה.

יְהֵא yehé שְׁלָמָא shlamá רַבָּא rabá קנ״א ב״ן, יהוה אלהים יהוה אדני, מילוי קס״א וס״ג,
מ״ה ברבוע וע״ב ע״ה מִן min שְׁמַיָּא shmayá • וְחַיִּים jayim אהיה אהיה יהוה, בינה ע״ה
וְשָׂבָע vesavá וִישׁוּעָה vishuá וְנֶחָמָה venejamá וְשֵׁיזָבָא vesheizavá
וּרְפוּאָה urefuá וּגְאֻלָּה ugueulá וּסְלִיחָה uslijá וְכַפָּרָה vejapará
וְרֵיוַח vereivaj וְהַצָּלָה vehatsalá • לָנוּ lanu אלהים, אהיה אדני וּלְכָל ulejol יה אדני
עַמּוֹ amó יִשְׂרָאֵל Yisrael וְאִמְרוּ veimrú אָמֵן Amén: אָמֵן Amén אידהנויה.

Da tres pasos para atrás y di:

עוֹשֶׂה osé שָׁלוֹם shalom בִּמְרוֹמָיו bimromav ע״ב, ריבוע יהוה. הוּא Hu
בְּרַחֲמָיו berajamav יַעֲשֶׂה yaasé שָׁלוֹם shalom עָלֵינוּ aleinu ר״ת ש״ע נהורין.
וְעַל veal כָּל col יכ״י ; עמם עַמּוֹ amó יִשְׂרָאֵל Yisrael וְאִמְרוּ veimrú אָמֵן Amén:
אָמֵן Amén אידהנויה.

ALEINU

Atraeyendo Luz Circundante para ser protegido de las *klipot* (la inclinación negativa).

עָלֵינוּ aleinu ריבוע דס״ג לְשַׁבֵּחַ leshabéaj עלינו לשבח = אבג יתץ, ושר
לַאֲדוֹן laAdón אני ; ס״ת = ס״ג ע״ה הַכֹּל hacol ר״ת ללה, אדני
לָתֵת latet גְּדֻלָּה guedulá לְיוֹצֵר leyotser בְּרֵאשִׁית bereshit ר״ת גל״ב (באך ב״י יג״ל)
שֶׁלֹּא sheló עָשָׂנוּ asanu כְּגוֹיֵי quegoyei הָאֲרָצוֹת haaratsot
וְלֹא veló שָׂמָנוּ samanu כְּמִשְׁפְּחוֹת quemishpejot הָאֲדָמָה haadamá

Más allá de todas las bendiciones, himnos, alabanzas y palabras de consolación que jamás se dijeran en el mundo, y dígase: Amén (Amén). Que haya paz abundante del Cielo. Vida, satisfacción, salvación, consuelo, entrega, sanación, redención, perdón, expiación, comodidad y alivio para nosotros y para toda Su nación, Israel, y dirán: Amén (Amén). Él, que establece la paz en Sus Alturas, Él, en Su compasión, hará la paz sobre nosotros y sobre toda Su nación, Israel. Y dirán: Amén (Amén).

ALEINU

Es nuestro deber alabar al Soberano de todo y atribuir grandeza al Moldeador de la Creación, que no nos ha hecho como los pueblos del mundo. Él no nos colocó como las familias de la Tierra.

שֶׁלֹּא sheló שָׂם sam וְחֶלְקֵנוּ jelkenu כָּהֶם cahem וְגוֹרָלֵנוּ vegoralenu
כְּכָל quejol הֲמוֹנָם hamonam. שֶׁהֵם shehem מִשְׁתַּחֲוִים mishtajavim
לָהֶבֶל lahével וָרִיק varik וּמִתְפַּלְּלִים umitpalelim אֶל el אֵל el
לֹא lo יוֹשִׁיעַ yoshía. (haz una pausa aquí, y cuando digas "*vaanajnu mishtajavim*" inclina todo tu cuerpo)
וַאֲנַחְנוּ vaanajnu מִשְׁתַּחֲוִים mishtajavim לִפְנֵי lifnei מֶלֶךְ Mélej
מַלְכֵי maljei הַמְּלָכִים hamlajim הַקָּדוֹשׁ haKadosh בָּרוּךְ Baruj
הוּא Hu. שֶׁהוּא sheHú נוֹטֶה noté שָׁמַיִם shamáyim י"פ טל, י"פ כוזו ; ר"ת = י"פ אדני
שב"י ספירות של נוקבא דז"א וְיוֹסֵד veyosed אָרֶץ árets. וּמוֹשַׁב umoshav
יְקָרוֹ yekaró בַּשָּׁמַיִם bashamáyim י"פ טל, י"פ כוזו מִמַּעַל mimáal עלם.
וּשְׁכִינַת ushjinat עֻזּוֹ uzó בְּגָבְהֵי begavhei מְרוֹמִים meromim.
הוּא Hu אֱלֹהֵינוּ Eloheinu ילה וְאֵין veéin עוֹד od אַחֵר ajer.
אֱמֶת emet אהיה פעמים אהיה, ז"פ ס"ג מַלְכֵּנוּ malquenu וְאֶפֶס veéfes
זוּלָתוֹ zulató. כַּכָּתוּב cacatuv בַּתּוֹרָה baTorá (דברים ד', ל"ט): וְיָדַעְתָּ veyadata
הַיּוֹם hayom ע"ה נגד, מזבח, זן, אל יהוה וַהֲשֵׁבֹתָ vahashevota אֶל־ el
לְבָבֶךָ levaveja ר"ת לאו כִּי qui יְהֹוָהאדניאהדונהי Adonai הוּא Hu
הָאֱלֹהִים haElohim אהיה אדני ; ילה ; ר"ת יהה וכן עולה למנין ענו עג"כ
בַּשָּׁמַיִם bashamáyim י"פ טל, י"פ כוזו מִמַּעַל mimáal עלם ;
רמז לאור פנימי המתחיל מלמעלה וְעַל־ veal הָאָרֶץ haárets אלהים דההין ע"ה
מִתָּחַת mitájat רמז לאור מקיף המתחיל מלמטה אֵין ein עוֹד od:

Él no hizo nuestra suerte como la de ellos ni nuestro destino como el de sus multitudes, ya que ellos se inclinan ante la futilidad y el vacío, y rezan a una deidad que no ayuda. Nosotros nos inclinamos ante el Supremo Rey de Reyes, el Santísimo, Bendito sea Él. Él es quien extiende los Cielos y funda la Tierra. La Sede de Su gloria está arriba en el Cielo y la Presencia Divina de Su poder está en las alturas excelsas. Él es nuestro Dios y no hay ningún otro. Nuestro Rey es verdadero y no hay nadie excepto Él. Como está escrito en la Torá: "Aprende hoy y grábalo en tu corazón que el Señor es Dios arriba en los Cielos y abajo sobre la Tierra, y no hay otro" (Deuteronomio 4:39).

עַל al כֵּן quen נְקַוֶּה nekavé לָּךְ laj יְהֹוָה Adonai יאהדונהי אֱלֹהֵינוּ Eloheinu
ילה לִרְאוֹת lirot מְהֵרָה meherá בְּתִפְאֶרֶת betiféret עֻזָּךְ uzaj ס"ת כהת, מש"וח
בן דוד ע"ה לְהַעֲבִיר lehaavir גִּלּוּלִים guilulim מִן min הָאָרֶץ haárets אלהים דההין
ע"ה וְהָאֱלִילִים vehaelilim כָּרוֹת carot יִכָּרֵתוּן yicaretún• לְתַקֵּן letakén
עוֹלָם olam בְּמַלְכוּת bemaljut שַׁדַּי Shadai• וְכָל vejol ילי בְּנֵי bnei
בָשָׂר vasar יִקְרְאוּ yikreú בִשְׁמֶךָ vishmeja לְהַפְנוֹת lehafnot אֵלֶיךָ eleja
כָּל col ילי רִשְׁעֵי rishei אָרֶץ árets• יַכִּירוּ yaquiru וְיֵדְעוּ veyedú כָּל col ילי
יוֹשְׁבֵי yoshvei תֵבֵל tevel ב"פ רי"ו• כִּי qui לְךָ lejá תִּכְרַע tijrá כָּל col ילי
בֶּרֶךְ bérej תִּשָּׁבַע tishavá כָּל col ילי לָשׁוֹן lashón• לְפָנֶיךָ lefaneja ס"ג מ"ה ב"ן
יְהֹוָה Adonai יאהדונהי אֱלֹהֵינוּ Eloheinu ילה יִכְרְעוּ yijreú וְיִפֹּלוּ veyipolu
וְלִכְבוֹד velijvod שִׁמְךָ Shimjá יְקָר yekar יִתֵּנוּ yitenu• וִיקַבְּלוּ vikablú
כֻלָּם julam אֶת et עוֹל ol מַלְכוּתֶךָ maljuteja• וְתִמְלוֹךְ vetimloj
עֲלֵיהֶם aleihem מְהֵרָה meherá לְעוֹלָם leolam ריבוע ס"ג ו' אותיות דס"ג וָעֶד vaed•
כִּי qui הַמַּלְכוּת hamaljut שֶׁלְּךָ sheljá הִיא hi• וּלְעוֹלְמֵי uleolmei
עַד ad תִּמְלוֹךְ timloj בְּכָבוֹד bejavod בוכו• כַּכָּתוּב cacatuv
בְּתוֹרָתָךְ betorataj: יְהֹוָה Adonai יאהדונהי | יִמְלֹךְ yimloj לְעֹלָם leolam
ריבוע ס"ג ו' אותיות דס"ג ; ר"ת יי"ל וָעֶד vaed• וְנֶאֱמַר veneemar: וְהָיָה vehayá יהוה ; יהה
יְהֹוָה Adonai יאהדונהי לְמֶלֶךְ leMélej עַל al כָּל col ילי ; עמם
הָאָרֶץ haárets אלהים דההין ע"ה בַּיּוֹם bayom ע"ה נגד, מזבח, זן, אל יהוה
הַהוּא hahú יִהְיֶה yihyé ייי יְהֹוָה Adonai יאהדונהי אֶחָד Ejad אהבה, דאגה
וּשְׁמוֹ uShmó מהש ע"ה, ע"ב בריבוע וקס"א ע"ה, אל שדי ע"ה אֶחָד Ejad אהבה, דאגה:

Por eso, Señor, nuestro Dios, esperamos contemplar pronto la gloria majestuosa de Tu poder, cuando elimines los ídolos de la Tierra y los falsos dioses hayan sido completamente destruidos, para perfeccionar al mundo con el Reino del Todopoderoso. Y la humanidad entera invocará Tu Nombre y todos los malvados de la Tierra se dirigirán a Ti. Entonces todos los habitantes del mundo reconocerán y sabrán que, por Ti, toda rodilla se dobla y toda lengua se colma. Que ante Ti, Señor, nuestro Dios, se arrodillen y se prosternen y honren Tu glorioso Nombre. Y todos aceptarán el yugo de Tu Reino y Tú reinarás sobre ellos para siempre jamás. Pues el Reino es Tuyo. Y para siempre y por la eternidad, Tú reinarás en gloria. Como está escrito en la Torá: "El Señor reinará por los siglos de los siglos" (Éxodo 15:18) *y también está dicho: "El Señor será Rey sobre toda la Tierra y, en aquel día, el Señor será Uno y Uno su Nombre"* (Zacarías 14:9).

En la conexión vespertina de *Arvit*, conectamos con Yaakov el Patriarca, quien es el canal para la energía de la Columna Central. Él nos ayuda a conectar la energía de Juicio y de Misericordia de forma equilibrada. Se dice que todo el mundo fue creado sólo para Yaakov, quien es la personificación de la verdad: "Dale verdad a Yaakov" (Miqueas 7:20). Para activar el poder de nuestra oración, y específicamente el poder de la oración de *Arvit*, debemos ser sinceros con los demás y, sobre todo, con nosotros mismos.

LESHEM YIJUD

לְשֵׁם leShem יִיחוּד yijud קוּדְשָׁא Kudshá בְּרִיךְ Berij הוּא Hu

וּשְׁכִינְתֵּיהּ uShjintei (יאהדונהי), בִּדְחִילוּ bidjilu וּרְחִימוּ urjimu

(יאהדויהה), וּרְחִימוּ urjimu וּדְחִילוּ udjilu (איההיוהה), לְיַחֲדָא leyajdá

שֵׁם Shem יוֹ"ד Yud קֵ"י Kei בְּוָא"ו beVav קֵ"י Kei בְּיִחוּדָא beyijudá

שְׁלִים shelim (יהוה) בְּשֵׁם beshem כָּל col ילי יִשְׂרָאֵל Yisrael,

הִנֵּה hiné אֲנַחְנוּ anajnu בָּאִים baim לְהִתְפַּלֵּל lehitpalel תְּפִלַּת tefilat

עַרְבִית arvit שֶׁתִּקֵּן shetikén יַעֲקֹב Yaakov ז' הויות, יאהדונהי אידהנויה אָבִינוּ avinu

עָלָיו alav הַשָּׁלוֹם hashalom עִם im כָּל col ילי הַמִּצְוֹות hamitsvot

הַכְּלוּלוֹת haclulot בָּהּ ba לְתַקֵּן letakén אֶת et שׁוֹרְשָׁהּ shorshá

בְּמָקוֹם bemakom עֶלְיוֹן elyón לַעֲשׂוֹת laasot נַחַת nájat רוּחַ rúaj

לְיוֹצְרֵנוּ leyotsrenu וְלַעֲשׂוֹת velaasot רְצוֹן retsón מהש ע"ה, ע"ב בריבוע וקס"א ע"ה, אל

שדי ע"ה בּוֹרְאֵנוּ boreinu. וִיהִי vihí נֹעַם nóam אֲדֹנָי Adonai ללה

אֱלֹהֵינוּ Eloheinu ילה עָלֵינוּ aleinu וּמַעֲשֵׂה umaasé יָדֵינוּ yadeinu

כּוֹנְנָה conená עָלֵינוּ aleinu וּמַעֲשֵׂה umaasé יָדֵינוּ yadeinu כּוֹנְנֵהוּ conenehu:

ARVIT DE LA NOCHE DEL SÁBADO - LESHEM YIJUD

Para la unificación del Santísimo, Bendito sea Él, y Su Shejiná,

con temor y amor y con amor y temor, para unificar el Nombre Yud-Kei y Vav-Kei en perfecta unidad, y en el nombre de Israel, hemos venido aquí a recitar la oración del Arvit establecido por Yaakov nuestro ancestro, sea la paz sobre él, con todos sus mandamientos, para corregir sus raíces en el Lugar Celestial, para llevar satisfacción a nuestro Hacedor, y para satisfacer el deseo de nuestro Creador. "Y sea la Gracia del Señor, nuestro Dios, sobre nosotros y Él establezca el trabajo de nuestras manos sobre nosotros y pueda el trabajo de nuestras manos establecerlo a Él" (Salmos 90:17).

Derecha

יְהֹוָה יאהדונהי Adonai צְבָאוֹת Tsevaot פני שכינה עִמָּנוּ imanu

רִיבוּעַ ס״ג, קס״א ע״ה וד׳ אותיות מִשְׂגָּב־ misgav משה, מהש, ריבוע ע״ב וקס״א, אל שדי,

ד״פ אלהים ע״ה לָנוּ lanu אלהים, אהיה אדני אֱלֹהֵי Elohei מילוי ע״ב, דמב ; ילה

יַעֲקֹב Yaakov ז׳ הויות, יאהדונהי אידהנויה סֶלָה sela:

Izquierda

יְהֹוָה יאהדונהי Adonai צְבָאוֹת Tsevaot פני שכינה אַשְׁרֵי ashrei

אָדָם adam מ״ה ; ה׳ צבאות אשרי אדם = תפארת בֹּטֵחַ botéaj

בָּךְ: baj אדם בוטח בך = אמן (יאהדונהי) ע״ה ; בוטח בך = מילוי ע״ב ע״ה:

Central

יְהֹוָה יאהדונהי Adonai הוֹשִׁיעָה hoshía יהוה וש״ע נהורין הַמֶּלֶךְ: haMélej ר״ת יהה

יַעֲנֵנוּ yaanenu בְּיוֹם veyom ע״ה נגד, מזבח, זן, אל יהוה קָרְאֵנוּ korenu ר״ת יב״ק,

אלהים יהוה, אהיה אדני יהוה ; ס״ת = ב״ן ועם אות כ׳ דהמלך = ע״ב:

MEDIO KADISH

יִתְגַּדַּל yitgadal וְיִתְקַדַּשׁ veyitkadash שדי ומילוי שדי ; י״א אותיות כמנין ו״ה

שְׁמֵיהּ Shmei (שם י״ה דע״ב) רַבָּא rabá קנ״א ב״ן, יהוה אלהים יהוה אדני,

מילוי קס״א וס״ג, מ״ה ברבוע וע״ב ע״ה ; ר״ת = ו״פ אלהים ; ס״ת = ג״פ יב״ק: אָמֵן Amén אידהנויה.

בְּעָלְמָא bealmá דִּי di בְרָא verá כִּרְעוּתֵיהּ quirutei.

וְיַמְלִיךְ veyamlij מַלְכוּתֵיהּ maljutei. וְיַצְמַח veyatsmaj

פּוּרְקָנֵיהּ purkanei. וִיקָרֵב vikarev מְשִׁיחֵיהּ Meshijei: אָמֵן Amén אידהנויה.

"El Señor de los Ejércitos, dichoso es aquel que confía en Ti" (Salmos 84:13).
"El Señor de los Ejércitos está con nosotros. El Dios de Yaakov es un refugio para nosotros, Sela. Dios, redímenos. El Rey nos contestará el día en que le clamemos" (Salmos 20:10).

MEDIO KADISH

¡Glorificado y santificado sea Su Gran Nombre! (Amén).
En el mundo que Él creó de acuerdo a Su voluntad y pueda Su Reino reinar.
Y pueda Él hacer que Su redención florezca y pueda Él acercar al Mesías (Amén).

בְּחַיֵּיכוֹן bejayeijón וּבְיוֹמֵיכוֹן uveyomeijón וּבְחַיֵּי uvejayei

דְכָל dejol ילי בֵּית beit ב"פ ראה יִשְׂרָאֵל Yisrael בַּעֲגָלָא baagalá

וּבִזְמַן uvizmán קָרִיב kariv וְאִמְרוּ veimrú אָמֵן Amén: אָמֵן Amén אידהנויה.

La congregación y el *jazán* dicen lo siguiente:

28 palabras (hasta *bealmá*) – medita en:
מילוי דמילוי דע"ב (יוד ויו דלת הי יוד ויו יוד ויו הי יוד)
28 letras (hasta *almayá*) – medita en:
מילוי דמילוי דס"ג (יוד ויו דלת הי יוד ואו אלף ואו הי יוד)

יְהֵא yehé שְׁמֵיהּ Shmei (שם י"ה דס"ג) רַבָּא rabá קנ"א ב"ן,

יהוה אלהים יהוה אדני, מילוי קס"א וס"ג, מ"ה ברבוע וע"ב ע"ה מְבָרַךְ mevaraj,

לְעָלַם lealam לְעָלְמֵי lealmei עָלְמַיָּא almayá. יִתְבָּרַךְ yitbaraj.

Siete palabras con seis letras cada una (שם בן מ"ב) – medita en:
יהוה + יוד הי ויו הי + מילוי דמילוי דע"ב (יוד ויו דלת הי יוד ויו יוד ויו הי יוד)
También, siete veces la letra Vav (שם בן מ"ב) – medita en:
יהוה + יוד הי ואו הי + מילוי דמילוי דס"ג (יוד ויו דלת הי יוד ואו אלף ואו הי יוד).

וְיִשְׁתַּבַּח veyishtabaj י"פ ע"ב יהוה אל אבג יתץ.

וְיִתְפָּאַר veyitpaar הי גו יהקרע שטן. וְיִתְרוֹמַם veyitromam וה כוזו נגד יכש.

וְיִתְנַשֵּׂא veyitnasé במוכסז בטר צתג. וְיִתְהַדָּר veyithadar כוזו יה וקכב טנע.

וְיִתְעַלֶּה veyitalé וה יוד ה יגל פזק. וְיִתְהַלָּל veyithalal א ואו הא שקו צית.

שְׁמֵיהּ Shmei (שם י"ה דמ"ה) דְּקֻדְשָׁא deKudshá בְּרִיךְ Verij הוּא Hu:

אָמֵן Amén אידהנויה.

לְעֵלָּא leelá מִן min כָּל col ילי בִּרְכָתָא birjatá. שִׁירָתָא shiratá.

תֻּשְׁבְּחָתָא tishbejatá וְנֶחָמָתָא venejamatá. דַּאֲמִירָן daamirán

בְּעָלְמָא bealmá וְאִמְרוּ veimrú אָמֵן Amén: אָמֵן Amén אידהנויה.

En tus vidas y en tus días y en la vida de la Casa de Israel, prontamente y en el futuro cercano, y dígase: Amén (Amén). Que Su gran Nombre sea bendito por siempre y para toda la eternidad, y bendito y alabado, y glorificado y exaltado, y ensalzado y honrado, y adorado y loado, sea el Nombre del Santo Bendito Sea (Amén). Más allá de todas las bendiciones, himnos, alabanzas y palabras de consolación que deben decirse en el mundo, y dígase: Amén (Amén).

VEHÚ RAJUM

"*Vehú Rajum*" contiene 13 palabras. El número 13 denota los Trece Atributos de Misericordia, los cuales, en este caso, recitamos para enfriar los fuegos del infierno para todos los que allí habitan.

Hay 13 palabras que corresponden a los 13 Atributos de Misericordia de *Arij Anpín*.

(***Aba de la klipá***) avón ר״ת רי״ו עָוֺן yejaper יְכַפֵּר rajum רַחוּם vehú וְהוּא

lehashiv לְהָשִׁיב vehirbá וְהִרְבָּה (***Ima de la klipá***) yashjit יַשְׁחִית veló וְלֹא־

jamató ילי חֲמָתוֹ col כָּל־ yair יָעִיר veló וְלֹא־ (***Zeir de la klipá***) apó אַפּוֹ

יהוה וש״ע נהורין hoshía הוֹשִׁיעָה Adonai יְהֹוָהאדניאהדונהי ׃(***Nukvá de la klipá***)

ע״ה נגד, מזבח, זן אל יהוה veyom בְּיוֹם yaanenu ר״ת יהה יַעֲנֵנוּ haMélej הַמֶּלֶךְ

ר״ת יב״ק, אלהים יהוה, אהיה אדני יהוה ; ס״ת ב״ן ועם כ׳ דהמלך = ע״ב׃ korenu קָרְאֵנוּ

BARJÚ

El *jazán* dice:

Adonai יְהֹוָהאדניאהדונהי et יהוה ריבוע יהוה ריבוע מ״ה אֶת barjú בָּרְכוּ

ס״ת כהת, משיח בן דוד ע״ה׃ hamevoraj הַמְבֹרָךְ׃

Primero la congregación responde con lo siguiente y después el *jazán* lo repite:

Neshamá *Rúaj* *Néfesh*

hamevoraj הַמְבֹרָךְ׃ Adonai יְהֹוָהאדניאהדונהי Baruj בָּרוּךְ׃

Yejidá *Jayá*

׃vaed ריבוע ס״ג וי׳ אותיות דס״ג וָעֶד leolam לְעוֹלָם

VEHÚ RAJUM

"Y Él es misericordioso,
olvida iniquidades y no destruye; con frecuencia deja a un lado Su ira y no ejerce toda Su fuerza" (*Salmos 78:38*) *"Dios, redímenos. El Rey nos contestará el día en que le clamemos"* (*Salmos 20:10*).

BARJÚ

¡Bendigan a Dios, el Bendito!
Bendito es el Señor, el Bendito, por siempre y para siempre.

HAMAARIV ARAVIM – LA PRIMERA CÁMARA – LIVNAT HASAPIR

Al momento del *Arvit*, tenemos una oportunidad de conectar con cuatro "Cámaras" diferentes en la Casa del Rey: La Cámara de Zafiro (*Livnat Hasapir*), la Cámara del Amor (*Ahavá*), la Cámara del Deseo (*Ratsón*) y la Cámara del Sancta Sanctórum (*Kódesh HaKadoshim*). Cada Cámara nos conecta con otro nivel en el plano espiritual. La bendición que nos conecta con la Primera Cámara, *Livnat Hasapir*, contiene 53 palabras, que también es la numerología de la palabra *gan* גן, que quiere decir "jardín"; por lo tanto, nos conecta con el Jardín de Edén de nuestro mundo.

Heijal Livnat Hasapir (la Cámara de Zafiro) de *Nukvá* en *Briá*.

בָּרוּךְ Baruj אַתָּה Atá יְהֹוָאדניאהדונהי Adonai אֱלֹהֵינוּ Eloheinu ילה

מֶלֶךְ Mélej הָעוֹלָם haolam אֲשֶׁר asher בִּדְבָרוֹ bidvaró מַעֲרִיב maariv

עֲרָבִים aravim בְּחָכְמָה bejojmá (***Atsilut***) במילוי = תרי״ג (מצוות)•

פּוֹתֵחַ potéaj שְׁעָרִים shearim כתר בִּתְבוּנָה bitvuná (***Briá***)•

מְשַׁנֶּה meshané עִתִּים itim (***Yetsirá***) וּמַחֲלִיף umajalif אֶת et

הַזְּמַנִּים hazemanim (***Asiyá***) וּמְסַדֵּר umesader אֶת et הַכּוֹכָבִים hacojavim

בְּמִשְׁמְרוֹתֵיהֶם bemishmeroteihem •(*Los siete planetas*) בָּרָקִיעַ barakía

כִּרְצוֹנוֹ quirtsonó• בּוֹרֵא boré יוֹמָם yomam וָלָיְלָה valayla מלה• גּוֹלֵל golel

אוֹר or רז, אין סוף מִפְּנֵי mipenei חֹשֶׁךְ jóshej שך נצוצות של רז׳ המלכים

וְחֹשֶׁךְ vejóshej שך נצוצות של רז׳ המלכים מִפְּנֵי mipenei אוֹר or רז, אין סוף•

הַמַּעֲבִיר hamaavir יוֹם yom ע״ה נגד, מזבח, זן, אל יהוה וּמֵבִיא umeví לָיְלָה layla

מלה• וּמַבְדִּיל umavdil בֵּין bein יוֹם yom ע״ה נגד, מזבח, זן, אל יהוה וּבֵין uvein

לָיְלָה layla מלה• יְהֹוָאדניאהדונהי Adonai צְבָאוֹת Tsevaot פני שכינה שְׁמוֹ Shemó

מהש ע״ה, ע״ב בריבוע וקס״א ע״ה, אל שדי ע״ה יְהֹוָאדניאהדונהי Adonai• בָּרוּךְ Baruj

אַתָּה Atá יְהֹוָאדניאהדונהי Adonai הַמַּעֲרִיב hamaariv עֲרָבִים aravim•:

HAMAARIV ARAVIM – PRIMERA CÁMARA – LIVNAT HASAPIR

Bendito eres Tú, Señor, nuestro Dios, Rey del universo, que con Sus palabras trae con sabiduría las noches. Él abre las puertas con discernimiento. Él cambia las estaciones y varía los tiempos y organiza las estrellas en sus constelaciones en el cielo, de acuerdo a Su voluntad. Él crea el día y la noche y aparta la Luz de la oscuridad, y la oscuridad de la Luz. Él es quien causa que el día suceda y trae la noche, y separa el día de la noche. Señor de los Ejércitos, Su nombre es el Señor. Bendito eres Tú, Señor, quien trae las noches.

AHAVAT OLAM – LA SEGUNDA CÁMARA – AMOR

Esta bendición nos conecta con la Segunda Cámara, *Ahavá* (Amor), y su propósito es inspirarnos con un amor renovado por los demás y por el mundo.

Heijal Ahavá (la Cámara del Amor) de *Nukvá* en *Briá*.
El siguiente párrafo tiene 50 palabras que corresponden a las 50 Puertas de *Biná*.

אַהֲבַת ahavat עוֹלָם olam בֵּית beit ב"פ ראה יִשְׂרָאֵל Yisrael עַמְּךָ amjá

אָהָבְתָּ ahavta. תּוֹרָה Torá (*Atsilut*) וּמִצְוֹת umitsvot (*Briá*) וְחֻקִּים jukim

(*Yetsirá*) וּמִשְׁפָּטִים umishpatim (*Asiyá*) אוֹתָנוּ otanu לִמַּדְתָּ limadta.

עַל al כֵּן quen יְהֹוָה(יאהדונהי) Adonai אֱלֹהֵינוּ Eloheinu ילה

בְּשָׁכְבֵנוּ beshojvenu וּבְקוּמֵנוּ uvekumenu נָשִׂיחַ nasíaj בְּחֻקֶּיךָ bejukeja

וְנִשְׂמַח venismaj וְנַעֲלוֹז venaaloz בְּדִבְרֵי bedivrei תַלְמוּד talmud

תּוֹרָתֶךָ torateja וּמִצְוֹתֶיךָ umitsvoteja וְחֻקּוֹתֶיךָ vejukoteja

לְעוֹלָם leolam ריבוע ד"ס"ג ו"ו אותיות ד"ס"ג וָעֶד vaed. כִּי qui הֵם hem

חַיֵּינוּ jayeinu וְאֹרֶךְ veórej יָמֵינוּ yameinu וּבָהֶם uvahem נֶהְגֶּה nehgué

יוֹמָם yomam וָלָיְלָה valayla מלה. וְאַהֲבָתְךָ veahavatjá לֹא lo תָסוּר tasur

מִמֶּנּוּ mimenu לְעוֹלָמִים leolamim. בָּרוּךְ Baruj אַתָּה Atá

יְהֹוָה(יאהדונהי) Adonai אוֹהֵב ohev אֶת et עַמּוֹ amó יִשְׂרָאֵל Yisrael:

EL SHEMÁ (para saber más sobre el *Shemá*, ve a la pág. 340)

El *Shemá* es una de las herramientas más poderosas para atraer energía sanadora a nuestra vida. El verdadero poder del *Shemá* es liberado cuando recitamos esta oración mientras meditamos en otras personas que necesiten energía de sanación.

1) Para poder recibir la Luz del *Shemá*, debes aceptar el precepto de: "Ama a tu prójimo como a ti mismo", y verte a ti mismo unido con todas las almas que componen el Adam Original.

2) Necesitas meditar en conectarte al precepto de Recitar el *Shemá* dos veces al día.

3) Antes de recitar el *Shemá*, debes cubrir tus ojos con la mano derecha y luego decir las palabras "*Shemá Yisrael ... leolam vaed*". Y debes decir el *Shemá* con una meditación profunda, cantándolo con las entonaciones. Es necesario ser cuidadoso con la pronunciación de todas las letras.

AHAVAT OLAM – SEGUNDA CÁMARA – AMOR

Con eterno amor Tú has amado a Tu nación, la Casa de Israel. Tú nos has enseñado Torá, mandamientos, estatutos y leyes. Por lo tanto, Señor, nuestro Dios, cuando nos acostemos y cuando nos levantemos, discutiremos Tus estatutos y nos regocijaremos y exultaremos en las palabras de las enseñanzas de Tu Torá, Tus mandamientos y Tus estatutos, por siempre y para siempre. Ellos son nuestras vidas y la longitud de nuestros días; con ellos nos dirigiremos día y noche. Y Tu amor nunca apartarás de nosotros. Bendito eres Tú, Señor, que amas a Tu nación, Israel.

Primero, medita en general, en el primer *Yijud* de los cuatro *Yijudim* del Nombre: יהוה y, en particular, para despertar a la letra ה, y luego para conectarla con la letra ו. Entonces conecta la letra י y la letra ה juntas en el orden siguiente: *Hei* (ה), *Hei-Vav* (ה"ו), luego *Yud-Hei* (י"ה), lo que suma 31, el secreto de י"א del Nombre ס"ג. Es bueno meditar en este *Yijud* antes de recitar cualquier *Shemá* porque actúa como un reemplazo por las veces que quizás no hayas recitado el *Shemá*. Este *Yijud* tiene la capacidad de crear una conexión Celestial igual que la lectura del *Shemá*: elevar a *Zeir* y a *Nukvá* juntos para el *Zivug* de *Aba* e *Ima*.

Shemá – שְׁמַע

Meditación general: שׁם ע – para atraer la energía desde las siete *Sefirot* inferiores de *Ima* hacia la *Nukvá*, la cual permite a la *Nukvá* elevar las *Mayin Nukvín* (despertar desde Abajo). **Meditación particular**: שׁם = יהוה + שׁדי y cinco veces las letras י y ד de ב"ן = ע [La letra *Hei* (ה) es formada por las letras *Dálet* (ד) y *Yud* (י), por lo tanto en ב"ן tenemos cuatro veces la letra ה más otra vez las letras י y ד de יוד de ב"ן]. También las tres letras ו (18) que quedan de ב"ן, más ב"ן mismo (52) equivale a ע (70).

Yisrael – יִשְׂרָאֵל

Meditación general: שׁיר אל – para atraer energía desde *Jésed* y *Guevurá* de *Aba* hacia *Zeir Anpín*, para hacer su acción en el secreto de *Mayin Dujrín* (despertar desde Arriba).

Meditación particular: (las letras reordenadas de la palabra *Yisrael*): שׁר אלי

אלהים דיודין (אלף למד הי יוד מם) = ש',

רבוע אלהים (א אל אלה אלהי אלהים) = ר',

מ"א אותיות רבוע אלהים במילואו (אלף אלף למד אלף למד הי אלף למד הי יוד אלף למד הי יוד מם) = אל"י.

También medita en atraer el *Mojín* Interno de *Aba* de *Katnut* hacia *Zeir Anpín*.

Adonai Eloheinu Adonai – יְהוָה אֱלֹהֵינוּ יְהוָה

Meditación general: para atraer energía hacia *Aba*, *Ima* y *Dáat* desde *Arij Anpín*.

Meditación particular: (יוד הי וי הי) ע"ב (יוד הי) קס"א (אלף הי יוד הי) ע"ב (יוד הי ויו הי).

Ejad – אֶחָד

(El secreto del completo *Yijud-Unificación*)

Las letras *Álef* א y *Jet* ח de *Ejad* אחד son *Zeir Anpín* y la letra *Dálet* ד es *Nukvá*. **Debes medita** en dedicar tu alma a la santificación del Nombre Sagrado, elevando de este modo a tu *Néfesh*, *Rúaj*, *Neshamá* y *Neshamá* de *Neshamá* con *Zeir Anpín* y *Nukvá* (usando los Nombres: ע"ב y ס"ג) hacia *Aba* e *Ima* como en el secreto de *Mayin Nukvín*, y por esa energía, *Aba* e *Ima* serán unificados en el secreto del Nombre: יאהדויה"ה. **También medita** en atraer los Seis Bordes Internos de *Gadlut* de *Ima* hacia *Zeir Anpín*. La Gota, que es ע"ב, es sacada desde lo externo de *Arij Anpín*, y desciende hacia *Yesod* de *Ima*, donde se convierte en: ע"ב ס"ג מ"ה ב"ן, y las cuatro אהיה deletreadas (אלף הי יוד הי, אלף הי יוד הי, אלף הא יוד הא, אלף הה יוד הה) se convierten en Su vestimenta. <u>Como resultado</u>, *Zeir Anpín* tiene cuatro יה"ו deletreadas (יוד הי ויו, יוד הי ואו, יוד הא ואו, יוד הה וו), cuatro אה"י deletreadas (אלף הי יוד, אלף הי יוד, אלף הא יוד, אלף הה יוד) y los Seis Bordes Internos de *Gadlut* de *Ima*. **También medita en el Nombre:** אל"ף ה"י וי"ו ה"י, que es el *Mojín* entero en el secreto de *Dáat*. **Y también medita** (según el Ramjal) en las cuatro *Álef* deletreadas (אלף = 111) del Nombre: אהי"ה que es igual a la palabra *Midat* (444), haciendo el *Kéter* para *Leá*.

Baruj Shem – בָּרוּךְ שֵׁם כְּבוֹד מַלְכוּתוֹ לְעוֹלָם וָעֶד

Baruj Shem Quevod – *Jojmá*, *Biná*, *Dáat* de *Leá*;

Maljutó – Su *Kéter*; **Leolam** – el resto de Su *Partsuf*;

Vaed – los cuatro היה (4 veces 20 es igual a *Vaed* = 80) harán el *Kéter* para *Rajel*.

Y las cuatro היה deletreadas (הי יוד הי, הי יוד הי, הא יוד הא, הה יוד הה) harán el resto de Su cuerpo.

שְׁמַע Shemá ע׳ רבתי יִשְׂרָאֵל Yisrael יְהֹוָהאדניאהדונהי Adonai

אֱלֹהֵינוּ Eloheinu ילה יְהֹוָהאדניאהדונהי Adonai | אֶחָד Ejad ד׳ רבתי ; אהבה, דאגה:

(susurrar): יוזו אותיות בָּרוּךְ Baruj שֵׁם Shem כְּבוֹד quevod מַלְכוּתוֹ maljutó,

לְעוֹלָם leolam ריבוע ס״ג וי׳ אותיות דס״ג וָעֶד vaed:

***Yud, Jojmá,* cabeza** – 42 palabras que corresponden al Santo Nombre de Dios de 42 Letras.

א ב

וְאָהַבְתָּ veahavtá ב״פ אור, ב״פ רז, ב״פ אין סוף ; (יכוין לקיים מ״ע של אהבת ה׳) אֵת et

ג י

יְהֹוָהאדניאהדונהי Adonai אֱלֹהֶיךָ Eloheja ילה ; ס״ת כהת, משיוז בן דוד ע״ה

ת צ ק ר

בְּכָל־ bejol ב״ן, לכב לְבָבְךָ levavjá וּבְכָל־ uvejol ב״ן, לכב נַפְשְׁךָ nafshejá

ע ש ט נ

וּבְכָל־ uvejol ב״ן, לכב מְאֹדֶךָ meodeja: וְהָיוּ vehayú הַדְּבָרִים hadevarim

נ ג ד י כ

הָאֵלֶּה haele אֲשֶׁר asher אָנֹכִי anojí מְצַוְּךָ metsaveja הַיּוֹם hayom

ש ב ט

ע״ה נגד, מזבח, זן, אל יהוה (pausa aquí) עַל al לְבָבֶךָ levaveja: וְשִׁנַּנְתָּם veshinantam

ר צ ת ג

לְבָנֶיךָ levaneja וְדִבַּרְתָּ vedibarta בָּם bam מ״ב בְּשִׁבְתְּךָ beshivtejá

וז ק ב

בְּבֵיתֶךָ beveiteja ב״פ ראה וּבְלֶכְתְּךָ uvelejtejá בַדֶּרֶךְ vadérej:

ט נ

ב״פ יב״ק, ס״ג קס״א וּבְשָׁכְבְּךָ uveshojbejá וּבְקוּמֶךָ uvkumeja:

ע י ג ל

וּקְשַׁרְתָּם ukshartam לְאוֹת leot עַל־ al יָדֶךָ yadeja

El Shemá

"Escucha, Israel, el Señor nuestro Dios. El Señor es Uno" (Deuteronomio 6:4).

"Bendito es el glorioso Nombre, Su reino es por siempre y para la eternidad" (Pésajim 56a).

"Y amarás al Señor, tu Dios, con todo tu corazón y con toda tu alma y con todo lo que posees. Deja que estas palabras que te ordeno hoy descansen sobre tu corazón. Y las enseñarás a tus hijos y hablarás de ellas mientras estés sentado en tu hogar y mientras caminas por el sendero y cuando te acuestas y cuando te levantas. Las atarás como una señal sobre tu mano

פ ז ק ש

וְהָיוּ vehayú לְטֹטָפֹת letotafot בֵּין bein עֵינֶיךָ eineja

ק ו

ע"ה קס"א ; ריבוע מ"ה: וּכְתַבְתָּם ujtavtam עַל־ al

צ י ת

מְזֻזוֹת mezuzot נ"ת (זו מות) בֵּיתֶךָ beiteja ב"פ ראה וּבִשְׁעָרֶיךָ: uvishaareja

VEHAYÁ IM SHAMOA

***Hei, Biná*, brazos y cuerpo** – 72 palabras que corresponden a los 72 Nombres de Dios.

והו ילי

וְהָיָה vehayá יהוה ; יהה אִם־ im יוה"ך, מ"א אותיות דפשוט, דמילוי ודמילוי דמילוי דאהיה ע"ה

סיט עלם מהש ללה אכא

שָׁמֹעַ shamoa תִּשְׁמְעוּ tishmeú אֶל־ el מִצְוֹתַי mitsvotai אֲשֶׁר asher

כהת הזי אלד לאו

אָנֹכִי anojí מְצַוֶּה metsavé אֶתְכֶם etjem הַיּוֹם hayom ע"ה נגד, מזבח, זן, אל יהוה

ההע יזל מבה

(haz una pausa aquí) לְאַהֲבָה leahavá אוזר, דאגה אֶת־ et יְהֹוָהאדניאהדונהי Adonai

הרי הקם

אֱלֹהֵיכֶם Eloheijem ילה (pronuncia la letra *Ayin* en la palabra "*uleavdó*") וּלְעָבְדוֹ uleavdó

לאו כלי לוו

בְּכָל־ bejol ב"ן, לכב לְבַבְכֶם levavjem וּבְכָל־ uvejol ב"ן, לכב

פהל נלך ייי מלה

נַפְשְׁכֶם: nafshejem וְנָתַתִּי venatati מְטַר־ metar אַרְצְכֶם artsejem

חהו נתה האא ירת שאה

בְּעִתּוֹ beitó יוֹרֶה yoré וּמַלְקוֹשׁ umalkosh וְאָסַפְתָּ veasafta דְגָנֶךָ deganeja

רײ אום לכב ושר

וְתִירֹשְׁךָ vetiroshjá וְיִצְהָרֶךָ: veyitzhareja וְנָתַתִּי venatati עֵשֶׂב ésev ע"ב שבות

---

y serán como filacterias entre tus ojos.
Y las escribirás en los umbrales de tu casa y en tus puertas" (Deuteronomio 6:5-9).

VEHAYÁ IM SHAMOA

"Y sucederá que si escuchan Mis mandamientos
que les estoy ordenando hoy de amar al Señor, su Dios, y servirle con todo su corazón y con toda su alma, entonces enviaré lluvias sobre su tierra en el momento apropiado, tanto lluvias tempranas como lluvias tardías. Y recogerás tus granos y tu vino y tu aceite. Y te daré hierba

יוהו בשדך besadeja להוו לבהמתך livhemteja כוק ואכלת veajalta מנד ושבעת vesavata:

אני השמרו hishamrú ווע לכם lajem רהע פן pen ייי יפתה yifté ההה לבבכם levavjem

מיכ וסרתם vesartem וול ועבדתם vaavadtem ילה אלהים elohim סאל אחרים ajerim

מושה (העומד נגד הקליפות) ערי והשתחויתם vehishtajavitem עשל להם lahem:

מיה וחרה vejará (haz una pausa aquí) והו אף af דני יהוה יאהדונהי Adonai הוש בכם bajem

עמם ועצר veatsar ננא את et נית השמים hashamáyim י"פ טל, י"פ כוזו מבה ולא veló

פוי יהיה yihyé ייי נמם מטר matar ייל והאדמה vehaadamá הרוו לא lo מצר תתן titén ב"פ כהת

ומב את et יהה יבולה yevulá ענו ואבדתם vaavadetem מחי מהרה meherá דמב מעל meal עלם

מנק הארץ haárets אלהים דההין ע"ה איע הטבה hatová וזבו אשר asher

ראה יהוה יאהדונהי Adonai יבם נתן notén אבג יתץ, ושר היי לכם lajem: *Vav, Zeir Anpín*

מום ושמתם vesamtem **estómago** – 50 palabras que corresponden a las 50 Puertas of *Biná*

א את et ה דברי devarai ראה י אלה ele ה על al א לבבכם levavjem

ה ועל veal י נפשכם nafshejem ה וקשרתם ukshartem א אתם otam

---

en tu campo para tu ganado. Y comerás y quedarás saciado. Pero cuiden que su corazón no sea seducido y se alejen para servir a deidades foráneas y se postren ante ellas. Y la ira del Señor caerá sobre ustedes y Él detendrá los Cielos y no habrá más lluvia y la tierra no brindará su cosecha. Y rápidamente perecerán de la buena tierra que el Señor les ha dado. Y pondrán estas palabras Mías sobre su corazón y sobre su alma y las atarán

לְאוֹת leot ר"ת לאו עַל־ al יֶדְכֶם yedjem וְהָיוּ vehayú

לְטוֹטָפֹת letotafot בֵּין bein עֵינֵיכֶם eineijem ריבוע מ"ה:

וְלִמַּדְתֶּם velimadtem אֹתָם otam אֶת־ et בְּנֵיכֶם beneijem

לְדַבֵּר ledaber ראה בָּם bam שם בן מ"ב בְּשִׁבְתְּךָ beshivtejá

בְּבֵיתֶךָ beveiteja ב"פ ראה וּבְלֶכְתְּךָ uvelejtejá בַדֶּרֶךְ vadérej ב"פ יב"ק, ס"ג קס"א

וּבְשָׁכְבְּךָ uveshojbejá וּבְקוּמֶךָ uvkumeja: וּכְתַבְתָּם ujtavtam עַל־ al

מְזוּזוֹת mezuzot בֵּיתֶךָ beiteja ב"פ ראה וּבִשְׁעָרֶיךָ uvisheareja: לְמַעַן lemaan

יִרְבּוּ yirbú יְמֵיכֶם yemeijem ר"ת יי"ל וִימֵי vimei בְנֵיכֶם veneijem

עַל al הָאֲדָמָה haadamá אֲשֶׁר asher (pronuncia la letra *Ayin* en la palabra "*nishbá*")

נִשְׁבַּע nishbá יכוין לשבועת המבול יְהֹוָהאדניאהדונהי Adonai

לַאֲבֹתֵיכֶם laavoteijem לָתֵת latet לָהֶם lahem כִּימֵי quimei

הַשָּׁמַיִם hashamáyim י"פ טל, י"פ כוזו עַל־ al הָאָרֶץ haárets אלהים דההין ע"ה:

---

como una señal sobre sus manos y serán como filacterias entre sus ojos. Y las enseñarán a sus hijos hablando de ellas mientras estés sentado en tu hogar y mientras caminas por el sendero y cuando te acuestas y cuando te levantas. Y las escribirás en los umbrales de tu casa y sobre tus puertas. Esto es para que sus días sean numerosos y también los días de sus hijos sobre la Tierra que el Señor ha prometido a sus padres darles como los días de los Cielos sobre la Tierra" (Deuteronomio 11:13-21).

VAYÓMER

Hei, *Maljut*, piernas y órganos reproductores,

72 palabras que corresponden a los 72 Nombres de Dios en orden directo (según el Ramjal).

והו · ילי · סיט · עלם

וַיֹּאמֶר vayómer יְהֹוָהאדניאהדונהי Adonai אֶל־ el מֹשֶׁה Moshé

מהש · ללה · אכא

מהש, ע"ב בריבוע וקס"א, אל שדי, ד"פ אלהים ע"ה לֵּאמֹר lemor: דַּבֵּר daber אֶל־ ראה el

כהת · הזי · אלד · לאו · ההע

בְּנֵי bnei יִשְׂרָאֵל Yisrael וְאָמַרְתָּ veamarta אֲלֵהֶם alehem וְעָשׂוּ veasú

יזל · מבה · הרי · הקם · לאו

לָהֶם lahem צִיצִת tsitsit עַל־ al כַּנְפֵי canfei בִגְדֵיהֶם vigdeihem

כלי · לוו · פהל · נלך

לְדֹרֹתָם ledorotam וְנָתְנוּ venatnú עַל־ al צִיצִת tsitsit

ייי · מלה · חהו

הַכָּנָף hacanaf ע"ה קנ"א, אדני אלהים פְּתִיל petil י"פ ב"ן תְּכֵלֶת tejélet:

נתה · האא · ירת · שאה · ריי

וְהָיָה vehayá יהוה ; יהה לָכֶם lajem לְצִיצִת letsitsit וּרְאִיתֶם ureitem אֹתוֹ otó

אום · לכב · ושר · יחו · להח

וּזְכַרְתֶּם uzjartem אֶת־ et כָּל־ col ילי מִצְוֹת mitsvot יְהֹוָהאדניאהדונהי Adonai

כוק · מנד · אני · חעם · רהע

וַעֲשִׂיתֶם vaasitem אֹתָם otam וְלֹא־ veló תָתוּרוּ taturu אַחֲרֵי ajarei

ייז · ההה · מיך

לְבַבְכֶם levavjem וְאַחֲרֵי veajarei עֵינֵיכֶם eineijem ריבוע מ"ה

Debes meditar en el precepto: "No seguirás los pensamientos sexuales negativos del corazón ni las miradas de los ojos que buscan prostitución".

VAYÓMER

"Y el Señor le habló a Moshé y dijo: Habla a los Hijos de Israel y diles que deben hacer para sí mismos Tsitsit, en las esquinas de sus vestimentas, a lo largo de todas sus generaciones. Y deben colocar sobre el Tsitsit de cada esquina un filamento azul. Y esto será para ustedes como un Tsitsit; lo verán y recordarán los mandamientos del Señor y los cumplirán. Y no se dejen llevar en pos de su corazón y de sus ojos,

וול ילה סאל ערי עשל

אֲשֶׁר־ asher אַתֶּם atem זֹנִים zonim אַחֲרֵיהֶם ajareihem: לְמַעַן lemaan

מיה והו דני החש עמם

תִּזְכְּרוּ tizquerú וַעֲשִׂיתֶם vaasitem אֶת־ et כָּל־ col ילי מִצְוֺתָי mitsvotai

ננא נית מבה

וִהְיִיתֶם vihyitem קְדֹשִׁים kedoshim לֵאלֹהֵיכֶם leEloheijem ילה:

פוי נמם ייל הרח

אֲנִי Aní אני יְהֹוָהאדניאהדונהי Adonai אֱלֹהֵיכֶם Eloheijem ילה אֲשֶׁר asher

מצר ומב יהה ענו

הוֹצֵאתִי hotseti אֶתְכֶם etjem מֵאֶרֶץ meérets מִצְרַיִם Mitsráyim מצר

Debes meditar en recordar el Éxodo de *Mitsráyim* (Egipto).

מחי דמב מנק

לִהְיוֹת lihyot לָכֶם lajem לֵאלֹהִים leElohim אהיה אדני ; ילה

איע חבו ראה

אֲנִי Aní אני יְהֹוָהאדניאהדונהי Adonai אֱלֹהֵיכֶם Eloheijem ילה:

Está atento de completar este párrafo junto con el *jazán* y la congregación, y de decir la palabra "*emet*" en voz alta. El *jazán* debe decir la palabra "*emet*" susurrando.

אֱמֶת emet אהיה פעמים אהיה, ז"פ ס"ג.

La congregación debe estar en silencio, escuchar y oír las palabras "*Adonai Eloheijem emet*" dichas por el *jazán*. Si no completaste el párrafo junto al *jazán*, debes repetir las últimas tres palabras por cuenta propia. Con estas tres palabras el *Shemá* es concluido.

יבמ היי

יְהֹוָהאדניאהדונהי Adonai אֱלֹהֵיכֶם Eloheijem ילה:

מום

אֱמֶת emet אהיה פעמים אהיה, ז"פ ס"ג.

---

porque de acuerdo con ellos irás por mal camino. Para que se acuerden y hagan todos Mis mandamientos y de este modo serán santos ante su Dios. Yo soy el Señor, su Dios, quien los sacó de la tierra de Egipto para ser su Dios. Yo, el Señor, su Dios, es verdad" (Números 15:37-41). *El Señor, su Dios, ¡es verdad!*

VEEMUNÁ – LA TERCERA CÁMARA – RATSÓN

Veemuná nos conecta con la Tercera Cámara en la Casa del Rey: *Ratsón*, o deseo. Antes de que podamos conectar con cualquier forma de energía espiritual, tenemos que sentir un anhelo o deseo. El deseo es la vasija que atrae a la Luz espiritual. Un deseo pequeño atrae poca cantidad de Luz. Un gran deseo atrae una gran cantidad.

Heijal Ratsón (la Cámara del Deseo) de *Nukvá* en *Briá*.

וֶאֱמוּנָה veemuná (בוזינ״ת לילה) כָּל col ילי זֹאת zot וְקַיָּם vekayam עָלֵינוּ ,aleinu

כִּי qui הוּא Hu יְהֹוָהאדהנויאהדונהי Adonai אֱלֹהֵינוּ Eloheinu ילה וְאֵין veéin

זוּלָתוֹ •zulató וַאֲנַחְנוּ vaanajnu יִשְׂרָאֵל Yisrael עַמּוֹ •amó

הַפּוֹדֵנוּ hapodenu מִיַּד miyad מְלָכִים •melajim הַגּוֹאֲלֵנוּ hagoalenu

מַלְכֵּנוּ malquenu מִכַּף micaf כָּל col ילי עָרִיצִים •aritsim

הָאֵל haEl לאה ; ייא״ (מילוי דס״ג) הַנִּפְרָע hanifrá לָנוּ lanu אלהים, אהיה אדני

מִצָּרֵינוּ •mitsareinu הַמְשַׁלֵּם hameshalem גְּמוּל guemul לְכָל lejol יה אדני

אוֹיְבֵי oyvei נַפְשֵׁנוּ •:nafshenu הַשָּׂם hasam נַפְשֵׁנוּ nafshenu

בַּחַיִּים bajayim אהיה אהיה יהוה, בינה ע״ה וְלֹא veló נָתַן natán לַמּוֹט lamot

רַגְלֵנוּ •raglenu הַמַּדְרִיכֵנוּ hamadrijenu עַל al בָּמוֹת bamot

אוֹיְבֵינוּ •oyveinu וַיָּרֶם vayarem קַרְנֵנוּ karnenu עַל al כָּל col ילי ; עמם

שׂוֹנְאֵינוּ •soneinu הָאֵל haEl לאה ; ייא״ (מילוי דס״ג) הָעוֹשֶׂה haosé

לָנוּ lanu אלהים, אהיה אדני נִסִּים nisim וּנְקָמָה unekamá בְּפַרְעֹה •beFaró

בְּאוֹתוֹת beotot וּבְמוֹפְתִים uvemoftim בְּאַדְמַת beadmat בְּנֵי bnei

חָם •jam הַמַּכֶּה hamaqué בְעֶבְרָתוֹ veevrató כָּל col ילי

בְּכוֹרֵי bejorei מִצְרַיִם Mitsráyim •מצר וַיּוֹצֵא vayotsí אֶת et

עַמּוֹ amó יִשְׂרָאֵל Yisrael מִתּוֹכָם mitojam לְחֵרוּת lejerut עוֹלָם •olam

---

VEEMUNÁ – TERCERA CÁMARA - RATSÓN

Y fidedigno. Todo eso y Él está sobre nosotros porque Él es el Señor, nuestro Dios, y no hay ningún otro. Y nosotros somos Israel, Su Nación. Él nos redime de las manos de reyes. Él es nuestro Rey, que nos libera del alcance de los tiranos; el Dios, que nos venga contra nuestros enemigos. Él paga a nuestros enemigos mortales su deuda. Él, que nos mantiene vivos y no permite que nuestros pies resbalen. Él, que nos ha guiado sobre las llanuras de nuestros enemigos y Él, que eleva nuestro poder sobre todos los que nos odian. Él es Dios, que hizo por nosotros milagros y acciones contra el Faraón, con señales y maravillas, en la tierra de los hijos de Jam. Él que con Su ira azotó a los primogénitos de Egipto y sacó a Su Nación, Israel, de entre ellos a una libertad eterna.

הַמַּעֲבִיר hamaavir בָּנָיו banav

בֵּין bein גִּזְרֵי guizrei יַם yam ילי סוּף Suf. וְאֶת veet רוֹדְפֵיהֶם rodfeihem

וְאֶת veet שׂוֹנְאֵיהֶם soneihem בִּתְהוֹמוֹת bitehomot טִבַּע tibá. רָאוּ raú

בָנִים vanim אֶת et גְּבוּרָתוֹ guevurató שִׁבְּחוּ shibjú וְהוֹדוּ vehodú אהיה

לִשְׁמוֹ liShmó מהש ע"ה, ע"ב בריבוע וקס"א ע"ה, אל שדי ע"ה. וּמַלְכוּתוֹ umaljutó

בְּרָצוֹן beratsón מהש ע"ה, ע"ב בריבוע וקס"א ע"ה, אל שדי ע"ה קִבְּלוּ kiblú

עֲלֵיהֶם aleihem. מֹשֶׁה Moshé מהש, ע"ב בריבוע קס"א, אל שדי, ד"פ אלהים ע"ה

וּבְנֵי uvnei יִשְׂרָאֵל Yisrael ר"ת ע"ה נגד, מזבח, זן, אל יהוה לְךָ lejá עָנוּ anú

שִׁירָה shirá בְּשִׂמְחָה besimjá רַבָּה rabá וְאָמְרוּ veamrú כֻלָּם julam:

מִי mi ילי כָמֹכָה jamoja בָּאֵלִם baelim יְהֹוָה אדני יאהדונהי Adonai

ר"ת ע"ב, ריבוע יהוה ; ס"ת מ"ה מִי mi ילי כָּמֹכָה camoja נֶאְדָּר needar

בַּקֹּדֶשׁ bakódesh ר"ת יב"ק, אלהים יהוה, אהיה אדני יהוה נוֹרָא norá תְהִלֹּת tehilot

עֹשֵׂה osé פֶלֶא fele: מַלְכוּתְךָ maljutjá יְהֹוָה אדני יאהדונהי Adonai

אֱלֹהֵינוּ Eloheinu ילה רָאוּ raú בָנֶיךָ vaneja עַל al הַיָּם hayam ילי

יַחַד yájad כֻּלָּם culam הוֹדוּ hodú אהיה וְהִמְלִיכוּ vehimliju

וְאָמְרוּ veamrú: יְהֹוָה אדני יאהדונהי Adonai | יִמְלֹךְ yimloj לְעֹלָם leolam

ריבוע ס"ג וי' אותיות דס"ג ; ר"ת ייל וָעֶד vaed. וְנֶאֱמַר veneemar: כִּי qui פָדָה fadá

יְהֹוָה אדני יאהדונהי Adonai אֶת et יַעֲקֹב Yaakov ז' הויות, יאהדונהי אידהנויה

וּגְאָלוֹ ugueal ó מִיַּד miyad חָזָק jazak פהל מִמֶּנּוּ mimenu: בָּרוּךְ Baruj

אַתָּה Atá יְהֹוָה אדני יאהדונהי Adonai גָּאַל gaal באתב"ש כתר יִשְׂרָאֵל Yisrael:

Él, que hizo pasar a Sus Hijos entre las secciones del Mar Rojo mientras ahogó en las profundidades a sus perseguidores y sus enemigos. Los Hijos contemplaron Su poder y lo alabaron y dieron gracias a Su Nombre; aceptaron Su soberanía sobre ellos con deseo. Moshé y los Hijos de Israel elevaron sus voces en canto a Él, con gran alegría y dijeron todos: "¿Quién es como Tú entre los dioses, Señor? ¿Quién es como Tú, poderoso en santidad, impresionante en alabanza y que hace maravillas?" (Éxodo 15:11). Nuestros Hijos vieron Tu Reino, Señor, nuestro Dios, sobre el mar y todos al unísono te dan las gracias y aceptan Tu soberanía y dicen: "El Señor reinará por siempre y para siempre" (Éxodo 15:18). Y está dicho: "Porque el Señor ha liberado a Yaakov y lo ha rescatado de la mano de uno más fuerte que él" (Jeremías 31:10). Bendito eres Tú, Señor, quien redimió a Israel.

HASHKIVENU – LA CUARTA CÁMARA – EL SANCTA SANCTÓRUM

La Cuarta Cámara es *Kódesh HaKadoshim*, el Sancta Sanctórum, el cual es nuestro vínculo al siguiente nivel que alcanzamos mediante la *Amidá*.

Heijal Kódesh HaKadoshim (la Cámara del Sancta Sanctórum) de *Nukvá* en *Briá*.

הַשְׁכִּיבֵנוּ hashquivenu אָבִינוּ avinu לְשָׁלוֹם leshalom ר"ת לאה
וְהַעֲמִידֵנוּ vehaamidenu מַלְכֵּנוּ malquenu לְחַיִּים lejayim אהיה אהיה יהוה, בינה ע"ה
טוֹבִים tovim וּלְשָׁלוֹם uleshalom וּפְרוֹשׂ ufrós עָלֵינוּ aleinu
סֻכַּת sucat סוכה = סאל, אמן (יאהדונהי) שְׁלוֹמֶךָ shlomeja וְתַקְּנֵנוּ vetaknenu
מַלְכֵּנוּ malquenu בְּעֵצָה beetsá טוֹבָה tová אכא מִלְּפָנֶיךָ milfaneja ס"ג מ"ה ב"ן
וְהוֹשִׁיעֵנוּ vehoshienu מְהֵרָה meherá לְמַעַן lemaan שְׁמֶךָ Shemeja
וְהָגֵן vehaguén בַּעֲדֵנוּ baadenu. וְהָסֵר vehaser מֵעָלֵינוּ mealeinu מַכַּת macat
אוֹיֵב oyev. דֶּבֶר déver. וְחֶרֶב jérev. וְחֹלִי joli וחולי = מ"ה עם ד' אותיות.
צָרָה tsará אלהים דההין. רָעָה raá רהע. רָעָב raav. וְיָגוֹן veyagón.
וּמַשְׁחִית umashjit. וּמַגֵּפָה umaguefá. שְׁבוֹר shevor וְהָסֵר vehaser
הַשָּׂטָן hasatán מִלְּפָנֵינוּ milfaneinu וּמֵאַחֲרֵינוּ umeajareinu. וּבְצֵל uvetsel
כְּנָפֶיךָ quenafeja תַּסְתִּירֵנוּ tastirenu. וּשְׁמוֹר ushmor צֵאתֵנוּ tsetenu
וּבוֹאֵנוּ uvoenu לְחַיִּים lejayim אהיה אהיה יהוה, בינה ע"ה טוֹבִים tovim
וּלְשָׁלוֹם uleshalom מֵעַתָּה meatá וְעַד vead עוֹלָם olam: כִּי qui אֵל El ייא"י
(במילוי דס"ג) שׁוֹמְרֵנוּ shomrenu כ"א הויות שבתפילין וּמַצִּילֵנוּ umatsilenu אָתָּה Atá
מִכָּל micol ילי דָּבָר davar ראה רָע ra וּמִפַּחַד umipájad לַיְלָה layla מלה.
בָּרוּךְ Baruj אַתָּה Atá יְהֹוָהאדניאהדונהי Adonai שׁוֹמֵר shomer כ"א הויות שבתפילין
אֶת et עַמּוֹ amó יִשְׂרָאֵל Yisrael לָעַד laad ב"פ ב"ן. אָמֵן Amén יאהדונהי:

HASHKIVENU – LA CUARTA CÁMARA – EL SANCTA SANCTÓRUM

Otórganos, Padre, que descansemos en paz y que nuevamente, Rey nuestro, nos levantemos a la buena vida y a la paz. Corrígenos con Tu buen consejo y sálvanos pronto por amor a Tu Nombre. Y elimina de nosotros el ataque de nuestro enemigo, pestilencia, sable, enfermedad, angustia, malicia, hambruna, tristeza, ruina y plaga. Destruye y elimina al Satán delante y detrás de nosotros. Ocúltanos en la sombra de Tus Alas y cuídanos en nuestro andar, para la buena vida y para la paz, desde ahora y hasta la eternidad. Porque Tú, Dios, eres nuestro Guardián y nuestro Salvador de todas las cosas malignas y del terror de la noche. Bendito eres Tú, Señor, quien guarda a Su nación, Israel, por siempre. ¡Amén!

MEDIO KADISH

יִתְגַּדַּל yitgadal וְיִתְקַדַּשׁ veyitkadash שד"י ומילוי שד"י ; י"א אותיות כמנין ו"ה

שְׁמֵיהּ Shmei (שם י"ה דע"ב) רַבָּא rabá קנ"א ב"ן, יהוה אלהים יהוה אדני,

מילוי קס"א וס"ג, מ"ה ברבוע וע"ב ע"ה ; ר"ת = ו"פ אלהים ; ס"ת = ג"פ יב"ק: אָמֵן Amén אידהנויה.

בְּעָלְמָא bealmá דִּי di בְרָא verá כִרְעוּתֵיהּ quirutei.

וְיַמְלִיךְ veyamlij מַלְכוּתֵיהּ maljutei. וְיַצְמַח veyatsmaj

פּוּרְקָנֵיהּ purkanei. וִיקָרֵב vikarev מְשִׁיחֵיהּ Meshijei: אָמֵן Amén אידהנויה.

בְּחַיֵּיכוֹן bejayeijón וּבְיוֹמֵיכוֹן uveyomeijón וּבְחַיֵּי uvejayei

דְכָל dejol יל"י בֵּית beit ב"פ ראה יִשְׂרָאֵל Yisrael בַּעֲגָלָא baagalá

וּבִזְמַן uvizmán קָרִיב kariv וְאִמְרוּ veimrú אָמֵן Amén: אָמֵן Amén אידהנויה.

La congregación y el *jazán* dicen lo siguiente:

Veintiocho palabras (hasta *bealmá*) – meditar: במילוי דמילוי דע"ב (יוד ויו דלת הי יוד ויו יוד ויו הי יוד)
Veintiocho letras (hasta *almayá*) – meditar: במילוי דמילוי דע"ב (יוד ויו דלת הי יוד ויו יוד ויו הי יוד)

יְהֵא yehé שְׁמֵיהּ Shmei (שם י"ה דס"ג) רַבָּא rabá קנ"א ב"ן,

יהוה אלהים יהוה אדני, מילוי קס"א וס"ג, מ"ה ברבוע וע"ב ע"ה מְבָרַךְ mevaraj,

לְעָלַם lealam לְעָלְמֵי lealmei עָלְמַיָּא almayá. יִתְבָּרַךְ yitbaraj.

MEDIO KADISH

Glorificado y santificado sea Su Gran Nombre (Amén).

En el mundo que Él creó de acuerdo a Su voluntad y pueda Su Reino reinar. Y pueda hacer que Su redención florezca y pueda Él acercar al Mesías (Amén). En tus vidas y en tus días y en la vida de toda la Casa de Israel, prontamente y en el futuro cercano, y dígase: Amén (Amén). Que Su gran Nombre sea bendito por siempre y por toda la eternidad, bendito,

Siete palabras con seis letras cada una (שֵׁם בָּן מ"ב) – meditar:
יהוה ✦ יוד הי ויו הי ✦ מילוי דמילוי דע״ב (יוד ויו דלת הי יוד ויו יוד ויו הי יוד)

También, siete veces la letra Vav (שֵׁם בָּן מ"ב) – meditar:
יהוה ✦ יוד הי ויו הי ✦ מילוי דמילוי דע״ב (יוד ויו דלת הי יוד ויו יוד ויו הי יוד).

וְיִשְׁתַּבַּח veyishtabaj י״פ ע״ב יהוה אל אבג יתץ.

וְיִתְפָּאַר veyitpaar הי נו יה קרע שטן. וְיִתְרוֹמַם veyitromam וה כוזו נגד יכש.

וְיִתְנַשֵּׂא veyitnasé במוכסז בטר צתג. וְיִתְהַדָּר veyithadar כוזו יה וזקב טנע.

וְיִתְעַלֶּה veyitalé וה יוד ה יגל פזק. וְיִתְהַלָּל veyithalal א ואו הא שקו צית.

שְׁמֵיהּ Shmei (שם י״ה דמ״ה) דְּקוּדְשָׁא deKudshá בְּרִיךְ Verij הוּא Hu:

אָמֵן Amén אידהנויה.

לְעֵלָּא leelá מִן min כָּל col ילי בִּרְכָתָא birjatá. שִׁירָתָא shiratá.

תֻּשְׁבְּחָתָא tishbejatá וְנֶחָמָתָא venejamatá. דַּאֲמִירָן daamirán

בְּעָלְמָא bealmá וְאִמְרוּ veimrú אָמֵן Amén: אָמֵן Amén אידהנויה.

LA AMIDÁ

Cuando comenzamos la conexión, damos tres pasos hacia atrás que significan que estamos dejando este mundo físico. Después damos tres pasos hacia delante para comenzar la *Amidá*. Los tres pasos son:

1. Entrar a la tierra de Israel; para entrar en el primer círculo espiritual.
2. Entrar en la ciudad de Jerusalén; para entrar en el segundo círculo espiritual.
3. Entrar en el Sancta Sanctórum; para entrar en el círculo más interno.

Antes de recitar el primer verso de la *Amidá*, pedimos: "*Dios, abre mis labios y permite que mi boca hable*", estamos pidiendo a la Luz que hable por nosotros para que podamos recibir lo que necesitamos y no sólo lo que queremos. Con mucha frecuencia, lo que queremos de la vida no es necesariamente el deseo del alma, que es lo que verdaderamente necesitamos para estar satisfechos. Al pedirle a la Luz que hable a través de nosotros, nos aseguramos de que nuestra conexión nos traiga realización genuina y oportunidades para el crecimiento espiritual y el cambio.

---

y alabado, y glorificado y exaltado, y ensalzado y honrado,
y adorado y loado sea el Nombre del Santo Bendito Sea (Amén). Más allá de todas las bendiciones, himnos, alabanzas y palabras de consolación que deben decirse en el mundo, y dirán: Amén (Amén).

אֲדֹנָי Adonai לכה (pausa aquí) שְׂפָתַי sfatai תִּפְתָּח tiftaj וּפִי ufí יַגִּיד yaguid

ייז (כ״ב אותיות פשוטות [=אכא] וה׳ אותיות סופיות מנצפך) תְּהִלָּתֶךָ tehilateja ס״ת = בוכו:

LA PRIMERA BENDICIÓN – INVOCA AL ESCUDO DE AVRAHAM

Avraham es el canal de la energía de la Columna Derecha de positividad, compartir y misericordia. Las acciones dadoras pueden protegernos de todas las formas de negatividad.

Jésed que se convierte en *Jojmá*

En esta sección hay 42 palabras, el secreto del Nombre de Dios de 42 letras y, por lo tanto, comienza con la letra *Bet* (2) y termina con la letra *Mem* (40).

Flexiona tus rodillas en "*Baruj*", inclínate en "*Atá*" y enderézate en "*Adonai*".

א ב

בָּרוּךְ Baruj אַתָּה Atá א-ת (אותיות הא״ב המסמלות את השפע המגיע) לה׳ המלכות

ג י

יְהֹוָהאדניאהדונהי Adonai (יא) אֱלֹהֵינוּ Eloheinu ילה

ת צ

וֵאלֹהֵי veElohei לכב ; מילוי ע״ב, דמב ; ילה אֲבוֹתֵינוּ avoteinu.

ק ר

אֱלֹהֵי Elohei מילוי ע״ב, דמב ; ילה אַבְרָהָם Avraham (*Jojmá*)

וז״פ אל, רי״ו ול״ב נתיבות החכמה, רמ״ח (אברים), עסמ״ב וט״ז אותיות פשוטות.

ע ש

אֱלֹהֵי Elohei מילוי ע״ב, דמב ; ילה יִצְחָק Yitsjak (*Biná*) ד״פ ב״ן

ט נ

וֵאלֹהֵי veElohei לכב ; מילוי ע״ב, דמב ; ילה יַעֲקֹב Yaakov (*Dáat*) ז׳ הויות, יאהדונהי אידהנויה

נ נ

הָאֵל haEl לאה ; ייא״ (מילוי דס״ג) הַגָּדוֹל hagadol האל הגדול = סיט ; גדול = להח

ד י

עם ד׳ אותיות = מבה, יזל, אום הַגִּבּוֹר haguibor ר״ת ההה וְהַנּוֹרָא vehanorá.

LA AMIDÁ

"Mi Señor, abre mis labios y mi boca declarará Tu alabanza" (*Salmos 51:17*).

LA PRIMERA BENDICIÓN

Bendito eres, Señor, nuestro Dios y Dios de nuestros padres:
el Dios de Avraham, el Dios de Yitsjak y el Dios de Yaakov. El Dios grande, poderoso y reverenciado.

כ ש

אֵל El ייא״י (מילוי דס״ג) ; ר״ת ע״ב, ריבוע יהוה עֶלְיוֹן elyón.

ב ט ר צ ת

גּוֹמֵל gomel חֲסָדִים jasadim טוֹבִים tovim. קוֹנֵה koné הַכֹּל hacol ילי

ג וז ק ב

וְזוֹכֵר vezojer חַסְדֵי jasdei אָבוֹת avot. וּמֵבִיא umeví

ט ג ע י

גּוֹאֵל goel לִבְנֵי livnei בְנֵיהֶם veneihem לְמַעַן lemaan

ג ל

שְׁמוֹ Shemó מהש ע״ה, ע״ב בריבוע וקס״א ע״ה, אל שדי ע״ה בְּאַהֲבָה beahavá אחד, דאגה:

Cuando digas la palabra "*beahavá*" debes meditar en dedicar tu alma a santificar el Santo Nombre y aceptar sobre ti mismo las cuatro formas de muerte.

Durante los días entre *Rosh Hashaná* y *Yom Kipur* decimos la oración de "*zojrenu*":

זָכְרֵנוּ zojrenu לְחַיִּים lejayim אהיה אהיה יהוה, בינה ע״ה.

מֶלֶךְ Mélej חָפֵץ jafets בַּחַיִּים bajayim אהיה אהיה יהוה, בינה ע״ה.

כָּתְבֵנוּ cotvenu בְּסֵפֶר beséfer חַיִּים jayim אהיה אהיה יהוה, בינה ע״ה.

לְמַעַנְךָ lemaanaj אֱלֹהִים Elohim אהיה אדני ; ילה חַיִּים jayim אהיה אהיה יהוה, בינה ע״ה.

Si olvidas decir "*zojrenu*" y te das cuenta de esto antes de terminar la bendición ("*Baruj Atá Adonai*"), debes regresar y decir "*zojrenu*" y continuar normalmente. Pero si te das cuenta de esto después del final de la bendición, debes continuar y puedes agregar "*zojrenu*" en "*shomea tefilá*" o al final de "*Elohai netsor*".

פ ז ק ש

מֶלֶךְ Mélej עוֹזֵר ozer וּמוֹשִׁיעַ umoshía וּמָגֵן umaguén

ג״פ אל (ייא״י מילוי דס״ג) ; ר״ת מיכאל גבריאל נוריאל:

Flexiona tus rodillas en "*Baruj*", inclínate en "*Atá*" y enderézate en "*Adonai*".

ק ו צ

בָּרוּךְ Baruj אַתָּה Atá יְהֹוָאֲדֹנָי(יְהֹוָאֱדֹנָי)יאהדונהי Adonai (הד)

(**Durante las tres semanas de *Bein HaMetsarim*** medita en el Nombre Sagrado: טדהד)

י ת

מָגֵן maguén ג״פ אל (ייא״י מילוי דס״ג) ; ר״ת מיכאל גבריאל נוריאל אַבְרָהָם Avraham

וז״פ אל, רי״ו ול״ב נתיבות החכמה, רמ״ח (אברים), עסמ״ב וט״ז אותיות פשוטות:

El Dios grande, poderoso y reverenciado. El Dios Celestial. El que otorga benevolencia y crea todas las cosas. El que recuerda las buenas acciones de nuestros ancestros y El que trae un redentor a los hijos de sus hijos por el bien de Su Nombre, con amor.

Durante los días entre *Rosh Hashaná* y *Yom Kipur*:

Recuérdanos para la vida, Rey, quien desea la vida, e inscríbenos en el Libro de la Vida, por Ti, Dios Vivo.

Rey, Asistente, Salvador y Escudo. Bendito seas Tú, Señor, Escudo de Avraham.

LA SEGUNDA BENDICIÓN

LA ENERGÍA DE YITSJAK ENCIENDE EL PODER DE LA RESURRECCIÓN DE LOS MUERTOS

Mientras que Avraham representa el poder de compartir, Yitsjak representa a la Columna Izquierda, energía de Juicio. El Juicio acorta el proceso de *tikún* y prepara la vía para nuestra resurrección final.

Guevurá que se convierte en *Biná*

En esta sección hay 49 palabras que corresponden a las 49 Puertas del Sistema Puro en *Biná*.

אַתָּה Atá גִּבּוֹר guibor לְעוֹלָם leolam ריבוע ס"ג וי' אותיות דס"ג אֲדֹנָי Adonai ללה

(ר"ת אֲגְלָא והוא שם גדול ואמיץ, ובו היה יהודה מתגבר על אויביו. ע"ה אלד, בוכו).

מְחַיֶּה mejayé ס"ג מֵתִים metim אַתָּה Atá. רַב rav לְהוֹשִׁיעַ lehoshía.

Durante el verano (a partir de *Pésaj*):

מוֹרִיד morid הַטָּל hatal

יוד הא ואו, כוזו, מספר אותיות דמילואי עסמ"ב ;

ר"ת מ"ה (יוד הא ואו הא):

Si por error dices "*Mashiv harúaj*" y te das cuenta de ello antes del final de la bendición ("*Baruj Atá Adonai*"), debes regresar al comienzo de la bendición ("*Atá guibor*") y continuar normalmente. Pero si sólo te das cuenta de ello después del final de la bendición, debes iniciar la *Amidá* desde el principio.

Durante el invierno (a partir de *Simjat Torá*):

מַשִּׁיב mashiv הָרוּחַ harúaj ר"ת מ"ה

וּמוֹרִיד umorid הַגֶּשֶׁם haguéshem

שביל [י"ש (= י"פ אל) ול"ב נתיבות החכמה] ע"ה:

Si por error dices "*Morid hatal*" y te das cuenta de ello antes del final de la bendición ("*Baruj Atá Adonai*"), debes regresar al comienzo de la bendición ("*Atá guibor*") y continuar normalmente. Pero si sólo te das cuenta de ello después del final de la bendición, debes continuar y no regresar.

מְכַלְכֵּל mejalquel חַיִּים jayim אהיה אהיה יהוה, בינה ע"ה בְּחֶסֶד bejésed

ע"ב, ריבוע יהוה. מְחַיֵּה mejayé ס"ג מֵתִים metim בְּרַחֲמִים berajamim

(במוכסז) מצפצ, אלהים דההין, י"פ ייי רַבִּים rabim (טלא דעתיק). סוֹמֵךְ somej

(אכדטם) כוק, ריבוע אדני נוֹפְלִים noflim (זו"ן). וְרוֹפֵא verofé חוֹלִים jolim

חולה = מ"ה וד' אותיות. וּמַתִּיר umatir אֲסוּרִים asurim. וּמְקַיֵּם umekayem

אֱמוּנָתוֹ emunató לִישֵׁנֵי lishenei עָפָר afar. מִי mi ילי כָּמוֹךָ jamoja

(debes pronunciar la letra *Ayin* en la palabra "*Báal*") בַּעַל báal גְּבוּרוֹת guevurot

וּמִי umí ילי דּוֹמֶה domé לָּךְ laj. מֶלֶךְ Mélej מֵמִית memit

וּמְחַיֶּה umejayé ס"ג (יוד הי ואו הי) וּמַצְמִיחַ umatsmíaj יְשׁוּעָה yeshuá:

LA SEGUNDA BENDICIÓN

Tú, Señor, eres poderoso por siempre. Tú revives a los muertos y eres muy capaz de redimir.

Durante el invierno:

El que hace soplar el viento y caer la lluvia.

Durante el verano:

El que hace caer el rocío.

Tú sostienes a los vivientes con bondad y revives a los muertos con gran compasión. Tú sostienes a los caídos, curas a los enfermos, pones en libertad a los cautivos y cumples Tu promesa con los que duermen en el polvo. ¿Quién es como Tú, Señor de fortaleza, y quién puede compararse contigo, Rey, que causas la muerte, das vida y haces crecer la salvación?

> **Durante los días entre *Rosh Hashaná* y *Yom Kipur*** decimos la oración de "*mi jamoja*":
>
> zojer זוֹכֵר harajmán הָרַחֲמָן av אָב jamoja כָּמוֹךָ ילי mi מִי
>
> ייי י"פ ,דיודין אלהים ,מצפצ berajamim בְּרַחֲמִים yetsurav יְצוּרָיו
>
> .ע"ה בינה ,יהוה אהיה אהיה lejayim לְחַיִּים
>
> Si olvidas decir "*mi jamoja*" y te das cuenta de esto antes del final de la bendición ("*Baruj Atá Adonai*"), debes regresar y decir "*mi jamoja*" y continuar normalmente. Pero si sólo te das cuenta de esto al final de la bendición, debes continuar normalmente.

:metim מֵתִים lehajayot לְהַחֲיוֹת Atá אַתָּה veneemán וְנֶאֱמָן

Adonai יְהֹוָאדִנָהי(יְהֹוָאדִנָהי)אהדונהי Atá אַתָּה Baruj בָּרוּךְ

(Durante las tres semanas de *Bein HaMetsarim* medita en el Nombre Sagrado: **כוזו)**

:מ"ה וס"ת מ"ה ר"ת hametim הַמֵּתִים (יוד הי ואו הי) ס"ג mejayé מְחַיֵּה

LA TERCERA BENDICIÓN

Esta bendición nos conecta con Yaakov, la Columna Central, el poder de la restricción. Yaakov es nuestro canal para conectar la Misericordia con el Juicio. Al restringir nuestro comportamiento reactivo, estamos deteniendo nuestro Deseo de Recibir para Nosotros Mismos. Yaakov también nos da el poder para equilibrar nuestros actos de Misericordia y Juicio hacia otras personas en nuestra vida.

Tiféret* que se convierte en *Dáat (14 palabras).

.אור, רז, אין סוף = ר"ת kadosh קָדוֹשׁ veShimjá וְשִׁמְךָ kadosh קָדוֹשׁ Atá אַתָּה

אל יהוה ,זן ,מזבח ,נגד ע"ה yom יוֹם לכב ,ב"ן bejol בְּכָל ukdoshim וּקְדוֹשִׁים

:sela סֶּלָה yehaleluja יְהַלְלוּךָ

Adonai יְהֹוָאדִנָהי(יְהֹוָאדִנָהי)אהדונהי Atá אַתָּה Baruj בָּרוּךְ

(Durante los días de *Bein HaMetsarim* medita en el Nombre Sagrado: **מצפצ)**

:(יוד הא ואו הא) י"פ מ"ה hakadosh הַקָּדוֹשׁ (מילוי דס"ג) ייא"י ; לאה haEl הָאֵל

Medita aquí en el Nombre: **יאהדונהי**, ya que puede ayudar a eliminar la ira.

> **Durante los días entre *Rosh Hashaná* y *Yom Kipur*** en lugar de decir "*haEl hakadosh*" decimos:
>
> :hakadosh הַקָּדוֹשׁ haMélej הַמֶּלֶךְ
>
> Si por error dijiste "*haEl hakadosh*" y te das cuenta de esto en tres segundos, debes decir inmediatamente "*hamélej hakadosh*" y continuar como siempre. Pero si ya empezaste la bendición siguiente, debes empezar la *Amidá* desde el principio.

> Durante los días entre *Rosh Hashaná* y *Yom Kipur*:
>
> *¿Quién es como Tú, Padre Misericordioso, quien recuerda a Sus criaturas con misericordia para la vida?*

Y eres fiel para resucitar a los muertos. Bendito eres Tú, Señor, que resucitas a los muertos.

LA TERCERA BENDICIÓN

Tú eres Santo y Santo es Tu Nombre, y los Seres Santos te alaban día a día, porque Tú eres Dios, el Rey Santo, Sela. Bendito eres Tú, Señor, el Santo Dios.

> Durante los días entre *Rosh Hashaná* y *Yom Kipur*: *El Santo Rey.*

LAS TRECE BENDICIONES DEL MEDIO

Hay trece bendiciones en el medio de la *Amidá* que nos conectan a los Trece Atributos.

LA PRIMERA (CUARTA) BENDICIÓN

Esta bendición nos ayuda a transformar la información en conocimiento al ayudarnos a internalizar todo lo que aprendemos.

Jojmá

En esta bendición hay 17 palabras, el mismo valor numérico de la palabra *Tov* (bueno) en el secreto de *Ets HaDáat Tov vaRá*, (Árbol de Conocimiento del Bien y el Mal), donde conectamos solamente con el *Tov*.

אַתָּה Atá חוֹנֵן jonén לְאָדָם leadam מ"ה דַּעַת dáat.

וּמְלַמֵּד umelamed לֶאֱנוֹשׁ leenosh בִּינָה biná ע"ה אהיה אהיה יהוה, חיים.

En la noche del sábado (*Motsaéi Shabat*) agregamos lo siguiente:

אַתָּה Atá חוֹנַנְתָּנוּ jonantanu יְהֹוָאדהנויאהדונהי Adonai אֱלֹהֵינוּ Eloheinu ילה

מַדָּע madá וְהַשְׂכֵּל vehasquel, אַתָּה Atá אָמַרְתָּ amarta לְהַבְדִּיל lehavdil

בֵּין bein קֹדֶשׁ kódesh לְחוֹל lejol וּבֵין uvein אוֹר or רז, א"ס

לְחוֹשֶׁךְ lejóshej וּבֵין uvein יִשְׂרָאֵל Yisrael לָעַמִּים laamim,

וּבֵין uvein יוֹם yom ע"ה נגד, מזבח, זן, אל יהוה הַשְּׁבִיעִי hashevií לְשֵׁשֶׁת leshéshet

יְמֵי yemei הַמַּעֲשֶׂה hamaasé. כְּשֵׁם queshem שֶׁהִבְדַּלְתָּנוּ shehivdaltanu

יְהֹוָאדהנויאהדונהי Adonai אֱלֹהֵינוּ Eloheinu ילה מֵעַמֵּי meamei

הָאֲרָצוֹת haaratsot וּמִמִּשְׁפְּחוֹת umimishpejot הָאֲדָמָה haadamá,

כַּךְ caj פְּדֵנוּ pedenu וְהַצִּילֵנוּ vehatsilenu מִשָּׂטָן misatán רָע ra

וּמִפֶּגַע umipega רַע ra, וּמִכָּל umicol ילי גְּזֵרוֹת guezerot קָשׁוֹת kashot

וְרָעוֹת veraot הַמִּתְרַגְּשׁוֹת hamitragshot לָבֹא lavó בָּעוֹלָם baolam:

וְחָנֵּנוּ vejonenú מֵאִתְּךָ meitjá חָכְמָה Jojmá במילוי = תרי"ג (מצוות)

בִּינָה Biná ע"ה אהיה אהיה יהוה, חיים וָדַעַת vaDáat ר"ת חבו:

בָּרוּךְ Baruj אַתָּה Atá יְהֹוָאדהנויאהדונהי Adonai חוֹנֵן jonén הַדָּעַת hadáat:

LAS TRECE BENDICIONES DEL MEDIO - LA PRIMERA (CUARTA) BENDICIÓN

Tú graciosamente le otorgas conocimiento al hombre y entendimiento a la humanidad.

Tú nos has otorgado graciosamente, Señor, nuestro Dios, conocimiento e inteligencia. Tú nos ordenaste separar entre lo santo y lo no santo, entre la Luz y la oscuridad, entre Israel y las naciones y entre el Séptimo Día y los seis días de la Creación. Así como nos separaste, Señor, nuestro Dios, de las naciones de la Tierra y de las familias en la Tierra, que así puedas redimirnos y rescatarnos del adversario malvado, de cualquier deformidad, y de todo tipo de decretos severos y malvados que apasionadamente vienen al mundo.

Concédenos con gracia, de Ti, sabiduría, comprensión y conocimiento.

¡Bendito eres Tú, Señor, que con gracia concedes conocimiento!

LA SEGUNDA (QUINTA) BENDICIÓN

Esta bendición nos mantiene en la Luz. Todos nosotros, en algún momento u otro, sucumbimos a las dudas y a la incertidumbre que el Satán constantemente nos implanta. Si cometemos el desafortunado error de retroceder y alejarnos de la Luz, no queremos que el Creador imite nuestras acciones y se aleje de nosotros. En lugar de eso, queremos que Él nos atrape. En el recuadro inferior hay algunas líneas que podemos recitar y sobre las que podemos meditar para el beneficio de otros que pudiesen estar alejándose. La guerra contra el Satán es la guerra más antigua que conoce el hombre. Y la única manera de vencer al Satán es uniéndonos, compartiendo, ayudando y meditando unos por otros.

Biná

En esta bendición hay 15 palabras, al igual que la poderosa acción de la *teshuvá* (arrepentimiento) que eleva 15 niveles en el camino hacia el *Quisé HaCavod* (el Trono de Honor). Éste pasa por siete *Rekiim* (Firmamentos), siete *Avirim* (Aires), y otro Firmamento en la parte superior de los Animales Santos (juntos suman 15). Además, hay 15 palabras en los dos versículos principales del Profeta Yeshayahu y del Rey David que hablan sobre la *teshuvá* *(Isaías 55:7; Salmos 32:5)*. El número 15 también es el secreto del Nombre: יה.

הֲשִׁיבֵנוּ hashivenu אָבִינוּ avinu לְתוֹרָתֶךָ letorateja (וסד שבה – יְהֹוָאֲדֹנָי אהדונהי)•

וְקָרְבֵנוּ vekarvenu מַלְכֵּנוּ malquenu לַעֲבוֹדָתֶךָ laavodateja•

וְהַחֲזִירֵנוּ vehajazirenu בִּתְשׁוּבָה bitshuvá שְׁלֵמָה shelemá

לְפָנֶיךָ lefaneja ס"ג מ"ה ב"ן:

Si quieres meditar por otra persona y ayudarla en su proceso espiritual, recita:

יְהִי yehí רָצוֹן ratsón מהש ע"ה, ע"ב בריבוע וקס"א ע"ה, אל שדי ע"ה

מִלְּפָנֶיךָ milfaneja ס"ג מ"ה ב"ן יְהֹוָאֲדֹנָי אהדונהי Adonai אֱלֹהַי Elohai מילוי ע"ב, דמב ; ילה

וֵאלֹהֵי veElohei לכב ; מילוי ע"ב, דמב ; ילה אֲבוֹתַי avotai שֶׁתַּחְתּוֹר shetajtor

וַחֲתִירָה jatirá מִתַּחַת mitájat כִּסֵּא quisé כְּבוֹדֶךָ quevodeja וּתְקַבֵּל utekabel

בִּתְשׁוּבָה bitshuvá אֶת et (el nombre de la persona y el nombre de su padre) כִּי qui יְמִינְךָ yeminjá

יְהֹוָאֲדֹנָי אהדונהי Adonai פְּשׁוּטָה peshutá לְקַבֵּל lekabel שָׁבִים shavim•

בָּרוּךְ Baruj אַתָּה Atá יְהֹוָאֲדֹנָי אהדונהי Adonai

הָרוֹצֶה harotsé בִּתְשׁוּבָה bitshuvá:

LA SEGUNDA (QUINTA) BENDICIÓN

Regrésanos, Padre nuestro, a Tu Torá
y acércanos, Rey nuestro, a Tu servicio, y haznos retornar ante Ti en perfecto arrepentimiento.

Que sea agradable ante Ti, Señor, mi Dios y Dios de mis ancestros, que Tú seas generoso en el Trono de Tu Gloria y aceptes como arrepentido a (el nombre de la persona y el nombre su padre) *porque Tu Diestra, Señor, se extiende hacia fuera para recibir a aquellos que se arrepienten.*

¡Bendito eres Tú, Señor, que desea arrepentimiento!

LA TERCERA (SEXTA) BENDICIÓN

Esta bendición nos ayuda a alcanzar el perdón verdadero. Tenemos el poder de limpiarnos de nuestro comportamiento negativo y acciones hirientes hacia los demás a través del perdón. Esta bendición no significa que al rogar por el perdón ya nuestra pizarra quedará limpia. El perdón se refiere a la metodología para eliminar los residuos que provienen de nuestras injusticias. Hay dos formas de eliminar los residuos: física y espiritual. Acumulamos residuo físico cuando no aceptamos nuestras faltas y las leyes de causa y efecto. Nos limpiamos a nosotros mismos cuando experimentamos cualquier tipo de dolor, bien sea financiero, emocional o físico. Si decidimos limpiarnos espiritualmente, prescindimos de la limpieza física. Hacemos esto generando en nosotros el dolor que les causamos a los demás. Sentimos a la otra persona y, con un corazón sincero, recitamos esta oración mientras experimentamos la herida y el dolor que infligimos a los demás. Esta forma de limpieza espiritual evita que tengamos que pasar por una limpieza física.

Jésed

En esta bendición hay 21 palabras, el cual es el valor numérico del Nombre Sagrado: אהיה.

סְלַח selaj יהוה ע״ב לָנוּ lanu אלהים, אהיה אדני אָבִינוּ avinu ר״ת סאל, אמן, (יאהדונהי)

כִּי qui וְחָטָאנוּ jatanu• מְחוֹל mejol לָנוּ lanu אלהים, אהיה אדני ; מוחול לנו ע״ה =

מַלְכֵּנוּ malquenu קס״א וי׳ אותיות כִּי qui פָּשָׁעְנוּ fashanu• כִּי qui אֵל El ייאי (במילוי דס״ג)

טוֹב tov והו וְסַלָּח vesalaj יהוה ע״ב אָתָּה Atá: בָּרוּךְ Baruj אַתָּה Atá

יְהֹוָהאדניאהדונהי Adonai חַנּוּן janún הַמַּרְבֶּה hamarbé לִסְלוֹחַ lislóaj:

LA CUARTA (SÉPTIMA) BENDICIÓN

Esta bendición nos ayuda a alcanzar la redención después que somos limpiados espiritualmente.

Guevurá

רְאֵה reé ראה נָא na בְעָנְיֵנוּ veanyenu ר״ת רנ״ב (אברים באשה, כנגד הגבורה)

וְרִיבָה verivá רִיבֵנוּ rivenu• וּמַהֵר umaher לִגְאָלֵנוּ legaolenu

גְּאֻלָּה gueulá מ״ה שְׁלֵמָה shelemá לְמַעַן lemaan שְׁמֶךָ Shemeja

כִּי qui אֵל El ייא״י (מילוי דס״ג) גּוֹאֵל goel וְחָזָק jazak פהל אָתָּה Atá:

בָּרוּךְ Baruj אַתָּה Atá יְהֹוָהאדניאהדונהי Adonai גּוֹאֵל goel יִשְׂרָאֵל Yisrael:

LA QUINTA (OCTAVA) BENDICIÓN

Esta bendición nos da el poder de sanar cada parte de nuestro cuerpo. Toda sanación se origina en la Luz del Creador. El aceptar y entender esta verdad nos da la abertura para recibir esta Luz. También debemos pensar en compartir esta energía de sanación con otros.

LA TERCERA (SEXTA) BENDICIÓN

Perdónanos, Padre nuestro,

porque hemos transgredido. Perdónanos, Rey nuestro, porque hemos pecado, porque Tú eres un Dios bueno y que perdona. ¡Bendito eres Tú, Señor, que eres bondadoso y perdonas de manera magnánima!

LA CUARTA (SÉPTIMA) BENDICIÓN

Mira nuestra aflicción y defiende nuestra causa; por Tu Nombre redímenos prontamente, pues Tú eres un Dios poderoso y redentor. ¡Bendito eres Tú, Señor, que redimes a Israel!

Tiféret

רְפָאֵנוּ refaenu יְהֹוָהאדניאהדונהי Adonai וְנֵרָפֵא venerafé ר"ת רי"ו.

הוֹשִׁיעֵנוּ hoshienu וְנִוָּשֵׁעָה venivashea כִּי qui תְהִלָּתֵנוּ tehilatenu

אַתָּה Atá ר"ת = ב"פ רי"ו. וְהַעֲלֵה vehaalé אֲרוּכָה arujá וּמַרְפֵּא umarpé

לְכָל־ lejol יה אדני תַּחֲלוּאֵינוּ tajalueinu. וּלְכָל־ ulejol יה אדני

מַכְאוֹבֵינוּ majoveinu וּלְכָל־ ulejol יה אדני מַכּוֹתֵינוּ macoteinu.

> Para meditar por sanación para ti mismo u otras personas, agrega lo siguiente; y en los paréntesis a continuación, incluye los nombres:
>
> יְהִי yehí רָצוֹן ratsón מהש ע"ה, ע"ב בריבוע וקס"א ע"ה, אל שדי ע"ה
> מִלְּפָנֶיךָ milfaneja ס"ג מ"ה ב"ן יְהֹוָהאדניאהדונהי Adonai אֱלֹהַי Elohai מילוי ע"ב, דמב ; ילה
> וֵאלֹהֵי veElohei לכב ; מילוי ע"ב, דמב ; ילה אֲבוֹתַי avotai שֶׁתְּרַפְּאֵנִי shetirpaeni
> (וְתִרְפָּא vetirpá (incluye el nombre de la persona) בֶּן ben (Mujeres: בַּת bat) (incluye el nombre de su madre))
> רְפוּאָה refuá שְׁלֵמָה shelemá רְפוּאַת refuat הַנֶּפֶשׁ hanéfesh
> וּרְפוּאַת urefuat הַגּוּף haguf, כְּדֵי quedei שֶׁאֶהְיֶה sheehyé וְחָזָק jazak פהל
> (Mujeres: וַחֲזָקָה jazaká פהל) בִּבְרִיאוּת bivriut, וְאַמִּיץ veamits
> (Mujeres: וְאַמִּיצַת veamitsat) כֹּחִי cóaj, בְּמָאתַיִם bematáyim וְאַרְבָּעִים vearbaim
> וּשְׁמוֹנָה ushmoná רמ"ח (אברים), אברהם, ח"פ אל, רי"ו ול"ב נתיבות החכמה, עסמ"ב וט"ז אותיות
> פשוטות (Mujeres: בְּמָאתַיִם bematáyim וַחֲמִשִּׁים vejamishim וּשְׁנַיִם ushnáyim)
> אֵבָרִים evarim וּשְׁלֹשׁ ushlosh מֵאוֹת meot המספר = ש = אלהים דיודין
> וְשִׁשִּׁים veshishim המספר = מילוי הש"י (ין) וַחֲמִשָּׁה vajamishá גִּידִים guidim שֶׁל shel
> נִשְׁמָתִי nishmatí וְגוּפִי vegufí, לְקִיּוּם lekiyum תּוֹרָתְךָ toratjá הַקְּדוֹשָׁה hakedoshá.

כִּי qui אֵל El ייא"י (מילוי דס"ג) רוֹפֵא rofé רַחֲמָן rajmán וְנֶאֱמָן veneemán

אַתָּה Atá: בָּרוּךְ Baruj אַתָּה Atá יְהֹוָהאדניאהדונהי Adonai רוֹפֵא rofé

חוֹלֵי jolei חולה = מ"ה (יוד הא ואו הא) וד' אותיות עַמּוֹ amó יִשְׂרָאֵל Yisrael

ר"ת רפ"ח (להעלות הניצוצות שנפלו לקליפה דמשם באים החולאים):

LA QUINTA (OCTAVA) BENDICIÓN

Cúranos, Señor, y seremos curados. Sálvanos y seremos salvados. Porque Tú eres nuestro orgullo. Trae curación y sanación a todas nuestras dolencias, a todos nuestros dolores, a todas nuestras heridas.

> *Sea agradable ante Ti, Señor, mi Dios y Dios de mis ancestros, que Tú me sanes completamente* (y el nombre de la persona y el nombre de su madre) *con la sanación del espíritu y la sanación del cuerpo, para que sea fuerte en salud y vigoroso en mi fortaleza en todos mis 248* (la mujer dice: *252) órganos y los 365 tendones de mi alma y mi cuerpo, para que yo sea capaz de guardar Tu Santa Torá.*

Porque Tú eres un Dios sanador, compasivo y leal.
¡Bendito eres Tú, Señor, que sanas a los enfermos de Tu pueblo, Israel!

LA SEXTA (NOVENA) BENDICIÓN

Esta bendición trae sustento y prosperidad para todo el planeta y nos provee sustento personal. Quisiéramos que todos nuestros años estuviesen llenos de rocío y lluvia, que son la corriente vital que sostiene nuestro mundo.

Nétsaj

Durante el verano (a partir del primer día *Pésaj*) **se dice lo siguiente:**

Si por error dices "*Barej alenu*" en lugar de "*Barjenu*" y te das cuenta de ello antes del final de la *Amidá* ("*yihyú leratsón*", el segundo), entonces debes regresar y decir "*Barjenu*" y continuar normalmente. Si te das cuenta de ello después, debes comenzar la *Amidá* desde el principio.

בָּרְכֵנוּ barjenu יְהֹוָה(אדני-יאהדונהי) Adonai אֱלֹהֵינוּ Eloheinu ילה בְּכָל bejol
ב״ן, לכב מַעֲשֵׂי maasei יָדֵינוּ yadeinu• וּבָרֵךְ uvarej שְׁנָתֵנוּ shenatenu
בְּטַלְלֵי betalelei רָצוֹן ratsón מהש ע״ה, ע״ב בריבוע וקס״א ע״ה, אל שדי ע״ה
בְּרָכָה brajá וּנְדָבָה unedavá בינה (וע״ה אהיה אהיה יהוה, וחיים)• וּתְהִי utehí
אַחֲרִיתָהּ ajaritá וְחַיִּים jayim אהיה אהיה יהוה, בינה ע״ה וְשָׂבָע vesavá
וְשָׁלוֹם veshalom כַּשָּׁנִים cashanim הַטּוֹבוֹת hatovot לִבְרָכָה livrajá•

Si deseas meditar por sustento puedes agregar:

יְהִי yehí רָצוֹן ratsón מהש ע״ה, ע״ב בריבוע וקס״א ע״ה, אל שדי ע״ה מִלְּפָנֶיךָ milfaneja
ס״ג מ״ה ב״ן יְהֹוָה(אדני-יאהדונהי) Adonai אֱלֹהֵינוּ Eloheinu ילה וֵאלֹהֵי veElohei
לכב ; מילוי ע״ב, דמב ; ילה אֲבוֹתֵינוּ avoteinu שֶׁתִּתֵּן shetitén ב״פ כהת לִי li
וּלְכָל ulejol יה אדני הַסְּמוּכִים hasemujim עַל al שׁוּלְחָנִי shuljaní, הַיּוֹם hayom
ע״ה נגד, מזבח, זן, אל יהוה וּבְכָל uvejol ב״ן, לכב יוֹם yom ע״ה נגד, מזבח, זן, אל יהוה
מְזוֹנוֹתַי mezonotai וּמְזוֹנוֹתֵיהֶם umezonoteihem בְּכָבוֹד bejavod בוכו וְלֹא veló
בְּבִזּוּי bevizui בְּהֶיתֵּר beheiter וְלֹא veló בְּאִיסּוּר beisur בִּזְכוּת bizjut
שִׁמְךָ Shimjá הַגָּדוֹל hagadol להח ; עם ד׳ אותיות = מבה, יזל, אום
(No pronunciar este nombre: דִּיקַרְנוֹסָא וזהך עם ג׳ אותיות - ובאתב״ש סאל, אמן, יאהדונהי)

LA SEXTA (NOVENA) BENDICIÓN

Durante el verano:

Bendícenos, Señor, nuestro Dios, en todos nuestros esfuerzos, y bendice nuestros años con el rocío de la buena voluntad, bendiciones y benevolencia. Que su conclusión sea vida, satisfacción y paz, así como otros años de bendiciones,

Sea agradable ante Ti,

Señor, mi Dios y Dios de mis ancestros, que Tú me proveas a mí y a mi hogar, hoy y todos los días, mi alimento y el de ellos, con dignidad y no con vergüenza, de forma permisible y no prohibida, en virtud de Tu gran Nombre.

הַיּוֹצֵא hayotsé מִפָּסוּק: mipasuk וַהֲרִיקֹתִי vaharikoti לָכֶם lajem
בְּרָכָה brajá עַד־ ad בְּלִי־ bli דָי dai וּמִפָּסוּק: umipasuk נְסָה nesá
עָלֵינוּ aleinu אוֹר or רו, אין סוף פָּנֶיךָ paneja ס"ג מ"ה ב"ן יְהֹוָה Adonai
וְאַל veal תַּצְרִיכֵנוּ tatsrijenu לִידֵי lidei מַתְּנוֹת matenot בָּשָׂר basar
וָדָם, vadam כִּי qui אִם im יוהך, מ"א אותיות אהיה בפשוטו מילואו ומילוי דמילואו ע"ה
מִיָּדְךָ miyadjá הַמְּלֵאָה hameleá וּמֵאוֹצַר umeotsar מַתְּנַת matnat וְחִנָּם jinam
תְּכַלְכְּלֵנִי tejalquelni וְתַשְׁפִּיעֵנִי, vetashpieni אָמֵן Amén יאהדונהי סֶלָה. sela

כִּי qui אֵל El ייא"י (מילוי דס"ג) טוֹב tov והו וּמֵטִיב umetiv
אַתָּה Atá וּמְבָרֵךְ umevarej הַשָּׁנִים: hashanim בָּרוּךְ Baruj
אַתָּה Atá יְהֹוָה Adonai מְבָרֵךְ mevarej הַשָּׁנִים: hashanim

Durante el invierno (a partir del 7 de *Jeshván*, dos semanas después de *Sucot*) **decimos lo siguiente:**
Si por error dices *"barjenu"* en lugar de *"barej aleinu"*, y te das cuenta de esto antes del final de la bendición (*"Baruj Atá Adonai"*), debes volver y decir *"barej aleinu"* y continuar como siempre Si sólo te das cuenta después, debes decir *"vetén tal umatar livrajá"* en *"shomea tefilá"*. Si sólo te das cuenta después de empezar el *"retsé"* debes empezar la *Amidá* desde el principio.

בָּרֵךְ barej עָלֵינוּ aleinu יְהֹוָה Adonai אֱלֹהֵינוּ Eloheinu ילה
אֶת et הַשָּׁנָה hashaná הַזֹּאת. hazot וְאֶת veet כָּל־ col ילי
מִינֵי minei תְבוּאָתָהּ tevuatá לְטוֹבָה letová אכא. וְתֵן vetén
טַל tal יוד הא ואו, כוזו וּמָטָר umatar לִבְרָכָה livrajá עַל al כָּל־ col ילי ; עמם
פְּנֵי penei וחכמה בינה הָאֲדָמָה. haadamá וְרַוֵּה veravé פְּנֵי penei וחכמה בינה
תֵּבֵל tevel ב"פ רי"ו וְשַׂבַּע vesabá אֶת et הָעוֹלָם haolam
כֻּלּוֹ culó מִטּוּבָךְ mituvaj לאו. וּמַלֵּא umalé יָדֵינוּ yadeinu
מִבִּרְכוֹתֶיךָ mibirjoteja וּמֵעֹשֶׁר umeósher מַתְּנוֹת matenot יָדֶיךָ. yadeja

---

que proviene del versículo: "derramar bendiciones sobre ti hasta que no haya espacio suficiente para éstas" (Malaquías 3:10) y del versículo: "Eleva sobre nosotros la Luz de Tu rostro, Señor" (Salmos 4:7), y no necesitaremos los regalos de carne y sangre, sino sólo de Tu mano, la cual está llena, y del tesoro del regalo gratuito Tú me sostendrás y me alimentarás. Amén. Sela.

porque Tú eres un Dios bueno y benefactor y Tú bendices los años.
¡Bendito eres Tú, Dios, que bendices los años!

Durante el invierno:

Bendice, Señor, nuestro Dios, este año y todas sus clases de cosechas para bien. Y da rocío y lluvia como bendición sobre toda la faz de la Tierra. Sacia la sed de la faz de la Tierra y sacia a todo el mundo de Tu dadivosidad. Llena nuestras manos con Tus bendiciones y de la riqueza de los regalos de Tus Manos.

Si quieres meditar por sustento, puedes agregar lo siguiente:

יְהִי yehí רָצוֹן ratsón מהש ע״ה, ע״ב בריבוע וקס״א ע״ה, אל שדי ע״ה מִלְּפָנֶיךָ milfaneja
ס״ג מ״ה ב״ן יְהֹוָהאדניאהדונהי Adonai אֱלֹהֵינוּ Eloheinu ילה וֵאלֹהֵי veElohei
לכב ; מילוי ע״ב, דמב ; ילה אֲבוֹתֵינוּ avoteinu שֶׁתִּתֶּן shetitén ב״פ כהת לִי li
וּלְכָל ulejol יה אדני הַסְּמוּכִים hasemujim עַל al שׁוּלְחָנִי shuljaní, הַיּוֹם hayom
ע״ה נגד, מזבח, זן, אל יהוה וּבְכָל uvejol ב״ן, לכב יוֹם yom ע״ה נגד, מזבח, זן, אל יהוה
מְזוֹנוֹתַי mezonotai וּמְזוֹנוֹתֵיהֶם umezonoteihem בְּכָבוֹד bejavod בוכו וְלֹא veló
בְּבִזּוּי bevizui בְּהֶיתֵּר beheiter וְלֹא veló בְּאִיסּוּר beisur בִּזְכוּת bizjut
שִׁמְךָ Shimjá הַגָּדוֹל hagadol להח ; עם ד׳ אותיות = מבה, יזל, אום
(No pronunciar este nombre: דִּיקַרְנוֹסָא וזהך עם ג׳ אותיות - ובאתב״ש סאל, אמן, יאהדונהי)
הַיּוֹצֵא hayotsé מִפָּסוּק mipasuk: וַהֲרִיקֹתִי vaharikoti לָכֶם lajem
בְּרָכָה brajá עַד־ ad בְּלִי־ bli דָּי dai וּמִפָּסוּק umipasuk: נְסָה nesá
עָלֵינוּ aleinu אוֹר or רז, אין סוף פָּנֶיךָ paneja ס״ג מ״ה ב״ן יְהֹוָהאדניאהדונהי Adonai
וְאַל veal תַּצְרִיכֵנוּ tatsrijenu לִידֵי lidei מַתְּנוֹת matenot בָּשָׂר basar
וָדָם vadam, כִּי qui אִם im יוהך, מ״א אותיות אהיה בפשוטו מילואו ומילוי דמילואו ע״ה
מִיָּדְךָ miyadjá הַמְּלֵאָה hameleá וּמֵאוֹצַר umeotsar מַתְּנַת matnat חִנָּם jinam
תְּכַלְכְּלֵנִי tejalquelni וְתַשְׁפִּיעֵנִי vetashpieni, אָמֵן Amén יאהדונהי סֶלָה sela.

שָׁמְרָה shomrá וְהַצִּילָה vehatsilá שָׁנָה shaná זוֹ zo מִכָּל־ micol ילי דָּבָר davar
ראה רָע ra. וּמִכָּל־ umicol ילי מִינֵי minei מַשְׁחִית mashjit וּמִכָּל־ umicol ילי
מִינֵי minei פּוּרְעָנוּת puranut. וַעֲשֵׂה vaasé לָהּ la תִּקְוָה tikvá
טוֹבָה tová אכא וְאַחֲרִית veajarit שָׁלוֹם shalom. חוּס jus וְרַחֵם verajem
אברהם, וז״פ אל, רי״ו ול״ב נתיבות החכמה, רמ״ח (אברים), עסמ״ב וט״ז אותיות פשוטות עָלֶיהָ aleha פהל
וְעַל veal כָּל־ col ילי ; עמם תְּבוּאָתָהּ tevuatá וּפֵירוֹתֶיהָ ufeiroteha.

Sea agradable ante Ti, Señor, mi Dios y Dios de mis antepasados, que Tú me proveas a mí y a mi hogar, hoy y todos los días, mi alimento y el de ellos, con dignidad y no con vergüenza, de forma permisible y no prohibida, en virtud de Tu gran Nombre que proviene del versículo: "derramar bendiciones sobre ti hasta que no haya espacio suficiente para éstas" (Malaquías 3:10) y del versículo: "Eleva sobre nosotros la Luz de Tu rostro, Señor" (Salmos 4:7), y no necesitaremos los regalos de carne y sangre, sino sólo de Tu mano, la cual está llena, y del tesoro del regalo gratuito Tú me sostendrás y me alimentarás. Amén. Sela.

Protege y guarda este año de todo mal y de toda forma de destrucción y de toda forma de tribulación. Haz que éste tenga buena esperanza y un final pacífico. Ten piedad y ten misericordia sobre éste y sobre todas sus cosechas y frutos;

וּבָרְכָהּ uvarjá בְּגִשְׁמֵי beguishmei רָצוֹן ratsón מהש ע״ה, ע״ב בריבוע וקס״א ע״ה,
אל שדי ע״ה בְּרָכָה brajá וּנְדָבָה unedavá בינה (וע״ה אהיה אהיה יהוה, וחיים)
וּתְהִי utehí אַחֲרִיתָהּ ajaritá וְחַיִּים jayim אהיה אהיה יהוה, בינה ע״ה וְשָׂבָע vesavá
וְשָׁלוֹם veshalom• כַּשָּׁנִים cashanim הַטּוֹבוֹת hatovot לִבְרָכָה livrajá•
כִּי qui אֵל El ייא״י (מילוי דס״ג) טוֹב tov והו וּמֵטִיב umetiv
אַתָּה Atá וּמְבָרֵךְ umevarej הַשָּׁנִים hashanim: בָּרוּךְ Baruj
אַתָּה Atá יְהֹוָהאדניאהדונהי Adonai מְבָרֵךְ mevarej הַשָּׁנִים hashanim:

LA SÉPTIMA (DÉCIMA) BENDICIÓN

Esta bendición nos da el poder de influir de manera positiva sobre toda la humanidad. La Kabbalah enseña que cada individuo afecta la totalidad. Nosotros tenemos un efecto sobre el mundo y el resto del mundo tiene un efecto sobre nosotros, aunque no podamos percibir esta relación con nuestros cinco sentidos. Llamamos a esta relación conciencia cuántica.

Hod

תְּקַע teká ב״פ כוזו״ך וי׳ אותיות בְּשׁוֹפָר beshofar גָּדוֹל gadol להח ; עם ד׳ אותיות =
מבה, יזל, אום לְחֵרוּתֵנוּ lejerutenu• וְשָׂא vesá נֵס nes מ״ה אדני לְקַבֵּץ lekabets
גָּלֻיּוֹתֵינוּ galuyoteinu• וְקַבְּצֵנוּ vekabetsenu יַחַד yájad מֵאַרְבַּע mearbá
כַּנְפוֹת canfot וזבו (בסגולתו להוציא ניצוצות מן הקליפות) ויכוין וַזְבֶן עם נקודותיו = ע״ב, ריבוע יהוה
הָאָרֶץ haárets אלהים דההין ע״ה ; ר״ת = אדני לְאַרְצֵנוּ leartsenu:

Lo siguiente se recita durante todo el año, especialmente durante la época de los *Shovavim*:

Las seis porciones del Libro de Éxodo —***S**hemot*, ***V**aerá*, ***B**o*, ***B**eshalaj*, ***Y**itró*, ***M**ishpatim*, (***T**rumá* ***T**etsavé*) — nos relatan la historia del Éxodo de los Israelitas de Egipto y simbolizan el inicio de una abertura cósmica única que dura seis semanas (8 semanas en año bisiesto) cada año. La palabra *shovavim* significa "irresponsables", como en el versículo: "'Retornen, hijos irresponsables', dice el Señor" (Jeremías 3:14) y es un acrónimo compuesto de la primera inicial de cada una de las seis porciones semanales. Los kabbalistas nos enseñan que la historia de Éxodo es un código y que durante estas seis/ocho semanas hay una ventana cósmica para la redención personal. El Arí explica que la caída de Adam corrompió casi todo en nuestro mundo físico, lo cual resultó en el dolor y el sufrimiento humano. Durante el tiempo del Éxodo, Moshé y los israelitas corrigieron los aspectos más importantes de esta corrupción. La siguiente meditación nos ayuda a liberar y redimir todas las chispas restantes de Luz que hemos perdido mediante nuestras acciones irresponsables (especialmente el comportamiento sexual irresponsable):

---

bendícelo con lluvias de bondad, bendición y benevolencia. Y que su final sea vida, satisfacción y paz, porque Tú eres un Dios bueno y benévolo, y Tú bendices los años. Bendito eres Tú, Señor, quien bendice los años.

LA SÉPTIMA (DÉCIMA) BENDICIÓN

Suena un gran Shofar para nuestra libertad y levanta un estandarte para reunir a nuestros exiliados, y reúnenos prontamente de los cuatro confines de la Tierra en nuestra tierra.

יְהִי yehí רָצוֹן ratsón מהש ע"ה, ע"ב בריבוע וקס"א ע"ה, אל שדי ע"ה מִלְּפָנֶיךָ milfaneja
ס"ג מ"ה ב"ן יְהֹוָהאדניאהדונהי Adonai אֱלֹהַי Elohai מילוי ע"ב, דמב ; ילה
וֵאלֹהֵי veElohei לכב ; מילוי ע"ב, דמב ; ילה אֲבוֹתַי avotai שֶׁכָּל shecol ילי טִיפָּה tipá
וְטִיפָּה vetipá שֶׁל shel קֶרִי kerí שֶׁיָּצְאָה sheyatsá מִמֶּנִּי mimeni לְבַטָּלָה levatalá
וּמִכָּל umicol ילי יִשְׂרָאֵל Yisrael בִּכְלָל bijlal וּבִפְרַט ubifrat שֶׁלֹּא sheló
בִּמְקוֹם bimkom מִצְוָה mitsvá בֵּין bein בְּאוֹנֶס beones בֵּין bein בְּרָצוֹן beratsón
מהש ע"ה, ע"ב בריבוע וקס"א ע"ה, אל שדי ע"ה בֵּין bein בְּשׁוֹגֵג beshogueg בֵּין bein
בְּמֵזִיד bemezid, בֵּין bein בְּהִרְהוּר behirhur וּבֵין uvein בְּמַעֲשֶׂה bemaasé,
בֵּין bein בְּגִלְגּוּל beguilgul זֶה ze בֵּין bein בְּגִלְגּוּל beguilgul אַחֵר ajer
וְנִבְלַע venivlá בַּקְּלִיפּוֹת baklipot, שֶׁתַּקִּיא shetakí הַקְּלִיפּוֹת hakelipot
הַנִּיצוֹצוֹת hanitsotsot קֶרִי kerí שֶׁנִּבְלְעוּ shenivleú בָּהּ ba, בִּזְכוּת bizejut
שִׁמְךָ Shimjá הַגָּדוֹל hagadol להח ; עם ד' אותיות = מבה, יזל, אום הַיּוֹצֵא hayotsé
מִפָּסוּק mipasuk: חַיִל jáyil ומב בָּלַע balá וַיְקִאֶנּוּ vaykienu ר"ת וזבו ו–ילי
מִבִּטְנוֹ mibitnó יֹרִשֶׁנּוּ yorishenu אֵל El ייא"י (מילוי דס"ג) ; ס"ת ויל וּבִזְכוּת uvizejut
שִׁמְךָ Shimjá הַגָּדוֹל hagadol להח; עם ד' אותיות = מבה, יזל, אום יְוַהֲהֶוֱהָ
(durante los *Shovavim*: יְוַהֲהֶוֱהָ) שֶׁתַּחֲזִירֵם shetajazirem לִמְקוֹם limkom
קְדוּשָּׁה kedushá וְהַטּוֹב vehatov והו בְּעֵינֶיךָ beeineja קס"א ע"ה ; ריבוע מ"ה עֲשֵׂה asé.

Debes meditar en corregir el pensamiento que provocó la pérdida de las chispas de Luz. También medita en los Nombres que controlan nuestros pensamientos para cada uno de los seis días de la semana como está a continuación:

Domingo	יְהֶוֶה	עַל צְבָא כף ואו זין ואו טפטפיה א מן אהיה דמרגלא ושם:	.*Briá*
Lunes	יְהֹוִה	עַל מגן כף ואו זין ואו טפטפיה ה מן אהיה דמרגלא ושם:	.*Yetsirá*
Martes	מצפץ	צוה פוזד כף ואו זין ואו טפטפיה י מן אהיה דמרגלא ושם:	.*Asiyá*
Miércoles	אל	צוה פוזד כף ואו זין ואו טפטפיה י מן יהו דמרגלא ושם:	.*Asiyá*
Jueves	אלהים	עַל מגן כף ואו זין ואו טפטפיה ה מן יהו דמרגלא ושם:	.*Yetsirá*
Viernes	מצפץ	עַל צבא כף ואו זין ואו טפטפיה ו מן יהו דמרגלא ושם:	.*Briá*

Cada uno de estos Nombres (**עַל צבא, כף ואו זין ואו, טפטפיה**) tienen una suma total de 193, que es el mismo valor numérico de la palabra *zokef* (elevar). Estos Nombres elevan la Chispa Sagrada de los *Jitsoniyim*. Asimismo, cuando digas las palabras "*mekabets nidjei*" (en la continuación de la bendición), que tiene una suma total de 304, el mismo valor numérico de *Shin*, *Dálet* (demonio), medita en reunir todas las chispas perdidas y anular el poder de las fuerzas negativas.

Sea agradable ante Ti, Señor, mi Dios y Dios de mis ancestros, que cada una de las gotas de kerí que salieron de mí en vano, y de todo Israel en general, y especialmente no a causa de un precepto, si fue obligado o voluntariamente, con o sin intención, debido a pensamiento o acción, en esta vida o en vidas anteriores, y si fue devorado por la klipá, que ésta vomite todas las chispas de kerí en virtud de Tu gran Nombre que proviene del versículo: "Él devoró riqueza y la vomitó, y de su estómago Dios la extrajo" (Job 20:15), y en virtud de Tu gran Nombre las regresarás al Lugar Santo, y harás lo que es bueno ante Tus ojos.

בָּרוּךְ Baruj אַתָּה Atá יְהֹוָאדהֹנָיאהדונהי Adonai ; יכוין וזבו בשילוב יהוה כוזו: יְוַזֲהֲבֵוִיהָ

מְקַבֵּץ mekabets ע״ב ס״ג מ״ה ב״ן, הברכה את (למתק ו׳ המלכים שמותיו)

נִדְחֵי nidjei ע״ב, ריבוע יהוה עַמּוֹ amó וזבו יִשְׂרָאֵל Yisrael:

LA OCTAVA (UNDÉCIMA) BENDICIÓN

Esta bendición nos ayuda a equilibrar el juicio con misericordia. Debido a que la misericordia es tiempo, podemos emplearlo en cambiarnos a nosotros mismos antes que el juicio ocurra.

Yesod

הָשִׁיבָה hashiva שׁוֹפְטֵינוּ shoftenu כְּבָרִאשׁוֹנָה quevarishoná.

וְיוֹעֲצֵינוּ veyoatsenu כְּבַתְּחִלָּה quevatjilá ר״ת שכ״ה (דינים זכרים שביסוד) ויהוה (הממתקם).

וְהָסֵר vehaser מִמֶּנּוּ mimenu יָגוֹן yagón (סמאל) וַאֲנָחָה vaanajá (לילית).

וּמְלוֹךְ umloj עָלֵינוּ aleinu מְהֵרָה meherá אַתָּה Atá

יְהֹוָאדהֹנָיאהדונהי Adonai לְבַדְּךָ levadjá. בְּחֶסֶד bejésed ע״ב, ריבוע יהוה

וּבְרַחֲמִים uverajamim מצפצ, אלהים דיודין, י״פ ייי ; להמתיק ברוזמים דיני צדק ומשפט

בְּצֶדֶק betsédek וּבְמִשְׁפָּט uvemishpat ע״ה = ה״פ אלהים: בָּרוּךְ Baruj אַתָּה Ata

יְהֹוָאדהֹנָיאהדונהי Adonai מֶלֶךְ Mélej אוֹהֵב ohev ממתיק דיני

צְדָקָה tsedaká ע״ה ריבוע אלהים וּמִשְׁפָּט umishpat ע״ה ה״פ אלהים:

> **Durante los días entre *Rosh Hashaná* y *Yom Kipur*** en lugar de "*mélej ohev tsedaká umishpat*" decimos:
>
> הַמֶּלֶךְ haMélej הַמִּשְׁפָּט hamishpat ע״ה ה״פ אלהים:
>
> Si por error dices "*mélej ohev...*" y te das cuenta en tres segundos, debes decir "*hamélej hamishpat*" y continuar normalmente. Pero si ya empezaste la siguiente bendición, no debes regresar.

LA NOVENA (DUODÉCIMA) BENDICIÓN

Esta bendición nos ayuda eliminar todas las formas de negatividad, ya sea que provengan de personas, situaciones o, inclusive, de la energía negativa del Ángel de la Muerte [(**no pronunciar estos nombres**) *Sa-ma-el* (aspecto masculino) y *Li-lit* (aspecto femenino), los cuales están codificados aquí], al usar el Santo Nombre: *Shadai* שדי, el cual está codificado matemáticamente en las últimas cuatro palabras de esta bendición y también se encuentra dentro de la *Mezuzá* con el mismo propósito.

¡Bendito eres Tú, Señor, que reúnes a los dispersos de Su Nación, Israel!

LA OCTAVA (UNDÉCIMA) BENDICIÓN

Restaura nuestros jueces, como al principio, y a nuestros consejeros, como al principio. Aparta de nosotros el pesar y los lamentos. Reina sobre nosotros pronto, Tú solo, Señor, con bondad y compasión, con rectitud y justicia. ¡Bendito eres Tú, Dios, el Rey que ama la rectitud y la justicia!

> Durante los días entre *Rosh Hashaná* y *Yom Kipur*: *El Rey del juicio.*

Kéter

לַמִּינִים laminim וְלַמַּלְשִׁינִים velamalshinim אַל al תְּהִי tehí תִקְוָה tikvá

וְכָל vejol ילי הַזֵּדִים hazedim כְּרֶגַע querega ג"פ אלהים עם ט"ו אותיות פשוטות

יֹאבֵדוּ yovedu. וְכָל־ vejol ילי אוֹיְבֶיךָ oyveja (סמאל)

וְכָל־ vejol ילי שׂוֹנְאֶיךָ soneja (לילית) מְהֵרָה meherá יִכָּרֵתוּ yicaretu.

וּמַלְכוּת umaljut הָרִשְׁעָה harishá מְהֵרָה meherá תְעַקֵּר teaker

וּתְשַׁבֵּר uteshaber וּתְכַלֵּם utejalem וְתַכְנִיעֵם vetajniem בִּמְהֵרָה bimherá

בְיָמֵינוּ veyamenu: בָּרוּךְ Baruj אַתָּה Atá יְהֹוָהאדניאהדונהי Adonai

שׁוֹבֵר shover אוֹיְבִים oyvim וּמַכְנִיעַ umajnía זֵדִים zedim ר"ת = שדי:

LA DÉCIMA (DECIMOTERCERA) BENDICIÓN

Esta bendición nos rodea con absoluta positividad para ayudarnos a estar siempre en el lugar correcto en el momento correcto. También nos ayuda a atraer sólo personas positivas a nuestra vida.

Yesod

עַל al הַצַּדִּיקִים hatsadikim צדיק יסוד עולם וְעַל veal הַחֲסִידִים hajasidim

וְעַל veal שְׁאֵרִית sheerit עַמְּךָ amjá בֵּית beit ב"פ ראה יִשְׂרָאֵל Yisrael.

וְעַל veal פְּלֵיטַת pleitat בֵּית beit ב"פ ראה סוֹפְרֵיהֶם sofreihem.

וְעַל veal גֵּרֵי guerei הַצֶּדֶק hatsédek וְעָלֵינוּ vealeinu. יֶהֱמוּ yehemú

נָא na רַחֲמֶיךָ rajameja יְהֹוָהאדניאהדונהי Adonai אֱלֹהֵינוּ Eloheinu ילה

וְתֵן vetén שָׂכָר sajar י"פ ב"ן טוֹב tov והו לְכָל־ lejol יה אדני

הַבּוֹטְחִים habotjim בְּשִׁמְךָ beShimjá בֶּאֱמֶת beemet אהיה פעמים אהיה, ז"פ ס"ג.

LA NOVENA (DUODÉCIMA) BENDICIÓN

Para los herejes y los difamadores, que no haya esperanza. Que los impíos perezcan en un instante. Y que todos Tus enemigos y los que te odian sean pronto arrasados. Y en el caso del gobierno dañino, puedas Tú rápidamente desarraigarlo y aplastarlo, y puedas Tú destruirlo y humillarlo, con rapidez en nuestros días. ¡Bendito eres Tú, Señor, que aplastas a los enemigos y humillas a los malvados!

LA DÉCIMA (DECIMOTERCERA) BENDICIÓN

Sobre los justos, sobre los piadosos, sobre los demás de la Casa de Israel, sobre los remanentes de las academias de sus escritores, sobre los conversos sinceros y sobre nosotros, que se encienda Tu compasión, Señor, nuestro Dios. Otorga buena recompensa a todos los que verdaderamente confían en Tu Nombre.

וְשִׂים vesim וְחֶלְקֵנוּ jelkenu עִמָּהֶם imahem וּלְעוֹלָם uleolam ריבוע ס"ג וי' אותיות דס"ג

לֹא lo נֵבוֹשׁ nevosh כִּי qui בְךָ vejá בָטָחְנוּ batajnu

וְעַל veal חַסְדְּךָ jasdeja הַגָּדוֹל hagadol להח ; עם ד' אותיות = מבה, יזל, אום

בֶּאֱמֶת beemet אהיה פעמים אהיה, ז"פ ס"ג נִשְׁעָנְנוּ nishanenu:

בָּרוּךְ Baruj אַתָּה Atá יְהֹוָה אדני אהדונהי Adonai מִשְׁעָן mishán

וּמִבְטָח umivtaj לַצַּדִּיקִים latsadikim ר"ת ימול (כל מי שנימול נקרא צדיק):

LA UNDÉCIMA (DECIMOCUARTA) BENDICIÓN

Esta bendición nos conecta con la energía de Jerusalén, con la construcción del Templo y con la preparación para el *Mashíaj*.

Hod

תִּשְׁכּוֹן tishcón בְּתוֹךְ betoj יְרוּשָׁלַיִם Yerushaláyim עִירְךָ irjá

כַּאֲשֶׁר caasher דִּבַּרְתָּ dibarta ראה וְכִסֵּא vejisé דָוִד David

עַבְדְּךָ avdejá פוי, אל אדני מְהֵרָה meherá בְּתוֹכָהּ vetojá תָּכִין tajín

Meditar aquí en que el *Mashíaj Ben Yosef* no sea asesinado por el malvado *Armilos* **(no pronunciar)**.

וּבְנֵה uvné אוֹתָהּ otá בִּנְיַן binyán עוֹלָם olam בִּמְהֵרָה bimherá

בְּיָמֵינוּ veyamenu: בָּרוּךְ Baruj אַתָּה Atá יְהֹוָה אדני אהדונהי Adonai

בּוֹנֵה boné ס"ג יְרוּשָׁלָיִם Yerushaláyim:

LA DUODÉCIMA (DECIMOQUINTA) BENDICIÓN

Esta bendición nos ayuda a lograr un estado personal de *Mashíaj* al transformar nuestra naturaleza reactiva en proactiva. Así como hay un *Mashíaj* global, cada uno de nosotros tiene dentro un *Mashíaj* personal. Cuando suficientes personas alcancen su transformación, se preparará el camino para la aparición del *Mashíaj* global.

---

y coloca nuestra suerte junto a la de ellos. Que nunca nos avergoncemos, porque es en Ti en quien colocamos nuestra confianza; es en Tu gran compasión en la que nos apoyamos. ¡Bendito eres Tú, Señor, que eres sostén y refugio de los justos!

LA UNDÉCIMA (DECIMOCUARTA) BENDICIÓN

Puedas Tú morar en Jerusalén, Tu Ciudad, como lo has prometido. Y puedas Tú establecer el trono de David, Tu servidor, rápidamente dentro de ella y construirlo como una estructura eterna, pronto en nuestros días. ¡Bendito eres Tú, Señor, que construye Jerusalén!

Nétsaj

Esta bendición contiene 20 palabras, que es el mismo número de palabras en el versículo "*Qui nijam Adonai Tsiyón nijam col jorvotea...*" (Isaías 51:3), un versículo que habla sobre la Redención Final.

אֶת et צֶמַח tsémaj יהוה אהיה יהוה אדני דָּוִד David
עַבְדְּךָ avdejá פוי, אל אדני מְהֵרָה meherá תַצְמִיחַ tatsmíaj וְקַרְנוֹ vekarnó
תָּרוּם tarum בִּישׁוּעָתֶךָ bishuateja. כִּי qui לִישׁוּעָתְךָ lishuatjá
קִוִּינוּ kivinu כָּל־ col ילי הַיּוֹם hayom ע״ה נגד, מזבח, זן, אל יהוה

Aquí debes meditar y pedir por que la Redención Final ocurra ahora mismo.

בָּרוּךְ Baruj אַתָּה Atá יְהֹוָאדהנויאהדונהי Adonai
מַצְמִיחַ matsmíaj קֶרֶן keren יְשׁוּעָה yeshuá:

LA DECIMOTERCERA (DECIMOSEXTA) BENDICIÓN

Esta bendición es la más importante de todas las bendiciones, porque aquí reconocemos todos nuestros comportamientos reactivos. Hacemos referencia a comportamientos errados en general y también especificamos algún incidente en particular. La sección dentro del recuadro nos ofrece una oportunidad para pedirle a la Luz sustento personal. El Arí afirma que a través de esta oración, inclusive en los días de ayuno, tenemos un ángel personal acompañándonos. Si meditamos en este ángel, todas nuestras oraciones deberán ser respondidas. La decimotercera bendición es uno por encima de los doce signos del Zodíaco y nos eleva más allá de la influencia de las estrellas y los planetas.

Tiféret

שְׁמַע Shemá קוֹלֵנוּ kolenu יְהֹוָאדהנויאהדונהי Adonai (יוד הה וו הה)
אֱלֹהֵינוּ Eloheinu ילה (אבג יתץ). אָב av הָרַחֲמָן harajamán רַחֵם rajem
אברהם, ח״פ אל, רי״ו ול״ב נתיבות החכמה, רמ״ח (אברים), עסמ״ב וט״ז אותיות פשוטות עָלֵינוּ aleinu
(קרע שטן). וְקַבֵּל vekabel בְּרַחֲמִים berajamim מצפצ, אלהים דיודין, י״פ ייי
וּבְרָצוֹן uveratsón מהש ע״ה, ע״ב בריבוע וקס״א ע״ה, אל שדי ע״ה אֶת et
תְּפִלָּתֵנוּ tefilatenu (נגד יכש). כִּי qui אֵל El ייא״י (מילוי דס״ג)
שׁוֹמֵעַ shomea תְּפִלּוֹת tefilot וְתַחֲנוּנִים vetajanunim אַתָּה Atá (בטר צתג).

LA DUODÉCIMA (DECIMOQUINTA) BENDICIÓN

La progenie de David, Tu servidor, puedas Tú rápidamente hacer florecer. Y Puedas Tú exaltar su gloria con Tu salvación, porque es por Tu salvación que esperamos todo el día. ¡Bendito eres Tú, Señor, que haces florecer la salvación!

LA DECIMOTERCERA (DECIMOSEXTA) BENDICIÓN

Escucha nuestra voz, Señor, nuestro Dios, Padre misericordioso, ten piedad de nosotros. Acepta nuestra oración con compasión y favor, porque Tú eres Dios, que escuchas oraciones y súplicas.

Es bueno que estés al tanto, reconozcas y confieses tus acciones negativas del pasado y que pidas por tu sustento aquí:

רִבּוֹנוֹ Ribonó שֶׁל shel עוֹלָם Olam, וְחָטָאתִי jatati עָוִיתִי aviti

וּפָשַׁעְתִּי ufashati לְפָנֶיךָ lefaneja ס״ג מ״ה ב״ן יְהִי yehí רָצוֹן ratsón מהש ע״ה,

ע״ב בריבוע וקס״א ע״ה, אל שדי ע״ה מִלְּפָנֶיךָ milfaneja ס״ג מ״ה ב״ן שֶׁתִּמְחוֹל shetimjol

וְתִסְלַח vetislaj יהוה ע״ב וּתְכַפֵּר utejaper לִי li עַל al כָּל col ילי ; עמם

מַה ma מ״ה שֶׁחָטָאתִי shejatati וְשֶׁעָוִיתִי vesheaviti וְשֶׁפָּשַׁעְתִּי veshepashati

לְפָנֶיךָ lefaneja ס״ג מ״ה ב״ן מִיּוֹם miyom ע״ה נגד, מזבח, זן, אל יהוה

שֶׁנִּבְרֵאתִי shenivreti עַד ad הַיּוֹם hayom ע״ה נגד, מזבח, זן, אל יהוה הַזֶּה hazé והו

וּבִפְרַט uvifrat (menciona aquí alguna acción negativa o comportamiento por el cual te gustaría pedir perdón)

וִיהִי viyhí רָצוֹן ratsón מהש ע״ה, ע״ב בריבוע וקס״א ע״ה, אל שדי ע״ה

מִלְּפָנֶיךָ milfaneja ס״ג מ״ה ב״ן יְהֹוָהאדניאהדונהי Adonai אֱלֹהֵינוּ Eloheinu ילה

וֵאלֹהֵי veElohei לכב ; מילוי ע״ב, דמב ; ילה אֲבוֹתֵינוּ avoteinu שֶׁתַּזְמִין shetazmín

פַּרְנָסָתֵנוּ parnasatenu וּמְזוֹנוֹתֵינוּ umezonoteinu לִי li וּלְכָל ulejol יה אדני

אַנְשֵׁי anshei בֵיתִי veití ב״פ ראה הַיּוֹם hayom ע״ה נגד, מזבח, זן, אל יהוה

וּבְכָל uvejol ב״ן, לכב יוֹם yom ע״ה נגד, מזבח, זן, אל יהוה

וָיוֹם vayom ע״ה נגד, מזבח, זן, אל יהוה בְּרֵיוַח bereivaj וְלֹא veló

בְּצִמְצוּם vetsimtsum, בְּכָבוֹד bejavod בוכו וְלֹא veló בְּבִזּוּי bevizui,

בְּנַחַת benájat וְלֹא veló בְּצַעַר vetsáar, וְלֹא veló אֶצְטָרֵךְ etstarej

לְמַתְּנוֹת lematenot בָּשָׂר basar וָדָם vadam וְלֹא veló לְהַלְוָאָתָם lehalvaatam,

אֶלָּא ela מִיָּדְךָ miyadjá הָרְוָחָה harjavá וְהַפְּתוּחָה vehapetujá

וְהַמְּלֵאָה vehameleá וּבִזְכוּת ubizjut שִׁמְךָ Shimjá הַגָּדוֹל hagadol

להוז; עם ד׳ אותיות = מבה, יזל, אום (No pronunciar este Nombre): דִּיקַרְנוֹסָא וחתך עם ג׳ אותיות

- ובאתב״ש = סאל, אמן, יאהדונהי) הַמְמֻנֶּה hamemuné עַל al הַפַּרְנָסָה haparnasá:

¡Señor del mundo!

He transgredido. He cometido iniquidades y he pecado frente a Ti. Sea Tu voluntad que me perdones y olvides y expíes por todo aquello que he transgredido, y por todas las iniquidades que he cometido y por todo lo que he pecado ante Ti, desde el día en que he sido creado y hasta este día y especialmente (menciona aquí alguna acción negativa o comportamiento por el cual te gustaría pedir perdón) *Sea agradable ante Ti, Señor, nuestro Dios y el Dios de mis antepasados, que Tú me proveas de vitalidad y sustento a mí y a toda mi familia, hoy y todos y cada día, con abundancia y no con escasez; con dignidad y no con vergüenza; con comodidad y no con sufrimiento; y que yo no requiera los regalos de la carne y la sangre, ni sus préstamos, sino sólo de Tu Mano que es generosa, abierta y llena y por virtud de Tu gran Nombre, que es responsable del sustento.*

malquenu מַלְכֵּנוּ ב"ן מ"ה ס"ג umilfaneja וּמִלְּפָנֶיךָ

(וזקב טנ"ע) teshivenu תְּשִׁיבֵנוּ al אַל־ reikam רֵיקָם

:tefilatenu תְּפִלָּתֵנוּ ushmá וּשְׁמַע vaanenu וַעֲנֵנוּ janenu חָנֵּנוּ

LA BENDICIÓN PARA UN DÍA DE AYUNO

Esta bendición es recitada por personas que estén haciendo un ayuno o en *Tishá BeAv*, durante la *Amidá* silenciosa.

tsom צוֹם ע"ה נגד, מזבח, זן, אל יהוה beyom בְּיוֹם anenu עֲנֵנוּ avinu אָבִינוּ anenu עֲנֵנוּ

gdolá גְּדוֹלָה אלהים דההין vetsará בְּצָרָה qui כִּי והו hazé הַזֶּה hataanit הַתַּעֲנִית

lerishenu לְרִשְׁעֵנוּ tefén תֵּפֶן al אַל־ .anajnu אֲנַחְנוּ

.mibakashatenu מִבַּקָּשָׁתֵנוּ malquenu מַלְכֵּנוּ titalam תִּתְעַלַּם veal וְאַל־

.leshavatenu לְשַׁוְעָתֵנוּ karov קָרוֹב na נָא יהה heyé הֱיֵה

.taané תַעֲנֶה Atá אַתָּה eleja אֵלֶיךָ nikrá נִקְרָא térem טֶרֶם

ראה cadavar כַּדָּבָר tishmá תִשְׁמַע veAtá וְאַתָּה ראה nedaber נְדַבֵּר

yikraú יִקְרָאוּ térem טֶרֶם־ יהוה ; יהה vehayá וְהָיָה :sheneemar שֶׁנֶּאֱמַר

medabrim מְדַבְּרִים hem הֵם od עוֹד eené אֶעֱנֶה אני vaaní וַאֲנִי

Adonai יְהֹוָהאדניאהדונהי Atá אַתָּה qui כִּי :eshmá אֶשְׁמָע אני vaaní וַאֲנִי

אברהם, umerajem וּמְרַחֵם veoné וְעוֹנֶה umatsil וּמַצִּיל podé פּוֹדֶה

פשוטות אותיות וט"ז עסמ"ב (אברים), רמ"ח החכמה, נתיבות ול"ב רי"ו אל, וז"פ

(continúa "*Qui Atá*") :vetsuká וְצוּקָה אלהים דההין tsará צָרָה et עֵת לכב ב"ן, bejol בְּכָל

pe פֶּה ילי col כָּל־ tefilat תְּפִלַּת shomea שׁוֹמֵעַ Atá אַתָּה qui כִּי

(פה דו"א) מילה ; וע"ה אלהים, אהיה אדני (יגל פזק)

Adonai יְהֹוָהאדניאהדונהי Atá אַתָּה Baruj בָּרוּךְ

En este punto debes meditar en el Santo Nombre: אראריתא

Rav Jayim Vital dice: "He encontrado en los libros de los kabbalistas que la oración de un individuo que medite en este Nombre, en la bendición *shomea tefilá*, siempre será respondida".

:יוד הי וו הה = ע"ה אתב"ש אִכְצַ, ב"ן אדני וניקודה (שקו צית) tefilá תְּפִלָּה shomea שׁוֹמֵעַ

Y de Tu presencia, nuestro Rey,

no nos devuelvas con manos vacías, pero sé amable, responde y escucha nuestra oración.

LA BENDICIÓN PARA UN DÍA DE AYUNO

Contéstanos, Padre nuestro,

contéstanos en este día de ayuno porque estamos muy afligidos. No prestes atención a nuestra iniquidad, Rey nuestro, no ignores nuestra súplica. Por favor, acércate a nuestros llantos y respóndenos incluso antes de que clamemos a Ti. Hablaremos y Tú nos escucharás, como está dicho: "Antes que clamen, Yo responderé; mientras aún estén hablando, Yo habré oído" (Isaías 65:24). Porque Tú, Señor, redimes, salvas, respondes y muestras compasión en cada momento de tribulación y aflicción.

Porque Tú escuchas la oración de cada boca. Bendito eres Tú, Señor, que escuchas las oraciones.

LAS TRES BENDICIONES FINALES

A través del mérito de Moshé, Aharón y Yosef, quienes son nuestros canales para las últimas tres bendiciones, somos capaces de hacer descender toda la energía espiritual que despertamos con nuestras oraciones y bendiciones.

LA DECIMOSÉPTIMA BENDICIÓN

Durante esta bendición, que se refiere a Moshé, siempre debemos meditar en tratar de saber exactamente qué quiere Dios de nosotros en nuestra vida, como lo indica la frase: "Que sea la voluntad de Dios". Estamos pidiéndole a Dios que nos guíe hacia el trabajo que vinimos a hacer en esta Tierra. El Creador no puede aceptar sólo el trabajo que queremos hacer, debemos llevar a cabo el trabajo que estamos destinados a hacer.

Nétsaj

Has hecho peticiones (de necesidades diarias) a Dios. Ahora, después de pedir que tus necesidades sean cumplidas, debes alabar al Creador en las últimas tres bendiciones. Esto es como una persona que haya recibido lo que necesita de su Señor y se aparte de Él. Debes decir "*retsé*" y meditar en el Deseo Celestial (*Kéter*) que es llamado *Métsaj Haratsón* (la Frente del Deseo).

רְצֵה retsé אלף למד הה יוד מם

Aquí meditar en transformar el infortunio y la tragedia (צרה) en deseo y aceptación (רצה).

(**Durante las tres semanas de *Bein HaMetsarim*,** medita aquí en estos Nombres Sagrados: אלהים דההין אדני, שין ע"ה, טדהד כוזו מצפצ – con estos Nombres transformamos צרה en רצה).

יְהֹוָואדניאהדונהי Adonai אֱלֹהֵינוּ Eloheinu ילה בְּעַמְּךָ beameja יִשְׂרָאֵל Yisrael

וְלִתְפִלָּתָם velitfilatam שְׁעֵה sheé. וְהָשֵׁב vehashev הָעֲבוֹדָה haavodá

לִדְבִיר lidvir רי"ו בֵּיתֶךָ beiteja ב"פ ראה. וְאִשֵּׁי veishei יִשְׂרָאֵל Yisrael

וּתְפִלָּתָם utfilatam מְהֵרָה meherá בְּאַהֲבָה beahavá אחד, דאגה

תְקַבֵּל tekabel בְּרָצוֹן beratsón מהש ע"ה, ע"ב בריבוע וקס"א ע"ה, אל שדי ע"ה.

וּתְהִי utehí לְרָצוֹן leratsón מהש ע"ה, ע"ב בריבוע וקס"א ע"ה, אל שדי ע"ה

תָּמִיד tamid ע"ה קס"א קנ"א קמ"ג עֲבוֹדַת avodat יִשְׂרָאֵל Yisrael עַמֶּךָ ameja:

LAS TRES BENDICIONES FINALES

LA DECIMOSÉPTIMA BENDICIÓN

Encuentra gracia, Señor, nuestro Dios, en Tu pueblo, Israel, y oye su oración. Restaura el culto en el santuario interno de Tu Templo. Acepta las ofrendas de Israel y sus oraciones con complacencia, prontamente y con amor. Que siempre sea agradable a Ti, el servicio de Israel, Tu nación.

PARA ROSH JÓDESH, PÉSAJ Y SUCOT:

Durante estos eventos, hay una oleada de energía espiritual extra en nuestro medio. Estas bendiciones adicionales son nuestra antena para atraer esta fuerza extra a nuestra vida.

Si por error olvidaste decir "*yaalé veyavó*" y te das cuenta antes del final de la bendición ("*Baruj Atá Adonai*") debes volver y decir "*yaalé veyavó*" y continuar como siempre. Si sólo te das cuenta luego del final de la bendición ("*hamajazir Shejinató leTsiyón*") pero antes de empezar la bendición siguiente ("*modim*"), debes decir "*yaalé veyavó*" en ese momento y continuar normalmente. Si te das cuenta de ello luego de haber empezado la siguiente bendición ("*modim*") pero antes del segundo "*yihyú leratsón*" (en la pág. 587) debes volver a "*retsé*" (pág. 578) y continúa desde allí. Si te das cuenta de ello después (el segundo "*yihyú leratsón*") debes empezar la *Amidá* desde el principio. **En *Érev* (noche) de *Rosh Jódesh*:** Si por error olvidaste decir "*yaalé veyavó*" y te das cuenta antes del final de la bendición ("*Baruj Atá Adonai*"), debes volver y decir "*yaalé veyavó*" y continuar como siempre. De otra manera, continúa con tu oración y no vuelvas atrás.

אֱלֹהֵינוּ Eloheinu ילה וֵאלֹהֵי veElohei לכב ; מילוי ע"ב, דמב ; ילה אֲבוֹתֵינוּ avoteinu

יַעֲלֶה yaalé וְיָבֹא veyavó וְיַגִּיעַ veyaguía וְיֵרָאֶה veyeraé רי"ו וְיֵרָצֶה veyeratsé

וְיִשָּׁמַע veyishamá וְיִפָּקֵד veyipaked וְיִזָּכֵר veyizajer ר"ת מ"ב (ז"פ ו')

זִכְרוֹנֵנוּ zijronenu וְזִכְרוֹן vezijrón ע"ב קס"א ונש"ב אֲבוֹתֵינוּ avoteinu. זִכְרוֹן zijrón

ע"ב קס"א ונש"ב יְרוּשָׁלַיִם Yerushaláyim עִירָךְ iraj.

וְזִכְרוֹן vezijrón ע"ב קס"א ונש"ב מָשִׁיחַ Mashíaj בֶּן ben דָּוִד David

ע"ה כהת ; בן דוד = אדני ע"ה עַבְדָּךְ avdaj פוי, אל אדני. וְזִכְרוֹן vezijrón ע"ב קס"א ונש"ב

כָּל col ילי עַמְּךָ ameja בֵּית beit ב"פ ראה יִשְׂרָאֵל Yisrael

לְפָנֶיךָ lefaneja ס"ג מ"ה ב"ן לִפְלֵיטָה lifleitá לְטוֹבָה letová אכא.

לְחֵן lején מילוי דמ"ה בריבוע, מוחי לְחֶסֶד lejésed ע"ב, ריבוע יהוה

וּלְרַחֲמִים ulerajamim. לְחַיִּים lejayim אהיה אהיה יהוה, בינה ע"ה.

טוֹבִים tovim וּלְשָׁלוֹם uleshalom. בְּיוֹם beyom ע"ה נגד, מזבח, זן, אל יהוה:

PARA ROSH JÓDESH, PÉSAJ Y SUCOT:

Nuestro Dios y el Dios de nuestros padres, pueda levantarse y venir y llegar y aparecer y encontrar el favor y ser oído y ser considerado y ser recordado, nuestra remembranza y la remembranza de nuestros padres, la remembranza de Jerusalén, Tu ciudad, y la remembranza del Mesías Ben David, Tu sirviente, y la remembranza de toda Tu Nación, la Casa de Israel, ante Ti, para aceptación, para bien, para gracia, amabilidad y compasión, para una buena vida y para paz en este Día de:

En *Rosh Jódesh:*

רֹאשׁ Rosh ריבוע אלהים ואלהים דיודין ע״ה

הַחֹדֶשׁ haJódesh י״ב הויות, קס״א קנ״א ; ראש חדש ע״ה = שין דלת יוד הַזֶּה hazé והו.

En los días intermedios (*Jol Hamoed*) de *Pésaj*:

וְחַג jag הַמַּצּוֹת haMatsot הַזֶּה hazé והו

בְּיוֹם beyom ע״ה נגד, מזבח, זן, אל יהוה מִקְרָא mikrá קֹדֶשׁ kódesh הַזֶּה hazé והו.

En los días intermedios (*Jol Hamoed*) de *Sucot:*

וְחַג jag הַסֻּכּוֹת haSucot הַזֶּה hazé והו

בְּיוֹם beyom ע״ה נגד, מזבח, זן, אל יהוה מִקְרָא mikrá קֹדֶשׁ kódesh הַזֶּה hazé והו.

לְרַחֵם lerajem אברהם, ח״פ אל, רי״ו ול״ב נתיבות החכמה, רמ״ח (אברים),
עסמ״ב וט״ז אותיות פשוטות בּוֹ bo עָלֵינוּ aleinu וּלְהוֹשִׁיעֵנוּ ulehoshienu.
זָכְרֵנוּ zojrenu יְהֹוָהאֱדֹנָיאהדונהי Adonai אֱלֹהֵינוּ Eloheinu ילה בּוֹ bo
לְטוֹבָה letová אכא. וּפָקְדֵנוּ ufokdenu בוֹ vo לִבְרָכָה livrajá.
וְהוֹשִׁיעֵנוּ vehoshienu בוֹ vo לְחַיִּים lejayim אהיה אהיה יהוה, בינה ע״ה טוֹבִים tovim.
בִּדְבַר bidvar ראה יְשׁוּעָה yeshuá וְרַחֲמִים verajamim.
חוּס jus וְחָנֵּנוּ vejonenu וַחֲמוֹל vajamol וְרַחֵם verajem אברהם, ח״פ אל,
רי״ו ול״ב נתיבות החכמה, רמ״ח (אברים), עסמ״ב וט״ז אותיות פשוטות עָלֵינוּ aleinu.
וְהוֹשִׁיעֵנוּ vehoshienu כִּי qui אֵלֶיךָ eleja עֵינֵינוּ eineinu ריבוע מ״ה. כִּי qui
אֵל El יא״י (מילוי דס״ג) מֶלֶךְ Mélej חַנּוּן janún וְרַחוּם verajum אָתָּה Atá:

וְאַתָּה veAtá בְּרַחֲמֶיךָ verajameja הָרַבִּים harabim. תַּחְפֹּץ tajpots בָּנוּ banu
וְתִרְצֵנוּ vetirtsenu וְתֶחֱזֶינָה vetejezena עֵינֵינוּ eineinu ריבוע מ״ה
בְּשׁוּבְךָ beshuvjá לְצִיּוֹן leTsiyón יוסף, ו׳ הויות, קנאה בְּרַחֲמִים berajamim
מצפצ, אלהים דיודין, י״פ ייי: בָּרוּךְ Baruj אַתָּה Atá יְהֹוָהאֱדֹנָיאהדונהי Adonai
הַמַּחֲזִיר hamajazir שְׁכִינָתוֹ Shejinató לְצִיּוֹן leTsiyón יוסף, ו׳ הויות, קנאה:

En *Rosh Jódesh*: *Este Rosh Jódesh.*
En los días intermedios de Pésaj: *Este festival de las Matsot, en este buen día de Convocación Santa.*
En los días intermedios de Sucot: *Este festival de Sucot, en este buen día de Convocación Santa.*
para tener misericordia de nosotros y para salvarnos.
Recuérdanos, Señor, nuestro Dios, para bien y considéranos en ello para la bendición y entréganosla para una buena vida con las palabras de entrega y misericordia. Ten piedad y sé amable con nosotros y ten misericordia y sé compasivo con nosotros y sálvanos, porque nuestros ojos van hacia Ti, porque Tú eres Dios, Rey que es amable y compasivo.

Y Tú, en Tu gran compasión, te deleites en nosotros y estés complacido con nosotros. Puedan nuestros ojos contemplar Tu retorno a Sión con compasión. ¡Bendito eres Tú, Señor, que devuelve Su Shejiná a Sión!

LA DECIMOCTAVA BENDICIÓN

Esta bendición es nuestro agradecimiento. Kabbalísticamente, el mayor agradecimiento que le podemos dar a nuestro Creador es hacer exactamente lo que necesitamos hacer en nuestro trabajo espiritual.

Hod

Inclina todo tu cuerpo en "*modim*" y enderézate en "*Adonai*".

מוֹדִים modim מאה ברכות שתיקן דוד לאומרם כל יום אֲנַחְנוּ anajnu לָךְ laj

שָׁאַתָּה sheAtá הוּא Hu יְהֹוָהאדניאהדונהי Adonai (ונ) אֱלֹהֵינוּ Eloheinu ילה

וֵאלֹהֵי veElohei לכב ; מילוי ע״ב, דמב ; ילה אֲבוֹתֵינוּ avoteinu לְעוֹלָם leolam

ריבוע ס״ג וי׳ אותיות דס״ג וָעֶד •vaed צוּרֵנוּ tsurenu צוּר tsur אלהים דההין ע״ה

חַיֵּינוּ jayeinu וּמָגֵן umaguén ג״פ אל (ייא״י מילוי דס״ג) ; ר״ת מיכאל גבריאל נוריאל

יִשְׁעֵנוּ yishenu אַתָּה Atá הוּא •Hu לְדוֹר ledor וָדוֹר vador רי״ו נוֹדֶה nodé

לְךָ lejá וּנְסַפֵּר unesaper תְּהִלָּתֶךָ •tehilateja עַל־ al חַיֵּינוּ jayeinu

הַמְּסוּרִים hamesurim בְּיָדֶךָ •beyadeja וְעַל veal נִשְׁמוֹתֵינוּ nishmotenu

הַפְּקוּדוֹת hapekudot לָךְ •laj וְעַל־ veal נִסֶּיךָ niseja שֶׁבְּכָל shebejol

ב״ן, לכב יוֹם yom ע״ה נגד, מזבח, זן, אל יהוה עִמָּנוּ imanu ריבוע ס״ג, קס״א ע״ה וד׳ אותיות

וְעַל veal נִפְלְאוֹתֶיךָ nifleoteja וְטוֹבוֹתֶיךָ vetovoteja שֶׁבְּכָל shebejol

ב״ן, לכב עֵת •et עֶרֶב érev וָבֹקֶר vavóker וְצָהֳרָיִם •vetsahoráyim הַטּוֹב hatov

והו כִּי־ qui לֹא־ lo כָלוּ jalu רַחֲמֶיךָ •rajameja הַמְרַחֵם hamerajem

אברים, וח״פ אל, רי״ו ול״ב נתיבות החכמה, רמ״ח (אברים), עסמ״ב וט״ז אותיות פשוטות כִּי־ qui לֹא lo

תַמּוּ tamu חֲסָדֶיךָ jasadeja כִּי qui מֵעוֹלָם meolam קִוִּינוּ kivinu לָךְ :laj

---

LA DECIMOCTAVA BENDICIÓN

Nosotros te damos gracias a Ti, porque eres Tú, Señor, quien es nuestro Dios y el Dios de nuestros padres, por siempre y por toda la eternidad. Tú eres nuestra Fortaleza, la Fortaleza de nuestras vidas y el Escudo de nuestra salvación. De una generación a otra, te daremos gracias a Ti y cantaremos Tu alabanza. Por nuestras vidas que están en Tus Manos, por nuestras almas que están a Tu cuidado, por Tus milagros que están con nosotros todos los días y por Tus maravillas y Tus favores que están con nosotros en todo momento: de noche, de mañana y de tarde. Tú eres bueno, porque Tu compasión nunca se ha acabado. Tú eres el misericordioso, porque Tu bondad nunca ha cesado, porque siempre hemos puesto nuestras esperanzas en Ti.

PARA JANUCÁ Y PURIM

Janucá y *Purim* generan una dimensión adicional de energía de Milagros. Esta bendición nos ayuda a aprovechar esta energía, atrayendo milagros a nuestra vida cuando realmente los necesitamos.

וְעַל veal הַנִּסִּים hanisim וְעַל veal הַפֻּרְקָן hapurkán•
וְעַל veal הַגְּבוּרוֹת haguevurot• וְעַל veal הַתְּשׁוּעוֹת hateshuot
וְעַל veal הַנִּפְלָאוֹת haniflaot וְעַל veal הַנֶּחָמוֹת hanejamot
שֶׁעָשִׂיתָ sheasita לַאֲבוֹתֵינוּ laavoteinu בַּיָּמִים bayamim נלך הָהֵם hahem
בַּזְּמַן bazemán הַזֶּה hazé והו:

PARA JANUCÁ:

בִּימֵי bimei מַתִּתְיָה Matityá בֶּן ven יוֹחָנָן Yojanán כֹּהֵן Cohén מלה
גָּדוֹל Gadol להח ; עִם ד' אותיות = מבה, יזל, אום וְחַשְׁמוֹנָאִי Jashmonaí וּבָנָיו uvanav
כְּשֶׁעָמְדָה quesheamdá מַלְכוּת maljut יָוָן Yaván הָרְשָׁעָה harshaá עַל al
עַמְּךָ ameja יִשְׂרָאֵל Yisrael לְשַׁכְּחָם leshaquejam תּוֹרָתָךְ torataj
וּלְהַעֲבִירָם ulehaaviram מֵחֻקֵּי mejukei רְצוֹנָךְ retsonaj• וְאַתָּה veAtá
בְּרַחֲמֶיךָ verajameja הָרַבִּים harabim עָמַדְתָּ amadta לָהֶם lahem
בְּעֵת beet צָרָתָם tsaratam• רַבְתָּ ravta אֶת et רִיבָם rivam• דַּנְתָּ danta
אֶת et דִּינָם dinam• נָקַמְתָּ nakamta מנק אֶת et נִקְמָתָם nikmatam מנק•
מָסַרְתָּ masarta גִּבּוֹרִים guiborim בְּיַד beyad וְחַלָּשִׁים jalashim• וְרַבִּים verabim
בְּיַד beyad מְעַטִּים meatim• וּרְשָׁעִים ureshaím בְּיַד beyad צַדִּיקִים tsadikim•
וּטְמֵאִים utmeím בְּיַד beyad טְהוֹרִים tehorim• וְזֵדִים vezedim בְּיַד beyad
עוֹסְקֵי oskei תוֹרָתֶךָ torateja• לְךָ lejá עָשִׂיתָ asita שֵׁם shem
גָּדוֹל gadol להח ; עִם ד' אותיות = מבה, יזל, אום וְקָדוֹשׁ vekadosh בְּעוֹלָמָךְ beolamaj•
וּלְעַמְּךָ uleameja יִשְׂרָאֵל Yisrael עָשִׂיתָ asita תְּשׁוּעָה teshuá גְדוֹלָה guedolá
וּפֻרְקָן ufurkán כְּהַיּוֹם quehayom ע"ה נגד, מזבח, זן, אל יהוה הַזֶּה hazé והו•

PARA JANUCÁ Y PURIM

Y también por los milagros, la liberación, los hechos poderosos, la salvación, las maravillas, y actos de consolación que Tú realizaste para nuestros antepasados en aquellos días y en este momento.

PARA JANUCÁ

En los días de Matityá, hijo de Yojanán, el Sumo Sacerdote, el jasmoneo, y sus hijos, cuando el maligno Imperio Griego se sublevó en contra de Tu nación, Israel, para obligarlos a olvidar Tu Torá y obligarlos a alejarse de las leyes de Tu deseo, con Tu compasión estuviste con ellos en tiempos turbulentos. Tú luchaste sus batallas, buscaste justicia para ellos, los vindicaste y entregaste a los fuertes en manos de los débiles, a los numerosos en manos de los pocos, a los perversos en manos de los justos, a los contaminados en manos de los puros y a los tiranos en manos de aquellos que se ocupaban con Tu Torá. Hiciste un Santo Nombre para Ti en Tu mundo y para Tu pueblo, Israel, realizaste una gran salvación y liberación en este día.

וְאַחַר veajar כָּךְ caj בָּאוּ bau בָנֶיךָ vaneja לִדְבִיר lidvir ר"י
בֵּיתֶךָ beiteja ב"פ ראה וּפִנּוּ ufinú אֶת־ et הֵיכָלֶךָ heijaleja. וְטִהֲרוּ vetiharú
אֶת et מִקְדָּשֶׁךָ mikdasheja. וְהִדְלִיקוּ vehidliku נֵרוֹת nerot
בְּחַצְרוֹת bejatsrot קָדְשֶׁךָ kodshejá. וְקָבְעוּ vekavú שְׁמוֹנַת shmonat
יְמֵי yemei חֲנֻכָּה Janucá אֵלּוּ elu בְּהַלֵּל behalel אדני, ללה וּבְהוֹדָאָה uvehodaá.
וְעָשִׂיתָ veasita עִמָּהֶם imahem נִסִּים nisim וְנִפְלָאוֹת veniflaot וְנוֹדֶה venodé
לְשִׁמְךָ leShimjá הַגָּדוֹל hagadol להח ; עם ד' אותיות = מבה, יזל, הום סֶלָה sela:

PARA PURIM:

בִּימֵי bimei מָרְדְּכַי Mordejai וְאֶסְתֵּר veEster עם האותיות = מילוי אדני
בְּשׁוּשַׁן beShushán הַבִּירָה habirá. כְּשֶׁעָמַד quesheamad עֲלֵיהֶם aleihem
הָמָן Hamán הָרָשָׁע Harashá. בִּקֵּשׁ bikesh לְהַשְׁמִיד lehashmid לַהֲרוֹג laharog
וּלְאַבֵּד uleabed אֶת et כָּל col יכי הַיְּהוּדִים hayehudim מִנַּעַר mináar וְעַד vead
זָקֵן zakén טַף taf וְנָשִׁים venashim בְּיוֹם beyom ע"ה נגד, מזבח, זן, אל יהוה
אֶחָד ejad אהבה, דאגה בִּשְׁלֹשָׁה bishloshá עָשָׂר asar לְחֹדֶשׁ lejódesh
שְׁנֵים shneim י"ב הויות, קס"א קנ"א עָשָׂר asar הוּא hu חֹדֶשׁ jódesh י"ב הויות, קס"א קנ"א
אֲדָר Adar וּשְׁלָלָם ushlalam לָבוֹז lavoz. וְאַתָּה veAtá בְּרַחֲמֶיךָ verajameja
הָרַבִּים harabim הֵפַרְתָּ hefarta אֶת et עֲצָתוֹ atsató וְקִלְקַלְתָּ vekilkalta
אֶת et מַחֲשַׁבְתּוֹ majashavtó. וַהֲשֵׁבוֹתָ vahashevota לּוֹ lo גְּמוּלוֹ guemuló
בְּרֹאשׁוֹ beroshó. וְתָלוּ vetalú אוֹתוֹ otó וְאֶת veet בָּנָיו banav עַל al הָעֵץ haets.
וְעָשִׂיתָ veasita עִמָּהֶם imahem נִסִּים nisim וְנִפְלָאוֹת veniflaot וְנוֹדֶה venodé
לְשִׁמְךָ leShimjá הַגָּדוֹל hagadol להח ; עם ד' אותיות = מבה, יזל, הום סֶלָה sela:

Entonces Tus hijos vinieron al Santuario de Tu Casa, limpiaron Tu Palacio, purificaron Tu Templo, encendieron velas en los jardines de Tu Santo Dominio, y establecieron estos ocho días de Janucá para alabanza y acción de gracias. Y Tú realizaste milagros y maravillas para ellos. Por ello estamos agradecidos a Tu Gran Nombre. Sela.

PARA PURIM:

En los días de Mordejái y Ester, en Shushán, la capital, cuando el malvado Hamán se sublevó contra ellos, él busco destruir, asesinar y aniquilar a todos los judíos, jóvenes y viejos, niños y mujeres, en un día, el decimotercer día del duodécimo mes, el cual es el mes de Adar, y tomar su botín. Pero Tú, en Tu gran compasión, arruinaste su plan, frustraste su diseño y dirigiste su cometido hacia su propia cabeza. Lo colgaron a él y a sus hijos en la horca. Y Tú realizaste milagros y maravillas para ellos (Israel). Damos gracias a Tu gran Nombre. Sela.

וְעַל veal כֻּלָּם culam יִתְבָּרַךְ yitbaraj וְיִתְרוֹמָם veyitromam
וְיִתְנַשֵּׂא veyitnasé תָּמִיד tamid ע״ה קס״א קנ״א קמ״ג שִׁמְךָ Shimjá
מַלְכֵּנוּ malquenu לְעוֹלָם leolam ריבוע ס״ג ו׳ אותיות דס״ג וָעֶד vaed.
וְכָל־ vejol ילי הַחַיִּים hajayim אהיה אהיה יהוה, בינה ע״ה יוֹדוּךָ yoduja סֶּלָה sela:

> **Durante los días entre *Rosh Hashaná* y *Yom Kipur*** recitamos la oración de "*ujtov*":
>
> וּכְתוֹב ujtov לְחַיִּים lejayim אהיה אהיה יהוה, בינה ע״ה טוֹבִים tovim
>
> כָּל־ col ילי בְּנֵי bnei בְרִיתֶךָ vriteja:
>
> Si olvidaste decir "*ujtov*" y te das cuenta antes del final de la bendición ("*Baruj Atá Adonai*"), debes volver y decir "*ujtov*" y continuar normalmente. Pero si te das cuenta sólo después del final de la bendición, debes continuar y puedes agregar "*ujtov*" al final de "*Elohai Netsor*".

וִיהַלְלוּ vihalelú וִיבָרְכוּ vivarjú יהוה ריבוע יהוה ריבוע מ״ה אֶת־ et
שִׁמְךָ Shimjá הַגָּדוֹל hagadol להח ; עם ד׳ אותיות = מבה, יזל, אום בֶּאֱמֶת beemet אהיה
פעמים אהיה, ז״פ ס״ג לְעוֹלָם leolam ריבוע ס״ג ו׳ אותיות דס״ג כִּי qui טוֹב tov והו ;
כי טוב = יהוה אהיה, אום, מבה, יזל. הָאֵל haEl לאה ; ייא״י (מילוי דס״ג) יְשׁוּעָתֵנוּ yeshuatenu
וְעֶזְרָתֵנוּ veezratenu סֶלָה sela. הָאֵל haEl לאה ; ייא״י (מילוי דס״ג) הַטּוֹב hatov והו:

Flexiona tus rodillas en "*Baruj*", inclínate en "*Atá*" y enderézate en "*Adonai*".

בָּרוּךְ Baruj אַתָּה Atá יְהֹוָהאדהנויאהדונהי Adonai (ה׳) הַטּוֹב hatov והו
שִׁמְךָ Shimjá וּלְךָ uLejá נָאֶה naé לְהוֹדוֹת lehodot ס״ת כהת, משיח בן דוד ע״ה:

La bendición final

Estamos emanando la energía de paz para el mundo entero. También nos proponemos utilizar nuestras bocas sólo para el bien. Kabbalísticamente, el poder de las palabras y del habla es inimaginable. Esperamos usar este poder sabiamente, lo que tal vez sea una de las tareas más difíciles de llevar a cabo.

Y por todas estas cosas, que Tu Nombre sea siempre bendecido, exaltado y ensalzado, por siempre, nuestro Rey, por siempre y para siempre, y todos los vivientes Te agradecen, Sela.

> Durante los días entre *Rosh Hashaná* y *Yom Kipur*:
> *E inscribe para una buena vida a todos los miembros de Tu Pacto.*

Y ellos te alabarán y bendecirán Tu gran Nombre, sinceramente y para siempre, porque es bueno, el Dios de nuestra salvación y nuestra ayuda, Sela, el buen Dios. Bendito eres Tú, Señor, cuyo Nombre es bueno. Y a Ti es propio dar gracias.

Yesod

שִׂים sim שָׁלוֹם shalom

(**Durante las tres semanas de *Bein HaMetsarim*,** medita aquí en estos Nombres Sagrados:
שׂין ראשׁוֹנה (ע"ה = טדהד כוזו מצפצ) ממתקת את השׂין השׁניה (= אלהים דההין אדני) ;
וכן שׂים שׁלום ע"ה = ו' השׁמות (טדהד כוזו מצפצ אלהים אדני יהוה) אדני טדהד כוזו מצפצ ואלהים דההין)

טוֹבָה tová אכא וּבְרָכָה uvrajá וְחַיִּים jayim אהיה אהיה יהוה, בינה ע"ה וְחֵן jen מילוי
דמ"ה בריבוע, מוזי וָחֶסֶד vajésed ע"ב, ריבוע יהוה צְדָקָה tsedaká ע"ה ריבוע אלהים
וְרַחֲמִים verajamim עָלֵינוּ aleinu וְעַל־ veal כָּל־ col ילי ; עמם יִשְׂרָאֵל Yisrael
עַמֶּךָ ameja וּבָרְכֵנוּ uvarjenu אָבִינוּ avinu כֻּלָּנוּ culanu כְּאֶחָד queejad אהבה,
דאגה בְּאוֹר beor רז, א"ס פָּנֶיךָ paneja ס"ג מ"ה ב"ן כִּי qui בְאוֹר veor רז, א"ס
פָּנֶיךָ paneja ס"ג מ"ה ב"ן נָתַתָּ natata לָנוּ lanu אלהים, אהיה אדני
יְהֹוָהאדניאהדונהי Adonai אֱלֹהֵינוּ Eloheinu ילה תּוֹרָה Torá וְחַיִּים vejayim
אהיה אהיה יהוה, בינה ע"ה. אַהֲבָה ahavá אחד, דאגה וָחֶסֶד vajésed ע"ב, ריבוע יהוה.
צְדָקָה tsedaká ע"ה ריבוע אלהים וְרַחֲמִים verajamim. בְּרָכָה brajá
וְשָׁלוֹם veshalom. וְטוֹב vetov והו בְּעֵינֶיךָ־ beeineja ע"ה קס"א ; ריבוע מ"ה
לְבָרְכֵנוּ levarjenu וּלְבָרֵךְ ulevarej אֶת et כָּל־ col ילי עַמְּךָ ameja
יִשְׂרָאֵל Yisrael בְּרוֹב־ berov י"פ אהיה עֹז oz וְשָׁלוֹם veshalom:

Durante los días entre *Rosh Hashaná* y *Yom Kipur* decimos la oración "*uveséfer jayim*":

וּבְסֵפֶר uveséfer חַיִּים jayim אהיה אהיה יהוה, בינה ע"ה
בְּרָכָה brajá וְשָׁלוֹם veshalom וּפַרְנָסָה ufarnasá טוֹבָה tová אכא
וִישׁוּעָה vishuá וְנֶחָמָה venejamá וּגְזֵרוֹת ugzerot טוֹבוֹת tovot.
נִזָּכֵר nizajer וְנִכָּתֵב venicatev לְפָנֶיךָ lefaneja ס"ג מ"ה ב"ן
אֲנַחְנוּ anajnu וְכָל vejol ילי עַמְּךָ ameja יִשְׂרָאֵל Yisrael
לְחַיִּים lejayim אהיה אהיה יהוה, בינה ע"ה טוֹבִים tovim וּלְשָׁלוֹם uleshalom:

Si olvidaste decir "*uveséfer jayim*" y te das cuenta de esto antes del final de la bendición ("*Baruj Atá Adonai*"), debes regresar y decir "*uveséfer jayim*" y continuar normalmente. Pero si te das cuenta de esto sólo al final de la bendición, debes continuar y puedes agregar "*uveséfer jayim*" al final de "*Elohai Netsor*".

LA BENDICIÓN FINAL

Otorga paz, bondad, bendiciones, vida, gracia, amabilidad, justicia y misericordia a nosotros y a todo Israel, Tu pueblo. Bendícenos a todos como uno solo, Padre nuestro, con la Luz de Tu rostro, porque es con la Luz de Tu rostro que Tú, Señor, nuestro Dios, nos has dado la Torá y vida, amor y amabilidad, justicia y misericordia, bendición y paz. Que sea grato a Tus ojos bendecirnos y bendecir a Tu nación, Israel, con abundante poder y con paz.

Durante los días entre *Rosh Hashaná* y *Yom Kipur*

Y que en el Libro de la Vida, para bendición, paz, buen sustento, salvación, consuelo, y buenos decretos, todos seamos recordados e inscritos ante Ti; Nosotros y toda Tu nación, Israel, para una buena vida y para paz.

בָּרוּךְ Baruj אַתָּה Atá יְהֹוָהאדניאהדונהי Adonai

הַמְבָרֵךְ hamevarej אֶת et עַמּוֹ amó יִשְׂרָאֵל Yisrael

ר"ת = אלהים (אילהויהם = יב"ק) בַּשָּׁלוֹם bashalom. אָמֵן Amén יאהדונהי.

YIHYÚ LERATSÓN

Hay 42 letras en el versículo en el secreto del *Aná Bejóaj*.

יִהְיוּ yihyú אל (ייא"י מילוי דס"ג) לְרָצוֹן leratsón מהש ע"ה, ע"ב בריבוע וקס"א ע"ה, אל שדי ע"ה

אִמְרֵי־ imrei פִּי fi ר"ת אֶלֶף = אלף למד שין דלת יוד ע"ה וְהֶגְיוֹן vehegyón לִבִּי libí

לְפָנֶיךָ lefaneja ס"ג מ"ה ב"ן יְהֹוָהאדניאהדונהי Adonai צוּרִי tsurí וְגֹאֲלִי vegoalí:

ELOHAI NETSOR

אֱלֹהַי Elohai מילוי ע"ב, דמב ; ילה נְצוֹר netsor לְשׁוֹנִי leshoní מֵרָע merá.

וּשְׂפָתוֹתַי vesiftotai מִדַּבֵּר midaber ראה מִרְמָה mirmá. וְלִמְקַלְלַי velimkalelai

נַפְשִׁי nafshí תִדּוֹם tidom. וְנַפְשִׁי venafshí כֶּעָפָר queafar

לַכֹּל lacol יה אדני תִּהְיֶה tihyé. פְּתַח petaj לִבִּי libí בְּתוֹרָתֶךָ betorateja.

וְאַחֲרֵי veajarei מִצְוֹתֶיךָ mitsvoteja תִּרְדּוֹף tirdof נַפְשִׁי nafshí.

וְכָל־ vejol ילי הַקָּמִים hakamim עָלַי alai לְרָעָה leraá רהע. מְהֵרָה meherá

הָפֵר hafer עֲצָתָם atsatam וְקַלְקֵל vekalkel מַחְשְׁבוֹתָם majshevotam.

עֲשֵׂה asé לְמַעַן lemaan שְׁמָךְ Shemaj. עֲשֵׂה asé לְמַעַן lemaan

יְמִינָךְ yeminaj. עֲשֵׂה asé לְמַעַן lemaan תּוֹרָתָךְ torataj. עֲשֵׂה asé

לְמַעַן lemaan קְדֻשָּׁתָךְ kedushataj. ר"ת הפסוק = מ"ה יהוה לְמַעַן lemaan

יֵחָלְצוּן yejaltsún יְדִידֶיךָ yedideja ר"ת ילי הוֹשִׁיעָה hoshía יהוה וש"ע נהורין

יְמִינְךָ yeminjá וַעֲנֵנִי vaaneni (כתיב: ועננו) ר"ת אל (ייא"י מילוי דס"ג):

¡Bendito eres Tú, Señor, que bendice a Su pueblo, Israel, con paz, Amén!

YIHYÚ LERATSÓN

"Sean gratos ante Ti, Señor, mi Fortaleza y mi Redentor,
los dichos de mi boca y los pensamientos de mi corazón" (Salmos 19:15).

ELOHAI NETSOR

Mi Dios, cuida mi lengua del mal y mis labios de decir falsedad. Que mi alma permanezca en silencio ante aquellos que me maldicen y permite que mi espíritu sea humilde ante todos, como el polvo. Abre mi corazón a Tu Torá y permite que mi corazón siga Tus mandamientos. Prontamente frustra los planes y daña los pensamientos de todos aquellos que se levantan contra mí para hacerme daño. Hazlo por la gloria de Tu Nombre. Haz esto por el bien de Tu Diestra. Haz esto por el mérito de Tu Torá. Haz esto por Tu santidad, "Que Tus amados sean rescatados. Sálvalos con Tu Diestra y contéstame" (Salmos 60:7).

Antes de que recitemos el próximo verso ("*Yihyú leratsón*") tenemos una oportunidad para fortalecer la conexión con nuestra alma usando nuestro nombre. Cada persona tiene un versículo en la Torá que lo conecta con su nombre. O bien su nombre está en el versículo o la primera letra y última letra del nombre corresponden a la primera y última letra del versículo.

YIHYÚ LERATSÓN (EL SEGUNDO)

Hay 42 letras en el versículo en el secreto del *Aná Bejóaj*.

יִהְיוּ yihyú אל (ייא״ מילוי דס״ג) לְרָצוֹן leratsón מהש ע״ה, ע״ב בריבוע וקס״א ע״ה, אל שדי ע״ה
אִמְרֵי imrei פִּי fi ר״ת אֶלֶף = אלף למד שין דלת יוד ע״ה וְהֶגְיוֹן vehegyón לִבִּי libí
לְפָנֶיךָ lefaneja ס״ג מ״ה ב״ן יְהֹוָהאדניאהדונהי Adonai צוּרִי tsurí וְגֹאֲלִי vegoalí:

OSÉ SHALOM

Da tres pasos hacia atrás;

עֹשֶׂה osé שָׁלוֹם shalom

(Durante los días entre *Rosh Hashaná* y *Yom Kipur* en lugar de "*shalom*" decimos:

Izquierda
Te vuelves a la izquierda y dices:

הַשָּׁלוֹם hashalom (ספריאל המלאך החותם לחיים)

בִּמְרוֹמָיו bimromav ר״ת ע״ב, ריבוע יהוה

Derecha
Te vuelves a la derecha y dices:

הוּא Hu בְּרַחֲמָיו verajamav יַעֲשֶׂה yaasé

שָׁלוֹם shalom עָלֵינוּ aleinu ר״ת ש״ע נהורין

Centro
Te alineas al centro y dices:

וְעַל veal כָּל col ילי ; עמם עַמּוֹ amó יִשְׂרָאֵל Yisrael

וְאִמְרוּ veimrú אָמֵן Amén יאהדונהי:

יְהִי yehí רָצוֹן ratsón מהש ע״ה, ע״ב בריבוע וקס״א ע״ה, אל שדי ע״ה
מִלְּפָנֶיךָ milfaneja ס״ג מ״ה ב״ן יְהֹוָהאדניאהדונהי Adonai אֱלֹהֵינוּ Eloheinu ילה
וֵאלֹהֵי veElohei לכב ; מילוי ע״ב, דמב ; ילה אֲבוֹתֵינוּ avoteinu, שֶׁתִּבְנֶה shetivné
בֵּית beit ב״פ ראה הַמִּקְדָּשׁ hamikdash בִּמְהֵרָה bimherá בְיָמֵינוּ veyameinu
וְתֵן vetén חֶלְקֵנוּ jelkenu בְּתוֹרָתָךְ vetorataj לַעֲשׂוֹת laasot חֻקֵּי jukei
רְצוֹנָךְ retsonaj וּלְעָבְדָךְ uleovdaj פוי, אל אדני בְּלֵבָב belevav בוכו שָׁלֵם shalem.

Da tres pasos hacia delante.

YIHYÚ LERATSÓN (EL SEGUNDO)

"Que los dichos de mi boca y los pensamientos de mi corazón sean gratos ante Ti, Señor, mi Fortaleza y mi Redentor" (Salmos 19:15).

OSÉ SHALOM

Él, que establece paz (Durante los días entre *Rosh Hashaná* y *Yom Kipur*: *la paz*) *en Sus altos lugares, Él, en Su compasión, hará que la paz esté entre nosotros y sobre Su pueblo entero, Israel, y dirán: Amén.*

Sea agradable ante Ti, Señor, nuestro Dios y Dios de nuestros antepasados, que puedas reconstruir rápidamente el Templo, en nuestros días, y otórganos participación en Tu Torá, para que podamos cumplir las leyes de Tu deseo y servirte con todo el corazón.

Aquí algunos dicen *Medio Kadish*:

MEDIO KADISH

יִתְגַּדַּל yitgadal וְיִתְקַדַּשׁ veyitkadash שד״י ומילוי שד״י ; י״א אותיות כמנין ו״ה

שְׁמֵיהּ Shmei (שם י״ה דע״ב) רַבָּא rabá קנ״א ב״ן, יהוה אלהים יהוה אדני,

מילוי קס״א וס״ג, מ״ה ברבוע וע״ב ע״ה ; ר״ת = ו״פ אלהים ; ס״ת = ג״פ יב״ק: אָמֵן Amén אידהנויה.

בְּעָלְמָא bealmá דִּי di בְרָא verá כִּרְעוּתֵיהּ quirutei.

וְיַמְלִיךְ veyamlij מַלְכוּתֵיהּ maljutei. וְיַצְמַח veyatsmaj פּוּרְקָנֵיהּ purkanei.

וִיקָרֵב vikarev מְשִׁיחֵיהּ Meshijei: אָמֵן Amén אידהנויה.

בְּחַיֵּיכוֹן bejayeijón וּבְיוֹמֵיכוֹן uveyomeijón וּבְחַיֵּי uvejayei

דְכָל dejol ילי בֵּית beit ב״פ ראה יִשְׂרָאֵל Yisrael בַּעֲגָלָא baagalá

וּבִזְמַן uvizmán קָרִיב kariv וְאִמְרוּ veimrú אָמֵן Amén: אָמֵן Amén אידהנויה.

La congregación y el *jazán* dicen lo siguiente:

28 palabras (hasta *bealmá*) y 28 letras (hasta *almayá*)

יְהֵא yehé שְׁמֵיהּ Shmei (שם י״ה דס״ג) רַבָּא rabá קנ״א ב״ן,

יהוה אלהים יהוה אדני, מילוי קס״א וס״ג, מ״ה ברבוע וע״ב ע״ה מְבָרַךְ mevaraj,

לְעָלַם lealam לְעָלְמֵי lealmei עָלְמַיָּא almayá. יִתְבָּרַךְ yitbaraj.

Siete palabras con seis letras cada una (שם בן מ״ב) y también siete veces la letra *Vav* (שם בן מ״ב)

וְיִשְׁתַּבַּח veyishtabaj י״פ ע״ב יהוה אל אבג יתץ.

וְיִתְפָּאַר veyitpaar הי נו יה קרע שטן. וְיִתְרוֹמַם veyitromam וה כוזו נגד יכש.

וְיִתְנַשֵּׂא veyitnasé במוכסז בטר צתג. וְיִתְהַדָּר veyithadar כוזו יה חקב טנע.

וְיִתְעַלֶּה veyitalé וה יוד ה יגל פזק. וְיִתְהַלָּל veyithalal א ואו הא שקו צית.

שְׁמֵיהּ Shmei (שם י״ה דמ״ה) דְקוּדְשָׁא deKudshá בְּרִיךְ Verij הוּא Hu:

אָמֵן Amén אידהנויה.

MEDIO KADISH

Glorificado y santificado sea Su Gran Nombre (Amén).

En el mundo que Él creó de acuerdo a Su voluntad y pueda Su reino reinar. Y pueda hacer que Su redención florezca y pueda Él acercar al Mesías (Amén). En tus vidas y en tus días y en la vida de toda la Casa de Israel, prontamente y en el futuro cercano, y dígase: Amén (Amén). Que Su gran Nombre sea bendito por siempre y por toda la eternidad, bendito, y alabado, y glorificado y exaltado, y ensalzado y honrado, y adorado y loado sea el Nombre del Santo Bendito Sea (Amén).

לְעֵלָּא leelá מִן min כָּל col יל"י בִּרְכָתָא birjatá• שִׁירָתָא shiratá•
תֻּשְׁבְּחָתָא tishbejatá וְנֶחֱמָתָא venejamatá• דַּאֲמִירָן daamirán
בְּעָלְמָא bealmá וְאִמְרוּ veimrú אָמֵן Amén: אָמֵן Amén אידהנויה•

הריני hareini מוכן mejín עצמי atsmí לקבל lekabel אור or רז, א"ס
תוספת toséfet קדושת kedushat שבת Shabat לימי limei החול hajol,
ואתקדש veetkadesh בעזרת beezrat השם Hashem יתברך yitbaraj
בימי bimei החול hajol מקדושת mikdushat השבת haShabat כמו quemó
שציונו shetsivanu יהוהאדניאהדונהי Adonai אלהינו Eloheinu ילה בתורתו betorató
הקדושה hakedoshá: והתקדשתם vehitkadishtem והייתם vihyitem
קדושים kedoshim• ויהי vihí רצון ratsón מהש ע"ה, ע"ב בריבוע וקס"א ע"ה, אל שדי ע"ה
מלפניך milfaneja ס"ג מ"ה ב"ן יהוהאדניאהדונהי Adonai אלהינו Eloheinu ילה
ואלהי veElohei לכב ; מילוי דע"ב, דמב ; ילה אבותינו avoteinu שיעלה sheyaalé
לפניך lefaneja ס"ג מ"ה ב"ן כאילו queílu כוונתי jivanti בכל bejol ב"ן, לכב
הכוונות hacavanot הראויות hareuyot לכוין lejavén בזה bazé:

שׁוּבָה shuvá הוש יְהֹוָה Adonai עַד־ ad מָתָי matai
וְהִנָּחֵם vehinajem עַל־ al עֲבָדֶיךָ avadeja דמב: שַׂבְּעֵנוּ sabenu
בַבֹּקֶר vabóker חַסְדֶּךָ jasdejá וּנְרַנְּנָה uneranená וְנִשְׂמְחָה venismejá
בְּכָל־ bejol ב"ן, לכב יָמֵינוּ yameinu: שַׂמְּחֵנוּ samjenu כִּימוֹת quimot
עִנִּיתָנוּ initanu שְׁנוֹת shnot רָאִינוּ raínu רָעָה raá רהע: יֵרָאֶה yeraé ריו אֶל־ el
עֲבָדֶיךָ avadeja פָעֳלֶךָ faoleja וַהֲדָרְךָ vahadarjá עַל־ al בְּנֵיהֶם beneihem:

Más allá de todas las bendiciones,
himnos, alabanzas y palabras de consolación que pueden decirse en el mundo, y dirán: Amén (*Amén*).

"Vuélvete Señor, ¿hasta cuándo? Conduélete de Tus siervos. Sácianos por la mañana con Tu bondad, para que cantemos y nos regocijemos todos nuestros días. Alégranos por los días en que Tú nos afligiste, por los años en soportamos la desgracia. Muestra Tu obra a Tus siervos y Tu majestad a sus hijos". (*Salmos 90:13-16*)

VIHÍ NÓAM

Este versículo extiende hasta la semana siguiente toda la Luz de *Shabat* que hemos generado.

En la noche de *Shabat* (viernes en la noche) todas las *klipot* son ocultadas en la *Nukvá* de *Tehomá Rabá* (abertura del gran abismo). En *Motsaéi Shabat* (noche del sábado) ellas son liberadas y quieren destruir el mundo, pero dado que decimos "*vihí nóam*" en realidad evitamos que esto ocurra.

El versículo "*vihí noam*" debe decirse de pie, porque ahora mismo nuestra intención es recibir la Luz Retornante de la santidad adicional de *Shabat*, y cuando estamos de pie podemos recibir más y atraer esta santidad al resto de la semana (es importante que atraigamos de la santidad de *Shabat* a lo mundano). Es por ello que ahora queremos meditar en dejar un poco de esta santidad adicional para el resto de la semana. Y, al hacer esto, nuestras acciones serán dirigidas hacia la positividad, y se nos promete que vamos a estar protegidos del Satán y sus tretas durante toda la semana. Y todo depende de nuestra perseverancia y deseo sincero de pureza y santidad.

Por lo tanto medita en los tres aspectos de la santidad adicional de *Shabat*:
El primer aspecto es lo que recibimos de la santidad de *Shabat* misma y es por ello que decimos: "*vihí nóam HaShem Eloheinu aleinu*" (וִיהִי נֹעַם ה' אֱלֹהֵינוּ עָלֵינוּ).
El segundo aspecto es la santidad que recibimos de las buenas acciones que hicimos durante la semana (anterior a *Shabat*), y es por ello que decimos: "*umaasé yadeinu conená aleinu*" (וּמַעֲשֵׂה יָדֵינוּ כּוֹנְנָה עָלֵינוּ).
El tercer aspecto es la santidad que recibimos a través de toda la restricción (evitar hacer acciones negativas) que hicimos durante la semana, y es por ello que decimos: "*umaasé yadeinu conenehu*" (וּמַעֲשֵׂה יָדֵינוּ כּוֹנְנֵהוּ).

Debes decir "*vihí noam...*" dado que su secreto es:
En *Shabat* hay dos clases de iluminaciones: Una se recibe a través de las comidas y otra se recibe mediante las oraciones. Y es necesario atraer ambas iluminaciones a la semana siguiente. Al comer la Cuarta Comida atraemos la primera iluminación, y al recitar "*vihí nóam*" atraemos la segunda, ya que la intención de este versículo es iluminar los Mundos con la santidad adicional de *Shabat*.

Mientras dices: וִיהִי נֹעַם ("*vihí nóam*") medita en atraer iluminación de *Atsilut* a *Briá*. Lo que significa: del Nombre **אלף הי יוד הי** (161, el mismo valor numérico de la palabra "*nóam*") atrae **יא"י** (el Nombre **אל** = 31, el mismo valor numérico de la palabra "*vihí*") para iluminar los siete Nombres (que salen de **אהי"ה יה"ו**) que están en *Briá*, que son "*vihí nóam*" [saliendo de **יה"ו** (21), el Nombre: **אלף הי יוד הי** (161) y sus diez letras (10)].

Mientras dices: אדני אֱלֹהֵינוּ עָלֵינוּ ("*Adonai Eloheinu aleinu*"), medita en atraer iluminación de *Briá* a *Yetsirá*. Lo que significa: de los Nombres: **וד י יו י, וד י או י, וד א או א, וד ה ו ה** (128, el mismo valor numérico de las palabras "*Adonai Eloheinu*") atrae hacia el Nombre: **יוד יוד הי יוד הי ואו יוד הי ואו הי** (166, el mismo valor numérico de la palabra "*aleinu*").

Mientras dices: וּמַעֲשֵׂה יָדֵינוּ כּוֹנְנָה עָלֵינוּ ("*umaasé yadeinu conená aleinu*"), medita en atraer iluminación de *Yetsirá* a *Asiyá*. Lo que significa: de las Diez *Sefirot* de *Yetsirá*, que es el secreto del Nombre *Mem-Hei* (**יוד הא ואו הא**), atrae diez veces el Nombre de 42 Letras: **יהוה, יוד הא ואו הא, יוד יוד הא יוד הא ואו יוד הא ואו הא** (420, el mismo valor numérico de la palabra "*umaasé*") atraído a los Nombres: **אדני** (65, *Asiyá*) y **יה** (15, *Mojín* de *Asiyá*); todos juntos dan un total de 80, el mismo valor numérico de la palabra "*yadeinu*".

A partir del Nombre: א אד אדנ אדני (126, el mismo valor numérico que כונ de la palabra "*conená*") construye el *Kéter* para *Asiyá* [representado por la letra *Hei* ה (5) que resta de la palabra "*conená*"]. Las iniciales de las palabras "*yadeinu conená*" son *Yud* y *Caf*, que suman 30. Estas son las 30 letras de *Yud* que tenemos en las diez veces del Nombre de 42 Letras mencionado anteriormente. La palabra "*aleinu*" es el secreto del Nombre *Mem-Hei* (יוד הא ואו הא) que contiene tres א, donde cada *Álef* se convierte en el Nombre אהיה (21, y todas juntas son 63; el Nombre: יוד הי ואו הי). Cuando se deletrea: יוד יוד הי יוד הי ואו יוד הי ואו הי es el mismo valor numérico de la palabra "*aleinu*".

Mientras dices: ומעשה ידינו ("*umaasé yadeinu*"), medita en atraer iluminación de *Atsilut* y *Briá* hacia *Asiyá* (ya que *Briá* es el secreto de *Shabat* y mediante Su Luz *Asiyá* es santificado). Así que atrae del Nombre: יוד הי ויו הי y sus 10 letras (*Atsilut* = 184) y de los Nombres: אלהים אלהים y las 10 letras (*Briá* = 182), que juntos dan un total de 376 [igual a las letras *Vav* ו, *Ayin* ע y *Shin* ש de la palabra "*umaasé*" y como resultado de עשו (Esav), que es el secreto de las *klipot* que no pueden succionar energía de *Asiyá*]. Las letras que restan de la palabra "*umaasé*" —*Mem* מ y *Hei* ה— son el Nombre: *Mem-Hei* (יוד הא ואו הא) de *Yetsirá*. Y todo va a *Asiyá* que es representada por la palabra "*yadeinu*", como se explicó anteriormente (los Nombres: אדני y יה tienen el mismo valor numérico de la palabra "*yadeinu*").

Mientras dices: כוננהו ("*conenehu*") medita en atraer los tres Nombres de 42 Letras de:

Atsilut – יהוה, יוד הי ויו הי, יוד יוד הי יוד הי ויו יוד הי ויו הי

Briá – יהוה, יוד הי ואו הי, יוד יוד הי יוד הי ואו יוד הי ואו הי

Yetsirá – יהוה, יוד הא ואו הא, יוד יוד הא יוד הא ואו יוד הא ואו הא

(126 letras, el mismo valor numérico de כונ de la palabra "*conenehu*").

Y al hacer esto, la letra *Hei* ה, que representa el Mundo de *Asiyá*, será elevada por encima del Mundo de *Yetsirá* (que es representando por la letra *Vav* ו). Y es por ello que en la palabra כוננהו ("*conenehu*") la letra *Hei* ה está antes de la letra *Vav* ו.

וִיהִי vihí נֹעַם nóam (נֹעַם עליון)

אֲדֹנָי Adonai ללה אֱלֹהֵינוּ Eloheinu ילה עָלֵינוּ aleinu

וּמַעֲשֵׂה umaasé יָדֵינוּ yadeinu כּוֹנְנָה conená עָלֵינוּ aleinu

וּמַעֲשֵׂה umaasé יָדֵינוּ yadeinu כּוֹנְנֵהוּ conenehu:

VIHÍ NÓAM

"Que la gracia del Señor, nuestro Dios, sea sobre nosotros y pueda Él establecer para nosotros el trabajo de nuestras manos y pueda el trabajo de nuestras manos establecerlo a Él" (*Salmos 90:17*)

YOSHEV BESÉTER ELYÓN

יֹשֵׁב yoshev בְּסֵתֶר beséter ב"פ מצר עֶלְיוֹן elyón בְּצֵל betsel שַׁדַּי Shadai

יִתְלוֹנָן: yitlonán אֹמַר omar לַיהֹוָה אדני אהדונהי laAdonai מַחְסִי majsí

וּמְצוּדָתִי umetsudatí אֱלֹהַי Elohai מילוי דע"ב, דמב ; ילה; ר"ת אום, מבה, יזל

אֶבְטַח־ evtaj סי"ט בּוֹ: bo כִּי qui הוּא Hu יַצִּילְךָ yatsiljá

מִפַּח mipaj ר"ת מיה יָקוּשׁ yakush מִדֶּבֶר midéver הַוּוֹת: havot

בְּאֶבְרָתוֹ beevrató יָסֶךְ yasej לָךְ laj וְתַחַת־ vetájat כְּנָפָיו quenafav

תֶּחְסֶה tejsé צִנָּה tsiná וְסֹחֵרָה vesojerá אֲמִתּוֹ: amitó לֹא־ lo תִירָא tirá

מִפַּחַד mipájad לָיְלָה layla מלה מֵחֵץ mejéts יָעוּף yauf יוֹמָם: yomam

מִדֶּבֶר midéver בָּאֹפֶל baófel יַהֲלֹךְ yahaloj מִקֶּטֶב mikétev יָשׁוּד yashud

צָהֳרָיִם: tsahoráyim יִפֹּל yipol מִצִּדְּךָ mitsidjá אֶלֶף élef מספר אֶלֶף = אלף למד שין

דלת יוד ע"ה וּרְבָבָה urevavá מִימִינֶךָ mimineja אֵלֶיךָ eleja לֹא lo יִגָּשׁ: yigash

רַק rak בְּעֵינֶיךָ beeineja ע"ה קס"א ; ריבוע מ"ה תַבִּיט tabit וְשִׁלֻּמַת veshilumat

רְשָׁעִים reshaím תִּרְאֶה: tiré כִּי־ qui אַתָּה Atá יְהֹוָה אדני אהדונהי Adonai

מַחְסִי majsí עֶלְיוֹן elyón שַׂמְתָּ samta מְעוֹנֶךָ meoneja ו"עם:

לֹא־ lo תְאֻנֶּה teuné אֵלֶיךָ eleja רָעָה raá רהע (לילית) וְנֶגַע venega (סמאל)

לֹא־ lo יִקְרַב yikrav בְּאָהֳלֶךָ: beaholeja כִּי qui מַלְאָכָיו malajav

יְצַוֶּה־ yetsavé לָּךְ laj ס"ת שם קדוש יוהך לִשְׁמָרְךָ lishmarjá

בְּכָל־ bejol ב"ן, לכב דְּרָכֶיךָ derajeja ס"ת שם קדוש כלך:

YOSHEV BESÉTER ELYÓN

"Tú que vives al amparo del Altísimo y moras a la sombra de Shadai. Yo diré del Señor: Él es mi refugio y mi baluarte, mi Dios en quien confío. Porque Él ha de librarte de la red del cazador y la peste perniciosa. Te cubrirá con Sus plumas y bajo Sus alas hallarás refugio. Su verdad es un escudo y un yelmo. No temerás los terrores de la noche, ni la flecha que vuela de día, ni la peste que acecha en la oscuridad ni la destrucción que asuela a mediodía. Aunque caigan mil a tu lado y diez mil a tu derecha, tú no serás alcanzado. Mas con tus ojos verás como los malvados reciben su merecido. Porque Tú eres, Señor, mi refugio. Hiciste Tu Morada en las Alturas. No te alcanzará ningún mal, ni plaga alguna se acercará a tu tienda. Porque Él te encomendó a sus ángeles para que te cuiden en todos tus caminos.

עַל־ al כַּפַּיִם capáyim ע"ה קנ"א, אדנ"י אלהים יִשָּׂאוּנְךָ yisaunja פֶּן־ pen

תִּגֹּף tigof בָּאֶבֶן baéven (כילית) רַגְלֶךָ: ragleja: עַל־ al שַׁחַל shájal (דכורא)

וָפֶתֶן vafeten (נוקבא) תִּדְרֹךְ: tidroj תִּרְמֹס tirmós כְּפִיר quefir (יסוד דקליפה)

וְתַנִּין: vetanín: כִּי qui בִּי vi שם בן מ"ב חָשַׁק jashak וַאֲפַלְּטֵהוּ vaafaltehu

אֲשַׂגְּבֵהוּ asagvehu (ע"י שם ב"ט העולה למנין יה"ו ביסוד וכן למנין אהיה ומסוגל לשמירה)

כִּי־ qui יָדַע yadá שְׁמִי Shemí ר"ת אכיש (ע"י שם ביט ברוז דוד מאכיש) ; ר"ת יכש:

יִקְרָאֵנִי yikraeni וְאֶעֱנֵהוּ veeenehu עִמּוֹ־ imó אָנֹכִי anojí

בְצָרָה vetsará אלהים דההין אֲחַלְּצֵהוּ ajaltsehu וַאֲכַבְּדֵהוּ: vaajabdehu:

Decimos el último versículo de este Salmo dos veces para tener 130 palabras, que es el valor numérico del Nombre: יוד יוד הא יוד הא ואו יוד הא ואו הא, que tiene el poder de ahuyentar a las entidades negativas que aquí se mencionan.

אֹרֶךְ órej יָמִים yamim נלך

אַשְׂבִּיעֵהוּ asbiehu וְאַרְאֵהוּ vearehu בִּישׁוּעָתִי: bishuatí:

אֹרֶךְ órej יָמִים yamim נלך

אַשְׂבִּיעֵהוּ asbiehu וְאַרְאֵהוּ vearehu בִּישׁוּעָתִי: bishuatí:

UVÁ LETSIYÓN

La *Kedushá* (santidad) nunca se recita en la noche, a excepción del momento justo antes de que el *Shabat* termine. Esta conexión ayuda a unir el Mundo Superior de Emanación, *Atsilut*, el reino más elevado en la atmósfera espiritual, con nuestro mundo físico conocido como *Maljut*. Esta energía de los Mundos Superiores se inyecta en nuestra vida para toda la semana.

Esta oración es nuestra conexión con la redención. La oración comienza: "Y vendrá un redentor a Sión". El redentor es una referencia al *Mashíaj* (Mesías). Kabbalísticamente, el *Mashíaj* no es una persona justa que vendrá y nos salvará y traerá paz al mundo. *Mashíaj* es un estado de espiritualidad y conciencia que puede alcanzar todo individuo. Nadie viene a salvarnos ni a hacer el trabajo por nosotros. Cada uno de nosotros debe conseguir su propio nivel de crecimiento espiritual y realización, nuestro *Mashíaj* personal, y cuando una masa crítica de personas haya alcanzado este estado, el Mashíaj global aparecerá para la humanidad.

Te conducirán de la mano para que tu pie no tropiece contra una piedra. Caminarás sobre el león y la cobra, pisotearás al leoncillo y a la serpiente. Porque tiene puesto en Mí su amor y Yo le corresponderé. le colocaré bien alto, porque él conoce Mi nombre. Él me llamará y Yo le responderé. Estaré con él en tiempo de aflicción. Le rescataré y le glorificaré. Con larga vida le satisfaré y haré que contemple Mi salvación Le rescataré y le glorificaré. Con larga vida le satisfaré y haré que contemple Mi salvación" (Salmos 91).

La razón por la que decimos la *Kedushá* de "*uvá Letsyón*" en la noche del sábado, es atraer la iluminación del Mundo de *Atsilut* (que está en el secreto de la santidad adicional de *Shabat*) al Mundo de *Briá*. Así que, mientras lo dices, debes meditar en extender esta santidad adicional para que continúe durante la próxima semana hasta el próximo *Shabat*. Es `por ello que esta *Kedushá* se dice en este momento esta noche y no en ninguna otra noche, ya que no tenemos el poder de traer la iluminación de los Mundos de *Atsilut* al Mundo de *Briá*, excepto por esta noche (sábado en la noche).

וּבָא uvá לְצִיּוֹן leTsiyón יוסף, ו׳ הויות, קנאה גּוֹאֵל goel וּלְשָׁבֵי uleshavei פֶשַׁע fesha

בְּיַעֲקֹב beYaakov ו׳ הויות, יאהדונהי אידהנויה נְאֻם neúm יְהֹוָה אדני יאהדונהי Adonai:

וַאֲנִי vaAní אני ; ר״ת גוף בניו (שירדו לחיצונים בעון הוצאת ז״ל, ויחזרו לגוף אוצר הנשמות, ויבוא גואל)

זֹאת zot בְּרִיתִי brití אוֹתָם otam אָמַר amar יְהֹוָה אדני יאהדונהי Adonai

רוּחִי rují אֲשֶׁר asher עָלֶיךָ aleja וּדְבָרַי udvarai אֲשֶׁר־ asher

שַׂמְתִּי samti בְּפִיךָ befija לֹא־ lo יָמוּשׁוּ yamushu מִפִּיךָ mipija

וּמִפִּי umipí זַרְעֲךָ zarajá וּמִפִּי umipí זֶרַע zera זַרְעֲךָ zarajá

אָמַר amar יְהֹוָה אדני יאהדונהי Adonai מֵעַתָּה meatá וְעַד־ vead עוֹלָם olam:

וְאַתָּה veAtá קָדוֹשׁ kadosh יוֹשֵׁב yoshev תְּהִלּוֹת tehilot יִשְׂרָאֵל Yisrael:

וְקָרָא vekará זֶה ze אֶל־ el זֶה ze י״ב פרקין דיעקב מאירין ל״ב פרקין דרוחל

וְאָמַר veamar קָדוֹשׁ kadosh | (*Jésed*) קָדוֹשׁ kadosh (*Guevurá*)

קָדוֹשׁ kadosh (*Tiféret*) יְהֹוָה אדני יאהדונהי Adonai צְבָאוֹת Tsevaot פני שכינה

מְלֹא meló כָל־ jol ילי הָאָרֶץ haárets אלהים דההין ע״ה כְּבוֹדוֹ quevodó:

וּמְקַבְּלִין umekablín דֵין dein מִן min דֵין dein וְאָמְרִין veamrín•

קַדִּישׁ kadish ב״פ אור, ב״פ רז, ב״פ א״ס בִּשְׁמֵי bishmei

מְרוֹמָא meromá עִלָּאָה ilaá בֵּית beit ב״פ ראה שְׁכִינְתֵּהּ Shjintei•

UVÁ LETSIYÓN

"Y vendrá un redentor a Sión, a los que se vuelven de la transgresión de entre [la Casa de] Yaakov, dice el Señor. En cuanto a Mí, este es Mi pacto con ellos, dice el Señor. Mi espíritu que es sobre ti y Mis palabras que he puesto en tu boca, no se apartarán de tu boca ni de la boca de tus hijos ni de la boca de los hijos de tus hijos, dice el Señor, desde ahora y por siempre" (Isaías 59:20-21). *"Y Tú eres Santo y esperas las alabanzas de Israel. Y uno llamó al otro diciendo: Santo, Santo, Santo es el Señor de los Ejércitos, toda la Tierra es llenada con Su gloria"* (Isaías 6:3). *Y ellos reciben consentimiento uno del otro y dicen: Santo en los Elevados Cielos es la morada de Su Shejiná.*

קַדִּישׁ kadish ב"פ אור, ב"פ רז, ב"פ א"ס עַל־ al אַרְעָא ará עוֹבַד ovad

גְּבוּרְתֵּהּ guevurtei. קַדִּישׁ kadish ב"פ אור, ב"פ רז, ב"פ א"ס לְעָלַם lealam

וּלְעָלְמֵי ulealmei עָלְמַיָּא almayá: יְהֹוָה(אדני)אהדונהי Adonai צְבָאוֹת Tsevaot

פני שכינה מַלְיָא malyá כָל jol ילי אַרְעָא ará זִיו ziv יְקָרֵהּ yekarei:

וַתִּשָּׂאֵנִי vatisaeni רוּחַ rúaj וָאֶשְׁמַע vaeshmá אַחֲרַי ajarai קוֹל kol

רַעַשׁ ráash גָּדוֹל gadol להח ; עם ד' אותיות = מבה, יזל, אום בָּרוּךְ Baruj

כְּבוֹד quevod יְהֹוָה(אדני)אהדונהי Adonai כבוד יהוה = יוד הי ואו הה מִמְּקוֹמוֹ mimekomó

עסמ"ב, הברכה (למתק את ז' המלכים שמתו) ; ר"ת = ע"ב, ריבוע יהוה ; ר"ת מ"כ, י"פ האא:

וּנְטָלַתְנִי unetalatni רוּחָא rujá. וּשְׁמָעִית ushmait בַּתְרַי batrai קָל kal

נמם (ה' גבורות) זִיעַ zía שַׂגִּיא saguí דִּמְשַׁבְּחִין dimeshabjín וְאָמְרִין veamrín

בְּרִיךְ Berij יְקָרָא yekará דַּיהֹוָה(אדני)אהדונהי daAdonai מֵאֲתַר meatar

בֵּית beit ב"פ ראה שְׁכִינְתֵּהּ Shjintei. יְהֹוָה(אדני)אהדונהי Adonai | יִמְלֹךְ yimloj

לְעֹלָם leolam ריבוע ס"ג ו' אותיות דס"ג ; ר"ת ייל וָעֶד vaed: יְהֹוָה(אדני)אהדונהי Adonai

מַלְכוּתֵהּ maljutei קָאֵם kaim לְעָלַם lealam וּלְעָלְמֵי ulealmei

עָלְמַיָּא almayá: יְהֹוָה(אדני)אהדונהי Adonai אֱלֹהֵי Elohei מילוי ע"ב, דמב ; ילה

אַבְרָהָם Avraham וז"פ אל, רי"ו ול"ב נתיבות החכמה, רמ"ח (אברים), עסמ"ב וט"ז אותיות פשוטות

יִצְחָק Yitsjak ד"פ ב"ן וְיִשְׂרָאֵל veYisrael אֲבֹתֵינוּ avoteinu

שָׁמְרָה־ shomrá זֹּאת zot לְעוֹלָם leolam ריבוע ס"ג ו' אותיות דס"ג

לְיֵצֶר leyétser מַחְשְׁבוֹת majshevot לְבַב levav בוכו

עַמֶּךָ ameja וְהָכֵן vehajén לְבָבָם levavam אֵלֶיךָ eleja:

Santo, sobre la Tierra, es el trabajo de Su valor. Santo, para siempre y para toda la eternidad, es el Señor de los Ejércitos, toda la Tierra es llenada con el esplendor de Su gloria. "Y un viento me cargó y detrás de mí escuché una gran voz estruendosa dando alabanza: Bendita sea la gloria del Señor desde Su morada" (Ezequiel 3:12). Y diciendo: Bendita sea la gloria del Señor desde el lugar de residencia de Su Shejiná. "El Señor reinará por siempre jamás" (Éxodo 15:18). El Señor, Su Reino es establecido por siempre y para la eternidad. "El Señor, Dios de Avraham, Yitsjak e Yisrael (nuestros antepasados), ¡resguarda esto para siempre en honor a los pensamientos en los corazones de Tu Nación, y dirige sus corazones hacia Ti!" (I Crónicas 29:18).

וְהוּא veHú רַחוּם rajum יְכַפֵּר yejaper ר"ת רי"ו עָוֹן avón (*Aba* de la *klipá*)
וְלֹא veló יַשְׁחִית yashjit (*Ima* de la *klipá*) וְהִרְבָּה vehirbá לְהָשִׁיב lehashiv
אַפּוֹ apó (*Zeir* de la *klipá*) וְלֹא־ veló יָעִיר yair כָּל־ col ילי וַחֲמָתוֹ jamató
(*Nukvá* de la *klipá*): כִּי־ qui אַתָּה Atá אֲדֹנָי Adonai ללה טוֹב tov והו
וְסַלָּח vesalaj יהוה ע"ב וְרַב־ verav (*Yitsjak*) וָחֶסֶד jésed (*Avraham*) ע"ב, ריבוע יהוה
לְכָל־ lejol יה אדני קֹרְאֶיךָ koreja (*Yaakov*): צִדְקָתְךָ tsidkatjá צֶדֶק tsédek
לְעוֹלָם leolam ריבוע ס"ג וי' אותיות דס"ג וְתוֹרָתְךָ vetoratjá אֱמֶת emet
אהיה פעמים אהיה, ז"פ ס"ג: תִּתֵּן titén ב"פ כהת אֱמֶת emet אהיה פעמים אהיה, ז"פ ס"ג
לְיַעֲקֹב leYaakov ד' הויות, יאהדונהי אידהנויה חֶסֶד jésed ע"ב, ריבוע יהוה
לְאַבְרָהָם leAvraham וח"פ אל, רי"ו ול"ב נתיבות החכמה, רמ"ח (אברים), עסמ"ב וט"ז אותיות פשוטות
אֲשֶׁר־ asher נִשְׁבַּעְתָּ nishbata לַאֲבֹתֵינוּ laavoteinu מִימֵי mimei קֶדֶם kédem:
בָּרוּךְ Baruj אֲדֹנָי Adonai ללה יוֹם yom ע"ה נגד, מזבח, ן' אל יהוה יוֹם yom
ע"ה נגד, מזבח, ן' אל יהוה יַעֲמָס־ yaamós ר"ת ייי לָנוּ lanu אלהים, אהיה אדני ; ר"ת יי"ל
הָאֵל haEl לאה ; אל (יי"א" מילוי דס"ג) ; ר"ת ילה יְשׁוּעָתֵנוּ yeshuatenu סֶלָה sela:
יְהֹוָהאדניאהדונהי Adonai צְבָאוֹת Tsevaot פני שכינה עִמָּנוּ imanu
ריבוע ס"ג, קס"א ע"ה וד' אותיות מִשְׂגָּב־ misgav מהש, ע"ב בריבוע וקס"א, אל שדי, ד"פ אלהים ע"ה
לָנוּ lanu אלהים, אהיה אדני אֱלֹהֵי Elohei מילוי ע"ב, דמב ; ילה יַעֲקֹב Yaakov
ד' הויות, יאהדונהי אידהנויה סֶלָה sela: יְהֹוָהאדניאהדונהי Adonai צְבָאוֹת Tsevaot פני שכינה
אַשְׁרֵי ashrei אָדָם adam מ"ה ; יהוה צבאות אשרי אדם = תפארת בֹּטֵחַ botéaj
בָּךְ baj אדם בוטח בך = אמן (יאהדונהי) ע"ה ; בוטח בך = מילוי ע"ב ע"ה:

"Y Él es misericordioso y perdona iniquidades, y no destruirá, y Él con frecuencia disminuye Su ira y nunca despertará todo Su enojo" (Salmos 78:38). *"Porque Tú, Señor, eres bueno y misericordioso, y abundante en benevolencia para todos los que te claman"* (Salmos 86:5). *"Tu rectitud es una justicia eterna, y Tu Torá es verdadera"* (Salmos 119:42). *"Tú das la verdad a Yaakov y benevolencia a Avraham, como lo has acordado con nuestros antepasados desde el principio de los tiempos"* (Miqueas 7:20). *"Bendito es el Señor, quien lleva nuestras cargas día tras día, el Dios de nuestra salvación, Sela"* (Salmos 68:20). *"El Señor de los Ejércitos está con nosotros; el Dios de Yaakov es nuestra fortaleza. Sela"* (Salmos 46:12). *"Señor de los Ejércitos, dichoso es el hombre que confía en Ti"* (Salmos 84:13).

יְהֹוָה יאהדונהי Adonai הוֹשִׁיעָה hoshía יהוה וש״ע נהורין הַמֶּלֶךְ hamélej ר״ת יהה

יַעֲנֵנוּ yaanenu בְיוֹם־ veyom ע״ה נגד, מזבח, זן, אל יהוה קָרְאֵנוּ korenu

ר״ת יב״ק, אלהים יהוה, אהיה אדני יהוה וס״ת ב״ן ועם אות כ׳ דהמלך = ע״ב:

BARUJ ELOHEINU

Recitar el siguiente verso ("*Baruj Eloheinu*") con felicidad genuina y un corazón que confía generará Luz adicional para nuestra vida y nuestro proceso de *tikún* será mucho más fácil. Medita en dedicar tu alma a santificar el Santo Nombre (*Kedushat HaShem*).

בָּרוּךְ Baruj אֱלֹהֵינוּ Eloheinu ילה שֶׁבְּרָאָנוּ sheberaanu לִכְבוֹדוֹ lijvodó

וְהִבְדִּילָנוּ vehivdilanu מִן min הַתּוֹעִים hatoím (conectando con la información correcta)

וְנָתַן venatán לָנוּ lanu אלהים, אהיה אדני תּוֹרַת torat אֱמֶת emet אהיה פעמים אהיה, ז״פ ס״ג

וְחַיֵּי vejayei עוֹלָם olam נָטַע natá בְּתוֹכֵנוּ betojenu. הוּא Hu יִפְתַּח yiftaj

לִבֵּנוּ libenu בְּתוֹרָתוֹ betorató. וְיָשִׂים veyasim בְּלִבֵּנוּ belibenu אַהֲבָתוֹ ahavató

וְיִרְאָתוֹ veyirató לַעֲשׂוֹת laasot רְצוֹנוֹ retsonó וּלְעָבְדוֹ uleovdó

בְּלֵבָב belevav בוכו שָׁלֵם shalem. לֹא lo נִיגַע nigá לָרִיק larik

[Aquí medita en ser protegido de las emisiones nocturnas, para que el esfuerzo espiritual no se vaya a la negatividad (*Rik* y *Behalá*). También medita en tener hijos justos que sigan la senda de la Luz]

וְלֹא veló נֵלֵד neled לַבֶּהָלָה labehalá. יְהִי yehí רָצוֹן ratsón מהש ע״ה,

ע״ב בריבוע וקס״א ע״ה, אל שדי ע״ה מִלְּפָנֶיךָ milfaneja ס״ג מ״ה ב״ן יְהֹוָה יאהדונהי Adonai

אֱלֹהֵינוּ Eloheinu ילה וֵאלֹהֵי veElohei לכב ; מילוי ע״ב, דמב ; ילה אֲבוֹתֵינוּ avoteinu

שֶׁנִּשְׁמוֹר shenishmor חֻקֶּיךָ jukeja וּמִצְוֹתֶיךָ umitsvoteja

בָּעוֹלָם baolam הַזֶּה hazé והו. וְנִזְכֶּה venizqué וְנִחְיֶה venijyé וְנִירַשׁ venirash

טוֹבָה tová אכא וּבְרָכָה uvrajá לְחַיֵּי lejayei הָעוֹלָם haolam הַבָּא habá:

"Señor, sálvanos. El Rey nos responderá en el día que nosotros le llamemos" (Salmos 20:10)

BARUJ ELOHEINU

Bendito es nuestro Dios, quien nos creó por Su gloria, quien nos separó de los que tomaron el mal camino, quien nos dio la Torá de la verdad y quien implantó en nosotros la vida eterna. Que abra nuestros corazones con Su Torá y coloque en nuestros corazones amor hacia Él y temor por Él, para satisfacer Su voluntad y servirlo con todo el corazón. Que nuestros esfuerzos no sean en vano y que no le demos cabida al pánico. Que sea Tu voluntad, Señor, nuestro Dios y Dios de nuestros antepasados, que mantengamos Tus estatutos y Tus mandamientos en este mundo, y que logremos mérito, vida, bondad y bendición para la vida en el Mundo por Venir.

לְמַעַן lemaan יְזַמֶּרְךָ yezamerja כָבוֹד javod וְלֹא veló יִדֹּם yidom

יְהֹוָה יאהדונהי Adonai ר"ת = אלהים, אהיה אדני אֱלֹהַי Elohai מילוי ע"ב, דמב ; ילה

לְעוֹלָם leolam ריבוע ס"ג וי' אותיות דס"ג אוֹדֶךָּ odeca: יְהֹוָה יאהדונהי Adonai

חָפֵץ jafets לְמַעַן lemaan צִדְקוֹ tsidkó יַגְדִּיל yagdil תּוֹרָה Torá ר"ת צית

וְיַאְדִּיר veyaadir ר"ת = אבגיתץ, ושר: וְיִבְטְחוּ veyivtejú בְךָ vejá יוֹדְעֵי yodei

שְׁמֶךָ Shmeja כִּי qui ר"ת יכש לֹא lo עָזַבְתָּ azavta דֹרְשֶׁיךָ dorsheja

יְהֹוָה יאהדונהי Adonai ס"ת כהת, משיח בן דוד ע"ה: יְהֹוָה יאהדונהי Adonai

אֲדֹנֵינוּ adoneinu מָה־ ma מ"ה אַדִּיר adir הרי שִׁמְךָ Shimjá בְּכָל־ bejol

הָאָרֶץ haárets אלהים דההין ע"ה: חִזְקוּ jizkú וְיַאֲמֵץ veyaamets ב"ן, לכב ; ומב

לְבַבְכֶם levavjem כָּל col ילי הַמְיַחֲלִים hameyajalim לַיהֹוָה יאהדונהי laAdonai:

Kadish Titkabal

יִתְגַּדַּל yitgadal וְיִתְקַדַּשׁ veyitkadash שדי ומילוי שדי ; י"א אותיות כמנין ו"ה

שְׁמֵיהּ Shmei (שם י"ה דע"ב) רַבָּא rabá קנ"א ב"ן, יהוה אלהים יהוה אדני,

מילוי קס"א וס"ג, מ"ה ברבוע וע"ב ע"ה ; ר"ת = ו"פ אלהים ; ס"ת = ג"פ יב"ק: אָמֵן Amén אידהנויה.

בְּעָלְמָא bealmá דִּי di בְרָא verá כִּרְעוּתֵיהּ jirutei.

וְיַמְלִיךְ veyamlij מַלְכוּתֵיהּ maljutei. וְיַצְמַח veyatsmaj

פּוּרְקָנֵיהּ purkanei. וִיקָרֵב vikarev מְשִׁיחֵיהּ Meshijei: אָמֵן Amén אידהנויה.

"Para que mi gloria pueda cantarte alabanzas, y no quedarse callada. Señor, Dios mío, te agradeceré por siempre" (Salmos 30:13). *"El Señor desea rectitud: Él hace la Torá grandiosa y poderosa"* (Isaías 42:21). *"Y colocarán su confianza en Ti, todos aquellos que conocen Tu Nombre, porque Tú no has abandonado a los que te buscan, Señor"* (Salmos 9:11). *"Señor, nuestro Señor, que poderoso es Tu Nombre a lo largo del mundo"* (Salmos 8:2). *Sean fuertes y sus corazones valientes, todos aquellos que colocan su esperanza en el Señor.*

Kadish Titkabal

¡Glorificado y santificado sea Su Gran Nombre! (Amén).
En el mundo que Él creó de acuerdo a Su voluntad y pueda Su reino reinar.
Y pueda Él hacer que Su redención florezca y pueda Él acercar al Mesías (Amén).

בְּחַיֵּיכוֹן bejayeijón וּבְיוֹמֵיכוֹן uveyomeijón וּבְחַיֵּי uvejayei

דְּכָל dejol ילי בֵּית beit ב"פ ראה יִשְׂרָאֵל Yisrael בַּעֲגָלָא baagalá

וּבִזְמַן uvizmán קָרִיב kariv וְאִמְרוּ veimrú אָמֵן Amén: אָמֵן Amén אידהנויה.

La congregación y el *jazán* dicen lo siguiente:

28 palabras (hasta *bealmá*) – medita en: מילוי דמילוי דע"ב (יוד ויו דלת הי יוד ויו יוד ויו הי יוד)
28 letras (hasta *almayá*) – medita en: מילוי דמילוי דס"ג (יוד ויו דלת הי יוד ואו אלף ואו הי יוד).

יְהֵא yehé שְׁמֵיהּ Shmei (שם י"ה דס"ג) רַבָּא rabá קנ"א ב"ן,

יהוה אלהים יהוה אדני, מילוי קס"א וס"ג, מ"ה ברבוע וע"ב ע"ה מְבָרַךְ mevaraj,

לְעָלַם lealam לְעָלְמֵי lealmei עָלְמַיָּא almayá. יִתְבָּרַךְ yitbaraj.

Siete palabras con seis letras cada una (שם בן מ"ב) – medita en:
יהוה + יוד הי ויו הי + מילוי דמילוי דע"ב (יוד ויו דלת הי יוד ויו יוד ויו הי יוד)
También, siete veces la letra *Vav* (שם בן מ"ב) – medita en:
יהוה + יוד הי ואו הי + מילוי דמילוי דס"ג (יוד ויו דלת הי יוד ואו אלף ואו הי יוד).

וְיִשְׁתַּבַּח veyishtabaj י"פ ע"ב יהוה אל אבג יתץ.

וְיִתְפָּאַר veyitpaar הי נו יה קרע שטן. וְיִתְרוֹמַם veyitromam וה כוזו נגד יכש.

וְיִתְנַשֵּׂא veyitnasé במוכסז בטר צתג. וְיִתְהַדָּר veyithadar כוזו יה וקב טנע.

וְיִתְעַלֶּה veyitalé וה יוד ה יגל פזק. וְיִתְהַלָּל veyithalal א ואו הא שקו צית.

שְׁמֵיהּ Shmei (שם י"ה דמ"ה) דְּקוּדְשָׁא deKudshá בְּרִיךְ Verij הוּא Hu:

אָמֵן Amén אידהנויה.

לְעֵלָּא leelá מִן min כָּל col ילי בִּרְכָתָא birjatá. שִׁירָתָא shiratá.

תִּשְׁבְּחָתָא tishbejatá וְנֶחָמָתָא venejamatá. דַּאֲמִירָן daamirán

בְּעָלְמָא bealmá וְאִמְרוּ veimrú אָמֵן Amén: אָמֵן Amén אידהנויה.

En tus vidas y en tus días y en la vida de la Casa de Israel, prontamente y en el futuro cercano, y dígase: Amén (Amén). Que Su gran Nombre sea bendito por siempre y para toda la eternidad, y bendito y alabado, y glorificado y exaltado, y ensalzado y honrado, y adorado y loado, sea el Nombre del Santo Bendito Sea (Amén). Más allá de todas las bendiciones, himnos, alabanzas y palabras de consolación que deben decirse en el mundo, y dígase: Amén (Amén).

תִּתְקַבַּל titkabal צְלוֹתָנָא tselotaná וּבָעוּתָנָא uvautaná
עִם im צְלוֹתְהוֹן tselothón וּבָעוּתְהוֹן uvautehón דְּכָל dejol ילי
בֵּית beit ב"פ ראה יִשְׂרָאֵל Yisrael קֳדָם kadam אֲבוּנָא avuná
דְּבִשְׁמַיָּא devishmayá וְאִמְרוּ veimrú אָמֵן Amén: אָמֵן Amén אידהנויה.

יְהֵא yehé שְׁלָמָא shlamá רַבָּא rabá קנ"א ב"ן, יהוה אלהים יהוה אדני, מילוי קס"א וס"ג,
מ"ה ברבוע וע"ב ע"ה מִן min שְׁמַיָּא shmayá. וְחַיִּים jayim אהיה אהיה יהוה, בינה ע"ה
וְשָׂבָע vesavá וִישׁוּעָה vishuá וְנֶחָמָה venejamá וְשֵׁיזָבָא vesheizavá
וּרְפוּאָה urefuá וּגְאֻלָּה ugueulá וּסְלִיחָה uslijá וְכַפָּרָה vejapará
וְרֵיוַח vereivaj וְהַצָּלָה vehatsalá. לָנוּ lanu אלהים, אהיה אדני וּלְכָל ulejol יה אדני
עַמּוֹ amó יִשְׂרָאֵל Yisrael וְאִמְרוּ veimrú אָמֵן Amén: אָמֵן Amén אידהנויה.

Da tres pasos para atrás y di:

עוֹשֶׂה osé שָׁלוֹם shalom

(**Durante los días entre *Rosh Hashaná* y *Yom Kipur*** en lugar de "*shalom*" decimos:

הַשָּׁלוֹם hashalom ספריאל המלאך החותם לחיים)

בִּמְרוֹמָיו bimromav ע"ב, ריבוע יהוה. הוּא Hu בְּרַחֲמָיו berajamav
יַעֲשֶׂה yaasé שָׁלוֹם shalom עָלֵינוּ aleinu ר"ת ש"ע נהורין.
וְעַל veal כָּל col ילי ; עמם עַמּוֹ amó יִשְׂרָאֵל Yisrael וְאִמְרוּ veimrú אָמֵן Amén:
אָמֵן Amén אידהנויה.

Sean aceptadas nuestras oraciones y súplicas, junto con las oraciones y las súplicas de toda la Casa de Israel, ante nuestro Padre en los Cielos, y dígase: Amén (Amén). Que haya paz abundante del Cielo; vida, satisfacción, salvación, consuelo, entrega, sanación, redención, perdón, expiación, comodidad y alivio para nosotros y para toda Su nación, Israel y dígase: Amén (Amén). Él, que establece paz (Durante los días entre *Rosh Hashaná* y *Yom Kipur: la paz*) *en Sus Alturas, Él, en Su compasión, hará la paz sobre nosotros y sobre toda Su nación, Israel. Y dígase: Amén (Amén).*

SHIR LAMAALOT

שִׁיר shir לַמַּעֲלוֹת lamaalot אֶשָּׂא esá עֵינַי einai ריבוע מ״ה

אֶל־ el הֶהָרִים heharim מֵאַיִן meayin יָבֹא yavó עֶזְרִי ezrí:

עֶזְרִי ezrí מֵעִם meím יְהֹוָהאדניאהדונהי Adonai עֹשֵׂה osé שָׁמַיִם shamáyim

וָאָרֶץ vaárets: כוזו י״פ טל, י״פ אַל־ al יִתֵּן yitén לַמּוֹט lamot רַגְלֶךָ ragleja

אַל־ al יָנוּם yanum שֹׁמְרֶךָ shomreja: הִנֵּה hiné לֹא־ lo יָנוּם yanum

וְלֹא veló יִישָׁן yishán ש״ע נהורין דא״א shomer שׁוֹמֵר כ״א ההויות שבתפילין

יִשְׂרָאֵל Yisrael: יְהֹוָהאדניאהדונהי Adonai שֹׁמְרֶךָ shomreja

יְהֹוָהאדניאהדונהי Adonai צִלְּךָ tsiljá עַל־ al יַד yad יְמִינֶךָ yemineja הי״:

יוֹמָם yomam הַשֶּׁמֶשׁ hashémesh לֹא־ lo יַכֶּכָּה yaqueca ר״ת ילה

וְיָרֵחַ veyaréaj בַּלָּיְלָה balayla מלה: יְהֹוָהאדניאהדונהי Adonai

יִשְׁמָרְךָ yishmorjá מִכָּל־ micol ילי רָע ra יִשְׁמֹר yishmor

אֶת־ et נַפְשֶׁךָ nafshejá מיכ: יְהֹוָהאדניאהדונהי Adonai יִשְׁמָר yishmor

צֵאתְךָ tsetjá וּבוֹאֶךָ uvoeja מֵעַתָּה meatá וְעַד־ vead עוֹלָם olam וול:

KADISH YEHÉ SHLAMÁ

יִתְגַּדַּל yitgadal וְיִתְקַדַּשׁ veyitkadash שדי ומילוי שדי ; י״א אותיות כמנין ו״ה

שְׁמֵיהּ Shmei (שם י״ה דע״ב) רַבָּא rabá קנ״א ב״ן, יהוה אלהים יהוה אדני,

מילוי קס״א וס״ג, מ״ה ברבוע וע״ב ע״ה ; ר״ת = ו״פ אלהים ; ס״ת = ג״פ יב״ק: אָמֵן Amén אידהנויה.

SHIR LAMAALOT

"Un cántico de ascensión: Alzo mis ojos a las montañas; ¿de dónde vendrá mi ayuda? Mi ayuda proviene del Señor, Creador de los Cielos y la Tierra. Él no permitirá que tus pies resbalen. Tu Guardián no se dormirá. He aquí que el Guardián de Israel ni descansa ni duerme. El Señor es tu Guardián. El Señor es tu sombra protectora a tu diestra. Durante el día, el Sol no te fatigará, ni la Luna de noche. El Señor te protegerá de todo mal, Él guardará tu alma. Él te protegerá cuando salgas y cuando regreses, ahora y eternamente" (Salmos 121).

KADISH YEHÉ SHLAMÁ

Glorificado y santificado sea Su gran Nombre (Amén).

בְּעָלְמָא bealmá דִּי di בְּרָא verá כִּרְעוּתֵיהּ quirutei.

וְיַמְלִיךְ veyamlij מַלְכוּתֵיהּ maljutei. וְיַצְמַח veyatsmaj

פֻּורְקָנֵיהּ purkanei. וִיקָרֵב vikarev מְשִׁיחֵיהּ Meshijei: אָמֵן Amén אידהנויה.

בְּחַיֵּיכוֹן bejayeijón וּבְיוֹמֵיכוֹן uveyomeijón וּבְחַיֵּי uvejayei

דְּכָל dejol ילי בֵּית beit ב"פ ראה יִשְׂרָאֵל Yisrael בַּעֲגָלָא baagalá

וּבִזְמַן uvizmán קָרִיב kariv וְאִמְרוּ veimrú אָמֵן Amén: אָמֵן Amén אידהנויה.

La congregación y el *jazán* dicen lo siguiente:

28 palabras (hasta *bealmá*) – meditar en: מילוי דמילוי דס"ג (יוד ויו דלת הי יוד ואו אלף ואו הי יוד)
28 letras (hasta *almayá*) - meditar en: מילוי דמילוי דמ"ה (יוד ואו דלת הא אלף ואו אלף ואו הא אלף)

יְהֵא yehé שְׁמֵיהּ Shmei (שם י"ה דס"ג) רַבָּא rabá קנ"א ב"ן,

יהוה אלהים יהוה אדני, מילוי קס"א וס"ג, מ"ה ברבוע וע"ב ע"ה מְבָרַךְ mevaraj,

לְעָלַם lealam לְעָלְמֵי lealmei עָלְמַיָּא almayá. יִתְבָּרַךְ yitbaraj.

Siete palabras con seis letras cada una (שם בן מ"ב) – meditar en:
יהוה + יוד הי ואו הי + מילוי דמילוי דס"ג (יוד ויו דלת הי יוד ואו אלף ואו הי יוד);
También, siete veces la letra Vav (שם בן מ"ב) – meditar en:
יהוה + יוד הא ואו הא + מילוי דמילוי דמ"ה (יוד ואו דלת הא אלף ואו אלף ואו הא אלף).

וְיִשְׁתַּבַּח veyishtabaj י"פ ע"ב יהוה אל אבג יתץ.

וְיִתְפָּאַר veyitpaar הי נו יה קרע שטן. וְיִתְרוֹמַם veyitromam וה כוזו נגד יכש.

וְיִתְנַשֵּׂא veyitnasé במוכסז בטר צתג. וְיִתְהַדָּר veyihadar כוזו יה וזקב טנע.

וְיִתְעַלֶּה veyitalé וה יוד ה יגל פזק. וְיִתְהַלָּל veyithalal א ואו הא שקו צית.

שְׁמֵיהּ Shmei (שם י"ה דמ"ה) דְּקוּדְשָׁא deKudshá בְּרִיךְ Verij הוּא Hu:

אָמֵן Amén אידהנויה.

לְעֵלָּא leelá מִן min כָּל col ילי בִּרְכָתָא birjatá. שִׁירָתָא shiratá.

תֻּשְׁבְּחָתָא tishbejatá וְנֶחָמָתָא venejamatá. דַּאֲמִירָן daamirán

בְּעָלְמָא bealmá וְאִמְרוּ veimrú אָמֵן Amén: אָמֵן Amén אידהנויה.

En el mundo que Él creó de acuerdo a Su voluntad, y pueda Su reino reinar. Y pueda Él hacer que Su redención florezca y acercar al Mesías (Amén). En tus vidas y en tus días y en la vida de toda la Casa de Israel, prontamente y en el futuro cercano, y dígase: Amén (Amén). Que Su gran Nombre sea bendito por siempre y por toda la eternidad. Bendito y alabado, y glorificado y exaltado, y ensalzado y honrado, y adorado y loado, sea el Nombre del Santo Bendito sea (Amén). Más allá de todas las bendiciones, himnos, alabanzas y palabras de consolación que jamás se dijeran en el mundo, y dígase: Amén (Amén).

יְהֵא yehé שְׁלָמָא shlamá רַבָּא rabá קנ"א ב"ן, יהוה אלהים יהוה אדני, מילוי קס"א וס"ג,

מ"ה ברבוע וע"ב ע"ה מִן min שְׁמַיָּא shmayá. וְחַיִּים jayim אהיה אהיה יהוה, בינה ע"ה

וְשָׂבָע vesavá וִישׁוּעָה vishuá וְנֶחָמָה venejamá וְשֵׁיזָבָא vesheizavá

וּרְפוּאָה urefuá וּגְאֻלָּה ugueulá וּסְלִיחָה uslijá וְכַפָּרָה vejapará

וְרֵיוַח vereivaj וְהַצָּלָה vehatsalá. לָנוּ lanu אלהים, אהיה אדני וּלְכָל ulejol יה אדני

עַמּוֹ amó יִשְׂרָאֵל Yisrael וְאִמְרוּ veimrú אָמֵן Amén: אָמֵן Amén אידהנויה.

Da tres pasos para atrás y di:

עוֹשֶׂה osé שָׁלוֹם shalom בִּמְרוֹמָיו bimromav ע"ב, ריבוע יהוה. הוּא Hu

בְּרַחֲמָיו berajamav יַעֲשֶׂה yaasé שָׁלוֹם shalom עָלֵינוּ aleinu ר"ת ש"ע נהורין.

וְעַל veal כָּל col ילי ; עמם עַמּוֹ amó יִשְׂרָאֵל Yisrael וְאִמְרוּ veimrú אָמֵן Amén:

אָמֵן Amén אידהנויה.

BARJÚ

El *jazán* (o la persona que recitó el "*Kadish Yehé Shlamá*") dice:

רַבָּנָן rabanán: בָּרְכוּ barjú יהוה ריבוע יהוה ריבוע מ"ה אֶת et

יְהֹוָהאדניאהדונהי Adonai הַמְבֹרָךְ: hamevoraj ס"ת כהת, משיח בן דוד ע"ה:

Primero la congregación responde lo siguiente,
y luego el *jazán* (o la persona que recitó el "*Kadish Yehé Shlamá*") lo repite:

Néfesh בָּרוּךְ: Baruj *Rúaj* יְהֹוָהאדניאהדונהי Adonai *Neshamá* הַמְבֹרָךְ: hamevoraj

Jayá לְעוֹלָם leolam ריבוע ס"ג וי' אותיות דס"ג *Yejidá* וָעֶד vaed:

Que haya paz abundante del Cielo;
vida, satisfacción, salvación, consuelo, entrega, sanación, redención, perdón, expiación, comodidad y alivio para nosotros y para toda Su nación, Israel, y dirán: Amén (Amén). *Él, que establece la paz en Sus Alturas, Él, en Su compasión, hará la paz sobre nosotros y sobre toda Su nación, Israel. Y dirán: Amén* (Amén).

BARJÚ

Maestros: Bendigan al Señor, el Bendito.
Bendito sea el Señor, el Bendito, por siempre y por la eternidad.

ALEINU

El *Aleinu* es un agente sellador cósmico. Cementa y asegura todas nuestras oraciones, protegiéndolas de cualquier fuerza negativa tales como las *klipot*. Todas las oraciones anteriores al *Aleinu* atrajeron lo que los kabbalistas llaman Luz Interna. Sin embargo, el *Aleinu* atrae Luz Circundante, la cual envuelve nuestras oraciones con un campo de fuerza protectora para bloquear a las *klipot*.

Atrayendo Luz Circundante para ser protegido de las *klipot* (la inclinación negativa).

עָלֵינוּ aleinu ריבוע דס"ג לְשַׁבֵּחַ leshabéaj עלינו לשבח = אבג יתץ, ושר

לַאֲדוֹן laAdón אני ; ס"ת ס"ג ע"ה הַכֹּל hacol ר"ת ללה, אדני

לָתֵת latet גְּדֻלָּה guedulá לְיוֹצֵר leyotser בְּרֵאשִׁית bereshit ר"ת גל"ב (כא"ך ב"י יג"ל)

שֶׁלֹּא sheló עָשָׂנוּ asanu כְּגוֹיֵי quegoyei הָאֲרָצוֹת haaratsot

וְלֹא veló שָׂמָנוּ samanu כְּמִשְׁפְּחוֹת quemishpejot הָאֲדָמָה haadamá

שֶׁלֹּא sheló שָׂם sam חֶלְקֵנוּ jelkenu כָּהֶם cahem וְגוֹרָלֵנוּ vegoralenu

כְּכָל quejol הֲמוֹנָם hamonam. שֶׁהֵם shehem מִשְׁתַּחֲוִים mishtajavim

לָהֶבֶל lahével וָרִיק varik וּמִתְפַּלְּלִים umitpalelim אֶל el אֵל el

לֹא lo יוֹשִׁיעַ yoshía. (haz una pausa aquí, y cuando digas "*vaanajnu mishtajavim*" inclina todo tu cuerpo)

וַאֲנַחְנוּ vaanajnu מִשְׁתַּחֲוִים mishtajavim לִפְנֵי lifnei מֶלֶךְ Mélej

מַלְכֵי maljei הַמְּלָכִים hamelajim הַקָּדוֹשׁ haKadosh בָּרוּךְ Baruj

הוּא Hu. שֶׁהוּא sheHú נוֹטֶה noté שָׁמַיִם shamáyim י"פ טל, י"פ כוזו ; ר"ת = י"פ אדני

שב"י ספירות של נוקבא דז"א וְיוֹסֵד veyosed אָרֶץ árets. וּמוֹשַׁב umoshav

יְקָרוֹ yekaró בַּשָּׁמַיִם bashamáyim י"פ טל, י"פ כוזו מִמַּעַל mimáal עלם.

וּשְׁכִינַת ushjinat עֻזּוֹ uzó בְּגָבְהֵי begavhei מְרוֹמִים meromim.

הוּא Hu אֱלֹהֵינוּ Eloheinu ילה וְאֵין veéin עוֹד od אַחֵר ajer.

ALEINU

Es nuestro deber alabar al Soberano de todo y atribuir grandeza al Moldeador de la Creación, que no nos ha hecho como los pueblos del mundo. Él no nos colocó como las familias de la Tierra. Él no hizo nuestra suerte como el de ellos ni nuestro destino como el de sus multitudes, ya que ellos se inclinan ante la futilidad y el vacío, y rezan a una deidad que no ayuda. Nosotros nos inclinamos ante el Supremo Rey de Reyes, el Santo, Bendito Sea. Él es quien extiende los Cielos y funda la Tierra. La Sede de Su gloria está arriba en el Cielo y la Presencia Divina de Su poder está en las alturas excelsas. Él es nuestro Dios y no hay ningún otro.

אֱמֶת emet אהיה פעמים אהיה, ז״פ ס״ג מַלְכֵּנוּ malquenu וְאֶפֶס veéfes

זוּלָתוֹ. zulató כַּכָּתוּב cacatuv בַּתּוֹרָה: baTorá וְיָדַעְתָּ veyadata

הַיּוֹם hayom ע״ה נגד, מזבח, זן, אל יהוה וַהֲשֵׁבֹתָ vahashevota אֶל־ el

לְבָבֶךָ levaveja ר״ת לאו כִּי qui יְהֹוָה Adonai הוּא Hu

הָאֱלֹהִים haElohim אהיה אדני ; ילה ; ר״ת יהה וכן עולה למנין ענו ע״ג

בַּשָּׁמַיִם bashamáyim י״פ טל, י״פ כוזו מִמַּעַל mimáal עלם ;

רמז לאור פנימי המתו״ל מלמעלה וְעַל־ veal הָאָרֶץ haárets אלהים דההין ע״ה

מִתָּחַת mitájat רמז לאור מקיף המתו״ל מלמטה אֵין ein עוֹד: od

עַל al כֵּן quen נְקַוֶּה nekavé לְךָ laj יְהֹוָה Adonai

אֱלֹהֵינוּ Eloheinu ילה לִרְאוֹת lirot מְהֵרָה meherá בְּתִפְאֶרֶת betiféret

עֻזָּךְ: uzaj ס״ת כהת, משיח בן דוד ע״ה לְהַעֲבִיר lehaavir גִּלּוּלִים guilulim מִן min

הָאָרֶץ haárets אלהים דההין ע״ה וְהָאֱלִילִים vehaelilim כָּרוֹת carot

יִכָּרֵתוּן. yicaretún לְתַקֵּן letakén עוֹלָם olam בְּמַלְכוּת bemaljut

שַׁדַּי. Shadai וְכָל vejol ילי בְּנֵי bnei בָשָׂר vasar יִקְרְאוּ yikreú

בִשְׁמֶךָ viShmeja לְהַפְנוֹת lehafnot אֵלֶיךָ eleja כָּל col ילי רִשְׁעֵי rishei

אָרֶץ. árets יַכִּירוּ yaquiru וְיֵדְעוּ veyedú כָּל col ילי יוֹשְׁבֵי yoshvei

תֵבֵל tevel ב״פ רי״ו. כִּי qui לְךָ lejá תִּכְרַע tijrá כָּל־ col ילי בֶּרֶךְ. bérej

---

Nuestro Rey es verdadero y no hay nadie excepto Él. Como está escrito en la Torá: "Aprende hoy y grábalo en tu corazón que el Señor es Dios arriba en los Cielos y abajo sobre la Tierra, y no hay otro" (Deuteronomio 4:39). *Por eso, Señor, nuestro Dios, esperamos contemplar pronto la gloria majestuosa de Tu poder, cuando elimines los ídolos de la Tierra y los falsos dioses hayan sido completamente destruidos, para perfeccionar al mundo con el reino del Todopoderoso. Y la humanidad entera invocará Tu Nombre y todos los malvados de la Tierra se dirigirán a Ti. Entonces todos los habitantes del mundo reconocerán y sabrán que, por Ti, toda rodilla se dobla*

תִּשָּׁבַע tishavá כָּל col ילי לָשׁוֹן lashón. לְפָנֶיךָ lefaneja ס״ג מ״ה ב״ן

יְהֹוָהאדניאהדונהי Adonai אֱלֹהֵינוּ Eloheinu ילה יִכְרְעוּ yijreú וְיִפֹּלוּ veyipolu

וְלִכְבוֹד velijvod שִׁמְךָ Shimjá יְקָר yekar יִתֵּנוּ yitenu. וִיקַבְּלוּ vikablú

כֻלָּם julam אֶת et עוֹל ol מַלְכוּתֶךָ maljuteja. וְתִמְלוֹךְ vetimloj

עֲלֵיהֶם aleihem מְהֵרָה meherá לְעוֹלָם leolam ריבוע ס״ג וי׳ אותיות דס״ג וָעֶד vaed.

כִּי qui הַמַּלְכוּת hamaljut שֶׁלְּךָ sheljá הִיא hi. וּלְעוֹלְמֵי uleolmei

עַד ad תִּמְלוֹךְ timloj בְּכָבוֹד bejavod כוכו. כַּכָּתוּב cacatuv

בְּתוֹרָתָךְ beTorataj: יְהֹוָהאדניאהדונהי Adonai | יִמְלֹךְ yimloj לְעֹלָם leolam

ריבוע ס״ג וי׳ אותיות דס״ג ; ר״ת ייל וָעֶד vaed. וְנֶאֱמַר veneemar: וְהָיָה vehayá יהוה ; יהה

יְהֹוָהאדניאהדונהי Adonai לְמֶלֶךְ leMélej עַל al כָּל col ילי ; עמם

הָאָרֶץ haárets אלהים דההין ע״ה בַּיּוֹם bayom ע״ה נגד, מזבח, זן, אל יהוה הַהוּא hahú

יִהְיֶה yihyé ייי יְהֹוָהאדניאהדונהי Adonai אֶחָד Ejad אהבה, דאגה

וּשְׁמוֹ uShmó מהש ע״ה, ע״ב בריבוע וקס״א ע״ה, אל שדי ע״ה אֶחָד Ejad אהבה, דאגה:

Si rezaste solo, recita lo siguiente antes de comenzar *Arvit* y antes de "*Alenu*" en lugar de "*Barjú*":

אָמַר amar רַבִּי Rabí עֲקִיבָא Akivá חַיָּה jayá אַחַת ajat עוֹמֶדֶת omédet

בָּרָקִיעַ barakía וּשְׁמָהּ ushmá יִשְׂרָאֵל Yisrael וְחָקוּק vejakuk עַל al

מִצְחָהּ mitsjá יִשְׂרָאֵל Yisrael. עוֹמֶדֶת omédet בְּאֶמְצַע beemtsa

הָרָקִיעַ harakía וְאוֹמֶרֶת veoméret: בָּרְכוּ barjú יהוה ריבוע יהוה וריבוע מ״ה אֶת et

יְהֹוָהאדניאהדונהי Adonai הַמְבֹרָךְ hamevoraj ס״ת כהת, משיח בן דוד ע״ה וְכָל vejol ילי

גְּדוּדֵי guedudei מַעְלָה mala עוֹנִים onim: בָּרוּךְ Baruj יְהֹוָהאדניאהדונהי Adonai

הַמְבֹרָךְ hamevoraj לְעוֹלָם leolam ריבוע ס״ג וי׳ אותיות דס״ג וָעֶד vaed.

---

y toda lengua se colma. Que ante Ti, Señor, nuestro Dios, se arrodillen y se prosternen y honren Tu glorioso Nombre. Y todos aceptarán el yugo de Tu reino y Tú reinarás sobre ellos para siempre jamás. Pues el reino es Tuyo. Y para siempre y por la eternidad, Tú reinarás en gloria. Como está escrito en la Torá: "El Señor reinará por los siglos de los siglos" (Éxodo 15:18) *y también está dicho: "El Señor será Rey sobre toda la Tierra y, en aquel día, el Señor será Uno y Uno Su Nombre"* (Zacarías 14:9).

Rabí Akivá dijo: Erguido en el Cielo hay un animal llamado Israel, e Israel está grabado en su frente, y ella está erguida en medio del Cielo diciendo: Bendigan al Señor, el Bendito, y todas las huestes del Cielo contestan: Bendito sea el Señor, el Bendito, por siempre y por la eternidad.

HAVDALÁ DE LA NOCHE DEL SÁBADO

Para completar y cerrar el *Shabat*, hacemos *Havdalá*, que significa literalmente “separación”. Muchas veces, las personas que consideramos como nuestros amigos en realidad son nuestros enemigos, y las personas que consideramos como nuestros enemigos son realmente nuestros amigos. Si compartimos información personal e íntima con nuestros supuestos amigos, en caso de que lleguen a convertirse en nuestros enemigos, serían el tipo de enemigo más peligroso que podríamos tener. Por ende, saber diferenciar entre el bien y el mal es vital si queremos alcanzar un estado de paz y serenidad en nuestra vida. Participar en la *Havdalá* nos ayuda a obtener una comprensión más profunda, conocimiento y mayor conciencia sobre qué es bueno y qué es malo para nuestra vida personal.

Algunos comienzan aquí:

אָנָּא aná ב"ן יְהֹוָהיאהדונהי Adonai הוֹשִׁיעָה hoshía יהוה וש"ע נהורין נָּא na:

אָנָּא aná ב"ן יְהֹוָהיאהדונהי Adonai הוֹשִׁיעָה hoshía יהוה וש"ע נהורין נָּא na:

אָנָּא aná ב"ן יְהֹוָהיאהדונהי Adonai הַצְלִיחָה hatslija נָּא na:

אָנָּא aná ב"ן יְהֹוָהיאהדונהי Adonai הַצְלִיחָה hatslija נָּא na:

הַצְלִיחֵנוּ hatslijenu. הַצְלִיחַ hatslíaj דְּרָכֵינוּ derajeinu. הַצְלִיחַ hatslíaj

לִמּוּדֵינוּ limudeinu. וּשְׁלַח ushlaj בְּרָכָה brajá רְוָחָה revajá

וְהַצְלָחָה vehatslajá בְּכָל bejol ב"ן, לכב מַעֲשֵׂה maasé יָדֵינוּ yadeinu,

כְּדִכְתִיב quedijtiv: יִשָּׂא yisá בְרָכָה vrajá מֵאֵת meet ר"ת יבמ, ב"ן

יְהֹוָהיאהדונהי Adonai וּצְדָקָה utsdaká ע"ה ריבוע אלהים ; יהה מֵאֱלֹהֵי meElohei

מילוי דע"ב, דמב ; ילה יִשְׁעוֹ yishó שכינה ע"ה ; ס"ת יהוה: לַיְּהוּדִים layehudim מלה

הָיְתָה haytá אוֹרָה orá וְשִׂמְחָה vesimjá וְשָׂשֹׂן vesasón וִיקָר vikar, וּכְתִיב ujtiv:

וַיְהִי vayehí דָוִד David לְכָל־ lejol יה אדני דְּרָכָו derajav מַשְׂכִּיל masquil

וַיהֹוָהיאהדונהי vaAdonai עִמּוֹ imó: כֵּן quen יִהְיֶה yihyé ייי

עִמָּנוּ imanu ריבוע ס"ג, קס"א ע"ה וד' אותיות תָּמִיד tamid ע"ה קס"א קנ"א קמ"ג:

Continúa con “*cos yeshuot esá*...” en la página siguiente.

Meditación para la memoria espiritual (antes de decir *Havdalá*):

משבענא עליך פורה שר של שכוחה שתסיר לב טפש ממני

ותשליכהו על טורי רומיא ארמימ"ס רמימ"ס מימ"ס ימ"ס מ"ס ס'.

וְנֹחַ veNóaj מָצָא matsá חֵן jen מילוי ריבוע מ"ה, מוזי

בְּעֵינֵי beeinei ריבוע מ"ה יְהֹוָהיאהדונהי Adonai:

HAVDALÁ

“Por favor, Señor, sálvanos. Por favor, Señor, sálvanos. Por favor, Señor, danos éxito. Por favor, Señor, danos éxito” (Salmos 118:25). *Danos éxito, haz nuestros caminos exitosos, haz nuestros estudios exitosos, y envía bendiciones y tranquilidad a toda la obra de nuestras manos, como está escrito: “Él recibirá bendición del Señor y rectitud del Dios de su salvación”* (Salmos 24:5). *“Y fue para los judíos Luz y alegría, y dicha y honra”* (Ester 8:16). *Y también está escrito: “Y David fue exitoso en todos sus caminos porque el Señor está con él. Que Él esté con nosotros por siempre”* (I Samuel 18:14).

No debemos agregar agua al vino de *Havdalá*.

הִנֵּה hiné אֵל El ייא״י (מילוי דס״ג) יְשׁוּעָתִי yeshuatí אֶבְטַח evtaj

וְלֹא veló אֶפְחָד efjad כִּי־ qui עָזִּי ozí אלהים ע״ה, אהיה אדני ע״ה וְזִמְרָת vezimrat

יָהּ Yah ההה יְהֹוָה יאהדונהי Adonai וַיְהִי־ vayehí לִי li לִישׁוּעָה lishuá:

וּשְׁאַבְתֶּם־ usheavtem מַיִם máyim בְּשָׂשׂוֹן besasón מִמַּעַיְנֵי mimaaynei

הַיְשׁוּעָה hayeshuá: לַיהֹוָה יאהדונהי laAdonai הַיְשׁוּעָה hayeshuá עַל־ al

עַמְּךָ ameja בִרְכָתֶךָ virjateja סֶּלָה sela: יְהֹוָה יאהדונהי Adonai

צְבָאוֹת Tsevaot פני שכינה עִמָּנוּ imanu ריבוע ס״ג, קס״א ע״ה וד׳ אותיות

מִשְׂגָּב־ misgav מהש, ע״ב בריבוע קס״א, אל שדי, ד״פ אלהים ע״ה לָנוּ lanu אלהים, אהיה אדני

אֱלֹהֵי Elohei מילוי ע״ב, דמב ; ילה יַעֲקֹב Yaakov ד׳ הויות, יאהדונהי אידהנויה סֶלָה sela:

יְהֹוָה יאהדונהי Adonai צְבָאוֹת Tsevaot פני שכינה אַשְׁרֵי ashrei אָדָם adam מ״ה ;

יהוה צבאות אשרי אדם = תפארת בֹּטֵחַ botéaj בָּךְ baj אדם בוטח בך = אמן (יאהדונהי) ע״ה; בוטח

בך = מילוי ע״ב ע״ה: יְהֹוָה יאהדונהי Adonai הוֹשִׁיעָה hoshía יהוה וש״ע נהורין

הַמֶּלֶךְ haMélej ר״ת יהה יַעֲנֵנוּ yaanenu בְיוֹם veyom ע״ה נגד, מזבח, זן, אל יהוה

קָרְאֵנוּ korenu ר״ת יב״ק, אלהים יהוה = אהיה אדני יהוה ; ס״ת = ב״ן ועם כ׳ דהמלך = ע״ב:

לַיְּהוּדִים layehudim מלה הָיְתָה haytá אוֹרָה orá וְשִׂמְחָה vesimjá

וְשָׂשֹׂן vesasón וִיקָר vikar: כֵּן quen תִּהְיֶה tihyé לָּנוּ lanu אלהים, אהיה אדני.

כּוֹס־ cos אלהים, אהיה אדני ; ובמילוי (כף וו סמך) = עסמ״ב, הברכה (למתק את ז׳ המלכים שמתו)

יְשׁוּעוֹת yeshuot אֶשָּׂא esá וּבְשֵׁם uveshem יְהֹוָה יאהדונהי Adonai אֶקְרָא ekrá:

"He aquí que Dios es mi salvación, yo confiaré y no temeré. Efectivamente, el Señor es mi fortaleza y mi canción, y Él se ha convertido en mi salvación. Obtendrán agua con dicha de los pozos de salvación" (Isaías 12:2-3). *"La salvación pertenece al Señor, que Tus bendiciones reposen sobre Tu pueblo, Sela"* (Salmos 3:9). *"El Señor de los Ejércitos está con nosotros, el Dios de Yaakov es refugio para nosotros, Sela"* (Salmos 84:13). *"Señor de los Ejércitos, feliz es aquel que confía en Ti. Señor, sálvanos; que el Rey nos conteste el día que le llamemos"* (Salmos 20:10). *"Y fue para los judíos Luz y alegría, y dicha y honra"* (Ester 8:16). *"Que así sea para nosotros. Alzaré la copa de salvaciones e invocaré el Nombre del Señor"* (Salmos 116:13).

סַבְרִי savrí מָרָנָן maranán

(:Y los demás contestan) לְחַיִּים lejayim אהיה אהיה יהוה, בינה ע"ה

BORÉ PRI HAGUEFEN

בָּרוּךְ Baruj אַתָּה Atá יְהֹוָאדהיאהדונהי Adonai (יוד הי ויו הי) אֱלֹהֵינוּ Eloheinu

ילה מֶלֶךְ Mélej הָעוֹלָם haolam בּוֹרֵא boré פְּרִי pri הַגָּפֶן haguefen:

BORÉ ATSEI BESAMIM

La *Havdalá* incluye oler la fragancia de una rama de mirto (si no tenemos una rama de mirto, podemos usar otra fuente de fragancia natural) para llenar el espacio creado por la partida del alma adicional que estuvo presente en nosotros durante el *Shabat*.

Debes tomar un manojo de tres ramas de mirto (el que usaste en *Shabat*) y meditar en que ellas corresponden a *Néfesh*, *Rúaj* y *Neshamá* para resguardar la energía del alma adicional (de todos los tres aspectos) de *Shabat*, y esto se hace ahora mismo con estos tres mirtos y con el acto de olerlos. Sostén los mirtos con tu mano derecha cuando los huelas, inhala profundamente su fragancia a través de tus fosas nasales tres veces (que corresponden a *Néfesh*, *Rúaj* y *Neshamá*). También medita en las siguientes cuatro palabras (sin pronunciarlas):

רֵיחַ נִיחוֹחַ אִשֶּׁה לַיהֹוָאדהיאהדונהי:

בָּרוּךְ Baruj אַתָּה Atá יְהֹוָאדהיאהדונהי Adonai (יוד הי ואו הי)

אֱלֹהֵינוּ Eloheinu ילה מֶלֶךְ Mélej הָעוֹלָם haolam בּוֹרֵא boré

עֲצֵי atsei (עִשְׂבֵי isbei) (מִינֵי minei) בְשָׂמִים vesamim:

BORÉ MEOREI HAESH

Después hacemos un puño con nuestra mano derecha y ocultamos el dedo pulgar debajo de los otros cuatro dedos, y subimos la mano de modo que podamos ver el reflejo de la vela de *Havdalá* en las uñas de nuestros cuatro dedos. Los antiguos kabbalistas nos enseñan que el cuerpo de Adam en realidad estaba compuesto de este esmalte. A medida que finaliza el *Shabat*, las fuerzas y entidades negativas inmediatamente rondan a nuestro alrededor como predadores hambrientos que intentan robarnos nuestra Luz. El primer lugar que impactan es los dedos, específicamente en las uñas. La luz de la vela reflejada en nuestras uñas extingue a estas entidades.

Con el permiso de ustedes, maestros, (y los demás contestan) *¡por la vida!*

BORÉ PRI HAGUEFEN

Bendito eres Tú, Señor, nuestro Dios, Rey del mundo, quien crea los frutos de la vid.

BORÉ ATSEI BESAMIM

Bendito eres Tú, Señor, nuestro Dios,
Rey del mundo, quien crea las plantas (especias) (variedades) de fragancia.

Usamos una vela especial compuesta de cera y que se enciende como antorcha para la conexión con esta bendición. Debes doblar los dedos de tu mano derecha hacia la palma, de modo que el pulgar quede cubierto debajo de éstos. Y los dedos deben formar un puño firmemente cerrado y que apunte hacia tu cara y hacia la vela. Debes sostener tu mano derecha arriba a la vez que flexionas tu codo y el frente de tus dedos da hacia tu rostro; después debes doblar los dedos contra la palma de la mano y hacer que la parte dorsal de tus dedos esté en dirección a la vela. En efecto, tus dedos deben estar doblados de modo que cubran al dedo pulgar, y sólo debes ver el reflejo de la Luz que proviene de tus uñas y no el resto de tus dedos. La razón es que en los cuatro dedos hay 2500 fuerzas externas que absorben energía de los dedos, y es por ello que los exponemos ante la llama de la vela (que representa a la *Shejiná*) para doblegarlas. Y decimos la bendición "*boré meorei haesh*" porque queremos conectar con su Creador, no con ellas.

ברוך Baruj אתה Atá יהוהאדניאהדונהי Adonai (יוד הא ואו הא)
אלהינו Eloheinu ילה מלך Mélej העולם haolam
בורא boré מאורי meorei האש haesh שאה:

HAMAVDIL

La bendición final separa el bien del mal, lo que nos da la capacidad de distinguir entre estas dos fuerzas en cada área de nuestra vida.

ברוך Baruj אתה Atá יהוהאדניאהדונהי Adonai אלהינו Eloheinu ילה מלך Mélej
העולם haolam המבדיל hamavdil בין bein קדש kódesh לחול lejol
ובין uvein אור or רז, א"ס לחשך lejóshej שך נצוצות של ז' המלכים ובין uvein
ישראל Yisrael לעמים laamim ובין uvein יום yom
ע"ה נגד, מזבח, זן, אל יהוה השביעי hashevií לששת lesheshet ימי yemei
המעשה hamaasé. ברוך Baruj אתה Atá יהוהאדניאהדונהי Adonai
(יוד הה וו הה) המבדיל hamavdil בין bein קדש kódesh לחול lejol (קליפת נגה):

Después de realizar la *Havdalá*, debes sentarte y beber "*reviit*" (aproximadamente tres onzas de vino) y luego decir la última bendición. Si no puedes beber del vino, debes dárselo a alguien que tenga la intención de cumplir su obligación de beber (en tu lugar) y esta persona debe decir la última bendición. Pero si la otra persona no tiene la intención de cumplir su obligación de beber el vino, sólo debe decir la bendición "*boré pri haguefen*" y beber. Existe una creencia de que las mujeres no deberían beber vino de la *Havdalá* porque la fruta del Árbol del Conocimiento era la uva. Y a raíz del pecado, Eva tuvo la sangre de la menstruación para diferenciarla de Adán (nosotros no le prestamos atención a esto). Pero incluso para las mujeres que sí le prestan atención a esto, cuando hacen *Havdalá* por sí mismas, es mejor que hagan *Havdalá* con jugo de uva (o cerveza negra y deben decir *shehacol*) y después beber *reviit*.

BORÉ MEOREI HAESH

Bendito eres Tú, Señor, nuestro Dios, Rey del mundo, quien crea las luminarias de fuego.

HAMAVDIL

Bendito eres Tú, Señor, nuestro Dios, Rey del mundo, quien distingue entre lo Sagrado y lo mundano, y entre la Luz y la oscuridad, y entre Israel y las otras naciones, y entre el Séptimo Día y los seis días de acción. Bendito eres Tú, Señor, quien distingue lo Sagrado de lo mundano.

VEYITÉN LEJÁ

El Arí solía recitar estos versos inmediatamente después del *Shabat* a fin de comenzar la semana con una infusión adicional de energía positiva. Estos versos también ayudan a despertar mayor sustento económico y abundancia.

וְיִתֶּן־ veyitén לְךָ lejá הָאֱלֹהִים haElohim אהיה אדני ; ילה מִטַּל mital יוד הא ואו, כוזו
הַשָּׁמַיִם hashamáyim י״פ טל, י״פ כוזו וּמִשְׁמַנֵּי umishmanei הָאָרֶץ haárets אלהים דההין ע״ה
וְרֹב verov דָּגָן dagán וְתִירֹשׁ: vetirosh יַעַבְדוּךָ yaavduja עַמִּים amim
וְיִשְׁתַּחֲוֻ veyishtajavú לְךָ lejá לְאֻמִּים leumim הֱוֵה hevé גְבִיר guevir
לְאַחֶיךָ leajeja וְיִשְׁתַּחֲווּ veyishtajavú לְךָ lejá בְּנֵי bnei אִמֶּךָ imeja
אֹרְרֶיךָ orareja אָרוּר arur וּמְבָרְכֶיךָ umevarajeja בָּרוּךְ: baruj
וְאֵל veEl ייא״י (מילוי דס״ג) שַׁדַּי Shadai אל שדי = מהש, ע״ב בריבוע קס״א, ד״פ אלהים ע״ה
יְבָרֵךְ yevarej עסמ״ב, הברכה (למתק את ז׳ המלכים שמתו) אֹתְךָ otjá וְיַפְרְךָ veyafreja
וְיַרְבֶּךָ veyarbeja וְהָיִיתָ vehayita לִקְהַל likehal עַמִּים amim: וְיִתֶּן־ veyitén לְךָ lejá
אֶת־ et בִּרְכַּת bircat אַבְרָהָם Avraham וז״פ אל, רי״ו ול״ב נתיבות החכמה,
רמ״ח (אברים), עסמ״ב וט״ז אותיות פשוטות לְךָ lejá וּלְזַרְעֲךָ ulezarajá אִתָּךְ itaj
לְרִשְׁתְּךָ lerishteja אֶת־ et אֶרֶץ érets מְגֻרֶיךָ megureja אֲשֶׁר־ asher נָתַן natán
אֱלֹהִים Elohim אהיה אדני ; ילה לְאַבְרָהָם leAvraham וז״פ אל, רי״ו ול״ב נתיבות החכמה,
רמ״ח (אברים), עסמ״ב וט״ז אותיות פשוטות: מֵאֵל meEl ייא״י (מילוי דס״ג) אָבִיךָ avija
וְיַעְזְרֶךָּ veyazreca וְאֵת veet שַׁדַּי Shadai וִיבָרְכֶךָּ vivarajeca בִּרְכֹת birjot
שָׁמַיִם shamáyim י״פ טל, י״פ כוזו מֵעָל meal עלם בִּרְכֹת birjot תְּהוֹם tehom
רֹבֶצֶת rovétset תָּחַת tájat בִּרְכֹת birjot שָׁדַיִם shadáyim וָרָחַם varajam
אברהם, וז״פ אל, רי״ו ול״ב נתיבות החכמה, רמ״ח (אברים), עסמ״ב וט״ז אותיות פשוטות: בִּרְכֹת birjot
אָבִיךָ avija גָּבְרוּ gavrú עַל־ al בִּרְכֹת birjot הוֹרַי horai עַד־ ad תַּאֲוַת taavat
גִּבְעֹת guivot עוֹלָם olam תִּהְיֶיןָ tihyena לְרֹאשׁ lerosh ריבוע אלהים דיודין ע״ה
יוֹסֵף Yosef ציון, קנאה, ו׳ הויות וּלְקָדְקֹד ulekodkod נְזִיר nezir אֶחָיו: ejav

---

VEYITÉN LEJÁ

"Y que Dios te dé del rocío del Cielo y de la grosura de la tierra, y abundancia de grano y de mosto. Que te sirvan pueblos y se postren ante ti naciones. Sé señor de tus hermanos, y que se inclinen ante ti los hijos de tu madre. Malditos los que te maldigan y benditos los que te bendigan" (Génesis 27:28-29). *"Que el El Shadái te bendiga, te haga fecundo y te multiplique, para que llegues a ser multitud de pueblos. Que te dé también la bendición de Avraham, a ti y a tu descendencia contigo, para que tomes posesión de la tierra de tus peregrinaciones, la que Dios dio a Avraham"* (Génesis 28:3-4). *"Es por el Dios de tu padre que Él te ayuda, y con Shadái, y Él que te bendice con bendiciones de los Cielos de Arriba, bendiciones del abismo que está abajo, bendiciones de los pechos y del vientre materno. Las bendiciones de tu Padre han sobrepasado las bendiciones de mis antepasados hasta los límites eternos de los collados del mundo; sean ellas sobre la cabeza de Yosef y sobre la cabeza del exilado de entre sus hermanos"* (Génesis 49:25-26).

וַאֲהֵבְךָ vaahevjá וּבֵרַכְךָ uverajejá וְהִרְבֶּךָ vehirbeja וּבֵרַךְ uveraj פְּרִי־ pri

בִטְנְךָ vitneja וּפְרִי־ ufrí אַדְמָתֶךָ admateja דְּגָנְךָ deganjá וְתִירֹשְׁךָ vetiroshjá

וְיִצְהָרֶךָ veyitzhareja שְׁגַר־ shegar אֲלָפֶיךָ alafeja וְעַשְׁתְּרֹת veashterot

צֹאנֶךָ tsoneja עַל al הָאֲדָמָה haadamá אֲשֶׁר־ asher נִשְׁבַּע nishbá

לַאֲבֹתֶיךָ laavoteja לָתֶת latet לָךְ׃ laj בָּרוּךְ baruj תִּהְיֶה tihyé מִכָּל־ micol ילי

הָעַמִּים haamim לֹא־ lo יִהְיֶה yihyé ייי בְךָ vejá עָקָר akar וַעֲקָרָה vaakará

וּבִבְהֶמְתֶּךָ׃ uvivhemteja וְהֵסִיר vehesir יְהֹוָה יאהדונהי Adonai מִמְּךָ mimjá

כָּל־ col ילי חֹלִי joli וְכָל־ vejol ילי מַדְוֵי madvei מִצְרַיִם Mitsráyim מצר

הָרָעִים haraim אֲשֶׁר asher יָדַעְתָּ yadata לֹא lo יְשִׂימָם yesimam בָּךְ baj

וּנְתָנָם unetanam בְּכָל־ bejol ב״ן, לכב שֹׂנְאֶיךָ׃ soneja בָּרוּךְ baruj אַתָּה atá

בָּעִיר bair מוזהר, סנדלפון, ערי וּבָרוּךְ uvaruj אַתָּה atá בַּשָּׂדֶה׃ basadé בָּרוּךְ baruj

פְּרִי־ pri בִטְנְךָ vitneja וּפְרִי ufrí אַדְמָתְךָ admatjá וּפְרִי ufrí בְהֶמְתֶּךָ vehemteja

שְׁגַר shegar אֲלָפֶיךָ alafeja וְעַשְׁתְּרוֹת veashterot צֹאנֶךָ׃ tsoneja בָּרוּךְ baruj

טַנְאֲךָ tanajá וּמִשְׁאַרְתֶּךָ׃ umisharteja בָּרוּךְ baruj אַתָּה atá בְּבֹאֶךָ bevoeja

וּבָרוּךְ uvaruj אַתָּה atá בְּצֵאתֶךָ׃ betseteja יְצַו yetsav יְהֹוָה יאהדונהי Adonai

אִתְּךָ itjá אֶת־ et הַבְּרָכָה habrajá בַּאֲסָמֶיךָ baasameja וּבְכֹל uvejol ב״ן, לכב

מִשְׁלַח mishlaj יָדֶךָ yadeja וּבֵרַכְךָ uverajeja בָּאָרֶץ baárets אֲשֶׁר־ asher

יְהֹוָה יאהדונהי Adonai אֱלֹהֶיךָ Eloheja ילה נֹתֵן notén אבגיתץ, ושר לָךְ׃ laj

יִפְתַּח yiftaj יְהֹוָה יאהדונהי Adonai לְךָ lejá ר״ת ייל אֶת־ et אוֹצָרוֹ otsaró

הַטּוֹב hatov והו ; ר״ת האא אֶת־ et הַשָּׁמַיִם hashamáyim י״פ טל, י״פ כוזו

"Y Él te amará, te bendecirá y te multiplicará. Él bendecirá el fruto de tu vientre y el fruto de tu tierra, tu cereal, tu mosto, tu aceite, el aumento de tu ganado y las crías de tu rebaño en la tierra que Él juró a tus padres que te daría. Bendito serás más que todos los pueblos; no habrá hombre ni mujer estéril en ti, ni en tu ganado. El Señor apartará de ti toda enfermedad, y no pondrá sobre ti ninguna de las enfermedades malignas de Egipto que has conocido, sino que las pondrá sobre los que te odian" (Deuteronomio 7:13-15). "Bendito eres en la ciudad, y bendito eres en el campo. Bendito el fruto de tu vientre, el producto de tu suelo, el fruto de tus animales, el aumento de tu ganado y el rebaño de tus ovejas. Benditas es tu canasta de frutas y tu artesa. Bendito eres en tu llegada y bendito eres en tu partida" (Deuteronomio 28:3-6). "El Señor mandará que la bendición sea contigo en tus graneros y en todo aquello en que pongas tu mano, y te bendecirá en la tierra que el Señor, tu Dios, te da" (Deuteronomio 28:8). "Que el Señor abra para ti Su buen tesoro, los Cielos,

לָתֵת latet מְטַר־ metar אַרְצְךָ artsejá בְּעִתּוֹ beitó וּלְבָרֵךְ ulevarej אֵת et
כָּל־ col יל"י מַעֲשֵׂה maasé יָדֶךָ yadeja וְהִלְוִיתָ vehilvita גּוֹיִם goyim רַבִּים rabim
וְאַתָּה veatá לֹא lo תִלְוֶה: tilvé אַשְׁרֶיךָ ashreja יִשְׂרָאֵל Yisrael מִי mi יל"י
כָמוֹךָ jamoja עַם am נוֹשַׁע noshá בַּיהֹוָה יאהדונהי baAdonai מָגֵן maguén ג"פ אל
("יא" במילוי דס"ג) ; ר"ת מיכאל גבריאל נוריאל עֶזְרֶךָ ezreja וַאֲשֶׁר־ vaasher חֶרֶב jérev
גַּאֲוָתֶךָ gaavateja וְיִכָּחֲשׁוּ veyicajashú אֹיְבֶיךָ oyveja לָךְ laj ר"ת לאו וְאַתָּה veatá
עַל־ al בָּמוֹתֵימוֹ bamoteimo תִדְרֹךְ: tidroj יִשְׂרָאֵל Yisrael נוֹשַׁע noshá
בַּיהֹוָה יאהדונהי baAdonai תְּשׁוּעַת teshuat עוֹלָמִים olamim לֹא־ lo תֵבֹשׁוּ tevoshu
וְלֹא־ veló תִכָּלְמוּ ticalmu עַד־ ad עוֹלְמֵי olmei עַד: ad וַאֲכַלְתֶּם vaajaltem
אָכוֹל ajol וְשָׂבוֹעַ vesavoa וְהִלַּלְתֶּם vehilaltem אֶת־ et שֵׁם shem
יְהֹוָה יאהדונהי Adonai אֱלֹהֵיכֶם Eloheijem ילה אֲשֶׁר־ asher עָשָׂה asá
עִמָּכֶם imajem לְהַפְלִיא lehaflí וְלֹא־ veló יֵבֹשׁוּ yevoshu עַמִּי amí לְעוֹלָם leolam
ריבוע ס"ג י' אותיות דס"ג: וִידַעְתֶּם vidaatem כִּי qui בְקֶרֶב vekérev יִשְׂרָאֵל Yisrael
אָנִי aní אני וַאֲנִי vaaní אני יְהֹוָה יאהדונהי Adonai אֱלֹהֵיכֶם Eloheijem ילה וְאֵין veéin
עוֹד od וְלֹא־ veló יֵבֹשׁוּ yevoshu עַמִּי amí לְעוֹלָם leolam ריבוע ס"ג י' אותיות דס"ג:
וּפְדוּיֵי ufeduyei יְהֹוָה יאהדונהי Adonai יְשֻׁבוּן yeshuvún וּבָאוּ uváu צִיּוֹן Tsiyón יוסף,
ו' הויות, קנאה בְּרִנָּה beriná וְשִׂמְחַת vesimjat עוֹלָם olam עַל־ al רֹאשָׁם rosham
שָׂשׂוֹן sasón וְשִׂמְחָה vesimjá יַשִּׂיגוּ yasigu וְנָסוּ venasú יָגוֹן yagón וַאֲנָחָה: vaanajá
כִּי־ qui בְשִׂמְחָה vesimjá תֵצֵאוּ tetseu וּבְשָׁלוֹם uveshalom תּוּבָלוּן tuvalún
הֶהָרִים heharim וְהַגְּבָעוֹת vehagvaot יִפְצְחוּ yiftsejú לִפְנֵיכֶם lifneijem
רִנָּה riná וְכָל־ vejol יל"י עֲצֵי atsei הַשָּׂדֶה hasadé יִמְחֲאוּ־ yimjaú כָף: jaf

---

para dar lluvia a tu tierra a su tiempo y para bendecir toda la obra de tu mano. Y tú prestarás a muchas naciones, pero no tomarás prestado" (Deuteronomio 28:12). *"Dichoso eres tú, Israel. ¿Quién como tú, nación salvada por el Señor? Él es escudo de tu ayuda y espada de tu majestuosidad. Tus enemigos serán falsos ante ti, pero tú pisotearás su arrogancia"* (Deuteronomio 33:29). *"Israel ha sido salvado por el Señor con salvación eterna. No serán avergonzados ni humillados por toda la eternidad"* (Isaías 45:17). *"Tendrán comida que comer y se saciarán, y alabarán el Nombre del Señor, su Dios, que ha obrado maravillosamente con ustedes. Y Mi pueblo nunca jamás será avergonzado. Y sabrán que en medio de Israel estoy Yo, y que Yo soy el Señor, su Dios, y no hay otro. Mi pueblo nunca jamás será avergonzado"* (Joel 2:26-27). *"Volverán los rescatados del Señor, entrarán en Sion con cantos de júbilo, con alegría eterna sobre sus cabezas. Gozo y alegría alcanzarán, y huirán la tristeza y el gemido"* (Isaías 35:10). *"Porque con alegría saldrán, y con paz serán conducidos. Los montes y las colinas prorrumpirán en canto de júbilo delante de ustedes, y todos los árboles del campo batirán palmas"* (Isaías 55:12).

הִנֵּה hiné אֵל El ייא״י (מילוי דס״ג) יְשׁוּעָתִי yeshuatí אֶבְטַח evtaj וְלֹא veló
אֶפְחָד efjad כִּי־ qui עָזִּי ozí אלהים ע״ה, אהיה אדני ע״ה וְזִמְרָת vezimrat יָהּ Yah
יְהֹוָה יאהדונהי Adonai וַיְהִי־ vayehí לִי li לִישׁוּעָה lishuá: וּשְׁאַבְתֶּם־ ushavtem
מַיִם máyim בְּשָׂשׂוֹן besasón ר״ת ומב ; ס״ת נמם, ה׳ הויות (ה׳ גבורות) מִמַּעַיְנֵי mimaaynei
הַיְשׁוּעָה hayeshuá: וַאֲמַרְתֶּם vaamartem בַּיּוֹם bayom ע״ה נגד, מזבח, זן, אל יהוה
הַהוּא hahú אהיה הוֹדוּ hodú לַיהֹוָה יאהדונהי laAdonai קִרְאוּ kirú
בִשְׁמוֹ viShmó מהש ע״ה, ע״ב בריבוע וקס״א ע״ה, אל שדי ע״ה הוֹדִיעוּ hodíu בָעַמִּים vaamim
עֲלִילֹתָיו alilotav הַזְכִּירוּ hazquiru כִּי qui נִשְׂגָּב nisgav שְׁמוֹ Shemó מהש ע״ה,
ע״ב בריבוע וקס״א ע״ה, אל שדי ע״ה: זַמְּרוּ zameru יְהֹוָה יאהדונהי Adonai כִּי qui
גֵאוּת gueut עָשָׂה asá מוּדַעַת mudáat (כתיב: מידעת) זֹאת zot בְּכָל־ bejol ב״ן, לכב
הָאָרֶץ haárets אלהים דההין ע״ה: צַהֲלִי tsahalí וָרֹנִּי varoní יוֹשֶׁבֶת yoshévet
צִיּוֹן Tsiyón יוסף, ו׳ הויות, קנאה כִּי־ qui גָדוֹל gadol להח ; עם ד׳ אותיות = מבה, יזל, אום
בְּקִרְבֵּךְ bekirbej קְדוֹשׁ kedosh יִשְׂרָאֵל Yisrael: וְאָמַר veamar בַּיּוֹם bayom
ע״ה נגד, מזבח, זן, אל יהוה הַהוּא hahú הִנֵּה hiné אֱלֹהֵינוּ Eloheinu ילה זֶה ze קִוִּינוּ kivinu
לוֹ lo וְיוֹשִׁיעֵנוּ veyoshienu זֶה ze יְהֹוָה יאהדונהי Adonai קִוִּינוּ kivinu לוֹ lo
נָגִילָה naguilá וְנִשְׂמְחָה venismejá בִּישׁוּעָתוֹ bishuató: בּוֹרֵא boré נִיב niv
(כתיב: נוב) שְׂפָתָיִם sfatáyim שָׁלוֹם shalom שָׁלוֹם shalom לָרָחוֹק larajok שדי
וְלַקָּרוֹב velakarov אָמַר amar יְהֹוָה יאהדונהי Adonai וּרְפָאתִיו urefativ:
וְרוּחַ verúaj לָבְשָׁה lavshá אֶת־ et עֲמָשַׂי Amasai רֹאשׁ rosh ריבוע אלהים אלהים
דיודין ע״ה הַשָּׁלִישִׁים hashalishim (כתיב: השלושים) לְךָ lejá דָוִיד David
וְעִמְּךָ veimjá בֶן־ ven יִשַׁי Yishai שָׁלוֹם shalom שָׁלוֹם shalom לְךָ lejá
וְשָׁלוֹם veshalom לְעֹזְרֶךָ leozreja כִּי qui עֲזָרְךָ azarjá אֱלֹהֶיךָ Eloheja ילה
וַיְקַבְּלֵם vaykablem דָּוִיד David וַיִּתְּנֵם vayitnem בְּרָאשֵׁי berashei הַגְּדוּד haguedud:

"He aquí, Dios es mi salvador, confiaré y no temeré; porque Dios es mi fortaleza y mi canción, el Señor, y Él ha sido salvación para mí. Y con gozo sacarás agua de los manantiales de la salvación. Y aquel día dirás: Den gracias al Señor, invoquen Su Nombre, hagan conocer entre los pueblos Sus obras, hagan recordar que Su nombre es enaltecido. Canten alabanzas al Señor, porque ha hecho cosas maravillosas; sea conocido esto por toda la Tierra. Clama y canta de júbilo, habitante de Sión, porque el Santo de Israel ha obrado maravillosamente en ti" (Isaías 12:2-6). *"Y él dirá en aquel día: He aquí nuestro Dios, a quien habíamos esperado en Su salvación. Este es el Señor, a quien habíamos esperado. Estaremos gozosos y nos regocijaremos ante Su salvación"* (Isaías 25:9). *"Yo creé la expresión de los labios. Paz, paz al que está lejos y al que está cerca, dice el Señor, y Yo lo sanaré"* (Isaías 57:19). *"Un espíritu vino sobre Amasái, jefe de los oficiales, el cual dijo: Tuyos somos, David, y contigo estamos, hijo de Yishái. Paz, paz a ti, y paz al que te ayuda; ciertamente tu Dios te ayuda. David los recibió y los hizo jefes del grupo"* (I Crónicas 12:18).

Recitamos el siguiente versículo siete veces:

וַאֲמַרְתֶּם vaamartem כֹּה co לֶחָי lejai

וְאַתָּה veatá שָׁלוֹם shalom

וּבֵיתְךָ uveitjá ב"פ ראה שָׁלוֹם shalom

וְכֹל vejol אֲשֶׁר־ asher לְךָ lejá שָׁלוֹם shalom:

בָּרוּךְ baruj הַגֶּבֶר haguéver אֲשֶׁר asher יִבְטַח yivtaj בַּיהֹוָואדניאהדונהי baAdonai

וְהָיָה vehayá יהוה ; יהה יְהֹוָואדניאהדונהי Adonai מִבְטַחוֹ mivtajó:

יְהֹוָואדניאהדונהי Adonai עֹז oz לְעַמּוֹ leamó יִתֵּן yitén יְהֹוָואדניאהדונהי Adonai

יְבָרֵךְ yevarej עסמ"ב, הברכה (למתק את ז' המלכים שמתו) אֶת־ et

עַמּוֹ amó בַשָּׁלוֹם vashalom ר"ת ע"ב, ריבוע יהוה:

Luego di el siguiente verso 130 veces:

אֵלִיָּהוּ Eliyahu לכב הַנָּבִיא Hanaví זָכוּר zajur ע"ב קס"א = יהי אור ע"ה (המשכת השפע מן ד' שמות ליסוד הנקרא זכור) לְטוֹב letov והו ; זכור לטוב = סנדלפון, ערי ;

אליהו הנביא זכור לטוב = ת' כנגד ת' כוונות הס"א.

Y después debes decir "*Petijat Eliyahu Hanaví*" (pág. 186).

El alma adicional no se va de inmediato. Ésta se va solamente después de la Cuarta Comida, y es por ello que no debes comer o estudiar asuntos espirituales hasta después de la Cuarta Comida

Hay 31 reyes en las *klipot* que Yehoshua venció contra 31 horas santas y este es el secreto de "*El* (31) *Mélej Yoshev*". Lo que significa que desde el mediodía del viernes hasta la noche son seis horas, el *Shabat* como tal son 24 horas, y juntas suman 30 horas. Y con la hora adicional de la Cuarta Comida, que es la comida del Rey David, el Mesías, suma 31. Si alguien no hace la comida del Rey David deja una *klipá* sin doblegar. Por lo tanto, después de *Havdalá*, la persona debe hacer la Cuarta Comida sobre *mezonot* o pan y debe decir:

דא da היא hi סעודתא seudatá

דדוד deDavid מלכא malcá משיחא meshijá

בזכותו bizjutó ניצל ninatsel מחיבוט mijibut הקבר hakéver:

"Y dirán: Que así sea durante toda tu vida.
Paz para ti, paz para tu casa y paz para todo lo que tienes" (I Samuel 25:6).
"Bendito es el hombre que confía en el Señor y el Señor es su santuario" (Jeremías 17:7).
"El Señor da fortaleza a Su nación, el Señor bendice a Su nación con paz" (Salmos 29:11).
Eliyahu, el profeta, quien es recordado para bien.

1. *Kidush Levaná* debe recitarse en el período entre el séptimo día después de la Luna Nueva ("*Molad*") y el decimoquinto día (exactamente: catorce días, dieciocho horas y veintidós minutos después del *Molad*).
2. *Kidush Levaná* debe recitarse en un espacio abierto y bajo un cielo despejado, preferiblemente un sábado en la noche (en el mes de *Menajem-Av* recítalo después de *Tishá BeAv*, y en el mes de *Tishrei* recítalo después de *Yom Kipur*).
3. *Kidush Levaná* no debe recitarse un viernes en la noche o en la noche de alguna festividad, salvo que sea la última oportunidad de recitarlo durante el período mencionado anteriormente.

La Tierra es gobernada por el ciclo mensual de la Luna. Bendecimos la Luna cuando está creciente con el propósito de eliminar su negatividad y su influencia en nuestra vida personal, lo cual ocurre usualmente siete días después de *Rosh Jódesh* (la Luna Nueva). Al bendecir activamente a la Luna, tomamos control sobre ésta. Según la Torá, la Luna y el Sol alguna vez tuvieron igual tamaño y luminosidad. La Luna, no estando contenta con su posición de poder, denunció celosamente al Sol, con envidia porque ella también merecía gran valor e importancia. Debido a este celo sin razón, la Luna fue empequeñecida y no se le dio Luz propia. La única Luz que irradia la Luna proviene del Sol. Esta parábola revela nuestros propios celos. Muchas veces, tener ciertas posesiones no nos es suficiente. A veces nuestros deseos egoístas no quieren que otra persona tenga lo que nosotros tenemos, a pesar de que sus posesiones no disminuyan las nuestras de ninguna manera. La semilla de esta característica humana negativa es la Luna. Todos somos como la Luna en el sentido de que recibimos toda nuestra Luz de parte del Creador. El objetivo es que la Luna y nosotros irradiemos nuestra propia Luz. Actualmente, recibimos nuestra Luz del mundo de *Zeir Anpín*. Finalmente, al transformar nuestra naturaleza reactiva y al ser más proactivos, podremos conectar directamente con la *Sefirá* de *Biná*, lo cual es igual a que la Luna tenga su propia Luz. Este objetivo es llamado *Mashíaj*.

LAMENATSÉAJ

La primera conexión en *Kidush Levaná* tiene trece versículos que representan a los Trece Atributos. Además de esto, el número trece es uno sobre los doce signos del Zodíaco. Elevarse por encima de los doce signos del Zodíaco nos eleva a su esfera de influencia, lo que por consiguiente nos da control y poder sobre los signos del Zodíaco, en vez de dejar que las constelaciones ejerzan control sobre nosotros. Mediante la ciencia de la astrología kabbalística, superamos su influencia y asumimos el control de nuestro destino. Nuestro comportamiento reactivo usual es el resultado de la influencia de los doce signos. Ser proactivo es superar dicha influencia.

En este Salmo hay: 13 versículos que corresponden a los 13 atributos de misericordia,
y seis veces el Nombre: יהוה que corresponde a los Seis Bordes de *Zeir Anpín*.

(א-אל) לַמְנַצֵּחַ lamenatséaj מִזְמוֹר mizmor לְדָוִד leDavid:

(ב-רוזום) הַשָּׁמַיִם hashamáyim י"פ טל, י"פ כוזו מְסַפְּרִים mesaprim כְּבוֹד quevod

אֵל El יי"א" (מילוי דס"ג) ; ר"ת מכאל (מיכאל = ננא) ; כבוד אל = ס"ג (יוד הי ואו הי - דעת דנוקבא)

וּמַעֲשֵׂה umaasé יָדָיו yadav מַגִּיד maguid הָרָקִיעַ harakía: (ג-ווזנון) יוֹם yom ע"ה נגד,

מזבח, זן, אל יהוה לְיוֹם leyom ע"ה נגד, מזבח, זן, אל יהוה יַבִּיעַ yabía אֹמֶר omer

וְלַיְלָה velayla מלה לְלַיְלָה lelayla מלה יְחַוֶּה־ yejavé דָּעַת dáat: (ד-ארך) אֵין־ ein

אֹמֶר omer וְאֵין veéin דְּבָרִים devarim ראה בְּלִי belí נִשְׁמָע nishmá קוֹלָם kolam:

LAMENATSÉAJ

1) "Al director, una cántico de David. 2) Los Cielos declaran la gloria de Dios y la amplitud del firmamento habla de Su obra. 3) Día tras día trae expresiones de encomio, y noche tras noche denota sabiduría. 4) No hay habla y no hay palabras, su sonido es inaudible.

(ה-אפים) בְּכָל־ bejol ב״ן, לכב הָאָרֶץ haárets אלהים דההין ע״ה יָצָא yatsá

קַוָּם kavam וּבִקְצֵה uviktsé תֵבֵל tevel ב״פ רי״ו מִלֵּיהֶם mileihem

לַשֶּׁמֶשׁ lashémesh שָׂם־ sam אֹהֶל óhel בָּהֶם bahem: (ו-ורב וחסד)

וְהוּא vehú כְּחָתָן quejatán יֹצֵא yotsé מֵחֻפָּתוֹ mejupató יָשִׂישׂ yasís

כְּגִבּוֹר queguibor לָרוּץ laruts אֹרַח óraj: (ז-ואמת) מִקְצֵה miktsé

הַשָּׁמַיִם hashamáyim י״פ טל, י״פ כוזו מוֹצָאוֹ motsaó וּתְקוּפָתוֹ utkufató עַל־ al

קְצוֹתָם ketsotam וְאֵין veéin נִסְתָּר nistar ב״פ מצר מֵחַמָּתוֹ mejamató:

Los kabbalistas escribieron: Este Salmo tiene una gran y magnífica capacidad de protección. A partir de aquí, tenemos seis versículos consecutivos con cinco palabras cada uno, y la segunda palabra de cada uno de ellos es: יהוה. Debes contar las palabras con los dedos de tu mano derecha de la siguiente manera: Dices la primera palabra y cierras el pulgar hacia la palma de tu mano, luego dices la segunda palabra que es יהוה y mantienes el dedo índice arriba, después dices la tercera palabra y cierras el dedo medio, dices la cuarta palabra y cierras el dedo anular, y cuando dices la quinta palabra cierras el meñique. Y mientras haces esto, medita en que el Creador enderezará a aquellos que están torcidos y, también, que todos tus enemigos espirituales se rindan y tú logres vencerlos.

(ח-נצר וחסד) תּוֹרַת torat יְהֹוָה יאהדונהי Adonai (*Jésed*) תְּמִימָה temimá

מְשִׁיבַת meshivat נָפֶשׁ náfesh עֵדוּת edut יְהֹוָה יאהדונהי Adonai (*Guevurá*)

נֶאֱמָנָה neemaná מַחְכִּימַת majquimat פֶּתִי petí: (ט-לאלפים) פִּקּוּדֵי pikudei מנק

יְהֹוָה יאהדונהי Adonai (*Tiféret*) יְשָׁרִים yesharim מְשַׂמְּחֵי־ mesamjei

לֵב lev מִצְוַת mitsvat יְהֹוָה יאהדונהי Adonai (*Nétsaj*) בָּרָה bará

מְאִירַת meirat עֵינָיִם einâyim ריבוע מ״ה: (י-נשא עון) יִרְאַת yirat

יְהֹוָה יאהדונהי Adonai (*Hod*) טְהוֹרָה tehorá עוֹמֶדֶת omédet

לָעַד laad ב״פ ב״ן מִשְׁפְּטֵי־ mishpetei יְהֹוָה יאהדונהי Adonai (*Yesod*)

אֱמֶת emet אהיה פעמים אהיה, ז״פ ס״ג צָדְקוּ tsadkú יַחְדָּו yajdav:

---

5) Su voz se extiende a toda la Tierra, y sus palabras alcanzan los extremos más lejanos del mundo. Él había preparado una tienda en medio de ellos. 6) Y Él es como un novio que se acerca a su dosel nupcial, regocijándose como un guerrero que recorre su camino. 7) Al final de los Cielos está su fuente y su circuito está al otro extremo. Nada está oculto a su calor.

8) La Torá del Señor (Jésed) *es perfecta y restaura el alma.*
El testimonio del Señor (Guevurá) *es confiable, hace sabio al sencillo*
9) Las órdenes del Señor (Tiféret) *son rectas y agradan al corazón.*
El mandamiento del Señor (Nétsaj) *es claro e ilumina los ojos.*
10) El temor de Dios (Hod) *es puro y perdura para siempre.*
Los juicios de Dios (Yesod) *son verdaderos y todos son justos.*

(י"א-ופשע) הַנֶּחֱמָדִים hanejemadim מִזָּהָב mizahav וּמִפַּז umipaz רָב rav

וּמְתוּקִים umetukim מִדְּבַשׁ midevash שו' דשופר ועם י"ד האוויז הרי ש"ך דינין דגדלות

וְנֹפֶת venófet צוּפִים :tsufim גַּם־ gam עַבְדְּךָ avdeja פוי, אל אדני

נִזְהָר nizhar בָּהֶם bahem בְּשָׁמְרָם beshomram עֵקֶב ékev ב"פ מום רָב :rav

(י"ב-ווטשאה) שְׁגִיאוֹת sheguiot מִי־ mi יל"י יָבִין yavín מִנִּסְתָּרוֹת ministarot

נַקֵּנִי :nakeni (י"ג-ונקה) גַּם gam מִזֵּדִים mizedim וַחֲשֹׂךְ jasoj

שך נצוצות של ו' המלכים עַבְדֶּךָ avdejá פוי, אל אדני אַל־ al יִמְשְׁלוּ־ yimshelú

כִּי vi אָז az אֵיתָם eitam וְנִקֵּיתִי venikeiti מִפֶּשַׁע mipesha רָב :rav

מ"ב אותיות בפסוק

יִהְיוּ yihyú אל (יא"י מילוי דס"ג) לְרָצוֹן leratsón מהש ע"ה, ע"ב בריבוע וקס"א ע"ה, אל שדי ע"ה

אִמְרֵי־ imrei פִי fi ר"ת המספר אֶלֶף = אלף למד שין דלת יוד ע"ה

וְהֶגְיוֹן vehegyón לִבִּי libí לְפָנֶיךָ lefaneja ס"ג מ"ה ב"ן יְהֹוָאדהנהי

Adonai צוּרִי tsurí וְגֹאֲלִי vegoalí:

צוּרִי tsurí בָּעוֹלָם baolam הַזֶּה hazé והו וְגוֹאֲלִי vegoalí לָעוֹלָם leolam

ריבוע ס"ג י' אותיות דס"ג הַבָּא :habá וְכָל־ vejol יל"י קַרְנֵי karnei רְשָׁעִים reshaím

אֲגַדֵּעַ agadea תְּרוֹמַמְנָה teromamná קַרְנוֹת karnot צַדִּיק :tsadik

HALELUYÁ

Este Salmo habla acerca del Sol y la Luna. La sola mención de las dos palabras que se refieren a estos cuerpos celestes nos da una conexión con su energía interior. Las letras arameas son como teclas de un computador. Cuando presionamos la secuencia de teclas correcta en un terminal, podemos abrir cualquier archivo o documento interno. Al recitar la secuencia correcta de letras arameas que forman la palabra "Luna", por ejemplo, estamos abriendo un archivo interno, la energía interior de la Luna, lo que nos da una conexión directa con el "documento" y el control sobre éste.

---

11) Son más deseables que el oro y muchas gemas, y más dulces que la miel y lo que destila el panal. Incluso Tu siervo es cuidadoso con ellos, porque al guardar dichos juicios hay gran recompensa. 12) Pero Tú, quien que puede discernir los errores, límpiame de las fallas que no haya visto. 13) Y, también, de los pecados intencionales refrena a Tu siervo. No permitas que me controlen; entonces seré perfeccionado y limpiado de grandes transgresiones. Sean gratos los dichos de mi boca y los pensamientos de mi corazón delante de Ti, Señor, mi Fortaleza y mi Redentor" (Salmos 19).

"Él es mi Fortaleza en este mundo y mi Redentor en el Mundo por Venir.

Cortaré los cuernos de los perversos. Que los cuernos de los justos sean ensalzados" (Salmos 75:11).

הַלְלוּיָהּ haleluyá אלהים, אהיה אדני ; ללה הַלְלוּ halelú (*Asiyá*) אֶת־ et
יְהֹוָהאדניאהדונהי Adonai ר"ת אהיה מִן־ min הַשָּׁמַיִם hashamáyim
י"פ טל, י"פ כוזו ; ר"ת מ"ה הַלְלוּהוּ haleluhu (*Yetsirá*) בַּמְּרוֹמִים bameromim:
הַלְלוּהוּ haleluhu (*Briá*) כָּל jol ילי מַלְאָכָיו malajav הַלְלוּהוּ haleluhu
(*Atsilut*) כָּל col ילי צְבָאָיו tsevaav ר"ת הפסוק = ע"ב ס"ג מ"ה ; ס"ת הפסוק = אהיה ס"ג:
הַלְלוּהוּ haleluhu שֶׁמֶשׁ shémesh וְיָרֵחַ veyaréaj הַלְלוּהוּ haleluhu כָּל col ילי
כּוֹכְבֵי cojvei אוֹר or ר"ו, אין סוף: הַלְלוּהוּ haleluhu שְׁמֵי shmei
הַשָּׁמָיִם hashamáyim י"פ טל, י"פ כוזו וְהַמַּיִם vehamáyim אֲשֶׁר asher מֵעַל meal
עלם הַשָּׁמָיִם hashamáyim י"פ טל, י"פ כוזו ; ר"ת מ"ה: יְהַלְלוּ yehalelú אֶת־ et
שֵׁם shem יְהֹוָהאדניאהדונהי Adonai כִּי qui הוּא Hu צִוָּה tsivá וְנִבְרָאוּ venivraú:
וַיַּעֲמִידֵם vayaamidem לָעַד laad ב"פ ב"ן לְעוֹלָם leolam ריבוע ס"ג וי' אותיות דס"ג
חָק־ jok נָתַן natán וְלֹא veló ס"ת קנ"א (אלף הה יוד הה, מקוה), אדני אלהים
יַעֲבוֹר yaavor רפ"ח (להעלות רפ"ח ניצוצות שנפלו לקליפה דמשם באים התחלואים):

Hacemos una conexión visual con la Luna para finalizar y asegurar nuestro control sobre este astro lunar. Nuestra intención es conectar con el aspecto positivo de la Luna, a la vez que cancelamos su influencia negativa. Debemos evitar tener contacto visual con la Luna nuevamente durante el resto del mes. Cualquier contacto adicional sólo atraerá influencias negativas.

כִּי־ qui אֶרְאֶה eré שָׁמֶיךָ shameja מַעֲשֵׂה maasé אֶצְבְּעֹתֶיךָ etsbeoteja
יָרֵחַ yaréaj וְכוֹכָבִים vejojavim אֲשֶׁר asher כּוֹנָנְתָּה conanta:
יְהֹוָהאדניאהדונהי Adonai אֲדֹנֵינוּ adoneinu מָה־ ma מ"ה אַדִּיר adir הרי
שִׁמְךָ Shimjá בְּכָל־ bejol ב"ן, לכב ; ומב הָאָרֶץ haárets אלהים דההין ע"ה:

HALELUYÁ

"¡Alaben al Señor! Alaben al Señor, desde los Cielos. Alábenlo en las alturas. Alábenlo, todos Sus ángeles. Alábenlo, todas Sus Huestes. Alábenlo, Sol y Luna. Alábenlo, todos los astros de Luz. Alábenlo, firmamentos elevados y todas las aguas sobre los Cielos. Que todos alaben el Nombre del Señor, pues Él ordenó y ellos fueron creados. Él definió los estatutos que no pueden ser transgredidos" (Salmos 148:1-6).

"Cuando observo Tus Cielos, la obra de Tus Dedos, la Luna y las estrellas que Tú has establecido" (Salmos 8:4). *"Dios, Señor nuestro, cuán poderoso es Tu Nombre en todo el mundo"* (Salmos 8:10).

LESHEM YIJUD

Nos preparamos para la conexión lunar al engranar los Mundos Superiores (el Cielo) y el Mundo Inferior (la Tierra).

לְשֵׁם leshem יִחוּד yijud קוּדְשָׁא Kudshá בְּרִיךְ Berij הוּא Hu

וּשְׁכִינְתֵּיהּ uShjintei (יאהדונהי) בִּדְחִילוּ bidjilu וּרְחִימוּ urjimu

(יאההויהה), וּרְחִימוּ urjimu וּדְחִילוּ udjilu (איההויהה), לְיַחֲדָא leyajdá

שֵׁם Shem יו"ד Yud קֵ"י Kei בְּוָא"ו beVav קֵ"י Kei בְּיִחוּדָא beyijudá

שְׁלִים shelim (יהוה) בְּשֵׁם beshem כָּל col ילי יִשְׂרָאֵל Yisrael.

הִנֵּה hiné אֲנַחְנוּ anajnu בָּאִים baim לְבָרֵךְ levarej בִּרְכַּת bircat

הַלְּבָנָה halevaná כְּמוֹ quemó שֶׁתִּקְּנוּ shetiknú לָנוּ lanu אלהים, אהיה אדני

רַזַ"ל razal עִם im כָּל col ילי הַמִּצְוֹת hamitsvot הַכְּלוּלוֹת haclulot בָּהּ ba,

לְתַקֵּן letakén אֶת et שׁוֹרְשָׁהּ shorshá בְּמָקוֹם bemakom עֶלְיוֹן elyón.

וִיהִי vihí נֹעַם nóam אֲדֹנָי Adonai ללה אֱלֹהֵינוּ Eloheinu ילה

עָלֵינוּ aleinu וּמַעֲשֵׂה umaasé יָדֵינוּ yadeinu כּוֹנְנָה conená

עָלֵינוּ aleinu וּמַעֲשֵׂה umaasé יָדֵינוּ yadeinu כּוֹנְנֵהוּ conenehu:

BARUJ ATÁ

Esta es la verdadera conexión para la Bendición de la Luna. Las bendiciones y Salmos anteriores fueron una preparación que era necesaria para llegar a este punto. No obstante, este verso es la culminación.

בָּרוּךְ Baruj אַתָּה Atá יְהֹוָהאדניאהדונהי Adonai אֱלֹהֵינוּ Eloheinu ילה

מֶלֶךְ Mélej הָעוֹלָם haolam אֲשֶׁר asher בְּמַאֲמָרוֹ bemaamaró

בָּרָא bará קנ"א ב"ן, יהוה אלהים יהוה אדני, מילוי קס"א ס"ג, מ"ה ברבוע ע"ב ע"ה

שְׁחָקִים shejakim וּבְרוּחַ uverúaj פִּיו piv כָּל col ילי צְבָאָם tsevaam.

LESHEM YIJUD

"En aras de la unificación entre el Santísimo, bendito sea Él, y Su Shejiná, con temor y amor y con amor y temor, para unificar el Nombre Yud-Kei y Vav-Kei en perfecta unidad, y en nombre de todo Israel, hemos venido por este medio a recitar la Bendición de la Luna, como fue establecido para nosotros por nuestros Sabios de bendita memoria, con todos los mandamientos contenidos en ella, a fin de rectificar su fuente en un lugar elevado. "Y sea la hermosura del Señor, nuestro Dios, sobre nosotros y que Él establezca la obra de nuestras manos, y que la obra de nuestras manos lo establezca a Él" (Salmos 90:17).

BARUJ ATÁ

Bendito seas Tú, Señor, nuestro Dios, Rey del mundo,
quien creó los Cielos con el aliento de Su Palabra y todas Sus huestes con el aliento de Su boca.

וְחֹק jok וּזְמַן uzmán נָתַן natán לָהֶם lahem שֶׁלֹּא sheló יְשַׁנּוּ yeshanu אֶת־ et
תַּפְקִידָם tafkidam. שָׂשִׂים sasim וּשְׂמֵחִים usmejim לַעֲשׂוֹת laasot
רְצוֹן retsón מהש ע"ה, ע"ב בריבוע וקס"א ע"ה, אל שדי ע"ה קוֹנֵיהֶם koneihem.
פּוֹעֵל poel אֱמֶת emet אהיה פעמים אהיה, ז"פ ס"ג שֶׁפְּעֻלָּתוֹ shepeulató אֱמֶת emet
אהיה פעמים אהיה, ז"פ ס"ג. וְלַלְּבָנָה velalevaná אָמַר amar שֶׁתִּתְחַדֵּשׁ shetitjadesh
י"ב הויות, קס"א קנ"א עֲטֶרֶת atéret תִּפְאֶרֶת tiféret לַעֲמוּסֵי laamusei בָטֶן vaten.
שֶׁגַּם shegam הֵם hem עֲתִידִים atidim לְהִתְחַדֵּשׁ lehitjadesh
י"ב הויות, קס"א קנ"א כְּמוֹתָהּ quemotá וּלְפָאֵר ulefaer לְיוֹצְרָם leyotsram עַל al
שֵׁם shem כְּבוֹד quevod מַלְכוּתוֹ maljutó. בָּרוּךְ Baruj אַתָּה Atá
יְהֹוָהאדנהיאהדונהי Adonai מְחַדֵּשׁ mejadesh י"ב הויות, קס"א קנ"א חֳדָשִׁים jodashim:

Esta frase se usa usualmente en las celebraciones, como en una boda. Le deseamos a alguien "un buen signo", queriendo decir que tenga control sobre los signos del Zodíaco y que conecte sólo con el aspecto positivo. La palabra *Tov* טוב es un código del Nombre: *Vav*, *Hei*, *Vav* והו, el primer Nombre y la semilla de los 72 Nombres de Dios. Ambos, טוב y והו, comparten el valor numérico de 17. Esta frase nos da el poder de transformar la negatividad en positividad al cambiar el ADN en el nivel de la semilla de cualquier situación.

Recita este verso tres veces:

בְּסִימָן besimán טוֹב tov והו תְּהִי tehí לָנוּ lanu אלהים, אהיה אדני
וּלְכָל ulejol יה אדני יִשְׂרָאֵל Yisrael:

Repetimos los siguientes versos (hasta "*David Mélej Yisrael jai vekayam*") tres veces.

Yetsirá – Para que *Yetsirá* bendiga a *Asiyá*.	בָּרוּךְ Baruj יוֹצְרֵךְ yotsrij
Asiyá – Para que la *Hei* Inferior conecte con la *Vav*.	בָּרוּךְ Baruj עוֹשֵׂךְ osij
Atsilut – Para que *Atsilut* bendiga a *Briá*.	בָּרוּךְ Baruj קוֹנֵךְ konij
Briá – Para que la *Hei* Superior conecte con la *Yud*.	בָּרוּךְ Baruj בּוֹרְאֵךְ borij

ר"ת יעקב (ז' הויות, יאהדונהי אידהנויה)

Él les dio ley y tiempo para que no se desviaran de su asignación. Ellos se regocijan y se deleitan en hacer la voluntad de su Señor. Un verdadero trabajador cuyo trabajo es verdad. Él le dijo a la Luna que se renovara a sí misma y que sea corona de gloria para aquellos que se encuentran en el vientre, porque ellos también están destinados a ser renovados como la Luna y glorificarán a su Hacedor por la gloria del Nombre de Su reino. Bendito eres Tú, Señor, quien renueva los meses.

Que sea un buen signo para nosotros y para todo Israel.
Bendito es Aquel que te formó. Bendito es Aquel que te hizo.
Bendito es Aquel que te posee. Bendito es Aquel que te creó.

כְּשֵׁם queshem **שֶׁאֲנַחְנוּ** sheanajnu **מְרַקְּדִים** merakdim

Salta tres veces y medita en elevar los Mundos de *Asiyá*, *Yetsirá* y *Briá* hacia *Atsilut*.

כְּנֶגְדֵּיךְ quenegdij **וְאֵין** veéin **אֲנַחְנוּ** anajnu **יְכוֹלִים** yejolim **לִגַּע** ligá

בֵּיךְ bij. **כַּךְ** caj **אִם** im יוהך, מ״א אותיות דאהיה פשוט, מילואו ומילוי דמילואו ע״ה

יְרַקְּדוּ yerakedú **אֲחֵרִים** ajerim **כְּנֶגְדֵּנוּ** quenegdenu **לְהַזִּיקֵנוּ** lehazikenu.

לֹא lo **יוּכְלוּ** yujlú **לִגַּע** ligá **בָּנוּ** banu. **וְלֹא** veló **יִשְׁלְטוּ** yishletú **בָּנוּ** vanu.

וְלֹא veló **יַעֲשׂוּ** yaasú **בָּנוּ** vanu **שׁוּם** shum **רוֹשֶׁם** roshem.

(algunos agregan: **יְהִי** yehí **רָצוֹן** ratsón **שֶׁלֹּא** sheló **יְהֵא** yehé **לָנוּ** lanu **כְּאֵב** queev **שִׁינַּיִם** shináyim)

MALJUT

Ahora queremos proteger a nuestro mundo de *Maljut* de toda la negatividad, porque *Maljut* es el mundo más cercano a las *klipot*. No queremos que *Maljut* tenga ninguna conexión con estas entidades negativas. El siguiente versículo es igual a este, pero invertido, para así desarraigar a las *klipot* de nuestra vida. Cuando desarraigamos a nuestras *klipot*, la Luz decide a quién será transferida esta negatividad. Si una persona verdaderamente quiere cambiar su naturaleza negativa, puede arrancar y transferir todas sus *klipot* a las personas malignas de nuestro mundo. Sin embargo, si una persona evita el cambio espiritual y mantiene sus costumbres egoístas y basadas en el interés propio, no sólo estará estancada en la ciénaga de su infelicidad y negatividad, sino que también será un objetivo potencial y un imán para la negatividad de las demás personas.

תִּפֹּל tipol **עֲלֵיהֶם** aleihem **אֵימָתָה** eimatá **וָפַחַד** vafájad ר״ת תעאו שם קדוש

בִּגְדֹל bigdol **זְרוֹעֲךָ** zeroajá **יִדְּמוּ** yidemu **כָּאָבֶן** caaven ר״ת טל, כוזו, יוד הא ואו:

כָּאָבֶן caaven **יִדְּמוּ** yidemu **זְרוֹעֲךָ** zeroajá **בִּגְדֹל** bigdol

וָפַחַד vafájad **אֵימָתָה** eimatá **עֲלֵיהֶם** aleihem **תִּפֹּל** tipol:

Regresa a "*baruj yotsrij*" (pág. 621) y recita todo nuevamente tres veces.

REY DAVID

El Rey David era el Rey de Israel. Él también es la manifestación física de la *Sefirá* de *Maljut*. Pronunciar este versículo conecta toda la Luz que hemos despertado con nuestro mundo de *Maljut*.

דָּוִד David **מֶלֶךְ** Mélej **יִשְׂרָאֵל** Yisrael **חַי** jai **וְקַיָּם** vekayam

דוד מלך חי וקיים = רפ״ח (להעלות רפ״ח ניצוצות שנפלו לקליפה דמשם באים התולואים): **3x**

Y así como nosotros danzamos ante Ti, pero no podemos tocarte, de la misma manera será si los otros intentan atacarnos: no podrán tocarnos, gobernarnos ni dejar marca en nosotros.

MALJUT

"Que el temor y el miedo los aceche. Por la grandeza de Tu brazo, que se paralicen como piedra" (Éxodo 16:13). *Como piedra se paralizarán, por Tu brazo en su grandeza. Que los aceche el miedo y el temor.*

REY DAVID

David, Rey de Israel, vive y prevalece. (x3)

Recitamos lo siguiente (hasta "*bekirbí*") siete veces; de *Jésed* a *Maljut*.

אָמֵן יאהדונהי Amén אָמֵן יאהדונהי Amén אָמֵן יאהדונהי Amén:

נֶצַח Nétsaj נֶצַח Nétsaj נֶצַח Nétsaj:

סֶלָה sela סֶלָה sela סֶלָה sela: וָעֶד vaed וָעֶד vaed וָעֶד vaed:

לֵב lev טָהוֹר tahor י"פ אכא בְּרָא berá קנ"א ב"ן, יהוה אלהים יהוה אדני, מילוי קס"א ס"ג,

מ"ה ברבוע ע"ב ע"ה ; לב טהור ברא = קס"א קנ"א קמ"ג לִי li אֱלֹהִים Elohim

וְרוּחַ verúaj נָכוֹן najón חַדֵּשׁ jadesh י"ב הויות, קס"א קנ"א בְּקִרְבִּי bekirbí שדי:

SHIR LAMAALOT

שִׁיר shir לַמַּעֲלוֹת lamaalot אֶשָּׂא esá עֵינַי einai ריבוע מ"ה

אֶל־ el הֶהָרִים heharim מֵאַיִן meayin יָבֹא yavó עֶזְרִי ezrí:

עֶזְרִי ezrí מֵעִם meim יְהֹוָואדניאהדונהי Adonai עֹשֵׂה osé שָׁמַיִם shamáyim

י"פ טל, י"פ כוזו וָאָרֶץ vaárets: אַל־ al יִתֵּן yitén לַמּוֹט lamot רַגְלֶךָ ragleja

אַל־ al יָנוּם yanum שֹׁמְרֶךָ shomreja: הִנֵּה hiné לֹא־ lo יָנוּם yanum

וְלֹא veló יִישָׁן yishán ע"ע נהורין דא"א שׁוֹמֵר shomer כ"א ההויות שבתפילין

יִשְׂרָאֵל Yisrael: יְהֹוָואדניאהדונהי Adonai שֹׁמְרֶךָ shomreja

יְהֹוָואדניאהדונהי Adonai צִלְּךָ tsileja עַל־ al יַד yad יְמִינֶךָ yemineja הי"י:

יוֹמָם yomam הַשֶּׁמֶשׁ hashémesh לֹא־ lo יַכֶּכָּה yaqueca ר"ת ילה

וְיָרֵחַ veyaréaj בַּלָּיְלָה balayla מלה: יְהֹוָואדניאהדונהי Adonai

יִשְׁמָרְךָ yishmorjá מִכָּל־ micol ילי רָע ra יִשְׁמֹר yishmor

אֶת־ et נַפְשֶׁךָ nafsheja מי"כ: יְהֹוָואדניאהדונהי Adonai יִשְׁמָר yishmor

צֵאתְךָ tsetjá וּבוֹאֶךָ uvoeja מֵעַתָּה meatá וְעַד־ vead עוֹלָם olam וו"ל:

Amén, Amén, Amén, Eterno, Eterno, Eterno, Sela, Sela, Sela. Por siempre, por siempre, por siempre. "Crea para mí un corazón puro, Dios, y renueva dentro de mí un espíritu correcto" (Salmos 51:12).

SHIR LAMAALOT

"Cántico de ascensiones:

Alzaré mis ojos a las montañas, ¿de dónde provendrá mi auxilio? Mi ayuda viene del Señor, que hizo los Cielos y la Tierra. Él no permitirá que resbale tu pie. Tu Guardián nunca duerme. He aquí que Él no dormita ni duerme, el Guardián de Israel. El Señor es tu Guardián. El Señor es la sombra protectora sobre tu diestra. No te herirá el Sol de día ni la Luna de noche. El Señor te guardará de todo mal. Él cuidará tu alma. El Señor protegerá tu partida y tu regreso, desde ahora para siempre" (Salmos 121).

HALELUYÁ - HALELÚ EL BEKODSHÓ

Este salmo nos conecta con Me-ta-trón מטטרון (**no pronunciar**), el ángel más elevado de todos y el que los controla a todos en el mundo espiritual. Su nombre contiene seis letras arameas. Cada versículo en esta conexión ayuda a formar el Nombre. Él puede darnos control sobre nuestro mundo físico y asistirnos en lograr nuestro trabajo espiritual.

אל ("יא" מילוי דס"ג) אותיות בפסוק הַלְלוּיָהּ haleluyá (*Kéter*) אלהים, אהיה אדני ; ללה

הַלְלוּ־ halelú אֵל El ("יא" מילוי דס"ג) בְּקָדְשׁוֹ bekodshó

הַלְלוּהוּ haleluhu (*Jojmá*) בִּרְקִיעַ birkía עֻזּוֹ uzó ס"ת = ע"ב ב"ן:

הַלְלוּהוּ haleluhu (*Biná*) בִּגְבוּרֹתָיו vigvurotav הַלְלוּהוּ haleluhu (*Jésed*)

כְּרֹב querov גֻּדְלוֹ gudló: הַלְלוּהוּ haleluhu (*Guevurá*) בְּתֵקַע beteka

שׁוֹפָר shofar הַלְלוּהוּ haleluhu (*Tiféret*) בְּנֵבֶל benével וְכִנּוֹר vejinor:

הַלְלוּהוּ haleluhu (*Nétsaj*) בְּתֹף betof וּמָחוֹל umajol הַלְלוּהוּ haleluhu (*Hod*)

בְּמִנִּים beminim וְעֻגָב veugav: הַלְלוּהוּ haleluhu (*Yesod*) בְּצִלְצְלֵי־ vetsiltselei

שָׁמַע shamá הַלְלוּהוּ haleluhu (*Maljut*) בְּצִלְצְלֵי betsiltselei תְרוּעָה teruá:

כֹּל col ילי הַנְּשָׁמָה haneshamá תְּהַלֵּל tehalel ר"ת כהת, משיח בן דוד ע"ה

יָהּ Yah הַלְלוּיָהּ haleluyá אלהים, אהיה אדני ; ללה:

כֹּל col ילי הַנְּשָׁמָה haneshamá תְּהַלֵּל tehalel ר"ת כהת, משיח בן דוד ע"ה

יָהּ Yah הַלְלוּיָהּ haleluyá אלהים, אהיה אדני ; ללה:

HALELUYÁ – HALELÚ EL BEKODSHÓ

"¡Aleluya! Alaben a Dios en Su Santuario. Alábenle en Su poderoso firmamento; alábenle por Sus grandes proezas; alábenle conforme a Su grandeza; alábenle con el toque del Shofar; alábenle con el arpa y la cítara; alábenle tamboriles y danzas; alábenle con laúdes y flautas; alábenle con resonantes platillos; alábenle con platillos reverberantes. ¡Alaben al Señor todas las almas! ¡Aleluya! ¡Alaben al Señor todas las almas! ¡Aleluya!" (Salmos 150).

TANÁ

Este versículo dice: "Si tuviéramos el privilegio de conectar con el rostro del Creador una vez al mes, sería suficiente". Cuando bendecimos a la Luna, transformamos la negatividad del mundo en positividad desde el nivel de la semilla, estamos cara a cara con el Creador. Debido a que estamos cara a cara con el Creador, nuestra negatividad es eliminada.

תָּנָא taná דְבֵי devei רִבִּי Ribí יִשְׁמָעֵאל Yishmael. אִלְמָלֵא ilmalé זָכוּ zajú

בְּנֵי venei יִשְׂרָאֵל Yisrael אֶלָּא ela לְהַקְבִּיל lehakbil פְּנֵי penei (וחכמה בינה)

אֲבִיהֶם avihem שֶׁבַּשָּׁמַיִם shebashamáyim (י״פ טל, י״פ כוזו) פַּעַם páam (מנק)

אַחַת ajat בַּחוֹדֶשׁ bajódesh (י״ב הויות, קס״א קנ״א) דַּיָּם dayam. אָמַר amar

אַבַּיֵּי Abayei הִלְכָּךְ helcaj נֵימְרִינְהוּ nimrinhú מְעוּמָד meomed:

Decimos *Kadish Al Yisrael* (en la pág. 471) y después continuamos:

VEHAYÁ

Pedimos que la luz de la Luna sea como la como la del Sol nuevamente. Esta es nuestra conexión con el Mesías, cuando el Sol y la Luna sean dos reyes iguales reinando en los Cielos.

וְהָיָה vehayá (יהוה ; יהה) אוֹר־ or (ר״ו, א״ס) הַלְּבָנָה halevaná כְּאוֹר queor (ר״ו, א״ס)

הַחַמָּה hajamá וְאוֹר veor (ר״ו, א״ס) הַחַמָּה hajamá יִהְיֶה yihyé (ייי)

שִׁבְעָתַיִם shivatáyim כְּאוֹר queor (ר״ו, א״ס) שִׁבְעַת shivat הַיָּמִים hayamim (נלך)

בְּיוֹם beyom (ע״ה נגד, מזבח, זן, אל יהוה) חֲבֹשׁ javosh יְהֹוָה Adonai אֶת־ et

שֶׁבֶר shéver עַמּוֹ amó וּמַחַץ umajats מַכָּתוֹ macató יִרְפָּא yirpá:

TANÁ

"Se enseñó en la casa de Rabí Yishmael: Si los hijos de Israel tuvieran el privilegio de contemplar el Rostro de su Padre en los Cielos sólo una vez al mes, sería suficiente para ellos. Abayé dijo: Por lo tanto, recitemos mientras estamos de pie" (Sanedrín 42a).

VEHAYÁ

"Y la luz de la Luna será como la luz del Sol,

y la luz del Sol será siete veces más brillante, como la luz de los siete días, sobre ese día cuando el Señor componga el infortunio de Su nación y sane la herida de Su azote" (Isaías 30:26).

umalbushej וּמַלְבּוּשֵׁךְ vajésef וָכֶסֶף zahav זָהָב vataadí וַתַּעְדִּי

sólet סֹלֶת verikmá וְרִקְמָה vameshi וָמֶשִׁי (כתיב : שׁשׁי) shesh שֵׁשׁ

vashemen וָשֶׁמֶן דגדלות דינין ש"ך = האווז וי"ד דשופר שו' udvash וּדְבַשׁ

meod מְאֹד bimeod בִּמְאֹד vatifí וַתִּיפִי (כתיב : אכלתי) ajalt אָכָלְתְּ

:limlujá לִמְלוּכָה vatitslejí וַתִּצְלְחִי

SHALOM ALEIJEM

Deseamos *Shalom Aleijem / Aleijem Shalom* al menos a tres personas para concluir la Bendición de la Luna. *Shalom Aleijem* ofrece la paz a nuestro prójimo. La contestación de *Aleijem Shalom* ofrece la paz de regreso. La acción de extendernos hacia los demás ayuda a manifestar la energía de "amar a tu prójimo". Este es un momento poderoso para infundir este tipo de energía porque acabamos de eliminar la negatividad desde su fuente (la Luna), lo que nos da una ventana de oportunidad para efectuar un cambio positivo.

Decir "*Shalom Aleijem*" es para ayudar a eliminar los celos que la Luna tiene del Sol.

aleijem עֲלֵיכֶם shalom שָׁלוֹם :Debes bendecir a tres de tus compañeros

:shalom שָׁלוֹם aleijem עֲלֵיכֶם :Cada uno de los tres compañeros contesta

Sacude los bordes de tu ropa y medita en eliminar todas las *klipot* (las *klipot* siempre se adhieren a los bordes) que fueron creadas por los celos de la Luna, y luego observa tus *Tsitsit*.

"Y te adornaste con oro y plata; tu vestimenta era de lino, seda y bordado. Comiste harina fina, miel y aceite; te hiciste muy hermoso y propio para reinar" (*Ezequiel 116:13*).

SHALOM ALEIJEM

Que la paz esté contigo

(y cada uno de ellos responde:) *Que contigo esté la paz.*

BERESHIT

בְּרֵאשִׁ֖ית בָּרָ֣א אֱלֹהִ֑ים אֵ֥ת הַשָּׁמַ֖יִם וְאֵ֥ת הָאָֽרֶץ׃ וְהָאָ֗רֶץ הָיְתָ֥ה תֹ֙הוּ֙ וָבֹ֔הוּ וְחֹ֖שֶׁךְ
עַל־פְּנֵ֣י תְה֑וֹם וְר֣וּחַ אֱלֹהִ֔ים מְרַחֶ֖פֶת עַל־פְּנֵ֥י הַמָּֽיִם׃ וַיֹּ֥אמֶר אֱלֹהִ֖ים יְהִ֣י א֑וֹר וַֽיְהִי־אֽוֹר׃
וַיַּ֧רְא אֱלֹהִ֛ים אֶת־הָא֖וֹר כִּי־ט֑וֹב וַיַּבְדֵּ֣ל אֱלֹהִ֔ים בֵּ֥ין הָא֖וֹר וּבֵ֥ין הַחֹֽשֶׁךְ׃
וַיִּקְרָ֨א אֱלֹהִ֤ים ׀ לָאוֹר֙ י֔וֹם וְלַחֹ֖שֶׁךְ קָ֣רָא לָ֑יְלָה וַֽיְהִי־עֶ֥רֶב וַֽיְהִי־בֹ֖קֶר י֥וֹם אֶחָֽד׃ *Leví*
וַיֹּ֣אמֶר אֱלֹהִ֔ים יְהִ֥י רָקִ֖יעַ בְּת֣וֹךְ הַמָּ֑יִם וִיהִ֣י מַבְדִּ֔יל בֵּ֥ין מַ֖יִם לָמָֽיִם׃ וַיַּ֣עַשׂ אֱלֹהִים֮
אֶת־הָרָקִיעַ֒ וַיַּבְדֵּ֗ל בֵּ֤ין הַמַּ֙יִם֙ אֲשֶׁר֙ מִתַּ֣חַת לָרָקִ֔יעַ וּבֵ֣ין הַמַּ֔יִם אֲשֶׁ֖ר מֵעַ֣ל לָרָקִ֑יעַ
וַֽיְהִי־כֵֽן׃ וַיִּקְרָ֧א אֱלֹהִ֛ים לָֽרָקִ֖יעַ שָׁמָ֑יִם וַֽיְהִי־עֶ֥רֶב וַֽיְהִי־בֹ֖קֶר י֥וֹם שֵׁנִֽי׃ *Yisrael*
וַיֹּ֣אמֶר אֱלֹהִ֗ים יִקָּו֨וּ הַמַּ֜יִם מִתַּ֤חַת הַשָּׁמַ֙יִם֙ אֶל־מָק֣וֹם אֶחָ֔ד וְתֵרָאֶ֖ה הַיַּבָּשָׁ֑ה וַֽיְהִי־כֵֽן׃
וַיִּקְרָ֨א אֱלֹהִ֤ים ׀ לַיַּבָּשָׁה֙ אֶ֔רֶץ וּלְמִקְוֵ֥ה הַמַּ֖יִם קָרָ֣א יַמִּ֑ים וַיַּ֥רְא אֱלֹהִ֖ים כִּי־טֽוֹב׃ וַיֹּ֣אמֶר
אֱלֹהִ֗ים תַּֽדְשֵׁ֤א הָאָ֙רֶץ֙ דֶּ֗שֶׁא עֵ֚שֶׂב מַזְרִ֣יעַ זֶ֔רַע עֵ֣ץ פְּרִ֞י עֹ֤שֶׂה פְּרִי֙ לְמִינ֔וֹ אֲשֶׁ֥ר זַרְעוֹ־ב֖וֹ
עַל־הָאָ֑רֶץ וַֽיְהִי־כֵֽן׃ וַתּוֹצֵ֨א הָאָ֜רֶץ דֶּ֠שֶׁא עֵ֣שֶׂב מַזְרִ֤יעַ זֶ֙רַע֙ לְמִינֵ֔הוּ וְעֵ֧ץ עֹֽשֶׂה־פְּרִ֛י
אֲשֶׁ֥ר זַרְעוֹ־ב֖וֹ לְמִינֵ֑הוּ וַיַּ֥רְא אֱלֹהִ֖ים כִּי־טֽוֹב׃ וַֽיְהִי־עֶ֥רֶב וַֽיְהִי־בֹ֖קֶר י֥וֹם שְׁלִישִֽׁי׃

NÓAJ

אֵ֚לֶּה תּוֹלְדֹ֣ת נֹ֔חַ נֹ֗חַ אִ֥ישׁ צַדִּ֛יק תָּמִ֥ים הָיָ֖ה בְּדֹרֹתָ֑יו אֶת־הָֽאֱלֹהִ֖ים הִֽתְהַלֶּךְ־נֹֽחַ׃ וַיּ֥וֹלֶד נֹ֖חַ
שְׁלֹשָׁ֣ה בָנִ֑ים אֶת־שֵׁ֖ם אֶת־חָ֥ם וְאֶת־יָֽפֶת׃ וַתִּשָּׁחֵ֥ת הָאָ֖רֶץ לִפְנֵ֣י הָֽאֱלֹהִ֑ים וַתִּמָּלֵ֥א הָאָ֖רֶץ
חָמָֽס׃ וַיַּ֧רְא אֱלֹהִ֛ים אֶת־הָאָ֖רֶץ וְהִנֵּ֣ה נִשְׁחָ֑תָה כִּֽי־הִשְׁחִ֧ית כָּל־בָּשָׂ֛ר אֶת־דַּרְכּ֖וֹ
עַל־הָאָֽרֶץ׃ וַיֹּ֨אמֶר אֱלֹהִ֜ים לְנֹ֗חַ קֵ֤ץ כָּל־בָּשָׂר֙ בָּ֣א לְפָנַ֔י כִּֽי־מָלְאָ֥ה הָאָ֛רֶץ חָמָ֖ס מִפְּנֵיהֶ֑ם
וְהִנְנִ֥י מַשְׁחִיתָ֖ם אֶת־הָאָֽרֶץ׃ עֲשֵׂ֤ה לְךָ֙ תֵּבַ֣ת עֲצֵי־גֹ֔פֶר קִנִּ֖ים תַּעֲשֶׂ֣ה אֶת־הַתֵּבָ֑ה וְכָֽפַרְתָּ֥
אֹתָ֛הּ מִבַּ֥יִת וּמִח֖וּץ בַּכֹּֽפֶר׃ וְזֶ֕ה אֲשֶׁ֥ר תַּעֲשֶׂ֖ה אֹתָ֑הּ שְׁלֹ֨שׁ מֵא֤וֹת אַמָּה֙ אֹ֣רֶךְ הַתֵּבָ֔ה
חֲמִשִּׁ֤ים אַמָּה֙ רָחְבָּ֔הּ וּשְׁלֹשִׁ֥ים אַמָּ֖ה קוֹמָתָֽהּ׃ צֹ֣הַר ׀ תַּעֲשֶׂ֣ה לַתֵּבָ֗ה וְאֶל־אַמָּה֙
תְּכַלֶּ֣נָּה מִלְמַ֔עְלָה וּפֶ֥תַח הַתֵּבָ֖ה בְּצִדָּ֣הּ תָּשִׂ֑ים תַּחְתִּיִּ֛ם שְׁנִיִּ֥ם וּשְׁלִשִׁ֖ים תַּעֲשֶֽׂהָ׃ *Leví*
וַאֲנִ֗י הִנְנִי֩ מֵבִ֨יא אֶת־הַמַּבּ֥וּל מַ֙יִם֙ עַל־הָאָ֔רֶץ לְשַׁחֵ֣ת כָּל־בָּשָׂ֗ר אֲשֶׁר־בּוֹ֙
ר֣וּחַ חַיִּ֔ים מִתַּ֖חַת הַשָּׁמָ֑יִם כֹּ֥ל אֲשֶׁר־בָּאָ֖רֶץ יִגְוָֽע׃ וַהֲקִמֹתִ֥י אֶת־בְּרִיתִ֖י אִתָּ֑ךְ
וּבָאתָ֙ אֶל־הַתֵּבָ֔ה אַתָּ֕ה וּבָנֶ֛יךָ וְאִשְׁתְּךָ֥ וּנְשֵֽׁי־בָנֶ֖יךָ אִתָּֽךְ׃ וּמִכָּל־הָ֠חַי מִֽכָּל־בָּשָׂ֞ר
שְׁנַ֧יִם מִכֹּ֛ל תָּבִ֥יא אֶל־הַתֵּבָ֖ה לְהַחֲיֹ֣ת אִתָּ֑ךְ זָכָ֥ר וּנְקֵבָ֖ה יִהְיֽוּ׃ *Yisrael*
מֵהָע֣וֹף לְמִינֵ֗הוּ וּמִן־הַבְּהֵמָה֙ לְמִינָ֔הּ מִכֹּ֛ל רֶ֥מֶשׂ הָאֲדָמָ֖ה לְמִינֵ֑הוּ שְׁנַ֧יִם מִכֹּ֛ל
יָבֹ֥אוּ אֵלֶ֖יךָ לְהַחֲיֽוֹת׃ וְאַתָּ֣ה קַח־לְךָ֗ מִכָּל־מַאֲכָל֙ אֲשֶׁ֣ר יֵֽאָכֵ֔ל וְאָסַפְתָּ֖ אֵלֶ֑יךָ
וְהָיָ֥ה לְךָ֛ וְלָהֶ֖ם לְאָכְלָֽה׃ וַיַּ֖עַשׂ נֹ֑חַ כְּ֠כֹל אֲשֶׁ֨ר צִוָּ֥ה אֹת֛וֹ אֱלֹהִ֖ים כֵּ֥ן עָשָֽׂה׃

LEJ LEJÁ

וַיֹּ֤אמֶר יְהֹוָה֙ יאהדונהי אֶל־אַבְרָ֔ם לֶךְ־לְךָ֛ מֵאַרְצְךָ֥ וּמִמּֽוֹלַדְתְּךָ֖ וּמִבֵּ֣ית אָבִ֑יךָ
אֶל־הָאָ֖רֶץ אֲשֶׁ֥ר אַרְאֶֽךָּ׃ וְאֶֽעֶשְׂךָ֙ לְג֣וֹי גָּד֔וֹל וַאֲבָרֶכְךָ֖ וַאֲגַדְּלָ֣ה שְׁמֶ֑ךָ וֶהְיֵ֖ה בְּרָכָֽה׃
וַאֲבָֽרְכָה֙ מְבָ֣רְכֶ֔יךָ וּמְקַלֶּלְךָ֖ אָאֹ֑ר וְנִבְרְכ֣וּ בְךָ֔ כֹּ֖ל מִשְׁפְּחֹ֥ת הָאֲדָמָֽה׃ *Leví*

וַיֵּלֶךְ אַבְרָם כַּאֲשֶׁר דִּבֶּר אֵלָיו יְהֹוָה יאהדונהי וַיֵּלֶךְ אִתּוֹ לוֹט וְאַבְרָם בֶּן־חָמֵשׁ שָׁנִים וְשִׁבְעִים שָׁנָה בְּצֵאתוֹ מֵחָרָן׃ וַיִּקַּח אַבְרָם אֶת־שָׂרַי אִשְׁתּוֹ וְאֶת־לוֹט בֶּן־אָחִיו וְאֶת־כָּל־רְכוּשָׁם אֲשֶׁר רָכָשׁוּ וְאֶת־הַנֶּפֶשׁ אֲשֶׁר־עָשׂוּ בְחָרָן וַיֵּצְאוּ לָלֶכֶת אַרְצָה כְּנַעַן וַיָּבֹאוּ אַרְצָה כְּנָעַן׃ וַיַּעֲבֹר אַבְרָם בָּאָרֶץ עַד מְקוֹם שְׁכֶם עַד אֵלוֹן מוֹרֶה וְהַכְּנַעֲנִי אָז בָּאָרֶץ׃ *Yisrael* וַיֵּרָא יְהֹוָה יאהדונהי אֶל־אַבְרָם וַיֹּאמֶר לְזַרְעֲךָ אֶתֵּן אֶת־הָאָרֶץ הַזֹּאת וַיִּבֶן שָׁם מִזְבֵּחַ לַיהֹוָה יאהדונהי הַנִּרְאֶה אֵלָיו׃ וַיַּעְתֵּק מִשָּׁם הָהָרָה מִקֶּדֶם לְבֵית־אֵל וַיֵּט אָהֳלֹה בֵּית־אֵל מִיָּם וְהָעַי מִקֶּדֶם וַיִּבֶן־שָׁם מִזְבֵּחַ לַיהֹוָה יאהדונהי וַיִּקְרָא בְּשֵׁם יְהֹוָה יאהדונהי׃ וַיִּסַּע אַבְרָם הָלוֹךְ וְנָסוֹעַ הַנֶּגְבָּה׃ וַיְהִי רָעָב בָּאָרֶץ וַיֵּרֶד אַבְרָם מִצְרַיְמָה לָגוּר שָׁם כִּי־כָבֵד הָרָעָב בָּאָרֶץ׃ וַיְהִי כַּאֲשֶׁר הִקְרִיב לָבוֹא מִצְרָיְמָה וַיֹּאמֶר אֶל־שָׂרַי אִשְׁתּוֹ הִנֵּה־נָא יָדַעְתִּי כִּי אִשָּׁה יְפַת־מַרְאֶה אָתְּ׃ וְהָיָה כִּי־יִרְאוּ אֹתָךְ הַמִּצְרִים וְאָמְרוּ אִשְׁתּוֹ זֹאת וְהָרְגוּ אֹתִי וְאֹתָךְ יְחַיּוּ׃ אִמְרִי־נָא אֲחֹתִי אָתְּ לְמַעַן יִיטַב־לִי בַעֲבוּרֵךְ וְחָיְתָה נַפְשִׁי בִּגְלָלֵךְ׃

VAYERÁ

וַיֵּרָא אֵלָיו יְהֹוָה יאהדונהי בְּאֵלֹנֵי מַמְרֵא וְהוּא יֹשֵׁב פֶּתַח־הָאֹהֶל כְּחֹם הַיּוֹם׃ וַיִּשָּׂא עֵינָיו וַיַּרְא וְהִנֵּה שְׁלֹשָׁה אֲנָשִׁים נִצָּבִים עָלָיו וַיַּרְא וַיָּרָץ לִקְרָאתָם מִפֶּתַח הָאֹהֶל וַיִּשְׁתַּחוּ אָרְצָה׃ וַיֹּאמַר אֲדֹנָי אִם־נָא מָצָאתִי חֵן בְּעֵינֶיךָ אַל־נָא תַעֲבֹר מֵעַל עַבְדֶּךָ׃ יֻקַּח־נָא מְעַט־מַיִם וְרַחֲצוּ רַגְלֵיכֶם וְהִשָּׁעֲנוּ תַּחַת הָעֵץ׃ וְאֶקְחָה פַת־לֶחֶם וְסַעֲדוּ לִבְּכֶם אַחַר תַּעֲבֹרוּ כִּי־עַל־כֵּן עֲבַרְתֶּם עַל־עַבְדְּכֶם וַיֹּאמְרוּ כֵּן תַּעֲשֶׂה כַּאֲשֶׁר דִּבַּרְתָּ׃ *Leví* וַיְמַהֵר אַבְרָהָם הָאֹהֱלָה אֶל־שָׂרָה וַיֹּאמֶר מַהֲרִי שְׁלֹשׁ סְאִים קֶמַח סֹלֶת לוּשִׁי וַעֲשִׂי עֻגוֹת׃ וְאֶל־הַבָּקָר רָץ אַבְרָהָם וַיִּקַּח בֶּן־בָּקָר רַךְ וָטוֹב וַיִּתֵּן אֶל־הַנַּעַר וַיְמַהֵר לַעֲשׂוֹת אֹתוֹ׃ וַיִּקַּח חֶמְאָה וְחָלָב וּבֶן־הַבָּקָר אֲשֶׁר עָשָׂה וַיִּתֵּן לִפְנֵיהֶם וְהוּא־עֹמֵד עֲלֵיהֶם תַּחַת הָעֵץ וַיֹּאכֵלוּ׃ *Yisrael* וַיֹּאמְרוּ אֵלָיו אַיֵּה שָׂרָה אִשְׁתֶּךָ וַיֹּאמֶר הִנֵּה בָאֹהֶל׃ וַיֹּאמֶר שׁוֹב אָשׁוּב אֵלֶיךָ כָּעֵת חַיָּה וְהִנֵּה־בֵן לְשָׂרָה אִשְׁתֶּךָ וְשָׂרָה שֹׁמַעַת פֶּתַח הָאֹהֶל וְהוּא אַחֲרָיו׃ וְאַבְרָהָם וְשָׂרָה זְקֵנִים בָּאִים בַּיָּמִים חָדַל לִהְיוֹת לְשָׂרָה אֹרַח כַּנָּשִׁים׃ וַתִּצְחַק שָׂרָה בְּקִרְבָּהּ לֵאמֹר אַחֲרֵי בְלֹתִי הָיְתָה־לִּי עֶדְנָה וַאדֹנִי זָקֵן׃ וַיֹּאמֶר יְהֹוָה יאהדונהי אֶל־אַבְרָהָם לָמָּה זֶּה צָחֲקָה שָׂרָה לֵאמֹר הַאַף אֻמְנָם אֵלֵד וַאֲנִי זָקַנְתִּי׃ הֲיִפָּלֵא מֵיְהֹוָה יאהדונהי דָּבָר לַמּוֹעֵד אָשׁוּב אֵלֶיךָ כָּעֵת חַיָּה וּלְשָׂרָה בֵן׃

JAYEI SARÁ

וַיִּהְיוּ חַיֵּי שָׂרָה מֵאָה שָׁנָה וְעֶשְׂרִים שָׁנָה וְשֶׁבַע שָׁנִים שְׁנֵי חַיֵּי שָׂרָה׃ וַתָּמָת שָׂרָה בְּקִרְיַת אַרְבַּע הִוא חֶבְרוֹן בְּאֶרֶץ כְּנָעַן וַיָּבֹא אַבְרָהָם לִסְפֹּד לְשָׂרָה וְלִבְכֹּתָהּ׃ וַיָּקָם אַבְרָהָם מֵעַל פְּנֵי מֵתוֹ וַיְדַבֵּר אֶל־בְּנֵי־חֵת לֵאמֹר׃ גֵּר־וְתוֹשָׁב אָנֹכִי עִמָּכֶם תְּנוּ לִי אֲחֻזַּת־קֶבֶר עִמָּכֶם וְאֶקְבְּרָה מֵתִי מִלְּפָנָי׃ וַיַּעֲנוּ בְנֵי־חֵת אֶת־אַבְרָהָם לֵאמֹר לוֹ׃ שְׁמָעֵנוּ אֲדֹנִי נְשִׂיא אֱלֹהִים אַתָּה בְּתוֹכֵנוּ בְּמִבְחַר קְבָרֵינוּ קְבֹר אֶת־מֵתֶךָ אִישׁ מִמֶּנּוּ אֶת־קִבְרוֹ לֹא־יִכְלֶה מִמְּךָ מִקְּבֹר מֵתֶךָ׃ *Leví* וַיָּקָם אַבְרָהָם וַיִּשְׁתַּחוּ לְעַם־הָאָרֶץ לִבְנֵי־חֵת׃

וַיְדַבֵּר אִתָּם לֵאמֹר אִם־יֵשׁ אֶת־נַפְשְׁכֶם לִקְבֹּר אֶת־מֵתִי מִלְּפָנַי שְׁמָעוּנִי וּפִגְעוּ־לִי
בְּעֶפְרוֹן בֶּן־צֹחַר׃ וְיִתֶּן־לִי אֶת־מְעָרַת הַמַּכְפֵּלָה אֲשֶׁר־לוֹ אֲשֶׁר בִּקְצֵה שָׂדֵהוּ בְּכֶסֶף
מָלֵא יִתְּנֶנָּה לִּי בְּתוֹכְכֶם לַאֲחֻזַּת־קָבֶר׃ וְעֶפְרוֹן יֹשֵׁב בְּתוֹךְ בְּנֵי־חֵת וַיַּעַן עֶפְרוֹן הַחִתִּי
אֶת־אַבְרָהָם בְּאָזְנֵי בְנֵי־חֵת לְכֹל בָּאֵי שַׁעַר־עִירוֹ לֵאמֹר׃ לֹא־אֲדֹנִי שְׁמָעֵנִי הַשָּׂדֶה
נָתַתִּי לָךְ וְהַמְּעָרָה אֲשֶׁר־בּוֹ לְךָ נְתַתִּיהָ לְעֵינֵי בְנֵי־עַמִּי נְתַתִּיהָ לָּךְ קְבֹר מֵתֶךָ׃
וַיִּשְׁתַּחוּ אַבְרָהָם לִפְנֵי עַם הָאָרֶץ׃ *Yisrael* וַיְדַבֵּר אֶל־עֶפְרוֹן בְּאָזְנֵי עַם־הָאָרֶץ לֵאמֹר
אַךְ אִם־אַתָּה לוּ שְׁמָעֵנִי נָתַתִּי כֶּסֶף הַשָּׂדֶה קַח מִמֶּנִּי וְאֶקְבְּרָה אֶת־מֵתִי שָׁמָּה׃
וַיַּעַן עֶפְרוֹן אֶת־אַבְרָהָם לֵאמֹר לוֹ׃ אֲדֹנִי שְׁמָעֵנִי אֶרֶץ אַרְבַּע מֵאֹת שֶׁקֶל־כֶּסֶף בֵּינִי
וּבֵינְךָ מַה־הִוא וְאֶת־מֵתְךָ קְבֹר׃ וַיִּשְׁמַע אַבְרָהָם אֶל־עֶפְרוֹן וַיִּשְׁקֹל אַבְרָהָם לְעֶפְרֹן
אֶת־הַכֶּסֶף אֲשֶׁר דִּבֶּר בְּאָזְנֵי בְנֵי־חֵת אַרְבַּע מֵאוֹת שֶׁקֶל כֶּסֶף עֹבֵר לַסֹּחֵר׃

TOLDOT

וְאֵלֶּה תּוֹלְדֹת יִצְחָק בֶּן־אַבְרָהָם אַבְרָהָם הוֹלִיד אֶת־יִצְחָק׃ וַיְהִי יִצְחָק
בֶּן־אַרְבָּעִים שָׁנָה בְּקַחְתּוֹ אֶת־רִבְקָה בַּת־בְּתוּאֵל הָאֲרַמִּי מִפַּדַּן אֲרָם
אֲחוֹת לָבָן הָאֲרַמִּי לוֹ לְאִשָּׁה׃ וַיֶּעְתַּר יִצְחָק לַיהֹוָה יאהדונהי לְנֹכַח אִשְׁתּוֹ
כִּי עֲקָרָה הִוא וַיֵּעָתֶר לוֹ יְהֹוָה יאהדונהי וַתַּהַר רִבְקָה אִשְׁתּוֹ׃ וַיִּתְרֹצְצוּ הַבָּנִים בְּקִרְבָּהּ
וַתֹּאמֶר אִם־כֵּן לָמָּה זֶּה אָנֹכִי וַתֵּלֶךְ לִדְרֹשׁ אֶת־יְהֹוָה יאהדונהי׃ *Leví*
וַיֹּאמֶר יְהֹוָה יאהדונהי לָהּ שְׁנֵי גוֹיִם (כתיב: גיים) בְּבִטְנֵךְ וּשְׁנֵי לְאֻמִּים
מִמֵּעַיִךְ יִפָּרֵדוּ וּלְאֹם מִלְאֹם יֶאֱמָץ וְרַב יַעֲבֹד צָעִיר׃ וַיִּמְלְאוּ יָמֶיהָ לָלֶדֶת
וְהִנֵּה תוֹמִם בְּבִטְנָהּ׃ וַיֵּצֵא הָרִאשׁוֹן אַדְמוֹנִי כֻּלּוֹ כְּאַדֶּרֶת שֵׂעָר וַיִּקְרְאוּ שְׁמוֹ עֵשָׂו׃
וְאַחֲרֵי־כֵן יָצָא אָחִיו וְיָדוֹ אֹחֶזֶת בַּעֲקֵב עֵשָׂו וַיִּקְרָא שְׁמוֹ יַעֲקֹב וְיִצְחָק בֶּן־שִׁשִּׁים
שָׁנָה בְּלֶדֶת אֹתָם׃ *Yisrael* וַיִּגְדְּלוּ הַנְּעָרִים וַיְהִי עֵשָׂו אִישׁ יֹדֵעַ צַיִד אִישׁ שָׂדֶה
וְיַעֲקֹב אִישׁ תָּם יֹשֵׁב אֹהָלִים׃ וַיֶּאֱהַב יִצְחָק אֶת־עֵשָׂו כִּי־צַיִד בְּפִיו וְרִבְקָה אֹהֶבֶת
אֶת־יַעֲקֹב׃ וַיָּזֶד יַעֲקֹב נָזִיד וַיָּבֹא עֵשָׂו מִן־הַשָּׂדֶה וְהוּא עָיֵף׃ וַיֹּאמֶר עֵשָׂו אֶל־יַעֲקֹב
הַלְעִיטֵנִי נָא מִן־הָאָדֹם הָאָדֹם הַזֶּה כִּי עָיֵף אָנֹכִי עַל־כֵּן קָרָא־שְׁמוֹ אֱדוֹם׃
וַיֹּאמֶר יַעֲקֹב מִכְרָה כַיּוֹם אֶת־בְּכֹרָתְךָ לִי׃ וַיֹּאמֶר עֵשָׂו הִנֵּה אָנֹכִי הוֹלֵךְ לָמוּת
וְלָמָּה־זֶּה לִי בְּכֹרָה׃ וַיֹּאמֶר יַעֲקֹב הִשָּׁבְעָה לִּי כַּיּוֹם וַיִּשָּׁבַע לוֹ וַיִּמְכֹּר אֶת־בְּכֹרָתוֹ
לְיַעֲקֹב׃ וְיַעֲקֹב נָתַן לְעֵשָׂו לֶחֶם וּנְזִיד עֲדָשִׁים וַיֹּאכַל וַיֵּשְׁתְּ וַיָּקָם וַיֵּלַךְ וַיִּבֶז עֵשָׂו
אֶת־הַבְּכֹרָה׃ וַיְהִי רָעָב בָּאָרֶץ מִלְּבַד הָרָעָב הָרִאשׁוֹן אֲשֶׁר הָיָה בִּימֵי אַבְרָהָם
וַיֵּלֶךְ יִצְחָק אֶל־אֲבִימֶלֶךְ מֶלֶךְ־פְּלִשְׁתִּים גְּרָרָה׃ וַיֵּרָא אֵלָיו יְהֹוָה יאהדונהי וַיֹּאמֶר
אַל־תֵּרֵד מִצְרָיְמָה שְׁכֹן בָּאָרֶץ אֲשֶׁר אֹמַר אֵלֶיךָ׃ גּוּר בָּאָרֶץ הַזֹּאת וְאֶהְיֶה עִמְּךָ
וַאֲבָרְכֶךָּ כִּי־לְךָ וּלְזַרְעֲךָ אֶתֵּן אֶת־כָּל־הָאֲרָצֹת הָאֵל וַהֲקִמֹתִי אֶת־הַשְּׁבֻעָה
אֲשֶׁר נִשְׁבַּעְתִּי לְאַבְרָהָם אָבִיךָ׃ וְהִרְבֵּיתִי אֶת־זַרְעֲךָ כְּכוֹכְבֵי הַשָּׁמַיִם
וְנָתַתִּי לְזַרְעֲךָ אֵת כָּל־הָאֲרָצֹת הָאֵל וְהִתְבָּרְכוּ בְזַרְעֲךָ כֹּל גּוֹיֵי הָאָרֶץ׃
עֵקֶב אֲשֶׁר־שָׁמַע אַבְרָהָם בְּקֹלִי וַיִּשְׁמֹר מִשְׁמַרְתִּי מִצְוֹתַי חֻקּוֹתַי וְתוֹרֹתָי׃

VAYETSÉ

ויצא יעקב מבאר שבע וילך חרנה: ויפגע במקום וילן שם כי־בא השמש
ויקח מאבני המקום וישם מראשתיו וישכב במקום ההוא: ויחלם והנה סלם מצב
ארצה וראשו מגיע השמימה והנה מלאכי אלהים עלים וירדים בו: *Leví*
והנה יהוה נצב עליו ויאמר אני יהוה אלהי אברהם אביך ואלהי
יצחק הארץ אשר אתה שכב עליה לך אתננה ולזרעך: והיה זרעך כעפר הארץ
ופרצת ימה וקדמה וצפנה ונגבה ונברכו בך כל־משפחת האדמה ובזרעך: והנה
אנכי עמך ושמרתיך בכל אשר־תלך והשבתיך אל־האדמה הזאת כי לא אעזבך
עד אשר אם־עשיתי את אשר־דברתי לך: וייקץ יעקב משנתו ויאמר אכן יש
יהוה במקום הזה ואנכי לא ידעתי: ויירא ויאמר מה־נורא המקום הזה אין
זה כי אם־בית אלהים וזה שער השמים: *Yisrael* וישכם יעקב בבקר ויקח את־
האבן אשר־שם מראשתיו וישם אתה מצבה ויצק שמן על־ראשה: ויקרא את־שם־
המקום ההוא בית־אל ואולם לוז שם־העיר לראשנה: וידר יעקב נדר לאמר
אם־יהיה אלהים עמדי ושמרני בדרך הזה אשר אנכי הולך ונתן־לי לחם לאכל
ובגד ללבש: ושבתי בשלום אל־בית אבי והיה יהוה לי לאלהים: והאבן
הזאת אשר־שמתי מצבה יהיה בית אלהים וכל אשר תתן־לי עשר אעשרנו לך:

VAYISHLAJ

וישלח יעקב מלאכים לפניו אל־עשו אחיו ארצה שעיר שדה אדום: ויצו אתם
לאמר כה תאמרון לאדני לעשו כה אמר עבדך יעקב עם־לבן גרתי ואחר עד־עתה:
ויהי־לי שור וחמור צאן ועבד ושפחה ואשלחה להגיד לאדני למצא־חן בעיניך: *Leví*
וישבו המלאכים אל־יעקב לאמר באנו אל־אחיך אל־עשו וגם הלך
לקראתך וארבע־מאות איש עמו: ויירא יעקב מאד ויצר לו ויחץ
את־העם אשר־אתו ואת־הצאן ואת־הבקר והגמלים לשני מחנות: ויאמר אם־יבוא
עשו אל־המחנה האחת והכהו והיה המחנה הנשאר לפליטה: *Yisrael*
ויאמר יעקב אלהי אבי אברהם ואלהי אבי יצחק יהוה האמר אלי
שוב לארצך ולמולדתך ואיטיבה עמך: קטנתי מכל החסדים ומכל־האמת
אשר עשית את־עבדך כי במקלי עברתי את־הירדן הזה ועתה הייתי לשני מחנות:
הצילני נא מיד אחי מיד עשו כי־ירא אנכי אתו פן־יבוא והכני אם על־בנים: ואתה
אמרת היטב איטיב עמך ושמתי את־זרעך כחול הים אשר לא־יספר מרב:

VAYESHEV

וישב יעקב בארץ מגורי אביו בארץ כנען: אלה | תלדות יעקב
יוסף בן־שבע־עשרה שנה היה רעה את־אחיו בצאן והוא נער את־בני בלהה
ואת־בני זלפה נשי אביו ויבא יוסף את־דבתם רעה אל־אביהם:
וישראל אהב את־יוסף מכל־בניו כי־בן־זקנים הוא לו ועשה לו כתנת פסים: *Leví*

וַיִּרְאוּ אֶחָיו כִּי־אֹתוֹ אָהַב אֲבִיהֶם מִכָּל־אֶחָיו וַיִּשְׂנְאוּ אֹתוֹ וְלֹא יָכְלוּ דַּבְּרוֹ לְשָׁלֹם׃
וַיַּחֲלֹם יוֹסֵף חֲלוֹם וַיַּגֵּד לְאֶחָיו וַיּוֹסִפוּ עוֹד שְׂנֹא אֹתוֹ׃ וַיֹּאמֶר אֲלֵיהֶם
שִׁמְעוּ־נָא הַחֲלוֹם הַזֶּה אֲשֶׁר חָלָמְתִּי׃ וְהִנֵּה אֲנַחְנוּ מְאַלְּמִים אֲלֻמִּים בְּתוֹךְ הַשָּׂדֶה
וְהִנֵּה קָמָה אֲלֻמָּתִי וְגַם־נִצָּבָה וְהִנֵּה תְסֻבֶּינָה אֲלֻמֹּתֵיכֶם וַתִּשְׁתַּחֲוֶיןָ לַאֲלֻמָּתִי׃ *Yisrael*
וַיֹּאמְרוּ לוֹ אֶחָיו הֲמָלֹךְ תִּמְלֹךְ עָלֵינוּ אִם־מָשׁוֹל תִּמְשֹׁל בָּנוּ וַיּוֹסִפוּ עוֹד שְׂנֹא אֹתוֹ
עַל־חֲלֹמֹתָיו וְעַל־דְּבָרָיו׃ וַיַּחֲלֹם עוֹד חֲלוֹם אַחֵר וַיְסַפֵּר אֹתוֹ לְאֶחָיו וַיֹּאמֶר הִנֵּה חָלַמְתִּי
חֲלוֹם עוֹד וְהִנֵּה הַשֶּׁמֶשׁ וְהַיָּרֵחַ וְאַחַד עָשָׂר כּוֹכָבִים מִשְׁתַּחֲוִים לִי׃ וַיְסַפֵּר אֶל־אָבִיו
וְאֶל־אֶחָיו וַיִּגְעַר־בּוֹ אָבִיו וַיֹּאמֶר לוֹ מָה הַחֲלוֹם הַזֶּה אֲשֶׁר חָלָמְתָּ הֲבוֹא נָבוֹא
אֲנִי וְאִמְּךָ וְאַחֶיךָ לְהִשְׁתַּחֲוֺת לְךָ אָרְצָה׃ וַיְקַנְאוּ־בוֹ אֶחָיו וְאָבִיו שָׁמַר אֶת־הַדָּבָר׃

MIKETS

וַיְהִי מִקֵּץ שְׁנָתַיִם יָמִים וּפַרְעֹה חֹלֵם וְהִנֵּה עֹמֵד עַל־הַיְאֹר׃ וְהִנֵּה מִן־הַיְאֹר
עֹלֹת שֶׁבַע פָּרוֹת יְפוֹת מַרְאֶה וּבְרִיאֹת בָּשָׂר וַתִּרְעֶינָה בָּאָחוּ׃ וְהִנֵּה שֶׁבַע פָּרוֹת אֲחֵרוֹת
עֹלוֹת אַחֲרֵיהֶן מִן־הַיְאֹר רָעוֹת מַרְאֶה וְדַקּוֹת בָּשָׂר וַתַּעֲמֹדְנָה אֵצֶל הַפָּרוֹת
עַל־שְׂפַת הַיְאֹר׃ וַתֹּאכַלְנָה הַפָּרוֹת רָעוֹת הַמַּרְאֶה וְדַקֹּת הַבָּשָׂר אֵת שֶׁבַע הַפָּרוֹת
יְפֹת הַמַּרְאֶה וְהַבְּרִיאֹת וַיִּיקַץ פַּרְעֹה׃ *Leví* וַיִּישָׁן וַיַּחֲלֹם שֵׁנִית וְהִנֵּה | שֶׁבַע שִׁבֳּלִים
עֹלוֹת בְּקָנֶה אֶחָד בְּרִיאוֹת וְטֹבוֹת׃ וְהִנֵּה שֶׁבַע שִׁבֳּלִים דַּקּוֹת וּשְׁדוּפֹת קָדִים
צֹמְחוֹת אַחֲרֵיהֶן׃ וַתִּבְלַעְנָה הַשִּׁבֳּלִים הַדַּקּוֹת אֵת שֶׁבַע הַשִּׁבֳּלִים הַבְּרִיאוֹת וְהַמְּלֵאוֹת
וַיִּיקַץ פַּרְעֹה וְהִנֵּה חֲלוֹם׃ *Yisrael* וַיְהִי בַבֹּקֶר וַתִּפָּעֶם רוּחוֹ וַיִּשְׁלַח וַיִּקְרָא
אֶת־כָּל־חַרְטֻמֵּי מִצְרַיִם וְאֶת־כָּל־חֲכָמֶיהָ וַיְסַפֵּר פַּרְעֹה לָהֶם אֶת־חֲלֹמוֹ וְאֵין־פּוֹתֵר
אוֹתָם לְפַרְעֹה׃ וַיְדַבֵּר שַׂר הַמַּשְׁקִים אֶת־פַּרְעֹה לֵאמֹר אֶת־חֲטָאַי אֲנִי מַזְכִּיר הַיּוֹם׃
פַּרְעֹה קָצַף עַל־עֲבָדָיו וַיִּתֵּן אֹתִי בְּמִשְׁמַר בֵּית שַׂר הַטַּבָּחִים אֹתִי וְאֵת שַׂר הָאֹפִים׃
וַנַּחַלְמָה חֲלוֹם בְּלַיְלָה אֶחָד אֲנִי וָהוּא אִישׁ כְּפִתְרוֹן חֲלֹמוֹ חָלָמְנוּ׃ וְשָׁם אִתָּנוּ
נַעַר עִבְרִי עֶבֶד לְשַׂר הַטַּבָּחִים וַנְּסַפֶּר־לוֹ וַיִּפְתָּר־לָנוּ אֶת־חֲלֹמֹתֵינוּ אִישׁ
כַּחֲלֹמוֹ פָּתָר׃ וַיְהִי כַּאֲשֶׁר פָּתַר־לָנוּ כֵּן הָיָה אֹתִי הֵשִׁיב עַל־כַּנִּי וְאֹתוֹ תָלָה׃
וַיִּשְׁלַח פַּרְעֹה וַיִּקְרָא אֶת־יוֹסֵף וַיְרִיצֻהוּ מִן־הַבּוֹר וַיְגַלַּח וַיְחַלֵּף שִׂמְלֹתָיו וַיָּבֹא אֶל־פַּרְעֹה׃

VAYIGASH

וַיִּגַּשׁ אֵלָיו יְהוּדָה וַיֹּאמֶר בִּי אֲדֹנִי יְדַבֶּר־נָא עַבְדְּךָ דָבָר בְּאָזְנֵי אֲדֹנִי וְאַל־יִחַר אַפְּךָ
בְּעַבְדֶּךָ כִּי כָמוֹךָ כְּפַרְעֹה׃ אֲדֹנִי שָׁאַל אֶת־עֲבָדָיו לֵאמֹר הֲיֵשׁ־לָכֶם אָב אוֹ־אָח׃
וַנֹּאמֶר אֶל־אֲדֹנִי יֶשׁ־לָנוּ אָב זָקֵן וְיֶלֶד זְקֻנִים קָטָן וְאָחִיו מֵת וַיִּוָּתֵר הוּא לְבַדּוֹ
לְאִמּוֹ וְאָבִיו אֲהֵבוֹ׃ *Leví* וַתֹּאמֶר אֶל־עֲבָדֶיךָ הוֹרִדֻהוּ אֵלָי וְאָשִׂימָה עֵינִי עָלָיו׃
וַנֹּאמֶר אֶל־אֲדֹנִי לֹא־יוּכַל הַנַּעַר לַעֲזֹב אֶת־אָבִיו וְעָזַב אֶת־אָבִיו וָמֵת׃
וַתֹּאמֶר אֶל־עֲבָדֶיךָ אִם־לֹא יֵרֵד אֲחִיכֶם הַקָּטֹן אִתְּכֶם לֹא תֹסִפוּן לִרְאוֹת פָּנָי׃
וַיְהִי כִּי עָלִינוּ אֶל־עַבְדְּךָ אָבִי וַנַּגֶּד־לוֹ אֵת דִּבְרֵי אֲדֹנִי׃ *Yisrael*

וַיֹּאמֶר אָבִינוּ שֻׁבוּ שִׁבְרוּ־לָנוּ מְעַט־אֹכֶל׃ וַנֹּאמֶר לֹא נוּכַל לָרֶדֶת אִם־יֵשׁ
אָחִינוּ הַקָּטֹן אִתָּנוּ וְיָרַדְנוּ כִּי־לֹא נוּכַל לִרְאוֹת פְּנֵי הָאִישׁ וְאָחִינוּ הַקָּטֹן
אֵינֶנּוּ אִתָּנוּ׃ וַיֹּאמֶר עַבְדְּךָ אָבִי אֵלֵינוּ אַתֶּם יְדַעְתֶּם כִּי שְׁנַיִם יָלְדָה־לִּי אִשְׁתִּי׃
וַיֵּצֵא הָאֶחָד מֵאִתִּי וָאֹמַר אַךְ טָרֹף טֹרָף וְלֹא רְאִיתִיו עַד־הֵנָּה׃ וּלְקַחְתֶּם
גַּם־אֶת־זֶה מֵעִם פָּנַי וְקָרָהוּ אָסוֹן וְהוֹרַדְתֶּם אֶת־שֵׂיבָתִי בְּרָעָה שְׁאֹלָה׃
וְעַתָּה כְּבֹאִי אֶל־עַבְדְּךָ אָבִי וְהַנַּעַר אֵינֶנּוּ אִתָּנוּ וְנַפְשׁוֹ קְשׁוּרָה בְנַפְשׁוֹ׃

VAYEJÍ

וַיְחִי יַעֲקֹב בְּאֶרֶץ מִצְרַיִם שְׁבַע עֶשְׂרֵה שָׁנָה וַיְהִי יְמֵי־יַעֲקֹב שְׁנֵי חַיָּיו שֶׁבַע שָׁנִים
וְאַרְבָּעִים וּמְאַת שָׁנָה׃ וַיִּקְרְבוּ יְמֵי־יִשְׂרָאֵל לָמוּת וַיִּקְרָא ׀ לִבְנוֹ לְיוֹסֵף
וַיֹּאמֶר לוֹ אִם־נָא מָצָאתִי חֵן בְּעֵינֶיךָ שִׂים־נָא יָדְךָ תַּחַת יְרֵכִי וְעָשִׂיתָ עִמָּדִי
חֶסֶד וֶאֱמֶת אַל־נָא תִקְבְּרֵנִי בְּמִצְרָיִם׃ וְשָׁכַבְתִּי עִם־אֲבֹתַי וּנְשָׂאתַנִי מִמִּצְרַיִם
וּקְבַרְתַּנִי בִּקְבֻרָתָם וַיֹּאמַר אָנֹכִי אֶעֱשֶׂה כִדְבָרֶךָ׃ וַיֹּאמֶר הִשָּׁבְעָה לִי וַיִּשָּׁבַע לוֹ
וַיִּשְׁתַּחוּ יִשְׂרָאֵל עַל־רֹאשׁ הַמִּטָּה׃ *Leví* וַיְהִי אַחֲרֵי הַדְּבָרִים הָאֵלֶּה וַיֹּאמֶר לְיוֹסֵף
הִנֵּה אָבִיךָ חֹלֶה וַיִּקַּח אֶת־שְׁנֵי בָנָיו עִמּוֹ אֶת־מְנַשֶּׁה וְאֶת־אֶפְרָיִם׃ וַיַּגֵּד לְיַעֲקֹב
וַיֹּאמֶר הִנֵּה בִּנְךָ יוֹסֵף בָּא אֵלֶיךָ וַיִּתְחַזֵּק יִשְׂרָאֵל וַיֵּשֶׁב עַל־הַמִּטָּה׃ וַיֹּאמֶר יַעֲקֹב
אֶל־יוֹסֵף אֵל שַׁדַּי נִרְאָה־אֵלַי בְּלוּז בְּאֶרֶץ כְּנָעַן וַיְבָרֶךְ אֹתִי׃ *Yisrael* וַיֹּאמֶר אֵלַי
הִנְנִי מַפְרְךָ וְהִרְבִּיתִךָ וּנְתַתִּיךָ לִקְהַל עַמִּים וְנָתַתִּי אֶת־הָאָרֶץ הַזֹּאת לְזַרְעֲךָ אַחֲרֶיךָ
אֲחֻזַּת עוֹלָם׃ וְעַתָּה שְׁנֵי־בָנֶיךָ הַנּוֹלָדִים לְךָ בְּאֶרֶץ מִצְרַיִם עַד־בֹּאִי אֵלֶיךָ מִצְרַיְמָה
לִי־הֵם אֶפְרַיִם וּמְנַשֶּׁה כִּרְאוּבֵן וְשִׁמְעוֹן יִהְיוּ־לִי׃ וּמוֹלַדְתְּךָ אֲשֶׁר־הוֹלַדְתָּ אַחֲרֵיהֶם
לְךָ יִהְיוּ עַל שֵׁם אֲחֵיהֶם יִקָּרְאוּ בְּנַחֲלָתָם׃ וַאֲנִי ׀ בְּבֹאִי מִפַּדָּן מֵתָה עָלַי רָחֵל
בְּאֶרֶץ כְּנַעַן בַּדֶּרֶךְ בְּעוֹד כִּבְרַת־אֶרֶץ לָבֹא אֶפְרָתָה וָאֶקְבְּרֶהָ שָּׁם בְּדֶרֶךְ אֶפְרָת
הִוא בֵּית לָחֶם׃ וַיַּרְא יִשְׂרָאֵל אֶת־בְּנֵי יוֹסֵף וַיֹּאמֶר מִי־אֵלֶּה׃ וַיֹּאמֶר יוֹסֵף
אֶל־אָבִיו בָּנַי הֵם אֲשֶׁר־נָתַן־לִי אֱלֹהִים בָּזֶה וַיֹּאמַר קָחֶם־נָא אֵלַי וַאֲבָרְכֵם׃

SHEMOT

וְאֵלֶּה שְׁמוֹת בְּנֵי יִשְׂרָאֵל הַבָּאִים מִצְרָיְמָה אֵת יַעֲקֹב אִישׁ וּבֵיתוֹ בָּאוּ׃
רְאוּבֵן שִׁמְעוֹן לֵוִי וִיהוּדָה׃ יִשָּׂשכָר זְבוּלֻן וּבִנְיָמִן׃ דָּן וְנַפְתָּלִי גָּד וְאָשֵׁר׃ וַיְהִי
כָּל־נֶפֶשׁ יֹצְאֵי יֶרֶךְ־יַעֲקֹב שִׁבְעִים נָפֶשׁ וְיוֹסֵף הָיָה בְמִצְרָיִם׃ וַיָּמָת יוֹסֵף וְכָל־אֶחָיו
וְכֹל הַדּוֹר הַהוּא׃ וּבְנֵי יִשְׂרָאֵל פָּרוּ וַיִּשְׁרְצוּ וַיִּרְבּוּ וַיַּעַצְמוּ בִּמְאֹד מְאֹד וַתִּמָּלֵא
הָאָרֶץ אֹתָם׃ *Leví* וַיָּקָם מֶלֶךְ־חָדָשׁ עַל־מִצְרָיִם אֲשֶׁר לֹא־יָדַע אֶת־יוֹסֵף׃
וַיֹּאמֶר אֶל־עַמּוֹ הִנֵּה עַם בְּנֵי יִשְׂרָאֵל רַב וְעָצוּם מִמֶּנּוּ׃ הָבָה נִתְחַכְּמָה לוֹ פֶּן־יִרְבֶּה
וְהָיָה כִּי־תִקְרֶאנָה מִלְחָמָה וְנוֹסַף גַּם־הוּא עַל־שֹׂנְאֵינוּ וְנִלְחַם־בָּנוּ וְעָלָה מִן־הָאָרֶץ׃
וַיָּשִׂימוּ עָלָיו שָׂרֵי מִסִּים לְמַעַן עַנֹּתוֹ בְּסִבְלֹתָם וַיִּבֶן עָרֵי מִסְכְּנוֹת לְפַרְעֹה אֶת־פִּתֹם
וְאֶת־רַעַמְסֵס׃ וְכַאֲשֶׁר יְעַנּוּ אֹתוֹ כֵּן יִרְבֶּה וְכֵן יִפְרֹץ וַיָּקֻצוּ מִפְּנֵי בְּנֵי יִשְׂרָאֵל׃ *Yisrael*

וַיַּעֲבִדוּ מִצְרַיִם אֶת־בְּנֵי יִשְׂרָאֵל בְּפָרֶךְ׃ וַיְמָרְרוּ אֶת־חַיֵּיהֶם בַּעֲבֹדָה קָשָׁה בְּחֹמֶר וּבִלְבֵנִים וּבְכָל־עֲבֹדָה בַּשָּׂדֶה אֵת כָּל־עֲבֹדָתָם אֲשֶׁר־עָבְדוּ בָהֶם בְּפָרֶךְ׃ וַיֹּאמֶר מֶלֶךְ מִצְרַיִם לַמְיַלְּדֹת הָעִבְרִיֹּת אֲשֶׁר שֵׁם הָאַחַת שִׁפְרָה וְשֵׁם הַשֵּׁנִית פּוּעָה׃ וַיֹּאמֶר בְּיַלֶּדְכֶן אֶת־הָעִבְרִיּוֹת וּרְאִיתֶן עַל־הָאָבְנָיִם אִם־בֵּן הוּא וַהֲמִתֶּן אֹתוֹ וְאִם־בַּת הִוא וָחָיָה׃ וַתִּירֶאןָ הַמְיַלְּדֹת אֶת־הָאֱלֹהִים וְלֹא עָשׂוּ כַּאֲשֶׁר דִּבֶּר אֲלֵיהֶן מֶלֶךְ מִצְרָיִם וַתְּחַיֶּיןָ אֶת־הַיְלָדִים׃

VAERÁ

וַיְדַבֵּר אֱלֹהִים אֶל־מֹשֶׁה וַיֹּאמֶר אֵלָיו אֲנִי יְהוָה יאהדונהי׃ וָאֵרָא אֶל־אַבְרָהָם אֶל־יִצְחָק וְאֶל־יַעֲקֹב בְּאֵל שַׁדָּי וּשְׁמִי יְהוָה יאהדונהי לֹא נוֹדַעְתִּי לָהֶם׃ וְגַם הֲקִמֹתִי אֶת־בְּרִיתִי אִתָּם לָתֵת לָהֶם אֶת־אֶרֶץ כְּנָעַן אֵת אֶרֶץ מְגֻרֵיהֶם אֲשֶׁר־גָּרוּ בָהּ׃ וְגַם | אֲנִי שָׁמַעְתִּי אֶת־נַאֲקַת בְּנֵי יִשְׂרָאֵל אֲשֶׁר מִצְרַיִם מַעֲבִדִים אֹתָם וָאֶזְכֹּר אֶת־בְּרִיתִי׃ *Leví* לָכֵן אֱמֹר לִבְנֵי־יִשְׂרָאֵל אֲנִי יְהוָה יאהדונהי וְהוֹצֵאתִי אֶתְכֶם מִתַּחַת סִבְלֹת מִצְרַיִם וְהִצַּלְתִּי אֶתְכֶם מֵעֲבֹדָתָם וְגָאַלְתִּי אֶתְכֶם בִּזְרוֹעַ נְטוּיָה וּבִשְׁפָטִים גְּדֹלִים׃ וְלָקַחְתִּי אֶתְכֶם לִי לְעָם וְהָיִיתִי לָכֶם לֵאלֹהִים וִידַעְתֶּם כִּי אֲנִי יְהוָה יאהדונהי אֱלֹהֵיכֶם הַמּוֹצִיא אֶתְכֶם מִתַּחַת סִבְלוֹת מִצְרָיִם׃ וְהֵבֵאתִי אֶתְכֶם אֶל־הָאָרֶץ אֲשֶׁר נָשָׂאתִי אֶת־יָדִי לָתֵת אֹתָהּ לְאַבְרָהָם לְיִצְחָק וּלְיַעֲקֹב וְנָתַתִּי אֹתָהּ לָכֶם מוֹרָשָׁה אֲנִי יְהוָה יאהדונהי׃ וַיְדַבֵּר מֹשֶׁה כֵּן אֶל־בְּנֵי יִשְׂרָאֵל וְלֹא שָׁמְעוּ אֶל־מֹשֶׁה מִקֹּצֶר רוּחַ וּמֵעֲבֹדָה קָשָׁה׃ *Yisrael* וַיְדַבֵּר יְהוָה יאהדונהי אֶל־מֹשֶׁה לֵּאמֹר׃ בֹּא דַבֵּר אֶל־פַּרְעֹה מֶלֶךְ מִצְרָיִם וִישַׁלַּח אֶת־בְּנֵי־יִשְׂרָאֵל מֵאַרְצוֹ׃ וַיְדַבֵּר מֹשֶׁה לִפְנֵי יְהוָה יאהדונהי לֵאמֹר הֵן בְּנֵי־יִשְׂרָאֵל לֹא־שָׁמְעוּ אֵלַי וְאֵיךְ יִשְׁמָעֵנִי פַרְעֹה וַאֲנִי עֲרַל שְׂפָתָיִם׃ וַיְדַבֵּר יְהוָה יאהדונהי אֶל־מֹשֶׁה וְאֶל־אַהֲרֹן וַיְצַוֵּם אֶל־בְּנֵי יִשְׂרָאֵל וְאֶל־פַּרְעֹה מֶלֶךְ מִצְרָיִם לְהוֹצִיא אֶת־בְּנֵי־יִשְׂרָאֵל מֵאֶרֶץ מִצְרָיִם׃

BO

וַיֹּאמֶר יְהוָה יאהדונהי אֶל־מֹשֶׁה בֹּא אֶל־פַּרְעֹה כִּי־אֲנִי הִכְבַּדְתִּי אֶת־לִבּוֹ וְאֶת־לֵב עֲבָדָיו לְמַעַן שִׁתִי אֹתֹתַי אֵלֶּה בְּקִרְבּוֹ׃ וּלְמַעַן תְּסַפֵּר בְּאָזְנֵי בִנְךָ וּבֶן־בִּנְךָ אֵת אֲשֶׁר הִתְעַלַּלְתִּי בְּמִצְרַיִם וְאֶת־אֹתֹתַי אֲשֶׁר־שַׂמְתִּי בָם וִידַעְתֶּם כִּי־אֲנִי יְהוָה יאהדונהי׃ וַיָּבֹא מֹשֶׁה וְאַהֲרֹן אֶל־פַּרְעֹה וַיֹּאמְרוּ אֵלָיו כֹּה־אָמַר יְהוָה יאהדונהי אֱלֹהֵי הָעִבְרִים עַד־מָתַי מֵאַנְתָּ לֵעָנֹת מִפָּנָי שַׁלַּח עַמִּי וְיַעַבְדֻנִי׃ *Leví* כִּי אִם־מָאֵן אַתָּה לְשַׁלֵּחַ אֶת־עַמִּי הִנְנִי מֵבִיא מָחָר אַרְבֶּה בִּגְבֻלֶךָ׃ וְכִסָּה אֶת־עֵין הָאָרֶץ וְלֹא יוּכַל לִרְאֹת אֶת־הָאָרֶץ וְאָכַל | אֶת־יֶתֶר הַפְּלֵטָה הַנִּשְׁאֶרֶת לָכֶם מִן־הַבָּרָד וְאָכַל אֶת־כָּל־הָעֵץ הַצֹּמֵחַ לָכֶם מִן־הַשָּׂדֶה׃ וּמָלְאוּ בָתֶּיךָ וּבָתֵּי כָל־עֲבָדֶיךָ וּבָתֵּי כָל־מִצְרַיִם אֲשֶׁר לֹא־רָאוּ אֲבֹתֶיךָ וַאֲבוֹת אֲבֹתֶיךָ מִיּוֹם הֱיוֹתָם עַל־הָאֲדָמָה עַד הַיּוֹם הַזֶּה וַיִּפֶן וַיֵּצֵא מֵעִם פַּרְעֹה׃ *Yisrael* וַיֹּאמְרוּ עַבְדֵי פַרְעֹה אֵלָיו עַד־מָתַי יִהְיֶה זֶה לָנוּ לְמוֹקֵשׁ שַׁלַּח אֶת־הָאֲנָשִׁים וְיַעַבְדוּ אֶת־יְהוָה יאהדונהי אֱלֹהֵיהֶם הֲטֶרֶם תֵּדַע כִּי אָבְדָה מִצְרָיִם׃ וַיּוּשַׁב אֶת־מֹשֶׁה וְאֶת־אַהֲרֹן אֶל־פַּרְעֹה וַיֹּאמֶר אֲלֵהֶם לְכוּ עִבְדוּ אֶת־יְהוָה יאהדונהי אֱלֹהֵיכֶם מִי וָמִי הַהֹלְכִים׃ וַיֹּאמֶר מֹשֶׁה בִּנְעָרֵינוּ וּבִזְקֵנֵינוּ נֵלֵךְ בְּבָנֵינוּ וּבִבְנוֹתֵנוּ בְּצֹאנֵנוּ וּבִבְקָרֵנוּ נֵלֵךְ כִּי חַג־יְהוָה יאהדונהי לָנוּ׃ וַיֹּאמֶר אֲלֵהֶם יְהִי כֵן יְהוָה יאהדונהי עִמָּכֶם כַּאֲשֶׁר אֲשַׁלַּח אֶתְכֶם וְאֶת־טַפְּכֶם רְאוּ כִּי רָעָה נֶגֶד פְּנֵיכֶם׃ לֹא כֵן לְכוּ־נָא הַגְּבָרִים וְעִבְדוּ אֶת־יְהוָה יאהדונהי כִּי אֹתָהּ אַתֶּם מְבַקְשִׁים וַיְגָרֶשׁ אֹתָם מֵאֵת פְּנֵי פַרְעֹה׃

BESHALAJ

וַיְהִי בְּשַׁלַּח פַּרְעֹה אֶת־הָעָם וְלֹא־נָחָם אֱלֹהִים דֶּרֶךְ אֶרֶץ פְּלִשְׁתִּים כִּי קָרוֹב הוּא כִּי | אָמַר אֱלֹהִים פֶּן־יִנָּחֵם הָעָם בִּרְאֹתָם מִלְחָמָה וְשָׁבוּ מִצְרָיְמָה: וַיַּסֵּב אֱלֹהִים | אֶת־הָעָם דֶּרֶךְ הַמִּדְבָּר יַם־סוּף וַחֲמֻשִׁים עָלוּ בְנֵי־יִשְׂרָאֵל מֵאֶרֶץ מִצְרָיִם: וַיִּקַּח מֹשֶׁה אֶת־עַצְמוֹת יוֹסֵף עִמּוֹ כִּי הַשְׁבֵּעַ הִשְׁבִּיעַ אֶת־בְּנֵי יִשְׂרָאֵל לֵאמֹר פָּקֹד יִפְקֹד אֱלֹהִים אֶתְכֶם וְהַעֲלִיתֶם אֶת־עַצְמֹתַי מִזֶּה אִתְּכֶם: וַיִּסְעוּ מִסֻּכֹּת וַיַּחֲנוּ בְאֵתָם בִּקְצֵה הַמִּדְבָּר: וַיהֹוָה יאהדונהי הֹלֵךְ לִפְנֵיהֶם יוֹמָם בְּעַמּוּד עָנָן לַנְחֹתָם הַדֶּרֶךְ וְלַיְלָה בְּעַמּוּד אֵשׁ לְהָאִיר לָהֶם לָלֶכֶת יוֹמָם וָלָיְלָה: לֹא־יָמִישׁ עַמּוּד הֶעָנָן יוֹמָם וְעַמּוּד הָאֵשׁ לָיְלָה לִפְנֵי הָעָם: *Leví* וַיְדַבֵּר יְהֹוָה יאהדונהי אֶל־מֹשֶׁה לֵּאמֹר: דַּבֵּר אֶל־בְּנֵי יִשְׂרָאֵל וְיָשֻׁבוּ וְיַחֲנוּ לִפְנֵי פִּי הַחִירֹת בֵּין מִגְדֹּל וּבֵין הַיָּם לִפְנֵי בַּעַל צְפֹן נִכְחוֹ תַחֲנוּ עַל־הַיָּם: וְאָמַר פַּרְעֹה לִבְנֵי יִשְׂרָאֵל נְבֻכִים הֵם בָּאָרֶץ סָגַר עֲלֵיהֶם הַמִּדְבָּר: וְחִזַּקְתִּי אֶת־לֵב־פַּרְעֹה וְרָדַף אַחֲרֵיהֶם וְאִכָּבְדָה בְּפַרְעֹה וּבְכָל־חֵילוֹ וְיָדְעוּ מִצְרַיִם כִּי־אֲנִי יְהֹוָה יאהדונהי וַיַּעֲשׂוּ־כֵן: *Yisrael* וַיֻּגַּד לְמֶלֶךְ מִצְרַיִם כִּי בָרַח הָעָם וַיֵּהָפֵךְ לְבַב פַּרְעֹה וַעֲבָדָיו אֶל־הָעָם וַיֹּאמְרוּ מַה־זֹּאת עָשִׂינוּ כִּי־שִׁלַּחְנוּ אֶת־יִשְׂרָאֵל מֵעָבְדֵנוּ: וַיֶּאְסֹר אֶת־רִכְבּוֹ וְאֶת־עַמּוֹ לָקַח עִמּוֹ: וַיִּקַּח שֵׁשׁ־מֵאוֹת רֶכֶב בָּחוּר וְכֹל רֶכֶב מִצְרָיִם וְשָׁלִשִׁם עַל־כֻּלּוֹ: וַיְחַזֵּק יְהֹוָה יאהדונהי אֶת־לֵב פַּרְעֹה מֶלֶךְ מִצְרַיִם וַיִּרְדֹּף אַחֲרֵי בְּנֵי יִשְׂרָאֵל וּבְנֵי יִשְׂרָאֵל יֹצְאִים בְּיָד רָמָה:

YITRÓ

וַיִּשְׁמַע יִתְרוֹ כֹהֵן מִדְיָן חֹתֵן מֹשֶׁה אֵת כָּל־אֲשֶׁר עָשָׂה אֱלֹהִים לְמֹשֶׁה וּלְיִשְׂרָאֵל עַמּוֹ כִּי־הוֹצִיא יְהֹוָה יאהדונהי אֶת־יִשְׂרָאֵל מִמִּצְרָיִם: וַיִּקַּח יִתְרוֹ חֹתֵן מֹשֶׁה אֶת־צִפֹּרָה אֵשֶׁת מֹשֶׁה אַחַר שִׁלּוּחֶיהָ: וְאֵת שְׁנֵי בָנֶיהָ אֲשֶׁר שֵׁם הָאֶחָד גֵּרְשֹׁם כִּי אָמַר גֵּר הָיִיתִי בְּאֶרֶץ נָכְרִיָּה: וְשֵׁם הָאֶחָד אֱלִיעֶזֶר כִּי־אֱלֹהֵי אָבִי בְּעֶזְרִי וַיַּצִּלֵנִי מֵחֶרֶב פַּרְעֹה: *Leví* וַיָּבֹא יִתְרוֹ חֹתֵן מֹשֶׁה וּבָנָיו וְאִשְׁתּוֹ אֶל־מֹשֶׁה אֶל־הַמִּדְבָּר אֲשֶׁר־הוּא חֹנֶה שָׁם הַר הָאֱלֹהִים: וַיֹּאמֶר אֶל־מֹשֶׁה אֲנִי חֹתֶנְךָ יִתְרוֹ בָּא אֵלֶיךָ וְאִשְׁתְּךָ וּשְׁנֵי בָנֶיהָ עִמָּהּ: וַיֵּצֵא מֹשֶׁה לִקְרַאת חֹתְנוֹ וַיִּשְׁתַּחוּ וַיִּשַּׁק־לוֹ וַיִּשְׁאֲלוּ אִישׁ־לְרֵעֵהוּ לְשָׁלוֹם וַיָּבֹאוּ הָאֹהֱלָה: וַיְסַפֵּר מֹשֶׁה לְחֹתְנוֹ אֵת כָּל־אֲשֶׁר עָשָׂה יְהֹוָה יאהדונהי לְפַרְעֹה וּלְמִצְרַיִם עַל אוֹדֹת יִשְׂרָאֵל אֵת כָּל־הַתְּלָאָה אֲשֶׁר מְצָאָתַם בַּדֶּרֶךְ וַיַּצִּלֵם יְהֹוָה יאהדונהי: *Yisrael* וַיִּחַדְּ יִתְרוֹ עַל כָּל־הַטּוֹבָה אֲשֶׁר־עָשָׂה יְהֹוָה יאהדונהי לְיִשְׂרָאֵל אֲשֶׁר הִצִּילוֹ מִיַּד מִצְרָיִם: וַיֹּאמֶר יִתְרוֹ בָּרוּךְ יְהֹוָה יאהדונהי אֲשֶׁר הִצִּיל אֶתְכֶם מִיַּד מִצְרַיִם וּמִיַּד פַּרְעֹה אֲשֶׁר הִצִּיל אֶת־הָעָם מִתַּחַת יַד־מִצְרָיִם: עַתָּה יָדַעְתִּי כִּי־גָדוֹל יְהֹוָה יאהדונהי מִכָּל־הָאֱלֹהִים כִּי בַדָּבָר אֲשֶׁר זָדוּ עֲלֵיהֶם: וַיִּקַּח יִתְרוֹ חֹתֵן מֹשֶׁה עֹלָה וּזְבָחִים לֵאלֹהִים וַיָּבֹא אַהֲרֹן וְכֹל | זִקְנֵי יִשְׂרָאֵל לֶאֱכָל־לֶחֶם עִם־חֹתֵן מֹשֶׁה לִפְנֵי הָאֱלֹהִים:

Mishpatim

וְאֵלֶּה הַמִּשְׁפָּטִים אֲשֶׁר תָּשִׂים לִפְנֵיהֶם׃ כִּי תִקְנֶה עֶבֶד עִבְרִי שֵׁשׁ שָׁנִים יַעֲבֹד
וּבַשְּׁבִעִת יֵצֵא לַחָפְשִׁי חִנָּם׃ אִם־בְּגַפּוֹ יָבֹא בְּגַפּוֹ יֵצֵא אִם־בַּעַל אִשָּׁה הוּא
וְיָצְאָה אִשְׁתּוֹ עִמּוֹ׃ אִם־אֲדֹנָיו יִתֶּן־לוֹ אִשָּׁה וְיָלְדָה־לוֹ בָנִים אוֹ בָנוֹת
הָאִשָּׁה וִילָדֶיהָ תִּהְיֶה לַאדֹנֶיהָ וְהוּא יֵצֵא בְגַפּוֹ׃ וְאִם־אָמֹר יֹאמַר הָעֶבֶד
אָהַבְתִּי אֶת־אֲדֹנִי אֶת־אִשְׁתִּי וְאֶת־בָּנָי לֹא אֵצֵא חָפְשִׁי׃ וְהִגִּישׁוֹ אֲדֹנָיו אֶל־הָאֱלֹהִים
וְהִגִּישׁוֹ אֶל־הַדֶּלֶת אוֹ אֶל־הַמְּזוּזָה וְרָצַע אֲדֹנָיו אֶת־אָזְנוֹ בַּמַּרְצֵעַ וַעֲבָדוֹ לְעֹלָם׃ *Leví*
וְכִי־יִמְכֹּר אִישׁ אֶת־בִּתּוֹ לְאָמָה לֹא תֵצֵא כְּצֵאת הָעֲבָדִים׃ אִם־רָעָה בְּעֵינֵי אֲדֹנֶיהָ
אֲשֶׁר־לוֹ (כתיב: לא) יְעָדָהּ וְהֶפְדָּהּ לְעַם נָכְרִי לֹא־יִמְשֹׁל לְמָכְרָהּ בְּבִגְדוֹ־בָהּ׃ וְאִם־לִבְנוֹ
יִיעָדֶנָּה כְּמִשְׁפַּט הַבָּנוֹת יַעֲשֶׂה־לָּהּ׃ אִם־אַחֶרֶת יִקַּח־לוֹ שְׁאֵרָהּ כְּסוּתָהּ וְעֹנָתָהּ
לֹא יִגְרָע׃ וְאִם־שְׁלָשׁ־אֵלֶּה לֹא יַעֲשֶׂה לָהּ וְיָצְאָה חִנָּם אֵין כָּסֶף׃ *Yisrael* מַכֵּה אִישׁ וָמֵת
מוֹת יוּמָת׃ וַאֲשֶׁר לֹא צָדָה וְהָאֱלֹהִים אִנָּה לְיָדוֹ וְשַׂמְתִּי לְךָ מָקוֹם אֲשֶׁר יָנוּס שָׁמָּה׃
וְכִי־יָזִד אִישׁ עַל־רֵעֵהוּ לְהָרְגוֹ בְעָרְמָה מֵעִם מִזְבְּחִי תִּקָּחֶנּוּ לָמוּת׃ וּמַכֵּה אָבִיו וְאִמּוֹ
מוֹת יוּמָת׃ וְגֹנֵב אִישׁ וּמְכָרוֹ וְנִמְצָא בְיָדוֹ מוֹת יוּמָת׃ וּמְקַלֵּל אָבִיו וְאִמּוֹ מוֹת יוּמָת׃
וְכִי־יְרִיבֻן אֲנָשִׁים וְהִכָּה־אִישׁ אֶת־רֵעֵהוּ בְּאֶבֶן אוֹ בְאֶגְרֹף וְלֹא יָמוּת וְנָפַל לְמִשְׁכָּב׃
אִם־יָקוּם וְהִתְהַלֵּךְ בַּחוּץ עַל־מִשְׁעַנְתּוֹ וְנִקָּה הַמַּכֶּה רַק שִׁבְתּוֹ יִתֵּן וְרַפֹּא יְרַפֵּא׃

Trumá

וַיְדַבֵּר יְהֹוָה יאהדונהי אֶל־מֹשֶׁה לֵּאמֹר׃ דַּבֵּר אֶל־בְּנֵי יִשְׂרָאֵל וְיִקְחוּ־לִי תְּרוּמָה
מֵאֵת כָּל־אִישׁ אֲשֶׁר יִדְּבֶנּוּ לִבּוֹ תִּקְחוּ אֶת־תְּרוּמָתִי׃ וְזֹאת הַתְּרוּמָה אֲשֶׁר תִּקְחוּ
מֵאִתָּם זָהָב וָכֶסֶף וּנְחֹשֶׁת׃ וּתְכֵלֶת וְאַרְגָּמָן וְתוֹלַעַת שָׁנִי וְשֵׁשׁ וְעִזִּים׃ וְעֹרֹת אֵילִם
מְאָדָּמִים וְעֹרֹת תְּחָשִׁים וַעֲצֵי שִׁטִּים׃ *Leví* שֶׁמֶן לַמָּאֹר בְּשָׂמִים לְשֶׁמֶן הַמִּשְׁחָה
וְלִקְטֹרֶת הַסַּמִּים׃ אַבְנֵי־שֹׁהַם וְאַבְנֵי מִלֻּאִים לָאֵפֹד וְלַחֹשֶׁן׃ וְעָשׂוּ לִי מִקְדָּשׁ וְשָׁכַנְתִּי
בְּתוֹכָם׃ כְּכֹל אֲשֶׁר אֲנִי מַרְאֶה אוֹתְךָ אֵת תַּבְנִית הַמִּשְׁכָּן וְאֵת תַּבְנִית כָּל־כֵּלָיו וְכֵן
תַּעֲשׂוּ׃ *Yisrael* וְעָשׂוּ אֲרוֹן עֲצֵי שִׁטִּים אַמָּתַיִם וָחֵצִי אָרְכּוֹ וְאַמָּה וָחֵצִי רָחְבּוֹ וְאַמָּה
וָחֵצִי קֹמָתוֹ׃ וְצִפִּיתָ אֹתוֹ זָהָב טָהוֹר מִבַּיִת וּמִחוּץ תְּצַפֶּנּוּ וְעָשִׂיתָ עָלָיו זֵר זָהָב סָבִיב׃
וְיָצַקְתָּ לּוֹ אַרְבַּע טַבְּעֹת זָהָב וְנָתַתָּה עַל אַרְבַּע פַּעֲמֹתָיו וּשְׁתֵּי טַבָּעֹת עַל־צַלְעוֹ הָאֶחָת
וּשְׁתֵּי טַבָּעֹת עַל־צַלְעוֹ הַשֵּׁנִית׃ וְעָשִׂיתָ בַדֵּי עֲצֵי שִׁטִּים וְצִפִּיתָ אֹתָם זָהָב׃
וְהֵבֵאתָ אֶת־הַבַּדִּים בַּטַּבָּעֹת עַל צַלְעֹת הָאָרֹן לָשֵׂאת אֶת־הָאָרֹן בָּהֶם׃ בְּטַבְּעֹת
הָאָרֹן יִהְיוּ הַבַּדִּים לֹא יָסֻרוּ מִמֶּנּוּ׃ וְנָתַתָּ אֶל־הָאָרֹן אֵת הָעֵדֻת אֲשֶׁר אֶתֵּן אֵלֶיךָ׃

Tetsavé

וְאַתָּה תְּצַוֶּה | אֶת־בְּנֵי יִשְׂרָאֵל וְיִקְחוּ אֵלֶיךָ שֶׁמֶן זַיִת זָךְ כָּתִית לַמָּאוֹר
לְהַעֲלֹת נֵר תָּמִיד׃ בְּאֹהֶל מוֹעֵד מִחוּץ לַפָּרֹכֶת אֲשֶׁר עַל־הָעֵדֻת יַעֲרֹךְ אֹתוֹ אַהֲרֹן
וּבָנָיו מֵעֶרֶב עַד־בֹּקֶר לִפְנֵי יְהֹוָה יאהדונהי חֻקַּת עוֹלָם לְדֹרֹתָם מֵאֵת בְּנֵי יִשְׂרָאֵל׃

וְאַתָּה הַקְרֵב אֵלֶיךָ אֶת־אַהֲרֹן אָחִיךָ וְאֶת־בָּנָיו אִתּוֹ מִתּוֹךְ בְּנֵי יִשְׂרָאֵל לְכַהֲנוֹ־לִי אַהֲרֹן נָדָב וַאֲבִיהוּא אֶלְעָזָר וְאִיתָמָר בְּנֵי אַהֲרֹן: וְעָשִׂיתָ בִגְדֵי־קֹדֶשׁ לְאַהֲרֹן אָחִיךָ לְכָבוֹד וּלְתִפְאָרֶת: וְאַתָּה תְּדַבֵּר אֶל־כָּל־חַכְמֵי־לֵב אֲשֶׁר מִלֵּאתִיו רוּחַ חָכְמָה וְעָשׂוּ אֶת־בִּגְדֵי אַהֲרֹן לְקַדְּשׁוֹ לְכַהֲנוֹ־לִי: וְאֵלֶּה הַבְּגָדִים אֲשֶׁר יַעֲשׂוּ חֹשֶׁן וְאֵפוֹד וּמְעִיל וּכְתֹנֶת תַּשְׁבֵּץ מִצְנֶפֶת וְאַבְנֵט וְעָשׂוּ בִגְדֵי־קֹדֶשׁ לְאַהֲרֹן אָחִיךָ וּלְבָנָיו לְכַהֲנוֹ־לִי: וְהֵם יִקְחוּ אֶת־הַזָּהָב וְאֶת־הַתְּכֵלֶת וְאֶת־הָאַרְגָּמָן וְאֶת־תּוֹלַעַת הַשָּׁנִי וְאֶת־הַשֵּׁשׁ: *Leví* וְעָשׂוּ אֶת־הָאֵפֹד זָהָב תְּכֵלֶת וְאַרְגָּמָן תּוֹלַעַת שָׁנִי וְשֵׁשׁ מָשְׁזָר מַעֲשֵׂה חֹשֵׁב: שְׁתֵּי כְתֵפֹת חֹבְרֹת יִהְיֶה־לּוֹ אֶל־שְׁנֵי קְצוֹתָיו וְחֻבָּר: וְחֵשֶׁב אֲפֻדָּתוֹ אֲשֶׁר עָלָיו כְּמַעֲשֵׂהוּ מִמֶּנּוּ יִהְיֶה זָהָב תְּכֵלֶת וְאַרְגָּמָן וְתוֹלַעַת שָׁנִי וְשֵׁשׁ מָשְׁזָר: וְלָקַחְתָּ אֶת־שְׁתֵּי אַבְנֵי־שֹׁהַם וּפִתַּחְתָּ עֲלֵיהֶם שְׁמוֹת בְּנֵי יִשְׂרָאֵל: *Yisrael* שִׁשָּׁה מִשְּׁמֹתָם עַל הָאֶבֶן הָאֶחָת וְאֶת־שְׁמוֹת הַשִּׁשָּׁה הַנּוֹתָרִים עַל־הָאֶבֶן הַשֵּׁנִית כְּתוֹלְדֹתָם: מַעֲשֵׂה חָרַשׁ אֶבֶן פִּתּוּחֵי חֹתָם תְּפַתַּח אֶת־שְׁתֵּי הָאֲבָנִים עַל־שְׁמֹת בְּנֵי יִשְׂרָאֵל מֻסַבֹּת מִשְׁבְּצוֹת זָהָב תַּעֲשֶׂה אֹתָם: וְשַׂמְתָּ אֶת־שְׁתֵּי הָאֲבָנִים עַל כִּתְפֹת הָאֵפֹד אַבְנֵי זִכָּרֹן לִבְנֵי יִשְׂרָאֵל וְנָשָׂא אַהֲרֹן אֶת־שְׁמוֹתָם לִפְנֵי יְהֹוָה יאהדונהי עַל־שְׁתֵּי כְתֵפָיו לְזִכָּרֹן:

QUI TISÁ

וַיְדַבֵּר יְהֹוָה יאהדונהי אֶל־מֹשֶׁה לֵּאמֹר: כִּי תִשָּׂא אֶת־רֹאשׁ בְּנֵי־יִשְׂרָאֵל לִפְקֻדֵיהֶם וְנָתְנוּ אִישׁ כֹּפֶר נַפְשׁוֹ לַיהֹוָה יאהדונהי בִּפְקֹד אֹתָם וְלֹא־יִהְיֶה בָהֶם נֶגֶף בִּפְקֹד אֹתָם: זֶה | יִתְּנוּ כָּל־הָעֹבֵר עַל־הַפְּקֻדִים מַחֲצִית הַשֶּׁקֶל בְּשֶׁקֶל הַקֹּדֶשׁ עֶשְׂרִים גֵּרָה הַשֶּׁקֶל מַחֲצִית הַשֶּׁקֶל תְּרוּמָה לַיהֹוָה יאהדונהי: *Leví* כֹּל הָעֹבֵר עַל־הַפְּקֻדִים מִבֶּן עֶשְׂרִים שָׁנָה וָמָעְלָה יִתֵּן תְּרוּמַת יְהֹוָה יאהדונהי: הֶעָשִׁיר לֹא־יַרְבֶּה וְהַדַּל לֹא יַמְעִיט מִמַּחֲצִית הַשָּׁקֶל לָתֵת אֶת־תְּרוּמַת יְהֹוָה יאהדונהי לְכַפֵּר עַל־נַפְשֹׁתֵיכֶם: וְלָקַחְתָּ אֶת־כֶּסֶף הַכִּפֻּרִים מֵאֵת בְּנֵי יִשְׂרָאֵל וְנָתַתָּ אֹתוֹ עַל־עֲבֹדַת אֹהֶל מוֹעֵד וְהָיָה לִבְנֵי יִשְׂרָאֵל לְזִכָּרוֹן לִפְנֵי יְהֹוָה יאהדונהי לְכַפֵּר עַל־נַפְשֹׁתֵיכֶם: *Yisrael* וַיְדַבֵּר יְהֹוָה יאהדונהי אֶל־מֹשֶׁה לֵּאמֹר: וְעָשִׂיתָ כִּיּוֹר נְחֹשֶׁת וְכַנּוֹ נְחֹשֶׁת לְרָחְצָה וְנָתַתָּ אֹתוֹ בֵּין־אֹהֶל מוֹעֵד וּבֵין הַמִּזְבֵּחַ וְנָתַתָּ שָׁמָּה מָיִם: וְרָחֲצוּ אַהֲרֹן וּבָנָיו מִמֶּנּוּ אֶת־יְדֵיהֶם וְאֶת־רַגְלֵיהֶם: בְּבֹאָם אֶל־אֹהֶל מוֹעֵד יִרְחֲצוּ־מַיִם וְלֹא יָמֻתוּ אוֹ בְגִשְׁתָּם אֶל־הַמִּזְבֵּחַ לְשָׁרֵת לְהַקְטִיר אִשֶּׁה לַיהֹוָה יאהדונהי: וְרָחֲצוּ יְדֵיהֶם וְרַגְלֵיהֶם וְלֹא יָמֻתוּ וְהָיְתָה לָהֶם חָק־עוֹלָם לוֹ וּלְזַרְעוֹ לְדֹרֹתָם:

VAYAKEL

וַיַּקְהֵל מֹשֶׁה אֶת־כָּל־עֲדַת בְּנֵי יִשְׂרָאֵל וַיֹּאמֶר אֲלֵהֶם אֵלֶּה הַדְּבָרִים אֲשֶׁר־צִוָּה יְהֹוָה יאהדונהי לַעֲשֹׂת אֹתָם: שֵׁשֶׁת יָמִים תֵּעָשֶׂה מְלָאכָה וּבַיּוֹם הַשְּׁבִיעִי יִהְיֶה לָכֶם קֹדֶשׁ שַׁבַּת שַׁבָּתוֹן לַיהֹוָה יאהדונהי כָּל־הָעֹשֶׂה בוֹ מְלָאכָה יוּמָת: לֹא־תְבַעֲרוּ אֵשׁ בְּכֹל מֹשְׁבֹתֵיכֶם בְּיוֹם הַשַּׁבָּת: *Leví*

וַיֹּאמֶר מֹשֶׁה אֶל־כָּל־עֲדַת בְּנֵי־יִשְׂרָאֵל לֵאמֹר זֶה הַדָּבָר אֲשֶׁר־צִוָּה יְהֹוָה יאהדונהי לֵאמֹר׃ קְחוּ מֵאִתְּכֶם תְּרוּמָה לַיהֹוָה יאהדונהי כֹּל נְדִיב לִבּוֹ יְבִיאֶהָ אֵת תְּרוּמַת יְהֹוָה יאהדונהי זָהָב וָכֶסֶף וּנְחֹשֶׁת׃ וּתְכֵלֶת וְאַרְגָּמָן וְתוֹלַעַת שָׁנִי וְשֵׁשׁ וְעִזִּים׃ וְעֹרֹת אֵילִם מְאָדָּמִים וְעֹרֹת תְּחָשִׁים וַעֲצֵי שִׁטִּים׃ וְשֶׁמֶן לַמָּאוֹר וּבְשָׂמִים לְשֶׁמֶן הַמִּשְׁחָה וְלִקְטֹרֶת הַסַּמִּים׃ וְאַבְנֵי־שֹׁהַם וְאַבְנֵי מִלֻּאִים לָאֵפוֹד וְלַחֹשֶׁן׃ וְכָל־חֲכַם־לֵב בָּכֶם יָבֹאוּ וְיַעֲשׂוּ אֵת כָּל־אֲשֶׁר צִוָּה יְהֹוָה יאהדונהי׃ *Yisrael* אֶת־הַמִּשְׁכָּן אֶת־אָהֳלוֹ וְאֶת־מִכְסֵהוּ אֶת־קְרָסָיו וְאֶת־קְרָשָׁיו אֶת־בְּרִיחָו אֶת־עַמֻּדָיו וְאֶת־אֲדָנָיו׃ אֶת־הָאָרֹן וְאֶת־בַּדָּיו אֶת־הַכַּפֹּרֶת וְאֵת פָּרֹכֶת הַמָּסָךְ׃ אֶת־הַשֻּׁלְחָן וְאֶת־בַּדָּיו וְאֶת־כָּל־כֵּלָיו וְאֵת לֶחֶם הַפָּנִים׃ וְאֶת־מְנֹרַת הַמָּאוֹר וְאֶת־כֵּלֶיהָ וְאֶת־נֵרֹתֶיהָ וְאֵת שֶׁמֶן הַמָּאוֹר׃ וְאֶת־מִזְבַּח הַקְּטֹרֶת וְאֶת־בַּדָּיו וְאֵת שֶׁמֶן הַמִּשְׁחָה וְאֵת קְטֹרֶת הַסַּמִּים וְאֶת־מָסַךְ הַפֶּתַח לְפֶתַח הַמִּשְׁכָּן׃ אֵת | מִזְבַּח הָעֹלָה וְאֶת־מִכְבַּר הַנְּחֹשֶׁת אֲשֶׁר־לוֹ אֶת־בַּדָּיו וְאֶת־כָּל־כֵּלָיו אֶת־הַכִּיֹּר וְאֶת־כַּנּוֹ׃ אֵת קַלְעֵי הֶחָצֵר אֶת־עַמֻּדָיו וְאֶת־אֲדָנֶיהָ וְאֵת מָסַךְ שַׁעַר הֶחָצֵר׃ אֶת־יִתְדֹת הַמִּשְׁכָּן וְאֶת־יִתְדֹת הֶחָצֵר וְאֶת־מֵיתְרֵיהֶם׃ אֶת־בִּגְדֵי הַשְּׂרָד לְשָׁרֵת בַּקֹּדֶשׁ אֶת־בִּגְדֵי הַקֹּדֶשׁ לְאַהֲרֹן הַכֹּהֵן וְאֶת־בִּגְדֵי בָנָיו לְכַהֵן׃ וַיֵּצְאוּ כָּל־עֲדַת בְּנֵי־יִשְׂרָאֵל מִלִּפְנֵי מֹשֶׁה׃

PEKUDEI

אֵלֶּה פְקוּדֵי הַמִּשְׁכָּן מִשְׁכַּן הָעֵדֻת אֲשֶׁר פֻּקַּד עַל־פִּי מֹשֶׁה עֲבֹדַת הַלְוִיִּם בְּיַד אִיתָמָר בֶּן־אַהֲרֹן הַכֹּהֵן׃ וּבְצַלְאֵל בֶּן־אוּרִי בֶן־חוּר לְמַטֵּה יְהוּדָה עָשָׂה אֵת כָּל־אֲשֶׁר־צִוָּה יְהֹוָה יאהדונהי אֶת־מֹשֶׁה׃ וְאִתּוֹ אָהֳלִיאָב בֶּן־אֲחִיסָמָךְ לְמַטֵּה־דָן חָרָשׁ וְחֹשֵׁב וְרֹקֵם בַּתְּכֵלֶת וּבָאַרְגָּמָן וּבְתוֹלַעַת הַשָּׁנִי וּבַשֵּׁשׁ׃ *Leví* כָּל־הַזָּהָב הֶעָשׂוּי לַמְּלָאכָה בְּכֹל מְלֶאכֶת הַקֹּדֶשׁ וַיְהִי | זְהַב הַתְּנוּפָה תֵּשַׁע וְעֶשְׂרִים כִּכָּר וּשְׁבַע מֵאוֹת וּשְׁלֹשִׁים שֶׁקֶל בְּשֶׁקֶל הַקֹּדֶשׁ׃ וְכֶסֶף פְּקוּדֵי הָעֵדָה מְאַת כִּכָּר וְאֶלֶף וּשְׁבַע מֵאוֹת וַחֲמִשָּׁה וְשִׁבְעִים שֶׁקֶל בְּשֶׁקֶל הַקֹּדֶשׁ׃ בֶּקַע לַגֻּלְגֹּלֶת מַחֲצִית הַשֶּׁקֶל בְּשֶׁקֶל הַקֹּדֶשׁ לְכֹל הָעֹבֵר עַל־הַפְּקֻדִים מִבֶּן עֶשְׂרִים שָׁנָה וָמַעְלָה לְשֵׁשׁ־מֵאוֹת אֶלֶף וּשְׁלֹשֶׁת אֲלָפִים וַחֲמֵשׁ מֵאוֹת וַחֲמִשִּׁים׃ וַיְהִי מְאַת כִּכַּר הַכֶּסֶף לָצֶקֶת אֵת אַדְנֵי הַקֹּדֶשׁ וְאֵת אַדְנֵי הַפָּרֹכֶת מְאַת אֲדָנִים לִמְאַת הַכִּכָּר כִּכָּר לָאָדֶן׃ *Yisrael* וְאֶת־הָאֶלֶף וּשְׁבַע הַמֵּאוֹת וַחֲמִשָּׁה וְשִׁבְעִים עָשָׂה וָוִים לָעַמּוּדִים וְצִפָּה רָאשֵׁיהֶם וְחִשַּׁק אֹתָם׃ וּנְחֹשֶׁת הַתְּנוּפָה שִׁבְעִים כִּכָּר וְאַלְפַּיִם וְאַרְבַּע־מֵאוֹת שָׁקֶל׃ וַיַּעַשׂ בָּהּ אֶת־אַדְנֵי פֶּתַח אֹהֶל מוֹעֵד וְאֵת מִזְבַּח הַנְּחֹשֶׁת וְאֶת־מִכְבַּר הַנְּחֹשֶׁת אֲשֶׁר־לוֹ וְאֵת כָּל־כְּלֵי הַמִּזְבֵּחַ׃ וְאֶת־אַדְנֵי הֶחָצֵר סָבִיב וְאֶת־אַדְנֵי שַׁעַר הֶחָצֵר וְאֵת כָּל־יִתְדֹת הַמִּשְׁכָּן וְאֶת־כָּל־יִתְדֹת הֶחָצֵר סָבִיב׃ וּמִן־הַתְּכֵלֶת וְהָאַרְגָּמָן וְתוֹלַעַת הַשָּׁנִי עָשׂוּ בִגְדֵי־שְׂרָד לְשָׁרֵת בַּקֹּדֶשׁ וַיַּעֲשׂוּ אֶת־בִּגְדֵי הַקֹּדֶשׁ אֲשֶׁר לְאַהֲרֹן כַּאֲשֶׁר צִוָּה יְהֹוָה יאהדונהי אֶת־מֹשֶׁה׃

VAYIKRÁ

וַיִּקְרָא אֶל־מֹשֶׁה וַיְדַבֵּר יְהֹוָה יאהדונהי אֵלָיו מֵאֹהֶל מוֹעֵד לֵאמֹר: דַּבֵּר אֶל־בְּנֵי יִשְׂרָאֵל וְאָמַרְתָּ אֲלֵהֶם אָדָם כִּי־יַקְרִיב מִכֶּם קָרְבָּן לַיהֹוָה יאהדונהי מִן־הַבְּהֵמָה מִן־הַבָּקָר וּמִן־הַצֹּאן תַּקְרִיבוּ אֶת־קָרְבַּנְכֶם: אִם־עֹלָה קָרְבָּנוֹ מִן־הַבָּקָר זָכָר תָּמִים יַקְרִיבֶנּוּ אֶל־פֶּתַח אֹהֶל מוֹעֵד יַקְרִיב אֹתוֹ לִרְצֹנוֹ לִפְנֵי יְהֹוָה יאהדונהי: וְסָמַךְ יָדוֹ עַל רֹאשׁ הָעֹלָה וְנִרְצָה לוֹ לְכַפֵּר עָלָיו: *Leví* וְשָׁחַט אֶת־בֶּן הַבָּקָר לִפְנֵי יְהֹוָה יאהדונהי וְהִקְרִיבוּ בְּנֵי אַהֲרֹן הַכֹּהֲנִים אֶת־הַדָּם וְזָרְקוּ אֶת־הַדָּם עַל־הַמִּזְבֵּחַ סָבִיב אֲשֶׁר־פֶּתַח אֹהֶל מוֹעֵד: וְהִפְשִׁיט אֶת־הָעֹלָה וְנִתַּח אֹתָהּ לִנְתָחֶיהָ: וְנָתְנוּ בְּנֵי אַהֲרֹן הַכֹּהֵן אֵשׁ עַל־הַמִּזְבֵּחַ וְעָרְכוּ עֵצִים עַל־הָאֵשׁ: וְעָרְכוּ בְּנֵי אַהֲרֹן הַכֹּהֲנִים אֵת הַנְּתָחִים אֶת־הָרֹאשׁ וְאֶת־הַפָּדֶר עַל־הָעֵצִים אֲשֶׁר עַל־הָאֵשׁ אֲשֶׁר עַל־הַמִּזְבֵּחַ: וְקִרְבּוֹ וּכְרָעָיו יִרְחַץ בַּמָּיִם וְהִקְטִיר הַכֹּהֵן אֶת־הַכֹּל הַמִּזְבֵּחָה עֹלָה אִשֵּׁה רֵיחַ־נִיחוֹחַ לַיהֹוָה יאהדונהי: *Yisrael* וְאִם־מִן־הַצֹּאן קָרְבָּנוֹ מִן־הַכְּשָׂבִים אוֹ מִן־הָעִזִּים לְעֹלָה זָכָר תָּמִים יַקְרִיבֶנּוּ: וְשָׁחַט אֹתוֹ עַל יֶרֶךְ הַמִּזְבֵּחַ צָפֹנָה לִפְנֵי יְהֹוָה יאהדונהי וְזָרְקוּ בְּנֵי אַהֲרֹן הַכֹּהֲנִים אֶת־דָּמוֹ עַל־הַמִּזְבֵּחַ סָבִיב: וְנִתַּח אֹתוֹ לִנְתָחָיו וְאֶת־רֹאשׁוֹ וְאֶת־פִּדְרוֹ וְעָרַךְ הַכֹּהֵן אֹתָם עַל־הָעֵצִים אֲשֶׁר עַל־הָאֵשׁ אֲשֶׁר עַל־הַמִּזְבֵּחַ: וְהַקֶּרֶב וְהַכְּרָעַיִם יִרְחַץ בַּמָּיִם וְהִקְרִיב הַכֹּהֵן אֶת־הַכֹּל וְהִקְטִיר הַמִּזְבֵּחָה עֹלָה הוּא אִשֵּׁה רֵיחַ נִיחֹחַ לַיהֹוָה יאהדונהי:

TSAV

וַיְדַבֵּר יְהֹוָה יאהדונהי אֶל־מֹשֶׁה לֵּאמֹר: צַו אֶת־אַהֲרֹן וְאֶת־בָּנָיו לֵאמֹר זֹאת תּוֹרַת הָעֹלָה הִוא הָעֹלָה עַל מוֹקְדָה עַל־הַמִּזְבֵּחַ כָּל־הַלַּיְלָה עַד־הַבֹּקֶר וְאֵשׁ הַמִּזְבֵּחַ תּוּקַד בּוֹ: וְלָבַשׁ הַכֹּהֵן מִדּוֹ בַד וּמִכְנְסֵי־בַד יִלְבַּשׁ עַל־בְּשָׂרוֹ וְהֵרִים אֶת־הַדֶּשֶׁן אֲשֶׁר תֹּאכַל הָאֵשׁ אֶת־הָעֹלָה עַל־הַמִּזְבֵּחַ וְשָׂמוֹ אֵצֶל הַמִּזְבֵּחַ: *Leví* וּפָשַׁט אֶת־בְּגָדָיו וְלָבַשׁ בְּגָדִים אֲחֵרִים וְהוֹצִיא אֶת־הַדֶּשֶׁן אֶל־מִחוּץ לַמַּחֲנֶה אֶל־מָקוֹם טָהוֹר: וְהָאֵשׁ עַל־הַמִּזְבֵּחַ תּוּקַד־בּוֹ לֹא תִכְבֶּה וּבִעֵר עָלֶיהָ הַכֹּהֵן עֵצִים בַּבֹּקֶר בַּבֹּקֶר וְעָרַךְ עָלֶיהָ הָעֹלָה וְהִקְטִיר עָלֶיהָ חֶלְבֵי הַשְּׁלָמִים: אֵשׁ תָּמִיד תּוּקַד עַל־הַמִּזְבֵּחַ לֹא תִכְבֶּה: *Yisrael* וְזֹאת תּוֹרַת הַמִּנְחָה הַקְרֵב אֹתָהּ בְּנֵי־אַהֲרֹן לִפְנֵי יְהֹוָה יאהדונהי אֶל־פְּנֵי הַמִּזְבֵּחַ: וְהֵרִים מִמֶּנּוּ בְּקֻמְצוֹ מִסֹּלֶת הַמִּנְחָה וּמִשַּׁמְנָהּ וְאֵת כָּל־הַלְּבֹנָה אֲשֶׁר עַל־הַמִּנְחָה וְהִקְטִיר הַמִּזְבֵּחַ רֵיחַ נִיחֹחַ אַזְכָּרָתָהּ לַיהֹוָה יאהדונהי: וְהַנּוֹתֶרֶת מִמֶּנָּה יֹאכְלוּ אַהֲרֹן וּבָנָיו מַצּוֹת תֵּאָכֵל בְּמָקוֹם קָדֹשׁ בַּחֲצַר אֹהֶל־מוֹעֵד יֹאכְלוּהָ: לֹא תֵאָפֶה חָמֵץ חֶלְקָם נָתַתִּי אֹתָהּ מֵאִשָּׁי קֹדֶשׁ קָדָשִׁים הִוא כַּחַטָּאת וְכָאָשָׁם: כָּל־זָכָר בִּבְנֵי אַהֲרֹן יֹאכְלֶנָּה חָק־עוֹלָם לְדֹרֹתֵיכֶם מֵאִשֵּׁי יְהֹוָה יאהדונהי כֹּל אֲשֶׁר־יִגַּע בָּהֶם יִקְדָּשׁ:

SHMINÍ

וַיְהִי בַּיּוֹם הַשְּׁמִינִי קָרָא מֹשֶׁה לְאַהֲרֹן וּלְבָנָיו וּלְזִקְנֵי יִשְׂרָאֵל: וַיֹּאמֶר אֶל־אַהֲרֹן קַח־לְךָ עֵגֶל בֶּן־בָּקָר לְחַטָּאת וְאַיִל לְעֹלָה תְּמִימִם וְהַקְרֵב לִפְנֵי יְהֹוָה יאהדונהי: וְאֶל־בְּנֵי יִשְׂרָאֵל תְּדַבֵּר לֵאמֹר קְחוּ שְׂעִיר־עִזִּים לְחַטָּאת וְעֵגֶל וָכֶבֶשׂ בְּנֵי־שָׁנָה תְּמִימִם לְעֹלָה:

וְשׁוֹר וָאַיִל לִשְׁלָמִים לִזְבֹּחַ לִפְנֵי יהוה אהדונהי וּמִנְחָה בְּלוּלָה בַשָּׁמֶן כִּי הַיּוֹם
יהוה אהדונהי נִרְאָה אֲלֵיכֶם: וַיִּקְחוּ אֵת אֲשֶׁר צִוָּה מֹשֶׁה אֶל־פְּנֵי אֹהֶל מוֹעֵד וַיִּקְרְבוּ
כָּל־הָעֵדָה וַיַּעַמְדוּ לִפְנֵי יהוה אהדונהי: וַיֹּאמֶר מֹשֶׁה זֶה הַדָּבָר אֲשֶׁר־צִוָּה
יהוה אהדונהי תַּעֲשׂוּ וְיֵרָא אֲלֵיכֶם כְּבוֹד יהוה אהדונהי: *Leví* וַיֹּאמֶר מֹשֶׁה אֶל־אַהֲרֹן
קְרַב אֶל־הַמִּזְבֵּחַ וַעֲשֵׂה אֶת־חַטָּאתְךָ וְאֶת־עֹלָתֶךָ וְכַפֵּר בַּעַדְךָ וּבְעַד הָעָם וַעֲשֵׂה
אֶת־קָרְבַּן הָעָם וְכַפֵּר בַּעֲדָם כַּאֲשֶׁר צִוָּה יהוה אהדונהי: וַיִּקְרַב אַהֲרֹן אֶל־הַמִּזְבֵּחַ
וַיִּשְׁחַט אֶת־עֵגֶל הַחַטָּאת אֲשֶׁר־לוֹ: וַיַּקְרִבוּ בְּנֵי אַהֲרֹן אֶת־הַדָּם אֵלָיו וַיִּטְבֹּל אֶצְבָּעוֹ
בַּדָּם וַיִּתֵּן עַל־קַרְנוֹת הַמִּזְבֵּחַ וְאֶת־הַדָּם יָצַק אֶל־יְסוֹד הַמִּזְבֵּחַ: וְאֶת־הַחֵלֶב
וְאֶת־הַכְּלָיֹת וְאֶת־הַיֹּתֶרֶת מִן־הַכָּבֵד מִן־הַחַטָּאת הִקְטִיר הַמִּזְבֵּחָה כַּאֲשֶׁר צִוָּה
יהוה אהדונהי אֶת־מֹשֶׁה: *Yisrael* וְאֶת־הַבָּשָׂר וְאֶת־הָעוֹר שָׂרַף בָּאֵשׁ מִחוּץ לַמַּחֲנֶה:
וַיִּשְׁחַט אֶת־הָעֹלָה וַיַּמְצִאוּ בְּנֵי אַהֲרֹן אֵלָיו אֶת־הַדָּם וַיִּזְרְקֵהוּ עַל־הַמִּזְבֵּחַ סָבִיב:
וְאֶת־הָעֹלָה הִמְצִיאוּ אֵלָיו לִנְתָחֶיהָ וְאֶת־הָרֹאשׁ וַיַּקְטֵר עַל־הַמִּזְבֵּחַ: וַיִּרְחַץ אֶת־הַקֶּרֶב
וְאֶת־הַכְּרָעָיִם וַיַּקְטֵר עַל־הָעֹלָה הַמִּזְבֵּחָה: וַיַּקְרֵב אֵת קָרְבַּן הָעָם וַיִּקַּח אֶת־שְׂעִיר
הַחַטָּאת אֲשֶׁר לָעָם וַיִּשְׁחָטֵהוּ וַיְחַטְּאֵהוּ כָּרִאשׁוֹן: וַיַּקְרֵב אֶת־הָעֹלָה וַיַּעֲשֶׂהָ כַּמִּשְׁפָּט:

TAZRÍA

וַיְדַבֵּר יהוה אהדונהי אֶל־מֹשֶׁה לֵּאמֹר: דַּבֵּר אֶל־בְּנֵי יִשְׂרָאֵל לֵאמֹר אִשָּׁה כִּי תַזְרִיעַ
וְיָלְדָה זָכָר וְטָמְאָה שִׁבְעַת יָמִים כִּימֵי נִדַּת דְּוֺתָהּ תִּטְמָא: וּבַיּוֹם הַשְּׁמִינִי יִמּוֹל בְּשַׂר
עָרְלָתוֹ: וּשְׁלֹשִׁים יוֹם וּשְׁלֹשֶׁת יָמִים תֵּשֵׁב בִּדְמֵי טָהֳרָה בְּכָל־קֹדֶשׁ לֹא־תִגָּע
וְאֶל־הַמִּקְדָּשׁ לֹא תָבֹא עַד־מְלֹאת יְמֵי טָהֳרָהּ: *Leví* וְאִם־נְקֵבָה תֵלֵד וְטָמְאָה שְׁבֻעַיִם
כְּנִדָּתָהּ וְשִׁשִּׁים יוֹם וְשֵׁשֶׁת יָמִים תֵּשֵׁב עַל־דְּמֵי טָהֳרָה: וּבִמְלֹאת | יְמֵי טָהֳרָהּ לְבֵן אוֹ
לְבַת תָּבִיא כֶּבֶשׂ בֶּן־שְׁנָתוֹ לְעֹלָה וּבֶן־יוֹנָה אוֹ־תֹר לְחַטָּאת אֶל־פֶּתַח אֹהֶל־מוֹעֵד
אֶל־הַכֹּהֵן: וְהִקְרִיבוֹ לִפְנֵי יהוה אהדונהי וְכִפֶּר עָלֶיהָ וְטָהֲרָה מִמְּקֹר דָּמֶיהָ זֹאת תּוֹרַת
הַיֹּלֶדֶת לַזָּכָר אוֹ לַנְּקֵבָה: וְאִם־לֹא תִמְצָא יָדָהּ דֵּי שֶׂה וְלָקְחָה שְׁתֵּי־תֹרִים אוֹ
שְׁנֵי בְּנֵי יוֹנָה אֶחָד לְעֹלָה וְאֶחָד לְחַטָּאת וְכִפֶּר עָלֶיהָ הַכֹּהֵן וְטָהֵרָה: *Yisrael*
וַיְדַבֵּר יהוה אהדונהי אֶל־מֹשֶׁה וְאֶל־אַהֲרֹן לֵאמֹר: אָדָם כִּי־יִהְיֶה בְעוֹר־בְּשָׂרוֹ
שְׂאֵת אוֹ־סַפַּחַת אוֹ בַהֶרֶת וְהָיָה בְעוֹר־בְּשָׂרוֹ לְנֶגַע צָרָעַת וְהוּבָא אֶל־אַהֲרֹן הַכֹּהֵן
אוֹ אֶל־אַחַד מִבָּנָיו הַכֹּהֲנִים: וְרָאָה הַכֹּהֵן אֶת־הַנֶּגַע בְּעוֹר־הַבָּשָׂר וְשֵׂעָר בַּנֶּגַע
הָפַךְ | לָבָן וּמַרְאֵה הַנֶּגַע עָמֹק מֵעוֹר בְּשָׂרוֹ נֶגַע צָרַעַת הוּא וְרָאָהוּ הַכֹּהֵן וְטִמֵּא אֹתוֹ:
וְאִם־בַּהֶרֶת לְבָנָה הִוא בְּעוֹר בְּשָׂרוֹ וְעָמֹק אֵין־מַרְאֶהָ מִן־הָעוֹר וּשְׂעָרָה לֹא־הָפַךְ לָבָן
וְהִסְגִּיר הַכֹּהֵן אֶת־הַנֶּגַע שִׁבְעַת יָמִים: וְרָאָהוּ הַכֹּהֵן בַּיּוֹם הַשְּׁבִיעִי וְהִנֵּה
הַנֶּגַע עָמַד בְּעֵינָיו לֹא־פָשָׂה הַנֶּגַע בָּעוֹר וְהִסְגִּירוֹ הַכֹּהֵן שִׁבְעַת יָמִים שֵׁנִית:

METSORÁ

וידבר יהוה יאהדונהי אל-משה לאמר: זאת תהיה תורת המצרע ביום טהרתו והובא
אל-הכהן: ויצא הכהן אל-מחוץ למחנה וראה הכהן והנה נרפא נגע-הצרעת
מן-הצרוע: וצוה הכהן ולקח למטהר שתי-צפרים חיות טהרות ועץ ארז ושני תולעת
ואזב: וצוה הכהן ושחט את-הצפור האחת אל-כלי-חרש על-מים חיים: **Leví**
את-הצפר החיה יקח אתה ואת-עץ הארז ואת-שני התולעת ואת-האזב וטבל אותם
ואת | הצפר החיה בדם הצפר השחטה על המים החיים: והזה על המטהר מן-הצרעת
שבע פעמים וטהרו ושלח את-הצפר החיה על-פני השדה: וכבס המטהר את-בגדיו
וגלח את-כל-שערו ורחץ במים וטהר ואחר יבוא אל-המחנה וישב מחוץ לאהלו
שבעת ימים: והיה ביום השביעי יגלח את-כל-שערו את-ראשו ואת-זקנו ואת גבת
עיניו ואת-כל-שערו יגלח וכבס את-בגדיו ורחץ את-בשרו במים וטהר: ***Yisrael***
וביום השמיני יקח שני-כבשים תמימם וכבשה אחת בת-שנתה תמימה ושלשה
עשרנים סלת מנחה בלולה בשמן ולג אחד שמן: והעמיד הכהן המטהר את האיש
המטהר ואתם לפני יהוה יאהדונהי פתח אהל מועד: ולקח הכהן את-הכבש האחד
והקריב אתו לאשם ואת-לג השמן והניף אתם תנופה לפני יהוה יאהדונהי:

AJAREI MOT

וידבר יהוה יאהדונהי אל-משה אחרי מות שני בני אהרן בקרבתם
לפני-יהוה יאהדונהי וימתו: ויאמר יהוה יאהדונהי אל-משה דבר אל-אהרן אחיך
ואל-יבא בכל-עת אל-הקדש מבית לפרכת אל-פני הכפרת אשר על-הארן ולא
ימות כי בענן אראה על-הכפרת: בזאת יבא אהרן אל-הקדש בפר בן-בקר
לחטאת ואיל לעלה: כתנת-בד קדש ילבש ומכנסי-בד יהיו על-בשרו ובאבנט בד
יחגר ובמצנפת בד יצנף בגדי-קדש הם ורחץ במים את-בשרו ולבשם: ומאת עדת
בני ישראל יקח שני-שעירי עזים לחטאת ואיל אחד לעלה: והקריב אהרן את-פר
החטאת אשר-לו וכפר בעדו ובעד ביתו: ***Leví*** ולקח את-שני השעירם והעמיד אתם
לפני יהוה יאהדונהי פתח אהל מועד: ונתן אהרן על-שני השעירם גרלות גורל אחד
ליהוה יאהדונהי וגורל אחד לעזאזל: והקריב אהרן את-השעיר אשר עלה עליו
הגורל ליהוה יאהדונהי ועשהו חטאת: והשעיר אשר עלה עליו הגורל לעזאזל יעמד-
חי לפני יהוה יאהדונהי לכפר עליו לשלח אתו לעזאזל המדברה: והקריב אהרן
את-פר החטאת אשר-לו וכפר בעדו ובעד ביתו ושחט את-פר החטאת אשר-לו:
Yisrael ולקח מלא-המחתה גחלי-אש מעל המזבח מלפני יהוה יאהדונהי ומלא חפניו
קטרת סמים דקה והביא מבית לפרכת: ונתן את-הקטרת על-האש לפני
יהוה יאהדונהי וכסה | ענן הקטרת את-הכפרת אשר על-העדות ולא ימות: ולקח
מדם הפר והזה באצבעו על-פני הכפרת קדמה ולפני הכפרת יזה שבע-פעמים
מן-הדם באצבעו: ושחט את-שעיר החטאת אשר לעם והביא את-דמו אל-מבית
לפרכת ועשה את-דמו כאשר עשה לדם הפר והזה אתו על-הכפרת ולפני הכפרת:

וְכִפֶּר עַל־הַקֹּדֶשׁ מִטֻּמְאֹת בְּנֵי יִשְׂרָאֵל וּמִפִּשְׁעֵיהֶם לְכָל־חַטֹּאתָם וְכֵן יַעֲשֶׂה
לְאֹהֶל מוֹעֵד הַשֹּׁכֵן אִתָּם בְּתוֹךְ טֻמְאֹתָם: וְכָל־אָדָם לֹא־יִהְיֶה | בְּאֹהֶל מוֹעֵד בְּבֹאוֹ
לְכַפֵּר בַּקֹּדֶשׁ עַד־צֵאתוֹ וְכִפֶּר בַּעֲדוֹ וּבְעַד בֵּיתוֹ וּבְעַד כָּל־קְהַל יִשְׂרָאֵל:

KEDOSHIM

וַיְדַבֵּר יְהֹוָה יאהדונהי אֶל־מֹשֶׁה לֵּאמֹר: דַּבֵּר אֶל־כָּל־עֲדַת בְּנֵי־יִשְׂרָאֵל
וְאָמַרְתָּ אֲלֵהֶם קְדֹשִׁים תִּהְיוּ כִּי קָדוֹשׁ אֲנִי יְהֹוָה יאהדונהי אֱלֹהֵיכֶם: אִישׁ אִמּוֹ
וְאָבִיו תִּירָאוּ וְאֶת־שַׁבְּתֹתַי תִּשְׁמֹרוּ אֲנִי יְהֹוָה יאהדונהי אֱלֹהֵיכֶם: אַל־תִּפְנוּ
אֶל־הָאֱלִילִם וֵאלֹהֵי מַסֵּכָה לֹא תַעֲשׂוּ לָכֶם אֲנִי יְהֹוָה יאהדונהי אֱלֹהֵיכֶם: *Leví*
וְכִי תִזְבְּחוּ זֶבַח שְׁלָמִים לַיהֹוָה יאהדונהי לִרְצֹנְכֶם תִּזְבָּחֻהוּ: בְּיוֹם זִבְחֲכֶם יֵאָכֵל
וּמִמָּחֳרָת וְהַנּוֹתָר עַד־יוֹם הַשְּׁלִישִׁי בָּאֵשׁ יִשָּׂרֵף: וְאִם הֵאָכֹל יֵאָכֵל בַּיּוֹם הַשְּׁלִישִׁי
פִּגּוּל הוּא לֹא יֵרָצֶה: וְאֹכְלָיו עֲוֹנוֹ יִשָּׂא כִּי־אֶת־קֹדֶשׁ יְהֹוָה יאהדונהי חִלֵּל וְנִכְרְתָה
הַנֶּפֶשׁ הַהִוא מֵעַמֶּיהָ: וּבְקֻצְרְכֶם אֶת־קְצִיר אַרְצְכֶם לֹא תְכַלֶּה פְּאַת שָׂדְךָ לִקְצֹר
וְלֶקֶט קְצִירְךָ לֹא תְלַקֵּט: וְכַרְמְךָ לֹא תְעוֹלֵל וּפֶרֶט כַּרְמְךָ לֹא תְלַקֵּט לֶעָנִי וְלַגֵּר
תַּעֲזֹב אֹתָם אֲנִי יְהֹוָה יאהדונהי אֱלֹהֵיכֶם: *Yisrael* לֹא תִּגְנֹבוּ וְלֹא־תְכַחֲשׁוּ וְלֹא־תְשַׁקְּרוּ
אִישׁ בַּעֲמִיתוֹ: וְלֹא־תִשָּׁבְעוּ בִשְׁמִי לַשָּׁקֶר וְחִלַּלְתָּ אֶת־שֵׁם אֱלֹהֶיךָ אֲנִי יְהֹוָה יאהדונהי:
לֹא־תַעֲשֹׁק אֶת־רֵעֲךָ וְלֹא תִגְזֹל לֹא־תָלִין פְּעֻלַּת שָׂכִיר אִתְּךָ עַד־בֹּקֶר:
לֹא־תְקַלֵּל חֵרֵשׁ וְלִפְנֵי עִוֵּר לֹא תִתֵּן מִכְשֹׁל וְיָרֵאתָ מֵּאֱלֹהֶיךָ אֲנִי יְהֹוָה יאהדונהי:

EMOR

וַיֹּאמֶר יְהֹוָה יאהדונהי אֶל־מֹשֶׁה אֱמֹר אֶל־הַכֹּהֲנִים בְּנֵי אַהֲרֹן וְאָמַרְתָּ אֲלֵהֶם לְנֶפֶשׁ
לֹא־יִטַּמָּא בְּעַמָּיו: כִּי אִם־לִשְׁאֵרוֹ הַקָּרֹב אֵלָיו לְאִמּוֹ וּלְאָבִיו וְלִבְנוֹ וּלְבִתּוֹ וּלְאָחִיו:
וְלַאֲחֹתוֹ הַבְּתוּלָה הַקְּרוֹבָה אֵלָיו אֲשֶׁר לֹא־הָיְתָה לְאִישׁ לָהּ יִטַּמָּא: לֹא יִטַּמָּא
בַּעַל בְּעַמָּיו לְהֵחַלּוֹ: לֹא־יִקְרְחוּ (כתיב יקרחה) קָרְחָה בְּרֹאשָׁם וּפְאַת זְקָנָם לֹא יְגַלֵּחוּ
וּבִבְשָׂרָם לֹא יִשְׂרְטוּ שָׂרָטֶת: קְדֹשִׁים יִהְיוּ לֵאלֹהֵיהֶם וְלֹא יְחַלְּלוּ שֵׁם אֱלֹהֵיהֶם
כִּי אֶת־אִשֵּׁי יְהֹוָה יאהדונהי לֶחֶם אֱלֹהֵיהֶם הֵם מַקְרִיבִם וְהָיוּ קֹדֶשׁ: *Leví*
אִשָּׁה זֹנָה וַחֲלָלָה לֹא יִקָּחוּ וְאִשָּׁה גְּרוּשָׁה מֵאִישָׁהּ לֹא יִקָּחוּ כִּי־קָדֹשׁ הוּא לֵאלֹהָיו:
וְקִדַּשְׁתּוֹ כִּי־אֶת־לֶחֶם אֱלֹהֶיךָ הוּא מַקְרִיב קָדֹשׁ יִהְיֶה־לָּךְ כִּי קָדוֹשׁ אֲנִי יְהֹוָה יאהדונהי
מְקַדִּשְׁכֶם: וּבַת אִישׁ כֹּהֵן כִּי תֵחֵל לִזְנוֹת אֶת־אָבִיהָ הִיא מְחַלֶּלֶת בָּאֵשׁ תִּשָּׂרֵף:
וְהַכֹּהֵן הַגָּדוֹל מֵאֶחָיו אֲשֶׁר־יוּצַק עַל־רֹאשׁוֹ | שֶׁמֶן הַמִּשְׁחָה וּמִלֵּא אֶת־יָדוֹ
לִלְבֹּשׁ אֶת־הַבְּגָדִים אֶת־רֹאשׁוֹ לֹא יִפְרָע וּבְגָדָיו לֹא יִפְרֹם: וְעַל כָּל־נַפְשֹׁת מֵת
לֹא יָבֹא לְאָבִיו וּלְאִמּוֹ לֹא יִטַּמָּא: וּמִן־הַמִּקְדָּשׁ לֹא יֵצֵא וְלֹא יְחַלֵּל אֵת
מִקְדַּשׁ אֱלֹהָיו כִּי נֵזֶר שֶׁמֶן מִשְׁחַת אֱלֹהָיו עָלָיו אֲנִי יְהֹוָה יאהדונהי: *Yisrael*
וְהוּא אִשָּׁה בִבְתוּלֶיהָ יִקָּח: אַלְמָנָה וּגְרוּשָׁה וַחֲלָלָה זֹנָה אֶת־אֵלֶּה לֹא יִקָּח כִּי
אִם־בְּתוּלָה מֵעַמָּיו יִקַּח אִשָּׁה: וְלֹא־יְחַלֵּל זַרְעוֹ בְּעַמָּיו כִּי אֲנִי יְהֹוָה יאהדונהי מְקַדְּשׁוֹ:

BEHAR

וַיְדַבֵּר יְהֹוָה אֶל־מֹשֶׁה בְּהַר סִינַי לֵאמֹר׃ דַּבֵּר אֶל־בְּנֵי יִשְׂרָאֵל וְאָמַרְתָּ אֲלֵהֶם
כִּי תָבֹאוּ אֶל־הָאָרֶץ אֲשֶׁר אֲנִי נֹתֵן לָכֶם וְשָׁבְתָה הָאָרֶץ שַׁבָּת לַיהֹוָה׃
שֵׁשׁ שָׁנִים תִּזְרַע שָׂדֶךָ וְשֵׁשׁ שָׁנִים תִּזְמֹר כַּרְמֶךָ וְאָסַפְתָּ אֶת־תְּבוּאָתָהּ׃ *Leví*
וּבַשָּׁנָה הַשְּׁבִיעִת שַׁבַּת שַׁבָּתוֹן יִהְיֶה לָאָרֶץ שַׁבָּת לַיהֹוָה שָׂדְךָ לֹא תִזְרָע
וְכַרְמְךָ לֹא תִזְמֹר׃ אֵת סְפִיחַ קְצִירְךָ לֹא תִקְצוֹר וְאֶת־עִנְּבֵי נְזִירֶךָ לֹא תִבְצֹר שְׁנַת
שַׁבָּתוֹן יִהְיֶה לָאָרֶץ׃ וְהָיְתָה שַׁבַּת הָאָרֶץ לָכֶם לְאָכְלָה לְךָ וּלְעַבְדְּךָ וְלַאֲמָתֶךָ
וְלִשְׂכִירְךָ וּלְתוֹשָׁבְךָ הַגָּרִים עִמָּךְ׃ וְלִבְהֶמְתְּךָ וְלַחַיָּה אֲשֶׁר בְּאַרְצֶךָ תִּהְיֶה כָל־תְּבוּאָתָהּ
לֶאֱכֹל׃ *Yisrael* וְסָפַרְתָּ לְךָ שֶׁבַע שַׁבְּתֹת שָׁנִים שֶׁבַע שָׁנִים שֶׁבַע פְּעָמִים וְהָיוּ לְךָ יְמֵי
שֶׁבַע שַׁבְּתֹת הַשָּׁנִים תֵּשַׁע וְאַרְבָּעִים שָׁנָה׃ וְהַעֲבַרְתָּ שׁוֹפַר תְּרוּעָה בַּחֹדֶשׁ הַשְּׁבִעִי
בֶּעָשׂוֹר לַחֹדֶשׁ בְּיוֹם הַכִּפֻּרִים תַּעֲבִירוּ שׁוֹפָר בְּכָל־אַרְצְכֶם׃ וְקִדַּשְׁתֶּם אֵת שְׁנַת
הַחֲמִשִּׁים שָׁנָה וּקְרָאתֶם דְּרוֹר בָּאָרֶץ לְכָל־יֹשְׁבֶיהָ יוֹבֵל הִוא תִּהְיֶה לָכֶם וְשַׁבְתֶּם אִישׁ
אֶל־אֲחֻזָּתוֹ וְאִישׁ אֶל־מִשְׁפַּחְתּוֹ תָּשֻׁבוּ׃ יוֹבֵל הִוא שְׁנַת הַחֲמִשִּׁים שָׁנָה תִּהְיֶה לָכֶם לֹא
תִזְרָעוּ וְלֹא תִקְצְרוּ אֶת־סְפִיחֶיהָ וְלֹא תִבְצְרוּ אֶת־נְזִרֶיהָ׃ כִּי יוֹבֵל הִוא קֹדֶשׁ תִּהְיֶה לָכֶם
מִן־הַשָּׂדֶה תֹּאכְלוּ אֶת־תְּבוּאָתָהּ׃ בִּשְׁנַת הַיּוֹבֵל הַזֹּאת תָּשֻׁבוּ אִישׁ אֶל־אֲחֻזָּתוֹ׃

BEJUKOTAI

אִם־בְּחֻקֹּתַי תֵּלֵכוּ וְאֶת־מִצְוֺתַי תִּשְׁמְרוּ וַעֲשִׂיתֶם אֹתָם׃ וְנָתַתִּי גִשְׁמֵיכֶם בְּעִתָּם וְנָתְנָה
הָאָרֶץ יְבוּלָהּ וְעֵץ הַשָּׂדֶה יִתֵּן פִּרְיוֹ׃ וְהִשִּׂיג לָכֶם דַּיִשׁ אֶת־בָּצִיר וּבָצִיר יַשִּׂיג אֶת־זָרַע
וַאֲכַלְתֶּם לַחְמְכֶם לָשֹׂבַע וִישַׁבְתֶּם לָבֶטַח בְּאַרְצְכֶם׃ *Leví* וְנָתַתִּי שָׁלוֹם בָּאָרֶץ
וּשְׁכַבְתֶּם וְאֵין מַחֲרִיד וְהִשְׁבַּתִּי חַיָּה רָעָה מִן־הָאָרֶץ וְחֶרֶב לֹא־תַעֲבֹר בְּאַרְצְכֶם׃
וּרְדַפְתֶּם אֶת־אֹיְבֵיכֶם וְנָפְלוּ לִפְנֵיכֶם לֶחָרֶב׃ וְרָדְפוּ מִכֶּם חֲמִשָּׁה מֵאָה וּמֵאָה מִכֶּם
רְבָבָה יִרְדֹּפוּ וְנָפְלוּ אֹיְבֵיכֶם לִפְנֵיכֶם לֶחָרֶב׃ וּפָנִיתִי אֲלֵיכֶם וְהִפְרֵיתִי אֶתְכֶם וְהִרְבֵּיתִי
אֶתְכֶם וַהֲקִימֹתִי אֶת־בְּרִיתִי אִתְּכֶם׃ *Yisrael* וַאֲכַלְתֶּם יָשָׁן נוֹשָׁן וְיָשָׁן מִפְּנֵי חָדָשׁ
תּוֹצִיאוּ׃ וְנָתַתִּי מִשְׁכָּנִי בְּתוֹכְכֶם וְלֹא־תִגְעַל נַפְשִׁי אֶתְכֶם׃ וְהִתְהַלַּכְתִּי בְּתוֹכְכֶם וְהָיִיתִי
לָכֶם לֵאלֹהִים וְאַתֶּם תִּהְיוּ־לִי לְעָם׃ אֲנִי יְהֹוָה אֱלֹהֵיכֶם אֲשֶׁר הוֹצֵאתִי אֶתְכֶם
מֵאֶרֶץ מִצְרַיִם מִהְיֹת לָהֶם עֲבָדִים וָאֶשְׁבֹּר מֹטֹת עֻלְּכֶם וָאוֹלֵךְ אֶתְכֶם קוֹמְמִיּוּת׃

BEMIDBAR

וַיְדַבֵּר יְהֹוָה אֶל־מֹשֶׁה בְּמִדְבַּר סִינַי בְּאֹהֶל מוֹעֵד בְּאֶחָד לַחֹדֶשׁ הַשֵּׁנִי
בַּשָּׁנָה הַשֵּׁנִית לְצֵאתָם מֵאֶרֶץ מִצְרַיִם לֵאמֹר׃ שְׂאוּ אֶת־רֹאשׁ כָּל־עֲדַת
בְּנֵי־יִשְׂרָאֵל לְמִשְׁפְּחֹתָם לְבֵית אֲבֹתָם בְּמִסְפַּר שֵׁמוֹת כָּל־זָכָר לְגֻלְגְּלֹתָם׃
מִבֶּן עֶשְׂרִים שָׁנָה וָמַעְלָה כָּל־יֹצֵא צָבָא בְּיִשְׂרָאֵל תִּפְקְדוּ אֹתָם לְצִבְאֹתָם
אַתָּה וְאַהֲרֹן׃ וְאִתְּכֶם יִהְיוּ אִישׁ אִישׁ לַמַּטֶּה אִישׁ רֹאשׁ לְבֵית־אֲבֹתָיו הוּא׃ *Leví*

ואלה שמות האנשים אשר יעמדו אתכם לראובן אליצור בן־שדיאור:
לשמעון שלמיאל בן־צורישדי: ליהודה נחשון בן־עמינדב: ליששכר נתנאל
בן־צוער: לזבולן אליאב בן־חלן: לבני יוסף לאפרים אלישמע בן־עמיהוד
למנשה גמליאל בן־פדהצור: לבנימן אבידן בן־גדעני: לדן אחיעזר בן־עמישדי:
לאשר פגעיאל בן־עכרן: לגד אליסף בן־דעואל: לנפתלי אחירע בן־עינן:
אלה קרואי (כתיב קריאי) העדה נשיאי מטות אבותם ראשי אלפי ישראל הם: *Yisrael*
ויקח משה ואהרן את האנשים האלה אשר נקבו בשמות: ואת כל־העדה הקהילו
באחד לחדש השני ויתילדו על־משפחתם לבית אבתם במספר שמות מבן עשרים
שנה ומעלה לגלגלתם: כאשר צוה יהוה יאהדונהי את־משה ויפקדם במדבר סיני:

NASÓ

וידבר יהוה יאהדונהי אל־משה לאמר: נשא את־ראש בני גרשון גם־הם
לבית אבתם למשפחתם: מבן שלשים שנה ומעלה עד בן־חמשים שנה תפקד
אותם כל־הבא לצבא צבא לעבד עבדה באהל מועד: זאת עבדת משפחת הגרשני
לעבד ולמשא: *Leví* ונשאו את־יריעת המשכן ואת־אהל מועד מכסהו ומכסה
התחש אשר־עליו מלמעלה ואת־מסך פתח אהל מועד: ואת קלעי החצר ואת־מסך |
פתח | שער החצר אשר על־המשכן ועל־המזבח סביב ואת מיתריהם ואת־כל־כלי
עבדתם ואת כל־אשר יעשה להם ועבדו: על־פי אהרן ובניו
תהיה כל־עבדת בני הגרשני לכל־משאם ולכל עבדתם ופקדתם עלהם במשמרת
את כל־משאם: זאת עבדת משפחת בני הגרשני באהל מועד ומשמרתם
ביד איתמר בן־אהרן הכהן: *Yisrael* בני מררי למשפחתם לבית־אבתם תפקד אתם:
מבן שלשים שנה ומעלה ועד בן־חמשים שנה תפקדם כל־הבא לצבא לעבד
את־עבדת אהל מועד: וזאת משמרת משאם לכל־עבדתם באהל מועד קרשי
המשכן ובריחיו ועמודיו ואדניו: ועמודי החצר סביב ואדניהם ויתדתם ומיתריהם
לכל־כליהם ולכל עבדתם ובשמת תפקדו את־כלי משמרת משאם: זאת עבדת
משפחת בני מררי לכל־עבדתם באהל מועד ביד איתמר בן־אהרן הכהן: ויפקד
משה ואהרן ונשיאי העדה את־בני הקהתי למשפחתם ולבית אבתם: מבן שלשים
שנה ומעלה ועד בן־חמשים שנה כל־הבא לצבא לעבדה באהל מועד: ויהיו
פקדיהם למשפחתם אלפים שבע מאות וחמשים: אלה פקודי משפחת הקהתי
כל־העבד באהל מועד אשר פקד משה ואהרן על־פי יהוה יאהדונהי ביד־משה:

BEHAALOTJÁ

וידבר יהוה יאהדונהי אל־משה לאמר: דבר אל־אהרן ואמרת אליו
בהעלתך את־הנרת אל־מול פני המנורה יאירו שבעת הנרות: ויעש כן אהרן
אל־מול פני המנורה העלה נרתיה כאשר צוה יהוה יאהדונהי את־משה:
וזה מעשה המנרה מקשה זהב עד־ירכה עד־פרחה מקשה הוא כמראה
אשר הראה יהוה יאהדונהי את־משה כן עשה את־המנרה: *Leví*

וַיְדַבֵּר יְהֹוָה יאהדונהי אֶל־מֹשֶׁה לֵּאמֹר׃ קַח אֶת־הַלְוִיִּם מִתּוֹךְ בְּנֵי יִשְׂרָאֵל
וְטִהַרְתָּ אֹתָם׃ וְכֹה־תַעֲשֶׂה לָהֶם לְטַהֲרָם הַזֵּה עֲלֵיהֶם מֵי חַטָּאת וְהֶעֱבִירוּ תַעַר
עַל־כָּל־בְּשָׂרָם וְכִבְּסוּ בִגְדֵיהֶם וְהִטֶּהָרוּ׃ וְלָקְחוּ פַּר בֶּן־בָּקָר וּמִנְחָתוֹ סֹלֶת בְּלוּלָה
בַשָּׁמֶן וּפַר־שֵׁנִי בֶן־בָּקָר תִּקַּח לְחַטָּאת׃ וְהִקְרַבְתָּ אֶת־הַלְוִיִּם לִפְנֵי אֹהֶל מוֹעֵד וְהִקְהַלְתָּ
אֶת־כָּל־עֲדַת בְּנֵי יִשְׂרָאֵל׃ *Yisrael* וְהִקְרַבְתָּ אֶת־הַלְוִיִּם לִפְנֵי יְהֹוָה יאהדונהי וְסָמְכוּ
בְנֵי־יִשְׂרָאֵל אֶת־יְדֵיהֶם עַל־הַלְוִיִּם׃ וְהֵנִיף אַהֲרֹן אֶת־הַלְוִיִּם תְּנוּפָה לִפְנֵי יְהֹוָה יאהדונהי
מֵאֵת בְּנֵי יִשְׂרָאֵל וְהָיוּ לַעֲבֹד אֶת־עֲבֹדַת יְהֹוָה יאהדונהי׃ וְהַלְוִיִּם יִסְמְכוּ אֶת־יְדֵיהֶם
עַל רֹאשׁ הַפָּרִים וַעֲשֵׂה אֶת־הָאֶחָד חַטָּאת וְאֶת־הָאֶחָד עֹלָה לַיהֹוָה יאהדונהי
לְכַפֵּר עַל־הַלְוִיִּם׃ וְהַעֲמַדְתָּ אֶת־הַלְוִיִּם לִפְנֵי אַהֲרֹן וְלִפְנֵי בָנָיו וְהֵנַפְתָּ אֹתָם
תְּנוּפָה לַיהֹוָה יאהדונהי׃ וְהִבְדַּלְתָּ אֶת־הַלְוִיִּם מִתּוֹךְ בְּנֵי יִשְׂרָאֵל וְהָיוּ לִי הַלְוִיִּם׃

SHLAJ LEJÁ

וַיְדַבֵּר יְהֹוָה יאהדונהי אֶל־מֹשֶׁה לֵּאמֹר׃ שְׁלַח־לְךָ אֲנָשִׁים וְיָתֻרוּ אֶת־אֶרֶץ כְּנַעַן אֲשֶׁר־
אֲנִי נֹתֵן לִבְנֵי יִשְׂרָאֵל אִישׁ אֶחָד אִישׁ אֶחָד לְמַטֵּה אֲבֹתָיו תִּשְׁלָחוּ כֹּל נָשִׂיא בָהֶם׃
וַיִּשְׁלַח אֹתָם מֹשֶׁה מִמִּדְבַּר פָּארָן עַל־פִּי יְהֹוָה יאהדונהי כֻּלָּם אֲנָשִׁים רָאשֵׁי בְנֵי־
יִשְׂרָאֵל הֵמָּה׃ *Leví* וְאֵלֶּה שְׁמוֹתָם לְמַטֵּה רְאוּבֵן שַׁמּוּעַ בֶּן־זַכּוּר׃ לְמַטֵּה שִׁמְעוֹן שָׁפָט
בֶּן־חוֹרִי׃ לְמַטֵּה יְהוּדָה כָּלֵב בֶּן־יְפֻנֶּה׃ לְמַטֵּה יִשָּׂשכָר יִגְאָל בֶּן־יוֹסֵף׃ לְמַטֵּה אֶפְרָיִם
הוֹשֵׁעַ בִּן־נוּן׃ לְמַטֵּה בִנְיָמִן פַּלְטִי בֶּן־רָפוּא׃ לְמַטֵּה זְבוּלֻן גַּדִּיאֵל בֶּן־סוֹדִי׃ לְמַטֵּה יוֹסֵף
לְמַטֵּה מְנַשֶּׁה גַּדִּי בֶּן־סוּסִי׃ לְמַטֵּה דָן עַמִּיאֵל בֶּן־גְּמַלִּי׃ לְמַטֵּה אָשֵׁר סְתוּר בֶּן־מִיכָאֵל׃
לְמַטֵּה נַפְתָּלִי נַחְבִּי בֶּן־וָפְסִי׃ לְמַטֵּה גָד גְּאוּאֵל בֶּן־מָכִי׃ אֵלֶּה שְׁמוֹת הָאֲנָשִׁים
אֲשֶׁר־שָׁלַח מֹשֶׁה לָתוּר אֶת־הָאָרֶץ וַיִּקְרָא מֹשֶׁה לְהוֹשֵׁעַ בִּן־נוּן יְהוֹשֻׁעַ׃ *Yisrael* וַיִּשְׁלַח
אֹתָם מֹשֶׁה לָתוּר אֶת־אֶרֶץ כְּנָעַן וַיֹּאמֶר אֲלֵהֶם עֲלוּ זֶה בַּנֶּגֶב וַעֲלִיתֶם אֶת־הָהָר׃
וּרְאִיתֶם אֶת־הָאָרֶץ מַה־הִוא וְאֶת־הָעָם הַיֹּשֵׁב עָלֶיהָ הֶחָזָק הוּא הֲרָפֶה הַמְעַט הוּא
אִם־רָב׃ וּמָה הָאָרֶץ אֲשֶׁר־הוּא יֹשֵׁב בָּהּ הֲטוֹבָה הִוא אִם־רָעָה וּמָה הֶעָרִים
אֲשֶׁר־הוּא יוֹשֵׁב בָּהֵנָּה הַבְּמַחֲנִים אִם בְּמִבְצָרִים׃ וּמָה הָאָרֶץ הַשְּׁמֵנָה הִוא אִם־רָזָה
הֲיֵשׁ־בָּהּ עֵץ אִם־אַיִן וְהִתְחַזַּקְתֶּם וּלְקַחְתֶּם מִפְּרִי הָאָרֶץ וְהַיָּמִים יְמֵי בִּכּוּרֵי עֲנָבִים׃

KÓRAJ

וַיִּקַּח קֹרַח בֶּן־יִצְהָר בֶּן־קְהָת בֶּן־לֵוִי וְדָתָן וַאֲבִירָם בְּנֵי אֱלִיאָב וְאוֹן בֶּן־פֶּלֶת בְּנֵי
רְאוּבֵן׃ וַיָּקֻמוּ לִפְנֵי מֹשֶׁה וַאֲנָשִׁים מִבְּנֵי־יִשְׂרָאֵל חֲמִשִּׁים וּמָאתָיִם נְשִׂיאֵי עֵדָה קְרִאֵי
מוֹעֵד אַנְשֵׁי־שֵׁם׃ וַיִּקָּהֲלוּ עַל־מֹשֶׁה וְעַל־אַהֲרֹן וַיֹּאמְרוּ אֲלֵהֶם רַב־לָכֶם כִּי כָל־הָעֵדָה
כֻּלָּם קְדֹשִׁים וּבְתוֹכָם יְהֹוָה יאהדונהי וּמַדּוּעַ תִּתְנַשְּׂאוּ עַל־קְהַל יְהֹוָה יאהדונהי׃ *Leví*
וַיִּשְׁמַע מֹשֶׁה וַיִּפֹּל עַל־פָּנָיו׃ וַיְדַבֵּר אֶל־קֹרַח וְאֶל־כָּל־עֲדָתוֹ לֵאמֹר בֹּקֶר
וְיֹדַע יְהֹוָה יאהדונהי אֶת־אֲשֶׁר־לוֹ וְאֶת־הַקָּדוֹשׁ וְהִקְרִיב אֵלָיו וְאֵת אֲשֶׁר
יִבְחַר־בּוֹ יַקְרִיב אֵלָיו׃ זֹאת עֲשׂוּ קְחוּ־לָכֶם מַחְתּוֹת קֹרַח וְכָל־עֲדָתוֹ׃ וּתְנוּ בָהֵן ׀
אֵשׁ וְשִׂימוּ עֲלֵיהֶן ׀ קְטֹרֶת לִפְנֵי יְהֹוָה יאהדונהי מָחָר וְהָיָה הָאִישׁ
אֲשֶׁר־יִבְחַר יְהֹוָה יאהדונהי הוּא הַקָּדוֹשׁ רַב־לָכֶם בְּנֵי לֵוִי׃ *Yisrael*

וַיֹּאמֶר מֹשֶׁה אֶל־קֹרַח שִׁמְעוּ־נָא בְּנֵי לֵוִי: הַמְעַט מִכֶּם כִּי־הִבְדִּיל אֱלֹהֵי יִשְׂרָאֵל אֶתְכֶם מֵעֲדַת יִשְׂרָאֵל לְהַקְרִיב אֶתְכֶם אֵלָיו לַעֲבֹד אֶת־עֲבֹדַת מִשְׁכַּן יְהֹוָה יאהדונהי וְלַעֲמֹד לִפְנֵי הָעֵדָה לְשָׁרְתָם: וַיַּקְרֵב אֹתְךָ וְאֶת־כָּל־אַחֶיךָ בְנֵי־לֵוִי אִתָּךְ וּבִקַּשְׁתֶּם גַּם־כְּהֻנָּה: לָכֵן אַתָּה וְכָל־עֲדָתְךָ הַנֹּעָדִים עַל־יְהֹוָה יאהדונהי וְאַהֲרֹן מַה־הוּא כִּי תַלִּינוּ (כתיב: תלונו) עָלָיו: וַיִּשְׁלַח מֹשֶׁה לִקְרֹא לְדָתָן וְלַאֲבִירָם בְּנֵי אֱלִיאָב וַיֹּאמְרוּ לֹא נַעֲלֶה: הַמְעַט כִּי הֶעֱלִיתָנוּ מֵאֶרֶץ זָבַת חָלָב וּדְבַשׁ לַהֲמִיתֵנוּ בַּמִּדְבָּר כִּי־תִשְׂתָּרֵר עָלֵינוּ גַּם־הִשְׂתָּרֵר:

JUKAT

וַיְדַבֵּר יְהֹוָה יאהדונהי אֶל־מֹשֶׁה וְאֶל־אַהֲרֹן לֵאמֹר: זֹאת חֻקַּת הַתּוֹרָה אֲשֶׁר־צִוָּה יְהֹוָה יאהדונהי לֵאמֹר דַּבֵּר | אֶל־בְּנֵי יִשְׂרָאֵל וְיִקְחוּ אֵלֶיךָ פָרָה אֲדֻמָּה תְּמִימָה אֲשֶׁר אֵין־בָּהּ מוּם אֲשֶׁר לֹא־עָלָה עָלֶיהָ עֹל: וּנְתַתֶּם אֹתָהּ אֶל־אֶלְעָזָר הַכֹּהֵן וְהוֹצִיא אֹתָהּ אֶל־מִחוּץ לַמַּחֲנֶה וְשָׁחַט אֹתָהּ לְפָנָיו: וְלָקַח אֶלְעָזָר הַכֹּהֵן מִדָּמָהּ בְּאֶצְבָּעוֹ וְהִזָּה אֶל־נֹכַח פְּנֵי אֹהֶל־מוֹעֵד מִדָּמָהּ שֶׁבַע פְּעָמִים: וְשָׂרַף אֶת־הַפָּרָה לְעֵינָיו אֶת־עֹרָהּ וְאֶת־בְּשָׂרָהּ וְאֶת־דָּמָהּ עַל־פִּרְשָׁהּ יִשְׂרֹף: וְלָקַח הַכֹּהֵן עֵץ אֶרֶז וְאֵזוֹב וּשְׁנִי תוֹלָעַת וְהִשְׁלִיךְ אֶל־תּוֹךְ שְׂרֵפַת הַפָּרָה: *Leví* וְכִבֶּס בְּגָדָיו הַכֹּהֵן וְרָחַץ בְּשָׂרוֹ בַּמַּיִם וְאַחַר יָבֹא אֶל־הַמַּחֲנֶה וְטָמֵא הַכֹּהֵן עַד־הָעָרֶב: וְהַשֹּׂרֵף אֹתָהּ יְכַבֵּס בְּגָדָיו בַּמַּיִם וְרָחַץ בְּשָׂרוֹ בַּמָּיִם וְטָמֵא עַד־הָעָרֶב: וְאָסַף | אִישׁ טָהוֹר אֵת אֵפֶר הַפָּרָה וְהִנִּיחַ מִחוּץ לַמַּחֲנֶה בְּמָקוֹם טָהוֹר וְהָיְתָה לַעֲדַת בְּנֵי־יִשְׂרָאֵל לְמִשְׁמֶרֶת לְמֵי נִדָּה חַטָּאת הִוא: *Yisrael* וְכִבֶּס הָאֹסֵף אֶת־אֵפֶר הַפָּרָה אֶת־בְּגָדָיו וְטָמֵא עַד־הָעָרֶב וְהָיְתָה לִבְנֵי יִשְׂרָאֵל וְלַגֵּר הַגָּר בְּתוֹכָם לְחֻקַּת עוֹלָם: הַנֹּגֵעַ בְּמֵת לְכָל־נֶפֶשׁ אָדָם וְטָמֵא שִׁבְעַת יָמִים: הוּא יִתְחַטָּא־בוֹ בַּיּוֹם הַשְּׁלִישִׁי וּבַיּוֹם הַשְּׁבִיעִי יִטְהָר וְאִם־לֹא יִתְחַטָּא בַּיּוֹם הַשְּׁלִישִׁי וּבַיּוֹם הַשְּׁבִיעִי לֹא יִטְהָר: כָּל־הַנֹּגֵעַ בְּמֵת בְּנֶפֶשׁ הָאָדָם אֲשֶׁר־יָמוּת וְלֹא יִתְחַטָּא אֶת־מִשְׁכַּן יְהֹוָה יאהדונהי טִמֵּא וְנִכְרְתָה הַנֶּפֶשׁ הַהִוא מִיִּשְׂרָאֵל כִּי מֵי נִדָּה לֹא־זֹרַק עָלָיו טָמֵא יִהְיֶה עוֹד טֻמְאָתוֹ בוֹ: זֹאת הַתּוֹרָה אָדָם כִּי־יָמוּת בְּאֹהֶל כָּל־הַבָּא אֶל־הָאֹהֶל וְכָל־אֲשֶׁר בָּאֹהֶל יִטְמָא שִׁבְעַת יָמִים: וְכֹל כְּלִי פָתוּחַ אֲשֶׁר אֵין־צָמִיד פָּתִיל עָלָיו טָמֵא הוּא: וְכֹל אֲשֶׁר־יִגַּע עַל־פְּנֵי הַשָּׂדֶה בַּחֲלַל־חֶרֶב אוֹ בְמֵת אוֹ־בְעֶצֶם אָדָם אוֹ בְקָבֶר יִטְמָא שִׁבְעַת יָמִים: וְלָקְחוּ לַטָּמֵא מֵעֲפַר שְׂרֵפַת הַחַטָּאת וְנָתַן עָלָיו מַיִם חַיִּים אֶל־כֶּלִי:

BALAK

וַיַּרְא בָּלָק בֶּן־צִפּוֹר אֵת כָּל־אֲשֶׁר־עָשָׂה יִשְׂרָאֵל לָאֱמֹרִי: וַיָּגָר מוֹאָב מִפְּנֵי הָעָם מְאֹד כִּי רַב־הוּא וַיָּקָץ מוֹאָב מִפְּנֵי בְּנֵי יִשְׂרָאֵל: וַיֹּאמֶר מוֹאָב אֶל־זִקְנֵי מִדְיָן עַתָּה יְלַחֲכוּ הַקָּהָל אֶת־כָּל־סְבִיבֹתֵינוּ כִּלְחֹךְ הַשּׁוֹר אֵת יֶרֶק הַשָּׂדֶה וּבָלָק בֶּן־צִפּוֹר מֶלֶךְ לְמוֹאָב בָּעֵת הַהִוא: *Leví* וַיִּשְׁלַח מַלְאָכִים אֶל־בִּלְעָם בֶּן־בְּעֹר פְּתוֹרָה אֲשֶׁר עַל־הַנָּהָר אֶרֶץ בְּנֵי־עַמּוֹ לִקְרֹא־לוֹ לֵאמֹר הִנֵּה עַם יָצָא מִמִּצְרַיִם הִנֵּה כִסָּה אֶת־עֵין הָאָרֶץ וְהוּא יֹשֵׁב מִמֻּלִי: וְעַתָּה לְכָה־נָּא אָרָה־לִּי אֶת־הָעָם הַזֶּה כִּי־עָצוּם הוּא מִמֶּנִּי אוּלַי אוּכַל נַכֶּה־בּוֹ וַאֲגָרְשֶׁנּוּ מִן־הָאָרֶץ כִּי יָדַעְתִּי אֵת אֲשֶׁר־תְּבָרֵךְ מְבֹרָךְ וַאֲשֶׁר תָּאֹר יוּאָר: וַיֵּלְכוּ זִקְנֵי מוֹאָב וְזִקְנֵי מִדְיָן וּקְסָמִים בְּיָדָם וַיָּבֹאוּ אֶל־בִּלְעָם וַיְדַבְּרוּ אֵלָיו דִּבְרֵי בָלָק: *Yisrael*

וַיֹּאמֶר אֲלֵיהֶם לִינוּ פֹה הַלַּיְלָה וַהֲשִׁבֹתִי אֶתְכֶם דָּבָר כַּאֲשֶׁר יְדַבֵּר
יְהֹוָה יאהדונהי אֵלָי וַיֵּשְׁבוּ שָׂרֵי־מוֹאָב עִם־בִּלְעָם: וַיָּבֹא אֱלֹהִים אֶל־בִּלְעָם
וַיֹּאמֶר מִי הָאֲנָשִׁים הָאֵלֶּה עִמָּךְ: וַיֹּאמֶר בִּלְעָם אֶל־הָאֱלֹהִים בָּלָק בֶּן־צִפֹּר
מֶלֶךְ מוֹאָב שָׁלַח אֵלָי: הִנֵּה הָעָם הַיֹּצֵא מִמִּצְרַיִם וַיְכַס אֶת־עֵין הָאָרֶץ
עַתָּה לְכָה קָבָה־לִּי אֹתוֹ אוּלַי אוּכַל לְהִלָּחֶם בּוֹ וְגֵרַשְׁתִּיו: וַיֹּאמֶר אֱלֹהִים
אֶל־בִּלְעָם לֹא תֵלֵךְ עִמָּהֶם לֹא תָאֹר אֶת־הָעָם כִּי בָרוּךְ הוּא:

PINJÁS

וַיְדַבֵּר יְהֹוָה יאהדונהי אֶל־מֹשֶׁה לֵּאמֹר: פִּינְחָס בֶּן־אֶלְעָזָר בֶּן־אַהֲרֹן הַכֹּהֵן הֵשִׁיב
אֶת־חֲמָתִי מֵעַל בְּנֵי־יִשְׂרָאֵל בְּקַנְאוֹ אֶת־קִנְאָתִי בְּתוֹכָם וְלֹא־כִלִּיתִי אֶת־בְּנֵי־יִשְׂרָאֵל
בְּקִנְאָתִי: לָכֵן אֱמֹר הִנְנִי נֹתֵן לוֹ אֶת־בְּרִיתִי שָׁלוֹם: *Leví* וְהָיְתָה לּוֹ וּלְזַרְעוֹ אַחֲרָיו
בְּרִית כְּהֻנַּת עוֹלָם תַּחַת אֲשֶׁר קִנֵּא לֵאלֹהָיו וַיְכַפֵּר עַל־בְּנֵי יִשְׂרָאֵל: וְשֵׁם אִישׁ יִשְׂרָאֵל
הַמֻּכֶּה אֲשֶׁר הֻכָּה אֶת־הַמִּדְיָנִית זִמְרִי בֶּן־סָלוּא נְשִׂיא בֵית־אָב לַשִּׁמְעֹנִי: וְשֵׁם הָאִשָּׁה
הַמֻּכָּה הַמִּדְיָנִית כָּזְבִּי בַת־צוּר רֹאשׁ אֻמּוֹת בֵּית־אָב בְּמִדְיָן הוּא: *Yisrael*
וַיְדַבֵּר יְהֹוָה יאהדונהי אֶל־מֹשֶׁה לֵּאמֹר: צָרוֹר אֶת־הַמִּדְיָנִים וְהִכִּיתֶם אוֹתָם: כִּי צֹרְרִים
הֵם לָכֶם בְּנִכְלֵיהֶם אֲשֶׁר־נִכְּלוּ לָכֶם עַל־דְּבַר־פְּעוֹר וְעַל־דְּבַר כָּזְבִּי בַת־נְשִׂיא
מִדְיָן אֲחֹתָם הַמֻּכָּה בְיוֹם־הַמַּגֵּפָה עַל־דְּבַר־פְּעוֹר: וַיְהִי אַחֲרֵי הַמַּגֵּפָה וַיֹּאמֶר
יְהֹוָה יאהדונהי אֶל־מֹשֶׁה וְאֶל אֶלְעָזָר בֶּן־אַהֲרֹן הַכֹּהֵן לֵאמֹר: שְׂאוּ אֶת־רֹאשׁ | כָּל־עֲדַת
בְּנֵי־יִשְׂרָאֵל מִבֶּן עֶשְׂרִים שָׁנָה וָמַעְלָה לְבֵית אֲבֹתָם כָּל־יֹצֵא צָבָא בְּיִשְׂרָאֵל: וַיְדַבֵּר
מֹשֶׁה וְאֶלְעָזָר הַכֹּהֵן אֹתָם בְּעַרְבֹת מוֹאָב עַל־יַרְדֵּן יְרֵחוֹ לֵאמֹר: מִבֶּן עֶשְׂרִים שָׁנָה
וָמָעְלָה כַּאֲשֶׁר צִוָּה יְהֹוָה יאהדונהי אֶת־מֹשֶׁה וּבְנֵי יִשְׂרָאֵל הַיֹּצְאִים מֵאֶרֶץ מִצְרָיִם:

MATOT

וַיְדַבֵּר מֹשֶׁה אֶל־רָאשֵׁי הַמַּטּוֹת לִבְנֵי יִשְׂרָאֵל לֵאמֹר זֶה הַדָּבָר אֲשֶׁר צִוָּה
יְהֹוָה יאהדונהי: אִישׁ כִּי־יִדֹּר נֶדֶר לַיהֹוָה יאהדונהי אוֹ־הִשָּׁבַע שְׁבֻעָה לֶאְסֹר אִסָּר
עַל־נַפְשׁוֹ לֹא יַחֵל דְּבָרוֹ כְּכָל־הַיֹּצֵא מִפִּיו יַעֲשֶׂה: וְאִשָּׁה כִּי־תִדֹּר נֶדֶר לַיהֹוָה יאהדונהי
וְאָסְרָה אִסָּר בְּבֵית אָבִיהָ בִּנְעֻרֶיהָ: וְשָׁמַע אָבִיהָ אֶת־נִדְרָהּ וֶאֱסָרָהּ אֲשֶׁר אָסְרָה
עַל־נַפְשָׁהּ וְהֶחֱרִישׁ לָהּ אָבִיהָ וְקָמוּ כָּל־נְדָרֶיהָ וְכָל־אִסָּר אֲשֶׁר־אָסְרָה עַל־נַפְשָׁהּ יָקוּם:
וְאִם־הֵנִיא אָבִיהָ אֹתָהּ בְּיוֹם שָׁמְעוֹ כָּל־נְדָרֶיהָ וֶאֱסָרֶיהָ אֲשֶׁר־אָסְרָה עַל־נַפְשָׁהּ
לֹא יָקוּם וַיהֹוָה יאהדונהי יִסְלַח־לָהּ כִּי־הֵנִיא אָבִיהָ אֹתָהּ: וְאִם־הָיוֹ תִהְיֶה לְאִישׁ
וּנְדָרֶיהָ עָלֶיהָ אוֹ מִבְטָא שְׂפָתֶיהָ אֲשֶׁר אָסְרָה עַל־נַפְשָׁהּ: וְשָׁמַע אִישָׁהּ
בְּיוֹם שָׁמְעוֹ וְהֶחֱרִישׁ לָהּ וְקָמוּ נְדָרֶיהָ וֶאֱסָרֶהָ אֲשֶׁר־אָסְרָה עַל־נַפְשָׁהּ יָקֻמוּ:
וְאִם בְּיוֹם שְׁמֹעַ אִישָׁהּ יָנִיא אוֹתָהּ וְהֵפֵר אֶת־נִדְרָהּ אֲשֶׁר עָלֶיהָ וְאֵת
מִבְטָא שְׂפָתֶיהָ אֲשֶׁר אָסְרָה עַל־נַפְשָׁהּ וַיהֹוָה יאהדונהי יִסְלַח־לָהּ: *Leví*

וְנֵדֶר אַלְמָנָה וּגְרוּשָׁה כֹּל אֲשֶׁר־אָסְרָה עַל־נַפְשָׁהּ יָקוּם עָלֶיהָ׃ וְאִם־בֵּית אִישָׁהּ נָדָרָה
אוֹ־אָסְרָה אִסָּר עַל־נַפְשָׁהּ בִּשְׁבֻעָה׃ וְשָׁמַע אִישָׁהּ וְהֶחֱרִשׁ לָהּ לֹא הֵנִיא אֹתָהּ
וְקָמוּ כָּל־נְדָרֶיהָ וְכָל־אִסָּר אֲשֶׁר־אָסְרָה עַל־נַפְשָׁהּ יָקוּם׃ וְאִם־הָפֵר יָפֵר אֹתָם |
אִישָׁהּ בְּיוֹם שָׁמְעוֹ כָּל־מוֹצָא שְׂפָתֶיהָ לִנְדָרֶיהָ וּלְאִסַּר נַפְשָׁהּ לֹא יָקוּם
אִישָׁהּ הֲפֵרָם וַיהֹוָה יאהדונהי יִסְלַח־לָהּ׃ **Yisrael** כָּל־נֵדֶר וְכָל־שְׁבֻעַת אִסָּר לְעַנֹּת נָפֶשׁ
אִישָׁהּ יְקִימֶנּוּ וְאִישָׁהּ יְפֵרֶנּוּ׃ וְאִם־הַחֲרֵשׁ יַחֲרִישׁ לָהּ אִישָׁהּ מִיּוֹם אֶל־יוֹם
וְהֵקִים אֶת־כָּל־נְדָרֶיהָ אוֹ אֶת־כָּל־אֱסָרֶיהָ אֲשֶׁר עָלֶיהָ הֵקִים אֹתָם כִּי־הֶחֱרִשׁ לָהּ בְּיוֹם
שָׁמְעוֹ׃ וְאִם־הָפֵר יָפֵר אֹתָם אַחֲרֵי שָׁמְעוֹ וְנָשָׂא אֶת־עֲוֺנָהּ׃ אֵלֶּה הַחֻקִּים אֲשֶׁר
צִוָּה יְהֹוָה יאהדונהי אֶת־מֹשֶׁה בֵּין אִישׁ לְאִשְׁתּוֹ בֵּין־אָב לְבִתּוֹ בִּנְעֻרֶיהָ בֵּית אָבִיהָ׃

MASEI

אֵלֶּה מַסְעֵי בְנֵי־יִשְׂרָאֵל אֲשֶׁר יָצְאוּ מֵאֶרֶץ מִצְרַיִם לְצִבְאֹתָם בְּיַד־מֹשֶׁה וְאַהֲרֹן׃
וַיִּכְתֹּב מֹשֶׁה אֶת־מוֹצָאֵיהֶם לְמַסְעֵיהֶם עַל־פִּי יְהֹוָה יאהדונהי וְאֵלֶּה מַסְעֵיהֶם
לְמוֹצָאֵיהֶם׃ וַיִּסְעוּ מֵרַעְמְסֵס בַּחֹדֶשׁ הָרִאשׁוֹן בַּחֲמִשָּׁה עָשָׂר יוֹם לַחֹדֶשׁ הָרִאשׁוֹן
מִמָּחֳרַת הַפֶּסַח יָצְאוּ בְנֵי־יִשְׂרָאֵל בְּיָד רָמָה לְעֵינֵי כָּל־מִצְרָיִם׃ **Leví** וּמִצְרַיִם מְקַבְּרִים
אֵת אֲשֶׁר הִכָּה יְהֹוָה יאהדונהי בָּהֶם כָּל־בְּכוֹר וּבֵאלֹהֵיהֶם עָשָׂה יְהֹוָה יאהדונהי
שְׁפָטִים׃ וַיִּסְעוּ בְנֵי־יִשְׂרָאֵל מֵרַעְמְסֵס וַיַּחֲנוּ בְּסֻכֹּת׃ וַיִּסְעוּ מִסֻּכֹּת וַיַּחֲנוּ בְאֵתָם
אֲשֶׁר בִּקְצֵה הַמִּדְבָּר׃ **Yisrael** וַיִּסְעוּ מֵאֵתָם וַיָּשָׁב עַל־פִּי הַחִירֹת אֲשֶׁר עַל־פְּנֵי
בַּעַל צְפוֹן וַיַּחֲנוּ לִפְנֵי מִגְדֹּל׃ וַיִּסְעוּ מִפְּנֵי הַחִירֹת וַיַּעַבְרוּ בְתוֹךְ־הַיָּם הַמִּדְבָּרָה וַיֵּלְכוּ
דֶּרֶךְ שְׁלֹשֶׁת יָמִים בְּמִדְבַּר אֵתָם וַיַּחֲנוּ בְּמָרָה׃ וַיִּסְעוּ מִמָּרָה וַיָּבֹאוּ אֵילִמָה וּבְאֵילִם
שְׁתֵּים עֶשְׂרֵה עֵינֹת מַיִם וְשִׁבְעִים תְּמָרִים וַיַּחֲנוּ־שָׁם׃ וַיִּסְעוּ מֵאֵילִם וַיַּחֲנוּ עַל־יַם־סוּף׃

DEVARIM

אֵלֶּה הַדְּבָרִים אֲשֶׁר דִּבֶּר מֹשֶׁה אֶל־כָּל־יִשְׂרָאֵל בְּעֵבֶר הַיַּרְדֵּן בַּמִּדְבָּר בָּעֲרָבָה
מוֹל סוּף בֵּין־פָּארָן וּבֵין־תֹּפֶל וְלָבָן וַחֲצֵרֹת וְדִי זָהָב׃ אַחַד עָשָׂר יוֹם מֵחֹרֵב דֶּרֶךְ
הַר־שֵׂעִיר עַד קָדֵשׁ בַּרְנֵעַ׃ וַיְהִי בְּאַרְבָּעִים שָׁנָה בְּעַשְׁתֵּי־עָשָׂר חֹדֶשׁ בְּאֶחָד לַחֹדֶשׁ
דִּבֶּר מֹשֶׁה אֶל־בְּנֵי יִשְׂרָאֵל כְּכֹל אֲשֶׁר צִוָּה יְהֹוָה יאהדונהי אֹתוֹ אֲלֵהֶם׃ **Leví**
אַחֲרֵי הַכֹּתוֹ אֵת סִיחֹן מֶלֶךְ הָאֱמֹרִי אֲשֶׁר יוֹשֵׁב בְּחֶשְׁבּוֹן וְאֵת עוֹג מֶלֶךְ הַבָּשָׁן
אֲשֶׁר־יוֹשֵׁב בְּעַשְׁתָּרֹת בְּאֶדְרֶעִי׃ בְּעֵבֶר הַיַּרְדֵּן בְּאֶרֶץ מוֹאָב הוֹאִיל מֹשֶׁה בֵּאֵר
אֶת־הַתּוֹרָה הַזֹּאת לֵאמֹר׃ יְהֹוָה יאהדונהי אֱלֹהֵינוּ דִּבֶּר אֵלֵינוּ בְּחֹרֵב לֵאמֹר רַב־לָכֶם
שֶׁבֶת בָּהָר הַזֶּה׃ פְּנוּ | וּסְעוּ לָכֶם וּבֹאוּ הַר הָאֱמֹרִי וְאֶל־כָּל־שְׁכֵנָיו בָּעֲרָבָה בָהָר
וּבַשְּׁפֵלָה וּבַנֶּגֶב וּבְחוֹף הַיָּם אֶרֶץ הַכְּנַעֲנִי וְהַלְּבָנוֹן עַד־הַנָּהָר הַגָּדֹל נְהַר־פְּרָת׃ **Yisrael**
רְאֵה נָתַתִּי לִפְנֵיכֶם אֶת־הָאָרֶץ בֹּאוּ וּרְשׁוּ אֶת־הָאָרֶץ אֲשֶׁר נִשְׁבַּע יְהֹוָה יאהדונהי
לַאֲבֹתֵיכֶם לְאַבְרָהָם לְיִצְחָק וּלְיַעֲקֹב לָתֵת לָהֶם וּלְזַרְעָם אַחֲרֵיהֶם׃ וָאֹמַר אֲלֵכֶם
בָּעֵת הַהִוא לֵאמֹר לֹא־אוּכַל לְבַדִּי שְׂאֵת אֶתְכֶם׃ יְהֹוָה יאהדונהי אֱלֹהֵיכֶם
הִרְבָּה אֶתְכֶם וְהִנְּכֶם הַיּוֹם כְּכוֹכְבֵי הַשָּׁמַיִם לָרֹב׃ יְהֹוָה יאהדונהי אֱלֹהֵי
אֲבוֹתֵכֶם יֹסֵף עֲלֵיכֶם כָּכֶם אֶלֶף פְּעָמִים וִיבָרֵךְ אֶתְכֶם כַּאֲשֶׁר דִּבֶּר לָכֶם׃

VAETJANÁN

וָאֶתְחַנַּן אֶל־יְהוָה יאהדונהי בָּעֵת הַהִוא לֵאמֹר: אֲדֹנָי יֱהוִה יאהדונהי אַתָּה הַחִלּוֹתָ
לְהַרְאוֹת אֶת־עַבְדְּךָ אֶת־גָּדְלְךָ וְאֶת־יָדְךָ הַחֲזָקָה אֲשֶׁר מִי־אֵל בַּשָּׁמַיִם וּבָאָרֶץ
אֲשֶׁר־יַעֲשֶׂה כְמַעֲשֶׂיךָ וְכִגְבוּרֹתֶךָ: אֶעְבְּרָה־נָּא וְאֶרְאֶה אֶת־הָאָרֶץ הַטּוֹבָה אֲשֶׁר
בְּעֵבֶר הַיַּרְדֵּן הָהָר הַטּוֹב הַזֶּה וְהַלְּבָנֹן: *Leví* וַיִּתְעַבֵּר יְהוָה יאהדונהי בִּי לְמַעַנְכֶם וְלֹא
שָׁמַע אֵלָי וַיֹּאמֶר יְהוָה יאהדונהי אֵלַי רַב־לָךְ אַל־תּוֹסֶף דַּבֵּר אֵלַי עוֹד בַּדָּבָר הַזֶּה:
עֲלֵה | רֹאשׁ הַפִּסְגָּה וְשָׂא עֵינֶיךָ יָמָּה וְצָפֹנָה וְתֵימָנָה וּמִזְרָחָה וּרְאֵה בְעֵינֶיךָ כִּי־לֹא
תַעֲבֹר אֶת־הַיַּרְדֵּן הַזֶּה: וְצַו אֶת־יְהוֹשֻׁעַ וְחַזְּקֵהוּ וְאַמְּצֵהוּ כִּי־הוּא יַעֲבֹר לִפְנֵי הָעָם הַזֶּה
וְהוּא יַנְחִיל אוֹתָם אֶת־הָאָרֶץ אֲשֶׁר תִּרְאֶה: וַנֵּשֶׁב בַּגָּיְא מוּל בֵּית פְּעוֹר: וְעַתָּה יִשְׂרָאֵל
שְׁמַע אֶל־הַחֻקִּים וְאֶל־הַמִּשְׁפָּטִים אֲשֶׁר אָנֹכִי מְלַמֵּד אֶתְכֶם לַעֲשׂוֹת לְמַעַן תִּחְיוּ
וּבָאתֶם וִירִשְׁתֶּם אֶת־הָאָרֶץ אֲשֶׁר יְהוָה יאהדונהי אֱלֹהֵי אֲבֹתֵיכֶם נֹתֵן לָכֶם: לֹא תֹסִפוּ
עַל־הַדָּבָר אֲשֶׁר אָנֹכִי מְצַוֶּה אֶתְכֶם וְלֹא תִגְרְעוּ מִמֶּנּוּ לִשְׁמֹר אֶת־מִצְוֹת יְהוָה יאהדונהי
אֱלֹהֵיכֶם אֲשֶׁר אָנֹכִי מְצַוֶּה אֶתְכֶם: עֵינֵיכֶם הָרֹאוֹת אֵת אֲשֶׁר־עָשָׂה יְהוָה יאהדונהי
בְּבַעַל פְּעוֹר כִּי כָל־הָאִישׁ אֲשֶׁר הָלַךְ אַחֲרֵי בַעַל־פְּעוֹר הִשְׁמִידוֹ יְהוָה יאהדונהי
אֱלֹהֶיךָ מִקִּרְבֶּךָ: וְאַתֶּם הַדְּבֵקִים בַּיהוָה יאהדונהי אֱלֹהֵיכֶם חַיִּים כֻּלְּכֶם הַיּוֹם: *Yisrael*
רְאֵה | לִמַּדְתִּי אֶתְכֶם חֻקִּים וּמִשְׁפָּטִים כַּאֲשֶׁר צִוַּנִי יְהוָה יאהדונהי אֱלֹהָי
לַעֲשׂוֹת כֵּן בְּקֶרֶב הָאָרֶץ אֲשֶׁר אַתֶּם בָּאִים שָׁמָּה לְרִשְׁתָּהּ: וּשְׁמַרְתֶּם וַעֲשִׂיתֶם
כִּי הִוא חָכְמַתְכֶם וּבִינַתְכֶם לְעֵינֵי הָעַמִּים אֲשֶׁר יִשְׁמְעוּן אֵת כָּל־הַחֻקִּים הָאֵלֶּה
וְאָמְרוּ רַק עַם־חָכָם וְנָבוֹן הַגּוֹי הַגָּדוֹל הַזֶּה: כִּי מִי־גוֹי גָּדוֹל אֲשֶׁר־לוֹ אֱלֹהִים
קְרֹבִים אֵלָיו כַּיהוָה יאהדונהי אֱלֹהֵינוּ בְּכָל־קָרְאֵנוּ אֵלָיו: וּמִי גּוֹי גָּדוֹל אֲשֶׁר־לוֹ
חֻקִּים וּמִשְׁפָּטִים צַדִּיקִם כְּכֹל הַתּוֹרָה הַזֹּאת אֲשֶׁר אָנֹכִי נֹתֵן לִפְנֵיכֶם הַיּוֹם:

ÉKEV

וְהָיָה | עֵקֶב תִּשְׁמְעוּן אֵת הַמִּשְׁפָּטִים הָאֵלֶּה וּשְׁמַרְתֶּם וַעֲשִׂיתֶם אֹתָם
וְשָׁמַר יְהוָה יאהדונהי אֱלֹהֶיךָ לְךָ אֶת־הַבְּרִית וְאֶת־הַחֶסֶד אֲשֶׁר נִשְׁבַּע לַאֲבֹתֶיךָ:
וַאֲהֵבְךָ וּבֵרַכְךָ וְהִרְבֶּךָ וּבֵרַךְ פְּרִי־בִטְנְךָ וּפְרִי־אַדְמָתֶךָ דְּגָנְךָ וְתִירֹשְׁךָ וְיִצְהָרֶךָ
שְׁגַר־אֲלָפֶיךָ וְעַשְׁתְּרֹת צֹאנֶךָ עַל הָאֲדָמָה אֲשֶׁר־נִשְׁבַּע לַאֲבֹתֶיךָ לָתֶת לָךְ: בָּרוּךְ תִּהְיֶה
מִכָּל־הָעַמִּים לֹא־יִהְיֶה בְךָ עָקָר וַעֲקָרָה וּבִבְהֶמְתֶּךָ: וְהֵסִיר יְהוָה יאהדונהי מִמְּךָ
כָּל־חֹלִי וְכָל־מַדְוֵי מִצְרַיִם הָרָעִים אֲשֶׁר יָדַעְתָּ לֹא יְשִׂימָם בָּךְ וּנְתָנָם בְּכָל־שֹׂנְאֶיךָ:
וְאָכַלְתָּ אֶת־כָּל־הָעַמִּים אֲשֶׁר יְהוָה יאהדונהי אֱלֹהֶיךָ נֹתֵן לָךְ לֹא־תָחוֹס עֵינְךָ עֲלֵיהֶם
וְלֹא תַעֲבֹד אֶת־אֱלֹהֵיהֶם כִּי־מוֹקֵשׁ הוּא לָךְ: כִּי תֹאמַר בִּלְבָבְךָ רַבִּים הַגּוֹיִם הָאֵלֶּה
מִמֶּנִּי אֵיכָה אוּכַל לְהוֹרִישָׁם: לֹא תִירָא מֵהֶם זָכֹר תִּזְכֹּר אֵת אֲשֶׁר־עָשָׂה
יְהוָה יאהדונהי אֱלֹהֶיךָ לְפַרְעֹה וּלְכָל־מִצְרָיִם: הַמַּסֹּת הַגְּדֹלֹת אֲשֶׁר־רָאוּ עֵינֶיךָ
וְהָאֹתֹת וְהַמֹּפְתִים וְהַיָּד הַחֲזָקָה וְהַזְּרֹעַ הַנְּטוּיָה אֲשֶׁר הוֹצִאֲךָ יְהוָה יאהדונהי אֱלֹהֶיךָ
כֵּן־יַעֲשֶׂה יְהוָה יאהדונהי אֱלֹהֶיךָ לְכָל־הָעַמִּים אֲשֶׁר־אַתָּה יָרֵא מִפְּנֵיהֶם:
וְגַם אֶת־הַצִּרְעָה יְשַׁלַּח יְהוָה יאהדונהי אֱלֹהֶיךָ בָּם עַד־אֲבֹד הַנִּשְׁאָרִים וְהַנִּסְתָּרִים
מִפָּנֶיךָ: לֹא תַעֲרֹץ מִפְּנֵיהֶם כִּי־יְהוָה יאהדונהי אֱלֹהֶיךָ בְּקִרְבֶּךָ אֵל גָּדוֹל וְנוֹרָא: *Leví*

וְנָשַׁל יְהוָה יאהדונהי אֱלֹהֶיךָ אֶת־הַגּוֹיִם הָאֵל מִפָּנֶיךָ מְעַט מְעָט לֹא תוּכַל כַּלֹּתָם מַהֵר
פֶּן־תִּרְבֶּה עָלֶיךָ חַיַּת הַשָּׂדֶה: וּנְתָנָם יְהוָה יאהדונהי אֱלֹהֶיךָ לְפָנֶיךָ וְהָמָם מְהוּמָה גְדֹלָה
עַד הִשָּׁמְדָם: וְנָתַן מַלְכֵיהֶם בְּיָדֶךָ וְהַאֲבַדְתָּ אֶת־שְׁמָם מִתַּחַת הַשָּׁמָיִם לֹא־יִתְיַצֵּב אִישׁ
בְּפָנֶיךָ עַד הִשְׁמִדְךָ אֹתָם: פְּסִילֵי אֱלֹהֵיהֶם תִּשְׂרְפוּן בָּאֵשׁ לֹא־תַחְמֹד כֶּסֶף וְזָהָב
עֲלֵיהֶם וְלָקַחְתָּ לָךְ פֶּן תִּוָּקֵשׁ בּוֹ כִּי תוֹעֲבַת יְהוָה יאהדונהי אֱלֹהֶיךָ הוּא: וְלֹא־תָבִיא
תוֹעֵבָה אֶל־בֵּיתֶךָ וְהָיִיתָ חֵרֶם כָּמֹהוּ שַׁקֵּץ | תְּשַׁקְּצֶנּוּ וְתַעֵב | תְּתַעֲבֶנּוּ כִּי־חֵרֶם הוּא:
כָּל־הַמִּצְוָה אֲשֶׁר אָנֹכִי מְצַוְּךָ הַיּוֹם תִּשְׁמְרוּן לַעֲשׂוֹת לְמַעַן תִּחְיוּן וּרְבִיתֶם וּבָאתֶם
וִירִשְׁתֶּם אֶת־הָאָרֶץ אֲשֶׁר־נִשְׁבַּע יְהוָה יאהדונהי לַאֲבֹתֵיכֶם: וְזָכַרְתָּ אֶת־כָּל־הַדֶּרֶךְ
אֲשֶׁר הוֹלִיכְךָ יְהוָה יאהדונהי אֱלֹהֶיךָ זֶה אַרְבָּעִים שָׁנָה בַּמִּדְבָּר לְמַעַן עַנֹּתְךָ לְנַסֹּתְךָ
לָדַעַת אֶת־אֲשֶׁר בִּלְבָבְךָ הֲתִשְׁמֹר מִצְוֹתָו אִם־לֹא: וַיְעַנְּךָ וַיַּרְעִבֶךָ וַיַּאֲכִלְךָ
אֶת־הַמָּן אֲשֶׁר לֹא־יָדַעְתָּ וְלֹא יָדְעוּן אֲבֹתֶיךָ לְמַעַן הוֹדִיעֲךָ כִּי לֹא עַל־הַלֶּחֶם
לְבַדּוֹ יִחְיֶה הָאָדָם כִּי עַל־כָּל־מוֹצָא פִי־יְהוָה יאהדונהי יִחְיֶה הָאָדָם: *Yisrael*
שִׂמְלָתְךָ לֹא בָלְתָה מֵעָלֶיךָ וְרַגְלְךָ לֹא בָצֵקָה זֶה אַרְבָּעִים שָׁנָה: וְיָדַעְתָּ עִם־לְבָבֶךָ
כִּי כַּאֲשֶׁר יְיַסֵּר אִישׁ אֶת־בְּנוֹ יְהוָה יאהדונהי אֱלֹהֶיךָ מְיַסְּרֶךָּ: וְשָׁמַרְתָּ אֶת־מִצְוֹת
יְהוָה יאהדונהי אֱלֹהֶיךָ לָלֶכֶת בִּדְרָכָיו וּלְיִרְאָה אֹתוֹ: כִּי יְהוָה יאהדונהי אֱלֹהֶיךָ מְבִיאֲךָ
אֶל־אֶרֶץ טוֹבָה אֶרֶץ נַחֲלֵי מָיִם עֲיָנֹת וּתְהֹמֹת יֹצְאִים בַּבִּקְעָה וּבָהָר: אֶרֶץ חִטָּה
וּשְׂעֹרָה וְגֶפֶן וּתְאֵנָה וְרִמּוֹן אֶרֶץ־זֵית שֶׁמֶן וּדְבָשׁ: אֶרֶץ אֲשֶׁר לֹא בְמִסְכֵּנֻת תֹּאכַל־בָּהּ
לֶחֶם לֹא־תֶחְסַר כֹּל בָּהּ אֶרֶץ אֲשֶׁר אֲבָנֶיהָ בַרְזֶל וּמֵהֲרָרֶיהָ תַּחְצֹב נְחֹשֶׁת:
וְאָכַלְתָּ וְשָׂבָעְתָּ וּבֵרַכְתָּ אֶת־יְהוָה יאהדונהי אֱלֹהֶיךָ עַל־הָאָרֶץ הַטֹּבָה אֲשֶׁר נָתַן־לָךְ:

REÉ

רְאֵה אָנֹכִי נֹתֵן לִפְנֵיכֶם הַיּוֹם בְּרָכָה וּקְלָלָה: אֶת־הַבְּרָכָה אֲשֶׁר תִּשְׁמְעוּ אֶל־מִצְוֹת
יְהוָה יאהדונהי אֱלֹהֵיכֶם אֲשֶׁר אָנֹכִי מְצַוֶּה אֶתְכֶם הַיּוֹם: וְהַקְּלָלָה אִם־לֹא תִשְׁמְעוּ
אֶל־מִצְוֹת יְהוָה יאהדונהי אֱלֹהֵיכֶם וְסַרְתֶּם מִן־הַדֶּרֶךְ אֲשֶׁר אָנֹכִי מְצַוֶּה אֶתְכֶם הַיּוֹם
לָלֶכֶת אַחֲרֵי אֱלֹהִים אֲחֵרִים אֲשֶׁר לֹא־יְדַעְתֶּם: וְהָיָה כִּי יְבִיאֲךָ יְהוָה יאהדונהי אֱלֹהֶיךָ
אֶל־הָאָרֶץ אֲשֶׁר־אַתָּה בָא־שָׁמָּה לְרִשְׁתָּהּ וְנָתַתָּה אֶת־הַבְּרָכָה עַל־הַר גְּרִזִים
וְאֶת־הַקְּלָלָה עַל־הַר עֵיבָל: הֲלֹא־הֵמָּה בְּעֵבֶר הַיַּרְדֵּן אַחֲרֵי דֶּרֶךְ מְבוֹא הַשֶּׁמֶשׁ בְּאֶרֶץ
הַכְּנַעֲנִי הַיֹּשֵׁב בָּעֲרָבָה מוּל הַגִּלְגָּל אֵצֶל אֵלוֹנֵי מֹרֶה: כִּי אַתֶּם עֹבְרִים אֶת־הַיַּרְדֵּן לָבֹא
לָרֶשֶׁת אֶת־הָאָרֶץ אֲשֶׁר־יְהוָה יאהדונהי אֱלֹהֵיכֶם נֹתֵן לָכֶם וִירִשְׁתֶּם אֹתָהּ
וִישַׁבְתֶּם־בָּהּ: *Leví* וּשְׁמַרְתֶּם לַעֲשׂוֹת אֵת כָּל־הַחֻקִּים וְאֶת־הַמִּשְׁפָּטִים אֲשֶׁר אָנֹכִי נֹתֵן
לִפְנֵיכֶם הַיּוֹם: אֵלֶּה הַחֻקִּים וְהַמִּשְׁפָּטִים אֲשֶׁר תִּשְׁמְרוּן לַעֲשׂוֹת בָּאָרֶץ אֲשֶׁר נָתַן
יְהוָה יאהדונהי אֱלֹהֵי אֲבֹתֶיךָ לְךָ לְרִשְׁתָּהּ כָּל־הַיָּמִים אֲשֶׁר־אַתֶּם חַיִּים עַל־הָאֲדָמָה:
אַבֵּד תְּאַבְּדוּן אֶת־כָּל־הַמְּקֹמוֹת אֲשֶׁר עָבְדוּ־שָׁם הַגּוֹיִם אֲשֶׁר אַתֶּם יֹרְשִׁים
אֹתָם אֶת־אֱלֹהֵיהֶם עַל־הֶהָרִים הָרָמִים וְעַל־הַגְּבָעוֹת וְתַחַת כָּל־עֵץ רַעֲנָן:

וְנִתַּצְתֶּם אֶת־מִזְבְּחוֹתָם וְשִׁבַּרְתֶּם אֶת־מַצֵּבֹתָם וַאֲשֵׁרֵיהֶם תִּשְׂרְפוּן בָּאֵשׁ וּפְסִילֵי אֱלֹהֵיהֶם תְּגַדֵּעוּן וְאִבַּדְתֶּם אֶת־שְׁמָם מִן־הַמָּקוֹם הַהוּא׃ לֹא־תַעֲשׂוּן כֵּן לַיהֹוָה יאהדונהי אֱלֹהֵיכֶם׃ כִּי אִם־אֶל־הַמָּקוֹם אֲשֶׁר־יִבְחַר יְהֹוָה יאהדונהי אֱלֹהֵיכֶם מִכָּל־שִׁבְטֵיכֶם לָשׂוּם אֶת־שְׁמוֹ שָׁם לְשִׁכְנוֹ תִדְרְשׁוּ וּבָאתָ שָׁמָּה׃ *Yisrael* וַהֲבֵאתֶם שָׁמָּה עֹלֹתֵיכֶם וְזִבְחֵיכֶם וְאֵת מַעְשְׂרֹתֵיכֶם וְאֵת תְּרוּמַת יֶדְכֶם וְנִדְרֵיכֶם וְנִדְבֹתֵיכֶם וּבְכֹרֹת בְּקַרְכֶם וְצֹאנְכֶם׃ וַאֲכַלְתֶּם־שָׁם לִפְנֵי יְהֹוָה יאהדונהי אֱלֹהֵיכֶם וּשְׂמַחְתֶּם בְּכֹל מִשְׁלַח יֶדְכֶם אַתֶּם וּבָתֵּיכֶם אֲשֶׁר בֵּרַכְךָ יְהֹוָה יאהדונהי אֱלֹהֶיךָ׃ לֹא תַעֲשׂוּן כְּכֹל אֲשֶׁר אֲנַחְנוּ עֹשִׂים פֹּה הַיּוֹם אִישׁ כָּל־הַיָּשָׁר בְּעֵינָיו׃ כִּי לֹא־בָאתֶם עַד־עָתָּה אֶל־הַמְּנוּחָה וְאֶל־הַנַּחֲלָה אֲשֶׁר־יְהֹוָה יאהדונהי אֱלֹהֶיךָ נֹתֵן לָךְ׃ וַעֲבַרְתֶּם אֶת־הַיַּרְדֵּן וִישַׁבְתֶּם בָּאָרֶץ אֲשֶׁר־יְהֹוָה יאהדונהי אֱלֹהֵיכֶם מַנְחִיל אֶתְכֶם וְהֵנִיחַ לָכֶם מִכָּל־אֹיְבֵיכֶם מִסָּבִיב וִישַׁבְתֶּם־בֶּטַח׃

SHOFTIM

שֹׁפְטִים וְשֹׁטְרִים תִּתֶּן־לְךָ בְּכָל־שְׁעָרֶיךָ אֲשֶׁר יְהֹוָה יאהדונהי אֱלֹהֶיךָ נֹתֵן לְךָ לִשְׁבָטֶיךָ וְשָׁפְטוּ אֶת־הָעָם מִשְׁפַּט־צֶדֶק׃ לֹא־תַטֶּה מִשְׁפָּט לֹא תַכִּיר פָּנִים וְלֹא־תִקַּח שֹׁחַד כִּי הַשֹּׁחַד יְעַוֵּר עֵינֵי חֲכָמִים וִיסַלֵּף דִּבְרֵי צַדִּיקִם׃ צֶדֶק צֶדֶק תִּרְדֹּף לְמַעַן תִּחְיֶה וְיָרַשְׁתָּ אֶת־הָאָרֶץ אֲשֶׁר־יְהֹוָה יאהדונהי אֱלֹהֶיךָ נֹתֵן לָךְ׃ *Leví* לֹא־תִטַּע לְךָ אֲשֵׁרָה כָּל־עֵץ אֵצֶל מִזְבַּח יְהֹוָה יאהדונהי אֱלֹהֶיךָ אֲשֶׁר תַּעֲשֶׂה־לָּךְ׃ וְלֹא־תָקִים לְךָ מַצֵּבָה אֲשֶׁר שָׂנֵא יְהֹוָה יאהדונהי אֱלֹהֶיךָ׃ לֹא־תִזְבַּח לַיהֹוָה יאהדונהי אֱלֹהֶיךָ שׁוֹר וָשֶׂה אֲשֶׁר יִהְיֶה בוֹ מוּם כֹּל דָּבָר רָע כִּי תוֹעֲבַת יְהֹוָה יאהדונהי אֱלֹהֶיךָ הוּא׃ כִּי־יִמָּצֵא בְקִרְבְּךָ בְּאַחַד שְׁעָרֶיךָ אֲשֶׁר־יְהֹוָה יאהדונהי אֱלֹהֶיךָ נֹתֵן לָךְ אִישׁ אוֹ־אִשָּׁה אֲשֶׁר יַעֲשֶׂה אֶת־הָרַע בְּעֵינֵי יְהֹוָה יאהדונהי אֱלֹהֶיךָ לַעֲבֹר בְּרִיתוֹ׃ וַיֵּלֶךְ וַיַּעֲבֹד אֱלֹהִים אֲחֵרִים וַיִּשְׁתַּחוּ לָהֶם וְלַשֶּׁמֶשׁ | אוֹ לַיָּרֵחַ אוֹ לְכָל־צְבָא הַשָּׁמַיִם אֲשֶׁר לֹא־צִוִּיתִי׃ וְהֻגַּד־לְךָ וְשָׁמָעְתָּ וְדָרַשְׁתָּ הֵיטֵב וְהִנֵּה אֱמֶת נָכוֹן הַדָּבָר נֶעֶשְׂתָה הַתּוֹעֵבָה הַזֹּאת בְּיִשְׂרָאֵל׃ וְהוֹצֵאתָ אֶת־הָאִישׁ הַהוּא אוֹ אֶת־הָאִשָּׁה הַהִוא אֲשֶׁר עָשׂוּ אֶת־הַדָּבָר הָרָע הַזֶּה אֶל־שְׁעָרֶיךָ אֶת־הָאִישׁ אוֹ אֶת־הָאִשָּׁה וּסְקַלְתָּם בָּאֲבָנִים וָמֵתוּ׃ עַל־פִּי | שְׁנַיִם עֵדִים אוֹ שְׁלֹשָׁה עֵדִים יוּמַת הַמֵּת לֹא יוּמַת עַל־פִּי עֵד אֶחָד׃ יַד הָעֵדִים תִּהְיֶה־בּוֹ בָרִאשֹׁנָה לַהֲמִיתוֹ וְיַד כָּל־הָעָם בָּאַחֲרֹנָה וּבִעַרְתָּ הָרָע מִקִּרְבֶּךָ׃ כִּי יִפָּלֵא מִמְּךָ דָבָר לַמִּשְׁפָּט בֵּין־דָּם | לְדָם בֵּין־דִּין לְדִין וּבֵין נֶגַע לָנֶגַע דִּבְרֵי רִיבֹת בִּשְׁעָרֶיךָ וְקַמְתָּ וְעָלִיתָ אֶל־הַמָּקוֹם אֲשֶׁר יִבְחַר יְהֹוָה יאהדונהי אֱלֹהֶיךָ בּוֹ׃ וּבָאתָ אֶל־הַכֹּהֲנִים הַלְוִיִּם וְאֶל־הַשֹּׁפֵט אֲשֶׁר יִהְיֶה בַּיָּמִים הָהֵם וְדָרַשְׁתָּ וְהִגִּידוּ לְךָ אֵת דְּבַר הַמִּשְׁפָּט׃ וְעָשִׂיתָ עַל־פִּי הַדָּבָר אֲשֶׁר יַגִּידוּ לְךָ מִן־הַמָּקוֹם הַהוּא אֲשֶׁר יִבְחַר יְהֹוָה יאהדונהי וְשָׁמַרְתָּ לַעֲשׂוֹת כְּכֹל אֲשֶׁר יוֹרוּךָ׃ *Yisrael* עַל־פִּי הַתּוֹרָה אֲשֶׁר יוֹרוּךָ וְעַל־הַמִּשְׁפָּט אֲשֶׁר־יֹאמְרוּ לְךָ תַּעֲשֶׂה לֹא תָסוּר מִן־הַדָּבָר אֲשֶׁר־יַגִּידוּ לְךָ יָמִין וּשְׂמֹאל׃ וְהָאִישׁ אֲשֶׁר־יַעֲשֶׂה בְזָדוֹן לְבִלְתִּי שְׁמֹעַ אֶל־הַכֹּהֵן הָעֹמֵד לְשָׁרֶת שָׁם אֶת־יְהֹוָה יאהדונהי אֱלֹהֶיךָ אוֹ אֶל־הַשֹּׁפֵט וּמֵת הָאִישׁ הַהוּא וּבִעַרְתָּ הָרָע מִיִּשְׂרָאֵל׃ וְכָל־הָעָם יִשְׁמְעוּ וְיִרָאוּ וְלֹא יְזִידוּן עוֹד׃

QUI TETSÉ

כִּֽי־תֵצֵא לַמִּלְחָמָה עַל־אֹיְבֶיךָ וּנְתָנוֹ יְהֹוָה יאהדונהי אֱלֹהֶיךָ בְּיָדֶךָ וְשָׁבִיתָ שִׁבְיוֹ׃
וְרָאִיתָ בַּשִּׁבְיָה אֵשֶׁת יְפַת־תֹּאַר וְחָשַׁקְתָּ בָהּ וְלָקַחְתָּ לְךָ לְאִשָּׁה׃ וַהֲבֵאתָהּ אֶל־תּוֹךְ
בֵּיתֶךָ וְגִלְּחָה אֶת־רֹאשָׁהּ וְעָשְׂתָה אֶת־צִפָּרְנֶיהָ׃ וְהֵסִירָה אֶת־שִׂמְלַת שִׁבְיָהּ מֵעָלֶיהָ
וְיָשְׁבָה בְּבֵיתֶךָ וּבָכְתָה אֶת־אָבִיהָ וְאֶת־אִמָּהּ יֶרַח יָמִים וְאַחַר כֵּן תָּבוֹא אֵלֶיהָ וּבְעַלְתָּהּ
וְהָיְתָה לְךָ לְאִשָּׁה׃ וְהָיָה אִם־לֹא חָפַצְתָּ בָּהּ וְשִׁלַּחְתָּהּ לְנַפְשָׁהּ וּמָכֹר לֹא־תִמְכְּרֶנָּה
בַּכָּסֶף לֹא־תִתְעַמֵּר בָּהּ תַּחַת אֲשֶׁר עִנִּיתָהּ׃ *Leví* כִּֽי־תִהְיֶיןָ לְאִישׁ שְׁתֵּי נָשִׁים הָאַחַת
אֲהוּבָה וְהָאַחַת שְׂנוּאָה וְיָלְדוּ־לוֹ בָנִים הָאֲהוּבָה וְהַשְּׂנוּאָה וְהָיָה הַבֵּן הַבְּכֹר לַשְּׂנִיאָה׃
וְהָיָה בְּיוֹם הַנְחִילוֹ אֶת־בָּנָיו אֵת אֲשֶׁר־יִהְיֶה לוֹ לֹא יוּכַל לְבַכֵּר אֶת־בֶּן־הָאֲהוּבָה
עַל־פְּנֵי בֶן־הַשְּׂנוּאָה הַבְּכֹר׃ כִּי אֶת־הַבְּכֹר בֶּן־הַשְּׂנוּאָה יַכִּיר לָתֶת לוֹ פִּי שְׁנַיִם
בְּכֹל אֲשֶׁר־יִמָּצֵא לוֹ כִּי־הוּא רֵאשִׁית אֹנוֹ לוֹ מִשְׁפַּט הַבְּכֹרָה׃ *Yisrael* כִּֽי־יִהְיֶה לְאִישׁ
בֵּן סוֹרֵר וּמוֹרֶה אֵינֶנּוּ שֹׁמֵעַ בְּקוֹל אָבִיו וּבְקוֹל אִמּוֹ וְיִסְּרוּ אֹתוֹ וְלֹא יִשְׁמַע אֲלֵיהֶם׃
וְתָפְשׂוּ בוֹ אָבִיו וְאִמּוֹ וְהוֹצִיאוּ אֹתוֹ אֶל־זִקְנֵי עִירוֹ וְאֶל־שַׁעַר מְקֹמוֹ׃ וְאָמְרוּ
אֶל־זִקְנֵי עִירוֹ בְּנֵנוּ זֶה סוֹרֵר וּמֹרֶה אֵינֶנּוּ שֹׁמֵעַ בְּקֹלֵנוּ זוֹלֵל וְסֹבֵא׃ וּרְגָמֻהוּ
כָּל־אַנְשֵׁי עִירוֹ בָאֲבָנִים וָמֵת וּבִעַרְתָּ הָרָע מִקִּרְבֶּךָ וְכָל־יִשְׂרָאֵל יִשְׁמְעוּ וְיִרָאוּ׃

QUI TAVÓ

וְהָיָה כִּֽי־תָבוֹא אֶל־הָאָרֶץ אֲשֶׁר יְהֹוָה יאהדונהי אֱלֹהֶיךָ נֹתֵן לְךָ נַחֲלָה וִירִשְׁתָּהּ
וְיָשַׁבְתָּ בָּהּ׃ וְלָקַחְתָּ מֵרֵאשִׁית ׀ כָּל־פְּרִי הָאֲדָמָה אֲשֶׁר תָּבִיא מֵאַרְצְךָ
אֲשֶׁר יְהֹוָה יאהדונהי אֱלֹהֶיךָ נֹתֵן לָךְ וְשַׂמְתָּ בַטֶּנֶא וְהָלַכְתָּ אֶל־הַמָּקוֹם אֲשֶׁר יִבְחַר
יְהֹוָה יאהדונהי אֱלֹהֶיךָ לְשַׁכֵּן שְׁמוֹ שָׁם׃ וּבָאתָ אֶל־הַכֹּהֵן אֲשֶׁר יִהְיֶה בַּיָּמִים הָהֵם
וְאָמַרְתָּ אֵלָיו הִגַּדְתִּי הַיּוֹם לַיהֹוָה יאהדונהי אֱלֹהֶיךָ כִּי־בָאתִי אֶל־הָאָרֶץ אֲשֶׁר נִשְׁבַּע
יְהֹוָה יאהדונהי לַאֲבֹתֵינוּ לָתֶת לָנוּ׃ *Leví* וְלָקַח הַכֹּהֵן הַטֶּנֶא מִיָּדֶךָ וְהִנִּיחוֹ לִפְנֵי
מִזְבַּח יְהֹוָה יאהדונהי אֱלֹהֶיךָ׃ וְעָנִיתָ וְאָמַרְתָּ לִפְנֵי ׀ יְהֹוָה יאהדונהי אֱלֹהֶיךָ
אֲרַמִּי אֹבֵד אָבִי וַיֵּרֶד מִצְרַיְמָה וַיָּגָר שָׁם בִּמְתֵי מְעָט וַיְהִי־שָׁם לְגוֹי גָּדוֹל עָצוּם וָרָב׃
וַיָּרֵעוּ אֹתָנוּ הַמִּצְרִים וַיְעַנּוּנוּ וַיִּתְּנוּ עָלֵינוּ עֲבֹדָה קָשָׁה׃ וַנִּצְעַק אֶל־יְהֹוָה יאהדונהי אֱלֹהֵי
אֲבֹתֵינוּ וַיִּשְׁמַע יְהֹוָה יאהדונהי אֶת־קֹלֵנוּ וַיַּרְא אֶת־עָנְיֵנוּ וְאֶת־עֲמָלֵנוּ וְאֶת־לַחֲצֵנוּ׃
וַיּוֹצִאֵנוּ יְהֹוָה יאהדונהי מִמִּצְרַיִם בְּיָד חֲזָקָה וּבִזְרֹעַ נְטוּיָה וּבְמֹרָא גָּדֹל וּבְאֹתוֹת
וּבְמֹפְתִים׃ וַיְבִאֵנוּ אֶל־הַמָּקוֹם הַזֶּה וַיִּתֶּן־לָנוּ אֶת־הָאָרֶץ הַזֹּאת אֶרֶץ זָבַת חָלָב וּדְבָשׁ׃
וְעַתָּה הִנֵּה הֵבֵאתִי אֶת־רֵאשִׁית פְּרִי הָאֲדָמָה אֲשֶׁר־נָתַתָּה לִּי יְהֹוָה יאהדונהי
וְהִנַּחְתּוֹ לִפְנֵי יְהֹוָה יאהדונהי אֱלֹהֶיךָ וְהִשְׁתַּחֲוִיתָ לִפְנֵי יְהֹוָה יאהדונהי אֱלֹהֶיךָ׃
וְשָׂמַחְתָּ בְכָל־הַטּוֹב אֲשֶׁר נָתַן־לְךָ יְהֹוָה יאהדונהי אֱלֹהֶיךָ וּלְבֵיתֶךָ אַתָּה וְהַלֵּוִי
וְהַגֵּר אֲשֶׁר בְּקִרְבֶּךָ׃ *Yisrael* כִּי תְכַלֶּה לַעְשֵׂר אֶת־כָּל־מַעְשַׂר תְּבוּאָתְךָ בַּשָּׁנָה
הַשְּׁלִישִׁת שְׁנַת הַמַּעֲשֵׂר וְנָתַתָּה לַלֵּוִי לַגֵּר לַיָּתוֹם וְלָאַלְמָנָה וְאָכְלוּ בִשְׁעָרֶיךָ וְשָׂבֵעוּ׃
וְאָמַרְתָּ לִפְנֵי יְהֹוָה יאהדונהי אֱלֹהֶיךָ בִּעַרְתִּי הַקֹּדֶשׁ מִן־הַבַּיִת וְגַם נְתַתִּיו לַלֵּוִי וְלַגֵּר
לַיָּתוֹם וְלָאַלְמָנָה כְּכָל־מִצְוָתְךָ אֲשֶׁר צִוִּיתָנִי לֹא־עָבַרְתִּי מִמִּצְוֹתֶיךָ וְלֹא שָׁכָחְתִּי׃

לֹא־אָכַלְתִּי בְאֹנִי מִמֶּנּוּ וְלֹא־בִעַרְתִּי מִמֶּנּוּ בְּטָמֵא וְלֹא־נָתַתִּי מִמֶּנּוּ לְמֵת
שָׁמַעְתִּי בְּקוֹל יְהֹוָה אֱלֹהָי עָשִׂיתִי כְּכֹל אֲשֶׁר צִוִּיתָנִי׃
הַשְׁקִיפָה מִמְּעוֹן קָדְשְׁךָ מִן־הַשָּׁמַיִם וּבָרֵךְ אֶת־עַמְּךָ אֶת־יִשְׂרָאֵל
וְאֵת הָאֲדָמָה אֲשֶׁר נָתַתָּה לָנוּ כַּאֲשֶׁר נִשְׁבַּעְתָּ לַאֲבֹתֵינוּ אֶרֶץ זָבַת חָלָב וּדְבָשׁ׃

NITSAVIM

אַתֶּם נִצָּבִים הַיּוֹם כֻּלְּכֶם לִפְנֵי יְהֹוָה אֱלֹהֵיכֶם רָאשֵׁיכֶם שִׁבְטֵיכֶם זִקְנֵיכֶם
וְשֹׁטְרֵיכֶם כֹּל אִישׁ יִשְׂרָאֵל׃ טַפְּכֶם נְשֵׁיכֶם וְגֵרְךָ אֲשֶׁר בְּקֶרֶב מַחֲנֶיךָ מֵחֹטֵב עֵצֶיךָ עַד
שֹׁאֵב מֵימֶיךָ׃ לְעָבְרְךָ בִּבְרִית יְהֹוָה אֱלֹהֶיךָ וּבְאָלָתוֹ אֲשֶׁר יְהֹוָה
אֱלֹהֶיךָ כֹּרֵת עִמְּךָ הַיּוֹם׃ *Leví* לְמַעַן הָקִים־אֹתְךָ הַיּוֹם ׀ לוֹ לְעָם וְהוּא יִהְיֶה־לְּךָ
לֵאלֹהִים כַּאֲשֶׁר דִּבֶּר־לָךְ וְכַאֲשֶׁר נִשְׁבַּע לַאֲבֹתֶיךָ לְאַבְרָהָם לְיִצְחָק וּלְיַעֲקֹב׃ וְלֹא
אִתְּכֶם לְבַדְּכֶם אָנֹכִי כֹּרֵת אֶת־הַבְּרִית הַזֹּאת וְאֶת־הָאָלָה הַזֹּאת׃ כִּי אֶת־אֲשֶׁר יֶשְׁנוֹ
פֹּה עִמָּנוּ עֹמֵד הַיּוֹם לִפְנֵי יְהֹוָה אֱלֹהֵינוּ וְאֵת אֲשֶׁר אֵינֶנּוּ פֹּה עִמָּנוּ הַיּוֹם׃
Yisrael כִּי־אַתֶּם יְדַעְתֶּם אֵת אֲשֶׁר־יָשַׁבְנוּ בְּאֶרֶץ מִצְרָיִם וְאֵת אֲשֶׁר־עָבַרְנוּ בְּקֶרֶב
הַגּוֹיִם אֲשֶׁר עֲבַרְתֶּם׃ וַתִּרְאוּ אֶת־שִׁקּוּצֵיהֶם וְאֵת גִּלֻּלֵיהֶם עֵץ וָאֶבֶן כֶּסֶף וְזָהָב אֲשֶׁר
עִמָּהֶם׃ פֶּן־יֵשׁ בָּכֶם אִישׁ אוֹ־אִשָּׁה אוֹ מִשְׁפָּחָה אוֹ־שֵׁבֶט אֲשֶׁר לְבָבוֹ פֹנֶה הַיּוֹם מֵעִם
יְהֹוָה אֱלֹהֵינוּ לָלֶכֶת לַעֲבֹד אֶת־אֱלֹהֵי הַגּוֹיִם הָהֵם פֶּן־יֵשׁ בָּכֶם שֹׁרֶשׁ פֹּרֶה
רֹאשׁ וְלַעֲנָה׃ וְהָיָה בְּשָׁמְעוֹ אֶת־דִּבְרֵי הָאָלָה הַזֹּאת וְהִתְבָּרֵךְ בִּלְבָבוֹ לֵאמֹר שָׁלוֹם
יִהְיֶה־לִּי כִּי בִּשְׁרִרוּת לִבִּי אֵלֵךְ לְמַעַן סְפוֹת הָרָוָה אֶת־הַצְּמֵאָה׃ לֹא־יֹאבֶה
יְהֹוָה סְלֹחַ לוֹ כִּי אָז יֶעְשַׁן אַף־יְהֹוָה וְקִנְאָתוֹ בָּאִישׁ הַהוּא וְרָבְצָה בּוֹ
כָּל־הָאָלָה הַכְּתוּבָה בַּסֵּפֶר הַזֶּה וּמָחָה יְהֹוָה אֶת־שְׁמוֹ מִתַּחַת הַשָּׁמָיִם׃
וְהִבְדִּילוֹ יְהֹוָה לְרָעָה מִכֹּל שִׁבְטֵי יִשְׂרָאֵל כְּכֹל אָלוֹת הַבְּרִית הַכְּתוּבָה בְּסֵפֶר
הַתּוֹרָה הַזֶּה׃ וְאָמַר הַדּוֹר הָאַחֲרוֹן בְּנֵיכֶם אֲשֶׁר יָקוּמוּ מֵאַחֲרֵיכֶם וְהַנָּכְרִי אֲשֶׁר יָבֹא
מֵאֶרֶץ רְחוֹקָה וְרָאוּ אֶת־מַכּוֹת הָאָרֶץ הַהִוא וְאֶת־תַּחֲלֻאֶיהָ אֲשֶׁר־חִלָּה יְהֹוָה
בָּהּ׃ גָּפְרִית וָמֶלַח שְׂרֵפָה כָל־אַרְצָהּ לֹא תִזָּרַע וְלֹא תַצְמִחַ וְלֹא־יַעֲלֶה בָהּ כָּל־עֵשֶׂב
כְּמַהְפֵּכַת סְדֹם וַעֲמֹרָה אַדְמָה וּצְבֹיִים אֲשֶׁר הָפַךְ יְהֹוָה בְּאַפּוֹ וּבַחֲמָתוֹ׃
וְאָמְרוּ כָּל־הַגּוֹיִם עַל־מֶה עָשָׂה יְהֹוָה כָּכָה לָאָרֶץ הַזֹּאת מֶה חֳרִי הָאַף הַגָּדוֹל
הַזֶּה׃ וְאָמְרוּ עַל אֲשֶׁר עָזְבוּ אֶת־בְּרִית יְהֹוָה אֱלֹהֵי אֲבֹתָם אֲשֶׁר כָּרַת עִמָּם
בְּהוֹצִיאוֹ אֹתָם מֵאֶרֶץ מִצְרָיִם׃ וַיֵּלְכוּ וַיַּעַבְדוּ אֱלֹהִים אֲחֵרִים וַיִּשְׁתַּחֲווּ לָהֶם אֱלֹהִים
אֲשֶׁר לֹא־יְדָעוּם וְלֹא חָלַק לָהֶם׃ וַיִּחַר־אַף יְהֹוָה בָּאָרֶץ הַהִוא לְהָבִיא עָלֶיהָ
אֶת־כָּל־הַקְּלָלָה הַכְּתוּבָה בַּסֵּפֶר הַזֶּה׃ וַיִּתְּשֵׁם יְהֹוָה מֵעַל אַדְמָתָם בְּאַף
וּבְחֵמָה וּבְקֶצֶף גָּדוֹל וַיַּשְׁלִכֵם אֶל־אֶרֶץ אַחֶרֶת כַּיּוֹם הַזֶּה׃ הַנִּסְתָּרֹת לַיהֹוָה
אֱלֹהֵינוּ וְהַנִּגְלֹת לָנוּ וּלְבָנֵינוּ עַד־עוֹלָם לַעֲשׂוֹת אֶת־כָּל־דִּבְרֵי הַתּוֹרָה הַזֹּאת׃

VAYELEJ

וַיֵּלֶךְ מֹשֶׁה וַיְדַבֵּר אֶת־הַדְּבָרִים הָאֵלֶּה אֶל־כָּל־יִשְׂרָאֵל׃ וַיֹּאמֶר אֲלֵהֶם בֶּן־מֵאָה
וְעֶשְׂרִים שָׁנָה אָנֹכִי הַיּוֹם לֹא־אוּכַל עוֹד לָצֵאת וְלָבוֹא וַיהֹוָה יאהדונהי אָמַר אֵלַי לֹא
תַעֲבֹר אֶת־הַיַּרְדֵּן הַזֶּה׃ יְהֹוָה יאהדונהי אֱלֹהֶיךָ הוּא | עֹבֵר לְפָנֶיךָ הוּא־יַשְׁמִיד
אֶת־הַגּוֹיִם הָאֵלֶּה מִלְּפָנֶיךָ וִירִשְׁתָּם יְהוֹשֻׁעַ הוּא עֹבֵר לְפָנֶיךָ כַּאֲשֶׁר דִּבֶּר
יְהֹוָה יאהדונהי׃ *Leví* וְעָשָׂה יְהֹוָה יאהדונהי לָהֶם כַּאֲשֶׁר עָשָׂה לְסִיחוֹן וּלְעוֹג מַלְכֵי
הָאֱמֹרִי וּלְאַרְצָם אֲשֶׁר הִשְׁמִיד אֹתָם׃ וּנְתָנָם יְהֹוָה יאהדונהי לִפְנֵיכֶם וַעֲשִׂיתֶם לָהֶם
כְּכָל־הַמִּצְוָה אֲשֶׁר צִוִּיתִי אֶתְכֶם׃ חִזְקוּ וְאִמְצוּ אַל־תִּירְאוּ וְאַל־תַּעַרְצוּ מִפְּנֵיהֶם כִּי |
יְהֹוָה יאהדונהי אֱלֹהֶיךָ הוּא הַהֹלֵךְ עִמָּךְ לֹא יַרְפְּךָ וְלֹא יַעַזְבֶךָּ׃ *Yisrael* וַיִּקְרָא מֹשֶׁה
לִיהוֹשֻׁעַ וַיֹּאמֶר אֵלָיו לְעֵינֵי כָל־יִשְׂרָאֵל חֲזַק וֶאֱמָץ כִּי אַתָּה תָּבוֹא אֶת־הָעָם הַזֶּה
אֶל־הָאָרֶץ אֲשֶׁר נִשְׁבַּע יְהֹוָה יאהדונהי לַאֲבֹתָם לָתֵת לָהֶם וְאַתָּה תַּנְחִילֶנָּה אוֹתָם׃
וַיהֹוָה יאהדונהי הוּא | הַהֹלֵךְ לְפָנֶיךָ הוּא יִהְיֶה עִמָּךְ לֹא יַרְפְּךָ וְלֹא יַעַזְבֶךָּ לֹא תִירָא
וְלֹא תֵחָת׃ וַיִּכְתֹּב מֹשֶׁה אֶת־הַתּוֹרָה הַזֹּאת וַיִּתְּנָהּ אֶל־הַכֹּהֲנִים בְּנֵי לֵוִי הַנֹּשְׂאִים
אֶת־אֲרוֹן בְּרִית יְהֹוָה יאהדונהי וְאֶל־כָּל־זִקְנֵי יִשְׂרָאֵל׃ וַיְצַו מֹשֶׁה אוֹתָם לֵאמֹר מִקֵּץ |
שֶׁבַע שָׁנִים בְּמֹעֵד שְׁנַת הַשְּׁמִטָּה בְּחַג הַסֻּכּוֹת׃ בְּבוֹא כָל־יִשְׂרָאֵל לֵרָאוֹת אֶת־פְּנֵי
יְהֹוָה יאהדונהי אֱלֹהֶיךָ בַּמָּקוֹם אֲשֶׁר יִבְחָר תִּקְרָא אֶת־הַתּוֹרָה הַזֹּאת נֶגֶד כָּל־יִשְׂרָאֵל
בְּאָזְנֵיהֶם׃ הַקְהֵל אֶת־הָעָם הָאֲנָשִׁים וְהַנָּשִׁים וְהַטַּף וְגֵרְךָ אֲשֶׁר בִּשְׁעָרֶיךָ לְמַעַן יִשְׁמְעוּ
וּלְמַעַן יִלְמְדוּ וְיָרְאוּ אֶת־יְהֹוָה יאהדונהי אֱלֹהֵיכֶם וְשָׁמְרוּ לַעֲשׂוֹת אֶת־כָּל־דִּבְרֵי הַתּוֹרָה
הַזֹּאת׃ וּבְנֵיהֶם אֲשֶׁר לֹא־יָדְעוּ יִשְׁמְעוּ וְלָמְדוּ לְיִרְאָה אֶת־יְהֹוָה יאהדונהי אֱלֹהֵיכֶם כָּל־
הַיָּמִים אֲשֶׁר אַתֶּם חַיִּים עַל־הָאֲדָמָה אֲשֶׁר אַתֶּם עֹבְרִים אֶת־הַיַּרְדֵּן שָׁמָּה לְרִשְׁתָּהּ׃

HAAZINU

הַאֲזִינוּ הַשָּׁמַיִם וַאֲדַבֵּרָה וְתִשְׁמַע הָאָרֶץ אִמְרֵי־פִי׃
יַעֲרֹף כַּמָּטָר לִקְחִי תִּזַּל כַּטַּל אִמְרָתִי
כִּשְׂעִירִם עֲלֵי־דֶשֶׁא וְכִרְבִיבִים עֲלֵי־עֵשֶׂב׃
כִּי שֵׁם יְהֹוָה יאהדונהי אֶקְרָא הָבוּ גֹדֶל לֵאלֹהֵינוּ׃ *Leví*
הַצּוּר תָּמִים פָּעֳלוֹ כִּי כָל־דְּרָכָיו מִשְׁפָּט
אֵל אֱמוּנָה וְאֵין עָוֶל צַדִּיק וְיָשָׁר הוּא׃
שִׁחֵת לוֹ לֹא בָּנָיו מוּמָם דּוֹר עִקֵּשׁ וּפְתַלְתֹּל׃
הַ לַיהֹוָה יאהדונהי תִּגְמְלוּ־זֹאת עַם נָבָל וְלֹא חָכָם
הֲלוֹא־הוּא אָבִיךָ קָּנֶךָ הוּא עָשְׂךָ וַיְכֹנְנֶךָ׃ *Yisrael*
זְכֹר יְמוֹת עוֹלָם בִּינוּ שְׁנוֹת דֹּר־וָדֹר
שְׁאַל אָבִיךָ וְיַגֵּדְךָ זְקֵנֶיךָ וְיֹאמְרוּ לָךְ׃
בְּהַנְחֵל עֶלְיוֹן גּוֹיִם בְּהַפְרִידוֹ בְּנֵי אָדָם
יַצֵּב גְּבֻלֹת עַמִּים לְמִסְפַּר בְּנֵי יִשְׂרָאֵל׃
כִּי חֵלֶק יְהֹוָה יאהדונהי עַמּוֹ יַעֲקֹב חֶבֶל נַחֲלָתוֹ׃

יִמְצָאֵהוּ בְּאֶרֶץ מִדְבָּר וּבְתֹהוּ יְלֵל יְשִׁמֹן
יְסֹבְבֶנְהוּ יְבוֹנְנֵהוּ יִצְּרֶנְהוּ כְּאִישׁוֹן עֵינוֹ:
כְּנֶשֶׁר יָעִיר קִנּוֹ עַל־גּוֹזָלָיו יְרַחֵף
יִפְרֹשׂ כְּנָפָיו יִקָּחֵהוּ יִשָּׂאֵהוּ עַל־אֶבְרָתוֹ:
יְהֹוָה אדני יאהדונהי בָּדָד יַנְחֶנּוּ וְאֵין עִמּוֹ אֵל נֵכָר:

VEZOT HABRAJÁ

וְזֹאת הַבְּרָכָה אֲשֶׁר בֵּרַךְ מֹשֶׁה אִישׁ הָאֱלֹהִים אֶת־בְּנֵי יִשְׂרָאֵל לִפְנֵי מוֹתוֹ: וַיֹּאמַר
יְהֹוָה אדני יאהדונהי מִסִּינַי בָּא וְזָרַח מִשֵּׂעִיר לָמוֹ הוֹפִיעַ מֵהַר פָּארָן וְאָתָה מֵרִבְבֹת קֹדֶשׁ
מִימִינוֹ אֵשׁ דָּת (כתיב: אשדת) לָמוֹ: אַף חֹבֵב עַמִּים כָּל־קְדֹשָׁיו בְּיָדֶךָ וְהֵם תֻּכּוּ לְרַגְלֶךָ
יִשָּׂא מִדַּבְּרֹתֶיךָ: תּוֹרָה צִוָּה־לָנוּ מֹשֶׁה מוֹרָשָׁה קְהִלַּת יַעֲקֹב: וַיְהִי בִישֻׁרוּן מֶלֶךְ
בְּהִתְאַסֵּף רָאשֵׁי עָם יַחַד שִׁבְטֵי יִשְׂרָאֵל: יְחִי רְאוּבֵן וְאַל־יָמֹת וִיהִי מְתָיו מִסְפָּר:
וְזֹאת לִיהוּדָה וַיֹּאמַר שְׁמַע יְהֹוָה אדני יאהדונהי קוֹל יְהוּדָה וְאֶל־עַמּוֹ תְּבִיאֶנּוּ יָדָיו רָב לוֹ
וְעֵזֶר מִצָּרָיו תִּהְיֶה: *Leví* וּלְלֵוִי אָמַר תֻּמֶּיךָ וְאוּרֶיךָ לְאִישׁ חֲסִידֶךָ אֲשֶׁר נִסִּיתוֹ בְּמַסָּה
תְּרִיבֵהוּ עַל־מֵי מְרִיבָה: הָאֹמֵר לְאָבִיו וּלְאִמּוֹ לֹא רְאִיתִיו וְאֶת־אֶחָיו לֹא הִכִּיר
וְאֶת־בָּנָו לֹא יָדָע כִּי שָׁמְרוּ אִמְרָתֶךָ וּבְרִיתְךָ יִנְצֹרוּ: יוֹרוּ מִשְׁפָּטֶיךָ לְיַעֲקֹב וְתוֹרָתְךָ
לְיִשְׂרָאֵל יָשִׂימוּ קְטוֹרָה בְּאַפֶּךָ וְכָלִיל עַל־מִזְבְּחֶךָ: בָּרֵךְ יְהֹוָה אדני יאהדונהי חֵילוֹ וּפֹעַל יָדָיו
תִּרְצֶה מְחַץ מָתְנַיִם קָמָיו וּמְשַׂנְאָיו מִן־יְקוּמוּן: לְבִנְיָמִן אָמַר יְדִיד יְהֹוָה אדני יאהדונהי יִשְׁכֹּן
לָבֶטַח עָלָיו חֹפֵף עָלָיו כָּל־הַיּוֹם וּבֵין כְּתֵפָיו שָׁכֵן: *Yisrael* וּלְיוֹסֵף אָמַר מְבֹרֶכֶת
יְהֹוָה אדני יאהדונהי אַרְצוֹ מִמֶּגֶד שָׁמַיִם מִטָּל וּמִתְּהוֹם רֹבֶצֶת תָּחַת: וּמִמֶּגֶד תְּבוּאֹת שָׁמֶשׁ
וּמִמֶּגֶד גֶּרֶשׁ יְרָחִים: וּמֵרֹאשׁ הַרְרֵי־קֶדֶם וּמִמֶּגֶד גִּבְעוֹת עוֹלָם: וּמִמֶּגֶד אֶרֶץ וּמְלֹאָהּ
וּרְצוֹן שֹׁכְנִי סְנֶה תָּבוֹאתָה לְרֹאשׁ יוֹסֵף וּלְקָדְקֹד נְזִיר אֶחָיו: בְּכוֹר שׁוֹרוֹ הָדָר לוֹ וְקַרְנֵי
רְאֵם קַרְנָיו בָּהֶם עַמִּים יְנַגַּח יַחְדָּו אַפְסֵי־אָרֶץ וְהֵם רִבְבוֹת אֶפְרַיִם וְהֵם אַלְפֵי מְנַשֶּׁה:

Guía para el uso del Sidur Kabbalístico Transliterado.

No existe un sistema que se aplique de manera uniforme a la transliteración hebreo-aramea. En el presente libro nos hemos adherido a lo que se denomina "pronunciación sefardita", puesto que sigue el método kabbalístico de pronunciación y es, asimismo, la más fácil de utilizar (sin ánimo de que sea científicamente correcto).

Las letras hebreas-arameas son consonantes. Las vocales están simbolizadas por los signos que se encuentran debajo, encima o al lado de las letras. Las vocales en esta transliteración se pronuncian de la forma más simple.

Las consonantes:

La letra	Nombre de la letra	Suena como:	Comentarios
א	Álef	a, e, i, o, u	No tiene sonido propio, adopta el sonido de la vocal que la acompaña.
בּ	Bet	b	**B** de "Brasil".
ב	Vet: sin daguesh	v	**V** de "Venus". Nota: Daguesh se llama a un punto colocado en el interior de algunas letras.
גּ	Guímel	g	**G** de "gol".
דּ	Dálet	d	**D** de "David".
ה	Hei	h	Una **H** aunque con un sonido suave como en "Hawái". Es muda cuando aparece al final sin vocal.
ו	Vav	v, u, o	**V** de "Venus", **U** de "útil", **O** de "oso".
ז	Zayin	z	**Zzzzz** como un zumbido.
ח	Jet	j	**J** como en "jarra".
ט	Tet	t	**T** de "tarta".
י	Yud	i, y	**I** cuando se usa como vocal como en "alelí", **Y** cuando es consonante como en "cayó".
כּ	Caf	c	**C**a-que-qui-co-cu "casa".
כ	Jaf: Sin daguesh	j	**J** como en "jarra".
ל	Lámed	l	**L** de "Libra".
מ	Mem	m	**M** de "Marte".
נ	Nun	n	**N** de "Noruega".

La letra	Nombre de la letra	Suena como:	Comentarios
ס	Sámej	s	**S** de "Sol".
עָ	Ayin	a, e, i, o, u	No tiene sonido propio, adopta el sonido de la vocal que la acompaña, a diferencia de la Álef, la Ayin tiene una pronunciación profunda de garganta (oriental).
פּ	Pei	p	**P** de "Panamá".
פ	Fei: Sin daguesh	f	**F** de "Francia".
צ	Tsadi	ts	**TS** como en "Pizza" (Pitsa).
ק	Kof	k	**K** de "Kenia".
ר	Resh	r	**R** de "Roma".
שׁ	Shin	sh	Si el punto está sobre la parte derecha: **SH** como en "show".
שׂ	Sin	s	Si el punto está sobre la parte izquierda: **S** como en "salón"
ת	Tav	t	**T** como en "toro"

Consonantes que tienen una forma distinta cuando van al final de una palabra pero igual sonido:

La letra	Nombre de la letra	Suena como:	Comentarios
ך (כ)	Jaf Sofit	j	**J** como en "reloj".
ם (מ)	Mem Sofit	m	**M** como en "Miriam".
ן (נ)	Nun Sofit	n	**N** como en "latín".
ף (פ)	Fei Sofit	f	**F** como en "chef".
ץ (צ)	Tsadi Sofit	ts	**TS** como en "robots".

Las vocales:

Nombre	Carácter	Sonido
Kamats	אָ	a
Pataj	אַ	a
Segol	אֶ	e
Tseré	אֵ	e
Shvá	אְ	e muy breve o muda.
Jirik	אִ	i
Jolam	אֹ אוֹ	o
Shuruk	אוּ	u
Kuvuts	אֻ	u

APÉNDICE

EXPLICACIONES DEL KADISH

DOS VECES LUZ

El Kabbalista Rav Yitsjak Luria (el Arí), revela que el *Kadish* קדיש tiene el poder de *dos veces la Luz*. Una Luz es la Luz dentro de todos nosotros, la chispa que es nuestra alma y fuerza de vida. La segunda Luz es la Luz que obtenemos de nuestro entorno. El *Kadish* unifica estas dos Luces de la misma forma que vincula dos mundos.

El valor numérico de la palabra aramea *Kadish* es 414, el mismo valor numérico de la palabra aramea "Luz", *Or*: 202 x 2 = 414.

DOS VECES EL PODER DE 28

La palabra aramea para "poder" es *cóaj*. Su valor numérico es 28. Dentro del *Kadish* hay dos versos importantes: uno contiene 28 letras: "*yehé shmei... almayá*" y el otro contiene 28 palabras: "*yehé shmei... bealmá*". Mientras pronunciamos ambos versos, la vibración de las letras ayuda a generar poder espiritual dentro de nosotros.

DOS VECES EL PODER DE 42

El *Aná Bejóaj* tal vez sea la oración más poderosa en el universo, y es conocida como el Nombre de Dios de 42 Letras. Cuando hacemos una conexión con el Nombre de 42 Letras, estamos conectándonos con las fuerzas primordiales de la Creación.

En el *Kadish*, nos conectamos dos veces con esta poderosa fuerza de la Creación. El verso: "*yehishtabaj... veyithalal*" contiene siete palabras que comienzan con la letra aramea *Vav* (ו). El valor numérico de *Vav* es seis, y 7 (palabras) x 6 (*Vav*) = 42, lo cual nos proporciona un vínculo con el Nombre de 42 Letras.

La segunda conexión con 42 se encuentra dentro de las siete palabras mismas. Cada palabra contiene seis letras. Si se suman los dos 42, se obtiene 84, que es el valor numérico de la palabra aramea *yedá* ידע, ¡que significa "conocimiento"! La Biblia dice que "Adán conoció (*yadá*) a Eva y Eva dio luz a Caín". El *Zóhar* pregunta por qué la Biblia usa la palabra *conocer* para implicar relaciones sexuales, y revela que la Biblia es un código y que la palabra *conoció* nos revela que el *conocimiento* es la conexión con la Luz del Creador. La información aislada no es poder; el conocimiento es poder, y es por lo cual debemos siempre preguntar *por qué*. Los rituales a ciegas realizados por personas desinformadas nunca activarán el poder de la oración. Debemos saber el *porqué* de cada acción espiritual, oración o ritual.

DIEZ VECES LOS 72 NOMBRES DE DIOS

Los 72 Nombres de Dios se refieren a una fórmula de 72 palabras arameas que Moshé usó para dividir el Mar Rojo. Los 72 Nombres de Dios tienen el poder de superar las leyes de la naturaleza y las leyes de la naturaleza humana. La palabra *yishtabaj* ישתבח tiene el valor numérico de 720, lo cual nos impregna de diez veces el poder de los 72 Nombres de Dios. Despertamos este poder al decir la palabra con mucho entusiasmo.

EL PODER DE LA INMORTALIDAD

El Kabbalista del siglo XVI Rav Avraham Azulai nos enseña que la palabra aramea *veyitnasé* ויתנשא canaliza el poder de la inmortalidad. En 1995, el Centro de Kabbalah hizo públicas las enseñanzas secretas de Rav Azulai con respecto al concepto de la inmortalidad y su conexión con la palabra *veyitnasé*. Según la Kabbalah, cuando un conocimiento es revelado públicamente, la energía-inteligencia del mismo comienza a penetrar la conciencia de toda la humanidad y el cosmos. Es interesante resaltar que, después de seis meses, salió a la venta un libro extraordinario escrito por el físico Frank J. Tipler. El libro *La física de la inmortalidad: la cosmología moderna y su relación con Dios y la resurrección de los muertos* trató sobre un tema que era considerado tabú para la ciencia. La barrera estaba ahora rota. En enero de 1998, el diario Los Angeles Times anunció lo siguiente en la primera plana: "Al romper una barrera biológica que una vez se consideró inalcanzable, por primera vez los científicos han dotado a un cultivo de células humanas con una cualidad que alquimistas, exploradores y místicos han buscado en vano durante siglos: la inmortalidad".

Curiosamente, la energía de la inmortalidad se encuentra dentro del *Kadish*, una oración que recitamos cuando un familiar directo fallece. *Veyitnasé* también conecta con el cuarto versos del *Aná Bejóaj*. Después de recitar la palabra *veyitnasé*, podemos intensificar la fuerza de inmortalidad al recitar la cuarta línea del *Aná Bejóaj* con gran entusiasmo: *Barjem taharem rajaméi tsidkateja tamid gomlem*. Los poderes que causarán la Resurrección de los Muertos y, finalmente, la desaparición de la muerte se encuentran ocultos dentro de esta conexión.

EL AMÉN

Cuando recitamos la palabra *Amén*, meditamos en la combinación de los dos Nombres Sagrados: יהוה y אדני. El Tetragrámaton, que es el Nombre de Dios más poderoso, atrae una Luz que es tan inmensa que no podemos manejar su poder; por lo tanto, no lo pronunciamos en voz alta. En su lugar, los kabbalistas nos dieron otro Nombre, אדני *Adonai*, el cual pronunciamos mientras meditamos en las letras del Tetragrámaton יהוה. Esta acción conecta al Mundo Superior con nuestra realidad física, lo que crea un conducto a través del cual la Luz fluye a nuestro mundo físico.

Se medita en la primera combinación (יאהדונהי) mientras pronunciamos la palabra *Amén* después de decir las bendiciones. Cuando intercalamos las letras de la secuencia *Adonai* —nuestro mundo físico— con el Tetragrámaton, unificamos el Mundo Superior con el Mundo Inferior.

En el *Kadish*, meditamos en una combinación ligeramente diferente (אידהנויה) cuando pronunciamos *Amén*. Aquí, la *Álef* (א) del Nombre אדני comienza la secuencia en vez de la *Yud* (י). La razón de esto es que, en la mayoría de las oraciones, el Creador inicia la conexión y la Luz emana usualmente hacia nuestro mundo mediante la letra *Yud* (י) del Tetragrámaton. En el *Kadish*, nosotros iniciamos la conexión hacia arriba; por lo tanto, la *Álef* (א) de *Adonai* comienza la secuencia porque la acción se origina en este mundo.

LA AMIDÁ

Nos inclinamos hacia delante en cuatro oportunidades durante la conexión de *Amidá*: dos veces en la Primera Bendición y dos veces al final durante la Decimoctava (en *Shabat*: la Quinta) Bendición. La acción de inclinarnos atrae los Mundos Superiores y el Nombre יהוה a nuestro nivel. Cuando nos enderezamos, elevamos nuestro mundo, nuestra conciencia y el Nombre אדני para crear una conexión entre los dos Mundos. Todo nuestro trabajo espiritual está diseñado para juntar estos dos Mundos, porque es así como la Luz es revelada en nuestra vida.

Primera inclinación (al principio de la Primera Bendición): Flexiona las rodillas en "*Baruj*", inclínate en "*Atá*" y enderézate en "*Adonai*", y medita en conectar la *Yud* de יהוה con la *Álef* de אדני: (יא).

Segunda inclinación (al final de la Primera Bendición): Flexiona las rodillas en "*Baruj*", inclínate en "*Atá*" y enderézate en "*Adonai*", y medita en conectar la *Hei* de יהוה con la *Dálet* de אדני: (הד).

Tercera inclinación (al principio de la Decimoctava Bendición): Inclina todo tu cuerpo en "*modim*" y enderézate en "*Adonai*", y medita en conectar la *Vav* de יהוה con la *Nun* de אדני: (ונ).

Cuarta inclinación (al final de la Decimoctava Bendición): Flexiona las rodillas en "*Baruj*", inclínate en "*Atá*" y enderézate en "*Adonai*", y medita en conectar la *Hei* de יהוה con la *Yud* de אדני: (הי).

AMBOS PIES JUNTOS COMO UNO SOLO

En la *Amidá*, estamos de pie con los pies juntos. Nuestra pierna izquierda y nuestra pierna derecha representan las Columnas Izquierda y Derecha respectivamente. La acción de unirlas crea una tercera o Columna Central para completar el circuito.

GLOSARIO

Aba (Padre): El segundo *Partsuf* que reviste la Luz de *Jayá*.

Ángel: Seres de Luz de energía inteligente celestial manifestados, dedicados a un propósito específico y no poseen libre albedrío.

Arij Anpín (Cara Larga): El *Partsuf* Inferior de *Kéter* de *Atsilut*, el cual incluye las Siete *Sefirot* Inferiores de *Atik* (el *Partsuf* Superior de *Kéter* de *Atsilut*).

Atik (Anciano): *Maljut* de *Maljut* del *Partsuf* Superior se convierte en el *Partsuf* Superior de *Kéter* de *Atsilut* del *Partsuf* Inferior.

Atiká Kadishá (Santo Anciano): Representa la cabeza de *Atik* y las tres cabezas de *Arij Anpín*.

Biná (Entendimiento): La palabra *Biná* significa: entender el proceso de causa y efecto. La tercera de las Diez *Sefirot*. *Biná* contiene toda la energía que motiva el comportamiento humano y los impulsos en las corrientes de la Tierra que mantienen a las galaxias girando y a las estrellas ardiendo.

Cavaná (Intención, meditación): Centrar nuestra conciencia interior con la atención apropiada a la situación o conexión.

Clí (Vasija): El Deseo de Recibir en lo emanado.

Dáat (Conocimiento): No se considera como una *Sefirá* sino como un canal para la energía que es creada por la Unificación de *Aba* e *Ima*.

Gadlut (Adultez): Iluminación de la Luz de *Jojmá* en un *Partsuf*.

Guevurá (Juicio): La quinta de las Diez *Sefirot*. Energía de la Columna Izquierda. Carroza: Yitsjak.

Guímel Rishonot (Tres *Sefirot* Superiores): Las Tres *Sefirot* Superiores (*Kéter*, *Jojmá* y *Biná*) de las Diez *Sefirot* en un *Partsuf*. Representa la cabeza y los cerebros de cada *Partsuf*.

Heijal (Cámara): El lugar espiritual en el cual recibimos todo lo bueno que existe por la eternidad.

Hitlabshut (Revestimiento): Desde el *Tsimtsum*, la Luz Superior sólo puede revelarse en la Vasija inferior a través de la Luz Retornante. Por lo tanto, la Luz Retornante se considera como un revestimiento de la Luz Superior.

Hitpashtut (Expansión): El resultado del *Hitlabshut*. Cuando la Luz es revestida por la Luz Retornante, ésta se expande en la Vasija.

Hod (Gloria): La octava de las *Diez Sefirot*. Carroza: Aharón.

Ima (Madre): El tercer *Partsuf* que reviste la Luz de *Neshamá*.

Jayá: El cuarto nivel del alma. La Luz que está incluida en *Jojmá*.

Jésed (Misericordia): La cuarta de las *Diez Sefirot*. Energía de la Columna Derecha. Carroza: Avraham. *Jésed* representa la energía pura y positiva de compartir, y conserva la semilla indiferenciada e intacta de todo lo que ha ocurrido entre *Jojmá* y *Biná*.

Jojmá (Sabiduría): La palabra *Jojmá* significa: tener la sabiduría para conocer el destino final del proceso. La segunda de las *Diez Sefirot*. *Jojmá* representa el comienzo del Zodíaco. Contiene la totalidad de la Luz y se presenta como la "figura paternal" universal.

Ken (Nido): Iluminación poco frecuente. Usualmente, el término será usado para describir una situación temporal en la que *Maljut* de *Atsilut* está en *Briá* antes de que Ella ascienda de regreso (como en *Rosh Jódesh*).

Kéter (Corona): La cabeza y la primera de las *Diez Sefirot*, el vínculo entre el Mundo Infinito y la estructura de *Sefirot*, y la semilla de toda manifestación y actividad física. *Kéter* contiene todas las encarnaciones de todas las almas existentes. *Kéter* es la fuente de todo, un estado potencial indiferenciado.

Klipá (Cáscara. Plural: *klipot*): Una entidad espiritual que existe fuera del revestimiento de *Atsilut* (*Briá*, *Yetsirá* y *Asiyá*), que causa que la gente sea superficial y perezosa en su trabajo espiritual. Su esencia es el Deseo de Recibir para Sí Mismo total.

Leá: Nombre del *Partsuf* de la parte Superior de *Nukvá*, conocida como "mundo oculto".

Levush (Vestimenta): Cuando un *Partsuf* recibe asistencia de un *Partsuf* Inferior se considera como si el *Partsuf* Inferior se convirtiera en vestimenta para este *Partsuf* (ver: *Hitlabshut*).

Maljut (Reinado): La décima y última *Sefirá*. La *Sefirá* en la cual se manifiesta el mayor Deseo de Recibir y donde ocurren todas las correcciones. *Maljut* contiene el mundo de la fisicalidad.

Masaj (Cortina): Una cortina espiritual que retrasa que la Vasija reciba la Luz y, también, demora que la Luz entre en la Vasija.

Mayin Dujrín (Agua Masculina): Despertar desde Arriba, a fin de dar energía para la Unificación.

Mayin Nukvín (Agua Femenina): Despertar desde Abajo, a fin de dar energía al Femenino para la Unificación. Hay dos clases de *Mayin Nukvín*: La primera es el esfuerzo que el Femenino hace a fin de unificarse con Su Masculino. El segundo es cuando el *Partsuf* Inferior hace un esfuerzo adicional con el propósito de dar esta energía al *Partsuf* Superior y que, de este modo, el *Partsuf* Superior pueda ser unificado y devolver iluminaciones más elevadas a este *Partsuf* Inferior.

Milui (Deletrado): Se llama *Milui* cuando un Nombre o una palabra son llamados o escritos por las letras que componen la forma convencional del Nombre o palabra. Por ejemplo, la palabra "Luz" sería deletreada como: ele-u-zeta. Cuando un nombre es deletreado, disminuye un poco su poder y representa una dureza espiritual.

Mojín (Cerebros): Cuando a un *Partsuf* le falta el aspecto de *Jayá*, no puede haber *Zivug*. Por lo tanto, este *Partsuf* debe atraer la Luz de *Neshamá* a Sus Tres *Sefirot* Superiores. Esta Luz es llamada *Mojín*.

Néfesh: El primero y más bajo nivel del alma que permite que las *klipot* se conecten. La Luz que está encerrada en *Maljut*.

Neshamá: El tercer nivel del alma. La Luz que está incluida en *Biná*.

Neshikín (Besos): La Unificación Superior (a fin de corregir las Tres *Sefirot* Superiores de un *Partsuf*). Las Iluminaciones desde lo Superior hasta lo Inferior resultantes de la conexión que la Luz Retornante crea antes de que descienda.

Nétsaj (Victoria): La séptima de las Diez *Sefirot*. Carroza: Moshé.

Nitsots (Chispa): Proviene de la palabra *hetsits* (mirada). Hay dos sistemas de Chispas. El primero se llama *Shaj* (320) y representa el aspecto masculino del Juicio. El segundo se llama *Par* (280) y representa el aspecto femenino del Juicio.

Nukvá (Femenino): El *Partsuf* más bajo o el aspecto femenino de cada *Partsuf*. Proviene de la palabra *nekev* (agujero), que significa que la Luz necesita hacer un orificio espiritual a fin de ser revelada y, de este modo, la Luz se hace más débil.

Olam (Mundo): Estructura espiritual de cinco *Partsufim*, cuando *Nétsaj*, *Hod* y *Yesod* del *Partsuf* Superior están dentro del *Partsuf* Inferior. El final de *Olam* es cuando *Nétsaj*, *Hod* y *Yesod* del *Partsuf* Superior están encima del *Partsuf* Inferior. Antes de que Adán y Eva cayeran, los Mundos de *Briá*, *Yetsirá* y *Asiyá* estaban incluidos en el Mundo de *Atsilut*, donde hay protección de las *klipot*.
Olam Adam Kadmón (Mundo del Hombre Primordial): El primero de los Mundos. Éste recibe directamente del Infinito. La raíz y el arquetipo de Adam (hombre) de nuestro Mundo.
Olam Asiyá (Mundo de Acción): El más bajo de los Mundos. Fue creado de *Nukvá* y se considera el Mundo más cercano al dominio de la *klipá*. Nuestro Mundo Físico está en el fondo de *Olam Asiyá*.
Olam Atsilut (Mundo de Emanación): El segundo Mundo; es considerado como el Mundo de Corrección y está totalmente protegido de las *klipot*.
Olam Briá (Mundo de Creación): El tercer Mundo. Fue creado de *Ima* y es considerado como casi totalmente protegido de las *klipot*.
Olam Yetsirá (Mundo de Formación): El cuarto Mundo. Fue creado de *Zeir Anpín* y es considerado como 50/50 controlado por las *klipot*.
Or (Luz): La energía total de lo que se recibe en los Mundos, incluyendo todo salvo la Vasija material, el Deseo de Recibir.
Or Jozer (Luz Retornante): La Luz Celestial como es con relación a Su revelación, porque es la Luz que no se recibe a través de la Cuarta Fase.
Or DeJasadim (Luz de Misericordia): La Luz que encierra la Luz de *Jojmá* y la revela.
Or DeJojmá (Luz de Sabiduría): La Luz que es atraída a la Vasija en su totalidad.
Or Makif (Luz Circundante): La Luz futura y potencial de una Vasija.
Or Pnimí (Luz Interior): La Luz que actualmente existe dentro de una Vasija.
Or Yashar (Luz Directa): La Luz Celestial como es con relación a sí misma porque es la Luz que emana del Infinito.
Partsuf (Cara): Una estructura completa de las *Diez Sefirot* crea una forma espiritual llamada *Partsuf*. La relación perfecta entre la Luz y la Vasija, de modo que pueda emanar a los Mundos Inferiores.
Rajel: Nombre del *Partsuf* de la parte Inferior de *Nukvá*, conocida como "mundo revelado".
Rúaj: El segundo nivel más bajo del alma (antes del pecado de Adam, *Rúaj* era el aspecto más bajo del alma y, por lo tanto, estaba más allá del tiempo, espacio y movimiento). La Luz que está encerrada en *Zeir Anpín*.
Sefirot: Una serie de diez cortinas o velos que fueron usados para ocultar la Luz abrasadora del Infinito y para protegernos de ésta.
Tetragrámaton: El Nombre Sagrado de Dios, compuesto de las cuatro letras: *Yud*, *Hei*, *Vav* y *Hei*.
Tevuná (Inteligencia): El Nombre del *Partsuf* creado como resultado del Segundo *Tsimtsum* y encerrado en las Siete *Sefirot* Inferiores del *Partsuf* de *Ima*.
Tiféret (Esplendor): La sexta de las Diez *Sefirot*. *Tiféret* es el punto de equilibrio entre las Columnas Derecha e Izquierda. Carroza: Yaakov.
Tikún (Corrección): El proceso de corrección espiritual hecho por el alma. También es el proceso de corrección por el cual pasan los Mundos Superiores a fin de poder recibir la Luz.

Tipá (Gota): A pesar de que la iluminación que es atraída de los *Mojín* en el tiempo de Unificación es momentánea, es suficiente para que el Femenino la recaude. Esta iluminación es llamada "gota" (en la conexión del *Shemá*).

Tsélem (Imagen, sombra): La vestimenta de los *Mojín* mientras se dirigen al *Partsuf* Inferior. Esta vestimenta es creada por la Luz Retornante del *Partsuf* Inferior. El *Tsélem* está dividido en tres aspectos principales. El primero y más elevado es llamado *Mem* (ם) del *Tsélem*. El segundo es llamado *Lámed* (ל) del *Tsélem*. Y el tercero y más bajo se llama *Tsadi* (צ) del *Tsélem*.

Tsimtsum: La capacidad de restringir el Deseo de Recibir. La restricción original. En el proceso de Creación espiritual tenemos dos *Tsimtsumim*. El primer *Tsimtsum* fue en el Mundo Infinito a fin de dar a la Vasija la oportunidad de eliminar el Pan de Vergüenza. El segundo *Tsimtsum* vino a completar y corregir la Vasija rota.

Vav Ketsavot (Seis Bordes): Cualquier estructura espiritual que no incluya a los *Mojín*.

Yaakov: El *Partsuf* exterior de *Zeir Anpín* y corresponde a los Seis Bordes de *Zeir Anpín*.

Yejidá: El quinto y más elevado nivel del alma. Esta Luz está encerrada en *Kéter*.

Yesod (Fundamento): La novena de las *Diez Sefirot*. *Yesod* es como un gran reservorio o embudo que proporciona Luz espiritual de forma manejable a nuestro mundo físico. Carroza: Yosef HaTsadik.

Yisrael: El *Partsuf* interior de *Zeir Anpín* que corresponde a los *Mojín* de *Zeir Anpín* (también conocido como "*Moshé*").

Yisrael Saba (*Yisrael* Rodeado o *Yisrael* Abuelo): El Nombre del *Partsuf* que fue creado como resultado del Segundo *Tsimtsum* encerrado en las Siete *Sefirot* Inferiores del *Partsuf* de *Aba*.

Zayin Tajtonot (las Siete *Sefirot* Inferiores): Las Siete *Sefirot* Inferiores de las Diez *Sefirot* de un *Partsuf*. Consideramos las *Zayin Tajtonot* como una entidad separada cuando hablamos de la revelación de Diez *Sefirot* debajo de la *Masaj* (Cortina).

Zeir Anpín (Cara Pequeña): El cuarto *Partsuf* que encierra la Luz de *Rúaj*. Las seis *Sefirot* —*Jésed*, *Guevurá*, *Tiféret*, *Nétsaj*, *Hod* y *Yesod*— firmemente plegadas una dentro de otra, compactadas en una dimensión conocida como *Zeir Anpín*.

Zivug (Unificación): La Naturaleza de la Luz Celestial es emanar iluminación a los Mundos Inferiores por toda la eternidad. Debido a la *Masaj*, la Vasija no puede conectar. Por lo tanto, cuando la Vasija está lista (mediante la Luz Retornante o al elevar *Mayin Nukvín*) para conectar con la Luz, es llamada *Zivug*.

Zivug Panim Befanim (Unificación Cara a Cara): Cuando el Femenino recibe la Luz Celestial directamente en las Vasijas de Su Rostro desde el Rostro (frente) del Masculino.

<table>
<tr>
<td>3
Biná
Cerebro izquierdo
יֵהֵוֵהֵ</td>
<td colspan="2">1
Kéter
Cráneo
יָהָוָהָ</td>
<td>2
Jojmá
Cerebro derecho
יַהַוַהַ</td>
</tr>
<tr>
<td>5
Ojo izquierdo
יהוה יהוה
יהוה
יהוה יהוה</td>
<td rowspan="2">9
יוד
הי
ואו
הי</td>
<td rowspan="2">8
Nariz
יוד
הי
ואו
הי</td>
<td>4
Ojo derecho
יהוה יהוה
יהוה
יהוה יהוה</td>
</tr>
<tr>
<td>7
Oído izquierdo
יוד הי ואו הה</td>
<td>6
Oído derecho
יוד הי ואו הה</td>
</tr>
<tr>
<td colspan="4">10
Boca
יוד הי ואו הי (אהיה)
אחה"ע גיכ"ק דטלנ"ת זסשר"ץ בומ"ף</td>
</tr>
<tr>
<td>12
Guevurá
Brazo izquierdo
יְהְוְהְ</td>
<td colspan="2">13
Tiféret
Cuerpo
יֹהֹוֹהֹ</td>
<td>11
Jésed
Brazo derecho
יֶהֶוֶהֶ</td>
</tr>
<tr>
<td rowspan="2">15
Hod
Pierna izquierda
יֻהֻוֻהֻ</td>
<td colspan="2">16
Yesod
Órganos reproductivos
יוּ הוּ וו הוּ</td>
<td rowspan="2">14
Nétsaj
Pierna derecha
יִהִוִהִ</td>
</tr>
<tr>
<td colspan="2">17
Maljut
עטרה
יהוהאדני</td>
</tr>
</table>

www.ingramcontent.com/pod-product-compliance
Lightning Source LLC
LaVergne TN
LVHW010934100826
845153LV00001B/26